प्राचीन भारत का इतिहास
(ANCIENT INDIA)

AF647174

वी. डी. महाजन
एम.ए. (ऑनर्स), एल.एल.बी., पी-एच.डी.
भूतपूर्व प्रोफेसर
इतिहास एवं राजनीति शास्त्र
पंजाब यूनिवर्सिटी, लाहौर
एवं
फैकल्टी ऑफ लॉ, दिल्ली यूनिवर्सिटी, दिल्ली

S. CHAND
PUBLISHING
एस चन्द एण्ड कम्पनी लिमिटेड
(ISO 9001 Certified Company)

S Chand And Company Limited

(ISO 9001 Certified Company)

मुख्य कार्यालय: डी-92, सेक्टर-2, नोएडा – 201301, यू.पी. (भारत), फोन: 91-120-4682700
रजि. कार्यालय: ए-27, द्वितीय तल, मोहन कोऑपरेटिव इंडस्ट्रियल एस्टेट, नई दिल्ली – 110 044, फोन: 011-49731800
www.schandpublishing.com; e-mail: **info@schandpublishing.com**

मार्केटिंग कार्यलय:

चेन्नई	: Ph: 23632120; chennai@schandpublishing.com
गुवाहाटी	: Ph: 2738811, 2735640; guwahati@schandpublishing.com
हैदराबाद	: Ph: 40186018; hyderabad@schandpublishing.com
जालंधर	: Ph: 4645630; jalandhar@schandpublishing.com
कोलकाता	: Ph: 23357458, 23353914; kolkata@schandpublishing.com
लखनऊ	: Ph: 4003633; lucknow@schandpublishing.com
मुम्बई	: Ph: 25000297; mumbai@schandpublishing.com
पटना	: Ph: 2260011; patna@schandpublishing.com

© एस चन्द एण्ड कम्पनी लिमिटेड, 1962

सर्वाधिकार सुरक्षित। इस प्रकाशन के किसी भी अंश का पुनः प्रस्तुतीकरण या किसी भी रूप में प्रतिलिपिकरण (फोटो प्रति या किसी भी माध्यम में ग्राफिक्स के रूप में संग्रहण, इलेक्ट्रॉनिक या यांत्रिकीकरण द्वारा और जहाँ कहीं या अस्थायी रूप से नहीं या किसी अन्य प्रकार के प्रसंगवश इस प्रकाशन का उपयोग भी) कॉपीराइट के स्वामित्वधारक की लिखित अनुमति के बिना नहीं किया जा सकता है। किसी भी प्रकार से इसके भंग होने या अनुमति न लेने की स्थिति में बिना किसी पूर्व सूचना के उन पर कानूनी कार्रवाही की जाएगी।

ायिक क्षेत्र: इस प्रकाशन से संबंधित सभी विवादों का निपटारा न्यायिक क्षेत्र नई दिल्ली, भारत के न्यायालय, न्यायाधिकरण ा फोरम में किया जाएगा।

संस्करण 1962

ति संस्करण तथा पुनः मुद्रित 1973, 75, 76, 78, 80, 83, 84, 86, 88, 89, 91, 92, 93, 95, 96, 97, 99, 2000, 2003, 2004, 2005, 2007, 2008, 2010, 2011, 2012, 2013, 2014 (Twice), 2015, 2016, 2019, 2022

ा 2023

31-219-0879-5 **Product Code:** H5ANI41HIST10HIZX0XO

हाउस प्रा. लि., प्लाट नं. 20/4, साइट-4, इंडस्ट्रियल एरिया साहिबाबाद, गाजियाबाद-201010 स चन्द एण्ड कम्पनी लिमिटेड, ए-27, द्वितीय तल, मोहन कोऑपरेटिव इंडस्ट्रियल एस्टेट, 44 द्वारा प्रकाशित।

संशोधित संस्करण की प्रस्तावना

प्राचीन भारत के इतिहास का अध्ययन सभी भारतीयों के लिए अत्यन्त आवश्यक है। इसका एक विशेष कारण यह है कि प्राचीन समय में भारत के लोगों ने सभी दिशाओं में उन्नति की और ऐसा तब किया जब संसार के बहुत से लोग असभ्य एवं अशिक्षित थे। प्राचीन भारत का इतिहास हमें विश्वास दिला सकता है कि जैसे हम पहले बड़े थे वैसे ही हम अब भी बड़े बन सकते हैं।

मुझे इस बात का हर्ष है कि प्राचीन भारत के विद्यार्थियों ने मेरे काम की सराहना की है। इससे प्रोत्साहित होकर मैंने इस पुस्तक को पहले से अधिक उपयोगी बनाने का भरसक प्रयत्न किया है। कई अध्याय कुछ आगे पीछे थे, उनका क्रम ठीक कर दिया गया है। इसमें इस प्रश्न पर भी गहनता से विचार किया गया है कि क्या गुप्तकाल भारत के इतिहास का स्वर्ण युग था? मुझे आशा ही नहीं अपितु पूर्ण विश्वास भी है कि पाठकगण इस पुस्तक से जरूर लाभान्वित होंगे।

डी-805, न्यू फ्रैंड्स कालोनी
नई दिल्ली-110065

वी॰ डी॰ महाजन

विषय-सूची
(CONTENTS)

अध्याय

1

परिचय
(Introduction)

भारत की भौगोलिक विशेषताएँ (Geographical Features of India)—भारत विशाल देश है। किसी समय यह पूर्व से पश्चिम तक लगभग 2,500 मील और उत्तर से दक्षिण तक 2,000 मील के क्षेत्र में फैला हुआ था। इसकी 6,000 मील भू-सीमा और 5,000 मील समुद्री सीमा थी। इसका क्षेत्रफल लगभग बीस लाख वर्गमील था जो कि अमरीका का दो-तिहाई और ग्रेट ब्रिटेन से 20 गुना बड़ा था। 1947 में भारत-विभाजन के बाद इसका क्षेत्र एक-तिहाई घट गया परन्तु अब भी यह काफी बड़ा देश है।

भौगोलिक दृष्टि से भारत स्पष्ट पाँच भागों में बाँटा जा सकता है। प्रथम भाग उत्तरी पर्वतों का है जिसमें पश्चिमी और पूर्वी चोटियाँ और उनके ढलान हैं। इसी में वर्तमान कश्मीर, शिवालिक, टिहरी-गढ़वाल, कुमायूँ, नेपाल, सिक्किम और भूटान सम्मिलित हैं। यह भाग लगभग 1,500 मील लम्बा और 150 से 200 मील तक चौड़ा है। दूसरा भाग उत्तरी मैदान है जिनकी सिंचाई सिन्ध और गंगा नदी तन्त्र द्वारा होती है। यह मैदान अपनी उपजाऊ भूमि और पैदावार के लिए प्रसिद्ध है। इसमें आश्चर्य नहीं कि बड़े साम्राज्यों की इसी भाग में स्थापना हुई थी। तीसरा भाग मध्य भारत और दक्षिण का पठार है। नर्मदा और ताप्ती पूर्व से पश्चिम की ओर बहती हैं। इस भाग की अन्य नदियाँ पश्चिम से पूर्व की ओर बहती हैं। शुष्क मौसम में नदियाँ सूख जाती हैं और जहाजरानी के योग्य नहीं रहतीं। विन्ध्य और सतपुड़ा पर्वत उत्तरी भारत को दक्षिण से अलग करते हैं। चौथा भाग वह लम्बी परन्तु तंग मैदानों की पट्टी है जो समुद्र और पूर्वी और पश्चिमी घाटों के बीच स्थित है। ये मैदान लगभग 1,000 मील लम्बे हैं। पश्चिमी मैदान अरब सागर और पश्चिमी घाट के बीच स्थित हैं। कोनकन और मालाबार इसी के भाग हैं। पूर्वी मैदान बंगाल की खाड़ी और पूर्वी घाट के मध्य में स्थित है। कोरोमंडल किनारा इन मैदानों में स्थित है।

यमुना से ब्रह्मपुत्र तक के मैदान मध्य-देश अथवा बीच के देश कहलाते थे। यह भाग आर्य संस्कृति का केन्द्र था। उत्तर-पश्चिमी भारत उत्तरापथ कहलाता था। पश्चिमी भारत को प्रातीच्य या अपरान्त कहते थे। पूर्वी भारत प्राच्य कहलाता था और दक्षिणी भारत को दक्षिणापथ कहा जाता था।

भारत के इतिहास पर भूगोल का प्रभाव (Effect of Geography on History of India)—भारत के इतिहास पर भूगोल के प्रभाव बड़े रुचिकर हैं। हिमालय पर्वत उत्तर का महान् प्रहरी है। वह तिब्बत से आने वाली ठण्डी और शुष्क हवाओं को रोकता है। वह उन नदियों का स्त्रोत है जिन्होंने भारत के मैदानों की जमीन को उपजाऊ बनाया है। ये पर्वत पानी भरी हवाओं को रोक कर वर्षा करते हैं। इन पर्वतों ने उत्तर की ओर से किये गये आक्रमणों से भारत की रक्षा की है। आधुनिक युग में सिवाय चीनियों के और कोई आक्रमणकारी उत्तरी दर्रों के पार अपनी सेना भेजने में सफल नहीं हुआ है। ये दर्रे वर्ष के अधिक महीनों में बर्फ से ढके रहते हैं। हिमालय पर्वतों के अस्तित्व के कारण ही किसी भारतीय ने हिमालय को पार करके उत्तरी क्षेत्रों को जीतने का स्वप्न नहीं लिया। फिर भी वर्ष के कुछ सप्ताहों में बर्फ पिघलने के समय इन दर्रों द्वारा सीमित रूप में आवागमन संभव था। यह सम्बन्ध व्यापार और सांस्कृतिक कार्यों के लिए था। शायद इन

दर्रों के द्वारा ही कुछ मंगोलियन खून भारतीय नसों में प्रविष्ट हुआ। यह हिमालय की ढलान में रहने वाले कुछ लोगों में दिखाई देता है। यद्यपि भारत उत्तरी संस्कृति से अधिक प्रभावित नहीं हुआ था, उत्तरी देश भारतीय संस्कृति से बहुत अधिक प्रभावित हुए। तिब्बत इसका ज्वलन्त प्रमाण है जहाँ अनेक भारतीय विद्वान और साधु अपना धर्म और संस्कृति फैलाने गये।

हिमालय का उत्तरी-पश्चिमी भाग सुलेमान और हिन्दूकुश पर्वतों के नाम से विख्यात है। ये पर्वत बहुत ऊँचे नहीं हैं। इन पर्वतों में कई दर्रे हैं जिनके रास्ते कई विदेशी भारत आये। दर्रा खैबर समुद्र तल से 3,400 फुट ऊँचा है। यह दर्रा पेशावर को काबुल के साथ मिलाता है और इसी रास्ते बहुत से विदेशी आक्रमणकारी भारत आये। टोची, कुर्रम और गोमल के दर्रे भारत को अफगानिस्तान से मिलाते हैं। बोलान का दर्रा बहुत चौड़ा है। यह भारत को कन्धार के साथ मिलाता है। इस दर्रे को पार करना बहुत ही आसान है। इन्हीं दर्रों के रास्ते, अरब, यूनानी, कुशान, हूण, तुर्की, तातार, मुगल और नादिरशाह और अहमदशाह अब्दाली जैसे आक्रमणकारियों ने भारत पर आक्रमण किये। ये दर्रे भारत के भाग्य को बदलने के जिम्मेदार हैं। भारत के सम्राटों को इन दर्रों से खतरे को रोकने के लिये पूरा इंतजाम करना पड़ता था और जब कभी ऐसा न किया जाता तो लोगों को भारी मुसीबत का सामना करना पड़ता था।

हिमालय के उत्तर-पूर्वी भाग पूर्वी संसार के साथ मेल-जोल में बाधक सिद्ध हुए। ब्रह्मपुत्र घाटी से होकर चिंदविन घाटी तक जाने वाले दर्रों को पार करना बहुत कठिन कार्य है। दूसरे दर्रे, जो मणिपुर (इम्फाल) से चिन्दविन घाटी में स्थित हैं, इनको पार करना बड़ा कठिन है हालाँकि सन् 1943 में सुभाष चन्द्र बोस ने ऐसा करने का प्रयत्न किया। इस प्रदेश की जलवायु मलेरिया के कारण अच्छी नहीं है और बड़ी संख्या में लोगों का आना-जाना बहुत कठिन है। किसी भी भारतीय सम्राट् ने इन दर्रों के रास्ते बर्मा पर आक्रमण करने का प्रयत्न नहीं किया और न ही कभी बर्मा की ओर से ऐसा किया गया। दूसरे महायुद्ध के समय बहुत से भारतीयों ने बर्मा से इन दर्रों के रास्ते आने का प्रयत्न किया किन्तु उनमें से बहुत से लोग रास्ते में ही मर गये।

सिन्धु और गंगा नदियों के मैदानों की उपज और सम्पन्नता, इस प्रदेश में बड़े-बड़े साम्राज्यों की स्थापना का मूल कारण बनी। बड़े-बड़े राजनीतिक, सामाजिक, धार्मिक और दार्शनिक विचार इस प्रदेश में पनपे। अधिकाँश संस्कृत-साहित्य की यहाँ पर ही रचना हुई। बौद्ध और जैन मत यहाँ पर ही फले-फूले। विद्या और संस्कृति के भण्डार तक्षशिला, नालन्दा, सारनाथ आदि इसी प्रदेश में स्थापित हुए। इस प्रदेश की सम्पन्नता और उपजाऊपन ने यहाँ के लोगों को अन्य कार्य करने के लिए बहुत मात्रा में अवकाश प्रदान किया।

इस प्रदेश की नदियाँ संचार का सब से सरल साधन हैं और यही कारण है कि कई बड़े-बड़े शहर देश के इस भाग में बस गये। इस सम्बन्ध में पाटलिपुत्र, वाराणसी, प्रयाग, आगरा, दिल्ली, मुलतान और लाहौर इत्यादि शहरों के नाम उल्लेखनीय हैं। भारत के लगभग सारे इतिहास में ये मैदान राजनीतिक गतिविधियों का केन्द्र रहे। इस केन्द्र को दक्षिण में ले जाने का प्रयास विफल रहा। इस सम्बन्ध में मुहम्मद तुग़लक का नाम उल्लेखनीय है।

सिन्धु और गंगा नदी एक ही दिशा में नहीं बहतीं। सतलुज और यमुना एक दूसरी के बीच बहुत बड़ी भूमि को समेटे हुए हैं जो शिवालिक पहाड़ियों की तलहटी से कुरुक्षेत्र और दूर राजपूताना तक फैली हुई है। इसी भूमि पर भारत को वश में करने के लिए बहुत सी बड़ी-बड़ी लड़ाइयाँ [महाभारत के समय से लेकर पानीपत की लड़ाई (1761) तक] लड़ी गईं।

यहाँ की भूमि की सम्पन्नता और उपजाऊपन के कारण दूसरे देशों के मुकाबले में भारतीय लोगों को जीवनयापन के लिए कठोर प्रयत्न नहीं करना पड़ता था। इसका परिणाम यह हुआ कि यहाँ के लोग सुस्त और आरामपसन्द हो गये और वे बलवान विदेशियों के सामने न ठहर सके। जो मुसलमान भारत में एक बार विजयी होकर आये यहाँ पर अपना पुरुषत्व गँवा कर दूसरे मुसलमानों से हार गये।

दक्षिण-भारत उत्तर भारत की राजनीतिक उथल-पुथल से बिल्कुल अलग रहा और किसी भी उत्तर भारत के विजेता को दक्षिण-भारत पर विजय प्राप्त करने के लिए बहुत समय लगता। जब उत्तर भारत पर आर्यों का प्रभाव था तब भी दक्षिण द्राविड़ संस्कृति का केन्द्र बना रहा। अगस्त्य आर्य संस्कृति को दक्षिण तक ले गया। मौर्य, गुप्त, दिल्ली के सुलतान और मुगलों को भी इसी कठिनाई का सामना करना पड़ा। इस बात को अस्वीकार नहीं किया जा सकता कि कठिन समय में दक्षिण ने ही भारतीय संस्कृति को अपने दामन में छिपाये रखा। जब बौद्ध-मत उत्तर भारत में अपने जोर पर था तो

दक्षिण ने हिन्दू मत को सहारा देकर बचा लिया। जब जैन मत के लोगों का उत्तर भारत में रहना कठिन हो गया तो उन्होंने भी दक्षिण में शरण ली। इसी प्रकार जब मुसलमानों ने उत्तर भारत पर अपना अधिकार जमा लिया तो हिन्दू संस्कृति को अपनी रक्षा के लिये विजयनगर के हिन्दू-राज्य में शरण लेनी पड़ी। इसके अतिरिक्त दक्षिण के राजाओं ने समुद्री व्यापार की उन्नति में बहुत कार्य किया, जिनके बिना विशाल भारत की नींव पड़ना बहुत कठिन हो जाता।

घाटों के मैदानों में, बहुत से बन्दरगाह स्थित हैं। इन बन्दरगाहों से विदेशी व्यापार में बहुत सहायता मिली जिससे भारत में बहुत-सा धन आया।

भारतवर्ष की भौगोलिक विशिष्टताएँ एक समन्वित संस्कृति की उत्पत्ति में सहायक रही हैं। इससे सहन-शक्ति की भावना को भी बल मिला। देश में भिन्न-भिन्न प्रकार के लोगों के रहने से एक-दूसरे की असमानताओं को सहन करने की भावना की उत्पत्ति हुई।

नदियों, पर्वतों, रेगिस्तानों और वनों से भिन्न-भिन्न प्रदेशों में बंटा होने के कारण देश के विशाल आकार ने भारत की राजनीतिक एकता के प्रश्न को बहुत कठिन बना दिया। अनुभव बताता है कि देश के अनेक भागों को एक ही राजसत्ता के आधीन लाना कितना कठिन कार्य रहा है। अंग्रेजों के आने से पूर्व अशोक और अकबर ने इस कार्य को कुछ समय तक पूरा किया। केवल अंग्रेजों के समय में ही सारा भारतवर्ष एक सत्ता के अधीन आया।

भारत की विशालता का एक और परिणाम यह हुआ कि इसने यहाँ के राजाओं की कामनाओं की पूर्ति के लिये विशाल क्षेत्र जुटाया। उनका बहुत सा समय भारत के भिन्न-भिन्न प्रदेशों को जीतने में ही व्यतीत हो गया। परिणाम यह हुआ कि उनके पास भारत के बाहर के प्रदेशों को जीतने के लिए न तो समय ही बचा और न साहस। इसका यह फल हुआ कि भारतीयों में एकाकीपन की भावना उत्पन्न हो गई। वे भारत की समस्याओं में ही उलझ कर रह गये। देश के बाहर दूसरे देशों की घटनाओं की ओर ध्यान न दे सके। फलस्वरूप भारत वहाँ की गई उन्नति के साथ कदम मिलाकर न चल सका। इसका भारत की सम्पन्नता और स्वतन्त्रता पर बहुत बुरा प्रभाव पड़ा।

भारत की भौगोलिक स्थिति ने इसे प्रधान मार्गों से अलग कर दिया। इसका दूसरे देशों से अलगाव यहाँ एक विशिष्ट राजनीतिक और सांस्कृतिक इकाई की उत्पत्ति में सहायक सिद्ध हुआ। भारत का विशाल आकार, इसकी अनेक प्राकृतिक विशिष्टताएँ और भिन्न-भिन्न प्रकार का जलवायु यहाँ अलग-अलग जातियों और भाषाओं सम्बन्धी विलक्षणताओं की उत्पत्ति का कारण बने। प्राकृतिक विशिष्टताएँ और जलवायु सम्बन्धी परिस्थितियों ने यहाँ के जीवन और लोगों की आदतों पर भी अपना प्रभाव डाला।

भारत के वनों ने भारतीय संस्कृति के विकास में बहुत ही उत्तम योगदान दिया। आरण्यक वनों में ही लिखे गये। वन ही बड़े-बड़े विद्यालयों, ऋषिकुलों और गुरुकुलों के लिए आदर्श स्थान थे।

पर्वतों ने भारत के लोगों के मन पर बहुत प्रभाव डाला। हिमालय का कालिदास ने इन शब्दों में वर्णन किया है : ''पर्वतों का राजा, हिमालय, अध्यात्मवाद को धारण किये हुए दो समुद्रों के बीच ऐसे खड़ा है जैसे कि पृथ्वी को नापने वाला डण्डा हो।'' ये पर्वत शिव और पार्वती की निवास-स्थान हैं। पार्वती जी को हिमालय की पुत्री कहा जाता है। हिमालय पर्वत पर बहुत से पवित्र स्थान हैं। अनेक यात्री भारत के कोने-कोने से इन पुण्य-स्थानों की यात्रा को आते हैं। हिमालय के इतने वरदानों के होते हुए भी इस बात को अस्वीकार नहीं किया जा सकता कि उसने विदेशी आक्रमणों से रक्षा की झूठी भावना को बनाये रखा।

भारत की एकता (Unity of India)—प्रोफेसर ई० जे० रैपसन का कहना है कि ''भारतीय इतिहास के नाटक में अलग-अलग उद्‌भव के लोगों ने अपनी-अपनी भूमिका निभाई है। प्रत्येक युग में कुछ प्रदेशों और ज्यादातर गंगा के मैदानों की सम्पन्नता और उपजाऊपन ने वाह्य संसार से आक्रमणकारियों को आकर्षित किया है। जनसंख्या में वृद्धि और भूमि के सूखने अर्थात् रेगिस्तान बनने के कारण एशिया के प्राचीन क्षेत्रों के लोग भारत की ओर आकर्षित हुए।'' प्रो० हुमायूँ कबीर का कथन है कि ''इसने प्राकृतिक मुसीबतों और मनुष्य के बुरे शासन पर विजय प्राप्त की। भारतीय संस्कृति की कहानी इसकी जीवनशक्ति और बुद्धिमत्ता के मर्म को दर्शाती है। यह एकता और सामंजस्य, पुनर्मिलन और उन्नति, पुरानी और नई परम्पराओं के पूर्ण सम्मिश्रण की गाथा है।'' यह सच है कि भारत की एकता के रास्ते में बहुत सी रुकावटें

हैं। यहाँ भिन्न-भिन्न भाषाएँ हैं; भिन्न-भिन्न लिपियाँ हैं और अनेक कबीलों के लोग रहते हैं। देश का विशाल आकार भी एकता को कठिन बनाता है। देश में एक राजनीतिक सत्ता की स्थापना हमेशा ही कठिन रही है। चन्द्रगुप्त मौर्य, अकबर और औरंगजेब के समय को छोड़कर भारत एक राजनीतिक सत्ता के आधीन नहीं रहा। उनके समय में भी एकता कुछ समय तक ही रह सकी।

ऐसा होते हुए भी यहाँ पर अनेकता में एकता रही है। सारे देश में सदा ही एकरूपता की भावना विद्यमान रही है। भारतवर्ष एकता के मूल सिद्धान्त पर जोर देता है। इस शब्द का महाकाव्यों और पुराणों में भी वर्णन आता है। विष्णु पुराण में हमें ऐसा वर्णन मिलता है :—

''उत्तरं यत् समुद्रस्य
हिमाद्रेश्चैव दक्षिणम्
वर्षम् तद् भारतम् नाम
भारती यत्र सन्ततिः।''

इसका अर्थ है कि भारत देश समुद्र के उत्तर में और बर्फीले पर्वतों के दक्षिण में स्थित है। यहाँ भारत के वंशज निवास करते हैं। देश की एकता की एक ऐसी ही भावना धर्मशास्त्रियों, राजनीतिक दार्शनिकों और कवियों के मन में घर किये हुए थी जिन्होंने ''हिमालय से लेकर समुद्र तक फैली हुई सहस्रों योजन भूमि को एक ही चक्रवर्ती सम्राट् की निजी जागीर बताया है।'' उन्होंने चक्रवर्ती सम्राट् के पद को प्राप्त करने वाले राजा की प्रशंसा की। एक चक्रवर्ती राजा से यह आशा की जाती थी कि वह अपना इलाका पूर्व में बर्फीले पर्वतों से लेकर दक्षिण में आदम के पुल तक और उत्तर में ब्रह्मपुत्र की घाटी से लेकर पश्चिम में सात मुहानों वाली सिन्धु नदी की भूमि तक फैलाए। एक समय था जब इस सारे प्रदेश में प्राकृत भाषा का ही प्रयोग होता था। इसके बाद संस्कृत को यह मान प्राप्त हुआ। रामायण और महाभारत देश के कोने-कोने में पढ़ी जाती थीं। वेदों को प्रत्येक स्थान पर मान प्राप्त था और यही मान दूसरे संस्कृत साहित्य को भी प्राप्त था। जाति-पाँति की प्रथा, गाय का मान और सामान्य देवताओं की पूजा भारत के सब प्रदेशों के रहने वाले लोगों की कुछ सामान्य बातें थीं। शंकराचार्य ने भारत के कोने-कोने में मठों की स्थापना की। हिन्दुओं के पवित्र स्थान सारे देश में फैले हुए हैं और एक यात्री अमरनाथ और बदरीनाथ में वैसा ही अनुभव करता है जैसा कि आदम के पुल की जलती रेत में। डा०वी०ए० स्मिथ का कथन है कि ''भारतवर्ष निस्सन्देह गहरी अन्तर्निहित मौलिक एकता से अलंकृत रहा है जो किसी भौगोलिक अलगाव या राजनीतिक आधिपत्य से उत्पन्न एकता से अधिक गम्भीर है। वह एकता रक्त, रंग, भाषा, पहरावे, रीति-रिवाज और धर्म की अनेक भिन्नताओं से परे है।''

भारत की यह मौलिक एकता कई कारणों से उत्पन्न हुई। भारत के इस उपमहाद्वीप में आकर बसने वाले लोगों ने शनैः-शनैः जीवन-यापन का एक सामान्य ढंग अपना लिया जिसका वर्णन सर एलफ़र्ड रिज़ले ने इन शब्दों में किया है : ''प्राकृतिक और सामाजिक ढंग की, भाषा, रीति-रिवाज और धर्म की अनेक विभिन्नताओं के पीछे भारत के प्रेक्षक को हिमालय से कन्याकुमारी तक एक प्रकार की अन्तर्निहित समानता के दर्शन होंगे।''

इस एकता का दूसरा कारण हिन्दू मत का सारे देश में प्रसार था। धर्म की एकता देश की एकता की भावना में सहायक सिद्ध हुई। जैसा कि वर्णन आया है कि तीर्थस्थान चाहे वे पूर्व में हों या दक्षिण में, सब हिन्दू इनकी यात्रा पर जाते थे और इनका भी एकता की भावना में योगदान रहा है। हिमालय ने भारत के उपमहाद्वीप को एशिया के दूसरे भाग से अलग किये रखा। चक्रवर्ती सम्राट् के भाव ने भी एकता के उद्देश्य में वृद्धि की। अंग्रेजी शासन-काल में सारा भारत एक ही सत्ता के आधीन आ गया और शासन की एक सामान्य पद्धति सारे देश में लागू की गई। अंग्रेजी भाषा सारे देश की सामान्य भाषा बन गई जिसने देश में एकता की भावना को उत्पन्न किया। रेलों और डाक व तार की स्थापना ने भी एकता के उद्देश्य को पनपने में सहायता प्रदान की। भारत के स्वतन्त्र होने के पश्चात् सरदार पटेल द्वारा देशी रियासतों के एकीकरण ने सारे देश को एक इकाई में पिरो दिया।

Suggested Readings for the whole book

B.C. Law : Commemoration Volume.
Banerji, R.D. : Pre-historic, Ancient and Hindu India, 1946.
Banerji, R.D. : The Age of the Imperial Guptas.
Bhandarkar : Commemoration Volume.
Buddha Prakash : Studies in Indian History and Civilization
Buddha Prakash : Aspects of Indian History and Civilization.
D.V. Potdar : Commemoration Volume.
F.W. Thomas : Commemoration Volume.
Havell, E.B. : History of the Aryan Rule in India.
Jayaswal, K.P. : Hindu Polity.
Jayaswal, K.P. : History of India (150 A.D. to 360 A.D.)
Jayaswal, K.P. : Imperial History of India.
Kosambi, D.D. : An Introduction to the Study of Indian History, 1956.
Majumdar, R.C. (Ed.) : The Vedic Age.
Majumdar, R.C. (Ed.) : The Age of Imperial Unity.
Majumdar, R.C. (Ed.) : The Classical Age.
Majumdar, R.C. (Ed.) : The Age of Imperial Kanauj.
Majumdar, R.C. (Ed.) : The Struggle for Empire.
Majumdar, R.C. : Corporate Life in Ancient India.
Majumdar, R.C. : Classical Accounts of India.
Malaviya Commemoration Volume.
Mirashi, V.V. : Studies in Indology.
Mookerjee, R.K. : Hindu Civilization.
Mookerjee, R.K. : Ancient India.
Mookerjee, R.K. : Men and Thought in Ancient India.
Nilakanta Sastri, K.A. : The Age of Nandas and Mauryas, 1952.
Puri, B.N. : A Study of Indian History.
Rapson, E. J. (Ed.) : Cambridge History of India, Vol. I.
Rawlinson, H.G. : India—A Short Cultural History.
Raychaudhury, H.C. : Political History of Ancient India.
S.K. Ayyangar Commemoration Volume.
Smith, V.A. : Early History of India.
Smith, V.A. : Oxford History of India.
Tripathi, R.S. : History of Kanauj.
Vidyarthi, M.L. : Indian Culture Through the Ages.
Wheeler, Sir Mortimer : Early India and Pakistan, 1959.
Wheeler, Sir Mortimer : The Indus Civilization.

Suggested Readings for this Chapter

Cunningham : Ancient Geography of India.
Mookerji, R.K. : Fundamental Unity of India.
Panikkar, K.M. : Geographical Factors in Indian History (1959).
Rapson (Ed.) : Cambridge History of India, Vol. I.
Sen, Gertrude Emerson : Cultural Unity of India (1961).
Sircar, D.C. : Studies in the Geography of Ancient and Medieval India (1960).

अध्याय

2

प्राचीन भारत के इतिहास के स्रोत

(Sources of Ancient Indian History)

डॉ० आर०सी० मजूमदार का मत है : ''इतिहास लेखन के प्रति भारतीयों की विमुखता भारतीय संस्कृति का भारी दोष है। इसका कारण बताना सरल नहीं है। भारतीयों ने साहित्य की अनेक शाखाओं से सम्बन्ध स्थापित किया और उनमें से कई विषयों में विशिष्टता भी प्राप्त की, किन्तु फिर भी उन्होंने कभी गम्भीरतापूर्वक इतिहास-लेखन की ओर ध्यान नहीं दिया।'' अल्बरूनी (Alberuni) ने भी लगभग ऐसे ही विचार प्रकट किए हैं, यथा : ''हिन्दू घटनाओं के ऐतिहासिक क्रम की ओर अधिक ध्यान नहीं देते। वे घटनाओं को काल क्रम के अनुसार लिपिबद्ध करने में अत्यन्त असावधानी से काम लेते हैं और जब कभी ऐतिहासिक जानकारी के लिए उन पर दबाव डाला जाता है तो उत्तर देने में समर्थ न होने पर वे कोई कहानी सुनाना आरम्भ कर देते हैं।''

ऐतिहासिक बोध (Historical Sense)—कुछ लेखकों ने तो यहाँ तक कह डाला है कि प्राचीन भारत के लोगों में ऐतिहासिक बोध था ही नहीं, किन्तु उपर्युक्त विचार को अब सामान्यत: स्वीकार नहीं किया जाता। डॉ० ए०बी० कीथ (A.B. Keith) जैसे विद्वान् भी यह स्वीकार करते हैं कि ''भारतीयों में ऐतिहासिक चेतना का प्राचीन काल में भी अभाव नहीं था, इसका प्रमाण कुछ ग्रन्थों तथा तथ्यों से प्राप्त होता है। भारतीयों की प्राचीनता और उनकी विकसित सभ्यता के रूप से दृष्टि हटाकर उनमें ऐतिहासिक चेतना के अभाव को ढूँढ़ना हास्यास्पद होगा...।'' किन्तु डॉ० कीथ यह भी कहते हैं कि ''इतने विशाल संस्कृत साहित्य में इतिहास को कोई प्रमुख स्थान प्राप्त न हो सका और संस्कृत साहित्य के महान् युग में एक भी ऐसा लेखक नहीं हुआ जिसे समालोचनात्मक इतिहासज्ञ (critical historian) कहा जा सके। '' डॉ० कीथ ने इस तथ्य के विभिन्न कारण ढूँढ़ने की चेष्टा की है। उसका विचार है कि यूनान पर होने वाले ईरानी आक्रमण ने जिस प्रकार हैरोडोटस (Herodotus) के इतिहास को प्रेरणा प्रदान की, वैसी प्रेरणा भारतीय राजनीतिक घटना-चक्रों से भारतीय विद्वानों को प्राप्त न हो सकी। भारत की जनता पर उस समय की राजनीतिक घटनाओं का इतना प्रभाव नहीं पड़ा कि उनमें सर्वसाधारण को भाग लेना पड़े। ईसा पूर्व पहली शताब्दी में भारत पर होने वाले विदेशी आक्रमण सम्भवत: इतने महत्त्वपूर्ण न थे कि लोगों में राष्ट्रीय भावना जाग्रत कर सकते। यही बात सिकन्दर, यूनानियों, पार्थियों, शकों, कुषाणों तथा हूणों के आक्रमणों के सम्बन्ध में भी कही जा सकती है। भाग्यवादी भारतीयों के विरक्त रहने का कारण यह विचार था कि सभी घटनाएँ उनकी बुद्धि और दूरदर्शिता से परे हैं। उन्होंने चामत्कारिक घटनाओं को दिव्य कर्म, इन्द्र-जाल और माया-जाल स्वीकार किया। भारतीय बुद्धि विशेष घटनाओं की अपेक्षा सामान्यता को अधिक महत्त्व प्रदान करती है। सुनी-सुनाई बातों और वास्तविकता के अन्तर को समझने की उन्होंने कभी चेष्टा न की। परिणामस्वरूप घटनाओं के क्रम की पूर्ण उपेक्षा कर दी गई और कालानुक्रम की ओर ध्यान न दिया गया।[1]

इसके विपरीत, भारतीय विद्वानों का विचार यह है कि भारतीयों में निश्चय ही ऐतिहासिक चेतना विद्यमान थी। ऐतिहासिक निबन्ध की विशाल विविधता और अन्य अनेक तथ्य इस बात को प्रमाणित करते हैं कि प्राचीन भारतीयों में

1. *A History of Sanskrit Literature*, pp. 144-47.

ऐतिहासिक चेतना विद्यमान थी। डॉ० पी०के० आचार्य का कथन है कि कलिंग के राजा खारवेल, रुद्रदमन, समुद्रगुप्त, कन्नौज के सम्राट् हर्ष और चालुक्य, राष्ट्रकूट, पाल तथा सेन वंशी राजाओं के शिलालेखों से विश्वसनीय तिथियों सहित पर्याप्त ऐतिहासिक जानकारी प्राप्त होती है। इन अभिलेखों से तत्कालीन राजाओं और दान-दाताओं की वंशावलियों, राजाओं के कार्यों और दान की अवस्था का पता चलता है। इन शिलालेखों से ज्ञात होता है कि धर्मार्थ संस्थाओं के स्थापक कौन थे; उन्हें प्रतिष्ठित करने वाले पुरोहितों के विषय में भी जानकारी भी उन्हीं से प्राप्त होती है। कल्याणी के पश्चिमी चालुक्य वंशी राजाओं को बादामी के चालुक्य वंशी आरम्भिक राजाओं की जानकारी राजवंशीय अभिलेखागारों (archives) से ही प्राप्त हुई। दक्षिणी कोंकण के शीलहर राजाओं (Silaharas) ने अपने शिलालेखों तथा अपने शासक राष्ट्रकूट वंशी राजाओं के शिलालेखों की रक्षा की। उन्होंने राजावलियों और वंशावलियों को संकलित किया और उन्हें सुरक्षित रखा। पूर्वी चालुक्यों द्वारा दिए गए अनुदानों में वंश के सभी राजाओं के नाम दिए गए हैं जो वंश के संस्थापक से आरम्भ होते हैं। कलिंग के पूर्वी गंग वंशी राजाओं ने अपनी वंशावलियों में तत्कालीन राजाओं का भी विस्तृत वर्णन किया है। नेपाल की एक लम्बी वंशावली में उस देश के राजाओं के नाम, राज्य-काल और सिंहासनारूढ़ होने की तिथियाँ दी गई हैं। उड़ीसा की वंशावलियों में 3102 ईसा पूर्व तक के कलियुग के राजाओं की लगातार सूची दी गई है। उनके राज्य काल की अवधियाँ ही नहीं बल्कि मुख्य घटनाओं की तिथियाँ भी दी गई हैं। जैन-मतावलम्बियों के पास 'पट्टावलियाँ' हैं जिनमें वर्धमान महावीर की मृत्यु तक की सभी घटनाएँ लिखी हैं। पुरी के जगन्नाथ मन्दिर में ऐसे भोज-पत्र हैं जिनमें भारत के प्राचीन इतिहास के सम्बन्ध में विश्वसनीय और सुनिश्चित बातें लिखी हैं। सर आर०जी० भण्डारकर और पीटरसन द्वारा संग्रहीत साहित्यिक पुस्तकों की भूमिकाओं और टिप्पणियों (colophons) में बहुत सी ऐतिहासिक तिथियाँ तथा अन्य सामग्री मिलती है। सोमदेव ने लिखा है कि "उसने चैत्र शक् संवत् 881 (959 ई०) में अपनी कृति "यशस्तिलक पूर्ण की जब कृष्णराज देव चालुक्य राज्य करता था।" पम्प द्वारा रचित "पम्प भारत" अथवा "विक्रमार्जुन-विजय" में राजा अरिकेसरिन का उल्लेख किया गया है और उसके साथ उसकी गत सात पीढ़ियों का भी उल्लेख किया गया है। जल्हण ने देवगिरि के भिल्लम, सिंहोना, कृष्ण, मल्लुगी आदि यादव राजाओं का उल्लेख किया है। इन सभी बातों से स्पष्ट है कि प्राचीन हिन्दुओं में ऐतिहासिक चेतना थी। अत: प्राचीन इतिहास सम्बन्धी पर्याप्त सामग्री प्राप्त की जा सकती है।

(1) **साहित्यिक स्त्रोत** (Literary Sources)—भारतीय साहित्य कुछ अंश तक धार्मिक है और कुछ अंश तक लौकिक है। "ऋग्वेद," "सामवेद," "यजुर्वेद" और "अथर्ववेद" धार्मिक साहित्य है। इनमें "ऋग्वेद" प्राचीनतम है, जो आर्यों की राजनीतिक प्रणाली और इतिहास सम्बन्धी जानकारी प्रदान करता है। वैदिक श्लोकों तथा संहिताओं की टीकाएँ "ब्राह्मणों" में मिलती हैं। ये टीकाएँ गद्य में हैं। "आरण्यकों" तथा "उपनिषदों" में आत्मा, परमात्मा तथा संसार के सम्बन्ध में दार्शनिक विचारों का संग्रह मिलता है। इनसे आर्यों के धार्मिक विचारों का चित्र पाठक के समक्ष उपस्थित होता है। इनके अतिरिक्त छ: "वेदांग" हैं : "शिक्षा", "ज्योतिष", "कल्प", "व्याकरण", "निरुक्त" और "छन्द"। वेदों को समझाने के लिए ही "वेदांगों" की रचना की गई थी। समय की करवटों ने विभिन्न विचारधाराओं को जन्म दिया। इन विचारधाराओं के आधार पर वेदों के विधिवत् अध्ययन पर बल दिया गया। इस प्रकार "सूत्रों" की रचना हुई। "कल्पसूत्रों" की रचना कर्मकाण्ड अर्थात् रीति-रिवाजों को निभाने के लिए हुई। ये चार प्रकार के हैं। "श्रौतसूत्र" महा-यज्ञ सम्बन्धी ज्ञान का स्त्रोत हैं। "गृह्यसूत्रों" में गृहस्थ सम्बन्धी संस्कारों की चर्चा की गई। "धर्मसूत्रों" का सम्बन्ध 'धर्म' अथवा विधि से है। "शुल्वसूत्रों"[2] में बलिवेदी और अग्निवेदी के परिमाण और रचना की चर्चा की गई है।

पार्जिटर (Pargiter) ने लिखा है कि वैदिक साहित्य में "ऐतिहासिक बोध का अभाव है और उस पर सदा विश्वास नहीं किया जा सकता।" डॉ० एस०एन० प्रधान का मत है कि "वैदिक साहित्य से प्राप्त प्रमाण अत्यन्त मूल्यवान और शक्तिशाली हैं। इनमें अधिकतर तत्कालीन रिकार्ड हैं या तत्कालीन प्रमाणों से ली गई परम्पराएँ हैं।" फिर भी इस स्रोत से प्राप्त प्रमाणों का प्रयोग सावधानी के साथ ही करना चाहिए। इन पर अत्यधिक विश्वास भी नहीं करना चाहिए और न ही इनके प्रति उपेक्षा का व्यवहार करना चाहिए।

वेदों के पश्चात् संस्कृत साहित्य के महान् काव्यों अर्थात्— "**रामायण**" और "**महाभारत**" का नाम आता है। वेदों को समझने वाले कम व्यक्ति थे किन्तु ये महाकाव्य सर्व-साधारण के लिए रोचक थे। ये महाकाव्य कवियों,

2. ये "श्रौतसूत्रों" से सम्बन्धित हैं।

नाटककारों तथा कथाकारों के लिए कथा-वस्तु प्रदान करके चिरकाल से एक अमूल्य कोष का कार्य करते आ रहे हैं; किन्तु ये ऐतिहासिक घटनाओं का स्थूल रूप हैं और इस तथ्य से महान आलोचक भी इन्कार नहीं कर सकते। डॉ० विण्टरनिट्ज (Winternitz) का कथन है कि ''महाभारत की रचना पूर्ण होने से पहले ही 'रामायण' एक विख्यात और प्राचीन ग्रन्थ रहा होगा।'' इन महाकाव्यों से उस युग के लोगों की सामाजिक, राजनीतिक तथा आर्थिक स्थिति का ज्ञान मिलता है। उस युग में आर्यों ने गंगा-यमुना तथा उनकी सहायक नदियों के किनारे अपने अत्यन्त छोटे-छोटे राज्य स्थापित कर लिए थे। इन राज्यों के निर्माण में बनों ने पर्याप्त योग दिया। आर्य युद्ध-प्रिय जाति थी। राज्यों की शक्ति बढ़ती जा रही थी किन्तु अभी तक किसी विशाल राज्य की स्थापना नहीं हो सकी थी। प्रशासन को मन्त्रियों तथा सभासदों की सम्मति से चलाया जाता था। अत्याचारी और कर्त्तव्य-विमुख राजाओं को हटा दिया जाता था। कभी-कभी तो राजाओं को उनके अपराध के लिए मृत्युदण्ड भी दे दिया जाता था। युद्ध-क्षेत्र में वही सेना का नेतृत्व करता था। युद्ध-क्षेत्र में उसकी मृत्यु हो जाने पर सेना भाग खड़ी होती थी। जाति-प्रथा दिनोंदिन दृढ़तर होती जा रही थी। नागरिक जीवन भी बढ़ता जा रहा था। नगर खाइयों और बड़े-बड़े प्राचीरों से घिरे रहते थे। कर चाँदी और ताँबे की मुद्राओं या खाद्य-वस्तुओं के रूप में चुकाया जाता था। राजा महलों में रहते थे और सदा सामन्तों तथा नर्तकियों से घिरे रहते थे। आखेट, मद्यपान, जुआ, संग्राम आदि उनके प्रिय व्यापार थे। अतिथि-सत्कार चरमसीमा पर था। वीरता उस युग की प्रेरणा थी। क्षत्रिय राजकुमारियों को स्वयंवर रचने का अधिकार प्राप्त था। इस काल में पत्नी को इस प्रकार सम्मान दिया गया है : ''वह अर्धांगिनी और सच्ची मित्र है। वह गुणों का स्रोत और आनन्द तथा लक्ष्मी का रूप है। वह एकान्त में मित्र तुल्य और परामर्श में पिता-तुल्य है। जीवन के बीहड़ मार्ग में वह विश्राम का साकार रूप है।''

महाकाव्यों ने अपना वर्त्तमान रूप कब धारण किया, इस विषय में निश्चित रूप से कुछ भी कहना कठिन है। कुछ विद्वानों का अनुमान है कि इनके पूर्व खण्ड तो अत्यन्त प्राचीन होंगे किन्तु क्षेपकों को बाद में समय-समय पर इन प्राचीन खण्डों में जोड़ा जाता रहा होगा। कुछ लेखकों का मत है कि महाकाव्यों के नवीनतम क्षेपक द्वितीय शती ई० (second century A.D.) में जोड़े गए होंगे। यह भी सम्भव है कि यह कार्य अनुमानित समय से कुछ पूर्व ही हुआ हो। महाकाव्यों के मौलिक अंश ईसा पूर्व द्वितीय या तृतीय शती से पहले ही लिखे गए होंगे।

नारद, बृहस्पति, विष्णु, याज्ञवल्क्य तथा मनु की 'स्मृतियों' जैसे धर्मशास्त्र हिन्दू समाज के सम्बन्ध में हमें पर्याप्त सूचना प्रदान करते हैं। हिन्दू समाज के जीवनयापन के सम्बन्ध में नियमों का निर्माण धर्मशास्त्रों में ही किया गया है। इन नियमों के उल्लंघन की दशा में दण्ड का भी विधान था। डॉ० बूह्लर (Buhler) का लेख है कि ''मनुस्मृति'' की रचना 200 ईसा पूर्व और 200 ईसा पश्चात् के मध्य में हुई होगी। अन्य स्मृतियों की रचना इसके पश्चात् ही हुई होगी।

डॉ० विण्टरनिट्ज़ (Winternitz) ने लिखा है कि पुराणों में दी गई वंशावलियाँ राजनीतिक इतिहास के निर्माण में इतिहासकारों और पुराविदों के लिए अत्यन्त सहायक हैं; तथापि इनका प्रयोग अत्यन्त सावधानी तथा छान-बीन के पश्चात् ही करना चाहिए। धार्मिक इतिहास की दृष्टि से वे अमूल्य हैं। इसलिए उनका अध्ययन अत्यावश्यक है। पुराणों द्वारा ही हम हिन्दू धर्म, इसकी पौराणिकता, मूर्ति-पूजा, ईश्वरवाद, सर्वेश्वरवाद, भगवत्वात्सल्य, दर्शन, अन्धविश्वासों, त्यौहारों, प्रथाओं तथा नीति के प्रत्येक पक्ष का अध्ययन कर सकते हैं। साहित्यिक दृष्टि से ये रुचिकर नहीं हैं। भाषा का प्रयोग इनमें स्वच्छन्दता से किया गया है। कविता में भी स्वर पर आधारित रहने के कारण व्याकरण की उपेक्षा कर दी गई है।

कुछ पश्चिमी विद्वानों का मत है कि पुराण संस्कृत साहित्य में गत सहस्र वर्षों में ही ये अस्तित्व में आये हैं, किन्तु यह मत अब नहीं माना जाता। बाण कवि ''पुराणों'' को अच्छी तरह से जानता था। उसने लिखा है कि उसने अपने गाँव में ''वायव्य पुराण'' की कथा को सुना था। कुमारिल भट्ट की दृष्टि में पुराण नियम तथा विधान के आदि स्रोत हैं। शंकराचार्य तथा रामानुजाचार्य की दृष्टि में पुराण धार्मिक तथा पवित्र पुस्तकें हैं। अल्बरूनी को पुराणों की पर्याप्त जानकारी थी। उसने अठारहों पुराणों की सूची दी है। उसने विभिन्न पुराणों से अनेक उद्धरणों को अवतरित भी किया है। डॉ० विण्टरनिट्ज़ का मत है कि पुराण सर्वप्रथम ईसवी संवत् की प्रथम सदी में अस्तित्व में आये। प्रथम शती ई० में लिखी गई बौद्ध धर्म की महायान शाखा की पुस्तकें पुराणों से बहुत कुछ मिलती-जुलती हैं। पुराणों और ''ललितविस्तार'' में पर्याप्त समानता

है। पुराणों की संख्या अठारह है[3] किन्तु ऐतिहासिक दृष्टि से सभी का महत्त्व समान नहीं है। जहाँ तक इतिहास के स्रोतों का प्रश्न है ''विष्णु पुराण'', ''वायव्य पुराण'', ''मत्स्य पुराण'', ''ब्रह्म पुराण'' और ''भविष्यत् पुराण'' ही महत्त्वपूर्ण हैं। प्रत्येक पुराण पाँच प्रकरणों में विभक्त है : सर्ग, प्रतिसर्ग, वंश, मन्वन्तर और वंशचरित। पुराणों के पंचम प्रकरण की इतिहास के विद्यार्थियों को अत्यधिक आवश्यकता रहती है। पुराण का आरम्भ ही उन राजाओं से होता है जो अपने वंश का सम्बन्ध सूर्य और चन्द्र से जोड़ते हैं। वे बहुत से ऐसे राजाओं का वर्णन करते हैं जो 'मध्यदेश' में राज्य किया करते थे। ये महाकाव्य युग से लेकर बुद्ध के आगमन तक के काल के बारे में सूचनाएँ देते हैं। उनमें हस्तिनापुर के पुरु वंशी राजाओं और कोशल देश के इक्ष्वाकु राजाओं के नाम हैं। ये हमें शिशुनाग तथा नन्द वंशों के राजाओं से सम्बन्धित विस्तृत सामग्री प्रदान करते हैं। डॉ० वी०ए० स्मिथ (V.A. Smith) ने इस बात को सिद्ध किया है कि ''वैष्णव पुराण'' और ''मत्स्य पुराण'' क्रमश: मौर्यवंश और आन्ध्र एवं शिशुनाग वंशों के सम्बन्ध में विश्वसनीय जानकारी प्रदान करते हैं। ''वायु पुराण'' चन्द्रगुप्त प्रथम के राज्यकाल की जानकारी देता है। कई पुराणों ने राजाओं की वंशावलि के अन्त में निम्न और बर्बर वंशावलियों का भी ब्यौरा दिया है। ये बर्बर जातियाँ इस प्रकार थीं—आभीर, गर्दभ, शक, यवन, तुषार, हूण इत्यादि।

''पुराणों'' को आधार मानकर प्राचीन भारत के भूगोल का भी अध्ययन किया जा सकता है। इन पुराणों द्वारा प्राचीन नगरों का भी पता चलता है। पुराण यह भी बतलाते हैं कि विभिन्न नगरों के बीच की दूरी कितनी थी। इस प्रकार पुराणों में वर्णित जानकारी द्वारा उन नगरों की दूरी अनुमानित की जा सकती है। कहीं-कहीं ऐसा भी वर्णन आता है कि अमुक व्यक्ति अमुक स्थान से प्रात: चला और संध्या समय अमुक स्थान पर पहुँच गया। इस प्रकार के वर्णन से यह ज्ञात करना सुगम हो जाता है कि वर्णित दो स्थानों के बीच की दूरी लगभग कितनी थी। पुराण नगरों, नदियों तथा पर्वतों के प्राचीन नामों को जानने में हमारी सहायता करते हैं। कोलकाता के श्री डे ने इस विषय पर पर्याप्त प्रकाश डाला है। यदि धैर्य से कार्य किया जाए तो निश्चय ही उत्तम फल की प्राप्ति होगी। इस बात से इंकार नहीं किया जा सकता कि प्राचीन भारत के भौगोलिक ज्ञान से प्राचीन भारत के इतिहास को अधिक गहराई से समझा जा सकता है।

श्री ऐन० मुखोपाध्याय (Mukhopadhyaya) का मत है कि ''पुराण हिन्दुओं के धार्मिक साहित्य का महत्त्वपूर्ण अंग हैं और धर्मशास्त्र तथा तन्त्रों से मिलकर हिन्दुओं के आज के धार्मिक युग पर गहरा प्रभाव डाल रहे हैं। वेदों का अध्ययन प्राचीन बातों का अध्ययन करने वाले और उपनिषदों का अध्ययन दार्शनिक करते हैं, किन्तु प्रत्येक परम्परानिष्ठ हिन्दू को पुराणों का ज्ञान तो होना ही चाहिए। यह अलग बात है कि यह ज्ञान प्रत्यक्ष रूप से हो या परम्परागत रूप से, किन्तु इतना अवश्य है कि वह पौराणिक ज्ञान से अपने आचार-विचार या व्यवहार का परिशोधन कर सकता है और सांसारिक तथा आत्मिक कर्त्तव्यों को निभा सकता है।''

डॉ० प्रधान बताता है कि ''पुराण हमें प्राचीन भारत का इतिहास बताने का दावा करते हैं। वे ''ऋग्वेद'' काल से ही राजाओं की वंशावलियाँ बताते हैं। इसके साथ वे यह भी बतलाते हैं कि किन राजाओं ने प्राचीन काल में भारत के किस-किस भाग पर राज्य किया और कौन-कौन से राज्यों की स्थापना की। कहीं-कहीं राजाओं और ऋषियों के साहसी और असाधारण कार्यों का वर्णन भी मिलता है। युद्धों के पूर्ण विवरण, प्रसिद्ध घटनाएँ तथा बहुमूल्य समकालीन घटनाएँ भी लेखबद्ध हैं।''

पुराणों में वर्णित जानकारी को महत्त्व न देना आजकल के विद्वानों की प्रवृत्ति बन गई है। पुराणों में वर्णित वंशावलियों को किन्हीं अत्यन्त तीव्र बुद्धि के व्यक्तियों ने तत्कालीन राजाओं की प्रेरणा पर गढ़ा था। कुछ भी हो, इस धारणा को प्रोत्साहन नहीं दिया जा सकता। पौराणिक सत्य-वक्ता होने का दावा करते हैं और इस प्रकार का झूठ बोलने में उनका कौन-सा स्वार्थ साधन होता था? रही बात उन राजाओं की जिनके बारे में उन्होंने लिखा है, वे तो इन लेखकों से पूर्व ही मर चुके थे। अत: इस धारणा को प्रमाणित नहीं किया जा सकता, क्योंकि कल्पना के आधार पर इतनी लम्बी और विशाल वंशावलियों की सृष्टि बुद्धि-संगत नहीं ठहरती। सूत पौराणिक सामग्री और पुराणों को सुरक्षित रखने के लिए

3. अठारह पुराणों के नाम इस प्रकार हैं : ''ब्रह्म पुराण'', ''पद्म पुराण'', ''वैष्णव पुराण'', ''वायव्य पुराण '', या ''शैव पुराण'', ''भगवद् पुराण'', ''नारदीय पुराण'', ''मार्कण्डेय पुराण'', ''ब्रह्मवैवर्त पुराण'', ''लिंग पुराण'', ''वराह पुराण'', ''स्कन्द-पुराण'', ''गरुड़ पुराण'', ''ब्रह्माण्ड पुराण'', ''आग्नेय पुराण'', ''भविष्य पुराण'' या ''भविष्यत् पुराण'', ''वामन पुराण'', ''कौर्म पुराण'' और ''मत्स्य पुराण''।

अत्यन्त इच्छुक थे। अत: निश्चय ही पुराण अपने वास्तविक रूप में सुरक्षित और प्रेषित किए गए होंगे। सम्भवत: प्राचीन राजाओं की वंशावलियों का अत्यन्त गम्भीर अध्ययन और विश्लेषण किया गया हो तथा संरक्षकों द्वारा उनकी रक्षा भी की गई हो। पुराणों का अध्ययन करते समय न तो हमें विश्वासशील (credulous) और न ही पक्षपाती (prejudiced) होना चाहिए। हमें बीच का मार्ग अपनाना चाहिए और केवल उसी तथ्य को ग्रहण करना चाहिए जो युक्तिसंगत और उचित हो। स्मिथ का मत है कि ''किसी राष्ट्र के प्राचीन काल की खोज करने वाले इतिहासकार को उस काल की साहित्यिक अनुश्रुति को तथ्य रूप में स्वीकार करना चाहिए, किन्तु तत्कालीन प्रमाणों के सम्मुख साहित्यिक अनुश्रुति को प्रमुखता देना भूल होगी, क्योंकि प्रमाणों द्वारा सिद्ध की हुई घटनाएँ परम्परा से अधिक सबल और ग्राह्य होती हैं।''

पौराणिक क्षेत्र में अनुसंधान कार्य बड़े जोरों से हुआ है। पुराणों पर लिखे गए बहुत से निबन्धों के अतिरिक्त पार्जिटर (Pargiter) द्वारा लिखित एन्शिएण्ट इण्डियन हिस्टोरिकल ट्रैडिशन (Ancient Indian Historical Tradition) और डाइनेस्टीज़ आफ द काली एज (Dynasties of the Kali Age) बड़े ही महत्त्व की सामग्री हैं।

पुराणों में कुछ गम्भीर त्रुटियाँ भी हैं। इनमें इतिहास को लोक-वार्ताओं और कल्पित कथाओं से मिला दिया गया है। पौराणिक दन्तकथाएँ धार्मिक तो कही जा सकती हैं, किन्तु उन्हें ऐतिहासिक कदापि नहीं कहा जा सकता। इन कथाओं में जिन राजाओं का उल्लेख मिलता है उनका आधार अधिकतर कल्पना ही है। अन्य किसी विश्वसनीय स्रोत से उनकी पुष्टि नहीं की जा सकती। कहीं-कहीं तो पौराणिक बातें परस्पर मेल नहीं खातीं।

डॉ० आल्टेकर (Altekar) राजवंशीय परम्परा के सम्बन्ध में कहते हैं कि इस सूची में जितने भी राजाओं-महाराजाओं के नाम आते हैं, उनके बारे में पुराण यह नहीं बतलाते कि बाद में गद्दी पर बैठने वाला राजा का पहले राजा के साथ क्या सम्बन्ध था। उनके पारस्परिक सम्बन्ध के विषय में पुराण मौन हैं, किन्तु इतना अवश्य है कि उत्तराधिकारी प्राय: पूर्वाधिकारी के वंश का न होकर उसकी जाति से सम्बन्धित व्यक्ति हुआ करता था।

संस्कृत साहित्य के इतिहास (A History of Sanskrit Literature) में डॉ० कीथ ने इस प्रकार कहा है : ''आजकल पुराण जिस रूप में प्राप्त हैं, उस रूप में तो उनमें धार्मिक और सामाजिक अवस्था तथा दरबारी कवियों का वर्णन अधिक मिलता है। अत: इस प्रकार की सामग्री महत्त्वहीन ही समझी जाएगी। नाम और तिथियाँ, जो पुराणों में सूची रूप में दी गई हैं, उन्हें जब अन्य विश्वसनीय तथ्यों के सम्मुख उपस्थित किया जाता है तो वे अत्यन्त त्रुटिपूर्ण दिखाई देती हैं। कारण यह है कि जिस काल में ये वंशावलियाँ तैयार की गई थीं, उस काल के लेखकों का उद्देश्य इतिहास की सामग्री जुटाने की अपेक्षा राजाओं को प्रसन्न करना था। अत: इन पुराणों से किसी काम की बात के मिल सकने की आशा न के बराबर ही की जा सकती है। यह तो ठीक है कि हमने पुराणों को कभी ठीक ढंग से पढ़ने की चेष्टा ही नहीं की, किन्तु प्रश्न तो यह है कि क्या इस ढंग से पुराणों का अध्ययन करने से कोई काम की वस्तु मिल सकने की आशा भी की जा सकती है ?'' डॉ० कीथ का यह मत स्पष्ट रूप से पक्षपाती है। वास्तव में यदि देखा जाए तो कहना पड़ेगा कि डॉ० कीथ ने उस सामग्री के महान् लाभों की ओर ध्यान नहीं दिया जिसे विद्वानों ने बड़े यत्नों के पश्चात् हमारे सामने उपस्थित किया है। डॉ० कीथ भी पक्षपात के उसी रोग से पीड़ित प्रतीत होते हैं, जो लार्ड मैकाले के समय से चला आ रहा है। अभी भी समय है कि इतिहासकार पक्षपात की मलिनता को धो डालें और इस तुच्छता से ऊपर उठकर उन्हें प्राचीन भारत के इतिहास का स्रोत स्वीकार करें।

बौद्ध साहित्य (Buddhist Literature)—बौद्ध साहित्य से बिम्बसार के सिंहासनारोहण से पूर्व काल की पर्याप्त ऐतिहासिक जानकारी प्राप्त होती है। यह साहित्य कई ऐसे तथ्यों पर प्रकाश डालता है, जिनकी ब्राह्मण ग्रन्थकारों ने उपेक्षा की है। बौद्ध साहित्य पाली और संस्कृत भाषाओं में मिलता है। पाली का साहित्य निम्न तीन भागों में विभक्त है—(1) '*विनय पिटक*' (2) '*सुत्त पिटक*'; (3) '*अभिधम्म पिटक*'। 'विनय पिटक' में मठ-निवासियों के लिए अनुशासन सम्बन्धी नियम हैं। इसके अन्तर्गत निम्नलिखित ग्रन्थ आते हैं— '*सुत्त विभाग*', '*खण्डक*' और '*परिवार*'। 'सुत्त पिटक' में बुद्ध के उपदेशों का सार दिया गया है। पिटकों में इस पिटक का स्थान सर्वोच्च है। इसमें दीघ, निकाय, मज्झिम निकाय, संयुत्त निकाय, अंगुत्तर निकाय और खुद्दक निकाय हैं। अभिधम्म पिटक के सात ग्रन्थ हैं। इनमें बौद्ध मत के विचारों पर शास्त्रीय ढंग से विचार किया गया है।

पाली भाषा में भिक्षु-अनुशासन के अतिरिक्त भी पर्याप्त साहित्य की सृष्टि हुई है। इस साहित्य का सर्वोत्तम ग्रन्थ ''*मिलिन्द पणह*'' (Milinda Panha) है। इसमें महाराज मिलिन्द के प्रश्न हैं। इसका नामकरण यूनान के राजा मैनाण्डर (Menander) के नाम पर किया गया है। यह ग्रन्थ प्लेटो (Plato) के कथोपकथन से मिलता-जुलता है। इसकी सुन्दर और मनोहारी भाषा ही इसका आकर्षण है। इसमें बौद्ध धर्म की अनेक समस्याओं तथा विवादग्रस्त विषयों पर प्रकाश डाला गया है। यह पाली भाषा का एक सर्वश्रेष्ठ ग्रन्थ है। पाली भाषा में बौद्ध मत का सर्वश्रेष्ठ तथा योग्य आलोचक, बुद्ध घोष के नाम से विख्यात है। '*दीपवंश*' (Dipavamsa) और '*महावंश*' (Mahavamsa) लंका के ऐतिहासिक ग्रन्थ हैं। ''ललितविस्तार'' और ''*वैपुल्य सूत्र*'' संस्कृत भाषा में रचे गए हैं। इनमें बौद्धमत सम्बन्धी पर्याप्त ज्ञान प्राप्त होता है। ''ललितविस्तार'' में महात्मा बुद्ध के जीवन को अत्यन्त रोचक शैली में प्रस्तुत किया गया है। ''वैपुल्य सूत्र'' के नौ ग्रन्थों में बौद्ध धर्म के नियमों का वर्णन किया गया है।

नेति प्रकरण में बुद्ध की शिक्षाएँ हैं। पिटक उपदेश बौद्ध धर्म के चार सत्यों को व्याख्या करता है। बताया जाता है कि ये दोनों ग्रन्थ महाकच्चन ने लिखे हैं। बुद्ध घोष पाँचवीं सदी में श्रीलंका में रहता था। उसने सभी त्रिपटकों (पाली भाषा) पर टीकाएँ लिखीं। वह अपने विसुधिंग (Visuddhimagga) के लिए प्रसिद्ध है। अन्य प्रसिद्ध टीकाकार बुद्धदत्त, आनन्द, धम्मपाल, उपसेन, कश्यप, धम्मश्री, महास्वामी थे।

नागार्जुन बौद्ध मत का महान् शिक्षक था। उससे शतसहस्रिका प्रज्ञाप्रमिता और मध्यमिका सूत्र लिखे। आर्यदेव भी महान् लेखक था। असंग महायान सूत्रालंकार का लेखक था। वासुबन्धु अभिधर्म कोष का लेखक था। दिग्नाग, चन्द्रगोमिन और शान्तिदेव महान् विद्वान थे। अश्वघोष बुद्ध चरित्र, सूत्रालंकार, सौन्दर्य आनन्द काव्य तथा महायान श्रद्धोतपद का रचयिता था।

जातकों में बुद्ध के पूर्व जन्मों का वर्णन किया गया है। बौद्ध मत के अनुयायियों के अनुसार शाक्य वंश में उत्पन्न होने से पूर्व महात्मा बुद्ध को कई जन्म लेने पड़े, किन्तु बुद्ध वे इसी जन्म में ही बन सके। लगभग 549 जातक कथाएँ सम्मिलित रूप में प्रकाशित की गई हैं। अपने युग के जीवन और विचारों के प्रेषक होने के कारण इन कथाओं का महत्त्वपूर्ण स्थान है। इन कथाओं द्वारा ऐसे प्रमाण मिलते हैं, जो ब्राह्मणों से प्राप्त सामग्री की पूर्ति करते हैं। इन प्रमाणों के प्रकाश में ही उनकी जाँच-पड़ताल की जा सकती है। इन जातकों द्वारा तत्कालीन समाज की धार्मिक, राजनीतिक और आर्थिक अवस्था का चित्र देखने को मिलता है। कहा जाता है कि जातकों की रचना दूसरी या तीसरी सदी ईसा पूर्व में हुई होगी। साँची और भारहुत के स्तूपों पर जातक कथाएँ अंकित हैं। ये स्तूप तृतीय या द्वितीय सदी ईसा पूर्व निर्मित हुए थे। किन्तु बौद्ध परम्परा के अनुसार ये कथाएँ बौद्ध के जन्म से बहुत पहले की हैं। डॉ० विण्टरनिट्ज़ ने लिखा है कि ''जातक कथाओं का महत्त्व अमूल्य है। यह केवल इसलिए नहीं कि वे साहित्य और कला का अंश हैं; उनका महत्त्व तृतीय सदी ईसा पूर्व की भारतीय सभ्यता का दिग्दर्शन कराने में है।''

जैन साहित्य (Jain Literature)—जैन साहित्य में भी ऐतिहासिक सामग्री पर्याप्त मात्रा में मिलती है। जैन इतिहास के सम्बन्ध में प्रो० जैकोबी (Jacobi) और डॉ० बनारसीदास ने पर्याप्त अनुसन्धान किए हैं। जैनी अपने साहित्य के प्रकाशन पर अत्यधिक धन व्यय कर रहे हैं। अत: आशा की जा सकती है कि इस कार्य की सम्पन्नता पर लाभदायक सामग्री प्राप्त की जा सकेगी।

विशाखदत्त-कृत ''मुद्राराक्षस'' ("Mudrarakshasa" of Visakhadatta)—इस ग्रन्थ में चन्द्रगुप्त मौर्य और उसके गुरु चाणक्य का वर्णन है। इस ग्रन्थ में इस बात का उल्लेख किया गया है कि नन्दवंश का किन कारणों से पतन हुआ और चन्द्रगुप्त मौर्य ने अपने वंश की स्थापना कैसे की।

चाणक्य के ''अर्थशास्त्र'' से भी पर्याप्त ऐतिहासिक सामग्री प्राप्त होती है। ''अर्थशास्त्र'' के रचयिता ने न केवल राज-प्रबन्ध का ही वर्णन किया है, वरन् तत्कालीन सामाजिक और धार्मिक जीवन पर भी प्रकाश डाला है।

पातञ्जलि-प्रणीत ''महाभाष्य'' तथा पाणिनि-कृत ''अष्टाध्यायी''—ये ग्रन्थ संस्कृत भाषा के व्याकरण हैं, किन्तु इनमें भी कहीं-कहीं महाराजाओं, जनतन्त्रों तथा राजनीतिक घटना-चक्रों का उल्लेख मिलता है।

प्राचीन भारत सम्बन्धी हमारे ज्ञान की पूर्ति अनेक साहित्यिक और अन्य लेखों से होती है। हरिषेण समुद्रगुप्त का दरबारी कवि था। इलाहाबाद के स्तम्भ पर अंकित उसकी कविता समुद्रगुप्त के साहसिक और असाधारण कार्यों पर प्रकाश डालती है। कालिदास की "*शाकुंतल*" और "*मेघदूत*" नामक कृतियों से भी तत्कालीन सामाजिक जीवन पर प्रकाश पड़ता है। कविता, नाटक और गद्य से प्राप्त होने वाली सामाजिक, धार्मिक, आर्थिक, राजनीतिक और सांस्कृतिक जानकारी से पूरा-पूरा लाभ नहीं उठाया गया है। ऐसा सम्भवत: इसलिए हुआ है कि इन पुस्तकों के रचना काल के विषय में प्रामाणिक रूप से कुछ नहीं कहा जा सकता। परिणामस्वरूप उनसे सम्बन्धित जानकारी को प्रयोग में लाने से हानि होने की सम्भावना है।

महाकवि भास द्वारा लिखित "*स्वप्नवासवदत्ता*" और "*प्रतिज्ञा यौगधरायण*" नामक नाटक हमें उज्जैन के राजा चण्ड प्रद्योत कालीन भारत की राजनीतिक स्थिति का पता देते हैं। संस्कृत के सम्भवत: हर्ष द्वारा लिखित "*नागानन्द*", "*रत्नावली*" और "*प्रियदर्शिका*" नाटक सातवीं सदी ई० के इतिहास का वर्णन करते हैं।

कुछ लेखकों ने तो अपने आश्रयदाताओं को ही अपने काव्य का विषय बनाया है। बाण कवि ने "*हर्षचरित*" लिखा। यह ग्रन्थ काव्य का अंग होने के साथ-साथ हर्ष का जीवन-दर्शन भी है। यह ग्रन्थ राजनीतिक इतिहास की दृष्टि से उपयुक्त होने के साथ-साथ सातवीं सदी ई० की धार्मिक, राजनीतिक, सामाजिक और आर्थिक अवस्था पर प्रकाश डालता है। वाक्‌पति और बिह्लण ने "*गौढ़वहो*" और "*विक्रमांकदेव चरित*" में यशोवर्मा और विक्रमादित्य के असाधारण और साहसिक कार्यों का ब्यौरा दिया है। बंगाल के महाराज रामपाल की जीवन-कथा का पता एक साहित्यिक ग्रन्थ "*रामचरित*" से चलता है। इनके अतिरिक्त अनेक जीवन-चरित सम्बन्धी कृतियाँ भी उपलब्ध होती हैं और वे इस प्रकार हैं—जयसिंह का "*कुमारपाल-चरित*", हेमचन्द्र का "*कुमारपाल-चरित*", नयचन्द्र का "*हम्मीर काव्य*", पद्मगुप्त का "*नवसहसांक-चरित*", बल्लाल का "*भोज-प्रबंध*", चन्दबरदाई का "*पृथ्वीराज चरित*" और एक अज्ञात लेखक द्वारा "*पृथ्वीराज-विजय*" इत्यादि।

यद्यपि उपरोक्त पुस्तकों में बहुमूल्य ऐतिहासिक सामग्री प्राप्त होती है तो भी इन पुस्तकों को विशुद्ध और प्रामाणिक इतिहास के रूप में ग्रहण नहीं किया जा सकता। कारण यह है कि इन ग्रन्थों के लेखकों का उद्देश्य राजाओं की प्रशंसा करना था न कि ऐतिहासिक सामग्री प्रस्तुत करना। इन ग्रन्थों से राजाओं के जीवन और काल का पूरा पता नहीं चलता। इस सम्बन्ध में इन ग्रन्थों के लेखकों ने स्वयं स्वीकार किया है कि इन ग्रन्थों के उद्देश्य साहित्यिक चातुरी और कल्पना शक्ति का प्रदर्शन करना है न कि इतिहास प्रस्तुत करना।

कल्हण की "राजतरंगिणी" (Rajtarangini of Kalhana)—यह ग्रन्थ 1149-50 ई० में लिखा गया। डॉ० मजूमदार का मत है कि "राजतरंगिणी" ही प्राचीन भारतीय साहित्य का एकमात्र ऐसा ग्रन्थ है जिसे यथार्थ रूप में प्राचीन भारत का ऐतिहासिक ग्रन्थ कहा जा सकता है। लेखक ने ऐतिहासिक पुस्तकों और अन्य स्रोतों द्वारा केवल सामग्री को ही जुटाने का यत्न नहीं किया वरन् ग्रन्थ के आरम्भ में इतिहास लेखन के नियमों को समझाने की भी चेष्टा की है। कल्हण के कथनानुसार उसने अपने समय से पूर्व 11 लेखकों की ऐतिहासिक पुस्तकें पढ़ीं और राजाओं के अध्यादेशों का अध्ययन किया। ये अध्यादेश अनुदान सम्बन्धी शिलालेख थे।

कल्हण द्वारा लिखित कश्मीर के इतिहास का सातवीं शताब्दी से पूर्व का भाग विश्वसनीय नहीं है। प्राचीन भारतीय लेखकों में कल्हण ही ऐसा लेखक है जिसने कनिष्क के विषय में लिखा है। "राजतरंगिणी" से सातवीं शती से आगे का कश्मीर का विश्वसनीय इतिहास प्राप्त होता है। लेखक ने कालक्रमानुसार प्रत्येक राजा का विस्तृत परिचय दिया है। अपनी पुस्तक में वह ज्यों-ज्यों अपने समय के निकट आता जाता है इतिहास की मात्रा उसके ग्रन्थ में बढ़ती जाती है और वह उस समय का पूर्ण चित्र प्रस्तुत कर देता है। यहाँ यह बात ध्यान देने योग्य है कि उसकी मृत्यु के पश्चात् जोणराज और अन्य लेखकों ने उसके कार्य को जारी रखा।

कल्हण के अच्छी सरकार के बारे में निश्चित विचार थे। उसका आदर्श शक्तिशाली राजा था जो अपने अधीनस्थों पर कठोर नियन्त्रण रखे लेकिन अपनी जनता के प्रति दयावान हो और उसकी भावनाओं का सम्मान करे। उसे अपने सलाहकारों को सावधानी से चुनना था और उनके परामर्श की ओर ध्यान देना था। अनेक स्थानों पर कल्हण ने दारों

(Damaras) अर्थात् छोटे सामन्तों की निन्दा की है जिन्होंने कश्मीर में अराजकता तथा मुसीबतें उत्पन्न कीं। कल्हण नौकरशाही का कटु आलोचक था। उसने उसके बारे में लिखा है : "केकड़ा अपने पिता को मार डालता है, दीमक अपनी माँ को खा जाती है, किन्तु कृतघ्न कायस्थ (सरकारी कर्मचारी) शक्तिशाली होने पर सबका नाश कर देता है।" कई स्थलों पर अपने देश और वासियों के प्रति निराशा व्यक्त करता है : "यह भूमि पवित्र नारी होने के बाद ढीठ के हाथों पहुँचकर वेश्या बन गई है। इसके बाद में केवल शक्तिहीन व्यक्ति षडयन्त्र के द्वारा सफलता प्राप्त करने की इच्छा करेगा।"

यहाँ गुजरात के ऐतिहासिक ग्रन्थों को देना उचित प्रतीत होता है। इस संबंध में लिखे गए प्रसिद्ध ग्रन्थ इस प्रकार हैं : सोमेश्वर-प्रणीत "*रासमाला*" और "*कीर्ति कौमुदी*" अरिसिंह द्वारा लिखित "*सुकृत संकीर्तन*", मेरुतुंग द्वारा लिखित "*प्रबंध चिंतामणि*", राजशेखर द्वारा लिखित "*प्रबंध कोश*", जयसिंह द्वारा लिखित "*हम्मीर मद-मर्दन*", इत्यादि। ये ग्रन्थ कथाओं, ऐतिहासिक उप-कथाओं के कोश हैं।

द्रविड़ भाषा में ईसा की दूसरी सदी के बाद के भारत के राजनीतिक इतिहास का अनेक बार उल्लेख है। दूसरी और तीसरी सदी के तमिल संगम ग्रन्थों में दक्षिण भारतीय संस्कृति के बारे में पर्याप्त लाभकारी जानकारी मिलती है। कन्नड़ और तेलुगू में ऐसी अनेक कविताएँ हैं जिनसे दक्षिण के इतिहास के विषय में लाभकारी जानकारी प्राप्त होती है।

इसी प्रकार नेपाल के स्थानीय इतिहास भी हैं, किन्तु उनके तथ्यों को ठीक प्रकार एकत्रित नहीं किया गया है।

(2) पुरातत्त्व (Archaeology)—इस विद्या ने प्राचीन भारत के इतिहास को जुटाने में पर्याप्त योग दिया है। अत: इसके महत्त्व को किसी प्रकार कम नहीं किया जा सकता। भारतीय पुरातत्त्व विभाग को अस्तित्व में आए अभी कुछ ही वर्ष हुए हैं, किन्तु इस अल्प काल में इस विद्या ने जो उन्नति की है, वह निश्चय ही प्रशंसनीय है। इस विद्या का आरम्भ भले ही यूरोपियन लोगों द्वारा हुआ हो, किन्तु अब भारतीय विद्वान भी इस दिशा में किसी से पीछे नहीं हैं। भारतीय प्राचीन वस्तुओं के अध्ययन के कार्य को सर विलियम जोन्स ने शुरू किया था। इन्हीं सर विलियम जोन्स ने 1774 में एशियाटिक सोसाइटी आफ बंगाल की स्थापना की थी। विभिन्न शिलालेखों को भारी संख्या में एकत्रित किया। किन्तु लिपि का ज्ञान न होने के कारण उन्हें पढ़ा न जा सका। जोन्स प्रिंसैप (Jones Prinsep) द्वारा 1837 में ब्राह्मी (Brahmi) लिपि के अनुसंधान (decipherment) के उपरान्त इस समस्या का समाधान कर दिया गया। इस खोज के पश्चात् पढ़ने का कार्य सुगम बन गया और परिणामस्वरूप विद्वानों ने इस दिशा में भारी कार्य किया है। फ़रगुसन, कन्निंघम, डॉ० राजेन्द्र लाल मित्र, डॉ० भाऊ दाजी इत्यादि ने इस दिशा में काम किया है। इस दिशा में सर्वाधिक सहयोग जनरल सर कन्निंघम का है, जो 1862 में पुरातत्त्व सर्वेक्षक के पद पर नियुक्त हुए थे। उन्होंने व्यक्तिगत अनुसंधान के आधार पर प्राचीन भारत की भूगोल-सम्बन्धी जानकारी प्रस्तुत की है। उन्होंने पर्याप्त मात्रा में भारतीय सिक्कों को एकत्रित किया है। गया, भारहुत, साञ्ची, सारनाथ, तक्षशिला जैसे खदानों पर खुदाई का काम आरम्भ किया गया था।

लार्ड कर्जन ने पुरातत्त्व विभाग की स्थापना की और डॉ० मार्शल उसमें पुरातत्त्व विभाग के महानिदेशक के पद पर नियुक्त किए गए। डॉ० वॉगल, डॉ० स्टाइन (Stein), डॉ० ब्लोच और डॉ० स्पूनर सहायक विद्वानों के रूप में नियुक्त किए गए थे। डॉ० मार्शल के निर्देशन और निरीक्षण के अन्तर्गत तक्षशिला की 25 वर्गमील तक फैली भूमि की खुदाई की गयी और परिणामस्वरूप अनेक उपयोगी जानकारियाँ प्राप्त हुईं। डॉ० स्पूनर द्वारा पाटलिपुत्र के प्राचीन नगर की खुदाई की गई किन्तु जल-निस्सरण के कारण अधिक जानकारी प्राप्त न हो सकी। डॉ० स्पूनर ने नालन्दा विश्वविद्यालय की बुद्ध सम्बन्धित भूमि का खनन कराया और परिणामस्वरूप विशेष जानकारी प्राप्त हो सकी। सन् 1922-23 में सिन्ध में डॉ० आर०डी० बनर्जी ने मोहनजोदाड़ो का खनन कार्य प्रारम्भ कराया था। ऐसा ही कार्य हड़प्पा (Harappa) में भी किया गया। इन दोनों स्थानों से प्राप्त सामग्रियाँ एकत्र की गईं और सर जॉन मार्शल ने सिंधु घाटी की सभ्यता (Indus Valley Civilization) पर एक विशाल ग्रन्थ की रचना की। ऑरेल स्टाइन (Aurel Stein) ने बलोचिस्तान, कश्मीर और चीनी तुर्किस्तान में इस दिशा में पर्याप्त कार्य किया। एन०जी० मजूमदार तथा डॉ० मैके (Mackay) ने भी सिन्धु घाटी की सभ्यता के सम्बन्ध में बहुत कुछ लिखा है। आज भी भारत के विभिन्न भागों में पुराविद्या सम्बन्धी कार्य किये जा रहे हैं।

(क) शिला-लेख[4] (Inscriptions)—पुरातत्त्व शीर्षक के अन्तर्गत शिलालेखों[5], मुद्राओं तथा स्मारकों द्वारा प्राप्त जानकारी का वर्णन किया जा सकता है। शिलालेख ऐतिहासिक खोज में बड़े महत्त्व की वस्तु हैं। वे धातुओं और पत्थरों पर अंकित हैं। अत: उनकी प्रामाणिकता में सन्देह नहीं किया जा सकता। इन पर अंकित जानकारी को बिना हिचकिचाहट के प्रयोग में लाया जा सकता है। पुस्तकों में ज्ञात तथा अज्ञात लेखकों द्वारा जोड़े गए क्षेपकों के कारण सन्देह की सम्भावना बनी रहती है। अत: स्पष्ट है कि शिलालेखों की प्रामाणिकता में किसी भी प्रकार का सन्देह नहीं किया जा सकता। इन शिलालेखों से तत्कालीन लेखन शैली का पता चलता है। उनके स्वरूप और आकार-प्रकार को देख कर उनके काल का भी अनुमान लगाया जा सकता है। उनकी स्थिति से भी कुछ जानकारी प्राप्त की जा सकती है। यद्यपि अब शिलालेखों को पढ़ने और समझने की कठिनाइयों को दूर कर लिया गया है किन्तु सिंधु घाटी की लिपि अभी तक रहस्य का विषय बनी हुई है।

शिलालेखों को विषय के आधार पर अनेक शीर्षकों में बाँटा जा सकता है; व्यापारिक, मायावी, धार्मिक एवं उपदेशात्मक, प्रशासनिक, प्रशंसात्मक, मन्नत लेख अथवा समर्पणीय, भेंट सम्बन्धी, अभिनन्दनीय तथा साहित्यिक। व्यापारिक शिलालेखों के नमूने सिंधु घाटी की छापों पर देखे जा सकते हैं। इनमें से कुछ छापों का व्यवहार व्यापारिक गाँठों और मिट्टी के बर्तनों पर मोहर लगाने के रूप में किया गया होगा। ''छापों पर के छोटे-छोटे शिलालेखों पर तो केवल उसके स्वामी का नाम ही अंकित है, किन्तु इनसे बड़ी छापों के शिलालेखों पर पदवियों सहित स्वामी का नाम अंकित है।'' सम्भवत: इन छापों का प्रयोग समुद्र द्वारा विदेशी व्यापार के लिए किया जाता था। *निगमों* (Nigamas) और *श्रेणियों* (Srenis) को अपनी मुद्राएँ बनाने की असाधारण शक्ति प्राप्त थी। अत: निश्चय ही उन्होंने ही व्यापारिक कार्यों को सम्पन्न करने के लिए इन छापों का प्रयोग किया होगा। यह तो ठीक है कि नष्ट होने वाली वस्तुओं पर दिए गए उनके विवरण घिस-घिसाकर अब नष्ट हो चुके हैं। कुछ प्रामाणिक संकेतों द्वारा यह कहा जा सकता है कि इन छापों का प्रयोग व्यापार के लिए किया जाता था और यह सूचना कुमारगुप्त और बन्धुवर्मा के समय *मंदसौर* शिलालेख से प्राप्त होती है।

मायावी शिलालेखों में मन्त्र इत्यादि लिखे हुए हैं। इनके नमूनों को सिंधु घाटी की मुद्राओं में देखा जा सकता है। ''पकी हुई कच्ची मिट्टी और मिट्टी के बर्तनों पर कुछ छापें लगी हुई हैं। वे भी कुछ सीमा तक यन्त्रादि ही नजर आते हैं। कुछ मोहर लगी हुई पट्टियाँ (tablets) हैं। इन्हें बीचोंबीच छेदा गया है। सम्भवत: कपड़ों आदि के साथ लटकाने के लिए छेद किए गए हैं। इसके अतिरिक्त जिन पट्टियों के एक ओर मोहर अंकित है, उनका पिछला भाग बिल्कुल साफ है। इससे स्पष्ट है कि ये किसी चीज के साथ लगाई नहीं गईं और इसीलिए उनका प्रयोग व्यापार के लिए नहीं किया गया होगा। कुछ पदार्थ ऐसे भी हैं जिनके कई ओर मोहरें लगी हैं, इन्हें केवल तावीज़ और यन्त्र इत्यादि के रूप में प्रयोग में लाया गया होगा, इसके अतिरिक्त वे किसी अन्य कार्य में नहीं लाई जा सकती होंगी।'' इन छापों के अर्थ को अभी तक स्पष्ट रूप से पढ़ा नहीं जा सका। अत: जब तक वे पढ़ी न जा सकें तब तब उनके विषय की थाह पाना कठिन है। इन पर देवताओं के नाम अंकित हैं और उन देवताओं को जानवरों की आकृति में पेश किया गया है। इन तावीज़ों पर हिरण, भैंसा, ब्राह्मी बैल, हाथी, बकरी, खरगोश, बन्दर, मानव, छोटे सींगों वाला बैल और शेर आदि पशुओं के चित्र हैं। कुछ देवताओं को चाँद, यमराज, शंकर, इन्द्र, ब्रह्मा और दुर्गा के रूप में अंकित किया गया है। यह ध्यान देने योग्य बात है कि यन्त्र और मन्त्रों को धातु और भोजपत्र आदि पर लिखा गया है।

---

4. प्रो० ई०जे० रैप्सन ने शिलालेखों के महत्त्व को इन शब्दों में बताया है : ''शिलालेखों से अपने देश और काल की राजनीतिक, सामाजिक तथा आर्थिक अवस्थाओं के बारे में विश्वसनीय प्रमाण मिलता है। एक ओर वे सैनिक गतिविधियों और दूसरी ओर संस्थाओं के स्थायित्व को प्रमाणित करते हैं जिन पर सैनिक विजयों का कोई प्रभाव नहीं पड़ा। एक के बाद एक विजेता आता गया किन्तु प्रत्येक राज्य का प्रशासन अपरिवर्तित रहा। या तो उस राज्य पर पहले राजा का ही शासन रहा या उसके ही परिवार का कोई अन्य व्यक्ति शासक बना और प्रत्येक नये शासक ने मठों या विहारों के अधिकारों को मान्य किया।''

5. डॉ बूह्लर का मत है कि ''एक ओर इनसे बहुत महत्त्वपूर्ण जानकारी मिलती है जो निश्चित रूप से प्रमुख लेखकों के काल को निर्धारित करती है जैसे अभिनवयुग में नाट्य कवि राजशेखर का काल ईसा की नवीं सदी निश्चित किया गया है क्योंकि उसके शिष्य महेन्द्रपाल और महीपाल ने नवीं सदी की अन्तिम दशाब्दियों में शासन किया था। यह तथ्य डॉ० एफ०जे० फ्लीट और प्रो० कील हार्न (Keil Horn) ने बताया है। दूसरी ओर आधुनिक युग के शिलालेखों में अंशत: कम महत्त्व की जानकारी से तुलना करने पर हमें सभी प्रकार के साहित्य और धार्मिक प्रणालियों के विकास को परखने का अवसर मिलता है, जो वास्तविक ऐतिहासिक तथ्यों के अभाव में पर्याप्त महत्त्वपूर्ण हैं। (Indian Inscription and the Antiquity of Indian Artificial Poetry, p. 1)

धार्मिक और उपदेशात्मक शिलालेखों में धार्मिक और नैतिक विवरण ही देखने को मिलते हैं। सिंधु घाटी की कुछ मोहरों और पट्टियों को पूजा के लिए प्रयोग में लाया जाता था, तावीज़ों के रूप में उनका व्यवहार नहीं होता था। अशोककालीन धार्मिक और उपदेशात्मक शिलालेख अपने ढंग के उत्तम उदाहरण हैं। अशोक के उपदेश (Edicts) 'धम्म लिपि' के नाम से पुकारे जाते हैं।

अशोक के आदेश भी प्रशासनिक शिलालेखों के नमूने हैं। उसके शिलालेखों में से एक शिलालेख का उदाहरण इस प्रकार है— ''धम्म के प्रचार और अन्य कार्यों के लिए मेरे राज्य में प्रति पांच वर्षों में युक्त, रज्जुक और प्रादेशिक भ्रमण के लिए निकला करेंगे।''

सोहगौर के तीसरी शती ईसा पूर्व का ताम्र लेख प्रशासनिक शिलालेखों का अच्छा उदाहरण है। जूनागढ़ की चट्टान पर अंकित रुद्रदमन प्रथम का शिलालेख भी अच्छी खासी प्रशासनिक सामग्री प्रदान करता है। उत्तर और दक्षिण से पर्याप्त संख्या में प्राप्त ताम्र-पत्रों पर अंकित लेख अधिकाधिक संख्या में प्रशासकीय जानकारी प्रस्तुत करते हैं और इन लेखों द्वारा प्राप्त जानकारी बड़े ही महत्त्व की वस्तु है। हर्ष के *बाँसखेड़ा* के ताम्र-पत्र अभिलेख भी इसी पक्ष में प्रस्तुत किए जा सकते हैं।

प्रशंसात्मक शिलालेख राजनीतिक दृष्टि से महत्त्वपूर्ण हैं। इनमें प्रायः निम्नलिखित बातें हैं—राजा की वंशावली, उनका नाम, राजा का पूर्व चरित्र, तत्कालीन राज्य जिनसे उसका युद्ध हुआ, अन्तर्राज्यीय सम्बन्ध, राज्य प्रणाली, राजनीतिक आदर्श, राजा की व्यक्तिगत योग्यता, उसकी संरक्षकता, उसकी दानशीलता और उदारता, उपमा सम्बन्धी पौराणिक संकेत। इन शिलालेखों में लेखकों द्वारा राजाओं की बढ़ा-चढ़ा कर प्रशंसा करने की मनोवृत्ति अनुचित है।

प्रशंसा सम्बन्धी शिलालेखों को दो भागों में विभक्त किया जा सकता है—विशुद्ध प्रशस्तियाँ और अन्य प्रकारों से युक्त प्रशस्तियाँ। अशोक के आदेश अपनी ही तरह के हैं। कलिंग के राजा *खारवेल का हाथीगुफा* शिलालेख प्रथम श्रेणी में आता है। इसमें विशुद्ध प्रशंसा है। इसमें खारवेल के साहसी कार्यों का ब्यौरा कालक्रमानुसार मिलता है। समुद्रगुप्त का इलाहाबाद स्तम्भ-लेख भी इसी श्रेणी में आता है। प्रशंसा के साथ-साथ अन्य सामग्री देने वाले शिलालेखों की संख्या अधिक है। प्रायः प्रत्येक प्रलेख में राजा और उसके पूर्वजों के सम्बन्ध में बहुत कुछ मिलता है। उषावदात का नासिक गुफ़ा शिलालेख, रुद्रदमन प्रथम का जूनागढ़ शिलालेख, गौतमी बालश्री का नासिक गुफ़ा शिलोलेख, चन्द्र का महरौली लोहस्तम्भ-लेख, स्कन्दगुप्त का जूनागढ़ शिलालेख, स्कन्दगुप्त का भितारी स्थित पाषाण स्तम्भ-लेख, यशोधर्मन का मन्दसौर पाषाण स्तम्भ-लेख, ईषान वर्मा के शिलालेख, पुलकेशिन द्वितीय के समय का ऐहोल शिलालेख, शान्ति वर्मा के समय का तालागुन्द शिलालेख, वीरपुरुषदत्त के नागार्जुनीकोण्डा के शिलालेख, कुमारगुप्त द्वितीय तथा बन्धुवर्मा के समय का मन्दसौर शिलालेख, इत्यादि हमारे ज्ञान में वृद्धि करते हैं।

हमारे पास पर्याप्त संख्या में मन्नत शिलालेख हैं। जो पट्टियाँ सिन्धु घाटी से प्राप्त की गई हैं, हो सकता है कि उन पर इस श्रेणी के शिलालेख हों। *पिपरावा शिलालेख* महात्मा बुद्ध की स्मारक मंजूषा है। *हैलियोडोरस* का बेसनगर गरुड़ स्तम्भ शिलालेख (Besnagar Garuda Pillar Inscription of Heliodoros) भी इसी श्रेणी का है। कई एक समर्पणीय शिलालेख मूर्तियों और मन्दिरों की स्थापना का परिचय देते हैं। इस सम्बन्ध में कुमारगुप्त द्वितीय और बन्धुवर्मा के समय के मन्दसोर शिलालेख, स्कन्दगुप्त के भितारी स्तम्भ शिलालेख और पुलकेशिन् द्वितीय के समय के ऐहोल शिलालेखों का उल्लेख करना उपयुक्त प्रतीत होता है।

उपहार सम्बन्धी शिलालेखों की संख्या अत्यधिक है। राजा और प्रजा दोनों को इस सम्बन्ध में पर्याप्त अवसर प्राप्त हुए हैं। कुछ शिलालेख गुफ़ाओं और अन्य भवनों को साधु-सन्तों के निवासार्थ दान में दिए जाने का संकेत करते हैं। कुछ शिलालेख स्थायी निधि के रूप में दान का हवाला देते हैं। इस धन से गरीबों और ब्राह्मणों का निर्वाह होता था और मन्दिरों में दीपक जलाये जाते थे। कुछ शिलालेखों में मन्दिरों, मठों, विद्यालयों और ब्राह्मणों को भूमि तथा गाँव का दान देना अंकित है।

अभिनन्दनीय शिलालेख जन्म-मरण तथा अन्य महत्त्वपूर्ण घटनाओं का पता देते हैं। अशोक का *रुम्मिणदेई* शिलालेख इस प्रकार है—''देवताओं का प्रिय प्रियदर्शी सम्राट् बौद्ध धर्म ग्रहण करने के अनेक वर्ष पश्चात् स्वयं यहाँ

आया और उसने पूजा की। चूँकि शाक्य मुनि बुद्ध ने यहाँ जन्म लिया था, अत: वहाँ उसने पत्थर की एक बड़ी दीवार और स्तम्भ बनवाया।'' स्मारकीय शिलालेखों की एक लम्बी शृंखला कोल्हापुर के शीलहर राजा, कल्याणी के चालुक्य राजा और राष्ट्रकूटों तथा यादवों आदि का पता देती है।

कुछ शिलालेखों का उद्देश्य साहित्यिक प्रतीत होता है। इस प्रकार के शिलालेखों में कविता और नाटक सम्बन्धी ब्यौरा मिलता है। उत्तर प्रदेश में कुशीनगर के महानिर्वाण स्तूप से एक ताम्र-पत्र प्राप्त किया गया है, जिस पर तेरह पंक्तियाँ लिखी हैं और बुद्ध के *उदान सुत्त* (Udana-Sutta of Buddha) का वर्णन है।

पत्थर और धातु के अतिरिक्त अन्य पदार्थों पर भी लेख मिले हैं। अशोक बतलाता है कि उसने अपने आदेशों को इसलिए पत्थरों और शिलाओं में अंकित कराया कि वे देर तक बने रह सकें। पत्थर पर लिखे लेख चट्टानों स्तम्भों, शिलाओं, मूर्तियों के आधारों, मूतियों के पृष्ठ भागों, कलशों के किनारों और ढक्कनों, मंजूषाओं, त्रिपार्श्व स्फटिकों, मन्दिरों की दीवारों, स्तम्भाधार, गुफ़ाओं इत्यादि पर पाए जाते हैं।

लेखों में प्राय: ताम्रधातु का ही प्रयोग होता था। ताँबे के पत्रों पर लिखे गए शिलालेखों को ताम्र पट्ट, ताम्र-पत्र, ताम्र-शासन, शासन-पत्र आदि कहा जाता था। कहीं-कहीं विषय के अनुसार इन्हें दान-पत्र भी कहा जाता था। यह ध्यान देने की बात है कि भूमि-अनुदान प्राय: ताम्र-पत्रों पर ही अंकित किए जाते थे और उन्हें दान लेने वाले को दे दिया जाता था ताकि ये अधिकार-पत्र की आवश्यकता को पूरा करें। फ़ाह्यान (Fa-hien) कहता है कि उसने बहुत से बौद्ध मठों में ऐसे ताम्र-पत्र पाए जिनमें भूमि-अनुदान का उल्लेख था। उनमें से कुछ तो बुद्ध के समय के थे। सोहगौर के मौर्यकालीन ताम्र-पत्रों का अनुसन्धान फ़ाह्यान के कथन का समर्थन करता है। ह्यून सांग (Hiuen Tsang) कहता है कि कनिष्क ने एक बौद्ध सभा बुलाई थी और इस सभा ने तीन भाष्य तैयार किए थे जिन्हें ताम्र-पत्रों पर अंकित किया गया था। इन ताम्र-पत्रों को पत्थर की मञ्जूषाओं में रखकर उन पर स्तूप बना दिए गए थे। यह भी कहा जाता है कि सायण का वैदिक भाष्य भी ताम्र-पत्रों पर अंकित किया गया था। ब्रिटिश म्यूज़ियम में कुछ ऐसी पुस्तकों के नमूने भी मिलते हैं, जिनके पन्ने कागज के न होकर ताँबे के हैं। छठी शती ई० तक ताम्र-पत्रों का प्रयोग लेखन कार्य के लिए प्राय: कम किया जाता था किन्तु आगामी छ: शतियों में फिर से इनका प्रयोग होने लगा। ये ताम्र-पत्र मोटाई और आकार में विविध प्रकार के थे। इनमें से कुछ तो इतने पतले थे कि उन्हें सुगमतापूर्वक मोड़ा जा सकता था और कुछ बहुत ही मोटे थे। इन ताम्र-पत्रों का आकार इन पर लिखे विषय के अनुसार छोटा-बड़ा हुआ करता था। कभी-कभी प्रलेखों को एक ताम्र-पत्र पर अंकित न करके कई-कई पत्रों पर अंकित किया जाता था। ऐसी अवस्था में छोटे-छोटे छल्लों की सहायता से उन ताम्र-पत्रों को जोड़कर उन्हें एक प्रकार से पुस्तक का रूप दे दिया जाता था जो आसानी से खुल सकती थीं। इन ताम्र-पत्रों के आस-पास पर्याप्त हाशिया छोड़ दिया जाता था।

(ख) मुद्रा विज्ञान (Numismatics)—भारतीय मुद्राओं का अध्ययन भी प्राचीन भारत के इतिहास पर प्रकाश डालता है। न्यूमिस्मैटिक सोसाइटी ऑफ इण्डिया इस दिशा में बहुत उपयोगी कार्य कर रही है। हमारे पास भारत के विभिन्न भागों से प्राप्त विविध प्रकार की मुद्राएँ एकत्रित हैं, जो भारत के प्राचीन इतिहास को समझने में पर्याप्त सहायता देती हैं। ये मुद्राएँ सोना, चाँदी और ताँबा आदि धातुओं की हैं।

मुद्राएँ देश के इतिहास के निर्माण में हमारी सहायता करती हैं। ये हमें शासन का परिचय देकर यह बतलाती हैं कि उसने कब-कब भारत के किस-किस भाग में राज्य किया। केवल इन मुद्राओं से कई बार हमें विभिन्न राजाओं के अस्तित्व का भी पता चलता है। इस प्रकार स्पष्ट है कि इन मुद्राओं के अभाव में वे राजा अज्ञात ही रह जाते। इन मुद्राओं का सबसे बड़ा लाभ यह है कि इनसे प्राप्त जानकारी के आधार पर इतिहास अन्य स्रोतों उदाहरणार्थ पुराणों द्वारा बताए गए ब्यौरों की प्रामाणिकता का पता चलता है। कालक्रम का निर्णय करने में भी ये हमारी सहायता करती हैं। मुद्राएँ बताती हैं कि किस वर्ष में उन्हें बनाया गया। मुद्राओं की प्राप्ति से यह जाना जा सकता है कि किस राजा ने कब तक राज्य किया। इनसे राजा के गद्दी पर बैठने और मृत्यु की तिथि का अनुमान लगाया जा सकता है। मुद्राओं ने हमें समुद्रगुप्त की ठीक तिथियाँ जानने में सहायता दी है। मुद्राओं के विभिन्न प्राप्ति-स्थानों से उनसे सम्बन्धित राजा के राज्य-विस्तार का पता चलता है। भारत में पर्याप्त मात्रा में प्राप्त होने वाली रोमन मुद्राओं से पता चलता है कि किसी समय में भारत और रोमन साम्राज्य के बीच

पर्याप्त मात्रा में व्यापार होता था। इनसे भारतीयों की आर्थिक स्थिति तथा उनके समुद्र पार जाने का पता चलता है। इन मुद्राओं पर राजाओं के चित्र भी अंकित हैं। उनके आधार पर उन राजाओं की सिर की पोशाक के बारे में धारणाएँ बनाई जा सकती हैं। कभी-कभी तो इन मुद्राओं से राजाओं के मनोरंजन और उनके प्रिय व्यापारों का भी पता चलता है। इन मुद्राओं से देश की आर्थिक स्थिति आँकी जा सकती है। यदि लोग सोने और चाँदी की मुद्राओं का व्यवहार करते हैं तो निश्चय ही उनकी आर्थिक अवस्था अच्छी होगी, किन्तु यदि इसके विपरीत केवल ताँबे की मुद्राओं का व्यवहार करते हैं या सोने और चाँदी की अपेक्षा ताँबे की मुद्राएँ उनके पास अधिक है तो इससे स्पष्ट है कि उनकी आर्थिक अवस्था बहुत अच्छी नहीं थी। किसी स्थान की मुद्राओं के मूल्य में कमी होने से हमें इस बात का संकेत भी मिलता है कि देश असाधारण स्थिति में से गुजर रहा था। भारत पर हूणों के आक्रमण के समय गुप्त वंश की मुद्राएँ उत्कर्ष पर न थीं। गुप्तकालीन मुद्राओं पर अंकित चिन्हों से पता चलता है कि हिन्दू धर्म के प्रति उनमें कितना उत्साह था। मुद्राओं से हमें प्राचीन भारत के इतिहास के सम्बन्ध में प्रामाणिक जानकारी उपलब्ध होती है और इस प्रामाणिकता को किसी भी प्रकार झुठलाने की सम्भावना नहीं। मुद्राओं का निर्माण राजाओं या श्रेणी द्वारा होता था। अत: यह विचार व्यर्थ है कि लोगों को धोखा देने के लिए इन्हें गढ़ा गया था।

प्राचीन भारत की मुद्राओं पर पौराणिक कथाओं के स्थान पर चित्र या संकेत हैं। कभी-कभी इन सिक्कों को साँचों में ढाला जाता था। ऐसे अवसर बहुत कम होते थे जब धातुओं के टुकड़ों पर चिन्हों को छापा जाता था। इसे ही उनकी प्रामाणिकता तथा मूल्य की गारण्टी माना जाता था। पौराणिक कथाओं के अंकित न होने के कारण इन मुद्राओं से अधिक जानकारी प्राप्त नहीं होती।

भारत पर यूनान के आक्रमण के पश्चात् मुद्राओं पर राजाओं का नाम भी अंकित किया जाने लगा। इण्डो-बैक्ट्रियन (Indo-Bactrian) राजाओं ने अत्यधिक संख्या में मुद्राएँ जारी कीं। पंजाब और उत्तर-पश्चिमी सीमांत की भूमि इन्हीं राजाओं के अधीन थी। इन मुद्राओं पर उत्कृष्ट कला दिखाई गई है और इनका भारतीय मुद्राओं पर अत्यधिक मात्रा में प्रभाव पड़ा है। भारतीयों ने मुद्रा पर राजा का चित्र और नाम का नकल करना आरम्भ किया। यूनान की मुद्राओं से पता चलता है कि यूनान के लगभग 30 राजाओं और रानियों ने भारत में राज्य किया। प्राचीन लेखक इनमें चार या पाँच को ही मान्यता प्रदान करते हैं। यदि ये मुद्राएँ न प्राप्त होतीं तो इन राजाओं से हम सर्वथा अपरिचित रहते। सिथियनों और पार्थियनों की मुद्राएँ इतनी उच्चकोटि की नहीं हैं फिर भी उनसे पर्याप्त ऐतिहासिक जानकारी उपलब्ध होती है। इन मुद्राओं के आधार पर अनेक राजाओं के इतिहास का एक हलकी-सी जानकारी प्राप्त की गई है। इनके बिना तो इतना भी पता न चलता। शक युग में सिथियनों का एक दल गुजरात और काठियावाड़ में आकर बस गया था। इस दल के लोगों ने मुद्राएँ बनाईं। इन मुद्राओं पर राजा और उसके पिता का नाम लिखा मिलता है। इन मुद्राओं के आधार पर पश्चिमी क्षत्रपों के तीन सौ वर्ष का इतिहास ज्ञात किया गया है। कुषाणों ने भी पर्याप्त मात्रा में मुद्राओं का निर्माण किया था। पाञ्चाल प्रदेश के मीर्त राजाओं तथा मालव और यौधेय वंशी राजाओं के अस्तित्व का ज्ञान भी इन्हीं मुद्राओं से ही प्राप्त होता है। शातवाहन राजाओं की मुद्राएँ पुराणों द्वारा वर्णित सामग्री का समर्थन करती हैं। गुप्त वंश की मुद्राएँ भी उपयोगी जानकारी प्रदान करती हैं। समुद्रगुप्त की मुद्राओं का इस क्षेत्र में बहुत महत्त्वपूर्ण स्थान है। उनके द्वारा इस सम्बन्ध में विस्तृत जानकारी प्राप्त होती है। इनका वर्णन उपयुक्त स्थान पर किया जाएगा। गुप्त काल के पश्चात् भारतीय मुद्राओं से अधिक ऐतिहासिक जानकारी प्राप्त नहीं होती।

वी०ए० स्मिथ (V.A. Smith) और रैप्सन (Rapson) ने लिखा है कि छापी गई मुद्राएँ अपनी मौन भाषा में यह बतलाती हैं कि उनको गढ़ने वाले व्यक्ति अधिकारी नहीं थे। स्मिथ का विचार है कि मुद्राएँ शिल्पसंघ या सुनारों द्वारा निर्मित होती थीं; इतनी बात अवश्य थी कि इन लोगों को मुद्राओं के निर्माण के लिए राजाओं से आज्ञा लेनी पड़ती थी। मुद्राओं का मुख्य भाग मुद्रा-निर्माताओं द्वारा अंकित होता था, किन्तु उसके पृष्ठ भाग पर राजा या नियन्त्रक के हस्ताक्षर होते थे। रैप्सन का कहना है कि मुद्रा के मुख्य भाग पर सराफ़ का निशान रहता था,और उसके पृष्ठ भाग पर उस स्थान का निशान रहता था जहाँ से वह मुद्रा बनकर निकलती थी। किन्तु आधुनिक खोज ने यह सिद्ध कर दिया है कि अंकित मुद्राएँ सार्वजनिक प्राधिकारी (public authority) द्वारा तैयार होती थीं। इस प्रकार की मुद्राएँ पाटलिपुत्र में पाई गई हैं। डॉ० जायसवाल का अनुमान है कि ये मुद्राएँ चन्द्रगुप्त मौर्य के काल की हैं। सरकारी अजायबघरों में असंख्य मुद्राएँ आजकल प्राप्य हैं। कुछ म्युनिसिपल अजायबघर भी इस दिशा में अग्रसर हैं। कुछ लोगों ने निजी तौर पर भी विभिन्न प्रकार की मुद्राओं का संग्रह किया है। इन सबका गहन अध्ययन अतिरिक्त प्रमाणों का स्रोत है।

(ग) स्मारक (Monuments)—पत्थर, धातु और मिट्टी (terra-cotta) की मूर्तियाँ तथा प्रसाधन सामग्री और आभूषणों के टुकड़े तथा मिट्टी के बर्तन इत्यादि से प्राचीन विश्वसनीय जानकारी प्राप्त होती है। हड़प्पा, मोहनजोदाड़ो तथा तक्षशिला की भूमि की खुदाई से ऐसे-ऐसे ऐतिहासिक तथ्य प्रकाश में आए हैं, जो पहले अन्धकार में थे। इस खुदाई ने प्राचीन भारत के इतिहास का रूप ही बदल दिया है। उदाहरणार्थ सिंधु घाटी की खुदाई के पश्चात् ही यह कहा जाने लगा है कि आर्यों के आगमन से पूर्व भी भारत में सभ्यता थी। तक्षशिला की खुदाई से कुषाणों से सम्बन्धित जानकारी प्रकाश में आयी है। वहाँ की मूर्ति-कला का अध्ययन करने से गान्धार कला की जानकारी प्राप्त होती है। पाटलिपुत्र के प्राचीन स्थानों की खुदाई से मौर्यकालीन राजधानी पर प्रकाश पड़ता है। कम्बोडिया के अंकोरवात तथा जावा के बाराबोडूर नामक स्थानों से आज भी इस बात का प्रमाण मिलता है कि प्राचीन काल में भारतीय संस्कृति का प्रसार कभी वहाँ हुआ था। देवगढ़ (झाँसी) और भीतरगाँव (कानपुर) दोनों गुप्तकालीन कला पर प्रकाश डालते हैं। सारनाथ की खुदाई से हमारी बौद्ध धर्म और अशोक सम्बन्धी जानकारी बढ़ी है। स्टाइन की देखरेख में हुई चीनी तुर्किस्तान और बलोचिस्तान की खुदाइयों से पता चलता है कि इन स्थानों से भारत का अत्यन्त घनिष्ठ सम्बन्ध रहा था। आशा की जाती है कि पुराविद्या द्वारा भविष्य में भी इतिहास सम्बन्धी अच्छी जानकारी प्राप्त हो सकेगी।

(3) विदेशी विवरण (Foreign Accounts)—विदेशी लेखकों से भी हमें उपयोगी जानकारी प्राप्त होती है। हेरोडोटस (Herodotus) और टेसियस (Ctesias) ने ईरानी स्रोतों से जानकारी प्राप्त की थी। हेरोडोटस ने अपने इतिहास में ईरानी और यूनानी आक्रमणों तथा इण्डो-ईरानी सम्बन्धों पर पर्याप्त प्रकाश डाला है। वह हमें अपने समय के उत्तर-पश्चिमी भारत की जानकारी तथा राजनीतिक स्थिति का ज्ञान प्रदान करता है। उसका मत है कि उत्तरी भारत का भू-क्षेत्र डैरियस (Darius) के साम्राज्य का अंग था। यह भू-क्षेत्र उसके साम्राज्य का बीसवाँ प्रांत था। टेसियस (Ctesias) द्वारा लिखित विवरण कल्पित है। अरियन (Arrian) ने सिकन्दर द्वारा भारत पर किए गए आक्रमण का विस्तृत विवरण दिया है। यह विवरण सिकन्दर की नौसेना के अध्यक्ष नीरकस (Nearchos) की प्रामाणिकता पर निर्भर है। स्काईलैक्स (Skylax) ने एक पुस्तक लिखी। उसने सिन्ध और ईरान की खाड़ी की यात्रा का विस्तृत विवरण दिया है। इस यात्रा के विवरण के प्रसंगवश उसने भारत की घटनाओं की पर्याप्त जानकारी प्रदान की है। ऑनेसिक्रिटस (Onesicritus) ने भी अभियान में भाग लिया था। उसने भारत के सम्बन्ध में एक पुस्तक लिखी थी। किन्तु स्ट्रैबो (Strabo) ने उसे सत्य नहीं माना।

विभिन्न यूनानी सम्राटों ने मेगस्थनीज़, डीमाकस और डॉयनीसियस नामक राजदूतों को भारत भेजा था। मेगस्थनीज़ को सैल्यूकस ने चन्द्रगुप्त मौर्य के दरबार में भेजा था। उसने भारत के सम्बन्ध में ''इण्डिका'' नाम की पुस्तक लिखी थी। वास्तविक पुस्तक तो लुप्त हो चुकी है, किन्तु बाद में आने वाले लेखकों ने अपनी पुस्तकों में ''इण्डिका'' के जो अंश प्रस्तुत किए हैं उनसे ही अनुमान लगाया जा सकता है कि मेगस्थनीज़ ने भारत के सम्बन्ध में क्या कुछ लिखा था। उन प्राप्त उद्धरणों का मैक्रिण्डल ने अंग्रेजी भाषा में अनुवाद किया है। वे भारतीय इतिहास के विद्यार्थी के लिए अत्यन्त उपयोगी हैं। कुछ विषय ऐसे हैं जिनके बारे में मेगस्थनीज़ ने विस्तृत जानकारी प्रदान की है। डीमाकस का सीरिया के दरबार से बिन्दुसार या अमित्रेकेट्स (Amitrachates) के दरबार में भेजा गया था। डॉयनीसीयस को मिस्र के दरबार से टोलेमी (Ptolemy) की आज्ञा से भेजा गया था। डीमाकस और डायनीसियस द्वारा लिखित विवरण पूर्णतया नष्ट हो चुके हैं। उनकी पुस्तकों के बहुत कम उद्धरण हमारे हाथ लगे हैं, जिनका अपना महत्त्व बहुत ही कम है। पैट्रोक्लीज़ (Patrocles) ने, जो कि सैल्यूकस और एण्टियोकस प्रथम (Antiochos I) के अधीन कैस्पियन सागर तथा सिंधु नदी के बीच के प्रान्तों का गवर्नर था, भारत तथा अन्य देशों का विवरण दिया है। स्ट्रेबो ने उपर्युक्त लेखक के विवरण को सत्य माना है।

पेरिप्लस आफ द एरिथ्रीयन सी (Periplus of the Erythraean Sea) के यूनानी लेखक ने 80 ई० के लगभग भारत के तटों की यात्रा की और उनके व्यापार तथा बन्दरगाहों का विवरण लिखा। इस पुस्तक से प्राचीन भारतवासियों के समुद्री अभियानों का ज्ञान प्राप्त होता है। ईसा पश्चात् दूसरी शताब्दी में टोलेमी ने भारतीय भूगोल पर एक पुस्तक लिखी। यद्यपि भारतीय भूगोल सम्बन्धी इसका ज्ञान त्रुटिरहित न था, तथापि हमें उसने बहुत-सी अमूल्य जानकारी प्रदान की है। ईसा पश्चात् पहली शताब्दी में प्लाइनी (Pliny) ने भारत के जानवरों, पौधों और खनिज-पदार्थों के विषय में एक विवरण लिखा।

यह बात ध्यान देने के योग्य है कि यूनानियों द्वारा दिए गए विवरणों को सावधानी से प्रयोग में लाना चाहिए। कारण यह है कि सम्भवत: उनके भारत सम्बन्धी ज्ञान में किसी प्रकार की त्रुटि रही हो। हो सकता है कि उन्होंने देश को पूर्ण रूप से देखने का कष्ट ही न किया हो और इस तरह महत्त्वपूर्ण तथ्य सामने न आ पाए हों। उन्हें भारतीय भाषाएँ शायद नहीं आती थीं। अत: हो सकता है कि भाषाओं के ज्ञान के अभाव में वे भारत सम्बन्धी उपयुक्त ज्ञान प्राप्त करने में असमर्थ रहे हों। अत: इस बात की सम्भावना अधिक है कि उन्होंने सभी बातों को भारतीय दृष्टि से न देखकर यूनानी दृष्टि से देखा हो। इस प्रकार यह आशा की जा सकती है कि यूनानियों द्वारा दिए गए भारत सम्बन्धी विवरण सत्य के कम निकट रहे हों या फिर अतिशयोक्ति पूर्ण ढंग से उन्हें लिखा गया हो।

डॉ० आर०सी० मजूमदार ने लिखा है : "इस सभी विचार-विमर्श का यह परिणाम है कि हमें अपने मस्तिष्क से इस विचार को निकाल देना चाहिए कि पौराणिक लेखकों के विवरण सत्य या प्रामाणिक माने जाने के योग्य हैं और प्रमाणित तथ्यों पर आधारित हैं। विशेषत: स्ट्रैबो (Strabo) के पूर्ववर्ती लेखक सामान्य रूप से समालोचक नहीं थे। अत: वे स्ट्रैबो और आर्यन की अपेक्षा कम विश्वसनीय हैं जिनके विचार अधिक परिपक्व थे और उनकी दृष्टि अधिक पैनी थी। उन्होंने मूर्खतापूर्ण विवरणों या अप्राकृतिक सिद्धान्तों की प्रामाणिकता को चुनौती दी जिनको पूर्ववर्ती लेखकों ने पूर्णत: सत्य माना था। हो सकता है कि उनमें से अधिकाँश ने जानबूझ कर झूठ न बोला हो या तथ्यों को तोड़ा-मोड़ा न हो किन्तु भारतीय भाषा, रीति-रिवाज, भारतीय विज्ञापकों की गलत रिपोर्टों या भारतीय साहित्य की गल्पों या उपमाओं के अपूर्ण ज्ञान के कारण पथभ्रष्ट हो गए होंगे। उनके नैतिक चरित्र का निर्णय करते समय हम उन पर विचार कर सकते हैं किन्तु उनके वर्णन की विश्वसनीयता के बारे में हमारे दृष्टिकोण में परिवर्तन नहीं आना चाहिए। जो किसी भी कारण से झूठी कहानियाँ लिखने का दोषी है और जो स्वाभाविक या सम्भावित घटनाओं में उचित भेद करने में असमर्थ सिद्ध हो चुका है, उन घटनाओं का विश्वसनीय लेखक नहीं माना जा सकता जो सम्भावनाओं की सीमा के परे न हों। इसका यह तात्पर्य नहीं है कि हमें उनके विवरणों को रद्द कर देना चाहिए। इसका यही तात्पर्य है कि जहाँ इनके विवरणों में एकरूपता है और विरोध नहीं है हम उन्हें अस्थायी रूप से सत्य मान सकते हैं। किन्तु हम उनको विशेष रूप से सत्य नहीं मान सकते। हम नये प्रामाणिक तथ्यों के प्रकाश में उन्हें रद्द करने को सदैव ही तैयार रहेंगे। किन्तु निर्णय देते समय हम प्राचीन विवरणों की सामान्य प्रकृति पर विचार करेंगे।"[6]

फ़ाह्यान (Fa-hien), ह्यून-त्सांग (Hieun Tsang) और ई-त्सिंग (I-tsing) जैसे चीनी यात्रियों से भी हमें मूल्यवान् जानकारी प्राप्त होती है। इन यात्रियों ने "अपने इष्ट देव के जीवन और परिश्रम के स्थानों की तीर्थ-यात्रा की" और अन्य जो भी दृश्य उन्होंने देखे उनका विवरण लिखा। ह्यून-त्साँग को 'यात्रियों में राजकुमार' कहा जाता है। उसने कई वर्ष भारत में निवास किया और नालन्दा विश्वविद्यालय में शिक्षा प्राप्त की। ह्यून-त्साँग को हर्षवर्धन ने संरक्षण प्रदान किया। उसके विवरण को भारत का ज्ञान-कोश माना जाता है। फ़ाह्यान से हमें चन्द्रगुप्त द्वितीय के राज्य के विषय में लाभदायक ज्ञान प्राप्त होता है। ई-त्सिग ने ईसा पश्चात् सातवीं शती में भारत-भ्रमण किया और भारतवासियों की सामाजिक एवं धार्मिक दशा का अत्यन्त लाभप्रद विवरण इतिहासकारों के लिए लिख दिया।

चीनी ऐतिहासिक पुस्तकों में भी चीन की सीमाओं पर रहने वाली खानाबदोश जातियों की यात्राओं तथा प्रवास की पर्याप्त सूचना उपलब्ध होती है। इन्हीं जातियों में से कुछ ने कालान्तर में भारत पर आक्रमण किए। ऐसे तथा अन्य सामयिक घटनाओं के उल्लेखों से भारत के इतिहास की पृष्ठभूमि का निर्माण करने में पर्याप्त सहायता प्राप्त होती है। बौद्ध-धर्म विषयक कई मौलिक पुस्तकें भारत से चीन ले जाई गईं और वहाँ उनका चीनी-भाषा में अनुवाद किया गया। मूल पुस्तकें तो अब प्राप्त नहीं हैं किन्तु अनुवाद अब भी विद्यमान हैं और हमें अमूल्य सूचना देते हैं।

तिब्बत के इतिहासकार तारानाथ ने अपनी पुस्तक बौद्ध-धर्म का इतिहास (History of Buddhism) में बौद्ध-धर्म सम्बन्धी पर्याप्त अमूल्य सामग्री का संग्रह किया है। 'मणि, बका' 'बम' नामक तिब्बतियों का पवित्र इतिहास तथा बू स्टोनस इतिहास के चोज़ बाईन तथा तीन जिल्दों में कानून का जन्म (Birth of Law) भी भारत के बारे में लाभदायक जानकारी देते हैं।

---

6. The Classical Accounts of India, पृष्ठ XXV-XXVI.

अरबी आत्री, भूगोल-वेत्ता तथा इतिहासकार भी आठवीं सदी के बाद भारत की ओर आकर्षित हुए। प्रारम्भिक अरब लेखकों ने भारत के इतिहास के बारे में लिखने के स्थान पर यहाँ के निवासियों और देश के बारे में अधिक लिखा है। प्रमुख अरब पुस्तकों में किताब अल फहरिस्त (जीवन-चरित्रों का संग्रह), किताब फोतूह, अल बेला डोरी की अल बोल्दां, मोज़म उल बोल्दा, याकूत की देशों का कोष और अल काजविन की अतर अल बिलाद तथा देशों के स्मारक भवन (monuments) प्रसिद्ध हैं।

अल्बरूनी ने महमूद गज़नवी के समय में भारत-यात्रा की और "तहक़ीक़-ए-हिन्द" (Tehqiq-i-Hind) नामक अपनी उल्लेखनीय पुस्तक हमें भेंट की। इस पुस्तक का अंग्रेजी और हिन्दी में अनुवाद किया जा चुका है और इससे भारत के सम्बन्ध में बहुत-सी लाभदायक सामग्री मिलती है। अल्बरूनी ने स्वयं संस्कृत भाषा का अध्ययन किया और इस प्रकार उसने संस्कृत स्रोतों का भी अध्ययन किया। उसकी पुस्तक बहुत बड़ी है और उसमें कई विषयों पर विस्तृत विवरण दिया गया है। किन्तु उसकी पुस्तक उसके अध्ययन पर आधारित थी, उसकी देखी हुई वस्तुओं पर नहीं। उसमें उसके व्यक्तिगत ज्ञान का आभास नहीं मिलता क्योंकि वह संस्कृत पुस्तकों पर आधारित थी। उसने अपने समय के भारतीयों की अवस्था का बहुत कम उल्लेख किया है।

(4) जाति सम्बन्धी किंवदन्तियाँ (Tribal Legends)—प्राचीन भारत के सम्बन्ध में कुछ जानकारी जातीय किंवदन्तियों से भी उपलब्ध हो सकती है। किन्तु ऐतिहासिक दृष्टि से उसका मूल्यांकन करते समय यह जान लेना उचित है कि वे एकरूपी हैं या बहुरूपी, उनकी प्रथम रचना के पश्चात् जोड़े गए प्रक्षेपों का कुछ आभास मिलता है या नहीं। वे जाति द्वारा सामान्यः स्वीकार की जाती हैं या नहीं। यह भी आवश्यक है कि उनकी सूचना देनेवालों की योग्यता की जाँच की जाए ताकि यह ज्ञात हो सके कि अपने स्रोतों की भाषा समझने की वे कितनी क्षमता रखते थे। स्वयं अपनी ओर से अनुमान लगाने की प्रवृत्ति को समाप्त करना होगा और उनकी आवृत्ति को पूर्णत: पक्षपातहीन होकर छायाचित्र की भाँति ग्रहण करना होगा। यदि किसी जाति की किंवदन्तियाँ इन सब कसौटियों पर पूरी उतरें, तो निस्सन्देह वे अमूल्य हैं, यदि नहीं तो उनका मूल्य बहुत कम या समाप्त हो जाता है। कर्कखण्ड (छोटा नागपुर) के इतिहास के पुनर्निर्माण में जातीय किंवदान्तयों की अपार महत्ता है। यद्यपि उन जातीय किंवदन्तियों पर कोई विशेष साहित्य उपलब्ध नहीं है।

Suggested Readings

Arora, Raj Kumar : Historical and Cultural Data from the Bhavishya Purana, 1972.
Basham, A.L. : The Wonder that was India (1954).
Bournouf, E. : The Bhagavata Purana.
Cunningham : Coins of Ancient India.
Dandekar, R.N.
Raghavan, V. : Sources of Indian Tradition.
Dikshit, K.N. : The Progress of Archaeology of India in the past 25 years.
Dikshit, K.N. : An Outline of Archaeology in India, 1937.
Ghosh, A. : Rajagriha.
Kantawala, S.G. : Cultural History from the Matsya Purana (1964).
Kosambi, D.D. : The Cultural and Civilisation of Ancient India in Historical Outline. London, 1965.
Lahiri, A.N. : Corpus of Indo-Greek Coins, 1965.
Lal, B.B. : Indian Archaeology since Independence.
Maity, S.K. : Early Indian Coins and Currency System.
Majumdar, R.C. : The Classical Accounts of India (1960).
Marshall, Sir, John : Taxila (Cambridge, 1951).
Oldenberg : Dipavamsa.

Pandey, Raj Bali	:	Historical and Literary Inscriptions (Varanasi, 1962).
Pargiter, F.E.	:	Ancient Indian Historical Tradition, 1922.
Pargiter, F.E.	:	The Dynasties of the Kali Age, 1913.
Patil, D.R.	:	Cultural History from the Vayu Purana (1946).
Rapson, E.J.	:	Cambridge History of India, Vol. I.
Raychaudhri Hemchandra	:	Studies in Indian Antiquities (1958).
Ray, Surindranath	:	The Story of Indian Archaeology (1961).
Sankalia, H.D.	:	Indian Archaeology Today.
Sharma, G.R.	:	Kausambi (Allahabad, 1960).
Shastri, J.L.	:	Political Thought in the Puranas (1944).
Shastri, K.A. Nilakanth	:	Sources of Indian History (1964).
Sircar, D.C.	:	Select Inscriptions bearing on Indian History and Civilisation.
Sircar, D.C.	:	Indian Epigraphy, 1965.
Singh, M.R.	:	A Critical Study of the Geographical data in the early Puranas.
Smith, V.A.	:	Early History of India.

अध्याय

3

प्रागैतिहासिक मानव

(The Prehistoric People)

डॉ० एम०सी० बुरकिट (Burkitt) का मत है कि ''इतिहास-पूर्व, इतिहास-पूर्व के लेखक, पूर्व-ऐतिहासिक पद शाब्दिक अर्थ के अनुसार भ्रान्ति उत्पन्न करते हैं; इतिहास के आरम्भ होने से पूर्व कोई काल नहीं है···अत: किसी विषय को इतिहास-पूर्व कहना आरम्भ में अजीब-सा लगता है। किन्तु आधुनिक बातचीत तथा साहित्य में इन पदों का प्रयोग होता है; वे ऐसे अर्थ को व्यक्त करते हैं जिसे प्रत्येक व्यक्ति समझता है। उन पदों का स्थान लेने वाले वैज्ञानिक शब्दों का अभाव है और इसके अलावा अब परिवर्तन करने का प्रयास पाँडित्य प्रकट करने वाला तथा हास्यास्पद होगा। इतिहास-पूर्व विषय मानव की कहानी है जो उस दूर अतीत से शुरू होती है जब मनुष्य ने अपने पशु-पूर्वजों से सम्बन्ध विच्छेद किया और उस समय तक चलती है जब उसने अपने अस्तित्व का ऐसा रिकार्ड छोड़ा है जहाँ से ऐतिहासिक अन्वेषक वास्तविक जगत में पहुँच पाता है।[1]

भारतीय इतिहास के पूर्व-ऐतिहासिक काल की अधिक खोजबीन नहीं की गई है। आर० ब्रूस फुट (R. Bruce Foote) ने मद्रास के पास पल्लवरम् में 1863 ई० में पाषाणकालीन मानवों की खोज की। यह अत्यधिक महत्त्व का कार्य था। किन्तु इस कार्य को आवश्यक उत्साह के साथ आगे नहीं बढ़ाया गया। धन की कमी ने भी प्रगति में बाधा उत्पन्न की। किन्तु अब हम ऐसी स्थिति में हैं कि इस काल के बारे में कुछ कह सकते हैं।

पूर्व-पाषाणकालीन मानव (Palaeolithic Men)

भारत के आदिम वासियों को दो भागों में बाँटा जाता है : पूर्व पाषाणकाल तथा उत्तर पाषाणकाल। पाषाण काल (Palaeolithic) का नाम यूनानी शब्दों के आधार पर रखा गया है। सब से आदिम व्यक्ति को पाषाणकालीन मानव कहा जाता है क्योंकि उनके अस्तित्व का एकमात्र प्रमाण पत्थर के कुछ भद्दे औज़ार हैं। पीटरसन, कृष्णा स्वामी अयप्पा, डॉ० शंकालिया, शेषाद्रि, डॉ० बी० सुब्बा राव, धरनी सेन, डीटेरा (De Terra) और जूनेर (Zauner) ने इस काल की जानकारी प्रस्तुत करने में पर्याप्त सहयोग दिया है। भारत में पाषाणकालीन अवशेष अधिक मात्रा में प्राप्त नहीं हैं क्योंकि गुफ़ाओं और नदियों की तलहटियों की योजनाबद्ध तरीके से खोज नहीं की गई है और जलवायु ने भी अवशेषों को समाप्त करने में सहायता पहुँचाई है। भारत में अधिकांश पाषाण अवशेष चमकीले पत्थर (Quartzite) के बने हैं। इसी तथ्य के कारण भारत के पाषाण-कालीन मानव को 'चमकीले पत्थर के मानव' (Quartzitemen) कहा जाता है। पाषाणकालीन मानव जंगलों से दूर रहता था क्योंकि वह अपने पत्थर के हथियारों से उनको साफ़ करने में कठिनाई अनुभव करता था। पूर्व पाषाणकालीन जाति दक्षिण भारत में मदुराई, तंजोर, कादर, न्यामती, तलिया, और बेल्लारी जिले में पाई गई है। दक्षिण भारत में कुडापेह जिला भी पाषाणकालीन सभ्यता का केन्द्र था क्योंकि यहीं चमकीला पत्थर मिलता है। बाद में पाषाणकालीन अवशेष मद्रास के पास में भी मिले हैं। गन्टूर, गोदावरी और कृष्णा जिलों में भी पाषाणकालीन हथियार

1. *The Old Stone Age*, p. 1.

मिले हैं। करनूल जिले में अवशेष गुफ़ाओं से प्राप्त हुए हैं। उनमें मानव अस्तित्व तथा लुप्त पशुओं के चिन्ह मिले हैं। इन गुफ़ाओं में मिट्टी के बर्तन भी मिले हैं।

पाषाणकालीन अवशेष हैदराबाद, धारवाड़, बीजापुर, बेलगाम, गुजराज, रेवा और बुन्देलखण्ड में मिले हैं। पत्थर के पुराने औज़ार बंगाल, बिहार, उड़ीसा और मध्य प्रदेश में भी मिले हैं। भारत के विभिन्न भागों में बसने वाली पाषाणकालीन जातियों में कुछ न कुछ सम्बन्ध अवश्य रहा होगा क्योंकि विभिन्न भागों में प्राप्त अवशेष समान हैं।

भारत में पाषाणकालीन मानव असभ्य था जो नदियों या झीलों के पास या गुफाओं में रहता था। वह जड़, फल, गिरी और जंगली पशुओं का गोश्त खाता था।

इस काल के यन्त्र अनेक प्रकार के हैं : कुल्हाड़ियाँ, तीर, भाले, बैसाखी या फावड़े, गोल पत्थर, पर्सा, चाकू, खुड़चनां, हथोड़ा आदि। तेज़ होने पर इन औज़ारों को बाँस के खोल में रखा जाता था। उस पर चमड़े की पट्टी या सन बाँध कर सुरक्षित किया जाता था। इनमें से कुछ औज़ारों में मुठिया मोटी है जिन्हें जमीन में से खाद्य की जड़ों को खोदने या लड़ाई करने में काम में लाया जाता था। सख्त लकड़ी के औज़ार भी काम में लाए जाते थे। वे गदाएँ और नुकीले मुग्दर थे। किन्तु उनके अवशेष प्राप्त नहीं हैं क्योंकि दीमकों ने उन्हें समाप्त कर दिया है।

भारत का पाषाणकालीन मानव अग्नि का प्रयोग जानता था। करनूल जिले की गुफ़ाओं में अग्नि के चिन्ह मिले हैं।

पाषाणकालीन मानव को चीतों, शेरों, तेंदुओं, भेड़ियों, जंगली कुत्तों, लकड़बग्घों, हाथियों, जंगली भैंसों आदि से अपनी रक्षा करनी पड़ती थी। इसी कारण से पाषाणकालीन मानव शक्तिशाली शिकारी था और उसमें पाशविक शक्ति का अभाव नहीं था।

करनूल की गुफ़ाओं में राख की उपस्थिति तथा मानव या पशु की खोपड़ी की अनुपस्थिति से सिद्ध होता है कि निवासी मानव खोपड़ी के शिकारी थे और कुछ चामत्कारिक धार्मिक कृत्य करते थे जिसमें नर-बलि आवश्यक होती थी। भारत में पाषाणकालीन मानव की कब्र नहीं मिली है। ऐसा मालूम होता है कि संभवत: मृतकों को प्राकृतिक रूप से नष्ट हो जाने के लिए या तो खुला ही छोड़ दिया जाता था या उसे जंगली पशु खा जाते थे। मध्यप्रदेश के रायगढ़ जिले में शिंगनपुर में कुछ गुफ़ाओं में 1910 में कुछ चित्रकारी खोजी गई थी। ऐसा मालूम होता है कि इन चित्रों को बाँस के ब्रुश से बनाया गया था। वे लाल रंग में बनाये गये थे। उनमें शिकार के दृश्य, आकृतियों के समूह, गूढ़ाक्षर तथा पशुओं के चित्र थे। नाचते हुए मनुष्य भी दिखाए गये हैं। रायगढ़ चित्रों की मुख्य विशेषता उनकी भावात्मक व्याख्या और स्वच्छन्द आचरण है। कीमूर पर्वत श्रेणियों तथा मिर्जापुर जिले में भी पाषाणकालीन चित्र मिलते हैं।

यह बताया गया है कि पाषाण-कालीन मानव अण्डमान द्वीपों के आधुनिक मानव के समान निग्रो जाति के थे। उनका कद नाटा, रंग काला, बाल मोटे और नाक चपटी होती थी।

उत्तरपाषाण-कालीन मानव (Neolithic Men)

भारत में उत्तर पाषाणकाल के अवशेष समुद्र, झीलों, खानों मासकी तथा टिनेवैली जैसे मछली पकड़ने के क्षेत्रों में पाये जाते हैं। भारत में उत्तर-पाषाणकालीन मानव के निवास में सबसे महत्त्वपूर्ण तथ्य काले रंग की चट्टान का पाया जाना था जो चमकीले पत्थर की अपेक्षा अधिक कठोर और संग्रही होती थी। उत्तर-पाषाणकालीन मानव कावेरी के दक्षिण भाग को छोड़ कर लगभग संपूर्ण भारत में फैला हुआ था। सुदूर दक्षिण में उत्तर-पाषाणकालीन मानव की बस्तियाँ नहीं थीं। टिनेवैली जिले में उत्तर-पाषाणकालीन अवशेषों के पाये जाने के बारे में यह विचार है कि उन्हें उत्तर से लाया गया था। सलेम जिले में उत्तर-पाषाणकालीन वस्तुएँ बहुतायत से मिलती हैं। उत्तर में पाये जाने वाले औज़ारों की अपेक्षा सलेम जिले के औज़ारों की कारीगरी अधिक अच्छी है। मालाबार में बहुत से मिट्टी के बर्तन मिले हैं। मैसूर में खिलौने, गदा के सिरे, ईंटें, सूराख किए हुए पत्थर, जाल-डिबोने वाले (Net-Sinkar) और मिट्टी के बर्तन मिले हैं। बेल्लारी जिले में विभिन्न प्रकार के औज़ार मिले हैं। अनन्तपुर और कुदापेह जिलों में कौड़ियों की चूड़ियाँ मिली हैं जो कुशल कारीगरी के नमूने हैं। दक्षिण तथा केन्द्रीय महाराष्ट्र से भी विभिन्न प्रकार की चीजें मिली हैं। गुजरात और काठियावाड़ के उत्तर-पाषाणकालीन

मानव के बारे में कुछ जानकारी प्राप्त हुई है। सिन्ध और बिलोचिस्तान में भी इस काल में लोग रहते थे। मध्य भारत में अच्छी प्रकार खोज नहीं की गई है। बंगाल में उत्तर-पाषाणकालीन अवशेष नहीं मिले हैं।

ब्रूस फुट का मत है कि भारतीय उत्तर-पाषाणकालीन औज़ारों को स्पष्ट रूप में 78 वर्गों में बाँटा जा सकता है। चमकीले (Polished) वर्ग में 41 तथा भद्दे वर्ग में 37 औज़ार आते हैं। चमकीले वर्ग में छेनियाँ, हथौड़े, मूसल, दाने, बटन, तश्तरियाँ, खिलौने आदि आते हैं। भद्दे वर्ग में तीर, चाकू, बर्छे, खूँटियाँ और मुंगरी आते हैं। ऐसा प्रतीत होता है कि इस काल में मनुष्य को रंगों का अच्छा ज्ञान था। अत: वे अपने प्रयोग के लिए विभिन्न रंगों के पत्थरों का प्रयोग करते थे।

उत्तर-पाषाण-काल के मिट्टी के बर्तन भी मिले हैं। उनमें कटोरे, फूलदान, लोटे, चट्टियाँ आदि हैं। मिट्टी के बर्तन विभिन्न रंगों के हैं। ऐसा प्रतीत होता है कि अनेक प्रकार की मिट्टी को चुन कर उसे अलग-अलग तापमानों तक गर्म किया जाता था और विशेष प्रकार के मसाले लगाये जाते थे। लाल, पीले, मटमैले या बैंगनी रंग का खुला प्रयोग किया जाता था। उत्तर-पाषाण-कालीन मिट्टी के बर्तनों पर मनुष्य तथा पशु के चित्र प्राप्त नहीं होते। आमतौर से फूलों और पत्तियों के चित्र मिलते हैं। ब्रूस फुट का विचार है कि आर्यों के आक्रमण से पहले बर्तन बनाने की कला का क्रमिक रूप से विकास हुआ था। आर्यों के काल में इस कला की उपेक्षा तथा तिरस्कार किया गया जैसा आजकल भी है। इसका प्रमाण आज के मिट्टी के बर्तनों में अत्यधिक सादगी और प्राय: भद्दापन होना है।

बिल्लारी जिले के अतिरिक्त अन्य किसी स्थान पर पाषाण-कालीन पत्थर की अच्छी मूर्तियाँ नहीं मिली हैं। केवल पक्षियों, पशुओं और मनुष्यों के भद्दे चित्र मिले हैं। बी०बी० लाल का कथन है : "अब तक इन चित्रों के चार केन्द्र खोजे गए हैं : (*i*) मिर्ज़ापुर जिले में सोन घाटी, (*ii*) उत्तर प्रदेश के बाँदा जिले में मानिकपुर और उसके पास-पास का क्षेत्र, (*iii*) रायगढ़ जिले में सिंगनपुर, (*iv*) मध्यप्रदेश में महादेव पहाड़ियों में होशंगाबाद और पंचमढ़ी।[2]

उत्तर-पाषाण-काल के आदमी कड़ी चट्टानों के आस-पास रहते थे। वे वहाँ वर्षा और धूप से स्वाभाविक रूप से बच जाते थे और उनका रहने के लिए आसानी से प्रयोग किया जा सकता था। बिल्लारी और सलेम जिलों में भी मकानों के चिह्न नहीं मिले हैं। ऐसा मालूम होता है कि मकान बनाने में टहनियों और फूंस का प्रयोग किया जाता था और वे समय की गति के साथ समाप्त हो गए। भारत में एकत्रित होकर एक स्थान पर बसने के चिह्न नहीं मिलते हैं किन्तु समुद्रों के किनारे लोग समूहों में अवश्य रहते होंगे। बिल्लारी जिले और हैदराबाद में अनेक स्थानों पर राख के ढेर मिले हैं।

लोग फल, सब्जियाँ, जड़ें, गिरियाँ, जंगली दालें, अनाज, पशुओं का माँस, मछली तथा दूध के पदार्थ खाते थे। वे दूध से दही, मक्खन और घी बनाने की विद्या जानते थे।

आरम्भ में लोग पेड़ों की छाल तथा पशुओं की खाल से अपना शरीर ढकते थे। किन्तु बाद में इस कार्य के लिए सूती और ऊनी कपड़े का प्रयोग किया जाने लगा। लोगों को रंगाई का ज्ञान था। पुरुष अपने कूल्हों पर कपड़ा बाँधते थे तथा कंधों पर एक टुकड़ा डालते थे। संभवत: महिलाएँ घुटनों तक का लहंगा पहनती थीं। वे अपने बालों को अनेक प्रकार से बाँधने के लिए कंघी करती थीं। वे माला, बुन्दे, अंगूठियाँ, चूड़ियाँ और बाजूबन्द भी पहनती थीं।

लोगों का व्यवसाय शिकार खेलना तथा मछली पकड़ना था। मछलियाँ बड़ी मात्रा में पकड़ी जाती थीं। पाषाण-काल की समाप्ति पर लोगों ने खेती करना भी शुरू कर दिया था। आरंभ में उन्होंने जंगली अनाजों पर निर्भर किया किन्तु बाद में वे फसल उगाने लगे। फल और सब्जियाँ भी उगाई जाती थीं। लोगों में बढ़ई, मूर्तिकार, कुम्हार, जुलाहे, रंगरेज आदि भी थे।

पाषाण-कालीन-मानव भूत-प्रेतों की पूजा करता था। मृत्यु के समय बहुत से संस्कार किए जाते थे। उनका विश्वास था कि मृत व्यक्ति को जीवन की सभी सुविधाएँ उपलब्ध की जानी चाहिए। वे मृत व्यक्ति की हड्डियों और राख को जलाने के लिए पात्र (Urn) का प्रयोग करते थे। पात्र अण्डाकार होते थे। कुछ पात्र एक टाँग वाले होते थे और कुछ पात्रों में टाँग नहीं होती थी। पात्र मास्की, सलेम, हैदराबाद और मैसूर में पाए गए हैं। सभी लोग मूर्तिपूजक थे। लोग शिवलिंग की पूजा करते थे। नर और पशु की बलि दी जाती थी।

डॉ० एच०डी० संकालिया का कथन है कि "पाषाण-कालीन संस्कृति के बारे में बहुत कुछ कहा गया है। कुछ विद्वानों का मत है कि इस काल के लोग अग्नि का प्रयोग जानते थे, मिट्टी के बर्तन बनाते थे; अनाज की खेती करते थे

2. *Archaeology in India*, 1950, pp. 44-45.

और पशुओं को पालते थे। किन्तु ये सभी थ्योरियाँ ऊपरी खोजों पर ही आधारित हैं। किन्तु उस समय तक निश्चित निर्णय करना संभव नहीं है जब तक खुदाई के आधार पर और प्रमाण उपलब्ध न हो जाएँ।''

उत्तर-पाषाण-काल के बचे हुए आदमियों को बाद के आक्रमणकारियों ने पहाड़ों और जंगलों में धकेल दिया और आजकल उनका प्रतिनिधित्व गौंड, भील, संथाल आदि करते हैं। पत्थर तथा लकड़ी के पशुओं, प्रेतों और लिंग की मूर्तियों का पूजन पाषाण-काल से चला आ रहा है। यही बात तावीजों, मालाओं, जनेऊ, मूंगों, मोतियों, पत्थरों आदि के बारे में कही जा सकती है कि वे रोगों को ठीक करते थे और भूत-प्रेतों को पास नहीं आने देते थे। कुम्हार के चाक और कताई तथा बुनाई की कला का आरम्भ भी पाषाण-काल में हो चुका था। यही बात शगुनों पर भी लागू होती है।

धातु काल (The Age of Metals)

पाषाण-काल के बाद धातु काल आता है। पत्थर काल के धातु काल में प्रवेश की गति बहुत धीमी थी। इसका प्रमाण यह तथ्य है कि पत्थर और धातु का प्रयोग साथ-साथ चलता रहा। आरम्भिक काल के पत्थर और धातु के औज़ारों में पर्याप्त समानता है, किन्तु सम्पूर्ण भारत में धातुओं के प्रयोग के बारे में एकरूपता नहीं है। उत्तरी भारत में औज़ारों और हथियारों के लिए पत्थर के स्थान पर ताँबे का प्रयोग किया गया। देश के विभिन्न भागों में ताँबे की बनी कुल्हाड़ियाँ, तलवारें, बर्छे तथा अन्य विभिन्न वस्तुएँ पाई गई हैं। कई सदियों के बाद लोहे का प्रयोग किया जाने लगा। परिणाम यह है कि उत्तर भारत में हम ताम्र युग तथा लोह युग में अन्तर कर सकते हैं। किन्तु दक्षिण भारत में तो ऐसा नहीं हुआ। वहाँ पाषाण काल के बाद लोह काल ही आया।

काँसा एक मिश्रण है। उसमें 9 भाग ताँबा और एक भाग टिन मिलाया जाता है। यह औज़ार और हथियार बनाने के लिए बहुत ठीक है। यह ठीक है कि भारत में ताँबे के साथ-साथ काँसे के औज़ार भो बहुत पहले पाये जाते थे किन्तु इसका यह परिणाम नहीं है कि भारत में ताँबे के स्थान पर काँसे का प्रयोग किया जाता था। वर्तमान परिस्थितियों में हम यह कहने में असमर्थ हैं कि भारत में कभी काँसा युग भी था।

भारत के इतिहास में विभिन्न युगों की तिथियाँ निश्चित करना सम्भव नहीं है। किन्तु यह कहा जा सकता है कि पूर्व पाषाण-काल 35,000 ई०पू० से 10,000 ई०पू० तक तथा उत्तर पाषाण काल 10,000 ई०पू० से 5,000 ई०पू० तक रहा। ताम्र युग सम्भवत: 4000 वर्ष पहले प्रारम्भ हुआ। डॉ० वी०ए० स्मिथ का मत है कि प्रारम्भिक ताम्र-औज़ार 2000 ई०पू० के हो सकते हैं। दक्षिण भारत में स्वतन्त्र रूप से लोहे को खोजा गया होगा और बहुत बाद में उसका प्रयोग किया गया होगा।

Suggested Readings

Brown : Catalogue of Pre-historic Antiquities in the Indian Museum at Calcutta (1917).

Dani, A.H. : Pre-history and Proto-history of Eastern India.

Foote, R. Bruce : Catalogue of the Pre-historic Antiquities in the Collection of the Government Museum, Madras (1901).

Misra, V.N. and Mate, M.S. (Ed.) : Indian Pre-history (1964).

Mitra, P. : Pre-Historic India (1923).

Piggot, S. : Pre-historic India (1950).

Sen, D. & A.K. Ghosh : Studies in Pre-history, 1966.

Sankalia, H.D. : Pre-history and Proto-history of India and Pakistan (Bombay, 1963).

Suba Rao, B. : Personality of Man (1958).

अध्याय

4

भारत की प्रागैतिहासिक जातियाँ और संस्कृतियाँ

(Pre-Historic Races and Cultures in India)

भारत की इतिहास-पूर्व जातियों और संस्कृतियों के विषय में निश्चयपूर्वक कुछ नहीं लिखा जा सकता। कारण यह है कि अभी इस दिशा में अनुमान और सिद्धान्त प्रस्तुत करने की पर्याप्त गुंजायश है। अनेक विद्वानों द्वारा निर्धारित सिद्धान्तों और अनुमानों का स्थान अब नए सिद्धान्तों और अनुमानों ने ले लिया है। हमारी बुद्धि और ज्ञान दिनोंदिन बढ़ रहे हैं। अतः सम्भव है कि भविष्य में अधिक अच्छी जानकारी प्राप्त हो सके।

रिस्ले का विचार (Risley's View)—मानव-विज्ञान-वेत्ताओं (Anthropologists) ने इस कठिन समस्या को हल करने का भरसक प्रयत्न किया है और उन्होंने समय-समय पर अपने विचार प्रकट किए हैं। किन्तु उन सब में सर हरबर्ट रिस्ले का विचार ही अधिक देर तक बना रह सका। सर हरबर्ट ने भारतीय जातियों को इन सात भागों में बाँटा : द्रविड़, इण्डो-आर्य, तुर्क ईरानियन, साइथो-द्रविड़, आर्य-द्रविड़, मंगोल और मंगोल द्रविड़। द्रविड़ अधिकतर दक्षिण भारत में पाए जाते थे। "उनका कद छोटा या मध्यम कोटि से भी नीचा है। उनका रंग काला, घने काले घुंघराले बाल, काली आँखें, सिर लम्बा, नाक बहुत चौड़ी किंतु कभी-कभी नीचे की ओर झुकी हुई होती है, किन्तु ऐसी भी नहीं कि चेहरा सर्वथा चपटा दिखाई दे।" इण्डो-आर्य अधिकतर कश्मीर, पंजाब और राजपूताना में मिलते थे। "इनका कद अधिकतर लम्बा, रंग साफ, आँखें काली, चेहरे पर बाल, सिर लम्बा, नाक तीखी किन्तु अधिक लम्बी नहीं होती।"

तुर्क-ईरानियन लोग उत्तर-पश्चिमी सीमा प्रान्त (N.W.F.P.) और बलोचिस्तान में पाए जाते थे। इन लोगों की कुछ संख्या पंजाब और सिन्ध के उन जिलों में भी पाई जाती थी जो सिन्धु नदी के पश्चिम में थे। "इन लोगों का कद मध्यम से तनिक ऊँचा, चेहरा साफ, आँखें काली किन्तु कभी-कभी भूरी, चेहरे पर बाल, सिर चौड़ा, नाक साधारण रूप से तीखी किन्तु अधिक तीखी नहीं होती थी।" साइथो-द्रविड़, पूर्वी सिन्ध, गुजरात और बम्बई में मिलते थे। "यह जाति तुर्क-ईरानियन से छोटे कद, सिर की अधिक लम्बाई, ऊँची नासिका, छोटी नाक और नाक के निम्न भाग की गोलाई के कारण भिन्न थी।" आर्य-द्रविड़ जाति पूर्वी पंजाब, बिहार और उत्तर प्रदेश में पाई जाती थी। "इनका सिर लम्बा किन्तु मध्यम कोटि का, चेहरा हलके भूरे से लेकर काले रंग तक का, नाक मध्यम प्रकार से चौड़े प्रकार तक किन्तु इण्डो-आर्य से अधिक चौड़ी और कद इण्डो-आर्य से छोटा था।" मंगोल बर्मा, असम और हिमालय के विभिन्न प्रदेशों में पाए जाते थे। "इनका सिर चौड़ा, रंग श्याम किन्तु कुछ पीला होता था। चेहरे पर बाल अधिक नहीं थे, कद छोटा किन्तु आम लोगों से कुछ कम था। नाक चौड़ी और चेहरा विशेषतया चपटा और पलकें बिल्कुल ढलवाँ होती थीं।" मंगोल-द्रविड़ प्रायः बंगाल और उड़ीसा में पाए जाते थे। "इन लोगों का सिर चौड़ा, चेहरा काला, मुख पर अधिक बाल, कद मध्य कोटि का, नाक मध्यम लेकिन चौड़ाई की ओर झुकाव वाली होती थी।"

हट्टन का विचार (Hutton's View)—सर हरबर्ट रिस्ले की उपर्युक्त धारणा उनके इस विचार पर आधारित है कि द्रविड़ जाति ही भारत की आदि निवासी जाति थी। किन्तु अब इस विचारधारा को त्याग दिया गया है। अब यह ज्ञात होने लगा है कि द्रविड़ों से पूर्व भी भारत में कुछ जातियाँ रहती थीं। 1933 में डॉ० जे०एच० हट्टन (J.H. Hutton) ने कहा कि आठ प्रकार की जातियों ने भारत में प्रवेश किया। उनके नाम इस प्रकार हैं : हब्शी (Negritos), मौलिक-आस्ट्रेलॉएड (Proto-Australoids), प्राथमिक मैडिटेरेनियन (Early Mediterraneans), सभ्य या उन्नत मैडिटेरेनियन (Civilized or Advanced Mediterraneans), आर्मेनाएड (Armenoids), एल्पाइन (Alpines), वैदिक आर्य (Vedic Aryans), या नार्डिक (Nordics) और मंगोल (Mongoloids)।

गुहा का विचार (Guha's View)—भारत के मानव-विज्ञान सर्वेक्षण के निदेशक (Director of Anthropological Survey of India) डॉ० बी०एस० गुहा का विचार ही नवीनतम विचार है। उन्होंने अपनी पुस्तक "Racial Element in the Population" में अपना यह विचार प्रस्तुत किया है। उनके अनुसार भारत में छः जातियों ने प्रवेश किया। वे जातियाँ इस प्रकार थीं : हब्शी (Negritos), मौलिक आस्ट्रेलाएड (Proto-Australoids), मंगोल (Mongoloids), मैडिटेरेनियन (Mediterraneans), पश्चिमी ब्रैकिसैफ़ेल (Western Brachycephals) और नार्डिक (Nordics)। मंगोल (Mongoloid) जाति में लम्बे और चौड़े सिरों वाले प्राचीन मंगोल जाति और तिब्बत मंगोल जाति का मिश्रण है। मैडिटेरेनियन जाति में प्राचीन मैडिटेरेनियन, मैडिटेरेनियन और तथाकथित पूर्वी प्रकार की जातियों का मिश्रण है। पश्चिमी ब्रैकिसैफ़ेल जाति में एल्पाइनी, दिनारिक और आर्मेनी जातियों का मिश्रण है। डॉ० गुहा का मत है कि हब्शी (Negrito) जाति भारत से सर्वथा लुप्त हो गई है। यह जाति अफ्रीका से आई थी। यह जाति अब भी अण्डमान द्वीपों और मलाया में पाई जाती है। मौलिक-ऑस्ट्रेलॉएड जाति पूर्वी भूमध्य सागर खण्ड से आई थी। इस जाति के लोग अब भी भारत के आदिवासियों में पाए जाते हैं। वे काले और लम्बे सिर वाले थे। मंगोल जाति के लोगों का सिर अनोखे ढंग का था। लम्बे सिर वालों से मिलता-जुलता था। यह भारत में मनुष्य जाति का आदि रूप था। यह जाति "असम और बर्मा के सीमा क्षेत्रों में अधिक पाई जाती है। मैडिटेरेनियन जाति के लोग लम्बे सिर वाले थे। वे कन्नड़, तमिल, मलयालम प्रदेशों, पंजाब, उत्तर गंगा के मैदान, सिन्ध और राजपूताना में पाए जाते हैं।" डॉ० गुहा ने लिखा है कि "इस बात को ठीक तरह समझने की आवश्यकता है कि इन सभी जातियों को पृथक् करना अत्यन्त दुष्कर कार्य है। अब ये जातियाँ अत्यधिक मिश्रित हो चुकी हैं। उदार दृष्टि से देखा जाय तो उत्तर-पश्चिमी भारत और भूमध्य सागर खण्ड की जातियों तथा पूर्वी जातियों से युक्त नार्डिक प्रदेश, दक्षिण भारत की प्राथमिक भूमध्य सागर खण्ड की जातियों से युक्त क्षेत्रों से भिन्न हैं। इसके दोनों ओर एल्पाइनी-दिनारी जाति अन्य जातियों के साथ मिश्रित हो गई है। आदिवासी काले आदमी अब हर जगह आ गए हैं और प्राचीन मैडिटेरेनियन जाति के साथ रक्त-मिश्रण के कारण ये जनता के निम्न अंश बन गए हैं। मंगोल जाति के लोग अब भी उत्तर और पूर्व की तराइयों में रहते हैं, किन्तु इनमें से पर्याप्त लोग साधारण जनता में भी मिश्रित हो गए हैं।"[1]

हब्शी जाति (Negritos)—भारतीय संस्कृति पर प्रभाव डालने वाली विभिन्न संस्कृतियों और जातियों का वर्णन करना उचित प्रतीत होता है। हब्शी जाति भारत की सर्वप्रथम मानव जाति थी। मूलतः वे अफ्रीका से अरब-ईरान और बलोचिस्तान के रास्ते से आए थे। वे भोज्य सामग्री को उत्पन्न करने की अपेक्षा उसे एकत्र करने वाले थे। ऐसा प्रतीत होता है कि बाद में आने वाली जातियों द्वारा या तो वे मार दिए गए या उन्हीं में विलय हो गए। यद्यपि भारत की भूमि से उनका नाम तक उठ गया है तो भी अण्डमान, मलाया और इण्डोनेशिया में उनका अस्तित्व अब भी विद्यमान है। वे स्वयं सभ्य नहीं थे, इसी कारण भारत की सभ्यता में उन्होंने कुछ भी योग नहीं दिया। किन्तु अब भी हमारी भाषाओं में उनकी भाषा के कुछ शब्द परिवर्तित रूप में पाए जाते हैं। इसी जाति का एक शब्द 'बात' अब भी बंगला या उड़िया के शब्द 'बदुद' या 'बदादी' में अब भी विद्यमान है!

मौलिक आस्ट्रेलाएड जाति (Proto-Australoids)—मौलिक ऑस्ट्रेलॉएड जाति ने भारतीय जनता में कुछ मूल योग दिया है। इस जाति ने कई बार भिन्न-भिन्न भागों से भारत में प्रवेश किया। निश्चय ही इस जाति का मिश्रण अन्य भारतीय जातियों से हुआ होगा और खास तौर पर हब्शी और मंगोल जातियों से। भारत में रहने वाले कोल, मुण्ड और नॉन-ख्मेर (Non-Khmer) और असम, बर्मा और हिन्द चीन में रहने वाले लोगों में मौलिक-ऑस्ट्रेलॉएड जाति के तत्त्व

1 Guha, B.S. : *Racial Elements in the Population*, p. 26.

पाये जाते हैं। मुण्ड भाषाएँ ऑस्ट्रो–एशियाई परिवार (Astro-Asiatic Family) से सम्बन्धित हैं और आजकल मध्य भारत के पूर्व हिमालय की दक्षिणी सीमा पर और काश्मीर तथा पूर्वी नेपाल में पाई जाती हैं। डॉ० स्टेन कोनो (Sten Konow) ने लिखा है कि किसी समय सम्पूर्ण उत्तरी और दक्षिणी भारत में कोल जाति फैली हुई थी।

मुण्ड भाषाओं ने आर्य भाषाओं को बहुत कुछ प्रदान किया। उसकी इन देन में पक्षियों, वृक्षों और मानव–शरीर के अंगों के नाम हैं। 'शाल्मलि' (Silk-Cotton) 'बाल', 'कम्बल' आदि शब्द मुण्ड भाषा से लिए गए हैं। इसी प्रकार 'कदली', 'करपास (कपास)', 'ताम्बूल' (पान) आदि–आदि शब्द भी मुण्ड भाषा से लिए गए हैं।

प्रो० जिबुस्की (Zybuski) ने लिखा है कि बहुत–सी गाथाओं का मूल भी आस्ट्रिक है। "कहानियाँ और दन्त कथाएँ उन समाजों की हैं जो समुद्र के समीप रहा करते थे। इनकी समाज–संगठन पद्धति और सभ्यता आस–पास की चीनी और हिन्द–आर्य जातियों से मेल नहीं खाती थी।" सिलवेन लेवी (Sylvan-Levi) का मत है कि "भारत का विवेचन हिन्द–आर्य दृष्टिकोण से ही किया गया है। यह नहीं भूलना चाहिए कि भारत एक विशाल समुद्री देश है। वह हलचल, जिसके कारण भारत ने सुदूर पूर्व (Far East) के देशों में बस्तियाँ बसाईं, कोई नई बात नहीं थी। साहसी पुरुषों, यात्रियों और धर्म–प्रचारकों ने ही समुद्री विज्ञान की उन्नति से अधिक लाभ उठाया और अधिक सुख और चैन के लिए उन्होंने दूसरे देशों की ओर जाना आरम्भ किया। जिन लोगों को आर्यों ने घृणा से असभ्य कहा था उन्हीं के ढूँढे हुए मार्ग का कालान्तर में लाभ उठाया गया।"

प्रो० जिबुस्की ने लिखा है कि, "मुद्रा के रूप में कौड़ियों का प्रयोग नाविक सभ्यता की विशेषता है। यह भारतीय और चीन सागर के तटों पर अर्थात् आस्ट्रो–एशियाई भाषाएँ बोलने वाली जातियों के उद्भव–स्थान में प्रारम्भ हुआ।"

डॉ० हट्टन ने नॉन खमेर जाति द्वारा पत्थर के स्तम्भों को खड़ा करने की कला को एक विशेषता स्वीकार किया है। पूजा का 'तान्त्रिक' रूप भी सम्भवतः "हिन्दू–धर्म की उस उर्वरता पद्धति के साथ सम्मिश्रण के कारण ही विकसित हुआ जो पहले इस देश का धर्म था।" संस्कृत का शब्द 'गण्डक' (चार कौड़ियाँ) भी आस्ट्रिक भाषाओं से लिया गया है। बंगला शब्द 'पान' (एक आना या अस्सी कौड़ी) भी मुण्ड भाषाओं से लिया गया प्रतीत होता है।

डॉ० एस०के० चटर्जी ने इस विषय पर लिखा है : "मौलिक–ऑस्टेलाएड जाति ने जो कुछ भारतीय संस्कृति को दिया है, वह निम्नलिखित बातों से सिद्ध होता है : मिट्टी के बर्तन, जिनका ज्ञान हब्शियों (Negritos) को सम्भवतः नहीं था, पूर्व–पाषाण–काल की सभ्यता का उत्तर पाषाण–काल (Neolithic Age) में उन्नत होना, चलाने वाले के पास पुनः वापस लौट आने वाले बाण (Boomerang) का प्रयोग और धर्म में गणचिन्हवाद का विचार, खोदना और गोड़ना, डण्डों से खेती करना जिसका प्रयोग देश के कुछ भागों में चावल बीजने के लिए किया जाता था। इन सब बातों का आरम्भ भारत भूमि में सर्वप्रथम मौलिक आस्ट्रेलाएड जाति द्वारा ही हुआ होगा। प्रतीत होता है कि पूर्व दक्षिण एशिया में इसका प्रचार यहीं से हुआ होगा।"[2]

डॉ० विलियम हैवेजी (William Hevesy) ने लिखा है कि आस्ट्रिक परिवार की कोई भाषा नहीं थी। प्रागैतिहासिक युग में यूराल पर्वत के दक्षिण से यूरेशियाई मैदानों की निवासी फिन्न यूग्रेन (Finno Ugraine) या यूग्रेन (Ugraine) जातियों ने कभी भी भारत पर आक्रमण नहीं किया। वे यहाँ आकर भी नहीं बसीं। 'मुण्ड' या कोल का जन्म यूग्रेन और हब्शी तथा मौलिक–आस्ट्रेलाएड (Proto-Australoid) जातियों के मिश्रण से ही हुआ। डॉ० हैवेजी ने फिन्नो–यूग्रेन और 'कोल' भाषाओं में कुछ समानता पाई है। किन्तु फिर भी यह समानता जँचती नहीं। कोई भी ऐसा ठोस प्रमाण नहीं मिलता जिसके आधार पर यूग्रेन जातियों का प्राचीन भारत में आवास सिद्ध किया जा सके।

द्रविड़ जाति (Dravidians)—द्रविड़ लोग पूर्वी भूमध्यसागर खण्ड की ओर से भारत में आए। इनकी तीन शाखाएँ थीं। सभी द्रविड़ भाषा बोलते थे। ये सब लम्बे सिर वाले थे। भारत में प्रवेश करते समय वे काफी मात्रा में सभ्य हो चुके थे। कहा जाता है कि ये लोग कभी समस्त उत्तरी, मध्य, पश्चिमी और सम्भवतः पूर्वी भारत में अपनी सभ्यता को फैला चुके थे। बलोचिस्तान में बोली जाने वाली ब्रहुई भाषा में यह अनुमान लगाया जा सकता है कि वर्तमान बलोचिस्तान की ब्रहुई भाषा–भाषी जातियाँ द्रविड़ संस्कृति की ही प्रतीक हैं। इस बात का प्रमाण भी मिलता है कि किसी समय इस जाति

2. *The Vedic Age*, pp. 148-49.

के लोग पंजाब और गंगा घाटी के उत्तर में भी रहे होंगे। उत्तरी भारत के नामों में द्रविड़ों के प्रभाव को स्पष्ट करने के लिए उदाहरण दिए जा सकते हैं। हिन्दू धर्म, रीति-रिवाजों, विचारों, दन्त-कथाओं और पौराणिक कथाओं में भी द्रविड़ों का प्रभाव देखने को मिलता है। उत्तरी भारत में द्रविड़ों की सभ्यता का कोई मुख्य केन्द्र नहीं था। अतः आर्यों ने बड़ी ही सुगमता के साथ अपनी सभ्यता को इस प्रदेश में फैलाया।

अभी तक सिन्धु घाटी की लिपि को पढ़ा नहीं जा सका है अतः यह कहना कठिन है कि वहाँ के लोगों की भाषा कौन-सी थी। अधिक सम्भावना यही है कि वे द्रविड़ भाषाएँ ही बोला करते थे। रैवरैण्ड हैरस (Reverend H. Heres) का विचार है कि पुरानी तमिल भाषा भी सिन्धु घाटी की मुहरों पर देखने को मिलती है किन्तु आलोचक इस मत में सहमत नहीं हैं। उनका कहना है कि इस बात का कोई प्रमाण नहीं मिलता कि पुराने समय में किस प्रकार की तमिल भाषा बोली या लिखा जाती थी। अतः समानता प्रमाणित करना कठिन है।

प्रतीत होता है कि द्रविड़ माता भगवती और शिव की धारणा को अपने साथ लाए थ। शिव का वाहन नादिया (बैल) और माता भगवती का वाहन शेर था। इन्हीं दो भावनाओं ने ही शिव और उमा की हिन्दू पद्धति (cult) को जन्म दिया था।

तमिल अथवा द्रविड़ शब्द सम्भवतः 'द्रुमिल' या 'द्रमिज़' शब्दों से निकले हैं। एशिया माइनर की लायसियन जाति ने अपने आपको शिलालेखों में 'तृम्मिलि' कहा है। हैरोडोटस का कहना है कि लायसियन वास्तव में क्रीट नामक द्वीप से भारत में आए थे। इस द्वीप में यूनानी संस्कृति से पूर्व के एशियाई (Pre-Hellenic) लोगों का नाम यूनानी ऐतिहासिक पुस्तकों मे 'तरमिलाई' कहा गया है। सम्भव है कि पूर्व भू-मध्यसागर खण्ड में आने वाले द्रविड़ अपने साथ अपना जातीय या राष्ट्रीय नाम 'तरमिलाई' लाए थे, जो बाद में 'तमिल' रूप में परिवर्तित हो गया।

बिशप काल्डवैल (Bishop Caldwell) ने लिखा है, ''द्रविड़ों में भी राजा थे। वे सुदृढ़ और पक्के मकानों में रहा करते थे और देश के छोटे-छोटे प्रदेशों में राज्य करते थे। उन्होंने चारणों या भाटों को अपने दरबारों में रखा हुआ था, जो त्यौहारों पर उन्हें संगीतमय कविता का पाठ सुनाया करते थे। इनके नाम वर्णानुक्रम से लिखे होते थे। इन कविताओं को वे खजूर के पत्रों पर लिखते थे। खजूर के इन पत्रों को एकत्रित रूप में पुस्तक कहा जाता था। भगवान् के अस्तित्व में उन्हें पूर्ण विश्वास था, जिसे वे 'को' या राजा कहकर पुकारते थे। उनके द्वारा प्रदत्त भगवान् की इस पदवी का ज्ञान हिन्दुओं को नहीं था। उन्होंने भगवान् के लिए मन्दिर भी बनाए थे, जिन्हें वे 'को-इल' (भगवान् का घर) कहकर पुकारते थे। उनके नियम और रिवाज तो थे। वकीलों और जजों को रखने का तरीका उनके यहाँ न था। विवाह इत्यादि उनमें भी होते थे। राँगा, सीसा और जस्त को छोड़कर शेष सभी साधारण धातुओं का ज्ञान उन्हें था। बुध और शनि को छोड़कर उन्हें शेष साधारण ग्रहों का भी ज्ञान था। वे दवाइयों का प्रयोग करते थे। छोटे-छोटे ग्रामों से लेकर नगरों तक में रहते थे। वे लम्बी संकरी नावों, किश्तियों और जहाजों तक से परिचित थे। लंका के अतिरिक्त समुद्र-पार के अन्य क्षेत्रों का उन्हें ज्ञान नहीं था। लंका का ज्ञान भी उन्हें इसलिए था कि शायद कम गहरे पानी के रास्ते से उनका वहाँ पहुँच सकना आसान था। किन्तु द्वीप अथवा प्रायद्वीप सूचक किसी भौगोलिक शब्द का उन्हें ज्ञान न था। वे कृषि से परिचित थे। युद्ध में बड़े ही प्रसन्न रहते थे। बरछी, तलवार तथा तीन कमान उनके हथियार थे। जीवन की अन्य आवश्यकताओं जैसे बुनना, कातना, रंगना इत्यादि से भी वे परिचित थे। वे बर्तन बनाने में निपुण थे। उनकी मूर्ति-कला के स्थानों से उपर्युक्त बात की पुष्टि हो जाती है।''

विद्वानों का कहना है कि पत्रों, पुष्पों, फलों तथा जल के साथ पूजा करने का ढंग भी द्रविड़ पद्धति का परिणाम है। ये हवन-विधि या अग्नि-पूजा से परिचित थे। कुछ समय पश्चात् यही विधि हिन्दुओं ने भी ग्रहण कर ली। प्रो० मार्क कालिन्स (Mark Collins) का कथन है कि संस्कृत का 'पूजा' शब्द वास्तव में द्रविड़ जाति के 'पू' (पुष्प) शब्द का दूसरा रूप है। 'होम' में पशु-बलि दी जाती थी, किन्तु इसके विपरीत 'पूजा' पुष्पादि से देवता को प्रसन्न करने की एक विशुद्ध और पवित्र रीति थी। कारपेण्टिए (Charpantier) का कथन है कि 'पूजा' शब्द द्रविड़ जाति के 'पुसु' शब्द से लिया गया है, जिसका अर्थ है पोतना। पूजा में संदल या लाल रंग का पोता जाना उत्तम माना गया है।

कहा जाता है कि 'शिव' नाम द्रविड़ जाति की देन है। द्रविड़ भाषा में 'शिवन्' शब्द का अर्थ लाल है। आर्यों ने भी शिव भगवान् को नील-लोहित या ''नील कण्ठ वाला रक्ताभ देवता'' कहा है। कहा जाता है कि भगवान् शंकर विष को पी गए थे और उसे कण्ठ में रख छोड़ा था जो नीला बन गया था। इसी कारण उनका कण्ठ नीले रंग का हो गया।

'शम्भु' शिव का दूसरा नाम है और इस शब्द की तुलना तमिल भाषा के 'शेम्बु' शब्द से की जा सकती है। तमिल भाषा में इसी प्रकार का एक और शब्द 'चेम्पू' है जिसका अर्थ ताँबा या लाल धातु है। इसी प्रकार वैदिक देवता रुद्र का भी शिव से सम्बन्ध स्थापित किया जा सकता है। द्रविड़ों के मुरुकन नाम के देवता की तुलना शिव के पुत्र स्कन्द या कुमार से की जा सकती है। लिंग की पूजा भी द्रविड़ जाति के प्रभाव से ग्रहण की गई थी। विष्णु की सवारी गरुड़ भी द्रविड़ के दैवी उकाब (divine eagle) से सम्बन्धित है। बन्दर देवता की पूजा भी इसी जाति की देन है।

ह्वीलर (Wheeler) ने लिखा है कि ''द्रविड़ धर्म की नींव पर आज का ब्राह्मणवाद खड़ा है। द्रविड़ धर्म अपनी सुगमता के कारण अत्यन्त रुचिकर वस्तु है।'' बालफोर ने लिखा है कि ''समस्त दक्षिण भारत में जीवित या मूर्ति रूप में सर्प की पूजा होती है। प्राय: हर छोटे गाँव में इसकी मूर्ति होती है और कभी-कभी तो केवल एक सर्प ही होता है, जिसने अपना फन फैला रखा होता है। कभी-कभी नौ सर्पों की एक मूर्ति होती है और इस मूर्ति को नौ-नाग कहा जाता है। इनमें से एक पिता और शेष उसके पुत्र समझे जाते हैं। किन्तु एस्क्युपेलियन छड़ (Escupalian rod) की भाँति दो यमल सर्पों का प्रचार है।'' ग्राम देवताओं का वर्णन करते हुए मीडोज़ टेलर (Meadows Taylor) कहते हैं कि ''ग्राम-देवता की पूजा केवल सम्पूर्ण दक्षिण में ही नहीं सम्पूर्ण भारत में अब भी होती है। इन देवताओं के लिए मन्दिरों या पुजारियों की आवश्यकता नहीं होती। केवल बोते और काटते समय बलि और नैवेद्य उन पर चढ़ा दिया जाता है। इस पूजा का उद्देश्य यह होता है कि कृषि में ठीक समय पर वर्षा और उपयुक्त समय पर ठीक ऋतु प्राप्त हो सके और देवता की कृपा द्वारा हैजा, प्लेग और संक्रामक ज्वर से अपनी रक्षा हो सके। ग्राम-देवताओं में नाग भी एक देवता है, जो सभी गाँवों में पूजा जाता है। शेष सभी देवताओं के स्थानीय नाम होते हैं। हर गाँव में पत्थरों का एक ढेर-सा बना लिया जाता है और यह ढेर प्राय: गाँव से कुछ दूर एकान्त स्थान में होता है। इस ढेर को काले या लाल रंग से पोत दिया जाता है। यही ग्राम-देवता होता है।''

द्रविड़ जाति का उद्‌भव (Origin of the Dravidians)—द्रविड़ जाति के उद्‌भव के सम्बन्ध में अनेक विचार हैं। कनकस भाई पिल्लई ने इस विषय में लिखा है कि द्रविड़ जाति का उद्‌भव मंगोल जाति से हुआ। वे तिब्बत और नेपाल से भारत में आए और सारे बंगाल में बस गए। वहाँ से वे दक्षिण भारत और लंका की ओर गए। जब से वे ताम्रलिप्ति की बन्दरगाह से उत्तर की ओर बढ़े, उन्हें तमिल कहा गया। संस्कृत साहित्य में यक्षों की द्रविड़ों से उपमा दी गई है। नेपाल और मालाबार के लोग स्त्री की पवित्रता का एक ही दृष्टिकोण रखते हैं। यहाँ कला और शिल्प संबंधी विशेषताएँ भी मिलती-जुलती हैं। किन्तु पिल्लई की यह धारणा स्वीकार नहीं की गई। उनका यह सादृश्य कुछ विलक्षण-सा लगता है। यक्षों से द्रविड़ जाति की उपमा तो अपने आप में कोरा अनुमान है। शिल्प और कला विषयक समानताओं के अन्य कारण भी हो सकते हैं। हरबर्ट रिस्ले (Herbert Risley) ने बताया है कि ''यह बात सर्वथा असंगत प्रतीत होती है कि बहुत काले रंग और लम्बे सिर वाले लोग भूमि के उस भाग से इतनी अधिक संख्या में आए हों जहाँ के रहने वाले अत्यन्त चौड़े सिर और पीले चेहरे वाले हैं।''

डॉ० काल्डवैल (Caldwell) का मत है कि द्रविड़ जाति का वास्तविक स्थान मध्य एशिया था। यह विचारधारा सिथियन या तुरानियन विचारधारा भी कहलाती है। डॉ० काल्डवैल सिथियन और द्रविड़ भाषाओं में पर्याप्त समानता बतलाते हैं। बलोचिस्तान की ब्रहुई और द्रविड़ भाषाओं में काफी समता थी। ब्रहुई लोग द्रविड़ों की एक उपजाति थे, जो भारत में उत्तर-पश्चिमी दरों से आई थी। डॉ० काल्डवैल की इस धारणा की कटु आलोचना की गई है। भाषा-विज्ञान के शास्त्री सिथियन भाषाओं के अस्तित्व में विश्वास ही नहीं रखते। नृकुल विज्ञान (Ethnology) के अनुसार भी डॉ० काल्डवैल की धारणा उपयुक्त प्रतीत नहीं होती। तुरानियन चौड़े सिर वाले हैं और द्रविड़ लम्बे सिर वाले हैं। द्रविड़ जब सभ्यता के उच्च शिखर तक पहुँच चुके थे उस समय तुरानियन भी असभ्य और जंगली थे। इसके अतिरिक्त नृकुल विज्ञान के अनुसार ब्रहुई द्रविड़ जाति से सर्वथा भिन्न हैं। इनकी भाषाओं में यदि किसी प्रकार का कोई साभ्य पाया भी जाता है तो उसका कारण इन जातियों का परस्पर मेल-जोल है, अन्य कोई कारण नहीं है।

कुछ लेखक द्रविड़ों का उद्‌भव सेमिटिक (Semitic) सभ्यता से मानते हैं। वे मानव विज्ञान के आधार पर दोनों में समता को स्पष्ट करते हैं। दोनों लम्बे सिर वाले हैं। स्त्री-पूजा और विवाह सम्बन्धी रीति-रिवाज़ दोनों में बराबर हैं। कर्नल होल्डिच (Holditch) का मत है कि द्रविड़ों ने बहुत पहले मेसोपोटेमिया के कुछ भूभाग पर अधिकार किया था और उसके पश्चात् वे मकरान तट के रास्ते भारत की ओर चले आए थे। ये तब तक वहीं रहे जब तक कि मंगोल जाति ने इन पर अधिकार नहीं किया। इसके पश्चात् वे समुद्र के किनारे-किनारे होते हुए दक्षिण भारत में आ गए।

इलियट स्मिथ (Elliot Smith) का कथन है कि द्रविड़ जाति समुद्री मार्ग द्वारा मिस्र से आई थी। किन्तु अब यह कहा गया है कि ऐसी बात सम्भव नहीं थी।

कुछ विद्वानों का मत है कि द्रविड़ जाति भारत की आदि जाति थी। इनमें अन्तर पाया जाता है क्योंकि इनकी सभ्यता अब अत्यधिक उन्नत हो चुकी है।

कुछ भी हो प्रायः इस बात को स्वीकार किया गया है कि द्रविड़ विदेशी थे जो पूर्वी भूमध्य सागर खण्ड से भारत में आकर बसे थे। वे मेसोपोटेमिया और बलोचिस्तान के रास्ते भारत में आए।

Suggested Readings

Anderson, J.D. : Peoples of India, 1913.
Bagchi, P.C. : Pre-Aryan and Pre-Dravidian in India, 1929.
Banerjee, R.D. : Pre-Historic, Ancient and Hindu India.
Chanda, R.P. : The Indo-Aryan Races, 1916.
Ghosh, A. : Pre-historic Exploration in India (Indian Historical Quarterly, 1948, pp. 1-18).
Guha, B.S. : Racial Elements in Populations.
Gupta, B.S. : An Outline of the Racial Ethnology of India, 1937.
Iyengar, P.T.S. : Pre-Aryan Tamil Culture, 1930.
Mitra, P. : Pre-historic India, 1927.
Piggot, S. : Pre-historic India.
Risley, H.H. : The People of India, 1915.
Sankalia, H.D. : The Pre-history and Proto-history of India and Pakistan (Bombay, 1963).
Suba Rao, B. : Personality of India.
Turner : The Great Cultural Traditions.

अध्याय

5

सिन्धु सभ्यता

(Indus Civilization)

भारतीय पुरातत्व विभाग के महानिदेशक सर जॉन मार्शल की 1924 की इस घोषणा से विद्वत् जगत में हलचल मची कि सिन्धु-घाटी में एक नई सभ्यता खोज ली गई है। तथ्य है कि सर जॉन मार्शल ने सिन्धु-सभ्यता के बारे में तीन महत्त्वपूर्ण ग्रन्थ लिखे। सर जॉन मार्शल और उनके साथियों ने मोहनजोदाड़ो में खुदाई का काम 1921 से 1927 तक किया। बाद में जे०एच० मैके ने 1927 से 1931 तक खुदाई की। जी०एफ० डेल्स ने भी 1963 में इस स्थान पर कुछ काम किया। मोहनजोदाड़ो (मृतकों का टीला) सिन्ध में लरकाना जिले के एक मैदान में एक ऊँचे टीले का स्थानीय नाम है। यह सिन्ध में कराची से लगभग 300 मील उत्तर में स्थित है। इसके आस-पास की भूमि उपजाऊ है और इसे नखलिस्तान या सिन्ध का बाग कहा जाता है। यह विश्वास किया जाता है कि लगभग 5000 वर्ष पहले यहाँ एक नगर था जो कम-से-कम सात बार उजड़ा और सात बार पुन: बसा। यद्यपि अब सातों तहों को खोद लिया गया है, डॉ० मोर्टिमर व्हीलर का विश्वास है कि इससे भी अधिक सभ्यताओं के प्रमाण इनके नीचे हो सकते हैं। आज ये नगर दो टीलों पर बसा है, उनमें से एक 1300 गज लम्बा और 600 गज चौड़ा है और दूसरा 400 गज लम्बा और 300 गज चौड़ा है। संभव है कि पुनर्निर्माण से काफी समय पहले तक यह नगर खण्डहर रहा हो। अन्तिम रूप से उजाड़ हुए भी कई सदियाँ बीत गई होंगी।

जब मोहनजोदाड़ो में खुदाई का काम चल रहा था लगभग तब उसी समय हड़प्पा में भी खुदाई चल रही थी। हड़प्पा मौन्टगुमरी जिले में रावी के किनारे पाकिस्तान में है। यह स्थान लाहौर से लगभग 100 मील दूर है। हड़प्पा से मिली वस्तुओं का उल्लेख जनरल कनिंघम ने किया है और ठेकेदारों ने इस स्थान से खोदे गए पत्थर का प्रयोग इस क्षेत्र में से गुजरने वाली रेलवे लाइन में किया। विश्वास किया जाता है कि यह नगर मोहनजोदाड़ो से अधिक बड़ा था। किन्तु इसकी ठीक प्रकार से सुरक्षा नहीं की गई और इसके महत्त्व को आँकने से पहले ही ठेकेदारों तथा पड़ोसियों ने इसे आंशिक रूप से नष्ट कर दिया। इस स्थान पर खुदाई का काम श्री एम०एस० वस्त ने 1921 से 1934 तक किया। बाद में इस स्थान पर खुदाई का काम सर मोर्टिमर व्हीलर, भारत के पुरातत्त्व-विभाग के निदेशक ने किया।

मोहनजोदाड़ो से लगभग 80 मील दक्षिण तथा जमाल किरियो गाँव के दक्षिण में आधे मील पर तीन समीपवर्ती टीले हैं। उन्हें चहुनदारी कहते हैं। इस स्थान की 1931 में खोज की गई थी। यहाँ हड़प्पा से मिलती-जुलती कुछ वस्तुएँ मिली हैं। 1935-36 में खुदाई की गई। यहाँ हड़प्पा सभ्यता से सम्बद्ध तीन मकानों की परतें मिलीं। उनके ऊपर सिन्ध के झुकर और खागर के समान दो सभ्यताएँ क्रम से मिलीं।

अम्बाला जिले में रोपड़ के स्थान पर भारत सरकार के पुरातत्त्व विभाग ने खुदाई की। यहाँ पाई जाने वाली वस्तुएँ हड़प्पा की वस्तुओं के समान थीं। सौराष्ट्र में रंगपुर और लोथल में खुदाई का काम भी किया गया। रंगपुर में पुराने समय के ताँबे के कुल्हाड़े, मनके और बहुत से मिट्टी के बर्तन मिले हैं। रंगपुर और हड़प्पा की नालियों की बनावट में भी समानता है। यह बताया जाता है कि रंगपुर की खुदाई हड़प्पा सभ्यता और बुद्ध-काल की कमी को पूरा करती है। मोहनजोदाड़ो

में तो सभ्यता अचानक समाप्त हुई। परन्तु रंगपुर में हड़प्पा सभ्यता अपने आप समाप्त हुई। उसका स्थान उत्तर हड़प्पा-सभ्यता ने लिया।

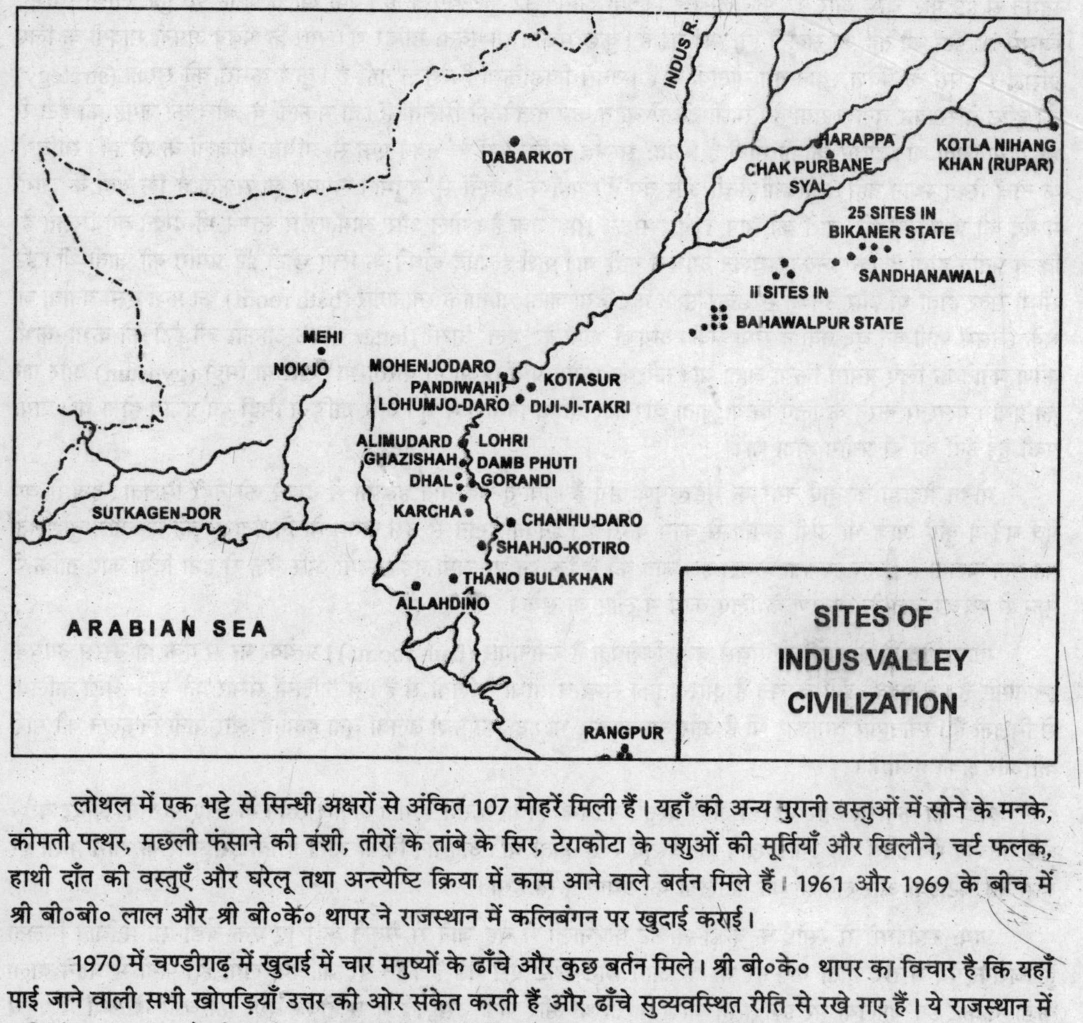

लोथल में एक भट्टे से सिन्धी अक्षरों से अंकित 107 मोहरें मिली हैं। यहाँ की अन्य पुरानी वस्तुओं में सोने के मनके, कीमती पत्थर, मछली फंसाने की वंशी, तीरों के तांबे के सिर, टेराकोटा के पशुओं की मूर्तियाँ और खिलौने, चर्ट फलक, हाथी दाँत की वस्तुएँ और घरेलू तथा अन्त्येष्टि क्रिया में काम आने वाले बर्तन मिले हैं। 1961 और 1969 के बीच में श्री बी०बी० लाल और श्री बी०के० थापर ने राजस्थान में कलिबंगन पर खुदाई कराई।

1970 में चण्डीगढ़ में खुदाई में चार मनुष्यों के ढाँचे और कुछ बर्तन मिले। श्री बी०के० थापर का विचार है कि यहाँ पाई जाने वाली सभी खोपड़ियाँ उत्तर की ओर संकेत करती हैं और ढाँचे सुव्यवस्थित रीति से रखे गए हैं। ये राजस्थान में कलिबंगन, हड़प्पा और रोपड़ के कब्रिस्तानों से मिलते हैं। एक विचार है कि पश्चिमी बंगाल के बर्दवान जिले में भरतपुर के टीले उत्तर हड़प्पा-ताम्र-पाषाणिक सभ्यता के पूर्वी विस्तार का प्रतिनिधित्व करते हैं।

जब मोहनजोदाड़ो और हड़प्पा में खुदाई की गई और दोनों स्थानों पर एक जैसी ही वस्तुएँ प्राप्त हुईं तो सर जॉन मार्शल तथा अन्य विद्वानों ने इसे सिंधु सभ्यता का नाम दिया क्योंकि ये क्षेत्र सिंधु नदी और उसकी सहायक नदियों के क्षेत्र में आते थे। किन्तु जब रोपड़, रंगपुर, लोथल और कालीबंगन में हड़प्पा से मिलती-जुलती वस्तुएँ प्राप्त हुईं तो यह उचित समझा गया कि इसे हड़प्पा सभ्यता का नाम दिया जाए। ये स्थान सिन्धु और उसकी सहायक नदियों के क्षेत्र से बाहर थे। वर्तमान स्थिति यह है कि कुछ लोग इसे सिन्धु सभ्यता कहते हैं तो दूसरे इसे हड़प्पा सभ्यता कहना उचित समझते हैं।

भवन (Buildings)—मोहनजोदाड़ो एक योजनानुसार निर्मित नगर प्रतीत होता है। यहाँ की सड़कों का चौड़ाई 13½ फुट से 33 फुट तक है। मैके (Mackay) का कथन है कि सड़कों का विन्यास (lay out) कुछ इस प्रकार से है कि

हवा स्वयं ही सड़कों को साफ करती रहे। वे सड़कें समकोण (right angle) पर एक-दूसरे को काटती हैं। कुछ घर ऐसे हैं जिनके केवल दो ही कमरे हैं और कुछ इतने बड़े कि एकदम महल का रूप ग्रहण किए हैं। दूसरी प्रकार के विशाल भवन सामने से 85 फुट चौड़े और 97 फुट लम्बे हैं। इनके आंगन 32 फुट वर्ग के हैं। एक खाली जगह 90 फुट लम्बी-चौड़ी, जिसमें 20 ईंटों की तहें आ सकती हों, पाई गई हैं। कुछ मकान सम्भवत: मन्दिर थे। नगर के भवन अपनी सादगी के लिए प्रसिद्ध हैं। घरों के प्रवेश स्थान तंग गलियों में हैं। उनमें खिड़कियाँ बिल्कुल नहीं हैं। कुछ कमरों को सुरक्षा (strategy) को दृष्टि में रखकर बनाया गया है। साझी दीवारें बहुत कम देखने को मिलती हैं। दो मकानों के बीच की जगह को ईंटों से भर दिया जाता था। दीवारें काफी मोटी हैं। अत: सम्भव है कि यहाँ के भवन एक से अधिक मंजिलों के रहे हों। सीढ़ियों के नीचे रिक्त स्थान नहीं। सीढ़ियाँ ऊँची और तंग हैं। यहाँ के भवनों से अनुमान लगाया जा सकता है कि यहाँ के लोगों में पर्दे की प्रथा नहीं थी। द्वारों की माप 3′ 4′′ से 7′ 10′′ तक है। गोल और आयताकार स्तम्भ भी देखने को मिलते हैं, किन्तु प्रतीत होता है कि उनका प्रचलन अधिक नहीं था। फ़र्श इत्यादि बाँधने के लिए छोटी ईंटें प्रयोग की जाती थीं। ईंटें सीधी सतर होती थीं और उनको रगड़कर साफ कर दिया जाता था ताकि स्नानागार (bath room) का फ़र्श ऐसा बनाया जा सके जिसमें पानी की बूँद तक न समा सके। अंग्रेजी भाषा के 'एल' अक्षर (letter L) के आकार की ईंटों को कभी-कभी कोण बनाने के लिए प्रयोग किया जाता था। गारे का प्रयोग प्राय: हुआ ही करता था। खड़िया मिट्टी (gypsum) और गारे का प्रयोग पलस्तर करने के लिए किया जाता था। नालियों के निर्माण में चूने और खड़िया मिट्टी का प्रयोग होता था। प्राय: पकी हुई ईंटों का ही प्रयोग होता था।

मोहनजोदाड़ो के कुएँ नगर के महत्त्वपूर्ण अंग हैं। किन्तु यह बात हड़प्पा में देखने को नहीं मिलती। हजारों वर्ष पूर्व बने ये कुएँ आज भी उसी क्षमता से कार्य करते हैं। इनको देखने से उस समय के निर्माताओं की शिल्पीय कुशलता का पता चलता है। आवश्यकता केवल इस बात की है कि इन पर जमी हुई गन्दगी और मैल रो हटा दिया जाए ताकि ये फिर से स्वच्छ जल के वितरण के लिए कार्य में लाए जा सकें।

मोहनजोदाड़ो के घरों की सबसे बड़ी विशेषता है स्नानागार (bath rooms)। प्रत्येक घर में एक या उससे अधिक स्नानागार हैं। ये पक्की ईंटों के बने हैं और इनका सम्बन्ध सीधा नालियों से है। ये नालियाँ संसार की बड़ी-बड़ी नालियों से मिलती हैं। स्नानागार वर्गाकार भी हैं और आयताकार भी। उनका फ़र्श ढलवाँ बना हुआ है और पानी निकलने की मोरी की ओर झुका हुआ है।

यहाँ का फर्नीचर और घर की अन्य वस्तुएँ अत्यन्त साधारण रही होंगी। अनाज रखने के लिए फ़र्श के अन्दर बड़े-बड़े मर्तबान थे। उनमें गेहूँ आदि खाने की वस्तुएँ रखी जाती थीं। अनुमान किया जाता है कि इस नगर के लोग फ़र्शों पर घास की चटाइयों और लकड़ी की पटलियों का प्रयोग करते होंगे।

प्राय: रसोईघरों में रसोई के कूड़ा-कर्कट को नाली में बह जाने से रोकने के लिए एक बड़ा-सा मर्तबान मिलता है जिसके पेंदे में छेद होता था। हर घर के आगे छोटे-छोटे ऐसे गढ़े हैं जिन पर जालियाँ लगी हैं। पानी में बहने वाला कूड़ा-कर्कट इन जालियों पर इकट्ठा हो जाया करता था और पानी उस गढ़े में से होकर नगर की बड़ी नालियों में पहुँच जाया करता था।

मोहनजोदाड़ो का विशाल स्नानागार (The Great Bath) विशेष रूप से देखने योग्य है। यह चौरस है और उसके चारों तरफ बरामदा है। यह भी ईंटों का बना है। बरामदे के पीछे कमरे और रास्ता है। तैरने के लिए एक तालाब है और बड़े-बड़े कुएँ भी हैं। इन्हीं से शायद तालाब को भरा जाता था। यह जलकुण्ड 30 फुट लम्बा, 23 फुट चौड़ा और 8 फुट गहरा है। इसके ऊपर लकड़ी की बनी एक और मंजिल भी है। कुण्ड के प्रत्येक कोने में एक सीढ़ी है। यह स्नानागार पक्की ईंटों का है और एक बूंद भी इसके अन्दर नहीं समा सकती। कुण्ड के किनारे (lining of the tank) सुन्दर ईंटों के बने हैं। ये चार फुट मोटे हैं और ईंटें खड़िया मिट्टी के साथ लगाई गई हैं। नमी को रोकने के लिए एक इंच मोटे राल (bitumen) के पलस्तर का प्रयोग किया गया है। ''उसे सुस्थिर करने के लिए भीतरी भाग में पक्की ईंटों की एक और पतली तह चढ़ा दी गई है। इसके बाद फिर एक कच्ची ईंटों की और एक पक्की ईंटों की परत चढ़ी है।'' यह विशाल स्नानागार अब भी

इतनी अच्छी अवस्था में है कि 1935 में मैंने इसे देखा तो मुझे लगा कि इसका निर्माण उन्नीसवीं शती में ही हुआ होगा, क्योंकि यह पंजाब के उस समय के बने हुए बहुत से स्नानागारों जैसा ही प्रतीत होता था।

नालियाँ (Drainage)—सिन्धु घाटी के लोग नालियों के निर्माण में अत्यन्त निपुण थे। गली-कूचे में जल के निकास के लिए ईंटों की नालियाँ हैं। इनकी लम्बाई-चौड़ाई विभिन्न प्रकार की है। कुछ नालियाँ नौ इंच चौड़ी और एक फुट गहरी हैं। किन्तु इससे बिल्कुल दुगुनी बड़ी हैं। ये नालियाँ ईंटों से ढकी हैं और आवश्यकतानुसार उन्हें हटाया जा सकता है। बड़ी नालियाँ पत्थरों से बनी और ढकी हैं। बरसाती पानी और घरों के मल-मूत्र के बहने के लिए मल-कूप बने हैं। लम्बी नालियों में कुछ-कुछ अन्तर पर छेद बने हैं ताकि उन्हें सुगमतापूर्वक साफ किया जा सके। नालियों से निकला हुआ कूड़ा शायद वहाँ से सदा हटाया नहीं जाता था। यही कारण है कि खुदाई के समय वह ज्यों का त्यों नालियोके पास पड़ा हुआ पाया गया। नालियों के मोड़ों पर तिकोनी ईंटों का प्रयोग होता था। दो नालियों के संगम पर ईंटों द्वारा निर्मित गढ़े बने हैं। वर्षा और तूफ़ान द्वारा एकत्र जल को नगर से बाहर निकालने के लिए पक्की ईंटों की ढकी नालियाँ बनी हैं। ये नालियाँ जमीन से नीचे हैं। प्रायः नालियाँ कुओं के पास गुजरती हुई बनाई गई हैं। इस प्रकार कुओं के जल के गन्दा होने का भय बना रहता था।

जल-वितरण—मोहनजोदाड़ो के निवासियों ने जल-वितरण का अति उत्तम ढंग अपना रखा था। कुएँ तो वहाँ अत्यधिक संख्या में पाए गए हैं, किन्तु इन कुओं की मुँडेर फर्श से कुछ ही इंच ऊँची है। लोगों के लिए यह भय का कारण रहा होगा।

वाणिज्य और व्यापार—अनुमान किया जाता है कि इस नगर का वाणिज्य और व्यापार किसी समय बहुत समृद्ध रहा होगा। लोग गेहूँ और जौ की खेती करते होंगे और उन्हें चक्की द्वारा न पीसकर सिल-बट्टे से पीसते होंगे। इस समय खजूर की खेती भी होती होगी।

भोजन—अनुमान है कि इस नगर के निवासी दूध से बनी वस्तुएँ गेहूँ, जौ, मछली, माँस, कछुए, भेड़ का माँस इत्यादि खाते होंगे।

जानवर—लोग गाय, भैंस, हाथी, ऊँट, भेड़, बकरी, सूअर और कुत्ता इत्यादि पशुओं को पालते थे। हिरन, काला चूहा, नेवला आदि के अवशेष भी पाये गये हैं। जंगली साँड, खरगोश, बन्दर, हिरन, शेर, रीछ और गैंडे की छोटी-छोटी मूर्तियाँ भी मिली हैं।

धातुएँ—मालूम होता है कि लोग सोना, चाँदी, ताँबा, कली, सीसे इत्यादि का प्रयोग करते थे, किन्तु लोहे के प्रयोग का पता नहीं चलता। इनके अतिरिक्त वे हड्डियों, कौड़ियों और हाथी दाँत का प्रयोग भी करते थे।

पोशाक—उस समय की पोशाक का ठीक से पता ही नहीं कि वह कैसी थी। किन्तु तत्कालीन मिट्टी के बर्तनों पर बनी हुई आकृतियों से पता चलता है कि सूती और ऊनी धागों का निर्माण अवश्य हुआ करता था। इस स्थान से प्राप्त मोहरों पर बनी शकलों और मूर्तियों से भी उपर्युक्त तथ्य पर प्रकाश पड़ता है। पता चलता है कि स्त्रियाँ घाघरे का प्रयोग करती थीं। अंगरखे का प्रयोग विशेष रक्षा के लिए होता था। इससे बाजू और कन्धे तो ढक जाया करते थे, किन्तु स्तनों को नहीं ढका जाता था। पुरुष प्रायः गलमुच्छे और दाढ़ियाँ रखते थे। वे अपनी कमर के चारों ओर एक पट्टी बाँधा करते थे। ऐसा प्रतीत होता है कि वे दाएँ कन्धे के नीचे से होकर बाएँ कन्धे के ऊपर तक पहुँचने वाले दुपट्टे का प्रयोग भी करते थे।

स्त्री और पुरुष दोनों **जेवर** पहनते थे। हार, बालों के भूषण, कंगन, अँगूठी का प्रयोग तो दोनों करते थे, किन्तु तगड़ी, नाक के काँटे, बुन्दे और नूपुर का प्रयोग केवल स्त्रियाँ ही करती थीं। अमीर सोने, चाँदी, हाथी-दाँत और कीमती मोतियों के बने भूषण पहनते थे। निर्धन और गरीब लोग सीपियों, हड्डियों, ताँबे और पत्थर के जेवर पहनते थे। ऐसा जान पड़ता है कि ये बालों को पीछे की ओर मोड़ते थे और क्लिप द्वारा उन्हें इस तरह थामे रखते थे कि वे सीधे पीठ की ओर ही झुके रहें। कुछ लोगों के बाल ऐसे भी थे, जो एक बड़े गुच्छे की शक्ल में कान पर से होते हुए कन्धे पर इस ढंग से आते थे कि दायाँ कन्धा ढक जाया करता था। लोग कंघी का प्रयोग तो आमतौर पर करते ही थे, किन्तु बालों को उचित स्थान पर तथा स्थिर बनाए रखने के लिए क्लिपों का प्रयोग भी करते थे।

जहाँ तक **मनोरंजन** का प्रश्न है, वे घर में रहकर ही मनोरंजन करना अधिक पसन्द करते थे। रथों की दौड़ और शिकार में उनकी रुचि न थी। नाच और गाना उन्हें अधिक पसन्द था। पासा खेलना उन्हें खूब आता था। मोहनजोदाड़ो की खुदाई से खिलौने भी प्राप्त हुए हैं। अतः पता चलता है कि यहाँ के बच्चे खिलौने खेलने के शौकीन थे। ये खिलौने मिट्टी के बने होते थे। झुनझुना, सीटी, पक्षी, बैलगाड़ी, स्त्री-पुरुषों के बुत इत्यादि खिलौनों के रूप में प्राप्त होते हैं। खिलौने टैरा कोटा (terra-cotta) के बने होते थे।

मिट्टी के बर्तन (Pottery)—इस घाटी के मिट्टी के बर्तन प्रायः चाक पर ही बनाए जाते थे। इन्हें लाल और काले रंगों से रंगा जाता था। इनमें से कुछ बर्तनों को चमकीला और चिकना तथा नक्काशीदार बनाया जाता था। "इस घाटी के चमकीले बर्तन संसार में इस ढंग के बर्तनों में सबसे अधिक पुराने हैं।" घरेलू बर्तन मिट्टी के हुआ करते थे, किन्तु उनकी शक्लें अनेक प्रकार की थीं। इनमें से कुछ जल-पात्र, अंगीठियाँ, स्टोर-जार और बलि-वेदियाँ हैं। लोहे के बर्तनों को छोड़कर काँसी, ताँबे और चाँदी के बर्तन भी मिलते हैं।

हथियार (Weapons)—कुल्हाड़ी, बरछी, छुरा, गोफन, चोब इत्यादि उस समय के हथियार थे। तीर कमान बहुत ही कम मात्रा में मिले हैं। भास-चूर्ण, चूने का पत्थर, बालू का पत्थर, पत्थरी चूना आदि का प्रयोग भी हथियारों के रूप में किया जाता था, किन्तु इस प्रकार का प्रयोग अपनी रक्षा करने के लिए जंगलों में किया जाता था। फैंक कर मारने वाले हथियार तीन प्रकार के थे। इन्हें कच्ची मिट्टी से तैयार करके आग में पका लिया जाता था। "इनके स्थान, आकार-प्रकार आदि से पता चलता है कि इनका प्रयोग रक्षा के लिए न करके आक्रमण के लिए किया जाता था।" यह कहना कठिन है कि इन्हेंहाथ से या गोफल में रखकर फेंका जाता था। किन्तु हाथ में रखकर फेंकने की बात अधिक सम्भव प्रतीत होती है। ढाल, शिरस्त्राण या इसी प्रकार की रक्षा करने की किसी अन्य वस्तु के होने का पता नहीं चलता। अधिकतर हथियार ताँबे और काँसे के बने हुए हैं। किन्तु कुछ हथियार पत्थर के बने हुए हैं। इन दोनों विशाल नगरों के सशस्त्र दुर्गों का उद्देश्य शायद बाहरी आक्रमण से नगर की रक्षा करना रहा होगा।

कला (Art)—मोहरों पर खुदी हुई जानवरों की तस्वीरें उस समय की महान् कला का परिचय देती हैं। हड़प्पा की कुछ मूर्तियों की कला यूनान की कला की भाँति उत्कृष्ट हैं।

मोहरें (Seals)—विभिन्न स्थानों से 500 से अधिक मोहरें उपलब्ध हुई हैं। वे आकार में छोटी और एक प्रकार की मिट्टी की बनी हैं। ये मोहरें समय-समय पर रावी नदी के पुराने आधार से प्राप्त होती रही हैं। सिन्धु घाटी की सभ्यता से परिचित कराने में इनका सर्वप्रथम स्थान है। उपर्युक्त बात जनरल कन्निंघम जैसे इतिहासज्ञों ने कही है। डॉ० मैक़े का कथन है कि सिन्धु घाटी की मोहरों पर अंकित लेखों से ही तत्कालीन भाषा एवं लिपि का पता लगाया जा सकता है। पत्थरों, मिट्टी के बर्तनों और तावीजों से ही सिन्धू घाटी की धार्मिक प्रवृत्तियों को जानने में सहायता मिलती है। इन मोहरों में से सर्वाधिक महत्त्वपूर्ण मोहर वह है जिस पर सींगधारी तीन मुख वाले नग्न देवता का चित्र है। यह देवता एक मेज़ पर धार्मिक भाव से बैठा है और इसके चारों ओर भारी संख्या में जानवर खड़े हैं। इस देवता ने बाँहों में कंगन या चूड़ियाँ पहन रखी हैं। इसके अतिरिक्त उसने सिर पर भी कुछ धारण कर रखा है। डॉ० मार्शल का विचार है कि यह मूर्ति शिव की है। इसी प्रकार की तीन मोहरें और भी मिली हैं। दो मोहरों में तो यह देवता मेज पर बैठा है, किन्तु तीसरी मोहर में वह पृथ्वी पर ही विराजमान है। देवता बिल्कुल नग्न है और बाँहों में कड़े या चूड़ियाँ धारण किए है, किन्तु जहाँ तक सींगों का प्रश्न है, सभी देवताओं के सींग हैं। यह चित्र किसी कुँआरी देवी या किसी देवता की पत्नी का समझा गया है।

एक अन्य मोहर में अंजीर के पेड़ के नीचे एक देवता बैठा है और उसके आगे दूसरा देवता झुक रहा है। पुजारी और पूज्य दोनों ने पट्टेदार बाल और कंगन धारण किए हुए हैं। पुजारी के पीछे एक बकरी खड़ी है, जिसका सिर मानव का है।

मोहनजोदाड़ो की एक मोहर यह बतलाती है कि शेर को देवी का प्रतिरूप माना जाता था। बकरी के सींग पर चीते के शरीर, पिछली टाँगों और दुम वाले एक देवता की आकृति दीख पड़ती है। मैके का विचार है कि पुराने जमाने में इस शेर रूपी देवी को शिव की पत्नी माना जाता था। दो मोहरों पर शेर की शक्लें हैं और इनके सिर पर सींग हैं। ये सींग बैल के हैं। सम्भव है कि बैल को शिव की सवारी के रूप में स्वीकार किया गया है।

एक अन्य मोहर में एक भैंसे का चित्र है, जो लोगों के समूह को हराकर शान से सिर को ऊपर ताने हुए यों खड़ा है जैसे अपने दुश्मनों को हराकर उनके बीच कोई योद्धा खड़ा होता है। सम्भव है कि अपने शत्रुओं को परास्त करने वाले देवता का यह कोई चिह्न हो।

एक अन्य मोहर पर मानव के शरीर की आकृति है, किन्तु चेहरा और पूँछ बैल के हैं। सम्भवत: यह गन्धर्वों या यक्षों की ओर संकेत करती है। इसे सींगधारी शेर से संघर्ष करते हुए दिखाया गया है। यह किसी राक्षस का प्रतीक प्रतीत होता है, जो किसी देवता के विरुद्ध लगातार लड़ता रहा था।

इन मोहरों पर जानवरों के चित्रण से पता चलता है कि किसी एक ही शरीर को लेकर उसमें कई-कई सिरों को जोड़ दिया गया है। इन चित्रों में हिरणों और बैलों के छोटे-बड़े सींगों को अधिक जोड़ा गया है। इन मोहरों की अधिकतर मूर्तियाँ बिना कपड़ों के हैं। अत: यह बताना कठिन है कि उस समय के लोग कैसी पोशाक पहनते थे।

डॉ० मैके ने लिखा है कि इन मोहरों से सिन्धु घाटी के लोगों की कला का पता चलता है। ऐसा प्रतीत होता है कि दोनों नगरों के लोग इनका बराबर व्यवहार करते थे। मोहरों पर जानवरों के बारे में कुछ नहीं लिखा है। केवल नाम और उपाधियाँ दी गई हैं।

प्राचीन काल में इस प्रकार की मोहरों का प्रयोग अन्य प्राचीन देश किया करते थे। उनसे पता चलता है कि इस प्रकार की मोहरों का प्रयोग प्लास्टिक, मिट्टी आदि पर मोहर लगाकर उसे प्रामाणिक बनाने के लिए किया जाता था। मर्तबानों के ढक्कनों और बन्द दरवाजों पर भी इन मोहरों को लगाया जाता था। मिट्टी के भुर जाने के कारण इन मोहरों के निशानों के अधिक उदाहरण नहीं मिल सके हैं, किन्तु एक जगह ऐसा देखने में आया है कि मोहनजोदाड़ो में मिट्टी के एक ढेले के एक ओर तो सींग वाले घोड़े की बड़ी मुद्रा का निशान है और दूसरी ओर धागे से बँधे हुए घास के गट्ठे का निशान है, जिससे प्रतीत होता है कि यह मुद्रा या तो किसी घास की बनी हुई हुई पेटी या सन्दूक से लगी हुई थी या उसी चीज के बने हुए किसी दरवाजे से बँधी हुई थी। टैराकोटा (terra cotta) की मोहरें किसी विशेष अभिप्राय से बनाई गई जान पड़ती है क्योंकि वे ऐतिहासिक काल में दस्तावेजों के साथ नहीं लगाई गईं। जान पड़ता है कि मोहनजोदाड़ो के निवासी इन मोहरों को अत्यन्त आवश्यक समझते थे और शायद वहाँ का प्रत्येक निवासी अपने साथ एक मोहर रखता था। ऐसा भी देखने में आया है कि घोड़े के ऊपर वाले पहले निशान को काटकर उसके स्थान पर दूसरे निशान को जोड़ने का यत्न किया गया है। हो सकता है कि एक आदमी के मर जाने के बाद दूसरा आदमी उसका प्रयोग करता रहा हो और इसीलिए दूसरे आदमी ने पहले आदमी के निशान को मोहर पर से हटा दिया हो।

शासन-प्रणाली (Administrative System)—स्टूअर्ट पिग्गॉट (Piggot) ने लिखा है कि हड़प्पा साम्राज्य पर "दो राजधानियों द्वारा शासन किया जाता था, जो एक-दूसरे से 350 मील की दूरी पर थीं। किन्तु ये दोनों नगर एक नदी द्वारा जुड़े हुए थे। यदि हम उन्हें उत्तर और दक्षिण दो राज्यों में बाँटना भी चाहें तो भी वे एक इकाई के केवल दो भाग ही प्रतीत होंगे। जैसा कि हम बहावलपुर और खैरपुर की कल्पित सीमाओं को भूल जाएँ तो वहाँ दूर उत्तर और दक्षिण में रहने वाले व्यक्तियों के रहन-सहन के तरीके एक जैसे पाए जाएँगे। वहाँ का शासन कैसा ही क्यों न रहा हो, किन्तु उन दोनों नगरों को पृथक् नगर-राज्य नहीं माना जा सकता। हम अधिक-से-अधिक उसे दो राजधानियों वाला राज्य कह सकते हैं।"[1]

व्हीलर ने इस बारे में लिखा है : "चाहे कहीं से भी उपर्युक्त तथ्य ज्ञात हुआ हो, धार्मिक प्रवृत्ति की प्रमुखता तो स्वीकार करनी ही होगी। सुमेर और अक्काद के पुरोहित राजा (Priest Kings) के समान ही हड़प्पा के स्वामी अपने नगरों का शासन चलाते थे।...सुमेर में नगर का अनुशासन और धन मुख्य देवता के हाथ में रहता था। यह देवता पुरोहित-राजा कहलाता था। मन्दिर ही सार्वजनिक जीवन का केन्द्र-बिन्दु था जिसका प्रबन्ध अलौकिक शक्तियाँ करती थीं।...इस प्रकार के राज्य को वास्तव में नौकरशाही राज्य कहा जा सकता है जो संगठन, अतिरिक्त धन का वितरण और रक्षा इत्यादि का कार्य करता था। इस प्रकार के राज्य में साधारण व्यक्ति को राजनीतिक दृष्टि से कोई अधिकार प्राप्त न थे।" पिग्गाट ने इस विषय में यह भी लिखा है : हड़प्पा से प्राप्त पुरानी सामग्री के प्रमाण के आधार पर एक ऐसे राज्य की कल्पना करना

1. *Pre-historic India*, p. 150.

स्वाभाविक प्रतीत होता है जिसका शासन पूर्ण और निरंकुश सत्ता प्राप्त पुरोहित राजा दो राजधानियों से चलाते थे। ये दोनों राजधानियाँ नौकावहन के योग्य नदी के किनारे बसी थीं।

धर्म (Religion)—सिन्धु घाटी से प्राप्त ताम्र-लेखों, पत्थर की छोटी मूर्तियों, मोहरों और मिट्टी की मूर्तियों के अध्ययन से सिन्धु घाटी के लोगों के धर्म का कुछ अनुमान लगाया जा सकता है।

माता भगवती (Mother Goddess)—सर जान मार्शल का कथन है कि सिन्धु देवगणों में माता भगवती का स्थान सर्वश्रेष्ठ था। सिन्धु घाटी से भारी संख्या में प्राप्त मिट्टी की मूर्तियों को माता भगवती का ही प्रतिरूप माना गया है। इसी प्रकार की मूर्तियाँ दक्षिणी बलोचिस्तान की कुल्ली (Kulli) संस्कृति से और उत्तरी बलोचिस्तान की झोब की घाटी (Zhob Valley) से प्राप्त हुई हैं। झोब घाटी से प्राप्त मूर्तियों के सिर पर वस्त्र हैं और कुल्ली से प्राप्त मूर्तियों के गले में कई-कई हार हैं। सम्पूर्ण पश्चिमी एशिया में माता भगवती की मूर्तियाँ पाई गई हैं। पुराविदों का विचार है कि किसी समय में माता भगवती की पूजा का क्षेत्र सिन्धु से नील नदी तक फैला हुआ था। सर जॉन मार्शल का कथन है कि "माता भगवती की पूजा ने जितना अधिक भारत को प्रभावित किया उतना अधिक और किसी देश को नहीं। इतना ही नहीं वरन यहाँ के निवासियों ने तो उसे प्रकृति का स्वरूप और उस पुरातन पुरुष परमात्मा की अर्धांगिनी स्वीकार कर लिया। मातृक समाज में प्रारम्भ उसकी पूजा ने ही शक्तिवाद की नींव रखी। वेदों में देवियों का स्थान गौण और देवताओं का स्थान मुख्य बना रहा है।"

आलोचकों का कहना है कि माता भगवती और धरती माता की परिकल्पना का ज्ञान वैदिक आर्यों को भी था। आरम्भ में वह पृथ्वी के रूप में सामने आया, किन्तु बाद में उसे 'प्रकृति', 'दुर्गा', 'गौरी', 'कालि' इत्यादि नाम दिये गए। यह सत्य है कि वैदिक आर्यों ने देवताओं को प्रमुख स्थान दिया और देवियों को गौण। ठीक यही बात सिन्धु घाटी के देवताओं में देखने को मिलती है। इनके पूज्य प्राय: देवता ही थे। देवियों का स्थान गौण था। पीपल देवता सम्भवत: वैदिक प्रजापति का ही रूप था। यही देवता सिन्धु घाटी के देवगणों में अपना मुख्य स्थान रखता है। उसके आस-पास सम्पूर्ण आकार के सात अन्य देवगण खड़े दिखाए गए हैं। सुमेर के देवताओं की तरह उनका ऊपर का भाग मानवों का-सा है और नीचे का भाग पक्षियों का-सा। एक देवता का सिर भैंसे जैसा है। वह विचित्र-सा मिश्रण प्रतीत होता है। इस देवता का सिर भैंसे जैसा, हाथ कनखजूरे के हाथों की तरह, वक्ष चीते की तरह और शरीर का निचला भाग दो जुड़े हुए सर्पों की तरह है। सिन्धु घाटी से प्राप्त अन्य मोहरों पर अंकित देवता प्राय: नर देवताओं की कोटि में आते हैं। यहाँ की मोहरों पर अंकित वृक्षात्मा कोई पुरुष मालूम होता है जो किसी व्याघ्राकार राक्षस को सम्मोहित करते हुए दिखाया गया है। यही उपर्युक्त बबूल के वृक्ष में रहने वाली आत्मा से जोड़ी गयी है। यह वृक्षात्मा अपनी कनखजूरे की-सी भुजाओं से उस राक्षस का गला घोंटने का यत्न कर चुकी है, जिसका सिर शेर का-सा है और जो जीवन-वृक्ष को उठाकर ले जाने को तैयार है। अनेक तावीजों की मोहरों पर कुछ ऐसी आकृतियाँ हैं, जिनका सिर बैल का और शरीर का शेष भाग मानवों जैसा है। ये आकृतियाँ नर प्रतीत होती हैं। इन सभी बातों को देखते हुए कहना उचित प्रतीत नहीं होता कि सिन्धु घाटी की मूर्तियाँ अधिकतर स्त्रीलिंग हैं।

यह बात भी ध्यान देने योग्य है कि सिन्धु घाटी की जनता के नक्काशी के काम (glyptic art) में भी माता भगवती के कहीं दर्शन नहीं होते। जो कुछ देखने को मिला है वे मिट्टी की मूर्तियाँ हैं, जिन्होंने बहुत विशाल शिर-वस्त्र, गर्दन के आभूषण तथा पेटी से थामे हुए घाघरे धारण कर रखे हैं। उनके सिर का वेश पंखे की शक्ल या अर्धवृत्ताकार है, जो साधारण सामग्री का बना प्रतीत होता है। सिन्धु घाटी की मूर्तियाँ प्राय: खड़ी हुई मुद्रा में पाई गई हैं, जिनके हाथ उनके शरीर के साथ सटे हुए हैं, किन्तु उनमें से कुछ मूर्तियाँ अर्धवृत्ताकार शिरोवस्त्र धारण किए हैं और उनके हाथ सिर तक उठे हुए हैं। सिरों को छूते हुए उनके दोनों हाथ ऐसे प्रतीत होते हैं जैसे वे प्रणाम कर रहे हों। डॉ० मैके ने पंखे की शक्ल, शिरोवस्त्र को शिव के तथाकथित पशुपति रूप के मुकुट के समान माना है, जिसकी मूर्तियाँ मोहनजोदाड़ो में पाई गई हैं। डॉ० सी०एल० फैब्री (Dr. C.L. Fabri) का कथन है कि सिन्धु घाटी से प्राप्त मूर्तियों के शिरोवस्त्रों का प्रकार क्रीत (Crete) की देन है, किन्तु डॉ० के०ए०एन० शास्त्री (K.A.N. Sastri) का कथन है कि नारी मूर्तियाँ छोटे देवताओं को प्रस्तुत करती हैं। पीपल देवता के सामने इनका स्थान नगण्य है क्योंकि सिन्धु घाटी के देवगणों में पीपल देवता का मुख्य स्थान था। यह ध्यान देने योग्य बात है कि अर्धवृत्ताकार शिरोवस्त्र धारण करने वाली मूर्तियाँ ही प्रणाम करती-सी प्रतीत होती हैं, दूसरी नहीं। इससे प्रतीत होता है कि उनके शिरोवस्त्र और प्रणाम करने की मुद्रा में जरूर कोई सम्बन्ध रहा होगा। बताया जाता है कि प्रणाम

करने की मुद्रा इस बात की द्योतक है कि वह उस दैवी प्रतीक की पूजा कर रही है जिसे उसने सिर पर धारण कर रखा है। डॉ० के०ए०एन० शास्त्री ने लिखा है कि शिरोवस्त्र और प्रणाम करती-सी नारी मूर्ति की मुद्रा का अर्थ है कि वह माता भगवती का प्रतिरूप न होकर किसी साधारण देवता का ही प्रतीक है।

सर जॉन मार्शल और डॉ० मैके का कथन है कि पीपल देवता, भक्त और सात दूत नर प्रतीत होते हैं। मुख्य देवता तो नग्न प्रतीत होता है, किन्तु सात कुरते पहने हुए नजर आते हैं। यह कहा गया है कि सात दूतों ने वस्त्र धारण नहीं कर रखे हैं। यह भी कहा जाता है कि सात परिचारक दूतों ने कुरते या चोले जैसा कोई वस्त्र धारण नहीं कर रखा है ; वे काल्पनिक जीव हैं और उन्हें नर देवता के रूप में प्रस्तुत किया गया है।

यह भी कहा जाता है कि माता भगवती की पूजा-पद्धति सिन्धु धर्म पर छा नहीं सकी। उस युग में नर देवताओं का ही अधिक प्रचार था। मुख्य पीपल देवता और अन्य कई छोटे-छोटे देवताओं का इस युग के लोगों पर पर्याप्त अधिकार था। सिन्धु धर्म के लोगों का भाग्य इन्हीं देवताओं के हाथ में था।

वृक्ष-पूजा (Tree worship)—सिन्धु घाटी की मोहरों और मिट्टी के बर्तनों पर पीपल और बबूल के वृक्षों की आकृतियाँ अंकित हैं। इन वृक्षों को अलौकिक वृक्ष माना जाता था और तत्कालीन लोगों की यह धारणा थी कि इन वृक्षों में दैवी आत्माएँ निवास करती थीं। विचार किया जाता था कि पीपल के पेड़ में सिन्धु घाटी का मुख्य देवता निवास करता था। पीपल के पेड़ को अत्यधिक पवित्रता प्रदान की गई। अत: छोटे-छोटे देवता अपने मुकुटों में इस पेड़ का चिन्ह लगाया करते थे। पीपल के वृक्ष को उत्पत्ति और ज्ञान का स्रोत माना जाता था। विचार किया जाता था कि यह पेड़ उन लोगों को सर्वश्रेष्ठ ज्ञान प्रदान करता है, जो इसकी शाखाओं को अपने मुकुट या शिरोवस्त्र में लगाते हैं। इस विशेषाधिकार के उपभोगी केवल देवता ही हुआ करते थे।

सिन्धु घाटी की मोहरों पर 'जीवन-वृक्ष' अधिक संख्या में अंकित पाया गया है। इस मायावी पौधे के आस-पास सिन्धु घाटी के देवताओं और राष्ट्रनायकों के वीर चरित्रों को अंकित किया गया है। 'शमी वृक्ष' जण्ड या जण्डी वृक्ष से मिलता-जुलता वृक्ष है। आज भी जण्ड के वृक्ष की पूजा होती है और विचार किया जाता है कि इसमें देवता निवास करता है।

यह बाद ध्यान देने योग्य है कि एक बार देवों और दैत्यों में इस वृक्ष के कारण युद्ध हुआ था। दोनों का यत्न यही था कि किसी प्रकार वृक्ष को प्राप्त करके इसकी शाखाओं को सिर के मुकुट या बालों की चोटी में लगाया जाए। कुछ दैत्यों की कोशिश ही सदा यही रहा करती थी कि वे किसी प्रकार इस वृक्ष को या इसकी शाखाओं को चुरा कर ले जाएँ। कोई दैवी शक्ति अपने सम्पूर्ण बल से इस वृक्ष की रक्षा में जुटी रहती थी। इस उपर्युक्त शक्ति के अतिरिक्त कुछ अन्य शक्तियाँ भी थीं, जो वृक्ष की रक्षा किया करती थीं। इनमें से बहुत-सी शक्तियाँ ऐसी थीं, जिनका आकार विभिन्न जीवों का मिश्रण था। इनकी मुखाकृति मानवीय थी किन्तु शरीर में विभिन्न पशुओं का मिश्रण था। इस मिश्रण का उद्देश्य यह था कि वृक्ष के रक्षक इन देवताओं को उन सभी गुणों से सम्पन्न किया जाए, जो वृक्ष की रक्षा करने में पूर्णत: समर्थ हैं। इन आकृतियों को बनाने वालों का उद्देश्य सम्भवत: यह रहा होगा कि वृक्ष के इस देवता में मावन की बुद्धि, मेढ़े की-सी धकेलने की शक्ति, शेर की-सी भयंकरता और आक्रमणकारिता और सर्प की-सी काटने की विषाक्त प्रवृत्ति आ सके। उपर्युक्त प्रकार के देवता को जीवन वृक्ष की रक्षा के लिए उपयुक्त माना गया।

कुछ अन्य रक्षकों की ऐसी आकृतियाँ भी हैं जिनका एक धड़ और तीन सिर हैं। उनमें से एक आकृति ऐसी है, जिसके सिर पर एक सींग है। यह सम्भवत: जंगली साँड है, किन्तु अभी तक इसे ठीक प्रकार से पहचाना नहीं गया है। इसके सींग टेढ़े और आगे की ओर झुके हुए हैं।

मोहनजोदाड़ो की एक मोहर पर एक बैल की आकृति है, जिसकी रक्षा एक सर्प कर रहा है और यह बैल एक शत्रु से लड़ रहा है, जिसकी आकृति मनुष्यों की-सी है। इस बैल का उस शत्रु से लड़ने का उद्देश्य यह है कि वह शत्रु को पवित्र वृक्ष के निकट आने से रोक सके। एक और मोहर पर बबूल के वृक्ष का चित्र है, जिसकी रक्षा एक बैल कर रहा है, जो किसी नर से लड़ रहा है। इसी प्रकार एक अन्य रक्षक भी देखा गया है। इसका शरीर भी मिश्रित आकार का दीख पड़ता है। यह रक्षक किसी विशालकाय दैत्य या शेर को घूर रहा है, जिसे उसने स्पष्ट रूप से युद्ध में परास्त किया था। एक अन्य

मोहर पर एक चित्र अंकित है, जिसमें एक पुजारी बबूल के वृक्ष को भेंट प्रदान कर रहा है। कहीं-कहीं सर्प या नाग देवता भी वृक्ष की रक्षा करता हुआ दिखाया गया है। एक अन्य मोहर पर बबूल के वृक्ष की रक्षा भैंसे के सिर वाली बकरी कर रही है। इस बकरी का सिर, चिन्ह के रूप में टैमन्स (Temones) के प्रवेश द्वार पर खड़े प्रहरी के मुकुट पर अंकित है।

इन मोहरों के अध्ययन से पता चलता है कि यद्यपि सिंह-दैत्य ने वृक्ष या उसकी शाखाओं को चुराने में कोई कसर नहीं छोड़ी, तथापि वह सफल नहीं हो सका। हाँ, एक बार वह जीवन-वृक्ष की दो शाखाओं को चुराने में सफल अवश्य हुआ, किन्तु उसकी यह सफलता थोड़ी देर की थी। शीघ्र ही वह दैत्य उस वृक्ष के रक्षक के हाथों मारा गया। बहुत-सी मोहरें उस सिंह-दैत्य की यातनाओं को दर्शाती हैं।

डॉ० मैके को चन्हूदाड़ों की खुदाई से एक मोहर प्राप्त हुई, जिस पर जीवन-वृक्ष और तीन चित्र लिपियाँ प्राप्त हुई हैं। वृक्ष के निचले भाग में जिह्वा निकाले हुए एक शेर का चित्र है, जो लगभग वृक्ष के देवता के मुख को छू रही है। यह देवता घुटनों के बल बैठा है। इस सम्बन्ध में डॉ० मैके का विचार है कि शेर आदमी के मुख को चाट रहा है और वह आदमी उससे दया की भीख माँग रहा है, किन्तु डॉ० मैके की इस व्याख्या को अन्य विद्वानों ने स्वीकार नहीं किया।

सिन्धु घाटी के क्षेत्र से भारी संख्या में प्राप्त होने वाली मोहरों तथा उनकी छापों पर बबूल के वृक्ष अंकित हैं। कहीं तो वृक्ष की आकृति के नीचे कुछ लिखा है और कहीं केवल वृक्ष की एकाकी आकृति ही अंकित है। इनमें से कुछ मोहरें ऐसी हैं जिन पर बबूल के वृक्ष के चारों और कटघरा बना है और कुछ मोहरों पर अंकित वृक्ष को चबूतरे में खड़ा दिखाया गया है।

इस बात पर ध्यान देने की आवश्यकता है कि वृक्ष-पूजा भारत की बहुत पुरानी प्रथा है। ऐतिहासिक युग में इस प्रथा का स्थायित्व इस तथ्य को स्पष्ट रूप से प्रमाणित करता है कि इस परम्परागत पूजा-पद्धति को हिन्दुओं ने परिवर्तित रूप में अपने धर्म में स्वीकार कर लिया था।

शिव (Siva)—एक मोहर पर तीन मुखों वाले एक नर देवता का चित्र अंकित है, जिसके प्रत्येक मुख की तीन-तीन आँखें हैं और वह देवता पशुओं से घिरे एक साधारण से भारतीय मंच पर योगी की मुद्रा में बैठा है। इस चित्र को "ऐतिहासिक शिव का प्रतिरूप" स्वीकार किया गया है। इस आकृति के सिर पर सींग हैं। इससे पता चलता है कि किसी देवता का चित्र है। इस चित्र के चारों ओर पशुओं की उपस्थिति शिव के 'पशुपति' नाम को सार्थक सिद्ध करती है।

सिन्धु घाटी के लोग 'लिंग' और 'योनि' के प्रतीकों की भी पूजा करते थे। कुछ चमकीले पत्थरों को 'लिंग' समझा गया है और कुछ छिदे पत्थर 'योनि' के प्रतीक के रूप में स्वीकार किये गये हैं। शिव के वाहन बैल या बैल रूपी जानवरों की छापों पर विद्यमानता से इस सम्भावना की पुष्टि होती है कि हिन्दू भारतवासियों ने 'शिव' और 'लिंग' की पूजा की रीतियों को सिन्धु घाटी के लोगों ही से प्राप्त किया है।

सिन्धु घाटी के लोगों का यन्त्र, मन्त्र और तन्त्र में विश्वास इस तथ्य को प्रमाणित करता है कि वे दैत्यों से भय खाते थे। वहाँ के लोग योग का अभ्यास भी किया करते थे। इत्र जलाने वालों की पूजा की रीति भी प्रचलित थी।

व्हीलर (Wheeler) ने लिखा है कि सिन्धु घाटी के लोगों के निकट जल की महत्ता और दैवीकरण का अत्यधिक महत्त्व था। मोहनजोदाड़ो का विशाल जलकुण्ड स्नान की विशेष व्यवस्था और नगर भर में नालियों का बिछा हुआ जाल उपर्युक्त तथ्य को प्रमाणित करते हैं। स्नान, विधि-विधानों आदि द्वारा अपने-आपको पवित्र करने की प्रथा निश्चय ही वहाँ के लोगों के धार्मिक जीवन का आवश्यक अंग रही होगी।

व्हीलर (Wheeler) ने बताया है कि "सिन्धु-धर्म ईसा पूर्व तीसरी सहस्राब्दी (Third Millenium B.C.) में एशिया में प्रचलित धार्मिक रीतियों का ही मिश्रित रूप था जिसमें बात के हिन्दू-धर्म की कुछ रीतियाँ भी प्रवेश पा गई थीं।"

मृतकों का विसर्जन (Disposal of the Dead)—प्रतीत होता है कि सिन्धु घाटी के लोग शवों को जला दिया करते थे। उपर्युक्त अनुमान इस आधार पर लगाया गया है कि खुदाई के समय मिले घड़े मनुष्य की राख और हड्डियों से भरे हुए हैं। कुछ ऐसे बर्तन भी मिले हैं जिनमें मृतकों के पारलौकिक जीवन में कल्याण करने के लिए आहुति तथा अन्य चढ़ावे भरे हुए थे। सर ऑरेल स्टाइन को भी इसी प्रकार के घड़े बलोचिस्तान के विभिन्न स्थानों से प्राप्त हुए हैं। आमतौर पर शवों को दफनाया नहीं जाता था। सभ्यता के ह्रास-काल में ही सम्भवत: शवों को दफनाने की क्रिया प्रारम्भ हुई होगी।

सिन्धु लिपि (The Indus Script)—सिन्धु लिपि आज भी विद्वानों के लिए रहस्य का विषय बनी हुई है। इस लिपि की उत्पत्ति के सम्बन्ध में कई विचार प्रचलित हैं। कुछ विद्वानों का विचार है कि सिन्धु घाटी की सभ्यता आर्यों से भी अधिक प्राचीन थी और इसके लोग, भाषा और लिपि सभी द्रविड़ थे। इस मत की पुष्टि करने वालों में सर्वप्रथम रैवरैण्ड हैरस और सर जान मार्शल हैं। रैवरैण्ड हैरस सिन्धु लिपि को बाएँ से दाएँ को पढ़ते हैं और उसे तमिल भाषा में परिवर्तित करते हैं। किन्तु इस धारणा को स्वीकार करना कठिन है क्योंकि ईसा पूर्व चौथी सहस्राब्दी में तमिल भाषा का नामोनिशान भी दिखाई नहीं देता। इन परिस्थितियों में रैवरैण्ड हैरस के विचार की पुष्टि नहीं की जा सकती।

दि इण्डो सुमेरियन सील्स डेसिफर्ड (The Indo Sumerian Seals Decipherd) शीर्षक अपनी पुस्तक में वैडल (Waddel) ने यह सुझाव प्रस्तुत किया कि ईसा पूर्व चौथी सहस्राब्दी में सुमेर निवासियों ने सिन्धु घाटी में अपना उपनिवेश स्थापित किया और वहाँ उन्होंने अपनी भाषा और लिपि का भी प्रचलन कर दिया। वैडल ने इण्डो-आर्यों की सुमेर से उत्पत्ति सिद्ध करने की चेष्टा की और मुहरों पर वैदिक साहित्य में दिए गए राजाओं और उनकी राजधानियों के नाम भी पढ़े। डॉ० प्राणनाथ का भी यही विचार है कि सिन्धु लिपि सुमेर की लिपि से ही उत्पन्न हुई। मिस्र, क्रीत, पश्चिमी एशिया और भारतवर्ष में पाई गई प्राचीनतम लिपियों की चिन्ह-सांकेतिक प्रकृति के कारण उन लिपियों में पर्याप्त एकरूपता विद्यमान है, किन्तु हमारे ज्ञान की कमी के कारण यह कहना कठिन है कि सुमेरवासियों ने अपनी लिपि सिन्धु घाटी से प्राप्त की या सिन्धु घाटी के लोगों ने अपनी लिपि सुमेरवासियों से ली। ऐतिहासिक परम्पराओं के अनुसार सुमेर की सभ्यता के लोग स्वयं कहीं बाहर से आए थे और सुमेर में लेखन कला को प्रचलित करने वाले देवताओं और नायकों के नाम भारतीय प्रतीत होते हैं। अत: वैडल (Waddel) और डॉ० प्राणनाथ के विचारों को स्वीकार करना कठिन है।

एक और विचारधारा भी है जिसके अनुसार सिन्धु घाटी के लोग या तो आर्य थे या असुर थे जो बाद में मैसोपोटेमिया और पश्चिमी एशिया की ओर चले गए। इस विचारधारा के अनुसार सिन्धु लिपि का जन्म भारत में हुआ और यहीं से इसे सुमेर ले जाया गया।

जी०आर० हण्टर (G.R. Hunter) ने इस विषय पर लिखा है कि "बहुत से चिन्ह प्राचीन मिस्र की सांकेतिक लिपि से मिलते-जुलते हैं। देवताओं को मानव रूप में प्रस्तुत करने वाले लगभग सभी चिन्हों को मिस्र लिपि में पर्याय मिल जाते हैं और वे लगभग निश्चित हैं। सबसे रोचक बात तो यह है कि इन चिन्हों का सुमेर लिपि या प्रोटो-एलमाइट (Proto-Elamite) लिपि में एक भी पर्याय नहीं मिलता। इसके विपरीत हमारे कई चिन्हों के पर्याय प्रोटो-एलमाइट और जेम्दैत-नस्र शिलालेखों में प्राप्त होते हैं जिनके पर्याय मिस्र की लिपि में बिल्कुल भी नहीं मिलते। यह मानना ही पड़ता है कि हमारे इस विचार का आधार सुदृढ़ है कि हमारी लिपि कुछ मिस्र की लिपि से और कुछ मैसोपोटेमिया की लिपि से ली गई है। कई ऐसे चिन्ह हैं जो तीनों लिपियों में पाए जाते हैं, जैसे वृक्ष, मछली, पक्षी आदि के चिन्ह। किन्तु सांकेतिक लिपि की प्रकृति के कारण यह स्वाभाविक है और वास्तव में अनिवार्य है। केवल यही निष्कर्ष निकालना ठीक है कि एक लिपि के किसी सांकेतिक अक्षर का किसी अन्य भाव-अक्षर से सम्बन्ध है; और ऐसा करना उस समय और भी जरूरी है जब अत्यधिक प्रचलित भाव-अक्षर की किसी साँकेतिक अक्षर से उत्पत्ति स्थापित नहीं की जा सकती। उनका किसी अन्य साँकेतिक लिपि के अक्षरों से कुछ-न-कुछ सम्बन्ध स्पष्ट दिखाई देता है। किन्तु सुगमतापूर्वक पहचाने जाने वाले साँकेतिक अक्षरों में साम्य दिखाई नहीं देता है। ऐसे अन्तर हमारी लिपि और प्रोटो-एलमाइट लिपि में स्पष्ट दिखाई देते हैं जैसा कि तुलनात्मक सारिणी (comparative table) से ज्ञात होता है।"'हाँ, यह सम्भव है कि तीनों लिपियों को जन्म देने वाली कोई एक अन्य लिपि हो और हमारी लिपि में मिस्र का तत्त्व ही बाहर से लिया गया हो। यह भी सम्भव है कि चारों लिपियों की उत्पत्ति एक ही स्रोत से हुई हो। किन्तु इस खोज से हमें इस समय कोई का नहीं और इस खोज का समाधान करना सम्भव नहीं, क्योंकि साँकेतिक लिपि नहीं कि प्रागैतिहासिक काल में नील, दजला और सिन्धु की घाटियों की जातियों में किसी प्रकार का जातीय सम्बन्ध विद्यमान था।"

डेविड डिरिंगर (David Diringer) ने इस विषय पर लिखा है : "इन दो समस्याओं का उल्लेख करना आवश्यक है : लिपि की उत्पत्ति और अन्य लिपियों के जन्म पर इसका प्रभाव। यह स्पष्ट दिखाई देता है कि प्राप्त शिला-लेखों में प्रबन्धानुकूल (schematic) और रेखीय (linear) प्रतीत होने वाली सिन्धु घाटी की लिपि वास्तव में साँकेतिक थी; किन्तु

यह निर्णय करना असम्भव है कि यह देशी थी या बाहर से लाई गई थी। इस लिपि में और कीलाक्षर (cunieform) तथा प्राचीन एलमाइट लिपियों की पूर्वज लिपि में किसी प्रकार का सम्बन्ध शायद रहा होगा, किन्तु यह कहना असम्भव है कि वह सम्बन्ध क्या था। कुछ अनिश्चित समाधान प्रस्तुत किए जा सकते हैं, जैसे (1) सिन्धु घाटी की लिपि सम्भवत: उस प्राचीन और इस समय अज्ञात, लिपि से उत्पन्न हुई जो शायद कीलाक्षर और प्राचीन एलमाइट लिपियों की भी पूर्वज थी; (2) तीनों लिपियों का जन्म स्थानीय है, जिनमें से एक सम्भवत: कीलाक्षर या प्राचीन एलमाइट लिपि का प्रतिरूप थी क्योंकि वह मौलिक लिपि थी और शेष दो लिपियों का जन्म उस प्रेरणा से हुआ जो कि लेखन-कला के कारण अस्तित्व में आ चुकी थी।''

उपर्युक्त वर्णन से स्पष्ट है कि सिन्धु लिपि की उत्पत्ति के सम्बन्ध में निश्चयपूर्वक कुछ भी कहना सम्भव नहीं है। यह प्रश्न तो भविष्य में की जाने वाली खोज पर ही निर्भर है।

सिन्धु लिपि का पढ़ना (Decipherment of Indus Script)—सिन्धु लिपि अभी तक पढ़ी नहीं गई है और इस सम्बन्ध में खोज करने वाले सभी व्यक्तियों ने यह स्वीकार किया है। व्हीलर ने ठीक ही कहा है कि ''इस लिपि का अनुवाद करने के लिए आवश्यक साधन अभी तक प्राप्त नहीं हो सके हैं। हमें आवश्यकता है—एक द्विभाषी शिलालेख की जिसमें एक भाषा का हमें पूर्ण ज्ञान हो, या एक लम्बा शिलालेख जिसमें कुछ महत्त्वपूर्ण भाग बार-बार प्रयोग किये गए हों। वर्तमान शिलालेखों में से अधिकाँश छोटे हैं और उनमें औसतन छ: अक्षर हैं, सबसे लम्बे शिलालेख में भी केवल 17 अक्षर हैं। उनकी भिन्नता के कारण हम यह कल्पना नहीं कर सकते कि उनका सम्बन्ध मुहरों पर पाए जाने वाले नमूनों से है। यह भी अनुमान लगाया गया है कि ये शिलालेख शायद व्यक्तिवाचक संज्ञाएँ हैं और कभी-कभी उनके साथ पिता का नाम, उपाधि या व्यवसाय भी दे दिया जाता है। किन्तु हमें ठीक कुछ भी मालूम नहीं है।''

सिन्धु लिपि एक पहेली है और इसके विषय में कई प्रकार की कल्पनाएँ की गई हैं। मैरिग्गी (Meriggi) का विचार है कि सिन्धु घाटी के शिलालेख शाब्दिक विचार हैं और उनमें केवल विचार-अक्षर ही पाए जाते हैं। हण्टर (Hunter) और लैंग्डन (Langdon) का मत है कि सिन्धु लिपि ब्राह्मी लिपि का ही प्रतिरूप है। किन्तु इन दो लिपियों की एकरूपता केवल ऊपरी है, और जब तक ब्राह्मी अक्षरों से मिलते-जुलते सिन्धु लिपि के अक्षरों का ध्वन्यंकन निश्चित रूप से निर्धारित न कर दिया जाए, तब तक हण्टर और लैंग्डन के विचारों को स्वीकार करना सम्भव नहीं है। एक जर्मन विद्वान् ह्रॉज़्ने (Hrozny) का मत है कि सिन्धु लिपि हिट्टाइट (Hittite) लिपि से मिलती-जुलती है। ह्रॉज़्ने के विचार का मूल्यांकन अल्ब्राइट (Albright) ने इन शब्दों में किया है, ''लिपियों को पढ़ने की ह्राज़्ने की अनुपम योग्यता हम स्वीकार करते हैं, किन्तु यह कहना ही पड़ता है कि इस बार उसने बहुत ही कठिन काम किया है।''

सिन्धु लिपि को किस ओर से किस ओर को लिखा गया है, इस विषय में भी विद्वानों में मतभेद हैं। कुछ विद्वानों का विचार है कि यह दाईं ओर से बाईं ओर को लिखी जाती है। अन्य विद्वानों का विचार ठीक इसके विपरीत है। यदि हम सिन्धु लिपि को ब्राह्मी (Brahmi) लिपि का ही प्रतिरूप मानें तो यह बाएँ से दाएँ को लिखी जाएगी। किन्तु अभी इस विषय में निश्चित रूप से कुछ नहीं कहा जा सकता।

यह कहा गया है कि सिन्धु लिपि तब तक एक रहस्य और पहेली ही रहेगी जब तक 'रोजेट्टा स्टोन' (Rosetta Stone) की भाँति किसी भाग्यशाली वस्तु की खोज न की जाए। ''सुमेर और मिस्र की चिन्ह संकेत-अक्षर लिपियाँ बहुत लम्बी अवधि तक अज्ञात ही रहतीं यदि भाग्य ने पुरातत्त्व-विद्वानों को बहिस्तान और राजेट्टा के त्रिभाषी अभिलेख प्रदान न किए होते। जब तक हम ऐसे ही किसी त्रिभाषी या द्विभाषी प्रलेख को प्राप्त न करें, तब तक क्रीत और माया की चिन्ह-संकेत-अक्षर लिपियों की भाँति सिन्धु लिपि भी रहस्य का विषय बनी रहेगी।''

सिन्धु लिपि अर्द्ध-साँकेतिक लिपियों के परिवार से सम्बन्धित है। इसमें 600 से अधिक अक्षर हैं जिनमें से केवल 60 मूल अक्षर हैं और शेष उन्हीं के परिवर्तित रूप हैं। परिवर्तित रूप मूल अक्षरों में मात्राएँ या अर्ध-अक्षर या अन्य अक्षरों के साथ जोड़कर बनाए जाते थे। मूल मानव-चिन्ह या मीन-चिन्ह से कई प्रकार के विशेष और क्लिष्ट अक्षर बनाए गए हैं।

सिन्धु घाटी के लोग (The Indus People)—सिन्धु घाटी के लोगों की जाति का प्रश्न भी बड़ा जटिल है। कुछ विद्वानों के मतानुसार वे सुमेर से आये थे। अन्य विद्वानों के विचारानुसार सिन्धु घाटी के लोग द्रविड़ थे। यह बताया गया

है कि एक समय में द्रविड़ लोग सिन्धु, बिलोचिस्तान और पंजाब सहित सारे भारतवर्ष पर छाए हुए थे। धीरे-धीरे वे मैसोपोटेमिया तक भी पहुँच गए। बिलोचिस्तान के ब्राह्मी लोगों द्वारा द्रविड़ भाषा का बोलना ही द्रविड़ विचारधारा को पुष्टि प्रदान करता बताया गया है। एक और विचारधारा के अनुसार सिन्धु घाटी के लोग आर्य थे और वे भारतवर्ष से पश्चिमी एशिया गए। यह भी सम्भव है कि सिन्धु घाटी के लोग किसी सर्वथा भिन्न जाति के थे। यह कहा गया है कि कई जातियों के मिश्रण की अधिक सम्भावना है और किसी एक ही जाति का होना कम सम्भव है।

सिन्धु घाटी की सभ्यता की तिथि (Date of the Indus Valley Civilisation)—(1) सर जॉन मार्शल और उन्हीं की विचारधारा के अन्य विद्वानों का मत है कि सिन्धु घाटी की सभ्यता की तिथि ईसा पूर्व तीसरी सहस्राब्धी है। सिन्धु सभ्यता की तिथि का निर्णय मैसोपोटेमिया के प्राचीन ऐतिहासिक नगरों के साथ इसके सम्बन्ध से ही किया जाता है जो ईसा पूर्व तीसरी सहस्राब्दी के उत्तरार्द्ध में विद्यमान थे। सिन्धु घाटी के ढंग की 29-30 मोहरें, उर (Ur), किश, टैल अस्मार, उम्मा, लगाश, सूसा, टेपे गॉरा आदि स्थानों पर पाई गई हैं। इसमें से कुछ मुहरों पर तिथियाँ भी दी गई हैं और उन्हीं के आधार पर सिन्धु सभ्यता की तिथि भी निश्चित की गई है। व्हीलर ने उन मुहरों की तिथि ई०पू० 2500 और ई० पू० 1500 के मध्य बताई है।

(2) टैल अस्मार (Tell Asmar) में सिन्धु के वृक्काकार (Kidney Shaped) हड्डियों के अवशेष प्राप्त हुए हैं। टैल अग्राब (Tell Agrab) में टेढ़ी पीठ वाले एक बैल का ढाँचा पाया गया है जिससे इसका सम्बन्ध सिन्धु सभ्यता से स्थापित होता है।

(3) व्हीलर ने लिखा है कि मोहनजोदाड़ो के बहुत ही नीचे स्तर से पाए गए एक पत्थर के टुकड़े से उसका विश्वसनीय सम्बन्ध पश्चिम के साथ स्थापित होता है। इसी प्रकार के पत्थर उर, किश, लगाश और सूसा के स्थानों पर भी प्राप्त हुए हैं। सिन्धु सभ्यता के लोग और अक्कादियन टैल अस्मार के निवासी एक जैसे कढ़े हुए मोती प्रयोग करते थे। छेद वाले सुनहरी मोतियों की तिथि मोहनजोदाड़ो और मैसोपोटिया के स्थानों पर 2300 ई०पू० निर्धारित की गई। मोहनजोदाड़ो से पाई गई चाँदी की छाप पर + चिन्ह को उर में भी पाया गया है जिससे इससे भी पुराने सम्बन्ध होने की सम्भावना है। हड़प्पा में पाए गए एक मोती जैसा एक अन्य मोती नॉस्सस (Knossos) में भी पाया गया है। इस एकरूपता की महत्ता और भी बढ़ जाती है क्योंकि अन्य मोती, जिनका विश्लेषण किया गया है, सर्वथा भिन्न सिद्ध हुए हैं। इससे यह निष्कर्ष निकाला गया है कि "हड़प्पा और नॉस्सस में पाए गए मोतियों की रचना एक जैसी होने में यही सिद्ध होता है कि वे एक ही स्रोत से प्राप्त किए गए थे। इनसे यह भी सिद्ध होता है कि सुमेर उसी व्यापारिक या किसी मार्ग पर स्थित था जिससे मोती भेजे जाते थे।" नॉस्सस में पाया गया मोती मिडिल मिनोअन तृतीय (Middle Minoan III) के मन्दिरों से लाया गया था। इस प्रकार तिथि लगभग 1600 ई०पू० ठहरती है। उत्तरी सीरिया में टैल ब्राक (Tell Brak) के स्थान पर चिकने चूने के टूटे हुए मोती (segmented beads of glazed steatite) प्राप्त हुए हैं जिनकी तिथि 3200 ई०पू० तक जाती है।

(4) ऋग्वेद की तिथि से भी सिन्धु सभ्यता की तिथि का अनुमान लगाया जाता है। यह बताया गया है कि ऋग्वेद की रचना लगभग 1500 ई०पू० में हुई थी। ऋग्वेद में कहा गया है कि आर्यों को ऐसे लोगों से लड़ना पड़ा जिनके नगरों के चारों ओर दीवारें थीं। यह बताया गया है कि सिन्धु सभ्यता के लोग वही थे जिनका उल्लेख ऋग्वेद में हुआ है। मोहनजोदाड़ो में की गई खुदाई से ज्ञात होता है कि पुरुषों, स्त्रियों और बच्चों का हत्याकांड कर दिया गया और उन्हें गलियों तथा घरों में ही पड़ा रहने दिया गया था। बिना अन्तिम संस्कार आदि किए उन्हें ढक दिया गया। विभिन्न स्थितियों में असंख्य अस्थि-पंजर प्राप्त हुए हैं। एक स्थान पर बहुत से अस्थि-पंजर "भिची हुई स्थिति में एकत्रित मिले।" यह अनुमान लगाया गया है कि वे "परिवार के सदस्यों के अवशेष थे जो आक्रमण के समय अपना सामान आदि उठा कर भाग रहे थे किन्तु उन्हें पकड़ लिया गया और उनकी हत्या कर दी गई।" "इसमें कोई सन्देह नहीं कि इन चार व्यक्तियों की हत्या की गई थी। यह निश्चयात्मक रूप से स्वीकार किया जा सकता है कि ये अवशेष मोहनजोदाड़ो पर शत्रु का अधिकार होने के अन्तिम काल के हैं और उसके बाद के नहीं हैं। इनमें से एक अस्थि-पंजर की कुछ हड्डियाँ एक कमरे के ईंटों वाले फर्श पर पाई गईं और अन्य पंजर की खोपड़ी प्रवेश-द्वार के पास एक खड्डे में पाई गई। इससे यह सिद्ध होता है कि कमरा और वह खड्डा उस समय प्रयोग में लाए जाते थे।"

परिस्थितियों के प्रमाण के आधार पर कहा गया है कि मोहनजोदाड़ों के लोगों का यह हत्याकाण्ड आर्य आक्रमणकारियों के हाथों ही हुआ। इससे व्हीलर के विचार की पुष्टि होती है कि सिन्धु सभ्यता 2500 ई०पू० और 1500 ई०पू० के मध्य में विकसित हुई।

(5) यह बताया गया है कि मैसोपोटेमिया और एलम (Elam) में सिन्धु ढंग की पाँच मुहरें पाई गई हैं, जिन पर एक ही लिपि अंकित है और जिन पर टेढ़ी पीठ वाले बैल की आकृति भी है। दो मुहरें उर और किश के स्थानों पर पाई गई हैं, इनका समय पूर्व-सरगोनिद-काल है। सरगोनिद-काल की तिथि ई०पू० 2800 से भी पहले की है। वूल्ले (Woolley) ने उर के स्थान पर 1932 में एक और भारतीय मुहर की खोज की जिसको उसने ई०पू० 2800 की तिथि दी। टैल अस्मार में अक्काद के शासक सरगोन (लगभग 2500 ई०पू०) के समय की गिलासनुमा मुहरें, बर्तन और टिकियाँ (tablets) पाई गई हैं। एक छाप में तो शदरूल का नाम भी दिया है जो उस वंश का अन्तिम शासक था। कुछ अन्य वस्तुए भी पाई गई हैं जो सम्भवत: सिन्धु घाटी से लाई गई थीं। एक मुहर पर हाथी और गैंडे जैसे जानवरों को अंकित किया गया है जो बेबिलोनिया में नहीं होते थे। उपर्युक्त परिस्थितियों में अनुमान लगाया गया है कि यह मुहर लगभग 2500 ई०पू० में सिन्धु घाटी से लाई गई थी।

(6) मोहनजोदाड़ो में पाए गए सुमेरो-बेबिलोनियन लेख वाले एक मर्तबान के आधार पर डॉ० सी०एल० फैब्री (C.L. Fabri) ने मुख्य सिन्धु सभ्यता का समय 2800 और 2500 ई०पू० के मध्य बताया है। सिन्धु घाटी में पाई गई साफ और चित्रित वस्तुओं की सुमेर, एलम और मिस्र में पाई गई उसी तरह की वस्तुओं से तुलना करने से ज्ञात होगा कि सिन्धु सभ्यता का विकास लगभग 2500 ई०पू० में हुआ।

सिन्धु सभ्यता और पश्चिम (Indus Civilisation and the West)—जब सिन्धु घाटी से प्राप्त जानकारी प्रकाशित की गई तो सुमेर के पुराविदों ने सिन्धु सभ्यता तथा सुमेर और मैसोपोटेमिया की सभ्यता की परस्पर समानता तथा सम्बन्ध की ओर ध्यान आकर्षित किया। विकसित नागरिक जीवन, कुम्हार के चक्र का प्रयोग, ताँबे तथा काँसे के बर्तन, पकी हुई ईंटें और चित्र लेखन आदि तत्त्व दोनों सभ्यताओं में विद्यमान थे। एलम तथा मैसोपोटेमिया में सिन्धु ढंग की मुहरों की प्राप्ति और मोहनजोदाड़ो में एक कीलाक्षर शिलालेख की प्राप्ति इन दो सभ्यताओं के पुरातन सम्बन्ध की प्रतीक है। इसलिए, इसमें कोई आश्चर्य की बात नहीं कि शुरू-शुरू में सिन्धु सभ्यता को इण्डो-सुमेरियन कहा गया। किन्तु अनेक समानताओं के होते हुए भी सिन्धु सभ्यता की कुछ अपनी ही विशेषताएँ हैं। आलोचकों का कथन है कि इन दो सभ्यताओं की समानताओं पर अत्यधिक बल दिया गया है किन्तु विभिन्नता की ओर ध्यान ही नहीं दिया गया। इस तथ्य से इन्कार नहीं किया जा सकता कि प्राचीन काल में सिन्धु घाटी तथा सुमेर में बहुत अच्छा व्यापार होता था। वह व्यापार कुछ अंश में बलोचिस्तान के रास्ते जमीन से ही होता था और कुछ समुद्र के रास्ते होता था। सुमेर और एलम में तो सिन्धु घाटी की बहुत-सी वस्तुएँ पाई गई हैं लेकिन सिन्धु घाटी में आयात की गईं बहुत कम वस्तुएँ उपलब्ध हुई हैं। सुमेर से लाई गई केवल निम्नलिखित वस्तुएँ प्राप्त हैं : "सफेद संगमरमर की एक मुहल, चिकने चूने का खुदाईदार कलश, रक्त-वर्ण का एक खुदा हुआ मोती, भेड़ की एक मूर्ति और तौलने के लिए प्रयोग किए जाने वाले कुम्हार द्वारा निर्मित मिट्टी के छल्ले। इन्हीं से व्यापारिक सम्बन्ध का संकेत मिलता है।" सुमेर पर सिन्धु सभ्यता के प्रभाव का प्रमाण सुमेर की स्त्रियों के केश संवारने के ढंग के अपनाए जाने से प्राप्त होता है।[2]

सर जॉन मार्शल का विचार था कि सिन्धु घाटी में की गई खोजों से यह सिद्ध होने की सम्भावना है कि "भारत में ही प्राचीन सुमेर की सभ्यता और पश्चिमी एशिया की बाद की सभ्यताओं का पोषण हुआ था।" मैसोपोटेमिया में पाई गई कुल वस्तुएँ उसके अतिरिक्त केवल भारत में ही पाई गई हैं। इससे यह अनुमान लगाया गया है कि सुमेर की सभ्यता की

2. चाइल्ड (Childe) ने लिखा है कि हड़प्पा में बनाए गए औजार और हथियार सुमेर से भी पुराने प्रतीत होते हैं। कुल्हाड़ी के फल में छेद करके उसमें डण्डा लगाने का सुमेरीय ढंग भारत में कभी भी नहीं अपनाया गया था। इस ढंग की एक कुल्हाड़ी का एक चित्र मिट्टी पर अंकित मिला है और मोहनजोदाड़ो में वास्तविक आकार का एक तेशा (axe-adze) भी मिला है, किन्तु कुल्हाड़ी का चित्र तो अपने ढंग का एक ही है और उसका धातु रूप अभी तक प्राप्त नहीं हो सका है, जबकि तेशा एक कृत्रिम स्तर से प्राप्त हुआ है और अवनतिशील हड़प्पा की सभ्यता से सम्बन्धित प्रतीत होता है। मिट्टी के बर्तनों को सुमेर की अपेक्षा सिन्धु घाटी में अधिक सभ्यता प्राप्त थी। (*New Light on the Most Ancient East*, p. 79).

उत्पत्ति भारत में ही हुई। यूनान और बेबिलोनिया के निवासी रूई को सिन्धम् या सिन्धु के नाम से पुकारते थे। इससे सिन्धु घाटी के साथ रूई के सम्बन्ध का संकेत मिलता है। जेवरों से भरा एक बर्तन, जो रूई के कपड़े से ढका हुआ था, सिन्धु घाटी में प्राप्त हुआ है। बुनाई का ज्ञान उस समय सिन्धु घाटी के लोगों को था और पश्चिम ने रूई और बुनाई का ज्ञान भारत से ही प्राप्त किया। मैसोपोटेमिया में पाए गए मोती जिस चीज़ के बने हुए हैं उसे भारतीय ही समझा गया है। इसका कारण यह है कि भारत में तो ऐसे मोती सभी युगों से प्राप्त होते हैं किन्तु मैसोपोटेमिया में वे एक सीमित काल में ही पाए गए हैं।

सिन्धु घाटी का सम्बन्ध मिस्र से भी था। यह ठीक है कि निश्चित रूप से मिस्र में बनाई गई कोई भी वस्तु सिन्धु घाटी में प्राप्त नहीं हुई है और मिस्र में भी कोई भारतीय वस्तु नहीं मिली है, "किन्तु कुछ ऐसी चीजें हैं जो सिन्धु घाटी को मिस्र से सम्बन्धित बताती प्रतीत होती हैं, उनमें से कुछ वस्तुएँ ये हैं : टूटे हुए मोती, हारों के अर्द्ध-वृत्ताकार सिरे, बैल की टाँगों जैसे स्टूल, लेटी हुई मुद्रा में नारी आकृतियों से अंकित छोटे-छोटे मोती, बच्चों को दूध पिलाती हुई नारी आकृतियों की छोटी मूर्तियाँ, कई रुखों के मोती, मक्खी के आकार के मोती, धागे की आकृतियाँ, मोमबत्तियों के रखने के आधार और सीप के आकार के चम्मच, आदि।" प्रतीत होता है कि यह आदान-प्रदान एलम और सुमेर के मार्ग से हुआ।

मैक्डॉनेल ने लिखा है कि सिन्धु सभ्यता सुमेर से उत्पन्न हुई थी।[3] हाल का विचार है कि सुमेरवासियों ने अपनी संस्कृति भारत से प्राप्त की। वूल्ले ने इन दोनों सभ्याताओं का जन्म बलोचिस्तान प्रदेश की किसी पूर्वज सभ्यता से जोड़ने की चेष्टा की है। चाइल्ड ने लिखा है कि "ईसा पूर्व चौथी सहस्राब्दी के अन्त में अबिदोस, उर या मोहनजोदाड़ो की संस्कृति की तुलना पैरिकल-कालीन एथेन्स की सभ्यता या अन्य किसी भी मध्ययुगीन सभ्यता से की जा सकती थी···घरेलू भवन निर्माण कला, मुहरों की कटाई और मिट्टी के बर्तनों की उत्कृष्टता को सम्मुख रखते हुए यह ज्ञात होता है कि ईसा पूर्व तीसरी सहस्राब्दी के आरम्भ (लगभग 6000 ई०पू०) में सिंधु सभ्यता बेबिलोन की सभ्यता से काफी आगे थी, लेकिन वह भारतीय संस्कृति के अन्तिम चरणों में से एक था; उससे पहले के युगों में भी उसने इसी प्रकार का नेतृत्व किया होगा। तो क्या यह ठीक है कि प्रोटो-सुमेरियन सभ्यता की वस्तुएँ जो उसे विशेषता प्रदान करती हैं, बेबीलोन की भूमि की उपज न होकर भारतीय प्रेरणा का परिणाम थीं। यदि यह ठीक है तो क्या सुमेरवासी स्वयं ही सिन्धु घाटी या उसके प्रभावाधीन किसी निकटवर्ती क्षेत्र से आए थे?" ये प्रश्न चकाचौंध करने वाले हैं किन्तु इनका उत्तर इस समय ठीक तरह से न तो हाँ में और न ही न में दिया जा सकता है।[4]

पेन्सिलवेनिया विश्वविद्यालय के डॉ० एस०एन० क्रेमर का मत है कि सुमेरी सभ्यता के अध्ययन से आरम्भिक सिन्धु घाटी इतिहास पर प्रकाश पड़ता है क्योंकि दोनों सभ्यताओं में निकटतम वाणिज्यिक एवं साँस्कृतिक सम्बन्ध थे। पिछले 50 वर्षों में सुमेर में लगभग 30 सिन्ध मोहरें मिली हैं। कुछ सुमेरी कल्पित कथाओं में सिन्धु घाटी सभ्यता के लिए 'दिल बन' (Dil bun) नाम का प्रयोग किया गया है। एक कल्पित कथा में कहा गया है कि एक बार देवताओं ने बाढ़ को सभी मनुष्यों को बर्बाद करने का आदेश दिया। उन्होंने केवल एक आदमी को छोड़ा। उसका नाम ज्यूसूद्र (Ziu Sudra) था। उसे दिल बन नामक देश में भेज दिया गया था। कवियों ने एक ऐसे वाक्यांश का प्रयोग किया है जिससे पता चलता है कि दिल बन वह देश था जहाँ "सूर्य निकलता" है। 3000 ई०पू० पूर्व में केवल सिन्धु घाटी ही बसी हुई थी अत: दिल बन सिन्धु घाटी के अलावा और कोई देश नहीं हो सकता। एक अन्य कल्पित कथा में दिल बन को अमर लोगों का देश बताया गया है। सुमेरी वरुण देवता यूकी (Euki) यहाँ स्वच्छ जल और बन्दरगाहों को आशीर्वाद देता है। इस स्थान पर उस समय का ज्ञात जगत अपना सामान लेकर आया। यह सब सिन्धु घाटी पर लागू होता है। इसके अलावा 2400 ई०पू० में एक सुमेरी राजा यू०आर० नानशे ने यह अतिशयोक्ति की थी कि दिल बन की नौकाओं में उसके लिए सभी प्रकार की लकड़ी आई थी। राजा सारगोन ने कहा था कि दिल बन की नौकाएँ उसकी राजधानी अगर्डे में आकर रुकी थीं।

---

3. *India's Past*, p. 9.

4. चाइल्ड (Childe) के अनुसार, यद्यपि सिन्धु सभ्यता की तुलना सुमेर और मिस्र की सभ्यताओं से की जाती है, तथापि "उसका आधार उन्हीं मूलभूत विचारों, खोजों तथा आविष्कारों पर है। समानताएँ आमतौर पर केवल सामान्य और भावत्मक हैं, जैसे नागरिक जीवन (city life), अनाज की खेती, गाय-भैंसों और बकरियों आदि को पालना, धातु शोधन (Metallurgy), बुनाई-उद्योग (textile industry), ईंटों तथा बर्तनों का निर्माण. पत्थरों में मोती बनाने के लिए छेद करना, नीले पत्थर (lapis lazuli) की लोकप्रियता, चीनी मिट्टी के बर्तनों का ज्ञान किन्तु अभी तो इन सब को समान परिस्थितियों में किए गए स्वतन्त्र आविष्कार (independent inventions) समझना भी कठिन है।"
(*New Light on the Most Ancient East*, pp. 185-86).

साहित्यिक ग्रन्थों के अलावा कुछ आर्थिक पुस्तकें और बही खाते भी सुमेरी काल के मिले हैं जिनसे सुमेर और सिन्धु घाटी के निकटतम सम्बन्धों के बारे में विश्वसनीय जानकारी मिलती है। उनमें व्यापारियों के दिल बन जाने और हाथी दाँत की वस्तुएँ लाने का उल्लेख है। सिन्धु घाटी हाथी दाँत की वस्तुओं के लिए प्रसिद्ध थी।

प्रो० स्पाईरिडन मैरीनिटोज़ (Spyridon Marinatos) एथेन्स विश्वविद्यालय के पुरातत्व विभाग के अध्यक्ष का विश्वास है कि हड़प्पा और मोहनजोदाड़ो की खुदाई से प्राचीन भारत और यूनान में समान संस्कृति होने के प्रमाण मिले हैं। किसी समय में भारोपीय संस्कृति-परिवार का एक सिरा यूनान में था और दूसरा सिरा भारत में था। सिन्धु घाटी में प्राप्य देवियों की मूर्तियाँ यूनान की माता (देवी) की मूर्तियों के समान हैं। भारतीय तथा यूनानी देवियों की शरीर-रचना और कद समान है। इसके अलावा भारतीय तथा यूनानी महोत्सव इस देवी से संबद्ध थे। उनमें नन्दी का महत्त्वपूर्ण भाग था।[5]

सिन्धु सभ्यता तथा वैदिक सभ्यता की तुलना (Comparison of Indus and Vedic Civilisations)—(1) सिन्धु सभ्यता की वैदिक सभ्यता से तुलना करना रुचिकर और शिक्षाप्रद प्रतीत होता है। यह ध्यान देने योग्य बात है कि ज़िन जानवरों का ज्ञान सिन्धु सभ्यता के लोगों को था वे वैदिक लोगों को भी ज्ञात थे। वे जानवर थे : बकरियाँ, गायें, बैल और कुत्ते। वैदिक लोग इन जानवरों का शिकार करते थे, कनखजूरा, भालू, साँड, शेर और हाथी। ये जानवर सिन्धु लोगों को भी ज्ञात थे। लेकिन घोड़े केवल वैदिक काल में ही पाले जाते थे, सिन्धु काल में नहीं।

(2) वैदिक काल में सोने के जेवर में काँटे, हार, कंगन, पायल और गले तथा गर्दन के अन्य आभूषण थे। सिन्धु लोगों के आभूषण अंगूठियाँ (Rings), बाजूबन्द, स्त्री तथा पुरुष दोनों के लिए झुमके, पायल, काँटे और स्त्रियों के लिए कमरबन्द आदि थे। धनाढ्य लोगों के जेवर सोना, चाँदी, हाथी-दाँत और कीमती पत्थरों के बने होते थे और निर्धन लोग सीप, हड्डी, ताँबा और सफेद मिट्टी (Terra Cotta) के जेवर प्रयोग करते थे।

(3) वैदिक लोगों को कुछ किस्मों के कवचों का ज्ञान था जो टुकड़ों को सीकर बनाए जाते थे। उनके टोप सोने के भी बने होते थे। सिन्धु लोगों के पास कवच नहीं थे और वास्तव में उनके पास हथियारों की भी कमी थी। वैदिक लोगों के साथ ऐसा न था। वे युद्धप्रिय लोग थे और रक्षात्मक तथा आक्रमणात्मक युद्ध के लिए तत्पर रहते थे। पड़ोसी क्षेत्रों में लूट तथा विजय के लिए अभियानों का नेतृत्व करते थे।

(4) वैदिक युग में पुरुषों तथा स्त्रियों की बालों की संवारने की रीति मोहनजोदाड़ो की रीति से कुछ-कुछ मिलती है। बालों में तेल लगाया जाता था और कंघी की जाती थी। स्त्रियाँ बालों को लपेट लेती थीं। एक कन्या का उल्लेख मिलता है जो अपने बालों को चार स्तरों में लपेटती थी। स्त्रियाँ कभी-कभी जूड़ा भी बनाती थीं। पुरुष दाढ़ी रखते थे।

(5) रूई उद्योग का ज्ञान वैदिक आर्यों और सिन्धु लोगों दोनों को ही था। वेदों में जुलाहा, उसकी खड्डी, ताना-बाना आदि का उल्लेख मिलता है। उसी प्रकार मोहनजोदाड़ो में भी बहुत बड़ी संख्या में धागे के गोले आदि मिले हैं। बुनाई के लिए रूई और ऊन दोनों का प्रयोग होता था।

(6) वैदिक लोग अनिवार्यतः ग्रामों में रहते थे और सिन्धु लोग नगरों में रहते थे। सिन्धु लोग अधिकाँश शहरों में रहते थे, किन्तु वैदिक युग में ग्राम ही लोगों के सामाजिक एवं आर्थिक जीवन की पृष्ठभूमि था। मोहनजोदाड़ो एक योजनानुकूल निर्मित सुव्यवस्थित नगर था। इसमें नालियों का प्रबन्ध अत्युत्तम था। वैदिक लोगों में ऐसा न था और वे ग्रामों में ही रहते थे।

(7) सिन्धु लोगों को लोहे का ज्ञान न था लेकिन वैदिक लोगों को इसका ज्ञान प्राप्त था।

(8) सिन्धु लोगों का धर्म भी वैदिक लोगों के धर्म से भिन्न था। सिन्धु लोग वृक्ष-देवताओं, शिव और माता भगवती आदि की पूजा करते थे। वे 'लिंग' (phallus) की भी पूजा करते थे किन्तु वैदिक लोग उससे घृणा करते थे। सिन्धु लोग जानवरों की पूजा करते थे तथा जन्त्र-मन्त्र में विश्वास रखते थे। वैदिक लोग बहुत से देवी-देवताओं का पूजन करते थे और उनके देवी-देवता प्रकृति के चार मूल तत्त्वों, (पृथ्वी, वरुण अथवा आकाश, इन्द्र तथा सूर्य) के प्रतीक थे। सूर्य की पाँच रूपों में पूजा होती थी : सूर्य, विष्णु, सावित्री, मित्र तथा पूषण के रूप में। आर्यों के अन्य पूज्य देवता, रुद्र, मरुत,

5. हिन्दुस्तान टाइम्स, अक्टूबर 1, 1966.

वायु, वट, उषा और अश्विन थे। अग्नि और सोम की भी पूजा होती थी। गन्धर्व तथा अप्सराएँ भी उपास्य थीं। देवताओं को प्रसन्न करने के लिए यज्ञ किए जाते थे और दूध, अनाज, घी, माँस तथा सोमरस की आहुति दी जाती थी।

(9) सिन्धु लोग घर से बाहर के मनोरंजन की अपेक्षा घर के अन्दर ही प्राप्त होने वाले आमोद-प्रमोद के साधनों को अधिक पसन्द करते थे। वैदिक लोगों की तरह वे शिकार और रथों की दौड़ों में अधिक रुचि नहीं रखते थे, किन्तु द्यूत (dice) का उन्हें बहुत शौक था।

(10) सिन्धु लोग खाद्य पदार्थों में गेहूँ, जौ, रोटी और दूध की बनी हुई वस्तुओं का प्रयोग करते थे। वैदिक लोगों के लिए दूध और इसके बने हुए पदार्थ जैसे मक्खन और दही बहुत ही आवश्यक थे। चावल और जौ की रोटियों को घी मिलाकर खाया जाता था। माँस की प्राप्ति वेदि पर चढ़ाए गए जानवरों से होती थी। सोम रस लोकप्रिय था लेकिन अन्य मादक द्रवों को निकृष्ट समझा जाता था।

(11) सिन्धु घाटी में स्त्रियाँ घाघरा पहनती थीं। इसके अतिरिक्त शायद अंगरखे का प्रयोग किया जाता था। पुरुष साधारणत: कमर में एक लंगोट ही बाँधते थे। शायद वे एक अंगरखे का भी प्रयोग करते थे जो बाएँ कन्धे को ढक देता और दाएँ कन्धे के नीचे से निकल जाता था। वैदिक लोग लंगोट, बनियान आदि पहनते थे जो आमतौर पर भेड़ों की ऊन की बनी होती थी। संन्यासी खाल पहनते थे। कढ़ाईदार कपड़ों का उल्लेख मिलता है।

(12) सिन्धु घाटी के लोग स्नान को अत्यधिक महत्त्व देते थे। इसका प्रमाण बड़े पैमाने पर की गई स्नान-व्यवस्था से मिलता है। वैदिक लोग स्नान को अधिक महत्ता नहीं देते थे।

(13) सिन्धु घाटी के मिट्टी के बर्तन आमतौर पर चक्र पर बनाए जाते थे और इनको लाल और काला रंग दिया जाता था। कुछ बर्तनों को चिकना (glazed) भी बनाया जाता था। वैदिक बर्तन बहुत सादे थे। सिन्धु लोगों की नाप-तौल की वस्तुएँ बिलकुल ठीक होती थीं। सम्भवत: वैदिक लोगों में ऐसा न था।

चाइल्ड (Childe) ने इस बारे में लिखा है : ''सिन्धु सभ्यता परिस्थितियों के अनुकूल बहुत अच्छी तरह ढले हुए मानव जीवन की द्योतक है और इस स्तर पर पहुँचने में उसे कई वर्ष लगे होंगे। यह स्थिर रही है। यह तो वास्तव में भारतीय ही है। यह भवन-निर्माण और उद्योग के साथ-साथ वेशभूषा तथा धर्म में आधुनिक भारतीय संस्कृति का आधार है। मोहनजोदाड़ो में ऐसी विशेषताएँ दृष्टिगोचर होती हैं जो ऐतिहासिक भारत में सदैव विद्यमान रही हैं। ''[6]

सर जॉन मार्शल का मत है कि ''सिन्धु घाटी में खोजों के पश्चात् हमने भारतीय सभ्यता की प्राचीनता सम्बन्धी विचारों में परिवर्धन किया है। 3000 ई०पू० में भारत ईराक व मिश्र की सभ्यताओं के स्तर पर था और नगर-नियोजन में पश्चिमी सभ्यता से उच्च था। ललित कलाओं में सुन्दर मूर्तियाँ, मोहरें तथा जवाहरात भारत और यूनान में पेरिक्लिज़-युग के अलावा और किसी स्थान पर नहीं मिलतीं। भारत ने पूर्णत: मौलिक सभ्यता को जन्म दिया जिसका असर हिन्दू सभ्यता पर स्थायी प्रभाव पड़ा।''

Suggested Readings

Aravamutham, T.G. : Some Survivals of the Harappa Culture, 1942.
Ayyar, R.S.V. : The Indo-Sumero-Semitic-Hittite Problems, 1932.
Bhandarkar, D.R. : Some Aspects of Ancient Indian Culture, 1940.
Carleton, P. : Buried Empires, 1939.
Childe, V.G. : New Light on Most Ancient East, 1934.
Dikshit, K.N. : Pre-historic Civilisation of the Indus Valley, 1939.
Hunter, G.R. : The Script of Harappa and Mohenjodaro, 1934.
Heras, H. : Studies in Proto-Indo-Mediterranean Culture, Vol. I.
Jairazbhoy, R.A. : Foreign Influence in Ancient India, 1963, Chapter I.

6. *New Light on the Most Ancient East, pp.* 183-84.

Mackay, E.J.H. : The Indus Civilisation, 1935.
Mackay, E.J.H. : Early Indus Civilisation, 1948.
Mackay, E.J.H. : Chanhudaro Excavations.
Marshall, Sir John : Mohenjo Daro and the Indus Civilisation, 3 Vols., 1931.
Malik, S.C. : Indian Civilisation: The Formative Period. (Indian Institute of Advanced Studies, Simla).
Piggott, S. : Pre-historic India, 1950.
Piggott, S. : The Dawn of Civilisation.
Ray, S.K. : Indus Script.
Sankaranand, Swami : The Last Days of Mohenjodaro.
Sastri, K.N. : New Light on the Indus Civilisation, 1957.
Sinha, B.P. : Rise and fall of Indus Valley Civilisation (pp. 267-75, Journal of Bihar Research Society, 1960).
Starr, F.S. : Indus Valley Painted Pottery, 1941
Stein, Sir Aurel : Archaeological Reconnaissance in North-Western Indian and South-Eastern Iran, 1937.
Vats, M.S. : Excavations at Harappa, 2 Vols. 1940.
Wheeler, Sir Mortimer : The Indus Civilisation (Supplement to the Cambridge History of India, Vol. I), 1953.
Wheeler, Sir Mortimer : Early India and Pakistan, 1959.
Wheeler, Sir Mortimer : Five Thousand Years of Pakistan.
Wooley, Sir Leonard : Ur Excavations.

अध्याय

6

आर्य-जाति

(The Aryans)

आर्यों का मूल निवास-स्थान (Original Home of the Aryans)—आर्यों के मूल निवास-स्थान के विषय में काफी मतभेद हैं और बहुत समय बीत जाने के बाद और विद्वानों की विस्तृत खोज के पश्चात् भी अभी तक इस सम्बन्ध में वाद-विवाद चल रहा है। किसी प्रकार का एकमत अभी तक प्राप्त नहीं हो सका है। किन्तु इस सम्बन्ध में प्रचलित विभिन्न विचारों और धारणाओं का वर्णन करना उचित प्रतीत होता है।

(1) सबसे अधिक महत्त्वपूर्ण विचार तो यह रहा है कि आर्य शुरू-शुरू में मध्य एशिया में रहते थे। तुलनात्मक भाषाओं के जर्मन विद्वान प्रो० मैक्समूलर ने अपनी पुस्तक भाषा विज्ञान पर भाषण (Lectures on the Science of Languages) में बताया है कि भारतीय, यूनानी, ईरानी, रोमन, जर्मन और सैल्ट (Celts) जातियों के आदि पूर्वज इकट्ठे रहे होंगे। यह निष्कर्ष उन्होंने इन जातियों की भाषाओं के अध्ययन के बाद निकाला। संस्कृत के 'पितृ' और 'मातृ' शब्द, फारसी के 'पिदर' और 'मादर' शब्द, अंग्रेजी के 'फादर' और 'मदर' शब्द और लैटिन के 'पेटर' और 'मेटर' शब्द वास्तव में दो ही शब्दों के भिन्न रूप प्रतीत होते हैं। ये व्यापारिक शब्द नहीं थे, बल्कि प्रतिदिन परिवारों में प्रयुक्त होने वाले शब्द थे। स्पष्ट है कि ये शब्द विभिन्न जातियों के पूर्वजों द्वारा तभी अपनाए जा सकते थे जबकि वे इकट्ठे रहते। प्रो० मैक्स मूलर का विचार है कि आर्यों का मुख्य भाग उत्तर-पश्चिम की ओर गया। यूरोप के आर्य कैस्पियन सागर के दक्षिण से होकर एशिया माइनर के रास्ते से यूनान और इटली चले गए। इनका एक समूह उत्तर-पश्चिम के दर्रों में से होकर भारतवर्ष आ गया।

इस विचार की पुष्टि के लिए यह भी कहा गया है कि इण्डो-जर्मेनिक समूह की भाषाएँ बोलने वाले लोग ब्रह्मपुत्र से अन्ध महासागर तक के प्रदेश में फैले हुए थे। वेदों और ''ज़ैन्द-अवेस्ता'' की भाषाएँ बहुत कम बदली हैं लेकिन सैल्टिक भाषाओं में बहुत बड़े परिवर्त्तन आ चुके हैं। आर्यों का वास्तविक स्थान भारतीयों तथा ईरानियों द्वारा अधिकृत प्रदेशों के निकट ही रहा होगा और वह सम्भवत: मध्य एशिया ही था। ज़ैन्द-अवेस्ता में भी एक अनुश्रुति है कि मनुष्य की प्रथम उत्पत्ति आर्याना वीजो (Airyana Voejo) में हुई और वहीं से ईरानी लोग ईरान गए। आर्याना वीजो से सम्बन्धित अधिकांश स्थान मध्य एशिया में या उसके निकट स्थित हैं। तुलनात्मक भाषाओं के अध्ययन से भी इस विचार की पुष्टि होती है। इस अध्ययन से यह भी ज्ञात होता है कि आर्यों का मूल-निवास एक ऐसे स्थान पर था ''जहाँ भूर्ज (Birch) और शीशम के वृक्ष होते थे और जहाँ शीत ऋतु में बर्फ पड़ा करती थी।'' उत्तर-पश्चिमी अफ़ग़ानिस्तान में बोली जाने वाली टौचारियन (Tocharian) नाम की एक भाषा सैण्टम (Centum) भाषा से बहुत कुछ मिलती-जुलती है। सैण्टम एक पश्चिमी और यूरोपीय भाषा है। बेबिलोन में पाई गई 2100 ई०पू० की एक पट्टिका से ज्ञात होता है कि बेबिलोन के गधा-प्रयोगी लोगों में घोड़े का नया प्रयोग किया गया था। घोड़े को ''पूर्व से लाया गया गधा'' और ''पहाड़ों से लाया गया गधा'' कहा गया है। इससे यह निष्कर्ष निकाला गया है कि यह ईरान या उससे भी दूर के प्रदेश से आने वाले लोगों की ओर संकेत करता है जिन्होंने बेबिलोन में किस्साइट वंश की स्थापना की। रैप्सन ने लिखा है कि यह उत्तर-पूर्व में आर्यों के उद्भव का उल्लेख

करता है। मध्य एशिया में तारतारों का जन्म हुआ था। यही तारतार जातियाँ बाद में भारत, दजला की घाटी और यूरोप गईं। यह प्रदेश भी आर्यों का वास्तविक गृह हो सकता है। नमक और सागर के लिए विभिन्न आर्य भाषाओं के शब्द एक जैसे नहीं है, और इससे यह अनुमान लगाया गया है कि आर्य लोग आरम्भ में किसी अन्तर्भूमि में रहते थे। भाषा और संस्कृति में विशिष्टता प्राप्त करने के लिए विशाल मैदान, खाद्य-पदार्थों की अधिकता और समशीतोष्ण मौसम तथा रेगस्तान या जंगलों का न होना आवश्यक समझा जाता है; वे सब मध्य एशिया में विद्यमान हैं।

आलोचकों का कहना है कि सुसंस्कृत आर्य एशिया की सबसे ज्यादा बंजर भूमि से उत्पन्न नहीं हो सकते थे। किन्तु यह कहा जा सकता है कि आर्यों के समय का मध्य एशिया आज के मध्य एशिया से सर्वथा भिन्न रहा होगा। ऐतिहासिक काल में भी इन प्रदेशों की ऋतु में पर्याप्त अन्तर आ चुका है। भूगर्भशास्त्रियों का प्रमाणित विचार है कि इस क्षेत्र में वर्षा की मात्रा में बहुत-सी कमी आ गई है और इसलिए कृषि पर भी पर्याप्त प्रभाव पड़ा है। प्राचीन लेखकों द्वारा जो प्रदेश उपजाऊ बताए गए हैं वे आज रेगिस्तान हैं। सर ऑरेल स्टाइन ने यह सिद्ध किया है कि किसी समय में चीनी तुर्किस्तान में बहुत अच्छी सभ्यता थी, किन्तु आज ऐसा नहीं है। ह्यानत्सांग ने भी सातवीं शताब्दी ई० में भारत आते समय मध्य एशिया में एक समृद्ध सभ्यता का उल्लेख किया है।

(2) स्वर्गीय बाल गंगाधर तिलक का विचार था कि आर्यों का वास्तविक निवास-स्थान उत्तरी हिम महासागर का प्रदेश था। आर्यों का ध्रुवीय निवास (The Arctic Home of the Aryans) नामक अपनी पुस्तक में तिलक ने अपना यह विचार प्रस्तुत किया था। इस धारणा पर चलते हुए कि पृथ्वी की गर्मी प्रतिदिन क्षीण होती जा रही है, तिलक इस परिणाम पर पहुँचे कि किसी समय में उत्तरी ध्रुव प्रदेश निवास-योग्य थे और आरम्भ में आर्य वहीं रहते थे। तिलक ने सूक्ष्म दृष्टि से सारे संस्कृत साहित्य की छानबीन की और वे उपर्युक्त निर्णय पर पहुँचे। वेदों में भी छः-छः महीनों के दिन-रात का उल्लेख मिलता है जो उत्तरी हिम महासागर प्रदेशों में ही पाए जाते हैं। परिवर्तनशील किन्तु निरन्तर 'उषाएँ' जिन्हें विस्तृत संस्कारों के आधार पर कई भागों में बाँटा गया है, वास्तव में नक्षत्र-वैज्ञानिकों के सदैव-उपस्थित दिन ही हैं। इस विचार की पुष्टि में उत्तरी ध्रुव प्रदेश के नक्षत्रों के चलन का विस्तृत वर्णन किया गया है। यह कहा गया है कि नक्षत्रों के क्षितिजानुकूल चलन केवल ध्रुव क्षेत्र में ही देखने को मिलते हैं। ईरानी पुस्तकों से ज्ञात होता है कि आर्यों के मूल निवास-स्थान में लम्बी शीत ऋतुएँ होती थीं। हिन्दुओं का पारम्परिक स्वर्ग उत्तर का 'मेरु' ही है।

तिलक के विचार आज विचित्र प्रतीत होते होंगे क्योंकि अब लोगों को उत्तर हिम महासागर प्रदेश की केवल कड़ी सर्दी का ही पता है। किन्तु भूगर्भशास्त्रियों ने यह सिद्ध किया है कि प्रागैतिहासिक युग में इस प्रदेश में सुहावना मौसम था और वहाँ अधिकतर वसन्त ऋतु रहती थी। इन परिस्थितियों में तिलक के विचारों को तुरन्त ही अस्वीकार नहीं किया जा सकता। तिलक की नक्षत्रीय-गणना पर उचित विचार करना चाहिए।

(3) बंगाली इतिहासकार ए०सी० दास (A.C. Dass) ने लिखा है कि आर्यों का मूल निवास 'सप्त-सिन्धु' या 'पंजाब' में था। यह विचार उन्होंने अपनी पुस्तक ऋग्वेदीय भारत (Rigvedic India) में प्रस्तुत किया। 'सप्त-सिन्धु' में सात नदियाँ बहती थीं : सिन्धु, झेलम, चिनाब, रावी, व्यास, सतलुज और सरस्वती। ए०सी० दास का विचार था कि ऋग्वेद में उल्लिखित भौगोलिक परिस्थितियों से इसी प्रदेश की ओर संकेत मिलता है। स्थल के रास्ते ही भारत और पश्चिमी एशिया का आपस का सम्बन्ध था और आर्य सप्त-सिन्धु से पश्चिम की ओर चले गए। श्री दास ने अपने विचारों को इन शब्दों में रखा है : "आर्यों का मूल निवास-स्थान सप्त-सिन्धु ही था जिसमें उत्तर में कश्मीर की सुन्दर घाटी और पश्चिम में गांधार प्रदेश भी सम्मिलित थे। इसकी दक्षिणी सीमा राजपूताना थी जो उस समय रेगिस्तान नहीं था और इसकी पूर्वी सीमा में गंगा का मैदान भी सम्मिलित था। समुद्र की उपस्थिति के कारण दक्षिणी भारत उत्तरी भूभाग से पूरी तरह कटा हुआ था किन्तु भूमि द्वारा वह पश्चिमी एशिया से मिला हुआ था और गांधार और काबुल के रास्ते से ही आर्यों का एक के बाद दूसरा समूह पश्चिम और यूरोप की ओर चला आया।.....पूर्वतम आर्य यूरोप में बहुत दूर पहुँच जाने के कारण सप्त-सिन्धु को पीछे छोड़ चुके थे क्योंकि उनके बाद विभिन्न दलों ने विभिन्न समयों पर उन्हें आगे बढ़ने के लिए बाध्य किया। इस विचार को संसार के विद्वानों ने स्वीकार नहीं किया और न ही इसे उचित समझा गया है।"

(4) स्वामी दयानन्द सरस्वती और पार्जिटर (Pargiter) की मान्यता है कि आर्यों का मूल निवास तिब्बत में था। यह विचार उन्होंने क्रमश: ''सत्यार्थ प्रकाश'' और प्राचीन भारतीय ऐतिहासिक परम्परा (Ancient Indian Historical Tradition) में प्रस्तुत किया।

आर्यों की भारतीय उत्पत्ति के समर्थक विद्वानों का विचार है कि यूरोपीय और ईरानी लोग भारत से ही गए होंगे। वेदों की रचना भारत में ही हुई और वे भारत में ही विद्यमान हैं। भारतीय समाज और धर्म की आधुनिक रचना का सम्बन्ध सीधा वैदिक संस्थाओं से जोड़ा जा सकता है। वेदों तथा शेष संस्कृत साहित्य में यह कहीं भी नहीं लिखा है कि आर्य बाहर से भारत में आए। यदि वे बाहर से आए थे तो उनके विषय में ऐसी कोई न कोई अनुश्रुति अवश्य होती। आर्यों के भारतीय निवास के आलोचकों का कथन है कि वे वस्तुएँ, जिनसे आर्य परिचित थे, भारतीय नहीं थीं। वे भूर्ज (Birch), शीशम, बड़ और बबूल से परिचित थे और ये भारत में उत्पन्न नहीं होते। उन्हें चावल, चीता, शेर, हाथी और केले के वृक्ष का ज्ञान नहीं था। वे हाथी को एक विचित्र जानवर समझते थे और उसे हस्तिन (सूँड) वाला मृग (हिरन) कहते थे। लैस्मन ने बताया है कि ''अन्य सम्बन्धित राष्ट्रों के भाषा, रीतियों या विचारों के किसी भी परिचित रूप से उनके भारतीय मूल का संकेत नहीं मिलता।'' श्लेगल (Schlegel) का मत है कि आर्य संसार के इतने बड़े भाग में दुनिया के एक दम दक्षिणी कोने से आकर नहीं फैल सकते थे। वे किसी केन्द्रीय स्थान से ही विभिन्न दिशाओं में गए होंगे। यह भी कहा गया है कि यदि आर्य लोग भारत के उपजाऊ मैदानों में रहते थे तो उन्हें ईरान और यूरोप के कम स्वागत मिलने वाले स्थानों को जाने की क्या आवश्यकता थी?

(5) एक अन्य मतानुसार बाल्टिक सागर का पश्चिमी तट आर्यों का मूल निवास-स्थान था। यह विचार इस बात पर आधारित है कि बाल्टिक तट पर पाषाण युग के पश्चात् के समय के सबसे पुराने और सादे यन्त्र और रोचक तथा परिष्कृत यन्त्र बहुतायत में पाए जाते हैं। किन्तु आलोचकों का कथन है कि यदि उपर्युक्त बात ठीक है तो न्यूजीलैण्ड के सुन्दर पत्थरी यन्त्रों के कारण माओरी (Maori) संस्कृति को बहुत ही प्राचीन मानना पड़ेगा।

(6) नेहरिंग (Nehring) का मत है : ''त्रिपोल्जे (Tripolje) संस्कृति ही मूल इण्डो-यूरोपियनों (Indo-Europeans) की संस्कृति थी और उनका मूल निवास वास्तव में दक्षिणी रूस (South Russia) में भी था जो कि बहुत दूर तक पश्चिम में फैला हुआ था।''

(7) उपस्तर सिद्धान्त (Substratum theory) के आधार पर, कि पुरानी भाषा से बाद में आने वाली भाषा में बहुत से परिवर्तन आ जाते हैं, पोकोर्ने (Pokorny) इस परिणाम पर पहुँचे कि ''लगभग 2400 ई०पू० में इण्डो-यूरोपियनों के विसर्जन से पहले उनका मूल निवास-स्थान वेसेर नदी और स्विट्युला नदी के मध्य का विस्तृत मैदान और उससे भी आगे सफ़ेद रूस और वल्हीनिया तक समझा जाना चाहिए।'' यह क्षेत्र बहुत ही विस्तृत प्रदेश है।

(8) ब्रैण्डेंस्टाइन (Brandenstein) का मत है कि अविभाजित इण्डो-यूरोपियन आधुनिक किर्गीज़ के मैदान में रहते थे। वहीं से इण्डो-ईरानी पूर्व की ओर चल दिए और उसके कुछ समय पश्चात् अन्य जातियाँ पश्चिम की ओर चली गईं। पश्चिम की ओर जाने वाली जातियाँ दो भागों में विभक्त थीं। एक यूरोप की ओर चली गई और दूसरी यूक्रेन आदि की ओर।

(9) जर्मन विद्वानों ने जर्मनी को ही आर्यों का मूल निवास बताने की चेष्टा की है। किन्तु यह विचार इस आधार पर अस्वीकार कर दिया गया है कि प्रागैतिहासिक काल में और उसके बाद भी बहुत लम्बी अवधि तक जर्मनी जंगलों से ढका हुआ था। सिगमण्ड फ़ीस्ट (Sigmund Feist) ने सिद्ध किया है कि यद्यपि जर्मन लोग एक इण्डो-यूरोपियन भाषा (dialect) तो जानते थे तथापि वे इण्डो-यूरोपियन जाति के नहीं थे।

(10) मार्गन (Morgan) का मत है कि इण्डो-यूरोपियनों का निवास-स्थान पश्चिमी साइबेरिया में था। इस मतानुसार साइबेरिया के लोग डेन्यूब और ईरान तथा सुदूर पूर्व की ओर चले गए। साइबेरिया में सर्दी बढ़ जाने के कारण स्टेपी अर्थात वृक्षरहित चौरस मैदान के निवासियों को स्थान बदलना पड़ा।

(11) सामान्यत: स्वीकार किया गया विचार यह है कि आर्यों का मूल निवास दक्षिण-पूर्वी यूरोप (South-East Europe) में था। प्रो० मैक्डॉनल (MacDonell) के अनुसार, बड़, सफ़ेदा और शीशम के वृक्ष और घोड़ा और गाय, जिनसे आर्यों के पूर्वज परिचित थे, जैसा कि ऋग्वेद और जैन्द-अवेस्ता से ज्ञात होता है, उस समय दक्षिण-पूर्वी यूरोप में ही पाए जाते थे। डॉ० गाइल्ज (Giles) के अनुसार, आर्यों का मूल निवास-स्थान "एक ऐसा क्षेत्र था जिसके पूर्व में कार्पेथियन पर्वत (The Carpathians) था, दक्षिण में बल्कान प्रदेश (The Balkans), पश्चिम में आस्ट्रियन ऐल्प्स-पर्वत (Austrian Alps) और बोहमेर वाल्ड्ज (Bohmer Walds) और उत्तर में एर्ज़ेबर्ग पर्वत (The Erzgebirge) और उन्हें कार्पेथियन पर्वत (The Carpathians) में मिलाने वाले अन्य पर्वत।" इसका अभिप्राय आस्ट्रिया (Austria) और हंगरी (Hungary) के मैदान से है। भारतीय, यूनानी, जर्मन और इंग्लिश जातियों के पूर्वज शुरू-शुरू में एक ही स्थान पर रहते थे। डॉ० गाइल्ज (Giles) के अनुसार, जब वे सभी एक स्थान पर रहते थे तो वे 'वायरस' (Wiros) कहलाते थे। वे बहुत लम्बे समय तक इकट्ठे रहे। वे कृषि भी जानते थे और अपने आपको "आर्य" या 'ऐर्य' (Airya) कहते थे। 'आर्य' या 'ऐर्य' शब्द का अर्थ था कृषि पर रहने वाले लोग या अच्छे परिवार के व्यक्ति। भारत आने वाले आर्य 'इण्डो-एर्यन' (Indo-Aryans) या इण्डो-आर्य कहलाए।

भारत में आर्यों का विस्तार (Expansion of Aryans in India)—डॉ० होर्नल (Hoernle) ने यह विचार प्रस्तुत किया है कि आर्यों ने भारत पर दो आक्रमण किए। प्रथम आर्य समुदाय पंजाब आया और वहीं बस गया। वे अपने परिवारों सहित आए थे। फिर आर्यों का दूसरा आक्रमण हुआ। काबुल घाटी से उन्हें रास्ता न मिलने के कारण वे गिलगित और चित्राल के रास्ते भारत आए और मध्यवर्त्ती प्रदेश में घुस गए। यह प्रदेश उत्तर में हिमालय से, दक्षिण में विन्ध्य तक और पश्चिम में सरहिन्द से पूर्व में यमुना और गंगा के संगम तक फैला हुआ था। दूसरे समुदाय ने अपने रीति-रिवाजों को सरस्वती, यमुना और गंगा के तटों पर विकसित किया। पहले आर्य समुदाय का निवास-स्थान (पंजाब) निकृष्ट समझा जाने लगा और सरस्वती तथा दृशद्वती के बीच का प्रदेश (ब्रह्मावर्त्त) धार्मिक क्षेत्र समझा जाने लगा। डॉ० होर्नल के विचार भारतीय भाषाओं के अध्ययन पर आधारित हैं। उनका मत है कि पंजाबी, राजस्थानी और पूर्वी हिन्दी पहले आर्य समुदाय की भाषाएँ थीं और पश्चिमी हिन्दी दूसरे आर्य समुदाय की भाषा थी।

सर जॉर्ज ग्रियर्सन ने डॉ० होर्नल के उक्त विचारों का समर्थन किया। ग्रियर्सन 'भारत का भाषाई सर्वेक्षण' के निदेशक थे और इस नाते उन्हें भारतीय भाषाओं का गहन ज्ञान था। उनका निष्कर्ष था कि पश्चिमी हिन्दुस्तानी में और सिन्धी, कश्मीरी, मराठी, बंगला, बिहारी, असमी और उड़िया भाषाओं में आकाश-पाताल का अन्तर है हालांकि ये दूसरी भाषाएँ आपस में बहुत कुछ मिलती-जुलती हैं। ग्रियर्सन ने लिखा है कि "वास्तव में भारत के भाषात्मक इतिहास के आरम्भिक काल में ही इण्डो-आर्य बोलियों के दो भाग होंगे : एक मध्यवर्ती प्रदेश की भाषा और दूसरी बाह्य-प्रदेश की बोलियों का समूह। उपर्युक्त तथ्यों से यह निष्कर्ष निकाला गया है कि आर्य भारत में दो समूहों में आए।"

यह कहा गया है कि "सरहिन्द से पूर्व के लोगों की पंजाब के लोगों से स्पष्ट भिन्नता का कारण देना कठिन है। यदि कोई विभाजक क्रिया न हुई होती तो यह भिन्नता देखने को न मिलती और इन दो भागों की अनेकरूपता इतनी स्पष्ट न होती। एक प्रकार के लोग दूसरों में धीरे-धीरे मिल जाते और वैज्ञानिक अनुसन्धान और सार्वजनिक विचार यह प्रमाणित करने में एकमत न होते, जैसा कि वे हुए हैं, कि सरहिन्द की अक्षांश के समीप ही कहीं अन्तर दिखाई देता है।"

डॉ० सी०वी० वैद्य (C.V. Vaidya) ने महाकाव्यों के अध्ययन के पश्चात् यही निष्कर्ष निकाला है। उनका विचार है कि पाण्डव और उनके सम्बन्धी दूसरे आर्य समुदाय के प्रतिनिधि थे और कुरुक्षेत्र के युद्ध में पहले आर्य समुदाय पर दूसरे आर्य समुदाय की विजय हुई। बहुपति प्रथा (Polyandry) प्रचिलत थी क्योंकि मार्ग की कठिनाइयों के कारण वे अपनी स्त्रियों को अपने साथ नहीं ला सके थे। पंजाब और गंगा की घाटी के लोगों में भौतिक अन्तर भी इसी ओर संकेत करते हैं।

किन्तु प्रो० रैप्सन ने दो आक्रमणों के विचार की इन शब्दों में आलोचना की है : "प्रस्तावित मार्ग की कठिनाइयों के कारण इस विचार को स्वीकार नहीं किया जा सकता और इसके समर्थन में दिए गए कुछ तर्क तो स्पष्टत: गलत हैं। ऋग्वेद की जातियों और उसके बाद के साहित्य के लोगों में किसी प्रकार का काल-विच्छेद (Break of continuity) नहीं है, जैसा कि उक्त विचार के प्रेषकों ने कल्पना कर ली है।.........इण्डो-आर्य किस्म से इण्डो-द्रविड़ में परिवर्तन और

आर्यों का 'ब्रह्मावर्त्त' से 'ब्रह्मर्षिदेश' तक प्रभाव को समझने में कुछ भी कठिनाई नहीं रहती यदि हम सिन्ध के मैदान को गंगा के मैदान से मिलाने वाली विशेषताओं को ध्यान में रखें। ये विशेषताएँ मरुस्थल और पर्वतों के बीच की निवास-योग्य भूमि है।.........इसी भूमि पर भारत के भाग्य के निर्णयात्मक युद्ध लड़े गए। सम्भवत: प्रागैतिहासिक काल में उत्तर-पश्चिम से जातियों के आगमन का विकास भी यहीं रोका गया था। राजनीतिक और जातीय आधार पर यह एक प्राकृतिक सीमा है। ऋग्वेद के युग में आर्य इस सीमा को लाँघने में समर्थ नहीं हो सके थे। एक श्लोक में यमुना का उल्लेख इस ढंग से किया गया है मानो इसी के तट पर किसी युद्ध में विजय प्राप्त की गई हो। यह तो कुछ समय पश्चात् की बीत प्रतीत होती है कि ऊपरी यमुना और गंगा के मध्य की भूमि और दिल्ली क्षेत्र पर भी अधिकार कर लिया गया।......इण्डो-आर्य जातीय आगमन का युग निश्चय ही लद चुका था। इसके पश्चात् इण्डो-आर्यों के बसने के युग का सूत्रपात हुआ।''

प्रो० चन्दा (Chanda) ने अपनी एक नई ही धारणा प्रस्तुत की है। उनका मत है कि प्राथमिक आर्य आक्रमणकारी लम्बे सिर वाले थे। उन्होंने हिन्दुस्तान के अधिकाँश भाग पर अधिकार कर लिया था। बाद के आर्य आक्रमणकारी चौड़े सिर वाले थे। जब उनका रास्ता पहले आक्रमणकारियों ने रोक दिया तो वे मध्य भारत को पार करके गंगा के निचले मैदान में पहुँच गए और कुछ काठियावाड़ और समुद्र की ओर निकल गए। प्रो० चन्दा की धारणा की बार्नेट ने आलोचना की है। बार्नेट का कथन है कि चन्दा की धारणा में पंजाब में लम्बे सिर वालों की अधिकता का कारण नहीं दिया गया है। इसमें यह नहीं बताया गया है कि पंजाब से गंगा घाटी की ओर आते समय लोगों का सिर लम्बाई से चौड़ाई की ओर बढ़ता दिखाई देता है। यमुना से निचली गंगा की घाटी की ओर जाते समय सिर और नाक की आकृति में भी अन्तर दिखलाई देते हैं। कश्मीर, गुजरात, महाराष्ट्र और बंगाल के लोगों में अन्तर स्पष्ट है हालांकि वे सब एक ही जाति के बताए गए हैं। अन्त में यही निष्कर्ष निकाला जा सकता है कि आर्यों के आक्रमण या आक्रमणों के विषय में कुछ भी कहना कठिन है।'' कई शताब्दियों के बाद उन दो आर्य समुदायों को अलग-अलग करना कठिन है।

जब आर्य पंजाब में आए तो वे रास्ते में रक्त-पात और अग्नि-काण्ड करते आए। परिणामस्वरूप भारतवर्ष के आदि निवासी सर्वथा लुप्त हो गए। ऋग्वेद में भी आर्यों तथा अनार्यों के युद्ध का उल्लेख मिलता है। 'दस्युओं' को परास्त करने के बाद और पंजाब पर अधिकार करने के बाद आर्यों में ही सर्वोच्चता के लिए परस्पर संघर्ष आरम्भ हो गया। वे पूर्व तथा दक्षिण-पूर्व की ओर भी बढ़ने लगे। उनकी संख्या बहुत बड़ी नहीं थी और क्षेत्र बहुत ही विस्तृत था इसलिए विध्वंस की नीति का अनुकरण करने की आवश्यकता नहीं थी। आदिवासियों की स्त्रियों और बच्चों को दास बना लिया गया। जब आर्य लोग गंगा के मैदानों में थे तो उनमें द्रविड़ रक्त का मिश्रण हुआ। इसी से गंगा की घाटी के लोगों में कद, वर्ण और नाक के अन्तर का कारण मिलता है। गंगा की घाटी पर रक्त-पात के बाद ही अधिकार किया गया था, शांतिपूर्ण समझौते (Peaceful Negotiations) के बाद नहीं। आर्यों और अनार्यों के सम्मिलन के कारण आर्य रक्त को शुद्ध रखने के लिए कठोर नियमों की रचना की गई। अनार्यों को 'शूद्र' की संज्ञा प्रदान की गई।

मगध, अंग, बंग और कलिंग की विजय के सम्बन्ध में यह कहा जा सकता है कि इन क्षेत्रों में अनार्य बहुत ही शक्तिशाली थे। इसलिए आर्य उन पर विजय न पा सके। अनार्यगण अपनी सामाजिक व्यवस्था को सुरक्षित रखने में सफल रहे और उनका आर्यीकरण (Aryanisation) न हो सका। इन प्रदेशों में अनार्यों की अधिकता के कारण ही बौद्ध-धर्म और जैन धर्म को पनपने का अवसर मिला।

उत्तर भारत में तो आर्यों ने विजय की नीति से अपना आधिपत्य जमा लिया किन्तु दक्षिण भारत में ऐसा न था। महाकाव्यों (Epics) के अध्ययन से ज्ञात होता है कि ऋषियों ने इस सम्बन्ध में पर्याप्त योग दिया। वास्तव में दक्षिण में आर्यों का आगमन अगस्त्य जैसे मुनियों के कारण हुआ। यद्यपि मुनियों को बहुत कष्ट हुआ और कभी-कभी उन्हें क्षत्रिय राजाओं की शरण लेनी पड़ी, किन्तु दक्षिण में वे शान्तिपूर्ण ढंग से ही पहुँचने का कार्य करते रहे और अन्त में वे सफल हुए। दक्षिण के ब्राह्मण उत्तर से अपनी यात्रा अब भी याद करते हैं। किन्तु दक्षिण जाने वाले आर्यों की संख्या अधिक न थी और दक्षिण में कभी भी आर्यीकरण (Aryanisation) नहीं हो पाया है, इसलिए उस क्षेत्र में द्रविड़ संस्कृति अक्षुण्ण रही। जो थोड़ा-बहुत आर्य प्रभाव वहाँ था वह भी उत्तरी भारत के मुस्लिम आक्रमण और हिन्दू राज्य के पतन के कारण समाप्त हो गया।

Suggested Readings

Banerji Sastri, A. : Asura India, 1926.

Childe, V.G. : The Aryans, 1926.

Das, A.C. : Rigvedic India.

Dutt, N.K. : Aryanisation of India, 1925.

Herzfeld, E. : Iran in the Ancient East, 1941.

Jairazbhoy, R.A. : Foreign Influence in Ancient India, 1963, Chapter II.

Kalyanaraman, A. : Aryatarangini—The Saga of the Indo-Aryans, Vol. I, 1969.

Majumdar, R.C. (Ed.) : The Vedic Age (Chapter 10).

Nadirshah, J.D. : 'Airyana Vaejo, the Craddle of the Aryans" (Proceedings & Transactions of First Oriental Congress, 1920, pp. 84-94).

Pandey, R.B. : The Puranic data on the original home of the Indo-Aryans (pp. 94-103, Indian Historical Quarterly, 1948).

Pargiter, F.E. : Ancient Indian Historical Tradition, 1922.

Pathi, Jainath : Is Indo-Aryan invasion a myth? (I.H.Q., 1928, pp. 678-94).

Shafer, Robert : Ethnography of Ancient India (1954).

Taylor, I. : The Origin of the Aryans, 1889.

Tilak, B.G. : Orion.

Tilak, B.G. : The Arctic Home of the Aryans.

अध्याय

7

वैदिक साहित्य

(Vedic Literature)

'वेद' शब्द संस्कृत भाषा के 'विद्' शब्द से बना है। इसका अर्थ है 'ज्ञान होना'। हिन्दू वेदों को 'अपौरुषेय,' या ईश्वर द्वारा रचित मानते हैं। उनकी दृष्टि में ये शाश्वत हैं। यह कहा जाता है कि इनकी रचना ईश्वरीय प्रेरणा के आधार पर ऋषियों ने की। हमें इतना तो स्वीकार करना ही होगा कि इन मन्त्रों की रचना प्राचीन ऋषियों द्वारा ही हुई थी। उन ऋषियों के पश्चात् ये वेद पीढ़ी-दर-पीढ़ी चले आ रहे हैं। जब इण्डो-आर्य पंजाब के मैदानों में बसे, तभी उन्होंने इन मन्त्रों को संकलित करके पुस्तक-रूप प्रदान किया। वैदिक रचनाएँ विभिन्न व्यक्तियों द्वारा विभिन्न कालों में लिखी गईं। समय-समय पर निम्न जाति के स्त्री-पुरुष भी इनके रचयिता रहे हैं। हिन्दुओं ने वेदों को पवित्र समझा और उन्हें कण्ठस्थ कर लिया।

इसीलिए वेदों को 'श्रुति' (Shruti) कहते हैं। वेदों की पवित्रता को अक्षुण्ण रखा गया। किसी व्यक्ति को उनमें परिवर्तन करने की आज्ञा न थी। उन्हें बिना समझे रट लिया जाता था और जब किसी पाठ को बिना समझे रट लिया जाये तब उस में मन्त्रों और अक्षरों को परिवर्तन करने की सम्भावना ही नहीं रहती।

वेदों की आयु के विषय में जैकोबी (Jacobi) ने कहा है कि 4500 से 2500 ईसा पूर्व का समय वैदिक सभ्यता का युग है। डॉ० विण्टरनिट्ज का कथन है कि "प्राप्य प्रमाणों से इतना ही पता चलता है कि वैदिक युग किसी अज्ञात काल से 500 ईसा पूर्व तक रहा। इसी प्रकार 1200-500 ईसा पूर्व, 2000-500 ईसा पूर्व आदि युगों का उल्लेख किया गया है किन्तु यह कहना कठिन है कि इनमें से कौन-सा काल सत्य के अधिक निकट है। वर्तमान अनुसंधान के आधार पर इतना कहा जा सकता है कि 500 ई०पू० की जगह 800 ई०पू० अधिक उपयुक्त प्रतीत होता है। अज्ञात काल द्वितीय सहस्राब्दी ई०पू० के स्थान पर तृतीय सहस्राब्दी ईसा पूर्व ठहरता है।"

कौटिल्य ने लिखा है : "ऋग्वेद, यजुर्वेद और सामवेद को त्रिवेद कहा गया। अब अथर्ववेद और इतिहासवेद को इनमें मिला दिया गया और इन सबको वेद कहा गया।" वेदों की साधारण परिभाषा के अनुसार इतिहास को वेदों के साथ नहीं लिया जाता।

वैदिक साहित्य को तीन युगों में बाँटा जा सकता है। प्रथम काल संहिताओं का युग, द्वितीय काल ब्राह्मण-ग्रन्थों का युग और तृतीय काल उपनिषदों, आरण्यकों और सूत्रों का युग था।

संहिताएँ (Samhitas)—संहिताओं में चार वेद हैं : ऋग्वेद, सामवेद, यजुर्वेद और अथर्ववेद। ऋग्वेद संहिता में 1017 या 1028 'सूक्त' हैं जिन्हें विषयों और ऋषियों के नाम के अनुसार दस मण्डलों में बाँटा गया है। मण्डल एक प्रकार के अध्याय हैं। कहा जाता है कि सबसे पुराने सूक्त दूसरे से नौवें मण्डलों में मिलते हैं। प्रथम और दसवें मण्डल बाद में जोड़े गए प्रतीत होते हैं। दसवें मण्डल में 'पुरुष सूक्त' है। इन सूक्तों में प्रकृति की विभिन्न शक्तियों को देवताओं के रूप में स्वीकार किया गया है और साथ में यह भी कहा गया है कि इन देवताओं की सहायता को प्राप्त करना चाहिए। इनसे ऋग्वेदकालीन भारत की राजनीतिक, सामाजिक, आर्थिक और धार्मिक स्थिति का परिचय मिलता है।

सामवेद संहिता (Book of Chants) में 1549 या 1810 मन्त्र हैं। सोमयज्ञ के समय उद्‌गाता ब्राह्मण इन मन्त्रों को गाते थे। इस वेद में वास्तव में नई बात कुछ भी नहीं है। केवल 75 मन्त्रों को छोड़कर शेष सामग्री ऋग्वेद संहिता से ली गई है। यदि देखा जाए तो ये 75 मन्त्र भी अन्य वैदिक साहित्य में पाए जाते हैं। सामवेद के अध्ययन से पता चलता है कि आर्य संगीत-प्रिय थे।

यजुर्वेद संहिता (Book of Sacrificial Prayers) से यज्ञ-सम्बन्धी विधि-विधानों का पता चलता है। यजुर्वेद की दो किस्में हैं : 'शुक्ल यजुर्वेद' और 'कृष्ण यजुर्वेद'। शुक्ल यजुर्वेद में केवल मन्त्र ही पढ़ने को मिलते हैं, किन्तु कृष्ण यजुर्वेद में मन्त्रों के साथ-साथ उनकी व्याख्या भी मिलती है। यह व्याख्या गद्यमय है। शादय कृष्ण यजुर्वेद अधिक प्राचीन है।

बहुत देर तक अथर्ववेद को वेद माना ही नहीं गया, लेकिन अब ऐसी बात नहीं है। यद्यपि ऐतिहासिक और वैज्ञानिक दृष्टि से यह ऋग्वेद से मिलता-जुलता है, फिर भी इसका अपना मूल्य अवश्य है। इसमें भूत-प्रेत आदि को वश में करने के लिए अनेक मन्त्र दिए गए हैं। सम्भवत: यह प्रभाव आर्य-पूर्व लोगों का है। अथर्ववेद 20 पुस्तकों में है और इसमें 731 सूक्त हैं। इनमें से कुछ मन्त्र देवताओं की प्रशंसा में भी लिखे गए हैं।

ब्राह्मण (Brahmans)—ब्राह्मण-ग्रन्थ संसार में स्तुति के प्रथम उदाहरण हैं। वे वैदिक समाज के उत्तर-कालीन ब्राह्मण समाज में परिवर्तन का बोध कराते हैं। वे यज्ञों का अर्थ बताते हुए उनके अनुष्ठान की रीति बताते हैं। जिन वेदों के साथ वे सम्बन्धित हैं उनके विभिन्न सूक्तों के वे भाष्य हैं। उन्हें अर्चना विधि कहा जाता है।

प्रत्येक ब्राह्मण ग्रन्थ एक संहिता से सम्बन्धित है। इस प्रकार ऐतरेय-ब्राह्मण तथा कौशीतकी ब्राह्मण का सम्बन्ध ऋग्वेद संहिता से है। ऐतरेय-ब्राह्मण केवल सोमयज्ञ के विषय में ही बताता है, किन्तु कौशीतकी ब्राह्मण अन्य यज्ञों से भी सम्बन्धित है। ताण्ड्स महा ब्राह्मण, सद्‌विंश ब्राह्मण तथा जैमिनीय ब्राह्मण सामवेद से सम्बन्धित है। ये ब्राह्मण अनार्यों के विषय में काफी जानकारी देते हैं। इनमें यह भी बताया गया है कि अनार्यों को किस प्रकार आर्य बनाया जाता था। शतपथ ब्राह्मण श्वेत यजुर्वेद से सम्बन्धित है। यह ग्रन्थ ब्राह्मणों में सबसे अधिक विस्तृत तथा महत्त्वपूर्ण है। यह कुरु-पांचाल से विदेह तक के सांस्कृतिक विकास की ओर संकेत करता है। गोपथ ब्राह्मण अथर्ववेद की व्याख्या करता है।

प्रत्येक ब्राह्मण अन्य ब्राह्मणों से बहुत कुछ मिलता-जुलता है, किन्तु फिर भी ऋग्वेद के ब्राह्मण होता-पुरोहितों के कार्य को महत्त्वशाली मानते हैं। सामवेद के ब्राह्मण उद्‌गाता-पुरोहित कहे जाते हैं और यजुर्वेद के ब्राह्मण में बताया गया है कि अध्वर्युपुरोहित यज्ञ करते थे।

प्रो० मैक्स मूलर का कथन है कि "भारतीय साहित्य के विद्यार्थी के लिए ब्राह्मण ग्रन्थ कितने भी मनोरंजक हों, लेकिन साधारण पाठक को उनमें कोई रुचि नहीं है। उनका अधिकांश केवल प्रलाप-मात्र है और उससे भी बुरी बात यह है कि केवल धार्मिक प्रलाप है। जिस व्यक्ति को भारतीय विचारधारा के इतिहास में ब्राह्मणों के महत्त्व का पहले से ही ज्ञान न हो, वह इनके दस पृष्ठ भी, निराश हुये बिना नहीं पढ़ सकता।" डॉ० विण्टरनिट्ज (Winternitz) ने इस बारे में लिखा है कि साधारण पठन-पाठन की दृष्टि से चाहे ब्राह्मण-ग्रन्थ कितने ही शुष्क हों किन्तु भारतीयों के उस समय के बाद लिखे गए धार्मिक और दार्शनिक साहित्य को समझने के लिए वे अनिवार्य हैं। इसके अतिरिक्त धर्म के सामान्य ज्ञान की दृष्टि से भी वे मनोरंजक हैं। जिस प्रकार धार्मिक शिक्षाओं के लिए उपासना के इतिहास में यजुर्वेद का महत्त्व है, उसी प्रकार यज्ञों तथा पुरोहिताई के विषय पर ब्राह्मण ग्रन्थ अमूल्य कृतियाँ हैं।

आरण्यक (Aranyakas)—आरण्यक आमतौर पर 'वन-पुस्तकें' कहे जाते हैं। वे ब्राह्मणों के अन्तिम भाग हैं। आरण्यक दर्शन और रहस्यवाद से सम्बन्धित हैं। ये ब्राह्मण ग्रन्थों के वे दार्शनिक भाग हैं जिन्हें वनों में रहने वाले संन्यासियों के प्रयोग तथा मार्ग-दर्शन के लिए अलग कर दिया गया था।

उपनिषद् (Upanishads)—शॉपेनहॉवर (Schopenhauer) का कथन है कि "संसार में उपनिषदों की भाँति लाभदायक और ऊँचा उठाने वाला कोई और साहित्य नहीं है। यह साहित्य मेरे जीवन का सहारा रहा है—यही मेरी मृत्यु की सान्त्वना बनेगा।" विल ड्यूरेन्ट (Will Durant) ने उपनिषदों के महत्त्व के बारे में लिखा है कि "हमारे आधुनिक युग

तक जो महत्त्व ईसाइयों के लिए 'न्यू टैस्टेमैण्ट' का रहा है वही महत्त्व भारत के लिए उपनिषदों का है। वे एक श्रेष्ठ धर्म-प्रणाली हैं, जिन पर आचरण चाहे कम किया जाता है लेकिन वे सर्वपूज्य हैं। यूरोप तथा अमरीका तक में इस विचारशील धर्म ने त्यागी स्त्रियों तथा जीवन से उकताए हुए पुरुषों से लेकर शॉपेनहॉवर तथा इमर्सन जैसे लाखों व्यक्तियों का हृदय मोह लिया है।" डॉ० विण्टरनिट्ज़ का मत है कि "भारत के उत्तर-कालीन दर्शन का मूल उपनिषदों में है। उनके सिद्धान्त बादरायण के "वेदान्त सूत्रों" के आधार हैं। शंकर और रामानुज के दार्शनिक तथा धार्मिक मत, जिनके आज भी लाखों अनुयायी हैं, इन्हीं पुस्तकों पर आधारित हैं। इसके अतिरिक्त गत शताब्दियों में जितने भी दार्शनिक मत तथा धर्म बने हैं, वे सब उपनिषदीय सिद्धान्तों की उपज हैं।" इसके अतिरिक्त उपनिषदों का सत्य के निकट पहुँचने का प्रयत्न दैवी न होकर पूर्णतया मानवीय है। अतः वे हमारे लिए बहुमूल्य हैं। मानव विचारधारा के इतिहास के लिए इनका और भी अधिक महत्त्व है। उपनिषदों के आध्यात्मिक सिद्धान्तों का प्रभाव एक ओर ईरान के सूफ़ीमत पर स्पष्ट रूप से दिखाई पड़ता है। दूसरी ओर स्टाइको, नवीन प्लेटोवादियों, सिकन्दर कालीन ईसाइयों तथा एकहार्ट, टॉलर आदि ईसाई सन्तों पर इनकी छाप दिखाई पड़ती है। उन्नीसवीं सदी का शॉपनहावर भी इनके दर्शन से प्रभावित है।

एमरी डी रेनकोर्ट (Amaury de Riencourt) का मत है कि उपनिषद काल भारत के साँस्कृतिक विकास के सर्वोच्च काल का प्रतिनिधि है। स्थायी रूप से अपने नये देश में बसे हुए वैदिक आर्यों के निवास के आरम्भिक जोश और खुशी के विचारों में पर्याप्त कमी आ गई थी और गम्भीर दुःखों के प्रति सजगता पाई जाती थी। धीरे-धीरे भारतीय विचार निश्चित होने लगे थे और उन्होंने प्रकटीकरण का नया रूप धारण कर लिया था जो वयस्क दृष्टिकोण के लिए अधिक उपयुक्त था।[1]

उपनिषद का शाब्दिक अर्थ है 'निकट बैठना'। अतः इसके वास्तविक अर्थ हैं कि जिज्ञासु शिष्य अपने गुरु के पास बैठता है और रहस्य सिद्धान्त पर विचार विनिमय करता है। वह ब्रह्म और जीव के सम्बन्ध पर विचार करता है। यह रहस्यमय ज्ञान प्रत्येक व्यक्ति को नहीं दिया जाता था, अपितु केवल सुयोग्य पात्रों को ही दिया जाता था। 800 और 500 ई०पू० के मध्य विभिन्न ऋषियों ने 108 उपनिषद् लिखे हैं। उनमें से बृहदारण्यक, छान्दोग्य, तैत्तिरीय, ऐतरेय तथा कौशीतकी उपनिषद् प्राचीनतम हैं।

उपनिषदों में कोई एक ही दार्शनिक धारा नहीं है। इनमें कई ऐसे विद्वानों के मत हैं जो दर्शन और धर्म के ज्ञाता थे। एक आधारभूत सिद्धान्त समान रूप से प्रत्येक उपनिषद् में पाया जाता है और उस सिद्धान्त को इस प्रकार कहा जा सकता है : 'विश्व ब्रह्म है किन्तु ब्रह्म आत्मा है' अथवा 'ब्रह्माण्ड ईश्वर है तथा ईश्वर मेरी आत्मा है'। ब्रह्म तथा आत्मा की दो कल्पनाओं का उपनिषदों में समावेश किया गया है। ड्यूसेन (Deussen) ने उपनिषदों के मूलभूत आदर्श को इन शब्दों में व्यक्त किया है : ब्रह्म या वह शक्ति जो सब वस्तुओं द्वारा स्वयं को प्रभावित करती है, उत्पन्न करती है, पालती है और फिर समस्त विश्व को अपने भीतर समेट लेती है, यह शाश्वत, अनन्त दैवी शक्ति आत्मा से अभिन्न है। समस्त बाह्य आवरण त्याग कर हम अपने भीतर आत्मा से साक्षात्कार करते हैं। इस सिद्धान्त को उपनिषदों में सुन्दर तथा स्पष्ट रूप से बताया है। कालान्तर में 'तत् त्वम् असि' वाक्य के अन्दर यही भावना लाखों भारतीयों का धार्मिक विश्वास बन गई। शॉपेनहॉवर ने भी कई बार इसका उल्लेख किया है। 'ब्रह्माण्ड और ब्रह्म तुम स्वयं हो,' अथवा 'संसार का अस्तित्व वहीं तक है जहाँ तक तुम्हें इसका ज्ञान है।'

उपनिषदों के अनुसार मानवीय बुद्धि यथार्थ को नहीं समझ सकती। अपनी बुद्धि और तर्क के अतिरिक्त उसकी कल्पना तथा ज्ञान के लिए हमें किसी अन्य साधन की शरण लेनी होगी। "आत्मा (अथवा विश्वात्मा) को ज्ञान अर्थात् प्रतिभा और पुस्तकीय ज्ञान द्वारा नहीं पाया जा सकता। ब्राह्मण को पुस्तकीय ज्ञान को भूल कर बालक बन जाना चाहिए। शब्द-जंजाल के पीछे पड़ने से कुछ लाभ नहीं क्योंकि शब्द तो केवल जिह्वा के व्यापार हैं।" इसके अतिरिक्त ब्रह्म ने प्रत्यक्ष रूप में इन्द्रियों की अनुभूति को इस प्रकार खोल दिया कि वे बाह्य विश्व को देख सकें; इस कारण से मनुष्य अपने अन्तर्लोक को त्याग बाह्य विश्व को देखता है; किन्तु फिर भी अमर बनने के इच्छुक किसी बुद्धिमान व्यक्ति ने अपने बाह्य चक्षुओं को बन्द कर बाह्यावरण के पीछे छिपे अपने यथार्थ रूप को देखा।" सत्य ज्ञान से पहले इच्छुक व्यक्ति को समस्त

1. *The Soul of India*, pp. 49-50.

दुष्कर्मों और दुर्भावनाओं को त्यागना पड़ता है तथा अपनी आत्मा एवं शरीर की समस्त चिन्ताओं को समाप्त करना पड़ता है। "जिस प्रकार कमल के फूल पर पानी की बूँद नहीं टिकती उसी प्रकार जिसने सत्य ज्ञान को जान लिया है उसके दुष्कर्म समाप्त हो जाते हैं। जिज्ञासु आत्मा की खोज करता है। यही सभी आत्माओं की आत्मा है (soul of all souls), निराकार है, सम्पूर्ण है, हम अपने अपनत्व को भूल कर उसमें विलीन हो जाते हैं। हमारे अस्तित्व का सार शरीर नहीं है, बुद्धि नहीं है, वैयक्तिक अहं नहीं है, हमारा सार है आत्मा, जो मौन और निराकार रूप से हमारे अन्दर व्याप्त है।" उपनिषदों में आत्मा की व्याख्या इन शब्दों में की गई है : "मेरे हृदय में व्याप्त मेरी आत्मा चावल, जौ, ज्वार अथवा राई के दाने से भी छोटी है।⋯मेरे हृदय में व्याप्त मेरी आत्मा पृथ्वी, आकाश, स्वर्ग तथा समस्त लोकों से भी बड़ी है। इसके अन्दर समस्त क्रियाएँ, इच्छाएँ, गन्ध और स्वाद हैं। वह इन सभी गुणों की स्वामिनी है। वह मौन और निश्चिन्त है। मेरे हृदय में व्याप्त मेरी आत्मा ही ब्रह्म है। इस संसार को त्यागने के पश्चात् मैं उसमें विलीन हो जाऊँगा। जिस व्यक्ति को यह बोध हो जाता है लिए वास्तव में कुछ भी अनिश्चित नहीं होता।"

उपनिषदों में पुनर्जन्म के सिद्धान्त को स्वीकार किया गया है। मनुष्य जन्मबन्धन से छूटने का प्रयत्न करता है। राजा जनक ने महर्षि याज्ञवल्क्य से पुनर्जन्म से बचने का उपाय पूछा तो याज्ञवल्क्य ने उत्तर दिया कि यह व्यक्तिगत इच्छाओं के निरोध तथा ब्रह्म के साथ विलय द्वारा ही सम्भव है। "जिस प्रकार बहती नदियाँ अपना नाम और आकार छोड़ कर समुद्र में मिल जाती हैं, उसी प्रकार बुद्धिमान मनुष्य भी संज्ञा तथा आकार से मुक्त होकर ईश्वरीय अस्तित्व की ओर जाता है जो सबकी पहुँच से दूर है।" इस ज्ञानातीत विश्व का रहस्य ही उपनिषदों का विषय है। इनमें निम्नलिखित प्रश्नों का उत्तर ढूँढ़ने का प्रयत्न किया गया है : "हम कहाँ से आकर जन्म लेते हैं, कहाँ रहते हैं और कहाँ जाते हैं? ओ ब्रह्म के ज्ञाता, हमें बता कि हम किसी आज्ञा से यहाँ रहते हैं?⋯⋯क्या काल, प्रकृति, आवश्यकता, अवसर, अथवा तत्त्व हमारी उत्पत्ति के कारण हैं अथवा वह सर्वोपरि 'पुरुष' हमारा नियन्ता है?"

उपनिषदों में कुछ ज्ञानपूर्ण कथाएँ तथा वार्तालाप भी हैं। मैत्री उपनिषद् में एक राजा की कहानी है जिसने राज-पाट छोड़कर जंगलों में तपस्या करनी शुरू की। एक हजार दिन तक तपस्या करने के पश्चात् एक ऋषि से भेंट होने पर राजा ने उससे आत्मा का वास्तविक रहस्य पूछा। ऋषि ने अपना अन्य इच्छाएँ बताने के लिए कहा। लेकिन राजा ने मानव अस्तित्व की व्याख्या करते हुए इच्छाओं की निरर्थकता को स्पष्ट कर दिया। कठोपनिषद् में नचिकेता की कथा दी गई है। युवक नचिकेता ने अपने पिता को कुछ भिक्षुओं को दान देते हुए प्रश्न किया और प्रश्नोत्तर में पिता ने उसे बताया कि वह उसे यम की भेंट करेगा। नचिकेता ने यम की खोज की और भेंट होने पर उसने मृत्यु का रहस्य पूछा। बहुत टाल-मटोल के पश्चात् यम ने आत्मा के अमरत्व की पुष्टि की।

याज्ञवल्क्य और उसकी पत्नी का वार्तालाप भी उल्लेखनीय है। याज्ञवल्क्य ने गृह त्याग कर जंगलों में रहने की इच्छा की। उस अवसर पर उसकी पत्नी मैत्रेयी ने उससे विद्वत्तापूर्ण प्रश्नोत्तर किया जिसका सार यह था कि धन सम्पत्ति से मनुष्य अमर नहीं हो सकता, आत्म-मनन और आत्म-चिन्तन से ही आत्म-ज्ञान की प्राप्ति हो सकती है और उसी से सम्पूर्ण ज्ञान मिलता है। एक अन्य अवसर पर याज्ञवल्क्य ने ईश्वर की एकता के सिद्धान्त की पुष्टि की। एक गुरु और शिष्य के वार्तालाप में आत्मा के विषय में ज्ञान दिया गया है। संक्षेप में गुरु ने शिष्य को बताया कि आत्मतत्त्व ही यथार्थ है, यही जीवन का सार है।

वेदांग (Vedangas)—शिक्षा, कल्प, व्याकरण, निरुक्त, छन्द तथा ज्योतिष छः वेदांग हैं। शिक्षा उच्चारण से सम्बन्धित है, कल्प विधि-विधान से, व्याकरण भाषा-विधान से, निरुक्त शब्द-व्युत्पत्ति से, छन्द लय से, और ज्योतिष नक्षत्र-विद्या से। इनमें से शिक्षा तथा कल्प का अत्यधिक महत्त्व है।

वेदांगों के अतिरिक्त उपवेद भी हैं। महत्त्वशाली उपवेदों में चिकित्सा सम्बन्धी आयुर्वेद, युद्ध-कौशल सम्बन्धी धनुर्वेद, संगीत सम्बन्धी गन्धर्ववेद तथा भवन-निर्माण कला सम्बन्धी शिल्पवेद का नाम दिया जा सकता है।

छः दर्शन (Six Darshanas)—भारतीय दर्शन की छः शाखाएँ वैदिक साहित्य की आवश्यक अंग हैं। उन छः दर्शनों के नाम हैं, न्याय, वैशेषिक, साँख्य, योग, पूर्व मीमांसा और उत्तर मीताँसा। इन दर्शनों का रचना-काल छठी शताब्दी ईसा पूर्व से लेकर अशोक के समय तक है। दर्शनों की रचना सूत्रों के रूप में हुई। ये सूत्र संक्षिप्त और स्पष्ट हैं।

अविद्या, माया, पुरुष और जीव ये विषय सभी दर्शनों में समान रूप से पाए जाते हैं। वे बौद्धों के सन्देहवाद के विरुद्ध हैं तथा 'शाश्वत अस्थिर प्रवाह के विपरीत पदार्थगत सत्य तथा तथ्य का मानदन्ड निर्धारित करते हैं'' ("A standard of objective reality and truth as opposed to eternal unstable flux")। वे समस्त विश्व की उत्पत्ति, पालन और विलय में विश्वास करते हैं। पूर्व मीमांसा के अतिरिक्त अन्य दर्शन जीवात्मा की मुक्ति अथवा मोक्ष के लक्ष्य को सामने रखते हैं। उनमें बताया गया है कि 'चित्तशुद्धि' तथा निष्काम कर्म से मोक्ष प्राप्त होता है।

(1) न्याय दर्शन को गौतम ऋषि ने लिखा। इसके अनुसार, तर्क ही समस्त अध्ययन का आधार है। यह विज्ञानों का विज्ञान है। ज्ञान चार उपायों से पाया जा सकता है : प्रत्यक्ष अर्थात् मौलिकता, अनुमान अर्थात् कल्पना, उपमा अर्थात् तुलना, तथा शब्द अर्थात् मौखिक प्रमाण। अनुमान तीन तरह का है : पूर्ववत्, शेषवत् तथा 'सामान्यतो दृष्टम्'। 'न्याय दर्शन' सन्देह के सिद्धान्त की चर्चा करता है और इसका कारण स्मृति में कमी या पहचानने में भूल होना है। किसी वस्तु के वास्तविक बोध के विपरीत अवास्तविक बोध त्रुटि है। अनुभवी व्यक्तियों के सामने सत्य अपने-आप को प्रकट कर देता है। आत्मा सत्य है और इच्छाएँ, घृणा, संकल्प इत्यादि इसके लक्षण हैं। चेतना आत्मा से अलग नहीं रह सकती जैसे लौ की दीप्ति उससे भिन्न नहीं रह सकती। न्यायदर्शन चिदानन्द ब्रह्म ईश्वर में विश्वास करता है। पुनर्जन्म का सिद्धान्त उसे मान्य है और वह मानवमात्र को इससे छूटने की प्रेरणा देता है।

(2) **वैशेषिक दर्शन** के लेखक कणाद ऋषि थे। यह दर्शन पदार्थों से सम्बन्धित है। पदार्थों को छः भागों में विभक्त किया गया है : द्रव्य, गुण, कर्म सामान्य, विशेष और समवाय। द्रव्य नौ हैं : पृथ्वी, जल, वायु, प्रकाश, काल, अन्तरिक्ष, आत्मा तथा मनस्। ठोस पदार्थ अणुओं से बनते हैं। अणु नाशवान नहीं हैं। उनके विभिन्न रूप धारण करने से ही सब कुछ बनता है। गुण 17 प्रकार के होते हैं। कर्म परिवर्तनशील है तथा किसी-न-किसी सीमा पर अवश्य समाप्त हो जाता है। कणाद ने ईश्वर के विषय में स्पष्ट कुछ नहीं कहा है। कणाद ऋषि का दर्शन ब्रह्माण्ड का सम्पूर्ण दर्शन नहीं है।

(3) **सांख्य दर्शन** के रचयिता कपिल ऋषि थे। इसका आधारभूत सिद्धान्त पुरुष एवं प्रकृति को पृथक् मानना है। तीन गुणों से प्रकृति का विकास होता है : सत्त्व गुण, रजस् गुण तथा तमस् गुण। सत्त्व गुण अच्छाई और आनन्द का स्रोत है। रजस् गुण कर्म तथा दुःख का स्रोत है। तमस् गुण अज्ञान, आलस्य तथा उदासीनता उत्पन्न करता है। यह दर्शन विश्व को यथार्थ नहीं मानता क्योंकि यह शाश्वत नहीं है और कुछ समय बाद नष्ट हो जाता है। केवल प्रकृति शाश्वत है। पुरुष अमर है और जीव पुनर्जन्म के बन्धन में बँधे हुए हैं। साँख्य दर्शन ईश्वर के अस्तित्व में विश्वास नहीं रखता। प्रकृति और पुरुष ईश्वर पर आश्रित न होकर स्वतन्त्र हैं।

(4) **योग दर्शन** पतञ्जलि ने लिखा था। चित्त को एक स्थान पर केन्द्रित करने अथवा योग द्वारा मनुष्य जन्म-बन्धन से छूट सकता है। जीवन के भौतिक और आध्यात्मिक दोनों पक्षों का ही विकास करने की चेष्टा करनी चाहिए। इस उद्देश्य की प्राप्ति के लिए सात उपाय बताये गए हैं : यम, नियम, आसन, प्राणायाम, प्रत्याहार, ध्यान और समाधि। हठ योग द्वारा शरीर को अत्यधिक कष्ट सहन करने योग्य बनाया जा सकता है। श्वास का नियमन मन को दृढ़ बनाता है। योग का अन्त ध्यान तथा समाधि में होता है। जब मनुष्य समाधि की अवस्था में पहुँचता है तो वह संसार से सम्बन्ध तोड़ लेता है। ईश्वर ही चिन्तन का लक्ष्य है और वही उद्देश्य-प्राप्ति में हमारी सहायता करता है।

(5) **पूर्व मीमांसा दर्शन** के लेखक जैमिनी ऋषि थे। यह दर्शन रीति-नीति से सम्बन्धित है। इसमें वेदों की महत्ता को स्वीकार किया गया है। यह भी माना गया है कि मनुष्य की आत्मा उसके शरीर, इन्द्रियों तथा ज्ञान से भिन्न है। आत्माओं की अनेकता को भी माना गया है। धर्म उचित जीवन का साधन है। मनुष्य दो प्रकार के कर्म करता है : नित्य कर्म तथा काम्य कर्म। पहला दैनिक क्रम में होता है और दूसरा किसी विशेष उद्देश्य की प्राप्ति के लिए किया जाता है। इसके अनुसार विभिन्न देवताओं की उपासना करनी चाहिए। किसी दयालु अथवा सक्रिय भगवान् के अस्तित्व को आवश्यक नहीं माना गया है। पूर्व मीमांसा केवल व्यावहारिक धर्म से सम्बन्धित है तथा परम सत्य की समस्या का हल ढूँढ़ने की इसमें चेष्टा नहीं की गई है। यह केवल कर्मकाण्ड तक ही सीमित है।

(6) **उत्तर मीमांसा दर्शन** के रचयिता बादरायण ऋषि थे। उन्होंने चार अध्यायों में विभक्त 555 सूत्र लिखे हैं। पहले अध्याय में ब्रह्म की प्रकृति तथा विश्व और अन्य जीवों के साथ उसके सम्बन्ध बताये गए हैं। दूसरा अध्याय

आपत्तियों से सम्बन्धित है। तीसरे अध्याय में ब्रह्म-विद्या-प्राप्ति की चर्चा है और चौथे अध्याय में ब्रह्म-विद्या के लाभ तथा मृत्यु के उपरान्त आत्मा के भविष्य के सम्बन्ध में बताया गया है।

Suggested Readings

Altekar	:	Sources of Hindu Dharma in its socio-religious aspects.
Belvalkar and Ranade	:	History of Indian Philosophy, Vols. I & II.
Bissoondoyal, Basdeo	:	Hindu Scriptures.
Das Gupta	:	History of Sanskrit Literature.
Das Gupta	:	Yoga as Philosophy and Religion.
Deussen, Paul	:	The Philosophy of the Upanishads, 1919.
Deussen, Paul	:	System of the Vedanta, 1919.
Durant, Will	:	Our Oriental Heritage.
Eggeling, J.	:	Shatpatha Brahmana.
Farquhar, J.N.	:	An Outline of the Religious Literature of India, 1920.
Garbe, R.	:	Philosophy of the Upanishads.
Griffiths, R.T.H.	:	The Hymns of the Rigveda.
Gupta, A.S.	:	Essays on Samkhya and other Systems of Indian Philosophy, 1964.
Hume, R.E.	:	The Thirteen Principal Upanishads, 1921.
Kane, P.V.	:	History of Dharmasastras, Vols. I to V.
Keith, A.B.	:	Aitareya Brahmana.
Keith, A.B.	:	History of Sanskrit Literature.
Keith, A.B.	:	Classical Sanskrit Literature, 1927.
Keith, A.B.	:	Religion and Philosophy of the Vedas and Upanishads (Cambridge, 1925).
Macdonell, A.A.	:	Vedic Mythology (1897).
Macdonell, A.A.	:	History of Sanskrit Literature, 1900.
Max Mueller	:	Thirteen Principal Upanishads.
Max Mueller, F.	:	History of Ancient Sanskrit Literature.
Mitra, R.	:	Taittiriya Brahmana.
Mitra, Veda	:	Education in Ancient India.
Pandit, M.P.	:	Gleanings from the Upanishads.
Siddhantalankar and S.T. Taraporevala	:	Heritage of Vedic Culture.
Vaidya, C.V.	:	History of Sanskrit Literature.
Winternitz, M.	:	History of Indian Literature, 1927.

अध्याय

8

ऋग्वैदिक भारत

(Rigvedic India)

ऋग्वेद का काल (Age of the Rigveda)—ऋग्वेद संसार में सबसे प्राचीन पुस्तक है। इसके रचनाकाल के विषय में इतिहासकार पूर्णतः असहमत हैं। इसके रचना काल के बारे में विद्वानों में शताब्दियों के स्थान पर सहस्राब्दियों का अन्तर है। कुछ लोग इसका रचना-काल 1000 ई०पू० के लगभग बताते हैं। कुछ विद्वान इसकी तिथि 3000 और 2500 ई०पू० के लगभग बताते हैं। कुछ विद्वान इसकी तिथि 3000 और 2500 ई०पू० के मध्य निश्चित करते हैं।

(1) प्रो० मैक्स मुल्लर (Max Mueller) का मत था कि ऋग्वेद की रचना 1000 ई०पू० तक पूर्ण हो गई होगी। उन्होंने ब्राह्मण काल के लिए 200 वर्ष निर्धारित किए, 200 वर्ष मन्त्र-काल के लिए और 200 वर्ष स्वयं ऋग्वेद की रचना के लिए। गिफर्ड भाषण-माला के अन्तर्गत भौतिक धर्म सम्बन्धी 1889 के अपने भाषण में प्रो० मैक्स मुल्लर ने कहा था, "हम यह नहीं कह सकते कि इसकी रचना कब शुरू हुई। वैदिक श्लोकों की रचना ईसा से 1000, 1500, 2000 या 3000 वर्ष पूर्व हुई, यह निश्चय करना संसार की किसी शक्ति के लिए सम्भव न होगा।" यह कहा गया है कि वेदों की उत्पत्ति के विभिन्न साहित्यिक युगों में से प्रत्येक के लिए 200 वर्ष निर्धारित करना केवल साहित्यिक है। विद्वान आजकल प्रो० मैक्स मुल्लर के विचार को स्वीकार नहीं करते।

(2) जे० हैर्तल (J. Hertel) के विचार हैं कि ऋग्वेद का आरम्भ उत्तर-पश्चिमी भारत में नहीं बल्कि ईरान में हुआ। वह समय ज़ोरोस्टर के समय से अधिक दूर नहीं था। ज़ोरोस्टर का काल 550 ई०पू० के लगभग था।

(3) जी० ह्यूसिंग (G. Husing) ने लिखा है कि लगभग 1000 ई०पू० से भारतीय आर्मेनिया से अफ़गानिस्तान की ओर आने लगे और ऋग्वैदिक काल का प्रारम्भ अफ़गानिस्तान में हुआ। यह उसके बाद की घटना है कि उन्हें और भी भारत की ओर खदेड़ दिया गया। एच० ब्रूनहॉफ़र (H. Brunnhofer) के सुझाव पर चलते हुए ह्यसिंग ने यह कल्पना की कि ऋग्वेद में उल्लिखित राजा कनित पृथुश्रवस (Kanita Prthusravas) सिथियन राजा कनितस ही है। राजा कनितस का उल्लेख एक यूनानी अभिलेख तथा मुद्रा पर प्राप्त हुआ है। उसका काल दूसरी शती ई०पू० था। ह्यूसिंग ने यह निष्कर्ष निकाला कि "दूसरी शती ई०पू० में भी इन स्तोत्रों का संकलन पूर्ण नहीं हुआ था।"

(4) प्रो० जैकोबी (Jacobi) का विचार है कि "ऋग्वेद की रचना ई०पू० तीसरी सहस्राब्दी में हुई होगी। यह परिणाम उन्होंने नक्षत्रीय गणना के आधार पर निकाला। तिथियों को निर्धारित करने में भारतीय साहित्य में दी गई नक्षत्रीय जानकारी का प्रयोग करना कोई नया विचार नहीं है। लुड्विग (Ludwig) ने सूर्य-ग्रहण के आधार पर भी ऐसी चेष्टा की थी। यज्ञों का समय निश्चित करते समय प्राचीन भारत के पुरोहित जंत्री भी बनाते थे। यज्ञों का ठीक-ठीक समय निश्चित करने के लिए उन्हें आकाश-मण्डल का सूक्ष्म अध्ययन करना पड़ता था। इसलिए ब्राह्मणों और सूत्रों में हमें बहुत-सी नक्षत्रीय जानकारी प्राप्त होती है। नक्षत्रों का चलन बहुत महत्त्वपूर्ण था। वैदिक साहित्य में ऐसे संदर्भ हैं जिनमें यह कहा गया है कि अमुक यज्ञ "इस विशेष नक्षत्र के अधीन होगा," अर्थात् जब इस नक्षत्र का चन्द्र के साथ मिलन होगा।

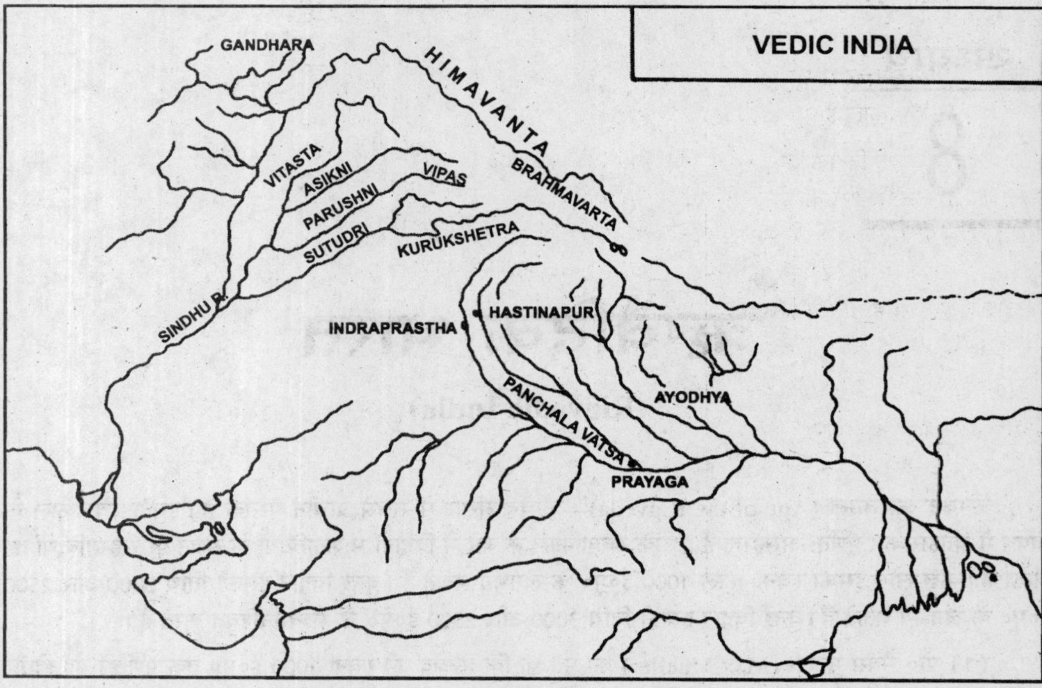

जैकोबी तथा बाल गंगाधर तिलक इस निर्णय पर पहुँचे हैं कि ब्राह्मण-काल में कृत्तिका नक्षत्र उस समय उदय होता था जब बसन्त में विषुव होता था अर्थात् दिन और रात बराबर होते थे। वैदिक ग्रन्थों में एक पुरानी समय-सारिणी के संकेत मिलते हैं जब बसन्त ऋतु के मृग शीर्ष नक्षत्र में दिन रात बराबर होते थे। प्रतीत होता है कि 500 ई०पू० के लगभग बसन्त विषुव कृत्तिका नक्षत्र में पड़ता था और 4500 ई०पू० में मृगशीर्ष में पड़ता था। तिलक ने वैदिक साहित्य की तिथि 6000 ई०पू० निश्चित की। जैकोबी ने सभ्यता के प्रारम्भ का निश्चिय करते हुए कहा कि सभ्यता की प्रौढ़ और बहुत बाद की रचनाओं में से ही लगभग 4500 ई०पू० में हमें ऋग्वेद के श्लोक प्राप्त हुए। सभ्यता का यह काल 4500 और 2500 ई०पू० के मध्य ठहरता है। जैकोबी ने प्राप्त श्लोकों की तिथि इस काल के उत्तरार्द्ध में निश्चित की। गृह्यसूत्रों में एक ऐसी रीति का उल्लेख मिलता है जिसके अनुसार वर तथा वधू को सितारों के निकलने तक बैल की खाल पर बैठना पड़ता था। फिर वर अपनी वधू को ध्रुवतारा दिखाता था और साथ ही यह प्रार्थना करता था, ''मेरे घर में रह कर स्थिर रहना।'' वधू उसका यह उत्तर देती थी, ''तुम भी स्थिर हो, मैं कामना करती हूँ कि अपने पति के घर में मैं स्थिर रह सकूँ।'' इस विवाह-प्रथा का प्रचलन तभी हुआ होगा जब ध्रुवतारा आकाशीय ध्रुव के इतना निकट था कि वह स्थिर दिखाई देता था। आकाशीय भूमध्य रेखा के सामयिक परिवर्तन के साथ-साथ उत्तरी ध्रुव भी दूर हो जाता है। एक के बाद एक सितारा उत्तरी ध्रुव की ओर चला जाता है और उत्तरी तारा या ध्रुव तारा बन जाता है। समय के साथ केवल एक ही सितारा उत्तरी ध्रुव के इतना निकट पहुँच जाता है कि उसे 'ध्रुव' भी कहा जा सकता है। वर्त्तमान काल में उत्तरी गोलार्द्ध का ध्रुव तारा ऐल्फ़ा है। वैदिक युगीन ध्रुव तारा यह नहीं हो सकता क्योंकि आज से 2000 वर्ष पहले यह सितारा उत्तरी ध्रुव से इतना दूर था कि इसे 'ध्रुव' कहा कठिन है। 2730 ई०पू० में ध्रुव तारा के नाम का एक और सितारा भी मिलता है। उस समय में ऐल्फ़ा डैकोनिस 500 वर्ष तक ध्रुव के इतना निकट रहा कि जो लोग इसे केवल आँखों से ही देखते थे उन्हें यह बिलकुल स्थिर दिखाई देता

होगा। इस गणना के आधार पर 'ध्रुव' संज्ञा तथा उपर्युक्त विवाह-प्रथा की उत्पत्ति को ईसा पूर्व तीसरी सहस्राब्दी पूर्वार्द्ध में निश्चित किया गया है। उस विवाह-प्रथा का उल्लेख ऋग्वेद में नहीं है, इसलिए प्रो० जैकोबी इस निष्कर्ष पर पहुँचे हैं कि "विवाह संस्कार में ध्रुव का प्रयोग ऋग्वैदिक काल में नहीं होता था बल्कि उससे अगले युग में होता था, इसलिए ऋग्वैदिक सभ्यता काल ई०पू० तीसरी सहस्राब्दी से भी पहले था।"

जैकोबी तथा तिलक के आलोचकों का कथन है कि भारतवासी सितारों की चन्द्र के प्रति स्थिति को ही ध्यान में रखते थे और उन सितारों की सूर्य के प्रति स्थिति से उन्हें कोई सरोकार न था। प्राचीन साहित्य में विषुवों के अध्ययन के बारे में कोई भी संकेत नहीं मिलता। 1250 ई०पू० के लगभग भारत के आकाश-मण्डल में लघु ऋक्ष के एक सितारे की ध्रुव तारे के रूप में दिखाई देने की सम्भावना को अस्वीकार नहीं किया जा सकता। ऋग्वेद में उपर्युक्त विवाह-प्रथा का उल्लेख न होने से ही किसी प्रकार की धारणा बना लेना ठीक नहीं है क्योंकि ऋग्वेद के श्लोकों में वैवाहिक प्रथाओं का सम्भवतः कुछ भी उल्लेख नहीं किया गया है।

(5) एक अन्य विचार है कि आर्यों की दक्षिण-विजय सातवीं या आठवीं शती ई०पू० हुई होगी क्योंकि यह माना जाता है कि आपस्तम्ब और बौधायन वैदिक शाखा का जन्म दक्षिण भारत में हुआ। 700 ई०पू० के लगभग दक्षिण-विजय के साथ यह विचार असम्भव प्रतीत होता है कि इण्डो-आर्य 1200 या 1500 ई०पू० के लगभग भारत के उत्तरी भाग में और पूर्वी अफ़ग़ानिस्तान में रहते थे। 500 से 800 वर्षों के अन्दर ही समस्त उत्तरी भारत पर विजय प्राप्त करना और फिर अपना राज्य स्थापित करना आर्यों के लिए सम्भव न होता। आर्यों में स्वयं भी फूट थी और आदिवासियों ने भी उनका कड़ा विरोध किया। इसलिए उनका विकास धीरे-धीरे ही हुआ होगा। ओल्डनबर्ग (Oldenberg) ने लिखा है कि 700 वर्ष का समय आर्यों के लिए काफी था। "यह स्मरण रखना चाहिए कि 400 वर्ष में उत्तरी तथा दक्षिणी अमरीका में क्या-क्या परिवर्त्तन हो गए हैं।" डॉ० विण्टरनिट्ज को ओल्डनबर्ग का विचार मान्य नहीं है। उनका विचार है कि आर्यों को अपने कार्य के लिए कम से कम इससे दुगने समय की आवश्यकता थी।

(6) ब्लूमफ़ील्ड (Bloomfield) की मान्यता है कि ऋग्वेद की 40,000 पंक्तियों में से 5,000 तो दुहराई गई हैं। इससे ज्ञात होता है कि जब ऋग्वेद की रचना हुई थी उस समय कई चलायमान पंक्तियाँ थीं जिन्हें ऋग्वेद के श्लोकों का कोई भी रचयिता उसमें जोड़ सकता था। वैदिक गद्यों की भाषा की अपेक्षा ऋग्वेद के श्लोकों की भाषा बहुत ही पुरातन है। ब्राह्मणों, आरण्यकों तथा उपनिषदों में न केवल ऋग्वेद के श्लोकों को ही मान्यता दी गई है बल्कि अन्य संहिताओं के मन्त्रों तथा स्तुतियों की भी प्राचीन काल की धार्मिक पुस्तकों के रूप में कल्पना कर ली गई है। भाषाओं, साहित्यिक तथा सांस्कृतिक आधार पर यह कल्पना की गई है कि ऋग्वेद के प्राथमिक श्लोकों की रचना तथा सारे श्लोकों को एक संहिता के रूप में एकत्र करने के मध्य काल में कई शताब्दियाँ बीत गई होंगी। ब्राह्मणों की उत्पत्ति में भी कई शताब्दियाँ लगी होंगी। उपनिषद् भी विभिन्न युगों की रचनाएँ हैं। उनमें भी गुरुओं की पीढ़ियाँ हैं और एक लम्बी परम्परा का वर्णन है। इस सबके होते हुए भी यह ध्यान देने योग्य बात है कि वैदिक साहित्य के सम्पूर्ण युग में आर्यों ने सिन्धु से गंगा तक का क्षेत्र ही विजित किया। यदि इस छोटे से क्षेत्र पर विजय पाने में आर्यों को कई शताब्दियाँ लगीं तो मध्य तथा दक्षिण भारत की विजय में तो उन्हें कई और शताब्दियाँ लगी होंगी। इन परिस्थितियों में 700 वर्ष का समय बहुत कम प्रतीत होता है।

ओल्डनबर्ग ने लिखा है कि पूर्वतम उपनिषदों और पूर्वतम बौद्ध साहित्य के मध्य कई शतियाँ बीत गई होंगी। बौद्ध साहित्य में तो वेदों और वेदाँगों की पूर्व-कल्पना कर ली गई है। 500 ई०पू० लगभग जब बौद्ध धर्म का उदय हुआ तो समस्त वैदिक साहित्य अस्तित्व में आ चुका था। इन तथ्यों के आधार पर वैदिक साहित्य का आरम्भ 1000 ई०पू० के लगभग हुआ प्रतीत होता है।

(7) प्राचीन हिट्टाइट राज्य की राजधानी बोगाज़कोई में पाई गई मिट्टी की पट्टिकाओं से ऋग्वेद के काल पर कुछ प्रकाश पड़ता है। यह खोज 1907 में एशिया माइनर में ह्यू गो विंक्लर ने की। चौदहवीं शती ई०पू० के आरम्भ में हिट्टाइट शासक और मिटानी के शासन के बीच की गई सन्धियाँ भी इन पट्टिकाओं में सम्मिलित हैं। इन सन्धियों में कुछ देवताओं का रक्षकों के रूप में उल्लेख हुआ है। उन देवताओं के नाम हैं मित्र, वरुण, इन्द्र और नासत्यस। स्पष्ट है कि ये नाम वही हैं जो ऋग्वेद में उल्लिखित हैं। इससे यह निष्कर्ष निकाला गया है कि पूर्वतम वैदिक श्लोकों

की रचना "सम्भवत: लगभग 1500 ई०पू० के बाद नहीं हुई थी।" लेकिन ओल्डनबर्ग का विचार है कि इस खोज से ऋग्वेद के लिए अधिक प्राचीनता स्वीकार करने का कोई कारण प्राप्त नहीं होता। उनका विचार है कि "ये देवता भारतीयों से मिलते-जुलते किन्हीं पश्चिमी आर्यों के हैं जिन्हें उन्होंने किसी सामान्य अतीत से प्राप्त किया था जैसा कि भारतीयों ने भी अपने देवता उसी स्रोत से प्राप्त किए।" किन्तु डॉ० विण्टरनिट्ज़ का विचार है कि वरुण और मित्र का मिश्रण तथा इन्द्र और नासत्यस का मिश्रण केवल वेदों में ही देखने को मिलता है। जैकोबी, स्टेन नो और हिलब्रैण्ड्ट (Hillebrandt) का भी यही विचार है कि उपर्युक्त देवता भारतीय देवता हैं और किसी अन्य धारणा को स्वीकार करने के लिए कोई कारण नहीं है।

(8) टैल एल अमर्ना (Tell el Amarna) में पाए गए पत्रों में संस्कृत आकृति के कुछ नाम पाए गए हैं। ये पत्र बोग़ाज़कोई अभिलेखों के युग के हैं। कैस्साइट (Kassite) जाति के कुछ शासकों के नाम संस्कृत के थे। शूर्य (सूर्य) और मारितस (मारुतस) राजा 1746 और 1180 ई०पू० के बीच बेबिलोनिया में राज करते थे। लगभग 700 ई०पू० के असुरबनिपाल के पुस्तकालय में से असीरिया में पूजे जाने वाले देवी-देवताओं की सूची मिली है। इस सूची में असरमज़ास (Assaramazas) भी सम्मिलित है जिसका पर्याय अहुरमज़्दा (Ahurmazda) ज़ेन्द-अवेस्ता (zend-avesta) में मिलता है।

(9) डॉ० विण्टरनिट्ज़ का विचार है कि नक्षत्रीय गणना के आधार पर ऋग्वेद की आयु का निर्णय करने की चेष्टाएँ अवश्य ही असफल होंगी क्योंकि इस वेद के कई परिच्छेदों के एक से अधिक अर्थ निकाले जा सकते हैं। नक्षत्रीय गणनाएँ तो ठीक हो सकती हैं लेकिन सम्बन्धित वैदिक संदर्भों की निश्चित रूप से व्याख्या नहीं की जा सकती। उनके विभिन्न अर्थ निकाले जा सकते हैं, इसलिए उनके आधार पर कोई निश्चित निष्कर्ष नहीं निकाला जा सकता। वेदों और ज़ेन्द-अवेस्ता के परस्पर सम्बन्ध और उसी प्रकार वैदिक भाषा तथा प्राचीन संस्कृत के पारस्परिक सम्बन्ध के विषय में भाषा के तथ्य किसी वास्तविक परिणाम पर नहीं पहुँचाते। वे केवल यही काम करते हैं कि उनकी उपस्थिति के कारण नक्षत्रीय गणनाओं और भूगर्भीय कल्पनाओं के आधार पर वेदों को हम बहुत प्राचीनता प्रदान नहीं करते। विण्टरनिट्ज़ ने लिखा है : "इस विकास का आरम्भ हमें शायद 2000 या 2500 ई०पू० के लगभग निश्चित करना होगा और अन्त में 750 और 500 ई०पू० के मध्य में। किन्तु सबसे अच्छा रास्ता तो यह है कि किसी भी निश्चित तिथि से बच कर ही निकल जाना चाहिए और बहुत ही पुराने और बहुत ही नये युग के उग्र विचारों से दूर रहना चाहिए।"

सामाजिक अवस्था (Social Condition)—ऋग्वेद में एक उच्च स्तर की सुव्यवस्थित सामाजिक स्थिति का संकेत मिलता है। साधारण जनता में एक से अधिक विवाह करने की प्रथा नहीं थी लेकिन राजवंशों में बहु-विवाह प्रचलित थे। स्त्रियाँ एक से अधिक पुरुषों के साथ विवाह कभी नहीं करती थीं। विवाह एक अटूट बन्धन था जिसे कोई भी मानव-शक्ति तोड़ नहीं सकती थी। किन्तु सन्तान न होने की विशेष स्थिति में विधवा स्त्रियों को पुनर्विवाह की अनुमति थी "क्योंकि ऋग्वेद में भारतीयों की धार्मिक संस्कारों को पूर्ण करने के लिए सन्तान की इच्छा को मान्यता दी गई है।" दहेज की प्रथा सामान्यत: प्रचलित थी किन्तु कभी-कभी वधू खरीदने के लिए वर को वधू के माता-पिता को नकद मूल्य देना पड़ता था। कन्या का विवाह अनिवार्य नहीं समझा जाता था। ऐसे कई उल्लेख प्राप्त होते हैं कि कन्याएँ बड़ी आयु तक अविवाहित ही रहीं और अपने पिता तथा भाइयों के पास ही रहीं। विवाह के बाद वधू वर के घर जाती थी और वहाँ उसे सम्मानित स्थान दिया जाता था। उसे अपने पति के वृद्ध माता-पिता तथा भाई-बहिनों पर अधिकार प्राप्त था। धार्मिक अनुष्ठानों के समय वह पति की सहकारी होती थी और उसकी उपस्थिति के बिना कोई भी रीति-रिवाज पूर्ण नहीं समझा जाता था। बाल-विवाह नहीं होते थे। वर के चुनने में वधू के पिता की इच्छा मान्य थी किन्तु कन्या को भी इस विषय में पर्याप्त स्वतन्त्रता प्रदान की जाती थी।

पिता को अपनी सन्तान पर पूर्णाधिकार प्राप्त था। एक ऐसा वर्णन मिलता है कि एक व्यक्ति ने अपने पुत्र को अन्धा कर दिया क्योंकि वह जुआ खेलता था। उसे अपने बच्चों के विवाह के सम्बन्ध में भी काफी अधिकार थे। वह परिवार का प्रमुख था और जब तक वह जीवित रहता तब तक वह अपनी सम्पत्ति का स्वामी था। गाय-भैंस, घोड़े, सोना तथा इसी प्रकार की अन्य वस्तुओं के व्यक्तिगत स्वामित्व को भी मान्यता दी गई थी। पुत्र गोद लेने का अधिकार भी मान्य था। यदि किसी व्यक्ति का पुत्र न हो तो उसकी सम्पत्ति का उत्तराधिकार उसकी पुत्री को न मिल कर, पुत्री के पुत्र को मिलता था।

प्रतीत होता है कि आर्यों में बहुत ऊँचे दर्जे की नैतिकता (morality) विद्यमान थी। किन्तु डॉ० विण्टरनिट्ज़ कहते हैं कि "ऋग्वेद के श्लोकों में व्यभिचार, सतीत्वहरण, वैवाहिक विश्वासघात तथा धोखे, चोरी और डकैती के उल्लेख मिलते हैं। इसलिए ऋग्वैदिक लोगों को हम न तो एकदम भोले-भाले चरवाहे मान सकते हैं और न ही बहुत अधिक सभ्य। इन श्लोकों में जिस संस्कृति का चित्रण किया गया है उससे ज्ञात होता है कि आर्य फुर्तीले, प्रसन्नचित्त और युद्ध-प्रिय थे जिनकी आदतें सरल और कुछ-कुछ असभ्य थीं।"

समाज की रचना की पहली कड़ी थी परिवार। परिवार में कई सदस्य होते थे और उसके प्रमुख को 'कुलाप' कहते थे। कई परिवारों को मिला कर ग्राम या गाँव बनता था जिसका मुखिया ग्रामणी कहलाता था।

ऋग्वैदिक भारत में जाति-प्रथा की उपस्थिति या अनुपस्थिति के विषय में विद्वान् सहमत नहीं हैं। ऋग्वेद के दसवें मण्डल में वर्णित 'पुरुष सूक्त' में चार जातियाँ बताई गई हैं। किन्तु यह कहा गया है कि दसवाँ मण्डल बाद में जोड़ा गया था और उस समय का नहीं है जब कि ऋग्वेद के अधिकांश भाग की रचना की गई थी। आर्यों तथा अनार्यों में भेद था। अनार्यों को दास, दस्यु या असुर कहते थे। उन्हें पिशाच और राक्षस भी कहा गया है जो युद्ध में भयानक चीत्कार करते थे। अनार्यों को काले रंग वाले और बिना नाक के या चपटी नाक वाले लोग भी कहा जाता था। उनकी भाषा आर्यों की भाषा से भिन्न थी। उनके संस्कार आदि आर्यों की तरह नहीं थे। वे वैदिक देवताओं की पूजा नहीं करते थे और आर्य लिंग से घृणा करते थे। उनके अपने किले थे और उन पर अधिकार प्राप्त करने के लिए आर्यों को घोर प्रयत्न करने पड़े। अनार्यों ने इतना विरोध किया कि आर्यों को सहायता के लिए देवताओं से प्रार्थना करनी पड़ी। इन्द्र को उन्होंने ये शब्द कहे, "हम चारों तरफ दस्यु जातियों से घिरे हुए हैं। वे यज्ञ नहीं करते; उन्हें किसी चीज में विश्वास नहीं। उनके रीति-रिवाज भी अलग हैं; वे मनुष्य ही नहीं हैं। हे शत्रुघातक! उनका वध करो। दास जाति का ही अन्त कर दो।"

लोगों के वस्त्र तीन प्रकार के थे : नीचे पहनने वाले वस्त्र ('नीवि'), उसके ऊपर अन्य वस्त्र और सबसे ऊपर बाहरी पोशाक। कुछ लोग रंग-बिरंगी या सोने से काढ़ी हुई पोशाक पहनते थे। गले के हार, काँटे, कंगन और पायल स्त्री-पुरुष दोनों पहनते थे। बालों के लिए कंघी और तेल का दोनों प्रयोग करते थे। स्त्रियाँ अपने बाल गूँथ लेती थीं। कभी-कभी पुरुष भी अपने बालों के जूड़े बनाते थे। अविवाहित स्त्रियाँ चार जूड़े बनाती थीं। दाढ़ी रखने की प्रथा प्रचलित थी लेकिन दाढ़ी साफ करने का भी रिवाज था क्योंकि पत्थरों पर उस्तरे तेज करने का उल्लेख भी प्राप्त हुआ है। नाई को 'वाप्त' कहते थे।

दूध और उससे बने हुए पदार्थ आर्यों के भोजन के प्रमुख अंग थे। वे दूध के साथ पकी हुई रोटी का प्रयोग भी करते थे। चावल और जौ की रोटियों को घी में मिलाकर खाया जाता था। एक प्रकार का हलवा 'यव' अनाज से बनाया जाता था। वेदि पर चढ़ाई गई भेड़ों और बकरियों का माँस भी खाया जाता था। गाय को 'बहुत पवित्र माना जाता था और उसे अवध्य' अर्थात् हिंसा के अयोग्य समझ कर नहीं काटा जाता था। 'सोम' रस और 'सुरा' का भी प्रयोग किया जाता था किन्तु मादकद्रव्य के रूप में 'सुरा' के प्रयोग को बुरा समझा जाता था। ऋग्वेद के नौवें मण्डल में केवल 'सोम' रस का ही वर्णन किया गया है।

लोगों के आमोद-प्रमोद के साधन रथों और घोड़ों की दौड़ें और नाच तथा चौपट खेलना था। चौपट में शर्तें लगाई जाती थीं। इसलिए कई परिवार नष्ट हो जाया करते। नाच में स्त्री-पुरुष दोनों भाग लेते थे। साथ-साथ घण्टियों का संगीत भी चलता था। संगीत के लिए ढोल, दुन्दुभि, करकरी, वीणा, सारंगी और बाँसुरी का प्रयोग किया जाता था।

ऋग्वैदिक भारत के आर्य खानाबदोश नहीं थे। वे एक स्थान पर रहते थे और लकड़ी और फूस की कुटिया बनाते थे। उनकी कुटियों का वर्णन इन शब्दों में किया है, "पक्की ज़मीन पर खम्भे गाड़ दिए जाते थे और उनके सहारे रुके हुए अन्य खम्भे भी टेढ़े रख दिए जाते थे। उनके ऊपर तख्ते जोड़ दिए जाते थे और इस प्रकार ऊँची छत बना ली जाती थी। कोनों के खम्भों के बीच और लकड़ियाँ लगा दी जाती थीं। दीवारों की दरारों को बँधे हुए घास से बन्द कर दिया जाता था और फिर सारे ढाँचे को किसी पदार्थ से पूरी तरह ढक दिया जाता था। विभिन्न भागों को बल्लियों, खूंटियों, रस्सों और चमड़े की पट्टियों से जोड़ा जाता था।"

आर्थिक अवस्था (Economic Condition)—ऋग्वैदिक आर्य अधिकतर खेती करते थे इसलिए कृषि या खेती को बहुत महत्त्वपूर्ण समझा जाता था। खेती बैलों और साँडों की मदद से की जाती थी। जुती हुई भूमि को उर्वर या क्षेत्र

कहते थे। हल को छः, आठ या बारह बैल खींचते थे। फ़सल को दराँती से काटा जाता था। कृत्रिम नहरों से सिंचाई की जाती थी और साधारणत: दो फसलें बोई जाती थीं।

जानवरों के चरने के लिए चरागाहें थीं। गडरियों का कई जगह उल्लेख है। लोगों की सम्पत्ति पशुओं, वीरों और सुपुत्रों के रूप में गिनी जाती थी। उगाए हुए अनाज को यव और धान्य कहते थे। फ़सली कीड़े, जैसे पक्षी, टिड्डियाँ तथा अन्य कीड़ों आदि का ऋग्वेद में उल्लेख मिलता है। अत्यधिक वर्षा होने से या वर्षा बहुत कम होने से फ़सलें नष्ट हो जाती थीं। पानी कुओं, झीलों और नहरों से लिया जाता था।

जीवन-निर्वाह, क्रीड़ा तथा जंगली जानवरों से अपने गाय-बैलों की रक्षा करने के लिए ऋग्वैदिक भारतवासी शिकार करते थे। विभिन्न जानवरों को पकड़ने के लिए अलग-अलग तरीके अपनाए जाते थे।

ऋग्वैदिक समाज में बढ़ई भी महत्त्वपूर्ण काम करता था। क्रीड़ा तथा युद्ध के लिए रथ बनाने तथा उनकी मरम्मत करने का काम वही करता था। वह छकड़े भी बनाता था। अपने कार्य के लिए उनके पास बसूला होता था। काटे हुए जानवरों की खाल को रंग लिया जाता था और चमड़े की लगाम, थैले, चाबुक और धनुष की रस्सी आदि बनाई जाती थीं। धातु से काम करने वालों, कुम्हारों और सुनारों का भी वर्णन है। बुनाई का काम आमतौर पर पुरुष ही करते थे। यह ध्यान देने योग्य बात है कि एक ऋषि का पिता वैद्य था और माँ अनाज पीसती थी।

ऋग्वैदिक समाज में पदार्थों की अदल-बदल का तरीका भी लागू था। हमें बताया गया है कि इन्द्र की एक मूर्ति का मूल्य था दस गायें। मण्डियों में सौदेबाजी चलती थी। लेकिन किसी किए गए सौदे को निभाने का कर्त्तव्य सर्वमान्य था, जैसा निम्नलिखित संदर्भ से ज्ञात होता है, ''एक व्यक्ति बहुत-सी चीज थोड़े से मूल्य पर बेच देता है और फिर ग्राहक के पास ज्यादा दाम माँगता है। लेकिन वह इसीलिए अधिक मूल्य नहीं ले सकता कि उसने ज्यादा चीज़ दी है। कीमत ठीक थी, या कम थी बिक्री के समय ठहराई गई कीमत ही माननी पड़ेगी।'' लोग ऋण भी लेते थे और उसका ब्याज भी देते थे। बाहर के देशों से भी व्यापार होता था इसलिए किसी-न-किसी प्रकार की मुद्रा अवश्य रही होगी।

धार्मिक अवस्था (Religious Condition)—ऋग्वैदिक लोगों का धर्म बहुत सरल था। प्रकृति के रूप में वे कई देवताओं की पूजा करते थे। पृथ्वी, सोम और अग्नि जैसे पार्थिव देवता, इन्द्र, वायु, मरुत और पर्जन्य जैसे वातावरण के देवता, वरुण, द्यौ, अश्विन, सूर्य, सावित्री, मित्र, पूषन् और विष्णु जैसे स्वर्गीय देवता उनके उपास्य थे। वरुण को आकाश का देवता कहा जाता था और उसे बहुत ही सम्मानित स्थान प्राप्त था। बहुत से श्लोक वरुण के सम्बन्ध में कहे गए हैं।

वरुण से अगला स्थान इन्द्र का है जिसे मेघ का देवता मानते थे। इन्द्र सर्वप्रिय देवता था। वह युद्ध-प्रिय भी था। श्लोकों में दस्युओं के साथ उसके युद्धों का वर्णन भी है। वृत्र के साथ इन्द्र के युद्ध का तो बहुत से श्लोकों में उल्लेख किया गया है। वृत्र सर्प की आकृति में एक राक्षस था और पानी को पर्वतों में बाँध कर रखता था। इन्द्र उसके साथ युद्ध करके पानी को मुक्त करना चाहता था। इन्द्र ने उसे मार डाला और पानी को मुक्त किया जो तेजी से वृत्र के मृत शरीर के ऊपर से बह गया।

अग्नि की स्तुति में भी कई श्लोक हैं।

श्रद्धा या विश्वास और मन्यु या रोष जैसे भाववाचक उपास्यों का भी उल्लेख मिलता है। गन्धर्व या वायु-आत्माएँ ऋभु या वायु-पुरुष और असराओं या जलसुन्दरियों जैसे गौण देवी-देवता भी थे।

ऋग्वैदिक देवताओं में से कुछ को जानवरों की शक्ल का भी माना गया है। इन्द्र को बैल और सूर्य को तेज घोड़ा कहा गया है। ऋग्वैदिक भारत में पशु-पूजा नहीं होती थी।

ऋग्वैदिक लोग देवताओं से उस समय भी प्रार्थना करते थे जब उन्हें किसी वरदान या आशीर्वाद की आवश्यकता होती थी। इसी कार्य के लिए यज्ञ किये जाते थे और दूध, अनाज, घी, सोम रस और मांस आदि पदार्थ यज्ञों में भेंट चढ़ाए जाते थे। यज्ञों के लिए लम्बे-चौड़े विधिविधान निश्चित थे। इसलिए कई तरह के पुरोहित बने और उन्हें होता, अध्वर्यु और उद्गाता आदि संज्ञाएं दी गईं।

ऋग्वेद में कई देवताओं के नाम आते हैं लेकिन ईश्वर व एकता को भी नहीं भुलाया गया।

ऋग्वैदिक लोग मरणोपरान्त जीवन में भी विश्वास रखते थे। यम स्वर्ग और नरक का नियन्त्रण करता था।

प्रो० मैक्स मुल्लर (Max Mueller) ने लिखा है कि यदि ऋग्वेद में दिए गए धर्म को कोई नाम देना ही हो तो सबसे अधिक उपयुक्त नाम है अनेकदेववाद। किंतु इस शब्द का हमारे लिए ऐसा अर्थ निकाला गया है जो वैदिक धर्म के लिए ठीक नहीं है।

''अनेकदेववाद के हमारे विचार यूनान और रोम से ही लिए गए हैं इसलिए हम इसका अर्थ लगाते हैं देवताओं की एक सुव्यवस्थित पद्धति, जिसमें देवताओं की विभिन्न श्रेणियाँ और शक्तियाँ थीं और सभी देवता एक सर्वोच्च ईश्वर, या ज्यूस या जुपिटर के आधीन थे।''

राजनीतिक अवस्था (Political Condition)—ऋग्वेद के अध्ययन से ज्ञात होता है कि बहुत बड़ा क्षेत्र आर्यों के अधिकार में था। इसी ग्रन्थ में भौगोलिक विवरण से पता चलता है कि आर्य निम्नलिखित नदियों से परिचित थे : कुभा या काबुल, कुर्मु या कुर्रुम, गोमती या गोमल, सुवस्तु या स्वात, सिन्धु या सिन्ध, वितस्ता या झेलम, अशिकनि या चनाव, परुष्णी या रावी, विपाशा या व्यास, शतुदी या सतलुज, सरस्वती यमुना और गंगा। बादलों की गडगड़ाहट, बिजली और बादलों तथा पर्वतों के फटने का उल्लेख प्राप्त होता है।

ऋग्वैदिक भारत की जन-जातियों और राज्यों का उल्लेख कर देना भी उचित प्रतीत होता है। उनमें सबसे अधिक महत्त्वशाली थे 'भारत' गण जिनके नाम पर ही हमारे देश का नामकरण किया गया है। ये लोग सरस्वती और यमुना के बीच की भूमि पर रहते थे। उन्हें अपने आर्य प्रतिद्वन्द्वियों से पश्चिम की ओर और 'अनार्य' प्रतिद्वन्द्वियों से पूर्व की ओर लड़ना पड़ा। भारत जाति के दो सर्वाधिक महत्त्वपूर्ण शासक थे : दिवोदास और सुदास। दिवोदास को पुरु, यदु और तुर्वष वंशों से युद्ध करना पड़ा। वह भारद्वाज वंशी पुरोहितों का आश्रयदाता था। 'दस राजाओं के युद्ध' में विजय प्राप्त करने के लिए सुदास भी प्रसिद्ध है।

पुरु वंशी एक शक्तिशाली जाति थे और सरस्वती के दोनों तटों पर रहते थे। वे 'भारत' वंशियों के प्रतिद्वन्द्वी थे। उनके सर्वप्रथम राजा थे दुर्गाह और गिरीक्षित। गिरीक्षित का पुत्र पुरुकुत्स उपर्युक्त सुदास का समकालीन था और 'दस राजाओं के युद्ध' में मारा गया।

ज्ञात होता है कि कृवि वंशी शुरू-शुरू में सिन्धु और चनाब के तटों पर रहते थे और बाद में पञ्चाल चले गए। वे कुरु वंशियों से सम्बन्धित थे। शृञ्जय वंशी 'भारत' वंशियों के पड़ोसी थे और उन्होंने पञ्चाल प्रदेश पर अधिकार कर लिया था। अणु वंशी, द्रुह्यु वंशी, यदु वंशी और तुर्वष वंशी 'भारत' वंशियों के विरुद्ध पुरु वंशियों के सहायक थे। वे पंजाब के विभिन्न भागों में रहते थे। सम्भवतः मत्स्य वंशी वर्त्तमान भरतपुर और अलवर के बीच की भूमि पर रहते थे। उनके पास अपार धन था। इसलिए उन पर सब ओर से कई आक्रमण हुए। चेदी वंशी यमुना और विन्ध्य पर्वत शृंखलाओं के बीच रहते थे। उषीनर वंशी सरस्वती के पास ही रहते थे। दास आर्य देवताओं में विश्वास नहीं रखते थे और लिंग की पूजा करते थे। वे अनार्य थे और भेड़िये की तरह लालची, बहुत ही स्वार्थी, किसी के लिए कुछ भी न करने वाले और कटु वाणी बोलने वाले कहे जाते थे। वे गाय-बैलों को उठा कर ले जाने वालों के रूप में कुख्यात थे।

दस राजाओं का युद्ध (Battle of Ten Kings)—''वैदिक भारत'' नामक अपनी पुस्तक में रैगोजिन (Ragozin) ने कहा है कि दस राजाओं के युद्ध का वर्णन विश्वामित्र और वसिष्ठ द्वारा लिखित ऋग्वेद की प्रतियों में मिलता है। इस विषय से सम्बन्धित बिखरे हुए और पूर्ण श्लोकों के आधार पर युद्ध का पूरा विवरण प्रस्तुत किया जा सकता है।

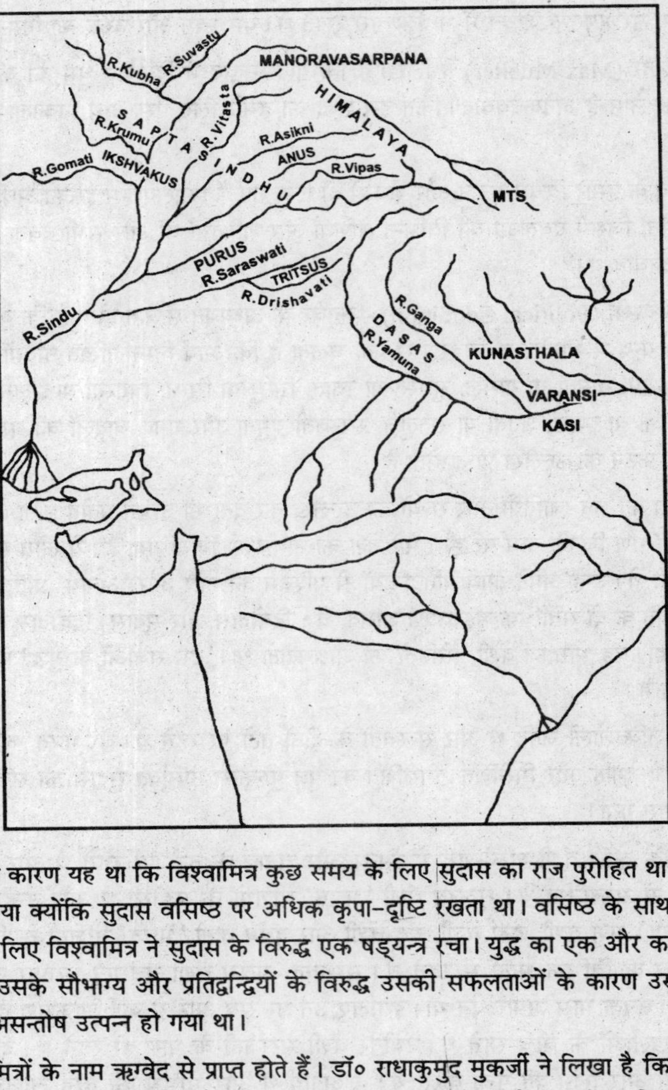

युद्ध का प्रमुख कारण यह था कि विश्वामित्र कुछ समय के लिए सुदास का राज पुरोहित था। वह सुदास के दरबार को छोड़ कर चला गया क्योंकि सुदास वसिष्ठ पर अधिक कृपा-दृष्टि रखता था। वसिष्ठ के साथ विश्वामित्र की शत्रुता थी। प्रतिकार लेने के लिए विश्वामित्र ने सुदास के विरुद्ध एक षड्यन्त्र रचा। युद्ध का एक और कारण यह था कि सुदास की विस्तृत विजयों, उसके सौभाग्य और प्रतिद्वन्द्वियों के विरुद्ध उसकी सफलताओं के कारण उसके विजित शत्रुओं के हृदय में जलन और असन्तोष उत्पन्न हो गया था।

शत्रुओं तथा मित्रों के नाम ऋग्वेद से प्राप्त होते हैं। डॉ० राधाकुमुद मुकर्जी ने लिखा है कि 'अनार्य' लोगों सहित समस्त ऋग्वैदिक भारत इस युद्ध में भाग ले रहा था। सुदास के विरुद्ध षड्यन्त्र में दस वंश सम्मिलित थे। उनमें से पाँच सिन्धु के पश्चिम की ओर रहते थे और उनके नाम थे, अलीन, पक्थ, भालानाशे, शिव और विषाणिन् वंशी। देश के अन्दर के पाँच वंश थे अणु, द्रुह्यु, तुर्वष, यदु और पुरु। तीन अनार्य सम्प्रदायों ने युद्ध में भाग लिया और उनके नाम थे : अजा, शिग्र और यक्ष। इनका नेतृत्व 'भेद' ने किया। सम्पूर्ण षड्यन्त्र का नेतृत्व विश्वामित्र ने किया और वसिष्ठ ने सुदास की सहायता की।

षड्यन्त्रकारियों ने युद्ध की योजना बहुत अच्छी तरह बनाई और सफलता की उन्हें पूरा आशा थी। सुदास चारों तरफ से घिर गया और उसने इन्द्र से सहायता के लिए प्रार्थना की। इन्द्र ने उसकी प्रार्थनाओं पर शत्रुओं के बीच में से उसके लिए रास्ता बना दिया।

दो सेनाओं के बीच व्यास और सतलुज नदियाँ आती थीं। षड्यन्त्रकारी उन्हें लाँघना चाहते थे लेकिन त्रित्सु (Tritsus) उनसे आगे रहे और व्यास तथा सतलुज को पार करके उन्होंने शत्रु को आश्चर्यचकित कर दिया। उनमें घमासान युद्ध हुआ। एक के बाद एक वंश अपने नेताओं सहित नदी में कूद पड़े और उनमें से कई डूब गए। घोर युद्ध हुआ और

इन्द्र की शक्ति से 6,000 से अधिक योद्धा मारे गए। अपार युद्ध सामग्री सुदास के हाथ लगी। षड्यन्त्रकारियों से जीवित व्यक्तियों को बहुत बड़ा हर्जाना देना पड़ा। डॉ० मुकर्जी का विचार है कि इस विजय से समस्त ऋग्वैदिक भारत पर सुदास का अधिकार हो गया।

ऋग्वेदकालीन शासन-व्यवस्था (Rigvedic Policy)

ऋग्वेद के अध्ययन से उस समय की राजनीतिक पद्धति का भी कुछ ज्ञान प्राप्त होता है। डॉ० मुकर्जी ने लिखा है कि ऋग्वैदिक भारत के शासन-विधान को निम्नलिखित आरोही क्रम में प्रस्तुत किया जा सकता है। 'गृह' या 'कुल' या परिवार, 'ग्राम' या गाँव, 'विष्' या कबीला या कैण्टन (Canton), 'जन' या 'लोग' और 'राष्ट्र' या देश। परिवार ही सामाजिक व्यवस्था की इकाई था। इसका प्रमुख था 'कुलप'। कई परिवारों के मिलने से 'ग्राम' बनता था जिसका प्रमुख था 'ग्रामणी'। 'ग्राम' से ऊपर 'विष्'। किन्तु यह कहना कठिन है कि ऋग्वैदिक काल में 'विष्' एक प्रशासनिक अंग था या कबीले की तरह एक भाग था। 'विष्' के ऊपर 'जन' था। 'पंच जनः,' 'यादव जनः' और 'भारत जनः' का उल्लेख भी मिलता है। राजा 'जन' या लोगों का रक्षक था ('गुप्त जनस्य')। सम्पूर्ण देश को 'राष्ट्र' संज्ञा दी गई थी।

प्रो० आप्टे (Apte) का विचार है कि कभी-कभी 'विष्,' 'जन' और 'ग्राम' संज्ञाओं को पर्यायवाची समझ कर प्रयोग किया गया है। 'विष्' और 'जन' का संबंध बिलकुल भी स्पष्ट नहीं है। डॉ० रायचौधरी ने लिखा है : "कुछ वैदिक संदर्भों में इन दोनों का पारस्परिक अन्तर स्पष्ट है और ईरानी समानार्थक तत्त्वों से प्रतीत होता है यदि 'जन' को ईरानी 'जन्तु' के बराबर समझा जाए तो 'विष्' 'जन' का एक भाग मालूम देता है। यह भी ध्यान रखना चाहिए कि 'भारत' वंशी केवल एक 'जन' के नाम से ही उल्लिखित है किन्तु जब 'विष्' शब्द का उनके प्रति प्रयोग किया जाता है तो इसका बहुवचन 'विषः' प्राप्त होता है, जिससे यह प्रतीत होता है कि इस प्रकार की एक से अधिक इकाइयाँ विद्यमान थीं।

राज-पद (Kingship)—प्रो० आप्टे (Apte) का लेख है कि ऋग्वैदिक काल में राजतन्त्र ही साधारणतः प्रचलित था। 'राजन्' शब्द का प्रयोग ऋग्वेद में कई बार किया गया है। किन्तु ऐसे शब्द भी मिलते हैं जो बाद में राजा रहित विधान के लिए प्रयुक्त किये गए। 'गणपति' के अधीन 'गण' का उल्लेख भी प्राप्त होता है। सम्भवतः ऋग्वैदिक युग में उन गणतन्त्रों के बीज मौजूद हों जो बाद में बौद्ध काल में देखने को मिलें।

आर्यों की परिस्थितियों का वैदिक राजतन्त्र ही स्वाभाविक परिणाम था। ऋग्वेद में उन लोगों की दीन स्थिति का उल्लेख मिलता है जिन्होंने युद्ध में नेतृत्व करने के लिए राजा नहीं चुना। राजा ही आक्रमण और रक्षा के समय प्रजा का नेतृत्व करता था। ऋग्वेद में राजा को 'गोप जनस्य' (प्रजा का रक्षक) और 'पुराम् भेत्ता' (नगरों पर विजय पाने वाला) कहा गया है। ऋग्वेद के अध्ययन से ज्ञात होता है कि राजा उस समय प्राचीन जातियों का शासक नहीं था। उसका तो जनता में एक अग्रणी और सुसम्मानित स्थान था।

पैतृक राजतन्त्र ही सामान्य शासन-प्रबन्ध के रूप में प्रचलित था। लेकिन ऐसे प्रमाण भी मिलते हैं कि परिस्थिति के अनुसार प्रजागण राज-वंश या सामन्तों में से किसी भी उपयुक्त व्यक्ति को राजा चुन लेते थे। गैल्डनर ने माना है कि राजा का चुनाव तो केवल औपचारिक था, लेकिन इससे भी पता लगता है कि लोगों की कुछ आवाज थी।

प्रजा की रक्षा का भार राजा पर था। इसके बदले वह प्रजा से स्वामिनिष्ठा और आज्ञाकारिता की आशा करता था और ये उसे प्राप्त भी होते थे। देवताओं को भेंट की गई आहुति या प्रसाद को ऋग्वेद में 'बलि' कहा गया है। राजा के प्रति निष्ठा-प्रदर्शन के रूप में 'बलि-हृत्' शब्द का प्रयोग हुआ है, जिसका अर्थ है 'बलि देने वाला'। प्रजा से कर सम्भवतः पदार्थ के रूप में लिया जाता था। कर देना प्रजा के लिए अनिवार्य भी था और स्वेच्छा पर भी निर्भर था। राजा को 'प्रजा के खाने वाले' के रूप में प्रस्तुत किया गया है। इसका अर्थ यह नहीं है कि वह 'प्रजा पर अत्याचार करता था'। इसका अर्थ था 'प्रजा की सहायता पर रहने वाला'। वह भूमि का स्वामी नहीं था। वह तो विशेष रूप से युद्ध-कालीन स्वामी था।

ऐसा प्रतीत होता है कि धार्मिक संस्कारों तथा अनुष्ठानों के लिए राजा कई पुरोहितों को नियुक्त करता था। गुप्तचरों का भी उल्लेख है जिन्हें वह शायद जनता की जानकारी प्राप्त करने के लिए नियुक्त करता था। दूतों या सन्देशवाहकों के द्वारा विभिन्न राज्यों में परस्पर विचारों का आदान-प्रदान किया जाता था। निश्चय ही राजा के अन्य कर्मचारी भी होंगे लेकिन उनके बारे में विस्तृत जानकारी प्राप्त नहीं है।

राजा न्यायाधीश के रूप में भी काम करता था। सम्भवत: वह दीवानी मुकदमों में अन्तिम अपील की प्रार्थना सुनता था। फ़ौजदारी मुकदमों में उसे अधिक विस्तृत अधिकार प्राप्त थे। वह स्वयं 'अदण्ड्य' या दण्ड-मुक्त था। किन्तु जनता की सर्वोच्च कार्यकारिणी शक्ति होने के कारण वह 'दण्ड' या राज-दण्ड प्रयोग करता था। राजसी पद के प्रतीक थे : शानदार पोशाक, एक महल और सदा साथ रहने वाले सहकारी और सेवक। एक हज़ार स्तम्भों और एक हज़ार महराबों वाले महलों का भी उल्लेख मिलता है।

मन्त्री (Ministers)—राजा के कई मन्त्री होते थे और उनमें सर्वप्रमुख था पुरोहित। उसके पद को 'पुरोहित' या 'पुरोधा' कहते थे। राजा के उपदेशक, पथ-प्रदर्शक, दार्शनिक और मित्र के रूप में वह राजा का एकमात्र सहकारी था। ऋग्वेद में पुरोहितों के रूप में विश्वामित्र और वसिष्ठ के नाम आते हैं। देवापि राजा शान्तनु का पुरोहित था। पुरोहित राजा के घरेलू पुरोहित के रूप में भी काम करता था। सभी धार्मिक कार्यों में वह राजा का प्रतिनिधि था। राजनीतिक मामलों में भी वह अगुआ बनता था। रण-भूमि में भी वह राजा के साथ जाता था और उसकी सुरक्षा और विजय के लिए प्रार्थना करके उसके हाथ दृढ़ करता था। डॉ० कीथ का मत है कि ''वैदिक 'पुरोहित' ब्राह्मण राजनीतिज्ञों का अग्रगामी था जिन्होंने समय-समय पर भारत में विभिन्न अवसरों पर अपनी कार्य-कुशलता दिखाई और यह स्वीकार करना ही होगा कि आरम्भिक वैदिक आर्यों के समय में विश्वामित्र और वसिष्ठ जैसे मुनि शासन विधान में शक्तिशाली और महत्त्वपूर्ण भाग अदा करते थे।''

राजा के दरबारियों में 'सेनानी' (सेना का नेता) और नागरिक तथा सैनिक कार्यों के लिए 'ग्रामणी' भी सम्मिलित थे। एक राज्य में कई 'ग्रामणी' होते होंगे, लेकिन एक समय पर राजा के दरबार में एक ही 'ग्रामणी' का उल्लेख किया गया है। सम्भवत: वह ग्रामों के हितों और उसके निवासियों का प्रतिनिधि था। राजा के व्यक्तिगत कर्मचारियों को 'उपस्ति' और 'इभ्य' कहते थे।

सभाएँ (Assemblies)—'सभा' और 'समिति' जैसे सार्वजनिक निकायों के कारण राजा की निरंकुशता काफ़ी सीमा तक सीमित हो जाती थी। प्रजा के हित को प्रभावित करने वाले और राजा के चुनाव से सम्बन्धित सभी विषयों पर ये सभाएँ जनता का दृष्टिकोण प्रस्तुत करती थीं।

सभा—ऋग्वेद में कई स्थानों पर 'सभा' का उल्लेख है लेकिन इसकी रचना और कर्त्तव्यों के सम्बन्ध में कुछ भी जानकारी प्राप्त नहीं होती। इसे सम्मेलन के पर्याय के रूप में भी प्रयोग किया गया है। सामाजिक और सार्वजनिक सभाओं के सम्मेलनकक्ष के लिए भी 'सभा' शब्द का प्रयोग किया गया है। ''सभा के प्रसिद्ध व्यक्ति'' को ''सभा-सह'' कहा गया है। ''सभा के योग्य व्यक्ति'' को 'सभेय' कहा गया है। उत्तम जन्म वाले या 'सुजात' व्यक्तियों की और ''सभा के योग्य'' या 'आर्य: सभावान' व्यक्तियों की 'सभा' के अधिवेशनों में उपस्थिति का भी उल्लेख मिलता है। उपर्युक्त शब्दों से प्रतीत होता है कि 'ऋग्वैदिक सभा' सामन्तों या बड़े-बूढ़ों की सभा थी।

'सभा' का महत्त्व समिति जैसा ही था। ''अथर्ववेद'' में इसे 'समिति' की बहन कहा गया है। 'सभा' और 'समिति' को 'प्रजापति' की दो कन्याओं के रूप में स्वीकार किया गया है।

डॉ० जायसवाल (Jayaswal) का मत है कि 'सभा' अवश्य ही 'समिति' से सम्बन्धित होगी किन्तु उनके वास्तविक सम्बन्ध के विषय में प्राप्य जानकारी के आधार पर कुछ भी कहना कठिन है। सम्भवत: यह एक स्थायी संस्था थी जो 'समिति' के अधीन कार्य करती थी। 'सभा' की उत्पत्ति सम्भवत: ऋग्वेद के उत्तर-काल में हुई। इसका जीवन 'समिति' के साथ-साथ ही रहा। किन्तु 'सभा' राष्ट्रीय न्यायालय के रूप में भी कार्य करती थी। इसे 'आपत्ति' और 'आवेश' भी कहा गया है। ऋग्वेद के दसवें मण्डल में एक ऐसे व्यक्ति का उल्लेख किया गया है जिसे 'सभा' ने 'दोष-रहित' ठहराया और उसके मित्रों की प्रसन्नता का वर्णन मिलता है।

समिति—ऋग्वेद में कई जगह 'समिति' का भी उल्लेख किया गया है लेकिन इसकी रचना पर प्रकाश नहीं डाला गया। ऐसा उल्लेख भी है कि राजा 'समिति' से घनिष्ठ रूप से सम्बन्धित था और उसमें उपस्थित होना उसका कर्त्तव्य था। एक संदर्भ में ऐसा वर्णन किया गया है कि राजा अजेय शक्ति के साथ 'समिति' से भेंट करता है और उसके सदस्यों के मन जीत लेता है और उनके प्रस्तावों को प्रभावित करता है। एक अन्य संदर्भ में इस बात पर जोर दिया गया है कि राज्य

की समृद्धि के लिए राजा और 'समिति' का एकमत होना आवश्यक है। राजा तथा 'समिति' में 'मन्त्र' (नीति), 'मन' (मन), 'चित्तम्' (हृदय) और प्रयत्नों की एकाग्रता के लिए भी प्रार्थना की गई है।

डॉ० के०पी० जायसवाल ने लिखा है कि 'समिति' सारी प्रजा की संस्था थी। सारी प्रजा की 'समिति' में उपस्थिति मान्य थी। ऋग्वेद में कहा गया है कि सारी प्रजा या उसकी उपस्थिति में 'समिति' 'राजन्' या राजा का निर्वाचन या पुनर्निर्वाचन करती थी।

'समिति' का सबसे जरूरी काम 'राजन्' को चुनना था। किसी देख से निर्वासित राजा को भी यह फिर चुन सकती थी। वैधानिक दृष्टि से यह प्रभुत्वसंपन्न (Sovereign) थी।

डॉ० जायसवाल का विचार है कि 'समिति' का वर्णन ऋग्वेद के उन्हीं भागों में हुआ है जिन्हें अन्तिम समझा गया है। इससे यह अनुमान लगाया जा सकता है कि 'समिति' की उत्पत्ति आरम्भिक वैदिक काल में न होकर उस समय हुई जब आर्य जाति उन्नत हो चुकी थी। पश्चिमी यूरोप की आरम्भिक लोक-सभाओं के साथ 'समिति' की तुलना ठीक प्रतीत होती है।

'समिति' की अवधि बहुत लम्बी थी। इसकी निरन्तर उपस्थिति की पुष्टि ऋग्वेद, अथर्ववेद और छान्दोग्य उपनिषद् से होती है। जातक-कथाओं के काल (लगभग 600 ई०पू०) से पहले ही यह समाप्त हो गई।

'सभा' और 'समिति' का सम्बन्ध (Sabha-Samiti Relationship)—प्रो० आप्टे (Apte) का मत कि 'सभा' और 'समिति' में भेद बताना कठिन है लेकिन अस्थायी रूप से कुछ निष्कर्षों पर हम पहुँचते हैं। प्रतीत होता है कि सभा एक शोभायुक्त बड़ी संस्था थी और राज्य के मामलों को निबटाने के लिए उसकी रचना की गई थी। स्वयं राजा इसका अध्यक्ष था। 'सभा' एक अधिक उत्कृष्ट संस्था थी और 'समिति' की अपेक्षा कम सार्वजनिक तथा राजनीतिक थी। 'समिति' और 'सभा' के कर्त्तव्यों को परिभाषित करना कठिन है लेकिन इन्हें उल्लिखित करने वाले कई संदर्भों से ज्ञात होता है कि इन दोनों संस्थाओं के बहुत से अधिकार थे और ये राजा की शक्ति पर प्रतिबन्ध रखती थीं।

लुड्विग (Ludwig) ने लिखा है कि 'समिति' समस्त प्रजा की संस्था थी और 'सभा' केवल बड़े-बूढ़ों की संस्था थी जिसमें प्रमुख राज्याधिकारी और नागरिक ही बुलाए जाते थे।

ज़िम्मर्न (Zimmern) का मत है कि 'समिति' प्रजा की राष्ट्रीय परिषद् थी और 'सभा' गाँव के वयस्क निवासियों की संस्था थी।

डॉ० कीथ का मत है कि 'समिति' और 'सभा' दो परिषदें नहीं थीं। 'समिति' प्रजा की परिषद् थी और 'सभा' उसके भवन का नाम था।

विधाता—डॉ० जायसवाल ने लिखा है कि वैदिक युग में केवल 'सभा' और 'समिति' ही सार्वजनिक परिषदें नहीं थीं। धार्मिक जीवन का प्रबन्ध 'विधाता' करती थी। 'विधाता' 'समिति' से पहले ही अस्तित्व में आ चुकी थी। प्रतीत होता है कि 'विधाता' जन्मदात्री संस्था थी जिससे 'सभा', 'समिति' और 'सेना' की उत्पत्ति हुई। 'विधाता' नागरिक, सैनिक और धार्मिक कार्यों से सम्बन्धित थी। ऋग्वेद में अग्नि को 'विधाता' या 'केतु' या झण्डा कहा गया है। ज़िम्मर्न का लेख है कि 'विधाता' समिति की ही एक छोटी संस्था थी। लेकिन डॉ० जायसवाल का यह विचार मान्य नहीं है।

न्याय (Justice)—इस सम्बन्ध में बहुत कम प्रमाण उपलब्ध हुए हैं। यह प्रथा थी कि किसी व्यक्ति को मारने वाला मृत व्यक्तियों के सम्बन्धियों को नकद क्षतिपूर्ति देता था। एक व्यक्ति को 'शतदम' कहा गया है क्योंकि उसके जीवन का मूल्य एक सौ सिक्के था। लेकिन कंजूस और लोकाप्रिय 'पणि' (जो क्षतिपूर्ति न देना चाहे) 'वैरदेय' कहलाता था और उसे इस योग्य समझा जाता था कि उसके साथ शत्रुता का बदला लिया जाए। इस प्रकार मूल्य ठहराने की प्रथा से ज्ञात होता है कि 'जैसे को तैसा' वाले सिद्धान्त से लोग ऊपर उठ चुके थे और व्यक्तिगत प्रतिकार की रीति कम हो रही थी। 'उग्र' और 'जीव-गृभ' (जीवित पकड़ना) शब्दों को पुलिस कर्मचारियों के पदों का नाम समझा गया है। झगड़ों के निर्णायक को 'माध्यम-सि' (मध्य में पड़ने वाला) कहा जाता था। गाँव के न्यायाधीश को बाद की तैत्तिरीय संहिता में 'ग्राम्यवादिन' कहा गया है।

कानून या रीति के लिए उपयुक्त शब्द ऋग्वेद में 'धर्मन्' है। चोरी, डकैती, ठगी और यात्रियों, को लूटने के अपराधों का वर्णन किया गया है। रात के समय गाय-बैल चुराकर ले जाना साधारण अपराध था। अपराधी को सूली पर टाँग देना सामान्य दण्ड था। गैल्डनर ने लिखा है कि गर्म 'परशु' या कुल्हाड़ी से अपराधी की परीक्षा की जाती थी। लुड्विग का मत है कि 'दीर्घात्माओं' को अग्नि और जल की परीक्षा देनी होती थी। ऋणी को उधार देने वाले की कुछ समय के लिए सेवा करनी पड़ती थी। ऋण वसूल करने के लिए उसे किसी स्तम्भ के साथ बाँध दिया जाता था।

Suggested Readings

Aurobindo : On the Veda.
Barth, A. : The Religions of India.
Bhargava, P.L. : India in the Vedic Age, 1971.
Bhawe, S.S. : The Soma-Hymns of the Rigveda.
Bloomfield, M. : The Religion of Veda, 1908.
Bose, A.C. : The Call of the Vedas.
Das, A.C. : Rigvedic India.
Gopalacharya, M.R. : The Heart of the Rigveda.
Griswold, H.D. : Religion of the Rigveda.
Hodivala, S.K. : Indo-Iranian Religion, 1925.
Hopkins, E.W. : The Religions of India.
Kalgi, A. : The Rigveda.
Keith, A.B. : The Religion and Philosophy of the Vedas and Upanishads.
Macdonell, A.A. : Vedic Mythology.
Majumdar, R.C. (Ed.) : The Vedic Age.
Max Mueller : Heritage of India.
Max Mueller : History of Ancient Sanskrit Literature.
Max Mueller : India What can it teach us?
Mookerjee, R.K. : Hindu Civilisation.
Raja, C.K. : Poet-Philosophers of the Rigveda, Madras, 1963.
Rapson : Cambridge History of India, Vol. I.
Weber, A. : The History of Indian Literature.
Wheeler : India—Vedic and Post-Vedic.

अध्याय

9

उत्तरकालीन वैदिक सभ्यता

(Later Vedic Civilisation)

उत्तरकालीन वैदिक सभ्यता का वर्णन सामवेद, यजुर्वेद, अथर्ववेद, ब्राह्मणों, आरण्यकों और उपनिषदों से प्राप्त होता है। विभिन्न स्थानों से विशृंखल परिच्छेदों को एकत्र करके तत्कालीन राजनीतिक, सामाजिक, धार्मिक और आर्थिक स्थिति का चित्रण किया जा सकता है।

राजनीतिक अवस्था (Political Condition)—ऐसा प्रतीत होता है कि आर्य पूर्व की ओर आकर बस गए और कुरूक्षेत्र उनका रंगमंच बना। उनके पुराने रीति-रिवाज समाप्त होते गए और नये राज्य की स्थापना हुई। कुरु-पंचाल नये युग में सर्वाधिक महत्त्वपूर्ण माने जाते थे। उन्हें वैदिक संस्कृति के प्रतिनिधि, सर्वोत्तम संस्कृत बोलने वाले, दक्षता के साथ यज्ञ और बलि करने वाले, सर्वश्रेष्ठ राजाओं और विद्वानों के संरक्षक समझा जाता था। कहा जाता है कि कुरु-पंचालों का राजा प्रवाहन जैवालि प्रतिदिन पंचाल परिषद् में उपस्थित होता था। यह राज्य परीक्षित और जनमेजय के समय में अपनी समृद्धि और गौरव के सर्वोच्च शिखर पर था। काफ़ी देर तक यह राज्य समृद्ध रहा। इसके बड़े-बड़े नगर थे : काम्पिल्य, कौशाम्बी और परिचक्र।

कोशल, काशी और विदेह वैदिक संस्कृति के केन्द्र थे। कुछ अवसरों पर ये तीनों राज्य संघ में सम्मिलित भी हुए। यह कहा गया है कि राजा पर कोशल और विदेह दोनों का राजा था। जल जातुकर्ण्य उक्त तीनों राज्यों का पुरोहित था। राजा जनक और याज्ञवल्क्य के बारे में कई प्रकार की कथाएँ प्रचलित हैं। राजा जनक क्षत्रिय होते हुए भी 'ब्रह्म-विद्या' के ज्ञान के लिए प्रसिद्ध थे। याज्ञवल्क्य को राजा जनक से आदेश मिलते थे। राजा जनक ने एक दार्शनिक सम्मेलन बुलाया और उद्दालक, आरुणि, अश्वल, आर्तभाग, उषस्त, कोहोद, साकल्य और गार्गी जैसे श्रेष्ठ विद्वान और उपदेशक उसमें सम्मिलित हुए। उस अवसर पर याज्ञवल्क्य ने सभी दार्शनिकों को वाद-विवाद में परास्त किया और पुरस्कारस्वरूप एक हज़ार गायें प्राप्त कीं जिनके सींगों पर सोने के सिक्के लगे हुए थे।

मगध और अंग के राज्य आर्य सभ्यता की परिधि से दूर समझे जाते थे। ऋग्वेद में मगध के प्रति घृणा का भाव दिखाया गया है और यह भाव उत्तर काल की वैदिक सभ्यता में भी वर्त्तमान रहा। अथर्ववेद में कई ऐसे प्रसंग आते हैं कि मगध और अंग में बीमारी और अन्य दुःख फैले। इसका सम्भवतः यह कारण था कि आर्य सभ्यता उस क्षेत्र में प्रवेश करने में सफल न हो सकी। ऋग्वेद में मगध के लोगों को 'व्रात्य' कहा गया है। उन्हें नीच तथा खानाबदोश समझा जाता था।

तत्कालीन शासन-पद्धति के अन्तर्गत राजतन्त्र ही प्रचलित था। ऐतरेय ब्राह्मण में राजतन्त्र की उत्पत्ति का इन शब्दों में वर्णन किया गया है : ''देवों और असुरों का युद्ध हो रहा था।..........असुरों ने देवों को परास्त कर दिया।........देवों ने कहा, 'असुर इसीलिए विजयी हुए हैं कि हमारा कोई राजा न था। हमें एक राजा चुनना चाहिए।' सभी देव-गण इससे सहमत हो गए।''

इस युग में साम्राज्यवाद का भी विकास हुआ। 'अधिराज', 'राजाधिराज', 'एकराट्', 'सम्राट्', 'विराट्', और 'स्वराज' आदि शब्दों के प्रयोग से उक्त तथ्य की पुष्टि होती है। ऐतरेय ब्राह्मण के अनुसार राजसूय यज्ञ करने से कोई भी शासक राजा बन जाता था। वाजपेय यज्ञ सम्राट् ही कर सकता था, अश्वमेघ यज्ञ स्वराट् कर सकता था, पुरुषमेघ यज्ञ विराट् कर सकता था और सर्वमेघ यज्ञ सर्वराट् कर सकता था। राजाओं के सम्मुख निम्नलिखित आदर्श प्रस्तुत किया गया : "विजय करना, सभी विश्वों की खोज करना, अन्य सभी राजाओं पर सर्वोत्तमता, सर्व-प्रसिद्धि और सर्वोच्चता प्राप्त करना, सभी लोगों पर अधिराज्य, एकाधिराज्य, स्वराज्य, प्रभुत्व, सर्वाधिकार, राज्य, साम्राज्य और स्वामित्व प्राप्त करना, सभी प्रदेशों का शासक बनना और समुद्र तक पृथ्वी का एकमात्र प्रभु बनना।"

(1) यह बताया गया है कि इस युग में राजा निरंकुश नहीं था। कुछ गणतन्त्रीय तत्त्व भी विद्यमान थे। लोगों को भी राजा के चुनाव में कुछ शक्ति प्राप्त थी। अथर्ववेद के एक पूरे मन्त्र में एक राजा के चुनाव का ही वर्णन किया गया है। चुनाव हो जाने पर भी राजा जनता की स्वामिभक्ति और सहयोग प्राप्त करने के लिए तत्पर रहता था। कुछ ऐसे प्रसंग भी मिले हैं कि राजा को देश से निकाल दिया गया लेकिन कुछ समय पश्चात् उसे वापस बुला लिया गया। कभी-कभी पद-च्युत राजाओं को फिर चुन लिया जाता था। जो राजा पद-च्युत कर दिए जाते थे या जनता की सद्भावना खो बैठते थे उनको राद-यज्ञ करना पड़ता था। राजाओं को जनता के स्वामी, एकमात्र स्वामी और जनता के नेता आदि कहा गया है।

(2) राज्याभिषेक के समय राजा पर कुछ शर्तें लगा दी जाती थीं। राजा को पृथ्वी की अनुमति प्राप्त करने के लिए निम्नलिखित शब्द बोलने पड़ते थे : "पृथ्वी माता! तुम मुझे कष्ट न देना, मैं तुम्हें कष्ट न दूँगा।" ऐसी आशंका सदैव बनी ही रहती थी कि उसे सिंहासन से उतार न दिया जाए। राजा और धरती को माँ-बेटे के सम्बन्ध रखने पड़ते थे। राजा को सविता, अग्नि, सोम, बृहस्पति, इन्द्र, रुद्र, मित्र और वरुण को प्रसाद चढ़ाना पड़ता था। उद्देश्य यह था कि इस प्रकार उक्त सभी देवताओं के गुण राजा में आ जाएँ। 'धर्म' को राज्य का वास्तविक शासक समझा जाता था। नदी, समुद्र, कुआँ, बाढ़, तालाब, जल-चक्र आदि विभिन्न 17 स्रोतों से पानी इकट्ठा किया जाता था और उस पानी को एक ब्राह्मण, एक क्षत्रिय और एक वैश्य मिलकर राजा पर छिड़क देते थे। सिंहासन पर बैठने से पहले उसे स्नान कराया जाता था और धर्म, विधि और सत्य के प्रति निम्नलिखित शब्दों में प्रतिज्ञा करनी पड़ती थी : "यदि मैं तुम्हारे साथ विश्वासघात करूँ तो मुझे अपने समस्त यज्ञों और उपहारों का फल न मिले, और मैं सभी सदाचरणों, अपनी स्थिति, अपने जीवन और अपने पूर्वजों के यश के परिणामों से भी वंचित रह जाऊँ।" चारों जातियों को अपने राजा की एक बहुमूल्य वस्तु की तरह रक्षा करने के लिए कहा जाता था। राजा की घोषणा इन शब्दों में की जाती थी : "प्रजागण! यह व्यक्ति तुम्हारा राजा है, लेकिन हम ब्राह्मणों का राजा सोम है। तुम्हें यह राज्य खेती, सर्व-प्रसन्नता, समृद्धि और उन्नति के लिए दिया जाता है।" उसके बाद अध्वर्यु नामक समारोह के अन्तर्गत राजा की पीठ पर एक छड़ी मारी जाती थी। इसका उद्देश्य था राजा को 'अदण्ड्य' या दण्ड-मुक्त बनाना। 'दण्ड' या न्याय-दण्ड की सहायता से उसे धर्म की पालना करनी होती थी लेकिन वह स्वयं उससे ऊपर था। राजा कानून बनाने वाला नहीं था, वह तो कानून को मान्यता प्रदान करने वाला था।

(3) राजा अपने मन्त्रियों पर निर्भर था। मन्त्रियों को 'रत्निन' (Ratnin) अर्थात् 'रत्न-हविष' संस्कार के समय राजा द्वारा दिए गए रत्न प्राप्त करने वाले, कहा जाता था। 'रत्निन्' को राजा के मुकुट में जड़े हुए रत्न कहा जाता था। उन्हें राजा बनाने वाले भी कहा गया है। अथर्ववेद में पाँच राज-निर्माताओं का उल्लेख है लेकिन तैत्तिरीय ब्राह्मण में इस प्रकार के बारह राज-निर्माताओं का उल्लेख है। इन राज-निर्माताओं को राजा जिस क्रम से रत्न प्रदान करता था, उस क्रम में उनका स्थान निर्धारित किया जाता था। पहला स्थान 'सेनानी' का था। उसके बाद 'पुरोहित' आदि आते थे।

(4) राजा की शक्तियों पर 'सभा' और 'समिति' जैसी लोकप्रिय सभाएँ भी प्रतिबन्ध लगाती थीं। 'सभा' और 'समिति' का भेद बताना कठिन है किन्तु अथर्ववेद में 'सभा' और 'समिति' को 'प्रजापति' की दो युग्म-कृतियाँ कहा गया है। अपनी स्थिति को सुदृढ़ बनाए रखने के लिए राजा को 'समिति' की पुष्टि प्राप्त करनी पड़ती थी। 'सभा' भी इतनी महत्त्वशाली थी कि इसके बिना राजा का काम ही नहीं चलता था। एक राजा से मिलने के लिए ऋषि गौतम 'सभा' के पास गया। सार्वजनिक कार्य बहुत वाद-विवाद के बाद 'सभा' में ही किया जाता था और ईश्वर से प्रार्थना की जाती थी कि 'सभा' के सदस्य एकमत और एकचित हो सकें। भाषणकर्त्ता अन्य लोगों को अपने विचारों से सहमत करने के लिए

प्रयत्न करते थे। भाषण देने वालों के लिए वाद-विवाद के नियम बना दिए जाते थे और उनका उल्लंघन करने वालों की निन्दा की जाती थी। 'सभा' न्यायालय का काम भी करती थी।

सामाजिक अवस्था (Social Condition)—उस काल में जाति-प्रथा भी विकसित हुई। विभिन्न व्यवसायों को विभिन्न जातियों ने अपना लिया लेकिन अभी यह प्रथा उतनी कठोर नहीं बनी थी, जितनी यह बाद में सूत्र काल में बन गई। इस समय यह ऋग्वैदिक नम्रता और सूत्र युगीन कठोरता के मध्य में थी। शतपथ ब्राह्मण से ज्ञात होता है कि तीसरी और चौथी जातियों में विवाह वर्जित थे। ब्राह्मण और क्षत्रिय पुरुष वैश्य और शुद्र कन्याओं से विवाह कर सकते थे लेकिन वैश्य और शुद्र पुरुष ब्राह्मण और क्षत्रिय पुरुष वैश्य और शूद्र कन्याओं से विवाह नहीं कर सकते थे। ब्राह्मणों और क्षत्रियों में विवाह की छूट थी। उदाहरणार्थ एक ब्राह्मण च्यवन ने सुकन्या नाम की क्षत्रिय लड़की से विवाह किया। जाति बदलना बहुत कठिन था लेकिन नितान्त असम्भव नहीं था। विश्वामित्र जन्म से क्षत्रिय था लेकिन उसे ऋषि कहा गया है। कई क्षत्रिय राजाओं के ब्राह्मण शिष्य थे। लेकिन किसी वैश्य या शूद्र को ब्राह्मण या क्षत्रिय बनने की अनुमति नहीं दी जाती थी और उन्हें अध्यापन या युद्ध-कौशल को व्यवसाय रूप में अपनाने की आज्ञा नहीं दी जाती थी। ब्राह्मणों को उपहार स्वीकार करने वाले, 'सोम' रस पीने वाले और सदा भ्रमण करने वाले कहा जाता था। क्षत्रियों का कर्त्तव्य था युद्ध करना। क्षत्रिय सामन्तों से प्राप्त की गई भूमि के लिए वैश्य उसका मूल्य देते थे। शूद्र ब्राह्मणों, क्षत्रियों और वैश्यों के सेवक थे। उन्हें इच्छानुसार देश से निकाला जा सकता था और उनकी हत्या भी की जा सकती थी।

उस समय की शिक्षा-पद्धति की कुछ जानकारी उपलब्ध हुई है। जब किसी विद्यार्थी को गुरू के पास ले जाया जाता था तो उस समय उसका 'उपनयन' संस्कार किया जाता था। परिणामस्वरूप 'ब्रह्मचारी' या विद्यार्थी 'द्विज' या दो-जन्मा बन जाता था। यह समझा जाता था कि विद्यार्थी को भौतिक शरीर तो पिता से प्राप्त हुआ है और आध्यात्मिक शरीर गुरू से प्राप्त होगा। विद्यार्थी को बहुत ही सरल किन्तु कठोर जीवन व्यतीत करना पड़ता था। उसे पो फटने पर उठना पड़ता था। स्नान करके वेदों के मन्त्रों का पाठ करना पड़ता था। उसे हिरन की काली छाल पहननी पड़ती थी। 'कुश' घास का कटि-बन्ध बाँधना पड़ता था और लम्बे बाल रखने पड़ते थे। सुबह और शाम की आहुति के लिए ईंधन जुटाना पड़ता था। उसे अपने गुरू के लिए भिक्षा माँगनी पड़ती थी। शिक्षा आरम्भ करने के लिए कोई आयु निश्चित न थी और ऐसी अवधि भी निर्धारित नहीं थी जिसके बीच में उसका गुरू के पास रहना आवश्यक था। साधारणतः दीक्षा की अवधि बारह वर्ष थी लेकिन यह अवधि बढ़ा कर 32 वर्ष या उससे भी अधिक की जा सकती थी।

गुरुकुल पाठशालाओं के अतिरिक्त 'चरक' या भ्रमणशील गुरू भी थे। उनका काम देश के विभिन्न भागों में घूमना और जनता के ज्ञान को बढ़ाना था। वे जहाँ भी जाते लोग ज्ञानप्राप्ति की आशा में उनको घेर लेते थे। उद्दालक आरुणि इसी प्रकार का 'चरक' था। 'पंचाल परिषद्' या कुरु पंचाल के संस्थान का उल्लेख है। इस परिषद् का संरक्षक पचाल राजा था और वह प्रतिदिन इसमें उपस्थित होता था। इनके अतिरिक्त समय-समय पर विद्वान् गुरुओं के सम्मेलन आयोजित किए जाते थे। महत्त्वपूर्ण विषयों पर वाद-विवाद करने के लिए उस समय के सभी विद्वान तथा विदुषियाँ उस सम्मेलन में भाग लेते थे। राजा जनक द्वारा बुलाई गई ऐसी एक सभा का उल्लेख ऊपर किया जा चुका है।

यह ध्यान देने योग्य बात है कि गार्गी और मैत्रेयी जैसी स्त्रियों को उच्च स्तर की विदुषी समझा जाता था। राजा जनक ने अपने सम्मेलन में गार्गी तथा अन्य स्त्रियों को भी बुलाया था। उपनिषदों में मैत्रेयी और उसके पति याज्ञवल्क्य के वार्तालाप का वर्णन है। यह भी ध्यान देने योग्य बात है कि विद्वता केवल ब्राह्मणों का ही एकाधिकार नहीं था। कई क्षत्रिय भी प्रकाण्ड विद्वान् थे। विदेह का राजा जनक, कुरु पंचाल का राजा प्रवाहन जैवालि, कैकेय का राजा अश्वपति, राजा प्रतार्दन, राजा बृहद्रथ, राजा अजातशत्रु, राजा जनश्रुति पौत्रायन आदि अपने पाण्डित्य के लिए विख्यात थे।

अधिकांश अध्यापन मौखिक ही होता था और विद्यार्थियों को सभी कुछ याद करना पड़ता था। इसलिए श्रेष्ठ स्मृति के लिए देवों से प्रार्थनाएँ की जाती थीं। सत्य और शुद्ध वचन को संस्कृति का द्योतक समझा जाता था और शुद्ध उच्चारण पर बहुत बल दिया जाता था।

उस समय के अध्ययन के विषयों में वेद, इतिहास और पुराण, व्याकरण, दर्शन, नीति, देव-विद्या, क्षात्र-विद्या, सर्प-विद्या, ब्रह्म-विद्या, नक्षत्र-विद्या, भूत-विद्या, आदि सम्मिलित थे।

देश के विभिन्न भागों में कई 'कुल' और 'गौत्र' केवल वेदों की रक्षा और उनके प्रचार में लगे रहते थे। 'शाख' और 'चरण' में विद्यार्थियों और गुरुओं की भेंट होती थी। वेद की एक ही प्रति पढ़ने वाले सभी विद्यार्थी एक 'शाखा' में होते थे और विभिन्न वेदों की कई 'शाखाएँ' थीं। प्रत्येक 'चरण' के पास 'वेद' की अपनी प्रतिलिपि होती थी और आचरण तथा अनुशासन के अपने ही नियम और विभिन्न रीति-संस्कार होते थे।

उपनिषदों में आध्यात्मिक ज्ञान पर अत्यधिक बल दिया गया है। यज्ञों को आवश्यक नहीं समझा जाता था और यज्ञ करने वालों को मूर्ख समझा जाता था। कठोरपनिषद् में बताया गया है कि आत्मा की प्राप्ति वेदों से, ज्ञान से या पुस्तकों की जानकारी से नहीं होती। ऐतरेय आरण्यक के अनुसार, ''किस उद्देश्य की पूर्ति के लिए हम वेदों को बार-बार पढ़ें और यज्ञ करें ? क्योंकि बोलने से श्वास जाता है और श्वास में बोलना पड़ता है।'' सर्वोच्च ज्ञान तो 'आत्मा' का ज्ञान ही समझा जाता था। बृहदारण्यक के अनुसार, ''वेदों के अध्ययन, यज्ञ-दान, तपस्या और व्रत से ब्राह्मण ईश्वर को जानने की चेष्टा करते हैं और जो ईश्वर को जान लेता है वह 'मुनि' कहलाता है। उसी संसार की प्राप्ति के लिए संन्यासी अपने घर छोड़ देते हैं। यह जानते हुए पुराने समय के लोग सन्तान की इच्छा नहीं करते थे और पुत्रों, सम्पत्ति और नये संसारों की इच्छा से ऊपर उठ कर वे संन्यासी बन कर घूमते हैं।'' कहा गया है कि राजा जनश्रुति 600 गायें, एक हार और खच्चरों सहित एक रथ लेकर रैक्त्र के पास गया लेकिन रैक्व ने उसे इन शब्दों में उत्तर दिया : ''ओ शुद्र! ये हार और रथ और गायें सब अपने पास ही रखो।''

उस समय कुछ सुयोग्य और विदुषी स्त्रियाँ भी थीं और उन्हें 'ब्रह्मवादिनियाँ' कहा गया है। लेकिन स्त्रियों की सामान्य स्थिति बहुत खराब थी। 'उपनयन' संस्कार का उनका अधिकार जाता रहा। उनके संस्कारों के समय वेदों के मन्त्रों का उच्चारण नहीं किया जाता था। निर्धन लोगों में एक-पत्नी की प्रथा थी लेकिन धनी और राजसी घरानों में बहु-विवाह भी प्रचलित थे। एक से अधिक पुरुष के साथ एक स्त्री के विवाह की प्रथा का अथर्ववेद से आभास मिलता है।

शतपथ ब्राह्मण के अनुसार, पत्नी अपने पति की अर्धांगिनी थी और उसी के कारण वह पूर्ण था। लेकिन वास्तव में पत्नी की स्थिति निम्न होती गई। कई संस्कार, जो पहले पत्नी करती थी, अब पुरोहितों द्वारा सम्पन्न किए जाते थे। उसे राजनीतिक परिषदों में भाग लेना वर्जित था। आदर्श पत्नी उसे समझा जाता था जो आत्म-समर्पण करे और पति के बाद ही भोजन ग्रहण करे। कन्या का जन्म बहुत ही बुरा समझा जाता था। कन्या को कष्ट और दु:ख का स्रोत समझा जाता था लेकिन पुत्र को वंश का रक्षक माना जाता था। स्त्रियों को संगीत और नृत्य सिखाया जाता था और इस कार्य के लिए ढोल, बाँसुरी, शहनाई आदि साज प्रयुक्त किए जाते थे।

धार्मिक अवस्था (Religious Condition)—ब्राह्मण-काल में यज्ञों की संख्या में वृद्धि हुई। ऋग्वेद में सात प्रकार के पुरोहितों का उल्लेख है लेकिन इस काल में वह संख्या 17 बन गई। सभी पुरोहितों के अपने सहकारी होते थे। प्रतीकवाद पर अत्यधिक बल दिया गया था। ब्राह्मणों में विश्व की स्थिरता के लिए निरन्तर यज्ञ करने की आवश्यकता समझी गई। 'विराट् पुरुष' द्वारा संसार की सृष्टि का वर्णन करने वाले एक ऋग्वैदिक मंत्र में यज्ञों का प्रस्ताव एक 'पुरुष' द्वारा किया गया था। ब्राह्मणों में 'प्रजापति' को ही 'पुरुष' समझा गया है। विश्व को स्थिर रखने के लिए यज्ञों की आवश्यकता को स्वीकार किया गया है। यज्ञ करने के लिए अग्नि-वेदी की रचना करनी पड़ती थी। उस वेदी की रचना ही प्रजापति के रूप में संसार की पुन: सृष्टि है। प्रजापति को वेदी की अग्नि समझा गया है और पुरुषमेघ के लिए प्रजापति और अग्नि दोनों आवश्यक हैं। किन्तु प्रजापति तो स्वयं 'काल' है और अन्त में 'काल' ही 'मृत्यु' है। इसलिए यज्ञ करने वाला स्वयं ही मृत्यु बन जाता है और इस प्रकार वह 'मृत्यु से ऊपर उठकर मायावी और दु:खमय संसार से छुटकारा पाता है और अनन्त स्वर्ग में पदार्पण करता है। इससे ज्ञात होता है कि 'प्रजापति' और यज्ञ करने वाला ही 'ज्ञान' है और शतपथ ब्राह्मण में प्रेरणा दी गई है कि सत्य ज्ञान के इच्छुक को 'स्व' की आराधना करनी चाहिए। 'स्व' ज्ञान और शरीर से युक्त एक प्रकार का आलोक और नैसर्गिक अस्तित्व है।''

इस काल में रुद्र और विष्णु को मान्यता प्राप्त हुई। रुद्र को प्रजापति का स्थान प्राप्त हुआ, विष्णु को यज्ञों के लिए आवश्यक समझा गया।

आर्थिक अवस्था (Economic Condition)—कृषि अब भी लोगों का मुख्य व्यवसाय था। कृषि में चार क्रियाएँ सम्मिलित थीं : हल जोतना, बीज बोना, फ़सल काटना और कुटाई करके अनाज निकालना। गाय के गोबर को खाद के रूप में प्रयोग किया जाता था। चावल, जौ, चना, आदि अनाज वर्ष के विभिन्न समयों पर बोये जाते थे। एक वर्ष में पूर्ववत् दो फ़सलें ही बोई जाती थीं।

कई प्रकार के व्यवसायों का उल्लेख है : धोबी, कसाई, नाई, मछियारा, नाविक, रथवान, टोकरियाँ और रस्से बनाने वाले, इत्यादि। अग्नि-वेदी बनाने में लोग दक्ष थे। श्रेष्ठी या व्यापारी का भी उल्लेख है। स्त्रियों को टोकरी बनाने वाली, रंगसाज, कढ़ाई करने वाली, आदि कहा गया है। उस समय लोग सोना, काँसी, लोहा, ताँबा, सिक्का, कलई, इत्यादि धातुओं का प्रयोग करते थे। सोना कई स्थानों से प्राप्त किया जाता था। लोग हाथियों की पालना भी करते थे।

Suggested Readings

Bhargava, P.L. : India in the Vedic Age.
Bloomfield : The Atharvaveda, 1899.
Durant, Will : Our Oriental Heritage.
Garratt, G.T. : The Legacy of India, 1938.
Majumdar, R.C. (Ed.) : The Vedic Age.
Mookerjee, R.K. : Hindu Civilisation.
Radhakrishnan : History of Indian Philosophy, 1940.
Radhakrishnan : The Hindu View of Life.
Rapson : Cambridge History of India, Vol. I.
Winternitz : History of Sanskrit Literature.

अध्याय

10

सूत्रों का युग

(The Age of the Sutras)

शिक्षा के विषय में सूत्रों की हस्त पुस्तिकाएँ संक्षिप्त परन्तु स्पष्ट भाषा में लिखी हुई थीं। उन्हें याद करना सरल था। सूत्र साहित्य में वेदांग, यास्क-कृत ''निरुक्त'', पाणिनि-कृत ''अष्टाध्यायी'' तथा ''श्रौतसूत्र,'' ''गृह्य सूत्र'' और ''धर्मसूत्र'' सम्मिलित थे। वेदांगों में कल्प, शिक्षा व्याकरण, निरुक्त, छन्द और ज्योतिष सम्मिलित थे। पाणिनि-कृत अष्टाध्यायी संस्कृत व्याकरण है। ''श्रौत-सूत्रों'' में पुरोहितों द्वारा किए जाने वाले विभिन्न संस्कारों का विवरण दिया गया है। ''धर्मसूत्रों'' में रीति अनुगत नियम और विधियाँ (customary law and practice) दी गई हैं। ''धर्मसूत्रों'' का रचना-काल सातवीं और दूसरी शती ई०पू० के मध्य समझा जाता है और उनकी रचना गौतम, बौधायन, आपस्तम्ब और वसिष्ठ द्वारा की गई बताई गई है। गोल्डस्टक्कर और सर आर०जी० भण्डारकर का मत है कि पाणिनि-कृत ''अष्टाध्यायी'' की रचना 700 ई०पू० के लगभग हुई। किन्तु मैक्डॉनैल का विचार है कि पाणिनि का काल 350 ई०पू० के लगभग माना जाता है। इस विषय पर प्रमाण तो बहुत ही संदिग्ध है। सम्भवत: उसका काल 500 ई०पू० के लगभग या उसके शीघ्र बाद था।

पाणिनि-कृत अष्टाध्यायी (Ashtadhyayi of Panini)—पाणिनि के व्याकरण के विशृंखल संदर्भों को एकत्र करके हम तत्कालीन भारत का विवरण प्रस्तुत कर सकते हैं। पाणिनि ने कलिंग, सिन्ध, तक्षशिला, कच्छ और स्वात घाटी का उल्लेख किया है। उसने 22 'जनपदों' या राज्यों का भी उल्लेख किया है, जैसे गान्धार, अवन्ति, कम्बोज, कुरु, मद्र, कोशल, उषीनर, वृजि, मगध इत्यादि। उसने 'प्राच्य जनपदों' का उल्लेख भी किया है। जनपदों में क्षत्रिय राजा होते थे और उन्हें जनपदिन् कहा जाता था। एक ही जनपद के वासियों को सजनपद: कहा जाता था। प्रत्येक जनपद की सुनिश्चित सीमाएँ होती थीं। जनपद की प्रशासनिक इकाइयाँ थीं विषय, नगर और ग्राम। गाँव का प्रमुख ग्रामणी कहलाता था।

पाणिनि ने अपनी कृति में जिन ग्रन्थों का उल्लेख किया है वे इस प्रकार हैं : ऋग्वेद, सामवेद, यजुर्वेद, ब्राह्मण ग्रन्थ, छन्द, कल्पसूत्र, व्याख्यान, गाथा, कथा और महाभारत। विद्यार्थी को छात्र कहा जाता था क्योंकि उसका गुरू उसकी रक्षा करता था। गुरू को अध्यापक कहा जाता था। एक ही गुरू के विद्यार्थियों को साब्रह्मचारिण: कहा जाता था। लड़कियों को भी चरणों में प्रविष्ट किया जाता था। लड़कियों के लिए अलग निवास-स्थान का भी उल्लेख है। परिषदों का उल्लेख भी है जिनकी वैदिक व्याख्या को अधिकृत और मान्य समझा जाता था।

प्रतीत होता है कि लोगों की आर्थिक स्थिति में पर्याप्त सुधार हुआ। लोगों द्वारा अपनाए गए कई व्यवसायों का वर्णन किया गया है। राज्य-सेवा में लगे हुए व्यक्तियों को युक्त और अध्यक्ष कहा जाता था। श्रमिकों को भी काम पर लगाया जाता था और उनकी मजदूरी पदार्थ में या धन में दी जाती थी। साहूकारों का भी उल्लेख है और मूलधन पर दस प्रतिशत ब्याज लेने की अनुमति थी। हल चलाने और फ़सल बीजने के ढंगों का वर्णन भी किया गया है। फ़सलों के नाम उन महीनों के नाम पर रखे जाते थे जिनमें वे फ़सलें बोयी जाती थीं। खेतों के नाम उनमें बीजी गई फ़सलों के नाम पर रखे जाते थे। संन्यासियों द्वारा खेतों में से अनाज लेने का जिक्र भी किया गया है।

बुनाई और रंगाई की कलाओं का जिक्र भी किया गया है। कुम्हार को कुलाल कहा गया है। कई प्रकार का संगीत प्रचलित था। नर्तकियों और गायकों का भी उल्लेख है। मय-खानों का भी जिक्र है और उनसे पर्याप्त कर लिया जाता था। विभिन्न नाप-तौल के साधनों में खारी, पत्र, विष्ट, शतमान, अधक, अचित, पुरुष, दिष्ट आदि का नाम है। सिक्कों में कार्षापण, निष्क, पद, माश आदि का नाम मिलता है।

विभिन्न सन्दर्भों में कुल, वंश, गोत्र, चरण और संघ का उल्लेख है। कुल परिवार के नाम को कहते थे। यदि कोई कुल बहुत देर तक चलता रहे तो वह वंश बन जाता था। एक ही पूर्वज के सभी वंशजों का एक ही गोत्र होता था। बड़े-बड़े गोत्रों में अंगीरस, अत्रि और भृगु का नाम लिया जा सकता है। संघों की दो किस्में थीं : गण और निकाय। गण एक राजनीतिक परिषद् थी और निकाय धार्मिक परिषद् थी। संघ का नियंत्रण क्षत्रियों के हाथों में था। कुछ दल थे जिन्हें वर्ग कहा जाता था और उनमें शासनाधिकार के लिए संघर्ष होता रहता था। संघ के प्रशासन में गणतन्त्रीय विधि अपनाई जाती थी। परिषद् या राजा की परिषद् का उल्लेख भी मिलता है।

गृह्य सूत्र (Grihya Sutras)—गृह्य सूत्रों में लोगों के घरेलू जीवन की चर्चा है। जन्म से मृत्यु तक लोगों के कर्त्तव्यों का उल्लेख है। लोगों को बहुत से संस्कार करने पड़ते थे जो वास्तव में जन्म से पहले ही शुरू हो जाते थे। कर्त्तव्य-पालन करना लोगों के लिए अनिवार्य था।

आठ प्रकार के विवाहों का वर्णन किया गया है : ब्राह्म-विवाह, प्राजापत्य-विवाह, आर्ष-विवाह, दैव-विवाह, गान्धर्व-विवाह, असुर-विवाह, राक्षस-विवाह और पैशाच-विवाह। पहले चार विवाह गृह्य सूत्रों में मान्य हैं लेकिन शेष चार मान्य नहीं हैं।

हर गृहस्थ को पंच महायज्ञ करने पड़ते थे : ब्रह्म-यज्ञ, पितृ-यज्ञ, देव-यज्ञ, भूत-यज्ञ और अतिथि-यज्ञ। कुछ निश्चित अवधियों के बाद गृहस्थों को इनके अतिरिक्त अन्य सात पाकयज्ञ भी करने पड़ते थे।

सामाजिक पद्धति वर्णाश्रम धर्म पर आधारित थी। अन्तर्विवाह और अन्तर्भोज वर्जित करके विभिन्न जातियों में रक्त की पवित्रता पर बहुत बल दिया गया था। आरम्भिक सूत्र तो इतने कठोर नहीं थे लेकिन समय के साथ-साथ ये प्रतिबन्ध दृढ़तर होते गए।

चार जातियों के अपने-अपने कर्त्तव्य थे। ब्राह्मणों, क्षत्रियों और वैश्यों का काम था कि वे अध्ययन करें, यज्ञ करें और दान दें। विशेषकर ब्राह्मणों का तो यही काम था कि वे अध्ययन करें, यज्ञों आदि को सम्पन्न करें और दान प्राप्त करें। क्षत्रियों का काम था कि वे सबकी रक्षा करें, ठीक ढंग से प्रशासन का संचालन करें, और विपत्ति में विद्वान् ब्राह्मणों, अब्राह्मणों, संन्यासियों और अन्य लोगों की सहायता करें। वैश्यों का काम था कि वे खेती और व्यापार करें और जानवरों का पालन करें। शूद्रों का काम था कि वे दीन बनकर अन्य सभी जातियों की सेवा करें। यह ध्यान देने योग्य बात है कि शूद्रों की स्थिति यूरोप के दासों की तरह शोचनीय नहीं थी। शारीरिक अयोग्यता होने पर स्वामी का कर्त्तव्य था कि वह अपने सेवक की सहायता करे चाहे वह अपना काम भी न कर सके। शूद्रों को नमस्कार मन्त्र का उच्चारण करने और पाकयज्ञ की छूट थी।

चार आश्रमों के नाम थे : ब्रह्मचर्य, गृहस्थ, वानप्रस्थ और संन्यास। ब्रह्मचारी को कठोर जीवन व्यतीत करके विद्या प्राप्त करनी पड़ती थी। गृहस्थी को कानून के अनुसार सभी कर्त्तव्य पूरे करने होते थे। वानप्रस्थी (या भिक्षु) को अपना घर छोड़ कर संतोषपूर्वक ईश्वर की उपासना करनी होती थी। संन्यासी बनकर उसे जंगली कन्द-मूल-फल खाकर तपस्या करनी पड़ती थी।

धर्म-सूत्र (Dharma Sutras)—धर्म सूत्रों के लेखक स्वयं ही सहमत नहीं हैं। वे आपस में कई बातों पर असहमत हैं। गौतम, बौधायन और वसिष्ठ नियोग को स्वीकृति प्रदान करते हैं लेकिन आपस्तम्ब ने उसकी भर्त्सना की है। गौतम और वौधायन के आठ प्रकार के विवाहों का वर्णन किया है लेकिन आपस्तम्ब ने केवल छः प्रकारों का ही उल्लेख किया है और पैशाच-विवाह और प्राजापत्य विवाह का उसने नाम भी नहीं लिया। बौधायन का विचार है कि ज्येष्ठ पुत्र को शेष सन्तान से अधिक भाग मिलना चाहिए लेकिन आपस्तम्ब को यह मान्य नहीं है। आपस्तम्ब ने किसी रथवान को उपनयन

संस्कार करने की छूट नहीं दी है लेकिन बौधायन ने ऐसी अनुमति प्रदान की है। गौतम ने ब्राह्मणों को किसी अन्य व्यक्ति द्वारा ऋण पर ब्याज लेने की अनुमति दी है लेकिन आपस्तम्ब ने इसकी भर्त्सना की है और कहा है कि ब्याज लेने वाले ब्राह्मण के घर किसी को भोजन नहीं करना चाहिए। बौधायन के अनुसार ब्याज लेना ब्रह्म-हत्या के समान है और जो ब्राह्मण ब्याज लेता है वह शूद्र बन जाता है। बूह्लर (Buhler) का विचार है कि ये नियम स्मृतियों में देखने को नहीं मिलते जो ब्राह्मणों को कृषक और व्यापार में निष्क्रिय साझीदार बनने की अनुमति प्रदान करते हैं।

धर्म-सूत्रों के अनुसार राजा कानून बनाने वाला न होकर कानून की रक्षा करने वाला है। गौतम ने कहा है : ''न्याय का प्रशासन वेदों, धर्मशास्त्रों, वेदांगों, पुराणों और उपवेदों के आधार पर किया जाएगा।'' गौतम ने फिर कहा है, ''राजा को विभिन्न जातियों और विभागों की रक्षा करनी ही होगी। सभी जातियों और कबीलों के अपने-अपने नियमादि और वेदों के अनुकूल अन्य सभी क्षेत्रों के कानून राज्य में पूरी तरह मान्य होंगे। खेतिहारों, व्यापारियों, गडरियों, साहूकारों और शिल्पियों को अपने-अपने कानून स्वयं बनाने होंगे।'' वसिष्ठ का मत है : ''राजा का कर्त्तव्य है कि वह विभिन्न क्षेत्रों, जातियों और कबीलों से अपने-अपने नियमों का पालन करावे और चारों जातियों को अपने-अपने काम में लगाए रखे।'' सभी व्यावसायिक वर्गों को अपने-अपने नियम बनाने की छूट थी।

गौतम के अनुसार राजा को अधिकार था कि राजस्व के रूप में उत्पादन का दसवाँ, आठवाँ या छठा भाग ले और शिल्पियों से एक महीने में एक दिन काम करवाए। वह व्यापार के सामान पर बीसवाँ भाग, गाय-बैलों और सोने पर पन्द्रहवाँ भाग और फूलों, जड़ों, मधु, माँस, अनाज, फल, आदि पर साठवाँ भाग प्राप्त कर सकता था। 'सपिण्डों' को उत्तराधिकार दिया जाता था। विधवा स्त्रियों को यह अधिकार प्राप्त नहीं था। पुत्री केवल तभी उत्तराधिकार प्राप्त कर सकती थी यदि मृतक का कोई पुत्र, विद्यार्थी या गुरू न हो। स्त्रियाँ यज्ञ नहीं कर सकती थीं। उन्हें तो सम्पत्ति समझा जाता था।

तीन प्रकार के मुख्य अपराधों का वर्णन किया गया है : पर-स्त्री-गमन, पर-पुरुष-गमन और चोरी। विभिन्न जातियों और अपराधों के लिए अलग-अलग दण्ड निर्धारित थे। यदि कोई क्षत्रिय ब्राह्मण को अपशब्द कहे तो उसे 100 सिक्के जुर्माना देना पड़ता था। यदि कोई वैश्य ब्राह्मण को अपशब्द कहे तो उसे 150 सिक्के जुर्माना देना पड़ता था। यदि ब्राह्मण क्षत्रिय को अपशब्द कहे तो 50 सिक्के जुर्माना देना पड़ता था। यदि वह वैश्य को अपशब्द कहे तो 25 सिक्के जुर्माना देना पड़ता था। यदि वह शूद्र को गाली दे तो कोई दण्ड नहीं दिया जाता था। पन्द्रह प्रतिशत ब्याज की छूट थी।

'धर्म-सूत्रों' में ग्राम्य जीवन को अधिक अच्छा समझा गया है। शहरी जीवन की भर्त्सना की गई है। बौधायन के मतानुसार, ''धूल-धूसरित शहर में रहने वाला व्यक्ति मुक्ति प्राप्त कर ही नहीं सकता।'' अच्छे लोगों को शहर में न जाने के लिए कहा जाता था। शहरों में किसी भी समय मन्त्रों का उच्चारण करने की आज्ञा न थी। लेकिन कुछ प्रकार के नगरों और उनमें प्रसादों और सभा-भवनों आदि के निर्माण का उल्लेख किया गया है। लोगों को विदेश जाने की आज्ञा न थी। समुद्र-यात्रा पूर्णत: वर्जित थी।

Suggested Readings

Agarwala, V.S. : India as Known to Panini (1953).
Agarwala, V.S. : Some Chronological Considerations about Panini's date (I.H.Q., 1951, PP. 269-86).
Barnett; L.D. : Antiquities of India.
Buhler, G. : The Dharma Sutras (Oxford).
Durant, Will : Our Oriental Heritage.
Majumdar, R.C. (Ed.) : The Vedic Age.
Monier-Williams : Religious Thought and Life in India.
Mookerjee R.K. : Hindu Civilisation.
Oldenberg, H. : The Grihya-Sutras (Oxford).
Rapson : The Age of the Sutras.
Rapson : Ancient India.
Schubing, W. : Acharang Sutra.

अध्याय

11

महाकाव्यों का युग

(The Epic Age)

आर्यों के दो मुख्य महाकाव्य थे, रामायण और महाभारत। रामायण हिन्दुओं का प्राचीनतम और सर्वप्रिय महाकाव्य है और इसके सात काण्ड और 2,400 श्लोक हैं। साधारणत: यह विश्वास किया जाता है कि इसकी रचना बाल्मीकि ऋषि ने की थी। महाभारत के अठारह भाग हैं और इसमें लगभग एक लाख श्लोक हैं। यह माना जाता है कि इसकी रचना व्यास मुनि ने की थी। हॉपकिन्स (Hopkins) का विचार है कि इसकी रचना एक व्यक्ति या एक पीढ़ी ने नहीं की। इसकी रचना तो कई व्यक्तियों और पीढ़ियों द्वारा हुई होगी। वास्तव में यह एक महान् ऐतिहासिक घटना की कथा है जिसे ''राजाओं के प्रशंसक, पारिवारिक पुरोहित और भाट न लिपि-बद्ध किया है। ये तीनों व्यक्ति प्राय: एक ही होते थे।'' महाकाव्य सर्वसाधारण जनता के वेद हैं और ''अपने सुख-दुख में और दैनिक चर्या में भी इनसे सान्त्वना और प्रेरणा प्राप्त करने के लिए इनका पाठ करते हैं।'' संस्कृत और आधुनिक भारतीय भाषाओं की कई कृतियाँ इन्हीं पर आधारित हैं। महाकाव्यों के अभिनेता पारम्परिक नायक बन गये हैं और उनमें से कुछ की तो ईश्वर का अवतार मानकर पूजा भी की जाती है। ये दोनों राष्ट्रीय महाकाव्य हैं और इनकी स्मृति में भारत के प्रत्येक भाग में विभिन्न प्रकार के त्यौहार मनाए जाते हैं। अपने संगीत, नृत्य, कविता, नाटक, मूर्ति-कला आदि के लिए लोग इन महाकाव्यों से प्रेरणा प्राप्त करते हैं।

कुछ विद्वानों का मत है कि रामायण और महाभारत में बहुत कम ऐतिहासिक सामग्री विद्यमान है। जैकोबी (Jacobi) और मैकडॉनैल (Macdonell) का विचार था कि दोनों काव्य परम्परागत कथाओं पर आधारित हैं और उनके नायक और नायिकाएँ ऐतिहासिक पात्र नहीं हैं। राम को इन्द्र के रूप में प्रस्तुत किया गया। इन्द्र वर्षा और तूफान का देवता था और रावण के रूप में वृत्र से लड़ा। राम और रावण के युद्ध की इन्द्र और वृत्र के युद्ध की तुलना की गई है। रामायण के विषय में यह भी कहा गया है कि इसमें तो दक्षिण में आर्यों के विकास की कथा प्रस्तुत की गई है। डॉ० वी०ए० स्मिथ (V.A. Smith) कहता है : ''मुझे तो यह कविता (रामायण) कल्पना की उत्पत्ति प्रतीत होती है और यह सम्भवत: कोशल और उसकी राजधानी अयोध्या स सम्बन्धित किसी धुन्धली-सी पारम्परिक कहानियों पर आधारित थी।'' किन्तु अब इस विचार को स्वीकार नहीं किया जाता। सम्भव है कि बाद के लेखकों ने इसमें अपनी ओर से कुछ जोड़ दिया हो या कवियों ने स्वयं ही कहीं-कहीं कल्पना से काम लिया हो, लेकिन महाकाव्यों के मुख्य पात्र तो निश्चय ही ऐतिहासिक व्यक्ति थे।

डॉ० आर०सी० मजूमदार का मत है कि अपने ऐतिहासिक परिवेश में रामायण दक्षिण के पठार और दक्षिण भारत में आर्य-संस्कृति के विस्तार को बताती है। यह संकेत करती है कि विजेताओं ने विभिन्न साधनों का प्रयोग किया। उन्होंने मिशनरी कार्यकर्ताओं को सैनिक शक्ति का संरक्षण प्रदान किया तथा अनार्य कबीलों को आपस में लड़ाया। यह अनार्यों की भौतिक तथा नैतिक संस्कृति की भी अप्रत्यक्ष रूप से सराहना करती है। राम ने बाली को तथा उसके भाई लक्ष्मण ने इन्द्रजीत को अनुचित रीति से मारा था। इससे सिद्ध होता है कि विजेता जाति अपने युद्ध के तरीकों में सदैव ही सचेत नहीं रहती थी। रावण की शक्ति और साधन किसी भी रूप में उपेक्षणीय नहीं थे और उसके देश की भौतिक सभ्यता अपने विरोधियों से किसी भी प्रकार हीन नहीं थी। नैतिकता के क्षेत्र में भी कम से कम एक ऐसा स्थल है जहाँ रावण का सिर अपने विरोधी की अपेक्षा कहीं अधिक ऊँचा है। हम इस बारे में बता सकते हैं कि लक्ष्मण ने रावण की बहन

शूर्पणखा के प्रति असभ्य एवं क्रूर व्यवहार किया था। दूसरी ओर हमें सीता के प्रति रावण का व्यवहार देखने को मिलता है। महाभारत में दिखाया गया है कि जब छोटे-छोटे राज्य श्रेष्ठता प्राप्त करने के लिए आपस में युद्ध-संलग्न थे तो उस स्थिति में साम्राज्य का विकास हुआ। इससे रामायण काल की युद्ध तुलना में और राजनयिकता के क्षेत्र में तथा समाज के विभिन्न क्षेत्रों में पर्याप्त प्रगति दिखाई देती है। ग्रन्थ के विभिन्न पात्र भारतीय जीवन के विभिन्न दृष्टिकोणों को व्यक्त करते हैं। भीष्म सत्य की प्रतिमूर्ति है, वह कर्तव्यनिष्ठ है; उसमें नायकत्व एवं अपनी संतति के प्रति मोह देखने को मिलता है। दुर्योधन राजनीतिक शक्ति को प्राप्त करने के लिए अपवित्र तथा असन्तुष्ट लोभ का शिकार है। पाण्डव बन्धु भ्रातृ-स्नेह की सजीव प्रतिमा है। युधिष्ठिर नैतिक मूल्यों का आदर्श है तथा सुभद्रा पतिव्रता तथा निःस्वार्थी महिला है। महाभारत के विशेष उल्लेखनीय पात्र अर्जुन, कृष्ण और द्रौपदी हैं। वे आर्य चरित्र के श्रेष्ठतम और कुलीनतम गुणों का प्रतिनिधित्व करते हैं।

पुराने विचारों वाले हिन्दुओं का विचार है कि रामायण त्रेता युग की कृति है और महाभारत द्वापर युग की। लेकिन आधुनिक इतिहासकार इस विचार को स्वीकार नहीं करते। उनका मत है कि महाकाव्य काल तो वैदिक युग और बौद्ध काल के मध्य में था। महाकाव्य उसी युग की रचनाएँ हैं जिनमें सूत्रों की रचना की गई थी। पार्जिटर (Pargiter) का कथन है कि महाभारत-युद्ध 1950 ई०पू० के लगभग हुआ। डॉ० विण्टरनिट्ज (Winternitz) का विचार था कि वर्तमान आकृति में रामायण की रचना बाल्मीकि ऋषि ने तीसरी शती ई०पू० पुरातन लोक-गीतों के आधार पर की। कुछ अन्य विद्वानों का मत है कि महाभारत चौथी शती ई०पू० से पुराना नहीं है और चौथी शती ई०पू० के बाद का नहीं है। डॉ० राधा कुमुद मुकर्जी का मत है कि रामायण के भौगोलिक वातावरण से प्रतीत होता है कि यह महाभारत से काफी पुरानी है। इसमें विन्ध्य पर्वत तक का ही उल्लेख है। किन्तु महाभारत में तो सम्पूर्ण भारत ही ज्ञात था और दक्षिण के राजा भी महाभारत युद्ध में भाग लेने के लिए आये। पाणिनि ने वासुदेव, अर्जुन और युधिष्ठिर का उल्लेख किया है। ब्राह्मणों में पाण्डवों का नाम नहीं मिलता। दूसरी शती ई०पू० पतंजलिकृत महाभाष्य के समय में भी महाभारत का वर्त्तमान रूप सर्वज्ञात प्रतीत होता है।

रामायण (The Ramayana)—रामायण की कथावस्तु राम और रावण के युद्ध पर आधारित है। राम और रावण को क्रमशः आर्य सभ्यता और अनार्य सभ्यता के प्रतिनिधि माना जा सकता है। युद्ध के अन्त में आर्यों ने अनार्यों पर विजय प्राप्त की। रावण को शिव का उपासक बताया गया है। इसीलिए उसके पास दैवी शक्तियाँ थीं; राम स्वयं विष्णु का अवतार था। वसिष्ठ और विश्वामित्र ने आर्यों की सहायता की।

रामायण की कथा के अनुसार, दशरथ अयोध्या में राज्य करते थे। अयोध्या कोशल राज्य की राजधानी थी। दशरथ की तीन रानियाँ थीं और चार पुत्र थे। जब वह वृद्ध हो गए तो उन्होंने राज-कार्य छोड़ने की इच्छा प्रकट की और अपने बड़े पुत्र राम को युवराज घोषित किया। सबसे छोटी रानी कैकेयी अपने पुत्र भरत को अयोध्या का राजा बनाना चाहती थी और उसने दशरथ से दो वर ले लिये जिनके अनुसार राम को वनवास दिया जाना था और भरत को राजा बनना था। राम आज्ञाकारी पुत्र थे और अपनी पत्नी सीता और छोटे भाई लक्ष्मण के साथ बनों की ओर चले गए। राम के जाते ही दशरथ का देहान्त हो गया। भरत ने राजगद्दी अस्वीकार कर दी, उन्होंने राम से वापस आने के लिए अनुरोध किया, किन्तु राम ने वापस आने से इन्कार कर दिया।

जब राम वनों में थे तो लंका का राजा रावण सीता को चुरा कर ले गया। सीता ने रावण के साथ विवाह करना स्वीकार न किया। रावण ने उसे कैद में डाल दिया। सुग्रीव, हनुमान और उनकी सेना की सहायता से राम और लक्ष्मण ने लंका पर आक्रमण किया। रावण मारा गया और सीता को कैद से छुड़ा लिया गया। चौदह साल के बनवास के बाद राम वापस अयोध्या गए और वहाँ के राजा बने। लोगों ने सीता की आलोचना की और परिणामस्वरूप राम ने उसे अयोध्या से निकाल दिया। वनों में ही सीता ने दो पुत्रों को जन्म दिया जिनके नाम थे लव और कुश। उनका पालन-पोषण बाल्मीकि ऋषि ने किया। वे प्रवीण धनुर्धारी बन गए। जब राम ने अश्वमेघ यज्ञ किया तो लव और कुश ने राम की सेनाओं को युद्ध के लिये ललकारा और अन्त में राम से उनका पुनर्मिलन हो गया।

महाभारत (The Mahabharata)—रामायण में तो आर्यों और अनार्यों के युद्ध का वर्णन है लेकिन महाभारत में स्वयं आर्यों के आन्तरिक संघर्ष का वर्णन किया गया है। महाभारत का युद्ध कुरुक्षेत्र के मैदान में लड़ा गया और युद्ध में भाग लेने वाले दोनों पक्षों में सम्मिलित सभी राजाओं पर इसका प्रभाव पड़ा। पाण्डवों के सहायक थे काशी, कोशल, मगध

और मत्स्य के राजा, चेदी वंश का राजा और मथुरा का यादव-वंशी राजा। कुरु पक्ष के सहायक थे : यवन, शक, भद्र, कम्बोज, कैकेय, सिन्धु, संवीर, भोज और आन्ध्र के वंश एवं जातियाँ और माहिष्मति, अवन्ति और प्राग्ज्योतिष के राजा।

महाभारत की कथा के अनुसार, गंगा और यमुना के बीच की भूमि पर 'भारत' नाम की शक्तिशाली आर्य जाति राज करती थी। उनके राजा का नाम पाण्डु था और उसके पाँच पुत्र थे। उसकी मृत्यु के बाद उसका नेत्रहीन भाई धृतराष्ट्र राजा बना। उसने अपने भतीजों के साथ बहुत अच्छा व्यवहार किया। उन्हें उत्तम शिक्षा दिलाई। धृतराष्ट्र के पुत्र कौरव कहलाते थे। वे अपने चचेरे भाइयों से उनकी योग्यता और लोकप्रियता के कारण ईर्ष्या करने लगे। दुर्योधन ने षड्यन्त्र द्वारा पाण्डवों को देशनिकाले का दण्ड दिलवा दिया। पाण्डव भाई अपना भाग्य बनाने की आशा में जगह-जगह घूमते रहे और अन्त में पंचाल-देश पहुँचे जहाँ राजकुमारी द्रौपदी का स्वयंवर हो रहा था। पाण्डवों में से अर्जुन ने स्वयंवर की शर्तें पूरी कर दीं और द्रौपदी से विवाह कर लिया। पंचाल नरेश की सहायता से पाण्डवों ने अपने राज्य का कुछ भाग जीत लिया और उन्होंने दिल्ली के निकट नयी राजधानी इन्द्रप्रस्थ की स्थापना की। दुर्योधन को यह भी सह्य न था। उसने पाण्डवों के पूर्ण विनाश की योजना बनाई। जुए के खेल में युधिष्ठिर अपना राज्य और द्रौपदी सभी कुछ खो बैठा और पाण्डवों को देशनिकाला दे दिया गया। उन्होंने तेरह वर्ष जंगलों में काटे और कई कठिनाइयों और विपत्तियों का सामना किया। लेकिन उन्होंने भी अपना राज्य वापस लेने की ठान ली थी। वे यादव-वंशी राजा भगवान् कृष्ण और मत्स्य के राजा विराट् के पास गये। कृष्ण ने दुर्योधन को समझाने की चेष्टा की और राज्य का कुछ भाग पाण्डवों को देने की सलाह दी, उसे अपने प्रयत्न में सफलता प्राप्त न हुई। इन परिस्थितियों में युद्ध अवश्यम्भावी था। पाण्डवों और कौरवों की सेनाएँ कुरुक्षेत्र में एकत्र हुईं। कहा जाता है कि अर्जुन ने अपने ही सम्बन्धियों को विपक्ष में देख कर युद्ध करने में हिचकिचाहट प्रकट की। उस अवसर पर कृष्ण ने उसे दैवी सन्देश सुनाया जो 'भगवद्गीता' के नाम से प्रसिद्ध हुआ। अर्जुन की अकर्मण्यता दूर हो गई। अठारह दिन तक घोर युद्ध हुआ। सभी कौरव मारे गये। लाखों व्यक्ति युद्ध में काम आये। विजय के बाद पाण्डवों ने अश्वमेघ यज्ञ किया और हस्तिनापुर के सिंहासन पर आरूढ़ हुए। कुछ समय पश्चात् पाण्डवों ने परीक्षित को गद्दी पर बिठा कर हिमालय की ओर प्रस्थान किया।

महाकाव्यों का ऐतिहासिक मूल्य (Historical Value of the Epics)—रामायण में भारतवर्ष के आर्यीकरण का चित्रण किया गया है। विश्वामित्र के यज्ञों में विघ्न डालने वाले राक्षस सम्भवतः अनार्य थे। वे आर्यों के विकास को पसन्द नहीं करते थे। सुग्रीव और बाली वानर राजा दक्षिण में राज करते थे। महाभारत के काल तक समस्त दक्षिण का आर्यीकरण हो चुका था।

सामाजिक अवस्था (Social Condition)—महाकाव्यों के समय में चार मुख्य जातियों के अतिरिक्त कुछ अन्य जातियाँ भी बन गईं जिनका कारण था सम्भवतः विभिन्न जातियों में अन्तर्विवाह। विवाह की पुरानी पवित्रता जाती रही। स्त्रियों तथा पुरुषों दोनों में बहु-विवाह प्रचलित हो गए। दशरथ की तीन पत्नियाँ थीं। रावण की भी कई पत्नियाँ थीं। कहा जाता है कि द्रौपदी ने पाँचों पाण्डवों से विवाह किया था। किसी पुरुष को अपनी जाति से ऊँची जाति की स्त्री से विवाह करने की आज्ञा नहीं थी। लेकिन वह नीची जाति की स्त्री से विवाह कर सकता था। बाद में यह भी वर्जित कर दिया गया। शूद्रों की स्थिति बहुत नीची थी। यज्ञ या दान करने पर उन्हें दण्ड दिया जाता था। 'नियोग' की प्रथा प्रचलित थी। विधवाओं के पुनर्विवाह का निर्देश नहीं मिलता लेकिन बाल-विवाह महाकाव्य युग के अन्त तक आरम्भ हो चुके थे। विवाह के विषय में स्त्रियों को अधिक स्वच्छन्दता प्राप्त न थी। किन्तु राजवंशों में स्वयंवर की प्रथा प्रचलित थी। सीता और द्रौपदी के स्वयंवरों से इस बात की पुष्टि होती है। कहा जाता है कि कन्याओं की प्रदर्शनी की जाती थी और सबसे अधिक मूल्य देने वालों के हाथ उन्हें बेच दिया जाता था। कैकेयी और माद्री को बड़ी-बड़ी भेंट देकर प्राप्त किया गया था। स्त्री-हरण को ही राक्षस-विवाह कहा जाता था और हरण करने वाला स्त्री को अपने पास रख सकता था यदि वह उसके सम्बन्धियों को परास्त कर दे।

आरम्भ में स्त्रियों की स्थिति अच्छी थी लेकिन अन्त में अवनति स्पष्ट दिखाई देती है। द्रौपदी को 'ब्रह्मवादिनी' कहा गया है। उसने युधिष्ठिर के इस अधिकार को स्वीकार न किया कि वह उसे जुए में किसी और के हाथों में सौंप दे। प्रतीत होता है कि पर्दे की प्रथा आरम्भ हो चुकी थी। पंजाब में सती-प्रथा प्रचलित थी क्योंकि माद्री अपने पति की चिता पर जल गई।

गायों को अत्यन्त पवित्र समझा जाता था और लोगों में शाकाहारी भोजन अधिक प्रचलित था। महाकाव्य युग के आरम्भ में लोगों की पोशाक सादी थी। सिलाई बहुत कम होती थी। पुरुषों की पोशाक थी दो चद्दरें जिनमें से एक कमर में बाँधी जाती थी और दूसरी से शरीर को लपेट लिया जाता था। जब पुरुष जनता में घूमते थे तो वे पगड़ी बाँध लेते थे। युवक रंगदार पगड़ियाँ बाँधते थे लेकिन वृद्ध सफेद पगड़ियों का प्रयोग करते थे। स्त्रियों की पोशाक भी इसी प्रकार के दो लम्बे कपड़ों की थी। एक कपड़े को साड़ी की तरह बाँध लिया जाता था और उत्तरीय से सिर को ढका जाता था। विधवा स्त्रियाँ सफ़ेद कपड़े से सिर ढकती थीं लेकिन विवाहित स्त्रियाँ रंगदार कपड़े ही प्रयोग करती थीं। स्त्रियाँ सिर में सिन्दूर डालती थीं। आमतौर पर सूती कपड़े ही प्रयोग किए जाते थे लेकिन कभी-कभी रेशमी कपड़े पहने जाते थे। क्षत्रिय लम्बे बाल रखते थे। ब्राह्मण सिर और दाढ़ी के बाल मुँडवाते थे। लेकिन शिखा दोनों ही रखते थे। लोग सोने और चाँदी के आभूषण पसन्द करते थे। वे अच्छे खिलाड़ी भी थे। कृष्ण, बलराम और भीम बहुत अच्छे खिलाड़ी थे। लोग हाथियों के युद्धों में बहुत रुचि लेते थे। गदाओं की लड़ाइयाँ भी लोकप्रिय रही प्रतीत होती हैं।

धनी मद्यपान करते थे और जुआ खेलते थे। वेश्यावृत्ति भी प्रचलित थी। चरित्रहीन स्त्रियों की कमी नहीं थी। राजा और धनी लोग रखैल रखते थे।

लोगों में बोलचाल की भाषा संस्कृत थी लेकिन प्राकृत का आरम्भ भी हो रहा था। लोग दर्शन और भाषण-विद्या का अध्ययन करते थे और संगीत तथा नृत्य लड़कियों के लिए विशेषताएँ समझी जाती थीं।

नक्षत्र-विज्ञान ने बहुत प्रगति की और लोगों को बारह राशियों का ज्ञान था। 27 नक्षत्रों के प्रति चन्द्र के चलन का भी उन्हें ज्ञान था। ज्योतिष की सभी गणनाएँ नक्षत्रों और चन्द्र की परस्पर अवस्थाओं पर आधारित थीं। उनका महीना चन्द्रोदय से आरम्भ होता था।

आर्थिक व्यवस्था (Economic Condition)—कृषि और पशु-पालन अब भी लोगों के मुख्य व्यवसाय थे। भूमि की उर्वरता बढ़ाने के लिए सिंचाई की सहायता ली जाती थी। कृषि और पशु-पालन की विद्या का लोग विशेष अध्ययन करते थे। व्यापारियों के संघ बने हुए थे जिनका संचालन महाजन करते थे। ग्राम या गाँव अब भी आर्थिक व्यवस्था की प्रमुख इकाइयाँ थे। महाकाव्यों में नगरों या शहरों का भी नाम लिया गया है। प्रत्येक नगर में कई संघ थे जो स्वयं अपने कार्य की व्यवस्था करते थे। आमतौर पर राजा उनके आन्तरिक मामलों में हस्तक्षेप नहीं करते थे। ग्रामों से कर पदार्थों में प्राप्त किए जाते थे। नगरों से नकद कर लिए जाते थे। देशी और विदेशी व्यापार में वृद्धि हुई। वस्तुओं के आदान-प्रदान के लिए धन का प्रयोग किया जाता था लेकिन स्वयं पदार्थों के आदान-प्रदान की प्रथा भी प्रचलित थी।

साधारणत: लोग सूती कपड़े ही बुनते थे लेकिन कभी-कभी रेशमी और ऊनी कपड़े भी बुने जाते थे। लोगों को कढ़ाई और रंगाई का ज्ञान भी था। खनिज-पदार्थों की खुदाई की जाती थी और शिल्पी उनसे काम करते थे। भारत में सोने, मोतियों और कीमती पत्थरों का भारी मात्रा में उत्पादन होता था।

धार्मिक अवस्था (Religious Condition)—इस युग में कुछ महत्त्वपूर्ण धार्मिक परिवर्तन हुए। वैदिक देवताओं का स्थान ब्रह्मा, विष्णु और शिव ने ले लिया। गणेश और पार्वती जैसे देवता और देवियाँ लोकप्रिय हो गए। अवतार या विष्णु के विभिन्न अवतारों की धारणा भी लोकप्रिय हो गई। राम और कृष्ण को विष्णु के अवतार मानकर उनकी पूजा की जाने लगी। 'भगवद्गीता' हिन्दुओं की सर्वप्रिय धार्मिक पुस्तकों में गिनी जाती है। इसमें कर्म के दर्शन की व्याख्या की गई है। प्रो० एस०आर० शर्मा (S.R. Sharma) का मत है : "ब्राह्मण और आर्य समाजी इसका अध्ययन करते हैं, अन्य पुस्तकों में इसके विषय में लिखते हैं और उस पर टीका करते हैं। सनातनी और वेदान्ती भी इसका उतना ही मान और प्रयोग करते हैं। रामानुजी, वल्लभाचारी और वैष्णव तथा नानकपन्थी, दादूपन्थी और गुलाबदासी सभी इसे एक जैसी मान्यता प्रदान करते हैं। असंख्य संन्यासी और साधु इसका पाठ करते हैं. सम्मान करते हैं और विरोधी विचारों और धारणाओं की पुष्टि में इसमें से उद्धरण प्रस्तुत करते हैं और वादी तथा प्रतिवादी दोनों बराबर आत्म-विश्वास के साथ इसका वर्णन करते हैं। अगणित लोगों ने इसे कण्ठस्थ कर रखा है और रोज एक या दो बार इसका पाठ करते हैं।"[1]

1. *Our Heritage*, pp. 64-5.

राजनीतिक अवस्था (Political Condition)—महाकाव्य युग में भारत में कई राज्य थे। सामान्य रूप से राजतन्त्री सरकारें थीं किन्तु कुछ प्रजातान्त्रिक राज्य भी थे। राजा निरंकुश शासक नहीं था। उसे न्याय और नैतिकता के सिद्धान्तों पर चलना पड़ता था। अत्याचारी राजा को लोग पदच्युत भी कर सकते थे। यदि राजा अपनी प्रजा को किसी प्रकार का आघात पहुँचाए तो जनता का अधिकार था कि वह राजा को मार डाले। महाभारत में कहा गया है कि "अपराधी राजा देवों को स्वीकार नहीं है।" और ऐसे राजा को सिंहासन से हटाया जा सकता है। विशेष अवसरों पर राजा को जनता से परामर्श लेना पड़ता था। राम को युवराज नियुक्त करने से पहले दशरथ ने अपनी प्रजा से परामर्श किया। जब राम और भरत दोनों ही अनुपस्थित थे तो लोगों ने नया राजा चुनने का प्रस्ताव किया। राजा का कर्त्तव्य था कि वह सभी 'पूगों' (ग्रामीण समुदाय), 'श्रेणियों', 'जातियों', 'कुलों', और 'जनपदों' के कानूनों की पालना और रक्षा करे।

गणतन्त्र दो प्रकार के थे। कुछ तो अकेले गणतन्त्र थे और कुछ गणतन्त्रों के समूह थे। अकेले गणतन्त्रों को गण कहा जाता था और सामूहिक गणतन्त्रों को सघटगण कहा जाता था। गणों के प्रशासन में सबसे बड़ी कठिनाई थी एकता की कमी; और आन्तरिक मतभेद को दूर रखने के लिए बहुत प्रयत्न किये जाते थे। सामूहिक गणतन्त्रों में भी ऐसी ही कठिनाई होती थी। कहा जाता है कि यादव, कुकुर, भोज, अन्धक और वृष्णी गणतन्त्रों ने मिलकर एक सामूहिक गणतन्त्र या संघ का निर्माण किया और कृष्ण को इसका राष्ट्रपति या संघ-प्रमुख चुना। संघ के सदस्य गणतन्त्रों के प्रमुखों को ईश्वर कहा जाता था। कहा जाता है कि विभिन्न दलीय नेताओं में ईर्ष्या चल रही थी और कृष्ण ने इसकी शिकायत की। नारद ने कृष्ण से कहा कि वह आन्तरिक मतभेद दूर करके संघ को सुदृढ़ बनाए।

राज्य के विभिन्न सामन्तों का उल्लेख भी किया गया है जैसे 'मन्त्रिन्' (मन्त्रि-परिषद् के सदस्य), अमात्य, सचिव, पार्षद, सहाय, धार्मिक, अर्थकारिन, इत्यादि। विभिन्न विभागों के मुख्याधिकारियों के नाम थे मंत्री, पुरोहित, चमूपति, द्वारपाल, कारागाराधिकारी, द्रव्यसंचयकृत, युवराज, प्रदेष्टा, नगराध्यक्ष, कार्यनिर्माणकृत, दुर्गपाल, अट्वीपालक, राष्ट्रान्तपालक, सभाध्यक्ष, धर्माध्यक्ष और दण्डपाल।

ग्राम या गाँव ही प्रशासन की इकाई थी और ग्रामणी इसका प्रमुख था। ग्रामणी से ऊपर थे दशग्रामी, विंशतीप और शतग्रामी या ग्रामशताध्यक्ष। ये अधिकारी क्रमशः 10, 20 और 100 गाँवों के अधिकारी थे। अधिपति 1,000 गाँवों का अधिकारी था। विभिन्न साधनों से राजस्व एकत्र किया जाता था और अन्त में राजा के पास भेज दिया जाता था।

राज्य में भूमि पर व्यक्तिगत अधिकार था। राज्य केवल उत्पादन का छठा भाग भूमि-कर के रूप में लेता था। खानों को राज्य की सम्पत्ति समझा जाता था और उनकी खुदाई स्वयं राज्य द्वारा करवाई जाती थी। लोग जंगलों को खुली तरह प्रयोग कर सकते थे। चौदह या दस दिनों में एक दिन राजा बिना मज़दूरी के मज़दूरों से काम करवा सकता था। वेदों के ज्ञाता ब्राह्मणों को कर नहीं देने पड़ते थे लेकिन शेष ब्राह्मणों के लिए कर देना अनिवार्य था। लेकिन कर अत्याचारपूर्ण नहीं थे। राजकोष के बारे में राजा को चौकस रहना पड़ता था। वह स्वयं रोज उसकी देखभाल करता था। उसका कर्त्तव्य था कि आय को व्यय से अधिक रखे और कोष में कुछ धन हर समय सुरक्षित पड़ा रहे।

एक मन्त्री और चार जातियों की एक सभा की सहायता से राजा न्याय का प्रशासन करता था। दोनों पक्षों के गवाह बुलाए जाते थे और परीक्षा प्रथा भी प्रचलित थी। धनी लोगों पर जुर्माने लगाये जाते थे और निर्धनों को कारागार में डाल दिया जाता था। स्थानीय पंचों से भी काम लिया जाता था लेकिन उस समय वकील नहीं होते थे। पंच-निर्णय की प्रथा लोकप्रिय थी। राजा का कर्त्तव्य था कि वह अन्यायी को दण्ड दे। रिश्वत लेना पाप समझा जाता था। चोरी के अपराध में कड़ी सजा दी जाती थी।

सेना को नियमित ढंग से वेतन दिया जाता था। प्रत्येक सैनिक को नकद और पदार्थ दोनों दिए जाते थे। सर्वोच्च सेनापति सारी सेना का अधिकारी था। सेना के चार भाग थे, पैदल सेना, अश्वसेना, हाथी सेना और रथ-सेना। इसके अतिरिक्त परिवहन, जल-सेना, गुप्तचर और स्वयंसेवक भी थे। पैदल सैनिकों के पास एक तलवार या भाला होता था। बलिष्ठ सैनिक गदा प्रयोग करते थे। कवच भी बहुत प्रयोग किया जाता था। हाथियों को रक्षा और आक्रमण दोनों के लिए प्रयोग किया जाता था। धनुर्विद्या अत्युत्तम श्रेणी की थी। ढोल-नाद्य और मृदंग की ताल पर योद्धा युद्ध करते थे। सेना को कई आकारों से आयोजित किया जाता था और उनमें सर्वाधिक प्रचलित रूप था चक्रव्यूह। युद्ध नियमानुसार होता था।

यह वीरता का युग था। युद्ध क्षत्रियों का कर्त्तव्य था और युद्ध-भूमि से भाग जाना अत्यन्त लज्जाजनक समझा जाता था। जो युद्ध में काम आ जाते वे सीधा स्वर्ग प्राप्त करते थे। स्त्री से या स्त्री जैसे किसी अन्य व्यक्ति से युद्ध नहीं किया जाता था। युद्ध में जख्मी होने वाले या हारने वाले पर प्रहार नहीं किया जाता था। लेकिन शत्रु प्रदेश को अग्नि से भस्म कर देना नीतिपूर्ण था। युद्ध में रथों का बहुत प्रयोग किया जाता था। अग्नि-शस्त्र और प्रक्षेपणास्त्र भी प्रयोग किए जाते थे। कौरवों को विनष्ट करने के लिए कृष्ण ने 'सुदर्शन चक्र' का प्रयोग किया। 'विमानों' का उल्लेख भी है।

Suggested Readings

Durant, Will : Our Oriental Heritage.
Dutt, R.C. : The Ramayana and Mahabharata.
Hopkins, E.W. : The Great Epic of India, 1902.
Hopkins, E.W. : India : Old and New.
Majumdar, R.C. (Ed.) : The Age of Imperial Unity.
Mookerjee, R.K. : Hindu Civilisation.
Motichandra : Geographical and Economical Studies in the Mahabharata.
Pusalker, A.D. : Studies in Epics and Puranas of India.
Rajagopalchariar, C. : Ramayana.
Rapson (Ed.) : Cambridge History of India, Vol. I.
Rapson (Ed.) : Ancient India.
Telang, K.T. : Was the Ramayana copied from Homer? 1873.
Triveda, D.S. : Five thousands years ago in Mahabharata War (Journal of Indian History, 1937, pp. 239-248).
Vaidya, C.V. : Epic India.
Vaidya, C.V. : The Mahabharata, a Criticism.
Vaidya, C.V : Riddle of the Ramayana.
Vyas, S.N. : India in the Ramyana Age.

अध्याय

12

धर्मशास्त्रों का युग

(The Age of Dharma-Shastras)

धर्मशास्त्रों के अध्ययन से हमें तत्कालीन सामाजिक, आर्थिक, धार्मिक और राजनीतिक जीवन के सम्बन्ध में पर्याप्त लाभदायक जानकारी प्राप्त होती है। धर्मशास्त्र में मुख्य मनु, विष्णु, याज्ञवल्क्य और नारद की स्मृतियाँ हैं। विष्णु-कृत धर्मशास्त्र गद्य में है। अन्य तीनों धर्मशास्त्र पद्य में लिखे गए हैं। समय-समय पर मौलिक धर्मशास्त्रों में और भी लेख जोड़े जाते रहे।

मनुस्मृति (Manusmriti)—हिन्दू विधि पर सबसे अधिक प्रामाणिक पुस्तक मनुस्मृति है। यही पुस्तक हिन्दू-विधि की आधार-शिला थी और ब्रिटिश राज्य के समय में भी अंग्रेजों ने इसे मान्यता दी। कई पुराने कथन थे जिन्हें मनुस्मृति या मानव धर्मशास्त्र के रूप में संकलित कर दिया गया। कहा जाता है कि यह काम 'कृष्ण यजुर्वेद' के वैदिक स्कूल का ही था। मनुस्मृति में अत्रि, गौतम, शौनक और वसिष्ठ के धर्मशास्त्रों का उल्लेख है। याज्ञवल्क्य और विष्णु ने अपने धर्मशास्त्रों में मनुस्मृति का उल्लेख किया है।

मानव धर्मशास्त्र का भौगोलिक दृष्टिकोण विन्ध्य पर्वत से उत्तर के क्षेत्र तक ही सीमित है। आर्य-संस्कृति के इन चार प्रदेशों का भी उल्लेख है : ब्रह्मावर्त्त, ब्रह्मर्षिदेश, मध्यदेश और आर्यावर्त्त। सरस्वती और दृशद्वती के बीच के क्षेत्र को ब्रह्मावर्त्त कहते थे। कुरुक्षेत्र, पंचाल, मत्स्य और शूरसेन राज्यों को ब्रह्मर्षि-देश कहते थे। हिमालय तथा विन्ध्य और सरस्वती तथा प्रयाग के बीच के क्षेत्र को मध्य-देश कहते थे। दो पर्वतों और दो समुद्रों के मध्य के प्रदेश को आर्यावर्त्त कहा गया। आर्यावर्त्त हिरनों और वैदिक यज्ञों के लिए प्रसिद्ध था। शक, किरात, द्रविड़, यवन, कम्बोज, पहलव, चीनी आदि लोगों का भी उल्लेख है।

देश में कोई केन्द्रीय सत्ता नहीं थी। देश कई राज्यों में बँटा हुआ था। एक राज्य को राष्ट्र कहा जाता था। राष्ट्र के प्रमुख को राजा और जनता को प्रजा कहा जाता था। राष्ट्र स्वयं देशों, जनपदों या विषों में बँटा था। राजा के आधीन अन्य शासक सामन्त कहलाते थे। ग्राम के प्रमुख को ग्रामणी कहा जाता था और उसके ऊपर थे दशी, विंशी, शतेश और सहस्रेश जो क्रमशः 10, 20, 100 और 1000 ग्रामों के अधिकारी थे। ग्रामणी को अनाज, पेय, ईंधन और सब्जी के रूप में पारिश्रमिक दिया जाता था। दशी, विंशी, शतेश और सहस्रेश के वेतन उनकी स्थिति के आधार पर निर्धारित किए जाते थे।

राजा राज्य का प्रमुख था। वह जनता का रक्षक भी था। उसके बहुत से सहकारी सहाय कहलाते थे। वह एक परिषद् से भी परामर्श लेता था जिसका प्रमुख मुख्यामात्य कहलाता था। राजा निरंकुश नहीं था। अपने मामलों में लोगों को पर्याप्त स्वशासन प्राप्त था। राजा का कर्त्तव्य कानून बनाना न होकर कानून की रक्षा करना था। कानून के स्रोत वेद, धर्मशास्त्र, शील और आचार थे। किसी भी विशेष विषय पर सन्देह होने पर एक विशारद-सभा बुलाई जाती थी जिसे परिषद् कहा जाता था। परिषद् का मत राजा को मान्य होता था। कुल, जाति, श्रेणी और जनपद को अपने कानून स्वयं बनाने की छूट थी। राजा का कर्त्तव्य उन कानूनों को मान्यता देना और उनको लागू करना था।

मनुस्मृति में समाज को दो भागों में बाँटा है : आर्य तथा अनार्य। अनार्यों को वास्तव में अनार्य, दस्यु और म्लेच्छ कहा जाता था। दस्यु शब्द में चाण्डाल, श्वपक आदि सम्मिलित थे। अनार्य देश में घूमते रहते थे और श्मशान भूमि के निकट जंगलों तथा पहाड़ों में रहते थे। वे अपने साथ बहुत से कुत्ते और गधे भी रखते थे। रात के समय उन्हें गाँव में आने की आज्ञा नहीं थी। दिन के समय भी जब वे आते थे तो उन्हें एक विशेष पोशाक पहननी पड़ती थी। अपराधियों को फाँसी लगाने और शव उठाने का काम उनसे लिया जाता था। वे शिकार से जीवन-निर्वाह करते थे।

आर्य भी दो भागों में विभक्त थे : द्विजाति तथा एक-जाति। पहले भाग में ब्राह्मण और क्षत्रिय सम्मिलित थे। शूद्र एक-जाति कहलाते थे। अन्तर्जातीय विवाह, पर-पुरुष-गमन और अनुपयुक्त स्त्रियों से विवाह के कारण मिश्रित जातियाँ भी अवश्य बन गई होंगी। लोगों का जीवन वर्णाश्रम धर्म पर आधारित था। उत्तम चरित्र और आध्यात्मिकता के कारण ब्राह्मणों को समाज में ऊँचा स्थान प्राप्त था। वे अध्यापक, पुरोहित, न्यायाधीश, निर्धारक और मन्त्रियों का काम करते थे। स्वयं ब्राह्मणों द्वारा नियमों का उल्लंघन होने से उनकी जाति नीची हो जाती थी, लेकिन उन्हें प्राणदण्ड नहीं दिया जा सकता था। ब्राह्मणों को सरल, गुणवान और संन्यासी जीवन व्यतीत करना पड़ता था। उनमें सबके प्रति सद्‌भावना होनी चाहिए थी। क्षत्रिय का मुख्य कर्म था युद्ध करना और देश की रक्षा करना। वैश्यों का काम था कृषि, व्यापार-वाणिज्य और पशु-पालन करना। वे समुद्री यात्राओं के लिए भी जाते थे और उनसे देश की समृद्धि में वृद्धि करने की आशा की जाती थी।

आर्य लोगों का सबसे बड़ा भाग शूद्र जाति था। उनका काम ब्राह्मणों, क्षत्रियों और वैश्यों की सेवा करना था। कूड़ा-कर्कट और शव उठाना भी उन्हीं का काम था। उन्हें संस्कार करने की आज्ञा नहीं थी। वे श्राद्ध कर सकते थे। शूद्रों के अतिरिक्त दास भी थे जिनकी सात श्रेणियाँ बताई गई हैं। उनमें से कुछ युद्ध में बन्दी बना लिये गए थे, कुछ भोजन के कारण दास थे; कुछ खरीदे गए थे; कुछ विरासत में प्राप्त किए गए थे; और कुछ ऋण के कारण दास बन गए थे। वंशागत दास अपनी स्थिति नहीं बदल सकते थे। दास को सम्पत्ति रखने का अधिकार नहीं था।

मनु ने स्त्रियों को आदरणीय स्थान नहीं दिया है। उन्हें वेदों का अध्ययन करने की आज्ञा नहीं थी। विवाह के अतिरिक्त अन्य संस्कारों के समय उन्हें मन्त्रों का उच्चारण करने की आज्ञा भी नहीं थी। विवाह से पहले कन्या को अपने पिता या भाई के नियन्त्रण में रहना पड़ता था और विवाह के बाद उसे पति के नियन्त्रण में रहना होता था। पति की मृत्यु के पश्चात् वह अपने पुत्रों के अधीन रहती थी। 'स्त्री धन' के अतिरिक्त अन्य कोई सम्पत्ति वह उत्तराधिकार में प्राप्त नहीं कर सकती थी।

मनु ने चार आश्रम बताए हैं : ब्रह्मचर्य, गृहस्थ, वानप्रस्थ और संन्यास। ब्रह्मचारी के रूप में विद्यार्थी को कठोर जीवन व्यतीत करना पड़ता था और अधिक से अधिक शिक्षा प्राप्त करनी पड़ती थी। 'उपनयन' संस्कार के पश्चात् शिक्षा आरम्भ होती थी। ब्राह्मणों, क्षत्रियों और वैश्यों के लिए यह संस्कार क्रमश: 8, 11 और 12 वर्ष की आयु में किया जाता था। प्रतिभाशाली बच्चों का कम आयु में भी उपनयन कर दिया जाता था। विद्यार्थी अपने गुरू के पास रहता था। गुरू का कर्त्तव्य विद्यार्थी के आध्यात्मिक और शारीरिक विकास की ओर ध्यान देना था। प्रत्येक विद्यार्थी को 'सन्ध्या' और 'अग्निहोत्र' करने पड़ते थे। उस समय वेदों, ब्राह्मणों, आरण्यकों, उपनिषदों, वेदांगों, दर्शनशास्त्रों, धर्मशास्त्रों आदि का अध्ययन किया जाता था। कुछ विद्यार्थी किन्हीं विषयों में दक्षता प्राप्त कर लेते थे। वेदों के अध्ययन में दक्षता प्राप्त करने वाले 'वैदिक' कहलाते थे। शास्त्रों या वेदांगों के अध्ययन में दक्षता प्राप्त करने पर 'शास्त्री' कहलाते थे। अध्ययन के लिए कोई निश्चित अवधि नहीं थी। यह अवधि 9 से 36 वर्ष तक थी। विभिन्न प्रकार के विद्यार्थियों को विद्या-स्नातक, व्रत-स्नातक और विद्या-व्रत-स्नातक कहा जाता था। जो विद्यार्थी अपना सम्पूर्ण जीवन शिक्षा में लगा देते थे उन्हें नैष्ठिक कहा जाता था।

प्रत्येक वर्ष में शिक्षा की दो अवधियाँ थीं। प्रत्येक अवधि के शुरू में विभिन्न संस्कार किए जाते थे। उन संस्कारों को 'उपकर्म' और 'उत्सर्ग' कहा जाता था। कुछ अवसरों पर विद्यार्थियों को छुट्टियाँ भी दी जाती थीं। ये छुट्टियाँ प्रत्येक मास की अष्टमी, चतुर्दशी, अमावस्या और पूर्णिमा से सम्बन्धित थीं। कभी-कभी वर्षा, आग, ग्रहण आदि के कारण भी छुट्टियाँ दी जाती थीं। अध्यापक दो प्रकार के थे : उपाध्याय और आचार्य। आचार्य नि:शुल्क पढ़ाते थे लेकिन उपाध्यायों को शुल्क देना पड़ता था। उपाध्यायों और उनके विद्यार्थियों का समाज में मान नहीं किया जाता था।

लोग अब भी मुख्यतः कृषि पर निर्भर थे। उसकी उन्नति के लिए भरसक प्रयत्न किए जाते थे। बीजों में मिलावट करने वालों को कठोर दण्ड दिया जाता था जिससे दूसरे लोगों को मिलावट न करने की शिक्षा मिल सके। कपास, गेहूँ, जौ, चावल, तिल, गन्ने आदि की खेती की जाती थी। कृषक एक वर्ष में दो फसलें उगा लेते थे। हल, जुआ आदि खेती के औजारों का उल्लेख है। उत्पादन का $\frac{1}{4}$, $\frac{1}{8}$ या $\frac{1}{12}$ भाग राज्य को भूमि-कर के रूप में प्राप्त होता था। जो लोग अपनी भूमि पर ठीक से खेती नहीं करते थे उन्हें दण्ड दिया जाता था। गाय, भैंस, भेड़ और बकरी की पालना की जाती थी। घी और दूध की बहुलता थी।

लोग पुरों, नगरों और ग्रामों में रहते थे। वे कारीगर, मिस्त्री, सुनार, रंगसाज, धोबी, दर्जी, जुलाहा, कुम्हार, ठठेरा, स्रावक आदि का काम करते थे। आदान-प्रदान के लिए धन का प्रयोग किया जाता था, लेकिन वस्तु-विनिमय की प्रथा भी प्रचलित थी। सम्बन्धित व्यापारियों से परामर्श के पश्चात् सरकार सभी वस्तुओं के मूल्य निश्चित करती थी। मिलावट और गलत नाप-तौल का प्रयोग रोकने के लिए कड़ी सजाएँ दी जाती थीं। देश के अन्दर और विदेशों के साथ अत्यधिक व्यापार किया जाता था। कभी-कभी व्यापारिक मार्ग जंगलों या दलदलों में से होकर निकलते थे। व्यापारियों को लूट लिया जाता था। माल को नदियों और समुद्र के रास्ते भी ले जाया जाता था। निर्यात पर सरकार का नियन्त्रण था। बताया गया है कि "जिस वस्तु पर राजा का एकाधिपत्य हो या उसका निर्यात वर्जित हो, उसका निर्यात करने वाले व्यापारी का माल जब्त कर लिया जाता था।" सरकार द्वारा लगाए गए टैक्सों को 'शुल्क' कहते थे। चुंगी इकट्ठा करने के लिए सारे देश में चौकियाँ बनाई गई थीं। नदियों पर नावों का नियन्त्रण सरकार के हाथ में था और उनके प्रयोग के लिए कर देना पड़ता था। रुपये उधार देने की प्रथा थी। उस पर 15 प्रतिशत ब्याज लेने की आज्ञा थी। बिना जमानत दिए गए ऋण पर ऊँची दर पर सूद लेने की आज्ञा थी। सोने के सिक्के को 'स्वर्ण' कहा जाता था जिसका भार '80 कृष्णाल' था। चाँदी के सिक्कों में कृष्णाल, माशा, धर्ण और शतमान थे। ताँबे के सिक्कों को कार्षापण (Karshapana) कहा जाता था। कार्षापण को ही संक्षिप्त रूप में 'पण' कहते थे और सबसे छोटा सिक्का '$\frac{1}{8}$ पण' था। "मनुस्मृति" में निम्न धातुओं के नाम मिलते हैं : सोना, चाँदी, ताँबा, काँसी, सीसा, लोहा, कली और जस्ता। सरकार के नियन्त्रण में खानों से कीमती पत्थरों की खुदाई भी की जाती थी।

याज्ञवल्क्य-स्मृति (Yajnavalkya Smriti)—'याज्ञवल्क्य-स्मृति' 'मनुस्मृति' की अपेक्षा अधिक नियमित है। यह संक्षेप रूप में है। किन्तु इसमें कई नये विषयों की जानकारी दी गई है जिनकी मनु ने चर्चा नहीं की थी। मनु ने केवल दो परीक्षाओं का ही उल्लेख किया है। लेकिन "याज्ञवल्क्यस्मृति" में पाँच विभिन्न परीक्षाओं का विस्तृत वर्णन किया गया है। इसमें बहुत-सी चिकित्सक और शारीरीय सामग्री भी दी गई है। मनु ने ब्राह्मण को शूद्र कन्या से विवाह करने की आज्ञा दी है लेकिन याज्ञवल्क्य ने इसकी निन्दा की है। मनु ने नियोग की भर्त्सना की है लेकिन याज्ञवल्क्य ने ऐसा नहीं किया। मनु ने द्यूत का विरोध किया, लेकिन याज्ञवल्क्य ने कुछ ढंग बताए हैं जिनसे द्यूत को राज्य के नियन्त्रण में लाया जा सकता है ताकि राजस्व में वृद्धि हो। मनु ने न्यायालयों में लिखित प्रमाण की ओर संकेत भी नहीं किया, लेकिन याज्ञवल्क्य ने उसकी विस्तृत चर्चा की है। याज्ञवल्क्य ने विधवा स्त्रियों के अधिकार स्पष्ट रूप से व्यक्त किए हैं लेकिन मनु ने ऐसा नहीं किया।

याज्ञवल्क्य ने वेदों, वेदांगों और चौदह विधाओं का उल्लेख किया है। उसने दण्डनीति, स्मृतियों, सूत्रों और भाष्यों का उल्लेख किया है। यदि धर्मशास्त्र और अर्थशास्त्र परस्पर प्रतिकूल हों तो धर्मशास्त्र का मत मान्य होगा। याज्ञवल्क्य ने ब्राह्मणों के विहारों का भी उल्लेख किया है जहाँ विद्वान लोग वेदों का गम्भीर अध्ययन करते थे। उसने कुल, जाति, श्रेणी, गण और जनपद जैसे अनेक निगमों का भी उल्लेख किया है जिन्हें अपने आन्तरिक मामलों में स्वायत्तता प्राप्त थी।

विष्णुस्मृति (Visnu-Smriti)—इसकी रचना याज्ञवल्क्य स्मृति के पश्चात् की गई थी क्योंकि इसके कुछ भाग स्पष्ट ही याज्ञवल्क्य स्मृति से लिए गए प्रतीत होते हैं। आर्यावर्त्त की परिभाषा मनु द्वारा बताए गए क्षेत्र पर ही लागू नहीं थी, यह तो समस्त भारतवर्ष का ही नाम था। विष्णु ने वेदों की संहिता, ऐतरेय ब्राह्मण, पुराणों, धर्मशास्त्रों, व्याकरण और वेदांगों का उल्लेख किया है। उसमें सती-प्रथा के प्रचलन का भी वर्णन है। कापालिक और शूद्र संन्यासी भी होते थे। लोगों को म्लेच्छों और अन्त्यजों से न बोलने के लिए कहा गया था। उन्हें वासुदेव की पूजा करनी होती थी। जब राजा प्रजा को उपहार देता था तो उन उपहारों की सूची चमड़े या ताँबे की पट्टी पर बनाई जाती थी। उस पर राजा की मुहर भी लगनी आवश्यक थी। विष्णु ने यव, कृष्णाल, माशा, अक्षार्ध, सुवर्ण, निष्क और धर्ण सिक्कों का उल्लेख किया है।

नारदस्मृति (Narada-Smriti)—नारदस्मृति की रचना मनुस्मृति के पश्चात् हुई। दोनों पुस्तकों में कई श्लोक एक-जैसे हैं और दोनों का विषय-क्रम भी एक जैसा है। याज्ञवल्क्य ने पाँच परीक्षाओं का वर्णन किया, लेकिन नारद ने दो और जोड़ दीं। मनु नियोग और स्त्रियों के पुनर्विवाह के विरुद्ध थे, लेकिन नारद के विचार ऐसे नहीं हैं। उसने पन्द्रह प्रकार के दासों का उल्लेख किया है लेकिन मनु ने केवल सात का ही वर्णन किया था। नारद भी द्यूत पर राज-नियन्त्रण और राजस्व में वृद्धि का समर्थक था। नारद ने विधवा स्त्री को अपने पति की सम्पत्ति उत्तराधिकार में प्राप्त करने का अधिकार नहीं दिया। नारद द्वारा उल्लिखित सिक्के दिनार, पण और कार्षापण थे।

नारद ने प्रशिक्षण के कुछ नियम भी निर्धारित किए। जो विद्यार्थी शिक्षा पूर्ण करने से पहले ही भाग जाएँ उन्हें दण्ड दिया जाता था। साझादारी के आधार पर भी व्यापार किया जा सकता था। साझादारों के लाभ या हानि को उनकी पूँजी के अनुपात में बाँटा जाता था। कुल, श्रेणी, गण, युग, व्रत आदि निगमों का भी उल्लेख है। ये निगम अपने नियम स्वयं बनाते थे और राजा का कर्त्तव्य उन नियमों को लागू करना था।

Suggested Readings

Buhler	:	Laws of Manu, 1886.
Dutt, R.C.	:	History of Civilization in Ancient India.
Jolly, J.	:	The Laws of Manu.
Kane, P.V.	:	History of Dharmasastras, 5 Vols.
Majumdar, R.C. (Ed.)	:	The Age of Imperial Unity.
Mandalik, V.N.	:	Manav Dharma Shastra, 1886.
Monier-Williams	:	Religious Thought and Life in India.
Mookerjee, R.K.	:	Hindu Civilization.
Rapson	:	Cambridge History of India, Vol. I.
Shriram	:	Social Structure and Values in Later Smrities (Narada, Parasara, Katyayana and Brihaspati).
Srisa Chaadra	:	Yajnavalkya Smriti, 1918.

अध्याय

13

जाति-प्रथा

(Caste System)

सर हरबर्ट रिस्ले (Herbert Risley) का कथन है कि "जाति परिवारों के समूह को कहते हैं। उस समूह के सदस्यों का एक ही नाम होता है जो आमतौर से किसी ईश्वरीय या महान् मानवीय अस्तित्व से सम्बन्धित होता है। उनका एक ही व्यवसाय होता है और योग्य व्यक्तियों के विचारानुसार वे एक संयुक्त समुदाय हैं।" डॉ० वी०ए० स्मिथ (V.A. Smith) का मत है कि "जाति परिवारों के समूह को कहते हैं जो धार्मिक संस्कारों और विशेषकर भोजन और विवाह-सम्बन्धी रीतियों की पवित्रता के लिए एकत्र होते हैं।" डॉ० शाम शास्त्री का कथन है कि "आहार और विवाह-सम्बन्धी सामाजिक पृथक्त्व को ही जाति कहते हैं। जन्म और संस्कार का महत्त्व कम है।"

उत्पत्ति (Origin)—जाति-प्रथा के सम्बन्ध में विद्वानों में मतभेद है, किन्तु इतना सभी स्वीकार करते हैं कि यह एक अत्यन्त प्राचीन व्यवस्था है। प्रो० रैप्सन (Rapson) का विचार है कि सर्वप्रथम आर्यों और आदि अनार्यों के काले और गोरे रंग को लेकर ही जाति-प्रथा का आरम्भ हुआ। आरम्भ में समाज दो भागों में विभक्त था, आर्य और अनार्य। काले रंग के अनार्य आदिवासी कालान्तर में शूद्र बना दिये गए।

डॉ० स्मिथ का लेख है कि जाति-सम्बन्धी अधिक भ्रम का कारण यह भी है कि मनु द्वारा प्रयुक्त शब्द वर्ण के जानबूझ कर गलत अर्थ लिए गए। वर्ण को जाति समझ लिया गया। यदि वर्ण शब्द का अनुवाद जाति न करके वर्ग, श्रेणी या इसी कोटि के किसी अन्य शब्द से किया जाता तो यह भ्रम पैदा न होता। मनु द्वारा लिखित जाति या वर्ग-सम्बन्धी सामग्री का संग्रहकर्ता निश्चय ही या जानता था कि जाति और वर्ण में क्या अन्तर है। उसने जातियों की संख्या 50 लिखी है, किन्तु वर्णों की संख्या केवल 4 बताई है।

शाम शास्त्री का विचार है कि "प्रागैतिहासिक काल में जातियों के स्थान पर ब्राह्मण, क्षत्रिय, वैश्य और शूद्र चार वर्ग थे। शायद वर्ण शब्द का प्रयोग पहले-पहले सभी प्रकार की जातियों के लिए होता था और शायद विभिन्न रंगों के वस्त्रों को धारण करने वाले वर्गों के आधार पर ही इस शब्द की उत्पत्ति हुई थी। उदाहरणार्थ ब्राह्मणों के सफेद, क्षत्रियों के लाल, वैश्यों के पीले और शूद्रों के काले वस्त्र हुआ करते थे।"

डॉ० रॉलिनसन (Rawlinson) का कथन है कि जाति एक पुर्तगाली शब्द है, जिसका अर्थ है वर्ग की पवित्रता। जाति का आरम्भिक आधार था वर्ण (रंग)। गोरी चमड़ी वाले आर्य काली चमड़ी वाले दस्युओं को घृणा की दृष्टि से देखते थे।

इस सम्बन्ध में डॉ० गोखले का कहना है कि जाति-व्यवस्था को स्पष्ट करने के लिए दो ही शब्दों का प्रयोग हुआ है। उनमें से पहला शब्द है वर्ण और दूसरा है जाति। पहले शब्द का सम्बन्ध रंग से है और दूसरे का जन्म से। इसी प्रकार क्रमशः पहला शब्द जातीय अन्तर से और दूसरा शब्द जन्म के अन्तर से सम्बन्धित है। इस प्रकार आर्य और अनार्य दो भिन्न जातियाँ बन गईं। एक को आर्य वर्ण और दूसरी को दास वर्ण कहा गया। ऋग्वेद में भी इनका इसी प्रकार वर्णन

मिलता है। जब आर्य भारत पर आक्रमण करने आये तब वे धर्म, रंग, रीति-रिवाजों और शिष्टाचार की दृष्टि से अना से भिन्न थे। अत: परिणाम यह हुआ कि आर्य और अनार्य जाति के सर्वप्रथम दो विशाल वर्ग बन गए। राजनीतिक दृ से भी दोनों भिन्न थे। आर्य विजेता और अनार्य विजित; आर्य गोरे थे और अनार्य काले। इस प्रकार दो वर्गों का बन जा स्वाभाविक था।

नैस्फ़ाल्ड ने लिखा है कि जाति-प्रथा का आधार लोगों द्वारा अपनाए जाने वाले भिन्न-भिन्न पेशे थे; जैसे शिका मछली पकड़ना, पशु पालन, कृषि, शारीरिक श्रम या दास-कर्म, व्यापार या पुरोहिताई (ब्राह्मण-वृत्ति)।

सर हर्बर्ट रिस्ले का कहना है कि जाति वर्ग का विषय है और नाक की आनुपातिक चौड़ाई के आधार पर जाती उत्पत्ति बताना अपने-आप में एक विरोधाभास-सा लगता है।

सेनार्ट ने इस विषय में लिखा है कि जातियों को वैदिक युग के और मूल आर्यों के वर्गों से जोड़ दिया गया, कि जाति और वर्ग के अर्थ के विषय में विद्वानों में पर्याप्त मतभेद है। ''वर्ग राजनीतिक माँग की पूर्ति करता है'' और ''जा का सीधा सम्बन्ध है धर्म के पालन, परम्परागत विश्वासों और स्थानीय प्रभावों से, जिनका वर्ग हित से कोई सम्बन्ध नही जाति और वर्ण पारस्परिक प्रतिक्रिया से सम्मिलित भले ही हो जाएँ, किन्तु वास्तव में वे भिन्न हैं।'' भारतवर्ष की सामाजि परिस्थितियों के कारण ''उस समय की वर्ण-व्यवस्था को उससे पूर्व जातीय और वर्गीय विभाजनों से मिला दिया गया। वेदों में शूद्रों का वर्णन नहीं है। उनमें तो केवल दस्युओं का नाम है। इससे मालूम होता है कि तब तक इन दस्युओं क आर्यों ने अपने साथ नहीं मिलाया था। बाद में जब इन दस्युओं को आर्यों ने अपना लिया तब चौथे वर्ण का जन्म हुआ सेनार्ट का मत है कि वर्ण का अर्थ है समुदाय या समूह। साधारण रूप से यह वंशानुगत होता था। ब्राह्मणों ने इसी आध पर चार वर्णों को स्थिर किया किन्तु जाति का अर्थ है वास्तविक जाति, जो बिलकुल ठोस हो। ये नियम, जो जाति के लि बने थे, तत्पश्चात् वर्णों के साथ जोड़ दिये गए।

ब्राह्मणों ने वर्ण-व्यवस्था को ईश्वरीय तत्त्वों से जोड़ने का प्रयत्न किया। उनकी धारणा का आधार ऋग्वेद क पुरुष-सूक्त है। उन्होंने कहा कि ब्रह्मा के मुख से ब्राह्मण, भुजाओं से क्षत्रिय, उदर से वैश्य और चरणों से शूद्र उत्पन्न हुए। चूँकि वेदों को अलौकिक बताया गया है, उनके वर्णन को असत्य नहीं समझा जा सकता। इसलिए उनमें दिए ग वर्ण-विभाजन को दैवी आज्ञा मानना होगा।

इतिहास का निष्पक्ष अध्ययन करने वाले विद्यार्थी को इनमें से एक भी बात तर्क-संगत प्रतीत नहीं होगी। नॉर्डिक वर्णों में जाति-व्यवस्था पहले से ही विद्यमान थी। यूनानी और रोमन जातियों में भी स्वतन्त्र व्यक्ति और दास हुआ कर थे। आदिकालीन ईरानियों में भी इस प्रकार के भेद थे। संपूर्ण यूरोप को प्रभावित करने वाले ऐंग्लो-सैक्सनों में भी यह प्रथा थी। अर्ल, सिओर्ल और थियोवा एंग्लो-सैक्सनों की ही जातियाँ थीं। इनमें थियोवा की अवस्था शूद्र से बढ़कर थी और दूसरी बात यह है कि ये भेद जन्म के आधार पर थे। इंग्लैण्ड और अन्य देशों में आज भी काउण्ट, ड्यूक औ आर्कड्यूक उस काल का स्मरण कराते हैं। यह और बात है कि उनका आधार अब पूर्ववत् नहीं रहा। अत: लगता है कि उनकी पूर्वकालीन सामाजिक रचना कुछ ऐसे तत्त्वों के आधार पर हुई थी जो समाज को वर्गों में बाँट दिया करते थे। बा में जब आर्यों का गंगा-सिन्धु के मैदानों की ओर आगमन हुआ तब जाति-प्रथा की व्यवस्था रंग और वर्ण दोनों के आधा पर हुई। किन्तु अन्य देशों में अब यह विभिन्नता समाप्त हो चुकी है। कुछ असाधारण परिस्थितियों के कारण भारत के समाज में यह अप्राकृतिक विभिन्नता अभी तक चल रही है।

जाति-प्रथा का विकास (Growth of the Caste System)—प्राचीन काल में जाति-प्रथा आसानी से बदल जा सकती थी। कोई भी व्यक्ति एक वर्ण से दूसरे वर्ण में जा सकता था। प्रसिद्ध परशुराम जन्म से ब्राह्मण, किन्तु क से क्षत्रिय था। विश्वामित्र जन्म से क्षत्रिय किन्तु कर्म से ब्रह्मर्षि बन गया था। प्रसिद्ध ऋषि वसिष्ठ वेश्या की सन्तान था महाभारत का प्रसिद्ध और मूल लेखक व्यास एक धीवरी का पुत्र था। पराशर ऋषि चाण्डाल का पुत्र था। ऋग्वेद के एक स्तोत्र के रचयिता का कथन है— ''मैं स्तोत्रों का रचयिता हूँ, मेरा पिता वैद्य है और माँ चक्की पीसती है। हम सभी विभिन्न कार्यों में लगे हैं।'' समय के साथ-साथ यह जाति-प्रथा दृढ़ से दृढ़तर होती गई और इसका लचीलापन कम होता गया परिणामस्वरूप एक जाति से दूसरी जाति में वर्ण-परिवर्तन असम्भव हो गया। ये जातियाँ कर्म-गत न होकर जन्म-गत

ा गईं। बाद में इन जातियों की उप-जातियाँ बनती गईं और प्रत्येक उप-जाति ने अपना एक निश्चित स्थान बना लिया। न उप-जातियों का जन्म कभी किसी भूल-चूक हो जाने से भी हुआ होगा। आर्यों-अनार्यों के मिलन से भी कुछ नवीन ातियों को जन्म मिला होगा। इस प्रकार यह जाति-प्रथा या वर्ण-व्यवस्था सभ्यता-प्रसार का एक साधन थी, जिससे नए ोगों को आर्यों के समाज में स्थान दिया गया।

जाति का यह बन्धन बाद के वैदिक समाज में भी आ गया। इस काल की अस्पृश्यता या छूतछात के अच्छे खासे ौर रोचक उदाहरण सूत्रों में उपलब्ध होते हैं। गौतम सूत्र में कहा गया है कि ब्राह्मण को ब्राह्मण या क्षत्रिय का ही भोजन हण करना चाहिए। विशेष परिस्थितियों में उसे यदि शूद्र से कुछ प्राप्त हो तो वह ले सकता है किन्तु साधारणतः नहीं। क और सूत्र के अनुसार, ''किसी को भी नीच जाति के लोगों को शिक्षित नहीं करना चाहिए। न उनके लिए यज्ञ करना ाहिए और न उनसे समागम ही करना चाहिए।'' शूद्र जाति के सम्बन्ध में नियम काफी कठोर हो गए थे। किन्तु तीनों च्च वर्णों में अभी ऐसी बात न थी। निश्चित रूप से नहीं कहा जा सकता कि वैदिक युग में ब्राह्मण को क्षत्रिय से ऊँचा ाना जाता था या नहीं। राजकुमार और क्षत्रिय सम्भवतः अपने आपको ब्राह्मणों से ऊँचा मानते थे। क्तिु शायद उनकी यह ालसा मान्यता प्राप्त न कर सकी।

समय के साथ-साथ जाति-प्रथा का विस्तार होता गया। वौद्ध और जैनी पूर्णतया निरामिष-भोजी थे। अतः इस ाधार पर ही उनके अलग वर्ग बन गए। हिन्दुओं द्वारा हस्तक्षेप किए जाने पर उनकी और विभिन्न जातियाँ बन गईं। जब ानियों ने भारत पर आक्रमण किया तो आर्यों ने उनके साथ मिलना स्वीकार न किया और उन्हें यवन कह कर पुकारा। न्तु बाद में जब इण्डो-बैक्ट्रियन और इण्डो-पार्थियन भारत में बस गए और हिन्दू-समाज में घुल-मिल गए तो निवास ो पारस्परिक विशेषताओं के कारण अलग ही उपजातियाँ बन गईं। इसी प्रकार जब हूण जाति घुल-मिल गई तो नवीन जातियाँ सामने आईं। जातियों में परस्पर विवाह हो जाने के कारण भी नवीन अजातियों का जन्म हुआ। बाहर से आने ले को जाति व्यवस्था के कारण रहन-सहन का एक निश्चित हिन्दू-ढंग अपनाना पड़ा। अपने क्षेत्रों में तो वे अपने ही ग से रहते थे।

मुसलमान आक्रमणकारियों ने जाति-प्रथा को और अधिक कड़ा कर दिया। मुसलमानों ने भारत और उसकी संस्कृति नों पर ही एक साथ आक्रमण किया और हिन्दुओं ने अपनी जाति-प्रथा को और अधिक दृढ़ करके इन मुसलमानों के श्रण से अपनी रक्षा की। विभिन्न जातियों की मित्रता किसी भी व्यक्ति को इस बात की आज्ञा नहीं देती थी कि वह नके विश्वासों का आदर करे या उन्हें आघात पहुँचाए। इसके अतिरिक्त उच्च जाति ने नीच जाति के उन लोगों से घृणा रनी आरम्भ कर दी, जो मुसलमानों से किसी प्रकार का भी सामाजिक नाता स्थापित कर रहे थे। इस प्रकार उच्च जाति के गों ने नीच जाति के ऐसे लोगों को म्लेच्छ कह कर पुकारा। अतः कहा जा सकता है कि इन मुस्लिम आक्रमणकारियों कारण ही नीच जाति और उच्च जाति में तनाव पैदा हो गया। इसके अतिरिक्त इस्लाम के प्रचार की रोक-थाम के लिए ष्णव पन्थ, शैव पन्थ, दादू पन्थ, यतनाम पन्थ और सिक्ख सम्प्रदायों का जन्म हुआ। इन सम्प्रदायों और इनकी शाखाओं अनेक उपजातियों को जन्म दिया। केतकर का कहना है कि इन चार वर्णों ने लगभग 3000 जातियों को जन्म दिया।

विभिन्न जातियों की स्थिति (Position of Various Castes)—ब्राह्मण समाज में सबसे ऊँचा माना जाता था। र्मशास्त्रों के अनुसार उनका कर्त्तव्य था वैदिक साहित्य का पढ़ाना और पढ़ना तथा दूसरों के लिए और अपने लिए यज्ञ रना। वे लोगों से मिलने वाली भिक्षा और विभिन्न धार्मिक संस्कारों को कराने के समय मिलने वाली दक्षिणा से अपना र्वाह करते थे। यह उच्च कोटि का बौद्धिक वर्ग था। इसी वर्ग में से उस समय के बुद्धिमान लोग जन्म लिया करते थे। माज उनसे नैतिक आदर्श और सादा जीवन बिताने की आशा करता था। शक्ति, सम्पत्ति और सांसारिक प्रलोभनों से उन्हें ई सरोकार न होता था। उनका एक ही उद्देश्य था और वह यह कि वे दूसरों के लिए आदर्श उत्तम जीवन व्यतीत करते र सत्य की कामना करें। कभी-कभी वे उच्च कोटि के सैनिक भी बन जाया करते थे। द्रोणाचार्य जन्म से ब्राह्मण होने पर अपने समय के योग्यतम योद्धाओं में से थे।

क्षत्रिय देश के प्रशासन और विशेषकर प्रतिरक्षा से सम्बन्धित थे। राजनीति शक्ति सर्वश्रेष्ठ और सबसे महत्त्वपूर्ण क्त थी। क्षत्रिय प्रायः अपने आपको ब्राह्मणों से ऊँचा मानते थे। क्षत्रिय के लिए ज्ञान का द्वार खुला था। सम्भवतः निषदों की रचना इन्हीं क्षत्रियों ने की थी। राजा जनक अपने समय में वेदों के अद्वितीय विद्वान थे।

वैश्यों का सम्बन्ध देश के आर्थिक जीवन से था। उनका कर्त्तव्य सम्पत्ति का उत्पादन करना था। भारत सदा से कृषि-प्रधान देश रहा है, इसलिए वैश्य खेती करते थे और पशु पालते थे। व्यापार और वाणिज्य भी करते थे। कभी-कभी वे राजा और योद्धा भी हुआ करते थे।

शूद्र इण्डो-आर्यों की सबसे विचित्र सृष्टि थी। इन्हें वेदों का अध्ययन करने और यज्ञोपवीत धारण करने की आज्ञा न थी। अस्पृश्य होने के कारण अन्य तीनों वर्ण उनसे घुल-मिल न सकते थे। समाज का यह अंग सर्वथा अविकसित रह गया और इनके जीवन से सुविधाएँ छँट गईं।

जाति-व्यवस्था के गुण (Merits of the Caste System)—(1) हिन्दू-समाज में जाति-प्रथा तीन हजार वर्ष से अधिक समय से विद्यमान है। इससे स्पष्ट है कि इतिहास के विभिन्न कालों में हिन्दू समाज को इससे अवश्य ही लाभ हुए होंगे। निश्चय ही इस जाति-प्रथा ने आज तक हिन्दू-धर्म तथा उसकी संस्कृति को अक्षुण्ण बनाए रखा है। जाति-प्रथा की पृथक् रहने की भावना ने ही हिन्दुओं को विदेशियों के साथ घुलने-मिलने से बचाए रखा। अत: यूनानी, हूण और मुसलमान हिन्दू संस्कृति पर विजय न पा सके, किन्तु इसके विपरीत अधिकाँश विदेशी हिन्दुओं में समा गए।

(2) जाति-व्यवस्था का ढाँचा महत्त्वपूर्ण श्रम-विभाजन के आर्थिक सिद्धान्त पर खड़ा था। इस प्रथा के अनुसार प्रत्येक व्यक्ति बचपन से ही जानता था कि आगे चलकर उसे कौन-सा पेशा अपनाना है। अत: वह आरम्भ से ही अपने पिता द्वारा अपनाए गए पेशे को सीखना आरम्भ कर देता था। यही कारण है कि भारतीय इतिहास के प्रत्येक काल में उच्चकोटि के कार्यकर्ताओं, निपुण व्यक्तियों तथा विद्वानों की कमी नहीं रही। यही कारण है कि मेगस्थनीज, ह्यू नत्साँग, अलबरूनी, इब्न बतूता, बाबर और शुरू-शुरू में आने वाले अंग्रेज भारतीय कला-कौशल से अत्यन्त प्रभावित हुए हैं।

(3) जाति-प्रथा से समाज-सेवा और समाज द्वारा सहायता को प्रोत्साहन मिला। इस प्रथा ने इच्छुक और गरीब लोगों की सहायता की। कभी-कभी ऐसा भी हुआ है कि एक जाति के लोगों ने अपने गरीब साथियों की सहायता के लिए अलग से धनराशि एकत्र की। इस प्रथा से लोगों में, दूसरों की सहायता करने तथा दूसरों के लिए त्याग करने की भावना ने जन्म लिया। लोग व्यक्तिवाद से समष्टिवाद की ओर बढ़े। इस प्रकार लोगों में सामाजिक और आर्थिक अनुशासन की वृद्धि हुई।

(4) इसी जाति-प्रथा के कारण ही हिन्दू जाति के विभिन्न वर्गों में आज तक रक्त की पवित्रता बनी है। हर जाति के वैवाहिक नियम अति कठिन और कड़े थे। अन्तर्जातीय विवाह वर्जित थे। इस प्रकार भारतवर्ष जातीय पवित्रता को बनाए रखने में समर्थ हुआ।

(5) मसानी का विचार है कि "भारत की जाति-प्रथा अत्यन्त संगठित है। इस प्रथानुसार एक जाति दूसरी जाति पर निर्भर है। चारों जातियों का परमात्मा की आज्ञा से अस्तित्व में आना, उनका एक-दूसरे से श्रेष्ठ होना और ब्रह्मा के विभिन्न अंगों से उनके उत्पन्न होने का विचार भी इस बात की पुष्टि करता है, अर्थात् इस कथन से भी उनके संगठित होने का भाव झलकता है। वास्तव में उपर्युक्त कथन का अभिप्राय यह है कि परमात्मा में विलीन हो जाने के बाद जाति के इन चार अंगों की उच्चता और नीचता विलीन हो जाती है। जिस प्रकार शरीर की स्वस्थता के लिए शरीर की प्रत्येक अंग कार्य करता है उसी प्रकार समाज को शरीर मान कर उसके इन चार अंगों को उसकी भलाई के लिए कार्य करना चाहिए—यह था भाव इस संगठन का। समाज के इस गठन के कारण हिन्दू जाति के रिवाज, विचार, धारणाएँ, विश्वास और कार्य-व्यवहार किन्हीं विशेष क्षेत्रों में बँध गए। इसका लाभ यह हुआ कि प्रत्येक व्यक्ति पैदा होते ही अपने लिए एक निश्चित स्थान, निश्चित व्यवसाय, निश्चित धर्म और पहले से ही ढली हुई मर्यादा को अपने लिए प्रस्तुत पाता था। विभिन्न जातियाँ अलग-अलग और दृढ़ होती गईं। शान्ति, मर्यादा, आर्थिक जन-कल्याण की भी चिन्ता होने लगी। परिणामस्वरूप समाज में सन्तोष की वृद्धि होती गई।"

जाति-व्यवस्था के दोष (Demerits of the Caste System)—(1) जाति-व्यवस्था और विशेषत: वर्त्तमान जाति-व्यवस्था में गुणों की अपेक्षा दोष अधिक हैं। सर हेनरी मेन ने इसे "अत्यन्त भयंकर और मानव परिवार के लिए हानिकर बताया है।" यह राष्ट्र-विरोधी प्रथा है। जाति-गत अन्ध-विश्वासों और शत्रुताओं ने हमारे इतिहास को सदा प्रभावित किया है। भारत पर जब भयंकर विदेशी आक्रमण होने आरम्भ हुए तब केवल क्षत्रियों को आक्रमणकारियों के

विरुद्ध लड़ना पड़ा। अन्य जातियों के लोग अपने घरों में बैठे रहे। इसका परिणाम अत्यन्त भयंकर हुआ। राजपूतों और मराठों के समय में उत्पन्न होने वाली विपत्तियाँ भी इसी जाति-प्रथा का परिणाम थीं।

(2) जन्म के सिद्धान्त पर आधारित जाति-व्यवस्था ठीक नहीं। गीता के अनुसार सामाजिक विभाजन कर्म और गुण को आधार मान कर होना चाहिए, न कि जन्म को। कारण यह है कि जन्म पर आधारित जाति-व्यवस्था के अनुसार नीच-वंश में जन्म लेने के कारण बहुत से लोगों को उत्तम योग्यता होने पर भी राष्ट्र में ऊँचे पदों से वंचित रखा जाता है। इसके विपरीत उच्च वंश और उच्च जाति के मूर्ख लोगों को दायित्व-पूर्ण काम सौंप दिए जाते हैं। इन कारणों से जाति-प्रथा वास्तव में निन्दनीय है।

(3) वी०ए० स्मिथ ने लिखा है कि इस प्रथा का मुख्य दोष यह है कि "यह भारतीयों को विदेशियों से खुले-आम घुलने-मिलने नहीं देती।" अत: भारतीय केवल जाति-व्यवस्था के कारण ही विदेशियों को ठीक प्रकार से समझने में असमर्थ रहते हैं। विशेषकर ऊपर की तीन जातियाँ और उनमें भी खासकर ब्राह्मण विदेशियों से मिलना पसन्द नहीं करते। खेद की बात तो यह है कि भारत पर राज्य करने वाले अंग्रेजों से भी मिलना उन्होंने पसन्द नहीं किया। परिणाम यह हुआ कि भारतीयों और विदेशियों के बीच हार्दिक सम्बन्ध कभी स्थापित न हो सके। इतिहास के विभिन्न काल उपर्युक्त तथ्य के साक्षी हैं।

(4) जाति-व्यवस्था ने हिन्दुओं के दृष्टिकोण को भी संकीर्ण बना दिया। उनके हृदय में राष्ट्र-प्रेम की भावना कम हो गई और राष्ट्रीय विकास को बड़ा आघात पहुँचा।

(5) छूत-छात जाति-व्यवस्था का सबसे बड़ा कलंक है। उच्च जाति के लोग निम्न जाति के लोगों को मानव नहीं समझते थे। निम्न जाति के लोगों से घृणा की जाती थी। उनके स्पर्श तक को सहन नहीं किया जाता था। इस जाति के लोग उच्च जाति के लोगों के बर्तनों और वस्त्रों तक को नहीं छू सकते थे। इतना ही नहीं उन्हें उच्च जाति के लोगों के कुओं से जल लेने तक की आज्ञा न थी। बस, यों कहिए कि उच्च जातियों की दृष्टि में वे मनुष्य न होकर पशु थे। इस प्रकार मानव जाति का एक बड़ा वर्ग अधिकारों से वंक्ति रह जाया करता था। अत: आज के युग का मानव इसी भार को न सह सका और परिणामस्वरूप आज की भारत सरकार ने संविधान की शक्ति से छूत-छात के सभी प्रकारों को समाप्त कर दिया।

(6) जाति-व्यवस्था समान अधिकारों और प्रजातन्त्र के हितों को चोट पहुँचाने वाली प्रथा है। इस प्रथानुसार न तो कोई अपनी इच्छा से किसी पेशे को अपना सकता है और न ही विशेषाधिकारों का समान उपभोग कर सकता है। इस बन्धन में बँधा व्यक्ति अपनी इच्छा से विवाह भी नहीं कर सकता। यह कहना उपयुक्त होगा कि इस प्रथा के उपर्युक्त सभी दोष प्रजातन्त्र के लिए घातक हैं।

(7) **रॉलिन्सन** (Rawlinson) का विचार है कि भारतीयों को जाति-प्रथा के विभिन्न और दृढ़ भागों में कठोरता के साथ विभक्त कर देने का परिणाम यह हुआ कि राष्ट्रीयता की भावना उनमें से विलुप्त होती गई। यही कारण है कि विदेशी लोग सदियों तक भारतवर्ष पर राज्य करते रहे।

(8) आर०पी० मसानी का कथन है कि जातीय चेतना ग्राह्य है, यदि उससे राष्ट्रीय चेतना पर आघात न हो। "जाति-प्रेम राष्ट्र-प्रेम की सीढ़ी का प्रथम चरण है; किन्तु यदि वह अपने उद्देश्य से हटकर साम्प्रदायिकता के गड्ढे में जा गिरे और राष्ट्रीयता की राह में रोड़ा बन जाए तो वह अग्राह्य है और समाज के शरीर पर एक फोड़े के समान होगा। जाति-निष्ठा अपने आप में एक गुण है, किन्तु तब तक, जब तक उसके अस्तित्व से राष्ट्र-निष्ठा को आघात न पहुँचे। जाति-गत प्रतिबन्ध स्वीकार्य है यदि उससे विषमता और सामाजिक अन्याय को प्रोत्साहन न मिले। हमारे देश का शूद्र-वर्ग सदियों से इस प्रथा का शिकार बनता चला आया है। यह एक कलंक है।"

(9) इस प्रथा ने हिन्दू समाज के संगठन को समाप्त कर दिया, व्यक्तिगत स्वतन्त्रता को छीन लिया और जनसाधारण को पीड़ित करने वाले एक यन्त्र का रूप धारण कर लिया। जाति-व्यवस्था हिन्दू समाज के गले में पड़ा हुआ पत्थर है जो उसे राजनीतिक और सामाजिक पतन की ओर घसीटे लिए जा रहा है। जाति-प्रथा के लाभों का अन्त हो चुका है। आज के युग में वर्ण-व्यवस्था और इसके अन्ध विश्वासों के अनुसार जीवन बिताना कठिन है। डॉ० श्रीराम शर्मा का कहना है कि जाति-व्यवस्था एक खोटा सिक्का है, जिसे आधुनिक युग के हित के लिए फिर से टकसाल में ढालना होगा।

Suggested Readings

Dutt, N.K. : Origin and Growth of Caste in India.

Garratt, G.T. : The Legacy of India, 1938.

Ghurya, G.S. : Caste and Class in India (1957).

Gopal, L. : Economic Groups and Caste System in Ancient India (Journal of Indian History, 1965, pp. 771-81).

Hutton, J.H. : Caste in India, 1952.

Ketkar, S.V. : The History of Caste in India, 1911.

Senart, E. : Caste in India.

Sharma, Ram Sharan : Politico-Legal Aspect of the Caste System (pp. 306-330, Journal of Bihar Research Society, 1953).

Smith, V.A. : Oxford History of India.

अध्याय
14

जैन धर्म

(Jainism)

पहले जैन धर्म को बौद्ध धर्म की एक शाखा-मात्र माना जाता था किन्तु बाद में विद्वानों ने इस बात का पता लगाया कि जैन धर्म बौद्ध धर्म की शाखा न होकर स्वयं में एक अलग धर्म है। दोनों मतों को एक इसलिए समझा गया क्योंकि दोनों कर्म और अहिंसा के समर्थक थे। इसी प्रकार पहले यह समझा जाता था कि बौद्ध धर्म के प्रवर्त्तक बुद्ध की तरह, महावीर ही जैन धर्म के प्रवर्त्तक थे : किन्तु बाद में यह मालूम हुआ कि महावीर तीर्थंकरों की शृंखला में चौबीसवीं कड़ी थे। जैन धर्म की पवित्र पुस्तकों से पता चलता है कि इस शृंखला की आदि कड़ी ऋषभ थे। इन्हीं के पश्चात् ही 23 तीर्थंकरों का आगमन हुआ था। परम्परागत विचार यह है कि ऋषभ सम्राट् भरत के पिता थे। भरत भारत का पहला चक्रवर्ती सम्राट् था।

पार्श्वनाथ—पार्श्वनाथ तेईसवें तीर्थंकर थे और वे ऐतिहासिक पुरुष जान पड़ते हैं। जैकोबी ने उन्हीं को जैन धर्म का वास्तविक संस्थापक माना है। चन्द्रगुप्त मौर्य के समय में भद्रबाहु द्वारा लिखित कल्पसूत्र के आधार पर, पार्श्वनाथ क्षत्रिय कुल के थे। वे बनारस के राजा अश्वसेन के पुत्र थे। उनका विवाह सम्राट् नरवर्मा की पुत्री प्रभावती से हुआ था। इस राजकुमार को जनता अत्यन्त प्यार करती थी। 30 वर्ष तक गृहस्थ जीवन को भोग कर वे संन्यासी बन गये। उन्होंने 83 दिन तक समाधि लगाई और मुक्ति प्राप्त की। उन्होंने जिस परम ज्ञान को प्राप्त किया था वह 'कैवल्य' के नाम से प्रसिद्ध है। उनके पास आठ गण और आठ गंधार थे। 16,000 श्रमण उनके अनुयायी थे और आर्यदत्त उनमें सर्वश्रेष्ठ था। 38,000 भिक्षुणियों ने उनका अनुगमन किया था। 1,64,000 पुरुषों और 3,27,000 स्त्रियों ने उनके बताए हुए मार्ग को अपनाया। सम्मेत पर्वत के शिखर पर 100 वर्ष की उम्र में उनकी मृत्यु हो गई। कहा जाता है कि आठवीं शती ईसा-पूर्व उनका समय था। उनकी मृत्यु महावीर की मृत्यु से 250 वर्ष पूर्व हुई।

महावीर (Mahavira)—महावीर अन्तिम तीर्थंकर थे। कहा जाता है कि वे वैशाली के एक उपनगर में जन्मे थे। उनके पिता का नाम सिद्धार्थ था। वह जान्त्रिक जाति का मुखिया था। सिद्धार्थ का विवाह वैशाली के राजा चेतक की बहन त्रिशला से हुआ था। उसका वास्तविक नाम वर्धमान था। मगध के सम्राट् बिम्बसार का विवाह चेतक की कन्या चेल्लन से हुआ था। चेतक की अन्य चार कन्याओं का विवाह भी राजसी घरानों में हुआ था। प्रभावती का विवाह सिन्धु-सौवीर देश (Sindhu Sauvira) के राजा उदयन से हुआ था। पद्मावती का विवाह चम्पा के राजा दधिवाहन से हुआ था। मृगावती का विवाह कौशाम्बी के राजा शतानीक से हुआ था। शिवा का विवाह अवन्ति के राजा चण्डप्रद्योत से हुआ था। अत: कहा जा सकता है कि वर्धमान राजसी घराने का वंशज था।

कल्पसूत्र इस बात का प्रमाण है कि वर्धमान के पिता ने अपने इस पुत्र के जन्म को अत्यन्त धूम-धाम से मनाया था। ''इस अवसर पर टैक्स माफ़ कर दिए गए। लोगों की सरकार द्वारा जब्त सम्पत्ति उन्हें लौटा दी गई। सिपाही किसी के घर जाकर उसे पकड़ नहीं सकते थे। कुछ समय के लिए व्यापार को रोक दिया गया। आवश्यक वस्तुएँ सस्ती कर दी गईं। सरकारी कर्ज़ और जुर्माने माफ़ कर दिए गए और कुण्डपुर के कैदियों को इस अवसर पर छोड़ दिया गया।''

महावीर के जन्म की तिथि विवाद का विषय है। परम्परा के अनुसार यह बताया जाता है कि महावीर की मृत्यु विक्रम के जन्म से 470 वर्ष पूर्व हुई थी और विक्रम का संवत् 18 वर्ष पश्चात् 58 वर्ष ईसा-पूर्व में आरम्भ होता है। इस धारणा के अनुसार महावीर की मृत्यु 546 (470 + 58 + 18) वर्ष ईसा-पूर्व ठहरती है। हेमचन्द्र ने लिखा है कि चन्द्रगुप्त का राज्यकाल 313 वर्ष ईसा-पूर्व ठहरता है। वह यह भी बतलाता है कि यह घटना महावीर की मृत्यु के 115 वर्ष बाद हुई थी। इस प्रकार हेमचन्द्र के अनुसार महावीर की मृत्यु 468 वर्ष ईसा-पूर्व हुई होगी। बुद्ध और महावीर समकालीन थे। अतः केवल उसी तिथि को उपयुक्त माना जा सकता है, जो दोनों के अनुसार ठीक हो। बौद्ध परम्परा के अनुसार, महावीर बुद्ध से पूर्व ही मृत्यु को प्राप्त हुआ था। इस तथ्य का निर्णय सारिपुत्र के निम्नलिखित वर्णन से किया जा सकता है—"मित्रो! निगान्थ नतपुत्त इसी समय मृत्यु को प्राप्त हुए हैं।" सारिपुत्त बुद्ध की मृत्यु से पहले ही स्वर्ग सिधार गए थे। यह भी कहा जाता है कि प्रसेनजित् ने बुद्ध से कहा था कि महावीर उम्र में उससे बड़े हैं।

वर्धमान का विवाह यशोदा से हुआ और इन दोनों के एक कन्या हुई। वर्धमान के माता-पिता का स्वर्गवास हो चुका था। अतः अपने ज्येष्ठ भ्राता से आज्ञा लेकर वह संन्यासी बन गया। 12 वर्ष तक वह भ्रमण करता रहा। इस अवधि में उसने तप भी किया। अचरङ्गसूत्र के अनुसार, "वह घर-बार छोड़ कर नग्न घूमता रहा। लोगों ने उसका उपहास किया और उसे चोटें पहुँचाईं, किन्तु उसने अपने ध्येय को न छोड़ा। लढा (Ladha) के लोगों ने उसे पकड़ कर पीटा और उसके पीछे कुत्ते छोड़े। उन्होंने उसे पैरों और छड़ियों की चोटों से आहत किया। इतना ही नहीं, मिट्टी के ढेलों और ठीकरियों को फेंक कर उसका घोर अपमान किया। उन्होंने उसकी तपस्या को भंग करने के षड्यन्त्र भी रचे, किन्तु महावीर कभी निरुत्साहित नहीं हुआ। एक योद्धा की तरह उसने सभी कष्ट सहे और अपने लक्ष्य की ओर बढ़ता गया। घायल अवस्था में उसने कभी वैद्य या औषधि की आवश्यकता अनुभव नहीं की। न तो कभी वह नहाया-धोया और न ही कभी उसने अपने दाँतों को साफ़ किया। गर्मियों में कड़ी धूप में बैठकर उसने तपस्या की। उसके गले से पानी की बूँद तक न गुज़री। कभी-कभी तो वह छठे, आठवें, दसवें और बारहवें दिन भोजन किया करता था और बिना किसी लालच के वह तपस्या किए जा रहा था।"

"ज्रिम्भिका ग्राम से बाहर ऋजुपालिका नदी के तट पर समगा के घर के निकट खेत के पास के एक पुराने मन्दिर के साल के वृक्ष के नीचे तेरहवें वर्ष में महावीर को निर्वाण प्राप्ति हुई और वह अर्हत, जिन, केवलिन और सर्वज्ञानी बना।"

पार्श्वनाथ और महावीर के बीच सम्बन्ध (Relations between Mahavira and Parsvanath)—पार्श्वनाथ ने अहिंसा, सत्य, चोरी न करना और संग्रह न करना, इन चार व्रतों पर बल दिया था। महावीर ने इनमें पाँचवाँ व्रत ब्रह्मचर्य और जोड़ दिया। इससे पता चलता है कि महावीर के समय में दो मत प्रचलित थे। इनमें से एक मत पार्श्वनाथ का अनुयायी था और दूसरा महावीर का। अचरङ्ग-सूत्र के अनुसार, "स्वयं महावीर के माता-पिता पार्श्वनाथ के पुजारी और श्रमणोके अनुयायी थे।" हो सकता है कि श्वेताम्बर पार्श्वनाथ और दिगम्बर महावीर के अनुयायी रहे हों। प्रतीत होता है कि महावीर के समय में इन दोनों मतों में एकता स्थापित कर दी गई, किन्तु फिर भी ये दोनों अलग-अलग बने रहे।

गोशाल (Gosala)—महावीर और गोशाल छः वर्ष तक एक साथ रहे और उन्होंने मिलकर तपस्या की। कुछ समय पश्चात् वे अलग हो गए। इसके पश्चात् गोशाल ने आजीविकों का पन्थ चलाया। कुछ ऐसे संकेत हैं, जिनमें यह देखने को मिलता है कि गोशाल महावीर और उसकी शिक्षाओं की आलोचना करने वालों में से एक था। गोशाल कहता है, "जिस प्रकार एक व्यापारी लाभ के लिए अपना माल दिखाकर ग्राहकों को अपनी ओर आकर्षित करता है ठीक वैसे ही श्रमण ज्ञातिपुत्र (महावीर) करता है।"

महावीर की शिक्षाएँ (Teachings of Mahavira)—महावीर ईश्वर के अस्तित्व में विश्वास नहीं करता था। वह भगवान् को सृष्टि का कर्ता-धर्ता नहीं मानता था। उसका विचार था कि "मनुष्य की आत्मा में जो कुछ महान् है और जो शक्ति तथा नैतिकता है, वही भगवान् है।" यज्ञों और मन्त्रों के विधिविधान तो केवल समय नष्ट करने वाले हैं। नैतिक चरित्र के लिए सम्यक् ज्ञान, सम्यक् दर्शन और सम्यक् चरित्र का होना आवश्यक है। ये तीन तथ्य तीन रत्नों के नाम से पुकारे गए। महावीर ने अपने अनुयायियों से इन रत्नों को अपनाने के लिए कहा है। महावीर का विश्वास था कि इस तरह उनका जीवन नैतिक और उच्च बनेगा। उसने कहा कि सत्य को पाने के लिए शरीर को हर प्रकार की यातनाएँ दी जानी

आवश्यक हैं। धीरे-धीरे भोजन को कम करके मृत्यु का आलिंगन करना चाहिए। इस मत में आत्म-हत्या भी स्वीकार्य थी। विवाह का निषेध और ब्रह्मचर्य पर बल दिया गया था। अनुयायियों को नग्न रहने का आदेश दिया जाता था।

महावीर ने अहिंसा पर अधिक बल दिया है। उनका विचार था कि मानव और पशुओं के अतिरिक्त आग, पौधों और वायु में भी आत्मा निवास करती है। पत्थरों और पौधों में भी मनुष्य के समान दु:ख अनुभव करने की शक्ति थी। अत: पशु-पौधों, पक्षियों तक को पीड़ित करना वर्जित था।

कैवल्य की प्राप्ति ही मनुष्य का सबसे बड़ा उद्देश्य समझा गया। महावीर का विश्वास था कि सहज ज्ञान के अभाव में मनुष्य पाप करता है। ये पाप ही मनुष्य को पुनर्जन्म के चक्कर में फँसा देते हैं। सिद्धशील को प्राप्त करने से मनुष्य जन्म-मरण के चक्र से छूट सकता है।

हम व्यक्ति दुष्कर्मों को छोड़ कर ही जन्म-मरण के चक्र से मुक्ति पा सकता है। तपस्या पर उसने अधिक बल दिया है और ये तपस्याएँ इस प्रकार थीं—व्रत, भोजन के 32 कौरों से एक-एक करके एक कौर की ओर जाना, भिक्षा, स्वादिष्ट भोजन का त्याग, शरीर-पीड़न, अनुशीलन,नम्रता और सेवा-भाव इत्यादि।

मज्झिमनिकाय के निम्मलिखित अजीवोक उद्धरण को यहाँ प्रस्तुत करना उपयुक्त प्रतीत होता है क्योंकि इस उद्धरण का सम्बन्ध महावीर की शिक्षाओं से है : "भाई! यहाँ अचेलक, अजीवक, निगन्ध इत्यादि एकान्तवासी इस प्रकार उपदेश देते हैं और उनका इस प्रकार विश्वास है : दु:ख-सुख और अन्य जितने भी सांसारिक अनुभव हैं इन सब का कारण हमारे पूर्वजन्म के कर्म हैं, किन्तु हमारे ये पाप-कर्म तप के द्वारा कट जाते हैं। यदि हम भविष्य में पाप-कर्मों को करना छोड़ दें तो कर्म का यह बन्धन ही कट जाता है। इस प्रकार अनुभूति और दु:ख-दर्दों का भी अन्त हो जाता है। यातनाओं का फन्दा छिन्न-भिन्न हो जाता है। भाइयो! ये सभी बातें निगन्थों ने कही हैं। मैंने उनसे पूछा कि क्या वह सत्य है जिसका वे प्रचार करते हैं और जिस पर वे विश्वास करते हैं? उन्होंने उत्तर दिया—'हमारा नेता नतपुत्त बहुत ही बुद्धिमान् है। अपने गहन ज्ञान हमें बताता है—पूर्व-जन्म या भूतकाल में तुमने पाप किए थे, और उन पापों को तुम तप और कष्टमय जीवन के बिताने से ही धो सकते हो।' इसे हम स्वीकार करते हैं।"

महावीर के अनुयायी (Mahavira's Followers)—महावीर का सम्बन्ध किसी न किसी प्रकार राजघराने से अवश्य था। अंगुत्तर निकाय के अनुसार, लिच्छवी वंश का अभय नाम का राजकुमार महावीर का बहुत आदर करता था। यदि सत्य कहा जाए तो जैन मत लिच्छवियों का राज्यधर्म बन गया था। कहा जाता है कि बिम्बसार का पुत्र, अभय कुमार भी महावीर का अनुयायी था। दोनों जैनी और बौद्ध कहते हैं कि बिम्बसार और अजातशत्रु उनके संरक्षक थे। हो सकता है कि हिन्दू सम्राट होने के नाते उन्होंने सभी धर्मों और मतों का मान किया हो। यह नहीं माना जा सकता कि अजातशत्रु ने जैन मत को अपना धर्म माना हो। कारण यह है कि जैन धर्म लिच्छवी वंश का राजधर्म था। इधर अजातशत्रु और लिच्छवी वंश में काफ़ी तनातनी चली आ रही थी। अजातशत्रु तो लिच्छवी वंश का नाश करने पर तुला हुआ था। अत: यह कैसे हो सकता है कि उसने जैन मत को स्वीकार किया होगा।

महावीर को निश्चय ही मल्लों से संरक्षण और सहायता प्राप्त हुई होगी। कहा जाता है कि महावीर की मृत्यु मल्लों के वंशज राजा शस्तिपाल के महल में हुई थी। मल्लों ने महावीर की मृत्यु पर उनके सम्मान में दीपक जलाए। कहा जाता है कि काशी और कोशल के 18 गणराजाओं ने भी महावीर की मृत्यु के अवसर पर उनके सम्मान में दीपमाला का आयोजन किया था।

महावीर के 11 मुख्य शिष्यों या गणधारों का भी उल्लेख है। जैकोबी ने उनके बारे में लिखा है : "गण का अर्थ है गुरू से प्राप्त मत; कुल का अर्थ है एक शाखा में गुरुओं का आगमन; और शाखा का अर्थ है एक गुरू से निकलने वाली भिन्न-भिन्न शाखाएँ।" कल्पसूत्र के अनुसार गणधार इस प्रकार थे—आनन्द, कामदेव, सुरदेव, कुण्डकोलीय, महासायग, सद्दलपुत, चुल्लसायग, आर्य सुधर्मन इत्यादि।

इन ग्यारह गणधारों में से दस गणधार महावीर से पूर्व की स्वर्ग सिधार चुके थे, केवल सुधर्मन ही जीवित रहा। वह महावीर के पश्चात् गद्दी पर बैठा और जैन-मन्दिर का प्रमुख बना। आगामी 150 वर्ष में जैन धर्म के इतिहास के

बारे में कुछ पता नहीं है। ऐसा प्रतीत होता है कि अजातशत्रु के पश्चात् मगध की गद्दी पर बैठने वाले उदयन राजा ने भी जैन धर्म का पक्ष लिया। कलिंग के राजा खरवेल के हाथी-गुफा शिलालेखों से पता चलता है कि राजा नन्द का जैन धर्म की ओर झुकाव था। इस शिलालेख से यह पता चलता है कि एक नन्द राजा के पास ''प्रथम जिन की मूर्त्ति थी।'' सुधर्मन के पश्चात् जम्बु गद्दी पर बैठा था। नन्द राज के अन्तिम दिनों में जैन मन्दिरों के दो अध्यक्ष थे, जिनके नाम भद्रबाहु और शम्भूतविजय थे। शम्भूतविजय के पश्चात् चन्द्रगुप्त मौर्य के समय में स्थूलभद्र ने स्थान प्राप्त किया था।

जैन-विवरण के अनुसार चन्द्रगुप्त मौर्य के समय में मगध में भयंकर अकाल पड़ा था। कई वर्षों तक वर्षा न हुई। परिणामस्वरूप पूर्व एकत्रित अनाज समाप्त हो गया। अत: लगभग आधे जैन धर्मावलम्बी भद्रबाहु की अध्यक्षता में दक्षिण भारत की ओर चल दिये और श्रवण बैलगोल नामक स्थान में जाकर रहने लगे। राजा चन्द्रगुप्त मौर्य ने भी उनका साथ दिया। चन्द्रगुप्त ने भूखे रह कर अपने प्राणों का अन्त कर दिया। बारह वर्ष के पश्चात् जब अकाल का अन्त हो गया तब देशवासी अपने देश को लौटे। लौटकर भिक्षुओं ने वहाँ ठहरने वाले भिक्षुओं की निन्दा की और उन्हें विधर्मी कहकर पुकारा। इन दो दलों में अन्तर आना आरम्भ हो गया। इन दो दलों के मतभेद को दूर करने के लिए पाटलिपुत्र में जैन-सभा बुलाई गई। किन्तु दक्षिण से लौटने वाले भिक्षुओं ने सभा में भाग लेने से इन्कार कर दिया। भद्रबाहु नेपाल की ओर चला गया और 14 पर्वों (Parvas) में से केवल 10 पर्व पढ़ाने की अनुमति वह स्थूलभद्र को दे गया। कहा जाता है कि पाटलिपुत्र की जैन-सभा ने जैन-सिद्धान्तों के एक भाग मात्र को ही स्वीकार किया था। इसी भाग से ही श्वेताम्बरों के सिद्धान्तों की उत्पत्ति हुई थी। दक्षिण से लौटने वाले भिक्षुओं का यह कहना था कि ''मूल धार्मिक सिद्धान्तों का पूरी तरह से नाश हो चुका था।''

दूसरी जैन-सभा गुजरात के वलभी नामक स्थान पर देवऋद्धिगणी की अध्यक्षता में हुई। इस सभा का उद्देश्य पवित्र मूल-पाठों को एकत्र करके उन्हें पुस्तकों का रूप देना था। परिणामस्वरूप ऐसा ही हुआ। सभी मूल-पाठों को पुस्तकों का रूप दे दिया गया और वे पुस्तकें आज भी देखने को मिलती हैं।

यह कहा जाता है कि जैन धर्म ब्राह्मण धर्म की पुत्री के समान था, हालाँकि वह पुत्री विद्रोहिणी थी। हिन्दू धर्म के बहुत से प्रचलित विश्वास आज भी जैनियों में विद्यमान हैं। उनके पूजा के बहुत से तरीके आज भी हिन्दुओं की पूजा-प्रथा से मिलते हैं। उनके घरों के पुरोहित और कुलगुरु आज भी ब्राह्मण हैं। परन्तु ब्राह्मणों को उनके मन्दिरों में कोई स्थान नहीं दिया जाता।

जैन धर्म भारत के सभी भागों में फैला। समय के साथ-साथ इसकी अवनति होनी आरम्भ हो गई। जैनियों के अनुसार, उनके मन्दिर की तबाही पहली बार ब्राह्मणों के विरोध के कारण और विशेषकर 1174-76 ईसा-पश्चात् अजयपाल के काल में हुई थी। किन्तु मुसलमानों ने जितनी हानि इस धर्म को पहुँचाई, उतनी हानि इस धर्म को अजयपाल से नहीं पहुँची। 1297-98 में गुजरात को जीतने वाले अलाउद्दीन खिलजी को जैनियों ने खूनी कहा। उसने जैनियों के अनेक मन्दिरों को बुरी तरह गिराया था। उसने जैनियों को अधिक संख्या में मौत के घाट उतारा और उनके पुस्तकालयों को नष्ट कर दिया। जैनियों के मन्दिरों की सामग्री से भारत में मुसलमानों ने अत्यन्त सुन्दर मस्जिदें बनाईं।

जैन भवन (Jain Buildings)—बौद्धों की तरह जैनियों ने भी भिक्षु-गृहों और गुफाओं का निर्माण किया इनमें भिक्षु रहा करते थे। उनके इन निवास-स्थानों का पता आज भी उदयगिरि में सिंह-गुफा, ऐलोरा में इन्द्रसभा, लक्कुण्डी, पुलितान, आबू पर्वत, गिरनार, पार्श्वनाथ की पहाड़ी के भग्नावशेष, जोधपुर में रणपुर, बुन्देलखण्ड में खजुराहो, घण्टाई और आदिनाथ मन्दिर और चित्तौड़ आदि से मिलता है। दक्षिण भारत में जैनियों के सुन्दर मन्दिर श्रवण बेलगोल, मुदाबिद्री तथा गुरुवायंकेरी (Guruvayankeri) में आज भी हैं। जैनियों के अनेक मन्दिरों के चिन्ह आज भी मिलते हैं जिनके ध्वंसावशेषों पर मस्जिदें खड़ी की जा चुकी हैं। सबसे महत्त्वपूर्ण उदाहरण अजमेर में अढ़ाई दिन का झोंपड़ा, दिल्ली के निकट कुतुबमीनार, कन्नौज, धार तथा अन्य स्थानों में बने हुए भवन आदि हैं।

जैन साहित्य और लेखक (Jain Literature and Writers)—श्वेताम्बर और दिगम्बर दोनों ही अपने धर्म-ग्रन्थों को आगम-सिद्धान्त कह कर पुकारते हैं। दोनों ही अपने ग्रन्थों के 12 अंगों को प्रथम और महत्त्वपूर्ण अंग मानते हैं। सिद्धान्तों की संख्या 45 से 50 तक है। 14 पर्वों में महावीर द्वारा प्रचलित सिद्धान्त संग्रहीत हैं। स्वयं महावीर ने उनको

अर्ध-मागधी प्राकृत भाषा में अपने शिष्यों तक पहुँचाया था। श्वेताम्बरों के सिद्धान्त धर्म ग्रन्थों में 12 अंग, 12 उपांग, 10 पैन्न, 7 छैय सुत्त, 4 मूलसुत्त, 1 नन्दीसुत्त, और 1 अन्नोगदरसुत्त हैं। इन सभी ग्रन्थों को सूत्र-शैली में लिखा गया है। ये गद्य-पद्य का मिश्रित रूप हैं।

महावीर की मृत्यु के दो सौ वर्ष बाद एक जैन सभा पाटलिपुत्र में हुई। उसने पवित्र ग्रन्थों की व्यवस्थाओं को निश्चित किया। किन्तु उनको सभी जैनियों ने स्वीकार नहीं किया। स्थांडिल ने मथुरा, नागार्जुन और बल्लभी में जैनियों के पुराने नियमों को निश्चित करने का प्रयास किया। किन्तु यह कार्य 5वीं शताब्दी में दूसरी जैन सभा ने वल्लभी में सफलता से पूरा किया। अर्द्धमागधी में प्राप्त वर्त्तमान ग्रन्थ श्वेताम्बर जैनों के हैं। नियम (व्यवस्था) सम्बन्धी पुस्तकें छः वर्गों में विभाजित हैं, 12 अंग, 12 उपांग, 10 प्रकरण, 6 छेद सूत्र, 4 मूल सूत्र तथा 4 विविध ग्रन्थ। अंगों में कहानियों और थ्योरियों की सहायता से जैन सिद्धान्तों की व्याख्या की गई है। उनमें जैन मुनियों के आचार-नियमों को भी निर्धारित किया गया है। प्रकरण पद्यमय हैं और उनमें जैन मत के विभिन्न पक्षों का उल्लेख है। छेद सूत्रों में मठों में पालन किये जाने वाले नियम बताए गए हैं। उनमें बताया गया है कि नियमों को तोड़ने पर क्या दण्ड दिया जा सकता है। मूल सूत्रों में जैन मत के बुनियादी सिद्धान्तों का वर्णन है।

जैन मुनियों ने निर्युक्तियाँ या टीकाएँ लिखीं। सिद्धसेन और संघदास ने टीकाओं का पुनर्गठन किया और उन्हें भाष्यों का रूप दिया। आरम्भ में जैन विद्वानों ने प्राकृत में टीकाएँ लिखी थीं। किन्तु बाद में उन्होंने संस्कृत में लिखना आरम्भ किया। प्राकृत में सार लिखने के स्थान पर जैन लेखकों ने संस्कृत में टीकाएँ लिखीं। हरिभद्र जैन विद्वान् था जो ईसा की नवीं शताब्दी में रहता था। उसने अपने विचारों को संस्कृत में व्यक्त किया है। अकलंक, पूज्यपाद और सिद्धसेन ने भी जैन तत्त्व-दर्शन के निवास में महत्त्वपूर्ण भाग लिया है।

श्वेताम्बर जैनों की तरह ही दिगम्बर जैनों के ग्रन्थ भी प्राकृत और संस्कृत में हैं। कुन्दाकुन्द प्रसिद्ध दिगम्बर विद्वान था। अन्य दिगम्बर विद्वान् वन्तकेर, स्वामी कार्तिकेय और यति वृषभ थे। इन सभी ने प्राकृत में लिखा। किन्तु सामन्त भद्र और मतंड ने संस्कृत में लिखा।

चरित्रों में तीर्थंकरों तथा मुनियों की कहानियाँ हैं। प्रबन्धों में जैन मुनियों के जीवन के बारे में बताया गया है।

प्राचीन जैन धर्म-ग्रन्थों और जैन कविता पर जैनियों द्वारा लिखित भाष्य जैन-महाराष्ट्री में मिलता है। ईसवी संवत् के पश्चात् संस्कृत-भाषा धीरे-धीरे उत्तर भारत में फैली। इस भाषा को पहले बौद्धों ने और फिर जैन लेखकों ने अपना लिया। जैन-साहित्य का आधे से अधिक साहित्य मध्याकालीन दार्शनिक विचारों से भरा है। इसके रचयिताओं ने इन ग्रन्थों को लिखते समय अपने धर्म की खूब रक्षा की है। इन लेखकों ने नैतिक कथाओं के वर्णन, व्याकरण और कोश-रचना में अपने आपको सिद्धहस्त और महान् सिद्ध करने की चेष्टा की है। पञ्चतन्त्र पर लिखे गए दो आलोचना-ग्रन्थ जैनियों के प्रभाव के द्योतक हैं।

तमिल साहित्य में जैनियों का शताब्दियों तक महत्त्वपूर्ण स्थान रहा है। तमिल साहित्य की महत्त्वपूर्ण कविता जीवक-चिन्तामणि जैनियों की ही देन है। तिरुवल्लूवर का कुराल तमिल-साहित्य की उत्तम कृति है। इसका रचयिता एक जैनी था। बिशप काल्डवैल (Bishop Caldwell) की धारणा है कि "इस पुस्तक से जैन धर्म की गंध मिलती है।" प्राचीन तमिल-व्याकरण और प्राचीन तमिल-कोश दोनों ही जैन लेखकों की कृतियाँ मानी जाती हैं। तेलुगू-साहित्य की नींव भी इन्हीं लेखकों द्वारा रखी गई थी। कहा जाता है कि प्राचीन कन्नड़ साहित्य भी जैन लेखकों और विद्वानों से ही आरम्भ होता है।

हेमचन्द्र सम्भवत: जैन-लेखकों में सर्वश्रेष्ठ था। उसका जन्म अहमदाबाद के निकट 1088 ई० में एक जैन परिवार में हुआ था। उसकी माँ ने उसे देवचन्द्र नामक साधु को सौंप दिया था ताकि वह धार्मिक जीवन व्यतीत कर सके। वह साधु उसे कैम्बे की ओर ले गया और वहीं वह दीक्षित हुआ। वहाँ उसने तर्कशास्त्र, व्याकरण और काव्य-शास्त्र का अध्ययन किया। उसने उन सभी विषयों में अनुपम योग्यता प्राप्त की। उसे दिग्विजय से लौटते समय चालुक्यवंश के राजा जयसिंह के स्वागत के लिए प्रतिनिधि और प्रवक्ता के रूप में नियुक्त किया गया था। उसकी कविता ने राजा का हृदय मोह लिया। इस प्रकार वह दरबारी पण्डित और इतिहासकार के पद पर आसीन हुआ। उसने दो शब्द-कोष और प्राकृत भाषा का प्रसिद्ध

व्याकरण लिखा। इन पुस्तकों के अतिरिक्त जैन साधुओं का जीवन, गुजरात का इतिहास, योगशास्त्र इत्यादि ग्रन्थ लिखे। अन्य जैनियों की भाँति वह भी भूखे रहकर मृत्यु को प्राप्त हुआ।

यह ध्यान देने योग्य है कि प्रो० बूहलर, प्रो० जैकोबी, डॉ० होर्नेल, डॉ० बनारसीदास जैन, श्रीमती सिंक्लेअर स्टीवेन्सन और शाह ने जैनमत के बारे में बहुत कुछ लिखा है।

Suggested Readings

Banarsi Dass : Lectures on Jainism.
Barodia, U.D. : History and literature of Jainism, 1909.
Bloomfield : The Life and Stories of the Jain Saviour Parsvanath, 1919.
Buhler, J.C. : On the Indian Sect of the Jainas 1903.
Guseva, N.R. : Jainism. Bombay, 1971.
Jacobi, H. : Jain Sutras (Oxford, 1884-5).
Jacobi, H. : The Metaphysics and Ethics of the Jainas, 1908.
Jaini, Manak Chand : Life of Mahavira, 1908.
Jhaveri, J.L. : First Principles of Jain Philosophy, 1912.
Lattha, A.B. : An Introduction to Jainism, 1905.
Majumdar, R.C. (Ed.) : The Age of Imperial Unity.
Mehta, Mohan Lal and Hira Lal Kapadia : History of Jain Literature, Vol. IV.
Mookerjee, R.K. : Hindu Civilization.
Rapson : Cambridge History of India, Vol. I.
Shah, C.J. : Jainism in Northern India, 1932.
Stevenson, Sinclair : The Heart of Jainism, 1915.
Stevension, Sinclair : Notes on Modern Jainism, 1910.

अध्याय

15

बौद्ध धर्म

(Buddhism)

"भारतीय धर्मों के इतिहास में बौद्ध-मत का स्थान अद्वितीय है। इसका पहला कारण है कि इसने अपने द्वार समाज के सभी वर्गों के लिए खोल दिए। इसने भारत में बसे भारतीय यूनानियों तथा भारतीय सीथियनों जैसे विदेशियों को भी अपने धर्म में प्रविष्ट किया। दूसरा कारण है कि यह धर्म श्रीलंका, ब्रह्मा, थाईलैंड, कम्बोडिया, मध्य एशिया, चीन, नेपाल, तिब्बत, इन्डोनेशिया, कोरिया और मंगोलिया में फैला। उन देशों में बौद्ध मत के प्रसार के साथ-साथ बुद्ध कला, भवन निर्माण, भाषा और साहित्य भी पहुँचे। अन्त में बौद्ध-ग्रन्थों का अनुवाद हुआ। उन देशों की भाषाओं में सहायक साहित्य तैयार हुआ जहाँ धर्म ने अपनी जड़ें जमाई थीं। संक्षेप में इस धर्म के माध्यम से सभी एशिया-वासियों ने भारत की सांस्कृतिक परम्परा का उपभोग किया।"

बुद्ध से पूर्व हिन्दू-समाज की अवस्था (Condition of Hindu Society before Buddha)—(1) बुद्ध के आगमन से पूर्व ही हिन्दू समाज ने बौद्ध-धर्म और जैन-धर्म के उदय के लिए भूमि तैयार कर दी थी। हिन्दू समाज अपने प्राचीन गौरव को भूल कर विभिन्न प्रकार की कुप्रथाओं और अन्ध-विश्वासों में ग्रस्त था। धार्मिक क्षेत्र में ब्राह्मणों का पूर्ण आधिपत्य था। अत: वे अनैतिक और विचारशून्य व्यक्तियों की भाँति आचरण करते थे। ये ब्राह्मण अन्धविश्वासों को प्रोत्साहन देते थे तथा धूर्तता औ झाँसा देकर लोगों से धन ऐंठते थे। वेदों के अनुसार वाक्-शक्ति एक दैवी शक्ति है। यह शक्ति उन तरंगों का अनुनाद है, जो काल और स्थान में व्यापक हैं। यही तरंगें उत्पत्ति का स्रोत हैं। यही शक्ति वेदों में आकर मन्त्र बनी और वही लोगों के पास पहुँची। ये मन्त्र स्वर और ताल के क्रम पर निर्मित संस्कृत के विधि-नियम थे। वायव्य स्पन्दन पर नियन्त्रण रखने तथा किसी वस्तु या मानव पर हितकर या अहितकर प्रभाव डालने के लिए इनका पाठ किया जाता था। मन्त्रों की महिमा यहाँ तक गाई गई कि इनके पाठ से युद्ध में जय-पराजय का विधान भी किया जा सकता था। ये मन्त्र किसी देश तथा उसके शत्रुओं की समृद्धि और विनाश के सम्बन्ध में विश्वास भी दिला सकते थे। लोक-प्रिय सभाओं में इनके द्वारा अपने लोगों को अपने पक्ष में किया जा सकता था। अपने विरोधी पक्ष को तर्क-शून्य करके वशीभूत भी किया जा सकता था। ये मन्त्र स्वयमेव या किसी वैद्य की औषधि से मिलकर खाँसी इत्यादि को समाप्त करने की तथा बालों को बढ़ाने की सामर्थ्य रखते थे। इन्हें विश्व की गतिशील शक्ति से युक्त समझा जाता था। दैनिक जीवन का कोई पहलू ऐसा न था जिस पर इन मन्त्रों का प्रभाव न हो।

यदि ब्राह्मण-वर्ग पवित्र और परोपकारी बन कर रहा होता तो ये मन्त्र हमारे लिए सर्वथा अहानिकर और उपयोगी सिद्ध हुए होते और निश्चय ही धार्मिक और नैतिक क्षेत्र में लोगों को लाभ पहुँचाते। कुछ भी हो, ब्राह्मणों के इन मन्त्रों से इस बात का संकेत मिलता है कि इनमें ऐसे-ऐसे तत्त्व विद्यमान थे, जिनसे देवताओं तक को किसी विशेष कार्य के लिए विवश किया जा सकता था। इन मन्त्रों का प्रयोग अल्प-शिक्षित ब्राह्मण भी करते थे जिनका नैतिक चरित्र बहुत ऊँचा न था। अत; अन्धविश्वास को प्रोत्साहन मिला। इस प्रकार सभ्यता के विकास में बाधा पड़ी और छीना-झपटी तथा क्रूरता का प्रचार हुआ।

(2) ठीक यही अनैतिकता यज्ञों में आ चुकी थी। शताब्दियों की करवटों ने यज्ञीय विधि-विधानों को एक कला का रूप दे दिया। इस कला के ज्ञाता केवल ब्राह्मण ही थे। अत: यज्ञ इत्यादि क्रियाओं को केवल ब्राह्मण ही कर सकते थे। यह बात सर्वविदित थी कि ब्राह्मणों को दक्षिणा देने से ही इन यज्ञों के फल की प्राप्ति हो सकती थी। ब्राह्मणों का यत्न सदा यही रहता था कि यज्ञों की संख्या को अधिक से अधिक बढ़ाया जाए और प्रत्येक गृहस्थी उन्हें अवश्य निभाए। कुछ यज्ञ छोटे हुआ करते थे और कुछ बड़े; किन्तु ब्राह्मणों को दोनों अवसरों पर लाभ ही रहता था। वे अपनी कला द्वारा अधिक से अधिक धन ऐंठ लिया करते थे। अश्वमेघ यज्ञ और राज्याभिषेक के अवसरों पर राज्य की अतुल धन-राशि खर्च हो जाती थी। सहस्रों ब्राह्मणों को भोजन कराया जाता था और अत्यन्त उदारता से उन्हें दक्षिणा दी जाती थी। इन अवसरों पर बहुत बड़ी संख्या में पशु-बलि का विधान था। सम्पूर्ण राज्य और राज्याधिकारियों का ध्यान इन यज्ञों की ओर रहता था। इन अवसरों पर राज्य के कार्यों में रुकावट पड़ती थी, किन्तु इन ब्राह्मणों को राज्य की अपेक्षा अपने मान को बनाए रखने और धन ऐंठने की चिन्ता अधिक रहती थी। ब्राह्मणों की ये बातें लोगों को रुचिकर न थीं। गृह यज्ञों में गृहस्थियों को स्वयं उपस्थित रहना पड़ता था। इन यज्ञों से पुत्र-प्राप्ति की आशा की जाती थी। जन्म-यज्ञ तो प्रति मास करना आवश्यक था। अधिकाँश संस्कारों की पूर्ति करते समय भी यज्ञ करने पड़ते थे। पशुओं के अन्धाधुन्ध वध, ब्राह्मणों का सोमरस के नशे में झूमना और गृहस्थियों तथा राज्य से दक्षिणा की माँग करना इत्यादि कर्मों ने जनता के मन में ब्राह्मणों के प्रति कटुता उत्पन्न कर दी थी। ब्राह्मणों ने जनता को अपने प्रलोभन का शिकार बना रखा था। यह बात अधिक देर तक सहन नहीं की जा सकती थी।

(3) ब्राह्मणों ने इस अन्धविश्वास को जनता के बीच फैला रखा था कि तप तथा आत्म-निग्रह द्वारा प्रकृति की शक्तियों पर अधिकार प्राप्त किया जा सकता है। ऐसा करने से तपस्वियों और देवताओं को आध्यात्मिक अन्तर्दृष्टि प्राप्त होती है। पाँच अग्नियों के बीच बैठना, वन में सिर के बल खड़े रहना, अपनी एक भुजा को सिर पर ताने एक टाँग पर तब तक खड़े रहना जब तक मांसपेशियाँ सूख न जाएँ इत्यादि क्रियाओं को आत्मसंयम और इन्द्रिय-निग्रह तथा संसार पर नियन्त्रण करने का साधन माना जाता था। इस प्रकार का कर्म करने वाले व्यक्तियों की इच्छा को देवताओं को पूर्ण करना ही पड़ता था। बिना आहार के रहने वाले व्यक्ति को भी उपर्युक्त अनुपम लाभों की प्राप्ति हो सकती है—यह अन्धविश्वास भी लोगों में ब्राह्मणों द्वारा फैलाया गया था।

बुद्ध के जीवन के कुछ दृश्य

(4) हिन्दू धर्म को ब्राह्मणों से ऐसे-ऐसे विचार और क्रियाएँ मिली, जो सर्वथा निरर्थक और जन-साधारण की समझ से परे थीं। वैदिक स्तोत्र इतने कठिन थे कि जन साधारण न तो उन्हें समझ सकते थे और न ही उनकी महत्ता को समझ सकते थे। ब्राह्मण भी उन्हें समझाने में असमर्थ रहते थे। उपनिषदों की गहन दार्शनिकता को जन-साधारण समझने में असमर्थ

थे। शास्त्रों और सूत्रों का जनता के जीवन पर कोई प्रभाव न था। लोग इन्हें समझ नहीं पाते थे अतः उनके दिलों में इनके प्रति कोई आकर्षण और अनुराग न था। वैदिक-धर्म के उच्च विचार और उच्चादर्श तथा आत्मा, परमात्मा, मुक्ति और अन्य आध्यात्मिक धारणाएँ अपने-आप में ऐसी बातें थीं, जिससे जनसाधारण को संतोष नहीं हो सकता था और इस प्रकार उनकी आन्तरिक जिज्ञासा शांत नहीं हो पाती थी। इन सभी बातों के परिणामस्वरूप एक ऐसे धर्म की आवश्यकता अनुभव की जा रही थी, जो भले ही कम गहन हो, किन्तु जनता के जीवन का एक आवश्यक अंग बन सके।

(5) ब्राह्मणों का जीवन निन्दनीय बन गया था। वे सांसारिक उलझनों में उलझे हुए थे। वास्तव में उनका जीवन भ्रष्ट था। उनका संचित धन उनके पतन का कारण था।

(6) हिन्दू समाज जाति-प्रथा के दोषों से भी पीड़ित था। इस जाति-प्रथा के कारण निम्न वर्ग तथा शूद्रों की अत्यन्त दीन दशा थी। निम्न वर्ग के लोग उच्च वर्ग की प्रबलता और बड़प्पन के भार को उतार फेंकने की प्रतीक्षा में थे क्योंकि उच्च वर्ग ने उनसे सदा घृणा की थी और उन्हें कभी ऊपर उठने का अवसर ही नहीं दिया था।

(7) क्षत्रिय और वैश्य भी ब्राह्मणों से घृणा करने लगे थे। समाज में उन्हें वह स्थान प्राप्त न था जो ब्राह्मणों को प्राप्त था। शारीरिक बल और धन में ब्राह्मणों से श्रेष्ठ होने पर भी उन्हें उनके मिथ्या अभिमान को सहन करना पड़ता था। वास्तव में ब्राह्मण हिन्दू समाज की भलाई की बात नहीं सोचते थे। इन सभी उपर्युक्त बातों के कारण बौद्ध-धर्म और जैन-धर्म का भारत में आगमन हुआ।

बुद्ध का जीवन (Life of Buddha)—गौतम सिद्धार्थ या बुद्ध नाम के महात्मा ही बौद्ध-धर्म के संचालक थे। इन्हें 'बुद्ध' भी कहा जाता है। 'तथागत' (जिसने सत्य को पा लिया है) भी इन्हीं का नाम था। इन्हें 'शाक्य वंश के महात्मा' भी कहा जाता था। बुद्ध के सम्बन्ध में कोई प्रामाणिक सामग्री उपलब्ध नहीं होती। अतः हमें बुद्ध के पश्चात् उनके सम्बन्ध में प्राचीन परम्परा से प्राप्त कथात्मक कविताओं से जो कुछ मिलता है, उसी पर विश्वास करना पड़ता है। इनके पिता का नाम शुद्धोदन और माता का नाम महामाया था। सिंहल (लंका) की परम्परानुसार महात्मा बुद्ध का निधन 543 ई०पू० में हुआ था। वे 80 वर्ष की आयु में परलोक सिधारे। अतः निश्चय ही उनका जन्म 623 वर्ष ई०पू० में हुआ होगा। कलिंग-नरेश खारवेल के हाथी-गुफा के शिलालेख से उपर्युक्त तिथि का समर्थन होता है, किन्तु बुद्ध से 218 वर्ष पश्चात् गद्दी पर बैठने वाले अशोक से यह तिथि नहीं मिलती। यह सर्वविदित है कि अशोक का राज्याभिषेक 269 ई०पू० में हुआ। यदि बुद्ध के निर्वाण की तिथि 543 ई०पू० मान ली जाए तो अशोक के गद्दी पर बैठने का समय लगभग 325 वर्ष ई०पू० ठहरता है और इस प्रकार बुद्ध के जन्म की 623 वर्ष ई०पू० तिथि स्वीकार नहीं की जाती।

बुद्ध के जीवन के कुछ दृश्य

यह भी कहा जाता है कि बुद्ध के निर्वाण प्राप्त करने के पश्चात् कैण्टन में रखे गए एक अभिलेख में प्रतिवर्ष एक बिन्दु लगा दिया जाता था। यह क्रिया 489 ई०पू० तक चलती रही। उस वर्ष तक 975 बिन्दु लग चुके थे। यदि 975 में से

489 कम कर दिए जाएँ तो बुद्ध के निर्वाण की तिथि 486 या 487 ई०पू० ठहरेगी। यदि 487 में से 218 कम कर दिए जायें तो 269 वर्ष ई०पू० शेष रहेगा। यही अशोक के अभिषेक की तिथि है और इसका समर्थन यूनान के लेखक भी करते हैं।

एक अन्य गणना के अनुसार, बुद्ध की निधन-तिथि 487 ई०पू० ठहरती है। चन्द्रगुप्त मौर्य निश्चय ही सिकन्दर की मृत्यु तथा बेबीलोन की 323 ई०पू० की विभाजन-सन्धि के पश्चात् गद्दी पर बैठा होगा। हम सुगमतापूर्वक मान सकते हैं कि चन्द्रगुप्त मौर्य लगभग 322 ई०पू० में गद्दी पर बैठा था। पुराणों के अनुसार चन्द्रगुप्त ने 24 वर्ष और उसके पुत्र बिन्दुसार ने 25 वर्ष राज्य किया। यदि इन दोनों के कालों का अन्तर निकाला जाए तो अशोक के गद्दी पर बैठने का समय लगभग 273 ई०पू० ठहरता है। अशोक चार वर्ष पश्चात् गद्दी पर बैठा था और इस प्रकार यह समय 269 वर्ष ई०पू० ठहरता है। यह तथ्य इस बात से भी मिलता है कि अशोक बुद्ध के निर्वाण के 218 वर्ष पश्चात् गद्दी पर बैठा था। यदि हम 487 में से 218 वर्ष निकाल लें तो यह समय 269 वर्ष ई०पू० ही ठहरेगा।

महात्मा बुद्ध

इन परिस्थितियों के अन्तर्गत 567 ई०पू० को बुद्ध की जन्म-तिथि और 487 ई०पू० को मरण-तिथि स्वीकार किया गया है।

जातक-कथाओं में बुद्ध के शाक्य वंश में उत्पन्न होने से पूर्व के जन्मों का वृत्तान्त है। यह बताया जाता है कि बुद्ध के जन्म से पूर्व बुद्ध की माता ने स्वप्न देखा था कि छः दाँतों वाले हाथी ने उसके शरीर में प्रवेश किया है। ज्योतिषियों ने उस स्वप्न की यह व्याख्या की कि जन्म लेने वाला शिशु या तो प्रसिद्ध सम्राट् बनेगा या महान् साधु। महामाया ने दस मास पूरे हो जाने पर अपने पिता की नगरी देवदाह को जाने की इच्छा प्रकट की। शुद्धोदन ने उसकी इच्छा को स्वीकार कर लिया। अतः कपिलवस्तु से लेकर देवदाह तक सड़क सजा दी गई। सड़क के आस-पास झण्डे और केले के वृक्ष लगा दिए गए। उसे पालकी में बिठा कर भेज दिया गया। मार्ग में ही लुम्बिनी नामक ग्राम में उसने एक बालक को जन्म दिया। उसके जन्म के तुरन्त पश्चात् एक झरना प्रकट हुआ, जिसमें बालक को स्नान कराया गया। जन्म लेते ही वह बालक सात कदम चला और उसने सात मन्त्रों का उच्चारण किया। वह कथन इस प्रकार था—"मैं अच्छाइयों का उदाहरण बनूँगा। यह मेरा अन्तिम जन्म है और इसके पश्चात् मैं जन्म-मरण के समुदद को सदा के लिए पार कर जाऊँगा।" बालक के जन्म के सात दिन पश्चात् महामाया स्वर्ग सिधार गई। बुद्ध का पालन उसकी मौसी और विमाता प्रजापति गौतमी ने किया।

इस प्रकार बुद्ध वैभव और सुख में पले। 16 वर्ष की आयु में उनका विवाह यशोधरा से कर दिया गया। यशोधरा के गोप, बिम्ब आदि कई नाम थे। 29 वर्ष की आयु में बुद्ध के घर पुत्र का जन्म हुआ। बुद्ध ने उसका नाम राहुल (बंधन) रखा। सिद्धार्थ ने सोचा कि उसका पुत्र एक बंधन बनकर आया है।

बौद्ध भिक्षुओं के अनुसार चार महान् घटनाओं ने नवयुवक सिद्धार्थ के जीवन को प्रभावित किया। कहा जाता है कि एक शाम को सिद्धार्थ का सारथि उसे नगर की ओर ले गया। उसका सारथि चन्ना रथ चला रहा था। सिद्धार्थ ने एक वृद्ध व्यक्ति को देखा। उसके सम्बन्धियों ने उसे छोड़ दिया था। उसने एक अन्य व्यक्ति को देखा जो बीमारी की यातनाओं से अत्यन्त पीड़ित था। पूछने पर चन्ना ने उत्तर दिया कि यही दशा प्रत्येक व्यक्ति की होती है। इसके पश्चात् उसने एक मृतक को देखा, जिसके चारों ओर उसके सम्बन्धी खड़े रो रहे थे। अन्त में उसे एक भिक्षु दीख पड़ा। उसने संसार को छोड़ दिया था और सत्य की खोज में इधर-उधर घूम रहा था।

राहुल के उत्पन्न होने से पूर्व ही उपर्युक्त घटनाएँ सिद्धार्थ को प्रभावित कर चुकी थीं। सिद्धार्थ ने शीघ्र ही संसार को छोड़ने का निश्चय कर लिया। एक रात, जब उसकी पत्नी और पुत्र सो रहे थे, सिद्धार्थ अपने सारथि चन्ना के साथ महल से बाहर निकल आया। मज्झिमनिकाय में लिखा है, "ज्ञान प्राप्त करने से पूर्व मैंने सोचा कि घरेलू जीवन कष्टदायक और कठोर है। घर में रहकर पूर्णतः पवित्र और धार्मिक जीवन नहीं बिताया जा सकता। मैं अभी युवक था। मेरे बाल उस समय काले ही थे जब मैंने अपने सिर के बाल और दाढ़ी मूँड़ दिए। मैंने पीले कपड़े पहन कर अपने माता-पिता को रोते छोड़ कर घर का त्याग किया और बाहर निकल पड़ा।"

राजकुमार सिद्धार्थ ने ऋषि अलर और उद्रक के चरणों में बैठ कर ध्यान लगाने की विधि सीखी। चेतना और सुप्तावस्था के बीच की समाधि अवस्था को सिद्धार्थ ने प्राप्त कर लिया था। उरुवेल में पहुँच कर उसने इतनी तपस्या की कि उसका शरीर सूखकर हड्डियों का ढाँचा मात्र रह गया। इतने कष्ट उठाने के पश्चात् भी उसे ज्ञान की प्राप्ति न हो सकी। तब उसने ऐन्द्रियिक सुखों और दूषित विचारों से परे रहकर ज्ञान-प्राप्ति का यत्न किया। उसने भोजन करना भी शुरू कर दिया। एक दिन पीपल के पेड़ के नीचे बैठ कर उसने व्रत लिया कि "मैं इस स्थान को तब तक नहीं छोड़ूँगा जब तक मुझे ज्ञान की प्राप्ति नहीं होगी, जिसके लिए मैं कितने ही वर्षों से जगह-जगह घूम रहा हूँ।" उसे परास्त करने के लिए कई कठिनाइयाँ आईं। उसे प्रलोभन और भय दिखाये गए। किन्तु सिद्धार्थ ने पीपल के पेड़ को न त्यागा। अन्त में इसी पेड़ के नीचे उसे ज्ञान प्राप्त हुआ और वह यहीं से ही 'बुद्ध' के नाम से प्रसिद्ध हुआ। इस समय बुद्ध की आयु 35 वर्ष की थी।

ज्ञान-प्राप्ति के पश्चात् बुद्ध ने अपने शेष जीवन को लोगों के हित में लगाने का निश्चय किया। यह कार्य उसने 45 वर्ष तक किया। इस समय बुद्ध अपने श्रद्धालु जनों और अनुयायियों के साथ सदा भ्रमण ही करते रहे। उनका प्रथम उपदेश बनारस के निकट सारनाथ में हुआ। उसे 'धर्म-चक्र-प्रवर्त्तक' कहा गया। महात्मा बुद्ध देश के विभिन्न भागों में भ्रमण करते रहे। वे अपनी जन्मभूमि में भी गए। उनका पुत्र राहुल भी भिक्षु बन गया। वे 80 वर्ष की आयु में परलोक

सिधार गए। अपने प्रिय शिष्य आनंद के प्रति उनके अन्तिम शब्द इस प्रकार थे—"इसलिए, हे आनंद! अपने लिए स्वयं दीपक बनो! कभी बाह्य साधनों की शरण मत लो। सचाई के दीपक को दृढ़ता से थामे रहो। सत्य की शरण ही वास्तविक और यथार्थ शरण है। शरण के लिए अपने आपको छोड़ कर किसी अन्य की ओर मत देखो।" शिष्य आनंद ने बुद्ध के देहावसान पर असीम दुःख अनुभव किया।

बुद्ध की शिक्षाएँ (Teachings of Budha)—महात्मा बुद्ध ने 45 वर्ष तक वार्तालाप, भाषण और दृष्टान्तों द्वारा लोगों तक अपना सन्देश पहुँचाया। उसने लोगों तक अपने सन्देश को पहुँचाने का अनोखा मार्ग अपनाया। उसने लोगों को मार्ग दिखाने के लिए देश भर की पद यात्रा की। इस प्रकार ग्राम-ग्राम और नगर-नगर तक उसका सन्देश पहुँचा। उसके 1200 भक्तों तथा प्रिय शिष्यों ने इस लम्बी यात्रा में बराबर उसका साथ दिया। उसने कभी भविष्य की चिन्ता नहीं की। स्थानीय श्रद्धालुओं से उसे जो कुछ खाने को मिला, स्वीकार कर लिया। वह अपने साथियों सहित भ्रमण करते हुए किसी ग्राम के पास आकर रुक जाया करता था। उसका खेमा किसी उद्यान या नदी-तट पर लगता था। दोपहर का समय तो मनन, चिन्तन और विवेचन में और सायंकाल लोगों को शिक्षा इत्यादि देने में व्यतीत होता था।

"चार श्रेष्ठ सत्य" उसे अत्यन्त प्रिय थे। उनमें इस बात पर बल दिया गया था कि जीवन दुःखों का घर है और ये दुःख केवल तभी दूर हो सकते हैं जब इच्छाओं को अपने जीवन से निकाल दिया जाये।

(1) प्रथम सत्य है, शोक की विद्यमानता। "संसार में सभी कुछ शोकपूर्ण, नश्वर और पीड़ा से भरा हुआ है।"

(2) द्वितीय सत्य है, इस शोक का कारण। "इच्छा ही इन सबका कारण है, अतः इसे अवश्य दूर करना चाहिए।"

(3) तृतीय सत्य है इस शोक की समाप्ति। "इच्छा के त्याग से ही मनुष्य इनसे छुटकारा पा सकता है। जब दुःखों का अन्त हो जाता है तब परमानन्द की उपलब्धि होती है। जन्म-मरण का प्रश्न ही मिट जाता है। बिन्दु सिन्धु में निमग्न हो जाता है।"

(4) चौथा सत्य है कि परमानन्द की प्राप्ति और इच्छाओं की समाप्ति का कोई मार्ग अवश्य होना चाहिए और ऐसा अष्ट-मार्ग (Eight-fold Path) को धारण करने से ही हो सकता है।

इन्हीं चार सत्यों का बुद्ध ने इस प्रकार वर्णन किया है—

(1) "हे भिक्षुओ! दुःखों का वास्तविक कारण जन्म है। रोग और वृद्धावस्था दुःखों का घर है। शोक, पश्चाताप, नैराश्य और लालसा इत्यादि भी दुःख के कारण हैं।"

(2) "हे भिक्षुओ! दुःखों का कारण अवश्य होता है। केवल इच्छा लालसा के साथ मिलकर मनुष्य को पुनर्जन्म के चक्र में फेंक देती है और मनुष्य वासना तथा अपने अस्तित्व को बनाए रखने के लिए छटपटाने लगता है। बस, यही दुःखों का कारण है।"

(3) "हे भिक्षुओ! यह सत्य है कि दुःख और पीड़ा से निवृत्ति प्राप्त की जा सकती है। यह निवृत्ति पूरी तरह से इच्छाओं को भूलकर, त्याग कर और उनसे सम्बन्ध तोड़कर मिल सकती है।"

(4) "हे भिक्षुओ! यह भी सत्य है कि इस समस्या का समाधान केवल 'अष्टांग-मार्ग' के पालन करने में ही निहित है। 'अष्टांग-मार्ग' है—सम्यक् विचार, सम्यक् संकल्प, सम्यक् वाणी, सम्यक् व्यवहार, सम्यक् जीवन, सम्यक् उपाय, सम्यक् ध्यान, सम्यक् समाधि।"

बुद्ध ने बताया कि दुःखों के कारण चार महासागरों के जल से भी कहीं अधिक मात्रा में लोगों के आँसू बह चुके हैं। नश्वरता ने मानव के सुख को कम कर दिया है। इच्छा बुरी नहीं, बल्कि स्वार्थमय इच्छा बुरी है। सबसे बढ़कर कामेच्छा ही मनुष्य को पुनर्जन्म के सागर में धकेल रही है। मानव निरुद्देश्य होकर जन्म-जन्मान्तरों में भटक रहा है। बुद्ध के शिष्यों में से एक ने सोचा कि आत्म-हत्या द्वारा दुःखों का अन्त किया जा सकता है। किन्तु बुद्ध ने उसे समझाया कि ऐसा करने से तो आत्मा अर्पवित्र हो जाएगी और फिर से जन्म लेगी। जन्म-मरण के चक्र को इस तरह नहीं रोका जा सकता।

जब बुद्ध के शिष्यों ने उनके इस भाव को और अधिक स्पष्ट रूप से जानना चाहा तो बुद्ध ने निम्न पाँच नैतिक नियमों की सृष्टि की—

(1) किसी प्राणी की हत्या नहीं करनी चाहिए।

(2) उस वस्तु को नहीं लेना चाहिए, जो उसे नहीं दी गई।

(3) झूठ नहीं बोलना चाहिए।

(4) मादक द्रव्यों का प्रयोग नहीं करना चाहिए।

(5) व्यभिचार से सदा बचना चाहिए।

बुद्ध का कथन है कि "क्रोध पर दया से और बुराई पर अच्छाई से विजय प्राप्त करनी चाहिए। विजय घृणा को जन्म देती है क्योंकि विजित व्यक्ति अप्रसन्न होता है। इस विश्व में घृणा के द्वारा घृणा को दूर नहीं किया जा सकता। घृणा तो केवल प्रेम से ही परास्त हो सकती है।"

बुद्ध वहाँ नहीं बैठ सकता था, जहाँ स्त्रियाँ बैठी होती थीं। यही कारण है कि वह स्त्रियों के बुद्ध-संघ में प्रवेश के पक्ष में नहीं था। बुद्ध और उसके प्रिय शिष्य आनन्द के बीच हुए एक वार्तालाप में बुद्ध ने आनन्द को बताया कि स्त्रियों की ओर देखना ही नहीं चाहिए; यदि उन्हें देख लिया जाए तो उनसे बात नहीं करनी चाहिए; और यदि वे स्वयं बात करें तो सतर्क रहना चाहिए।

बुद्ध का धार्मिक दृष्टिकोण पूर्णतः नैतिक था। संस्कारों और पूजा-पाठ में उसे विश्वास न था। उसने शुद्ध आचरण पर सर्वाधिक बल दिया है। एक ब्राह्मण ने बुद्ध के समक्ष इस बात का सुझाव रखा कि गया में स्नान करने से पापों को धोया जा सकता है। ब्राह्मण के इस विचार को जान कर बुद्ध ने कहा कि "तुम यहीं स्नान करो और बिलकुल यहीं। सभी प्राणियों पर दया का भाव रखो। ब्राह्मण! यदि तुम झूठ नहीं बोलते, यदि तुम किसी प्राणी की हत्या नहीं करते, यदि तुम उस वस्तु को नहीं लेते, जो तुम्हें नहीं दी गई, तो फिर तुम्हें गया जाने से क्या लाभ होगा। यदि तुम में उपर्युक्त दोष नहीं है तो कोई भी जल तुम्हारे लिए 'गया' है।"

विश्व का आरम्भ कब हुआ और इसका अन्त कब होगा? आत्मा और शरीर में क्या अन्तर है? आदि प्रश्नों का उत्तर देने से बुद्ध ने इन्कार कर दिया था। उनकी दृष्टि में इस प्रकार के प्रश्न उलझन में डालने वाले प्रश्न थे। अतः इस प्रकार के प्रश्नों का उत्तर देने की चिन्ता उसने कभी की ही नहीं। इन प्रश्नों के उत्तर न देने का कारण यह था कि बुद्ध जानता था कि इस प्रकार के प्रश्न वाद-विवाद को जन्म देने वाले होते हैं। इनसे बुद्धिमत्ता और शान्ति की प्राप्ति नहीं होती। बुद्ध का विश्वास था कि साधुत्व और शान्ति की प्राप्ति संसार और भगवान्-सम्बन्धी ज्ञान में न होकर निष्काम और सदाचारी परिश्रम में है। वह हँसी से कहा करता था कि इन प्रश्नों का उत्तर तो भगवान् के पास भी न होगा।

इस सम्बन्ध में एक अत्यन्त रुचिकर कथा है। एक बार बुद्ध के एक शिष्य को इस पर सन्देह हो गया कि जल, अग्नि, पृथ्वी और वायु, ये चार तत्त्व अपना चिह्न-मात्र छोड़े बिना किस अज्ञात लोक को चल देते हैं? उसकी इस जिज्ञासा को शान्त करने के लिए उसे चार सम्राटों के राज्यों में भेजा गया और उसने अपने उन प्रश्नों को वहाँ दोहराया। उन राजाओं ने उसे और भी बहुत से राजाओं और देवताओं के पास भेजा। अन्त में वह ब्रह्मा केपास पहुँचा और स्वयं ब्रह्मा से अपने प्रश्नों के उत्तर माँगे। अन्त में स्वयं ब्रह्मा ने कहा, "सत्य यह है कि वास्तव में मैं भी नहीं जानता कि जल, अग्नि, पृथ्वी और वायु ये चार तत्त्व अपना चिह्न-मात्र छोड़े बिना किस अज्ञात लोक को चल देते हैं।"

बुद्ध को इस बात का विश्वास था कि कोई भी व्यक्ति इन उपर्युक्त प्रश्नों का उत्तर देने में असमर्थ है। जब उसे बताया गया कि कुछ ब्राह्मण इन प्रश्नों के उत्तर देने का दावा करते हैं तो उसने इस प्रकार उत्तर दिया—"भाइयो! कुछ ब्राह्मण और एकान्तवासी योगी ऐसे हैं, जो अपने आपको प्रकाण्ड पण्डित कहते हैं; किन्तु जब उनके समक्ष प्रश्न उपस्थित होता है तो वे वाक्छल और वक्रोक्ति का आश्रय लेते हैं।" उसने ब्राह्मणों के व्यर्थ के अहं की कड़ी निन्दा की।

बुद्ध ने जाति-प्रथा के बन्धन को स्वीकार नहीं किया। उसके धर्म में कोई भी दीक्षित हो सकता था। उसने अपने शिष्यों से कहा—''सभी देशों में जाओ और धर्म के संदेश को प्रत्येक व्यक्ति तक पहुँचाओ और कहो कि इस धर्म में छोटे-बड़े और धनवान तथा निर्धन का कोई प्रश्न नहीं। बौद्ध धर्म सभी जातियों के लिए खुला है। सभी जातियों के लोग इसमें इसी प्रकार आकर मिल सकते हैं जिस प्रकार नदियाँ समुद्र में आकर मिल जाती हैं।''

बुद्ध स्वर्ग-नरक और शोधन स्थान (Purgatory) के अस्तित्व में विश्वास नहीं रखता था। सर्वजीववाद में उसका विश्वास नहीं था। उसकी दृष्टि में जीवन परिवर्तनशील और लुप्त होने वाली नदी के समान है। आत्मा का अस्तित्व एक भ्रम है। मन को बुद्ध ने भूत कहकर पुकारा है। अनुभूति और संवेदना ही सभी कुछ है जो स्मृति और विचारों में समा जाती है।

बुद्ध ने अपनी निर्वाण-सम्बन्धी धारणा के सम्बन्ध में स्पष्ट रूप से नहीं कहा है। बौद्ध ग्रन्थ स्वार्थ के त्याग से इसी जीवन में उत्पन्न होने वाली खुशी तथा सुख, पुनर्जन्म से विमुक्ति, अहंकार का अन्त, प्रभु-मिलन और मृत्यु के पश्चात् स्वर्गीय आनन्द की प्राप्ति की ओर संकेत करते हैं। बुद्ध की शिक्षाएँ व्यक्तिगत इच्छाओं के त्याग और पुजर्नन्म से मुक्ति पाने का सन्देश देती-सी प्रतीत होती हैं। बुद्ध की शिक्षाओं के अनुसार व्यक्तिगत और स्वार्थपूर्ण इच्छाओं का परित्याग ही निर्वाण का साधन है। निर्वाण ऐसी शान्ति है, जो 'स्व' के भाव को ही समाप्त कर देती है। इस सम्बन्ध में बुद्ध ने स्वयं कहा है : ''यह दुःख से मुक्ति पाने के सम्बन्ध में उत्तम सत्य है। वास्तव में इसी 'स्व' भावना के त्याग से, इससे छुटकारा पाने से, इससे मुक्ति प्राप्त करने से, इसे अपने अन्दर स्थान न देने से ही निर्वाण की प्राप्ति हो सकती है।''

बुद्ध की शिक्षाओं का आधार कर्म है। यह कर्म का सिद्धान्त इतना कठोर है कि न तो कोई इसे मानने से इन्कार कर सकता है और न ही इसके चक्र को कोई थामने का यत्न कर सकता है।

बुद्ध का मूल्यांकन (Estimate of Buddha)—विल ड्यूरैण्ट (Will Durant) का मत है कि महात्मा बुद्ध ''दृढ़ संकल्प शक्ति वाला, स्वाभिमानी किन्तु व्यवहार और भाषण में सुशील, नम्र, सौम्य तथा अत्यन्त दानशील था। उसने ज्ञान-प्राप्ति का दावा किया था, स्फुरण का नहीं। उसने कभी यह नहीं कहा कि कोई देवता उसके अन्दर से बोल रहा है। वाद-विवाद में वह सदा शान्त रहने वाला और दूसरों की भावनाओं को ठेस न पहुँचाने वाला व्यक्ति था। सम्भवत: मानव जाति के अन्य शिक्षकों में ये विशेषताएँ इतनी मात्रा में न रही होंगी।''

बुद्ध के शिष्यों ने उसे इस प्रकार श्रद्धाञ्जलियाँ अर्पित की हैं—''उसने डण्डे और तलवार को एक ओर रख दिया था। रूखापन तो कभी उसके पास फटक तक न पाया था। लाँछन और कलंक तथा दूसरों पर कीचड़ उछालने की जगह उसने जीव-मात्र को अपनी दया का पात्र बनाया। उसने अपने आपको आक्षेय और निन्दा से तो कोसों दूर रखा। यह बिछुड़े हुओं को मिलाने वाला और मिले हुओं को पुष्टि प्रदान करने वाला व्यक्ति था। इसके अतिरिक्त शान्ति-स्थापक, शान्ति-प्रिय और शांति प्रचारक आदि-आदि कितने ही विशेषणों से उसे सम्बोधित किया जा सकता है।''

ईसा और लाओ-त्ज़े की भाँति बुद्ध भी बुराई का बदला अच्छाई से और घृणा का बदला प्यार में देने वाला था। वह नासमझी की अवस्था में मौन का आश्रय लिया करता था। जब उस पर अपशब्दों तथा गालियों की बौछार की जाती तो भी वह मौन का ही आश्रय लिए रहता था। ''यदि मुझसे कोई व्यक्ति बुराई करता है तो भी मैं उसे ईर्ष्या-रहित प्यार ही प्रदान करूँगा। यदि मुझसे और अधिक बुराई की जाएगी तो मैं और अधिक भलाई करने लगूँगा।'' एक बार किसी व्यक्ति ने बुद्ध को अपशब्द कह दिए, किन्तु बुद्ध ने उसे कोई उत्तर न दिया। जब उसने अपशब्दों का उच्चारण समाप्त किया तब बुद्ध ने कहा—''वत्स! यदि कोई व्यक्ति किसी को कुछ दे और लेने वाला लेने से इन्कार कर दे तो वह वस्तु किसी होगी?'' उस व्यक्ति ने उत्तर दिया—''उसी की होगी, जिसने उसे दिया है।'' तब बुद्ध ने इस प्रकार कहा—''तात मैं तुम्हारे इन अपशब्दों को अस्वीकार करता हूँ और तुमसे प्रार्थना करता हूँ कि तुम इन्हें अपने लिए रख लो।''

ओल्डनबर्ग (Oldenberg) ने बुद्ध के बारे में लिखा है कि ''बौद्ध जब अत्यधिक प्रसिद्ध हो गए और उनका नाम देश के बड़े-बड़े व्यक्तियों में गिना जाने लगा तब वह बुद्ध, जिसके सामने बड़े-बड़े सम्राट् अपना सिर झुकाते थे, एक भिक्षा-पात्र लेकर भ्रमण करने को निकल पड़ा। वह छोटी और तंग गलियों में जाता और बिना याचना के नतदृष्टि से किसी द्वार के समीप खड़ा रहता और तब तक खड़ा रहता जब तक मुट्ठी-भर भोजन उसके भिक्षा-पात्र में न डाल दिया

जाता।'' इसी से ही बुद्ध की नम्रता, सुशीलता और सौम्य स्वभाव का पता चलता है। बुद्ध भविष्य-कथन से घृणा करता था। इस सम्बन्ध में उसने स्वयं कहा है—''रहस्यवादी चमत्कारों से मुझे घृणा है क्योंकि ये हानि पहुँचाने वाले हैं। मुझे अपनी इस धारणा पर विश्वास है।'' वह सत्य के पक्ष में था। अत: उसकी यह प्रबल आकांक्षा थी कि उसका शिष्य-मण्डल भी सत्य को अपने जीवन का आवश्यक अंग बनाए। ''बुद्ध उन तत्त्वों को निकाल बाहर करना चाहता था, जो समाज को दूषित करने वाले हैं या जिनसे पुनर्जन्म के चक्र में जीव को फँसना पड़ता है। वह ऐसे तत्त्वों को समाज से अलग कर देना चाहता था, जो दु:ख, यातना और जन्म-मरण को बढ़ावा देने वाले हैं। वह ऐसे पवित्र तत्त्वों को लाना चाहता था, जिनसे इसी जन्म में ही पूर्ण और पर्याप्त अन्त:दृष्टि की प्राप्ति हो सके।'' बुद्ध आत्म-प्रशंसा से कोसों दूर था। उसके शिष्य जब उसकी प्रशंसा करने लगते थे तो वह विकल हो उठता था। उसने स्वयं भी कहा है—''जो व्यक्ति निन्दा का बदला निन्दा में नहीं देता; समझो कि उसने दुहरी विजय प्राप्त कर ली है। वह निन्दा, जिसका उत्तर नहीं दिया जाता, उस भोजन के समान है, जिसे अतिथि ने ग्रहण करने से इन्कार कर दिया है और वह भोजन उसी के पास रहेगा जिसने वह दिया है।''

बुद्ध अद्वितीय था। उसमें तर्क-वितर्क करने की अपार शक्ति विद्यमान थी। वह अपने विपक्षियों को सदा औंधे-मुँह परास्त किया करता था। तर्क-क्षेत्र में उसे परास्त करना टेढ़ी खीर थी। इस सम्बन्ध में बुद्ध ने स्वयं भी कहा है—''तर्क-वितर्क में मुझे न तो कोई भ्रान्त कर सकता है और न ही परास्त। यही कारण है कि मैं तर्क-युद्ध के समय अत्यन्त शान्त और स्थिर बना रहता हूँ।''

बुद्ध के समकालीन सोनदण्ड नामक एक ब्राह्मण ने बुद्ध को इस प्रकार श्रद्धाञ्जलि अर्पित की है—

''निश्चय ही श्रीमान्, श्रद्धेय गौतम का जन्म दोनों दृष्टियों से उत्तम ठहरता है। वह पवित्र और उच्च कुल का है और उसका जन्म सर्वथा दोष-रहित है।''

''धन-दौलत, स्वर्ण और वैभव को छोड़कर और अपने अनेक सम्बन्धियों को त्याग कर उसने धार्मिक जीवन अपनाया है।''

''वह देखने में सुन्दर, विश्वसनीय, प्रभावशाली व्यक्तित्व वाला गौरवपूर्ण और राजसी दीख पड़ता है।''

''उसका स्वर कर्ण-प्रिय और भाषण-शक्ति अत्यन्त मोहक है। वह बोलने में नम्र और साफ है और सामने आई समस्या को सुलझाना खूब जानता है।''

''वह अनेक व्यक्तियों के शिक्षकों का शिक्षक है। ब्राह्मण जाति को उपदेश देते समय वह सदाचार को ही सबसे पहले रखता है।''

''दूर-दूर से लोग उससे प्रश्न पूछने आते हैं। वह सभी का स्वागत करता है। वह उत्तम प्रकृति का तथा समझौते में विश्वास रखने वाला है। वह उद्धत और असहनशील न होकर सरल-प्रकृति का है। वह सभी से बात करने को तत्पर है और वार्त्तालाप में कभी पीछे नहीं रहता।''

''जहाँ ब्राह्मण इत्यादि लोग वस्त्रादि से अपना प्रभाव डालने का प्रयत्न करते हैं, वहाँ बुद्ध के चरित्र की महत्ता का परिचय उसके सदाचार से मिलता है।''

''वह विश्वसनीय, श्रद्धेय और माननीय व्यक्ति है। मगध नरेश, सेनीय बिम्बिसार, कोशल के राजा पसेनादी (Pasenadi) और प्रमुख ब्राह्मण आचार्य पोखरसादी, अपने बच्चों और पत्नियों सहित सभी बुद्ध का सम्मान करते हैं।''

बौद्ध-धर्म की प्रगति (Progress of Buddhism)—बुद्ध की मृत्यु के कुछ ही सप्ताह पश्चात् 487 ई०पू० में राजगृह में प्रथम बौद्ध-सभा हुई। बुद्ध के भाषणों, वार्त्तालापों और समय-समय पर कहे गए कथनों को एकत्र किया गया। पाँच सौ बौद्ध भिक्षुओं की सभा ने उनको कुछ श्रेणियों में विभक्त कर दिया। इन संग्रहों को आधिकारिक ग्रन्थों का रूप दिया गया। बुद्ध की शिक्षाओं को दो भागों में विभक्त कर दिया गया। ये दो भाग विनय-पिटक और धम्म-पिटक के नाम से पुकारे गए। इन बौद्ध-सभा का प्रधान महाकश्यप था। उपाली और आनन्द उपर्युक्त ग्रन्थों के अधिकृत सम्पादक थे।

द्वितीय बौद्ध-सभा बुद्ध की मृत्यु के 100 वर्ष पश्चात् लगभग 387 वर्ष ई०पू० हुई थी। वैशाली के भिक्षुओं ने कुछ ऐसी प्रथाएँ अपना ली थीं; जो विनय-पिटक के विपरीत थीं। यह समस्या बौद्ध सभा के सम्मुख प्रस्तुत की गई। किन्तु वैशाली के भिक्षुओं ने अपने सिद्धान्तों को बदलने से इन्कार कर दिया। परिणामस्वरूप बौद्ध मठों में एक भारी विवाद उठ खड़ा हुआ और बौद्ध मठों के बीच विच्छेद और फूट व एक दरार आ गई। इस प्रकार बौद्ध भिक्षु स्थविर और महासंधिक दो भागों में विभक्त हो गए। इनमें से स्थविर परिवर्त्तन-विरोधी और महासंघिक परिवर्त्तन-पक्षीय थे।

तृतीय बौद्ध-महासभा अशोक के राज्यकाल में पाटलिपुत्र में हुई थी। लंका के इतिहास से पता चलता है कि यह सभा बुद्ध की मृत्यु के 236 वर्ष पश्चात् मोग्गलीपुत्त तिष्य (Moggaliputta Tissa) की अध्यक्षता में हुई थी। इस सभा द्वारा प्रामाणिक बौद्ध ग्रन्थों को फिर से विभाजित कर एक नए ग्रन्थ की वृद्धि की गई। इस ग्रन्थ का नाम अभिधम्म पिटक रखा गया। इस ग्रन्थ में वर्त्तमान दो ग्रन्थों में वर्णित बौद्ध दर्शन की व्याख्या की गई। इस बार बुद्ध के प्रामाणिक ग्रन्थों को इस दृढ़ता से निश्चित किया गया कि इन्हें पुन: भंग करने का अवसर न मिले और संघ में फूट डालने वालों को दण्ड मिल सके।

चतुर्थ और अन्तिम बौद्ध-सभा सम्राट् कनिष्क के राज्य-काल में वसुमित्र और अश्वघोष की अध्यक्षता में कश्मीर या जालन्धर में हुई थी। इस सभा ने कश्मीर और गन्धार के सारवस्तीवादी आचार्यों के बीच मतभेदों के विवादात्मक प्रश्नों का समाधान किया। इस काल में विभाषा के नाम से पिटकों के तीन टीका-ग्रन्थों की रचना भी कई गई।

महायानवाद (Mahayanism)—कनिष्क के राज्यकाल में ही बौद्ध-धर्म की एक नवीन शाखा महायान नाम से अस्तित्व में आई। बौद्ध-धर्म की यह शाखा हीनयान शाखा से भिन्न थी। यद्यपि महायान शब्द कनिष्क के काल में प्रथम बार ही प्रयुक्त हुआ था तथापि इसका बीज-रूप बुद्ध की शिक्षाओं में पाया जा सकता है। बुद्ध ने अपने उपदेशों में स्वयं ही कहा है कि निर्वाण प्राप्त करने के तीन मार्ग हैं। कुछ लोग दूसरों की चिन्ता किये बिना शीघ्रातिशीघ्र अपनी ही मुक्ति की चिन्ता करते हैं। अर्हत बनकर वे अपने उद्देश्य को प्राप्त कर सकते हैं। इस प्रकार का मार्ग अर्हतयान के नाम से पुकारा गया। दूसरी कोटि में वे लोग आते हैं, जो अपनी मुक्ति तो चाहते हैं किन्तु उसके साथ-साथ दूसरों का भला भी कर देना चाहते हैं, ऐसे लोग प्रत्यक-बुद्धयान द्वारा अपने उद्देश्य को पा सकते हैं। तृतीय श्रेणी में वे लोग आते हैं, जिनके सम्मुख अपनी मुक्ति का प्रश्न तो उत्पन्न ही नहीं होता, वे तो दूसरों के लिए जीना चाहते हैं और अपना सम्पूर्ण जीवन लोक-कल्याण के मार्ग पर अर्पित कर देना चाहते हैं। ऐसे लोगों का सम्बन्ध बुद्धयान से है। महायान के अनुयायियों को तृतीय श्रेणी के विचारों को मानने वाले कहा जाता है।

महायान और हीनयान में कई दृष्टियों से अन्तर था। महायान-वादियों ने बोधिसत्त्वों में एक नये विश्वास को जन्म दिया। अनेक बोधिसत्त्वों ने भक्तों से विश्वास और निष्ठा की कामना की। बुद्ध को देवत्व प्रदान कर दिया गया। बुद्ध की मूर्तिपूजा आरम्भ हो गई। बहुत से नियम-विनियम और यन्त्र-मन्त्र आदि इस पूजा के साथ मिला दिए गए। किन्तु हीनयान सम्प्रदाय पहले की तरह सादा ही रहा। यह सम्प्रदाय इस दृष्टि से बड़ा ही सरल और ग्राह्य था, किन्तु जहाँ हीनयान व्यक्तिगत मुक्ति को प्राप्त करने के लिए कुछ धर्म-पुस्तकों और कर्मों को निश्चित कर दिया था। महायान ने बुद्ध और बोधिसत्त्वों की पूजा पर अधिक बल दिया। हीनयान ने पाली भाषा को अपनाया। महायान ने संस्कृत को अपनी भाषा मान कर उसमें साहित्य रचा। आध्यात्मिक दृष्टि से भी इन दोनों सम्प्रदायों में पर्याप्त अन्तर रहा है। धार्मिक जीवन का अन्तिम उद्देश्य, बुद्ध की वास्तविक प्रकृति इत्यादि बातों के बारे में भी ये दोनों सम्प्रदाय एक दूसरे से भिन्न थे। कनिष्क का समकालीन नागार्जुन महायान का प्रबल समर्थक था। महायान तो मध्य एशिया और संसार के कई अन्य भागों में भी फैला। हीनयान का विस्तार भारत की सीमाओं को पार न कर सका।

बौद्ध धर्म के विस्तार के कारण (Causes of Spread of Buddhism)—बौद्ध धर्म भारत के एक कोने से आरम्भ होकर भारत की सीमाओं को लाँघता हुआ लंका, बर्मा, तिब्बत, जावा, सुमात्रा, चम्पा, चीन, जापान, स्याम आदि को पार करके मध्य एशिया तक जा पहुँचा। उपर्युक्त सभी स्थानों पर इसने अपनी गहरी छाप छोडी। इस धर्म की इस विश्वव्यापी विजय के अनेक कारण हैं।

(1) बुद्ध की शिक्षाओं की सरलता ही इसके विस्तार का प्रमुख कारण है। बुद्ध की जीवन-सम्बन्धी दार्शनिकता साधारण नियमों पर आधारित थी। इस धर्म को वैदिक धर्म की तरह धन और पुरोहितों की आवश्यकता न थी। इस धर्म

की सारी सामग्री इस ढंग से उपस्थित की गई थी कि मूर्ख से मूर्ख व्यक्ति भी उसे सुगमतापूर्वक समझ लेता था। बुद्ध के अनुयायियों का आध्यात्मिक बातों की ओर ध्यान देने की आवश्यकता न थी। इस धर्म में भ्राँति की गुंजाइश ही न थी। पर हिन्दू धर्म में धार्मिक विधि-विधान कठोर थे। लोग ब्राह्मणों द्वारा निश्चित किए गए विधि-विधानों तथा कर्मकाण्ड से तंग आ चुके थे। अतः उन्होंने बौद्ध-धर्म को शीघ्र ही स्वीकार कर लिया।

(2) बौद्ध-धर्म की दार्शनिकता तथा भाषा सरल और सुगम थी। लोगों ने जन भाषा के माध्यम से बौद्ध-धर्म को आसानी से समझ लिया। बुद्ध ने अपने सभी भाषण पाली भाषा में दिए, जो लोगों की प्रिय भाषा थी। लोग संस्कृत को कठिन समझते थे। पाली भाषा को समझना सुगम था। अतः वे बुद्ध की ओर झुके।

(3) बौद्ध-धर्म जात-पाँत का विरोधी था। इस धर्म के द्वार सभी के लिए खुले थे। इतना ही नहीं, उस धर्म में प्रवेश होने वालों को समान दृष्टि से देखा जाता था। बौद्धों का मनुष्य के उच्च जन्म में विश्वास नहीं था। उन्हें केवल चरित्र की चिन्ता थी। इस धर्म को वैश्यों और शूद्रों ने स्वाभाविक रूप से स्वीकार किया। ये दोनों जातियाँ ब्राह्मणों के झूठे अभिमान और महत्त्व से तंग आ चुकी थीं।

(4) हिन्दू धर्म को ब्राह्मणों ने अत्यन्त खर्चीला बना दिया था। हिन्दू धर्म में दिन-प्रतिदिन धार्मिक नियम बढ़ते जा रहे थे। इनको पूर्ण करने में धन की आवश्यकता पड़ती थी, किन्तु इसके विपरीत बौद्ध-धर्म में धन की बिलकुल आवश्यकता न थी। इस धर्म को ग्रहण करने मात्र से ही कोई भी ईमानदार और सदाचारी बन सकता था। इस धर्म का कोई भी अनुयायी जीवन पर नियन्त्रण रखने से मुक्ति प्राप्त कर सकता था। इस धर्म को किसी ब्राह्मण या पुरोहित की आवश्यकता न थी। स्पष्ट है कि बौद्ध धर्म खर्चीला न था। अतः जनसाधारण ने इस धर्म का स्वागत किया।

(5) बौद्ध-धर्म के प्रचार में बुद्ध का प्रभावशाली व्यक्तित्व भी एक कारण है। बुद्ध वर्षा-काल को छोड़ कर अपने सम्पूर्ण जीवन में भ्रमण करता रहा और इस भ्रमण-काल में उसने अपना सन्देश दूर-दूर तक फैलाया। उसका व्यक्तित्व अत्यन्त आकर्षक था। अतः भारी संख्या में लोगों ने उसके धर्म को स्वीकार किया। बिम्बिसार और अजातशत्रु इस धर्म में दीक्षित हुए थे। डॉ० केनेथ साण्डर्स ने लिखा है : "जब पूर्ण शुद्ध हृदयता और सामान्य दयाभाव एक ही व्यक्ति में निहित हो जाते हैं तब वह व्यक्ति श्रद्धेय और आराध्य बन जाता है। बौद्ध-धर्म, इसके उद्देश्य और इसके प्रचार की सफलता का यही एक मुख्य कारण है। कोई यह कल्पना तक भी नहीं कर सकता था कि एक छोटा-सा सूत्र अपने भीतर ब्राह्मणों तक के धर्म को परिवर्तित कर देने की शक्ति धारण किए होगा। वह सूत्र यह था : "हर बात का कोई कारण अवश्य होता है।" किसी ने कल्पना नहीं की थी कि विश्वविजयी धर्म की स्थापना के लिए इतना ही पर्याप्त होगा। किन्तु भय और संस्कारों से मुक्ति प्राप्त करने वाले इसके प्रवर्त्तक की पवित्रता और इस धर्म के नैतिक आचार की उच्चता इतनी श्रेष्ठ थी कि इसने लोगों के मन और मस्तिष्क पर जादू-सा कर दिया। यह इस धर्म की संवेदनशीलता का ही परिणाम है कि 'अलौकिक प्रेम' का एक चित्र लोगों के समक्ष उपस्थित हुआ।"

(6) बौद्ध मठों ने भी बौद्ध-धर्म के प्रचार और प्रसार में पर्याप्त योग दिया। भिक्षुओं और भिक्षुणियों ने सम्मिलित रूप से बौद्ध-धर्म का प्रचार किया। उनके सामने बौद्ध-धर्म का प्रचार ही एक मात्र उद्देश्य था। वे प्रातः से सायं तक बुद्ध के सन्देश को जन-साधारण तक पहुँचाया करते थे। यही उनके जीवन का लक्ष्य भी था। उन्हें किसी प्रकार की आर्थिक चिन्ता न थी। वे भीख माँग कर गुजारा करते थे। शेष समय में बुद्ध के सन्देश का प्रसार करते थे। बुद्ध ने भिक्षुओं और भिक्षुणियों को यह सन्देश दिया था—"ओ भिक्षुओ! मानवता और जीव-मात्र के कल्याण के लिए जाओ और भ्रमण करो! एक दिशा में दो भिक्षु न जाएँ। एक दिशा में एक ही भिक्षु जाए।" प्रत्येक भिक्षु को प्रचार के लिए अलग से एक क्षेत्र दे दिया गया और आदेश दिया गया कि वह अपने पूर्ण उत्साह से इसी क्षेत्र में ही बौद्ध-धर्म का प्रचार करे और लोगों को अपने धर्म में दीक्षित करे। आरम्भ में बौद्ध भिक्षुओं का जीवन सादा और पवित्र रहा। यही कारण है कि भारी संख्या में लोग उनके चरण-चिन्हों पर चलने लगे। ये भिक्षु शिक्षित हुआ करते थे। बौद्ध संघ इन शिक्षित भिक्षुओं के कारण शिक्षा के भारी केन्द्र बन गए थे। शिक्षा के इच्छुक यहाँ आकर अपनी शिक्षा सम्बन्धी भूख को मिटाया करते थे। भिक्षुओं के चरणों में बैठकर इन्हें विद्या प्राप्ति होती थी। नालन्दा भी एक ऐसा ही केन्द्र था। चीनी यात्री ह्यू नत्सांग ने कई वर्षों तक इसी विश्वविद्यालय में शिक्षा प्राप्त की थी।

(7) अशोक, कनिष्क और हर्ष का राजकीय संरक्षण भी बौद्ध-धर्म के प्रसार में अत्यन्त सहायक रहा। अशोक के जीवन का अध्ययन करने से मालूम होता है कि देश-विदेश में अहिंसा का प्रचार ही अशोक के जीवन का लक्ष्य था। उसने बौद्ध-धर्म के प्रचार में अपनी सम्पूर्ण शक्ति लगा दी थी। अशोक का सम्पूर्ण राज-यन्त्र केवल मात्र इसी उद्देश्य को पूर्ण करने में लगा था। इस धर्म की व्याख्या करने के लिए उसने स्वयं भी भ्रमण किया। उसने युक्त, प्रादेशिक, धर्म-महामात्र, आदि को अहिंसा के प्रचार की आज्ञा दी थी। उसने सिद्धान्तों को स्तम्भों और चट्टानों पर खुदवाया। इस उद्देश्य की पूर्ति के लिए प्रचारकों को विदेशों में भेजा गया। सम्पूर्ण मानव-शक्ति बौद्ध-धर्म के विस्तार में लगा दी गई। कनिष्क और हर्ष ने भी अपने-अपने राज्यों में बौद्ध धर्म का पर्याप्त मात्रा में प्रचार किया।

(8) आरम्भ में बौद्ध-धर्म का कोई घोर विपक्षी नहीं था। इस्लाम और ईसाई धर्म अभी तक भविष्य के गर्भ में थे। विपक्षियों के अभाव के कारण ही बौद्ध-धर्म के प्रचार के मार्ग में कोई बाधा उपस्थित नहीं हुई।

(9) बौद्ध-धर्म की सफलता का एक और कारण था दूसरों के साथ उसके समायोजन (adaptability) की विशेषता। स्वयं बुद्ध ने ही बौद्ध सभाओं को इतनी शक्तियाँ दे रखी थीं कि वे साधारण और गौण नियमों को स्वयं बना सकें। तत्पश्चात् देश-काल के अनुसार बौद्ध-धर्म में परिवर्तन होने लगे। बौद्ध-धर्म की महायान शाखा का उदय इस उपर्युक्त तथ्य की पुष्टि करता है। इस प्रकार बौद्ध भिक्षु अपनी इच्छानुसार बुद्ध और बोधिसत्त्व में से किसी पर भी विश्वास रख सकते थे। मूर्त्तिपूजक और मांसाहारी भी बौद्ध बने रह सकते थे।

बौद्ध-धर्म के पतन के कारण (Causes of Decline of Buddhism)—यह आश्चर्यजनक बात है कि जिस स्थान पर बौद्ध-धर्म का जन्म हुआ, उस स्थान पर से तो धीरे-धीरे उसका लोप हो गया और विदेशों में वह सदियों तक चलता रहा और अब भी है। इसके अनेक कारण हैं :—

(1) पहला कारण यह है कि बौद्ध संघ में दुर्बलताएँ आ गई थीं। समय के साथ-साथ बौद्ध मठ चरित्रहीनता के गढ़ बन गए थे। धर्म संघ भिक्षुओं के पारस्परिक विवाद और कलह के घर बन गए थे। भिक्षुओं और भिक्षुणियों ने सुख और वैभव का जीवन बिताना आरम्भ कर दिया था। इस चरित्रहीनता की अवस्था में वे ब्राह्मणों के सामने उपयोगी बन कर नहीं रह सकते थे। अतः परिणाम यह हुआ कि लोगों का इन पर से विश्वास उठने लगा। उनकी प्रेरणा-शक्ति समाप्त हो चली थी। अतः लोग उन्हें घृणा की दृष्टि से देखने लगे। हीनयान और महायान शाखाओं के भिक्षु परस्पर खुले आम लड़ने लगे। इस आन्तरिक मतभेद ने बौद्ध-धर्म को भारी हानि पहुँचाई। यह सत्य है कि समय-समय पर बौद्ध सभाओं ने इस पारस्परिक फूट को समाप्त करने का यत्न किया। किन्तु इस यत्न का परिणाम कुछ भी न निकला।

(2) ब्राह्मणों में भी अपने धर्म के प्रति जाग्रति आने लगी थी। इस जाग्रति ने बौद्ध-धर्म को और अधिक पीछे खदेड़ दिया। गुप्त राजवंश ब्राह्मण-धर्म का संरक्षक बना। अतः इस वंश ने ब्राह्मण-धर्म को प्रोत्साहन प्रदान किया। इधर राज्य-संरक्षण के अभाव में बौद्ध धर्म दिन-प्रतिदिन क्षीण होने लगा था। बौद्ध-धर्म की अहिंसा को देश की दुर्दशा का कारण समझा गया। बौद्ध-धर्म शक्तिशाली धर्म नहीं था। अतः उस संघर्षमय युग में देश या प्रजा के कल्याण की उससे आशा नहीं की जा सकती थी। परिणामस्वरूप बौद्ध-धर्म पर से धीर-धीरे लोगों का विश्वास उठ गया।

(3) नवीन ब्राह्मण-धर्म ने बौद्ध-धर्म की विशेषताओं को अपना लिया था। अतः वह लोगों को आकृष्ट करने लगा। नवीन ब्राह्मण-धर्म में वह पुराना अन्धविश्वास न रहा। महायान शाखा का उदय भी बौद्ध-धर्म को हिन्दू धर्म के निकट ले आया था। अतः बौद्ध-धर्म का हिन्दू धर्म के साथ मिलना आसान हो गया था। महायान शाखा ने संस्कृत भाषा को अपने ग्रन्थों की भाषा बनाया। संस्कृत का सीधा सम्बन्ध ब्राह्मणों से था। अतः इस नाते भी बौद्ध-धर्म हिन्दू धर्म के निकट आया। इस शाखा ने बुद्ध को केवल देवता ही नहीं बनाया, बल्कि उसकी मूर्तियाँ बना कर उसे पूजना भी आरम्भ कर दिया।

(4) आठवीं शती से बारहवीं शती तक उत्तरी भारत का बहुत कुछ भाग राजपूत राजाओं के अधिकार में आ चुका था। उन्हें युद्ध और रक्तपात में आनन्द मिलता था। बुद्ध का अहिंसा मार्ग उनके लिए उपयोगी न था। उन्होंने संघर्षमय हिन्दू धर्म को ही बढ़ावा दिया। परिणामस्वरूप उत्तरी भारत से बौद्ध-धर्म सर्वथा विलुप्त हो गया। इधर दक्षिण भारत ने भी ब्राह्मण-धर्म को ही अपनाया। अतः बौद्ध-धर्म के पैर वहाँ न जम सके।

(5) मुस्लिम विजेताओं ने भी बौद्ध-धर्म को बहुत आघात पहुँचाया। मुसलमान मूर्ति तोड़ने वाले थे और मूर्ति-पूजकों से घृणा करते थे। बौद्धों में कोई सैनिक शक्ति न थी। अत: वे मुस्लिम आक्रमणकारियों के सामने टिक न सके। इस प्रकार के झगड़ों में बहुत से बौद्ध मौत के घाट उतार दिये गए। इनमें से कुछ बौद्ध तो मुसलमान बन गए और अन्य उत्तर के पहाड़ों की ओर भाग गए।

(6) बौद्ध मठ धन तथा स्वण से परिपूर्ण थे। इस धन के आकर्षण ने ही मुसलमानों को इनकी ओर खींचा और अनेक विहारों को गिराकर धन निकाल लिया गया। इसी धन के कारण ही मुसलमानों ने बौद्ध मठों को निशाना बनाया और विशाल धन-राशि को लूट कर ले गए।

(7) बौद्ध धर्म के पतन का सातवां कारण बुद्धि का अभाव तथा तन्त्रवाद का विस्तार था। यह विस्तार शैव-धर्म (Saivism) के रूप में होने लगा था। बुद्धत्व की ओर ले जाने वाले तथा सांसारिक सुखों को दिलाने वाले भिक्षुओं को भिक्षु न कह कर सिद्ध कहा जाने लगा। उन्हें जादूगर या वज्राचार्य जैसा समझा जाने लगा, जो वास्तव में नीच चरित्र के होते थे।

आजकल भारतवर्ष में बौद्ध-धर्म के पुनर्जीवन के लिए यत्न किए जा रहे हैं। भारत की महाबोधि सोसाइटी इस दिशा में प्रयास कर रही है। इस सोसाइटी की स्थापना लका निवासी स्वर्गीय देवमित्त धर्मपाल ने की थी। सारनाथ के विहार का पुनरुद्धार हो चुका है। बौद्ध भिक्षुओं और साधुओं के विश्राम-गृहों का निर्माण किया गया है। इनमें बौद्ध यात्री आकर विश्राम करते हैं। साँची के विहार का पुनर्निर्माण किया गया है। श्रावस्ती, कुशीनर, कलकत्ता और नई दिल्ली में नये विहार बनाये गए हैं। बोध-गया में महाबोधि मन्दिर के निकट एक नवीन विश्रामगृह बनाया गया है। भारत की महाबोधि सोसायटी ने भारत के विभिन्न क्षेत्रों में शाखाएँ स्थापित की हैं।

बौद्ध-धर्म की देन (Legacy of Buddhism)—यह तो सत्य है कि बौद्ध-धर्म अपनी जन्म-भूमि भारत से विलुप्त हो गया था, किन्तु इसका यह अर्थ कदापि नहीं कि इसने भारत-भूमि पर अपने चरण चिन्ह नहीं छोड़े।

(1) बौद्ध-धर्म ने हमें एक लोकप्रिय धर्म प्रदान किया, जिसे निरर्थक नियमों और विधि-विधानों तथा पुरोहितों की आवश्यकता न थी। अपनी सुगमता के कारण ही यह लोकप्रिय होने में सफल रहा। भावुक तत्त्व, नैतिक नियम, स्वदेशी भाषा, दृष्टांतमय उपदेश और धर्म संघों में प्रचार करने के कारण इस धर्म की लोकप्रियता और अधिक बढ़ गई। इस धर्म ने दैवी शक्तियों को स्वीकार करने की जगह व्यक्तिगत शक्ति पर बल दिया। इस धर्म ने एक परिचित व्यक्ति को सशक्त प्राणी के रूप में उपस्थित किया। उपनिषदों और वेदों द्वारा वर्णित कल्पित देवताओं की पूजा को इस धर्म में स्थान प्राप्त न था।

(2) बहुत सम्भव है कि मूत्तिपूजा को बौद्ध धर्म ने ही आरम्भ किया हो। यह ठीक है कि आरम्भ में बुद्ध के कुछ चिन्हों को लेकर संतोष कर लिया गया था, किन्तु तत्पश्चात् बुद्ध और बोधिसत्त्वों की मूर्त्तियों की एक बाढ़-सी आ गई। गंधार देश तो इन मूर्त्तियों से भरा पड़ा था। अब भी वहाँ ये मूर्त्तियाँ पाई जाती हैं। इन मूर्त्तियों के लिए बहुत से भवनों का निर्माण हुआ। परिणामस्वरूप बहुत बड़ी संख्या में विहार अस्तित्व में आए। इस प्रकार मूर्त्तिपूजा की यह पद्धति बौद्धों के द्वारा ही हिन्दुओं को प्राप्त हुई। पुरानी आर्य-पूजा पद्धति का स्थान बौद्धों की मूर्तिपूजा ने ले लिया।

(3) बौद्ध ही मठ-प्रणाली के जन्मदाता थे। बौद्धों से पूर्व भी अनेक हिन्दू वनों को जाया करते थे। यह मठ-प्रणाली उस समय न थी। बुद्ध ने निरपेक्ष भाई-चारे को जन्म दिया। सभी भिक्षु परस्पर बन्धुओं की तरह रहते थे। एक ही तथा लोकप्रिय गुरू के नीचे रह कर अनुशासित जीवन व्यतीत करते थे। बौद्ध प्रचारकों को किसी प्रकार का कोई वेतन नहीं दिया जाता था। अत: बौद्ध-धर्म के प्रचार में धन का व्यय अधिक नहीं होता था।

(4) बौद्ध-धर्म ने जनसाधारण की भाषा में जनसाधारण के लिए ही एक विशाल साहित्य की सृष्टि की। इन ग्रन्थों के पढ़ने के लिए पुरोहितों की आवश्यकता न थी।

(5) भवन-निर्माण कला और मूर्त्तिकला बौद्ध-धर्म की भारत को अमूल्य देन है। बुद्ध और बोधिसत्त्वों की असंख्या मूर्त्तियाँ भारत में बनीं और अब भी भारत के विभिन्न क्षेत्रों के अजायबघरों में देखने को मिलती हैं। उत्तर हिन्दू-काल में इन मूर्त्तियों की संख्या पहले से कहीं अधिक बढ़ गई थी। बौद्धों ने गुफाओं में मन्दिर बनाए। इसी प्रकार के मन्दिर बौद्धों के पश्चात् जैनियों और हिन्दुओं ने भी बनाए।

(6) भारत का अन्य देशों के साथ गहरा सम्बन्ध स्थापित कराने में बौद्ध धर्म ने एक मजबूत कड़ी का काम किया है। बौद्ध-धर्म भारत की ओर से विदेशों के लिए एक अमूल्य भेंट थी। बौद्ध-धर्म को अनेक देशों ने देश और जात-पाँत के बन्धनों को त्याग कर स्वीकार किया। इस धर्म को विश्व-व्यापी आन्दोलन कहा जा सकता है। भारत के भिक्षुओं और विद्वानों ने ईसा-पूर्व तीसरी शती से आगे तक विदेशों में बौद्ध-धर्म का प्रचार किया। परिणाम यह हुआ कि बौद्ध-धर्म में दीक्षित विदेशी भारत को एक तीर्थ-स्थान मानने लगे। वे जानते थे कि भारत भूमि में उनका बौद्ध-धर्म जन्मा और पालने में झूला है। इस प्रकार हर विदेशी बौद्ध गृहस्थी यह सोचने लगा कि बुद्ध की जन्म-भूमि की यात्रा करना उनका परम धर्म है। बौद्ध-धर्म के द्वारा ही भारत का जात-पाँत का बन्धन टूटा और पृथकता की भावना दूर हुई। भारत से बौद्ध-धर्म के प्रचारक और गुरू विदेशों में गए। जहाँ जाकर उन्होंने बौद्ध-धर्म का सन्देश सुनाया। उनके इस कार्य के परिणामस्वरूप विदेशी बौद्ध तथा यात्री धर्म-ज्ञान और विद्या-प्राप्ति के लिए भारत आने लगे। बौद्धों के इस उदाहरण को हिन्दुओं ने भी ग्रहण किया। वे भी अपने धर्म तथा संस्कृति के लिए विदेशों की यात्रा करने लगे। इन हिन्दुओं के साथ भारत में आई विदेशी जातियाँ समय के थपेड़ों के साथ-साथ भारत में विलीन हो गईं। भारत में आए विदेशी अपने स्थानीय नामों और धार्मिक विश्वासों को छोड़ कर पूर्णतः भारतीय बन गए। उनकी सभ्यता, संस्कृति और नाम इत्यादि सभी हिंदुओं की तरह हो गए। इस प्रकार बौद्ध-धर्म ने आधुनिक हिन्दू समाज को विस्तार प्रदान करने में योग दिया। भारत में आने वाले नवीन लोगों ने भी कुछ समय के लिए अहिन्दू नामों और रिवाजों को छोड़ दिया। बौद्ध-धर्म ने कभी इस प्रकार की एकरूपता पर बल नहीं दिया, किन्तु कुछ ही पीढ़ियों के पश्चात् जब कि हिन्दू धर्म का पुनरुत्थान होने लगा तो ये विदेश वंशज नाम, धर्म और प्रथाओं की दृष्टि से पूरी तरह भारतीय बन गए और परिणामस्वरूप उनकी संस्कृति और भारतीय संस्कृति में कोई अन्तर न रहा। यह बात ध्यान देने योग्य है कि भारतवर्ष में प्रारम्भिक कुषाण साम्राज्य के राजाओं के नाम आरम्भ में तो तुर्की थे, किन्तु बाद में उनके वंशजों के नामों से विशुद्ध भारतीयता टपकने लगी। उनके आरम्भिक नाम कैडफिसेज प्रथम, कैडफ़िसेज़ द्वितीय, कनिष्क और हुविष्क थे। किन्तु बाद में उन्होंने वासुदेव जैसे भारतीय नामों का अपनाया। इसी प्रकार शकों ने भी आरम्भ में उस स्थान से सम्बन्ध बनाए रखा, जहाँ से वे आए थे। किन्तु कुछ पीढ़ियों के पश्चात् वे हिन्दू जाति में विलीन हो गए। यही बात हूणों के सम्बन्ध में भी कही जा सकती है, जिन्होंने गुप्तकाल में भारत पर आक्रमण किया था। गुर्जर जाति भी इसी प्रकार भारत के लोगों में विलीन हो गई।

(7) भारतवासी पशुओं के प्रति अत्यन्त दयाभाव रखते हैं। अहिंसा का यहाँ बोलबाला है। 'अहिंसा परमो धर्मः' का आदर्श वाक्य यहाँ के कण-कण में व्याप्त है। ये सभी भाव किसी सीमा तक बौद्ध-धर्म की देन हैं। पशु-रक्षा के भाव को कहीं-कहीं बहुत महत्त्व दिया गया है।

(8) साधुओं के संगठित भाई-चारे की रामद्वार की संस्थाएँ और मठ बौद्ध-धर्म की ही देन है।

(9) ये बौद्ध-विहार शिक्षा-प्राप्ति के भी केन्द्र थे। बौद्ध-धर्म का सम्बन्ध जनता से था। अतः बौद्ध-विहारों द्वारा जनसाधारण की भाषाओं, जैसे प्राकृत भाषा, में बौद्ध साहित्य लिखा गया, जो बाद में विशाल साहित्य के रूप में परिणत हो गया। इस प्रकार यह कहना असत्य न होगा कि बौद्ध-धर्म ने लोकप्रिय भाषा में विशाल साहित्य की सृष्टि की। बुद्ध ने भारत के राजनीतिक इतिहास को भी बहुत प्रभावित किया। रक्तपात की भयंकरता को दर्शाकर बौद्ध-धर्म ने इतिहास के रुख को ही बदल कर रख दिया। बौद्ध-धर्म ही ने अशोक को शान्तिवादी बनाया। मगध के राजाओं की राज्य-विस्तार की भावना पर इसने कुठाराघात किया। एक ओर तो इसने मगध राज्य के विस्तार को रोका और दूसरी ओर उसके साम्राज्य के अस्तित्व को खतरे में डाल दिया क्योंकि बौद्ध-धर्म के प्रभाव के कारण सैनिकों से काम लेना छोड़ दिया गया था। परिणामस्वरूप जब भारत पर यूनानियों और बैक्ट्रियनों के आक्रमण हुए तब मगध उनका सामना न कर सका। अशोक के राज्य-काल में राज्य की नीति अत्यन्त परोपकारी और हितकर बन गई थी। दण्ड के नियमों का संशोधन और परिशोधन करके उन्हें शिष्ट और मानवोचित बना दिया गया था। अशोक ने मानव और पशु दोनों के लिए समान रूप से अस्पताल खुलवा दिए थे। ऐसा प्रतीत होता है कि 'पिंजरापोल' और 'गोशाला' की संस्थाओं का बीज रूप अशोक के पशुओं के अस्पतालों में विद्यमान था।

(10) बौद्ध-धर्म ने सीधे लोगों की भावनाओं को प्रभावित किया। इस मत की सुगमता और सरलता ही इसे जनसाधारण के निकट ले गई। परिणामस्वरूप लोग इसे राष्ट्र-धर्म मानने लगे। यह कहा जाता है कि बौद्ध-धर्म ने भारतीय

राष्ट्र के विकास में काफी योग दिया। भारतीय राजनीतिक एकरूपता के मार्ग को साफ कर दिया। हैवेल (Havell) का मत है : ''बौद्ध-धर्म ने आर्यावर्त्त के जातीय बन्धनों को तोड़, उसके आध्यात्मिक वातावरण में व्याप्त अन्ध-विश्वासों को दूर किया, आर्य जाति में एकता उत्पन्न की और मौर्य वंश के विशाल साम्राज्य की नींव रखी।''

(11) आरम्भ में हिन्दू माँसाहारी थे। बौद्ध-धर्म के प्रभाव के कारण वे शाकाहारी बन गए।

बौद्ध-धर्म और जैन धर्म (Buddhism and Jainism)—(1) बुद्ध और महावीर की शिक्षाओं में बहुत-कुछ समानता पाई जाती है। दोनों ही ब्राह्मणवंशी न होकर राजवंशी थे। दोनों ने ही प्राचीन वैदिक विधि-विधानों और यज्ञों इत्यादि का खण्डन किया है। दोनों ने अपना प्रचार ब्राह्मणों की भाषा संस्कृत में न करके प्राकृत भाषा में किया। दोनों ने ही अपने-अपने धर्मों के लिए जाति और लिंग के बन्धन को तोड़ दिया था। पशुबलि का दोनों ने ही विरोध किया है। दोनों ने ही अपने उपदेशों में 'कर्म' के सिद्धान्त को स्वीकार किया है। उन्होंने इस सिद्धान्त को अपने धर्म का केन्द्र-बिन्दु माना है। दोनों ने ही इस बात पर बल दिया है कि प्राणी को अपने कर्मों के कारण ही बार-बार जन्म लेना पड़ता है। उच्च और नैतिक आचरण तथा विचारों के द्वारा ही प्राणी निर्वाण को पा सकता है। जब तक मन, कर्म और वचन की पवित्रता नहीं आएगी तब तक निर्वाण प्राप्त नहीं किया जा सकता। दोनों ने ही चोरी, जीवन-हरण और पर-स्त्री या पर-पुरुष गमन का विरोध किया है। दोनों ने ही असत्य, लोभ और दूसरों में दोष ढूँढ़ने के कर्म की निन्दा की है। दोनों ने ही ऐन्द्रियिक इच्छाओं के दमन पर बल दिया है। दोनों धर्मों ने निर्वाण-प्राप्ति के लिए सत्य चरित्र और सत्य ज्ञान पर ही बल दिया है। इस सम्बन्ध में दोनों ही वैदिक विधि-विधानों के विरुद्ध रहे हैं। दोनों धर्मों को व्यापारी वर्गों ने ही अपनाया जो कि ब्राह्मणों की तरह जाति-बन्धन में नहीं बँधे हुए थे। दोनों ने ही संसार को मिथ्या समझ कर मठों और पर्वतों का आश्रय लिया। वहीं उन्होंने अपना निवास-स्थान बनाया। वहीं से ही उन्होंने पूजा और धर्म-प्रचार का उपक्रम किया।

(2) निर्वाण-प्राप्ति के लिए कठोर जीवनयापन करने की शिक्षाएँ दोनों ने दी हैं। यह दूसरी बात है कि अपने लक्ष्य की प्राप्ति के लिए एक ने इस कठोर जीवनयापन पर कुछ कम बल दिया और दूसरे ने अत्यधिक। स्वयं बुद्ध ने ही इतना अधिक तप किया था कि वह सूख कर हड्डियों का ढाँचा-मात्र रह गया था, किन्तु इतना घोर तप करने की उसने कभी किसी को शिक्षा नहीं दी। इस दिशा में तो उसने संयम का मध्यम मार्ग का आश्रय लेने की बात कही है। अत्यधिक शरीर-यातना को उसने वर्जित ठहराया है। किन्तु महावीर के अनुयायी इस दृष्टि से बहुत आगे बढ़ गए थे। महावीर ने भी अपने शरीर को यातनाएँ दी थीं। वह एक गढ़े में गिर जाया करता था और बिना कुछ खाए-पीए कई-कई दिन तक वहाँ पड़ा रहता था। उसे ऋतुओं के कारण होने वाले कष्टों की भी चिन्ता न होती थी। न तो उसे वर्षा की तीव्र बौछार ही सता सकती थी और न ही चमचमाते सूर्य की तपिश। अतः वास्तविकता यह थी कि जब कोई नया व्यक्ति जैन धर्म में प्रविष्ट होने के लिए जैन मन्दिर में आता था तो उसे अपने सिर के एक-एक बाल को अपनी सहनशीलता प्रकट करने के लिए हाथों से नोचना पड़ता था। इस प्रकार शरीर को पीड़ा देने में जैन धर्म बौद्ध-धर्म से बहुत आगे था।

(3) जीवन की पवित्रता की ओर ध्यान तो दोनों ने दिया है, किन्तु इस दृष्टि से जैन धर्म बौद्ध-धर्म की अपेक्षा पर्याप्त आगे रहा है। जैन धर्मावलम्बी जीव-रक्षा में इतने आगे थे कि वे नहीं चाहते थे कि साधारण से साधारण जीव भी उनके कारण मारा जाए। सूर्यास्त के पश्चात् भोजन करना तथा मुख के आगे हर समय कपड़े का एक टुकड़ा धारण किए रहना उनकी उपर्युक्त धारणा के परिणाम थे।

(4) जैन धर्म और बौद्ध-धर्म दोनों ही हिन्दू धर्म से भिन्न थे। बौद्ध-धर्म ने अपने-आपको हिन्दू धर्म से सर्वथा अलग कर लिया था। जैन मतावलम्बियों ने हिन्दू धर्म से नाता नहीं तोड़ा था। जहाँ बौद्धों ने बौद्ध भिक्षुओं से ही सम्बन्ध रखा वहाँ जैन धर्मावलम्बी ब्राह्मणों के साथ जुड़े रहे। जैन धर्मावलम्बियों ने तो ब्राह्मणों को उसी तरह माना जिस तरह हिन्दू मानते हैं। बौद्ध-धर्म जैन धर्म की अपेक्षा अधिक तीव्र और सतर्क था। जैन धर्म ने बीच का मार्ग अपनाया। बौद्ध-धर्म धर्मान्ध और कट्टर था। बौद्ध-धर्म के अनुयायी राजाओं और सम्राटों ने पूर्ण उत्साह और शक्ति से अन्य धर्मावलम्बियों को अपने धर्म में लाने की कोशिश की। भारत में बौद्ध-धर्म के मिट जाने का बहुत कुछ कारण यही है।

(5) बुद्ध और महावीर दोनों कुछ समय के पश्चात् बौद्ध और जैन धर्म के प्रवर्तक के स्थान पर भगवान माने जाने लगे। किन्तु इन दोनों महात्माओं ने किसी नवीन धर्म को नहीं चलाया। दोनों ने नये पंथ चलाए। यह एक अलग बात है कि बौद्ध-धर्म का प्रचार भारत से बाहर भी हुआ और जैन धर्म भारत की सीमाओं में ही सीमित रह गया।

(6) बौद्ध-धर्म और जैन धर्म ऐसे भांग में पैदा हुए जहाँ की जनता पर आर्यों और ब्राह्मणों की संस्कृति का बहुत कम प्रभाव पड़ा था।

(7) बौद्ध-धर्म और जैन धर्म में एक विचार समान था जिसने इन दोनों धर्मों के मतावलम्बियों पर गहरा प्रभाव डाला। यह प्रभाव उनके धार्मिक जीवन पर था। इतना ही नहीं, वरन् इनके इस विचार ने भारतीय दर्शन (Indian philosophy) को सम्पूर्ण विश्व के दर्शनों से भिन्न कर दिया है। अब प्रश्न उठता है कि वह विचार कौन-सा था। वह विचार था प्राणियों का विभिन्न जन्मों में अपने कर्मों के कारण भटकना।

(8) जैन धर्म और बौद्ध-धर्म ने मुक्ति-साधक तपस्या का जीवन 'योग' से सीखा था। इसके अतिरिक्त सोफ़िस्टों (Sophists) ने भी बौद्ध और जैन धर्म के लिए मार्ग सुगम बना दिया था।

हिन्दू-धर्म की बौद्ध-धर्म को देन (Debt of Buddhism to Hinduism)—(1) यह ठीक है कि बौद्ध-धर्म हिन्दू-धर्म का परिवर्तित रूप था। मैक्समुलर ने लिखा है : "मैंने बौद्ध-धर्म, वैदिक धर्म और हिन्दू धर्म तथा प्राचीन हिन्दू धर्म का पर्याप्त अध्ययन किया है। अतः मुझे तो यह बौद्ध-धर्म कोई नया धर्म नहीं दीख पड़ता। यह तो अपने धार्मिक, दार्शनिक, सामाजिक और राजनीतिक रूपों में भारतीय बुद्धि की एक स्वाभाविक देन है।" रिज़ डेविड्स (Rhys Davids) कहते हैं—"इस सत्य को हमें नहीं भूलना चाहिए कि गौतम ने हिन्दू घराने में जन्म लिया, हिन्दू घराने में पला, हिन्दू रहा और जब वह मृत्यु को प्राप्त हुआ तब भी हिन्दू था। दूसरी बात यह है कि उस काल के लोगों ने उसे हिन्दू ही माना है। यदि उसके पूर्वजों ने धर्म क्षेत्र में कार्य न किया होता तो उसके धर्म का कभी विस्तार न होता। वह हिन्दुओं में आजीवन उत्तम और श्रेष्ठ रहा और एक विशिष्ट भारतीय कहलाया।" हॉपकिन्ज़ (Hopkins) ने कहा है कि "बौद्ध-धर्म के प्रवर्त्तक ने नैतिकता का कोई नवीन आदर्श जनता के सम्मुख उपस्थित नहीं किया। वह प्रजातन्त्रवादी नहीं था। किन्तु इसका अर्थ यह भी नहीं कि ब्राह्मणों के विरुद्ध उसने कोई योजना बनाई थी। उसने भिक्षुओं की जो प्रथा चलाई थी यह भी कोई नई नहीं थी।" बार्थ (Barth) ने माना है कि "बौद्ध-धर्म हिन्दू धर्म का सुन्दर प्रतिबिम्ब था और सामाजिक दृष्टि से इसका आगमन स्वाभाविक था। जब हम इसके प्राचीन इतिहास और सिदान्तों की खोज करने लगते हैं तो हमारे सम्मुख इतनी समानता उपस्थित होती है कि हमें चकित रह जाना पड़ता है। ये सिद्धान्त उपनिषदों और ब्राह्मण-धर्म की दन्तकथाओं से इतने मिलते हैं कि समझ में नहीं आता कि इन सिद्धान्तों में निजी वस्तु कौन-सी है।" ओल्डनबर्ग (Oldenberg) ने कहा है कि "बुद्ध से चार सौ वर्ष पूर्व ही इस प्रकार के विचारों का आन्दोलन भारत में चल रहा था। इस आन्दोलन ने ही बौद्ध-धर्म के लिए मार्ग तैयार कर दिया था।"

(2) इसमें कोई भी सन्देह नहीं कि बौद्ध-धर्म ने ब्राह्मण-धर्म से बहुत कुछ उधार लिया। भिक्षुओं के संघ-निर्माण का विचार भी ब्राह्मण-धर्म की देन है। ब्राह्मण-धर्म ने मानव-जीवन को 'चार आश्रमों' में विभक्त कर दिया था और इन चार आश्रमों में से अन्तिम तीन आश्रम संन्यास भावना पर ही आधारित थे। ब्राह्मण-धर्म में दो प्रकार के ब्रह्मचारी थे—'उपकुर्वन' और 'नैष्ठिक।' उपकुर्वन ब्रह्मचारी तो कुछ समय के लिए विद्यार्थी रहता था, किन्तु नैष्ठिक ब्रह्मचारी आजीवन विद्यार्थी रहता था। इन दूसरे प्रकार के ब्रह्मचारियों की तुलना बौद्ध भिक्षुओं से की जा सकती है। 'वानप्रस्थी' और 'संन्यासी' तो बौद्ध भिक्षुओं की तरह ही थे। ब्रह्मचर्य के बहुत से नियमों को बौद्ध भिक्षुओं पर लागू किया गया था। ब्रह्मचारी और भिक्षु दोनों को भिक्षा लेनी होती थी। गौतम और आपस्तम्ब दोनों ने वानप्रस्थ आश्रम को भिक्षुओं का आश्रम बताया है। 'अहिंसा' की भावना भी ब्राह्मण-साहित्य में देखने को मिलती है। ब्रह्मचारी के लिए यह आदेश है कि वह जुती हुई भूमि या ऐसी भूमि पर न चले जहाँ कुछ उगा हुआ हो क्योंकि जहाँ पर हरियाली होगी वहाँ जीव होंगे और हरियाली पर चलने से जीवों का हनन होगा। इसी प्रकार हिन्दू-धर्म में 'परिव्राजकों' के लिए वर्षा काल में चलना वर्जित था। ठीक यही नियम बौद्ध-धर्म में देखने को मिलता है। बौद्ध-धर्म में शरीर की पवित्रता पर अधिक बल दिया गया है और यही चीज़ हमें हिन्दू-धर्म में देखने को मिलती है। दोनों ने चारित्रिक विशेषता पर बल दिया है। इस प्रकार दोनों

धर्म, दर्शन की अपेक्षा चरित्र-निर्माण की ओर अधिक झुके हुए प्रतीत होते हैं। 'ब्रह्मचर्य' शब्द का अर्थ 'वेद' या 'ब्रह्म' का 'चर्य' (अनुकरण) करना है। गुरू को 'आचार्य' कहा जाता था, जिसका अर्थ था धार्मिक आदेश का अनुसरण करने वाला। ब्राह्मण-धर्म एकमात्र पुस्तकों के अध्ययन की अपेक्षा उपयुक्त चरित्र पर अधिक बल देता था। 'व्रत' इत्यादि की प्रणाली भी हिन्दू-धर्म की देन है। बौद्ध-धर्म में भिक्षुणियों की प्रथा भी कोई नयी प्रथा न थी, इसका रूप भी हमें हिन्दू-धर्म में देखने को मिलता है।

बौद्ध-धर्म ने सांसारिक दु:खों से निवृत्ति के लिए इच्छाओं के त्याग पर बल दिया है। बिल्कुल यही धारणा उपनिषदों के निर्माताओं की रही है। महर्षि याज्ञवल्क्य ने कहा है "उस परम पिता परमात्मा को छोड़ कर शेष सम्पूर्ण विश्व दु:खों और यातनाओं से भरा पड़ा है; विश्व और ब्रह्माण्ड का नेत्र रूपी सूर्य दूर-दूर तक घूमता है; किन्तु यह उन दु:खों से पूर्णत: मुक्त है, जो मनुष्य को सदा घेरे रहते हैं। एक बात अवश्य सत्य है कि किसी भी शरीर में रहने वाली आत्मा इन दु:खों से मुक्त रहती है और शरीर के पश्चात् भी इसका अस्तित्व बना रहता है।"

(4) प्रो० मैक्समुलर कहते हैं कि ब्राह्मण धर्म का खण्डन करने की बजाय "बौद्ध-धर्म ने उसकी अच्छाइयों को लेकर चरम सीमा तक पहुँचा दिया।" बौद्धों के पवित्र ग्रन्थों के आधार पर बौद्ध समाज का जो रूप हमारे सम्मुख प्रस्तुत है, उससे पता चलता है कि इस समाज ने उन विधि-विधानों को अंगीकार करने की बजाय उनमें निपुणता प्राप्त कर ली, जिनको कार्य रूप देने की प्राचीन ब्राह्मणों ने योजना बनाई थी।" बौद्ध संघों ने वैदिक विचारों को अधिक परिष्कृत रूप में उपस्थित करने की चेष्टा की है। महात्मा बुद्ध ने अनेक ऐसे प्रश्न उठाए, जिन्हें उपनिषदों के कर्ता पहले से ही उपस्थित कर चुके थे। इनके अतिरिक्त सूत्रों, दर्शन शास्त्रों और ब्राह्मणों के कर्ताओं ने भी इन्हीं प्रश्नों की बौछार की। यह कहा जाता है कि बौद्ध धर्म पर कपिल मुनि के "सांख्य दर्शन" का गहरा प्रभाव पड़ा है। जैकोबी ने तो इस विषय में स्पष्ट कहा है :—"बौद्ध धर्म सांख्य दर्शन से लिया गया है।" इतना होने पर भी बौद्ध धर्म और सांख्य दर्शन में अनेक समानताएँ हैं। तर्क शास्त्र, धर्म शास्त्र, बुराई का सिद्धान्त, वास्तविक की स्थापना, अस्थिरता, अनित्यता और बिना ईश्वरीय सहायता के आन्तरिक अनुशासन द्वारा निर्वाण-प्राप्ति का मार्ग आदि विषयों के बारे में दोनों समान हैं। अन्तर केवल दो बातों में है : 'सांख्य' का विश्वास है कि प्रकृति और पुरुष दो भिन्न-भिन्न वस्तुएँ हैं। बुद्ध इन दोनों की समानता में विश्वास रखता था। कुछ भी हो इतना अवश्य मानना पड़ेगा कि बुद्ध के वेदना और रूप-सम्बन्धी विचार सांख्य दर्शन ही की देन है।

(5) निस्सन्देह मठ-प्रणाली बौद्ध-धर्म की महान् देनों में से एक है, किन्तु हमें भूलना नहीं चाहिए कि बुद्ध से पूर्व भी यह प्रणाली प्रचलित थी। उनमें से दो का नाम 'ब्राह्मण' और 'श्रमण' था। इनका वर्णन मेगस्थनीज़ की "इण्डिका", अशोक के आदेशों, महाभाष्य, ललितविस्तार और पिटकों में देखने को मिलता है। ये संन्यासी अपना घर-बार छोड़कर जहाँ-तहाँ भ्रमण करते रहते थे। तप, आत्मसंयम और कठोरता का जीवन व्यतीत करते थे। अपने धर्म की रक्षा करने के लिए अनेक प्रकार के तर्क दिया करते थे। इनके वस्त्र विशेष प्रकार के होते थे। अनुशासन सम्बन्धी नियमों का भी पालन करते थे। बुद्ध ने उनके लिए अपने धर्म का मार्ग खोल दिया। बहुत-सी पुरानी बातों के प्रचलन की आज्ञा भी दे दी। उनके आगमन से कोई विशेष आन्दोलन भले ही नहीं हुआ, हाँ उनके दृष्टिकोण में कुछ अन्तर अवश्य आया। यह बताया जाता है कि बौद्धों के अतिरिक्त उस समय देश में 'श्रमणों' के अन्य मत भी थे। बुद्ध स्वयं भी 'श्रमण' 'गौतम' कहलाता था। उसके अनुयायी 'श्रमण' कहलाते थे जिन्होंने शाक्यवंशी श्रमण का अनुसरण किया।

(6) बुद्ध स्वयं उस समय के ब्राह्मण धर्म की उत्तपत्ति था। 29 वर्ष की आयु में जब उसने अपना घर छोड़ा तो निरन्तर छ: वर्ष तक वह सत्य की खोज में जगह-जगह घूमता रहा। विभिन्न ब्राह्मण गुरुओं की छत्रच्छाया में रहकर उसने तपस्या की। उसने यदि ज्ञान प्राप्त किया तो वह भी योग के द्वारा और योग की दार्शनिकता पहले से हिन्दू धर्म से जुड़ी थी।

(7) बुद्ध ने स्वयं भी ब्राह्मणो को बहुत महत्व दिया है। 'ललित-विस्तार' में लिखा है कि "बुद्ध केवल ब्राह्मण या क्षत्रिय के घर जन्म ले सकता है, चाण्डाल, शूद्र, या अन्य निम्नकोटि की जाति में वह जन्म नहीं ले सकता।" मल्ल-वंश के एक व्यक्ति का आनन्द ने सत्कार किया था और स्वयं बुद्ध उसके घर गया था, "इसलिए कि वह विशेष और प्रसिद्ध

व्यक्ति था।'' कुछ ऐसे प्रमाण मिलते हैं, जिनके आधार पर कहा जा सकता है कि यदि कोई व्यक्ति ब्राह्मण होता था तो उसे बुद्ध से मिलने की छूट होती थी। बुद्ध ने 'जटिल' ब्राह्मण संन्यासियों के लिए बौद्ध-धर्म में प्रवेश के नियमों की अड़चन नहीं रखी थी क्योंकि वे आध्यात्मिक दृष्टि से ऊँचे थे। इसी प्रकार बुद्ध ने ब्राह्मणों के निमन्त्रणों को भी स्वीकार किया। किन्तु इसमें बुद्ध का विचार उन्हें अपने धर्म में लाने का न था। कुछ समय पश्चात् अशोक ने भी अपने आदेशों में लिखा है कि ब्राह्मणों को उचित आदर अवश्य मिलना चाहिए।

(8) बौद्धों का निर्वाण-ज्ञान भी ब्राह्मण-धर्म की देन थी। याज्ञवल्क्य अपनी धर्मपत्नी से कहता है—''हे गार्गी! वास्तव में जो इस अनश्वर वस्तु को नहीं जानता, उसे अच्छाई का सीमित लाभ होता है, फिर चाहे वह तपस्या करता रहे या दान देता रहे!'' मनु कहता है—''ब्राह्मण का कर्म है ध्यानपूर्वक पढ़ना, क्षत्रिय का कर्म है दुर्बल की रक्षा करना, वैश्य का कर्म है व्यापार और कृषि करना और शूद्र का कर्म है सब की सेवा करना।'' बुद्ध के प्रथम गुरू अलार ने उससे यों कहा था—''तुम उच्च ब्राह्मण से तर्क-संगत वार्तालाप करो, जो कुछ भिक्षा में मिल जाए उसी में संतोष करके भावनाओं के प्रभाव से मुक्त रहते हुए एकान्त जीवन व्यतीत करो।''

बौद्ध-धर्म और हिन्दू-धर्म में अन्तर (Difference between Buddhism and Hinduism)—(1) हिन्दू धर्म परमात्मा, प्रकृति और आत्मा में विश्वास रखता है और परमात्मा को सृष्टि का कर्ता मानता है; किन्तु इसके विपरीत बौद्ध धर्म में प्रकृति और आत्मा का स्थान तो है, किन्तु भगवान् के लिए उसके पास कोई स्थान नहीं। परमात्मा के सृष्टिकर्ता होने की तो सर्वथा उपेक्षा की गई है।

(2) हिन्दू-धर्म ने वेदों को ईश्वरीय और उनके विधि-विधानों को मुक्ति और निर्वाण का साधन माना है। किन्तु इसके विपरीत बौद्ध-धर्म वेदों और उनके द्वारा वर्णित विधि-विधानों तथा उनके प्रभाव में तनिक भी विश्वास नहीं रखता। इस धर्म ने अधिक बल चरित्र-निर्माण पर दिया है। हिन्दू-धर्म योद्धाओं का धर्म है, किन्तु इसके विपरीत बौद्ध धर्म अहिंसा पर बल देता है। यह शान्ति का पक्षपाती है, युद्ध का नहीं।

(3) जहाँ हिन्दू-धर्म में व्यक्तिगत तत्त्व की कोई महत्ता नहीं, वहाँ बौद्ध-धर्म में स्वयं बुद्ध ने अपने आपको जनता के सामने मुक्तिदाता और जन-रक्षक के रूप में प्रस्तुत किया है।

(4) हिन्दू-धर्म ने जाति-प्रथा पर अधिक बल दिया है और उसे सामाजिक दृष्टि से उपयुक्त स्वीकार किया है। बौद्ध-धर्म ने जाति प्रथा को अपने धर्म में प्रविष्ट ही नहीं होने दिया। उसके धर्म में सम्मिलित होने की सभी को अनुमति थी।

(5) बौद्ध-धर्म एक प्रकार का प्रचारक धर्म है। वह सम्पूर्ण मानव जाति को बौद्ध बना देना चाहता है, किन्तु हिन्दू-धर्म में ऐसी कोई व्यवस्था नहीं। हिन्दू-धर्म के अनुसार मनुष्य की प्रार्थनाएँ भगवान तक को द्रवित कर सकती हैं। किन्तु बौद्ध-धर्म के अनुसार प्रार्थनाएँ ब्रह्माण्ड के नियम को परिवर्तित कर सकने में असमर्थ हैं।

Suggested Readings

Arnold, Sir E. : The Light of Asia.
Bapat, P.V. : 2500 Years of Buddhism, 1956.
Barua, B.M. : Ceylon Lectures.
Barua, D.K. : Viharas in Ancient India.
Basak, Radhagovinda : Lectures on Buddha & Budhism.
Brown, B. : The Story of Buddha and Buddhism.
Carus, Paul : The Gospel of Buddha.
Conze, E. : Buddhism, its essence and development.
Coomarswamy, A. : Buddha and the Gospel of Buddhism.
Datt, Nalinaksha : Early History of the Spread of Buddhism, 1925.
Dutt, Sukumar : Buddhist Monks and Monasteries in India, London, 1962.

Fick, R. : Social Organisation of North-Eastern India in the Buddha's Time (Calcutta, 1920).
Gangulee, N. : The Buddha and His Message (1957).
Geiger, W. : The Mahavamsa (1908).
Gour, Sir H.S. : The Spirit of Buddhism.
Hardy, R.S. : Manual of Buddhism, 1860.
Humphrsys, C. : Buddhism.
Jennings, J.C. : The Vedantic Buddhism of the Buddha.
Kashyap : The Abidhamma Philosophy.
Keith, A.B. : Buddhist Philosophy in India and Ceylon.
Kern : Manual of Indian Buddhism.
Law, B.C. : Concepts of Buddhism, 1966.
Law, B.C. : A History of Pali Literature.
Law, B.C. : Geography of Early Buddhism (1932).
Law, B.C. : Buddhistic Studies, 1931.
Law, B.C. : Concepts of Buddhism.
Malalasekar, G.P. (Ed). : Encyclopaedia of Buddhism (Colombo).
Max Mueller : Dhammapada (Oxford, 1898).
Mishra, Y. : An Early History of Vaisali (1962).
Narada Dhero : Buddhism in a Nutshell.
Narasu, P.L. : The Essence of Buddhism.
Oldenberg : The Dipa-Vamsa (1879).
Payne : The Lord Comes.
Rhys Davids, T.W. : Digha Nikaya (London, 1899).
Rhys Davids, T.W. : Buddhist India, 1903.
Rhys Davids, T.W. : Buddhism : Its History and Literature.
Rhys Davids, A.F. : A Manual of Buddhist Psychology.
Rockhill, W.W. : Life of Buddha.
Saunders, K. : The Story of Buddhism.
Thomas, E.J. : The Life of Buddha.
Thomas, E.J. : The History of Buddhistic Thought.
Thomas, E.J. : Early Buddhist Scriptures (1935).
Varma, V.P. : The Vedic Religion and the Origins of Buddhism (pp. 276-308, Journal of Bihar Research Society, 1960.)
Ward, C.H.S. : Outline of Buddhism.
Woodward, F.L. : Some sayings of the Buddha.

अध्याय

16

प्राचीन भारतीय राज्य

(Ancient Indian Polity)

स्रोत (Sources)

प्राचीन भारतीय राज्यों के बारे में हमारी जानकारी के स्रोत हिन्दू साहित्य के भारतीय भण्डार में इधर-उधर बिखरे हुए हैं। वैदिक साहित्य में बिखरे हुए श्लोक हमारे उद्देश्य के लिए लाभदायक हैं। ऋग्वेद में थोड़ी सामग्री प्राप्य है किन्तु अथर्ववेद में अधिक जानकारी है। यजुर्वेद और ब्राह्मणों में राजतिलक या संस्कारों तथा उस अवसर पर किए जाने वाले यज्ञों के बारे में विस्तृत जानकारी है। उनमें राजा के अनुयायियों और उसकी आय के साधनों का भी उल्लेख है।

महाभारत और कौटिल्य के अर्थशास्त्र में अपने से पहले हुए अनेक राजनीतिक-लेखकों का उल्लेख है। महाभारत में बताया गया है कि ब्रह्मदेव ने एक लाख से अधिक श्लोकों से युक्त एक पुस्तक राजनीति पर लिखी। बाद में शिव विशालाक्ष, इन्द्र बृहस्पति और शुक्र ने उस पर टीकाएँ कीं। उसमें मनु, भारद्वाज और गौरी शिरा का भी उल्लेख किया गया था। कौटिल्य ने अनेक स्थानों पर विशालक्ष, इन्द्र, बृहस्पति, शुक्र, मनु, भारद्वाज, पिशुण, पाराशर, गौरी शिरा, वित्याधि, घोटामुख, कात्यायन, चरण, कनिक और कौणा पदन्त का उल्लेख किया है।

राजनीति की अनेक शाखाएँ थीं और मनु, बृहस्पति, शुक्र और उष्णों को उनका जन्मदाता बताया गया था। उन शाखाओं पर लिखी गई पुस्तकें आज प्राप्त नहीं है।

महाभारत के शान्ति पर्व में राजधर्म या राजा और सरकार के कर्त्तव्यों को बताया गया है। राजनीति के विज्ञान के महत्व पर बल दिया गया है। राज्य और राजपद के जन्म के बारे में अनेक सिद्धान्तों का वर्णन किया गया है। राजा और मन्त्रियों के कर्त्तव्यों का विस्तार से वर्णन किया है। कराधान के बारे में विस्तार से लिखा है। महाभारत के सभा पर्व में प्रशासन के आदर्श को रखा गया है। आदि पर्व में कुछ परिस्थितियों में मैक्यावली की युक्तियों को उचित ठहराया गया है। संकट काल में लोगों को किस प्रकार से व्यवहार करना चाहिए, इसका भी वर्णन है।

डॉ० अल्तेकर ने लिखा है : "अर्थशास्त्र का सम्बन्ध प्रशासन से है। यह राज्य के बारे में प्रशासन के तत्त्वों या मौलिक सिद्धान्तों का उल्लेख करने वाला या राजनीति का सैद्धान्तिक ग्रन्थ नहीं है। इसका मुख्य विषय सरकार की व्यावहारिक समस्याओं का सुलझाना है। इसमें युद्ध और शान्ति के समय सरकार की मशीनरी और कार्यों को बताया गया है। इसमें इस कार्य को इतने विस्तार से बताया गया है कि बाद की किसी पुस्तक में इतना विस्तार नहीं मिलता। संभवतः इसका अपवाद शुक्र नीति ही है।" अर्थशास्त्र में राजा की समस्याओं, नागरिक प्रशासन प्रणाली, दीवानी, फौजदारी और निजी कानून, राजा के अनुयायियों और सेवकों के कर्त्तव्य तथा दायित्व, राजनयिकता, युद्ध और शान्ति की समस्याओं आदि का उल्लेख है। कौटिल्य राजनीति की एक शाखा का जन्मदाता माना जाता था। अतः बाद की पीढ़ियों में उसका नाम सम्मान के साथ लिया जाता था। सफल राजनियकों को कौटिल्य या विष्णु गुप्त का अवतार बताया जाता था। कौटिल्य के अर्थशास्त्र का इतना प्रभाव हुआ कि राजनीति के अन्य ग्रन्थों को पूर्णतः भुला दिया गया और यही तथ्य कौटिल्य के

बाद राजनीति के ग्रन्थों की कमी की व्याख्या करता है। इसमें कोई आश्चर्य नहीं कि यह कहा जाता है कि कौटिल्य का अर्थशास्त्र पाणिनि की अष्टाध्यायी की तरह है। अष्टाध्यायी की रचना के बाद व्याकरण की अन्य पुस्तकें भी गायब हो गई थीं।

कमन्दक का नीतिसार संभवतः गुप्त काल में लिखा गया था। यह कौटिल्य के अर्थशास्त्र की छन्दोबद्ध टीका है। लेखक प्रसन्न था कि उसने कौटिल्य के विचारों को ऐसा रूप दिया था कि उसे बिना किसी कठिनाई के याद किया जा सकता था। किन्तु उसने दीवानी, फौजदारी और निजी कानून के बाद को छोड़ दिया था। राजतन्त्र पर अधिक बल दिया गया था और गणराज्यों को छोड़ दिया गया था।

शुक्रनीति का काल निश्चित नहीं है। उसमें राज्य की सैद्धान्तिक समस्याओं का उल्लेख नहीं है। इसमें प्रशासकीय मशीनरी का विस्तार से वर्णन है। इस ग्रन्थ में राजाओं, मंत्रियों और अन्य अधिकारियों के कर्त्तव्यों और उत्तरदायित्वों को विस्तार से बताया गया है। यह न्याय प्रशासन, विदेश और युद्ध नीति पर भी प्रकाश डालता है।

बृहस्पति का अर्थशास्त्र एक छोटी पुस्तक है। यह अधिक महत्त्वपूर्ण नहीं है। इसमें किसी विषय का प्रभावी रूप से वर्णन नहीं है। निबन्धकारों और पुराणों में कोई मौलिकता नहीं है। पुराणों में उसी विषय की किसी पुस्तक में कुछ अध्यायों को नकल कर दिया गया है। अग्नि पुराण में पुष्कर नामक लेखक के ग्रन्थ की नकल की गई है। **पंच तन्त्र** को 'न्यायाशास्त्र' नाम देकर राजनीति का साहित्य बना दिया गया है। सोमदेव की **नीति वाक्यामित्र** ईसा की दसवीं शताब्दी में लिखी गई थी। लेखक ने राजनीति के बारे में अनेक प्राचीन लेखकों के मतों को दिया है जो उसके समय में प्रसिद्ध थे। ग्रन्थ सूत्र शैली में लिखा गया है। इसके आरम्भ में लिखा है : "राज्य, धर्म वृक्ष तथा अर्थ को प्रणाम।"

भारत में मुसलमानों के आने के बाद हिन्दुओं में मौलिक विचारों की धारा रुक गई। किन्तु राजनीति पर कुछ पुस्तकें तैयार की गईं। उनमें से कुछ लक्ष्मीधर की **राजनीति कल्पतरु** (1125 ई०), देवन भट्ट की **राजनीति काण्ड** (1300 ई०), चन्देश्वर की **राजनीति रत्नाकर** (1325 ई०), भोज की **युक्तिकल्प तरु** (1025 ई०), नीलकंठ की **नीतिमायूख** और मित्र मिश्र की **राजनीति प्रकाश** थीं। शिवाजी के मंत्री रामचन्द्र ने राजनीति पर एक पुस्तक मराठी भाषा में लिखी थी किन्तु इसमें तनिक भी मौलिकता नहीं है।

राजपद (Kingship)

मेगस्थनीज़ के अनुसार, उसके काल में हिन्दू परम्परा यह थी कि भारत में संगठित सरकार का प्रारम्भिक रूप राजतन्त्र था। यह तथ्य ऋग्वेद से भी प्रमाणित होता है। उसमें सरकार के केवल राजतन्त्र रूप का ही उल्लेख है।

राजपद के **उद्गम** के बारे में पर्याप्त मतभेद है। अत्रे ब्राह्मण के अनुसार, "देवताओं और असुरों में युद्ध हो रहा था।....असुरों ने देवताओं को हरा दिया। देवताओं ने कहा : हमारा कोई राजा नहीं है। अतः असुर हमें हरा देते हैं। हम अपना राजा चुनें। सभी सहमत हो गए।" देवताओं ने सोम को अपना राजा तथा नेता चुना और विजय प्राप्त करने में सफल हो गए। एक अन्य लेख के अनुसार, "देवताओं ने इन्द्र को अपना राजा चुना।" एक अन्य कहानी है कि वरुण देवताओं का राजा बनना चाहता था। किन्तु देवता उसे राजा बनाने को तैयार नहीं हुए। परिणामस्वरूप उसने प्रजापति से एक मन्त्र सीखा जिसके कारण वह अन्य सभी देवताओं से अधिक ऊँचा बन गया और तब देवताओं ने उसे राजा स्वीकार किया। इस थ्योरी से यह पता चलता है कि राज-पद का सैनिक आवश्यकता के कारण उदय हुआ।

एक अन्य थ्योरी के अनुसार, पहला राजा कुछ शर्तों के आधार पर या समझौते के आधार पर चुना गया था और बुनियादी समझौते को बाद में सदा ही लागू किया गया। समझौते से उत्पन्न राजतन्त्र की थ्योरी का वैदिक मन्त्रों, राजा के निर्वाचन के गीतों, राजतिलक-शपथ और पवित्रीकरण संस्कार में समर्थन मिलता है।

एक अन्य थ्योरी के अनुसार, प्राचीन भारत में राजपद निर्वाचित पद था। डॉ० जायसवाल का मत था कि समिति में एकत्रित जन-समूह सर्वसम्मति से राजा को चुनते थे और आशा की जाती थी कि वह अपने कर्त्तव्य का पालन करेगा। अथर्ववेद का आगे लिखा मन्त्र निर्वाचन का पूरा गीत माना जाता है। "तुम खुशी से हमारे बीच में आए; किसी की चापलूसी नहीं की और दृढ़ रहे; सारी जनता तुम्हें चाहती है; ईश्वर करे तुम राज्य से कभी अलग न हो।"

''यहाँ तुम पर्वत के समान दृढ़ रहो और तुम्हारा कभी पतन न हो। यहाँ इन्द्र की भाँति दृढ़ रहो और राज्य करो।''

''इन्द्र ने 'हवि' की भेंट देकर राज्य पर दृढ़ अधिकार रखा; इस विषय में सोम और बृहस्पति ने भी यही कहा है।''

''यह जनता का राजा दृढ़ रहे; स्वर्ग की भाँति दृढ़, पृथ्वी की भाँति दृढ़, सृष्टि की भाँति दृढ़, और पहाड़ों की भाँति दृढ़ रहे।''

''ईश्वर करे तुम राज करो और राजा वरुण, देवता बृहस्पति, इन्द्र, और अग्नि भी उसे दृढ़ बनाएँ।''

''तुम शत्रुओं का और शत्रुओं की तरह व्यवहार करने वालों का नाश कर दो; उन्हें अपने पैरों से कुचल दो। यहाँ पर इकट्ठे होकर सभी तुम्हारा सम्मान करते हैं और तुम्हारी दृढ़ता के कारण ही यह सभा तुम्हारा निर्माण करती है, तुम्हें नियुक्त करती है।''

अथर्ववेद में एक अन्य लेख इस प्रकार है : ''जनता तुम्हें राजपद के लिए निर्वाचित करती है, यह विशाल तथा महान जनता तुम्हें निर्वाचित करती है। राज्य के इस उच्च पद पर बैठो और उत्साह से प्राकृतिक सम्पत्ति का वितरण करो।''

डॉ० अल्तेकर डॉ० जायसवाल के इस दृष्टिकोण को स्वीकार नहीं करता। उसका मत है : ''राजा के निर्वाचन में संपूर्ण जनता के स्थान पर कुलपति और विश्वपति जैसे नेता ही भाग लेते थे; अधिक से अधिक यह हो सकता है रोम के सैनिकों की तरह विश्वपतियों द्वारा चुने गए व्यक्ति को सामान्य जनता से पुष्ट कर लिया जाता होगा। निर्वाचन के उदाहरण नियम होने के स्थान पर अपवाद थे। आम प्रवृत्ति यह थी कि सबसे बड़े परिवार के सबसे बड़े सदस्य को नेता स्वीकार कर लिया जाता था और उसी को औपचारिक रूप से राजा चुन लिया जाता था।[1] यह बताया जाता है कि व्यावहारिक रूप में राजपद पैतृक बन गया था। त्रित्सुओं में कम से कम चार पीढ़ियों तक तथा पुरुषों में इससे भी अधिक समय तक पिता के स्थान पर पुत्र राजा बनता रहा था। एक अन्य कहानी के अनुसार, दस पीढ़ियों तक राज्य पैतृक रहता था। किन्तु कई मामलों में कड़ी के सबसे बड़े सदस्य को छोड़ दिया जाता था। प्रतिपा और ययाति ने शान्तनु और पुरु को राज्य सौंपा यद्यपि वे सबसे बड़े नहीं थे। जब जनता ने उनसे जवाब माँगा तो उन्हें बताया गया कि शान्तनु के बड़े भाई देवापि को इस कारण छोड़ा गया क्योंकि उसे कोढ़ था। इसी प्रकार पुरु के बड़े भाइयों को इस कारण छोड़ा गया क्योंकि उन्होंने अपने पिता के बुढ़ापे के बदले में अपने यौवन को देने से इनकार कर दिया था। यह बताया जाता है कि जनता इस उत्तर से सन्तुष्ट हो गई थी।''

रामायण के अनुसार राजा दशरथ ने राम को युवराज या उत्तराधिकारी नियुक्त करते समय प्रमुख सरदारों और पड़ोसी राजाओं को बुलाया था। यह ध्यान देने योग्य है कि राजा के प्रस्ताव को स्वीकार करने के लिए कोई जनसभा नहीं बुलाई गई थी। इसके अलावा इस प्रकार की स्वीकृति का कोई व्यावहारिक मूल्य नहीं था क्योंकि राम के वनवास गमन को कोई नहीं रोक सकता था।

रुद्रदमन के बारे में जूनागढ़ शिलालेख में बताया गया है कि उसे जनता ने राजा चुना था। किन्तु यह भी बताया जाता है कि वह अपनी वीरता तथा विजयों के कारण राजा बना। इसी प्रकार पाल वंश का जन्मदाता गोपाल बंगाल का राजा बना क्योंकि उसने उस क्षेत्र में अराजकता को समाप्त किया था। अत: उसका निर्वाचन केवल कल्पना है। उसके किसी उत्तराधिकारी ने कहीं यह नहीं कहा है कि गोपाल को जनता ने चुना था।

हर्ष के विषय में बताया जाता है कि वह राजा निर्वाचित हुआ था। यह बात विशेषत: कन्नौज की गद्दी पर लागू होती है। हर्ष का बहनोई गृह वर्मन कन्नौज का राजा था। उसकी मृत्यु के बाद उसका कोई उत्तराधिकारी नहीं था। परिस्थितियों के अधीन मंत्रियों ने हर्ष को राजा बनने का प्रस्ताव किया। यह स्पष्ट है कि राजसी परिवार में कोई उत्तराधिकारी न होने पर मृतक के सम्बन्धियों में से कोई व्यक्ति उसका स्थान लेता था। शिलालेखों और साहित्यिक साक्षी से पता चलता है कि 600 ई०पू० के बाद आमतौर से पैतृक सिद्धान्त को स्वीकार कर लिया गया था।

1. प्राचीन भारत में राज्य और सरकार, पृष्ठ 51.
(State and Government in Ancient India).

राजतिलक समारोह (Coronation Ceremony)

बहुत पहले से ही राजा के सिंहासन पर बैठने के समय राजतिलक समारोह होते थे। समारोह का नाम राजसूय था। इसके बारे में ब्राह्मणों में वर्णन किया गया है। आरम्भ में राजा 11 रत्नों या सेठों के घर जाकर रत्न यज्ञ या रत्नभेंट करता था। ये 11 व्यक्ति सेनानी (स्थल सेना का कमाण्डर), पुरोहित (राजसी पुजारी), महिषी (रानी), सूत (राजकीय मन्त्री), ग्रामणी (ग्राम का मुखिया), क्षत्री (राजमहल का प्रमुख कर्मचारी), संग्रहित्री (खजाँची) भागदुघ (माल अधिकारी), अक्षवप, गोविकत्री और पलगल (दूत) थे। यह समारोह रत्नों के घर पर उनकी निष्ठा और विश्वास प्राप्त करने की दृष्टि से किया जाता था।

अगले दिन राजा का राज्याभिषेक किया जाता था और गद्दी पर बैठाया जाता था। तीर्थ स्थानों से जल मंगवा कर राजा पर छिड़का जाता था। विभिन्न वर्णों के प्रतिनिधियों के रूप में ब्राह्मण पुरोहित, क्षत्री, वैश्य और शूद्र राजतिलक समारोह में भाग लेते थे। राजा को पृथ्वी या धरती की अनुमति प्राप्त करनी पड़ती थी। राजतिलक समारोह की समाप्ति पर राजा का हाथी पर या रथ में बैठाकर राजसी जलूस निकाला जाता था। वापसी पर विभिन्न वर्गों के प्रतिनिधि राजा को भेंट देते थे। यह बताया जाता है कि राजा को संप्रभु बनाते समय निम्न शब्दों को दोहराया जाता था : ''तुझे यह राज्य दिया जाता है; तू ही संचालक और व्यवस्थापक है; तू इस राज्य या उत्तरदायित्व का अटल संवाहक है; तुझे यह राज्य कृषि, कल्याण, समृद्धि और विकास के लिए दिया गया है।''

कई बार किसी राजा के अनेक पुत्रों में सत्ता के लिए संघर्ष होता था। इससे गृह-युद्ध छिड़ जाता था और अन्ततः सब से शक्तिशाली विजयी होता था। कई बार समझौता करके छोटे पुत्रों को छोटे-छोटे प्रदेशों का सामन्ती आधार पर जागीरदार बना दिया जाता था। यह बताया जाता है कि गुजरात में राष्ट्रकूट और वेंगी में चालुक्य समझौतों के परिणामस्वरूप ही अस्तित्व में आए थे।

राजसी परिवार के सदस्यों को सबसे अच्छी शिक्षा और दीक्षा देने में अत्यधिक सावधानी बरती जाती थी। इस उद्देश्य से विशेष विद्यालय स्थापित किए जाते थे। किन्तु तक्षशिला विश्वविद्यालय में कई बार राजकुमार सामान्य विद्यार्थियों के साथ पढ़ते थे। ट्रेनिंग समाप्त होने के बाद उन्हें युवराज नियुक्त किया जाता था। यदि राजा की मृत्यु हो जाती थी और युवराज अल्पवयस्क होता था तो प्रशासन का कार्य प्रतिनिधि परिषद चलाती थी जिसमें रानी सब से महत्त्वपूर्ण होती थी। प्रभावती गुप्ता और नायिका ऐसी ही रानियाँ थीं। चालुक्यों और राष्ट्रकूटों में राजकुमारियों को महत्त्वपूर्ण प्रशासकीय पदों पर नियुक्त किया जाता था। जैसे रेवाकनिमदी लगभग 850 ई० में एडाटोर (Edatore) की राज्यपाल थी और अक्षयदेवी 1022 ई० में किन्सुद की राज्यपाल थी। इस वैदिक काल में, रानी को रत्नों में से एक माना जाता था। किन्तु यह स्पष्ट रूप से नहीं बताया गया कि देश के वास्तविक प्रशासन में उसका क्या भाग होता था। दक्षिण भारत में अनेक स्थलों पर उल्लेख है कि रानियों को प्रान्तों में वाइसराय बनाया जाता था।

राजा की स्थिति

राजा की स्थिति समय-समय पर बदलती रहती थी। वैदिक काल में उसकी स्थिति अधिक दृढ़ नहीं थी और समिति उस पर प्रबल अवरोध थी। किन्तु समिति, कुलपतियों और विश्वपतियों की शक्ति में कमी आने पर उससे अधिकाधिक भय लगने लगा। यह माना जाने लगा कि वह आन्तरिक तथा बाह्य दोनों ही संकटों से जनता की रक्षा करता था। देश में शान्ति और व्यवस्था, और देश की प्रथाओं का बनाये रखना उसका कर्त्तव्य था। वह जनता को न्याय प्रदान करता था और अपने नागरिक अधिकारियों की सहायता से प्रशासन चलाता था।

यह प्रश्न उठाया गया है कि हिन्दू-राजाओं को किस सीमा तक देवता माना जाता था। ऋग्वेद में पुरुकुटस् को अर्द्ध देव बताया गया है। अथर्ववेद में राजा परीक्षित को मानवों में देवता बताया गया है। वैदिक युग में ये उल्लेख राजा के देवत्व को सिद्ध नहीं करते। किन्तु ब्राह्मण काल में राजा के देवता होने का विचार धीरे-धीरे बढ़ने लगा। यह माना जाता था कि राजाओं की विजय का कारण विभिन्न देवताओं का आशीर्वाद था। राजतिलक के अवसर पर अग्नि, बृहस्पति और सवित्ता राजा के शरीर में प्रवेश करते थे। वाजपेय और अश्वमेध यज्ञ देवताओं के समान स्थिति प्राप्त करने में समर्थ बनाते

थे। जब ब्राह्मणों ने अपने आपको भू-देवता घोषित किया, तो वे यही स्थिति राजा को भी देने को तैयार थे। कुश्न राजाओं ने अपने आपको देव पुत्र या देवताओं के पुत्र बताया था।

पुराणों और स्मृतियों में राजा को देवता माना गया है। मनु राजा को मावन के रूप में महान देवता मानता था। पुराणों में बताया गया है कि राजा के व्यक्तित्व में अनेक देवों का वास होता था। बौद्ध लेखकों ने भी राजा को सम्मति देव या परिपाटी के अनुसार देव बताया है। इसी प्रकार से संस्कृत साहित्य में राजाओं को देव कहा गया है। किन्तु ध्यान देने योग्य बात यह है कि पुराणों में राजाओं और देवताओं में कार्यकारी समानता का ही वर्णन किया गया है। यह बताया गया था कि राजा यम के समान था क्योंकि वह बदमाशों को सजा देता था। वह कुबेर के समान था क्योंकि वह योग्य लोगों को धन देता था। वह अग्नि के समान था क्योंकि वह मक्कारों को जला देता था। वह सूर्य के समान था क्योंकि वह अपने गुप्तचरों के द्वारा सब कुछ देखता था। केवल अच्छे राजाओं को ही देवता कहा जाता था और बुरे राजाओं को नहीं। बुरे राजाओं को तो राक्षस बताया जाता था।

जायसवाल का मत था कि मनु ने हिन्दू-राजाओं में शुङ्गों के समय में देवत्व की थ्योरी को प्रस्तुत किया। किन्तु इस मत को स्वीकार नहीं किया जाता क्योंकि यह थ्योरी धीरे-धीरे विकसित हुई और इसे एकमेव मनु की देन नहीं माना जा सकता। हिन्दू-राजपद पूर्णत: धर्मनिरपेक्ष संस्था रही। डॉ० जायसवाल का मत है : ''राजकीय उद्‌गम और राजकीय अधिकार की दैवी थ्योरी हिन्दू-भारत में जड़ें जमा लेती यदि जनता में ऐसे हानि करने वाले अधिकारों और भावों को रोकने की सजगता तथा संवैधानिक स्पर्द्धा न होती। राजपद की हिन्दू-थ्योरी को दैवी कपट और दूषित निरंकुश तन्त्र में बदलने की अनुमति नहीं दी गई। ईश्वर के दैवी नाम का चमत्कार हिन्दू-राजा को मिलना सम्भव नहीं था क्योंकि जाति ने राजपद और राज पुरोहित के पद को कभी राजा में संयुक्त नहीं होने दिया। हिन्दू-राजा का राजदण्ड जादू का डण्डा इस कारण नहीं बन पाया क्योंकि राजा की संवैधानिक शक्ति, वास्तव में, शास्त्र-विधि जानने वाले और पुरोहित के क्षेत्र से बाहर रहती थी।''[2]

राजा देश में धर्म का रक्षक था। उसे राजतिलक के समय शपथ लेनी पड़ती थी कि अपनी सम्पूर्ण योग्यता लगा कर धर्म की रक्षा करेगा। राजा से आशा की जाती थी कि वह सज्जनता और त्याग का आदर्श उपस्थित करेगा क्योंकि जनता उसकी नकल कर सकती थी। यह बताया जाता था कि ''जब राजा अन्यायी हो जाता है तो गुड़ और नमक का स्वाद भी चला जाता है।'' जातकों में ऐसी अनेक कहानियाँ हैं जो हमें बताती हैं कि जब कोई व्यक्ति किसी संकट या कष्ट में फंस जाता था तो वह राजा पर दोष लगाता था। यदि आकस्मिक रूप से हल की फाली बैल के लग जाती थी तो उसके लिए राजा को दोषी बताया जाता था।

राजा को जनता का सेवक माना जाता था और इसीलिए उसे वेतन के रूप में उत्पादन का 16% भाग दिया जाता था। जैसे सिपाही वेतन लेते थे और काम करते थे, इसी प्रकार से आशा की जाती थी कि राजा वेतन लेकर जनता के सेवक के रूप में कार्य करे। नारद का मत है कि राजा को कर संरक्षण के मूल्य के नाते दिए जाते थे।

राजा से जनता के ट्रस्टी की तरह कार्य करने की आशा की जाती थी। यह माना जाता था कि वह राज्य की आय को ट्रस्ट माने और उसे बर्बाद न करे। जातकों में एक कहानी है कि एक सुन्दर स्त्री ने राजा को पूरी तरह अपने वश में कर लिया और उसके बाद जनता पर पूर्ण नियन्त्रण की माँग की। राजा ने इन शब्दों में उत्तर दिया : ''देवी, मेरे लिए सम्पूर्ण राज्य के निवासी कुछ नहीं हैं; मैं उनका स्वामी नहीं हूँ। मैं केवल उनका स्वामी हूँ जो कानूनों को तोड़ते हैं और गैरकानूनी काम करते हैं। इस कारण से मैं तुम्हें स्वामित्व और सम्पूर्ण राज्य पर शासन करने का अधिकार देने में असमर्थ हूँ।''

राजा की शक्तियों पर अवरोध (Checks on the Powers of the King)

(1) हिन्दू-राजा निरंकुश नहीं थे और उनकी शक्तियों पर अवरोध थे। वैदिक युग में समिति राजा को मनमानी करने से रोकती थी। राजा उसकी सलाह के विरुद्ध नहीं जा सकता था। उसे समिति को अपने अनुकूल बनाना पड़ता था और उसकी सहमति से कार्य करना पड़ता था। किन्तु बाद में लगभग 500 ई०पू० में समिति का कहीं उल्लेख नहीं मिलता।

2. हिन्दू पोलाइटी, पृ० 237.

(2) वैदिक काल में राजा पर 'रत्न' अवरोध थे। राजा उनके घर जाकर भेंट दिया करता था। स्पष्ट रूप से ऐसा करने में उसका उद्देश्य उनकी निष्ठा और समर्थन को प्राप्त करना था। बाद में मन्त्रियों, सचिवों और अमात्यों ने उस पर इसी प्रकार अवरोधक का काम किया।

(3) एक अन्य अवरोधक धार्मिक और आध्यात्मिक कर्त्तव्य थे जो राजा को अत्याचारी नहीं बनने देते थे। यदि राजा वैसा करता तो वरुण देवता से उसे दण्ड देने की आशा की जाती थी। यदि राजा किसी अन्यायपूर्ण कर को इकट्ठा करता तो उससे उस राशि की 30 गुणा राशि वरुण को देने की आशा की जाती थी। यदि राजा अच्छी तरह व्यवहार नहीं करता था तो उसे नर्क का भी डर था।

(4) राजतिलक के अवसर पर राजा को देश के कानून और रीति-रिवाजों के अनुसार काम करने की शपथ लेनी पड़ती थी। उससे अपनी प्रतिज्ञा का पालन करने की आशा की जाती थी। यदि वह ऐसा करने में असफल रहता तो सम्भावना थी कि उसके शासन का विरोध किया जायेगा। जनता को मक्कार और अत्याचारी शासक का विरोध करने का अधिकार प्राप्त था।

(5) यदि राजा तानाशाही अपनाने पर बल देता तो जनता उसके क्षेत्र से बाहर जाने की धमकी दे सकती थी। आय में कमी हो जाने का डर राजा के होश ठिकाने लगा देता था।

(6) यदि क्षेत्र से बाहर जाने की धमकी का राजा पर कोई असर नहीं पड़ता था तो जनता को अपने राजा को मारने का अधिकार था। जनता द्वारा अनेक राजाओं के मारे जाने का उल्लेख मिलता था। यद्यपि वेन (Vena) ने अपने आपको देवता बताया था, उसे पण्डितों ने मार डाला था। नेमी, सुदास, नहुष, सुमुख आदि अन्य राजाओं की भी यही गति हुई।

(7) जनता को मक्कार और अत्याचारी राजा को गद्दी से हटाने का भी अधिकार था। संस्कृत साहित्य से पता चलता है कि राजाओं को गद्दी से हटाया गया था। यदि गद्दी से हटाया गया राजा पुनः सत्ता प्राप्त करना चाहता था तो उसके लिए पश्चात्तापों की व्यवस्था थी। उस काल में राजा का गद्दी से उतारना कठिन नहीं था क्योंकि राजा की सैनिक शक्ति जनता की शक्ति से अधिक बड़ी नहीं थी। जनता के हथियार भी राजा के हथियारों से किसी प्रकार हीन नहीं थे।

(8) एक अन्य अवरोध प्रशासन का विकेन्द्रीकरण था। राजा को ग्राम्य परिषदों, नगर परिषदों और जिला परिषदों से सहायता लेनी पड़ती थी। यदि राजा तानाशाही आदेश जारी कर भी देता था तब भी जनता को कष्ट नहीं उठाना पड़ता था क्योंकि स्थानीय अधिकारी उन्हें जनता के विरुद्ध लागू करने से इनकार कर देते थे।

(9) प्राचीन भारत में ऋषियों और संन्यासियों का अत्यधिक प्रभाव था। उन्हें ज्ञान और अनुभव का भण्डार माना जाता था। वे अपने चरित्र के प्रताप और निष्पक्ष विचारों के लिए प्रसिद्ध थे। यद्यपि वे रिटायर जीवन व्यतीत करते थे, किन्तु वे जनता और देश की राजनीति से अपना सम्बन्ध-विच्छेद नहीं करते थे। वे नैतिकता के नाम पर अपील करते थे। उनका अत्यधिक सम्मान था। राजाओं से भी उनका सम्मान करने की आशा की जाती थी। उनका अपना कोई स्वार्थ नहीं होता था अत: उनके विचारों का सम्मान किया जाता था। नारद ने भगवान कृष्ण को सलाह दी जब उसने गणराज्य के मामलों में कठिनाई अनुभव की। अजातशत्रु ने उस समय भगवान बुद्ध से राय ली जब वह लिच्छवी पर आक्रमण करना चाहता था। बुद्ध की राय मानने पर ही कौशल के राजा विदर्भ ने शाक्यों पर आक्रमण नहीं किया। कई मामलों में ऋषि-मुनि मक्कार राजाओं को मरवाने के लिए उत्तरदायी थे। वे अपने अनुयायियों के साथ जंगल से आते थे और राजा को मार डालते थे और उन्हें रोकने वाला कोई नहीं था।

(10) हिन्दू राजाओं पर एक अन्य अवरोध विद्वान ब्राह्मण थे जो सादे जीवन और उच्च विचारों के लिए प्रसिद्ध थे। वे गरीबी को प्यार करते थे। उन्हें लालच नहीं था। अत: राजा उनकी उपेक्षा नहीं कर सकते थे। इस प्रसंग में वसिष्ठ और वामदेव जैसे ब्राह्मणों का नाम लिया जा सकता है।

(11) जनमत का भी राजा पर प्रभाव पड़ता था और वह उसके विरुद्ध कार्य करने का साहस नहीं कर सकता था। राम को जन-आलोचना के डर के कारण ही अपनी पत्नी को वन में भेजना पड़ा। महाभारत के शान्ति पर्व के अनुसार, "राजा को अपने गुप्त और विश्वस्त प्रतिनिधियों को अपने सम्पूर्ण राज्य में घूमकर यह जानने के लिए भेजना चाहिए कि

क्या उसके व्यवहार को जनता ने पसन्द या नापसन्द किया है। क्या जनता उसके पग की सराहना या निन्दा करती है; या जनता में उनका कितना सम्मान है।''

उपरोक्त अवरोधों के होने पर भी हिन्दू राज्य में राजपद ने महत्त्वपूर्ण भाग अदा किया। शुक्र ने इन शब्दों में राजा के महत्त्व पर बल दिया है : ''राजा राज्य रूपी वृक्ष की जड़ है; मंत्रिमण्डल इसका तना है; सेनापति उसकी शाखाएँ हैं, सेना राज्य-वृक्ष की पत्तियाँ हैं और प्रजा उसके पुष्प हैं, देश की समृद्धि उसके फल हैं और संपूर्ण देश अन्तिम बीज है।''

सभा और समिति (Sabha and Samiti)

वैदिक काल में सभा और समिति दोनों का ही पर्याप्त सम्मान था। किन्तु विद्वानों में उनकी वास्तविक स्थिति और पारस्परिक संबन्ध के बारे में एक राय नहीं है।

ऋग्वेद की अनेक ऋचाओं में सभा का जिक्र है किन्तु इसकी निश्चित प्रकृति और कार्य की परिभाषा नहीं की गई है। इसे गायों और पासे के खेल की तरह के सार्वजनिक मामलों पर विचार करने वाली सभा बताया गया है। सभा के प्रमुख व्यक्ति को सभ्य कहा जाता है। इस प्रकार का वर्णन है कि सभा में कुलीन परिवारों में जन्म लेने वाले या सुजात भाग लेते थे। यह सुझाव दिया जाता है कि सभा सम्भवत: वृद्धों या सरदारों की परिषद् थी। जायसवाल का कथन है कि सभा का जन्म ऋग्वेद के अन्तिम काल में माना जा सकता है और इसका कार्य समिति के साथ ही एक ही स्थान या समय में व्यापक था। सभा निश्चित रूप से राष्ट्रीय न्यायालय के रूप में काम करती थी। इसे ''मुसीबत'' या ''प्रचण्ड'' कहा जाता था। ऋग्वेद के 10वें मंडल या अध्याय में उस व्यक्ति को मित्र बताया जाता है जो सभा से ''प्रसन्न'' और ''हंसमुख'' के रूप में वापिस आता था और स्वयं व्यक्ति को दोषों से मुक्त माना जाता था।

ऋग्वेद की अनेक ऋचाओं में समिति का भी जिक्र है। किन्तु उसके वास्तविक कार्य के बारे में विस्तार से नहीं बताया गया है। समिति में राजा को परिचित व्यक्ति माना जाता है। उसका कर्त्तव्य समिति का बैठक में भाग लेना है। एक स्थान पर राजा समिति से अजेय शक्ति के साथ विचार करता दिखाया गया है जो उसके विचारों और निश्चयों पर छाया हुआ है। एक अन्य स्थान पर इस तथ्य पर बल दिया गया है कि राज्य की समृद्धि के लिए समिति और राजा में सहमति होना आवश्यक है। राजा और समिति में नीति, लाभ, विचार, मन और प्रयासों की एकता के लिए प्रार्थना की गई है। जायसवाल का कहना है कि समिति संपूर्ण जनता की राष्ट्रीय सभा थी। ऋग्वेद बताता है कि संपूर्ण जनता या उसके स्थान पर समिति राजा का निर्वाचन और पुनर्निर्वाचन करती थी। समिति का सबसे महत्त्वपूर्ण कार्य राजा का निर्वाचन करना था। वह निर्वासित राजा का भी पुनर्निर्वाचन कर सकती थी। संवैधानिक दृष्टिकोण से वह संप्रभु संस्था थी। जायसवाल बताता है कि ऋग्वेद में समिति का उल्लेख केवल उन अंशों में पाया जाता है जिनको सबसे बाद का माना जाता है। इससे यह अनुमान लगाया जा सकता है कि समिति प्रारम्भिक वैदिक युग की देन न होकर विकास की उपज है। समिति की पश्चिमी यूरोप की प्रारम्भिक जन सभाओं से तुलना की जा सकती है। यह पर्याप्त काल तक जीवित रही और इसके निरन्तर अस्तित्व में रहने का प्रमाण स्वयं ऋग्वेद, अथर्ववेद और छान्दोग्य उपनिषद में पाया जाता है। समिति जातकों के समय अर्थात् 600 ई०पू० से पहले समाप्त हो गई थी।

अथर्ववेद में सभा और समिति को प्रजापति ब्रह्म की दो पुत्रियाँ बताया गया है। जनता उन्हें पुरातन पुरुष की दैवी संस्था मानती थी। लुडविग (Ludwig) की मान्यता है कि सभा उच्च सदन की तरह थी जिसमें पुरोहितों और धनिकों को प्रतिनिधित्व प्राप्त था। दूसरी ओर समिति लोक सभा की तरह थी जिसमें सामान्य जनता को प्रतिनिधित्व प्राप्त था। ज़िमर (Zimmer) का मत है कि सभा ग्राम्य सभा थी और समिति संपूर्ण जनता की केन्द्रीय सभा थी। हिले ब्रांडित (Hille brandt) का मत है कि सभा और समिति एक ही संस्था थी। समिति सभा (Assembly) थी और उसके विचार करने की जगह को सभा कहते थे। डॉ० कीथ का भी यही विचार है। डॉ० जायसवाल का कहना है कि सभा निश्चित रूप से समिति से सम्बद्ध थी किन्तु उपलब्ध सामग्री के आधार पर इसके निश्चित सम्बन्ध को निर्धारित नहीं किया जा सकता। सम्भवत: यह कुछ चुनिन्दा लोगों की स्थायी संस्था थी जो समिति के अधीन रह कर कार्य करती थी। प्रो० आप्टे की मान्यता है कि सभा और समिति में अन्तर कर पाना कठिन होने पर भी हम अस्थायी रूप से किसी निश्चित परिणाम पर पहुँच सकते हैं। समिति जनता की महा सभा थी। यह उनके जाति सम्बन्धी कार्यों को पूरा करती थी और राजा उसकी अध्यक्षता करता

था। समिति की अपेक्षा सभा चुनिन्दा लोगों की संस्था थी। यह कम लोकप्रिय थी। इसकी रचना राजनीतिक आधार पर नहीं होती थी। यद्यपि उनके कार्यों को निश्चित रूप से नहीं बताया जा सकता किन्तु कई श्लोकों से पता चलता है कि वे राजा की शक्ति पर स्वस्थ अवरोध रखती थीं। डॉ० अल्तेकर हिलेब्रांडित और डॉ० कीथ के मत को अस्वीकार करता है और बताता है कि सभा और समिति निश्चित रूप से अलग-अलग संस्थाएँ थीं। वह अथर्ववेद के एक अनुच्छेद का जिक्र करता है जिसमें स्पष्ट रूप से लिखा है कि सभा और समिति प्रजापति की दो पुत्रियाँ थीं। उसी वेद में एक अन्य स्थल भी है जिसमें बताया गया है कि व्रात्य (Vratya) के पीछे सभा, समिति और सेना के सदस्य थे। अल्तेकर के अनुसार सभा प्राथमिक रूप से ग्राम की सामाजिक क्लब थी। किन्तु कुछ क्षेत्रों या राज्यों में सभा राजा से सम्बद्ध थी जो सामाजिक संस्था कम और राजनीतिक अधिक थी। कुछ लेखकों का मत है कि यद्यपि समिति को अनेक स्थानों पर सामाजिक संस्था बताया गया है किन्तु आमतौर से इसे केन्द्रीय सरकार की राजनीतिक संस्था माना गया है। समिति के सदस्यों का प्रशासन पर पर्याप्त प्रभाव था। वे अपने घोड़ों पर चढ़कर या रथों में बैठकर बैठकों में भाग लेने जाते थे। जब उपनिषदों में एक बार पुनः समिति प्रकट हुई तो यह लोकप्रिय सदन के स्थान पर अधिक विद्वत संस्था थी।

जनपद और पौर (Janapada and the Paura)

डॉ० जायसवाल का मत है कि जनपद और पौर हिन्दू-काल की समकालीन संस्थाएँ थीं। जनपद राज्य या प्रदेश सभा थी और पौर राजधानी की सभा थी। किन्तु तक्षशिला पौर का भी उल्लेख मिलता है। पौर राजधानी की समस्याओं की देखभाल करती थी। वह संवैधानिक मामलों में जनपद की जुड़वाँ बहन थी। दोनों का साथ-साथ उल्लेख किया जाता था और कभी-कभी दोनों के स्थान पर एक का नाम ही लिया जाता था। पौर साम्प्रदायिक संस्था थी जिसे राजधानी का नागरिक प्रशासन सौंपा गया था। नागरिक कार्यों के अलावा इसे अनेक संवैधानिक शक्तियाँ भी प्राप्त थीं। आमतौर से कोई व्यापारी या साहूकार उसकी अध्यक्षता करता था। हिन्दू महापौर को श्रेष्ठिन् कहा जाता था। रामायण के अनुसार पौर और जनपद के बाह्य और आन्तरिक भाग होते थे। आन्तरिक भाग में प्रशासकीय परिषद् रही होगी जो स्थायी रूप से बैठती थी। हम प्रायः पौर नगरवृद्धों के बारे में सुनते हैं। पौर का एक रजिस्ट्रार था और उसके द्वारा दिया गया प्रमाण-पत्र साक्षी का अधिक अच्छा रूप माना जाता था। पौर को राजा नियुक्त नहीं करता था। यह अराजनीतिक कार्य करती थी और उनमें से कुछ अचल भू-सम्पत्ति का प्रबन्ध, जनता को सुख पहुँचाने की दृष्टि से निर्माण कार्य, नगर में शान्ति और व्यवस्था बनाये रखना, दीवानी मामलों का फैसला तथा मंदिरों जैसे पवित्र तथा सार्वजनिक स्थानों का रख-रखाव करना था।

डॉ० जायसवाल ने मेगस्थनीज़ द्वारा वर्णित पाटलिपुत्र के प्रशासन की तुलना पौर के प्रशासन से की है। पौर का नगर के व्यापारियों की संस्था या निगम (Naigama) से निकटतम सम्बन्ध था।

पौर जनपद के साथ मिलकर अनेक काम करती थी। युवराज या उत्तराधिकारी की नियुक्ति का प्रश्न दोनों ही मिलकर तय करती थीं। दशरथ ने राम को युवराज बनाते समय ऐसा ही किया था। वे राजतिलक समारोह में भाग लेती थीं। उन्हें राजा को हटाने का अधिकार था। पौर-जनपद में महत्त्वपूर्ण राजनीतिक प्रश्नों पर विचार होता था। महाभारत के अनुसार राजा उन्हीं लोगों को मंत्री नियुक्त करता था जिन्हें पौर-जनपद का विश्वास प्राप्त होता था। उनकी पदावधि भी पौर-जनपद की सद्भावना और विश्वास पर निर्भर होती थी। चक्रपलित नामक स्कन्दगुप्त का राज्यपाल बताता है कि उसने अपने थोड़े से दिनों के शासन में ही जनता और नागरों का विश्वास प्राप्त कर लिया था। उसने पौर वर्ग की चापलूसी की और उनको प्रसन्न कर लिया। न्यायालय पौर-जनपद के कानूनों को मान्य करते थे और उन्हें लागू करते थे।

डॉ० जायसवाल ने जनपद और पौर के बारे में अपने विचारों को इन शब्दों में व्यक्त किया है : "हमारे पास एक अंग या दो अंग पौर-जनपद थे जो राजा को पद से हटा सकते थे, जो गद्दी के उत्तराधिकारी को मनोनीत करते थे, राजसी परिवार के किसी सदस्य के प्रति उनके दयालुता के व्यवहार का अर्थ उसे उत्तराधिकारी के नाते पसन्द करना माना जाता था, उसके सभापति के साथ राजा अपने मन्त्रिमण्डल द्वारा राज्य की निर्धारित नीति के बारे में विचार करता था, राजा उनसे नया कर लगाने की स्वीकृति देने के बारे में प्रार्थना करता था; किसी मंत्री में उनके विश्वास को अध्यक्ष नियुक्त होने के लिए आवश्यक योग्यता माना जाता था; नये धर्म को प्रारम्भ करते समय राजा उनसे राय लेता था और उनकी राय का सम्मान किया जाता था। वे देश के लिए औद्योगिक, वाणिज्यिक और वित्तीय सुविधाएँ माँगते थे और प्राप्त करते थे। उनका क्रोध

प्रान्तीय राज्यपालों के पतन का कारण बनता था। सार्वजनिक घोषणाओं में उनकी सराहना और प्रशंसा की जाती थी। वे राजाओं के विपरीत भी कानून बना सकते थे; वे राजा के प्रशासन को सम्भव या असम्भव बना सकते थे। पौर-जनपद इन संवैधानिक अधिकारों से युक्त अंग था जिसे हम उचित रूप से हिन्दू-संसद् कह सकते हैं।''[3]

यह ध्यान देने योग्य है कि डॉ० अल्तेकर डॉ० जायसवाल की पौर-जनपद थ्योरी को रद्द करता है। उसका कथन है कि पौर-जनपद के नाम से विख्यात कोई लोकप्रिय जुड़वाँ सभाएँ नहीं थीं। वह बताता है कि यदि पौर और जनपद वास्तव में संसद् के दो सदन थे तो उनका उल्लेख करते समय दोहरे सिद्धान्तों का प्रयोग किया जाना चाहिए था। किन्तु ऐसा नहीं है। पौर-जनपद वाक्याँश को आमतौर से बहुवचन में प्रयोग किया गया है और सामान्य रूप से नागरिकों की ओर संकेत करता है और किसी प्रतिनिधि या संवैधानिक संस्था की ओर नहीं। इसके अतिरिक्त राम या भरत में से किसी ने भी रामायण में पौर-जनपद की ओर संकेत नहीं किया है। इसी प्रकार से खड़वेला के हठीगुम्फा शिलालेख में भी पौर-जनपद का वर्णन नहीं है। खड़वेला की नीति या प्रशासन पर पौर या जनपद का किसी भी प्रकार से नियन्त्रण नहीं था। डॉ० अल्तेकर बताता है कि डॉ० जायसवाल का यह मत कि पौर-जनपद राजा को हटा सकती थी, मृच्छिटका नामक नाटक के 10वें अंक मिथ्याबोध पर आधारित है। नाटक के किसी भी अंक में पौर या जनपद शब्द नहीं आया है। अल्तेकर इस मत को भी अस्वीकार करता है कि पौर-जनपद विशेष करों की स्वीकृति देती थी। यह राजा से उन राशियों की प्राप्ति की माँग नहीं करती थी जिसकी जनता को चोरियों या डकैतियों के कारण हानि उठानी पड़ती थी। राजा स्वयं पीड़ितों को मुआवज़ा देता था और उसमें जनपद का कोई कार्य नहीं था। मनु ने 'जनपद' का प्रयोग किसी जनपद सभा के स्थान पर सामान्य नागरिकों के लिए किया है। डॉ० अल्तेकर ने डॉ० जायसवाल के इस कथन का भी खंडन किया है कि राजधानी में पौर-सभा थी। हज़ारों ताम्र-पत्र मिले हैं। उनमें अन्य आथोरिटियों और सभाओं का तो वर्णन है किन्तु एक में भी पौर या जनपद का नाम नहीं है। हिन्दू राज के बारे में किसी शिलालेख या ग्रन्थ में पौर-जनपद सभाओं के निर्वाचन के नियमों का वर्णन नहीं है।[4]

मन्त्रिमण्डल (Ministry)

हिन्दू राज के अनेक लेखकों ने राजा के मन्त्रियों के महत्त्व पर बल दिया है। कौटिल्य का मत है कि ''प्रभुसत्ता के लिए सहायता आवश्यक है। अकेला पहिया कभी नहीं घूम सकता। अतः हमें मन्त्री नियुक्त करने चाहिए और उनके विचारों को सुनना चाहिए।'' महाभारत बताती है कि राजा अपने मन्त्रियों पर इस प्रकार निर्भर है जैसे ब्राह्मण वेदों पर, स्त्रियाँ अपने पतियों पर और पशु बादलों पर निर्भर हैं। शुक्र का कहना है कि कोई राजा सब बातों को नहीं जान सकता और अलग-अलग कार्यों को अलग-अलग व्यक्ति अच्छी प्रकार कर सकते हैं। परिणामतः राजा को देश के प्रशासन में सहायता देने के लिए मन्त्रियों को नियुक्त करना चाहिए। मनु का कहना है कि किसी काम को अकेला करने पर सादी बात भी कठिन मालूम होती है अतः राज्य की पेचीदा मशीनरी को मन्त्रियों की सहायता से चलाना चाहिए।

वैदिक साहित्य में मन्त्रियों का उल्लेख नहीं है। किन्तु अनेक रत्नों या हीरों के कार्यों का उल्लेख है। सभी मामलों में रत्नों की सूची समान नहीं है किन्तु इसमें आमतौर से राजा के सम्बन्धी, मन्त्री, विभागीय अध्यक्ष और दरबारी होते थे। प्रमुख रत्न पुरोहित, सेनानी, सूत्र, ग्रामणी, भागधुक (Bhagadhuk) और संग्रहीता थे। डॉ० अल्तेकर का कहना है कि ''वैदिक युग की रत्न-परिषद् में (क) राजा के सम्बन्धी जैसे रानी और संभवतः युवराज (ख) राजा के दरबारी जैसे राजमहल का प्रमुख अधिकारी, विश्वासी साथी और खिलाड़ी साथी और (ग) राज्य के प्रमुख अधिकारी जैसे प्रमुख सेनापति, रथ सेना का सेनापति, प्रमुख कर संग्रहक अधिकारी, कोषाध्यक्ष, राजा की अश्वशाला का प्रमुख अधिकारी, बड़े गाँव का मुखिया और बढ़ई-समाज का प्रमुख होते थे।'' (पृष्ठ 115)

ऐसा मालूम होता है कि रत्नों को अत्यधिक सम्मान और आदर प्राप्त था और परिणामतः राजा से आशा की जाती थी कि राजतिलक और अवसर पर वह उनके घर जाकर भेंट दे। एक स्थान पर रत्नों को राजा को सिंहासन सौंपने वाला कहा गया है। रत्नों को समिति के सदस्यों में से चुना जाना सम्भव है।

---

3. हिन्दू पोलाइटी, पृ० 279.
4. स्टेट एण्ड गवर्नमेण्ट इन एनशियन्ट इंडिया, पृ० 101-109.

रत्न वैदिक काल के बाद समाप्त हो गए किन्तु उनका स्थान मन्त्रियों, सचिवों और अमात्यों ने ले लिया। विभिन्न वंशों में कुछ मन्त्रियों का उल्लेख मिलता है। वास्कर अजातशत्रु का प्रधान मन्त्री था। कौशल के राजा प्रसेनजित के मन्त्रियों के नाम मृगधर और श्रीवृद्ध थे। मौर्यों और शुङ्गों के मन्त्रिमण्डलों या मन्त्रिपरिषदों का उल्लेख है। बताया जाता है कि शकों ने मति सचिवों और कर्म सचिवों की सहायता से शासन किया था। गुप्त-शिलालेखों में मन्त्रियों का वर्णन है। यह प्रसिद्ध है कि कन्नौज के गृहवर्मन की मृत्यु के बाद मुखरी मन्त्रियों ने हर्ष से राजा बनने को कहा। यशोवर्मन, परमार राजा का अपना प्रधान मंत्री था जो महाप्रधान पुरुषोत्तम देव के नाम से प्रसिद्ध था। चालुक्यों के महामात्यों का भी उल्लेख आया है। दक्षिण के मन्त्रियों को महासामन्त या महामण्डलेश्वर की पदवी दी जाती थी। यह बताया जाता है कि प्रान्तों के राज्यपालों का भी अपना मन्त्रिमण्डल था। तक्षशिला के मौर्य राज्यपालों के मन्त्रियों का वर्णन है। पुष्यमित्र के अधीन मालवे के वाइसराय अग्निमित्र की अपनी मन्त्रिपरिषद् थी। यादव राजाओं के बारे में भी ऐसा ही वर्णन है।

मन्त्रिमण्डल की सदस्य संख्या के बारे में हिन्दू-लेखकों में मतैक्य नहीं है। मनु के अनुसार मन्त्रिमण्डल में 7 या 8 सदस्य होने चाहिए। शुक्र ने 10 सदस्य बताए हैं। नीति वाक्य मित्र 3, 5 या 7 सदस्यों के हक में था। कौटिल्य का मत था कि मन्त्रिमण्डल का आकार किसी निश्चित समय पर राज्य की आवश्यकताओं पर निर्भर होना चाहिए।

तीन या चार सदस्यों के छोटे मन्त्रिमण्डल का भी उल्लेख है और राजा प्राय: सभी मामलों में उनसे राय लेता था। इसके अलावा प्रिवी कौंसिल की तरह की बड़ी संस्थाओं का भी उल्लेख है। महाभारत में 36 अमात्यों की परिषद् का वर्णन है।

मन्त्रियों के गुणों का भी वर्णन किया गया है। उनकी योग्यता और निष्ठा को सम्मानित किया जाना चाहिए। कौटिल्य के अनुसार वह मन्त्री आदर्श था जो ऊँचे परिवार का सदस्य हो, बुद्धिमत्ता, वीरता, अच्छी स्मरण-शक्ति, दूरदर्शिता, वक्तृत्व शक्ति, प्रतिष्ठा, पवित्र चरित्र, सहनशीलता, निष्ठा, दृढ़ निश्चय और अच्छे स्वास्थ्य का स्वामी हो। प्राय: मन्त्रियों का चुनाव स्वयं राजा के चरित्र पर निर्भर करता था। यदि वह दुराचारी होता था तो वह अयोग्य, चापलूसों या जीहजूरियों को मन्त्री बनाता था। कई राजाओं ने संगीतज्ञों को मन्त्री नियुक्त कर दिया था। बुद्धिमान शासक सबसे योग्य व्यक्तियों में से चुनाव करने का कष्ट उठाता था। कृष्ण यादव नरेश ने नागराज को अपना प्रधान मंत्री बनाया जो चपल एवं बुद्धिमान था। कई बार मन्त्री के पुत्र या सम्बन्धी को नियुक्ति के समय वरीयता दी जाती थी। यह बताया जाता है कि गुप्त काल में सभा और पृथ्वी सेना के परिवारों में से अनेक मंत्रियों को चुना गया था। अन्य वंशों में भी इस प्रकार के उदाहरण मिलते हैं। कई बार राजसी परिवार के सदस्यों को ही मन्त्री बना दिया जाता था। काश्मीर के राजा हर्ष ने पहले राजा के दो पुत्रों को अपने मन्त्री नियुक्त किया। कई बार सैनिक नेताओं को भी मन्त्री बना दिया जाता था। यह बताया जाता है कि हरिसेन, समुद्रगुप्त का विदेश मन्त्री, सेनापति भी था।

मन्त्रियों का चुनाव किसी एक विशेष जाति तक सीमित नहीं था। प्राचीन भारत के अधिकाँश राजा ब्राह्मण नहीं थे। उन्होंने अधिकाँश मन्त्री ब्राह्मणेत्तर समाज में से ही चुने होंगे। महाभारत में वर्ण-प्रतिनिधित्व के सिद्धान्त के अनुसार भर्ती किए गए 37 मन्त्रियों का वर्णन है। उनमें 4 ब्राह्मण, 8 क्षत्री, 21 वैश्य, 3 शूद्र और 1 वर्णसंकर थे। शुक्र का मत है कि मन्त्री नियुक्त करने के स्थान पर भोजन और विवाह के अवसर पर ही जाति पूछी जाती थी। शुक्र शूद्र को इस शर्त पर युद्ध मन्त्री नियुक्त करने को तैयार था कि वह निष्ठावान तथा योग्य हो। सोमदेव का कथन था कि तीनों जातियों में से मन्त्री नियुक्त किए जाते थे।

कई बार वास्तव में कुशल मन्त्रियों को एक से अधिक विभाग सौंप दिया जाता था। काश्मीर के राजा जयसिंह का मन्त्री सज्जी न्याय और युद्ध मन्त्री था। आलमकार की भी यही स्थिति थी। कई बार मन्त्रियों को निम्न पद से उन्नति देकर ऊँचा पद दिया जाता था। कई बार उनके विभागों में परिवर्तन किया जाता था।

शुक्र के अनुसार मन्त्रिमण्डल में पुरोहित, प्रतिनिधि, प्रधान सचिव, मन्त्री, प्रदवी वाक् (Pradvi Vaka), पण्डित सुमन्त, अमात्य और दूत ये 10 मन्त्री होते थे। पुरोहित राजगुरू होता था। ऐसा मालूम होता है कि यह पद वैदिक काल के बाद भी चलता रहा। पुरोहित राजा के साथ रण-क्षेत्र में जाता था और प्रार्थनाओं, यज्ञों, मन्त्रों और जादू-टोनों के द्वारा

उसकी विजय की कामना करता था। उससे शस्त्र और शास्त्र विद्याओं में निपुण होने की आशा की जाती थी। वसिष्ठ जैसे पुरोहितों का उल्लेख है।

प्रतिनिधि राजा के रोगी होने पर या बाहर जाने पर राजा के काम करता था। सम्भवत: जातकों का उपराजा शुक्र का प्रतिनिधि ही था। प्रधान मंत्री होने के कारण मंत्रिमण्डल का सबसे प्रमुख सदस्य होता था। आशा की जाती थी कि वह सर्वदर्शी या संपूर्ण प्रशासन का अधीक्षक होता था। सचिव युद्ध मंत्री था। मौर्यों के अधीन इस पद को सेनापति के नाम से जाना जाता था। अन्य कालों में इसे महाबलाधिकृत, कम्पना, महाप्रचण्ड दण्डनायक आदि कहते थे। शुक्र के अनुसार मंत्री विदेश मंत्री था। कुछ शिलालेखों में उसे महा संधि विग्रहाक या शान्ति और युद्ध का सर्वोच्च अधिकारी का पद दिया गया है। उसका कार्य बहुत भारी था। कई बार उसके अनेक सहायक होते थे। आशा की जाती थी कि विदेश मंत्री साम, दाम, दण्ड और भेद नीति का विशेषज्ञ होता है जो शत्रु के क्षेत्र में खलबली पैदा कर सके।

प्रदविवेक न्याय विभाग का प्रमुख था। वह मुख्य न्यायाधीश भी था। पंडित धर्म और नैतिकता का प्रमुख था। उससे धर्मशास्त्र का ज्ञाता होने की आशा की जाती थी। शुक्र के अनुसार **सुमत्र** कोषाध्यक्ष था। किन्तु इसका कार्य सारे साल के आय-व्यय का ब्यौरा तैयार करना था। इस पद को 'समाहती' या 'भंडारक' भी कहते थे। यह पद बहुत महत्त्वपूर्ण था। जब मंत्रिमंडल में केवल तीन सदस्य होते थे तो उनमें से एक इस पद पर आसीन होता था। शुक्र के अनुसार, **अमात्य** राजस्व मंत्री था। उसका काम ग्रामों, नगरों और जंगलों की चल सम्पत्ति की विवरण सहित सूची तैयार करना था। उसे कृषि-भूमि तथा उससे होने वाली आय का हिसाब रखना पड़ता था। मन्त्रिमण्डल का कार्यक्षेत्र संपूर्ण प्रशासन पर लागू होता था। कौटिल्य के अनुसार मन्त्रिमण्डल चार बातों का ध्यान रखता था : नये निर्माण कार्य आरम्भ करना, पहले आरम्भ किए गए निर्माण कार्यों को पूरा करना, पूर्ण हुए कार्यों में सुधार करना और निर्णयों को पूरी तरह लागू करना। भारद्वाज के अनुसार, "राजा के द्वारा कुल मर्यादा त्यागने और मन्त्रियों द्वारा कुल मर्यादा त्यागने में मन्त्रियों द्वारा मर्यादा त्यागना अधिक गम्भीर है। राज्य की नीति का विवेचन करना, उस नीति के परिणाम को प्राप्त करना, काम को पूरा करना, आय और व्यय की समस्याओं से जूझना, शत्रु और असभ्य कबीलों का सामना करने के लिए सेना रखना तथा उसे नेतृत्व प्रदान करना, सरकार को बनाए रखना, राष्ट्रीय मर्यादा का पतन न होने देना, राजकुमारों का संरक्षण करना और उन्हें पवित्र संस्कार प्रदान करना मन्त्रियों के कार्य हैं।" शुक्र का मत है कि "यदि मन्त्रियों की नीति के द्वारा राज्य, जनता, सेना, कोष और अन्तत: उचित राजतन्त्र आगे बढ़ते या शत्रु का पतन नहीं होता तो मंत्रियों को अपने पद पर बने रहने का कोई अधिकार नहीं है। मन्त्रियों को राजा-राष्ट्रभृत या "राजा और राज्य के दायित्व को वहन करने वाला बताया गया है।" महाभारत के अनुसार, राजा सदैव ही परतन्त्र या 'मन्त्रियों' के अधीन रहता था और कभी स्वतन्त्र या मुक्त नहीं रहता था।"

राजा से मन्त्रियों के परामर्श के अनुसार कार्य करने की आशा की जाती थी। मनु का मत था कि वह राजा मूर्ख था जो अकेला ही शासन करने की कोशिश करता था। राजा मन्त्रियों के साथ राज्य के सामान्य और विशेष मामलों पर विचार-विनिमय करता था। याज्ञवल्क्य का भी यही विचार था। कात्यायन का कहना है कि राजा अपने मन्त्रियों से परामर्श किये बिना किसी कानूनी मुकदमे का भी निर्णय नहीं करता था। कौटिल्य का मत है कि "अत्यावश्यक या विशेष मामला होने पर मन्त्रियों और मन्त्रिपरिषद को संयुक्त रूप से बुलाकर सूचित करना चाहिए। बैठक जो कुछ भी बहुमत से निर्णय करे, वही राजा को करना चाहिए।" कौटिल्य ने मन्त्रिपरिषद के महत्त्व पर बल देते हुए लिखा है कि यद्यपि इन्द्र के दो आँखें थीं किन्तु उसे "हजार आँखों वाला" कहा जाता था। इसका कारण यह तथ्य था कि उसकी मन्त्रिपरिषद में एक हज़ार विद्वान थे जिन्हें उसकी आँखें माना जाता था।

शुक्र का कहना है कि "राजा चाहे जितना योग्य और नीति निपुण हो उसे कभी भी राज्य के मामलों पर अकेले निर्णय नहीं करना चाहिए। राजा को सदा ही अपनी अधिकारी परिषद के सदस्यों, विभागीय मन्त्रियों, अध्यक्ष और प्रजा की राय या जनमत का पालन करना चाहिए। उसे कभी भी अपने विचार को लागू नहीं करना चाहिए। जब राजा अपनी परिषद से मुक्त होकर कार्य करता है तो वह अपने हाथों अपने पैरों में कुल्हाड़ी मारता है। कुछ समय में वह अपने राज्य और प्रजा को खो देता है।"

बृहस्पति का तो यहाँ तक कहना है कि "राजा को न्यायिक कार्य भी (धर्म) विद्वानों की राय के अनुसार करना चाहिए।" मन्त्रियों के विरोध करने पर राजा ब्राह्मणों को दान तक देने में समर्थ नहीं था। यह बताया जाता है कि रुद्रवर्मन के मन्त्रियों ने सुदर्शन झील की मरम्मत के प्रस्ताव का विरोध किया और परिणाम यह हुआ कि राजा को अपने पास से मरम्मत का खर्चा देना पड़ा। दिव्य अवदान का कथन है कि अशोक के मन्त्रियों ने उससे प्रभुसत्ता छीन ली थी।

मन्त्री उत्तराधिकारी की नियुक्ति को भी 'विटो' कर सकते थे। वे राजा को पद से हटा सकते थे। यदि राजा निस्संतान मरता था तो मंत्री नये राजा का चुनाव करते थे।

मन्त्रियों का प्रभाव कई तथ्यों पर आधारित था। यदि राजा अधिक शक्तिशाली होता था तो मन्त्रियों का प्रभाव कम होना स्वाभाविक था। राजा के दुर्बल होने पर मंत्रियों का प्रभाव बढ़ जाता था। यह बताया जाता है कि मन्त्रियों की योजनानुसार ही सत्यवान के पिता को अपना पद छोड़ना पड़ा था। मौर्य साम्राज्य के पतन का दायित्व एक महत्त्वाकांक्षी मन्त्री पर था। प्रबल राजा अपने मक्कार मन्त्रियों को सजा दे सकता था। उन्हें केवल पद से हटाया ही नहीं जाता था प्रत्युत उनकी जायदाद को ही छीन लिया जाता था और वे स्वयं वास्तव में अज्ञात हो जाते थे।

सामान्य काल में मन्त्रियों को राज्य का स्तम्भ माना जाता था। उनका कर्त्तव्य था कि वे राजा को सच्चे मार्ग पर चलाएँ। राष्ट्र कूट राजा कृष्ण तृतीय का विदेश मन्त्री, नारायण उसका दायाँ हाथ था। यादव राजा कृष्ण ने अपने प्रधान मन्त्री को अपनी वाणी और हाथ बताया था। एक अन्य राजा का मत था कि अपने मन्त्रियों को सिर झुका कर प्रणाम करना चाहिए।

मन्त्री निष्ठा और उत्कंठा के साथ अपने कर्त्तव्य का पालन करते थे। वे राज्य के हित में अपने जीवन तक बलिदान करने को तैयार रहते थे। यह बताया जाता है कि होशाला वंश के मन्त्री लक्ष्मण ने अपने स्वामी की मृत्यु पर आत्महत्या कर ली थी।

प्राचीन भारतीय साम्राज्यवाद (Ancient Indian Imperialism)

ऐतरेय ब्राह्मण में चार प्रकार के राजतन्त्र बताए गए हैं : राज्य, महाराज्य, आधिपत्य और सार्वभौम। राज्य सामान्य राजतन्त्र है। महाराज्य की परिभाषा नहीं दी गई है। परन्तु इसका तात्पर्य बड़े राजतन्त्र से है। आधिपत्य का अर्थ तकनीकी रूप में आधिपत्य है। डॉ० जायसवाल का मत है : आधिपत्य एक ऐसी साम्राज्य प्रणाली मालूम देती है जिसमें राज्यों के सीमान्तों के बाहर का संरक्षण या अधिराजत्व (Suzerainty) प्रभावी राज्यों को प्राप्त होता था। विजयों या राजसूय यज्ञ के कारण खारवेल को अधिपति या चक्रवर्ती की पदवी दी गई थी। सार्वभौम होने की इच्छा प्राकृतिक सीमान्तों और समुद्रों से घिरे प्रदेश के मनुष्यों का एकमेव शासक बनना था। सार्वभौम के अधिकार में प्राकृतिक सीमान्तों से घिरा प्रदेश होता था। साम्राज्यीय प्रणाली के दो रूप थे : आधिपत्य प्रणाली और सार्वभौम प्रणाली।

अन्ततः सार्वभौम प्रणाली विजयी हुई। यह प्रणाली 700 ई०पू० के लगभग प्रभावी हुई जब कि राष्ट्रीय राज्य समाप्त होने लगे। पुराने वंश लड़खड़ाने लगे। बहुत से अराष्ट्रीय (Non-national) राजतन्त्रों का जन्म हुआ और उनमें से सब से प्रमुख मगध, कौशल और अवन्ती थे। उनमें मुकाबला था और अन्ततः मगध विजयी रहा। स्थायी सार्वभौम राज्य 450 ई०पू० स्थापित हुआ। एक सदी में सभी पुराने वंशों को पूर्णतः नष्ट कर दिया गया। पंजाब के अलावा बाकी सारा उत्तरी भारत एक झण्डे के नीचे आ गया।

हिन्दू साम्राज्य के नये रूप को चक्रवर्ती प्रणाली भी कहा जाता था। इसका सम्बन्ध उस मंच से था जहाँ राजसी चक्र बिना किसी बाधा के घूमता था। बुनियादी विचार क्षेत्र से था। पुरानी समुद्र तक की सीमा के स्थान पर कुमारिन अन्तरीप से लेकर हिमालय तक की सीमा शब्दों को रखा गया। बुद्ध के जन्म के समय भी चक्रवर्ती प्रणाली चालू थी। बुद्ध ने स्वयं अपने धर्म-चक्र या अपने धार्मिक साम्राज्य की नींव डाली।

एक अन्य प्रणाली साम्राज्य प्रणाली थी। यह सार्वभौम और आधिपत्य प्रणाली से अधिक पुरानी थी। यह प्रणाली वैदिक काल में प्रसिद्ध थी। साम्राज्य से एक उच्च राज्य के अधीन "राज्यों के समूह" का बोध होता है। आधुनिक परिभाषा के अनुसार यह संघीय-साम्राज्य प्रणाली थी। इसका संघीय रूप एकाकी राजा-प्रणाली से भिन्न था। अत्रै ब्राह्मण

के अनुसार, प्राची या पूर्व के शासक का पवित्रीकरण संस्कार हुआ। मगध साम्राज्य की राजधानी बना। यजुर्वेद से पता चलता है कि यह प्रणाली भारत के अन्य भागों में भी फैली हुई थी। प्राची पर जरासंध का शासन था। महाभारत में लिखा है कि जरासंध ने सम्राट् की पदवी ग्रहण की जो संघीय संगठन का प्रधान था। चेंदिश राजा शिशुपाल साझा सेनापति था। महाभारत में कुछ राजाओं ने स्वेच्छा से एक स्वतन्त्र महाराजा को चुना और उसका पवित्रीकरण संस्कार किया। शासकों ने आत्मरक्षा के लिए इस प्रणाली को शुरू किया था किन्तु जरासंध ने इसका दुरुपयोग किया और अन्य राजाओं को दस बना लिया। राजा जनक जैसा छोटा राजा अपने महान व्यक्तित्व के कारण सम्राट् बन गया था।

ऐतरेय ब्राह्मण में समुद्रों तक के क्षेत्र के एकमेव शासक को एकराट् (Ekrat) बताया गया है। अथर्ववेद के अनुसार पूर्वी क्षेत्रों की जनता की तरह एकराट् एकमेव सर्वोच्च संप्रभु था।

सम्राटों की नियुक्ति के लिए विशेष समारोहों (यज्ञों) का विकास किया गया था। उन्हें वाजपेय, राजसूय और अश्वमेध कहते थे। अश्वमेध यज्ञ को केवल सार्वभौम ही कर पाते थे। गोपथ ब्राह्मण के अनुसार कोई व्यक्ति राजसूय यज्ञ करने पर राजा, वाजपेय यज्ञ करने पर सम्राट्, अश्वमेध यज्ञ करने पर स्वार्त, पुरुषमेध यज्ञ करने पर विराट और सर्वमेध यज्ञ करने पर सर्व विराट बनता था।

यह ध्यान रखना है कि धर्म विजय के लिए निकले राजा को अपने अधिराजत्व की औपचारिक स्वीकृति से ही सन्तुष्ट हो जाना पड़ता था और विजित राजा से केवल भेंट स्वीकार करनी पड़ती थी। उसे न तो उसका राज्य छीनना था और न उसके प्रशासन में हस्तक्षेप करना था। यदि पराजित राजा युद्ध में मारा जाता या जीवित रहते हुए भी वह शासन करने को अनिच्छुक रहता था, तो उसके स्थान पर उचित उत्तराधिकारी को बैठाया जाता था। यदि राज्य का अधिग्रहण अनिवार्य हो जाता तो प्रस्थापित कानूनों और प्रथाओं का मान किया जाता था तथा नई प्रजा के साथ पुरानी प्रजा जैसा ही व्यवहार किया जाता था।

इस तथ्य को प्रमाणित करने के पर्याप्त साक्ष्य हैं कि आमतौर से इस नीति का पालन किया जाता था। अपनी विजय-यात्रा में पांडव अधीनता की स्वीकृति और भेंट से ही संतुष्य हो जाते थे। वे किसी के राज्य को नहीं छीनते थे। जातकों में किसी युद्ध या अधिग्रहण का उल्लेख नहीं है। जब कौशल नरेश ने काशी पर आक्रमण किया तो काशी के मंत्री ने राजा को लिखा : ''श्रीमान्, आपको डरने की आवश्यकता नहीं है; किसी के साथ छेड़खानी नहीं की जायेगी; आपका राज्य आपका ही रहेगा; आपको केवल आक्रामक का अधिराजत्व स्वीकार करना पड़ेगा।'' 8वीं और 9वीं सदी के मुस्लिम यात्री विजय के इस रूप से प्रभावित हुए जिसे उन्होंने दक्षिण में देखा था। सुलेमान ने लिखा है : ''जब राजा किसी पड़ोसी राज्य पर अधिकार करता है तो वह पराजित वंश के किसी व्यक्ति को गद्दी पर बैठा देता है जो विजेता के नाम पर शासन को चलाता है। निवासियों को किसी प्रकार का कष्ट नहीं उठाना पड़ता।''

यद्यपि विजय के बाद अधिकार न करने की राय देना आसान है किन्तु व्यावहारिक रूप से इसका पालन करना कठिन है। प्राचीन भारत के इतिहास के अध्ययन से पता चलता है कि वास्तविक रूप में इस नीति का पालन किया जाता था और इसके उल्लंघन के उदाहरण बहुत दुर्लभ हैं। संभव है कि पंजाब और राजपूताने के शक्तिशाली गणराज्यों को छुआ नहीं गया था। गुप्त साम्राज्य में, स्वयं मगध में बहुत से जागीरदार थे। समुद्रगुप्त ने नाग शासकों को पराजित किया था किन्तु उन्हें दोआब की सरकार में अधिकारी नियुक्त किया था। यह सच है कि समुद्रगुप्त ने बहुत से राज्यों का अधिग्रहण किया था किन्तु यह भी सत्य है कि अधिगृहीत राज्यों की संख्या उन राज्यों से कम थी जिन्हें उसने पुनःस्थापित किया था। हर्ष के राज्य में भी बहुत से सामन्तों की जागीरें थीं। प्रतिहार साम्राज्य में भी यही स्थिति थी। दक्षिण के सातवाहनों, राष्ट्रकूटों, चालुक्यों और यादवों के बहुत से सामन्त थे जिन्हें आन्तरिक मामलों में स्वायत्तता प्राप्त थी। दिग्विजय अवश्यम्भावी होने के कारण विजित राज्यों की स्थानीय स्वायत्तता तथा संस्कृति की रक्षा के लिए ऐसा किया जाता था। इस प्रयोग की सफलता का कारण यह तथ्य था कि सम्पूर्ण देश में धार्मिक और सांस्कृतिक एकता थी। आन्तरिक स्वायत्तता को आसानी से स्वीकार किया जा सकता था।

सामन्तों पर सार्वभौम शक्ति का नियन्त्रण उसकी क्षमता और स्थिति पर निर्भर करता था। राजाज्ञा का पालन करने की आशा की जाती थी और उसका पालन भी कराया जाता था। यह आवश्यक था कि सामन्त अपनी अधीन स्थिति को

स्वीकार करते हुए पहले सम्राट् के नाम से आज्ञा जारी करें। वे अपने सिक्के जारी नहीं कर सकते थे। यह आवश्यक था कि वे औपचारिक समारोहों के साथ-साथ समय-समय पर दरबार में उपस्थित हों। शिलालेखों और साहित्यिक ग्रन्थों में सम्राट् के प्रति अपना सम्मान प्रकट करने के लिए आने वाले सामन्तों का उल्लेख मिलता है। सम्राट् को नियमित रूप से भेंट भेजी जाती थी। कभी-कभी भेंट राजधानी में भेज दी जाती थी और कभी-कभी सम्राट् अपने भ्रमण पर स्वयं प्राप्त करता था। पुत्र जन्म या कन्या के विवाह पर विशेष भेंट स्वीकार की जाती थी। सम्राट् की इच्छा होने पर सामन्तों को अपनी लड़कियों का विवाह भी उससे करना पड़ता था। गुप्त साम्राज्य में, यदि कोई राजा हार के कारण सामन्त बन जाता था तो संधि की शर्तों के अनुसार उसका राज्य उसे लौटा दिया जाता था। हमें इस बारे में ज्ञान नहीं है कि अन्य साम्राज्यों में भी इस प्रथा का पालन किया जाता था या नहीं।

सामन्ती शासकों के दरबारों में सम्राट् के प्रतिनिधि उपस्थित रह कर अपने हितों की देख-भाल करते थे। उन्हें सामान्य नियन्त्रण और निरीक्षण के अधिकार प्राप्त थे। साम्राज्य के प्रतिनिधि होने के कारण उनका उचित रूप से स्वागत किया जाता था। उनके पास बहुत से गुप्तचर होते थे जो सामन्ती शासक की सम्राट् विद्रोही या पृथक्कता की कार्यवाही पर दृष्टि रखते थे। सामन्ती शासक भी सम्राट् के दरबार की गतिविधियों के बारे में पूर्ण जानकारी रखने के लिए अपने प्रतिनिधि रखते थे।

विद्रोही और पराजित सामन्तों को कई प्रकार से अपमानित किया जाता था। उन्हें अपनी अनिष्ठा के प्रतिरूप में अपना खज़ाना, मकान तथा हाथी सौंपने पड़ते थे। कई बार उनके राज्य को अधिगृहीत कर लिया जाता था।

यदि केन्द्रीय सरकार दुर्बल हो जाती थी तो सामन्त व्यावहारिक रूप से स्वतन्त्र हो जाते थे। गुर्जर प्रतिहार साम्राज्य के पतन के बाद तो अनेक सामन्तों ने महाराजाधिराज परमेश्वर की उपाधि धारण कर ली। उन्होंने भेंट नहीं भेजी और अपनी शर्तें मनवाईं।

प्राचीन भारत में गणराज्य (Republics in Ancient India)

डॉ० के०पी० जायसवाल ने लिखा है कि भारत में राजतन्त्र के बहुत बाद में गणतन्त्रीय सरकार का जन्म हुआ। प्रो० रिब्ज़ डेविडज़ ने अपनी पुस्तक "बौद्धिस्ट इण्डिया" में बताया कि बुद्ध और उसके पड़ोसियों के प्रदेश गणराज्य-सरकारें थीं। प्राचीन भारत में गणराज्यों को 'गण' और 'संघ' नाम से जाना जाता था। पाणिनि का कथन है कि 'गण' और 'संघ' समानार्थक शब्द है। मझिमनिकाय (Majjhima Nikaya) ने दोनों शब्दों का साथ-साथ प्रयोग किया है। आरम्भ में 'गण' शब्द का अंग्रेजी में अनुवाद मोनियर विलियम्स ने कबीला (tribe) किया। उसी व्याख्या को डॉ० फ्लीट (Fleet) जैसे लेखकों ने भी स्वीकार कर लिया। किन्तु अब उस अर्थ को छोड़ दिया गया है। अब 'गण' शब्द का अर्थ गणराज्य से लिया जाता है। अवदान शतक में गणतन्त्र का राजतन्त्र से पृथक् दिखाया गया है। जैन साहित्य में भी 'मल्लों' के गण आदि का उल्लेख मिलता है।

पाणिनि प्राचीन भारत के गणराज्यों के बारे में मूल्यवान सूचना प्रदान करता है। वह बहुत से नियमों की ओर संकेत करता है जो संघों से संबद्ध अनेक शब्दों की रचना से संबद्ध हैं। स्पष्ट है कि गणराज्य इतने अधिक महत्त्वपूर्ण रहे होंगे कि कट्टरपंथी वैयाकरण को भी उनका उल्लेख करना पड़ा। पाणिनि ने वृक, दमनी (Damani), यौधेय, पार्श्व, जानकी, ब्रह्मगुप्त, कौशितकी, डंडकी, महाराजा, भर्ग, अंधक-वृष्णि (Andhaka-Vrishni) मद्र आदि संघों का उल्लेख किया था।

पाणिनि संघों को आयुधाजीविन (Ayudhajivins) कहता है। कौटिल्य ने उनके लिए शस्त्रोपजीवी शब्दों का प्रयोग किया है। पाणिनि का मत है कि संघ का अंक लक्षण (Anka Lakshana) होता था। अंक का अर्थ चिन्ह होता है और लक्षण भी समानार्थक शब्द है। डॉ० जायसवाल का कहना है कि अंक एक चिन्ह है जिसे बदलने वाले प्रयोग में लाया जाता था। निर्वाचित शासक स्वयं अपना अंक निश्चित करता था जिसे उस समय छोड़ दिया जाता था जब कोई अन्य व्यक्ति उसका स्थान लेता था।

यह ध्यान देने योग्य है कि बौद्ध-संघ ने राजनीतिक संघ की नकल की। बुद्ध गणराज्य में उत्पन्न हुआ था। अतः उसने भिक्षु-संघ का गठन राजनीतिक संघ के आधार पर ही किया। बौद्ध-संघ के दीर्घजीवी होने का कारण लोकतान्त्रिक

उत्पादक को मान्य करना था। बुद्ध ने अपने अनुयायियों से अपने विचार-विनिमय और कार्यों में गणतन्त्रों की प्रक्रिया को अपनाने को कहा।

बौद्ध साहित्य में कौशल और कौशाम्बी राज्यों के पूर्व, अंग के पश्चिम, मगध के उत्तर और हिमालय के दक्षिण के बीच के क्षेत्र में बसे अनेक गणराज्यों का उल्लेख है। वे गणराज्य गोरखपुर जिले में कपिल वस्तु के शाक्य, रामग्राम के कोलिया, मुजफ्फरपुर जिले के वैशाली के लिच्छवि, दरभंगा जिले में मिथिला के विदेह, कोसिनारा या कोसिंगारा के मल्ल और पाव (Pava), पिपलिवन के मौर्य, अल्लकप्पा के बुली (Bulis) और कौशाम्बी के वत्सों के पड़ोसी भग्ग या भर्ग थे।

शाक्यों के प्रशासन का रिब्ज़ डेविड्ज ने इन शब्दों में पर्णन किया है : "कपिलवस्तु के सार्वजनिक टीला भवन (Mote Hall) में जवान और बूढ़े एकत्रित होकर सार्वजनिक सभा के रूप में प्रसासन और न्यायिक कार्य को पूरा करते थे। इस प्रकार की संसद् या पालावर में राजा के प्रस्तावों पर विचार किया जाता था। जब अम्भट्ट किसी कारण कपिलवस्तु जाता है वह टीला भवन में जाता है। वहाँ शाक्यों का अधिवेशन चल रहा था। मल्लों के टीलाहाल में आनन्द ने जाकर बुद्ध की मृत्यु की घोषणा की। उनका उसी विषय पर विचार करने के लिए अधिवेशन चल रहा था।

हमें पता नहीं कि वे अपने एकमेव अध्यक्ष का चुनाव किस प्रकार और कितनी अवधि के लिए करते थे। वह अधिवेशनों की अध्यक्षता करता था। अधिवेशनों के न होने पर राज्य पर शासन करता था। उसे राजा का पद प्राप्त था जो रोम के मजिस्ट्रेट या एथेन्स के प्रमुख नौ मजिस्ट्रेटों के समान था। लिच्छवियों में तीन व्यक्ति शासन चलाते थे। ऐसा हमने और किसी प्रदेश के बारे में नहीं सुना। ऊपर बताए गए शासकों के राजसी प्रभुसत्ता के कार्यों के बारे में भी नहीं सुना। लेकिन हम एक बार सुनते हैं कि बुद्ध का चचेरा भाई भद्या (Bhaddiya) राजा था। एक अन्य प्रसंग में बुद्ध के पिता शुद्धोदन (जिसे अन्य स्थानों पर साधारण नागरिक शुद्धोदन शाक्य कहा गया है) को राजा कहा गया है।"

कौटिल्य के अर्थशास्त्र में अनेक गणराज्यों का उल्लेख है। उनमें लिच्छविक, बृजक, मल्लक, मद्रक, कुकर, कुरु, पांचाल, कम्भोज, सौराष्ट्र, क्षत्रिय, श्रेणी आदि थे।

यूनानी लेखकों ने सिकन्दर के आक्रमण के समय स्थित अनेक भारतीय गणराज्यों का उल्लेख किया है। उनके अनुसार कथ्यान (Kathaians) भारत की सबसे अधिक शक्तिशाली जाति थी। वह लाहौर और अमृतसर के जिलों से घिरे क्षेत्र में फैली हुई थी। उनकी राजधानी संकल (Sankała) थी। कथ्यानों की युद्ध-कला की सभी प्रशंसा करते थे। रावी से तनिक हट कर अद्रेष्टी (Adrestai) समाज रहता था, जिसकी राजधानी पिम्प्रय थी। एक अन्य राज्य सोफियटों (Sophytes) का था जिसे सिलवेन लेवी ने सौभूति माना है। डियोडर्स (Diodorus) का मत है कि सोफियटों के अधीन नगरों पर अत्यधिक सम्माननीय कानून लागू थे और उनकी राजनीतिक प्रणाली प्रशंसनीय थी। इन नगरों के निवासियों को बाकी देश के वासी अत्यधिक सम्मान की दृष्टि से देखते थे।

व्यास नदी के पार एक बड़ा गणराज्य था। वह क्षेत्र अत्यधिक उपजाऊ था और निवासी अच्छे कृषक और वीर लड़ाकू थे। उनके आन्तरिक प्रशासन की प्रणाली अति उत्तम थी। उन पर कुलीनों का शासन था। वे न्याय और उदारता से अपनी आथोरिटी का प्रयोग करते थे।

सिकन्दर को वापिस लौटते समय सिन्ध नदी से लेकर बिलोचिस्तान तक के क्षेत्र में अनेक गणराज्यों का सामना करना पड़ा। क्षुद्रक और मालव उनमें सबसे अधिक प्रमुख थे। यूनानियों ने उन्हें क्रमशः ओक्सीड्रैकाई और मल्लाई नाम दिया था। दोनों राज्यों ने मिल कर एक लीग बनाई। आर्यन का कथन है : भारतीय जातियों में वे सबसे अधिक लड़ाकू थे और उनकी संख्या भी सबसे अधिक थी। सिकन्दर को उन्हें जीतने में बड़ी कठिनाई हुई थी। मालवे के पास सिबोई या सिबी थे।

डायोड्रस का मत है कि अग्रसेनी गणराज्य के पास 40,000 पैदल सेना और 3000 घोड़े थे। वे मकदूनियावासियों से बड़ी वीरता से लड़े थे।

यूनानियों ने एक अन्य गणराज्य सामबस्ती या अम्बास्था का उल्लेख किया है। उनकी सेना में 60,000 पैदल, 6000 घुड़सवार और 5000 रथी थे। उन्होंने तीन सेनापतियों को निर्वाचित किया था जो अपने साहस और ब्यूह-रचना

के लिए प्रसिद्ध थे। वे भारत की किसी भी जाति से वीरता और संख्या में कम नहीं थे। उन्होंने आत्मसमर्पण किया और सिकन्दर ने उनके साथ अच्छा व्यवहार किया।

एक अन्य स्वतन्त्र राज्य ज़थ्रोई या क्षत्रियों का था। आर्यिन का कहना है कि ओसाडीओई (Ossadioi) भी एक स्वतन्त्र राज्य था।

डॉ० जायसवाल बताता है कि मौर्यों के आने तक गणराज्य लगभग 1000 वर्ष के हो चुके थे। ''यह हिन्दू-गणराज्यों का स्वर्ण-युग था। राष्ट्रीय समृद्धि के लिए उत्तर कुरु प्रसिद्ध था। शिक्षा के क्षेत्र में मद्र और कत्थ; शौर्य में क्षुद्रक और मालव; राजनीतिक कौशल और प्रबल स्वातन्त्र्य के लिए वृच्छ और अधक; शक्ति के लिए वृजी; ज्ञान और समानता के तत्त्व दर्शन, कानून के सम्मान के लिए शाक्यों और उनके पड़ोसियों ने आर्यों के राष्ट्रीय जीवन तथा राष्ट्रीय साहित्य पर अपनी अमिट छाप छोड़ी है।''[5]

कौटिल्य ने गणराज्यों के बारे में निम्न नीति निर्धारित की : ''सद्भावना या सैनिक सहायता सन्धि की अपेक्षा संघ की स्थापना अधिक वांछनीय है। संघ के रूप में संगठित क्षेत्रों को सहायता तथा शान्ति की नीति का पालन करना चाहिए क्योंकि उन्हें जीता नहीं जा सकता। असंगठित राज्यों को सेना और फूट के द्वारा जीतना चाहिए।'' कौटिल्य के निर्णय के होते हुए भी अशोक के शिलालेखों में अनेक गणराज्यों का उल्लेख है। उनमें से कुछ योना (yonas), कन्नौज, कम्भोज, गंधार, राष्ट्रिक, पितिनिक, अपरान्त, नाभक, भोज, आन्ध्र और पर्दा थे। यह जानना उल्लेखनीय है कि मौर्य काल के कुछ गणराज्यों के सिक्कों को भी खोजा गया है।

शुङ्ग काल के गणराज्यों का भी उल्लेख किया जा सकता है। यौधेय गणराज्य केवल मौर्य साम्राज्य से ही अलग न रहा बल्कि शुङ्ग और कुशान काल में भी जीवित रहा। उसके अधिक काल तक बने रहने का प्रमाण शिलालेखों और सिक्कों से मिलता है। उसके बारे में लिखा गया है कि उसे पराजित नहीं किया जा सका और सभी क्षत्रियों में यौधेय वासी अपने वीर पद को सम्मानित कराते रहे। सिक्कों के प्रमाण से पता चलता है कि यौधेय में निर्वाचित राष्ट्रपति होता था जिसे यौधेय गण द्वारा बनाया गया बताया जाता था।'' सिक्के और सीलें यौधेयों और उनके मन्त्रिमण्डल के नाम पर जारी किये गये थे। मन्त्रियों को मन्त्रणाधर या राज्य की नीति के निर्धारक बताया जाता था। यौधेय गणराज्य ईसा की सातवीं सदी से पहले समाप्त हो गया था।

मद्रों की प्रारम्भिक राजधानी शकला या स्यालकोट थी। उन्होंने अपना स्थायी निवास छोड़ा और राजपूताने में यौधेयों के पड़ोस में बस गये। यद्यपि समुद्रगुप्त ने उनका उल्लेख किया है किन्तु यौधेयों की तरह वे भी समाप्त हो गए।

शुङ्ग काल में क्षुद्रकों और मालवों का उल्लेख है। पतञ्जलि ने क्षुद्रकों की विजय का उल्लेख किया है किन्तु वे उसके बाद गायब हो गए। यह सम्भव है कि जब वे पंजाब से राजपूताना आए तो वे मालवों में मिल गए। मालवों ने भी पंजाब में भटिंडा के रास्ते से अपना देश छोड़ा था। 51 ई०पू० से पहले मालवों ने अजमेर के पास उत्तम भद्रा पर अधिकार कर लिया था।

शुङ्ग काल में सिबि एक बार पुनः प्रकट हुए जिनका उल्लेख यूनानी लेखकों ने किया था। वे भी पंजाब को छोड़ कर राजपूताने में जा बसे थे।

लगभग 100 ई०पू० में अर्जुनायण भी राजपूताने में जा बसे थे और वे समुद्रगुप्त के समय तक बने रहे।

उपरोक्त गणराज्यों के पंजाब को छोड़कर राजपूताने में जाने के बारे में डॉ० के०पी० जायसवाल ने लिखा है : ''पंजाब की उपजाऊ भूमि को छोड़ कर राजस्थान के शुष्क प्रदेश में जाकर बसना स्वतन्त्रता के प्रेम का प्रमाण-पत्र है जिसे ये अजेय गणराज्य किसी अन्य से अधिक चाहते थे और उनमें से एक ने सिकन्दर के आक्रमण में इसे प्रदर्शित भी किया था। उनका विश्वास था कि यौधेय का मालवा प्रदेश वहीं था जहाँ यौधेय अथवा मालव गण रहते थे और स्वतन्त्रता के झंडे को ऊँचा उठाये रखते थे। अपने राजनीतिक व्यक्तित्व और आत्मा को सुरक्षित रखने के लिए वे अपने पैतृक मकानों और खेतों को त्यागने में नहीं झिझकते थे। वे रेगिस्तान में रह सकते थे किन्तु वे शान से रहना चाहते थे और

5. हिन्दू-पोलाइटी, पृ० 118.

संसदीय शासन को पसन्द करते थे। हिन्दू राजनीति का यह निश्चित सिद्धान्त है कि स्वतन्त्रता घर से अधिक महत्त्वपूर्ण है और घर को छोड़कर भी स्वतन्त्रता की रक्षा करनी चाहिए। ऐसा मालूम देता है कि गणराज्यों ने पूर्णतः इस सिद्धान्त का पालन किया था।''[6]

गुप्तकाल से पहले मालवे में तीन मित्र गणराज्यों का उदय हुआ। उनके नाम पुषमित्र, पदुमित्र और पदनमित्र थे। किन्तु पाँचवीं सदी के अन्त तक गणराज्यों का प्राचीन भारत से लोप हो गया था। गुप्तों के प्रारम्भिक उदय के लिए आंशिक रूप से उत्तरदायी लिच्छवि भी गायब हो गए थे। लिच्छवियों की एक शाखा नेपाल में चली गई। छठी सदी के बाद भारत में केवल राजतन्त्र शेष रह गए थे।

लाभ (Merits)

प्राचीन भारत में गणराज्य-प्रणाली के कुछ लाभों और हानियों का उल्लेख किया जा सकता है। यूनानी लेखकों ने भी हिन्दू-गणराज्यों की कानूनी प्रणाली और न्याय-प्रशासन की प्रशंसा की है। जनता को उच्च श्रेणी का न्याय प्राप्त था और जनता अपने अनुशासन के लिए प्रसिद्ध थी। गणराज्यों के नेता जनता में लोकप्रिय थे। वे उस काम को करने में हिचकते थे जिससे उनकी लोकप्रियता के घटने के अवसर हो सकें। जनता वीर थी और युद्ध के लिए सदैव ही तैयार रहती थी। जनता में समानता के सिद्धान्त पर पर्याप्त बल दिया जाता था। उनका प्रशासन बहुत निपुण था। उनके खजाने सदैव ही भरे रहते थे। उनकी सैन्य प्रणाली का मूलमन्त्र सशस्त्र संघर्ष के लिए तैयार रहना था। वे मैत्री संधि करते थे और इस प्रकार अपने शत्रुओं को सफलतापूर्वक हरा पाते थे। उनके पास पर्याप्त सम्पत्ति थी। गणपति जनता का सेवक अर्थात् गणदास माना जाता था। गणराज्यीय संस्थाएँ काफी समय तक जीवित रहीं। यह बताया जाता है कि भोज-गणराज्य 1,000 वर्ष तक बना रहा। उत्तर भद्र 800 से 1,300 वर्ष तक बना रहा। इसी प्रकार से मालव और क्षुद्रक भी अनेक सदियों तक जीवित रहे।

हानियाँ (Demerits)

हिन्दू-गणराज्यों में अनेक कमियाँ थीं। गणराज्यों का क्षेत्र बहुत कम था और उचित साधनों की कमी होने से स्वयं उनका अस्तित्व भी सदा ही खतरे में बना रहता था। बड़े राज्यों के महत्त्वाकाँक्षी शासक छोटे गणराज्यों को निगलने को तैयार रहते थे। यह बताया जाता है कि जब किसी गणराज्य को किसी बड़े प्रबल शत्रु से लड़ना पड़ता था तो वह उस लकड़ी की तरह टूट जाता था जो झुकना नहीं जानती थी। एक बार पराजित होने के बाद वे समाज के नाते जीवित नहीं रह सकते थे। गणराज्य संस्थाओं में षड्यन्त्रों का भी खतरा रहता था। वैयक्तिक शत्रुता और अधिकार लालसा गणराज्यों की एकता को तोड़ देती थी। अनेक बार कुछ विषयों पर विचार करते समय कुछ सदस्य एक दूसरे के शत्रु बन जाते थे। महाभारत में लिखा है कि एक गणराज्य के अध्यक्ष के रूप में भगवान कृष्ण ने शिकायत की कि भयानक भाषण के कारण उसका दिल जल रहा था। पारस्परिक असहमति का अन्तिम परिणाम गणराज्यों का विनाश होता था।

गणराज्यों में क्षत्री-इतर लोग शासक कुलीनों (aristocracy) से अत्यधिक भिन्न थे। शासक कुलीनों को अनेक सुविधाएँ प्राप्त थीं। कृषक, नौकर, कारीगर और कलाकार अपनी हीन स्थिति को अच्छा नहीं मानते थे अतः उनसे आशा नहीं की जा सकती थी कि वे ऐसे गणतन्त्रों की स्वाधीनता के लिए संघर्ष करते।

गणराज्यों में वर्गीय भावना प्रबल थी। इस कारण उनके विकास और वृद्धि की आशा नहीं थी। एक सबल केन्द्रीय सरकार का विकास करना संभव नहीं था जो विरोधियों का सामना कर सके।

डॉ० जायसवाल का मत था कि 400 ई० के लगभग गणराज्यों के लुप्त होने का कारण गुप्त साम्राज्य था। ''समुद्रगुप्त ने सिकन्दर की तरह देश की स्वतन्त्र-भावना को कुचल दिया। उसने स्वतन्त्रता को शक्ति देने वाले यौधेयों और मालवों तथा उनके वर्ग के अन्य लोगों को समाप्त कर दिया।'' किन्तु डॉ० अल्तेकर इस विचार को अमान्य करता है। उसका कहना है कि समुद्रगुप्त के बाद भी मालवों, यौधेयों, मद्रों और अर्जुनायनों का अस्तित्व बना रहा और उनकी

6. हिन्दू-पोलाइटी, पृ० 153.

स्वायत्तता को बनाये रखा गया। उन्होंने गुप्तों का केवल अधिराज्यत्व स्वीकार किया। गुप्तों ने कभी भी प्रत्यक्ष रूप से उनके प्रदेशों पर शासन नहीं किया। यह सत्य है कि गणराज्यों की स्वतन्त्रता मौर्यों और कुशानों के अधीन गायब हो गई थी किन्तु इन साम्राज्यों के पतन के पश्चात् गणराज्य पुनः अस्तित्व में आ गए थे। किन्तु गणराज्यों में एक गलत प्रवत्ति का विकास हो गया था। कुछ परिवारों में नेतृत्व पैतृक हो गया था। चौथी सदी में नेताओं ने महाराजाओं और महासेनापतियों के पद ग्रहण कर लिए थे। यह भावना भी प्रबल थी कि जन-सुरक्षा की दृष्टि से गणतन्त्रीय राज्यों के स्थान पर राजतन्त्र अधिक सफल थे। इन परिस्थितियों में गणराज्य लुप्त हो गए और राजतन्त्र व्यापक हो गए।

लिच्छवि (The Lichchhavis)

लिच्छवियों के बारे में विस्तार से विचार करना वाँछनीय है क्योंकि उन्होंने प्राचीन भारत में महत्त्वपूर्ण रोल निभाया। लिच्छवी शब्द अनेक रूपों में प्राप्य है, लिच्छवी, लेछवी, लेछी, निछवी। लिच्छवी शब्द पाली ग्रन्थों में अनेक बार प्रयोग हुआ है। महावस्तु अवदान (Avadan) में सामान्य रूप लिच्छवी है। जैन साहित्य में लेछी आता है। कौटिल्य ने लिछविक का प्रयोग किया है। कुलक बंगाली टीकाकार ने निच्छवी लिखा है। चन्द्रगुप्त प्रथम के सिक्कों पर लिच्छव्याह बहुवचन में प्रयुक्त है। लिछवी रूप अनेक गुप्त-शिलालेखों में मिलता है।

उद्‌गम (Origin)

डॉ० वी०ए० स्मिथ का मत है कि लिच्छवियों का जन्म तिब्बत में हुआ। डॉ० स्मिथ ने अपने निर्णय के दो आधार बताए हैं : मृतक को खुला छोड़ देने की प्रथा तथा लिच्छवियों की न्यायिक प्रक्रिया। किन्तु यह बताया जाता है कि लिच्छवियों ने मृतक को खुला छोड़ने की प्रथा अपने वैदिक पूर्वजों से प्राप्त की थी। अथर्ववेद बताता है : "ओ अग्नि! गड़े हुओं और उन बेकारों को खाने तथा बलि देने के लिए निकालो जा आग में जलाए गए हैं या जो खुले में पड़े हैं।" आपस्तम्ब के सूत्र में भी मृतकों को गाड़ने तथा चबूतरे पर खुले रखने की प्रथा का उल्लेख है। जहाँ तक लिच्छवियों की न्यायिक प्रक्रिया का तिब्बत की आधुनिक न्यायिक प्रक्रिया से साम्य का प्रश्न है, यह बताया जाता है कि तिब्बतियों ने लिच्छवियों से धर्म के साथ-साथ न्यायिक प्रक्रिया का आयात किया जो बाद में या तो नेपाल या संभवतः तिब्बत में जा बसे या उसे जीत लिया। इसके अलावा लिच्छवियों के काल में तिब्बतियों की न्यायिक प्रक्रिया का ज्ञान बहुत कम है और पाली ग्रन्थों में बताई गई लिच्छवियों की प्रथाओं की तिब्बतियों से तुलना करते समय हमें इस तथ्य को सामने रखना चाहिए।"

डॉ० एस०सी० विद्याभूषण का मत है कि लिच्छवी मूल रूप से पारसी थे। उन्होंने अपने मूल निवास निसिवी को छोड़ा और भारत और तिब्बत में बस गए। डॉ० विद्याभूषण ने फारस के साम्राज्य में निसिबि और निछिवी में क्रिया सम्बन्धी अनुरूपता के आधार पर अपने निर्णय को आधारित किया है। आलोचक बताते हैं कि लिच्छवियों को डेरियस (516-485 ई०पू०) का अनुयायियों के रूप में पहचानना सम्भव नहीं है। इसका कारण यह तथ्य है कि बुद्ध की मृत्यु से पहले लिच्छवियों का नाम बहुत ऊँचा था और डॉ० विद्याभूषण का कहना है कि वे 515 ई०पू० के लगभग फारस से भारत आए। इसके अलावा ऐसी किसी परम्परा का उल्लेख नहीं मिलता कि लिच्छवी बाहर से आए थे।

मनु का मत है कि राजन्य व्रात्य से झल्ल, मल्ल, लिच्छवी, नट, करण, खासा और द्रविड़ उत्पन्न हुए। राजन्य एक शुद्ध राजा का वंशज था। व्रात्य वे थे जो समान जातियों की द्विजात पत्नियों से तो उत्पन्न हुए थे किन्तु अपने पवित्र कर्मों को पूरा नहीं करते थे। वे जन्म से तो क्षत्री थे किन्तु वे मनु द्वारा स्थापित स्तर का पालन करने की चिन्ता नहीं करते थे। ब्राह्मणों की दृष्टि में गिर कर कुछ राजा व्रात्य कहलाने लगे और उनके वंशजों को व्रात्य क्षत्री कहा जाने लगा।

होजसन (Hodgson) का मत है कि लिच्छवी लोग सिथियन थे। अमरसिंह, हल युद्ध और हेमचन्द्र जैसे कोशकारों का मत है कि लिच्छवी क्षत्री और व्रात्य थे। रोठ (Roth) का मत है कि लिच्छवियों का जन्म उच्च जाति में हुआ था तथा मोनियर विलियम ने उसका समर्थन किया। दुलवा (Dulva) में लिखा है कि जब मौगलन भिक्षा के लिए वैशाली आया, लिच्छवी अजातशत्रु को जीतने के लिए नगर से बाहर आ रहे थे। द्वेष के कारण उन्होंने पूछा कि क्या वे सफल होंगे या नहीं। मौगलन ने उत्तर दिया : "वसिष्ठ कुल में उत्पन्न पुरुषो, तुम सफल होंगे।" इससे पता चलता है कि लिच्छवी क्षत्री थे। दिग्घ निकाय (Digha Nikaya) के महापरिनिबान सुत्त में लिखा है कि लिच्छवियों ने बुद्ध के शरीर के अवशेषों के

भाग की माँग इस आधार पर की थी कि वे इसकी जाति के आदमी थे। इन शब्दों का प्रयोग किया गया था : "स्वर्गवासी क्षत्री है, वही हम हैं।"

जैनियों के कल्पसूत्र में लिखा है कि महावीर लिच्छवियों का मामा था और उन्होंने उसकी मृत्यु की याद में नगर में दीपावली मनाई थी। यह भी बताया जाता है कि वैशाली में भयंकर अकाल पड़ा और बुद्ध को उसे रोकने को बुलाया गया। बनारस की महारानी गर्भवती हुई और उसने एक मांस के लोथड़े को जन्म दिया और षड्यन्त्र से बचने के लिए उसने इसे एक बर्तन में रख कर उसे गंगा में फेंक दिया। देवताओं ने उसे निकाल लिया और उस पर लिखा कि उसमें बनारस की महारानी का पुत्र था। एक ऋषि ने उस बर्तन को उठाया और उसे अपने पास रखा। माँस के इस लोथड़े से बच्चे उत्पन्न हुए और उन्हें लिच्छवा नाम दिया गया। उन बच्चों के बारे में कहा जाता है कि वे जो कुछ भी खाते थे, साफ-साफ दिखाई पड़ता था क्योंकि उनके पेट पारदर्शक थे। ऐसा मालूम पड़ता था कि बच्चों के ऊपर खाल नहीं है। कुछ का कहना है कि खाल इतनी पतली थी कि पेट और जो कुछ भी उसमें जाता ऐसा मालूम पड़ता था कि एक-दूसरे से सिले हुए हैं।

महाली, लिच्छवी सरदार ने कहा : "मैं क्षत्री हूँ और बुद्ध भी यही है। यदि उसका ज्ञान बढ़ता है और वह सर्वज्ञ बन जाता है, तो मैं ऐसा क्यों नहीं हो सकता।" नेपाल वंशावली में लिच्छवियों को सूर्य वंशीय बताया गया है।

वैशाली के युवक सुन्दर और सचेत होते थे। वे अच्छे वस्त्र पहनते थे और रथों में यात्रा करते थे। लिच्छवियों के सौन्दर्य के बारे में बुद्ध ने कहा था : "लिच्छवियों को देखो, जिन्होंने तवतिम्स देवताओं को नहीं देखा है, वे लिच्छवियों को देख लें।" तवतिम्स देवता अपने सौंदर्य के लिए प्रसिद्ध थे। लिच्छवियों में कोई न कोई समारोह होता ही रहता था और चण तथा सभ्रत्तिवारी सबसे अधिक प्रमुख थे। सारी रात उत्सव चलता था। लिच्छवी कलाप्रेमी थे। उन्होंने अनेक सुन्दर चैत्य, पार्क और उद्यान बनाये थे। वे वेश्यायों (नगर शोभिनि) के साथ बागों में जाते थे और आनन्द मनाते थे। यह बताया जाता है कि वे बुद्ध में विश्वास नहीं रखते थे और उनके चैत्यों को पवित्र करके यज्ञशाला बनायी गयी थी। किन्तु यह मत ठीक नहीं है। अङ्गुत्र निकाय (Anguttara Nikaya) में यह बताया जाता है कि लिच्छवी बुद्ध के भक्त थे। जब बुद्ध वैशाली गया तो 500 लिच्छवियों ने उसका पूजन किया था। कुछ लिच्छवियों ने उसे देखते ही हाथ जोड़ कर प्रणाम किया था। वे बुद्ध के प्रति इतने आसक्त हो गए थे कि बताया जाता है कि उन्होंने बुद्ध के लिए नौका-विहार की व्यवस्था की थी।

लिच्छवी पाप-पुण्य से मुक्ति, निर्वाण, लोभ, मोह, द्वेष के तात्विक विवाद में आनन्द लेते थे। वे कर्म और अनुभव की समाप्ति तथा निर्वाण-प्राप्ति के साधनों पर विचार करते थे। डॉ० बी०एम० बरुआ का कथन है कि लिच्छवी आत्मा को मानते थे और आत्मा के बारे में उनका विचार सांख्य और वेदान्त से भिन्न था। वे प्रेतों और नर्क के अस्तित्व में विश्वास करते थे। वे अच्छे खिलाड़ी और कुशल तीरन्दाज़ थे। वे कुत्तों का सहायता से शिकार करते थे। वे चन्द्रमा की 8, 18वीं और 15वीं तिथि को पशुओं का वध करते थे और उनका माँस खाते थे। वे असभ्य, क्रूर और निर्दयी थे। कुछ युवकों पर दोष लगाया जाता है कि वे कुलीन परिवार की कन्याओं को पत्थर मार कर अपमानित करते थे। किन्तु उनमें अपने अपराध को स्वीकार करने का आत्म-साहस था। लिच्छवियों में शिक्षा का पर्याप्त प्रसार था।

यदि कोई लिच्छवी बीमार पड़ जाता था तो अन्य लिच्छवी उसे देखने जाते थे। किसी लिच्छवी के यहाँ विशेष उत्सव पर सम्पूर्ण जाति के सदस्य एकत्र हो जाते थे। जब कोई विदेशी राजा लिच्छवी प्रदेश में आता तो सभी लिच्छवी उसका सम्मान और स्वागत करने आते थे। लिच्छवियों की कभी-कभी आम सभाएँ भी होती थीं जिनमें आपसी मामलों पर विचार किया जाता था। सभा की सूचना ढोल बजा कर दी जाती थी और प्रत्येक व्यक्ति उसमें उपस्थित होना अपना कर्त्तव्य समझता था।

लिच्छवियों में एक प्रथा थी कि पहले जिले में पैदा होने वाली लड़की पहले जिले में ही शादी कर सकती थी और दूसरे या तीसरे जिले में नहीं। दो जिलों की सीमा पर उत्पन्न लड़की दोनों जिलों में विवाह कर सकती थी। अन्तिम जिले में पैदा होने वाली लड़की तीनों जिलों में विवाह कर सकती थी। वैशाली के बाहर विवाह नहीं किये जा सकते थे। माँग की जाने पर लिच्छवी गण किसी वर के लिए वधू का चयन कर सकता था। वयस्क होने का प्रश्न भी गण ही हल करता था।

लिच्छवी गणराज्य की जन्म-तिथि निश्चित करना कठिन है, किन्तु ऐसा मालूम होता है कि विदेह के राजपरिवार के पतन के बाद विज्जी संघ का निर्माण हुआ होगा। वैशाली के राजा तथा प्रजा ने महाभारत युद्ध में भाग नहीं लिया था। लिच्छवी गणराज्य की जन्म-तिथि 700 ई०पू० आँकी जाती है। गणराज्य को मगध के राजा अजातशत्रु ने समाप्त किया।

दुलवा में बताया जाता है कि महानुमान नाम का लिच्छवी प्रमुख वैशाली में रहता था। उसके आम्रपाली नामक कन्या थी। लिच्छवियों का कानून था कि सर्वसुन्दरी को विवाह करने की अनुमति नहीं दी जाती थी और उसे समस्त जनता के आनन्द के लिए सुरक्षित रखा जाता था। इन परिस्थितियों के अधीन आम्रपाली नगर वधू बनी। मगध के राजा बिम्बसार ने उसके सौन्दर्य के बारे में सुना। यद्यपि उसका लिच्छवियों से वैमनस्य था, वह वैशाली गया और उसके साथ 7 दिन तक ठहरा। आम्रपाली ने एक पुत्र को जन्म दिया जिसे उसके पिता के पास भेज दिया गया। वह राजा के पास निडर होकर पहुँचा था। अत: वह अभय नाम से प्रसिद्ध हुआ। डॉ० डी०आर० भंडारकर का मत है : ''बिम्बसार और लिच्छवियों में युद्ध की समाप्ति के परिणामस्वरूप यह विवाह-सम्बन्ध स्थापित हो सका। इसी अभय के डर के कारण जिसमें लिच्छवी रक्त था, जिसे लिच्छवी बहुत प्यार करते थे, अजातशत्रु ने लिच्छवियों को समाप्त करने का निर्णय किया क्योंकि यदि वे अभय का साथ देने का निर्णय करते तो वह गद्दी को प्राप्त नहीं कर सकता था।''

अजातशत्रु और लिच्छवियों में युद्ध का एक अन्य कारण भी था। गंगा के पास एक बन्दरगाह था जो लगभग 5 कि०मी० लम्बा था। उसका आधा भाग अजातशत्रु का था और आधे भाग पर लिच्छवियों का अधिकार था। उसके समीप ही एक पहाड़ की तराई में हीरों की खान थी। अजातशत्रु और लिच्छवियों में समझौता था कि आय को बराबर-बराबर बाँट लिया जायेगा। किन्तु लिच्छवियों ने सारे हीरे ले लिए। अत: अजातशत्रु अप्रसन्न हो गया। उसने उन्हें दंडित करने का निर्णय किया किन्तु उनकी संख्या को देखते हुए कठिनाई भी अनुभव की। ''यह आशा नहीं की जा सकती कि जिस आदमी ने सत्ता और लोभ के कारण पिता के जीवन के प्रति स्वाभाविक प्रवृत्ति की चिन्ता नहीं की वह अपनी माता के सम्बन्धियों के प्रति कुछ कोमल भावना रखता होगा। उसने प्रारम्भ में ही अनुभव कर लिया कि मगध के विस्तार में सबसे बड़ा काँटा लिच्छवी ही थे और उसने विज्जियों को पूर्णत: ध्वस्त करने का निश्चय किया।''

अजातशत्रु ने वषक्र (Vasakara) को बुद्ध के पास राय लेने भेजा। बुद्ध की राय थी कि ''किसी भी अन्य उपाय से विज्जियों के ऊपर विजय प्राप्त नहीं की जा सकती। या तो उन्हें उपहार देकर सन्तुष्ट किया जा सकता है या प्राण रक्षक संघ को समाप्त करना आवश्यक है।'' अजातशत्रु लिच्छवियों को भेंट देने को तैयार था अत: उसने उनमें फूट डालने का निर्णय किया। यह प्रसिद्ध किया कि अजातशत्रु और वषक्र में झगड़ा हो गया और वषक्र अजातशत्रु के राज्य को छोड़ कर चला गया था। लिच्छवियों ने उसका स्वागत किया। उसने अपने आपको कुशल प्रशासक सिद्ध किया। अत: लिच्छवियों ने उसका विश्वास करना आरम्भ कर दिया। अपना स्थान बनाने के बाद वषक्र ने लिच्छवियों में असन्तोष उत्पन्न करना आरम्भ किया और उसे इस काम में तीन वर्ष लगे। लिच्छवियों में इतनी फूट पैदा हो गई थी कि उन्होंने एकत्र होने या संयुक्त रूप से कार्य करने से इंकार कर दिया। जब जगाने की घंटी बजी अर्थात् संकट सिर पर आ गया तो भी लिच्छवी सजग नहीं हुए। उन्होंने कहा : ''धनी और वीर एकत्र हो जाएँ। हम तो भिखारी और ग्वाले हैं।'' जब ऐसी स्थिति आ गई तो वषक्र ने अजातशत्रु से लिच्छवी पर आक्रमण करने को कहा। जब अजातशत्रु ने आक्रमण किया तो व्यावहारिक रूप से उसका किसी ने विरोध नहीं किया। बताया जाता है कि खुले फाटकों ने अजातशत्रु का स्वागत किया।

लिच्छवियों को अजातशत्रु का अधिराजस्व तथा भेंट देना स्वीकार करना पड़ा। किन्तु ऐसा प्रतीत होता है कि उन्हें आन्तरिक स्वायत्तता बनाए रखने की अनुमति दी गई। मगध साहित्य में लिच्छवियों का उल्लेख है। यह कभी नहीं भुलाया जा सकता था कि चन्द्रगुप्त प्रथम का लिच्छवी गणराज्य की कुमारदेवी के साथ विवाह होने के बाद ही गुप्तों का उत्थान आरम्भ हुआ। वह लिच्छवी अधिराज्य की उत्तराधिकारी थी।

लिच्छवी संविधान (The Lichchhavi Constitution)

लिच्छवी के संविधान का अट्ट कथा (Attaha Katha) में उल्लेख है। तीन उच्च अधिकारियों का उल्लेख है : ''राजा या राष्ट्रपति, उप-राजा या उप-राष्ट्रपति और सेनापति। एक जातक में वित्त मंत्री या भांडागारिक (Bhandagarika)

का भी उल्लेख है। उपरोक्त चारों उच्च अधिकारियों से ही मंत्रिमण्डल बनता था। सरकार का मुख्यालय वैशाली में था। डॉ० के०पी० जायसवाल का कथन है कि शासन निवासी करते थे। उनकी संख्या 7707 थी। वे सभी शासन करने के अधिकारी थे। वे राष्ट्रपति, उप-राष्ट्रपति, मुख्य सेनापति और वित्त मंत्री बनते थे। संभवतः जातक के कहने का तात्पर्य है कि 7707 निवासी, संभवतः मूल परिवारों के सदस्य शासक वर्ग में शामिल थे। वे ही पदाधिकारी बना करते थे। पूर्ण जनसंख्या 1,68,000 थी। उनमें देशी और विदेशी भी थे। शासक (गण राजा) को राजतिलक देकर पवित्र किया जाता है।''[7]...ललित विस्तार में लिखा है कि : ''उनमें (वैशालियों) में उच्चस्थ तथा माध्यमिक वृद्धों, या नाते में बड़े होने के आदर का नियम नहीं माना जाता था। प्रत्येक अपने को राजा समझता था, मैं राजा हूँ, मैं राजा हूँ।'' कोई किसी का अनुयायी नहीं बनता था।

डॉ० आर०के० मुखर्जी का कथन है : ''आन्तरिक रूप में गणराज्य की शासक-संस्था में वैशाली के 7707 राजा, वैशाली के नागरिक होते थे। उनको 84,000 की दुगुनी जनसंख्या अर्थात् 1,68,000 चुनते थे। उनमें अनेक उप-राजा, उप-नेता, सेनापति, जनरल, भंडारिक, कोषाध्यक्ष तथा लोकतन्त्रीय संस्था के सदस्य होते थे। वे सभी तर्कों तथा विवादों के लिए कुख्यात थे। यह राजसभा पुरातन परंपरा के अनुसार थी जिसका उल्लेख पाणिनि ने किया है। उसके अनुसार गण की शासन-संस्था में ऐसे क्षत्री होते थे जिन्हें विशेष रूप से शासन करने की दीक्षा दी गई थी और राजा कहलाते थे। कौटिल्य ने भी राजाओं पर आधारित संघों का उल्लेख किया है। संभवतः इन राजाओं में से प्रत्येक अपने-अपने क्षेत्र में शासक होगा। उसके अपने अधिकारी तथा खजाना होगा और इस प्रकार से 7707 सदस्यों की सभा संघीय सभा होगी जिसमें विज्जी संघ की संपूर्ण जनसंख्या के निर्वाचक परिवारों के प्रतिनिधि शामिल होते होंगे।''[8]

लिच्छवियों के विदेशी मामलों की देखभाल 9 लिच्छवियों की एक समिति करती थी। न्यायिक प्रशासन 8 सदस्यों की परिषद संभालती थी। अताकुलक न्याय का सर्वोच्च न्यायालय था और न्याय के कुशल प्रशासन के हेतु विशेषज्ञ रखे जाते थे।

जब वैशाली के नागरिक कानून भवन में आते थे तो ढोल बजाए जाते थे। राजनीतिक, सैन्य, वाणिज्यिक, या कृषि सम्बन्धी मामलों पर विचार होता था। कभी-कभी लिच्छवी गण अधिवेशन काल में किसी व्यक्ति को महत्तक (Mahat-taka) या विशिष्ट सदस्य नियुक्त करता था जो महत्त्वपूर्ण संदेश देने के लिए विशेष दूत नियुक्त किया जाता था।

राजा या राष्ट्रपति सर्वोच्च आथोरिटी था। जनता की स्वतन्त्रता की रक्षा के लिए सभी प्रकार की सावधानियाँ बरती जाती थीं। किसी नागरिक को उस समय तक अपराधी नहीं माना जाता था जब तक राजा, उपराजा और सेनापति अलग-अलग उस मामले की जाँच करने के बाद स्वीकारात्मक निर्णय पर न पहुँचें। न्यायालयों द्वारा निर्णीत मुकदमों का नियमित रिकार्ड रखा जाता था।

विभिन्न अवसरों पर लिच्छवियों ने विदेहों और मल्लों से मिल कर संघ का निर्माण किया। मल्लों और लिच्छवियों के संघ की संघीय सभा में 18 सदस्य थे जिसमें मल्लों और लिच्छवियों को समान प्रतिनिधित्व दिया गया था। संघीय सभा के सदस्यों को गण राजा की पदवी मिलती थी। डॉ० जायसवाल का कथन है कि ''संघीय सभा की रचना से पता चलता है कि इकाई राज्यों के समान मत होते थे और संघ समानता की शर्तों पर आधारित था। मल्ल लिच्छवियों के समान राजनीतिक रूप से शक्तिशाली नहीं थे किन्तु संघीय सभा में दोनों को समान प्रतिनिधित्व प्राप्त था अर्थात् दोनों की आवाज बराबर थी।''[9]

Suggested Readings

Aiyangar, R.V.R. : Some Aspects of Ancient Indian Polity, 1914.

Altekar, A.S. : State and Government in Ancient India.

Banerjee, P.N. : Public Administration in Ancient India.

---

7. हिन्दू पोलाइटी, पृ० 48.
8. हिन्दू सिविलिजेशन, पृ० 205.
9. हिन्दू पोलाइटी, पृ० 50.

Basu, P. : Indo-Aryan Polity, 1925.

Beni Prasad : Theory of Government in Ancient India, 1927.

Bhandarkar, D.R. : Carmichael Lectures, 1919.

Bhandarkar, D.R. : Some Aspects of Ancient Indian Polity, 1929.

Dikshitar, V.R.R. : Hindu Administrative Institutions, 1929.

Drekmeier, C. : Kingship and Community in Early India (Stanford, 1962).

Ghoshal, U.N. : A History of Hindu Political Theories, 1923.

Jayaswal, K.P. : Hindu Polity.

Law, N.N. : Aspects of Ancient Indian Polity.

Majumdar, R.C. : Corporate Life in Ancient India.

Markert and Petters : Political Institutions and Theories of the Hindus.

Sharma, R.S. : Aspects of Political Ideas and Institutions in Ancient India, 1968.

Shastri, R. Sharma : Evolution of Indian Polity.

Spellman, J. : Political Theory of Ancient India (Oxford 1964).

Topa, Ishwara : Minister as a King-Maker, 1941.

अध्याय

17

छठी और चौथी शती ईसा पूर्व के मध्य उत्तरी भारत की अवस्था

(Condition of Northern India from 6th to 4th Century B.C.)

छठी और चौथी शती ई०पू० के बीच उत्तरी भारत की राजनीतिक, सामाजिक, धार्मिक और आर्थिक स्थिति का ज्ञान प्राप्त करने के लिए हमें बौद्ध और जैन साहित्य से उपलब्ध होने वाली जानकारी की छानबीन करने की आवश्यकता है। इन दिशा में जातक-कथाएँ विशेष रूप से लाभदायक और सहायक हैं।

राजनीतिक अवस्था (Political Condition)—जिस समय भारत के इतिहास में बुद्ध का आविर्भाव हुआ उस समय भारत में कोई सर्वोच्च सत्ता न थी। भारत कई राज्यों में बँटा हुआ था जिनके राजा और शासक सर्वोच्च शक्ति प्राप्त करने के लिए निरन्तर युद्ध करते रहते थे। उस समय राजतन्त्रीय और गणतन्त्रीय दोनों प्रकार के राज्य विद्यमान थे।

बौद्ध भारत (Buddhist India) नामक अपनी पुस्तक में प्रो० रिहस डेविड्ज (Rhys Davids) ने सोलह 'महाजनपदों' या राज्यों के नाम दिए हैं : काशी, कोशल, अंग, मगध, वज्जी, मल्ल, चेदि, वैश (या वत्स), कुरु, पंचाल, मच्छ (मत्स्य), शूरसेन, अस्सक, अवन्ति, गान्धार और कम्बोज।

(1) **काशी** (Kashi)—इस राज्य के लोग वाराणसी के इर्द-गिर्द रहते थे। युद्ध के आगमन से पहले कोशल की अपेक्षा काशी अधिक शक्तिशाली राज्य था। इन दोनों में संघर्ष चलता ही रहता था। काशी के राजा ब्रह्मदत्त ने कोशल पर आक्रमण किया और राजा दीधिति को परास्त किया। उस राज्य को उसने काशी के साथ मिला लिया। फिर उसे राजा ब्रह्मदत्त के पुत्र को सौंप दिया। उसके बाद वंक, दब्बसेन और कंस राजाओं के अधीन कोशल से काशी पर आक्रमण होने शुरू हुए और कंस ने अन्त में उस पर विजय पाकर कोशल राज्य में विलीन कर लिया।

(2) **कोसल** (Kosala) राज्य वर्तमान उत्तर प्रदेश में अवध क्षेत्र में फैला हुआ था। इसकी राजधानी श्रावस्ति थी। शाक्यों ने सातवीं शती ई०पू० में ही कोशल का अधिराजत्व स्वीकार कर लिया था। कोशल राज्य बड़ी तेजी से आगे बढ़ा और मगध के साथ उसका संघर्ष ही बुद्ध के समय की सर्वाधिक महत्त्वपूर्ण घटनाएँ थीं। उस समय कोशल राजा पसेनदी (प्रसेनजित) के आधीन था। उसकी शिक्षा तक्षशिला में हुई थी और वह अपनी दानवीरता के लिए प्रसिद्ध था। उसने अपने राज्य के दो नगर दान में ब्राह्मणों को दे दिए। मृगधर, श्रीवृद्ध और दीघचारायण उसके मन्त्री थे। वह स्वयं बुद्ध का प्रशंसक था। बुद्ध तथा प्रसेनजित के परस्पर सम्बन्धों का वर्णन भारहुत की एक मूर्त्ति में किया गया है। इससे ज्ञात होता है कि प्रसेनजित बुद्ध का अनुयायी था। कोशल में तीन मुख्य नगर थे : अयोध्या, साकेत और श्रावस्ति। पाँच स्वतन्त्र कबीलों के राजाओं को इस राज्य में मिला लिया था। प्रसेनजित और मगध के राजा अजातशत्रु के युद्धों का भी उल्लेख है। जब अजातशत्रु बन्दी बना लिया गया तो उसने प्रसेनजित की पुत्री वजिरा से विवाह कर लिया। इन दो राज्यों में युद्ध का कारण यह था कि प्रसेनजित ने काशी के एक गाँव पर फिर से अधिकार कर लिया

जिसे उसकी बहिन को बिम्बिसार के साथ विवाह के समय दिया गया था। बहिन की मृत्यु के बाद प्रसेनजित ने उसे वापस ले लिया। मृत्यु अजातशत्रु द्वारा बिम्बिसार के वध के कारण हुई। गाँव को वापस लेने पर ही इन दो राज्यों में युद्ध आरम्भ हो गया। वृद्धावस्था में प्रसेनजित शाक्य देश में बुद्ध की शरण में गया। उसकी अनुपस्थिति में कोशल में क्रान्ति हो गई और विवश होकर प्रसेनजित को अजातशत्रु से सहायता के लिए प्रार्थना करनी पड़ी। दुर्भाग्यवश उसकी मृत्यु राजगृह के द्वारों के बाहर ही हो गई। कोशल में असुरक्षा की स्थिति पैदा हो गई और अन्त में कौशल को मगध में विलीन कर दिया गया।

(3) **अंग** (Anga) राज्य का विस्तार वर्तमान भागलपुर जिले में था। इसकी राजधानी चम्पा थी और विम्बिसार के समय में इसे मगध के साथ मिला लिया गया।

(4) **मगध** (Magadha) राज्य वर्त्तमान पटना और गया जिलों के स्थान पर स्थित था। इसकी सबसे पहले राजधानी गिरिव्रज या राजगृह थी। मगध के सर्वप्रथम राजवंश की स्थापना बृहद्रथ ने की थी। बिम्बिसार और अजातशत्रु के समय में मगध राज्य को ख्याति प्राप्त हुई। समय के साथ-साथ यह राज्य इतना शक्तिशाली हो गया कि एक-एक करके सभी पड़ोसी राज्य इसी में विलीन हो गए। (विस्तृत विवरण के लिए अगला अध्याय देखिए।)

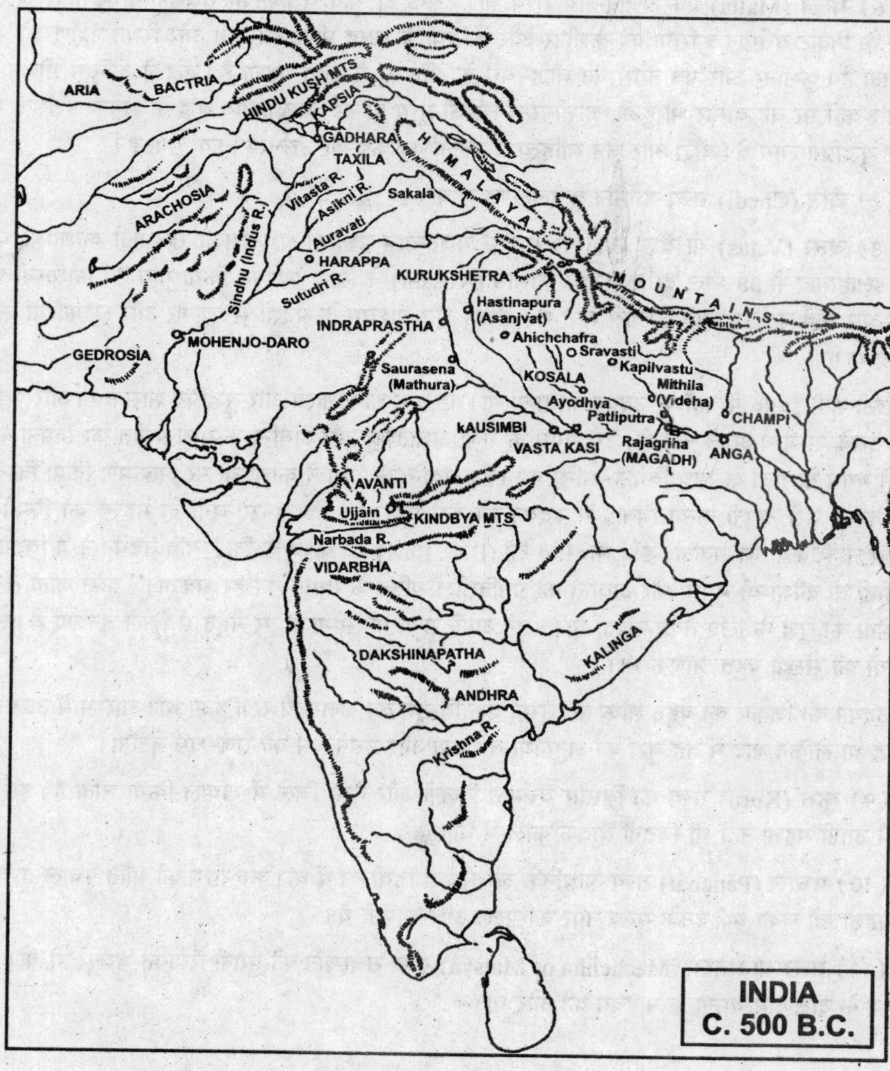

INDIA
C. 500 B.C.

(5) **वज्जि** (Vajji)—रिहस डेविड्ज (Rhys Davids) ने लिखा है कि वज्जि राज्य में आठ कबीले सम्मिलित थे जिनमें लिच्छवी और विदेह प्रमुख थे। राजा जनक के समय में विदेह को ख्याति प्राप्त हुई। इसकी राजधानी मिथिला उत्तरी भारत में राजनीतिक और सांस्कृतिक जीवन का केन्द्र बन गई। विदेह का अन्तिम राजा कलार था, जो एक ब्राह्मण कन्या का अपमान करने के कारण अपने वंश और राज्यसहित विनष्ट हो गया। इसी राज्य के खण्डहरों पर लिच्छवी, विदेह और अन्य छः गणतन्त्र राज्यों का उदय हुआ। वर्त्तमान जनकपुर ही मिथिला था, ऐसा खयाल किया जाता है।

लिच्छवी बहुत ही स्वाधीनता-प्रिय थे। उनकी राजधानी वैशाली थी। वर्द्धमान महावीर की माँ लिच्छवी वंश की एक राजकुमारी थी। स्वयं महावीर का जन्म वैशाली में या उसके निकट ही हुआ था। लिच्छवी बुद्ध के अनुयायी थे और बुद्ध ने भी कई बार उनके प्रदेशों में उनसे भेंट की। वैशाली एक समृद्ध नगर था जहाँ पर जनसंख्या बहुत थी और किसी चीज की कमी नहीं थी। अनेक मंजिलों वाले हज़ारों भवन वहाँ विद्यमान थे। कई क्रीड़ा-स्थान और कमल के फूलों के तालाब भी थे। नगर के चारों ओर तीन दीवारें थीं जिनमें लगभग तीन मील का अन्तर था। उनमें तीन द्वार थे जिनके साथ पहले वालों के लिए मीनारें भी थीं। द्वितीय बौद्ध सभा का आयोजन वैशाली में ही किया गया था। ऐसा खयाल किया जाता है कि बिहार के मुजफ्फरपुर जिले में स्थित बेसाड़ ही वैशाली था।

(6) **मल्ल** (Malla) एक प्रजातन्त्रीय राज्य था। उसके दो भाग थे जिनकी राजधानियाँ कुशीनर और पव थीं। गोरखपुर के निकट वर्त्तमान कसिया को कुशीनर और कसिया के बारह मील उत्तर की ओर स्थित पद्रौण को पव खयाल किया जाता है। कुशीनर और पव नगरों की बौद्ध-धर्म के इतिहास में बहुत महत्ता है। बुद्ध ने अन्तिम भोजन पव में ही किया और वहीं पर वह बीमार भी हुआ। कुशीनर में उसकी मृत्यु हो गई। मल्ल लोग बुद्ध के अनन्य प्रशंसक थे। वे बड़े वीर और युद्धप्रिय लोग थे। बौद्ध और जैन साहित्य में मल्लों का कई बार उल्लेख किया गया है।

(7) **चेदि** (Chedi) राज्य वर्त्तमान बुन्देलखण्ड में था।

(8) **वत्स** (Vatas) या **वैश** (Vaisa) राज में राजतन्त्रीय प्रशासन था। इसकी राजधानी कौशाम्बी थी जिसका सम्बन्ध इलाहाबाद से 38 मील दूर एक गाँव कोसाम (Kosam) के साथ स्थापित किया गया है। कौशाम्बी एक समृद्ध नगर था और यहाँ कई लखपति व्यापारी रहते थे। दक्षिण और पश्चिम के प्रदेशों से व्यापार और व्यापारियों के लिए यह एक केन्द्र था।

छठी शती ई०पू० में यहाँ पर उदयन का राज्य था। वह एक शक्तिशाली और युद्धप्रिय शासक था और पड़ोसी राज्यों के साथ उसके सम्बन्ध अच्छे नहीं थे। उसे मगध के राजा अजातशत्रु और अवन्ति के राजा प्रद्योत का सामना करना पड़ा। उदयन ने मगध के राजा के साथ विवाह-सन्धि कर ली। अवन्ति के राजा ने कौशाम्बी पर आक्रमण किया किन्तु असफल होने के कारण उसे अपनी कन्या विवाह में उदयन को देनी पड़ी। इन विवाह-सन्धियों के महत्त्व को किसी भी प्रकार अस्वीकार नहीं किया जा सकता। डॉ० बी०सी० लॉ (B.C. Law) का कथन है कि "यदि उदयन ने ये विवाह-सन्धियाँ न की होतीं तो कौशाम्बी मगध और अवन्ति की प्रगतिशील शक्ति के सामने न ठहर सकता।" कहा जाता है कि उदयन अपनी सेना को युद्ध के लिए तैयार रखता था। उसने अपने राज्य की सीमाओं पर बहुत से किले बनवाए थे। उसकी सेना में हाथियों की संख्या बहुत अधिक थी।

उदयन को शिकार का बहुत शौक था। उसने एक विस्तृत वन अलग ही रखा हुआ था। आरम्भ में उदयन बौद्ध धर्म के विरुद्ध था लेकिन बाद में वह बुद्ध का अनुयायी बन गया और उसने धर्म को राज-धर्म बनाया।

(9) **कुरु** (Kuru) राज्य का विस्तार वर्त्तमान दिल्ली और मेरठ जिले में खयाल किया जाता है। इस समय कुरु राज्य की उतनी महत्ता नहीं थी जितनी वैदिक काल में थी।

(10) **पंचाल** (Panchal) राज्य आधुनिक रुहेलखण्ड डिवीज़न में था। कुरु राज्य की भाँति पंचाल राज्य भी अपनी पुरानी महत्ता खो चुका था। उनके मुख्य नगर कम्पिल्ल और कामनी थे।

(11) **मच्छ या मत्स्य** (Machchha or Matsya) राज्य राजस्थान की पुरानी रियायत जयपुर ही था। मत्स्य राज्य कुरु राज्य के दक्षिण में यमुना के पश्चिम की ओर था।

(12) **शूरसेन** (Surasena) राज्य मत्स्य राज्य के दक्षिण में था और इसकी राजधानी मथुरा थी।

(13) **अस्सक** (Assaka) राज्य अवन्ति के पड़ोस में था। बुद्ध के समय में इस राज्य की बस्तियाँ गोदावरी नदी के तट पर थीं। इसकी राजधानी पाटलिया थी।

(14) **अवन्ति** (Avanti) राज्य वर्त्तमान मालवा था। इसकी राजधानी उज्जयिनी थी। बुद्ध के समय अवन्ति में चण्डपज्जोत या प्रद्योत का राज्य था। वह कौशाम्बी के राजा उदयन का समकालीन था। उसने उदयन पर आक्रमण किया लेकिन परास्त हो गया। उसे अपनी पुत्री विवाह में उदयन को देनी पड़ी। प्रद्योत की विवाह-सन्धि केवल उदयन से ही नहीं थी, मथुरा के शूरसेन राजा से भी उसका वैवाहिक सम्बन्ध था। कहा जाता है कि अजातशत्रु को राजगृह पर प्रद्योत के आक्रमण का भय था। यद्यपि उसी खूँख्वार प्रवृत्ति के कारण वह चण्ड प्रद्योत कहा जाता था फिर भी वह बौद्ध-धर्म का अनुयायी बन गया और अवन्ति बौद्ध-धर्म का एक प्रमुख केन्द्र बना।

(15) **गांधार** (Gandhara) राज्य वर्त्तमान कश्मीर और तक्षशिला में विस्तृत था। इसकी राजधानी तक्षशिला थी। तक्षशिला ज्ञान-केन्द्र के रूप में सुप्रसिद्ध था। और दूर-दूर से विद्यार्थी शिक्षा प्राप्त करने के लिए यहाँ आते थे।

(16) **कम्बोज** (Kamboja) सुदूर उत्तर-पश्चिम में स्थित था और द्वारका इसकी राजधानी थी। इसका सम्बन्ध राजपुरा के साथ स्थापित किया गया है जिसका वर्णन ह्यून-त्साँग ने किया है। यह राज्य पुराने उत्तरपश्चिम सीमान्त प्रदेश में स्थित था।

शासक वर्ग के अधिकाँश सदस्य क्षत्रिय थे। किन्तु अन्य जातियों के राजाओं का उल्लेख भी मिलता था। एक जातक-कथा में कहा गया है कि एक अत्याचारी राजा के स्थान पर एक ब्राह्मण को राजा बना दिया गया। उस समय भारत में राजतन्त्र और गणतन्त्र दोनों ही थे। कुछ गणतन्त्रों का उल्लेख ऊपर किया गया है। मालव के लिए 'माल्लोई', क्षूद्रक के लिए 'ऑक्सिडेकेइ', अम्बष्ठ के लिए 'अबस्टानोइ' आदि गणतन्त्रों का यूनानी लेखकों ने उल्लेख किया है जिन्होंने यूनानियों का सामना किया था। गणतन्त्रीय राज्यों को गण कहा जाता था। उनका राज-कार्य एक खुले सभा-कक्ष में किया जाता था जिसे 'सन्थागार' कहते थे। उस परिषद् या संसद् के सदस्य जाति या कबीले के परिवारों के प्रमुख होते थे। यह कहना सम्भव नहीं है कि सभी परिवारों के प्रमुख परिषद् के सदस्य थे या नहीं। कई गणतन्त्रों के अध्यक्ष या राजा; वंशानुगत थे; लेकिन ऐसे गणतन्त्र भी थे जिनके प्रमुख निर्वाचित थे। बताया गया है कि परिषद् की सभा प्रायः होती ही रहती थी और राज्य-सम्बन्धी सभी समस्याओं पर खुले अधिवेशन में विचार किया जाता था। सम्भव है कि बुद्ध ने अपने 'संघ' की रचना इन्हीं परिषदों के आधार पर की हो। कहा गया है कि गणतन्त्रीय और राजतन्त्रीय राज्यों के प्रमुखों में कोई विशेष अन्तर नहीं था। वैशाली के प्रजातन्त्रीय राज्य में एक राजा, एक उपराजा और एक सेनापति था। राजतन्त्रीय राज्य में एक राजा, पुरोहित सहित एक मन्त्रि-परिषद् और एक सेनापति होता था। ये सभी व्यक्ति मिलकर कार्यकारिणी बनाते थे। विभिन्न राज्यों में परस्पर शत्रुता और ईर्षा चलती ही रहती थी। राज्यों के प्रमुख अपनी स्थिति को सुदृढ़ बनाने के लिए विवाह-सन्धियाँ करते थे। इस प्रकार की सन्धियों का उल्लेख ऊपर किया गया है।

अधिकारी (Officials)

राजा प्रशासन-कार्य अकेला चलाने में असमर्थ था। उसने अपनी सहायता के लिए बहुत से महामात्र नामक अधिकारी नियुक्त किए थे। ये महामात्र सामान्य प्रकृति के कार्य करते थे। उन्हें 'सर्वार्थक' कहा जाता था। न्याय-प्रशासन के प्रमुख महामात्र को 'व्यवहारिक' कहा जाता था। सेना की देख-भाल करने वाले महामात्रों को सेनानायक कहा जाता था। द्रोणामापक मालगुजारी के प्रमुख थे। रज्जु ग्राहक भूकर सर्वे के काम की देख-भाल करता था।

न्याय (Justice)

राजा न्याय का स्रोत था। उसका कर्त्तव्य न्याय का प्रशासन करना था। न्यायालयों की विभिन्न श्रेणियाँ थीं और स्वयं राजा सर्वोच्च न्यायालय था। विभिन्न स्थानों पर विभिन्न प्रक्रियाओं का प्रयोग किया जाता था। न्यायाधीश को स्थानीय प्रथाओं के अनुसार न्याय करना पड़ता था। न्याय प्रशासन में जातियों, परिवारों तथा क्षेत्रीयता का बोलबाला था।

सेना (Army)

राजा का कर्त्तव्य जनता की रक्षा करना था। वह सुदृढ़ सेना रखता था। हमें इस काल की सेनाओं की निश्चित संख्या ज्ञात नहीं है। सामान्य रूप से सेना के चार भाग थे : हाथी, रथ, अश्व और पैदल सैनिक। पैदल सैनिकों में सामान्य आर्यों तथा अनार्यों में से भर्ती की जाती थी। अन्य अंगों में उच्च वर्ग के लोगों को लिया जाता था। युद्ध में धनुषों, लोहे के फलकों से युक्त तीरों, बर्छों, तलवारों, आदि का प्रयोग किया जाता था। हमें बताया जाता है कि अजातशत्रु के पास पथमुसल नामक नया रथ था। उसके पास बड़े-बड़े पत्थर फेंकने वाली महाशिला कटंग नामक एक मशीन भी थी। हाथियों पर अत्यधिक विश्वास किया जाता था। इसी कारण यूनानी अश्वारोहियों के सामने भारतीय सेनाएँ कमजोर सिद्ध हुईं।

आय के साधन (Sources of Revenue)

राजसी भवन तथा सरकार के नागरिक तथा सैनिक विभागों के प्रशासन के लिए अत्यधिक धन की आवश्यकता पड़ती थी। कुछ धन सीमान्त पड़ोसी राज्यों से भेंट के रूप में मिलता था। आय का सबसे महत्त्वपूर्ण साधन भूमि थी। राजा को उपज का छठा भाग दिया जाता था, उस भाग को भागदुध नामक अधिकारी एकत्र करते थे। ग्राम के मुखिया को ग्राम भोजक कहते थे। वह मालगुजारी का महत्त्वपूर्ण अधिकारी भी था। व्यापारी चुँगी तथा अन्य कर देते थे। जनता भी राजा को भेंट देती थी। राजा के उत्तराधिकारी का जन्म होने पर दुग्ध-राशि (milk-money) दी जाती थी।

आर्थिक अवस्था (Economic Condition)—अधिकतर लोग गाँवों में रहते थे और उनका व्यवसाय कृषि था। लोगों के घर झुण्डों में होते थे और उनके चारों ओर ग्राम-क्षेत्र या खेत होते थे। ग्राम-क्षेत्र लोगों में बँटे हुए होते थे। खेतों की सीमा निश्चित करने के लिए झाड़ियाँ लगाई जाती थीं और नहरें भी बनाई जाती थीं। बड़े-बड़े खेत या बहुत से खेतों का स्वामित्व एक ही व्यक्ति के पास कम होता था। क्षेत्र परिवारों की सम्पत्ति थे। इनके अतिरिक्त एक सम्मिलित चरागाह थी जिसे वन कहते थे। एक गाँव में रहने वाले परिवारों की संख्या 300 से 1000 तक थी। परिवार में माता, पिता, दादा, दादी और पुत्रों की पत्नियाँ तथा सन्तान सभी सम्मिलित थे। गडरिये को 'गोपालक' कहा जाता था। भूमिहीन मजदूर और दासों को भी खेतों में काम पर लगाया जाता था। राजा का भाग उत्पादन का $\frac{1}{6}$ से $\frac{1}{12}$ भाग था, जिसे गाँव के प्रमुख या 'ग्राम-भोजक' द्वारा एकत्र किया जाता था। ग्राम-भोजक गाँव के वासियों द्वारा ही चुना जाता था या वंशानुगत होता था। गाँव की परिषद् में गाँव के सभी बड़े-बूढ़े सम्मिलित होते थे और उन्हें 'ग्राम-वृद्ध' कहा जाता था। गाँव की परिषद् सुरक्षा और शान्ति स्थापित करने में गाँव के प्रमुख की सहायता करती थी। सड़कें बनाना, सिंचाई के लिए नहरों की खुदाई, तालाबों की खुदाई और विश्राम-गृह आदि बनाना और इसी प्रकीर के अन्य कार्यों में परिषद् प्रमुख की सहायता करती थी। गाँव में जीवन बहुत सादा था और प्रत्येक गाँव आत्म-निर्भर था। अपराध कम होते थे और लोग सुखी तथा सन्तुष्ट थे। प्रत्येक व्यक्ति गाँव के कार्यों में रुचि रखता था और कहा जाता है कि गाँव के कार्यों में योग देने में स्त्रियाँ भी मान समझती थीं।

गाँव के चारों ओर घने जंगल होते थे जिनमें जंगली जानवर रहते थे। यहीं से ग्रामीण लोग आग जलाने के लिए लकड़ी इकट्ठी करते थे। उन्हीं जंगलों में से होकर काफ़िलों के रास्ते भी निकलते थे। ये रास्ते वर्षा के कारण बनी दलदल, हिंसक जानवरों और डाकुओं के कारण सुरक्षित नहीं थे। उन्हीं के साथ चरागाहें थीं जहाँ गाय-बैल और बकरियाँ चराई जाती थीं।

गाँव की उपजाऊ भूमि पहाड़ों से दूर होती थी। झाड़ियाँ और खेतों के चौकीदार जानवरों और पक्षियों से उनकी रक्षा करते थे। सभी खेतों में एक साथ फसलें बोई जाती थीं। सिंचाई के लिए नहरों की खुदाई सामुदायिक ढंग पर की जाती थी और पानी के वितरण का नियन्त्रण गाँव-प्रमुख करता था। किसी भी व्यक्ति को अपने खेत की सीमा बाँधने की आवश्यकता नहीं थी। सीमाएँ साँझी होती थीं। प्रत्येक परिवार उत्पादन का उचित भाग ले लेता था। किसी खेत का मालिक अपने खेत को किसी बाहर के आदमी के पास न तो गिरवी रख सकता था और न उसके हाथ बेच सकता था।

लोगों का मुख्य आहार चावल था। अन्य खाद्यान्नों का भी उल्लेख है। गन्ना, फल, सब्जियाँ और फूल आदि की खेती भी की जाती थी।

कला-कौशल में पर्याप्त दक्षता और विशेषता का प्रमाण मिलता है। सजावट के काम को छोड़ कर धनुष-बाण बनाने के भी तीन विभिन्न उद्योग थे।

श्रेणी (Guild) व्यवस्था प्रचलित थी। प्रत्येक श्रेणी का प्रमुख अध्यक्ष होता था। कारीगरों की कई श्रेणियाँ थीं और उनकी संख्या आमतौर पर अठारह बताई जाती है। डॉ० रिहस डेविड्स (Rhys Davids) का विचार है कि उन श्रेणियों में सम्भवत: निम्नलिखित व्यवसायों के कारीगर सम्मिलित थे : बढ़ई, धातुओं का काम करने वाले, पत्थरों का काम करने वाले, जुलाहे, चमड़े का काम करने वाले, हाथी दाँत का काम करने वाले, कुम्हार, रंगसाज, मछियारे, सुनार, शिकारी और जंगली ज़ानवर पकड़ने वाले, कसाई, खाना आदि बनाने वाले, नाई और मालिश करने वाले, हार बनाने वाले और फूल बेचने वाले, नाविक, घास आदि का काम करने वाले और टोकरियाँ बनाने वाले और छापने वाले।

'सेट्ठी' शब्द का भी उल्लेख है जिसका सम्भवत: अर्थ है प्रमुख व्यापारी। अनाथपिण्डक और घोषक, जो क्रमश: श्रावस्ति कोशाम्बी के धनी व्यापारी थे, अपने-अपने नगर के व्यापारियों में प्रमुख स्थान रखते थे। प्रतीत होता है कि व्यापारी कई प्रकार के होते थे। जातक-कथाओं में महासेट्ठी और अनुसेट्ठी शब्दों का प्रयोग होने से उक्त विचार की पुष्टि होती है।

प्रतीत होता है कि व्यापार और उद्योग में साँझादारी प्रचलित थी। जातक-कथा में कहा गया है कि दो व्यापारी एक व्यवसाय में बराबर-बराबर भाग और माल के साथ सम्मिलित हुए। उनमें झगड़े उत्पन्न हो गए क्योंकि एक ने दूसरे के साथ धोखा करने की कोशिश की। अन्त में दोनों ने बराबर-बराबर हिस्सा बाँट लिया और आधा-आधा भाग लेकर अलग हो गए। एक और जातक-कथा में कहा गया है कि बहुत से व्यापारियों ने मिलकर एक जहाज को व्यापार के लिए भेजा। उन्होंने एक नाविक के हाथ वह जहाज सौंप दिया और वह समुद्र के तुफानों आदि से बचाकर जहाज को वापस ले आया। मार्ग में जितना भी सोना, चाँदी, आभूषण, सीप और हीरे आदि मिले, व्यापारियों ने बराबर-बराबर बाँट लिए। ऐसे उल्लेख भी हैं कि एक सौ या पाँच सौ व्यापारियों ने मिलकर माल खरीदा और बेचा। व्यापार के लिए साँझे जहाज, साँझा माल और परस्पर कम कीमत पर माल बेचने की मनाही आदि का भी उल्लेख मिलता है।

विदेशों से बहुत व्यापार होता था। यह व्यापार रेशम, मखमल, छुरी-काँटे आदि, कवच, सजावट की पिनों, कम्बल, सुगन्धि, हाथी-दाँत, सोने-चाँदी के आभूषण, हाथी-दाँत की बनी चीजों, औषधियों आदि का होता था : एक जातक-कथा में कहा गया है कि एक ब्राह्मण व्यापारी ने एक जहाज बनाकर उसमें हर तरह का माल भर दिया और बर्मा और स्याम से व्यापार के लिए भेज दिया। देश के अन्दर व्यापारिक मार्गों का भी उल्लेख है। व्यापारी अपना माल किश्तियों से नदी के तटों पर ले जाया करते थे। वे बड़े-बड़े काफ़िलों में भी जाया करते थे। जातक-कथाओं में श्राविस्त के व्यापारी अनाथपिण्डक के काफ़िलों का उल्लेख है।

जातक-कथाओं में बहुत से नगरों और बन्दरगाहों का भी उल्लेख है। माना जाता है कि मारूकच्छ बन्दरगाह आधुनिक भड़ौच शहर था। डॉ० बी०सी० लॉ (B.C. Law) ने माना है कि सुप्पारक बन्दरगाह बम्बई के थाना जिले में वर्त्तमान सुपारा या सोपारा है। कौशाम्बी, सहजाति, अयोध्या, श्रावस्ति, काशी, मथुरा और पोटाना आदि का भी उल्लेख है। ये नगर मुख्य व्यापारिक और भ्रमण-केन्द्र थे। उस समय के अन्य प्रमुख नगर तक्षशिला, अस्सपुर, वैशाली, कुशीनर, उज्जयिनी, कपिलवस्तु, मिथिला, शाकल, साकेत, चम्पा, राजगृह आदि थे। पाटलिपुत्र का महत्त्व अभी भविष्य के गर्भ में ही था।

वस्तु-विनिमय समाप्त हो चुका था। सरकारी सिक्के अभी नहीं चले थे। सभी तरह के सौदे, गिनतियाँ आदि 'कहपण' में ही की जाती थीं। 'कहपण' एक ताँबे का सिक्का था जिसका वज़न 210 रत्ती (140 ग्रेन) था। इसके वज़न और शुद्धता का प्रमाण इस पर लगी हुई मुहर थी जिसे लोग स्वयं ही लगा लेते थे। सोने के सिक्कों का उल्लेख सन्देहपूर्ण है। बाजार के भावों को सरकार निर्धारित नहीं करती थी। लेकिन एक सरकारी कर्मचारी का उल्लेख मिलता है जो मूल्य-निर्णायक (valuer) के रूप में राजवंश के लिए मंगवाई गई चीज़ों के मूल्य निश्चित करता था।

सिक्कों के अतिरिक्त उधार-पर्चों का भी बहुत प्रयोग किया जाता था। बड़े नगरों में मुख्य व्यापारी आपस में उधार-पर्चों का ही व्यवहार करते थे। हुँडी भी प्रचलित थी। सूद का भी उल्लेख है। लेकिन सूद की दर नहीं दी गई थी। बैंक की सुविधाएँ उपलब्ध नहीं थीं। धन को घरों में ही रखा जाता था। या बर्तन में डालकर ज़मीन में गाड़ दिया जाता था। या किसी मित्र के पास रख दिया जाता था। सभी सौदों का लिखित विवरण रखा जाता था। देश में किसी प्रकार की कमी नहीं प्रतीत होती। किन्तु ऐसे लोग अधिक नहीं थे जिन्हें धनी समझा जा सके।

ज्येष्ठाधिकार का नियम (Law of primogeniture) मान्य नहीं था। सम्पत्ति को पुत्रों में बराबर-बराबर बाँट लिया जाता था। उत्तराधिकार का नियम रीति-रिवाज पर आधारित था। प्रायः परिवार के प्रमुख की मृत्यु पर उसके सबसे बड़े पुत्र के अधीन परिवार पूर्ववत् चलता रहता था।

सामाजिक अवस्था (Social Condition)—समाज चार जातियों में विभक्त था। ब्राह्मण, क्षत्रिय, वैश्य और शूद्र। इनके अतिरिक्त 'चाण्डालों' और 'पुक्कसों' का उल्लेख भी है। जातियों का सामाजिक जीवन में महत्त्वपूर्ण स्थान था। विवाह, भोजन और स्पर्श के दृढ़ नियमों से विभिन्न जातियों के परस्पर सम्बन्ध नियमित होते थे। ब्राह्मणों को नीची जाति वालों से भोजन ग्रहण करने की आज्ञा नहीं थी। नीची जाति वालों की उपस्थिति से बचने में जितनी सावधानी रखी जाती थी वह विभिन्न जातक-कथाओं से स्पष्ट है। मातंग जातक-कथा में कहा गया है कि एक चाण्डाल ने दाँत साफ करके एक तीली को नदी में फेंक दिया और वह एक ब्राह्मण के बालों में अटक गई क्योंकि ब्राह्मण नदी के बहाव में नीचे रहा था। परिणामस्वरूप चाण्डाल को अपनी कुटिया उखाड़ कर नदी के बहाव की ओर बनानी पड़ी। चित्त-सम्भूत जातक-कथा में कहा गया है कि दो स्त्रियां कुछ खाद्य-पदार्थ दान करने मन्दिर की ओर जा रही थीं लेकिन दो चाण्डाल भाइयों को देख कर वापस चली गईं। जो लोग दान पाने की आशा कर रहे थे, कुपित हो गए और उन्होंने चाण्डाल भाइयों को पीट-पीट कर अधमरा कर दिया। बौद्ध-धर्मानुयायी जाति-प्रथा के सिद्धान्त को स्वीकार नहीं करते थे लेकिन व्यवहार में वे स्वयं इसका प्रयोग करते थे। कहा जाता है कि शाक्यों ने एक पूर्णतः शाक्य राजकुमारी का विवाह कोशल के राजा प्रसेनजित से करने से इन्कार कर दिया।

क्षत्रियों और ब्राह्मणों को वे सब कर नहीं देने पड़ते थे जो मध्य-वर्गी लोग देते थे। ब्राह्मण स्वयं हिन्दुओं के विधिवत चार 'आश्रमों' का पालन करते थे। यज्ञों और भविष्यवाणी के लिए राजा उनका सहयोग लेते थे। क्षत्रिय शासक वर्ग के प्रतिनिधि थे। वे ही राज्य के विचार के प्रतीक-स्वरूप थे। वे रक्त की शुद्धता पर अत्यधिक बल देते थे और ऐसे व्यक्ति को शुद्ध रक्त का नहीं समझते थे जिसकी माँ या बाप किसी और जाति का हो।

वैश्यों का अधिक प्रचलित नाम 'गहपति' था। 'चाण्डाल' सर्वाधिक घृणित जाति के थे। वे नगर के बाहर रहते थे और अपनी बोली के कारण शेष जनता से भिन्न थे। पुक्कसों का काम सम्भवतः फूल तोड़ने का था। निषाद शिकार और मछलियाँ पकड़ कर अपनी आजीविका चलाते थे। नाइयों से घृणा की जाती थी। दास-प्रथा प्रचलित थी। उनके कोई अधिकार नहीं थे।

संन्यास उस समय बहुत लोकप्रिय था। केवल वृद्धावस्था के कारण जीवन से तंग आ जाने वाले लोग ही संसार का त्याग नहीं करते थे। वैभवशाली राजा भी संन्यास ले लेते थे। युवक राजकुमार, व्यापारी आदि संन्यास जीवन को बहुत अच्छा समझते थे। तक्षशिला भारत का आध्यात्मिक केन्द्र था।

स्त्रियों का वह स्थान नहीं था जो उन्हें वैदिक युग में प्राप्त था। यह सर्वविदित है कि बुद्ध ने स्त्रियों को अपने 'संघ' में प्रविष्ट नहीं किया। बाद में जब उसने उन्हें 'संघ' में प्रविष्ट करना स्वीकार भी किया, तो उसने ऐसे नियम बना दिए कि बौद्ध भिक्षुणियों को बौद्ध भिक्षुओं के बराबर स्थान प्राप्त न हो सका। एक सौ साल की भिक्षुणी भी किसी भिक्षु को पहले नमस्कार करती थी। उसे भिक्षु के सामने खड़ा होना पड़ता था, हाथ जोड़कर नमस्कार करना पड़ता था और झुकना भी पड़ता था चाहे वह भिक्षु अभी-अभी बना हो। भिक्षुणियों को भिक्षुओं से बात करने की आज्ञा नहीं थी लेकिन भिक्षु भिक्षुणियों से बात कर सकते थे। प्रतीत होता है कि 'संघ' में स्त्रियों के प्रवेश से बुद्ध प्रसन्न नहीं था। अपने शिष्य आनन्द के साथ बुद्ध की निम्न वार्ता से यह पूर्णतः स्पष्ट है : "आनन्द, स्त्रियों ने भी धार्मिक जीवन में प्रवेश कर लिया है, इसलिए वह धार्मिक जीवन अब ज्यादा देर नहीं चल सकेगा। जिस प्रकार एक ऐसे घर में, जहाँ पुरुष कम हों और स्त्रियाँ

अधिक हों, चोर घुस जाते हैं, उसी प्रकार स्त्रियों का गृह-परित्याग भी घरेलू जीवन की तरह सुरक्षित नहीं है। धार्मिक जीवन अधिक देर नहीं चलेगा। जिस प्रकार चावल की फसल पर फफूँदी लग जाने से वह फ़सल ज्यादा देर नहीं चलती··· जिस प्रकार गन्ने की फसल पर कृमिज की बीमारी पड़ जाने से ज्यादा देर नहीं चलती, उसी प्रकार, आनन्द, ऐसे धर्म में, जिसके अनुसार स्त्रियाँ घरेलू जीवन को छोड़ कर संन्यास धारण कर लेती हैं, धार्मिक जीवन ज्यादा देर नहीं चलेगा। जिस प्रकार एक पुरुष किसी तालाब की मेंड़ बना दे ताकि उसमें से पानी बह न जाए, उसी प्रकार मैंने स्त्रियों के लिए ये कठोर नियम बनाए जिन्हें वे जीवन-काल में न तोड़ें।''

Suggested Readings

Burlingame : Buddhist Legends.

Fausboll : Jataka Atthakatha.

Fick, R. : Social Organisation in North-East India in Buddha's Time, 1940.

Gokuldas : Significance of Jatakas, 1931.

Law, B.C. : India as described in the early Texts of Buddhism and Jainism.

Mehta, Ratilal N. : Pre-Buddhist India, 1939.

Rhys-Davids, T.W. : Buddhist India.

अध्याय

18

मगध का उदय

(The Rise of Magadha)

मगध राज्य का विस्तार वर्तमान बिहार के दक्षिणी भाग में स्थित पटना और गया जिलों में था। इसके उत्तर और पश्चिम में क्रमशः गंगा और सोन नदियाँ थीं, दक्षिण में विन्ध्य पर्वत की श्रेणियाँ थीं और पूर्व में चम्पा नदी थी। इसकी सर्वप्रथम राजधानी राजगीर के निकट गिरिव्रज या राजगृह थी। इसी नगर के दूसरे नाम मगधपुर, बृहद्रथपुर, वसुमति, कुशाग्रपुर और बिम्बिसारपुरी थे।

डॉ० एच०सी० रायचौधरी (H.C. Raychoudhuri) का मत है, ''मगध का प्राचीन राजवंशीय इतिहास अन्धकारपूर्ण है। कहीं-कहीं योद्धा और राजनीतिज्ञ दिखाई दे जाते हैं जिनमें से कुछ तो शायद बिल्कुल ही काल्पनिक थे और कुछ वास्तविक नेता प्रतीत होते हैं। वास्तविक इतिहास हर्यांक (Haryanka) वंशी बिम्बिसार से आरम्भ होता है।''[1] ऋग्वेद में कीकट नामक एक क्षेत्र का उल्लेख है जहाँ प्रमगन्द राज्य करता था। कीकट को मगध का ही नाम समझा गया है। अथर्ववेद में एक प्रार्थना है कि बीमारी मगध को जाये। यजुर्वेद में भी मगध के भाटों का उल्लेख मिलता है।

बृहद्रथ वंश (The Brihadratha Dynasty)—महाभारत और पुराणों में लिखा है कि मगध के प्राथमिक राजवंश की स्थापना बृहद्रथ ने की जो जरासन्ध का पिता और वसु का पुत्र था। रामायण के अनुसार, वसु ने स्वयं गिरिव्रज या वसुमति की स्थापना की। पुराणों में इस वंश के राजाओं की सूची है। बृहद्रथ वंशी आगामी राजाओं की संख्या 16, 22 या 32 दी गई है और उनके शासनकाल की कुल अवधि 723 या 1000 वर्ष निश्चित की गई है। पुराणों में दी गई राजाओं की काल-सारणी और उनके राज्यों का क्रम सम्भवतः ठीक नहीं है क्योंकि इसकी कोई पुष्टि प्राप्त नहीं होती। लेकिन कहा गया है कि जब पुलीक या पुणीक ने अपने पुत्र प्रद्योत को अवन्ति या उज्जैन का राजा बनाया तो बृहद्रथ वंश समाप्त हो चुका था। इसलिए अनुमान किया गया है कि इस वंश का अन्त ई०पू० छठी शताब्दी में हुआ।

जैन लेखकों ने राजगृह के दो पहले राजाओं के नाम समुद्रविजय और गया बताये हैं। कहा गया है कि गया को जैनियों ने दीक्षा दी। लेकिन इन तथ्यों की किसी प्रकार की पुष्टि नहीं की जा सकी है।

विवाह (Controversy)—मगध के अगले राजवंश के सम्बन्ध में पर्याप्त मतभेद है। पुराणों के अनुसार शिशुनाग ने शैशुनाग वंश की स्थापना की। कुछ स्थानों पर उसका नाम शिशुनाक लिखा गया है। उसके उत्तराधिकारी काकवर्ण, क्षेमधर्मा, क्षेमाजत या क्षात्रौजस, बिम्बिसार, अजातशत्रु, दर्शक, उदय या उदासीन, नन्दीवर्धन और महानन्दिन थे। मत्स्य पुराण के अनुसार, शैशुनाग वंशी राजाओं ने 360 वर्ष राज्य किया। डॉ० वी०ए० स्थिम (V.A. Smith) पुराणों में दिए गए शैशुनाग वंश के काल-क्रम को स्वीकार करते हैं लेकिन पुराणों में दी गई राज्य-काल की अवधियों को उन्होंने स्वीकार नहीं किया।

---

1. Sastri, K.A.N. : The Age of the Nandas and the Mauryas, pp. 10-11.

किन्तु इस विचार के आलोचकों का कथन है कि अश्वघोष के अनुसार, जो पुराणों से भी अधिक प्राचीन लेखक है, बिम्बिसार हर्यंक वंशी था, शैशुनाग वंश का नहीं। महावंश के अनुसार, शिशुनाग स्वयं एक नए वंश का संस्थापक था और वह वंश बिम्बिसार के बाद पदारूढ़ हुआ। पुराणों में यह भी कहा गया है कि शिशुनाग ''प्रद्योतों की कीर्ति को समाप्त करेगा।'' प्रद्योत वंशी बिम्बिसार के समकालीन थे। यदि वायु पुराण का उक्त विचार ठीक है तो शिशुनाग का काल चण्ड प्रद्योत महासेन के बाद ही होगा क्योंकि चण्ड प्रद्योत महासेन स्वयं बिम्बिसार का समकालीन था। पुराणों में कहा गया है कि वैशाली और वाराणसी शिशुनाग के राज्य में सम्मिलित थे। इन क्षेत्रों को बिम्बिसार और अजातशत्रु ने विजय किया था इसलिए शिशुनाग का समय उनके बाद ही होगा, पहले नहीं। स्वयं पुराणों में ही कुछ बातें एक दूसरे के विपरीत हैं। उनमें कहा गया है कि वितिहोत्र वंश के अन्त के पश्चात् प्रद्योत का अभिषेक हुआ। शिशुनाग ने प्रद्योत वंश के प्रभाव को समाप्त कर दिया और स्वयं राजा बन गया। एक और कथन यह है कि शिशुनाग के साथ ही बीस वितिहोत्र वंशी राजा बने। शिशुनाग का पुत्र और उत्तराधिकारी, कालाशोक पाटलिपुत्र का राजा था। कहा गया है कि उदय ने उस नगर की स्थापना की थी। इसलिए कालाशोक का समय उदय के बाद ही होगा। इन परिस्थितियों में डॉ० रायचौधरी (Ray Choudhuri), डॉ० मजूमदार (Majumdar) और डॉ० मुकर्जी (Mookerjee) जैसे विद्वानों का विचार है कि बिम्बिसार ने हर्यंक वंश की स्थापना की और शिशुनाग ने उसके बाद के किसी वंश की स्थापना की।

हर्यंक वंश (Haryanka Dynasty)—हर्यंक वंश की उत्पत्ति के विषय में निश्चित जानकारी प्राप्त नहीं है। बिम्बिसार इस वंश का संस्थापक नहीं था क्योंकि महावंश में कहा गया है कि उसके पिता ने 15 वर्ष की आयु में ही उसका राजतिलक कर दिया था। टर्नर (Turnour) और एन०एल० डे (N.L. Dey) के मतानुसार बिम्बिसार के पिता का नाम भटीय या भट्टीय था। तिब्बतवासी उसे महापद्म कहते हैं। पुराणों के अनुसार बिम्बिसार के पिता का नाम क्षेमजित, हेमजित, क्षात्रौज या क्षेत्रोज था। बिम्बिसार का अपना दूसरा नाम श्रेणिक था।

बिम्बिसार (Bimbisara)—बिम्बिसार महत्त्वाकांक्षी राजा था। उसने वैवाहिक सन्धियों और विजय की अपनी नीति से मगध के मान और यश को बढ़ाया। उसकी एक रानी कोशल के राजा प्रसेनजित की बहन थी। दहेज के रूप में उसे काशी का एक गाँव मिला। उस गाँव का राजस्व एक लाख था। एक और रानी का नाम चेल्लना था और वह वैशाली के राजा चेतक की सात पुत्रियों में सबसे छोटी थी। तिब्बत के एक लेखक का मत है कि बिम्बिसार की एक और पत्नी वासवी (Vasavi) थी। कहा जाता है कि जब अजातशत्रु ने बिम्बिसार को बन्दी बनाया तो वासवी ने कारागार में उसे भोजन देकर उसके प्राण बचाए। सम्भवत: वह चेल्लना ही थी। एक और पत्नी शायद पंजाब से थी। उसका नाम खेमा था जो मद्द या मद्र के राजा की पुत्री थी। इन वैवाहिक सन्धियों से बिम्बिसार को पूर्व और पश्चिम की दिशाओं में राज्य-विस्तार के लिए पर्याप्त सहायता मिली होगी।

बिम्बिसार के कई पुत्र थे और उन्होंने उसे बहुत कष्ट दिया। जैन लेखकों के मतानुसार, बिम्बिसार के पुत्र कुणीक या अजातशत्रु, हल्ल, वेहल्ल, अभय, नन्दीसेन और मेघकुमार थे। पहले तीन चेल्लना के पुत्र थे और चौथा एक लिच्छवी गणिका आम्रपाली का पुत्र था। बौद्ध लेखक अजातशत्रु, विमल, कोण्डना, वेहल्ल और शीलवत का वर्णन करते हैं।

तक्षशिला के राजा को शत्रुओं ने दु:खी कर दिया तो उसने बिम्बिसार से सहायता के लिए प्रार्थना की। तक्षशिला के दूत का बिम्बिसार ने हार्दिक स्वागत किया। उसने सहायता का वचन नहीं दिया क्योंकि वह अन्य राजाओं से शत्रुता मोल नहीं लेना चाहता था। कहा गया है कि बिम्बिसार ने अपने वैद्य जीवक को अवन्ति के राजा का उपचार करने के लिए भेजा। उसे पीलिया रोग था। ब्रह्मदत्त को परास्त करके बिम्बिसार ने अंग राज्य पर विजय पाई और उसे अपने राज्य में मिला लिया। दीघनिकाय और महावग्ग से अंग-विजय की पुष्टि होती है। जैन लेखक हेमचन्द्र का मत है कि अंग का प्रशासन भिन्न राज्य के रूप में युवराज के हाथों में था। युवराज का मुख्य कार्यालय चम्पा में था। अंग-विजय से बिम्बिसार की समृद्धि अवश्य ही बढ़ गई होगी। कहा जाता है कि चम्पा बौद्ध संसार के छ: नगरों में था। इसके द्वार, दीवारों और पहरे की मीनार के उल्लेख प्राप्त होते हैं। इसके व्यापारी सुवर्णभूमि तक गए। अंग के अन्य मुख्य नगर आपन और अस्सापिनो थे।

बिम्बिसार के राज्य में 80,000 गाँव थे और उनका क्षेत्रफल 2,700 वर्ग मील के लगभग था। अपने-अपने राजकुमारों के अधीन कई गणतन्त्रीय समुदाय भी उसके राज्य में सम्मिलित थे।

प्रशासन (Administration)—बिम्बिसार का प्रशासन बहुत ही उत्तम था। वह अपने कर्मचारियों पर कड़ी नज़र रखता था। कार्यकुशल व्यक्तियों को वह पुरस्कार देता था। अयोग्य कर्मचारियों को पदच्युत कर देता था। बिम्बिसार के उच्चाधिकारी 'राजभट' चार श्रेणियों में विभक्त थे : 'सम्बत्थक' जो सामान्य कार्यों की देखरेख करते थे, 'सेनानायक महामात्त' जो सेना के अधिकारी थे, 'वोहारिक महामात्त' जो न्यायाधीश थे और 'महामात्त' जो उत्पादन कर इकट्ठा करते थे। अपराधियों का तत्काल न्याय किया जाता था और दण्ड-विधान अत्यन्त कठोर था। अपराधियों के लिए कैद की व्यवस्था थी। कोड़े मारना, छापा लगाना, फाँसी देना, पसलियाँ तोड़ना और जीभ काटना आदि दण्ड भी दिए जाते थे।

राज्य के प्रान्तों को पर्याप्त स्वायत्तता प्रदान की गई थी। युवराज को अंग का अधिकारी बना दिया गया था और उसका मुख्य कार्यालय चम्पा में था। 'मण्डलीक राजाओं' का भी उल्लेख है। प्रशासन कार्य में बिम्बिसार ने अपने पुत्रों से पर्याप्त सहयोग लिया। अभय ने राजा प्रद्योत के षड्यन्त्र को असफल किया। केन्द्रविमुखी प्रवृत्तियों को रोकने के लिए बिम्बिसार ने अपने राज्य के 80,000 गाँव-प्रमुखों की सभी बुलाई। यातायात के साधनों को सुधारा गया और कुशाग्रपुर के जल जाने के बाद नए राज-प्रसाद का निर्माण किया गया।

बिम्बिसार का धर्म (Bimbisara's Religion)—बिम्बिसार के धर्म के विषय में कोई सहमति नहीं है और जैन तथा बौद्ध लेखक विभिन्न मत प्रकट करते हैं। 'उत्तरध्यानसूत्र' के अनुसार, बिम्बिसार ने संन्यासी भिक्षुओं के प्रमुख, महावीर से मण्डीकुक्षी चैत्य में "अपनी रानियों, कर्मचारियों और सम्बन्धियों सहित भेंट की और उसके धर्म का अनुयायी बन गया।" हेमचन्द्र ने लिखा है कि "जब देश में भयंकर शीत पड़ रहा था तो राजा देवी चेल्लना सहित महावीर की पूजा करने गया।"

बौद्ध लेखक बिम्बिसार और बुद्ध की भेंटों का उल्लेख करते हैं। पहली बार गौतम को ज्ञान-प्राप्ति नहीं हुई थी। लेकिन फिर भी बिम्बिसार पर गौतम के व्यक्तित्व का इतना प्रभाव पड़ा कि उसने गौतम को राजा बनाने का प्रस्ताव किया और उसे बहुत सा धन भी दिया। दूसरी भेंट उस समय हुई जब गौतम 'बुद्ध' बन चुका था। उस अवसर पर बुद्ध के कई अनुयायी भी उसके साथ थे। बिम्बिसार भी कई नागरिक और ब्राह्मण साथ लेकर भेंट करने आया। बुद्ध और उसके अनुयायियों का वहीं सत्कार किया गया और बिम्बिसार ने स्वयं भोजन परोसा। बुद्ध और उसके 'संघ' को एक बाग दान दिया गया। कहा जाता है कि बिम्बिसार ने अपने वैद्य जीवक को बुद्ध और उसके अनुयायियों का वैद्य नियुक्त कर दिया। बुद्ध के प्रति अपने श्रद्धा-भाव के कारण उसने भिक्षुओं को नदी लाँघने का शुल्क देने से मुक्त कर दिया। ब्राह्मणों का कथन था कि बिम्बिसार ब्राह्मण धर्म का अनुयायी था।

बिम्बिसार की मृत्यु (Bimbisara's Death)—बिम्बिसार की मृत्यु के भी कई विवरण हैं। जैनियों के 'आवश्यक सूत्र' के अनुसार, बिम्बिसार ने अपने पुत्र अजातशत्रु को युवराज नियुक्त करने का निश्यच किया। लेकिन अजातशत्रु बहुत ही उतावला हो उठा और उसने अपने पिता को बन्दी बना लिया। कारागार में रानी चेल्लना ने उसकी देखरेख की। बाद में अजातशत्रु को अपनी माँ से ज्ञात हुआ कि उसका पिता तो उससे बहुत प्रेम करता था और एक बार उसकी सूजी हुई उँगली में दर्द कम करने के लिए पिता ने उसकी उँगली को चूस लिया था। अजातशत्रु को बहुत पश्चात्ताप हुआ और वह लोहे का डण्डा लेकर अपने पिता की बेड़ियाँ तोड़ने के लिए भागा। लेकिन बिम्बिसार ने समझा कि अजातशत्रु कुछ और ही दुष्कर्म करने वाला है और उसने जहर खाकर आत्म-हत्या कर ली।

विनय पिटक में कहा गया है कि बुद्ध के चचेरे भाई देवदत्त ने अजातशत्रु को अपने पिता का वध करने के लिए उकसाया। देवदत्त षड्यन्त्रकारी, दुष्ट और फूट डालने वाला था। अजातशत्रु को कहा गया कि जीवन तो छोटा-सा है और शायद लम्बे समय तक वह राजा न बने। देवदत्त ने ये शब्द कहे, "इसलिए हे कुमार! अपने पिता का वध करो और राजा बनो।" कहा जाता है कि जब अजातशत्रु तलवार से अपने पिता का वध करने ही वाला था तो मन्त्रियों ने उसे पकड़ लिया और उसने अपना अपराध स्वीकार कर लिया। बिम्बिसार को सभी षड्यन्त्रकारियों को प्राणदण्ड देने की सलाह दी गई लेकिन उसने अजातशत्रु को क्षमा कर दिया, उसे राज्य भी दे दिया और स्वयं एकान्त जीवन बिताने के लिए निकल पड़ा। किन्तु अजातशत्रु ने अपने पिता का वध कर दिया। महावंश में यह भी कहा गया है कि बुद्ध की मृत्यु से आठ वर्ष पहले

अजातशत्रु ने बिम्बिसार का वध किया। डॉ० वी०ए० स्मिथ का मत है कि सम्भवतः यह सब विरोधी धर्मशास्त्रियों की कटुता का ही परिणाम है जिन्होंने प्राचीन भारत के इतिहास को अविश्वसनीय बना दिया है।

महावंश में कहा गया है कि बिम्बिसार ने 52 वर्ष राज्य किया। डॉ० राधा कुमुद मुकर्जी उसका राज्य-काल 603 से 551 ई०पू० तक निश्चित् करते हैं। डॉ० स्मिथ ने लिखा है कि बिम्बिसार ने लगभग 582 से 554 ई०पू० तक 28 वर्ष राज्य किया।

अजातशत्रु (Ajatasatru)—अजातशत्रु ने लगभग 551 से 519 ई०पू० तक राज्य किया। उसी के राज्य-काल में हर्यंक राजवंश अपने गौरव के सर्वोच्च शिखर पर पहुँचा। अपनी विजयों से अजातशत्रु ने अपने वंश की शान और यश को बढ़ाया।

कोशल राज्य के विरुद्ध अजातशत्रु को युद्ध करना पड़ा। बौद्ध परम्परा के अनुसार जब बिम्बिसार का उसके पुत्र ने वध कर दिया तो उसकी रानी कोशला देवी भी पति-प्रेम के कारण उसके साथ ही स्वर्ग सिधार गई। विवाह के समय काशी का एक गाँव कोशला देवी को दहेज में मिला था। उसकी मृत्यु के बाद कोशल के राजा ने हत्यारे से वह गाँव वापस लेने का निश्चय किया। परिणामस्वरूप कोशल और मगध में युद्ध हुआ। युद्ध में कई उतार-चढ़ाव आए और कहा जाता है कि एक बार तो कोशल का राजा परास्त भी हो गया और उसे अपनी राजधानी की ओर भागना पड़ा। एक बार अजातशत्रु भी परास्त हुआ और बन्दी बना लिया गया। लेकिन अन्त में कोशल के राजा ने अपनी पुत्री वज्रा का अजातशत्रु से विवाह कर दिया और काशी का एक गाँव अपनी पुत्री को ही दे दिया। यह भी कहा गया है कि कोशल के सेनापति ने वहाँ के राजा को सिंहासन से उतार दिया और राजकुमार विडुडभ को राजा बना दिया। कोशल के राजा ने अपने जमाई से सहायता लेने का निश्चय किया और मगध की राजधानी की ओर चल पड़ा लेकिन रास्ते में सर्दी लगने से अस्वस्थ हो गया और मगध की राजधानी के द्वारों पर ही उसकी मृत्यु हो गई।

वैशाली के विरुद्ध भी अजातशत्रु को लड़ना पड़ा। जैन लेखकों का कथन है कि बिम्बिसार ने अपने पुत्रों हल्ल और वेहल्ल को अपना हाथी सेयनाग या सेचनाक और मोती की अठारह लड़ियों का हार दे दिया। हल्ल और वेहल्ल वैशाली के राजा चेतक की पुत्री रानी चेल्लना के पुत्र थे। जब अजातशत्रु राजा बना तो उसने हल्ल और वेहल्ल को हाथी और हार वापस करने के लिए कहा लेकिन उन्होंने इन्कार कर दिया। अजातशत्रु ने चेतक पर दबाव डाला कि वह हल्ल और वेहल्ल को उसे सौंप दे लेकिन चेतक ने भी इन्कार कर दिया। इसलिए वैशाली के साथ भी मगध का युद्ध ठन गया। बुद्धघोष के अनुसार, गंगा नदी के एक बन्दरगाह के निकट एक पहाड़ी के नीचे हीरों की एक खान थी। अजातशत्रु और लिच्छवियों में यह समझौता था कि हीरों को आधा-आधा बाँट लिया जायेगा लेकिन लिच्छवियों ने प्रतिज्ञा भंग कर दी और सारे हीरे निकाल लिए। इसलिये दोनों में युद्ध छिड़ गया। कहा जाता है कि अजातशत्रु की पत्नी पद्मावती ने भी अपने पति को लिच्छवियों से युद्ध करने के लिए उकसाया।

लिच्छवियों के साथ युद्ध कोई छोटी-सी बात नहीं थी और ऐसा कहा जाता है कि वह युद्ध सोलह साल तक चलता रहा। लिच्छवी अपनी शक्ति और समृद्धि के शिखर पर थे। बुद्ध का अपना विचार था कि लिच्छवी अजेय थे क्योंकि वे सभी शर्तें पूरी कर रहे थे जिनसे किसी गणतन्त्र को शक्ति मिलती है, ''जैसे पूर्ण और जल्दी-जल्दी सभा करना, परामर्श और नीति की एकता, अन्य परम्पराओं, संस्थाओं और पूजा आदि का पालन, वयोवृद्धों का मान, स्त्रियों और संन्यासियों का आदर।'' कहा जाता है कि वैशाली की विजय के सम्बन्ध में अजातशत्रु ने बुद्ध से परामर्श किया। अजातशत्रु के मन्त्री वस्साकर ने अपने स्वामी के साथ झगड़े का ढोंग रचा और उसने लिच्छवियों के पास आश्रय लिया। उनका विश्वासपात्र बनने के बाद उसने उनमें फूट डालने की चेष्टा की। इस कार्य में वह तीन साल के अन्दर ही सफल हो गया और जब अजातशत्रु ने आक्रमण किया तो लिच्छवी परास्त हो गए।

कहा जाता है कि अजातशत्रु लिच्छवियों के प्रति बहुत कटु था। उसे निम्नलिखित शब्दों का उच्चारक बताया गया है : ''मैं इन वज्जियों को जड़ से उखाड़कर नष्ट कर दूँगा चाहे वे कितने भी सशक्त और बलवान हों, और उन्हें मिट्टी म मिला दूँगा।'' उसने बहुत संख्या में युद्ध के लिए सैनिक और सामान तैयार किया। युद्ध आरम्भ करने से पहले उसने एक नया नगर और दुर्ग बनाया। इस प्रकार पाटलिपुत्र की स्थापना हुई।

कहा जाता है कि अजातशत्रु ने वैशाली पर आक्रमण करने का निश्चय किया तो वैशाली के राजा चेतक ने काशी और कोशल के 18 'गण राजाओं' की सभा बुलाई और लिच्छवियों तथा मल्लकियों को भी आमन्त्रित किया। उनसे यह परामर्श किया कि अजातशत्रु की माँगें स्वीकार कर ली जाएँ या उनसे युद्ध किया जाए। बताया गया है कि सभी ने युद्ध की सलाह दी और वास्तव में वैशाली को सहायता भी दी। कहा जाता है कि अजातशत्रु ने महाशिलाकण्टग और रथमूसल का प्रयोग किया। महाशिलाकण्टग एक प्रकार का अपक्षेपी अस्त्र था जिससे बड़े-बड़े पत्थर शत्रु पर फेंके जाते थे। रथमूसल के विषय में होर्नल ने इस प्रकार कहा है : ''इसमें एक प्रकार का स्वचालित यन्त्र था क्योंकि यह घोड़ों और चालक के बगैर ही चलता था; शायद मध्य युग के अन्य यन्त्रों की तरह एक व्यक्ति इसके अन्दर छिपा रहता था और पहिए घुमाता था।'' युद्ध बहुत देर होता रहा लेकिन अन्त में अजातशत्रु विजयी हुआ। इस प्रकार वैशाली को उसी के एक पुत्र विदेही-पुत्तो अजातशत्रु ने विजय किया।

अवन्ति के विरुद्ध भी अजातशत्रु ने युद्ध किया। कहा जाता है कि बिम्बिसार के वध का बदला लेने के लिए अवन्ति के राजा प्रद्योत ने युद्ध की तैयारी की। मज्झिम निकाय में कहा गया है कि एक बार तो अजातशत्रु को अपनी राजधानी की रक्षा का प्रबन्ध करना पड़ा क्योंकि उसे प्रद्योत के आक्रमण की शंका थी। यह ज्ञात नहीं है कि यह आक्रमण वास्तव में हुआ या नहीं। लेकिन यह तो निश्चित ही है कि अजातशत्रु अवन्ति पर विजय न पा सका।

अजातशत्रु का धर्म—जैन लेखकों के अनुसार अजातशत्रु जैन मतावलम्बी था। कहा जाता है कि कई बार वह अपनी रानी और समर्थकों सहित महावीर से मिलने गया। उसने जैन भिक्षुओं के कार्य की सराहना की और घोषणा की कि सत्य धर्म के मार्ग की स्थापना केवल महावीर ने ही की थी।

लेकिन बौद्ध धर्मावलम्बी अजातशत्रु को बौद्ध भी बताते थे। देवदत्त के प्रभाव के कारण शुरू-शुरू में अजातशत्रु बुद्ध का विरोधी था। देवदत्त राजकुमार अजातशत्रु के पास गया और बोला, ''राजन्, ऐसी आज्ञा दो कि मैं श्रमण गौतम का वध कर दूँ।'' अजातशत्रु ने अपने सैनिकों से कहा, ''जैसा माननीय देवदत्त कहें वैसा करो।'' विश्वास किया जाता है कि बुद्ध ने भी ये शब्द कहे : ''भिक्षुओ, मगध का राजा अजातशत्रु बुरे लोगों का मित्र, साथी और सहयोगी है।''

बाद में बौद्ध-धर्म के प्रति अजातशत्रु के दृष्टिकोण में परिवर्तन आ गया। कहा जाता है कि एक बार अजातशत्रु ने बुद्ध से भेंट की और अपने पिता की हत्या पर शोक प्रकट किया। बुद्ध के सामने उसने अपने पाप को स्वीकार किया और क्षमा के लिए प्रार्थना की। बुद्ध ने अजातशत्रु की प्रार्थना स्वीकार कर ली और अजातशत्रु ने प्रसन्न होकर विदा ली। अजातशत्रु और बुद्ध की भेंट का श्रमण-फल सूत्र में इस प्रकार वर्णन किया गया है :

और जब वह इस प्रकार कह चुका तो राजा अजातशत्रु ने पुनीत पुरुष से इस प्रकार कहा, ''सर्वश्रेष्ठ स्वामी! जिस प्रकार किसी गिरी हुई चीज को कोई व्यक्ति फिर से खड़ा करे, या किसी अज्ञात वस्तु को स्पष्ट कर दे, या किसी भटके हुए व्यक्ति को ठीक रास्ता बता दे, या अन्धकार में दीपक लाए ताकि नेत्र-युक्त व्यक्ति अन्य वस्तुओं के आकार को देख सकें, उसी प्रकार, स्वामी, पुनीत पुरुष ने मुझे सत्य से अवगत कराया है। और अब मैं पुनीत पुरुष, सत्य और संघ की शरण में जाता हूँ। पुनीत पुरुष मुझे अपना शिष्य स्वीकार करें, मैंने आज से जीवन-पर्यन्त उन्हीं की शरण ली है। मैं दुर्बल, मूर्ख, असत्यवादी और अपराधी हूँ, क्योंकि राज्य के लिए मैंने अपने पिता की हत्या की, बड़े साधु पुरुष और न्यायप्रिय राजा की हत्या की। पुनीत पुरुष स्वीकार करें कि मैं अपने अपराध को अंगीकार करता हूँ ताकि भविष्य में अपने आप पर नियंत्रण रख सकूँ।''

''हाँ, राजन्! ऐसा काम करते समय पाप ने तुम पर विजय पा ली थी। लेकिन तुम इसे पाप समझते हो और पाप समझकर इसे स्वीकार करते हो, इसलिए हम तुम्हारा पापांगीकरण स्वीकार करते हैं।''

''क्योंकि, हे राजन्! श्रेष्ठ व्यक्तियों की रीति है वे अपने अपराध को अपराध समझते हैं और उसे सच्चाई से स्वीकार करते हैं और भविष्य में आत्म-संयमी होते हैं।''

''जब वह इस प्रकार बोल चुके तो राजा अजातशत्रु ने पुनीत पुरुष से इस प्रकार कहा, स्वामी अब हम चलते हैं। हम व्यस्त हैं और बहुत सा काम करने को पड़ा है।''

''राजन्! जैसा उचित समझो करो।''

फिर राजा अजातशत्रु पुनीत पुरुष के शब्दों से प्रसन्न होकर अपने आसन से उठ खड़ा हुआ और उसने पुनीत पुरुष की ओर सिर झुकाया और चलते हुए उन्हें अपने दाईं ओर रखते हुए विदा ली।

राजा अजातशत्रु के प्रस्थान के कुछ समय पश्चात् पुनीत पुरुष ने अपने बन्धुओं से इस प्रकार कहा, ''बन्धुओ, यह राजा अत्यन्त प्रभावित हुआ है, उसके हृदय पर ही प्रभाव हुआ है। यदि उसने अपने पिता, साधु पुरुष, न्याय-प्रिय राजा की हत्या न की होती, तो उसके यहाँ बैठे-बैठे उसके अन्दर सत्य को परखने की स्पष्ट और दोषरहित शक्ति आ जाती।''

''पुनीत पुरुष ने इस प्रकार कहा। बन्धु गण इन शब्दों से अत्यन्त प्रसन्न हुए।''

दीर्घ निकाय में कहा गया है कि एक बार राजा अजातशत्रु को उसके वैद्य जीवक ने बुद्ध से आम के एक बाग में भेंट करने के लिए मनाया। बाग में पूर्ण शान्ति थी इसलिए अजातशत्रु को षड्यन्त्र की गन्ध आई। उसने कहा, ''तुम मेरे साथ धोखा तो नहीं कर रहे हो, जीवक? तुम मुझे शत्रु के हवाले तो नहीं कर रहे हो? 1,250 व्यक्तियों की विशाल सभा में एक भी आवाज़ नहीं, साँस की आवाज़ भी तो सुनाई नहीं देती?'' जीवक ने उसे पूर्ण आश्वासन दिया और अजातशत्रु सभा को शान्त पाकर बहुत प्रसन्न हुआ।

कहा जाता है कि जब अजातशत्रु ने बुद्ध की मृत्यु का समाचार सुना तो उसने भी बुद्ध के अवशेषों का कुछ भाग प्राप्त करने का दावा किया और उसने निम्नलिखित सन्देश भेजा, ''महात्मा क्षत्रिय थे; मैं भी क्षत्रिय हूँ, महात्मा के अवशेषों का कुछ भाग प्राप्त करने का मुझे अधिकार है; मैं उन अवशेषों पर एक स्तूप बनवाऊँगा और भोज का आयोजन करूँगा।'' महावंश के अनुसार, अजातशत्रु ने राजगृह के चारों ओर 'धातुचैत्य' बनवाये। उसने 18 महाविहारों की मरम्मत करवाई और अपने संरक्षण में बौद्ध भिक्षुओं को प्रथम बौद्ध सभा करने में सह ायता दी।

अजातशत्रु और बुद्ध की भेंट को द्वितीय शती ई०पू० की भारहुत की मूर्तियों में भी प्रस्तुत किया गया है। एक मूर्ति पर निम्नलिखित शब्द लिखे गए हैं : 'अजातशत्रु महात्मा को प्रणाम करता है।' मूर्ति में राजा को एक हाथी पर दिखाया गया है। उसके पीछे हाथियों पर कुछ स्त्रियाँ जलूस में आ रही हैं। वह स्वयं बुद्ध को प्रणाम कर रहा है।

डॉ० स्मिथ का विचार इस प्रकार था : ''अन्य कई भारतीय राजाओं की तरह शायद अजातशत्रु ने भी अपना संरक्षण केवल एक धार्मिक साम्प्रदाय को नहीं दिया बल्कि समय-समय पर देवदत्त की आधीनता में प्राथमिक बौद्धों, गौतम के सुधार के बाद बौद्ध धर्म के मानने वालों और जैनियों को भी प्रदान किया। बाद में जब अशोक के संरक्षण के फलस्वरूप बौद्ध-धर्म उत्तरी भारत में सबसे उत्तम बन गया तो जैन धर्म के प्रति झुकाव धार्मिक इतिहासकारों की दृष्टि में अपराध बन गया। धार्मिक इतिहासकार विधर्मियों पर हर तरह के झूठे आरोप लगाकर उनकी स्मृति को दूषित करने को सदा तैयार थे।''

दर्शक (Darsaka)—पुराणों के अनुसार अजातशत्रु का उत्तराधिकारी दर्शक था और उसने 25 वर्ष राज्य किया। जीजर (Geiger) का मत है कि दर्शक को अजातशत्रु का उत्तराधिकारी समझना भूल है क्योंकि पाली साहित्य में स्पष्ट कहा गया है कि उदयी-भद्द अजातशत्रु का पुत्र था और सम्भवत: उत्तराधिकारी भी था। 'कथाकोष' और 'परिशिष्ट पर्वान', में कहा गया है कि उदय या उदयिन अजातशत्रु का पुत्र और तात्कालिक उत्तराधिकारी था। 'स्वप्न-वासवदत्ता' में कहा गया है कि दर्शक मगध का एक शासक था और उदयन का समकालीन था। किन्तु बौद्ध और जैन साहित्य में प्राप्त होने वाली सामग्री के आधार पर निश्चित ढंग से यह नहीं कहा जा सकता कि दर्शक ही मगध के सिंहासन पर अजातशत्रु के तुरन्त बाद आरूढ़ हुआ। सम्भवत: वह केवल 'मण्लीक राजा' था। डॉ० डी०आ० भण्डारकर दर्शक को नाग-दर्शक समझते हैं जिसे लंका के इतिहास में बिम्बिसार के वंश का अन्तिम शासक कहा गया है। यह ध्यान देने योग्य बात है कि 'दिव्यावदान' में बिम्बिसार वंश के राजाओं की सूची में दर्शक का नाम नहीं है।

उदयिन या उदयभद्र (Udaiyin or Udaiyabhadra)—महावंश के अनुसार, उदयभद्र ने 16 वर्ष राज्य किया। कथा कोष में उसे पद्मावली द्वारा उत्पन्न अजातशत्रु का पुत्र बताया गया है। बौद्ध साहित्य में उसे अपने पिता की भाँति पितृ-घातक कहा गया है। हेमचन्द ने कहा है कि अपने पिता की मृत्यु के समय उदयभद्र अति शोक ग्रस्त हो गया था। उस समय वह अपने पिता की ओर से चम्पा में वाइसरॉय के रूप में कार्य कर रहा था।

हेमचन्द्र-कृत परिशिष्टपर्वान में लिखा है कि उदयिन ने गंगा के तट पर एक नई राजधानी की स्थापना की जो बाद में पाटलिपुत्र के नाम से प्रसिद्ध हुई। गार्गी संहिता और वायु पुराण में भी कहा गया है कि कुसुमपुर या पाटलिपुत्र का निर्माण उसके राज्य के चौथे वर्ष में हुआ। गंगा और सोन नदियों के संगम पर स्थित होने के कारण इसका व्यापारिक महत्त्व बहुत था।

परिशिष्टपर्वान में कहा गया है कि अवन्ति का राजा उदयिन का शत्रु था। अंग और वैशाली के पतन और कोशल की पराजय के पश्चात् अवन्ति ही मगध के प्रतिद्वन्द्वी के रूप में शेष रह गया था और परिणामस्वरूप उनमें प्रतिस्पर्धा और शत्रुता होना स्वाभाविक थी। अजातशत्रु के समय में आरम्भ किया गया युद्ध उदयिन के समय में भी चलता रहा और इसका निर्णय शिशुनाग के समय में हुआ।

आवश्यक सूत्र के अनुसार उदयिन ने राजधानी के मध्य में एक चैत्यगृह या जैन मन्दिर का निर्माण किया। आठवीं और चौथी तिथि को वह व्रत भी रखता था। इनमें से एक दिन एक उपदेशक महल में उपदेश देने के लिए गया। उसके साथ एक नया शिष्य भी था जिसने एक कटार से राजा की हत्या कर दी। कहा जाता है कि इस षड्यन्त्र की रचना अवन्ति के राजा ने की।

आवश्यक सूत्र में यह भी कहा गया है कि उदयिन ने उज्जैन के राजा को कई बार पराजित किया।

डॉ० जायसवाल का मत है कि कलकत्ता में भारतीय संग्रहालय की भारहुत गैलरी में रखी हुई मूर्तियों में से एक मूर्ति उदयिन की है। उनका विचार शिलालेख के अनुवाद पर आधारित है। लेकिन उनका अनुवाद अन्य विद्वानों को मान्य नहीं है। कन्निंघम, आर०पी० चन्दा उनसे सहमत नहीं हैं।

पुराणों के अनुसार उदयिन के बाद नन्दीवर्धन और महानन्दिन राजा बने। किन्तु परिशिष्टपर्वान में बताया गया है कि उदयिन का कोई उत्तराधिकारी नहीं था। दीपवंश और महावंश में अनुरुद्ध, मुण्ड और नाग दशक को उदयिन के बाद स्थान दिया गया है। अंगुत्तर निकाय में यह भी कहा गया है कि मुण्ड पाटलिपुत्र का राजा था। दिव्यावदान में भी मुण्ड का नाम दिया गया है।

शिशुनाग या शैशुनाग—लंका के इतिहास में कहा गया है कि शिशुनाग अमात्य था और बनारस के गवर्नर के रूप में काम कर रहा था। अजातशत्रु से नाग दशक तक पितृ-घातकों के वंश के विरुद्ध विद्रोह करने वाली जनता ने शिशुनाग को मगध के सिंहासन पर बैठाया। पुराणों के अनुसार, ''बनारस का शासक बनने के बाद वह गिरिव्रज में भी अधिकार प्राप्त कर लेगा।'' वैशाली उसका दूसरा राजनिवास था और अन्त में वैशाली को ही उसने अपनी राजधानी बनाया। ''उस राजा (शिशुनाग) ने अपनी माँ के जन्म-स्थान को स्मरण रखा, वेशाली (वैशाली) के नगर की पुनः स्थापना की और वहीं पर राज-निवास भी रखा। उस समय से राजगृह (राजगृह-गिरिव्रज) का राज-नगर का स्थान जाता रहा और वह फिर उस गौरव को प्राप्त न कर सका।''

शिशुनाग का सबसे बड़ा काम यह था कि उसने अवन्ति के प्रद्योत वंश के गौरव को समाप्त कर दिया। प्रद्योत वंश का अन्त राजा अवन्तिवर्धन के समय में हुआ होगा। उज्जैन के सिंहासन पर अर्यक को बैठा देने से शिशुनाग को अपनी विजय के लिए पर्याप्त सहायता मिली होगी।

पुराणों में यह दोष दिखाई देता है कि उनमें शिशुनाग को बिम्बिसार और अजातशत्रु का पुर्वाधिकारी बताया गया है। पुराणों में कहा है कि शिशुनाग ने प्रद्योतों की प्रतिष्ठा को हानि पहुँचाई और अपने पुत्र को बनारस का शासक बनाकर स्वयं गिरिव्रज में रहने लगा। मगध और अवन्ति की शत्रुता अजातशत्रु के समय से थी, बिम्बिसार के समय से नहीं। अजातशत्रु ने वाराणसी को जीता था। शिशुनाग के समय में वह मगध का अंग था। शिशुनाग के बिम्बिसार और अजातशत्रु के बाद स्थान पर ही कथन सार्थक हो पाता है। उसका स्थान पहले नहीं है, जैसा कि पुराणों के आधार पर डॉ० स्मिथ ने सिद्ध करने की चेष्टा की है।

पुराणों के अनुसार शिशुनाग का उत्तराधिकारी काकवर्ण था। लेकिन लंका के इतिहास के अनुसार शिशुनाग का उत्तराधिकारी कालाशोक था। भण्डारकर, जैकोबी और जीजर का विचार था कि काकवर्ण और कालाशोक एक ही व्यक्ति के दो नाम थे। अशोकावदान ने माना कि मुण्ड का उत्तराधिकारी काकवर्ण था। लेकिन उस पुस्तक में कालाशोक का नाम नहीं मिलता।

कालाशोक के समय में दूसरी बौद्ध सभा का वैशाली में आयोजन किया गया। उसने पाटलिपुत्र को राजधानी बनाया। बाण कविकृत 'हर्ष चरित' में कहा गया है कि काकवर्ण की हत्या कटार से की गई थी जो उसके शहर के निकट उसके गले में घोंप दी गई थी। कर्टियस का कथन है कि अग्रेम्ज का पिता रानी का कृपापात्र नाई था। रानी के प्रभाव के कारण वह राजा का अत्यन्त विश्वासपात्र बन गया। उसने धोखे से राजा की हत्या कर दी। राज–परिवार के बच्चों के संरक्षक के रूप में कार्य करने के बहाने उसने सिंहासन पर ही अधिकार कर लिया। उसने राजकुमारों की हत्या कर दी और वर्तमान राजा को जन्म दिया। डायाडोरस का कथन है कि, ''गन्दारीदल का राजा (अर्थात् राजा नन्द) नीच चरित्र का व्यक्ति था और नाई–पुत्र समझे जाने के कारण उसका कहीं आदर नहीं होता था। राजा का पिता सुन्दर आकृति का था और रानी उसकी ओर बहुत ही आकर्षित थी। बूढ़े राजा की उसकी रानी ने क्रूरता से हत्या कर दी। इस प्रकार वर्तमान राजा सिंहासन का अधिकारी बन गया।''

सम्भव है कि कालाशोक के उत्तराधिकारी उसके दस पुत्र थे जिन्होंने एक साथ राज्य किया। महाबोधिवंश के अनुसार, उनके नाम थे भद्रसेन, कोरण्डवर्ण, मंगुर, सर्वञ्ज, जलिक, उभाक, संजय, कोरव्य, नन्दीवर्धन और पंचामक। लेकिन पुराणों में केवल नन्दीवर्धन का नाम ही दिया गया है। पटना की एक मूर्त्ति पर उसका नाम पढ़ने की चेष्टा की गई है और कलिंग के राजा खारवेल के हाथीगुंफा शिलालेख में उसके नाम को ढूँढ़ने की कोशिश की गई है। लेकिन पुराणों में ऐसा कोई भी प्रमाण नहीं है जिससे यह सिद्ध होता हो कि नन्दीवर्धन का कलिंग से भी कोई सम्बन्ध था। उस लेख में केवल यही कहा गया है कि जब शैशुनाग वंशी और उनके पूर्वाधिकारी मगध में राज्य कर रहे थे तो कलिंग में एक ही समय पर 32 राजाओं ने राज्य किया। यह नन्दीवर्धन का नहीं परन्तु महापद्मनन्द का काम था कि 'उसने उन सब पर अपना अधिकार स्थापित किया' और 'सभी क्षत्रियों का अन्त कर दिया।' इसलिए हाथीगुँफा शिलालेख में उल्लिखित कलिंग के राजा नन्दराज का ऐकात्म्य सर्व–विजयी महाफ्द्म नन्द या उसके किसी पुत्र से स्थापित करना होगा।''

नन्द वंश (The Nanda Dynasty)—नन्द वंशी राजा शैशुनाग वंश के उत्तराधिकारी थे। पुराणों में नौ नन्दीवंशी राजाओं का उल्लेख है जिन्होंने एक सौ वर्ष राज्य किया। महाबोधिवंश में उल्लिखित नौ नन्द वंशी राजाओं के नाम इस प्रकार हैं : उग्रसेन, पाण्डुक, पाण्डुगति, भूतपाल, राष्ट्रपाल, गोविषाणक, दशसिद्धक, कैवर्त और धन। महाबोधिवंश में पहले नन्द राजा को उग्रसेन कहा गया है लेकिन पुराणों में उसे महापद्म या महापद्मपति कहा गया है। पुराणों में उसे अन्तिम क्षात्रबन्धु राजा का पुत्र कहा गया है। अन्तिम क्षात्रबन्धु राजा अपने से पिछले वंश का राजा था और शूद्र स्त्री का पुत्र था। परिशिष्टपर्वान के अनुसार, पहला नन्द राजा एक गणिका और नाई का पुत्र था।

कर्टिस ने अग्राभीज के विषय में बताया है : ''उसका पिता वास्तव में नाई था जिसे अपनी दैनिक आय के कारण भूखा रहने की नौबत मुश्किल से ही आती थी; उसका व्यक्तित्व आकर्षक था; उसने रानी का प्रेम प्राप्त कर लिया था और इस कारण उसे शासक राजा के विश्वासपात्रों में निकट का स्थान प्राप्त हो गया था। उसने धोखे से अपने राजा का कत्ल कर दिया तथा राजा के पुत्रों के संरक्षक के नाते काम करने के बहाने से स्वयं सर्वोच्च सत्ता हथिया ली। राजा के छोटे–छोटे पुत्रों को मौत के घाट उतार कर स्वयं राजा बन गया।''

पुराणों में महापद्म नन्द को समस्त क्षत्रियों का नाशक ('सर्व क्षत्रान्तक') कहा गया है। उसे द्वितीय परशुराम या भार्गव और 'एक–राट्' भी कहा गया है जिसने सम्पूर्ण पृथ्वी को अपने छत्र के अधीन किया। उसने इक्ष्वाकु, पंचाल, काशी, हैहय, कलिंग, अश्मक, कुरु, मैथिल, शूरसेन, वितिहोत्र आदि वंशों के राजाओं को पराजित किया। जैन लेखक भी महापद्म नन्द के विस्तृत राज्य का उल्लेख करते हैं। प्राचीन लेखक भी प्रासिआई (Prasii) या 'प्राच्य' और गंगारिडे

(Gangaridae) को एक ही राजा का राज्य बताते हैं जिसकी राजधानी पाटलिपुत्र थी। प्लाइने (Pliny) का मत है कि प्रामिआई लोग भारतीय लोगों में सर्वश्रेष्ठ थे। उनकी राजधानी पालिबोथ्रा या पाटलिपुत्र थी। कथा-सरितसागर में अयोध्या में राजा नन्द के शिविर का उल्लेख किया गया है। मैसूर से प्राप्त कुछ शिलालेखों में कहा गया है कि कुन्तल में भी नन्द वंश का ही राज्य था। कलिंग के राजा खारवेल के हाथीगुँफा शिलालेख में राजा नन्द के कलिंग में किये गये रचनात्मक कार्यों का उल्लेख किया गया है। सम्भव है कि महापद्म ने अश्मक और उससे भी अधिक दक्षिणवर्त्ती प्रदेशों को विजय किया हो। यह भी सम्भव है कि दक्षिण के बहुत बड़े भाग पर उसका ही राज्य था।

कर्टियम का लेख है कि पहले नन्द के पास 20,000 अश्वारोही, 200,000 पैदल सेना, 2,000 चार-चार घोड़े वाले रथ और 3,000 से भी अधिक हाथी थे।

मत्स्य पुराण के अनुसार महापद्म नन्द ने 88 वर्ष राज्य किया। किन्तु वायु पुराण में उसका राज्य काल केवल 28 वर्ष दिया गया है। तारानाथ ने माना है कि उसने 29 वर्ष राज्य किया। लंका के इतिहास के अनुसार नन्द वंशी राजाओं ने केवल 22 वर्ष राज्य किया। डॉ० रायचौधरी महापद्म नन्द का राज्य काल 28 वर्ष निश्चित करते हैं।

धन नन्द—महाबोधिवंश में लिखा है कि नन्द वंश का अन्तिम राजा धन नन्द था। यह सुझाव दिया गया है कि धन नन्द प्राचीन लेखकों का अग्रेम्ज़ या जण्ड्रेम्ज़ ही है। टर्नर ने महावंश के आधार पर निम्नलिखित जानकारी प्रस्तुत की है : ''सबसे छोटे भाई को धन नन्द कहते थे क्योंकि उसे धन इकट्ठा करने का बहुत शौक था।.......उसने (गंगा) नदी के तल पर एक चट्टान में अस्की 'कोटि' धन एकत्र किया। बहुत बड़ा गढ़ा खुदवा कर उसमें धन वहाँ दबा दिया।.......चमड़े, फलों के वृक्षों के रस और पत्थरों पर भी टैक्स लगा कर उसने और धन एकत्र किया और उसे भी उसी तरह दबा दिया।''

कहा जाता है कि सिकन्दर महान् को अन्तिम नन्द राजा की सैनिक शक्ति और अप्रियता का ज्ञान हुआ। राजा पोरस ने कहा कि गंगारिडे के राजा का चरित्र निम्न कोटि का था और उसका आदर नहीं होता था। उसे नाई-पुत्र समझा जाता था। प्लूटार्क हमें बताता है कि ऐण्ड्रोकोट्टस या चन्द्रगुप्त मौर्य ने कहा है कि नन्द राजा की दुष्ट प्रकृति और नीच जन्म के कारण उसकी प्रजा उससे घृणा करती थी। सम्भवतः नन्द वंशी इसलिए अप्रिय थे कि उन्होंने अत्यधिक कर लगा रखे थे।

पुराणों में वंशीय क्रान्ति का उल्लेख किया गया है जिसके फलस्वरूप मौर्यों ने नन्द वंश का स्थान ग्रहण किया इस काण्ड का विस्तृत विवरण मुद्राराक्षस में मिलता है। मिलिन्दपण्ह में इस प्रकार कहा गया है : ''नन्द राजवंश की सैनिक सेवा में भद्दसाल नामक एक सैनिक था। उसने राजा चन्द्रगुप्त के विरुद्ध युद्ध कर दिया। नागसेन! उस युद्ध में 80 शव नृत्य (Corpse dances) थे क्योंकि कहते हैं कि एक बहुत बड़ा हत्याकाण्ड हुआ (जिसका अर्थ है 10,000 हाथियों, 100,000 घोड़ों, 5,000 रथवानों और एक सौ 'कोटि' सैनिकों का वध)। फिर बिना सिर के शव खड़े हो जाते हैं और रण-भूमि में नाचते हैं।'' स्पष्ट है कि इस सन्दर्भ में नन्द राजा और मौर्यों के खूँख्वार युद्ध की ओर संकेत किया गया है।

पुराणों में नन्द राजाओं को अधार्मिक या अधर्मी कहा है। प्रतीत होता है कि जैन-धर्म की ओर उनका झुकाव था उनके मन्त्री जैन थे। कहा जाता है कि मन्त्री काल्पक ने ही उस समय के क्षत्रिय वंशों का अन्त करवाया था। दूसरे मन्त्री उसी के वंशज थे। शकटार नौवें नन्द राजा का मन्त्री था। मुद्राराक्षस में कहा गया है कि चाणक्य ने एक जैन को अपने मुख्य प्रतिनिधियों में लिया। सारे नाटक में ही जैन प्रभाव स्पष्ट दृष्टिगोचर होता है।

नन्द राजाओं के पास अपार धन था। धन नन्द के धन का उल्लेख ऊपर किया जा चुका है। डॉ० आयंगर ने अपनी पुस्तक दक्षिण भारतीय इतिहास का प्रारम्भ ("Beginnings of South Indian History") में नन्द राजाओं के धन का उल्लेख किया है। ह्यान त्सांग ने बताया है कि नन्द राजाओं के पाँच कोश थे। कथा-सरित-सागर में भी कहा गया है कि नन्द राजाओं के पास 99 करोड़ सोने की मुहरें थीं। अन्य प्राचीन लेखक भी इसी प्रकार के उल्लेख करते हैं।

Suggested Readings

Bhandarkar, D.R.	:	Carmichael Lectures 1919.
Jayaswal, K.P.	:	Brihadrath Chronology (Journal of Bihar and Orissa Research Society, 1918, pp. 26-35.)
Majumdar, R.C. (Ed.)	:	The Age of Imperial Unity.
Mookerjee, R.K.	:	Hindu Civilisation.
Mookerjee, R.K.	:	Ancient India.
Nilkanta Sastri, K.A.	:	The Age of the Nandas and Mauryas (Benares, 1952).
Rapson	:	Cambridge History of India, Vol. I.
Raychoudhry, H.C.	:	Political History of Ancient India.
Smith, V.A.	:	Early History of India.
Trivedi, Devasahaya	:	The Pre-Mauryan History of Bihar, 1953.
Valavalkar	:	Pre-Mauryan Inscriptions, 1951.

अध्याय

19

भारतवर्ष और ईरान

(India and Persia)

विद्वानों के विचार में भारतवर्ष और ईरान में सम्बन्ध प्राचीनतम काल से हैं। ऋग्वेद और अवेस्ता[1] की तुलना के पश्चात् यह कहा गया है कि ''केवल शब्द और मुहावरे ही नहीं सम्पूर्ण छन्द ही भारतीय भाषा से ईरानी भाषा में अनूदित किए जा सकते हैं और इसके लिए शब्दावली या रचना में परिवर्तन करने की कोई आवश्यकता नहीं।'' अवेस्ता के इन्द्र, वायु, मिथ्र, नाओनहैथ्य और वेरेथ्रघ्न देवताओं की तुलना वेदों के इन्द्र, वायु, मित्र, नासत्य और वृत्रघ्न देवताओं से की

1. ऋग्वेद तथा जिन्दा अवेस्ता में बहुत से देवता समान हैं। ईरानी देवता मिथ्र, यीमा, वरेत्रेघ्न (Veretraghna) का भारतीय रूप मित्र, यम और इन्द्र वृत्रहन हैं। ऋग्वेद के रुद्र और नसत्य देवता ईरानी राक्षस सौर्व तथा नौनहित्य (Naonhitya) बन गए। अवेस्ता में लिखा है कि इन्द्र, सौरु तथा नौनहित्य ने जोरोस्टर के विध्वंस का नेतृत्व किया। इसीलिए उनकी निन्दा की जाती है और उन्हें प्रेत कहा जाता है। वेदों के ये देवता अवेस्ता में राक्षस बन गए और देवताओं और राक्षसों के लिए प्रयुक्त शब्दों का अर्थ बदल गया। वेद के देवता के लिए अवेस्ता में दैव का प्रयोग किया गया है। वैदिक असुर शब्द अवेस्ता में अहुर है। वैदिक 'यम' के लिए अवेस्ता में 'यीमा' है। केवल यही नाम समान नहीं हैं। इनके पिताओं के नाम भी समान हैं। यम विवस्त का पुत्र है और यीमा विवंधवत का। यम को पहला आदमी या मृत्य माना जाता है। यीमा पहला व्यक्ति है जिससे अहुर मज़दा ने बातचीत की और उसे आगे सृष्टि रचने का आदेश दिया। यही बात ऋग्वेद में भी आती है। वहाँ यम को जातियों का स्वामी और पिता बताया गया है। दोनों का मृत्यु से सम्बन्ध है। यम को तो ऋग्वेद में वस्तुतः मृत्यु कहा गया है। यम वेदों में उसी प्रकार मानव के नाते आता है जैसे अवेस्ता में यीमा। ऋग्वेद में बताया गया है कि यम के कुत्तों के चार-चार आँखें होती हैं। वे मृत्यु लोक के मार्ग की रक्षा करते हैं। इसी प्रकार अवेस्ता में ऐसे चार आँखों वाले दो कुत्तों का उल्लेख है जो दूसरी दुनिया की ओर जाने वाले मार्ग पर बने चिनवत (Chinvat) पुल की रक्षा करते हैं। वैदिक मित्र और अवैस्तिक मिथ्र में भी निकटतम समानता स्थापित करना सम्भव है। मिथ्र चन्द्रमा के समान प्रकाश देता है। मिथ्र प्रति दिन रथ में बैठकर जाता है। उसके स्वर्ण पहियों को चार अमर घोड़े खींचते हैं। घोड़े के जूते सोने और चाँदी के होते हैं। वरुण और मिथ्र चन्द्रमा के समान प्रकाश देते हैं। वरुण और मिथ्र ब्रह्म मुहूर्त में सुनहरे रथ में बैठते हैं या अपने सूर्य रूप रथ पर बैठकर स्वर्ग को जाते हैं। मिथ्र के कारण ही पौधे उगते हैं और नदियाँ बहती हैं। वरुण और मिथ्र ही पौधों को हरा-भरा रखते हैं और सब जगह वर्षा करते हैं। बार्सोम घास बिछाकर मिथ्र की होम रस से पूजा की जाती है। भक्त मंत्रों का उच्चारण करके मित्र और वरुण को बार्ही-घास पर आने का निमन्त्रण देते हैं और वे सोम रस पीते हैं। मिथ्र समझौतों को तोड़ने वालों को सजा देता है और उसके आठ दोस्त ऊँचे स्थानों से समझौतों को तोड़ने वालों को जासूस की तरह खोजते रहते हैं। मित्र और वरुण के अनेक जासूस हैं जो हर जगह उपस्थित रहते हैं और निरन्तर देख-भाल करते हैं। जासूसों के लिए संस्कृत शब्द स्पास है और अवेस्ता में स्पासो।

अनेक धार्मिक और दार्शनिक सिद्धान्त भी समान हैं। वेदों में 'यज्ञ' का अर्थ बलि है और अवेस्ता में इस शब्द के लिए यज़्म (Yasama) आता है। अवेस्ता में होत्र (पुरोहित) को जोत्र, अपः (पानी) को आपो, वायु (हवा) को वायु, अपम्नेपत् (जल पुत्र) को अपम्नंपत और गंधर्व (संगीत के देवता) को गंधरेव कहते हैं। इसके अलावा भी थ्रीटा, त्रिटा, अश्वनिस अस्पिना, उषंग, ऊषा, द्रुह-द्रुज और आरमेटी, आर्यमन, फरोहर, पित्री, यतु जैसे अन्य छोटे देवता भी हैं जिनके समकक्ष ईरानी नाम एस०के० होदिवाला ने अपनी पुस्तक 'भारत-ईरानी धर्म' (Indo-Iranian Religion) में बताये हैं। वेदों का सप्त सिन्धु अवेस्ता का हफ्त हिन्दू है। वैदिक शब्द सोम अवेस्ता में होम बन गया है। वेदों और अवेस्ता में पौधों के नाम में अत्यधिक समानता है। अवेस्ता से ऐसा मालूम होता है कि ईरान के आर्यों ने अपने आपको अपने व्यवसायों के अनुसार बाँटा हुआ था। वहाँ उन्हें अथर्वंश (पुरोहित), रथेष्ट्र (योधा), वक्त्रय (कृषक) और हूती (कारीगर) कहा गया है। ये ब्राह्मण, क्षत्रिय, वैश्य और शूद्र के समकक्ष हैं।

गई है। अवेस्ता के कुछ सन्दर्भों की तुलना वेदों के सन्दर्भों से की जा सकती है। वैदिक देवता वरुण को अवेस्तिक देवता अहुरमज्दा समझा गया है। वैदिक यम को अवेस्तिक जूमा (Juma) समझा गया है। ऋग्वेद में कुछ उल्लेखों को ईरानी सम्बन्ध की ओर संकेत करते बताया गया है। पार्थवों को पर्शियन समझा गया है। अवेस्ता में कहा गया है कि अहूर (Ahur) की 16 देशों की सृष्टियों में से पन्द्रहवीं सृष्टि 'हप्त-हिन्दू' या भारत थी। एक पर्वत को उस-हिन्दव (Us-Hindava) कहा गया है जो सम्भवत: हिन्दूकुश या हिमालय पर्वत है।

लगभग 1400 ई०पू० के बोगाज़-कोई शिलालेखों में हिट्टाइट राजा और मिटानी के राजा के बीच कुछ सन्धियों का उल्लेख है। उन शिलालेखों में कुछ देवताओं को सन्धियों के रक्षकों के रूप में प्रस्तुत किया गया है। उन देवताओं के नाम निम्नलिखित वैदिक देवताओं के अनुरूप समझे गए हैं : मित्र, वरुण, इन्द्र और नासत्य। ये देवता अवेस्ता में भी मिलते हैं, इसलिए कुछ विद्वानों का विचार है कि ये देवता भारतीयों और ईरानियों के मिले-जुले देवता थे। यह भी कहा गया है कि इन शिलालेखों में लिखित नामों के विन्यास से भी उनके ऋग्वैदिक का मूल आभास होता है।

तैल-एल-अमर्ना से प्राप्त प्रसिद्ध पत्रों में कुछ मिटानी शासकों के नाम दिए गए हैं जो संस्कृत से लिए गए प्रतीत होते हैं, जैसे सुत्तर्न, तुस्रत, आर्तात्मा इत्यादि। कैस्साइट्स के कुछ शासक बेबिलोनिया में राज्य करते थे और उनके नाम संस्कृत मार्त्यास (मारुतास), शूरियस (सूर्य), इत्यादि थे। अस्सुर्बनिपाल के पुस्तकालय से देवताओं की एक सूची प्राप्त हुई है जिन्हें 700 ई०पू० के लगभग असीरिया में पूजा जाता था। इस सूची में अस्सर-मज़स भी सम्मिलित है जो अवेस्तिक अहूर-मज्दा से मिलता है। लेकिन अवेस्तिक अहूर की अपेक्षा अस्सर संस्कृत शब्द असुर से अधिक मिलता है।

अफ़गानिस्तान और बलोचिस्तान भारत और ईरान को मिलाने वाले थे। वेदों और अवेस्ता के विद्वानों का मत है कि ऋग्वेद में दिए गए साँझे क्षेत्रों की ओर कुभा (काबुल), कुर्मु (कुर्रम) और गोमती (गोमल) नदियाँ संकेत करती हैं। दोनों में गान्धार का उल्लेख भी है।

सातवीं शती ई०पू० से पहले भारत और बेबिलोन के बीच व्यापार ईरान की खाड़ी के रास्ते होता था। इन दो देशों के परस्पर सम्बन्ध बहुत घनिष्ठ थे।

ऐकेमेनियन साम्राज्य की स्थापना सायरस प्रथम ने की जिसने 558 से 53 ई०पू० तक राज्य किया। उसने बैक्ट्रिया, मीडिया, बेबिलोनिया और असीरिया को विजित किया। वह तो गैड्रोसिया या मकरान (Gedrosia or Makran) के रास्ते भारत की ओर भी आया लेकिन उसे सफलता प्राप्त न हुई। स्टैबो (Strabo) की मान्यता है कि सायरस को इस आक्रमण का विचार छोड़ना पड़ा और केवल सात व्यक्तियों के साथ बचकर भाग गया। प्रतीत होता है कि काबुल घाटी के पार वह अपना अधिकार न जमा सका। प्लाइने का विचार है कि काबुल घाटी में सायरस ने कापिशि नगर का विध्वंस किया।

सायरस प्रथम का उत्तराधिकारी उसका पुत्र कैम्बिसेज़ था लेकिन वह मिस्र में इतना व्यस्त रहा कि आवश्यक दिशा में कदम न उठा सका। दरयवौश (Daryvaush) या डरियस (Darius) ऐकेमेनियन वंश का तीसरा शासक था। उसने 532 से 486 ई०पू० तक राज्य किया। उसके तीन शिलालेखों से भारत और ईरान के तत्कालीन सम्बन्धों पर प्रकाश पड़ता है। 520-18 ई०पू० के बहिस्तान शिलालेख में अधीनस्थ क्षेत्रों की सूची में 'गन्दार' या गान्धार का नाम भी सम्मिलित है। डरियस के 518-15 ई०पू० पर्सपोलिस शिला लेख में पंजाब को स्पष्ट रूप से ईरानी साम्राज्य का अंग बताया गया है। नक्शी-रुस्तम का उसका तीसरा शिलालेख भी पंजाब को उसके साम्राज्य का भाग बताता है। इससे स्पष्ट है कि डरियस ने सिन्धु घाटी को जीता। हैरोडोटस भी इस तथ्य की पुष्टि करता है क्योंकि उसके कथनानुसार डरियस के 20 प्रान्तों में अन्तिम प्रान्त भारत में था। वह यह भी कहता है कि भारतवासी अन्य लोगों की अपेक्षा अधिक शुल्क देते थे। यह धन लगभग 250 मन सोना निश्चित किया गया था जिसका मूल्य लगभग दस लाख पाउण्ड है। हैरोडोटस हमें यह भी बताता है कि 517 ई०पू० के लगभग डरियस ने यूनानी साहसिक यात्री स्काइलैक्स के अधीन एक नाविक अभियान सिन्धु नदी की खोज करने के लिए भेजा। स्काइलैक्स ने पंजाब की नदियों के स्रोत के आसपास के प्रदेश गांधार में एक बेड़ा तैयार किया और तेरह महीनों में समुद्र पहुँच गया। इस प्रकार डरियस ने सिन्धु घाटी को अपने साम्राज्य में मिला लिया और हिन्द महासागर में एक बेड़ा भी भेज दिया।

हैरोडोटस का कथन है कि डरियस ने एक विशेष भारतीय सेना रखी हुई थी जिसने यूनान और ईरान के युद्ध में महत्त्वपूर्ण भाग लिया। भारतीय सेना में पैदल सेना, अश्वारोही और रथ थे और इसका नायक फर्नाजैथ्रेस नामक एक ईरानी जनरल था। इसमें सम्मिलित पैदल सैनिक धनुष और लोहा लगे हुए बाण प्रयोग करते थे। इसके रथों को जंगली गधे खींचते थे। हैरोडोटस भारतीय सैनिकों के सूती वस्त्रों से बहुत प्रभावित हुआ। भारतीय प्रान्त पर ईरान का आधिपत्य जरकस या वज़शेयर्श के राज्य में भी पूर्ववत् दृढ़ रहा प्रतीत होता है। उसके पर्सपोलिस के एक अभिलेख से इस बात की पुष्टि होती है। इस अभिलेख में गांधार और सिन्धु को उसके प्रान्त कहा गया है। उसकी सेनाओं में भारतीय सेना की उपस्थिति से भी इस बात की पुष्टि होती है। भारतीय सेना को उसने यूनान पर आक्रमण करने के लिए बुलाया था। हैरोडोटस ने भारतीय सेना का इस प्रकार वर्णन किया है : ''सूती वस्त्र पहने हुए भारतीय योद्धा बैंत के धनुष और बैंत के बाण उठाये हुए थे। बाणों की नोक लोहे की थी।'' सम्भव है कि उपर्युक्त भारतीय प्रदेशों पर ईरानी आधिपत्य डरियस तृतीय के समय तक चलता रहा हो। अरियन ने माना है कि डरियस तृतीय ने 330 ई०पू० में सिकन्दर महान् के साथ अर्बेला के युद्ध में भारतीय सेना का प्रयोग किया।

भारत में ईरानी राज्य के विषय में डॉ० वी०ए० स्मिथ ने अपने विचार इस प्रकार व्यक्त किये हैं : ''डरियस के अधीन भारतीय प्रान्त की सीमाएँ निश्चित नहीं की जा सकतीं, किन्तु इतना तो स्पष्ट है कि वह अरिया (हैरात), ऐराकोसिया (कन्धार) और गान्धार (उत्तर-पश्चिमी पंजाब) से भिन्न था। इसमें कालाबाग से समुद्र तक सिन्धु नदी का मार्ग सम्मिलित था, जिसमें सम्पूर्ण सिन्ध और सिन्धु नदी से पूर्व की ओर शायद पंजाब का काफी बड़ा भाग भी सम्मिलित था।''

सम्भव है कि डरियस तृतीय के समय तक भारतीय प्रान्तों पर ईरान का नियन्त्रण ढीला हो गया था और सारा उत्तर-पश्चिमी भारत कई राजतन्त्रों और गणतन्त्रों में बँट गया था जो आपस में लड़ते ही रहते थे। इसमें आश्चर्य की बात नहीं कि वे संगठित होकर सिकन्दर का सामना न कर सके। मगध के नन्द राजाओं ने भी उस प्रदेश को अपने अधीन करने की चेष्टा की।

भारत पर ईरानी प्रभाव (Persian Influence on India)—भारत और ईरान के परस्पर सम्बन्ध से भारत पर कई प्रकार के प्रभाव पड़े होंगे : (1) ईरानी सिक्के भारतीय प्रान्तों में भी चलते थे। ईरान का सामान्य सोने का सिक्का डारिक था। ईरान का चाँदी का सिक्का सिग्लोई या शैकल्स था। सोने और चाँदी के सिक्के दोनों ही भारत में लाये गये।

(2) उत्तर-पश्चिमी सीमा पर ईरानी कर्मचारियों ने खरोष्ठी लिपि भी प्रचलित कर दी जो ईसा पश्चात् चौथी शती तक चलती रही। खरोष्ठी लिपि ईरान की ऐरामेइक लिपि से अपनाई गई थी।

(3) अशोक के स्तम्भों के घण्टी के आकृति के फलक और शेर या बैल वाले स्तम्भ-शीर्ष भी ईरानी मूल के हैं। अशोक के आदेशों की शैली भी ईरान से ली गई प्रतीत होती है। तक्षशिला में पाया गया एक शिलालेख ऐरामेइक लिपि में है जिससे ईरानी भाषा के प्रभाव का पता लगता है।

(4) कहा गया है कि भारतीय व्यापारी अपना माल विशाल ईरानी साम्राज्य के विभिन्न भागों में ले जाया करते थे जिससे देश की व्यापारिक समृद्धि में वृद्धि हुई। भारतीय विद्वान तथा दार्शनिक स्वच्छन्दतापूर्वक ईरानी साम्राज्य में भ्रमण करते थे जिससे पश्चिमी देशों, विशेषकर यूनान के साथ भारत के सम्बन्ध घनिष्ठ हो गए। भारतीय दार्शनिकों को सुकरात से प्रश्न पूछते हुए प्रस्तुत किया गया है। उन्होंने सुकरात से उसके दर्शन के उद्देश्य के विषय में पूछा तो उसने उत्तर दिया कि यह तो मानवीय विषयों की छानबीन है। भारतीय दार्शनिकों ने कहा कि ''कोई भी व्यक्ति मानवीय मामलों की छानबीन नहीं कर सकता जब तक उसे दैवी मामलों का ज्ञान प्राप्त न हो।''

(5) मौर्य राजाओं ने ईरानी सामन्तों को अपनी सेवा में रखा। इसकी पुष्टि इस बात से होती है कि चन्द्रगुप्त मौर्य के राज्य में एक ईरानी सामन्त तुषस्प काठियावाड़ का शासक था।

(6) चन्द्रगुप्त मौर्य ने बाल धोने की क्रिया ईरानी राजाओं से ही अपनाई। उसी प्रकार मन्त्रिपरिषद् के सभा-कक्ष में पवित्र अग्नि जलाना भी शायद ईरान से ही लिया गया था।

(7) ईरानी स्त्रियों (यवनियों) को भारतीय शासक अंग-रक्षिकाएँ नियुक्त करते थे। इससे कई ईरानी परिवार अच्छे अवसर की खोज में भारत आए होंगे।

(8) ईरानियों ने भारतीयों को पत्थर को चमका देने का उत्तम ढंग सिखाया। भारतीय कला पर यूनानी प्रभाव ईरान के रास्ते ही आया।

(9) ईरान के महान् साम्राज्य के उदाहरण से भारतीयों को उत्तरी भारत का एकीकरण करने के लिए भी प्रेरणा मिली होगी।

(10) इस विषय को हम डॉ० वी०ए० स्मिथ के निम्नलिखित कथन से समाप्त कर सकते हैं : भारत पर प्रबल ईरानी प्रभाव के अधिक समय तक रहने का प्रमाण खरोष्ठी लिपि के प्रचलन से मिलता है। खरोष्ठी लिपि ऐरामेइक की ही एक किस्म थी और सीमान्त प्रदेशों में यह प्रचलित थी। अन्य प्रमाण हैं ईरानी उपाधि 'सैट्रैप' (Satrap) का दीर्घकाल तक प्रयोग, और अशोक के शिलालेखों की आकृति और भवन-निर्माण-कला का कुछ विवरण जो संयोगवश प्राप्त हो गए हैं, यह सिद्ध करने के लिए पर्याप्त है कि प्रथम मौर्य सम्राट् के समय में दरबार पर ईरानी रीतियों का बहुत प्रभाव था। ''अर्थशास्त्र'' का यह सिद्धान्त कि जिस कमरे में सम्राट् वैद्यों और ऋषियों के साथ परामर्श करे वहाँ पवित्र अग्नि जलानी चाहिए, इस बात का प्रमाण है कि ईरानी रीति को मौर्य दरबार में भी मान्यता प्राप्त हुई। यह भी कहा गया है कि सम्राट् के बाल धोने के अवसर पर एक शानदार त्योहार मनाया जाता था। उस समय दरबारी राजा को बहुमूल्य उपहार देते थे। इस संस्कार से सम्राट् के जन्म-दिन पर बाल धोने की ईरानी रीति स्मरण हो आती है जिसका वर्णन हैरोडोटस ने किया है।''

Suggested Readings

Chattopadhyaya, S. : The Rule of the Achaemenids in India. (Indian Historical Quarterly, 1949, pp. 184-204).

Cunningham : Coins of Ancient India.

Hodivala, S.K. : Studies in Parsi History.

Jairazbhoy, R.A. : Foreign Influence in Ancient India.

Mcrindle, J.W. : Ancient India as described in Classical Literature.

Rapson : Cambridge History of India, Vol. I.

Rapson : Ancient India.

Rawlinson, G. : The Five Great Monarchies of the Ancient Eastern World, Vol. IV.

Smith, V.A. : Early History of India.

Smith, V.A. : Oxford History of India.

अध्याय

20

भारत पर सिकन्दर का आक्रमण

(Alexander's Invasion of India)

सिकन्दर महान् का आक्रमण भारत के इतिहास में एक युग-प्रवर्त्तक घटना है। उसके आक्रमण की तिथि को ठीक ही भारतीय कालानुक्रम का आधार समझा जाता है। सिकन्दर भारत में केवल 19 महीने रहा लेकिन उसके आक्रमण के कई अत्यन्त महत्त्वपूर्ण परोक्ष परिणाम निकले।

सिकन्दर मकदूनिया के शासक फ़िलिप का पुत्र था। अरस्तू उसका अध्यापक था लेकिन उसके दर्शन का उस पर विशेष प्रभाव पड़ा दिखाई नहीं देता। वह हर्क्युलीज़ और सायरस जैसे महान् नायकों के विजय-विवरणों में अधिक रुचि रखता था। उसे अपने अध्यापक के दर्शन में अधिक रुचि न थी। जब 335 ई०पू० में फ़िलिप की मृत्यु होने पर सिकन्दर सिंहासनारूढ़ हुआ उस समय उसकी आयु 20 वर्ष के लगभग थी। वह असाधारण महत्त्वाकाँक्षी था। वह अपनी विजयों के लिए विश्वविख्यात होना चाहता था। दो साल के अन्दर-अन्दर उसने 30,000 पैदल सैनिक और 5,000 अश्वारोही एकत्र कर लिए और 334 ई०पू० में ईरानी साम्राज्य की विजय के लिए निकल पड़ा। इस अभियान पर निकलने से पहले उसने पड़ोसी राज्यों को विजित किया और अपनी स्थिति को सुदृढ़ किया।

ईरान की विजय (Conquest of Persia)—334 और 330 ई०पू० के मध्य सिकन्दर ईरानी युद्धों में व्यस्त रहा। ईरान का राजा डरियस कोडोमेन्नस अपने पूर्वज डरियस प्रथम और सायरस की भाँति शक्तिशाली न था। परिणामस्वरूप वह सिकन्दर के आक्रमण को न रोक सका। बिना विशेष कठिनाई के सिकन्दर ने एशिया माइनर, सीरिया और मिस्र को जीता। ईरान की निर्णायक लड़ाई 331 ई०पू० में अर्बेला में हुई। डरियस पराजित हुआ और उसी के एक क्षत्रप ने उसका वध कर डाला। उसके बाद सिकन्दर ने ईरान की राजधानी पर्सपोलिस को विजय करके उसका विध्वंस कर दिया। सीस्तान पर यूनानी सैनिकों ने अधिकार कर लिया। सिकन्दर ने एक नये शहर की स्थापना की, जिसका नाम उसने 'अलेग्जैण्ड्रिया ऑफ दि ऐरोकोसियन्स' (Alexandri of the Arachosians) रखा। अब वह कन्धार के नाम से प्रसिद्ध है। उसने अफगानिस्तान और बैक्ट्रिया को भी विजित करके उन पर अधिकार कर लिया। 328 ई०पू० तक उसने समस्त ईरानी साम्राज्य और वर्त्तमान अफगानिस्तान को विजय कर लिया और 'ईरान का महान् सम्राट्' की उपाधि धारण की।

सिकन्दर की महत्त्वाकाँक्षा पूर्ण न हुई और उसने "दूध तथा मधु की भूमि" अर्थात् भारत, का स्वामी बनने की ठानी। उसने अपनी सेना को दो भागों में बाँटा। एक भाग को उसने अपने अधीन रखा और दूसरे भाग हैफेश्चन (Hephaistion) और पर्डिक्कस (Perdikkas) की अधीनता में भारत की ओर भेजा। उसने स्वयं उत्तरी प्रदेश को विजय करने का निश्चय किया। सिकन्दर को एक जनजातीय शासक के विरुद्ध लड़ना पड़ा जिसे यूनानी एस्ट्स (हस्ति) कहते हैं। उसकी राजधानी पुष्कलवती थी। तीस दिन तक एस्ट्स (हस्ति) में अपने दीवारों से घिरे नगर के अन्दर से यूनानी घेरे का सामना किया लेकिन फिर वह युद्ध में काम आ गया। अश्वायण और अश्वकायण वीरतापूर्वक अन्तिम सैनिक तक लड़े और यह इस बात से स्पष्ट है कि उनमें से 40,000 व्यक्ति बन्दी बना लिए गए। 230,000 बैल सिकन्दर के हाथ लगे। अश्वकायणों की सेना में 30,000 अश्वारोही, 38,000 पैदल सैनिक, 7,000 भाड़े के

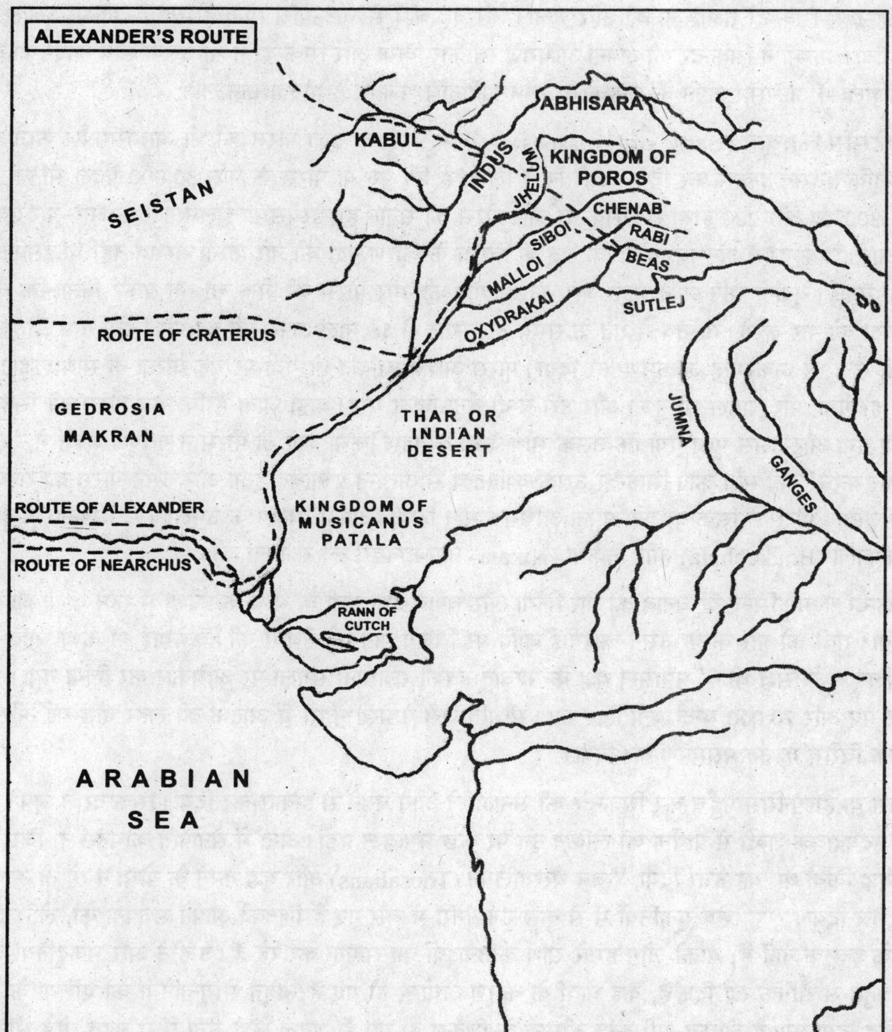

सैनिक और 30 हाथी थे। वे सब मस्सग के दुर्ग में इकट्ठे हुए जो मसकवती के तट पर था। उनका नेतृत्व उनकी रानी क्लियोफिस या कृपा ने किया और "अन्तिम क्षण तक अपने देश की रक्षा करने का उनका प्रण था।" देश की रक्षा करने के लिए उनमें इतना जोश उमड़ रहा था कि स्त्रियों ने भी युद्ध में भाग लिया। भाड़े के सैनिक भी यशस्वी मृत्यु को अपमानजनक जीवन से अच्छा समझने लगे। घमासान युद्ध के पश्चात् मस्सग पर अधिकार कर लिया गया। असंख्य व्यक्ति मारे गए। दीर्घकालीन किलेबन्दियों के बाद औरनॅस, बजीरा और ओरा या दिर्ता के नगरों पर भी सिकन्दर ने विजय पाई। पहाड़ी प्रदेशों में अपनी स्थिति सुदृढ़ करने के बाद सिकन्दर ने सिन्धु को पार करने का निश्चय किया। ओहिन्द के स्थान पर एक पुल बनाया गया जो फ़ाउचर के अनुसार अटक से 16 मील ऊपर था। बहुत बड़े पैमाने पर सिकन्दर ने देवताओं को बलि दी और 30 दिन के लिए अपनी सेना को विश्राम दिया। ओहिन्द के स्थान पर ही सिकन्दर ने तक्षशिला के राजा आम्भी के एक राजदूत का स्वागत किया। आम्भी ने सिकन्दर को आत्मसमर्पण कर दिया और कुछ उपहार भी भेजे।

ओहिन्द से सिकन्दर तक्षशिला की ओर चला। जब वह वहाँ से चार-पाँच मील ही था तो आम्भी उसका स्वागत करने को आया। आम्भी ने सिकन्दर को अपना अधिराज स्वीकार किया और सिकन्दर ने भी उसके साथ आदर का व्यवहार किया। तक्षशिला में अभिसार जाति के शासक ने अपने प्रतिनिधि भेजकर अधीनता मान ली।

हाइडेस्पेस का युद्ध (Battle of Hydaspes)—झेलम प्रदेश के राजा पोरस को भी आत्मसमर्पण करने के लिए कहा गया लेकिन उसने इन्कार कर दिया। अरियन ने लिखा है कि पुरु या पोरस के पास 30,000 पैदल सैनिक, 4,000 अश्वारोही, 300 रथ और 200 हाथी थे। सिकन्दर और पोरस की सेनाएँ हाइडेस्पेस या झेलम नदी के आर-पार एक-दूसरे के सामने आईं। सिकन्दर ने अनुभव किया कि शत्रु के विरोध के कारण नदी को पार करना सम्भव नहीं था इसलिए उसने एक योजना बनाई। यूनानी सैनिकों ने बहुत जोर की आवाज की और पोरस की सेना को यह प्रकट किया कि वे उसके सामने ही नदी को पार करेंगे। वास्तव में रात के समय उस स्थान से 16 मील ऊपर नदी को पार किया गया और सिकन्दर ने पोरस की सेना पर अकस्मात् आक्रमण कर दिया। पोरस आश्चर्यचकित हो गया पर वह वीरता के साथ लड़ा। लेकिन वह परास्त हो गया और घायल भी हुआ और उसे बन्दी बना लिया गया। कहा जाता है कि जब पोरस को सिकन्दर के सामने लाया गया और उससे पूछा गया कि उसके साथ कैसा व्यवहार किया जाए तो पोरस ने गर्वपूर्ण शब्दों में "राजा की तरह व्यवहार करने" की माँग की। सिकन्दर उसके व्यक्तित्व से अत्यन्त प्रभावित हुआ और उसने पोरस का राज्य वापस लौटा दिया लेकिन पोरस ने सिकन्दर को अपना अधिराज मान लिया। अपनी विजय के उपलक्ष्य में सिकन्दर ने झेलम के तट पर बूकफाला (Boukephala) और निकैया (Nikaia) नामक नगरों की स्थापना की।

सिकन्दर ने अकेसिन्ज या चनाब को पार किया और चनाब तथा रावी के बीच के प्रदेशों में रहने वाली जातियों को विजय किया। रावी को पार करके उसने कथेयोई जाति पर विजय पाने की तैयारी की। कथेयोई या कथा जाति "अपने साहस के लिए सर्वप्रसिद्ध थी।" घमासान युद्ध के पश्चात् उनकी राजधानी संगला पर अधिकार कर लिया गया। 17,000 व्यक्ति मारे गए और 70,000 बन्दी बना लिए गए। सौभूति जैसे पड़ोसी नगरों में आतंक की लहर दौड़ गई और उन्होंने बिना अधिक विरोध के आत्मसमर्पण कर दिया।

व्यास या हाइफ़ेसिस पहुँच कर सिकन्दर की सेनाओं ने आगे बढ़ने से इन्कार कर दिया। सिकन्दर ने अपने सैनिकों से अत्यन्त हृदयद्रावक शब्दों में प्रार्थना की लेकिन उन पर कुछ प्रभाव न पड़ा। अन्त में सेनापति कोयनस ने, जिसने पोरस के विरुद्ध युद्ध किया था, यह उत्तर दिया, "जब थैस्सालियन (Thesalians) और युद्ध करने के योग्य न रहे तो आपने उन्हें वापस घर भेज दिया।.........शेष यूनानियों में से कुछ उन नगरों में बस गए हैं जिनकी आपने स्थापना की, लेकिन वे सब वहाँ रहने के इच्छुक नहीं हैं; बाकी लोग हमारे साथ कठिनाइयों का सामना कर रहे हैं। उन्होंने और मकदूनिया की सेना ने युद्ध में बहुत से सैनिक खो दिए हैं, कई घावों के कारण अयोग्य हो गए हैं; बहुत से यूनानियों को एशिया के विभिन्न भागों में छोड़ दिया गया है लेकिन अधिकांश बीमारी के शिकार हो गए हैं। इतनी बड़ी सेना में से बहुत थोड़े सैनिक बच रहे हैं और उनका भी पहले की तरह वह शारीरिक बल नहीं है और उनकी आत्माएँ तो और भी खिन्न हैं। आप स्वयं देख लीजिए हमारे साथ कितने मकदूनियन और यूनानी आए थे और कितने बाकी रह गये हैं।" उसने अपना भाषण इन शब्दों में समाप्त किया : "सम्राट! सफलता के उमड़ते हुए समुद्र में संयम एक उत्तम गुण है, क्योंकि यद्यपि इतनी बड़ी सेना के नेता होकर किसी मानवीय शत्रु से डरने की आवश्यकता नहीं, लेकिन ईश्वर की क्रोधाग्नि को कोई नहीं जानता और उससे बचना मनुष्य के लिए सम्भव नहीं है।"

कोयनस के भाषण का सभी यूनानी सैनिकों ने जोरदार समर्थन किया और इन परिस्थितियों के अधीन सिकन्दर ने 326 ई०पू० में वापस लौटने का आदेश दे दिया। वापस जाने से पहले व्यास के तट पर बारह विशाल वेदियों का निर्माण किया गया। अरियन ने लिखा है : "सिकन्दर ने अपनी सेना को बारह भागों में बाँटा और उन्हें बारह वेदियाँ बनाने को कहा। वे ऊँचे-ऊँचे स्तम्भ थे, ऊँचाई में अन्य विजय स्तम्भों के बराबर थे लेकिन चौड़ाई में अधिक थे ताकि उन्हें उन देवताओं को धन्यवाद देने के लिए प्रयोग किया जा सके जिन्होंने सिकन्दर की विजय के पथ पर इतनी दूर तक सहायता की थी। वे सिकन्दर की सफलताओं के स्मारक भी थे। उनके बनने के बाद उसने विधिवत् आहुति दी और उसके बाद व्यायाम और अश्वारोहण के खेल हुए।"

वापसी (Retreat)—सिकन्दर सारे भारत पर ही विजय पाना चाहता था लेकिन उसे व्यास से ही वापस लौट जाना पड़ा। इसका एक कारण यह था कि उसके सैनिक स्वदेश लौटना चाहते थे। उन्होंने अपना देश कई वर्ष पूर्व छोड़ा था और अपने सम्बन्धियों से मिलने के लिए वे बहुत आतुर थे। पंजाब में उन्हें जिस विरोध का सामना करना पड़ा उससे उन्हें ज्ञात हो गया होगा कि भविष्य में उन्हें किस प्रकार के युद्ध लड़ने होंगे। पंजाब में यूनानियों को थोड़ी-थोड़ी भूमि के लिए लड़ना पड़ा। पंजाब के छोटे-छोटे गणतन्त्रीय राज्यों की सेनाएँ भी इतने उत्साह से लड़ीं कि सिकन्दर की सेना को कुछ तो आभास मिला हो होगा कि महापद्म नन्द के अधीन नन्द साम्राज्य से कैसा सामना करना पड़ेगा।

लेकिन सिकन्दर और उसकी सेना व्यास से ही वापस लौट गई। झेलम से सिन्ध तक की यात्रा की तैयारी में काफी समय लग गया। लगभग 2,000 नौकाएँ एकत्र की गईं। 120,000 की सेना ने नदी के दोनों ओर चलना था। सिकन्दर ने अपने साम्राज्य को छः भागों में बाँट दिया। तीन भाग सिंधु से पश्चिम की ओर थे और तीन उसके पूर्व की ओर। तीन पश्चिमी भाग यूनानी थे और तीन पूर्वी भाग भारतीय थे। पेठन को सिन्ध का गवर्नर बना दिया गया। निकेनर को सिन्धु से पश्चिमवर्ती भारत का शासक बना दिया गया। इस प्रदेश में निचली काबुल घाटी और हिन्दूकुश तक के क्षेत्र सम्मिलित थे और इसकी राजधानी पुष्कलवती या चार्सड थी। फिलिप्पस को निकेनर के अधीन कर दिया गया। ऑक्स्येर्ट्स को पैरोपेनिसेडि या काबुल घाटी के प्रान्त का गवर्नर बनाया गया। इसकी राजधानी एक नया नगर थी जिसे ''काकेशस के आधार पर अलैग्जैण्ड्रिया'' कहा गया। सिन्धु से पूर्ववर्ती भागों के शासक थे आम्भी, पोरस और अभिसार देश का राजा। तक्षशिला का राजा आम्भी सिन्धु से हाइडेस्प्स (झेलम) तक राज्य करता था। पोरस हाइडेस्प्स (झेलम) से हाइफ़ेसिस (व्यास) तक राज्य करता था और अभिसार देश का राजा शेष प्रान्त का शासक था।

जब यूनानी सेना रावी नदी के निचले भाग तक ही पहुँची थी तो मिन्टगुमरी और मुलतान जिलों में स्थित मल्लोई और ऑक्सिड्रेकोई गणतन्त्रों के निवासियों ने उन्हें परेशान करना आरम्भ किया। कहा जाता है कि उनकी कुल सैनिक शक्ति 90,000 पैदल सैनिक, 10,000 अश्वारोही और 900 से अधिक रथ थी। उनके ब्राह्मणों ने भी युद्ध में भाग लिया और लड़ते-लड़ते मारे गए। बहुत कम व्यक्ति बन्दी बनाए गए। सिकन्दर को एक गहरा घाव हुआ इसलिए लोगों का अन्धा-धुन्ध संहार हुआ।

जब यूनानी सेना सिन्धु नदी की तराई में पहुँची तो एक बार फिर उपद्रव हुआ। उस प्रदेश के एक शक्तिशाली शासक मूसीकेनस ने सिकन्दर के सम्मुख आत्मसमर्पण करने से इन्कार कर दिया। सिन्ध के गवर्नर ने उससे युद्ध किया और उसे पराजित किया। यूनानी सेनाएँ बढ़ती गईं और पटाला तक पहुँच गईं। यहाँ पर सिकन्दर ने भारत से अन्तिम प्रस्थान की तैयारी की। नीरकस के अधीन सेना का बहुत बड़ा भाग समुद्र के रास्ते भेज दिया। शेष सेना के साथ बलोचिस्तान और ईरान के रास्ते वह स्वयं चल दिया। 323 ई०पू० में वह बगदाद के निकट बेबिलोन पहुँचा जहाँ 33 वर्ष की आयु में उसकी मृत्यु हो गई। ''तेरह वर्ष की अवधि में उसने कई जीवनों की शक्ति को भर दिया था।''

सिकन्दर की मृत्यु के पश्चात् (After Alexander's Death)—कहा गया है कि सिन्धु नदी के पश्चिम में यूनानी गवर्नर बहुत ही असुरक्षित थे। सबसे पहले कन्धार ने विद्रोह किया। अश्वकायणों ने यूनानी शासक निकेनर की हत्या कर दी। फिलिप्पस भारत में यूनानी अधिकारियों में सबसे अनुभवी था। इसलिए उसे निकेनर के स्थान पर नियुक्त कर दिया गया। लेकिन उसका भी वध कर डाला गया। अरियन ने लिखा है कि यूनानियों और मकदूनियनों की परस्पर ईर्ष्या के कारण फिलिप्पस की हत्या हुई। लेकिन इसका कारण विदेशी राज्य के प्रति लोगों की घृणा भी थी। फिलिप्पस का वध भारत में यूनानी राज्य के लिए घातक सिद्ध हुआ। फिलिप्पस को भारत में यूनानी साम्राज्य का स्तम्भ बताया गया है। कहा गया है कि जब 325 ई०पू० में उसकी हत्या हुई तो उस समय भी सिकन्दर वापस आकर परिस्थितियों को ठीक करने में समर्थ था। लेकिन उसने ऐसा नहीं किया और केवल तक्षशिला के राजा को कहा कि ''फिलिप्पस से राज्य के प्रशासन को उस समय तक सम्भाले जब तक उस पर शासन के लिए वह किसी दूसरे अधिकारी को न भेज दे।'' लेकिन किसी अधिकारी को न भेजा गया और तक्षशिला का राजा उस प्रदेश का भी शासक बना रहा। इस प्रकार तक्षशिला के शासक का राज्य सिन्धु नदी से पार काबुल घाटी और हिन्दूकुश तक फैल गया। अब यूडेमस (Eudamus) ही एकमात्र यूनानी प्रतिनिधि

भारत में रह गया था। वह पुष्कलवती में सैनिक टुकड़ी का अधिकारी था। इसके अतिरिक्त वह "बिखरे हुए यूनानी और मैसेडोनियन सैनिक दस्तों का सेनापति भी था और सभी यूनानी नागरिकों पर उसे अधिकार प्राप्त था।"

जब 323 ई०पू० में बेबिलोन में सिकन्दर की मृत्यु हुई तो उसके साम्राज्य में विप्लव हो गया। उसके सेनानायकों ने उसके साम्राज्य को आपस में बाँटने का निश्चय किया। 321 ई०पू० में साम्राज्य का दूसरी बार विभाजन हुआ। उस समय सिन्धु नदी से पूर्व का कोई भी क्षेत्र यूनानी साम्राज्य का अंग न समझा गया। सिन्ध के यूनानी गवर्नर पेठन (Peithon) को सिन्ध से हटा कर सिन्धु और पैरोपैनिसेडि के बीच के क्षेत्र का अधिकारी बना दिया गया। यूडेमस (Eudamus) भारत में एकमात्र यूनानी प्रतिनिधि था। साम्राज्य में उसकी कोई सरकारी स्थिति नहीं थी। इसलिए विभाजन के समय इसकी ओर कोई ध्यान न दिया गया। सम्भवत: वह सिन्धु और हाइडेस्प्स (झेलम) की घाटियों में रहने वाले यूनानियों का प्रमुख बन गया। लेकिन 317 ई०पू० में अपने मुख्य यूमीन्ज की एण्टिगोनस के विरुद्ध सहायता करने के लिए भारत छोड़ गया। युद्ध में उसकी मृत्यु हो गई। पेठन भी अपना प्रान्त छोड़कर वापिस चला गया और उसका भी वही हाल हुआ। गज़ा की लड़ाई में युद्ध करते-करते वह भी डिमीट्रियस के साथ ही मारा गया। भारत में कोई भी यूनानी शासक न रहा।

जस्टिन (Justin) का मत है कि "सिकन्दर की मृत्यु के बाद भारत ने विदेशी अधीनता का अन्त कर दिया और उसके शासकों को मार डाला। इस स्वाधीनता का आयोजक सैण्ड्रोकोट्टस (Sandrocottus) था। वह निम्न जाति का था लेकिन दैवी साहस से राजसी शक्ति प्राप्त करने की लालसा रखता था। उसने बातचीत करने के साहसी ढंग से सिकन्दर को अप्रसन्न कर दिया और मृत्युदण्ड की आज्ञा मिलने पर भागकर ही अपनी प्राण रक्षा की। थकावट के बाद जब वह सो रहा था तो एक बहुत बड़ा शेर उसके पास आया और उसके शरीर से बहते हुए पसीने को उसने चाट लिया; फिर उसे जगा कर चला गया। इस चमत्कार से पहली बार उसके मन में राजसी सम्मान प्राप्त करने की लालसा जाग उठी और डाकुओं के एक झुण्ड को इकट्ठा करके उसने वर्त्तमान (यूनानी) शासक को खदेड़ देने के लिए उन्हें प्रेरित किया। कुछ समय पश्चात् जब वह सिकन्दर के सेनानायकों से युद्ध करने जा रहा था तो एक बहुत बड़ा जंगली हाथी स्वयमेव उसके सामने आ गया और पालतू जानवर की तरह उसे अपनी पीठ पर बैठा युद्ध में उसका प्रदर्शक और स्वयं सजग करने वाला बन गया। इस प्रकार सिंहासन प्राप्त करके सैण्ड्रोकोट्टस उस समय भारत का अधिपति था जब सेल्यूकस अपनी भावी महत्ता के बीज बो रहा था।" इससे स्पष्ट है कि चन्द्रगुप्त मौर्य के नेतृत्व में भारतीयों ने यूनानियों की दासता से भारत को मुक्त किया।

भारतीयों की पराजय के कारण (Causes of Defeat of Indians)—कभी-कभी यह प्रश्न किया जाता है कि सिकन्दर के अधीन यूनानी सेना भारतीयों के विरुद्ध क्यों सफल हुई। डॉ० वी०ए० स्मिथ का विचार है : "हिमालय से समुद्र तक सिकन्दर की विजयी यात्रा से यूरोपीय दक्षता और अनुशासन के समक्ष सबसे बड़ी एशियाई सेनाओं की आन्तरिक कमज़ोरी का प्रमाण मिलता है।" लेकिन अधिक उपयुक्त विचार यह है कि पंजाब के प्रजातन्त्रीय राज्यों की सेनाएँ अपनी वीरता और साहस होने पर भी अयोग्य नेतृत्व के कारण परास्त हो गईं। उनमें संगठन नाम-मात्र ही था। निर्देशन की एकता नहीं थी। साधनों को एकत्र नहीं किया गया था। परिणाम यह हुआ कि एक-एक करके सभी राज्य पराजित हो गए। अलग-अलग लड़ने की अपेक्षा यदि वे शत्रु का संगठित होकर सामना करते तो सम्भवत: आक्रमणकारी को खदेड़ दिया जाता। इसकी पुष्टि इस बात से होती है कि चन्द्रगुप्त मौर्य के नेतृत्व में जब भारतीयों ने यूनानियों को भारत से बाहर निकालने का संकल्प किया तो वे पूर्णत: सफल हुए। भारतीय सेनाओं की आन्तरिक दुर्बलता की चर्चा करना संगत नहीं है।

सिकन्दर के आक्रमण के प्रभाव (Effects of Alexander's Invasion)—"सिकन्दर के भारतीय अभियान की महत्ता को बढ़ा-चढ़ा कर भी कहा गया है और कम भी किया गया है।" कुछ लेखकों का विचार है कि सिकन्दर के आक्रमण के फलस्वरूप भारत का पूर्ण 'यूनानीकरण' हो गया। कुछ अन्य लेखकों का मत है कि इससे भारत पर कुछ भी प्रभाव न पड़ा। सत्य इन दोनों विचारों के मध्य में है।

(1) हैर नीज (Herr Niese) ने इस बारे में लिखा है कि इसके बाद भारत का सारा विकास सिकन्दर की संस्थाओं पर आधारित था। चन्द्रगुप्त मौर्य ने सेल्यूकस निकेटर की प्रभुसत्ता को स्वीकार किया। इस विचार का किसी अन्य लेखक ने समर्थन नहीं किया। डॉ० वी०ए० स्मिथ का कथन है : "यद्यपि सिकन्दर के आक्रमण की योजना बड़ी सावधानी से बनाई गई थी और इससे स्थायी विजय की आशा की जा सकती थी, तथापि वास्तव में वह एक चढ़ाई मात्र बनकर रह गया। यह आक्रमण बहुत बड़े पैमाने पर सफल तो हुआ, लेकिन भारत पर रक्तपात-पूर्ण युद्धों की स्मृति के अतिरिक्त अन्य कोई भी चिन्ह छोड़ने में समर्थ न हुआ। युद्ध के घाव जल्दी भर गए। ज्यों ही बैलों और किसानों ने धैर्य के साथ फिर परिश्रम करना आरम्भ किया उजड़े हुए खेत फिर लहलहाने लगे और मृतकों के स्थान पर फिर जनता दिखाई देने लगी। भारत का यूनानीकरण न हुआ। वह अपना पृथक् जीवन व्यतीत करता रहा और शीघ्र ही मक्दूनिया के तूफान को भूल गया। भारत का कोई भी हिन्दू, बौद्ध या जैन लेखक सिकन्दर या उसकी कृतियों का संकेत-मात्र भी नहीं करता।" स्मिथ ने यह भी लिखा है कि "सिकन्दर भारत में केवल 19 महीने रहा और उसकी योजनाओं के दूर तक फैलने वाले कुछ भी प्रभाव हों, यह स्पष्टतः असम्भव है कि उन कुछ महीनों में वह भारत में यूनानी संस्थाओं की जड़ स्थायी तौर से जमा देता या हिन्दू समाज या प्रशासन-पद्धति पर कोई विशेष प्रभाव डालता। वास्तव में उसने ऐसा कुछ नहीं किया। उसकी मृत्यु के दो वर्ष के अन्दर-अन्दर सिन्धु घाटी में यूडेमस की छोटी-सी सैनिक टुकड़ी को छोड़ कर, यूनान की सम्पूर्ण शासन-व्यवस्था ही समाप्त हो गई थी। 316 ई०पू० के पश्चात् इसका चिन्ह भी शेष न रहा। भारत पर सिकन्दर के प्रत्यक्ष प्रभाव का यही प्रमाण है कि साल्ट रेंज के मुख्य नगर सौभूति (सोफ़ाइट्स) ने यूनानी प्रभाव के कारण कुछ सिक्के बनाए जो यूनानी सिक्कों की नकल थे। नदियों के रास्ते वापस जाते समय सौभूति को उसने विजित किया था।"[1]

(2) डॉ० राधा कुमुद मुकर्जी का मत इस प्रकार है : "सिकन्दर के आक्रमण से भारतवर्ष के राजनीतिक एकीकरण को प्रोत्साहन मिला। एकीकरण के मार्ग में बाधक पौरव, अभिसार, तक्षशिला इत्यादि राज्य बड़े राज्यों में विलीन हो गए। ये परिस्थितियाँ एक महान् भारतीय साम्राज्य के उदय के लिए अत्यन्त अनुकूल थीं। चन्द्रगुप्त ने शीघ्र ही ऐसे एक साम्राज्य की स्थापना की।"[2]

(3) डॉ० आर०सी० मजूमदार ने इस विषय में लिखा है : "जिन यात्राओं और अभियानों की सिकन्दर ने योजनाएँ बनाईं उनसे उसके समकालीन व्यक्तियों का दृष्टिकोण विकसित हुआ और संचार के नये साधन बने तथा वाणिज्य, व्यापार और समुद्री यात्रा के नये मार्ग खोल दिए। जिन उपनिवेशों की सीमान्त प्रदेश में विदेशियों ने स्थापना की उन्हें मौर्यों ने सम्भवतः पूरी तरह विनष्ट नहीं किया। मगध के महान् सम्राट् के यवन कर्मचारी उसी प्रकार उसकी सेवा में लगे रहे जिस प्रकार वे एकवटान और पर्सपोलिस के महान् सम्राट् की सेवा करते थे। मगध के पतन के पश्चात् यवन साहसिकों ने उत्तर-पश्चिम में अपने राज्य बना लिए।"[3]

(4) पॉल मेसन-और्सेल (Paul Masson-Oursel) और अन्य लेखकों ने लिखा है : "सिकन्दर के भारतीय अभियान की महत्ता को बढ़ा-चढ़ा कर भी कहा गया है और कम भी किया गया है। इसका भारत के भाग्य पर कोई निर्णायक प्रभाव नहीं पड़ा। इसके परिणाम थोड़ी देर तक ही रहे। फिर भी आठ वर्षों के यूनानी आधिपत्य से कई शताब्दियों के युग का आरम्भ हुआ। उन शताब्दियों में यूनानी संस्कृति सभ्यता के क्षेत्र में एक मुख्य अंग रही और भारत के पश्चिमवर्ती प्रदेश में प्रशासन पर भी इसका पर्याप्त प्रभाव पड़ा। भूमध्यसागरीय सभ्यता का पंजाब और मध्य एशिया की सभ्यता से सीधा सम्बन्ध स्थापित हुआ। पूर्व और पश्चिम के मध्य में सैमिटिक बेबिलोनिया और ईरानी साम्राज्य दीवार के रूप में खड़े न रह सके। इन तथ्यों का केवल यूनानी या भारतीय इतिहास में ही नहीं बल्कि विश्व के एक मात्र वास्तविक इतिहास में पर्याप्त महत्त्व है।"[4]

1. Smith, V.A., *Early History of India*, pp. 177-8 and 252-3.
2. Mookerji, R.K., *Hindu Civilisation*, pp. 294-5.
3. Majumdar, R.C., *Advanced History of India*, p. 69.
4. Paul Masson-Oursel, *Ancient India and Indian Civilization*, p. 34.

(5) प्रो० एच०जी० रॉलिन्सन (H.G. Rawlinson) ने पंजाब में सिकन्दर के क्षणिक उदय का उल्लेख किया है। वह लिखता है कि उसके आक्रमण का "कोई तात्कालिक प्रभाव न हुआ और अन्य असंख्य आक्रमणों की तरह ही बनकर रह गया। देश में कोई गड़बड़ न हुई। इसका तत्कालीन साहित्य में उल्लेख भी नहीं मिलता। सिकन्दर न तो तैमूर या नादिरशाह की तरह आक्रान्ता ही था और न उसका उद्देश्य केवल लूट-मार था। अरस्तू का शिष्य बनकर उसने पूर्व का पश्चिमीकरण करने का बीड़ा उठाया। वह अपने साथ इतिहासकार और वैज्ञानिक भी लाया ताकि उसकी सफलताओं को लिपिबद्ध किया जाए। वह अपने कार्य को स्थायी बनाने के उद्देश्य से ही आया था। अपने मार्ग में स्थान-स्थान पर उसने सैनिक चौकियाँ बनाईं ताकि उसका संचार का मार्ग खुला रहे। उनमें से कई चौकियाँ अब भी विद्यमान हैं। वह सिन्धु नदी को अपने भारतीय प्रान्तों का मुख्य व्यापारिक और सैनिक मार्ग बनाना चाहता था। यदि वह जीवित रहता तो सम्भवत: सिन्धु नदी के मुहाने पर एक और अलैग्जैण्ड्रिया निस्सन्देह बस गया होता और एशिया माइनर और मिस्र की तरह पंजाब का भी यूनानीकरण हो जाता।"[5]

(6) डॉ० वी०ए० स्मिथ ने लिखा है कि सिकन्दर ने "पूर्व और पश्चिम के बीच की दीवार को तोड़ दिया। संचार के चार रास्ते निकाले, तीन भूमि के रास्ते और चौथा समुद्र का रास्ता। भूमि के ये रास्ते काबुल, बलोचिस्तान में मुल्ला का दर्रा और गैड्रोसिया से होकर निकलते थे। नीरकस ने मकरान के तट के गिर्द घूमकर समुद्री मार्ग को ढूँढ़ निकाला और सिद्ध किया कि स्थानीय जानकारी प्राप्त करने के पश्चात् ऐसे रास्ते में कोई कठिनाइयाँ बाकी नहीं रहतीं।" लेकिन हैवेल (Havell) का विचार है कि सिकन्दर के आक्रमण से पूर्व और पश्चिम के बीच नए मार्ग नहीं खुले। यह काम तो ईरानियों ने ही कर दिया था जिन्होंने सिकन्दर से पहले भी भारत पर आक्रमण किया। ईरानी साम्राज्य का तो एक प्रान्त भी भारत में था।

(7) सिकन्दर द्वारा भारत में स्थापित साम्राज्य अधिक देर न चला। लेकिन बैक्ट्रिया और पार्थिया के यूनानी उपनिवेशों का भारत पर पर्याप्त प्रभाव पड़ा। कनिष्क ने बुद्ध और बोधिसत्त्वों की मूर्तियाँ बनाने के लिए ग्रीको-बैक्ट्रियन कलाकारों को गान्धार बुलाया। इन मूर्त्तियों से यूनानी और भारतीय मूर्ति-कला के मिश्रण का आभास मिलता है। कला के गान्धार स्कूल पर यूनानी प्रभाव से इन्कार नहीं किया जा सकता। उसी प्रकार भारतीय नक्षत्र-विज्ञान पर यूनानी प्रभाव को स्वीकार करना ही पड़ता है। सिकन्दर ने ही "पश्चिमी और मध्य एशिया के जंगलों में यूनानी सभ्यता का बीजारोपण किया जिसने बाद में भारत पर अत्यधिक प्रभाव डाला।"

ई०आर० बेवान (E.R. Bevan) के इस बारे में विचार हैं : "भारत पर यूरोपीय आक्रमण इतना बड़ा था कि उसके बहुत गहरे प्रभाव पड़े। अन्य विदेशी आक्रमणों की भाँति इसने भी आन्तरिक बाधाओं को तोड़ दिया जिनके कारण देश के एकीकरण में रुकावट पड़ रही थी। स्वतन्त्र जातियों के समूह छिन्न-भिन्न हो गए, जिन्होंने दूसरी राजनीतिक प्रणालियों से अलग ही जीवन व्यतीत किया था। छोटे-छोटे राज्य बड़े राज्यों में मिला दिये गए और ऐसा एक बड़ा राज्य सिकन्दर ने पौरव (Paurava) को दिया। कुछ ही वर्ष पश्चात् जब मौर्य सम्राट ने अपने महान भारतीय साम्राज्य की नींव रखी तो सिकन्दर के इस कार्य से पर्याप्त सहायता मिली।"

"सिकन्दर के साम्राज्य के विघटन के साथ ही भारत और यूनान के सम्बन्ध समाप्त नहीं हुए। भारत पर सेल्यूसिड, वैक्ट्रियन या यूनानी सभ्यता के उत्तराधिकारी रोमन साम्राज्य के प्रभाव को सिकन्दर के काम के परिणाम समझा जा सकता है। यदि वे उसके भारत में किये गए काम के परिणाम नहीं थे तो कम से कम ईरान, सीरिया, एशिया माइनर और मिस्र में सिकन्दर द्वारा स्थापित यूनानी सभ्यता के प्रभाव तो थे ही। भारतीय और यूनानी क्षेत्र एक-दूसरे का केवल स्पर्श मात्र ही कर सके और यूनानी तत्त्वों ने जिस प्रकार निकटतर पूर्व में और उससे भी अधिक मध्य युगों में मुस्लिम संसार में जितनी मज़बूती से जड़ें पकड़ीं उस प्रकार उनकी भारत में जड़ें पकड़ने की कोई संभावना ही नहीं थी। लेकिन दो प्रभाव स्पष्ट हैं : गान्धार स्कूल द्वारा लाये गए कलात्मक प्रतीक और यूनानी नक्षत्र-विज्ञान जिसने ईसा पश्चात् चौथी शताब्दी के उत्तरार्द्ध में भारत की देशी प्रणाली का स्थान ग्रहण कर लिया।"[6]

5. Rawlinson, H.G.; *India—A Short Cultural History*, p. 62.
6. *Cambridge History of India*, Vol. I, p. 345.

कई कारण हैं जिनसे सिकन्दर के आक्रमण के स्थायी परिणाम न निकले। एक कारण तो यह था कि समय से पूर्व ही 33 वर्ष की आयु में उसकी मृत्यु हो गई, यदि वह जीवित रहता तो वह भारत में विजित प्रदेशों पर अपना आधिपत्य अवश्य ही जमाए रख सकता। वह नई सेनाएँ लेकर फिर भारत पर आक्रमण कर सकता था, जिस प्रकार मलिक काफूर ने बार-बार दक्षिण पर आक्रमण किये। सिकन्दर भारत में केवल 19 महीने रहा और उस काल में भी युद्ध में व्यस्त रहा। अपनी स्थिति को स्थिर करने का उसे अवसर ही न मिला। चन्द्रगुप्त मौर्य के उदय से भी पंजाब में यूनानी शासन का पतन होना स्वाभाविक था।

Suggested Readings

Buddha Prakash : Studies in Indian History and Civilisation, Chapter II.
Budge, E.A.W. : The History of Alexander, the Great, 1896.
Conningham : Ancient Geography of India.
Majumdar, R.C. : Classical Accounts of India, 1960.
Mcrindle, J.W. : The Invasion of India by Alexander, the Great.
Plutarch : Life of Alexander.
Rapson : Cambridge History of India, Vol. I.
Smith, V.A. : Early History of India.
Smith, V.A. : Oxford History of India.
Tarn, W.W. : Alexander, the Great, 1948.
Tarn, W.W. : Hellenistic Civilisation (London, 1930).

अध्याय

21

चन्द्रगुप्त और बिन्दुसार

(Chandragupta and Bindusara)

मौर्य राजवंश का महत्त्व (Importance of the Mauryan Dynasty)—डॉ० राधा कुमुद मुकर्जी का कथन है कि "मौर्य साम्राज्य का आगमन भारतीय इतिहास की अपूर्व घटना है। जिस कठिन समय में इस वंश ने अपनी नींव को दृढ़ किया, उस समय को देखकर तो सचमुच इसका स्थान बहुत ऊँचा उठ जाता है। समय संकट का था। सिकन्दर का आक्रमण भारत पर हो चुका था। 327-325 ई०पू० तक पंजाब का भाग सिकन्दर के हाथ आ चुका था। इस प्रकार मौर्य वंश को अपनी नींव दृढ़ करने में भारी हिम्मत से काम लेना पड़ा।" डॉ० वी०ए० स्मिथ का कथन है कि "मौर्यों के आगमन के साथ ही इतिहास-क्षेत्र में भी प्रकाश की ज्वलन्त किरण फैलने लगती है। कालक्रम भी प्रायः सुस्पष्ट होने लगा है। भारत के छोटे-छोटे टुकड़ों को मिला कर एक विशाल साम्राज्य अपनी सत्ता को स्थिर करने लगा है। इस साम्राज्य के स्वामी राजा न होकर सम्राट् की पदवी से विभूषित हुए। इन सम्राटों का व्यक्तित्व महान था। समय की धूल ने उसे धुंधला भले ही बना दिया हो। उन्होंने सारे संसार में फैलने वाले धर्मों की सहायता की जिनका प्रभाव आज तक अनुभव किया जा रहा है। भारत ने जो बहुत समय तक अकेला रहा था, विदेशों से अपने नाते केवल मौर्य-वंश के कारण ही जोड़े।"

मौर्य-वंश के पूर्व इतिहास की तिथियाँ विवादास्पद हैं, किन्तु मौर्य-वंश के आगमन के पश्चात् वैसी बात नहीं रही। चन्द्रगुप्त सेल्यूकस का समकालीन था। यूनानी साहित्य के सैण्ड्रोकोट्टस से उसका तादात्म्य मौर्य-वंश के काल-क्रम को स्थिर कर देता है। इसी प्रकार अशोक सैल्यूकस के पोते सीरिया के शासक ऐण्ट्योकस का समकालीन था। इसके अतिरिक्त मौर्यों के राजनीतिक, सामाजिक और धार्मिक इतिहास को लिखने के लिए हमारे पास पर्याप्त सामग्री भी है। यह सामग्री भारतीय और विदेशी स्रोतों से प्राप्त हुई है। किन्तु चन्द्रगुप्त मौर्य के राज्यकाल में हमें जितनी अधिक सामग्री उपलब्ध होती है उतनी सामग्री उसके बाद अकबर के समय तक नहीं मिलती। मौर्यों का राज्य-प्रबन्ध बिलकुल नए ढंग का था। विभागीय व्यवस्था को स्थान दिया गया। सैल्यूकस और सिकन्दर द्वारा भारत पर होने वाले आक्रमणों का लाभ यह हुआ कि भारत पश्चिम के देशों से सम्बन्ध जोड़ सका। मेगस्थनीज़ और डायमेकस जैसे व्यक्ति मौर्य राजधानी में रहे और इसी प्रकार अशोक ने भी अपने प्रचारकों को विदेशों में भेजा। मौर्यों के काल में राष्ट्रीय जीवन का भरपूर विकास हुआ। अशोक ने इस दिशा में अच्छा कार्य किया। इसके अतिरिक्त इस काल में कला को भी प्रोत्साहन मिला। अल्पतन्त्रों और गणतन्त्रों का उन्मूलन कर दिया गया। आर्य और अनार्य के बीच की दीवार तोड़ दी गई थी। इस काल में भारतीय सामाजिक व्यवस्था चरम सीमा को पहुँच चुकी थी।

मौर्यों के इतिहास के स्रोत (Sources of Mauryan History)

(1) **कौटिल्य का "अर्थशास्त्र"** (Kautilya's "Arthasastra")—मौर्यों का इतिहास लिखने की दृष्टि से कौटिल्य का "अर्थशास्त्र" महत्त्वपूर्ण स्रोत है। इस पुस्तक को 15 भागों और 180 उपभागों में बाँटा गया है। इसमें लगभग 6,000 श्लोक हैं। यह पुस्तक 1909 में मिली थी। डॉ० शाम शास्त्री ने इसका सुन्दर अनुवाद किया। यह पुस्तक दर्शन शास्त्र, राज्य-पद्धति या राजनीति पर वाद-विवाद करने की दृष्टिकोण के स्थान पर शासन के हित को दृष्टि में रख कर

लिखी गई है। इसमें तो सरकार सम्बन्धी समस्याओं को तथा युद्ध और शान्ति के समय में राज्य की संस्थाओं को किस प्रकार कार्य करना चाहिए आदि-आदि समस्याओं को सुलझाया गया है।

''अर्थशास्त्र'' के रचयिता के विषय में विवाद (Controversy about its Authorship) :—कौटिल्य के ''अर्थशास्त्र'' की तिथि के सम्बन्ध में विद्वानों के विभिन्न मत हैं। शाम शास्त्री, गणपति शास्त्री, एन०एन० लॉ (N.N. Law), वी०ए० स्मिथ, फ्लीट (Fleet) और जायसवाल (Jayaswal) का मत है कि कौटिल्यकृत ''अर्थशास्त्र'' चन्द्रगुप्त के प्रधान मंत्री द्वारा लिखा गया था किन्तु विण्टरनिट्ज़, जॉली, कीथ और भण्डारकर का विचार है कि इस पुस्तक की रचना अत्यन्त प्राचीनकाल में हुई थी। हो सकता है कि इस पुस्तक की रचना ईसा की आरम्भिक शताब्दियों में हुई हो। उनके अनुसार इस ग्रन्थ की रचना यदि कौटिल्य के हाथों हुई होती तो वह चन्द्रगुप्त का मन्त्री होने के नाते उसके राज्य-विस्तार और उसकी राज्य-पद्धति का वर्णन अवश्य करता। यदि अधिक कुछ नहीं तो उसमें मौर्य वंश का वर्णन तो होता। उनके अनुसार उसके अप्रामाणिक होने में एक और तथ्य यह है कि मेगस्थनीज़ द्वारा वर्णित नगरपालिका मण्डलों और सैनिक मण्डलों का इस ग्रन्थ में कहीं उल्लेख तक नहीं। दूसरी बात यह है कि इस ग्रन्थ में कौटिल्य ने अपने विचारों को अन्य पुरुष की पद्धति से उपस्थित किया है। इससे ज्ञात होता है कि इस ग्रन्थ का वास्तविक लेखक कोई और था। ''अर्थशास्त्र'' से यह ज्ञात नहीं होता कि इस ग्रन्थ का रचयिता राजनीति के क्षेत्र का अच्छा खिलाड़ी रहा होगा। इस बात को कैसे स्वीकार किया जाए कि चाणक्य ने इस ग्रन्थ को लिखा हो और उसमें व्यक्तिगत गन्ध को न आने दिया हो। हाँ, इतना सम्भव है कि कौटिल्य ने राजनीति की सूक्तियों या सूत्रों को एक पुस्तक के रूप में संग्रह करने का कार्य किया हो और ''अर्थशास्त्र'' के लेखक ने अन्य लेखकों के साथ चाणक्य के उद्धरण भी अधिक मान्यता से दिए हों किन्तु यह सिद्ध करने का कोई साधन नहीं है कि यही चाणक्य चन्द्रगुप्त मौर्य का प्रधान मन्त्री भी था।

डॉ० जॉली का विचार है कि अर्थशास्त्र का लेखक एक राजनीतिज्ञ होने की अपेक्षा सिद्धान्तों का निर्माता अधिक था। हो सकता है कि वह किसी छोटी-मोटी रियासत का अधिकारी रहा हो। इस पुस्तक को कौटिल्य की रचना इसलिए बता दिया गया क्योंकि उस मन्त्री के विषय में असंख्य राजनीतिक दन्त-कथाएँ प्रचलित थीं। उसे ही कानून, राज-पद्धति और नीति-शास्त्र सम्बन्धी ज्ञान का ज्ञाता मान लिया गया है। कौटिल्य सम्बन्धी परम्परागत विवरण से कोई ऐसा संकेत भी नहीं मिलता जिससे यह कहा जा सके कि उसने इस प्रकार के साहित्य की रचना की होगी। मेगस्थनीज़ ने इसका वर्णन तक नहीं किया। ''अर्थशास्त्र'' में भारत सम्बन्धी विवरण से तो यह सिद्ध नहीं होता कि इस पुस्तक का लेखक चौथी शती ई०पू० में रहा होगा। पतञ्जलि ने अपने महाभाष्य में मौर्यों और चन्द्रगुप्त की सभा का वर्णन किया है, किन्तु कौटिल्य का कोई उल्लेख नहीं किया। कौटिल्य नाम वास्तव में एक उपनाम है, जिसमें कल्पना और असत्य का पुट अधिक है। अत: ऐसी पुस्तक को किसी राजनीतिज्ञ की कृति कहना उचित प्रतीत नहीं होता।

डॉ० जॉली का विचार है कि ''अर्थशास्त्र'' की रचना तृतीय शती ई० में हुई। उपर्युक्त विद्वान का विचार है कि कौटिल्य और भास का एक पद्य (नवम् श्रवम्) लगभग एक-सा ही है। हो सकता है कि उसने भास के उद्धरणों को ग्रहण किया हो क्योंकि वह तृतीय शती में हुआ था अत: इस बात की सम्भावना हो सकती है। कौटिल्य और याज्ञवल्क्य के नियमों के आधार एक से हैं। कौटिल्य ने तो केवल याज्ञवल्क्य के नियमों को सूत्रों का रूप दिया है। याज्ञवल्क्य तृतीय शती ई० में हुए थे। कौटिल्य के अर्थशास्त्र के समक्ष महाभारत का राजधर्म बिलकुल साधारण और गौण ठहरता है। अर्थशास्त्र में पुराणों का वर्णन है। अत: उसका काल गुप्तकाल के निकट ही ठहरता है। अर्थशास्त्र में कागशास्त्र के अनुच्छेद वैषिक का भी उल्लेख है। इसके अध्ययन से पता चलता है कि अर्थशास्त्र का लेखक संस्कृत व्याकरण और पाणिनि की अष्टाध्यायी की भी अच्छी खासी जानकारी रखता था। इनके अतिरिक्त भविष्यवाणी, ज्योतिष और ग्रहों तक का उपर्युक्त लेखक को ज्ञान था। भवन-निर्माण, खानों की खुदाई, जौहरी विद्या और रसायन शास्त्र के साथ-साथ उसे धातु-शोधन का भी ज्ञान था। ''सुलभ धातु-शास्त्र'' का जिक्र अर्थशास्त्र में हुआ है। ''उसकी यह पुस्तक रचनात्मक बौद्धिक कृति होने की अपेक्षा लम्बी अवधि तक राजनीतिक क्षेत्र में साहित्यिक गतिविधि का परिणाम है। अर्थशास्त्र की आयु बहुत अधिक न बताने का यह एक और कारण है।'' यूनानियों ने कौटिल्य का कोई उल्लेख नहीं किया। अर्थशास्त्र ने रसायन विद्या का उल्लेख किया है, जो वास्तव में बहुत देर बाद की वस्तु है। अर्थशास्त्र में वर्णित भारत की स्थिति न तो मेगस्थनीज़ के विवरण से मेल खाती है और न ही अशोक के शिलालेखों द्वारा उसको प्रामाणिक ठहराया जा सकता है। भारत के जिस चरम उत्कर्ष

का वर्णन कौटिल्य ने किया है वैसी स्थिति का समर्थन अशोक के शिलालेख नहीं कर पाते। अर्थशास्त्र में लिखित लेखों का विवरण है, किन्तु मेगस्थनीज़ के अनुसार भारतीय उस समय तक लिखना जानते नहीं थे। उनके पास लेखन-कला का अभाव था। मेगस्थनीज़ ने जूए और शराब इत्यादि नशीली वस्तुओं पर टैक्स की बात नहीं लिखी, किन्तु कौटिल्य ने इनका उल्लेख किया है। कौटिल्य ने पाटलिपुत्र का जिक्र तक नहीं किया। भौगोलिक दृष्टि से इस पुस्तक की परीक्षा करने से ज्ञात होता है कि इसकी रचना दक्षिण में हुई होगी।

उपर्युक्त मत के विपरीत अर्थशास्त्र के सम्बन्ध में एक मत और है। भारतीय विद्वान अर्थशास्त्र को चार शती ई०पू० की रचना स्वीकार करते हैं। उनका तर्क है कि कौटिल्य का वर्णन भारतीय परम्परा का आवश्यक अंग है, जिसे किसी प्रकार भी त्यागा नहीं जा सकता। जब अनेक प्राचीन लेखकों ने इसका जगह-जगह जिक्र किया है तब इसे क्योंकर त्यागा जा सकता है। ''पञ्चतन्त्र'', कामन्दक, दण्डी और मेधातिथि इत्यादि ने उसका वर्णन किया है। जहाँ तक इस पुस्तक के तथ्यों की मेगस्थनीज़ के तथ्यों से मेल खाने की बात है, हम इम पुस्तक को अप्रामाणिक नहीं कह सकते, क्योंकि मेगस्थनीज़ की कृति अपने वास्तविक रूप में नहीं मिल पाई है। मेगस्थनीज़ की कृति के कुछ अंशों को लेकर किसी प्रकार के तथ्य को स्थिर करना कठिन है। कौटिल्य के प्रति यह कहना कि उसे किसी विशाल साम्राज्य का ज्ञान न था या वह किसी छोटे-से राज्य का कोई अधिकारी था, उचित नहीं है। कौटिल्य ने तो स्वयं लिखा है कि 'चक्रवर्ती क्षेत्र' हिमालय से लेकर महासागर तक नौ हज़ार योजन में फैला हुआ था। चन्द्रगुप्त मौर्य के बहुत से पड़ोसी राज्य उत्तर-पश्चिम और दक्षिण की ओर फैले हुए थे। यह ठीक है कि पतञ्जलि ने कौटिल्य का वर्णन नहीं किया, किन्तु इसका अर्थ यह कदापि नहीं कि उससे पूर्व कौटिल्य था ही नहीं। पतञ्जलि ने तो अशोक, बिन्दुसार और बुद्ध का भी जिक्र नहीं किया। इसका अर्थ यह तो नहीं लिया जा सकता कि ये महान् व्यक्ति उससे पूर्व थे ही नहीं। दूसरी बात यह है कि जब उसे माता-पिता से कौटिल्य नाम ही मिला है तो वह उसे कैसे बदल सकता था। 'कौटिल्य' वास्तव में एक गोत्र है जो परम्परा के साथ चला आ रहा है। 'कौटिल्य' शब्द की व्युत्पत्ति, 'कुटिल' या 'कौटिली' शब्दों से प्रतीत होती है, जिसे कौटिल्य के पूर्वजों ने धारण किया होगा। अतः यह कहना निराधार है कि ''अर्थशास्त्र'' की रचना किसी पण्डित ने की थी।

यह कहा गया है कि 'नवम् श्रवम्' एक ऐसी पद्यात्मक रचना है, जिसका उपयोग युद्ध में वीरों को प्रेरणा देने के लिए किया जाता है। यह उतना ही पुराना है, जितना कि स्वयं इतिहास। इस रचना का आधार एक विश्वास है और वह यह कि विश्वासघाती सैनिक को नरक की कठोर यातनाएँ सहनी पड़ती है। इस बात का कोई प्रमाण नहीं मिलता कि कौटिल्य ने इसे भास से ग्रहण किया था। यह सम्भव है कि उसने इसे प्रचलित स्मरणीय पद्यों से ग्रहण किया हो। कौटिल्य ने जहाँ दो पद्यों को उपस्थित किया है वहाँ भास ने केवल एक ही पद्य लिखा है। अतः ग्रहण करने का प्रश्न ही पैदा नहीं होता।

यह ठीक है कि कौटिल्य के ''अर्थशास्त्र'' और याज्ञवल्क्य की रचना में बहुत कुछ मिलता-जुलता है, किन्तु इसका अर्थ यह कदापि नहीं लिया जा सकता कि कौटिल्य चौथी शती ई०पू० से सम्बन्ध नहीं रखता था। कौटिल्य ने 'युक्त शब्द' का प्रयोग किया है जिसका अर्थ है कर्मचारी। अशोक के शिलालेखों में 'युत' शब्द प्रयोग हुआ है। अशोक द्वारा अंकित इस उपर्युक्त शब्द के अर्थ को तब समझा गया जब ''अर्थशास्त्र'' प्रकाश में आया क्योंकि यह शब्द व्यवहार से बहुत दूर जा चुका था। याज्ञवल्क्य कौटिल्य द्वारा प्रयुक्त इस उपर्युक्त शब्द को समझ न सका। इसीलिए उसने 'योग्य' शब्द की सृष्टि कर डाली। इसी प्रकार याज्ञवल्क्य ने 'अयोग्य' शब्द का भी व्यवहार किया है, जहाँ कौटिल्य ने 'अयुक्त' शब्द का प्रयोग किया है। इस बात का आधार कल्पना ही है कि याज्ञवल्क्य ने कौटिल्य के नियमों को श्लोकों का रूप दिया और कई स्थानों पर उन्हें समझ भी नहीं सका।

धर्मशास्त्रों का सम्बन्ध नैतिकता के नियमों से और ''अर्थशास्त्र'' का सम्बन्ध वित्त के नियमों से होता है। इस बात का कोई प्रमाण नहीं कि ''महाभारत'' में दिया गया राजधर्म अपनी प्राथमिक अवस्था में है। सिद्धान्त विभाग में ये ''अर्थशास्त्र'' में दिए गए नियमों से कहीं अधिक उन्नत हैं।

पुराण प्राचीनतम धर्म-शास्त्र है। ''भविष्य पुराण'' का उल्लेख आपस्तम्ब ने किया है। पार्जिटर का भी यही विश्वास है। 'पुराण' शब्द का व्यवहार ''छान्दोग्य उपनिषद्'' में भी हुआ है।

''वैषिक'' ग्रन्थ की रचना दत्तक ने वात्स्यायन से पूर्व की थी। अतः कहा नहीं जाता कि ''वैषिक'' की रचना 300 ई०पू० नहीं हुई थी। पाणिनि की रचना में कोई ऐसी बात नहीं जो इस तथ्य के विपरीत हो कि कौटिल्य का सम्बन्ध चन्द्रगुप्त मौर्य के समय से था।

शकुन विद्या उतनी ही पुरानी है जितना कि अथर्ववेद। ज्योतिष-शास्त्र का आरम्भ भी अत्यन्त प्राचीनकाल में हुआ था। नक्षत्र-ज्ञान से किसी बात को प्रमाणित नहीं किया जा सकता। धातु-शोधन ज्ञान भी भारत की प्राचीन विद्या है। मौर्यों के काल में ही पाटलिपुत्र में कच्चा लोहा पाया जाता था। डॉ० स्पूनर ने बताया है कि मौर्य काल और उससे पूर्व भी कच्चे शीशे की खोज हो चुकी थी। यजुर्वेद में सात धातुओं का वर्णन है। मौर्य के प्राचीनकाल की कच्ची धातु की ढली हुई मुद्राएँ बिलकुल उसी आकार में मिली हैं, जिस आकार का वर्णन ''अर्थशास्त्र'' में हुआ है।

बारूद से किलों को उड़ाने के लिए सुरंगों का प्रयोग भारत में सिकन्दर के समय में भी होता था। कौटिल्य सिकन्दर के आक्रमण से पहले और बाद दोनों समयों को देख चुका था। अतः उसके लिए इस शब्द का प्रयोग करना स्वाभाविक था।

मेगस्थनीज़ और अशोक के शिलालेखों पर आधारित तर्क के विषय में हमें यह नहीं भूलना चाहिए कि हमारे पास मेगस्थनीज़ की कृति का वास्तविक रूप नहीं है। इसके अतिरिक्त मेगस्थनीज़ ने कहा है कि फासले को जानने के लिए सड़कों पर रजिस्टर रखे होते थे। उसने मील के पत्थरों का भी जिक्र किया है। जातकों में भी लिखित पट्टिकाओं का उल्लेख है। अशोक के शिलालेख ही इस बात का प्रमाण हैं कि उस समय के लोगों के पास लेखन-कला का अभाव न था। पाटलिपुत्र का वर्णन न होने से किसी प्रकार के प्रमाण की कल्पना नहीं की जा सकती। इसके अतिरिक्त कौटिल्य ने काशी, नेपाल, कुकुर, लिच्छवी, मल्ल, पञ्चाल, सौराष्ट्र, कुर, कम्बोज, मद्र इत्यादि का वर्णन भी किया है। इन सब तथ्यों के आधार पर यह कहा जा सकता है कि कौटिल्य का दृष्टिकोण निश्चय ही दक्षिणी न होकर उत्तरी था।

कुछ ऐसे प्रमाण हैं; जो इस सत्य को प्रमाणित करते हैं कि ''अर्थशास्त्र'' की रचना चार शती ई० पूर्व हुई थी। 'युक्त' शब्द का प्रयोग और गणतन्त्रों के प्रति नीति को भौगोलिक क्षेत्र के आधार पर निर्धारित करने का संकेत एकमात्र मौर्यकाल की ओर है। प्रथम शती ई०पू० और प्रथम तथा द्वितीय शती ई० में कोई ऐसा सम्राट् नहीं हुआ, जिसने विदेह से अफ़गानिस्तान तक राज्य किया हो। अन्य किसी शासक के लिए 'संघवृत्त' नीति का कौटिल्य द्वारा प्रयोग होना सम्भव नहीं था। 'युग' शब्द जिसका अर्थ है पाँच वर्ष, केवल ''ज्योतिष वेदांग'' में ही मिलता है, आरम्भिक शताब्दियों के साहित्य में इस शब्द का पता नहीं चलता। कौटिल्य के समय में वर्षाकाल का आरम्भ श्रावण मास में होता था। इसी तथ्य से पता चलता है कि कौटिल्य चार शती ई०पू० रहा होगा। आजकल वर्षा ऋतु का आरम्भ आषाढ़ के मध्य में जाकर होता है। प्रत्येक शती के बाद ऋतु एक दिन पीछे चली जाती है। कन्निंघम ने लिखा है : ''इस अन्तर के परिणामस्वरूप आज की अपेक्षा सिकन्दर और अशोक के समय में वर्षाकाल एक मास पूर्व आरम्भ होता होगा।'' पतंजलि ने कहा है कि मौर्य स्वर्ण के शौकीन थे। इधर ''अर्थशास्त्र'' में लिखा है कि मौर्यों ने धन एकत्र करने के लिए पूजा के स्थानों का निर्माण कराया था। इस प्रकार पतंजलि और कौटिल्य एक दूसरे का समर्थन करते प्रतीत होते हैं। जैन, ब्राह्मण और बौद्ध साहित्य निश्चयात्मक रूप से बताते हैं कि कौटिल्य चन्द्रगुप्त मौर्य का मन्त्री था। बौद्ध और जैन ग्रन्थों ने कौटिल्य को धोखेबाज़ कहकर पुकारा है। उनके उसे धोखेबाज़ कहने का आधार यह है कि वह धन के लालच में पड़कर मुद्राओं में खोट अधिक मिला दिया करता था और हर अनुचित ढंग से धन की इच्छा करता था। इससे ज्ञात होता है कि कौटिल्य नाम का कोई व्यक्ति अवश्य था। पुराणों ने उसे अत्यन्त योग्य मन्त्री कह कर पुकारा है। इस प्रकार जहाँ तक कौटिल्य के चन्द्रगुप्त के काल से सम्बन्धित होने का प्रश्न है पुराण, बौद्ध और जैन ग्रन्थ एक मत हैं। यदि पुराणों को प्रामाणिक मान लिया जाये तो फिर झगड़ा ही खत्म हो जाता है। ''अर्थशास्त्र'' के अन्तिम से पहले श्लोक में लेखक का नाम आया है। यह श्लोक कामन्दक से पूर्व भी इसी तरह पुस्तक में रहा होगा, क्योंकि कामन्दक ने इसका वर्णन अपनी पुस्तक में किया है। कामन्दक ने स्पष्ट शब्दों में कहा है कि ''अर्थशास्त्र'' का लेखक कौटिल्य ही था। पुराणों ने चन्द्रगुप्त का दूसरा नाम नरेन्द्र बताया है। पुस्तक में न केवल लेखक का नाम ही है बल्कि उस समय के राजा के नाम को भी दे दिया गया है। प्राचीन मौर्य साम्राज्य में विदेशों से आयात-निर्यात चलता था। प्रमुख व्यापार महाविसी से होता था। अफ़गानिस्तान से द्राक्षासव (शराब), सिबी, मेकल और मगध से नाप-तौल के साधन इत्यादि मँगाये जाते थे। गान्धार की निन्दा करने वालों को दण्ड दिये जाते थे, आदि-आदि बातों

का पता एक योग्य मन्त्री को ही हो सकता था। उपर्युक्त विवरण के ''अर्थशास्त्र'' में होने से कौटिल्य की मौर्यकाल में विद्यमानता की पुष्टि होती है।

भारतीय लेखकों की यह प्रवृत्ति रही है कि वे लेखन कार्य करते समय अपने आपको उत्तम पुरुष बहुवचन में रखने के स्थान पर अन्य पुरुष एकवचन में ही रखते हैं। अतः कौटिल्य का अपने आपको अन्य पुरुष एकवचन के रूप में उपस्थित करना उचित ही था। इस आधार को लेकर उसके ''अर्थशास्त्र'' की रचना करने में सन्देह करना एक भारी भूल होगी।

यह सत्य है कि कौटिल्य का ''अर्थशास्त्र'' राज्य के विभिन्न विभागों के अधीक्षकों को दृष्टि में रखकर लिखा गया था। अतः हो सकता है कि इसीलिए ही पंचायतों को छोड़ दिया गया हो कि वे अधिकारी वर्ग से मुख्यतः सम्बन्धित न थीं।

कौटिल्य ने सामाजिक अवस्था का चित्रण करते हुए विधवा-विवाह, तलाक और प्रौढ़ विवाह का उल्लेख किया है। मौर्यकाल में था भी यही कुछ। अतः इस दृष्टि से भी कौटिल्य का मौर्यकाल में विद्यमान होना प्रामाणिक ठहरता है।

कौटिल्य के ''अर्थशास्त्र'' में बौद्धों के प्रति सम्मान के भाव को नहीं दर्शाया गया है। इस बात की भर्त्सना की गई है कि लोग एकांतवासी संन्यासी बनकर घर-गृहस्थी से मुख मोड़ लें। इससे प्रतीत होता है कि ''अर्थशास्त्र'' के समय में बौद्ध धर्म ने इतना ज़ोर नहीं पकड़ा था। तब तक इस धर्म में इतनी शक्ति न थी कि लोग उसके प्रभाव में आकर घरों को छोड़कर संन्यासी या एकान्तवासी बन कर 'संघों' में रहते। ''अर्थशास्त्र'' की टिप्पणी में लिखा है कि इस ग्रन्थ की रचना निश्चित रूप से उसी कौटिल्य ने की है, जिसने देश को नन्द राजाओं के क्रूर पंजे से मुक्ति दिलाई थी। चन्द्रगुप्त मौर्य के मन्त्री के अतिरिक्त और किसी भी व्यक्ति द्वारा इस ग्रन्थ के लिखे जाने का संकेत नहीं मिलता।

कुछ ऐसे ठोस आधार अवश्य हैं; जिनको कौटिल्य और मेगस्थनीज़ दोनों ने स्वीकार किया है। मेगस्थनीज़ ने नगर-अधिकारियों और ग्राम-अधिकारियों की चर्चा की है। ठीक इसी प्रकार कौटिल्य ने 'दुर्ग' और 'राष्ट्र' का जिक्र किया है और 'नागरिक' यथा 'समाहर्त्ता' के कर्त्तव्यों को स्पष्ट किया है। नगर और सेना में निभाये जाने वाले प्रशासनिक कर्त्तव्यों से कौटिल्य पूर्णतः परिचित था। इस सम्बन्ध में उसने लिखा भी है। हाथियों, घुड़सवारों, पैदल सेना, रथ-सेना इत्यादि का उसने जिक्र किया है। अधिकारियों की संख्या अधिक थी ताकि षड्यन्त्र या किसी अन्य प्रकार की कुत्सित घटना राज्य में न घट सके। अधिक अधिकारियों की आवश्यकता इसलिए बताई गई कि यदि वे संख्या में अधिक होंगे तो एक दूसरे पर नियन्त्रण रख सकेंगे और इस प्रकार शत्रु से मिलकर षड्यन्त्र करने की सम्भावना बहुत कम रह जायेगी। हमें भूलना न चाहिए कि कौटिल्य का ''अर्थशास्त्र'' राज्य-पद्धति के विषय को लेकर लिखी गयी एक मानक पुस्तिका है। इसे आधार मानकर कोई भी स्वतन्त्र राष्ट्र अपना कार्य चला सकता है। मेगस्थनीज़ ने भी अपनी पुस्तक में उस राजनीतिक ढाँचे का वर्णन किया है, जिसे उसने लगभग 300 ई०पू० स्वयं देखा था। इतने लम्बे-चौड़े यूनानी साम्राज्य के बारे में मेगस्थनीज़ का अपना विचार भी रहा होगा, क्योंकि देखा गया है कि उसने अपने से पूर्व सिकन्दर के साथ भारत आने वाले यूनानी लोगों के भारत सम्बन्धी विवरणों की जहाँ-तहाँ आलोचना भी की है। ''यदि हम कौटिल्य और मेगस्थनीज़ दोनों के अन्तर और दृष्टिकोणों की दृष्टि से दोनों को समझने की चेष्टा करें तो सम्भव है कि मेगस्थनीज़ और कौटिल्य के सम्बन्ध में हम स्टाइन से भी कहीं अधिक पारस्परिक समानता पा सकें। इस ढंग से भूमि का स्वामित्व, दासता, सामाजिक संगठन, न्याय सम्बन्धी कार्यक्रम और प्रशासनिक प्रबन्ध आदि-आदि विषयों के बारे में अच्छी खासी जानकारी प्राप्त की जा सकती है।''

जब हम इस प्रकार का अध्ययन कर चुकेंगे तो हो सकता है कि हमें यह कहना पड़े कि कुछ भी हो कौटिल्य के ''अर्थशास्त्र'' का सम्बन्ध मौर्यकाल से अवश्य रहा है और कौटिल्य के विचारों को निश्चय ही इस पुस्तक में स्थान दिया गया है। हाँ, इतना हम स्वीकार कर सकते हैं कि सम्भवतः बाद के युगों में इसमें कुछ परिवर्तन किये गये।

अर्थशास्त्र का विषय (Contents of the "Arthasastra")—जहाँ तक ''अर्थशास्त्र'' के विषय का प्रश्न है, इसमें राजनीति पर लिखने वाले प्राचीन लेखकों का भी उल्लेख हुआ है। लेखक ने निरंकुश राज्य का सविस्तार वर्णन किया है। लिच्छवियों और अन्य गणतन्त्रीय समुदायों का वर्णन उसने साधारण रूप से किया है। कुछ प्रथाओं के अधीन निरंकुश राजा की शक्ति पर सीमा लगा दी जाती थी, जैसे ब्राह्मणों के सम्मान की बात। ब्राह्मणों को बड़ी और भयंकर सजाओं से

मुक्ति प्राप्त थी। किन्तु देश-द्रोही ब्राह्मण को दूसरे लोगों की तरह आग में जलाने का दण्ड न देकर पानी में डूब जाने की सज़ा दी जाती थी। कुछ अपराध ऐसे भी थे, जिनके करने पर ब्राह्मण के मुख को गरम लोहे से दाग दिया जाता था और तत्पश्चात् उसे देश से निकाल दिया जाता था या जीवन भर के लिए उसे खानों या सुरंगों में भेज दिया जाता था। किन्तु यातनाओं द्वारा ब्राह्मणों और संन्यासियों से पाप या अपराध स्वीकार कराने की प्रथा न थी।

कौटिल्य इस बात में विश्वास नहीं करता कि शान्ति सदा बनी रह सकती है। उसका विचार है कि जो भी बल में अधिक होगा वह युद्ध चाहेगा। बलवान राजा शान्ति सन्धि को तोड़ सकता है। कौटिल्य के अनुसार एक राजा जिस सीमा तक का स्वामी है उसे उस सीमा से पार के क्षेत्र के राजा को अपना शत्रु समझना चाहिए। यदि समान बल वाला राजा शान्ति को बनाए रखना न चाहे तो उसे उतनी ही यन्त्रणा देनी चाहिए जितनी कि स्वयं उसने दी है। शक्ति ही दोनों राजाओं को शान्ति स्थापित करने के लिए विवश करती है। जिस प्रकार दो लोहे खूब गर्म होकर ही आपस में जुड़ पाते हैं ठीक उसी तरह दो शक्तिशाली राजा परस्पर शान्ति-सन्धि को बनाए रखने की चेष्टा करते हैं। कौटिल्य का विचार है कि षड्यन्त्र की निपुणता शक्ति और जोश से कहीं अधिक महत्त्व की वस्तु है।

लेखक बतलाता है कि किसी भी व्यक्ति पर विश्वास नहीं किया जाता था। सभी सरकारी विभागों में और जनता के बीच भी गुप्तचरों की आवश्यकता बनी रहती थी। लेखक ने गुप्तचरों के विभिन्न प्रकारों का उल्लेख किया है। ये गुप्तचर सांकेतिक अक्षरों का प्रयोग करते थे और गुप्त सन्देशों को उचित स्थान पर भेजने के लिए कबूतरों को पास रखते थे। गुप्तचर विभाग का नियन्त्रण पाँच गुप्तचर संस्थान करते थे और गुप्तचरों की रिपोर्टों की जाँच भी करते थे।

कौटिल्य के अनुसार मन्त्री (अमात्य) की अपेक्षा राजा की विपत्ति अधिक गम्भीर है। राजा ही मन्त्री, पुरोहित और सेवकों को नियुक्त करता है। अधीक्षकों की नियुक्ति भी वही करता है। वही दुःखों का निवारण करने वाला है। यथा राजा तथा प्रजा। राजा राष्ट्र का सर्वोच्च अधिकारी है। वह स्वयं शासन है। राष्ट्र की सभी शक्तियाँ उसमें ही निहित हैं। राष्ट्र के मित्रों और शत्रुओं पर विजय पाने के कुछ उपाय कौटिल्य ने स्वयं बताए हैं। कौटिल्य ने लिखा है कि गुप्तचरों के दल विभक्त होने चाहिएँ। इन्हें तीर्थ स्थानों और सामूहिक स्थानों में विवाद करते रहना चाहिए। एक गुप्तचर को चाहिए कि वह राजा की प्रशंसा करे और दूसरे को चाहिए कि वह राजा की निन्दा करे।

कौटिल्य का कहना है कि लोगों ने अराजकता से तंग आकर सूर्य के पुत्र मनु को अपना राजा स्वीकार कर लिया था (मात्स्यन्याय अभिभूतः)। इतना ही नहीं, उन्होंने अपनी उपज का $\frac{1}{6}$ भाग और व्यापार का $\frac{1}{10}$ भाग तथा इसी प्रकार स्वर्ण की कुछ राशि उस राजा के लिए नियत कर दी थी। केवल राजा ही प्रजा की समृद्धि और सुरक्षा की सृष्टि कर सकता है। अतः एक साधु को भी अपनी भिक्षा का $\frac{1}{6}$ भाग राजा के लिए देना होता है। राजा की स्थिति इन्द्र और यम से किसी प्रकार कम नहीं। राजा के प्रति निकृष्ट भावना को धारण करने वाले को ईश्वर दण्ड देता है। वे लोग, जो राजा की निन्दा करते हैं, उनका विरोध अवश्य किया जाना चाहिए। लोगों का यह कर्त्तव्य है कि वे राजा की निन्दा न होने दें।

कौटिल्य ने स्पष्ट कहा है कि राजा प्रजा से कर इसीलिए लेता है कि यह उसका अधिकार है, क्योंकि वह प्रजा का पालन करता है। ईश्वर की ओर से राजा पर इस बात का उत्तरदायित्व है कि वह प्रजा के प्रति अपने कर्त्तव्य को ठीक प्रकार निभाये। वह इसीलिए जनता से कर लेता है।

राजा को चाहिए कि वह स्त्रियों को किसी प्रकार का आघात न पहुँचाए, दूसरों की सम्पत्ति का हरण न करे और असत्य, अभिमान तथा इसी कोटि की अन्य दूषित क्रियाओं को दूर से ही नमस्कार करे।

उसे चरित्रवान बन कर ही जीवन और राज्य का उपभोग करना चाहिए। राजा की शिक्षा और उसका आत्म-संयम उसे सफल शासक बनाने वाले साधन हैं।

कौटिल्य का कहना है कि राजा को मन्त्रियों से विचार करने के पश्चात् ही राज-कार्य चलाना चाहिए। कौटिल्य ने अमात्यों की योग्यताओं की ही चर्चा की है। इस दिशा में उसने अमात्य को योग्यता को पहचानने के लिए चार कसौटियाँ स्थिर की हैं : भय, गुण, धन और कानून। कौटिल्य ने नागरिक सेवा पर अधिक बल दिया है :— "सत्ता की रक्षा केवल

सहायकों से ही हो सकती है अकेला चक्र भी नहीं चलता। अतः राजा को चाहिए कि वह मन्त्रियों को नियुक्त करे और उनके परामर्श को सुने।''

मन्त्रि-परिषद् के सम्बन्ध में कौटिल्य अन्य लेखकों के विचार देता है, किन्तु परिषद् का विस्तार परिस्थितियों, राज्य-विस्तार और अन्य कारणों से किया जा सकता है।

कौटिल्य राजा को आदेश देता है कि वह अग्निकांड, ववण्डर, मंहामारी, अकाल, चूहों, सर्पों और असुरों से प्रजा की रक्षा करे। इस प्रकार लेखक ने प्राचीन अन्धविश्वासों का भी पर्याप्त परिचय दिया है। कौटिल्य के अनुसार राजा को दुःखियों के दुःखों को पिता की तरह दूर करना चाहिए। उसने गुप्तचरों की सहायता से अपराधियों को पकड़ने के तरीके बताए हैं।

कौटिल्य को भारत का मैक्यावली कहा गया है। लेखक प्रायः लोगों के हित को दृष्टि में रख कर बहुत ही अन्यायपूर्ण नियमों की सृष्टि उचित अनुचित का ध्यान न रख कर करता है। दण्ड के सम्बन्ध में कौटिल्य का अपना अलग विचार है। वह कहता है कि अधिक और भयंकर दण्ड देने वाला राजा लोगों की दृष्टि में अत्याचारी बन जाता है और जो कम दण्ड देता है, लोग उसे दबा लेते हैं, किन्तु जो राजा दण्ड को दण्ड समझ कर ही अपराधियों को दण्डित करता है उस राजा का मान होता है। यदि दण्ड उचित रीति से दिया जाये तो लोग धनवान, गुणवान और आशावादी प्रकृति के होते हैं, किन्तु जो राजा लोभ और क्रोध के वश में होकर उपर्युक्त नियम का उल्लंघन करना है उस राजा का यह कार्य गृहस्थी तो क्या एक फ़कीर तक के मस्तिष्क में तनाव ला देता है। यदि लोगों को दण्ड देना बिलकुल ही बन्द कर दिया जाए तो अराजकता (मात्स्य न्याय) फैलने का भय रहता है। राजा की अनुपस्थिति में बलवान दुर्बल को दबा लेता है, किन्तु इसके विपरीत यदि दुर्बल को राजा का संरक्षण प्राप्त हो तो वह दुर्बल होने पर भी बलवान को दबा सकता है।

कौटिल्य का विचार है कि ''राजा को व्यक्तिगत रूप से भिन्न धर्मावलम्बियों, देवताओं और ब्राह्मणों की ओर ध्यान देना चाहिए। पवित्र स्थानों, अवयस्कों, बूढ़ों, दुःखियों, असहायों और स्त्रियों की सहायता करनी चाहिए। समय और विषय की गम्भीरता के अनुसार उसे अन्य कार्य करने चाहिए और किसी भी समय इन कर्त्तव्यों को टालने की चेष्टा नहीं करनी चाहिए, क्योंकि एक बार टाल देने से उन्हें फिर करना बहुत ही कठिन या असम्भव हो जाता है।''

कौटिल्य ने राजनीतिज्ञों का ध्यान प्रशासन के 18 विभागों की ओर आकर्षित किया है : राजस्व, राजकोष, भण्डार, शस्त्रशाला, लेखा, कृषि, कारागार, खानें, धातुएँ, टकसाल, नमक, वन, पशु, चरागाहें, पारपत्र, जहाजरानी, बन्दरगाहें, वाणिज्यि-व्यापार, व्यापार-मार्ग, सीमा शुल्क, सीमान्त प्रदेश, आबकारी, नाप-तौल, बुनाई-कताई, धार्मिक-संस्थाएँ, गुप्तचर विभाग इत्यादि।

कौटिल्य ने वेतन का विवरण भी दिया है। युवराज को 48,000 पण वार्षिक से लेकर साधारण मज़दूर को 60 पण वार्षिक तक मिलने चाहिए। यह कहा गया है कि एक पण का मूल्य लगभग एक शिलिंग के बराबर था।

कौटिल्य ने वित्त व्यवस्था पर अधिक बल दिया है। वह लिखता है—''सभी विभाग धन पर ही अवलम्बित हैं। अतः कोष की ओर अधिक ध्यान दिया जाना चाहिए।'' कृषि अधीक्षक को इस बात की आज्ञा थी कि वह सिंचाई (Irrigation) के विभिन्न प्रकारों से सम्बन्धित विभिन्न प्रकार की भूमियों को अलग-अलग निर्धारित करे। समय-समय पर आवश्यकता के अनुसार राजा की भलाई के लिए प्रजा को परोपकार के भाव से राजा के प्रति शुभ-कामना को व्यक्त करना होता था। कौटिल्य ने उन मार्गों का भी वर्णन किया है, जिनके द्वारा राजा आवश्यकता पड़ने पर धन प्राप्त कर सकता है। उसने बताया है कि ''यदि धनियों पर कर अधिक लगा दिया जाये तो वे अपने आप ही कमज़ोर हो जायेंगे और इस प्रकार उनका संचित धन राजा के कठिन समय में काम आ सकेगा।'' कौटिल्य ने लिखा है कि ''धनवान व्यक्तियों को चाहिए कि वे अधिक से अधिक जितना धन राजा को दे सकें दें। वे लोग जो अपने आप या राजा की भलाई के लिए उसे कुछ धन या स्वर्ण देंगे उन्हें सरकारी छत्र, सरकारी पगड़ी या सरकारी आभूषण दिए जायें।''

कौटिल्य ने अपराध स्वीकार कराने के लिए बल प्रयोग (torture) की बात कही है। ''जिनका अपराध प्रमाणित हो चुका हो उन्हें अवश्य यातना दी जानी चाहिए।'' कौटिल्य ने दण्ड के अठारह प्रकार और कोड़े मारने के सात प्रकारों

का उल्लेख किया है। कभी-कभी अपराधी को ''उपर्युक्त एक या सभी प्रकार की यातनाओं को सहना होता था।'' स्त्रियों को ''निश्चित दण्ड से आधा दण्ड मिलता था।''

प्रोफ़ेसर के०ए०एन० शास्त्री और डॉ० बागची का कहना है कि ''अर्थशास्त्र'' में जिस प्रशासन का चित्र हमारे सम्मुख प्रस्तुत किया गया है उसे पैतृक प्रशासन कहा जा सकता है। यह एक ऐसी शासन-प्रणाली थी, जिसमें धर्म और रिवाजों को विशेष सम्मान प्राप्त था। इस प्रकार की सरकार पर संघों, निगमों और निकायों का विशेष सम्मान प्राप्त था। इस प्रकार की सरकार पर संघों, निगमों और निकायों का विशेष नियन्त्रण था। कुछ पक्षों में इस प्रकार की शासन-प्रणाली तत्कालीन-विदेशी, विशेषकर यूनानी शासन-प्रणालियों से भी प्रभावित हुई थी और वास्तव में उसका सम्बन्ध ईरान के ऐकमैनिड साम्राज्य की शासन-प्रणाली से स्थापित किया जा सकता है, किन्तु शासन-प्रणाली के वे विदेशी तत्त्व समय के साथ विनष्ट हो गए और मौर्य काल में उनका सर्वथा लोप हो गया। मौर्य काल की भाँति मौर्य शासन-प्रणाली भी बाहर से लाई गई थी जिसने स्वाभाविक विकास का मार्ग रोक दिया, हालाँकि अपने समय में दोनों ने ही पर्याप्त सफलता प्राप्त की। यह ठीक है कि ''अर्थशास्त्र'' कहीं-कहीं लोगों की नैतिकता के विरुद्ध जाता सा प्रतीत होता है, किन्तु इतने पर भी उसकी विद्वता और मानवता से इन्कार नहीं किया जा सकता। कुछ भी हो, तत्कालीन शासन-प्रणाली में जन-कल्याण की भावना का स्थान सबसे ऊँचा था। विधि एवं शान्ति को सभी प्रकार अक्षुण्ण रखा जाता था। शान्ति-प्रिय लोगों की रक्षा और अशान्ति-प्रिय लोगों को दण्ड की प्रथा उस समय की शासन-प्रणाली की आत्मा थी। कौटिल्य ने उस राजा की कभी उपेक्षा नहीं की, जो योग्य, शक्तिशाली, क्रियाशील और उपयोगी है। बड़े दुःख की बात है कि अशोक के पश्चात् मौर्य वंश में उपर्युक्त गुण-सम्पन्न राजा जन्म न ले सके। राजा को लक्ष्य करके कौटिल्य ने जो बातें कही हैं, उनसे पता चलता है कि कौटिल्य एक आदर्श राजा में किन-किन गुणों को देखना चाहता था। कौटिल्य का कहना है कि राजा को चाहिए कि वह अपने स्वार्थों से ऊपर उठ कर प्रजा के हित की चिन्ता करे और प्रजा के सुख-दुःख को अपना सुख-दुःख समझे। 'प्रजासुखे सुखम् राज्ञः, प्रजानाञ्च हिते हितम्, नात्मप्रियम् हितम् राज्ञः, प्रजानाम् तु प्रियं हितम्।' अर्थात् प्रजा का सुख ही राजा का सुख है। प्रजा की भलाई में ही राजा की भलाई है। राजा का कल्याण उसके अपने सुख में नहीं बल्कि उसकी प्रजा के सुख में है।''

(2) **मेगस्थनीज़ की ''इण्डिका''** ("Indica" of Megasthenes)—मौर्य काल की जानकारी का दूसरा स्रोत है मेगस्थनीज़ द्वारा लिखित ''इण्डिका''। मेगस्थनीज़ ने अपने समय के भारत के विषय में बहुत कुछ लिखा है। यह दुःख का विषय है कि ''इण्डिका'' आज हमें अपने वास्तविक रूप में नहीं मिलती। यूनानी लेखकों द्वारा उद्धृत उसके कुछ उद्धरण इधर-उधर पुस्तकों में देखने को मिलते हैं। डायोडोरस (Diodorous) ने अपने पाठकों को समझाने के लिए ''इण्डिका'' के कुछ उद्धरणों को प्रस्तुत किया है। हो सकता है कि उद्धृत करते समय वे विकृत हो गए हों अथवा ऐसा करते हुए ऐतिहासिक तत्त्व उसमें से छूट गए हों, जिनका ऐतिहासिक दृष्टि से बड़ा भारी महत्त्व होता है। इस बात को कभी भी स्वीकार नहीं किया जा सकता कि मेगस्थनीज़ की ''इण्डिका'' कल्पना और तत्त्व का संग्रह मात्र है। डॉ० जॉली (Jolly) का कथन है कि ''मेगस्थनीज़ ने अन्य देशों की संस्थाओं को भी बड़ी स्वतन्त्रता के साथ भारत से जोड़ दिया है, जैसे मिस्र की सप्तम श्रेणी प्रथा तथा ईरान के मील के पत्थर।'' कहा जाता है कि मेगस्थनीज़ भारत की किसी भाषा का ज्ञाता न था। इसके अतिरिक्त वह पाटलिपुत्र की शाही सड़क और पंजाब प्रदेश से ही परिचित था। दूसरी बात यह है कि भारत में बहुत ही थोड़े समय के लिए रहा। अतः उसके द्वारा दी गई भारत सम्बन्धी जानकारी प्रयोग करते समय हमें अपनी बुद्धि और अपने ज्ञान का आश्रय लेना चाहिए। विदेशी होने के नाते हो सकता है कि वह यहाँ की संस्थाओं और प्रथाओं का पूर्ण ज्ञान प्राप्त न कर सका हो। यह भी हो सकता है कि वह विशेष भारतीय नामों को समझ ही न पाया हो। इस बात की भी सम्भावना है कि विदेशी कान भारतीय शब्दों के उच्चारण की थाह को न पा सके हों। जब वह बहुत समय बाद ''इण्डिका'' को लिखने बैठा हो सम्भवतः वह शब्दों के शुद्ध उच्चारण और वर्ण-विन्यास को भूल गया हो। एक तर्क और है कि जिन लेखकों ने ''इण्डिका'' के उद्धरण अपनी पुस्तकों में प्रस्तुत किए हैं, वे भी शायद उन्हें ठीक प्रकार समझ न पाये हों।

उपर्युक्त सभी बातों को स्वीकार कर लेने पर भी हमें यह मानना पड़ेगा कि मेगस्थनीज़ ने अपने समय का अच्छा चित्रण किया है। डॉ० स्मिथ का कथन है कि ''कुछ भी हो, मेगस्थनीज़ की लेखनी विश्वसनीय है। उसने जो कुछ देखा

है वह लिखा है। उसके द्वारा लिखित चन्द्रगुप्त का सैनिक और सामाजिक प्रशासन विश्वसनीय है। उसे बिना किसी हिचकिचाहट के स्वीकार कर लेना चाहिए। यह ठीक है कि मेगस्थनीज़ का भारत सम्बन्धी विवरण स्वतन्त्र पुस्तक के रूप में न मिलकर अनेक अंशों में मिला है फिर भी वे अंश इतने महत्त्वपूर्ण हैं कि उनसे चन्द्रगुप्त मौर्य के सम्बन्ध में पर्याप्त और विस्तृत जानकारी प्राप्त होती है। इन अंशों की सहायता से ही चन्द्रगुप्त मौर्य के शासन-काल तथा तत्कालीन संस्थाओं का सूक्ष्म दर्शन किया जा सकता है। मेगस्थनीज़ ने जितनी सामग्री प्रदान की है इतनी या इससे अधिक सामग्री देने वाला कोई व्यक्ति रानी एलिजाबेथ के समकालीन अकबर के काल तक हुआ ही नहीं।''

मेगस्थनीज़ बताता है कि राजा की रक्षा के लिए अंगरक्षकों के स्थान पर अंगरक्षिकाएँ हुआ करती थीं। उसे हर समय अपने जीवन का भय लगा रहता था। अत: वह एक ही स्थान पर लगातार दो रातों तक नहीं सोया करता था। राजा के प्रथम पुत्र को ही उसके बाद गद्दी पर बैठाया जाता था। राजा शिकार का बड़ा शौकीन था और शिकार के कार्यक्रम को बड़ी धूमधाम से संचालित किया जाता था। राजा देश में दूर-दूर तक हाथी पर चढ़कर शिकार किया करता था। ऐसे अवसरों पर स्त्रियाँ ही उसकी अंगरक्षिकाएँ हुआ करती थीं। ये अंगरक्षिकाएँ सशस्त्र होती थीं। इस शाही जलूस के लिए सड़कों के दोनों ओर रस्से लगा दिए जाते थे, जिन्हें पार करने का अर्थ मौत था। अर्थात् लोग उन्हें पार नहीं कर सकते थे। राजा की शान और उसका तेज महान् था। शान और सौन्दर्य में शाही महल अनुपम था। सूसा और एकबटान के महल उसके सामने कुछ न थे। इसके मुलम्मेदार स्तम्भों पर सोने की बेलें चढ़ी थीं। चाँदी के पक्षियों को उन पर सजाया गया था। बड़े-बड़े उद्यानों और उपवनों में भवनों का निर्माण हुआ था। इन भवनों के आस-पास विभिन्न ताल थे, जिनमें मछलियाँ तैरा करती थीं। उनके आस-पास की सजीली झाड़ियों और वृक्षों ने उन्हें घेर रखा था। विलास-क्रीड़ा के सभी साधन प्राप्त थे। चिरमचियों और अन्य सोने के बर्तनों का ही प्रयोग होता था। नक्काशी के काम से सुसज्जित मेंजें और कुर्सियाँ अपनी अलग शान दिखाती थीं। भारतीय ताँबे के बर्तनों में कीमती पत्थर जड़े होते थे। सार्वजनिक सभाओं में बेलबूटेदार वस्त्रों का प्रयोग होता था।

राजा मोतियों से सज्जित सोने की पालकी में बैठकर लोगों को दर्शन दिया करता था। इस समय उसने मलमल के वस्त्र धारण किए होते थे, जो सुनहरी और बैंजनी रंग के धागों से कढ़े होते थे। राजा को जब थोड़ी यात्रा करनी होती थी तब वह घोड़े की सवारी करता था और जब उसे दूर की यात्रा करनी होती थी तब वह हाथी की सवारी करता था। वह पशुओं का बड़ा शौकीन था। बैलों, मेढ़ों, हाथियों तथा अन्य पशुओं की लड़ाइयाँ उसे बहुत प्रिय थीं। लोगों में शस्त्र-संचालन और व्यायाम सम्बन्धी प्रतियोगिताएँ बहुत होती थीं। बैलों की दौड़ें भी होती थीं।

मेगस्थनीज़ बतलाता है कि युद्ध-काल में युद्ध-कार्यालय के तीस सदस्य हुआ करते थे और इसके छ: मण्डल हुआ करते थे। प्रत्येक मण्डल में पाँच व्यक्ति हुआ करते थे। पहले मण्डल का सम्बन्ध नौसेना से था। दूसरे मण्डल का कार्य था सेना को रसद पहुँचाना। सेना के परिवहन सम्बन्धी कार्यों को भी यही मण्डल सम्पन्न करता था। नगाड़ा बजाने वालों, अश्वपालकों, घास काटने वालों, यान्त्रिकों आदि का प्रबन्ध भी यही मण्डल करता था। मेगस्थनीज़ का कहना है कि इस मण्डल के अन्य कर्त्तव्य इस प्रकार थे—''इस मण्डल को उन बैलगाड़ियों का प्रबन्ध करना होता था, जिनमें युद्ध-सामग्री लाद कर उपयुक्त स्थान पर पहुँचा दी जाती थी। सैनिकों की खुराक और पशुओं के चारे का प्रबन्ध भी इसी मण्डल को करना होता था। इसके अतिरिक्त अन्य अनेक सैनिक आवश्यकताओं की पूर्ति भी इसी मण्डल को करनी होती थी। ढोल पीटने वालों और घड़ियाल उठाने वालों का प्रबन्ध भी यही मण्डल करता था। अश्वों के लिए अश्व-पालक, यान्त्रिक और उनके सहायकों को भी यही मण्डल जुटाता था। घड़ियालों की ध्वनि को लक्ष्य करके ये चारा इत्यादि लाने के लिए व्यक्तियों को भेजते थे। दण्ड और पुरस्कार की पद्धति से काम निश्चित रूप से और शीघ्र हो जाया करता था।''

तीसरे मण्डल का प्रबन्ध पैदल सेना से था। चौथे मण्डल का सम्बन्ध अश्वारोही सेना से था। पाँचवें मण्डल का सम्बन्ध युद्ध-रथों से और छठे मण्डल का सम्बन्ध हाथियों से था।

योद्धाओं के शस्त्रों के बारे में अरियन का कथन है कि ''पैदल सेना का हथियार था तीर-कमान। ये कमानें सैनिक के कद के बराबर हुआ करती थीं। वे इस प्रकार की कमानों को पृथ्वी पर टिका कर बायें पैर से उसे दबाया करते थे। इस प्रकार तीर छूट जाया करता था। इस प्रकार के तीरों को कोई सह नहीं सकता था। ये तीर ढालों और कवचों को भी

पार कर जाया करते थे।'' हर पैदल सैनिक के पास तीन हाथ लम्बी और चौड़े फल की एक तलवार भी हुआ करती थी। घुड़सवार प्राय: दो बरछे और छोटी ढाल रखते थे।

पाटलिपुत्र का प्रबन्ध तीस सदस्यों का एक आयोग करता था। इस आयोग के छ: मण्डल (Boards) थे और हर मण्डल में पाँच सदस्य थे। प्रथम मण्डल औद्योगिक-कला का प्रबन्ध करता था। यही मण्डल वेतन-स्तर निश्चित करता था। यह मण्डल इस बात पर बल देता था कि उद्योग में शुद्ध कच्चे माल का प्रयोग हो। राज्य कारीगरों की रक्षा करता था। कारीगर की आँख या उनके हाथ को नुकसान पहुँचाने वाले व्यक्ति को राज्य की ओर से भारी दण्ड दिया जाता था।

दूसरे मण्डल के सदस्यों का यह कर्त्तव्य था कि वे विदेशियों के लिए निवास का प्रबन्ध करें, उनका ध्यान रखें, उन्हें देश में संरक्षण प्रदान करें। यदि वे बीमार हो जायें तो उनकी चिकित्सा और सेवा-शुश्रूषा का प्रबन्ध करें। यदि दैववश उनकी मृत्यु हो जाए तो उनके मृत-शरीर को दफ़नाने का प्रबन्ध करें। इसके अतिरिक्त उनका यह भी कर्त्तव्य था कि वे विदेशियों के माल-असबाब की रक्षा करें और उनका ब्यौरा अपने पास रखें।

तीसरा मण्डल मृत्यु और जन्म के आँकड़ों को क्रमिक रूप से अपने पास रखता था। इस क्रम से सरकार को जानकारी प्राप्त होती थी और कर इत्यादि के लगाने में सुविधा रहती थी।

चौथे मण्डल का सम्बन्ध वाणिज्य और व्यापार से था। इस मण्डल के सदस्य बिक्री पर नियन्त्रण रखते थे और इस बात पर बल देते थे कि नाप-तौल की वस्तुओं पर सरकारी मोहर अवश्य लगी हो। व्यापारियों को कर (लाइसैंस-टैक्स) देना होता था। जो व्यापारी दो प्रकार के व्यापार करता था, उसे दुगुना कर देना पड़ता था।

पाँचवें मण्डल का सम्बन्ध निर्मित वस्तुओं की देख-भाल से था। कानून की यह माँग थी कि पुरानी वस्तुओं को नई वस्तुओं से बिलकुल अलग रखा जाए। इस नियम का उल्लंघन करने वाले को जुर्माना देना होता था।

छठे मण्डल का कर्त्तव्य धर्म-शुल्क (Tithe) एकत्र करना था। इस शुल्क के देने में छल-कपट से काम लेने वाले व्यक्ति को मृत्यु-दण्ड दिया जाता था।

इन उपर्युक्त कर्त्तव्यों के अतिरिक्त नगरपालिका सदस्यों का कार्य था कि वे नगर की देखभाल करें। बाजारों, मन्दिरों, बन्दरगाहों और सार्वजनिक कार्यों पर भी इन सदस्यों का नियन्त्रण हुआ करता था।

मेगस्थनीज़ हमें बतलाता है कि पाटलिपुत्र गंगा और सोन नदी के संगम पर स्थित था। यह नगर नौ मील लम्बा और एक मील चौड़ा था। इसके चारों ओर साठ फुट गहरी और दो सौ गज चौड़ी खाई थी। सम्पूर्ण नगर के चारों ओर मोटी लकड़ी का एक विशाल कटघरा था। इसमें स्थान-स्थान पर मोर्चे बने थे, जिनमें से तीर छोड़े जा सकते थे। इसके चौंसठ द्वार और पाँच सौ सत्तर बुर्ज थे।

मेगस्थनीज़ बतलाता है कि भारत की जनता सात श्रेणियों में बँटी थी। दार्शनिक पहली श्रेणी में आते थे। ये संख्या में थोड़े थे, किन्तु इनका स्थान अन्य श्रेणियों से ऊँचे दर्जे का था। ये लोग लोक-कर्त्तव्यों से मुक्त थे। दार्शनिकों की दो श्रेणियाँ थीं— 'ब्रैकामेन' और 'सारमेन'। 'सारमेन' शब्द जैसे कि मेगस्थनीज़ ने उसका प्रयोग किया है, तपस्वियों के लिए प्रयुक्त होता था। इनमें से जिनका अधिक सम्मान होता था उन्हें ह्यालोबिओई कह कर पुकारा जाता था। इन्हें वनवासी कहकर भी पुकारा जाता था। ''ये जंगलों में रहते थे। पत्ते और जंगली फल इनका आहार था। वृक्षों की छाल से ये अपने शरीर को ढका करते थे। ये ब्रह्मचर्य का पालन करते थे।'' 'ब्रैकामेन' सुख-सुविधा एवं निश्चिन्तता का जीवन व्यतीत करते थे और मलमल के वस्त्रों का उपयोग करते थे। इनका काम पुरोहिताई करना था। इनकी योग्यता कभी-कभी राजाओं के लाभ का कारण भी बनती थी। प्रत्येक वर्ष राजा एक विशाल सभा बुलाया करता था। इस सभा में दार्शनिक निमन्त्रित किये जाते थे और इन दार्शनिकों से आशा की जाती थी कि वे अपने उपलब्ध ज्ञान की गंगा बहा कर लोगों का कल्याण करें। पशु-धन और कृषि-सम्बन्धी जानकारी का प्रसार करके देश को ऊँचा उठाएँ। ऐसी सभाओं में दार्शनिक लोग एकत्र जनता को आगामी अनावृष्टि, वर्षा, उपयोगी हवाओं, बीमारी और अन्य आवश्यक, किन्तु भविष्यगर्भित बातों से पहले ही परिचित करा देते थे। ''इसका फल यह होता था कि राजा और प्रजा आने वाली आपत्ति का सामना करने के लिए तैयार हो जाते थे। 'सारमेन' पुरोहित होने का साथ-साथ वैद्यों का कार्य भी करते थे। वे औषधि-प्रयोग की अपेक्षा उचित

भोजन पर अधिक बल देते थे। यदि उन्हें औषधि का प्रयोग करना ही होता था तो वे उन औषधियों का प्रयोग करते थे, जो केवल शरीर पर लगाई जाती थीं।''

दूसरी श्रेणी खेतों में काम करने वाले लोगों (Husbandmen) की थी। ये लोग युद्ध तथा लोक-सेवा से मुक्त थे। इस प्रकार ये अपना अधिक-से-अधिक समय कृषि-कार्य में व्यतीत करते थे। इन्हें भूमि-कर राजा को देना होता था क्योंकि सम्पूर्ण भूमि राजा की सम्पत्ति समझी जाती थी। कोई भी भूमि का स्वामी न था। दूसरी श्रेणी वालों को भी भूमि की उपज का चौथा भाग कर के रूप में राजा को देना होता था।

तीसरी श्रेणी का सम्बन्ध गडरियों (Herdsmen) से था। प्राय: गडरिये एक स्थान पर स्थिर न रह कर खेमों में रहते थे।

चौथी श्रेणी का सम्बन्ध कारीगरों से था। इनमें से कुछ शस्त्रकार थे और कुछ का कार्य कृषकों के लिए औज़ार बनाना था। यह श्रेणी अपनी आजीविका राजकोष पर निर्भर रहकर चलाती थी। शस्त्रकारों और पोत-निर्माताओं को वेतन और भोजन सरकार से ही मिलता था। वे केवल सरकार के लिए ही कार्य करते थे।

पाँचवीं श्रेणी सेना थी। यह श्रेणी सुसंगठित और युद्ध के लिए तैयार रहती थी। संख्या की दृष्टि से इसका दूसरा स्थान था। किन्तु शान्ति के समय में यह आलस्य और मनोरंजन में डूब जाया करती थी। इसका व्यय राजा के सिर पड़ता था।

छठी श्रेणी का सम्बन्ध ओवरसीयरों (Overseers) से था। इस श्रेणी का कार्य देशभर की जाँच-पड़ताल और प्रबन्ध करना था। इस श्रेणी के लोग राजा या न्यायाधीश को अपनी रिपोर्ट भेजा करते थे। इस श्रेणी में योग्य और विश्वसनीय व्यक्तियों को ही लिया जाता था।

सातवीं श्रेणी में निर्धारक (Assessors) और सभासद (Councillors) होते थे। इनका कार्य था लोगों के सम्बन्ध में विचार-विमर्श और चर्चा करना। संख्या की दृष्टि से तो यह श्रेणी अत्यन्त छोटी थी, किन्तु इस श्रेणी का चरित्र और बुद्धि-बल अनुपम था। राजा भी इस श्रेणी के लोगों से सलाह लिया करता था। सेनानायक मुख्य न्यायाधीश और पंच जैसे महत्त्वपूर्ण व्यक्तियों को इसी श्रेणी में से चुना जाता था।

मेगस्थनीज़ का कहना है कि जाति की दीवार को तोड़कर किसी अन्य जाति में विवाह करने की आज्ञा किसी को भी न थी। इसी प्रकार कोई भी व्यक्ति अपने पैतृक व्यवसाय को छोड़कर अन्य व्यवसाय नहीं अपना सकता था। कोई सैनिक न तो दार्शनिक बन सकता था और न ही कृषक या कारीगर।

मेगस्थनीज़ ने बताया है कि भारतीय स्मृति-स्तम्भों (Memorials) में विश्वास नहीं करते थे। उनका विचार था कि किसी व्यक्ति की मृत्यु के पश्चात् उन गुणों का गान कर लेना ही पर्याप्त है जिन्हें उसने अपने जीवन-काल में प्रदर्शित किया है। बस इतने से ही उसकी स्मृति बनी रह सकती है। भारतीय बड़े ही मितव्ययी थे। इस दृष्टि से उन लोगों का स्थान और भी उच्च है। यौद्धा भीड़-भड़क्के और अनुशासनहीनता के आदी नहीं थे। चोरी बहुत कम होती थी। मेगस्थनीज़ बतलाता है कि चन्द्रगुप्त मौर्य के कैम्प में भी चार लाख लोग इकट्ठे रहते थे। वहाँ चोरी की घटनाएँ बहुत ही कम होती थीं। इतने लोगों के बीच एक दिन की चोरी कुल मिलाकर दो सौ दीनार से अधिक न होती थी। यह उपर्युक्त विशेषता उन लोगों में थी, जिनके कानून लिखित न थे।

भारतीय लोग लेखन कला से परिचित न थे। वे अधिकतर अपनी स्मृति पर ही निर्भर रहते थे। सरल होने के कारण वे प्रसन्न रहते थे। वे केवल यज्ञ इत्यादि के अवसरों पर ही मादक द्रव्य का सेवन करते थे। वे जौ की शराब के स्थान पर चावलों की शराब पीते थे। चावलों का गाढ़ा रस उनका मुख्य भोजन था।

नदी या समुद्र के किनारों पर बने मकान ईंटों के न होकर लकड़ी के बने होते थे। ऐसे मकानों को थोड़े समय के लिए बनाया जाता था। शेष सभी नगर पत्थरों और ईंटों के बने थे।

मेगस्थनीज़ लिखता है कि भारत के नियम बहुत ही सरल थे। लोग अदालतों में बहुत कम जाया करते थे। अमानत और प्रतिज्ञा सम्बन्धी झगड़े बहुत कम हुआ करते थे। गवाहियों और मोहरों की उनके निकट कोई महत्ता न थी। वे एक-दूसरे पर विश्वास करके अमानत रखते थे। उनकी वस्तुएँ खुलेआम पड़ी होती थीं किन्तु चोरी न होती थी।

भारतीयों में अलग-अलग भोजन करने की प्रथा थी। उनके भोजन का समय निश्चित न था। वे भूख लगने पर खाते थे। सार्वजनिक भोज नहीं होते थे। सत्य और गुण का सभी जगह मान था। बुद्धिमान और अनुभवी वृद्धों को विशेषाधिकार दिए जाते थे। भारतीयों में बहु-विवाह प्रथा थी। किन्तु एक व्यक्ति की अनेक स्त्रियों में से एक सहधर्मिणी और शेष विलास के लिए हुआ करती थीं। परिणाम यह होता था कि भारतीय अपने घरों को बच्चों से भर दिया करते थे। लोग सोने की तार की कढ़ाई के वस्त्र पहनते थे। इन वस्त्रों पर कीमती पत्थर भी लगे होते थे। कपड़े महीन मलमल के बने होते थे। भारतीय जब चलते थे तब उनके पीछे-पीछे छत्रधारी सेवक चलते थे। इन छत्रों की छाया उन पर पड़ती थी। सौंदर्य का उनके निकट महत्त्वपूर्ण स्थान था। अत: अपने को आकर्षक बनाने की उन्हें अधिक चिन्ता रहती थी।

भारतीय न तो सूदखोर थे और न ही उन्हें मालूम था कि किस प्रकार उधार लिया जाता है। वे न तो किसी का बुरा करते थे और न ही किसी का बुरा सहते थे। इसी प्रकार न वे ठेका करते और न ही उन्हें जमानत की जरूरत पड़ती थी।

राजा युद्ध-काल में तथा लोगों का फ़ैसला करने के लिए राजमहल का त्याग कर दिया करता था। वह दिनभर कार्य में लगा रहता था। यज्ञ और शिकार के समय भी वह बाहर जाया करता था। मेगस्थनीज़ ने अनेक भारतीय राजाओं का उल्लेख किया है। वह बतलाता है कि शाही लोगों की चिन्ता वे स्त्रियाँ करती थीं, जिन्हें उनके माता-पिता से मोल लिया गया होता था। यदि कोई स्त्री राजा को नशे की अवस्था में मार देती तो वह उसके उत्तराधिकारी की पत्नी बन जाती थी।

मेगस्थनीज़ लिखता है कि कुछ राज्याधिकारियों के अधीन बाज़ार, कुछ के अधीन नगर और कुछ के अधीन सिपाही थे। कुछ अधिकारी नदियों का प्रबन्ध करते थे। कुछ का कार्य जलमार्गों की देखभाल करना और भूमि की नाप करना था। ये भूमि के स्वामियों से कर उगाहते थे। लक्कड़हारों और बढ़इयों से भी कर लिया जाता था। ये सड़कें बनवाते थे और सड़कों पर दूरी बताने के लिए स्तम्भ लगवाते थे। इन स्तम्भों के बीच का फासला 1940 गज़ हुआ करता था। मेगस्थनीज़ ने उस सड़क का उल्लेख किया है जो सीमान्त से पाटलिपुत्र तक चली गई थी। इस सड़क की देखभाल का भार एक विशेष सरकारी विभाग को सौंपा गया था।

मेगस्थनीज़ लिखता है कि सोना, चाँदी, ताँबा, लोहा और कली उस समय की प्रमुख धातुएँ थीं। मेगस्थनीज़ ने सोना खोदने वाली कीड़ियों की बड़ी ही रोचक कथा लिखी है। वह लिखता है कि भारतीयों का मुख्य भोजन गेहूँ और चावल था। यहाँ फलों की कमी न थी। जीवन-निर्वाह के साधनों की कमी न थी। भारत में अकाल थे ही नहीं। कृषक धनी थे। घोड़ों, गधों, ऊँटों, हाथियों और चीतों की सवारी की जाती थी। सिन्ध और गंगा की नदियाँ बहुत महत्त्वपूर्ण थीं, किन्तु इनके अतिरिक्त और नदियाँ भी थीं।

मेगस्थनीज़ बतलाता है कि भारतीय पुनर्जन्म में विश्वास करते थे। उसने लिखा है कि सिकन्दर तक्षशिला में मन्दामिस नाम के साधु से मिलने गया था किन्तु उसने उससे मिलने से इन्कार कर दिया था। वह लिखता है कि भारतीय उस प्रकार का व्यायाम करते थे, जिनमें अंग रगड़ खाते थे। उसने यह भी बताया है कि भारतीय भारत के आदिवासी थे। वे बाहर से नहीं आए थे।

(3) विशाखदत्त-कृत ''मुद्राराक्षस'' ("Mudrarakshas" of Visakhadatta)—मौर्यकाल के इतिहास का तीसरा स्रोत है संस्कृत भाषा के कवि विशाशदत्त का लिखा नाटक ''मुद्राराक्षस''। यह सत्य है कि इस नाटक की सृष्टि गुप्त-काल में हुई थी। किन्तु जिन जानकारियों की ओर संकेत लेखक ने किया है, वे सभी आज उपलब्ध नहीं हैं। इस नाटक के लेखक ने चन्द्रगुप्त के द्वारा नन्दवंश के पतन की बात कही है। हमें बताया गया है कि चन्द्रगुप्त और कौटिल्य ने पौरवों के साथ मिलकर नन्द के विरुद्ध षड्यन्त्र रचा था। नन्दवंश के पतन के पश्चात् पौरव शासक को भी मार दिया गया। इस नाटक से हमें पता चलता है कि कौटिल्य ने एक-एक करके चन्द्रगुप्त के सभी शत्रुओं को मार डाला। इस नाटक के द्वारा हमें तत्कालीन सामाजिक, धार्मिक, राजनीतिक और आर्थिक अवस्था का भी पता चलता है। इस काल में गुप्तचरों का प्रयोग अधिक होता था। सिलवेन लेवी (Sylvain Levi) का कथन है, '' 'मुद्राराक्षस' के लेखक की तुलना कारनैली (Corneille) से करनी चाहिए। राजनीति को रंगमंच पर लाने की सामर्थ्य दोनों में विद्यमान थी और नाटकों की रचना करने के लिए दोनों ने प्रशंसा की भावना से ही प्रेरणा ली है।''

(4) **अशोक के शिलालेख** भी मौर्यकाल को समझने में बड़ी सहायता करते हैं। वास्तव में अशोक सम्बन्धी हमारी जानकारी का आधार उसके शिलालेख हैं। जूनागढ़ स्थित रुद्रदमन के शिलालेख से मौर्यकाल सम्बन्धी जानकारी प्राप्त होती है। 'दीपवंश' और 'महावंश' (लंका के इतिहास-ग्रन्थ) से भी हमें मुख्य रूप से अशोक के बारे में और गौण रूप से मौर्य वंश के बारे में जानकारी उपलब्ध होती है। इस सम्बन्ध में डैमेकस द्वारा लिखित विवरण अधिक विश्वसनीय है, वह बिन्दुसार के समय में यूनान के राजदूत के रूप में भारत में रहा था। कहा जाता है कि बिन्दुसार और एण्ट्योकस सोटर (Antiochos Soter) के मध्य पत्र-व्यवहार भी चलता था। मिस्र के राजा टोलेमी फिलेडेल्फ़स (Ptolemy Philadelphos) ने भी बिन्दुसार या अशोक के समय में डायोनीसियस (Dionysius) नाम के राजदूत को भारत भेजा था और उसका विवरण भी इस दिशा में पर्याप्त सामग्री प्रदान करता है। खुदाई से भी मौर्यकाल प्रकाश में आया है।

चन्द्रगुप्त मौर्य की वंश-परंपरा (Ancestry of Chandragupta Maurya)—चन्द्रगुप्त का वंश विवाद का विषय है। ''मुद्राराक्षस'' के अनुसार चन्द्रगुप्त को 'मौर्य-पुत्र' और 'नन्दान्वय' कहा गया है। क्षेमेन्द्र और सोमदेव उसे 'पूर्वनन्दसुत्त' मानते हैं। 'योग-नन्द' के विपरीत उसे नन्द का वास्तविक पुत्र माना जाता है। ''विष्णुपुराण'' के भाष्यकार ने लिखा है कि चन्द्रगुप्त नन्द और मुरा की सन्तान था। ''मुद्राराक्षस'' के अठारहवीं शती कालीन भाष्यकार धूंधीराज ने लिखा है कि मुरा शूद्र कन्या (वृषलात्मजा) थी। ''मूद्राराक्षस'' में प्रयुक्त 'वृषल' (कुलहीन) शब्द के आधार पर विद्वानों ने चन्द्रगुप्त को शूद्र सिद्ध करने की कोशिश की है, किन्तु 'वृषल' शब्द का अर्थ केवल 'शूद्र' ही नहीं लिया जा सकता। ''मुद्राराक्षस'' में प्रयुक्त 'वृषल' शब्द का अर्थ है ''राजाओं में वृष'' अर्थात् ''राजाओं में श्रेष्ठ''। इस प्रकार इस शब्द का प्रयोग सम्मान-सूचक है, घृणा-बोधक नहीं। चन्द्रगुप्त के लिए 'कुलहीन' शब्द का प्रयोग भी हुआ है। जस्टिन (Justin) ने लिखा है कि चन्द्रगुप्त एक दीन-हीन की सन्तान था। हो सकता है कि 'कुलहीन' शब्द का प्रयोग 'दीन' शब्द का पर्याय समझ कर किया गया हो। इस नाटक में नन्दवंश को भी प्रसिद्ध वंश बताया गया है।

'महावंश-टीका' के अनुसार मौर्यों का सम्बन्ध सूर्यवंशी क्षत्रिय शाक्यों से था। मध्यकालीन शिलालेखों के अनुसार भी मौर्यवंश सूर्यवंशी ठहरता है। कहा जाता है कि मौर्य का आरम्भ मान्धाता से हुआ है, जो सूर्यवंशी राजा था। राजस्थान गजट में मौर्यों को राजपूत कहा गया है।

जैन ग्रन्थों में नन्द को नाई और वेश्या की सन्तान बतलाया गया है। उन्हीं ग्रन्थों में लिखा है कि चन्द्रगुप्त मोरों को पालने वाले ग्राम के मुखिया की बेटी का पुत्र था। एक स्मारक से इस बात की पुष्टि होती है कि मौर्यवंश का सम्बन्ध मोरों से अवश्य रहा होगा। नन्दारगढ़ स्थित अशोक के स्तम्भ के एकदम निम्न भाग में मोर का चित्र अंकित है। इसी प्रकार साँची स्थित अनेक मूर्त्तियों में मोरों के चित्र अंकित हैं। बौद्ध परम्परा के अनुसार भी मौर्यों का सम्बन्ध मोरों से ठहरता है। सबसे प्रबल प्रमाण यह है कि हम जानते हैं कि पाटलिपुत्र के राजप्रासाद के उद्यान में पालतू मोरों को रखा जाता था।

महावंश के अनुसार चन्द्रगुप्त को खट्टीय गोत्र का वंशज बताया गया है, जो मौर्य नाम से प्रसिद्ध था। दिव्यावदान ने माना है कि चन्द्रगुप्त का पुत्र बिन्दुसार क्षत्रिय था या क्षत्रिय बना दिया गया था। उपर्युक्त उल्लेख के अनुसार अशोक को भी क्षत्रिय ही बताया गया है। महापरिनिभाणसुत्त में लिखा है कि मौर्यों को क्षत्रिय सिद्ध किया गया है और बताया गया है कि यही क्षत्रिय पिप्फलिवन में शासन करते थे। चूँकि यह ग्रन्थ अन्य ग्रन्थों से कुछ अधिक प्राचीन है अत: इसी को ही प्रमाण मानना चाहिए। अत: कहा जा सकता है कि चन्द्रगुप्त क्षत्रिय था। यह बताया जाता है कि स्मिण्देई और काशिया के मध्य पिप्फलिवन में छ: शती ई०पू० में मौर्य वंश का राज्य था। निश्चय ही इनका मगध साम्राज्य में विलय हो गया होगा। चार शती ई०पू० इनका कोई महत्त्व नहीं था। अत: कोई आश्चर्य की बात नहीं कि चन्द्रगुप्त मोर पालकों, गडरियों और शिकारियों के बीच पला हो। जब जनता अग्रेम्स (Agrammes) के शासन से असंतुष्ट थी तब मौर्य वंश चन्द्रगुप्त के नेतृत्व में प्रकाश में आया।

चन्द्रगुप्त मौर्य का उदय (Rise of Chandragupta Maurya)—बौद्ध परम्परा के अनुसार चन्द्रगुप्त का पिता अपनी पत्नी (चन्द्रगुप्त की माँ) को असहाय अवस्था में छोड़कर चल दिया था। इस दु:खी अवस्था में उसने पाटलिपुत्र में जाकर आश्रय लिया और कुछ समय बाद उसने एक बालक को जन्म दिया, जिसे एक चरवाहे ने पाला। इस चरवाहे

ने भी बाद में उसे एक शिकारी के हाथ बेच दिया। शिकारी के यहाँ रह कर चन्द्रगुप्त उसके पशुओं की देखभाल किया करता था। कहा जाता है कि चन्द्रगुप्त इस शिकारी के यहाँ रहता हुआ गाँव के बच्चों से मिलकर राजसी खेल खेला करता था। खेल ही खेल में वह राजा बन जाया करता था और जनता से न्याय करने का अभिनय किया करता था। एक बार जब चाणक्य उस मार्ग से गुजरा और उसने चन्द्रगुप्त को इस प्रकार की क्रीड़ा करते देखा तो उसने उसे शिकारी से मोल ले लिया। इसके बाद चाणक्य उसे तक्षशिला ले गया और थोड़े ही समय में उसे आवश्यक शिक्षा देकर सुयोग्य बना दिया। इस प्रकार चन्द्रगुप्त का यौवन–काल तक्षशिला में ही बीता।

बताया जाता है कि चाणक्य वाद–विवाद और ज्ञान–प्राप्ति के लिए पाटलिपुत्र जाया करता था। वहाँ धनानन्द राज्य करता था। वह दानशाला से बहुत–सा धन दान में दिया करता था। इस दानशाला का प्रबन्ध एक छोटी सी सभा के हाथों में था और इस सभा के मुखिया ब्राह्मण हुआ करते थे। चाणक्य को दानशाला का प्रबन्धक नियुक्त कर दिया गया, किन्तु कुछ ही समय पश्चात् उसे यह कह कर निकाल दिया गया कि वह स्वभाव का कड़वा है और उसकी शक्ल भयंकर है। चाणक्य जैसे स्वाभिमानी व्यक्ति के लिए यह बात असह्य थी। अत: उसने प्रतिज्ञा की कि वह नन्दवंश का नाश करेगा। जब वह नन्दवंश के विनाश के साधनों पर विचार कर रहा था तब उसकी भेंट चन्द्रगुप्त से हुई। यह भेंट कैसे हुई; उसका वर्णन ऊपर किया जा चुका है।

बेबिलोन में 323 ई०पू० में सिकन्दर की मृत्यु के पश्चात् उसका सम्पूर्ण साम्राज्य अक्षुण्ण न रह सका। उसका साम्राज्य उसके दो सेनानायकों ने बाँट लिया, किन्तु भारत को इस दृष्टि से विभक्त न किया जा सका। पेठन (Peithon) नाम के सिन्ध के यूनानी गवर्नर को सिन्ध से हटा कर सिन्ध और पैरोपैनिसस (Paropanisus) के बीच के प्रदेश का अधिकारी बना दिया गया। यूडेमस ही एकमात्र यूनानी व्यक्ति भारत में रह गया था, किन्तु 317 ई०पू० में वह भी भारत छोड़कर अपने देश लौट गया। इस प्रकार यूनानी शासन भारत से सर्वथा विलुप्त हो गया। इससे पूर्व सिकन्दर के समय में ही फिलिप और निकेनर नाम के दो यूनानी अधिकारियों का वध भारत में हो चुका था। इस प्रकार चन्द्रगुप्त मौर्य ने भारत को यूनानी शासन के भार से विमुक्त किया। उसकी योजना यह थी कि सर्वप्रथम यूनानी शासकों और सेनापतियों को समाप्त कर दिया जाए। महावंश–टीका के अनुसार, चन्द्रगुप्त ने विभिन्न भागों से अपने सैनिक एकत्र किए और एक शक्तिशाली सेना की रचना की। इसी सेना के बल से उसने विदेशियों को भारत की सीमा से बाहर खदेड़ दिया।

नन्द वंश का पतन (Overthrow of the Nandas)—जब विदेशी देश से निकल चुके तब चन्द्रगुप्त ने देखा कि जनता नन्द वंश के राज्य से पीड़ित है। चन्द्रगुप्त मौर्य और चाणक्य ने मिलकर नन्दवंश के विरुद्ध जिस युद्ध–नीति का अनुसरण किया वह अपने आप में एक कहानी है। महावंशटीका में लिखा है कि चन्द्रगुप्त की प्राथमिक युद्ध–नीति नन्द वंश को परास्त करने में असफल रही। यह बताया गया है कि "एक स्त्री ने चपाती पकाई और अपने बच्चे को दे दी। उसने किनारों को छोड़कर बीच का भाग खा लिया और दूसरी चपाती माँगी।" माँ ने कहा, "इस बच्चे का आचरण एक राज्य पर चन्द्रगुप्त के आक्रमण की भाँति है।"राजा बनने की लालसा में चन्द्रगुप्त ने सीमान्त से आरम्भ करने और मार्ग के नगरों पर विजय पाने की अपेक्षा राज्य के केन्द्र पर आक्रमण किया..........और उसकी सेना को घेर लिया गया और उसे विनष्ट कर दिया गया।" चन्द्रगुप्त ने एक और ढंग अपनाया किन्तु वह भी असफल रहा। फिर उसने अपना कार्य सीमान्त से आरम्भ किया और मार्ग में आने वाले सभी प्रदेशों को अपने अधिकार में करता गया। इस प्रकार कितने ही जनपद और राष्ट्र उसके हाथ में आ गए, किन्तु इस बार भी उसने एक भारी भूल की और वह यह कि उसने जिन भागों पर विजय प्राप्त की वहाँ अपनी सैनिक चौकियाँ स्थापित नहीं कीं। यदि नगरों और जनपदों के प्रबन्ध के लिए वह पीछे सैनिक छोड़ता जाता तो उसे सफलता अवश्य मिलती, किन्तु उसने ऐसा नहीं किया। परिणाम यह हुआ कि उसके आगे बढ़ जाने पर लोग पुन: विद्रोही हो गए और उन्होंने चन्द्रगुप्त की सफलता के मार्ग में फिर कठिनाइयाँ पैदा करनी आरम्भ कर दीं। इस प्रकार के आक्रमणों के पश्चात् जब उसने पुन: चढ़ाई की तो उसकी युद्ध–नीति पूर्णत: ठीक थी। इस बार उसने युद्ध को सीमा–प्रान्तों से आरम्भ करने के उपरान्त विजित प्रदेशों में अपने सैनिक नियुक्त किए। इस प्रकार जब वह आस–पास के प्रदेश विजय कर चुका तो उसने पाटलिपुत्र पर भी आक्रमण कर दिया। उसने राजधानी को चारों ओर से घेर लिया और विजयश्री उसके चरणों में आ गिरी।

इसी प्रकार की एक कथा जैन साहित्य के एक ग्रन्थ परिशिष्टपरवाण में भी पढ़ने को मिलती है। वह कथा एक लड़के से सम्बन्धित है, जो लालची होने के कारण गर्म खीर के आस-पास के ठण्डे भाग को न खाकर उसके बीच के भाग को पहले खाना चाहता है और परिणामस्वरूप उसकी अंगुली जल जाती है। विजय पाने का उचित मार्ग यह है कि केन्द्र पर आक्रमण करने की अपेक्षा सीमा पर पहले आक्रमण किया जाए। चाणक्य और चन्द्रगुप्त ने पहले प्रान्तों को विजय किया और अपने आक्रमणों में सफलता पाई।

चन्द्रगुप्त और नन्द के बीच होने वाली युद्ध की विस्तृत जानकारी से हम आज भी वंचित हैं, किन्तु फिर भी यह सुनने को मिलता है कि ''चन्द्रगुप्त ने नन्द राजा से युद्ध करने के लिए यूनानी सैनिकों को किराये पर अपनी सेना में भर्ती किया।'' मिलिन्दपह्नो में लिखा है कि ''इस युद्ध में सौ कोटि सैनिक, दस हजार हाथी, एक लाख घुड़सवार और पाँच हजार सारथी काम आए।'' परिशिष्टपरवाण के अनुसार नन्द वंश का सम्पूर्ण साम्राज्य इस युद्ध में नष्ट हो गया। पाटलिपुत्र को घेर लिया गया और नन्दवंशी राजा को आत्म-समर्पण करना पड़ा। किन्तु कहा जाता है कि चन्द्रगुप्त ने उसे जीवन-दान दे दिया और उसे इस बात की अनुमति दी कि वह अपने एक रथ में जितना सामान भरना चाहे भर ले और अपनी दो पत्नियों तथा पुत्री के साथ पाटलिपुत्र छोड़ दे। यह बात भी सुनने में आती है कि चन्द्रगुप्त को नन्द की कन्या से प्रेम हो गया था, जिससे उसने बाद में विवाह भी किया। महावंश-टीका की यह बात जैन ग्रन्थों से मेल नहीं खाती कि नन्द की मृत्यु युद्ध में लड़ते हुए हुई थी।

सैल्युकस की पराजय (Defeat of Seleucus)—नन्द वंश पर विजय पाने के पश्चात् चन्द्रगुप्त एक भारी साम्राज्य का स्वामी बना। गंगा-यमुना की घाटियाँ और पंजाब की पाँचों नदियाँ उसके विशाल साम्राज्य का अंग थीं। किन्तु उसकी साम्राज्यलिप्सा शान्त न हुई थी। प्लूटार्क (Plutarch) का कथन है कि ''गद्दी पर बैठने के थोड़े ही समय पश्चात् एण्ड्रोकोटस ने सैल्यूकस को पाँच सौ हाथी उपहार में दिए और स्वयं छः लाख सैनिकों के साथ सम्पूर्ण भारत को अपने अधीन किया।'' सिकन्दर की मृत्यु के पश्चात् सैल्यूकस बेबिलोन का राजा बना। उसने जब बैक्ट्रिया को विजय कर लिया तब 305 या 304 ई०पू० उसके मन में यह लालसा उठने लगी कि उसे सिकन्दर के भारत विजय के अधूरे काम को पूर्ण करना चाहिए। काबुल की ओर से उसने सिन्ध को पार किया, किन्तु उसे सफलता न मिल सकी। परिणामस्वरूप उसे चन्द्रगुप्त से अपमानजनक सन्धि करनी पड़ी। उसे चन्द्रगुप्त को ऐराकोशिया (कन्धार), पैरोपेमिसेडे (काबुल) और गाँधार प्रदेश तथा अरिया (हैरात) और गेड्रोसिया (बलोचिस्तान) के कुछ भाग उपहारस्वरूप देने पड़े। चन्द्रगुप्त ने सेल्यूकस को 500 हाथी दिए, जो उसके खूब काम आये। अप्पेन (Appain) ने लिखा है कि ''चन्द्रगुप्त और सैल्यूकस के बीच विवाह सम्बन्ध भी स्थापित हुआ था। किन्तु किसने किसकी कन्या को वरा इसके बारे में निश्चयपूर्वक कुछ नहीं कहा जा सका। सैल्यूकस ने ही मेगस्थनीज़ को राजदूत बनाकर चन्द्रगुप्त के दरबार में भेजा था। सम्भव है कि वह 304 और 299 ई०पू० के बीच पाटलिपुत्र में रहा हो।''

डॉ० वी०ए० स्मिथ इस सन्धि के महत्त्व को इस प्रकार व्यक्त करते हैं : ''इस सन्धि के परिणामस्वरूप दो हजार वर्ष पूर्व चन्द्रगुप्त के साम्राज्य की सीमाएँ इस प्रकार विस्तृत हो गईं कि उससे सैकड़ों वर्ष बाद आने वाले अंग्रेज भी इन नियमानुकूल सीमाओं को स्थापित न कर सके। और मुगल सम्राट् भी सोलहवीं तथा सत्रहवीं शताब्दियों में उस साम्राज्य को अक्षुण्ण न कर सके।''

पश्चिमी भारत की विजय (Conquest of Western India)—डॉ० रायचौधरी का विचार है कि इस बात में तनिक सन्देह नहीं कि चन्द्रगुप्त मौर्य का साम्राज्य पश्चिम भारत में सौराष्ट्र तक फैला था। रुद्रदमन के जूनागढ़ शिलालेख से पता चलता है कि सौराष्ट्र में पुष्यगुप्त नाम का चन्द्रगुप्त का गवर्नर अवश्य था।

दक्षिण-विजय (Conquest of the Deccan)—दक्षिण-विजय के विषय में विद्वानों में खूब विवाद है। कुछ लोगों का विचार है कि दक्षिण भारत को चन्द्रगुप्त मौर्य ने विजय किया था, किन्तु इस धारणा के विपरीत कुछ लोगों का विश्वास है कि दक्षिण भारत की विजय बिन्दुसार ने की थी। किन्तु डॉ० रायचौधरी का विचार उपर्युक्त दोनों विचारों से भिन्न है। वे लिखते हैं कि दक्षिण भारत की विजय नन्द द्वारा हुई थी। किन्तु जब नन्द चन्द्रगुप्त के हाथों परास्त हुआ तब यह भूभाग चन्द्रगुप्त के अधीन हो गया। वे लिखते हैं—''गोदावरी के तट पर नौनन्द देहरा नामक नगर से यह सिद्ध होता

है कि नन्द का राज्य दक्षिण के अत्यधिक भूभाग को अपने में विलीन कर चुका था।'' उपर्युक्त विचार के साथ-साथ यह भी बताया जाता है कि प्राचीन तमिल साहित्य में नन्द राजाओं और उनकी काल्पनिक सम्पत्ति का उल्लेख है। मैसूर के कुछ शिलालेखों से पता चलता है कि नन्द का राज्य उत्तर मैसूर के कुन्तल प्रान्त तक फैला हुआ था। इस उपर्युक्त विवरण से तो यह प्रतीत होता है कि दक्षिण भारत को नन्द राजाओं ने ही विजय किया था, किन्तु यह भी तो हो सकता है कि नन्द राजाओं ने दक्षिण भारत को विजय करने के पश्चात् उसे खो दिया हो और तत्पश्चात् मौर्यों ने उसे पुन: विजय किया हो। अत: सम्भव है कि दक्षिण भारत पर नन्द वंश के प्रभुत्व का सूर्य बहुत ही कम समय के लिए चमक पाया हो।

डॉ० वी०ए० स्मिथ का विचार था कि दक्षिण विजय का कार्य चन्द्रगुप्त के हाथों ने होकर बिन्दुसार के हाथों सम्पन्न हुआ था। इस सम्बन्ध में वे तर्क उपस्थित करते हैं कि चन्द्रगुप्त तो सदा विभिन्न कार्यों में उलझा रहा। कभी उसने मकदूनिया कीसेना को भारत से खदेड़ा तो कभी सैल्यूकस के आक्रमण का सामना करने में लग गया। इसके अतिरिक्त उसने अरियाना प्रदेश को जीता और बंगाल की खाड़ी से लेकर अरब सागर तक अपने राज्य की सीमाओं को विस्तृत किया। उसने क्रान्ति द्वारा पाटलिपुत्र में नये वंश की स्थापना की। अपनी बात की पुष्टि के लिए वी०ए० स्मिथ एक अन्य तर्क उपस्थित करते हैं। वे कहते हैं कि तारानाथ ने लिखा है कि बिन्दुसार ने सोलह राजधानियों के राजाओं और मन्त्रियों का वध करके अपने राज्य की सीमाओं को समुद्र के एक कोने से दूसरे कोने तक बढ़ा लिया। स्मिथ ने स्वयं भी मामूलनर ब्राह्मण का उल्लेख किया है, जो तमिल भाषा का अच्छा कवि और विद्वान था। इस ब्राह्मण ने स्पष्ट शब्दों में स्वीकार किया है कि प्राचीन काल में मौर्यों का आक्रमण हुआ था और आक्रमणकारी दक्षिण की ओर ही बढ़ते चले गए थे। वे मदुरा तक और तिन्नेवेली जिले के आस-पास के प्रदेश तक एक बहुत विशाल सेना लेकर पहुँच गए थे।

कुछ भी हो, आधुनिक विचार यह है कि दक्षिण विजय का भारी कार्य चन्द्रगुप्त मौर्य के हाथों ही सम्पन्न हुआ होगा। जैन ग्रन्थों के अनुसार भी चन्द्रगुप्त मौर्य का सम्बन्ध दक्षिण से था। इस सम्बन्ध में हरिषेण रचित बृहद् कथा कोश को प्रस्तुत किया जा सकता है। इसी प्रकार भद्रबाहु चारित को भी उपस्थित किया जा सकता है, जिनकी रचना रत्नानन्द ने की थी। राजावलि कथा भी इसी प्रकार की एक पुस्तक है। राजावलि कथा में लिखा है कि पाटलिपुत्र नरेश चन्द्रगुप्त ने राज-पाट अपने पुत्र बिन्दुसार को सौंप कर भद्रबाहु का शिष्य बन कर दक्षिण की ओर प्रस्थान किया था। वह भद्रबाहु का मुख्य शिष्य था। श्रवण बेलगोल के स्थान पर जब भद्रबाहु की मृत्यु हुई तब इसी ने अपने गुरू की देख-भाल की। चन्द्रगुप्त अपने गुरू भद्रबाहु की मृत्यु के बारह वर्ष पश्चात् तक जीवित रहा, किन्तु अन्त में जैन परम्परा के अनुसार अन्न जल ग्रहण न करने के कारण उसकी मृत्यु हो गई।

600 ई० के एक शिलालेख के अनुसार भद्रबाहु का चन्द्रगुप्त मुनि से संबंध था। सेरिंगापट्टम के निकट कावेरी के तट पर लगभग 900 ई० के दो शिलालेख मिलते हैं। इनसे पता चलता है कि चन्द्रगिरि की चोटी पर भद्रबाहु और चन्द्रगुप्त मुनिपति के पैरों के निशान हैं। लगभग 1129 ई० के श्रवण बेलगोल के शिलालेख से भी पता चलता है कि चन्द्रगुप्त और भद्रबाहु का परस्पर सम्बन्ध था।

अशोक के अनेक शिलालेख भी इस बात को प्रमाणित करते हैं कि दक्षिण भारत की विजय चन्द्रगुप्त ने की थी। उदाहरण के लिए कोपबल तालुक के गाविमठ और पालकीगुण्डू शिलालेख, भूतपूर्व हैदराबाद राज्य का मास्की शिलालेख, कुरनूल जिले के यरागूडी शिलालेख भी इस बात की पुष्टि करते हैं। अशोक ने स्वयं भी संकेत दिया है कि उसके राज्य की दक्षिणी सीमाओं पर चोल और पाण्ड्य राज्य करते थे। सत्यपुत्र और केरलपुत्र राज्य पड़ोसी राज्य थे। उसका प्रभाव इन सबसे परे ताम्रपर्णी या लंका पर भी था। अशोक ने तेरहवें शिलालेख में लिखा है कि कलिंग-विजय उसकी अन्तिम विजय थी। इसके पश्चात् उसने 'धर्म-विजय' का ही व्रत लिया। उसे विश्वास हो गया था कि उसकी राजनीतिक विजय वास्तव में 'असुर-विजय' है।

श्रवण बेलगोल की एक पहाड़ी को चन्द्रगिरि कह कर पुकारते हैं। इस सम्बन्ध में स्थानीय विचार यह है कि पहाड़ी का नामकरण चन्द्रगुप्त के नाम पर हुआ था। कहा जाता है कि चन्द्रगुप्त वहां रहा और वहीं उसने तप किया। इस पहाड़ी पर एक गुफ़ा है, जिसे भद्रबाहु कह कर पुकारते हैं। यहीं पर चन्द्रबस्ती नाम का मन्दिर भी है। कहते हैं कि इस मन्दिर

को चन्द्रगुप्त ने बनाया था। अतः इसका नाम चन्द्रवस्ती रखा गया। मन्दिर के अग्रभाग पर चन्द्रगुप्त और भद्रबाहु के जीवन के विषय में 90 चित्र अंकित हैं।

कुछ ऐसी तमिल पुस्तकें भी हैं, जो यह बताती हैं कि बम्ब मौरियार नाम के लोगों ने दक्षिण पर आक्रमण किया था। कहा जाता है कि ये लोग मौर्य अनभिजात थे। यह बताया जाता है कि उन्होंने मोहुर के राजा को वश में कर लिया था। इस समय इनकी सहायता कोसर और वटुकर ने की थी। इसके बाद वे आगे बढ़े और भारी सेना के साथ तिन्नेवेली जिले की पोडियल पहाड़ी को पार करते हुए कोंकण से होते हुए कन्नानौर के उत्तर की पहाड़ियों और कोयम्बटोर से गुजरते हुए आगे निकल गए। मौर्यों के प्रति 'अनभिजात' शब्द का प्रयोग चन्द्रगुप्त मौर्य के काल का संकेतक है।

प्लूटार्क बतलाता है कि ''ऐण्ड्रोकोट्टस (चन्द्रगुप्त) ने छः लाख सेना की सहायता से सम्पूर्ण भारत पर आक्रमण किया और विजय किया।'' इस उपर्युक्त उद्धरण से अस्पष्ट रूप से ज्ञात होता है कि दक्षिण भारत को चन्द्रगुप्त ने ही विजय किया था। यह बात स्वयं विवाद का विषय है कि नन्दवंश के विनाश और सैल्यूकस के आक्रमण के बीच के समय में चन्द्रगुप्त सम्भवतः दक्षिण-विजय में मग्न था।

यह भी बताया जाता है कि दक्षिण भारत की विजय का कार्य बिन्दुसार जैसे राजा का कार्य नहीं हो सकता। कहीं और जरा भी संकेत नहीं मिलता कि बिन्दुसार दक्षिण की ओर गया भी था। कुछ ऐसे प्रमाण मिलते हैं जिनके आधार पर कहा जा सकता है कि बिन्दुसार में विजेता के गुण ही विद्यमान थे। जब तक्षशिला के प्रांत में विद्रोह उठ खड़ा हुआ था तब भी बिन्दुसार ने उसे शान्त करने के लिए अशोक को भेजा था। यदि वह एक युद्ध-प्रिय राजा होता तो वह वहाँ अशोक को न भेजकर स्वयं जाता। यूनानी लेखकों का कहना है कि बिन्दुसार ''अंजीरों और मीठी शराब का बहुत शौकीन था। वह विद्वानों के वाद-विवाद में भी आनन्द लिया करता था। उपर्युक्त गुणों के व्यक्ति से यह आशा नहीं की जा सकती कि उसने दक्षिण भारत को विजय किया होगा। अतः दक्षिण भारत की विजय निश्चित ही चन्द्रगुप्त ने की थी।''

चन्द्रगुप्त मौर्य का राज्य-विस्तार (Extent of the Empire of Chandragupta Maurya)—डॉ० राधा कुमुद मुकर्जी का कहना है कि ''चन्द्रगुप्त ने निश्चय ही एक भारी साम्राज्य पर शासन किया होगा। प्लूटार्क उपर्युक्त मत की पुष्टि बड़े ही जोरदार शब्दों में करता है। वह लिखता है कि चन्द्रगुप्त मौर्य छः लाख सेना लेकर भारत पर ही छा गया। जस्टिन ने भी सम्पूर्ण भारत पर उसकी सत्ता को स्वीकार किया है। इस तथ्य की अन्य प्रमाणों से भी पुष्टि होती है। अतः स्पष्ट है कि जिस साम्राज्य पर अशोक ने शासन किया वह उसके दादा की विजयों का परिणाम था।'' डॉ० वी०ए० स्मिथ का विचार है कि ''अफगानिस्तान, प्राचीन अरियाना, हिन्दूकुश पर्वतमाला, पंजाब, उत्तर प्रदेश (भूतपूर्व संयुक्त प्रान्त), बिहार, सुदूर पश्चिम में काठियावाड़ का प्रायद्वीप इत्यादि प्रदेश चन्द्रगुप्त के राज्य के अंग थे। सम्भवतः बंगाल भी साम्राज्य में सम्मिलित था। यह निश्चयपूर्वक कहा जा सकता है कि जब चन्द्रगुप्त के शासन का अन्त हुआ तो उस समय उसके राज्य की सीमाएँ दूर-दूर तक फैली थीं। यह समय 298 ई०पू० का समय था। इस समय वह सम्पूर्ण भारतवर्ष का सम्राट् था। नर्मदा उसके साम्राज्य की दक्षिणी सीमा थी। यहाँ इस बात का स्पष्ट प्रमाण तो नहीं मिलता कि उसने दक्षिण को विजय किया था, किन्तु यह संभव है कि वह अपने सिपाहियों को नर्मदा पार ले गया हो। मैसूर की परम्परा के अनुसार उस प्रदेश में नन्द राजाओं का आधिपत्य भी था।''

चन्द्रगुप्त मौर्य का मूल्यांकन (Estimate of Chandragupta Maurya)—चन्द्रगुप्त निश्चय ही एक महान सम्राट् था। वह प्राचीन भारत के महत्तम शासकों में से एक था। डॉ० वी०ए० स्मिथ ने उसके सम्बन्ध में इस प्रकार लिखा है—''अठारह वर्ष का लम्बा समय लगा कर उसने मकदूनिया के सिपाहियों को भारत की सीमाओं से खदेड़ा; विशेषकर पंजाब और सिन्ध की भूमि से उन्हें बाहर धकेल दिया। सैल्यूकस की शक्ति को उसने क्षीण कर दिया और स्वयं उत्तरी भारत का निर्विवाद सम्राट् बना। अरियाना प्रदेश के बहुत बड़े भाग पर भी उसका अधिकार था। ये सभी विशेषताएँ उसे इतिहास के महत्तम और सफलतम शासकों के बीच स्थान देती हैं।''

बिन्दुसार (Bindusara) **(299-74 ई०पू०)**—चन्द्रगुप्त के बाद बिन्दुसार भारत का सम्राट् बना। इसकी उपाधि थी 'अमित्रघात'। यह उपाधि उसे यूनानी लेखकों से मिली थी। किन्तु इस बात का कहीं प्रमाण नहीं मिलता कि उसके

शत्रु थे और उसने शत्रुओं का वध भी किया था। उसके बारे में हम जो कुछ जानते हैं, वह यह है कि उसके राज्य-काल में तक्षशिला के लोगों ने दो बार विद्रोह किया। प्रथम विद्रोह इसलिए हुआ कि वहाँ युवराज सुसीम का राज्य-प्रबन्ध जनता की रुचि के विरुद्ध था। इस विद्रोह का दमन अशोक ने किया था, किन्तु दूसरा विद्रोह बिन्दुसार की मृत्यु के कारण दबाया न जा सका।

''आर्यमञ्जुश्री मूलकल्प'' के लेखक ने लिखा है कि चाणक्य चन्द्रगुप्त के बाद भी जीवित रहा। उसने बिन्दुसार के राज्य में भी उसी प्रकार कार्य किया जैसा कि वह चन्द्रगुप्त के राज्य में करता आया था। तिब्बत के इतिहासकार तारानाथ का कहना है कि ''पूर्वी और पश्चिमी समुद्र के बीच के सोलह राज्यों के राजाओं और सामन्तों को मार कर चाणक्य ने बिन्दुसार को चक्रवर्ती राजा बना दिया।'' किन्तु तारानाथ की इस बात को स्वीकार नहीं किया जा सकता। हम जानते हैं कि सौराष्ट्र निश्चित रूप से चन्द्रगुप्त मौर्य के साम्राज्य का प्रान्त था। इस प्रकार का कोई भी संकेत नहीं मिलता, जिसके आधार पर यह कहा जा सके कि बिन्दुसार ने कोई विजय की।

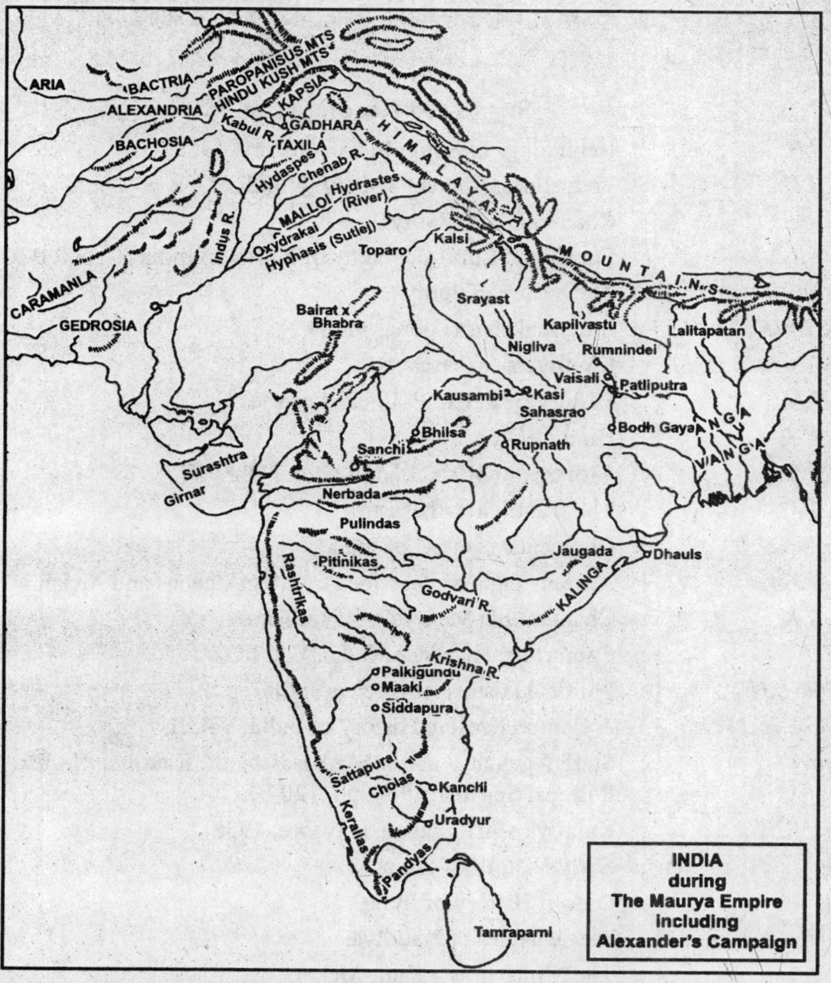

यूनानी लेखकों का कहना है कि बिन्दुसार आमोद-प्रमोद में ही मस्त रहता था। उसने सीरिया के राजा एण्ट्योकस प्रथम सोटर (Antiochos I Soter) से कहला भेजा था कि वह उसे सूअर और अंगूर की शराब भेजे। उसने उसे यह भी लिखा कि वह उसे विद्वान् खरीद कर भेजे, किन्तु एण्ड्योकस ने उत्तर दिया था कि सूअर और शराब तो आपको भेजी जा सकती है, किन्तु जहाँ तक विद्वान खरीद कर भेजने का प्रशन है, हमारे यहाँ ऐसा रिवाज नहीं।

टोलेमी फ़िलेडैलफ़स (Ptolemy Philadelphos)—बिन्दुसार का समकालीन था और मिस्र में राज्य करता था। उसने भी अपना एक राजदूत डायोनीसियस भारत भेजा था। यह कहना कठिन है कि उसने अपना परिचय-पत्र बिन्दूसार को दिया था या अशोक को। बिन्दुसार के ही राज्यकाल में डैमेकस आ गया था। इसका आगमन मेगस्थनीज़ के पश्चात् हुआ था।

सुनने में आता है कि बिन्दुसार के बहुत से पुत्र थे। राजकुमार सुसीम उन सब में बड़ा था। इसे ही तक्षशिला का शासक नियुक्त किया गया था। इससे छोटा था अशोक। इसे उज्जैन का राज्यभार सौंपा गया था। कहा जाता है कि बिन्दुसार के पुत्रों में भ्रातृघातक उत्तराधिकार युद्ध हुआ। परिणामस्वरूप काफ़ी लोग मारे गये। तारानाथ ने लिखा है कि अशोक ने केवल छः भाइयों का वध किया था, किन्तु अशोक के शिलालेखों से उपर्युक्त मत की पुष्टि नहीं होती। अशोक ने अपने भाई और बहनों का उल्लेख किया है, जो पाटलिपुत्र और अन्य प्रान्तीय नगरों में रहते थे। उसने अपने सम्बन्धियों का भी उल्लेख किया है।

पुराणों के अनुसार बिन्दुसार ने पच्चीस वर्ष राज्य किया, किन्तु बौद्ध ग्रन्थों में बताया जाता है कि उसने सत्ताईस या अट्ठाईस वर्ष राज्य किया था।

Suggested Readings

Aiyangar, S.K. : Beginnings of South Indian History, 1918.

Banerjee, R.D. : Prehistoric, Ancient and Hindu India.

Bhargava, P.L. : Chandragupta Maurya.

Bose, A. : Social and Rural Economy of Northern India (C. 600 B. C-200 A.D.)

Dikshitar, V.R.R. : The Mauryan Polity.

Dhruva, K.H. (Ed.) : Mudrarakshas (Poona, 1923).

Ganapati Sastri, T. (Ed.) : Kautilya's Arthasastra.

Ghoshal, U.N. : History of Indian Political Theories.

Jayaswal, K.P. : Hindu Polity.

Jolly and Schmidt : Arthasastra of Kautilya, Lahore, 1923-24.

Kangle, K.P. : The Kautilya Arthasastra.

Majumdar, R.C. : Classical Accounts of India.

McCrindle, J.W. : Ancient India as described by Megasthenes and Arrian.

Mookerji, R.K. : Chandrgupta Maurya and His Times.

Rapson, E.J. : Cambridge History of India, Vol. I.

Raychaudhuri, H.C. : Political History of Ancient India.

Sastri, K.A.N. (Ed.) : A Comprehensive History of India, Vol. II.

Satya Deva : Staff Agencies in the Arthasastra of Kautilya (Indian Journal of Political Science, 1960, pp. 120-9).

Shamsastri, R. : Kautilya's Arthasastra, (Mysore, 1958).

Smith, V.A. : Early History of India.

Smith, V.A. : Oxford History of India.

Stein : Megasthenes of Kautilya.

Topa : The Minister as a King-Maker.

Visakhadatta : Mudrarakshasa. (This work was edited by Tellang in 1893 and by Hillebrandt in 1912. This was translated into English by R.S. Pandit in 1944.)

अध्याय

22

अशोक और उसके उत्तराधिकारी

(Asoka and his Successors)

अशोक

अशोक केवल भारत की ही नहीं बल्कि सम्पूर्ण संसार के इतिहास का महान् शासक था। बौद्ध ग्रन्थों और शिलालेखों द्वारा हमें उसके सम्बन्ध में पर्याप्त ज्ञान प्राप्त होता है। बौद्ध ग्रन्थों में लिखा है कि बिन्दुसार की 16 पत्नियाँ और 101 पुत्र थे। सुमन (सुसीम) उसका सबसे बड़ा, अशोक दूसरा और तिष्य सबसे छोटा पुत्र था। उत्तरी भारत में अशोक की माँ को सुभद्रांगी और दक्षिणी भारत में धर्मा कह कर पुकारा जाता है। अशोक 18 वर्ष का ही था कि बिन्दुसार ने उसे 'अवन्तिराष्ट्र' का प्रमुख बना कर उज्जयिनी भेजा। उज्जयिनी उस समय 'अवन्ति-राष्ट्र की राजधानी थी। वहीं पर ही अशोक ने महादेवी नामक कन्या से विवाह कर लिया। महेन्द्र और संघमित्रा महादेवी की ही सन्तान थीं।'

कहा जाता है कि तक्षशिला में उस समय विद्रोह हुआ। इस विद्रोह को दबाने के लिए अशोक को वहाँ भेजा गया। दूसरी बार जब तक्षशिला में विद्रोह हुआ तो उसका शासक सुसीम उसे शान्त करने में सफल न हो सका। बिन्दुसार की मृत्यु के पश्चात् अशोक ने अपने मन्त्री खल्लाटक या राधागुप्त की सहायता लेकर सिंहासन पर अधिकार कर लिया। इस प्रकार अशोक और सुसीम में राजगद्दी के लिए लड़ाई हुई। युवराज सुसीम तिष्य को छोड़ कर शेष 98 भाइयों के साथ उत्तराधिकार के लिए लड़ा। कहा जाता है कि अशोक अपने 99 भाइयों को मार कर रक्तरञ्जित गद्दी पर बैठा और 'चण्डाशोक' के नाम से पुकारा गया। अशोक के गद्दी पर बैठने से पूर्व उसकी निर्दयता के बारे में अनेक कथाएँ उपलब्ध हैं।

डॉ० स्मिथ ने लिखा है : "अशोक के गद्दी पर बैठने के बाद भी विधिवत् राज्याभिषेक होने में 269 ई०पू० तक चार वर्षों का विलम्ब इस बात का प्रमाण है कि गद्दी पर बैठने के लिए संघर्ष हुआ। सम्भवतः उसका बड़ा भाई सुसीम ही उसका प्रतिद्वन्द्वी था। हो सकता है कि उत्तराधिकार प्राप्त करने के लिए पर्याप्त रक्तपात हुआ हो, किन्तु इस बात का कोई स्पष्ट प्रमाण नहीं मिलता।"

इतना तो माना जा सकता है कि अशोक ने गद्दी के लोभ में पड़कर अपने भाइयों से युद्ध किया हो, किन्तु यह बात नहीं मानी जा सकती कि उसने तिष्य को छोड़कर शेष सभी भाइयों को मार डाला। डॉ० स्मिथ तो इस तथ्य को सर्वथा असत्य और निरर्थक समझते हैं। उनका कहना है कि अशोक के शिलालेखों से यह विदित होता है कि अशोक के भाई और बहन उसके राज्य-काल के 17वें और 18वें वर्ष में जीवित थे और उनकी देखभाल का भार अशोक पर ही था। कहा जाता है कि पंचम शिलालेख उसके परिवार के जीवित सदस्यों से सम्बन्धित है। इससे यह तो सिद्ध नहीं होता कि उसके भाई भी जीवित थे, किन्तु इस बात का प्रमाण भी तो नहीं मिलता कि उनकी मृत्यु हो चुकी थी।

अशोक के राज्यारोहण के प्रथम चार वर्षों के वाद-विवाद को निर्णायक रूप से सुलझाया नहीं जा सकता, किन्तु इतना सर्वमान्य है कि अशोक का राज्याभिषेक चार वर्ष बाद हुआ था। डॉ० स्मिथ ने लिखा है कि "वे चार वर्ष भारतीय

इतिहास में अन्धकारमय और विवादास्पद है। उनके विषय में निराधार कल्पनाएँ किसी तथ्य पर आधारित न होने के कारण निरर्थक हैं।''

अशोक ने 'देवानांप्रिय:' और 'प्रियदर्शी' उपाधियाँ धारण कीं। अशोक नाम उस समय के साहित्य में भी है और उसके मास्की शिलालेख (Maski Edict) में भी पाया जाता है। जूनागढ़ में रुद्रदमन प्रथम के शिलालेख में भी इसका उल्लेख है। सारनाथ में कुमार देवी के शिलालेख में 'धर्माशोक'–नाम मिलता है।

हमें अशोक के प्रारम्भिक शासन–काल का कुछ अधिक ज्ञान नहीं। उसके संस्मरणों से ज्ञात होता है कि वह अपने पूर्वजों जैसा ही जीवन व्यतीत करता था। वह माँस चाव से खाता था और शिकार खेलता था। नाच–गाने और मदिरा–पान में सामूहिक रूप से भाग लेता था। अपने राज्य–काल के पहले 13 वर्षों तक वह अपने वंश की भाँति ही साम्राज्य को बढ़ाता रहा और बाहर के देशों से मित्रता का सम्बन्ध स्थापित करता रहा। वह घर में जितना क्रूर था बाहर उतना ही शान्तिप्रिय था। उसने दूसरे देशों से दूतों को बुलाया और अपने दूतों को वहाँ भेजा। दिव्यावदान से हमें पता चलता है कि अशोक ने स्वास देश को जीता।

कलिंग युद्ध (Kalinga War)—अशोक ने अपने राज्य के तेरहवें वर्ष में कलिंग पर विजय प्राप्त की। इस युद्ध का वर्णन और परिणाम शिलालेख 13 के अन्तर्गत उसने स्वयं लिखवाए, ''राज्याभिषेक के 8 वर्ष बाद महामना राजाधिराज ने कलिंग पर विजय प्राप्त की। 150,000 व्यक्ति कैद किए गए, 100,000 लड़ते हुए मारे गए। इससे कई गुणा अधिक अन्य कारणों से मर गए। युद्ध के तुरन्त बाद महामना सम्राट् ने दया धर्म की शरण ली, इस धर्म से अनुराग किया और इसका सारे राज्य में प्रचार किया। इस भयंकर विनाश ने, जो किसी भी नए राज्य को जीतने में होता है, जबकि हजारों व्यक्ति मृत्यु के घाट उतार दिए जाते हैं और कैद कर लिए जाते हैं, सम्राट् के हृदय को द्रवित कर दिया और पश्चात्ताप से भर दिया। यदि इतनी हत्याएँ, मृत्यु और जीवित पकड़ने के दु:ख का सौवाँ या हजारवाँ भाग भी कभी भविष्य में लोगों को होगा तो वह सम्राट् के लिए महान शोक का कारण होगा। सम्राट् को कोई दु:ख भी पहुँचायेगा तो वे उसे यथासम्भव सहन करेंगे। जंगल में रहने वाले सभी प्राणियों पर सम्राट् दया की दृष्टि रखेंगे। सबको आदेश है कि वे अपने विचार शुद्ध रखें, क्योंकि यदि वे ऐसा नहीं करेंगे तो उसका पश्चात्ताप सम्राट् को करना होगा। वे हिंसक–वृत्तियों को त्याग दें जिससे जंगलों के प्राणी सताए न जाएँ। महामना सम्राट की यह अभिलाषा है कि सम्पूर्ण जीव मात्र सुरक्षित, नियमित, शान्त और सुखी रहें।''

डॉ॰ रायचौधरी ने लिखा है : ''कलिंग–विजय भारत और मगध के इतिहास में एक महत्त्वपूर्ण घटना है। इसके बाद राजाओं और सम्राटों की राज्य–विस्तार की लालसा और उसके फलस्वरूप बिंबिसार के 'अंग–देश' की विजय के आरम्भ हुई संघर्षनीति लुप्त हो गई। जीवन के प्रति एक नया दृष्टिकोण अपनाया गया। फलत: सारे राज्य में सामाजिक संगठन, धार्मिक प्रचार और शान्ति स्थापित हो गई। परन्तु साथ ही साथ राजनीति शिथिल पड़ गई, सैनिक शक्ति क्षीण हो गई और मगध की सैनिक शक्ति धीमी पड़ने लगी। दिग्विजय काल समाप्त हुआ और धर्म–विजय काल आरम्भ हो गया। अशोक पहले 13 वर्षों तक अपने पुरखों—बिंबिसार, महापद्म और चन्द्रगुप्त की भाँति ही राज्य का विस्तार करता रहा और उपद्रवों को शान्त करता रहा। कलिंग की लड़ाई के पश्चात् वह एक दम बदल गया। कौटिल्य और वस्सकार (Vassakara) की राजनीति ने शाक्यमुनि के सिद्धान्तों पर आधारित नया रूप धारण कर लिया।

अशोक का धर्म (Asoka's Religion)—कलिंग की लड़ाई का अशोक के हृदय पर इतना गहरा प्रभाव पड़ा कि उसका धर्म ही बदल गया। पहले वह शिव का अनुयायी था। 'राजतरंगिणी' के लेखक कल्हण ने भी इस बात का समर्थन किया है। अशोक को पहले पुरुषों और पशुओं के वध पर तनिक भी खेद नहीं होता था। हजारों पशु उसके भोजन के लिए नित्य मारे जाते थे। यह सब उसने कलिंग की लड़ाई के पश्चात् त्याग दिया और बौद्ध धर्म को अपनाया। भाबरु के शिलालेख से अशोक का बौद्ध धर्मावलम्बी होना और धर्म तथा संघ में विश्वास करना सिद्ध होता है। उसने बुद्ध को भगवत् रूप समझा और भगवान बुद्ध से सम्बन्धित सभी स्थानों की यात्रा की। उसने यह घोषणा की कि जो भी बुद्ध ने कहा वह सब सत्य है। यहाँ तक कि उसे बुद्ध के पूर्व जन्मों में भी विश्वास था। उसे बौद्ध धर्म विषयक शास्त्रार्थ में भी रुचि थी। उसने 'संघ' से निकटतम सम्बन्ध स्थापित किया। उसने विहारों का संरक्षण किया और पाटलिपुत्र में तीसरी बौद्ध सभा बुलाई।

अशोक ने बौद्ध धर्म को अपनाया परन्तु इसका यह अर्थ नहीं कि वह दूसरे धर्मों को उपेक्षा या शत्रुता की दृष्टि से देखता था। अशोक ने अनेक गुफाएँ 'आजीवकों' के लिए बनवाईं और उन्हें सदा के लिए अर्पित कर दिया। उसने यह घोषणा की कि जो मनुष्य दूसरे धर्मों की अवहेलना करके अपने धर्म की ख्याति चाहते हैं, वे वास्तव में अपने धर्म को बड़ी हानि पहुँचाते हैं। वह धार्मिक सहिष्णुता में विश्वास करता था। अशोक ने देवों और ब्राह्मणों का तिरस्कार नहीं किया। वह अपने 'देवानांप्रिय' नाम से बहुत गौरव अनुभव करता था, जिसका अर्थ है 'देवताओं का प्रिय'। वह ब्राह्मणों के प्रति किसी प्रकार की शत्रुता का विरोधी था। अशोक ने अपनी धर्म-नीति स्पष्ट शब्दों में प्रकट की : ''सम्राट् सब धर्मों के अनुयायियों को समान दृष्टि से देखते हैं।'' किन्तु इसका अर्थ यह भी नहीं कि अशोक ने दूसरे धर्मों को पूर्ण स्वतन्त्रता दे दी हो और उनके अनुयायियों को मनमानी करने का अधिकार दे दिया हो। उस समय प्रचलित कुछ धार्मिक रीतियों से उसे बहुत घृणा थी और वह उन्हें समूल नष्ट करना चाहता था। वह बलि-प्रथा का घोर विरोधी था। उसे बन्द करने में वह सफल भी हुआ। उसने समाज या उत्सवों को भी बन्द कर दिया। डॉ० स्मिथ ने लिखा है कि उस समय समाज या उत्सव दो प्रकार के थे। पहले समाज में जानवरों का युद्ध होता था, अधिक मदिरा-पान और माँस आदि का भोज होता था। अशोक ने इसे बिल्कुल बन्द करा दिया। दूसरे प्रकार का समाज कुछ अंश तक धार्मिक नाटकों का रूप लिए होता था। इस उत्सव को उसने बन्द नहीं किया।

अशोक ने जिस धर्म को अर्थात् दया के धर्म (Law of Piety) को अपनाया उसके मूल सिद्धान्त निम्नलिखित हैं :—

(1) संयम अर्थात् इन्द्रियों पर पूर्णाधिकार।

(2) भावशुद्धि अर्थात् विचारों की पवित्रता।

(3) कृतज्ञता।

(4) दृढ़ भक्ति।

(5) दया।

(6) दान।

(7) शौच अर्थात् स्वच्छता।

(8) सत्य।

(9) 'शुश्रूषा' अर्थात् सेवा।

(10) सम्प्रतिपत्ति अर्थात् सहायता।

(11) अपिचिति अर्थात् श्रद्धा।

अशोक के शिलालेखों से उसके द्वारा प्रचारित धर्म के कुछ संकेत मिलते हैं। उसके दूसरे छोटे शिलालेख में इस प्रकार लिखा है : ''माता-पिता की आज्ञा अवश्य माननी चाहिए इसी प्रकार ही जीव-मात्र का सम्मान भी होना चाहिए। सत्य बोलना चाहिए। ये दया धर्म के लक्षण हैं। अतः इनका पालन अवश्य किया जाना चाहिए। इसी प्रकार गुरुजनों का सम्मान होना चाहिए और सम्बन्धियों के प्रति सहानुभूति का भाव भी बना रहना चाहिए। यह धर्म का सनातन स्तर है। इससे दीर्घ जीवन प्राप्त होता है। अतः लोगों को इस मार्ग का अनुसरण अवश्य करना चाहिए।'' सातवें आदेश में अशोक ने इंद्रिय-संयम पर अधिक बल दिया है। इस दिशा में कृतज्ञता, दृढ़-भक्ति और मन की पवित्रता पर उसने विशेष बल दिया है। तेरहवें आदेश में उसने निम्नलिखित बातें कहीं हैं : ''माता-पिता और वयोवृद्धों और गुरुओं की ओर ध्यान दिया जाना चाहिए। मित्र, साथी, परिचित सम्बन्धी, दास और नौकर सभी के प्रति दृढ़ भक्ति के साथ उचित व्यवहार का होना आवश्यक है।'' द्वितीय स्तम्भलेख (Pillar Edict II) में अशोक ने कहा है—''धर्म में अधर्मता नहीं होनी चाहिए। श्रेष्ठ कर्म, संवेदना, सहानुभूति, उदारता, सत्यता और पवित्रता ही धर्म की वास्तविक परिभाषा है।''

बौद्ध धर्म के प्रसार के साधन (Measures for Spread of Buddhism)—बौद्ध धर्म के प्रसार के लिए अशोक ने अनेक साधनों को अपनाया। लोगों तक बुद्ध का सन्देश पहुँचाने के लिए स्वयं अशोक ने सम्पूर्ण देश का भ्रमण किया।

उसने 'विहार-यात्रा' को त्याग कर 'धर्म-यात्रा' को महत्त्व दिया। उसने स्पष्ट कहा है कि उसकी नीति 'धर्म-विजय' और 'धर्म-घोष' की थी। उसने अपने राज्य के प्रमुख अधिकारियों से कहा कि वे राज्योचित कर्त्तव्य को निभाने के अतिरिक्त उसके धर्म के प्रचार के लिए देश का भ्रमण करें। इन प्रमुख अधिकारियों के पद इस प्रकार थे—'युक्त', 'रज्जुक', 'पुरुष' और 'प्रादेशिक'।

बौद्ध-धर्म के सिद्धान्तों को समझाने तथा उनकी व्यवस्था करने के लिए अशोक ही ने तृतीय बौद्ध सभा का आयोजन किया था। उसने बौद्ध-धर्म के प्रचार के लिए संसार के विभिन्न भागों में प्रचारकों को भेजा। उसने मज्झन्तिक को कश्मीर और गाँधार की ओर, महारक्षित को यूनान देश की ओर, मज्झिम को हिमालय प्रदेश की ओर, धर्मरक्षित (एक यवन) को अपरान्तक की ओर, महा धर्मरक्षित को महाराष्ट्र की ओर, महादेव को महिषमण्डल या मैसूर या मान्धाता की ओर, रक्षित को वाराणसी या उत्तर कनारा की ओर, सोना और उत्तरा को स्वर्ण भूमि या पीगू और मौलमीन की ओर, महेन्द्र के साथ राष्ट्रीय, उत्तरीय, सम्बल और भद्रसार को लंका की ओर भेजा। इनके अतिरिक्त उसने मिस्र, साईरीन, मकदूनिया और एपीरस की ओर भी प्रचारक भेजे। तेरहवें आदेश में लिखा है—''सम्राट् अशोक की धर्म-विजय अठारह सौ मील दूर यूनान तक हुई, जहाँ तक यूनानी शासक ऐण्ट्योकस रहता है। इतना ही क्यों इससे परे टोलेमी (तुरामयी), एण्टिगोनस (अन्तेकिन), मगस (मग या मक) और एलेग्जेण्डर (अलिकासुदारो) के राज्यों तक इसके धर्म का सन्देश पहुँचा। इसी प्रकार दक्षिण (मिच) में चोल और पाण्ड्य राज्यों में ताम्रपर्णी तट तक स्वतन्त्र राज्य थे। उनमें अशोक के धर्म की विजय हुई। यद्यपि वहाँ उसने अपने दूतों को नहीं भेजा फिर भी वहाँ के लोगों ने अशोक का धर्म-सन्देश सुना क्योंकि महाराज अशोक के अध्यादेश धर्म की नींव पर आधारित थे। इसलिए वहाँ के लोगों ने अशोक के धर्म को अपनाया और अपनाते रहेंगे।'' एक अन्य शिलालेख में इस प्रकार लिखा है—''चोल, पाण्ड्य, सत्यपुत्र, केरलपुत्र, ताम्रपर्णी के सीमान्त राज्य और यूनान का राजा एण्ट्योकस तथा उसके पड़ोसी अशोक के धर्म के अनुयायी हैं।''

यह इसी प्रचार का फल था कि लंका के राजा तिस्स और उसकी सम्पूर्ण प्रजा ने बौद्ध धर्म को स्वीकार कर लिया। महावंश से पता चलता है कि लंका के लोगों ने बौद्ध धर्म को ग्रहण किया था।

बौद्ध-धर्म के प्रचार के लिए अशोक ने 'धर्म महामात्रों' और 'धर्म-युतों' को नियुक्त किया था। 'धर्म महामात्रों' के कर्त्तव्यों के बारे में अशोक ने इस प्रकार कहा है—''दासों और स्वामियों, ब्राह्मणों और धनवानों, असहायों और बूढ़ों के बीच में रहकर उन्हें साँसारिक दु:खों से मुक्ति दिलाना धर्म महामात्रों का कर्त्तव्य है। इसके अतिरिक्त उनका कर्त्तव्य होता था कि वे उन लोगों की सजाओं को कम करें, जिनका दोष या अपराध ज्यादा नहीं है। फाँसी को सजा में बदल दें और सजा को जुर्माने में तथा हो सके तो जुर्माने को भी कम कर दें। यह देख लिया जाये कि अपराधी के अपराध का उद्देश्य क्या था। उन्हें वृद्धावस्था अथवा सन्तान के कारण भी दण्ड-मुक्ति प्रदान की जा सकती है। पाटलिपुत्र, प्रान्तीय नगरों और जहाँ कहीं भी अशोक के भाई-बहिन और अन्य राजवंश के व्यक्ति रहते हों, धर्म महामात्र अवश्य नियुक्त हैं।''

अशोक ने भाबरु शिलालेख में बौद्ध-ग्रन्थों को अंकित करा दिया ताकि लोगों को इस धर्म का अच्छा-खासा परिचय मिल सके। उसने उपदेशों को स्तम्भों और चट्टानों पर भी अंकित कराया। शाहबाजगढ़ी, मानसेरा, कालसी, सोपारा, गिरनार, धौलि, जौगढ़, चीतलदुर्ग, रूपनाथ, सहसराम, बैराट, मास्की और भाबरु आदि स्थानों में चौदह शिलाओं पर अंकित आदेश देखने को मिले हैं। तोपरा, मेरठ, कौशाम्बी, लौरीय-अरराज, लौरीय-नन्दनगढ़, रामपुरवा, साँची, रुम्मिनदेइ और निग्लीव नामक स्थानों पर अशोक ने शिला स्तम्भ गड़वाए और उन पर आदेश अंकित कराए। इन उपर्युक्त स्थानों के शिलालेखों ने बौद्ध धर्म के विस्तार में पर्याप्त योग दिया होगा।

जनता की सद्भावना प्राप्त करने के लिए अशोक सामाजिक अवसरों पर विमानों तथा हाथियों आदि के साथ देवताओं की झाँकियाँ बड़ी सजधज के साथ निकाला करता था। उसने आम के वृक्षों की वाटिकाओं के निर्माण की आज्ञा दी। उसने कुओं तथा विश्राम-गृहों का भी निर्माण कराया। मानवों तथा पशुओं की सुविधा के लिए उसने जल-स्थानों की व्यवस्था की तथा चिकित्सालय खुलवाए। औषधियों को केवल देश में ही नहीं उगाया जाता था बल्कि विदेश से भी औषधियों का आयात होता था। उसने पच्चीस बार बन्दियों को मुक्त करने की आज्ञा दी। राज्य के सभी साधनों को बौद्ध-मठों को सौंप कर उसने बौद्ध-धर्म को विश्व-धर्म बना दिया।

विदेश-नीति में परिवर्तन (Change in Foreign Policy)—कलिंग युद्ध ने अशोक के धर्म को ही परिवर्तित नहीं किया बल्कि उसकी विदेश-नीति को भी प्रभावित किया। कलिंग युद्ध के पश्चात् उसने विजय की नीति को भी छोड़ दिया। उसने अपने पड़ोसी राजाओं से कहा कि उन्हें उससे डरना नहीं चाहिए, बल्कि उन्हें उस पर विश्वास करना चाहिए। अशोक ने उन्हें विश्वास दिलाया कि उन्हें उससे सुख ही प्राप्त होगा; दु:ख नहीं। उसने अपने पुत्रों तथा पौत्रों तक से कही कि वे विजय की नीति का परित्याग कर दें। अशोक ने गर्व से कहा था—" 'भेरी घोष' अब 'धर्म-घोष' का रूप ले चुका है" अर्थात् मेरे शस्त्रों की खड़खड़ाहट धर्म के पवित्र स्वर में खो गई है। चोल, पाण्ड्य, सत्यपुत्र, केरलपुत्र, लंका और अन्तियक यौणराज या एण्ट्योकस द्वितीय (Antiochos II) के साथ अशोक के मित्रतापूर्ण सम्बन्ध थे। अशोक की विदेश नीति के बदल जाने के कारण इतिहास में एक विश्राँति-काल की स्थापना हो सकी, अर्थात् कुछ समय के लिए इतिहास का जोश ठण्डा पड़ गया। इस प्रकार मौर्य राज्य धीरे-धीरे अवनत होने लगा। मौर्य साम्राज्य की अवनति जारी रही और अन्त में उसका आकार वही हो गया जिससे बिम्बिसार और अजातशत्रु के समय से उसका विकास होना आरम्भ हुआ था।

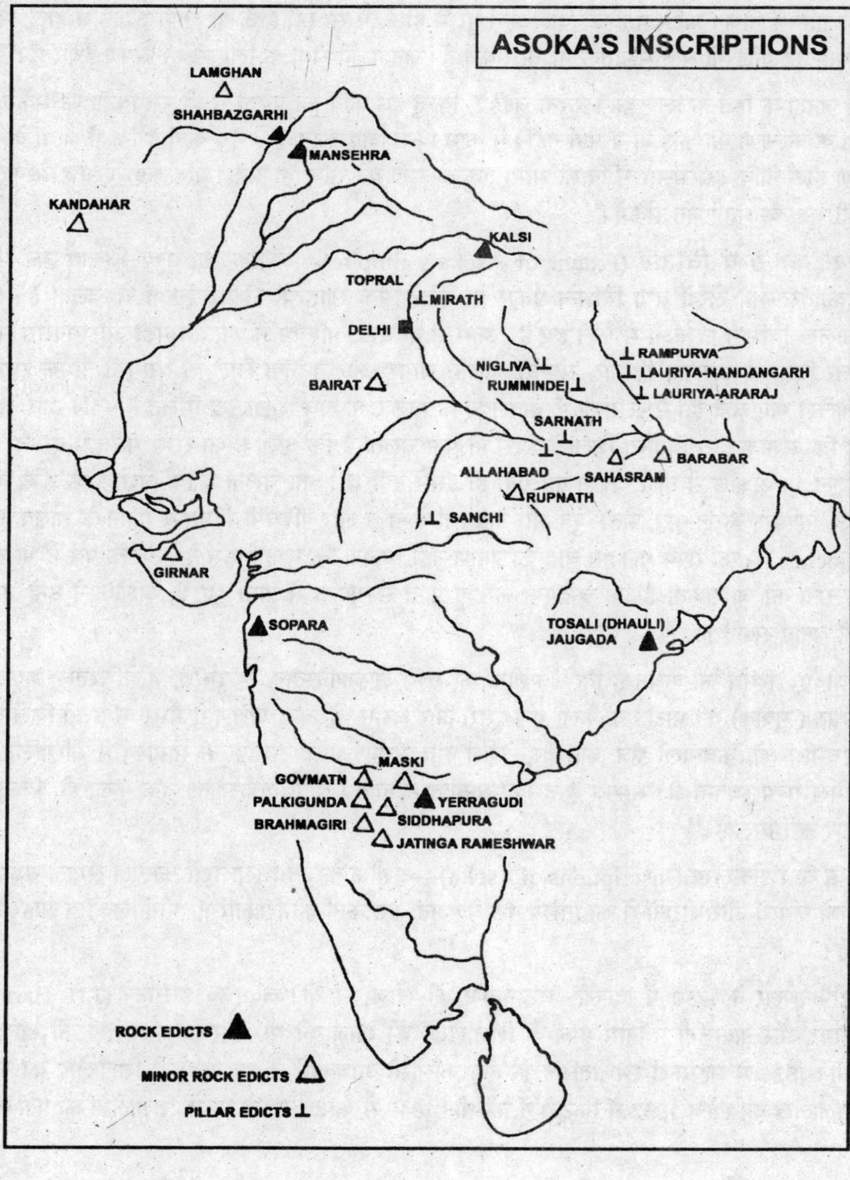

अशोक के राजपद का आदर्श (Asoka's Ideal of Kingship)—अशोक के आदर्श ऊँचे थे। उसके राजपद के आदर्श का प्रमाण कलिंग के दो शिलालेखों और छठे शिलालेख आदेश से मिलता है। कलिंग के शिलालेखों में उसने निश्चित रूप से कहा है कि प्रजा उसकी सन्तान है। "जिस प्रकार मैं चाहता हूँ कि मेरी सन्तान इस संसार और परलोक में सुख-वैभव को भोगे ठीक वैसे ही मेरी कामना है कि सभी लोग उसी प्रकार सुखी हों।" उसने राज्य के बड़े-बड़े अधिकारियों से कहा था वे न्याय के सिद्धान्तों पर राज्य करें। वह स्वयं कहता है, "अभी भी ऐसे व्यक्ति हैं जिन्हें कारावास या अन्य प्रकार के दुःख प्राप्त हैं। तुम्हें अन्याय-संगत दण्ड और कैद को समाप्त करने में तत्पर रहना चाहिए। कई ऐसे व्यक्ति हैं जो हिंसा का मार्ग अपनाते हैं। तुम्हें चाहिए कि तुम उन्हें ठीक मार्ग पर ले आओ।"

छठे शिलालेख में अशोक ने इस प्रकार कहा है—"बहुत समय हो गया है किन्तु अभी तक कार्य पूर्ण नहीं हुआ। एक लम्बी अवधि से मुझे समय-समय पर मिलने वाली लोगों के दुःखों की सूचनाएँ नहीं मिली हैं।"

"मैंने इस बात का फैसला किया है कि हर समय और हर स्थान पर मुझे जनता की आवाज सुनने के लिए बुलाया जा सकता है। चाहे मैं भोजन कर रहा होऊँ, चाहे अन्तःपुर में होऊँ, मैं सो रहा होऊँ या अपने उद्यान में होऊँ, मेरे राज्य के अधिकारी जनता की कोई भी बात मुझ तक पहुँचा सकते हैं। जनता की सेवा के लिए मैं हर समय तैयार हूँ।"

"मुझे जनता के हित के लिए कार्य करना चाहिए, किन्तु इस कार्य को प्रयत्न से ही पूरा किया जा सकता है। इससे बढ़कर जनता के कल्याण का कोई अन्य मार्ग नहीं। मैं काम किस लिए करता हूँ? मेरा कार्य है कि मैं जीवों के प्रति अपने ऋण से उऋण होऊँ ताकि इस संसार में किसी सीमा तक तो सुख की सृष्टि हो सके। यदि कहीं ऐसा हो सकता तो लोग परलोक में भी सुख के भागी बन सकेंगे।"

अशोक का राज्य-विस्तार (Extent of Asoka's Empire)—अशोक के राज्य-विस्तार का पता उसके शिलालेखों, कीर्तिस्तम्भों, लेखों तथा विभिन्न प्रकार के ऐतिहासिक साहित्य की परम्पराओं से चलता है। अशोक के विभिन्न शिलालेख विभिन्न दिशाओं में फैले हुए हैं। उनमें से दो उत्तर-पश्चिम में शाहबाजगढ़ी और मनसेरा में हैं। इनके अतिरिक्त उत्तर दिशा में कालसी, गिरनार, सोपारा, धौली, जौगड़ और कुरनूल जिले के यरागुड़ी नामक स्थानों पर भी विभिन्न शिलालेख पाए जाते हैं। मैसूर राज्य में चीतलदुर्ग के निकट भी लघु शिलालेख मिलते हैं। डॉ० आर०के० मुकर्जी का विचार है कि अशोक द्वारा वितरित शिलालेखों से ही पता चलता है कि अशोक का राज्य भारत में दूर-दूर तक फैला हुआ था। केवल 14 अक्षाँश से नीचे दक्षिण का भाग ही इसमें नहीं था। पता चलता है कि अशोक के राज्य की दक्षिणी सीमा पर चोल, पाण्ड्य, केरल-पुत्र, सत्य-पुत्र और ताम्रपर्णी राज्य थे और पश्चिमी सीमा पर यूनान के शासक एण्ट्योकस द्वितीय (Antiochos II) का राज्य था। इस बात का प्रमाण नहीं मिलता कि एण्ट्योकस ने हेरात के पूर्व में भी राज्य किया था। अतः कल्पना की जा सकती है कि चन्द्रगुप्त को जो प्रान्त सैल्यूकस से प्राप्त हुए थे, अशोक ने उन्हें उसी रूप में अपने राज्य में बनाए रखा था।

डॉ० वी०ए० स्मिथ का कथन है कि "अशोक का राज्य अफगानिस्तान, हिन्दुकुश, बलोचिस्तान, मकरान, सिद्ध, कच्छ और स्वात (सुवात) की घाटी तक फैला था। दूसरी ओर असम छोड़कर, दक्षिण में मैसूर के उत्तरी जिले तथा मद्रास के उत्तर-पश्चिमी जिले, कबायली क्षेत्र, काश्मीर, नेपाल और सम्पूर्ण भारत अशोक के साम्राज्य में सम्मिलित था। सुदूर दक्षिण के तमिल राज्य स्वतन्त्र थे। सम्भव है उसका साम्राज्य खोतान (चीनी तुर्किस्तान) तक फैला हो, किन्तु इस तथ्य का कोई प्रमाण नहीं मिलता।"

अशोक के शिलालेख (Inscriptions of Asoka)—अशोक के उन शिलालेखों का पता लगाना बड़ा ही कठिन कार्य रहा है, जो जंगलों और वीरानों में कहीं छिपे पड़े थे। अतः इस कार्य को शिकारियों, भौगोलिकों व साहसी व्यक्तियों ने ही किया है।

पैड्रे टीफैनथेलर ने 1750 में दिल्ली-मेरठ स्तम्भ की खोज की थी। जे०एच० हेरिंगटन (J.H. Harington) ने 1785 में बाराबर और नागार्जुनी पर्वतीय गुफा के शिलालेखों की खोज की थी। गिरनार शिलालेख की खोज 1822 में टॉड ने की थी। 1836 में महाराजा रणजीतसिंह के एक फ्राँसीसी अधिकारी ने शाहबाजगढ़ी शिलालेख का पता लगाया था। धौली शिलालेख की खोज 1837 में किट्टो ने की थी। 1840 में कैप्टन बर्ट ने भाबरु शिलालेख का पता लगाया था।

जौगड़ शिलालेख का पता 1850 में सर वाल्टर इलियट ने लगाया था। इसी प्रकार कालसी शिलालेख की खोज फारैस्ट ने की थी। 1872 में कारलायल ने रामपुरवा स्तम्भ लेख और बिरात के लघु शिलालेख का पता लगाया था। ठीक इसी समय कर्नल ऐलिस के एक भारतीय सेवक ने रूपनाथ लघु शिलालेख का पता लगाया था। 1882 में भगवान् लाल इन्द्राजी ने सोपारा में आठवें शिलालेख के एक खण्ड का अनुसन्धान किया था। 1889 में कैप्टन ले ने मनसेहरा का पता लगाया था। 1891 में राइस ने मैसूर के तीन लघु शिलालेखों का पता लगाया था। 1895 में फीहरर ने निगालीसागर स्तम्भ-लेख की खोज की थी। इसी व्यक्ति ने ही रुम्मिन्देई स्तम्भ लेख की खोज अगले वर्ष की। 1905 में ओरटैल ने सारनाथ स्तम्भ लेख की खोज की थी। 1915 में बीडन ने मास्की चट्टानी लेख की खोज की थी। इसके बाद कुछ समय उपरान्त कुरनूल जिले में अणुघोष ने यैरागुड़ी चट्टानी लेखों का पता लगाया था। इसी प्रकार गाविमठ और पालकीगुडू शिलालेखों का भूतपूर्व हैदराबाद राज्य के कोपबल ताल्लुके में पता चला है। तक्षशिला में आरामिक शिलालेख का पता चला है। इसी प्रकार के एक अन्य शिलालेख का पता अफगानिस्तान के जलालाबाद के निकट लघुमान में चला है।

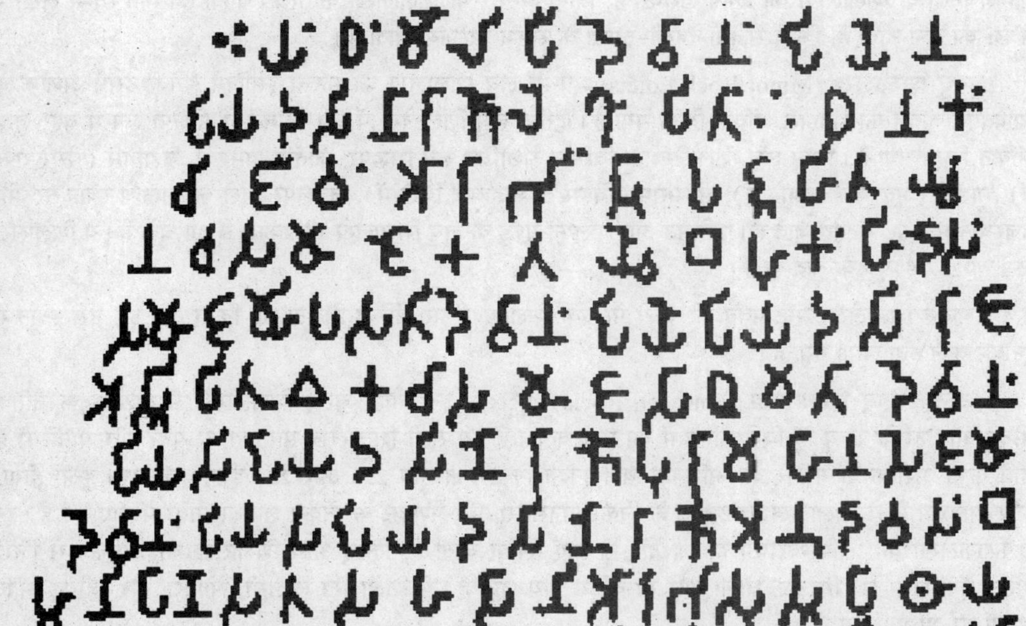

अशोक का शिलालेख

निश्चय ही इन लेखों के पता लगाने का कार्य अत्यन्त कठिन था। किन्तु इन शिलालेखों को पढ़ने का कार्य इससे भी कठिन था। 1801 में इन प्राप्त शिलालेखों की नकलें 'एशियाटिक रिसर्चिज' में प्रकाशित की गई। इलाहाबाद स्तम्भ की

नकल 1834 में प्रकाशिक की गई थी। 1837 में प्रिंसैप ने देहली–तोपरा के स्तम्भ लेख की सम्पूर्ण नकलें छपवाईं। 1831 में उसने धौली और गिरनार के लेखों का अनुवाद प्रकाशित कराया। 1840 में नौरिस ने प्रथम बार शाहबाजगढ़ी शिलालेख को पढ़ा था। इसी वर्ष ही किट्टो ने भाबरु शिलालेख को पण्डित कमलाकान्त की सहायता से पढ़ा और उसका अनुवाद किया। 1879 में जनरल कन्निंघम ने 'कार्पस इन्स्क्रिप्शनम इण्डिकेरम' की प्रथम पुस्तक प्रकाशित की। 1925 में कार्पस का नया संस्करण हल्त्ष (Hultzch) द्वारा छापा गया। डॉ० स्मिथ, डॉ० भण्डारकर और मुकर्जी की पुस्तकों में अशोक के शिलालेखों के अनुवाद मिलते हैं।

अशोक के शिलालेखों को कालक्रम और विषय के अनुसार इस प्रकार क्रमबद्ध किया जा सकता है दो लघु शिलालेख, भाबरु शिलालेख, दो कलिंग शिलालेख, चौदह बृहद् शिलालेख, सात स्तम्भ लेख, चार लघु स्तम्भ लेख, दो स्मारक स्तम्भ लेख और तीन गुफा लेख। चौदह बृहद् शिलालेख एक क्रम में हैं। केवल सोपारा के आठवें शिलालेख के एक टुकड़े और धौली और जौगढ़ के बारहवें और तेरहवें शिलालेखों को छोड़कर शेष सभी शिलालेख क्रमानुसार हैं। नौवें शिलालेख की अन्तिम दो पंक्तियों की जगह धौली, गिरनार और जौगढ़ के शिलालेखों में अन्य पंक्तियाँ जोड़ दी गई हैं। तेरहवें शिलालेख की अन्तिम छः पंक्तियाँ कालसी, गिरनार और मनसेरा के शिलालेखों से मेल नहीं खातीं। मनसेरा और शाहबाजगढ़ी के शिलालेखों की लिपि खरोष्ठी है, किन्तु अन्य सभी शिलालेखों की लिपि ब्राह्मी है। सात स्तम्भ लेखों में से छः का क्रम ठीक है, किन्तु सातवाँ देहली–तोपरा के स्तम्भ पर पाया जाता है।

लघु शिलालेख (Minor Rock Edicts)—प्रथम लघु शिलालेख का महत्त्व इसलिये है कि उसमें अशोक के व्यक्तिगत जीवन का इतिहास अंकित किया गया है। द्वितीय लघु शिलालेख में धर्म के बारे में संक्षिप्त रूप में बहुत कुछ अंकित किया गया है। प्रथम लघु शिलालेख के विभिन्न संशोधित रूप सिद्धपुर, जतिंगा–रामेश्वर, ब्रह्मगिरि (मैसूर राज्य में), मास्की (भूतपूर्व हैदराबाद में), सहसराम (बिहार के शाहाबाद जिले में), जबलपुर जिले के रूपनाथ स्थान पर और राजस्थान में बैराट में पाये जाते हैं। गाविमठ और पालकी गुण्डु के लघु शिलालेख भी प्रकाश में आ चुके हैं। ये शिलालेख 258 या 257 ई०पू० के बाद के हैं।

भाबरु शिलालेख बैराट पर्वत की चोटी पर एक शिलाखण्ड पर अंकित मिलता था, किन्तु अब इसे उस स्थान से हटाकर कलकत्ता लाया गया है।

चौदह बृहद् शिलालेख (Fourteen Rock Edicts)—इन चौदह बृहद् शिलालेखों से अशोक के नैतिक जीवन और उसके राज्य के विशेष नियमों का पता चलता है। ये सभी शिलालेख साम्राज्य के सुदूर सीमाप्रान्तों में हैं जहाँ कभी अशोक के गवर्नर का अधिकार था। इनका निर्माण लगभग 256 और 257 ई०पू० के मध्य हुआ होगा। उत्तर–पश्चिम में ये शिलालेख ऐबटाबाद के निकट मनसेहरा और पेशावर के निकट शाहबाजगढ़ी में पाए गए हैं। इन दो शिलालेखों की लिपि खरोष्ठी है, जो दाएँ से बाएँ लिखी जाती है, किन्तु अन्य शिलालेख ब्राह्मी लिपि में लिखे मिलते हैं। शिलालेख गिरनार, धौली और मास्की में पाये जाते हैं। ये शिलालेख कालसी, सोपारा, दौर, जौगढ़ आदि स्थानों पर भी पाए गए हैं।

चौदह बृहद् शिलालेखों में से प्रथम लेख में पशु बलि की निन्दा की गई है। द्वितीय शिलालेख में अशोक ने मनुष्यों तथा पशुओं के लिए दवादारू के प्रबन्ध का वर्णन किया है। तृतीय शिलालेख में लिखा है कि उसके राज्य के अधिकारी हर पाँच वर्ष के बाद भ्रमण करें। इस शिलालेख में 'धर्म' के नियमों को भी घोषित किया गया है। धर्म सम्बन्धी कुछ अन्य नियम चतुर्थ शिलालेख में भी लिखे हैं। पंचम शिलालेख में धर्म–महामात्रों की नियुक्ति का संकेत मिलता है। छठे शिलालेख में आत्म–संयम की शिक्षा दी गई है। सातवें और आठवें शिलालेखों में अशोक की तीर्थ–यात्राओं का वर्णन है। नौवें शिलालेख में सच्ची भेंट और सच्चे शिष्टाचार की व्याख्या है। दसवें शिलालेख में आदेश दिया गया है कि राजा तथा उच्च राज्य–कर्मचारियों को सदा प्रजा के हित की चिन्ता करनी चाहिए। ग्यारहवें शिलालेख में बताया गया है कि धर्म का वरदान सर्वश्रेष्ठ है। बारहवें शिलालेख में सभी मतों के सत्कार की बात कही गई है। तेरहवें शिलालेख में कलिंग की लड़ाई और वहाँ के हत्याकाँड का वर्णन है। चौदहवें शिलालेख में लोगों को धार्मिक जीवन व्यतीत करने की बार–बार प्रेरणा दी गई है।

कलिंग लेख (Kalinga Edicts)—ये दो कलिंग लेख उपर्युक्त चौदह लेखों के पूरक हैं। इन्हें बारहवें और तेरहवें लेखों के स्थान पर रखा गया है। इन दो शिलालेखों में नव-विजित कलिंग राज्य के प्रशासन को चलाने के नियम लिखे गए थे। ये दो शिलालेख धौली और जौगढ़ में पाए गए हैं। सम्भवत: इनका निर्माणकाल 250 ई०पू० रहा होगा।

गुफा लेख सम्भवत: 257 और 250 ई०पू० के बीच खोदे गए होंगे। ये लेख गया के निकट बाराबर की पहाड़ियों में हैं। इनसे पता चलता है कि इन गुफाओं को अशोक ने 'आजीविकों' को दे डाला था। अत: कहा जा सकता है कि अशोक बौद्ध-धर्म के अतिरिक्त अन्य धर्मावलम्बियों का भी हितचिन्तक था।

तराई के स्तम्भ लेखों में से एक नेपाल में रुम्मिनदेई के स्थान पर और दूसरा नेपाल की तराई में निगलीवा के स्थान पर स्थित है। इन लेखों से प्रामाणिक रूप से पता चलता है कि अशोक ने बुद्ध के जीवन से सम्बन्धित पवित्र स्थानों की यात्रा की थी। इन शिलालेखों से ही पता लगाया जा सकता है कि बुद्ध का जन्म किस स्थान पर हुआ था। ये लेख बतलाते हैं कि अशोक ने बुद्ध के पूर्व जन्म को स्वीकार किया है। ये शिलालेख लगभग 249 ई०पू० में लिखे गए थे।

सात स्तम्भ लेख (Seven Pillar Edicts)—इन स्तम्भ लेखों का निर्माण शायद 242 ई०पू० हुआ था। इनमें से दो हरियाणा में जिला अम्बाला के तोपरा और मेरठ में थे, किन्तु अब ये दोनों दिल्ली में हैं। इलाहाबाद में भी एक स्तम्भ है, जिसमें समुद्रगुप्त की विजयों का विवरण पढ़ने को मिलता है। हमें यही स्तम्भ लेख लौरीय-नन्दनगढ़, लौरिया-अरराज और रामपुरवा में भी मिलते हैं। ये सब स्थान तिरहुत के चम्पारन जिले में हैं।

लघु स्तम्भ लेख सारनाथ, साँची और कौशाम्बी में पाये जाते हैं। इन शिलालेखों में मठ सम्बन्धी फूट से होने वाली हानि का भी वर्णन है।

अशोक के शिलालेखों के महत्त्व को किसी भी प्रकार कम नहीं किया जा सकता। सत्य तो यह है कि इनमें हमें अशोक के जीवन और कार्यों का पूर्ण विवरण मिलता है। इन्हीं लेखों द्वारा अशोक के मन की भी हमें झाँकी मिलती है। ये लेख हमें बतलाते हैं कि कलिंग-युद्ध से पूर्व अशोक की क्या दशा थी। इन्हीं लेखों से कलिंग-युद्ध की भयंकरता और उसका अशोक पर प्रभाव, अशोक द्वारा अपनाए गए बौद्ध-धर्म के प्रचार के लिए साधन इत्यादि का पता चलता है। अशोक ने अपनी राज्य सम्बन्धी नीति में क्या उलट-फेर किए, उसका पड़ोसी और विदेशी राष्ट्रों से कैसा सम्बन्ध था, इन दोनों बातों की जानकारी शिलालेखों द्वारा ही मिलती है। इन शिलालेखों से यूनान के राजा का भी विवरण मिलता है; जो अशोक का समकालीन था। बस इसी से ही हमें अशोक के राज्य-काल को जानने में सहायता मिलती है। इन शिलालेखों से हमें अशोककालीन समाज की आर्थिक, सामाजिक और आर्थिक अवस्था का पता चलता है। इन्हीं से हमें उसके राज्य-विस्तार का भी पता चलता है। इनसे हमें बुद्ध के जन्मस्थान और उसके जीवन से सम्बन्धित अन्य स्थानों का भी पता चलता है। इन लेखों से अशोक द्वारा वर्णित बुद्ध के सिद्धान्तों और नियमों का पता भी चलता है। इन्हीं से ही हमें अशोक के आदर्श राजा होने का ज्ञान होता है। वास्तव में अशोक की महत्ता उसके शिलालेखों से ही जानी जा सकती है।

अशोक का मूल्यांकन (Estimate)—डॉ० आर०के० मुकर्जी का कथन है कि "सम्पूर्ण इतिहास में कोई भी राजा ऐसा नहीं, जिसका जीवन मानव अशोक या राजा अशोक की तुलना में लाया जा सके। सम्राट् अशोक की महत्ता को स्पष्ट करने के लिए उसकी तुलना इतिहास की अन्य विभूतियों से की गई है। इस तुलना में अशोक के सम्मुख अनेक नवीन और प्राचीन, ईसाई और यवन, आस्तिक और नास्तिक, आदि-आदि अनेक व्यक्तियों को खड़ा किया गया है। अपने सम्पूर्ण राज्य में बौद्ध धर्म को स्थापित करने की अशोक की अभिलाषा उसे इजराईल के डेविड और सोलोमन के सम्मुख ला खड़ा करती है। इन दो राजाओं के राज्य-काल में इजराईल उन्नति के शिखर पर था। अशोक ने स्थानीय धर्म को विश्व-धर्म का रूप दे डाला था। रोमन सम्राट् काँस्टैटाइन (Constantine) को अशोक की तुलना में खड़ा तो किया जाता है, किन्तु केवल धर्म को लेकर। दार्शनिकता और धर्म की दृष्टि से उसे मारकस आरीलियस (Marcus Aurelius) के समान कहा गया है। राज्य-विस्तार और राज्य-प्रणाली को दृष्टि में रख कर उसे शार्लिमेन (Charlemagne) के समान स्थान प्राप्त है। उसने अपने शिलालेखों में धार्मिक शिक्षाओं को बार-बार दोहराया है। अत: इस दृष्टि से उसके उपदेश आलिवर क्रामवैल के भाषणों से मिलते हैं। अंत में उसे खलीफा उमर और सम्राट् अकबर के सम्मुख भी खड़ा किया जा सकता है।"[1]

1. Mookerji, R.K., *Asoka,* p. 1.

डॉ० रायचौधरी का विचार है कि ''अशोक महान् ऐतिहासिक विभूतियों में से एक था। वह ध्येयनिष्ठ और दृढ़ संकल्पी था। उसने प्रजा को सभी दृष्टियों से सुखी करने की चेष्टा की। वह प्रजा को अपनी सन्तान से कम दर्जा नहीं देता था। उसकी राज्य-पद्धति और संगठन-शक्ति अपने-आप में अद्वितीय थी। वह ऐसा राजनीतिज्ञ था जिसने शक्तिशाली सेनाओं के साथ महान् सफलताओं को प्राप्त किया और उसके कुछ वर्ष पश्चात् गंगा घाटी के धर्म को उठा कर विश्व-धर्म का रूप दे डाला। वह अहिंसा और सहिष्णुता का प्रचारक तथा पालक भी था। उसने सेना का त्याग विजित होने पर नहीं बल्कि विजेता होने पर किया। उसकी नीति दया और कृपा से ओतप्रोत थी। हमें भूलना न चाहिए कि उस समय उसके पास एक शक्तिशाली साम्राज्य था। उसकी उदारता और दान की भावना अपना सानी नहीं रखती। उसे सत्य कहने में कोई संकोच न था। यही कारण है कि उसने अपने अत्याचारों को स्वीकार भी कर लिया था। मौर्य वंश के इस अद्वितीय सम्राट का प्रभाव आने वाली सन्तानों पर भी पड़ा। उसने राज्य-कर्मचारियों को धर्म-प्रचारकों का रूप दे डाला। राजसी शिकार और हथियारों का प्रयोग बन्द कर दिया गया। उत्तर-पश्चिमी सीमावासी तथा दक्षिण प्रान्तवासी युद्ध-प्रिय दलों को उसने धर्म-प्रचारकों के हवाले कर दिया था। जब तक युद्ध की सामग्री और उसका वातावरण समाप्त नहीं हुआ तब तक अशोक को चैन नहीं मिला। वास्तव में इससे पूर्व जितने सम्राट् हुए हैं वे यदि उसकी नीति किसी प्रकार देख सकते तो निश्चय ही चकित होते। किन्तु इसका एक प्रभाव यह हुआ कि उसकी मृत्यु के कुछ ही समय पश्चात् जिन सेनाओं ने सैल्यूकस को जीता था, बैक्ट्रिया जैसे छोटे से राज्य से अपने विशाल देश की रक्षा न कर सकीं।''

एच०जी० वैल्ज (H.G. Wells) का कथन है कि ''अशोक का नाम बड़े-बड़े और विभिन्न उपाधियों वाले सहस्रों शास्कों में, जिनका वर्णन इतिहास में आता है, सितारे की तरह चमकता है। वोल्गा से जापान तक आज भी उसका नाम अत्यन्त सम्मान के साथ लिया जाता है। चीन, तिब्बत और भारत अशोक के सिद्धान्तों को छोड़ भले ही चुके हों, किन्तु उसके महत्त्व की परम्परा को सुरक्षित रखे हुए हैं। काँस्टेंटाइन और शार्लिमेन से भी कहीं बढ़ कर इस समय लोग अशोक की स्मृति का मान करते हैं।''

पाल मेसन-और्सेल (Paul Masson-Oursel) और अन्य विद्वानों का विचार है कि ''मौर्य वंश का तृतीय सम्राट् न केवल भारतीय राजाओं में ही उच्च था बल्कि इतिहास के महान दार्शनिकों में से एक था। उसमें मारकस आरीलियस (Marcus Aurelius) की महत्ता और क्षमा भावना तो थी ही, किन्तु उसकी कमजोरी और दुर्भावना का उसमें अभाव था। चीनी क्यून त्स्यू (Kiun Tseu) की सी आत्मिक महत्ता तो थी, किन्तु उसकी तरह उसमें अकर्मण्यता का भाव न था। शक्ति, उदारता, न्याय और दान का संगठित रूप था अशोक। यद्यपि वह अपने समय का सजीव चित्र था तो भी वह हमें हर बात में नवीन दिखाई पड़ता है। अपने लम्बे राज्य-काल में उसने ऐसे कार्य कर दिखाए जो साधारणत: कल्पना की परिधि तक ही सीमित रहते हैं। महत्तम सांसारिक शक्ति रहते हुए भी उसने शान्ति का घोष किया। अपने साम्राज्य की सीमाओं से पार भी उसने उस उद्देश्य की पूर्ति की जो कुछ धर्मों का स्वप्न रहा है अर्थात उसने विश्वव्यापी व्यवस्था स्थापित की जो सारी मानवता के लिए शान्ति का सन्देश थी।''

काँस्टेंटाइन से तुलना (Comparison with Constantine)—कई लोगों ने अशोक की तुलना इतिहास के बड़े-बड़े व्यक्तियों से की है। रोमन सम्राट् काँस्टेंटाइन महान से भी उसकी तुलना की गई है। काँस्टेंटाइन के धार्मिक दृष्टिकोण के कारण गिरजाघरों में कमजोरियाँ आ गई थीं और इधर बौद्ध-धर्म के प्रचार पर अशोक ने अधिक जोर दिया और संघ को उसका दान देना बौद्ध-धर्म के पतन और भारत से उसके निष्कासन की ओर सबसे पहला चरण था। कुछ आलोचक इस बात को नहीं मानते। उनका तर्क है कि बौद्ध धर्म का पतन तो अशोक के लगभग हजार वर्ष बाद हुआ था। अत: अशोक को इस पतन का उत्तरदायी नहीं बनाया जा सकता। कुछ लेखक ऐसे हैं, जो अशोक की तुलना काँस्टेंटाइन से केवल इसलिए करते हैं कि दोनों अपने-अपने धर्मों के शाही प्रवर्त्तक और संस्थापक थे, किन्तु इतना तो मानना ही पड़ेगा कि धर्म-प्रचार के लिए दोनों के समय का वातावरण अलग-अलग था। इसके अतिरिक्त एक बात और है कि जहाँ काँस्टेंटाइन ने धर्म के प्रसार के लिए विजय की इच्छा की वहाँ अशोक ने केवल धर्म-प्रचार को ही अपने जीवन का लक्ष्य बनाया, जो कि उस समय अति दीन अवस्था में था। एक बात और ध्यान देने योग्य है कि काँस्टेंटाइन दूरदर्शी, चतुर, अन्धविश्वासी, प्राय: अत्याचारी आलोचक था, किन्तु अशोक में ऐसे अवगुणों के स्थान पर उच्चादर्श और बौद्ध-धर्म के नियमों का प्रचार

ही केवल मात्र उद्देश्य थे। यही कारण है कि उसने एक प्रान्तीय धर्म को विश्व-धर्म का रूप देने में सफलता प्राप्त की। कॉंस्टेंटाइन राजनीतिक कारणों से अपने सिद्धान्तों में झुक भी जाया करता था, किन्तु अशोक में ऐसी बात न थी। कॉंस्टेंटाइन अपने जीवन के सन्ध्याकाल में मूढ़ता की ओर झुक गया था किन्तु अशोक में इस प्रकार की कमजोरी देखने को नहीं मिलती। अत: इन दोनों की तुलना कुछ उचित प्रतीत नहीं होती।

एन्टोनिनस से तुलना (Comparison with Antoninus)—अशोक की तुलना रोमन सम्राट् मार्क्स आरीलियस एण्टोनिनस (121-180 ई०) से भी की जाती है। यह ठीक है कि वह व्यक्तिगत जीवन की दृष्टि से अशोक के समान और बौद्धिक दृष्टि से उससे कहीं आगे था, किन्तु उच्चता और आदर्श में वह अशोक से पिछड़ गया था। उत्साह की जो मात्रा अशोक में देखने को मिलती है उसका एण्टोनिनस में अभाव था। ''एण्टोनिनस घमण्डी और शाही स्वार्थ को प्रमुखता देने वाला था।'' उसने अपने राज्यकाल में ईसाई धर्म के प्रति सहिष्णुता का भाव नहीं दिखाया था। ईसाई धर्म के प्रचारकों को मृत्युदण्ड दिए गए। कारण यह था कि रोम के हित को वह चोट पहुँचते देख नहीं सकता था। उसके कारण किसी धर्म को चोट पहुँचती हो तो इस बात की चिन्ता न थी, किन्तु इस प्रकार की संकीर्णता अशोक को दूषित न कर सकी। उसके शासन-प्रबन्ध और धर्म पर किन्हीं संकीर्ण भावों का प्रभाव न पड़ सका और न ही उसने किसी जाति के प्रति निर्दयता दिखाई।

अकबर से तुलना (Comparison with Akbar)—अशोक की तुलना अकबर महान् से भी की जाती है। जहाँ तक प्रजा के सुख-दु:ख की चिन्ता का प्रश्न है, यह विशेषता दोनों में थी। इस दिशा में दोनों ने अपनी पूरी शक्ति से काम लिया था। अत: इस क्षेत्र में दोनों का बराबर कहा जा सकता है। एक बात और भी है कि धार्मिक सहिष्णुता की प्रबल मात्रा दोनों में विद्यमान थी, किन्तु हमें भूलना नहीं चाहिए कि ''अकबर पहले राजनीतिज्ञ और साँसारिक था और बाद में धार्मिक सहिष्णु। अत: धार्मिक सत्य के कारण यदि उसकी सत्ता को चोट पहुँची तो उसने धर्म का पल्ला तत्काल छोड़ दिया।'' इस बात को इतिहासज्ञ अच्छी तरह जानते हैं कि उसने धर्म को जब अपने लिए आपत्ति का रूप धारण करते देखा तो उसका परित्याग कर दिया। उसे जब बंगाल के विद्रोह के बीज पनपते दीख पड़े तो उसने ईसाई धर्म के प्रचार को रोक दिया। एक बात और भी है कि वह सभी दृष्टियों से सहिष्णु नहीं था। जब इलाहियों का मत सामने आया तब अकबर ने उसके अनुयायियों को पकड़ कर सिन्ध और अफगानिस्तान की ओर भेज दिया, जहाँ वे घोड़ों के भाव बिके। अकबर ने एक नवीन धर्म 'दीन-ए-इलाही' (Din-i-Ilahi) को जन्म दिया था; किन्तु उसके प्रचार के लिए उसने कोई उत्साह नहीं दिखाया।

सीजर से तुलना (Comparison with Caesar)—अशोक की तुलना सीजर से भी की जाती है, किन्तु यह तुलना उचित प्रतीत नहीं होती। कारण यह है कि न तो सीजर उच्च और आदर्श चरित्र ही था और न ही रोम के ऐतिहासिक संस्थानों की उसने कभी चिन्ता की, जो वास्तव में राजनीतिक जीवन का अंग थे। वह बहुत अधिक विलासप्रिय था।

नैपोलियन से तुलना (Comparison with Napolean)—अशोक की तुलना नैपोलियन से की जाती है, किन्तु यह तुलना भी उचित प्रतीत नहीं होती। इतना तो सत्य है कि नैपोलियन एक महान् सेनानायक और महान् राजनीतिज्ञ था, किन्तु मानवता के क्षेत्र में उसने कोई योग नहीं दिया। एच०जी० वैल्ज (H.G. Wells) का कथन है कि ''नैपोलियन के राज्य-काल में प्राचीन कथाओं का लोप हो रहा था और नए विचार संसार में जन्म ले चुके थे। लोगों के एक भारी समूह के असन्तुष्ट मस्तिष्क को विश्व राज्य के स्वप्न दिखाई देने लगे थे। यह ऐसा अवसर था कि यदि नैपोलियन भविष्य के सम्बन्ध में कल्पना कर सकता और अपनी स्वार्थी आकाँक्षाओं को त्याग सकता तो वह मानवता का भारी कल्याण करता और इस प्रकार वह 'इतिहास के आकाश का सूर्य' बन जाता। अवसर उसे ठीक मिला था, यदि उसमें कमी थी तो केवल उच्च कल्पना की। इसी के अभाव के क़ारण नैपोलियन घूरे पर चढ़कर बाँग देने वाले मुर्गे से अधिक कुछ न कर सका।''

सेंट पाल से तुलना (Comparison with St. Paul)—डॉ० जे०एम० मैकफेल (Dr. J.M. Macphail) ने अशोक की तुलना सेंट पाल से की है। यह सत्य है कि ईसा का सन्देश किसी जाति विशेष के लिए न होकर मानव मात्र के लिए था, किन्तु सेंट पाल से पूर्व तक ईसाई मत के प्रचार का क्षेत्र बहुत ही सीमित रहा। यह सेंट पाल ही था, जिसने ईसाई धर्म को दूर-दूर तक फैलाया। बिलकुल यही कार्य अशोक ने भी किया। उसने बौद्ध-धर्म को प्रान्तीय स्तर से उठाकर विश्व के मंच पर ला खड़ा किया। अशोक बौद्ध-धर्म का केवल संरक्षक ही नहीं, बल्कि उसका प्रचारक भी था।

डॉ० डी०आर० भण्डारकर (Dr. D.R. Bhandarkar) का कथन है कि यों तो अशोक ने सभी क्षेत्रों में योग दिया है, किन्तु पाली भाषा को भारत में दूर-दूर तक फैलाने का उसका प्रयत्न प्रशंसनीय है। यह भाषा केवल साधारण बोलचाल की भाषा थी। बौद्ध-धर्म का अध्ययन करने के लिए लोगों ने इसे पढ़ा। धार्मिक और धर्म-निरपेक्ष लेख तथा बौद्ध-धर्म के धर्म-ग्रन्थों का इसी भाषा में अनुवाद किया गया। अशोक ने भारतीय कला को प्रोत्साहन दिया। उसके समय तक वास्तुकला (architecture) का सम्बन्ध प्राय: लकड़ी से ही था, किन्तु अशोक ने पत्थर से इसका सम्बन्ध जोड़ा। उसके राज्य-काल में कई गुफाओं और स्मृति-स्तम्भों का निर्माण हुआ। विश्वबन्धुत्व की भावना को स्थापित करना ही अशोक के जीवन का लक्ष्य था।

डॉ० भण्डारकर का कथन है कि अशोक के धार्मिक प्रचार के कारण भारत को मानवता और विश्वबन्धुत्व तो मिला, किन्तु राष्ट्रीयता और राजनीतिक महत्ता की नींव खिसक गई। इसमें कोई सन्देह नहीं कि मानवता और विश्वबन्धुत्व की भावना हिन्दू-धर्म का आधार रहे हैं, किन्तु इन्हीं की प्राप्ति के प्रलोभन के कारण राजनीतिक विज्ञान समाप्त-सा हो गया और धर्म तथा दर्शन हिन्दू मस्तिष्क में घुस कर बैठ गए। किन्तु इसका अर्थ यह भी नहीं कि भारत मनोरंजन और सुख-सुविधा से हाथ धो बैठा और उसकी व्यापारिक और औद्योगिक शक्ति जाती रही, इस सब को हम लाभ कहें या हानि यह तो व्यक्तिगत दृष्टिकोण की बात है, किन्तु इतना अवश्य कहा जा सकता है कि अशोक के धर्म-प्रचार से संसार को अतुलनीय लाभ पहुँचा। बौद्ध-धर्म के कारण केवल धर्म और दर्शन का ही प्रचार नहीं हुआ बल्कि हिन्दू-सभ्यता और संस्कृत के बहुत से अमूल्य प्रभाव भी दूर-दूर की जनता पर पड़े। इसका प्रभाव न केवल थेराप्यूटे (Therapeutae) और ऐसेनिज़ (Essenes) के यहूदी मतों पर ही पड़ा बल्कि पूर्व मध्य-युगीन ईसाई धर्म भी इससे पूर्णतया प्रभावित हुआ।''[2]

अशोक के उत्तराधिकारी (Successors of Asoka)—अशोक के उत्तराधिकारियों के सम्बन्ध में ठीक और प्रामाणिक रूप से अभी तक कोई पता नहीं चला और इस सम्बन्ध में प्रामाणिक रूप से कह सकना है भी कठिन। इस सम्बन्ध में कालक्रम के अनुसार कुछ कह सकना तो और भी कठिन है। यह तो बताया जाता है कि अशोक के कई पुत्र थे, किन्तु यह रहस्य अभी तक खुल नहीं सका कि उनमें से कौन अशोक के पश्चात् गद्दी पर बैठा। इतना तो ठीक है कि तीवर, जिसका जन्म अशोक की कारूवाकी नाम की रानी से हुआ था, गद्दी पर बिल्कुल नहीं बैठा। किन्तु उसके अन्य तीन पुत्रों, महेन्द्र, कुणाल और जलौक का नाम साहित्य में आता है। कहीं महेन्द्र को अशोक का पुत्र बताया है और कहीं उसे अशोक का भाई। अत: यह मालूम करना अति कठिन है कि वास्तव में उसका अशोक से कौन-सा सम्बन्ध था।

अशोक के उत्तराधिकारियों के सम्बन्ध में भिन्न-भिन्न प्रकार के अनेक विवरण मिलते हैं। विष्णु पुराण ने उनके नाम इस प्रकार दिए हैं : सुयशस, दशरथ, संगत, शालिशूक, सोमशर्मा, शतधन्वन और बृहद्रथ। इसी प्रकार इसी दिशा में उसके नाम मत्स्य पुराण ने इस प्रकार दिए हैं—दशरथ, सम्प्रति, शतधन्वन और बृहद्रथ। वायु पुराण के अनुसार, अशोक की मृत्यु के आठ वर्ष पश्चात् तक कुणाल ने राज्य किया। कुणाल के पश्चात् बन्धुपालित और बन्धुपालित के पश्चात् इन्द्रपालित गद्दी पर बैठा। इसके बाद देववर्मा, शतधनुष और बृहद्रथ की बारी आती है। राजतरंगिणी के लेखक कल्हण के अनुसार, अशोक के पश्चात् कश्मीर में जलौक ने गद्दी संभाली थी। इतिहासज्ञ तारानाथ का कथन है कि गांधार में वीरसेन ही अशोक का उत्तराधिकारी बना था। दिव्यावदान में अशोक के उत्तराधिकारियों की सूची इस प्रकार मिलती है—सम्पदि, बृहस्पति, बृषसेन, पुष्यधर्मा और पुष्यमित्र।

विभिन्न इतिहासज्ञों का सदा से यही प्रयत्न रहा है कि वे अशोक के उत्तराधिकारियों का युक्तियुक्त या सही कालक्रम दे सकें। कई पुस्तकों में कुणाल को ही उसका उत्तराधिकारी स्वीकार किया गया है, किन्तु साथ ही यह भी पता चलता है कि वह अन्धा था। अत: हो सकता है कि वास्तव में कुणाल राजा हो और राज्य कार्य का भार सम्प्रति (सम्पदि) के कन्धों पर रहा हो। सम्प्रति के सम्बन्ध में कुछ पुस्तकों में कहा गया है कि वह अशोक के तुरन्त बाद का उत्तराधिकारी था।

कुणाल के पुत्र को प्राय: बन्धुपालित, सम्पदि और विगताशोक भी कहा गया है। या तो यह हो सकता है कि शायद इन तीन नामों वाला एक ही व्यक्ति रहा हो या फिर वे तीनों भाई थे। यदि उन्हें भाई समझ लिया जाए तो बन्धुपालित

2. Bhandarkar, *Asoka*, p. 227.

सम्भवतः दशरथ था, जो अशोक का पोता और सम्प्रति का पूर्वाधिकारी था। डॉ० रायचौधरी का विचार है कि इन्द्रपालित का सम्प्रति या शालिशूक से उसी प्रकार ऐकात्म्य होगा, जिस प्रकार बन्धुपालित का दशरथ या सम्प्रति से था। यह बात ध्यान देने योग्य है कि जैन पुस्तकें सम्प्रति को उतना ही ऊँचा स्थान देती हैं जितना ऊँचा स्थान बौद्ध ग्रन्थ अशोक को देते हैं। 'पाटलिपुत्र कल्प' में लिखा है कि "पाटलिपुत्र" में कुणाल के पुत्र, भारत के महाराज सम्प्रति का राज्य था। इसने श्रमणों के लिए अनार्य राष्ट्रों में भी मठ बनवाए।" डॉ० वी०ए० स्मिथ का कथन है कि सम्प्रति का राज्य अवन्ति से लेकर पश्चिमी भारत तक फैला हुआ था। जैन पुस्तकें बतलाती हैं कि सम्प्रति का राज्य केवल पाटिलपुत्र पर न होकर उज्जैन पर भी था।

विष्णु पुराण, वायु पुराण और गार्गी संहिता से शालिशूक के अस्तित्व की पुष्टि होती है। डॉ० रायचौधरी का विचार है कि शालिशूक का तादात्म्य (identification) सम्प्रति के पुत्र बृहस्पति के साथ किया जा सकता है यदि बृहस्पति राजवंश की किसी अन्य शाखा का प्रतिनिधि न हो।

डॉ० रायचौधरी का कथन है कि देववर्मा और सोमशर्मा एक व्यक्ति के दो नाम हैं। ठीक यही बात सत्यधनुष और सत्यधन्वन के विषय में भी कही जा सकती है। इसी लेखक का विचार है कि वृषसेन और पुष्यधन्वन में मेल करना कठिन है। हो सकता है कि ये दोनों नाम क्रमशः देववर्मा और सत्यधन्वन के ही दूसरे नाम हों। यह भी सम्भव है कि वे मौर्यवंश की एक नई शाखा के प्रतिनिधि हों।

पुराणों और बाण कवि के 'हर्षचरित' में तो यही पढ़ने को मिलता है कि बृहद्रथ मौर्यवंश का अन्तिम राजा और मगध का सम्राट् था। साथ यह भी कहा जाता है कि वह अपने सेनापति पुष्यमित्र के हाथों मारा गया था। कुछ अन्य छोटे-मोटे मौर्य राजा मगध और पश्चिमी भारत में हुए हैं, किन्तु उनका वर्णन अनावश्यक प्रतीत होता है।

मौर्यों का पतन (Downfall of the Mauryas)

अशोक के पश्चात् मौर्य साम्राज्य का पतन आरम्भ हो गया, किन्तु जब 187 ई०पू० में मौर्यवंश का अन्तिम सम्राट् बृहद्रथ अपने सेनापति पुष्यमित्र के हाथों मारा गया तो मौर्यवंश का नाम ही संसार से उठ गया। मौर्यवंश के पतन के अनेक कारण हैं।

महामहोपाध्याय हरप्रसाद शास्त्री का विचार है कि मौर्यवंश के प्रति ब्राह्मणों के विद्रोह ने ही मौर्यवंश को जड़ से उखाड़ फेंका। लेखक मौर्यवंश के पतन का कारण अशोक के उन शिलालेखों को समझता है, जिनमें पशुवध को वर्जित ठहराया गया है। ब्राह्मणों के लिए यह विशेष रूप से आपत्तिजनक बात थी कि वे शिलालेख एक शूद्र राजा अशोक द्वारा लगाये गये थे। उपर्युक्त लेखक का कथन है कि "एक शिलालेख ऐसा भी है, जिसमें लिखा है कि पृथ्वी के देवता अब अपना स्थान खो बैठे हैं। उन्हें अब देवता की पदवी से उतार कर झूठे देवता की चौकी पर बैठा दिया गया है। इसका अर्थ यही हो सकता है कि ब्राह्मण, जो पहले पृथ्वी के देवता समझे जाते थे, अब उन्हें वैसा नहीं समझा जाएगा।" यह भी कहा गया है कि अशोक द्वारा महामात्रों की नियुक्ति भी ब्राह्मण वर्ग पर एक कड़ी चोट थी। यह कार्य ब्राह्मणों को सौंपा जाना चाहिए था, किन्तु अशोक ने ऐसा न किया। 'दण्ड-समत' और 'व्यवहार समत' के सिद्धान्तों को अपने कर्मचारियों द्वारा बलपूर्वक लागू करना भी अपने आप में एक कारण हो सकता है। इसका अर्थ यह है कि सभी से समान व्यवहार किया जाए और सभी को समान दण्ड दिया जाए। इन सिद्धान्तों के अनुसार जाति, रंग और वंश की चिन्ता नहीं की जाती थी। इससे ब्राह्मण विक्षुब्ध हो उठे क्योंकि वे अनेक विशेषाधिकारों का, जिनमें मृत्युदण्ड से मुक्ति भी सम्मिलित थी, दावा करते थे। उपर्युक्त लेखक यहाँ तक लिखता है कि अशोक की मृत्यु के पश्चात् उसके उत्तराधिकारी के विरुद्ध ब्राह्मणों ने विद्रोह का झण्डा खड़ा किया था। लेखक अपने मत की पुष्टि के लिए पुष्यमित्र द्वारा बृहद्रथ की मृत्यु की बात कहता है। इस प्रकार वह ब्राह्मणों को ही मौर्यवंश के पतन का कारण सिद्ध करना चाहता है।

डॉ० रायचौधरी जैसे विद्वानों का विचार उपर्युक्त धारणा से मेल नहीं खाता। उनका कहना है महामहोपाध्याय हरप्रसाद शास्त्री के तर्क अपने आप में अस्थिर हैं। उनका विचार है कि अशोक द्वारा पशु-बलि को वर्जित घोषित करने का अर्थ यह कदापि नहीं लिया जाना चाहिए कि अशोक की यह क्रिया ब्राह्मणों पर सीधा आक्रमण थी। उनका इस पक्ष में तर्क है कि अशोक से पूर्व कितने ही ऋषियों और महात्माओं का भी तो यही विचार था कि हिंसा नहीं होनी चाहिए। फिर

उपनिषदों में तो इसका विशेषकर उल्लेख किया गया है। मौर्यों को शूद्र कह कर तो पण्डित शास्त्री ने भारी गलती की है। इतिहास का कोई भी ऐसा सबल प्रमाण नहीं, जिसके आधार पर अशोक या मौर्य वंश को शूद्र कहा जा सके। आज का दृष्टिकोण तो यह है कि मौर्य वंश वास्तव में क्षत्रियों का वंश था। विशेष बात यह है कि इस बात का प्रमाण भी तो नहीं मिलता कि अशोक द्वारा नियुक्त धर्म-महात्माओं को ब्राह्मण वर्ग में से नहीं चुना जाता था या ब्राह्मणों को धर्म-महामात्र बनने की मनाही थी। अशोक द्वारा लगाए गए 'समत' सिद्धान्त ने रज्जुकों की शक्ति को तो सीमित किया किन्तु ब्राह्मणों के दण्ड से मुक्ति पाने के विशेषाधिकार को किसी प्रकार की चोट नहीं पहुँचाई। यह बात तनिक ध्यान देने योग्य है कि प्राचीनकाल में ब्राह्मणों को भारी दण्ड से मुक्ति प्राप्त नहीं थी। अन्य वर्गों के सभी लोगों की भाँति उन्हें भी यथासमय दण्ड का भागी बनना होता था। कौटिल्य के 'अर्थशास्त्र' के अनुसार विश्वासघाती या देशद्रोही ब्राह्मण को डुबो देन का नियम था। एक ब्राह्मण ग्रन्थ में कहा गया है कि पुरोहित अपने स्वामी के साथ विश्वासघात करे तो उसे मौत की सजा तक दी जा सकती है। 'महाभारत' में एक प्रसंग आता है कि माण्डव्य और लिखिता को ब्राह्मण होते हुए भी सज़ा दी गई थी। इतना तो स्पष्ट है कि अशोक ने ब्राह्मणों के विरुद्ध किसी प्रकार का वैर-भाव नहीं रखा। अशोक ने तो अपने शिलालेखों में से एक शिलालेख में ब्राह्मणों के प्रति उदार भाव दर्शाया है। एक अन्य शिलालेख में अशोक ने घोषित किया है कि ब्राह्मणों का अपमान नहीं होना चाहिए। इसी प्रकार एक अन्य शिलालेख में लिखा है कि—धर्म महामात्रों का धर्म है कि वे ब्राह्मणों के सुख-दुःख की चिन्ता करें। अशोक के उत्तराधिकारी और ब्राह्मणों के बीच किसी प्रकार का मन-मुटाव रहा होगा, इस बात का कहीं प्रमाण नहीं मिलता। अशोक के उत्तराधिकारियों में से जलौक नाम के उत्तराधिकारी तथा ब्राह्मणों के बीच मित्रतापूर्ण सम्बन्ध रहे हैं। मौर्य राजाओं ने ब्राह्मणों को राज्य में सदा उच्च पद ही दिया है। पुष्यमित्र का अन्तिम मौर्य सम्राट् का सेनापति होना ही उपर्युक्त स्थापना की पुष्टि करता है। अतः यह कहना सर्वथा असंगत प्रतीत होता है कि मौर्यवंश के पतन में ब्राह्मणों का हाथ था। मौर्यवंश का पतन तो अशोक के पश्चात् स्वतः होने लगा था, अतः ब्राह्मण इसके लिए दोषी नहीं ठहराए जा सकते।

इस दिशा में प्रो० नीलकान्त शास्त्री ने डॉ० रायचौधरी की धारणा का समर्थन किया है। डॉ० नीलकान्त शास्त्री ने इस विचार की भी आलोचना की है कि अशोक की बौद्ध-पक्षी और उसके उत्तराधिकारियों की जैनधर्म-पक्षी नीति के विरुद्ध ब्राह्मणों की प्रतिक्रिया ही मौर्य साम्राज्य के पतन का कारण थी। उनका कहना है कि अशोक ने विश्व-बन्धुत्व और विभिन्न धर्मों की पारस्परिक मित्रता को प्रोत्साहन दिया। इस बात का कोई प्रमाण नहीं मिलता कि अशोक तनिक भी ब्राह्मणों के विरुद्ध था। वास्तव में देखा जाये तो हम यह नहीं कह सकते कि अशोक की मृत्यु के पश्चात् क्या कुछ घटनाएँ घटीं।

डॉ० आ०के० मुकर्जी का कथन है कि इस बात को स्वीकार करने का कोई प्रमाण ही नहीं है कि अशोक ने ब्राह्मणों से दुर्व्यवहार किया था और इसी कारण ब्राह्मण वर्ग ने अशोक के उत्तराधिकारियों का विरोध किया था। इस तथ्य को स्वीकार करने में कोई आपत्ति नहीं कि पुष्यमित्र, जिसने क्रान्ति का नेतृत्व किया था एक ब्राह्मण था, किन्तु उसके ब्राह्मण होने के साथ इस तथ्य को भी भुलाया नहीं जा सकता कि वह मौर्यों का सेनापति भी था। उसकी क्रान्ति इसलिए सफल नहीं हुई थी कि वह असन्तुष्ट ब्राह्मणों का नेता था बल्कि इसलिए सफल हुई थी कि मौर्य सेना पर उसका पूर्णाधिकार था। इसके अलावा हमें यह भी नहीं भूलना चाहिए कि पुष्यमित्र द्वारा स्थापित वंश को भी अन्तिम मौर्य सम्राट् के एक ब्राह्मण मन्त्री ने पदच्युत कर दिया था।

आर०डी० बनर्जी (R.D. Banerje) ने लिखा है कि ''मौर्यवंश के पतन के कारणों में अशोक स्वयं भी एक भारी कारण था। उसके आदर्शवाद और धार्मिक भावना ने सेना के अनुशासन को कड़ी चोट पहुँचाई। जब उसने 'धर्म-विजय' की भावना को जनता के सामने रखा और कहा कि उसके समय में 'भेरी-घोष' ने 'धर्म घोष' का रूप ले लिया है; तो उसने स्वयं ही अपने साम्राज्य के पतन की घण्टी बजा दी थी।''

आर०के० मुकर्जी ने माना है, ''यह कारण सिद्धान्ततः तो ठीक और युक्तियुक्त प्रतीत होता है, किन्तु मौर्य साम्राज्य के पतन का केवल यह कारण किस सीमा तक उत्तरदायी है, यह निश्चित करना कठिन है।'' किन्तु प्रोफेसर नीलकाँत शास्त्री का विचार है कि ''अशोक का शान्तिवाद, युद्ध-त्याग और उत्तराधिकारियों को उसका अनुकरण करने का उपदेश इत्यादि अव्यावहारिक बातें न थीं। उस समय के मानवीय उद्देश्यों और स्थिति के अनुसार अशोक

ने ठीक ही किया था। इसका कोई प्रमाण नहीं है कि अशोक ने सेना में कमी कर दी, या साम्राज्य की प्रतिरक्षा के साधनों को कम कर दिया।''

डॉ० मुकर्जी के विचार में मौर्य वंश के पतन के कारण सैनिक और धार्मिक नहीं हैं। परन्तु मौर्य वंश के राजनीतिक संगठन की कोई अन्दरूनी और स्वाभाविक कमजोरी हो सकती है। यह साम्राज्य निरंकुश राजतन्त्र था। इस प्रकार की राज्यप्रणाली में मुख्य दोष यह रहता है कि कोई राजा अपने उत्तराधिकारी राजाओं में उन गुणों के होने का विश्वास नहीं दिला सकता जिनका होना निजी शासन के लिए आवश्यक है। कोई भी व्यक्ति अपना सन्तान में अपने व्यक्तिगत गुणों का समावेश नहीं कर सकता। यही कारण है कि जिस धर्म राज्य की स्थापना अशोक ने की थी उसके जीवनकाल में ही लड़खड़ाने लगा क्योंकि यह राज्य अधिकाँश जनता की इच्छा पर निर्भर नहीं था।

उपर्युक्त लेखक का विचार है कि स्वयं अशोक के द्वारा ही उसके साम्राज्य में कुछ स्वतन्त्र और असंगत तत्त्वों को बढ़ने से रोका गया, जिन्होंने आगे चलकर उसके साम्राज्य के पतन के कारणों का रूप धारण कर लिया। 'सभी राष्ट्र और लोग बराबर हैं' का सिद्धान्त भी पतन का एक कारण बना। शत्रुओं को दबाने के स्थान पर उन्हें उनकी सत्ता और देश लौटा दिए जाते थे। उनके नाम का उल्लेख अशोक के शिलालेखों में इस प्रकार मिलता है : गान्धार, कम्बोज, यवन, नाभापन्थी, राष्ट्रिक, भोज, पिटिनक, पुलिन्द, आंध्र, पाण्ड्य, सत्यपुत्र और केरलपुत्र। यही लोग अशोक की मृत्यु के पश्चात् शक्तिशाली बन गए और मौर्य साम्राज्य के पतन का कारण बने।

अशोक के उत्तराधिकारियों का कमजोर होना भी मौर्य साम्राज्य के पतन का एक मुख्य कारण था। ''अशोक के विशाल साम्राज्य का भार उन उत्तराधिकारियों पर जा पड़ा, जो इस योग्य ही न थे।'' वे उन पारस्परिक विरोधी शक्तियों को रोक न सके, जो अशोक की मृत्यु के पश्चात् उत्पन्न हो गई थीं। परिणाम यह हुआ कि मौर्य साम्राज्य के विभिन्न भाग स्वतन्त्र होते गए और अन्य में उसका पूर्ण पतन हो गया। 'राजतरंगिणी' का लेखक कल्हण लिखता है कि अशोक की मृत्यु के पश्चात् उसके पुत्रों में से जलौक कश्मीर में स्वतन्त्र बन बैठा और कन्नौज के मैदानों को जीत लिया। तिब्बत के इतिहासज्ञ तारानाथ का विचार है कि वीरसेन ने अशोक के उत्तराधिकारियों से गाँधार का राज्य छीन लिया। कालिदास द्वारा लिखित 'मालविकाग्निमित्रम्' के अनुसार विदर्भ (बरार) मगध से स्वतन्त्र हो गया था। उत्तरी प्रान्तों के छिन जाने का वर्णन यूनानी लेखक पोलिबियस ने किया है। ''एण्ट्योकस महान् ने हिन्दूकुश को पार किया और भारत आ पहुँचा। उसने सुभगसेन से फिर से मैत्री सम्बन्ध स्थापित किए। अब उसके पास 150 हाथी हो गए। सुभगसेन द्वारा दी जाने वाली सारी सम्पत्ति को अपने देश पहुँचाने का भार सिजियस के अण्ड्रोस्थेनीज़ को सौंप कर और अपनी सेना के लिए रसद लेकर वह अपनी सैनिक टुकड़ियों के साथ आगे की ओर चल दिया।'' इस वर्णन से पता चलता है कि 206 ई०पू० के लगभग सुभगसेन नाम का एक राजा उत्तरी प्रान्तों पर राज्य करता था।

भारत पर होने वाले यूनानी आक्रमण को भी मौर्य साम्राज्य के पतन का कारण बताया जा सकता है। इस आक्रमण का प्रमाण केवल पोलिबियस की पुस्तक से ही मिलता है, ऐसी बात नहीं, गार्गी संहिता ने भी इसकी पुष्टि की है। गार्गी संहिता में इस प्रकार लिखा है—''तब अनैतिक किन्तु बलशाली यूनानी साकेत (अवध में), पाँचाल और मथुरा को विजय करते हुए कुसुम ध्वज पहुँचेंगे। इसके बाद वे पुष्पपुर (पाटलिपुत्र) पहुँच कर निश्चय ही सभी प्रान्तों को अस्तव्यस्त कर डालेंगे।'' यूनानी सेना का सामना न कर सकने के कारण मौर्य राजा निश्चय ही जनता की दृष्टि में गिर गए होंगे और इसी कारण मौर्य साम्राज्य अधिक देर तक टिक न सका होगा।

मौर्यों के पतन का एक और कारण दूर के प्रान्तों में मौर्य गवर्नरों का जनता पर अत्याचारी शासन था। यह कहा गया है कि बिन्दुसार के समय में तक्षशिला के लोगों ने वहाँ के शासक के अन्यायपूर्ण व्यवहार के विरुद्ध विद्रोह का झण्डा उठाया था और उस गवर्नर को दुष्ट मन्त्री कह कर पुकारा था। अशोक के काल में एक बार पुनः तक्षशिला में विद्रोह हुआ था। इस विद्रोह का कारण भी पहले सा ही था। इस विद्रोह को दबाने के लिए अशोक ने कुणाल को भेजा। जब कुणाल वहाँ पहुँचा तो वहाँ की जनता ने स्पष्ट शब्दों में कहा कि उसे सम्राट् के प्रति कोई आपत्ति नहीं, केवल सम्राट् द्वारा नियुक यहाँ के अन्यायकारी अमात्य से ही वे अप्रसन्न थे। डॉ० रायचौधरी का कथन है कि मन्त्रियों के अत्याचार का प्रमाण तो कलिंग में पाए गए अशोक के शिलालेख से भी मिलता है—''सभी लोग मेरी सन्तान हैं। जैसे कि मैं चाहता हूँ कि मेरी

सन्तान फले-फूले और लोक-परलोक के सुख की भागी बने, उसी प्रकार मेरी कामना है कि मेरी जनता पर भी किसी प्रकार की विपत्ति न आए। किन्तु तुम मेरी इस सत्यता को पूरी तरह नहीं निभाते हो। तुममें से कोई-कोई अधिकारी मेरे इस सत्य की ओर ध्यान देता तो है किन्तु पूर्णरूप से नहीं। इस बात का ध्यान रखो कि तुम्हारा प्रबन्ध त्रुटि-रहित हो। प्राय: ऐसा होता है कि यदि किसी व्यक्ति को उसके दोष के बिना दण्ड दिया जाए तो अन्य लोग इस बात को सहन नहीं कर सकते और परिणामस्वरूप दु:खी होते हैं। अपने कर्त्तव्य से दूर रहने वाला व्यक्ति मुझसे कभी मान नहीं पा सकता। नागरिकों को बिना किसी कारण के दु:ख नहीं दिया जाना चाहिए। इसी उद्देश्य को पूर्ण करने के लिए मैं हर पाँच वर्ष के पश्चात् कुछ ऐसे व्यक्ति देश का भ्रमण करने को भेजूँगा, जो स्वभाव से नम्र, संयमी और पवित्र जीवन को महत्त्व देने वाले होंगे। उज्जैन से भी वहाँ का युवराज एक ऐसा ही अधिकारी-वर्ग हर तीसरे वर्ष भेजा करेगा। इसी प्रकार तक्षशिला से भी अधिकारीवर्ग भेजे जायेंगे।'' किन्तु प्रो० नीलकान्त शास्त्री इस धारणा से ही सहमत नहीं। वे लिखते हैं—''दिव्यावदान की दन्तकथा ने जो दुष्ट अमात्यों की साधारण रूप से बात कही है वह मानी नहीं जा सकती। यह कैसे हो सकता है कि अशोक के सारे साम्राज्य में अन्याय फैला हुआ हो। कलिंग के शिलालेखों में भी कोई ऐसा प्रमाण नहीं मिलता जो उपर्युक्त बात की पुष्टि कर सके।''

मौर्य साम्राज्य के पतन के कारणों के बारे में डॉ० रमिला थापर का मत है कि मौर्य साम्राज्य के पतन को सैनिक अकर्मण्यता, ब्राह्मण प्रतिरोध, लोकप्रिय आन्दोलनों या आर्थिक दबावों का परिणाम नहीं बताया जा सकता। कारण अधिक बुनियादी थे और उसके लिए मौर्य-जीवन का विस्तार से अध्ययन करना आवश्यक है। मौर्यों के पतन में प्रशासन-संगठन तथा राज्य या राष्ट्र की कल्पना का महत्त्वपूर्ण भाग है। मौर्य प्रशासन (नौकरशाही) दूसरे ढंग का होता तो परिस्थिति को संभाल सकता था और साम्राज्य के बिखराव को रोक सकता था। प्रशासन अत्यधिक केन्द्रीभूत था और सभी बातों में सम्राट् का ही सीधा नियन्त्रण था। इसके लिए अत्यधिक कुशल सम्राट् की आवश्यकता होती थी। ऐसी परिस्थिति में यदि केन्द्रीय नियन्त्रण ढीला हो जाए तो प्रशासन अपने आप कमजोर हो जाता है। अशोक की मृत्यु और उसके अयोग्य उत्तराधिकारियों के कारण केन्द्र दुर्बल होता गया। साम्राज्य बँट गया। प्रान्तों का अलग हो जाना अनिवार्य हो गया।

इसके अलावा सभी अधिकारी सीधे सम्राट् के प्रति निष्ठावान थे। उन्हें राष्ट्र के प्रति अपने कर्त्तव्य का बोध नहीं था। अत: वे सम्राट् के निजी सेवक मात्र बन गए। परिणामत: जब सम्राट् बदलता तो नये अधिकारी नियुक्त किए जाते थे। विशेषत: वरिष्ठ तथा उत्तरदायी अधिकारियों के साथ यही व्यवहार होता था। अशोक की मृत्यु के पश्चात् सम्राट् बहुत जल्दी-जल्दी बदले। अत: प्रशासन की नींव हिल गई।

डॉ० थापर यह भी बताता है कि सरकार के प्रशासकीय तथा न्यायिक कार्यों में अन्तर नहीं था। राजा का केवल महामात्रों और राजसी गुप्तचरों तथा संदेशवाहकों के द्वारा ही थोड़ा बहुत नियन्त्रण था। ऐसे प्रशासन की कुशलता सम्राट् की निजी योग्यता तथा सामर्थ्य पर निर्भर होती है। योग्य सम्राट् उनका प्रयोग करके जनमत को पहचान सकता है और उसके अनुसार आवश्यक कार्यवाही कर सकता है। मूर्ख राजा उन अधिकारियों के द्वारा प्रजा का दमन कर सकता है।

डॉ० थापर का मत है कि अन्य तथ्यों के कारण भी साम्राज्य के टुकड़े-टुकड़े हुए; राष्ट्रीय एकता की कमी का कारण भूमि का स्वामित्व तथा आर्थिक विषमता थीं। भूमि सम्राट् की मानी जाती थी। अत: उसके कृषक शीघ्र ही बदलते रहते थे।

डॉ० थापर मौर्य साम्राज्य के पतन का कारण अत्यधिक केन्द्रीभूत प्रशासन को बताता है। उसमें कुछ ही व्यक्तियों को आथोरिटी प्राप्त थी। प्रशासन में राष्ट्रीय चेतना का अभाव था।[3]

डॉ० आर०सी० मजूमदार का मत है कि ''आन्ध्रों का सफल विद्रोह, यूनानी राजा का मगध साम्राज्य में दूर तक सफल आक्रमण तथा उत्तरी-पश्चिमी अधिराज्यों के अलग हो जाने से मौर्य साम्राज्य की शक्ति और सम्मान को गंभीर धक्का लगा।''[4]

मौर्यों के पतन के सम्बन्ध में डॉ० मुकर्जी इस प्रकार कहते हैं, ''यदि अशोक की नीति मौर्यवंश के पतन का कारण है तो भारत को इसके लिए पश्चात्ताप करने की आवश्यकता नहीं। उस साम्राज्य ने कुछ समय पूर्व या पश्चात् विनष्ट तो

---

3. Ashoka and the Decline of the Mauryas, pp. 209-212.
4. Ancient India, pp. 116.

होना ही था, भले ही अशोक भी अपने दादा की तरह रक्तपात की नीति अपनाता। अशोक के प्रयत्नों द्वारा सभ्य संसार के अधिकतर भाग पर भारत की आध्यात्मिक संस्कृति की गहरी छाप शताब्दियों तक उसके गौरव का स्मारक रही है और आज भी है तथा उसका प्रभाव आज भी कम नहीं हुआ है।''

Suggested Readings

Barua, B.M.	:	Inscriptions of Asoka, Calcutta, 1934.
Barua, B.M.	:	Asoka and His Inscriptions, Calcutta, 1946.
Bhandarkar, D.R.	:	Asoka.
Bhandarkar, R.G.	:	A Peep into the early history of India from the foundation of the Maurya Dynasty to the downfall of the Gupta Dynasty. With a preface of H.G. Rawlinson, Bombay, 1920.
Bhattacharya, S.	:	Select Asokan Epigraphs.
Diskalkar, D.B.	:	Literary value of the Inscriptions of Asoka (Journal of Indian History, 1962, pp. 235-42).
Eggermont, P.H.L.	:	Chronology of the reign of Asoka Moriya, 1956.
Gokhale, B.G.	:	Buddhism and Asoka.
Hultzsch	:	Corpus Inscriptionum Indicarum, Vol. I, 1925.
Macphail, J.M.	:	Asoka.
Majumdar, R.C. (Ed.)	:	The Age of Imperial Unity.
Mookerjee, R.K.	:	Asoka.
Rapson (Ed.)	:	Cambridge History of India, Vol. I.
Rapson	:	Ancient India.
Raychaudhury, H.C.	:	Political History of Ancient India.
Rhys Davids	:	Buddhist India.
Sastri, K.A. Nilakanta	:	A Comprehensive History of India, Vol. II.
Sen, Atulyachandra	:	Asoka's Edicts, Calcutta, 1956.
Smith, V.A.	:	Asoka, the Buddhist Emperor of India.
Smith, V.A.	:	Early History of India.
Smith, V.A.	:	Oxford History of India.
Thapar, R.	:	Asoka and the Decline of the Mauryas.

अध्याय

23

मौर्यकालीन प्रशासन

(The Mauryan Administration)

चन्द्रगुप्त मौर्य एक महान् विजेता ही नहीं वरन् एक योग्य प्रशासक भी था। उसके बाद आने वाले शासकों ने उसके द्वारा स्थापित शासन-प्रणाली में कोई विशेष परिवर्तन करने की आवश्यकता नहीं समझी, केवल अशोक ने सरकारी अधिकारियों के कर्त्तव्यों को सुनिश्चित करके उसको अधिक उदार बना दिया। जब तक कमजोर मौर्य शासकों के हाथों में प्रशासन की बागडोर चली न गई तब तक मौर्य प्रशासन के मूल सिद्धान्त वही रहे।

हम इस विषय में भाग्यशाली हैं कि मौर्यकालीन प्रशासन की सन्तोषजनक स्थिति का वर्णन करने के लिए हमारे पास मौलिक स्रोत हैं। हमारे पास अशोक के शिलालेख, कौटिल्य का अर्थशास्त्र, मेगस्थनीज़ की 'इण्डिका' और कई ग्रीक लेखकों के लेख भी मौजूद हैं।

गणतन्त्र (Republics)—सिकन्दर महान् के भारत आक्रमण के समय पंजाब, पूर्वी उत्तर प्रदेश और उत्तरी बिहार में अनेक गणतन्त्र राज्य थे। कौटिल्य के अर्थशास्त्र में भी इनका कहीं-कहीं वर्णन आता है। यह नहीं कहा जा सकता कि ये सारे गणतन्त्र मौर्य साम्राज्य के अधीन थे अथवा नहीं। यह हो सकता है कि अनेक गणतन्त्र अलग-अलग राज्य रह कर मौर्य साम्राज्य की जमींदारी के रूप में विद्यमान रहे हों और मौर्यों के प्रान्तीय गवर्नर उनकी देखभाल करते हों।

राजतन्त्र (Monarchy)—मौर्यों के काल में राजा का शासन ही मुख्य रूप से प्रचलित था। कौटिल्य राजा के शासन का बड़ा समर्थक था। अनेक शासन-प्रणालियों के अध्ययन के पश्चात् वह इस नतीजे पर पहुँचा था कि राजा का शासन ही सबसे अच्छा है। उसके अनुसार, "राजा का शासन राष्ट्रीय हितों और जनसाधारण की भलाई का मूल स्रोत था। वह समस्त जनता के अनेक हितों की एकता का चिह्नस्वरूप था। इसके अतिरिक्त उसकी शक्ति द्वारा ही जनता के जीवन के व्यक्तिगत और राजनीतिक सम्बन्ध आसानी से चलते थे और उनको उन्नति का अवसर देते थे।" राजकीय शासन वह आत्मा थी जो राज्य द्वारा चलाई जाती थी। राजा के शासन पर ही राज्य की भलाई निर्भर थी और वह इसके प्रभुत्व का प्रतीक बन जाता था। कौटिल्य ने लिखा है कि "सब कुछ राजा पर निर्भर है। वह केन्द्रीय धुरी के समान है।"

देशी और विदेशी समकालीन लेखों में राजाओं के चुनाव का कोई वर्णन नहीं आता। साधारणतया सबसे बड़ा लड़का राज्य का अधिकारी होता था।

कौटिल्य ने राज्य चलाने की कला और प्रशासन में राजा को शिक्षा और प्रशिक्षण देने पर जोर दिया। उसका कहना था कि यदि राजा अनुशासनहीन और अज्ञानी हो तो राजनीतिक वातावरण कलुषित हो जाता है। इसलिए राजा को मानव ज्ञान की चार शाखाओं उदाहरणार्थ, अनविक्षकी (तत्व ज्ञान), त्रेयी (तीनों वेद), वर्ता (अर्थशास्त्र) और दण्डनीति (सरकार चलाने का विज्ञान) में शिक्षा पानी चाहिए। राजा को आत्म-नियन्त्रण रखना चाहिए और क्रोध, लालच, अहंकार, जिद और झूठी शान पर विजय प्राप्त करनी चाहिए। राजा को चार मुख्य बुराइयों जैसे शिकार खेलना, जुआ खेलना, शराब पीना और स्त्री से घृणा करनी चाहिए। आलेख, राज्य के हिसाब-किताब और अनेक सैनिक युक्तियों और अभ्यासों में राजा

को प्रशिक्षित करने की ओर विशेष प्रयत्न करने चाहिए। बड़े राजनीतिज्ञों के पास बैठकर उनके अनुभवा से प्रेरणा प्राप्त करनी चाहिए। कौटिल्य और मेगस्थनीज़ दोनों ने राजा की बहुत अधिक व्यस्त दिनचर्या का वर्णन किया है जिसमें उसको रात्रि में केवल छः घण्टे सोने को मिलता था। नहाने, खाना खाने और आराम के लिए थोड़ा समय मिल पाता था। लगभग सारा दिन वह संवाददाताओं और अधिकारियों का स्वागत करने, मन्त्रि-परिषद् की बैठकों में भाग लेने या सैनिक परेडों का सर्वेक्षण करने और मुकद्दमें सुनने में व्यस्त रहता था। अर्थशास्त्र में लिखा है कि राज़ा को कार्य शीघ्र और दृढ़तापूर्वक करने चाहियें। अशोक ने अपने शिलालेखों में लिखा है कि उसे इस बात का कभी संतोष नहीं हुआ कि उसने अपने राज्य के लिए भरसक प्रयास किया है। उसने आज्ञा दी कि सरकारी संवाददाता राज-कार्यों के विषय में उसके खाने या आराम करने के समय भी सूचना दे सकते हैं। मौर्य राजाओं ने सरकारी कामों को निपटाने के अथक परिश्रम का प्रदर्शन किया और यह मौर्यकालीन प्रशासन की सफलता का एक रहस्य था।

राजा समस्त सरकारी कार्यों का स्रोत था। सेना और खजाना उसके अधिकार में थे। वह मन्त्रि-परिषद् की सलाह से कार्य करता था परन्तु लोगों के हितों के लिए वह सलाह की उपेक्षा भी कर सकता था। एक निश्चित आचरण का पालन करने, जानवरों के वध को रोकने और प्रशासन में परिवर्तन करने के लिए वह आज्ञा जारी कर सकता था। परन्तु इसका यह तात्पर्य नहीं है कि मौर्य राजा स्वेच्छाचारी हो गये थे। वे अर्थशास्त्र की सलाह के अनुसार कार्य करते थे और प्रजा के हितों को अपने हितों की अपेक्षा अधिक महत्त्व देते थे। अशोक ने अपने एक शिलालेख में घोषणा की कि उसकी प्रजा उसके बच्चों के समान है और वह उनकी आत्मिक और लौकिक भलाई का इच्छुक है। संयम की नीति (Checks and balances) के कारण मौर्य राजा स्वेच्छाचारी नहीं बन सकते थे। मन्त्रि-परिषद् और दो सभाएँ थीं जिनके प्रति राजा उत्तरदायी था। मौर्य राजा कौटिल्य की इस सलाह पर कार्य करते थे : ''प्रजा की प्रसन्नता में राजा की प्रसन्नता है; उसको प्रजा की भलाई में ही खुश होना चाहिए।''

इस बात का कोई प्रमाण नहीं है कि मौर्य काल में रानियों ने प्रशासन में कोई भाग लिया हो।

मौर्यकालीन राजा एक बहुत बड़े साम्राज्य पर शासन करते थे और इसलिए उनके दरबार बड़े शान-शौकत वाले थे। सभा भवन बड़े, ऊँचे, कलात्मक और सुन्दर पालिश किये हुए खंभों से सुसज्जित था। यह तालाबों से घिरा हुआ था। राजा का एक शक्तिशाली अंग-रक्षक दल था। जब कभी वह शिकार या निरीक्षण के लिए जाता तो 24 हाथियों का प्लाटून उसकी रक्षा करता था। ऐसे अवसरों पर शाही जलूस बहुत शानदार होता था। राजा सोने और हीरे से जड़ी मलमल की पौशाक पहने रहता था। उसके जीवन की रक्षा के लिए सब प्रकार की सावधानी बरती जाती थी। अचानक विद्रोह या आक्रमण से बचने के लिए अनेक गुप्त रास्ते थे।

मन्त्रीगण (Ministers)—राजा के बाद मन्त्रियों का स्थान बहुत महत्त्वपूर्ण था। कौटिल्य का विचार था कि वास्तविक प्रभुत्व तीन शक्तियों, उदाहरणार्थ, मन्त्रशक्ति (राजनीतिज्ञता), प्रभुशक्ति (खजाना) और उत्साहशक्ति (शक्ति और उत्साह) में होता है। राजा मन्त्रियों की सलाह से शासन करता था। कौटिल्य के अनुसार, ''प्रभुत्व सहायता द्वारा ही सम्भव होता है। केवल अकेला पहिया नहीं चल सकता। इसलिए वह (राजा) मन्त्रियों को रखकर उनकी सलाह को सुनता है।'' वह आगे कहता है कि मन्त्रीगण राजा की आँखें हैं और उनकी सहायता के बिना वह राज नहीं चला सकता।

मन्त्रियों की सभा परिषद् कहलाती थी। कौटिल्य ने दो प्रकार के मन्त्रियों जैसे मन्त्रिन् और अमात्य का वर्णन किया है। आधुनिक कैबिनेट की तरह मन्त्रिन् परिषद् के मुख्य सदस्य होते थे। उनमें प्रधान मन्त्री, पुरोहित, महासेनापति और युवराज, द्वारिका आदि होते थे और अमात्य परिषद् के अन्य सदस्य होते थे। अमात्य आधुनिक राज्य मन्त्रियों के समान होते थे। कैबिनेट नीति बनाती थी और अमात्य उनको चलाते थे। अमात्य के अतिरिक्त मन्त्रि-परिषद् में पौरा जनपद के नेताओं को भी सम्मिलित किया जाता था। वे महामात्य कहलाते थे।

कौटिल्य एक छोटी कैबिनेट के पक्ष में था। पहले 12, 16 या 20 सदस्य हुआ करते थे परन्तु कौटिल्य के विचार में इसमें राज्य की आवश्यकता के अनुसार सदस्य होने चाहिए। उसने राजा को तीन या चार मन्त्रियों की सलाह से कार्य करने को कहा क्योंकि एक ही सलाह पर चलना ठीक न था।

मन्त्रि-परिषद् के सदस्यों के कार्यों के विषय में कोई निश्चित विवरण नहीं मिलता। साधारणतया मन्त्रि -परिषद् का कार्य नये कार्य करना, शुरू किये गये कार्यों को पूरा करना, अन्य कार्यों को विकसित करना और प्रशासन में अनुशासन (पैदा करना) था। मन्त्रि-परिषद् राजा पर नियन्त्रण रखती थी। राजा परिषद् की अनुमति के बिना कोई दान नहीं दे सकता था। कहा जाता है कि जब अशोक राज्य की आर्थिक स्थिति को खतरे में डालकर बौद्धों को दान देने के लिए तैयार हुआ तो मुख्य मन्त्री राधा गुप्ता ने एक प्रस्ताव द्वारा उसकी शक्तियाँ छीन लीं।

मन्त्री अपने कर्त्तव्यों का पालन करने के लिए राजा के प्रति उत्तरदायी होते थे। यद्यपि वे जनता द्वारा नहीं चुने जाते थे तथापि उनकी एक प्रकार से जनता के प्रति जिम्मेदारी भी होती थी। अपने चरित्र और कार्यों द्वारा मन्त्री जनता का हृदय जीतने की कोशिश करते थे। प्रधानमन्त्री देश में अच्छी सरकार चलाने के लिए जिम्मेदार था।

पौरा-जनपद (Paura Janapada)—पौरा-जनपद कस्बों में रहने वाले लोगों और देशवासियों की सभा थी। कौटिल्य ने अर्थशास्त्र में इसकी शक्तियों और कार्यों का वर्णन किया है। उसने नियम बनाया था कि राजा को सलाह देने वाली संस्था पौरा-जनपद के कार्यों में भाग लेना चाहिए। राजा की अनुमति से जनपद सभाओं ने कई पौरा सिक्कों का प्रचलन किया। यह सभा एक राजा को अपदस्थ कर सकती थी और दूसरे को नियुक्त कर सकती थी। जब राजा किसी को गैरकानूनी सजा देता और अनुचित कर लगाता तो सभा राजा का विरोध कर सकती थी। इसी कारण कौटिल्य राजा को इस सभा का कृपापात्र बनने की सलाह देता है। कैबिनेट द्वारा बनाये गये सरकारी नीतियों के प्रस्ताव इस सभा में पेश किये जाते थे। नये करों और दानों की पहले इस सभा द्वारा स्वीकृति दी जाती थी। संकट के समय यह सभा राजा से अनुग्रह या दया की माँग कर सकती थी। जब कभी अकाल पड़ता, चोरी और डकैती पड़ती तो राजा जनपदों की कमी को अनुग्रह और परिहार द्वारा पूरा कर देता था। अशोक के शिलालेख IV में रज्जुकों को जनपदों पर दया करने का आदेश दिया गया था। गिरनार के लेख में अशोक ने लिखा है कि उसने धर्म का विचार-विमर्श केवल ब्राह्मणों और श्रमणों से नहीं अपितु जनपदों और जनों से भी किया था। ये सभाएँ राजा को बना या नष्ट कर सकती थीं। पौरा और जनपद की सभाएँ सामाजिक कार्य कर सकती थीं और दीन-दु:खियों की सहायता कर सकती थीं। पौरा जनपद शाही शक्ति पर नियन्त्रण रखती थी।

प्रान्तीय शासन (Provincial Government)—साम्राज्य के अनेक क्षेत्रों में विभिन्न प्रकार की सामाजिक उन्नति के लिए प्रान्तीय शासन स्थापित करना आवश्यक था। भिन्न-भिन्न भाषाओं, धर्मों और सामाजिक पद्धति वाले लोगों और कबीलों को उनके पूर्वजों की परम्परा के अनुसार रहते हुए एक सूत्र में बाँधने में बड़ी कठिनाई थी।

शिलालेखों के अनुसार, साम्राज्य के मुख्य प्रान्त तक्षशिला, उज्जयिनी, तोशाली और सुवर्णगिरि जैसे क्षेत्रीय और प्रशासनिक भाग थे। जूनागढ़ के रुद्रदमन के शिलालेख में सौराष्ट्र के विशेष स्थान का उल्लेख है। यह अनुमान किया जाता है कि पूर्वी पंजाब और उत्तरी उत्तर प्रदेश के लिए एक वायसराय था जिसकी राजधानी अहिच्छत्रा थी, दूसरा वायसराय दक्षिणी उत्तर प्रदेश और कोशल का था जिसकी राजधानी कौसाम्बी थी, तीसरा वायसराय तेलंगाना का था जिसकी राजधानी मास्की के निकट थी। महाराष्ट्र और बंगाल में भी शायद अलग-अलग वायसराय थे। प्रत्येक प्रान्त में एक गवर्नर या वायसराय हुआ करता था जो शाही परिवार का राजकुमार होता था। राजकुमार वायसराय नियुक्त होने पर कुमार महामात्र कहलाते थे और शेष वायसराथ केवल महामात्र कहलाते थे। महामात्र सम्राट् के निरीक्षण में राज्य के प्रशासन का कार्य चलाते थे। चूँकि उस समय के यातायात के साधनों की कमी के कारण इतने बड़े साम्राज्य को नियन्त्रण में रखना बड़ा कठिन कार्य था, इसलिए उनको स्वतन्त्र रूप से कार्य करने की बड़ी शक्तियाँ दी गई होंगी। यह विश्वास किया जाता है कि केन्द्र की मन्त्रि-परिषद् की तरह प्रत्येक महामात्र की सहायता के लिए एक सलाहकार समिति थी। प्रशासन के कार्य की सहायता के लिए अनेक अन्य अधिकारी भी होते थे।

डॉ० अल्टेकर के मतानुसार, प्रान्तीय सरकार का कार्य शांति और व्यवस्था बनाये रखना, केन्द्रीय सरकार के लिए करों की वसूली करना, भिन्न-भिन्न विभागों में सहयोग करना और जमींदारों तथा सीमा पर रहने वाले लोगों पर निगरानी रखना था। यह राज्य की आम हालत पर केन्द्र को सूचना देती थी और उसकी आज्ञा जिला मुख्यालय तक पहुँचाती थी।

जिला प्रशासन (District Administration)—स्थानिक और गोप अपने अधिकारियों की सहायता से राजस्व और आम प्रशासन चलाते थे। गोपों के अधिकार में 5 से 10 गाँव होते थे। वह सीमाओं का रख-रखाव, दान और गिरवी

को रजिस्टर करना और लोगों की माली हालत का सही रिकार्ड रखता था। स्थानिक अपने अधीन जिलों में भी यही कार्य करते थे और गोप उनकी अधीनता में कार्य करते थे। स्थानिक समाहर्ता के प्रति उत्तरदायी होता था, जो प्रादेशिकों की सेवाओं को चलाता था। ये प्रादेशिक अशोक के शिलालेखों में वर्णित प्रादेशिकों की भाँति होते थे जो स्थानीय प्रशासन का निरीक्षण करते थे। जिला प्रशासन में भिन्न-भिन्न विभागों में भिन्न-भिन्न वेतन-स्तर पर निरीक्षक हुआ करते थे।

ग्राम प्रशासन (Village Administration)—ग्राम प्रशासन की सबसे छोटी इकाई थी जिसका मुखिया ग्रामिक कहलाता था। ग्रामिक को राज्य की ओर से वेतन नहीं मिलता था परन्तु वह गाँव के लोगों द्वारा चुना जाता था। इसीलिए कौटिल्य ने वेतन पाने वाले अधिकारियों में उसके नाम का वर्णन नहीं किया। अर्थशास्त्र में गाँव के वृद्धों का कहीं-कहीं वर्णन किया गया है। वे साधारणतया लोगों को सलाह देते थे और गाँव के छोटे-छोटे झगड़ों को निपटाने में सरकारी कर्मचारियों की सहायता करते थे। खेती के योग्य जमीनें व्यक्तिगत अधिकार की जमीनों से बनाई जाती थीं जबकि चरागाह और जंगली जमीनें सबके लिए थीं।

नगरपालिका का प्रशासन (Municipal Administration)—मेगस्थनीज़ ने पाटलिपुत्र के प्रशासन का विस्तारपूर्वक वर्णन किया है। यह अनुमान लगाया जाता है कि मुख्य कस्बों का शासन भी इसी प्रकार चलाया जाता होगा। उसने लिखा है कि नगरपालिका प्रशासन 30 सदस्यों के एक आयोग के हाथों में था। वह आयोग छ: बोर्डों में विभक्त था और प्रत्येक बोर्ड में 5 सदस्य होते थे। पहला बोर्ड उद्योगों के लिए उत्तरदायी था। उसका कार्य मजदूरी और कार्य का संतुलन स्थापित करना था। कारीगरों की कुशलता को किसी रूप में हानि पहुँचाने वाले व्यक्तियों को मृत्युदण्ड दिया जाता था। दूसरा बोर्ड नगर में आने वाले विदेशियों की देखभाल करता था। उनके निवास तथा भोजन की सुविधाओं का प्रबन्ध करता था। दुर्भाग्यवश यदि कोई विदेशी चल बसता तो उचित रीति से उसका दाह-संस्कार किया जाता था। उनके माल की राज्य कर्मचारियों द्वारा रक्षा की जाती थी। तीसरा बोर्ड जन्म और मृत्यु का लेखा रखता था। उन आँकड़ों को एकत्र करने का उद्देश्य सरकार को अधिक से अधिक जानकारी प्राप्त कराना था। उन्हीं के आधार पर सरकार को कर लगाने में सुविधा होती थी। चौथा बोर्ड वाणिज्य-व्यापार से सम्बन्धित था और बिक्री को नियन्त्रित करता था। बाटों और नापों पर दृष्टि रखना तथा व्यापारियों को लाइसेंस देना इसी का काम था। जो व्यापारी जितना अधिक व्यापार करता था उसे उस संख्या के अनुपात से उतने ही लाइसेन्स लेने होते थे। पाँचवाँ बोर्ड निर्मित वस्तुओं की देखभाल करता था। इस बोर्ड का कर्त्तव्य था कि वह इस बात की देख-रेख करे कि निर्माता पुरानी और नई वस्तुओं को न मिलाएँ। जो लोग इस नियम को भंग करते थे उन्हें दण्ड दिया जाता था। छठे बोर्ड का कार्य नगर में बिकने वाली वस्तुओं की कीमतों पर कर वसूल करना था। इस नियम को तोड़ने वालों को भारी दण्ड दिया जाता था। यह आयोग सामूहिक रूप से सड़कों, मन्दिरों, उद्यानों, बाजारों, चिकित्सालयों और बन्दरगाहों आदि के लिए उत्तरदायी था।

कौटिल्य ने नगरपालिका प्रशासन का भी वर्णन किया है। नगमक या मेयर के अधीन स्थानिक और गोप नाम्रक अधिकारी हुआ करते थे। उनका कार्य व्यक्तियों और सम्पत्तियों की गणना करना, होटलों, जुआघरों और मनोरंजन के स्थानों का निरीक्षण करना था। एक अध्यक्ष बाजार में बिकने वाली निर्मित वस्तुओं पर अपनी मोहर लगाता था। बाटों और नापों, भण्डारों, विदेशियों आदि पर देखभाल करने के लिए अधिकारी नियुक्त थे।

केन्द्रीय विभाग (Central Departments)—राज्य को सफल चलाने के उद्देश्य से अठारह विभागों की स्थापना की गई थी जिन्हें 'तीर्थ' कहा जाता था। प्रत्येक विभाग का प्रधान अमात्य कहलाता था। कौटिल्य के अर्थशास्त्र में राज्य के अठारह मुख्य पदाधिकारियों (अमात्यों) का वर्णन है। अमात्यों के अधीन कर्मचारी होते थे। अमात्यों और कर्मचारियों की नियुक्ति राजा स्वयं करता था।

अठारह अमात्यों का विवरण इस प्रकार है—मन्त्री तथा पुरोहित सब महत्त्वपूर्ण विषयों पर राजा को परामर्श देता था। सेनापति सेना का संगठन व युद्ध आदि का प्रबन्ध करता था। युवराज राजा को प्रत्येक कार्य में सहायता देता था। दौवारिक द्वारों की रक्षा करता था। अन्तवर्शिक अन्त:पुर का रक्षक था। प्रशास्ता पुलिस विभाग का अध्यक्ष था। समाहर्ता राजकीय कर एकत्रित करता था। सन्निधाता कोषाध्यक्ष था। प्रदेष्टा नैतिक अपराधों का प्रमुख न्यायाधीश था। नायक नगर का प्रमुख अधिकारी था। पौर राजधानी का शासक था। व्यावहारिक न्यायाधीश था। कर्मान्तिक कारखाने का अधिकारी

अथवा उद्योग मन्त्री था। मन्त्रिपरिषदाध्यक्ष परिषद् का प्रधान था। दण्डपाल पुलिस का प्रधान अधिकारी था। दुर्गपाल किले का रक्षक था। अन्तपाल सीमाओं की रक्षा करता था। आटविक जंगल विभाग का अध्यक्ष था।

इनके अतिरिक्त सिक्के ढालने, नमक बनाने, राज्य व्यापार, खान, जंगल, शस्त्रालय, नाप तौल, चुंगी, चरागाह, कृषि, व्यापार, बन्दरगाह आदि के लिये अन्य अधिकारी होते थे। मौर्य प्रशासन में नौकरशाही का विशेष महत्त्व था। प्रो० नीलकंठ शास्त्री ने लिखा है कि ''मौर्यकालीन नौकरशाही अत्यन्त विशाल एवं बड़ी संख्या में थी और वह देश के प्रत्येक आर्थिक और सामाजिक क्षेत्र में व्याप्त थी।''

गुप्तचर (Expionage)—राज्य की उन्नति और स्थिरता के लिए कौटिल्य ने गुप्तचर प्रणाली पर बहुत जोर दिया है। जब विदेशी राज्यों के हस्तक्षेप से देश में विपत्ति आती तो गुप्तचरों द्वारा एकता और सद्भाव पैदा किया जाता था। एक न्यायपूर्ण प्रशासन में इसका बड़ा महत्त्व था।

कौटिल्य लिखता है कि राजा विभिन्न प्रकार के गुप्तचरों को भर्ती करता था। उदाहरणार्थ कपटी या छली गुप्तचर, विष देने वाले गुप्तचर, गृहस्थी, व्यापारी, संन्यासी, सहपाठी, बन्दी और विभिन्न प्रकार की गुप्तचर स्त्रियाँ। सपेरों को भी गुप्तचरों के रूप में भरती किया जाता था। सम्राट् के पास ही नहीं वरन् राज्य के मुख्य अधिकारियों के पास भी गुप्तचर हुआ करते थे। गुप्तचर विदेशों में भी भेजे जाते थे। गुप्तचरों की सहायता से सम्राट् राज्य के मामलों की जानकारी रखता था।

सैनिक व्यवस्था (Military Organisation)—नन्द वंश के अन्त होने पर चन्द्रगुप्त को मगध की एक विशाल सेना प्राप्त हुई। इस सेना की विशालता को सुनकर ही सिकन्दर की सेना का साहस टूट गया था और उसने आगे बढ़ने से इन्कार कर दिया था। मगध की पुरानी सेना के अतिरिक्त साम्राज्य वृद्धि और देश की रक्षा के लिये चन्द्रगुप्त मौर्य ने पर्याप्त सैनिकों की भर्ती की। मेगस्थनीज़ ने लिखा है कि चन्द्रगुप्त की सेना में छः लाख से भी अधिक पैदल सैनिक थे, 30,000 (तीस हजार) से अधिक अश्व, नौ हजार हाथी और 8,000 रथ थे।

मेगस्थनीज़ के अनुसार सम्पूर्ण सेना का प्रबन्ध तीस सदस्यों के एक आयोग के हाथों में था। वह आयोग 5–5 सदस्यों के छः बोर्डों में विभक्त था। पहले बोर्ड का सम्बन्ध नौसेना से था। नौसेना के सभी अधिकार इस बोर्ड के हाथों में थे। परिवहन–पूर्ति या रसद इत्यादि का कार्यभार दूसरे बोर्ड पर था। युद्ध में ढोल बजाने वालों, अश्व पालकों, मिस्त्रियों और घास काटने वालों का प्रबन्ध यही बोर्ड करता था। तीसरे बोर्ड का सम्बन्ध पैदल सेना से था। चौथे बोर्ड का कार्य घुड़सवार सेना का प्रबन्ध करना था। पाँचवें बोर्ड का कार्य युद्ध क्षेत्र में रथों का प्रबन्ध था। छठे बोर्ड के हाथों में हाथियों का प्रबन्ध था। डॉ० वी०ए० स्मिथ का कहना है कि समन्वित पूर्ति और नौसेना विभाग का समावेश चन्द्रगुप्त की उत्तम बुद्धि के प्रमाण थे। चन्द्रगुप्त का सैनिक संगठन क्रियात्मक रूप से वैसा ही कुशल था जैसा कि लिखित रूप में मिलता है। उसकी कुशलता के कारण ही चन्द्रगुप्त दूर–दूर तक अपना राज्य फैला सका। उन्हीं की सहायता से चन्द्रगुप्त ने मकदूनिया के सैनिकों को भारत की सीमाओं से दूर–दूर तक खदेड़ दिया और सेल्यूकस के आक्रमण का सफलतापूर्व सामना किया।

मेगस्थनीज़ ने लिखा है कि भारतीय समाज में किसानों के पश्चात् सैनिकों की ही संख्या अधिक थी। उन्हें नियमित रूप से वेतन मिलता था। राज्य द्वारा उन्हें अस्त्र–शस्त्र भी मिलते थे। सैनिकों का वेतन इतना था कि वे सुखमय जीवन व्यतीत कर सकते थे। वे स्वतन्त्रता का भोग पूर्णरूपेण करते थे। यद्यपि युद्धकाल में उन्हें कठिन परिश्रम करना पड़ता था तथापि अवकाश के समय वे इच्छानुसार अपना मनोरंजन कर सकते थे। युद्धकाल में भी जब वे शिविरों में रहते थे तो उन्हें नौकर मिलते थे जो अस्त्र–शस्त्रों को साफ करते थे, घोड़ों की देखभाल करते थे, और रथों का संचालन करते थे।

राजस्व (Revenue)—कौटिल्य ने आर्थिक मामलों पर बहुत जोर दिया है क्योंकि मौर्यों की एक बड़ी सेना थी जिसको वेतन देना भी जरूरी था। कौटिल्य ने सरकार की आय को बढ़ाने के लिये कई सुझाव और सिद्धान्त रखे हैं। उसका विचार था कि सरकार को यह तो अधिकार है कि वह अपनी आय को बढ़ाये परन्तु कर देने वालों को कम से कम तकलीफ होनी चाहिए। उसने वृक्षों और उनके फलों का दृष्टान्त दिया। बुद्धिमान् लोग फल तोड़ते हैं परन्तु वृक्ष को

नहीं काटते। इसी प्रकार सरकार को ऐसी नीति अपनानी चाहिये जिससे कर तो इकट्ठे हो जायें परन्तु कर देने वाले मर न जायें। सरकार का कर्त्तव्य है कि वह कर इकट्ठा करने वालों पर कड़ी दृष्टि रखे ताकि वे इकट्ठा हुआ धन आप ही न खा जायें। भूमि-कर सरकार की आय का मुख्य साधन था। यह साधारणतः उपज का छठा भाग होता था। डॉ० आर०एस० शर्मा इस निष्कर्ष पर पहुँचे हैं कि मौर्यकाल में भूमि-कर उपज का चौथा भाग होता था। एक पूरे गाँव के किसानों को जो कर देना पड़ता था उसे पिण्डकर कहते थे। बलि भी एक प्रकार का कर था। वनों और फल मूल पर भी सरकार कर लेती थी। शराब बनाने वालों, नमक बनाने वालों, खानों, हथियारों, घी, तेल आदि का व्यवसाय करने वालों से बिक्री कर लिया जाता था। जब सेना किसी गाँव से निकलती थी तो गाँव वालों को सैनिकों के भोजन का प्रबन्ध करना पड़ता था। उसे सेना-भक्त कहा जाता था। किसानों को सिंचाई कर भी देना पड़ता था। राज्य को चुंगी और पुलों से भी आय होती थी। शिल्पियों की श्रेणियों से भी सरकार कर वसूल करती थी। अधिकतर कर धान्य या वस्तुओं के रूप में लिये जाते थे। अशोक के रूम्मिनदेइ स्तंभ अभिलेख में लिखा है कि अशोक ने लुम्बिनी ग्राम के निवासियों से 1/8 भाग लेना निश्चय किया और उन्हें बलि से मुक्त कर दिया। समाहर्ता गाँव से जो अतिरिक्त कर वसूल करता था उन्हें कौटिल्य ने कर और पथिकर कहा है। कौटिल्य ने अतिरिक्त करों में विर्ष्टि का वर्णन किया है। यह हो सकता है कि यह बेगार सरकारी खेतों में काम कराने में काम आती थी। संकटकालीन अवस्था में कौटिल्य ने राजा को प्रणय वसूल करने का अधिकार दिया है। पार्शव वह कर था जो किसी व्यापारी को बहुत लाभ होने पर उससे वसूल किया जाता था। सरकारी जलाशयों के नीचे की भूमि में जब पशु हानि करते थे उसका जो हर्जाना लिया जाता था उसे परिहीनक कहते थे। रज्जु उस कर को कहते थे जो भूमि की नाप के समय लिया जाता था। चोर रज्जु वह कर था जो प्रजा से चोरों को ढूँढ़ने के लिए लिया जाता था। वितीत वह कर था जो पशुओं की रक्षा के लिये लिया जाता था।

दो प्रकार के भूमि-खण्डों को करों से मुक्त किया जाता था। एक ऐसी जमीन थी जो ब्राह्मणों को दान में दी जाती थी। दूसरी वह जो न्यायाधीशों को निर्धनों की सहायता के लिये दी जाती थी। जंगलों में रहने वाले लोग जो जलाने वाली लकड़ी इकट्ठी करते थे, उनसे भी कर नहीं लिया जाता था।

एरीयन ने लिखा है कि मौर्यकाल में पशुपालक पशुओं के रूप में सरकार को कर देते थे। कौटिल्य अर्थशास्त्र में भी ऐसा वर्णन है।

प्रजा राजा को जो उपहार रूप में देती थी, उसके लिये अर्थशास्त्र में उत्संग शब्द का प्रयोग है। आयात कर के लिए कौटिल्य ने वस्तुओं को तीन वर्गों में बाँटा है : (1) जो देहात में बनाई जाती थीं, (2) जो नगर में बनाई जाती थीं तथा (3) जो दूसरे स्थानों से लाई जाती थीं। अधिकतर वस्तुओं पर मूल्य का पाँचवाँ भाग आयात कर के रूप में दिया जाता था परन्तु कुछ वस्तुओं पर दसवाँ पन्द्रहवाँ भाग आयात कर के रूप में लिया जाता था। साधारण कपड़े, पशुओं, खाण्ड और नमक पर बीसवाँ या पच्चीसवाँ भाग लिया जाता था। इस आयात कर को शुल्क कहते थे। इसके अतिरिक्त कुछ अन्य कर भी व्यापारियों को देने होते थे जैसे सीमा पार करने पर वर्तनी, मार्ग दर्शन का कर अतिवाहिक, सैनिकों की फीस गुल्मदेय, पुल पार करने पर तरदेय और राजा का भाग।

व्यय—आय का व्यय नियमित ढंग से होता था। व्यय के विविध शीर्षकों में ये थे—राजपरिवार, धार्मिक कृत्य, रक्षा, कर्मचारी वेतन, सेना, भत्ता, शिक्षा वृत्ति, दान, यातायात, सिंचाई, भवन निर्माण तथा अन्य जनहितकारी कार्य।

सड़कें और सिंचाई—यह सरकार का कर्त्तव्य था कि वह लोगों के हित के लिये सड़कें बनाये। मेगस्थनीज़ ने उस सड़क का वर्णन किया है जो पाटिलीपुत्र से उत्तर पश्चिम को जाती थी और पाटिलीपुत्र से पूर्व के देशों को भी जाती थी। वह सड़क 1150 मील लम्बी थी। सड़क के दोनों ओर वृक्ष लगे हुए थे। उस पर मीलों के पत्थर भी थे। सड़कों की मरम्मत के लिये भी प्रबन्ध था।

मौर्य शासकों ने बहुत-सी नहरें खुदवाई और कई प्रकार की सिंचाई की योजनाएँ भी बनाईं। उनकी देखा-देखी प्रान्तीय गवर्नरों ने भी ऐसा ही किया। उनमें से एक ने गिरनार के समीप पश्चिमी भारत में बाँध बनवाया।

चन्द्रगुप्त के शासनकाल में खेतों की सिंचाई का श्लाघनीय प्रबन्ध था। राजा की ओर से भूमि को मापने के लिये कर्मचारी नियुक्त थे। वे प्रणालियों (नालियों) की निगरानी करते थे जिनके द्वारा नहर का पानी सिंचाई के लिए बँटता था। सिंचाई के अन्य साधन भी थे। नदियों, तालाबों और कूपों से पर्याप्त सिंचाई होती थी।

स्वास्थ्य (Health)—सरकार लोगों के स्वास्थ्य का बड़ा ध्यान रखती थी। उनके लिये औषधालय बनाती थी। औषधालय केवल मनुष्यों के लिये ही नहीं थे वरन् पशु-पक्षियों के लिये भी थे। सफाई का भी अच्छा प्रबन्ध था और जो लोग उसके नियमों का उल्लंघन करते थे उनको दण्ड दिया जाता था।

न्याय विभाग (Judicial Administration)—देशभर में न्यायालयों की व्यवस्था थी। प्रत्येक ग्राम, संग्रहण, खार्वटिक, द्रोणमुख, स्थानीय संग और सन्धि में न्याय कार्य चलता था। पाटिलीपुत्र के न्यायालय में अन्तिम अपीलें सुनी जाती थीं। न्यायालय दो प्रकार के थे—कंटकशोधन (फौजदारी) और धर्मस्थीय (दीवानी)। अभियोगों के निर्णय में निष्पक्ष जाँच होती थी। वादी और प्रतिवादी के आवेदन पत्र से लेकर प्रमाण, साक्षी, राजकीय जाँच-पड़ताल तक की सारी सुविधाएँ थीं।

दण्ड कठोर था, विशेषत: फौजदारी और राजकीय अपराधों में। अपराधी साधारणत: शुल्क द्वारा दण्डित किये जाते थे। शुल्क कई प्रकार के थे। कलाकारों को हानि पहुँचाने और विक्रय की वस्तुओं के कर से बचने के प्रयास में मृत्यु-दण्ड दिया जाता था। अंग-भंग का दण्ड भी दिया जाता था। चोरों और व्यभिचारियों का अंग काट दिया जाता था। पुलिस की सहायता से अपराधियों से उनका अपराध स्वीकार कराया जाता था। दण्ड कई प्रकार के थे : अंग-भंग, निर्वासन, प्राण-दण्ड आदि। दण्ड-विधान की अमनुष्किता के कारण अपराध कम होते थे। सम्भवत: जेलें न्याय-विभाग के नीचे थीं। प्रत्येक वर्ष राज-सिंहासन की तिथि पर जेलों से कैदियों को छोड़ा जाता था। सम्राट् अशोक ने ऐसे 25 अवसरों का उल्लेख किया है। सम्भवत: उन लोगों को छोड़ा जाता था जिन्होंने छोटे अपराध किये थे। ऐसा मालूम होता है कि मृत्यु-दण्ड अशोक के बौद्ध धर्म ग्रहण करने के बाद भी दिया जाता था। कुछ अपराधियों को फाँसी देने से पहले तीन दिन का अवकाश दिया जाता था ताकि वे दान भी दे सकें और अपनी धार्मिक प्रथाएँ भी पूरी कर सकें।

साधारण जनता के हित के लिये शिक्षा का प्रबन्ध किया जाता था। शिक्षा कार्य में प्रवृत्त लोगों को राजकीय वृत्ति मिलती थी।

आकस्मिक् संकटापत्तियों में (रोग, महामारी, वेषुचिका, अकाल, अग्नि, बाढ़ आदि) राजकीय व्यवस्था थी।

मर्दमशुमारी—मौर्यकाल में मनुष्य गणना प्रति वर्ष होती थी। उसके लिये सरकार का एक स्थिर पृथक् विभाग था जो मनुष्यों की संख्या को अपनी निबंध पुस्तकों में दर्ज रखता था। मनुष्यों के अतिरिक्त पशुओं और जन्तुओं की भी गणना होती थी। समाहर्ता और नागरिक की ओर से यह कार्य गोप नाम के राजपुरुष करते थे। वे राजपुरुष प्रत्येक ग्राम की निबंध पुस्तक में लिखते थे कि गाँव में चारों वर्णों के कितने-कितने आदमी हैं, कितने किसान हैं, कितने गो-रक्षक हैं, कितने सौदागर, कितने कारीगर, कितने नौकर, कितने दास, कितने चौपाये इत्यादि।

डाक-प्रबन्ध—कौटिल्य अर्थशास्त्र में उस समय के डाक-प्रबन्ध का वर्णन है। संदेश भेजने के लिये कबूतरों का प्रयोग किया जाता था। उनके गले आदि में पत्र बाँधकर उन्हें उड़ा दिया जाता था और वे साधे हुए कबूतर ठीक स्थान पर पहुँच जाते थे।

विदेशियों की निगरानी—मौर्यकाल में विदेशियों की ओर विशेष ध्यान दिया जाता था। जो अधिकारी इस काम के लिये नियुक्त किये जाते थे उनका यह कर्त्तव्य था कि किसी विदेशी के साथ किसी प्रकार का दुर्व्यवहार न हो। यदि कोई विदेशी बीमार पड़ जाता तो उसकी चिकित्सा कराई जाती थी। मरने पर उसे दफना दिया जाता था और उसकी सम्पत्ति उसके सम्बन्धियों को दे दी जाती थी।

अशोक द्वारा शासन सुधार—सम्राट् अशोक ने मौर्यकालीन शासन पद्धति में कई सुधार किये। उसने अपने राज्य के अधिकारियों को प्रजा की सेवा करने का आदेश दिया। स्तंभ लेख IV में लिखा है कि "जिस प्रकार एक मनुष्य अपनी संतान को एक चतुर परिचारिका (नर्स) को सौंप कर स्वयं निश्चिन्त हो जाता है और अपने-आप से कहता है कि चतुर परिचारिका मेरी सन्तान के सुख की ओर ध्यान देने के लिए तत्पर है, इसी प्रकार मेरे गवर्नर भी देश की भलाई तथा सुख के लिये नियुक्त किये गये हैं।" अशोक ने अपने अधिकारियों को आदेश दिया था कि वे लोगों की माँगों को सुनें और उनको सुखी बनाने का सब प्रकार से प्रयास करें।

अशोक ने धर्म विभाग की स्थापना की। उसने अपने शासनकाल के तेरहवें वर्ष में इस विभाग के अन्तर्गत 'धर्म महामात्रों' को नियुक्त किया। उनके मुख्य कार्य लोगों को नैतिकता तथा अशोक के धम्म का ज्ञान करवाना था और यह भी देखना था कि लोग उन नियमों के अनुसार जीवन व्यतीत कर रहे हैं या नहीं। उनका दूसरा मुख्य कर्त्तव्य अकारण दण्डित व्यक्तियों की रिहाई की व्यवस्था करवाना था। वे विद्वान तथा निर्धन पुरुषों को राज्य की ओर से सहायता करवाते थे और प्रजा की कठिनाइयों को दूर करते थे।

अशोक समय-समय पर साम्राज्य के भिन्न-भिन्न भागों का दौरा करता था। उन दौरों का मुख्य उद्देश्य प्रजा के कष्टों के बारे में जानकारी प्राप्त करना था। अशोक के III शिलालेखों में लिखा है कि उसने अपने कुमारों, प्रदेशिकों, रज्जुकों, और युक्तों को भी हर पाँचवें वर्ष दौरा करने का आदेश दिया। अशोक के धर्म महामात्र भी लोगों के जीवन-सुधार के लिए स्थान-स्थान पर भ्रमण करते थे। यह भी एक बड़ा सुधार था।

अशोक ने प्रचलित दण्ड-विधान का सुधार किया। उसकी कठोरता को थोड़ा कम रखने का प्रयास किया। अशोक के V स्तंभ लेख में लिखा है कि वह प्रतिवर्ष अपने अभिषेक दिवस पर बन्दियों को मुक्त करता था। IV स्तम्भ लेख में लिखा है कि अशोक अपराधियों को मृत्यु-दण्ड देने से पहले तीन दिन का समय देता था ताकि वे आने वाले जीवन को सुधारने का प्रयत्न कर सकें।

कलिंग के युद्ध के पश्चात् अशोक ने युद्ध की नीति को सदा के लिए त्याग दिया और पूर्णरूप से अहिंसा के सिद्धान्तों को क्रियात्मिक रूप देने का प्रयत्न किया। वह मनुष्यों तथा पशुओं की हत्या करना पाप समझने लगा। उसने पशुओं की लड़ाइयों और उनकी हिंसा पर प्रतिबन्ध लगा दिये। उसने साम्राज्य के पशुओं की बलि बन्द करवा दी।

अशोक की शासन नीति लोकहित से प्रेरित थी। उसने साम्राज्य के भिन्न-भिन्न भागों में सड़कें बनवाई और उनके दोनों ओर यात्रियों के विश्राम के लिये छायादार पीपल के वृक्ष लगवाए। प्रत्येक आधे कोस के फासले पर कुएँ खुदवाए और आमों के उद्यान लगवाए। यात्रियों के विश्राम के लिये अशोक ने विश्रामगृह बनवाए। मनुष्यों और पशुओं के लिए उसने स्थान-स्थान पर चिकित्सालय खुलवाये। अशोक ने अन्य देशों में भी लोगों की भलाई के लिये कार्य किये। उसने एक धम्म की स्थापना की और उसके माध्यम से परलोक को सुधारने का प्रयास किया।

जनहित राज्य (Welfare State)—डॉ० ए०एस० ऐल्टेकर का विचार है कि मौर्यों का राज्य लोगों के हित के लिए था। राज्य सरकार ने नौकरों और उनके स्वामियों के मध्य सन्तुलन बनाए रखा। स्वामी का कर्त्तव्य था कि वह नियत वेतन अवश्य दे और श्रमिक का कर्त्तव्य था कि वह अपने काम को न भूले। सरकार का यह कर्त्तव्य था कि वह उपभोक्ताओं के हित का ख्याल रखे और मंडी पर किसी का कब्जा न होने दे और कीमतों पर भी नियन्त्रण रखे। इसका परिणाम यह था कि ग्राहकों को ठगा न जा सकता था। जो व्यापारी मिलावट किया हुआ माल बेचते थे उनको कड़ा दण्ड दिया जाता था। सरकार उद्योगपतियों और व्यापारियों की सहायता सड़कें बनाकर और रक्षा का बन्दोबस्त करके, करती थी। यदि रास्ते में चोरी के कारण कोई वस्तु गुम हो जाती थी तो उसका मुआवजा सरकार देती थी। सरकार सिंचाई के कार्यों पर कृषि को प्रोत्साहन देने के लिए खर्च करती थी। जो गाँव के लोग सड़कों, नहरों और बाँधों को बनाते थे उनको करों से चार अथवा पाँच वर्ष की छूट दी जाती थी। जन-हित के कामों के लिए सरकार लकड़ी और पत्थर गाँव वालों को मुफ्त देती थी।

मौर्य सरकार यह अपना कर्त्तव्य समझती थी कि वह असहाय पीड़ित लोगों की सहायता करे। वह यतीमों, बूढ़ों, कमजोरों और गरीब स्त्रियों की सहायता करती थी। जिन लोगों को अस्थायी रूप से कोई कठिनाई होती थी, सरकार उनको काम दिलाती थी। कताई का विभाग स्त्रियों को कपास देता था और जब वे सूत कात लेती थीं तो उनको मज़दूरी देकर सूत इकट्ठा किया जाता था। जब तक कोई अपनी बीवी और बच्चों का प्रबन्ध नहीं करता था, उसे संन्यासी नहीं बनने दिया जाता था। इस नियम का उल्लंघन करने वालों को जुर्माना किया जाता था।

सरकार सार्वजनिक सफाई का बड़ा ध्यान रखती थी। मकान के मालिक को टट्टी का स्थान अवश्य बनाना पड़ता था और गन्दा पानी निकालने का रास्ता भी। जो लोग अनाज, तेलों, नमक और औषधियों में मिलावट करते थे, उनको भी दण्ड दिया जाता था। महामारी से बचने के लिए बन्दोबस्त किया जाता था। यदि अकाल पड़ जाता तो सरकार अपने अनाज के भंडार खोल देती थी और लोगों की सहायता करती थी। आग से बचने के लिए सरकार उपाय करती थी। यदि बाढ़ के कारण किसी की हानि हो जाती तो सरकार उसका मुआवजा देती थी।

सरकार लोगों की नैतिक उन्नति के साधन भी जुटाती थी। इस उद्देश्य से द्यूत क्रिया, शराब पीना और वेश्या–वृत्ति पर सरकार प्रतिबन्ध लगाती थी। सरकार शिक्षा और साहित्य को प्रोत्साहित करती थी। जो वस्तुएँ पूजा और मन्दिरों में काम में आती थीं उन पर कर नहीं लगाया जाता था।

डॉ० ऐल्टेकर का यह निष्कर्ष है किसी भी निर्पेक्ष व्यक्ति को यह मानना पड़ेगा कि मौर्यकालीन शासन–पद्धति न केवल कुशल थी परन्तु सफल भी थी और समकालीन राष्ट्रों से अग्रसर भी थी। सम्भवतः प्राचीन भारत में मौर्यों की शासन–पद्धति सबसे अधिक कुशल थी।

डॉ० ताराचन्द इस विचार से सहमत नहीं हैं। उनका कहना है कि मौर्य सरकार के कार्य बहुत सीमित थे। सरकार व्यक्तिगत मामलों, जातियों और वर्ण–व्यवस्था में हस्तक्षेप न कर सकती थी। व्यक्तिगत मामलों में ब्राह्मणों और श्रमणों का नियन्त्रण था। पंचायतें जातियों और श्रेणियों का प्रबन्ध करती थीं। श्रेणियों के अपने–अपने सैनिक थे। प्रत्येक गांव को स्वायत्तता प्राप्त थी। कानून और न्याय की व्यवस्था समाज के अधिकार में थी। राजा का कर्त्तव्य था कि वह लोगों के अंगों और धर्म की रक्षा करे। यद्यपि मौर्य साम्राज्य दूर से बड़ा दिखाई देता था परन्तु अन्दर से उसका ढाँचा टूटा हुआ था। यद्यपि मौर्य साम्राज्य का विस्तार देश के बहुत भागों में था तथापि भवन टूटने वाला था। लोग कई जातियों और नस्लों से सम्बन्ध रखते थे परन्तु उनमें एकता नहीं थी। सरकार न यूनिटरी थी और न ही फेडरल (संघीय) थी। इसमें कई प्रकार के राष्ट्र, प्रदेश, क्षेत्र इत्यादि थे। यद्यपि राजा की शक्ति असीमित थी तथापि उसे धर्म और परम्परा के अनुसार चलना पड़ता था। सरकार में सन्तुलन का नियम न था। स्थायी अवस्था में रहने का कोई आधार नहीं था। आर्थिक मामलों में भी कोई सन्तुलन न था। मौर्य साम्राज्य चारों ओर फैला हुआ था और उसकी सीमाओं को अपने पड़ोसियों से कई प्रकार के खतरे थे। चूँकि खर्च बहुत था इसलिए कर भी अधिक मात्रा में लगाने पड़ते थे। मौर्यकाल का अर्थ–व्यवस्था बहुत विस्तृत थी और उसके कारण कई स्थानों पर जोर पड़ रहा था। इसका परिणाम यह ता कि उस समय के सिक्कों में मिलावट की गई। यह भी हो सकता है कि उस समय के वातावरण ने समकालीन व्यापार पर भी बुरा प्रभाव डाला हो।

Suggested Readings

Altekar, A.S. : State and Government in Ancient India, Delhi, 1977.

Bandopadhyaya, N.C. : Kautilya, Calcutta, 1927.

Bhandarkar, D.R. : Some Aspects of Ancient Indian Polity, Banaras, 1929.

Bongard-Levin, G.M. : Mauryan India, New Delhi, 1985.

Dikshitar, V.R.R. : The Mauryan Polity, Madras, 1932.

Jayaswal, K.P. : Hindu Polity, Calcutta, 1924.

Thapar, R. : Asoka and the Decline of the Mauryas, Delhi, 1983.

अध्याय

24

मौर्यकालीन सामाजिक, धार्मिक, आर्थिक और सांस्कृतिक स्थिति

(Social, Religious, Economic and Cultural Condition under the Mauryas)

मौर्य साम्राज्य की सामाजिक, धार्मिक, आर्थिक और सांस्कृतिक स्थिति की जानकारी के लिए हमारे पास पर्याप्त मात्रा में सामग्री है। उसमें कौटिल्य का अर्थशास्त्र, मेगस्थनीज़ की इण्डीका (Indica) और अशोक के अभिलेख, स्तूप, स्तम्भ, गुफाएँ, मूर्तियाँ आदि आते हैं। रुद्रदामन के जूनागढ़ शिलालेख से भी लाभदायक जानकारी मिलती है।

मौर्यकालीन भारतीय संस्कृति की कुछ विशेषताएँ हैं। उस काल में विचारों की स्वतन्त्रता थी। भाषा, साहित्य और कला के क्षेत्र में प्रगति हुई। वैदिक संस्कृत के स्थान पर पाणिनीय व्याकरण के अनुसार संस्कृत का विकास हुआ। प्राकृत के कई रूपों का जन्म उसी काल में हुआ। लेखन कला का विकास भी इसी समय हुआ। इसी काल में राजनीति और आयुर्वेद पर ग्रन्थ लिखे गये। काव्य और नाटक भी लिखे गये। मौर्यकाल में ईंट और काठ के स्थान पर पत्थरों का प्रयोग किया जाने लगा। पत्थर के बने हुए भवनों और मूर्तियों का निर्माण इसी काल में हुआ। कला की एक स्वदेशी परम्परा इसी काल में निश्चित हुई। इसी काल में भारतवासियों का विदेशियों के साथ अधिक सम्पर्क स्थापित हुआ। भारतवासियों ने कुछ नई बातें विदेशियों से सीखीं और कुछ सिखायीं। मौर्यकाल की संस्कृति उदारता के सिद्धान्त पर आधारित थी। उस पर बाधायें न थीं। मौर्यकालीन लोग अन्य देशों में अपनी संस्कृति का प्रचार करने के लिए गए। इस कार्य में अशोक ने बहुत योगदान दिया। अनेक देशों में भारतीय उपनिवेशों की स्थापना का कार्य भी इसी काल में आरम्भ हुआ और बृहत्तर भारत की नींव इसी काल में रखी गई। इस समय के लोग जीवन के प्रति उदासीन नहीं थे परन्तु बहुत रुचि लेते थे। यद्यपि लोगों का जीवन सरल और सादा था तथापि वे आभूषण और कीमती पौशाकें पहनते थे। भारत में धन और धान्य की कमी न थी।

सामाजिक अवस्था (Social Life)—मेगस्थनीज़ के अनुसार, भारत की जनता सात जातियों अथवा वर्गों में बँटी थी। पहली जाति के लोग दार्शनिक थे। यद्यपि उनकी संख्या अन्य जातियों की अपेक्षा कम थी तथापि प्रतिष्ठा में वे सबसे श्रेष्ठ थे। दार्शनिक लोग सभी सार्वजनिक कर्त्तव्यों से मुक्त थे। वे न तो किसी के दास थे और न किसी के स्वामी। गृहस्थी लोगों द्वारा वे बलि प्रदान करने और मृतकों का श्राद्ध करने के लिए नियुक्त किये जाते थे। उनके काम के लिए उन्हें दान दिया जाता था। वर्ष के प्रारम्भ में ये लोग अनावृष्टि, शीत, आंधी, रोग आदि की पहले से ही सूचना दे देते थे जिससे सर्वसाधारण को बहुत लाभ पहुँचता था। जो दार्शनिक अपनी भविष्यवाणी में भूल करता था, उसको निन्दा के सिवाए और कोई दण्ड नहीं दिया जाता था।

दूसरी जाति में किसान (कृषक) लोग थे जो दूसरों से संख्या में बहुत अधिक थे। वे राजा को भूमि-कर देते थे। वे अपनी स्त्रियों और बच्चों के साथ रहते थे और नगरों में आने-जाने से बचते थे।

तीसरी जाति के लोग अहीर, गडरिये और चरवाहे थे जो न नगर में बसते थे और न ग्रामों में। वे डेरों में रहते थे। शिकार और पशुओं आदि को जाल आदि में फँसा कर देश को हानिकर पशुओं और जंगली पशुओं से मुक्त करते थे।

चौथी जाति के लोग कारीगर थे। उनमें से कुछ लोग कवच बनाते थे और कुछ कई प्रकार के औज़ार बनाते थे जिनका प्रयोग किसान और अन्य व्यवसायी करते थे।

पाँचवीं जाति सैनिकों की थी। यह भली-भाँति संगठित और युद्ध के लिये सुसज्जित रहती थी। संख्या में इसका दूसरा स्थान था। सेना, योद्धा, सैनिक, युद्ध के घोड़े और हाथी इन सब का पालन सरकार करती थी।

छठी जाति के लोग निरीक्षक थे। उनका यह काम था कि जो कुछ भारतवर्ष में पैदा होता था उसकी खोज और देखभाल करते रहें और राजा को (और जहाँ राजा न हो वहाँ अन्य किसी राजकीय शासक को), उसकी सूचना देते रहें।

सातवीं जाति सभासदों तथा अन्य शासकवर्ग की थी। ये लोग राज्य-कार्य की देखभाल करते थे। संख्या की दृष्टि से यह जाति सबसे छोटी थी परन्तु अपने चरित्र और बुद्धि के कारण सबसे अधिक प्रतिष्ठित थी। इस जाति से राजा के मंत्रीगण और राज्य के कोषाध्यक्ष और न्यायकर्त्ता लिये जाते थे। सेना के नायक और मुख्य शासक लोग प्राय: इसी जाति के होते थे।

इन जातियों का वर्णन करने के बाद मेगस्थनीज़ ने लिखा है कि किसी को भी अपनी जाति के बाहर विवाह करने का अधिकार न था और न कोई व्यक्ति अपनी जाति या व्यवसाय बदल सकता था। कई लोग इस तथ्य को नहीं मानते क्योंकि उस समय अन्तर्जातीय विवाह प्रचलित थे और लोगों के अपने व्यवसाय बदलने के उदाहरण मिलते हैं।

कौटिल्य अर्थशास्त्र और अशोक के अभिलेखों से पता लगता है कि समाज मे चार वर्णों की व्यवस्था थी। चार वर्ण—ब्राह्मण, क्षत्रिय, वैश्य और शूद्र थे। चारों वर्ण कई जातियों में विभक्त थे।

मौर्यकाल में वर्णव्यवस्था और वर्णाश्रम धर्म की प्रधानता थी। वर्णव्यवस्था का स्वरूप पहले से जटिल हो गया था। कौटिल्य ने चारों वर्णों के कर्त्तव्यों का वर्णन किया है। उसने यह भी लिखा है कि राजा सब व्यक्तियों को वर्णाश्रम धर्म के नियमों का पालन करने के लिए बाध्य करे। प्रत्येक व्यक्ति अपनी जाति में ही विवाह करता था और अपनी जाति का ही व्यवसाय अपनाता था। योद्धा किसान नहीं बन सकता था और शिल्पकार दार्शनिक नहीं बन सकता था। अशोक के अभिलेखों में गृहस्थियों और वानप्रस्थियों का भी वर्णन है। कौटिल्य ने लिखा है कि खेती करना, पशु-पालन और व्यापार वैश्यों और शूद्रों दोनों के व्यवसाय थे। ऐसा प्रतीत होता है कि मौर्यकाल में वैश्यों और शूद्रों में विशेष अन्तर नहीं रह गया था। किसानों, ग्वालों और व्यापारियों के अपने-अपने वर्ग बन गए।

ब्राह्मण—मौर्यकाल में ब्राह्मणों को विशेष प्रतिष्ठा प्राप्त थी। मेगस्थनीज़ ने लिखा है कि सरकार ब्राह्मणों से किसी प्रकार का कर नहीं लेती थी। उन्हें अपनी जाति के बाहर विवाह करने का विशेष अधिकार था। ब्राह्मण लोग सादा जीवन बिताते थे। उनमें से कुछ जंगल में जाकर रहते थे, पत्तों और फलों से अपना निर्वाह करते थे और वृक्षों की छाल के कपड़े पहनते थे।

कई स्थानों में लिखा है कि ब्राह्मणों को भूमि और धन राजा ने दिए। कई ब्राह्मणों ने कर इकट्ठा करने का निरीक्षण किया। कई ब्राह्मण परिवार धनी और प्रभावशाली थे। कई ब्राह्मणों के पास बहुत-सी भूमि थी यद्यपि आदर्श ब्राह्मण का यह कर्त्तव्य था कि वे बिल्कुल कोई सम्पत्ति अपने पास न रखे। कई स्थानों में लिखा है कि ब्राह्मणों ने न्याय-पद्धति में भाग लिया। वे सेना में सेनापति भी बने। यद्यपि राज्य शक्ति क्षत्रियों के पास थी तथापि ब्राह्मणों का बड़ा प्रभाव था, विशेषकर राजतन्त्र में।

यद्यपि ब्राह्मण करों से मुक्त थे तथापि कौटिल्य ने लिखा है कि जो ब्राह्मण सरकार के कामों में हस्तक्षेप करता है उसे डुबो देना चाहिए। यदि कोई ब्राह्मण चोरी करे तो भी उसे विशेष दण्ड देना चाहिए।

ऐसा प्रतीत होता है कि मौर्यकाल में ब्राह्मणों ने अपने परम्परागत व्यवसाय (लिखना, पढ़ना, पढ़ाना, यज्ञ करना, कराना आदि) छोड़ने शुरू कर दिए और कृषि, पशु-पालन और वाणिज्य के काम शुरू कर दिए। यदि कोई ब्राह्मण आहार

आदि के प्रतिबन्धों का उल्लंघन करता था तो वह अपने वर्ण से गिर जाता था। विपत्तिकाल में ब्राह्मणों को छूट थी कि जो व्यवसाय चाहें चुन लें।

कई कारणों से ब्राह्मणों के अधिकारों और अवस्था में गिरावट आ गइ। यह कुछ बौद्ध धर्म के विस्तार के कारण थी और कुछ आर्थिक परिवर्तनों के कारण। फिर भी ब्राह्मणों का प्रभाव और अधिकार गाँवों में चलता रहा। इसका अर्थ यह नहीं कि ब्राह्मणों के विशेष अधिकार और प्रभाव बिल्कुल जाते रहे। दार्शनिक क्षेत्र में उनका स्थान नीचा हो गया परन्तु आर्थिक और सामाजिक क्षेत्रों में उनका स्थान पहले जैसा बना रहा। विशेषकर ऐसी अवस्था मगध और कौशल में हुई।

क्षत्रिय—मौर्यकाल में क्षत्रिय बहुत महत्त्वपूर्ण और माननीय जाति थी जिसके अधिकांश लोग शासक और सैनिक होते थे। मौर्य सम्राट स्वयं इसी जाति से थे।

मौर्यकाल में क्षत्रियों में कई वर्ग बन गए। जो क्षत्रिय निर्धन बन गए, उन्होंने लोगों से पैसे लेकर उनके लिए लड़ने का व्यवसाय अपना लिया। कई क्षत्रियों ने व्यापार का काम शुरू कर दिया और उनकी दशा वैश्यों जैसी हो गई। इसके बावजूद क्षत्रियों का प्रभाव और शक्ति मौर्यकाल में बढ़ गई। यही कारण है कि इस काल में ब्राह्मण लोग क्षत्रियों से रिश्ता करना चाहते थे ताकि उनका समाज में प्रभाव और अधिकार बना रहे।

वैश्य—मौर्यकाल में वैश्यों की अवस्था क्षत्रियों और ब्राह्मणों के नजदीक पहुँच गई। चूँकि उनका वाणिज्य की श्रेणियों पर अधिकार था, इसलिए उन्होंने नागरिक संस्थाओं पर भी अपना अधिकार जमा लिया। चूँकि उनको अपनी अवस्था के अनुसार समाज में ऊँचा स्थान न दिया गया, इसलिए उनमें बड़ा असंतोष था। उसी कारण उन्होंने बौद्ध और जैन धर्मों को सहायता दी।

अधिकांश वैश्य कृषि और शिल्प के धन्धों में लगे थे। सरकार के बहुत से कर उन्हीं से आते थे। वे ही भूमि के स्वामी थे। उनकी बड़ी-बड़ी जागीरें थीं। वे स्मृद्ध सेठ भी थे। उनमें से कुछ न्यायाधीश थे। कई ऐसे वैश्यों के उदाहरण मिलते हैं जिनको नीचे दर्जे के व्यवसाय अपनाने पड़े और वे शूद्रों जैसे बन गए।

कौटिल्य ने लिखा है कि वैश्यों और शूद्रों को भी सेना में भर्ती किया जाना चाहिए परन्तु वह केवल विपत्ति काल में ही होता था। सम्भवत: वैश्य और शूद्र लड़ने का काम नहीं करते थे परन्तु सेना में कई और प्रकार के काम करते थे। वैश्यों को सरकार में ऊँची नौकरियाँ नहीं दी जाती थीं।

शूद्र—इस युग में शूद्रों के कर्त्तव्य अधिक थे और अधिकार कम। उनकी स्थिति दासों जैसी बन रही थी। वे दास नहीं थे, परन्तु स्वतन्त्र थे। शूद्रों में बड़ा असन्तोष था और वे कई प्रकार के जुर्म (Crimes) करते थे। कौटिल्य ने शूद्रों के कई प्रकार के जुर्मों का वर्णन किया है। उसके अनुसार यदि कोई शूद्र अपने आपको ब्राह्मण कहे, देवताओं की वस्तुओं की चोरी करे, राजा का विरोध करे, तो उसकी आँखें निकाल लेनी चाहियें अथवा 800 पन का जुर्माना किया जाना चाहिए।

मौर्यकाल में शूद्रों के एक भाग को नए उपनिवेशों में जमीनें दी गईं। उन्होंने फसलें काटने का काम भी किया। उनसे जबरदस्ती बिना मजदूरी दिए काम लिया गया। यद्यपि शूद्रों की आर्थिक अवस्था में सुधार भी हुआ तथापि उनकी सामाजिक अवस्था नीची ही रही। उनको कोई राजनीतिक अधिकार न दिए गये। उनका काम केवल सेवा ही करना था। शूद्रों के सम्बन्ध दूसरे वर्णों से अच्छे नहीं थे। ब्राह्मण उनसे घृणा करते थे और उन्हें नीच और धोखेबाज़ कहते थे।

ब्राह्मणों, क्षत्रियों, वैश्यों और शूद्रों के अतिरिक्त कौटिल्य ने 15 जातियों के नामों का वर्णन किया है। इन जातियों की उत्पत्ति भिन्न-भिन्न जातियों के पुरुषों और स्त्रियों के विवाहों के कारण थी। चाण्डाल और स्वपक उनमें से थे। वे अछूत गिने जाते थे और उनको नगर या गाँव के बाहर श्मशान-भूमि के समीप रहना पड़ता था।

अशोक के अभिलेखों में परिव्राजकों और कई तरह के धार्मिक सम्प्रदायों का वर्णन है। परिव्राजक और भिक्षु सत्य का प्रचार करते थे।

विवाह-प्रथा—कौटिल्य ने आठ प्रकार के विवाहों का वर्णन किया है। ब्रह्म विवाह में कन्या का पिता वर को अपने घर बुलाकर अपनी पुत्री को उसे सौंप देता था। इस विवाह में संस्कारों की प्रधानता थी। दैव विवाह में कन्या का

पिता किसी योग्य और सुशील वर को अपनी पुत्री को सौंपता था। आर्ष विवाह में कन्या का पिता वर पक्ष से गौओं का जोड़ा लेता था और विवाह के बाद वर को उन्हें दान में दे देता था। प्रजापत्य विवाह में कन्या का पिता वर-वधु को यह आशीर्वाद देता था कि ''तुम साथ मिलकर धर्म का आचरण करो'' और उसके बाद वह कन्या को वर के हाथ सौंप देता था। असुर विवाह में कन्या का विवाह करने के लिए कन्या का पिता वर से धन लेता था। गांधर्व विवाह में वर और कन्या अपने-अपने माता-पिता की आज्ञा के बिना विवाह कर लेते थे। राक्षस विवाह में कन्या का बलपूर्वक अपहरण किया जाता था। पैशाच विवाह में किसी सोई हुई, मादक वस्तु का सेवन करा देने से उन्मत्त हुई अथवा मूर्च्छित कन्या के साथ छल या बल द्वारा विवाह किया जाता था। प्रथम चार प्रकार के विवाह धर्म के अनुसार माने जाते थे और दूसरे चार अधार्मिक। साधारणत: अपनी जाति के अन्दर विवाह करना उचित समझा जाता था परन्तु अन्तर्जातीय विवाह भी प्रचलित थे। कौटिल्य ने लिखा है कि 12 वर्ष की कन्या और 16 वर्ष का बालक विवाह के योग्य हैं। विवाह में दहेज भी दिया जाता था। साधारणत: पुरुष एक पत्नी रखता था परन्तु बहु-विवाह की प्रथा भी प्रचलित थी। बिन्दुसार की 16 पत्नियाँ थीं। मेगस्थनीज़ ने लिखा है कि भारत के लोग बहुत स्त्रियाँ रखना पसन्त करते हैं। कौटिल्य ने नियोग प्रथा का भी वर्णन किया है। विवाहित स्त्रियों के अतिरिक्त अनेक स्त्रियों को आमोद-प्रमोद के लिए घर में रखा जाता था। कौटिल्य ने भी इस बात की पुष्टि की है।

पुरुष और स्त्री दोनों को पुनर्विवाह का अधिकार था। पुरुषों के पुनर्विवाह के सम्बन्ध में ये नियम थे—''यदि किसी स्त्री के आठ साल तक बच्चा न हो या जिसके लड़का न हो, या जो बन्ध्या हो, उसका पति पुनर्विवाह से पूर्व आठ साल तक प्रतीक्षा करे। यदि स्त्री के मृत बच्चा पैदा हो तो दस साल तक प्रतीक्षा करे। केवल लड़कियाँ ही उत्पन्न हों तो बारह वर्ष तक प्रतीक्षा करे। इसके बाद पुत्र की इच्छा होने पर पुरुष दूसरा विवाह कर सकता है।'' स्त्री के मर जाने पर तो पुनर्विवाह हो ही सकता था।

पुरुषों की तरह स्त्रियों को भी पुनर्विवाह का अधिकार था। पति के मरने पर यदि कोई स्त्री दूसरा विवाह करना चाहे तो उसे अपने श्वसुर तथा पति पक्ष के अन्य सम्बन्धियों द्वारा प्राप्त धन वापिस करना होता था। यदि पुनर्विवाह श्वशुर की अनुमति से हो तो स्त्री इस धन को अपने पास रख सकती थी। पति की मृत्यु के अतिरिक्त भी कुछ अवस्थाओं में स्त्री को पुनर्विवाह का अधिकार था—''यदि किसी स्त्री के कोई सन्तान न हो और उसका पति विदेश गया हुआ हो तो वह एक वर्ष तक प्रतीक्षा करे। यदि उसके कोई सन्तान हो, तो अधिक समय तक प्रतीक्षा करे। यदि पति-पत्नी के लिए भरण-पोषण का प्रबन्ध कर गया हो तो दुगुना समय तक प्रतीक्षा की जाए। यदि पति पढ़ने के लिए विदेश गया हो तो सन्तानरहित स्त्री दस वर्ष और सन्तानसहित स्त्री 12 वर्ष तक प्रतीक्षा करे।''

मौर्यकाल में तलाक की प्रथा भी थी। कौटिल्य ने तलाक के लिए मोक्ष शब्द का प्रयोग किया है। स्त्री-पुरुष दोनों को तलाक का अधिकार था। इस सम्बन्ध में कौटिल्य ने लिखा है कि ''यदि कोई पति बुरे आचार का है, परदेश गया हुआ है, राज्य का द्वेषी है या यदि कोई पति खूनी है, पतित है या निपुंसक है, तो स्त्री उसको त्याग कर सकती है।'' पति से घृणा करती हुई स्त्री पति की इच्छा के बिना तलाक नहीं दे सकती। वैसे ही पत्नी से घृणा करता हुआ पति अपनी पत्नी की इच्छा के बिना तलाक नहीं दे सकता परन्तु पारस्परिक घृणा से तलाक हो सकता है। ब्राह्म, दैव, आर्ष और प्रजापत्य विवाहों में तलाक नहीं हो सकता था। दूसरे चार प्रकार के विवाह में तलाक हो सकता था।

स्त्रियों की दशा—मौर्यकाल में स्त्रियों की अपेक्षा पुरुषों को अधिक अधिकार प्राप्त थे। यह ठीक है कि पुरुषों की तरह स्त्रियों को भी पुनर्विवाह का अधिकार था परन्तु वास्तव में कम था। पुरुष एक स्त्री के होते हुए भी कई विवाह कर सकता था, परन्तु स्त्रियाँ ऐसा न कर सकती थीं। मेगस्थनीज़ ने लिखा है कि कुछ स्त्रियों को सन्तान के लिए रखा जाता था और कुछ को केवल शारीरिक सुख के लिए। स्त्रियों की स्थिति को बहुत उन्नत नहीं कहा जा सकता। उन्हें बाहर जाने की स्वतन्त्रता न थी। वे पति की इच्छा के विरुद्ध काम नहीं कर सकती थी। स्त्रियाँ प्राय: घर के अन्दर रहती थीं। राजघराने के अन्त:पुर का अर्थशास्त्र और अशोक के अभिलेखों में वर्णन है। कौटिल्य अर्थशास्त्र में सती प्रथा का वर्णन नहीं है। परन्तु यूनानी लेखकों ने इसका वर्णन किया है। हो सकता है कि यह प्रथा योद्धा वर्ग में प्रचलित हो। समाज में पर्दे की प्रथा भी प्रचलित थी।

मौर्यकाल में बहुत सी स्त्रियाँ ऐसी थीं जो विवाह न करती थीं और गणिका या वेश्या का जीवन व्यतीत करती थीं। वे अनेक प्रकार से राजा का मनोरंजन करती थीं। स्वतन्त्र रूप से वेश्यावृत्ति करने वाली स्त्रियाँ रूपाजीवा कहलाती थीं। उनसे सरकार को आमदनी भी होती थी। उन पर कर लगाया जाता था और सरकार उनकी रक्षा का उचित प्रबन्ध करती थी। कई वेश्यायें सरकार के लिए गुप्तचर का काम भी करती थीं।

समाज में कई स्त्रियाँ ऐसी थीं जो बौद्धिक जीवन व्यतीत करती थीं। वे अपना समय प्रभु-चिन्तन में लगाती थीं। जो स्त्रियाँ अपना सारा जीवन धर्म-ग्रन्थों के अध्ययन में लगाती थीं उन्हें **ब्राह्म वादिनी** कहते थे। कई स्त्रियाँ ऐसी थीं जो अध्ययन का काम विवाह के बाद छोड़ देती थीं। ऐसा प्रतीत होता था कि महिला शिक्षिकाओं की संख्या समाज में अधिक थी। बौद्ध और जैन धर्म-ग्रन्थों में ऐसी महिलाओं का बार-बार वर्णन आता है।

कई स्त्रियाँ संगीत, नृत्य तथा अन्य कलाओं में निपुण थीं। कई स्त्रियाँ सैनिक व्यवसाय अपनाती थीं। मेगस्थनीज़ ने लिखा है कि "कुछ स्त्रियाँ रथों पर, कुछ अश्वों पर, और कुछ हाथियों पर आरूढ़ होती हैं और वे प्रत्येक प्रकार के शास्त्रास्त्र से सुसज्जित रहती हैं। ऐसा मालूम होता है जैसे वे किसी आक्रमण के लिए जा रही हों।"

मौर्य काल में स्त्रियों को पारिवारिक सम्पत्ति का कुछ भाग दिया जाता था। विवाह के समय उनके माता-पिता उन्हें दहेज देते थे। स्त्रियाँ पुरुषों के साथ धार्मिक और सामाजिक समारोहों में भाग लेती थीं।

दास प्रथा (Slavery)—मेगस्थनीज़ ने लिखा है कि भारत में सभी लोग समान हैं और उनमें कोई दास नहीं है। डायोडोरस ने भी ऐसा ही लिखा है। स्ट्राबों का कहना है कि भारतीयों में किसी ने अपनी सेवा में दास नहीं रखे। चूँकि उनके पास दास नहीं हैं, इसलिए उन्हें बच्चों की अधिक आवश्यकता होती है। इतिहासकारों का यह मत है कि विदेशियों के वक्तव्यों को अक्षरश: स्वीकार नहीं किया जा सकता क्योंकि वास्तव में भारत में दासों की प्रथा थी। यह हो सकता है कि मेगस्थनीज़ को भारत में दासों के प्रति स्वामियों द्वारा किया गया व्यवहार अच्छा लगा हो अथवा उसने किसी विशेष क्षेत्र का ही उल्लेख किया हो। एक स्थान पर कौटिल्य ने लिखा है कि "किसी भी परिस्थिति में आर्य के लिए दासता नहीं होगी।"

मौर्यकाल में दासों का बड़ा योगदान था। त्रिपिटकों में दासों के चार प्रकार बताये गये हैं। कौटिल्य ने नौ प्रकार के दासों का वर्णन किया है जैसे उदर-दास, दण्ड-प्रणीत, ध्वजाहृत, गृह जात, दयागत, लब्ध, क्रीत, आत्त-विक्रेय और आहितक। दास सम्पत्ति का एक रूप थे। सेठों और ग्राम स्वामियों की भूमियों पर दास काम करते थे अथवा उन्हें किराए पर उठा दिया जाता था। दास श्रम के द्वारा भूमि-कर्षण का तरीका सामान्य हो गया था। अशोक के काल में कलिंग के युद्ध के पश्चात सहस्रों लोग बन्दी बनाए गए और हो सकता है कि उन्हें दास बनाकर बेचा गया हो।

कौटिल्य ने आजीवन दासों और किसी काल-विशेष के लिए दासों में अन्तर रखा है। दासों के व्यक्तित्व और उनके श्रम का निपटारा करने में स्वामी को असीमित अधिकार थे। एक दास के रूप में जो व्यक्ति किसी की सम्पत्ति था वह सभ्य समाज का सदस्य न हो सकता था। कई लोग ऐसे थे जो अस्थाई रूप से बन्धक और आश्रित थे। उनको कौटिल्य ने अहितक के नाम से पुकारा है। वे लोग एक निश्चित काल के लिए ही सेवा करने के उत्तरदायी होते थे और अवधि बीत जाने के बाद स्वतन्त्र हो जाते थे। उन्हें बेचा नहीं जा सकता था और न उन्हें धारक बनाया जा सकता था। स्वामी की इच्छा के बिना भी समय आने पर वे स्वतन्त्र हो जाते थे। कौटिल्य ने लिखा है कि केवल मलेच्छ तथा अनार्य ही स्थाई रूप से दास बनाए जा सकते थे। अधिकांश दास घरेलू नौकर होते थे और उनके साथ बुरा व्यवहार नहीं किया जाता था। उन्हें न पीटा जा सकता था और न गाली दी जा सकती थी। वे सम्पत्ति रख सकते थे। अवकाश काल में कार्य करके धन इकट्ठा भी कर सकते थे।

अशोक ने अपने कर्मचारियों को दासों और सेवकों के साथ अच्छा व्यवहार करने का आदेश दिया। इससे प्रतीत होता है कि कुछ लोग अपने दासों के साथ क्रूरता और कठोरता का व्यवहार करते होंगे।

रहन-सहन—मेगस्थनीज़ ने लिखा है कि भारत के लोग अकेले में भोजन करते हैं। उनका इकट्ठे मिलकर भोजन करने का कोई नियम समय नहीं। जिस समय जिसकी इच्छा होती है वह भोजन कर लेता है। मौर्यकाल में स्वादु भोजन बनाने के लिए बहुत प्रयत्न किया जाता था। बाजार में भी कई प्रकार के भोज्य पदार्थ बेचे जाते थे। माँस भोजन का

उस समय बहुत रिवाज़ था। बहुत से पशु-पक्षी, मछली इत्यादि भोजन के लिए मारे जाते थे। पशुओं के मारने के लिए बलिदान-गृह बनाये जाते थे। दूध पीने का बहुत रिवाज था। लोग अंगूरों का रस, मधु और शरबत भी पीते थे। फलों और बूटियों का भी प्रयोग किया जाता था। सुरा का भी प्रयोग प्रचलित था परन्तु इस पर सरकार का नियन्त्रण था। कौटिल्य ने कई प्रकार की मदिरा का उल्लेख किया है। मेगस्थनीज़ ने लिखा है कि विशेष अवसरों को छोड़कर साधारणत: भारत के लोग मद्यपान से दूर रहते थे। ऐसा मालूम होता है कि यह कथन केवल ब्राह्मणों के लिए ही था क्योंकि अन्य जातियों में सुरा का प्रचलन था। क्षत्रियों में मद्यपान का रिवाज़ बहुत प्रचलित था। यद्यपि बौद्ध और जैन धर्मों ने इसको कम करने की कोशिश की तथापि वे सफल न हुए।

यूनानियों ने लिखा है कि भारतीयों का मुख्य आहार भात था जिसके ऊपर मसालेदार मांस रखा जाता था। शाही भोजनालय में भी माँस बनता था। जब अशोक ने बौद्ध धर्म स्वीकार किया तब उसने पशुओं के वध पर रोक लगाई।

जो लोग बौद्ध और जैन धर्मों से प्रभावित थे वे शाकाहारी थे और माँस खाने से घृणा करते थे। वे गेहूँ की रोटियाँ, चावल और सब्जियाँ खाते थे।

आमोद-प्रमोद—मौर्यकाल में लोगों का जीवन सुखी और आमोद-प्रमोदमय था। आमोद-प्रमोद के कई साधन थे—गाना, बजाना, नृत्य, नाटक, जुआ, शिकार इत्यादि। मौर्यकाल में कई लोग ऐसे थे जिनका व्यवसाय केवल लोगों का आमोद-प्रमोद करना और तमाशे दिखाना था। वे लोग एक स्थान से दूसरे स्थान पर तमाशा दिखाते हुए घूमते रहते थे। कौटिल्य के अर्थशास्त्र में नटों, नृतकों, गायकों, वादकों, तरह-तरह की बोलियाँ बोलकर आजीविका कमाने वालों, रस्सी पर नाचने वालों, मदारियों और चारणों का वर्णन है। ये सब नगर या गाँव के बाहर तमाशे दिखाते थे। इस काम के लिए उन्हें लाईसेन्स लेना पड़ता था।

शिकार खेलने का उस समय बहुत रिवाज़ था। राजा शिकार के लिए बाहर जाता था और उसकी सहायता और रक्षा के लिए बहुत से लोग नियत थे।

मेगस्थनीज़ ने रथ-दौड़, घुड़-दौड़, साँड़-युद्ध और मल्ल-युद्ध का वर्णन किया है। अशोक के अभिलेखों और मेगस्थनीज़ के विवरण में विहार यात्राओं का उल्लेख है। कई प्रकार के उत्सवों और मेलों का आयोजन होता था। ग्रामों में लोगों के मनोरंजन के लिए खेल तमाशों का आयोजन किया जाता था।

समाजों और उत्सवों का संगठन सरस्वती, शिव, ब्रह्मा इत्यादि देवताओं के आदर में किया जाता था। उन अवसरों पर केवल मनुष्य के ही नहीं परन्तु हाथियों और अन्य पशुओं के द्वन्द्व भी होते थे। मनुष्यों और पशुओं के मल्ल युद्धों में प्राय: भीषण रक्तपात हो जाता था। इसलिए अशोक ने उन पर बहुत से प्रतिबन्ध लगाये। अशोक ने लिखा है कि उसने "मनुष्यों और पशुओं की मुठभेड़ बन्द करा दी और उसके स्थान पर आकाश में भाँति-भाँति दृश्यों के चित्रण की व्यवस्था की जिनसे लोगों का मनोरंजन तो हो ही परन्तु साथ-साथ उन्हें यथेष्ठ नैतिक शिक्षा भी मिले।" मौर्यकाल में नाटकों का बड़ा प्रचार था।

नैतिक स्तर—मेगस्थनीज़ ने लिखा है कि मौर्यकाल में भारतीयों का नैतिक स्तर बहुत ऊँचा था। साधारणत: लोग झूठ, चोरी आदि से घृणा करते थे। यज्ञों के अवसरों के अतिरिक्त वे शराब नहीं पीते थे। लोग अपने घरों को ताले नहीं लगाते थे। वे बड़े ईमानदार थे। उनमें बहुत कम झगड़े होते थे। न्यायालय में बहुत कम जाते थे। नैतिक सिद्धान्तों का प्रचार करने के लिए अशोक ने धर्म-महामात्रों की नियुक्ति की ताकि लोगों का जीवन सुधरे।

लोगों में गिरवी और धरोहर के अभियोग नहीं होते थे। उनको मोहरों और गवाहों की आवश्यकता न थी। भारत के लोग सच्चाई और सदाचार पर बड़ा जोर देते थे। वे मृतक के लिए कोई स्मारक नहीं बनाते थे वरन् उस सत्यशीलता को जिसे मनुष्यों ने अपने जीवन में दिखाया है मरने के बाद उनके स्मारक को बनाये रखने के लिए पर्याप्त समझते थे।

वस्त्र—साधारणत: लोग सूती कपड़े पहनते थे। मेगस्थनीज़ ने लिखा है कि भारत के लोगों के वस्त्रों के कई प्रकार के चटकीले रंग होते थे। वे सोने, हीरे और जवाहरात के आभूषण पहनते थे। धूप से बचने के लिए छाते का प्रयोग करते थे। वे लोग सुन्दर मलमल के बने हुए फूलदार कपड़े पहनते थे।

भाषा—अशोक के अभिलेखों से पता चलता है कि मौर्यकाल में ब्राह्मी और खरोष्ठी लिपियों का बड़ा प्रचार था। अभिलेखों की भाषा मगधी प्राकृत है। इससे पता चलता है कि केवल ब्राह्मण ही पढ़े-लिखे न थे, साधारण लोग भी पढ़े-लिखे थे। लिखने का प्रयोग लोग पत्र व्यवहार में भी करते थे।

धार्मिक अवस्था (Religious Condition)—मौर्य काल में धार्मिक जीवन कई सम्प्रदायों में विभाजित था जिनमें वैदिक धर्म, बौद्ध धर्म, और जैन धर्म, प्रमुख थे। वैदिक धर्म के अवलम्बियों की संख्या अधिक थी। वे यज्ञ आदि करते थे जिनमें पशु बलि भी होती थी। कई प्रकार के धार्मिक संस्कार भी प्रचलित थे। अशोक सम्राट ने पशुबलि का निषेध कर दिया। शिव, विष्णु (वासुदेव), शंकर्षण आदि की पूजा होती थी। इस धर्म के रक्षक और प्रचारक ब्राह्मण थे जिनका समाज में बड़ा आदर था। इस धर्म में बहुत-से देवी-देवता थे, जिनमें जयन्त, वैजयन्त, शिव, आश्विन, इन्द्र, ब्रह्मा, विष्णु, यम आदि मुख्य थे। इस धर्म में यज्ञों और कर्म-काण्ड पर बड़ा जोर दिया जाता था। ये सारा काम ब्राह्मण ही करते थे। इस युग में शिव और कृष्ण की पूजा प्रचलित थी। लोग नदियों को पवित्र समझकर उनकी पूजा करते थे। गंगा का पानी बहु पवित्र समझा जाता था। लोग तीर्थ स्थानों की यात्राएँ करते थे। ब्राह्मण अपना बहुत सा समय कर्म और पुनर्जन्म के सिद्धान्तों का चिन्तन करने में लगाते थे। धर्म का लक्ष्य स्वर्ग प्राप्त करना था और जन्म-मरण के बंधन से छूटना था।

बौद्ध ग्रन्थों में ब्राह्मणों के एक ऐसे वर्ग का वर्णन है जिन्हें ब्राह्मण-महाशाला कहा जाता था। इन लोगों को राजा द्वारा दान में दी गई भूमि का कर प्राप्त होता था। ये ब्राह्मण बड़े धनाढ्य होते थे। वे अपने घरों में बहुत से विद्यार्थी रखते थे जो देश के भिन्न-भिन्न भागों से शिक्षा के लिए आते थे। वे उनके चरणों के निकट बैठकर धार्मिक शिक्षा ग्रहण करते थे। कभी-कभी इन विद्यार्थियों की संख्या तीन सौ से लेकर पाँच सौ के बीच होती थी। इन ब्राह्मणों का बड़ा आदर और सम्मान था। उनका जीवन बड़ा शुद्ध होता था। वे दैवी चमक वाले होते थे।

यदि वैदिक क्रियावाद ब्राह्मण धर्म का स्थूल रूप था तो उपनिषदों का ज्ञानवाद उसका सूक्ष्म-रूप था। यह ठीक है कि इस युग में भी वैदिक कर्म-काण्डों और अनुष्ठानों की प्रधानता थी किन्तु ब्राह्मण धर्म के बौद्धिक और आध्यात्मिक पक्ष से भी लोग प्रभावित थे। जंगलों में रहने वाले ब्राह्मणों के जीवन में कर्म-काण्ड प्रधान धर्म का कोई महत्त्व न था। वे तप और मनन् द्वारा अपने जीवन को शुद्ध बनाते थे। उन्हें न तो मृत्यु की आशंका होती थी और न सांसारिक वस्तुओं के प्रति कोई अनुराग। वे अपना सारा समय ज्ञान की प्राप्ति में व्यतीत करते थे और लोगों को ज्ञान देते थे। यह ठीक है कि राजाओं, सामन्तों और सम्पन्न ब्राह्मणों का विश्वास वेदों के कर्मकाण्ड में अधिक था परन्तु समाज में कई ऐसे विचारशील पुरुष थे जो बाहर के आडम्बरों में नहीं पड़ते थे और सत्य के यथार्थ रूप को जानना चाहते थे।

आजीविक साम्प्रदाय—आजीविक सम्प्रदाय का संस्थापक गोसाल माना जाता है। इस सम्प्रदाय के लोग नग्न संन्यासियों की तरह जीवन व्यतीत करते थे। भोज आदि के विषय में वे कठोर नियमों का पालन करते थे। अशोक के शासनकाल में आजीविकों का महत्त्व बहुत बढ़ गया। उसने आजीविकों को संगरक्षण प्रदान किया। अपने शासनकाल के बारहवें वर्ष में अशोक ने बराबर की पहाड़ियों में आजीविकों को निवास के लिए दो गुफाएँ दीं। अशोक ने धर्ममहामात्रों को आजीविकों की भलाई और सुख की पूर्ण ध्यान रखने का आदेश दिया। अशोक के पौत्र दशरथ ने भी आजीविकों को संगरक्षण प्रदान किया। उसने नागार्जुनीय पहाड़ियों में आजीविकों को कुछ गुफाएँ दीं।

आजीविक लोग श्रमण वर्ग के थे। वे प्रायः वनों में रहते थे। इस सम्प्रदाय में ब्राह्मण और अब्राह्मण दोनों सन्यासी थे। इस सम्प्रदाय का पूरे मौर्य युग तक काफी मान रहा परन्तु बाद में धीरे-धीरे इसका प्रभाव घटता गया। आगे चलकर वह बिल्कुल लुप्त हो गया।

जैन धर्म—मौर्य काल में जैन धर्म बड़ा उन्नत था। इस धर्म के अनुयायी कट्टर अहिंसावादी थे। वे उपवास द्वारा जीवन को त्याग देने में विश्वास रखते थे। कहा जाता है कि चन्द्रगुप्त मौर्य ने अपने जीवन के अन्तिम दिनों में जैन धर्म को ग्रहण किया। अशोक का पौत्र सम्प्रत्ति भी जैन धर्म का अनुयायी था। अशोक ने धर्म महामात्रों को जैन धर्म निर्ग्रन्थकों की भलाई तथा सुख का पूरा ध्यान देने का आदेश दिया। मौर्य काल में जैन धर्म दिगम्बरों और श्वेताम्बरों में विभक्त हो गया।

बौद्ध धर्म—अशोक के समय से पहले ही बौद्ध धर्म की काफी उन्नति हो चुकी थी परन्तु उसने इसके प्रसार के लिए बहुत काम किया। बौद्ध धर्म को अपनाने के बाद उसने बौद्ध धर्म के पवित्र स्थानों की यात्राएँ करना आरम्भ किया।

उसने उपगुप्त और अन्य भिक्षुओं के साथ लुम्बिनी, बाग, कपिलवस्तु, गया का बौद्धिवृक्ष, सारनाथ, श्रावस्थी और कुशीनगर की तीर्थ यात्राएँ कीं।

बौद्ध धर्म में उत्पन्न मतभेदों को दूर करने और उस धर्म को संगठित रूप देने के लिए अशोक ने तीसरी बौद्ध संगीती (महासभा) बुलाई। यह सम्मेलन नौ महीने चलता रहा। बड़ी संख्या में बौद्ध भिक्षुओं ने इसमें भाग लिया। इस संगीती में बौद्ध ग्रंथों में संशोधन तथा बौद्ध संघ में उत्पन्न मतभेदों को दूर किया गया। कथावथु नामक ग्रन्थ में बौद्ध धर्म के सिद्धान्तों को संकलित किया गया।

बौद्ध धर्म के संगरक्षक के रूप में अशोक ने बौद्ध भिक्षुओं को चेतावनी दी कि यदि वे धर्म के नियमों का पालन नहीं करेंगे तो उन्हें दण्डित किया जायेगा। सारनाथ, प्रयाग और साँची के स्तम्भलेखों से अशोक के बौद्ध धर्म के संगरक्षक होने का प्रमाण मिलता है।

अशोक ने अपने अभिषेक के तेरहवें वर्ष में धर्म-महामात्रों की नियुक्ति की। उनका कर्त्तव्य अशोक के धर्म का प्रचार करना था और लोगों को बौद्ध धर्म की ओर आकर्षित करना था। धर्म-महामात्रों ने बौद्ध धर्म के प्रचार में महत्त्वपूर्ण योगदान दिया।

अशोक ने बौद्ध धर्म के प्रचार के लिए विहारों और स्तूपों का निर्माण करवाया। कहा जाता है कि उसने 84,000 विहार बनवाये। अशोक द्वारा बनाये हुए स्तूप अधिकतर नष्ट हो चुके हैं परन्तु साँची और भारहुत के स्तूप आज भी विद्यमान हैं। विहारों और स्तूपों का निर्माण अशोक की बौद्ध धर्म के प्रति बहुमूल्य सेवा थी।

अहिंसा बौद्ध धर्म का महत्त्वपूर्ण सिद्धान्त है। इसका प्रचार करने के लिए अशोक ने पशुओं की लड़ाइयों और उनकी हिंसा पर प्रतिबन्ध लगाये। पाँचवें स्तम्भ लेख से पता लगता है कि अशोक ने तोता, हंस, लाल चकोर, चमगादड़, मछली, कछुवा, बारहसिंगा, सांड, मृग, कबूतर आदि पशु-पक्षियों के वध पर प्रतिबन्ध लगाये जिनका उल्लंघन करने वालों को कठोर दण्ड दिया जाता था। अशोक की पाकशाला में हजारों पशु मारे जाते थे परन्तु उसने केवल तीन पशु ही मारे जाने का आदेश दिया। फिर उनकी हत्या भी बन्द कर दी।

तीसरी बौद्ध संगीती में यह निश्चित किया था कि भारत के भिन्न-भिन्न भागों में और विदेशों में बौद्ध धर्म का प्रचार करने के लिए प्रचारक भेजे जायें। उसके अनुसार मज्झान्तिक को काशमीर और गान्धार, महारक्षित को यवन राज्य, महादेव को मैसूर, मज्जिम को हिमालय प्रदेश, धर्मरक्षित को अपरान्त, महाधर्म रक्षत को महाराष्ट्र, सोन तथा उत्तरा को स्वर्णभूमि (बर्मा), रक्षित वनवासी को उत्तरी कनारा, और महेन्द्र तथा संघमित्रा को श्रीलंका (सिंहल) भेजा गया। इन भिक्षुओं के प्रयासों से हजारों लोगों ने बौद्ध धर्म ग्रहण किया। सबसे अधिक सफलता श्रीलंका में हुई।

कौटिल्य ने मूर्तियाँ और मन्दिरों का वर्णन किया है। उस समय मूर्ति पूजा प्रचलित थी। मूर्ति बनाने वाले लोग देवता का स्वरूप कहलाते थे। बौद्ध धर्म के अनुयायी बुद्ध और बौद्धिसत्वों की मूर्तियाँ बनाकर उनकी पूजा करते थे। नदियों को पवित्र समझा जाता था। जनसाधारण का जीवन धर्ममय था। मौर्यकाल में मन्त्रों और जादू टोने का बड़ा रिवाज़ था। इस सम्बन्ध में यह कहा गया है कि राजा को मन्त्रों, औषधियों और जादू-टोने की सहायता से अपनी प्रजा की रक्षा करनी चाहिए और शत्रु की प्रजा को हानि पहुँचानी चाहिए। इन मन्त्रों द्वारा कोटि के देवताओं का आह्वान किया जाता था।

आर्थिक अवस्था (Economic Condition)—डॉ० जी०एम० बोनगार्डलेविन ने लिखा है कि मौर्यकाल में कृषि, शिल्प और व्यापार की वृद्धि हुई और लोहे का प्रयोग भी बढ़ा। नये-नये नगर बने। मौर्यकाल में राजनीतिक एकता स्थापित होने के कारण अर्थव्यवस्था में काफी प्रगति हुई। लोगों की रुचि आर्थिक मामलों में बढ़ी। कौटिल्य ने आर्थिक मामलों को बड़ा महत्त्व दिया है।

मौर्यकाल में अधिकांश लोग कृषि के काम में लगे थे। कृषकों की संख्या सबसे अधिक थी और उन्हें राज्य का संरक्षण प्राप्त था। युद्ध के समय भी कृषि को हानि नहीं पहुँचायी जाती थी। खेती हल और बैलों से की जाती थी। उपज को बढ़ाने के लिये खाद का प्रयोग किया जाता था। कौटिल्य के अनुसार, खाद के लिए घी, शहद, चर्बी, मछलियों का चूरा, गोबर, राख आदि का प्रयोग होता था। कृषि की उन्नति के लिए राज्य सरकार सिंचाई के साधनों का प्रबन्ध करती

थी। जूनागढ़ अभिलेख में लिखा है कि सौराष्ट्र के कृषकों को सिंचाई की सुविधा देने के लिए चन्द्रगुप्त मौर्य के प्रान्तीव शासक पुष्यगुप्त ने सुदर्शन झील बनवाई और उससे नहरें निकाली गयीं। कौटिल्य अर्थशास्त्र के अनुसार, नदियाँ, नहरें, डोल वाले कुएँ, बैलों द्वारा खींचे जाने वाले रैहट वाले कुएँ आदि सिंचाई के साधन थे।

उस समय की मुख्य पैदावार चावल, गेहूँ, जौ, चना, उड़द, मूँग, मसूर, सरसों, कपास, बाजरा, आलू, तरबूज आदि थे। गन्ने की पैदावार का भी वर्णन आता है।

स्वामित्व के विचार से कृषि योग्य भूमि तीन भागों में बाँटी जा सकती थी : राजा की निजी भूमि, गाँवों की भूमि और व्यक्ति विशेष की भूमि। कौटिल्य अर्थशास्त्र में लिखा है कि जिस भूमि पर किसी ने खेती न की हो उसको बसाने का राजा को पूरा अधिकार था। मौर्यों ने इस प्रकार नौफोड़ भूमि पर शूद्रों को बसाकर ग्रामीण अर्थव्यवस्था को सुधारा। राज्य के कई निजी कृषि-फार्म भी होते थे जिनसे राज्य को बहुत आय होती थी। सिंचाई के साधनों से भी कृषि को लाभ होता था। जिस भूमि का कोई उत्तराधिकारी नहीं होता था वह भी राजा की सम्पत्ति समझी जाती थी। कभी-कभी राजा दूसरे व्यक्तियों की भूमि जब्त कर लेता था। राजकीय कृषि फार्मों के प्रबन्ध के लिये अलग अध्यक्ष रखने की व्यवस्था थी। उन फार्मों में से कुछ पर दास, मजदूर अथवा अपराधी काम करते थे। कुछ खेतों पर काम करते थे। जो किसान अपने बैल और हल लाते थे उनको उपज का आधा भाग दिया जाता था और यदि सरकार उन्हें बैल और हल देती थी तो उन्हें उपज का 1/5 से 1/4 भाग तक दिया जाता था। गाँव के चारों ओर 800 अंगुल भूमि पूरे गाँव की सम्पत्ति होती थी।

अर्थशास्त्र में लिखा है कि भूमि अपने सम्बन्धियों को ही बेची जा सकती थी। साधारणत: दूसरे गाँव के लोगों को नहीं बेची जाती थी। भूमि के स्वामी को अपनी भूमि कुछ किराया लेकर किसी दूसरे व्यक्ति को देने का अधिकार था। ये जमींदार उस भूमि के स्वामी समझे जाते थे।

राजा को भूमि की उपज का एक भाग लेने या छोड़ने का अधिकार था। अशोक ने भूमिकर के रूप में लुम्बिनी ग्राम की उपज के चौथाई भाग की जगह आठवां भाग लेने और अन्य किसी प्रकार का कर न लेने की घोषणा की।

मौर्यकाल की सरकार कृषि की आवश्यकताओं के लिये पशु-पालन पर बहुत जोर देती थी। कई प्रकार के कामों के लिये पशुओं की आवश्यकता थी। वे एक जगह से दूसरी जगह जाने के लिए प्रयोग में लाये जाते थे। उनके द्वारा सैनिक और सैनिक सामग्री एक स्थान से दूसरे स्थान ले जाई जाती थी। लोग इस बात पर गर्व करते थे कि उनके पास कितने पशु हैं। कौटिल्य अर्थशास्त्र में गो-अध्यक्ष का वर्णन है। उस समय पशुओं की चोरी इतनी अधिक होती थी कि कौटिल्य ने लिखा है कि पशुओं की चोरी करने वालों को प्राणदण्ड की सजा देनी चाहिये। अर्थशास्त्र में लिखा है कि अच्छे ग्वालों को गायों के रोगों की और उनकी चिकित्सा का ज्ञान होना चाहिए। कौटिल्य ने पशुओं की रक्षा का विस्तारपूर्वक वर्णन किया है। मेगस्थनीज़ ने लिखा है कि हाथियों और घोड़ों पर राजा का एकाधिकार था कौटिल्य ने वनों की तीन श्रेणियों का वर्णन किया है, शिकार के वन, हाथियों के वन और खाल, हड्डी, दाँत, सींग आदि देने वाले वन। कौटिल्य ने हाथियों के वनों को बहुत महत्त्व इसलिए दिया है क्योंकि सेना के लिए हाथियों की आवश्यकता थी। कौटिल्य ने यह भी लिखा है कि शेर, चीते, हाथी, भैंस, गाय, छिपकली, चिड़िया और साँप आदि की खाल, हड्डियाँ, पीत, नसें, सींग और पूँछ उपयोगी वस्तुएँ हैं। खाल से चमड़े की वस्तुएँ बनाई जाती थीं। हाथी दाँत से चूड़ियाँ आदि वस्तुएँ बनती थीं।

मौर्यकाल में खानों का अध्यक्ष (आकाराध्यक्ष) सोना, चाँदी, ताँबा, सीसा, टीन, लोहा और डामर खानों से निकलवाता था। राज्य को खान खुदवाने का एकाधिकार था जिससे राज्य की शक्ति बढ़ी। राज्य ही सैनिकों के लिये अस्त्र-शस्त्र बनवाता था और कृषि और उद्योगों के लिये आवश्यक औजार बना सकता था। मेगस्थनीज़ ने लिखा है कि भारत में सोना, चाँदी, ताँबा और लोहा बड़ी मात्रा में मिलती थीं। ये सब धातुएँ टीन और अन्य धातुएँ आभूषण, औजार और युद्ध के अस्त्र-शस्त्र बनाने के काम आती थीं। कौटिल्य ने धातु विज्ञान का विस्तारपूर्वक वर्णन किया है।

व्यवसाय—कौटिल्य ने कई प्रकार के व्यवसायों का वर्णन किया है। सबसे मुख्य व्यवसायी जुलाहे थे। वे रुई, रेशम, सन, ऊन आदि के कई प्रकार के कपड़े बनाते थे। धोबियों, रंगरेजों और दर्जियों का भी अर्थशास्त्र में वर्णन है।

इसके अलावा कई और व्यवसाय थे। लवनाध्यक्ष के निरीक्षण में नमक का व्यवसाय था। नमक बनाने और बेचने के लिए राज्य की अनुमति आवश्यक थी। समुद्र से शंक, मणी, मुक्ता आदि पदार्थों को निकालने के लिए और उन्हें शुद्ध करवाने और उनसे कई प्रकार की वस्तुएँ बनाने का कार्य खानाध्यक्ष के अधीन था। सोनार लोग सोना, चाँदी आदि बहुमूल्य धातुओं को शुद्ध करके उनसे आभूषण बनाते थे। उस समय चार प्रकार के वैद्य थे—साधारण वैद्य, विष-चिकित्सक, गर्भ की बिमारियों को ठीक करने वाले और सन्तान उत्पन्न कराने वाले। मौर्यकाल में शराब का व्यवसाय बहुत उन्नत था। छः प्रकार के शराबों के बनाने का वर्णन आता है। मौर्यकाल में बूचड़ का व्यवसाय भी उन्नत था। उनका एक अलग अध्यक्ष था। चमड़े का व्यवसाय भी उन्नत था, पशुओं की खालों का उपयोग अनेक प्रकार से किया जाता था। चार प्रकार के बर्तनों का वर्णन आता है। वे धातु, मिट्टी, बेंत और छाल से बनाये जाते थे। कुछ व्यवसाय जंगलों के साथ सम्बन्ध रखते थे। लोहार लोग कई प्रकार के अस्त्र-शस्त्र बनाते थे और कृषकों के औजार भी बनाते थे। नदियों और समुद्र में चलने वाले जहाज बनाए जाते थे। इनके अलावा ग्वाले, मजदूर, नट, नर्तक, गायक, वादक आदि कई व्यवसाय थे।

मौर्यकाल में बनारस, वत्स, बंग, मदुरा, अपरान्त, काशि आदि सूती कपड़े के व्यवसाय के प्रमुख केन्द्र थे। उन स्थानों पर कपड़ा तैयार करने के अनेक कारखाने थे। काशी और मगध सन के कपड़े के प्रसिद्ध केन्द्र थे। अर्थशास्त्र में कई प्रकार के ऊनी कम्बलों का विस्तारपूर्वक वर्णन है। नेपाल से ऊनी कपड़ा मंगवाया जाता था। भारत के लोग मलमल के बारीक वस्त्र पहनते थे जिन पर सोने और चांदी की कढ़ाई का काम होता था। बंगाल मलमल के कपड़े बनाने के लिए विख्यात था।

लकड़ी का व्यवसाय भी काफी उन्नत था। वन राज्य की आय एक महत्त्वपूर्ण साधन थे। वनों से लकड़ी काटने और ढोने की व्यवस्था उन्नत थी। लकड़ी से कई प्रकार की चीजें बनती थीं जैसे दरवाजे, रथ, नावें, जहाज, बैलगाड़ियाँ आदि। सुगन्धित लकड़ी कामरूप, लंका और हिमाचल प्रदेश से आती थी। पाटलीपुत्र के अधिकतर भवन लकड़ी के बने हुए थे। चमड़े का व्यापार भी उन्नत अवस्था में था।

व्यापार (Business)—मौर्यकाल में आन्तरिक और बाह्य व्यापार दोनों उन्नत अवस्था में थे। भारत का व्यापार चीन, सीरिया, मिश्र, यूनान, नेपाल, श्रीलंका आदि देशों के साथ होता था। चीन से रेशमी कपड़ा, नेपाल से ऊन और ईरान से मोती आते थे। भारत मिश्र को हाथी दाँत, मोती, नील और विशेष प्रकार की लकड़ी भेजता था। पश्चिमी देशों से भारत मीठी शराब मंगवाता था। समुद्री मार्गों से भी व्यापार होता था। प्रत्येक बन्दरगाह का प्रबन्ध एक अध्यक्ष के हाथों में होता था। देश की नदियों के द्वारा भी आन्तरिक व्यापार किया जाता था। व्यापारिक लेन-देन का काम सिक्कों से होता था। स्वर्ण के सिक्कों को सुवर्ण कहते थे और चाँदी के सिक्कों को पण कहा जाता था। ताँबे के सिक्के मषक कहलाते थे।

दुकानदार कितना मुनाफा लें, इस पर भी राज्य की ओर से नियन्त्रण होता था। आम चीजों पर लागत का पाँच फीसदी मुनाफा लिया जा सकता था। विदेशी माल पर दस फीसदी मुनाफा लेने की अनुमति थी।

मौर्यकाल में आन्तरिक व्यापार बहुत उन्नत था। वह व्यापार जल और स्थल दोनों प्रकार के मार्गों द्वारा होता था। सौदागर व्यापार के लिए बड़े-बड़े काफिले बनाकर सब जगह आते-जाते थे। काफिलों की रक्षा का भार राज्य पर था। काफिले के प्रत्येक व्यापारी से राज्य मार्ग-कर वसूल करता था और रक्षा भी करता था।

उस युग में विदेशी व्यापार भी उन्नत था। वह स्थल मार्ग और समुद्र के रास्ते बड़ी-बड़ी नौकाओं द्वारा होता था। कौटिल्य अर्थशास्त्र में चीन और ईरान की व्यापारिक वस्तुओं का वर्णन है। पश्चिमी देशों से भी समुद्र द्वारा व्यापार होता था। वह व्यापार मुख्यतः मिश्र देश के साथ था।

यातायात—मौर्यकाल में सड़कें बनाने के लिए एक विशेष अधिकारी था। पाटलीपुत्र को केन्द्र बनाकर उत्तर, दक्षिण, पूर्व और पश्चिमी सब दिशाओं में सड़कें जाती थीं। आध-आध कोस के बाद सड़कों पर दूरी सूचक प्रस्तर लगे हुए थे। जहाँ बहुत मार्ग मिलते थे वहाँ प्रत्येक मार्ग की दिशा का प्रदर्शन करने वाले चिन्ह लगे रहते थे। उत्तर-पश्चिमी सीमा प्रदेश की राजधानी को पाटलिपुत्र से मिलाने वाली सड़क 1500 कोस लम्बी थी। पाटलिपुत्र के आगे यह मार्ग ताम्रलिप्ति तक जाता था। कौटिल्य का कहना है कि हिमालय की ओर जाने वाले मार्ग की अपेक्षा दक्षिण की ओर जाने वाला मार्ग अधिक लाभदायक था क्योंकि दक्षिण से बहुमूल्य व्यापार की चीजें जैसे मुक्ता, मणि, हीरे, सोना,

शंख इत्यादि आते थे। कृष्णा, गोदावरी और तुंगभद्रा के किनारे होते हुए कई मार्ग व्यापार और सैनिक कार्यों के लिए बनाए गए होंगे। उत्तर की ओर एक मार्ग चम्पा से बनारस और सहजाति तक और वहाँ से यमुना के किनारे-किनारे कौसाम्बी तक जाता था। उसके बाद स्थल मार्ग से सिन्धु-सौवीर तक व्यापार मार्ग जाता था। एक मार्ग श्रीवस्ती से राजगृह तक जाता था। समुद्री मार्ग भड़ोच और काठियावाड़ से होकर लंका जाता था। पश्चिमी तट पर सौपोरा की बड़ी बन्दरगाह थी। कई जहाज ताम्रलिप्ति से चलकर पूर्वी तट के साथ होते हुए श्रीलंका जा पहुँचते थे। महानदी और गोदावरी के बीच स्थित होने के कारण बंगाल और दक्षिण का व्यापार सुरक्षित न था। कौटिल्य का कहना है कि जो व्यापार स्थल मार्ग से किया जाता था उसकी अपेक्षा नदी मार्गों द्वारा किया गया व्यापार अधिक सुरक्षित था क्योंकि चोरों और डाकुओं का भय कम था। नदियों से व्यापार स्थायी न था। सरकार व्यापारियों से शुल्क लेती थी और उनको कई सुविधाएँ देती थी और नुकसान हो जाने पर घाटा पूरा करती थी। मौर्यकाल में व्यापारी बड़े काफिले बनाकर एक जगह से दूसरी जगह जाते थे।

नगर (Towns)—लोहे के प्रयोग से जंगलों को काटने और हल चलाने में बड़ी सहायता मिली। कृषि की उन्नति से अधिक वस्तुएँ पैदा हुईं। फालतू वस्तुओं के उत्पादन ने आन्तरिक और विदेशी व्यापार की वृद्धि की। अधिक से अधिक लोग नगरों में आकर रहने लगे। मंडियों के समीप श्रावस्ती, वाराणसी, चम्पा, राजगृह, उज्जैन, कोसाम्बी, कुशीनगर, साकेत आदि बड़े-बड़े शहर बन गए। कई प्रकार के कारीगर उन शहरों में आकर बस गए। ज्यों-ज्यों मंडियाँ बढ़ती गईं, नए-नए शहर बसते गए और चन्द लोगों के हाथों में बहुत-सा धन आ गया। ये नगर कई राज्यों की राजधानी बन गए। अधिकतर नए शहर किसी योजना के अनुसार बनते थे परन्तु तक्षशिला की गलियाँ बहुत तंग थीं और टेड़ी-मेड़ी थीं। नए शहरों के बसने के कारण लोगों के दृष्टिकोण में भी परिवर्तन हुआ। पहले लोग नगरों की निन्दा करते थे परन्तु अब वे उनको महत्त्व देने लगे।

श्रेणी (Guilds)—मौर्यकाल में श्रेणियों ने अर्थव्यवस्था को बढ़ाने में बड़ा योगदान दिया। उस समय व्यापारियों और चीजें बनाने वाले लोगों की अलग-अलग श्रेणियाँ थीं। श्रेणी के अध्यक्ष को श्रेणी मुख्य, प्रमुख अथवा ज्येष्ठ के नाम से बुलाते थे। उसका पद पैतृक था। उसका श्रेणी के सदस्यों पर पूरा अधिकार था। श्रेणी के रस्मों-रिवाज को सरकार द्वारा मान्यता दी जाती थी। शहरों की श्रेणियों के सदस्यों को कर देना पड़ता था परन्तु जो गाँवों में थे उनको कर नहीं देना पड़ता था। श्रेणियों की इतनी स्वतन्त्रता थी कि राजा को भी उनकी परवाह करनी पड़ती थी।

मुद्रा-पद्धति (Currency)—मौर्यकाल में मुद्रा-पद्धति का काम लक्षणाध्यक्ष की अधीनता में था। अर्थशास्त्र में दो प्रकार के सिक्के लिखे हैं। कोष प्रवेश्य वे सिक्के थे जो राजकीय कर और खरीदने और बेचने के काम के लिए प्रामाणिक माने जाते थे। व्यावहारिक सिक्के वे थे जो साधारण लेन-देन के कामों में आते थे। सिक्के अनेक मूल्यों के थे। सोने के सिक्के को सुवर्ण या निष्क, चाँदी के सिक्के को कार्षापण या धरण और ताँबे के सिक्के को मषक तथा कार्षापण कहते थे। अधिकतर चाँदी के सिक्कों का ही प्रयोग प्रचलित था। ताँबे के कार्षापण सिक्के का वजन 149 ग्रेन से कुछ अधिक था और चाँदी के कार्षापण सिक्के का वजन 58 ग्रेन से कुछ अधिक होता था।

शिक्षा (Education)—मौर्यकाल में शिक्षा का बड़ा प्रचार था। यही कारण था कि अशोक सम्राट् ने जगह-जगह पर शिलालेखों और स्तम्भ लेखों पर अपने धर्म के सिद्धान्त अंकित करवाए ताकि आम लोग उन्हें पढ़कर अपने जीवन को सुधार सकें। डॉ० वी०ए० स्मिथ ने लिखा है कि मेरे विचार में यह सम्भव है कि "अशोक के समय में बौद्ध जनसंख्या की पढ़ी-लिखी प्रतिशत संख्या अंग्रेजी भारत के कई प्रान्तों की पढ़ी-लिखी प्रतिशत संख्या से अधिक थी।"

मौर्यकाल में शिक्षा गुरुकुलों, मठों और विहारों में दी जाती थी। बौद्धों और जैनियों के मन्दिर शिक्षा के केन्द्र थे। वहाँ विद्वान भिक्षु और मुनि लोगों को शिक्षा देते थे। ब्राह्मण आचार्य लोगों को पढ़ाते थे। उनको सरकार की ओर से भूमि मिलती थी जिसको "ब्रह्मदेय" कहते थे। उसका कोई कर सरकार को नहीं दिया जाता था।

उस युग में अनेक शिक्षा केन्द्र थे जहाँ बहुत से आचार्य शिक्षा का कार्य करते थे। मौर्यकाल का सबसे बड़ा प्रसिद्ध शिक्षा-केन्द्र तक्षशिला था। वहाँ अनेक प्रसिद्ध आचार्य पढ़ाते थे। एक आचार्य के पास प्राय: 500 विद्यार्थी होते थे। ऐसा प्रतीत होता है कि तक्षशिला में कई कालेज थे जिनमें से प्रत्येक में लगभग 500 विद्यार्थी पढ़ते थे। कालेज के प्रधान को

आचार्य कहते थे जो प्राय: ''संसार प्रसिद्ध'' व्यक्ति होता था। न केवल राजकुमार बल्कि ब्राह्मण और क्षत्रिय आदि सभी जातियों के विद्यार्थी भारत के कोने-कोने से वहाँ पढ़ने के लिए जाते थे। केवल नीच जातियों के लोग वहाँ पढ़ नहीं सकते थे। तक्षशिला में वेद, अष्टादश विद्या, विविध शिल्प, धनुविद्या, हस्तिविद्या, मन्त्र विद्या और चिकित्सा-शास्त्र की विशेष रूप से शिक्षा दी जाती थी। बिम्बसार का राजवैद्य जीवक तक्षशिला का आचार्य था। कोशल राज प्रसेनजित तक्षशिला का विद्यार्थी था। चन्द्रगुप्त मौर्य भी वहाँ पढ़ा था।

मौर्यकाल में काशी भी शिक्षा का बड़ा केन्द्र था। तक्षशिला में पढ़ने के बाद कई आचार्यों ने काशी में पढ़ाने का काम शुरू किया। धीरे-धीरे वह प्रसिद्ध विद्यापीठ बन गया।

लड़कियों को घर पर नृत्य, संगीत और चित्रकला की शिक्षा दी जाती थी।

साहित्य (Literature)—मौर्यकाल को साहित्य-सृजन का काल भी कहा जाता है। अशोक के शिलालेख और स्तम्भ लेख मौर्य साहित्य में विशेष स्थान रखते हैं।

कात्यायन का पाणिनीय व्याकरण पर भाष्य इसी काल का है। बृहद्कथा के संस्कृत संस्करण, हरिषेण के जैन बृहद्कथा कोष और बौद्ध ग्रन्थ मन्जुश्री-मूलकल्प में नन्द, चन्द्रगुप्त और बिन्दुसार के एक ब्राह्मण मन्त्री सुबन्धु का वर्णन है। पातन्जली के महाभाष्य द्वारा इस युग की साहित्यिक समृद्धि पर प्रकाश पड़ता है। महाभाष्य में वररुचि द्वारा लिखी ''वररुचम काव्य'' का उल्लेख मिलता है। अन्य काव्य जिनका उल्लेख पातंजली ने किया है, इसी काल में लिखे गए होंगे। ययाति, यवकृत, प्रियंगु, सुमनोत्रा, भीमरथ, वासवदत्ता और देवासुर और राक्षसो सुरह आदि काव्यों के आधार पर आख्यानों और आख्यायिकाओं की रचना इसी काल में हो चुकी थी।

इसी काल में वैदिक धर्म, बौद्ध धर्म और जैन धर्म के धार्मिक साहित्य का विकास हुआ। इस काल में गृह सूत्र, धर्म सूत्र और वेदांग ग्रन्थों का प्रणयन किया गया। बौद्ध त्रिपिटकों की रचना का समय तृतीय बौद्ध संगीती के कुछ बाद बताया जाता है और वह अशोक के समय में हुई। इस संगीती के अध्यक्ष मोग्गीपुत्र तिस्स ने अभिधम्भ पिटक के कथावस्तु की रचना की। कई एक सूत्रों की रचना मौर्यकाल में हुई। जैन धर्म के प्रसिद्ध लेखकों जम्बूस्वामी, प्रभव और स्वयम्भव—की रचनाएँ इसी काल में हुईं। आचार्य भद्रबाहु चन्द्रगुप्त मौर्य के समय के थे। उन्होंने नियुक्ति पर एक एक भाष्य का प्रणयन किया। जैनियों के धार्मिक साहित्य के सृजन और संकलन की दृष्टि से मौर्य युग और भी अधिक महत्त्वपूर्ण है। क्योंकि आचारांग सूत्र, समवायोग सूत्र, भगवती सूत्र, उपासक दशांग, प्रश्न-व्याकरण आदि जैन ग्रन्थों के अधिकांश भाग इसी समय में लिखे गए।

मौर्य कला (Mauryan Art)—मौर्यकाल में कला के क्षेत्र में अभूतपूर्व प्रगति हुई। सम्राट अशोक से पहले कलाकृतियों में प्राय: ईंट और लकड़ी का प्रयोग किया जाता था परन्तु अशोक के समय से इस क्षेत्र में पत्थर का प्रयोग शुरू हुआ। अशोक ने कई नगरों, स्तूपों, विहारों, स्तम्भों, गुफाओं और भवनों का निर्माण करवाया।

अशोक ने कई नए नगर बसाए। उसने श्रीनगर और ललितपाटन दो नगरों का निर्माण करवाया। कल्हण का विचार है कि कश्मीर की राजधानी श्रीनगर की नींव अशोक ने रखी थी। प्राचीन अनुश्रुति के अनुसार, अशोक ने वहाँ 500 बौद्ध विहारों का निर्माण करवाया। अशोक ने ललितपाटन (Nepal) का निर्माण उस समय करवाया जब वह अपनी पुत्री चारुमति के साथ नेपाल की यात्रा पर गया। उसने वहाँ पाँच स्तूपों का निर्माण भी करवाया। चारुमती ने अपने पति देवपाल के नाम पर नेपाल में देवपाटन नामक नगर की स्थापना की।

भवन (Building)—मौर्यकाल के भवनों का अपना विशेष स्थान है। मेगस्थनीज ने लिखा है कि ''चन्द्रगुप्त के भवन ईरान के सूसा और इकबताना के भवनों से सजावट और कला में अधिक सुन्दर हैं।'' चन्द्रगुप्त मौर्य के समय तक भवनों के निर्माण में लकड़ी, मिट्टी आदि का प्रयोग होता था परन्तु अशोक न लकड़ी के स्थान पर पत्थर का प्रयोग शुरू किया। अशोक को स्थापत्य निर्माण का बड़ा शौक था। उसने अपने रहने के लिए पाटलीपुत्र में एक अत्यन्त सुन्दर महल बनवाया जो कि एक विशाल उद्यान में स्थित था। जब फाहियान ने उसे देखा तो वह चकित रह गया और उसने लिखा कि ''यह सब असुरों द्वारा बनाए गए थे। उन्होंने पत्थर चुनकर दीवारों तथा द्वारों का निर्माण किया और उन पर ऐसी सुन्दर

खुदाई और पच्चीकारी की जो इस संसार के मनुष्यों के लिए करनी असम्भव है। ऐसा प्रतीत होता है कि मौर्यकाल के कलाकार भवन निर्माण में दक्ष थे।''

स्तूप (Stupa)—स्तूप बुद्ध अथवा महान बौद्ध भिक्षुओं की अस्थियों के ऊपर बनाए जाते थे। स्तूप मौर्यकालीन भारत की वास्तुकला की एक महत्त्वपूर्ण देन हैं। बौद्ध अनुश्रुति के अनुसार अशोक ने 84,000 स्तूप बनवाए। यह कथन ठीक प्रतीत नहीं होता परन्तु इसमें कोई सन्देह नहीं कि अशोक ने पर्याप्त संख्या में स्तूप बनवाए। अशोक की मृत्यु के कई सौ वर्ष बाद चीनी यात्री फाह्यान और ह्वेन्सांग ने कई स्थानों पर अशोक द्वारा बनवाए हुए स्तूप देखे। विशेषकर ह्वेन्सांग ने ये स्तूप तक्षशिला, श्रीनगर, थानेश्वर, मथुरा, कन्नोज, अयोध्या, प्रयाग, कौशाम्बी, कपिलवस्तु, कुशीनगर, बनारस, गया, वैशाली आदि नगरों में देखे।

स्तूप अर्द्धगोलाकार होते थे। उनका आन्तरिक भाग कच्ची ईंटों से भरा होता था। बाहर के भाग पर पक्की ईंटें लगी होती थी। उन पर पलस्तर होता था। स्तूप के ऊपर लकड़ी या पत्थर का छत्तर होता था। स्तूप की परिक्रमा करने के लिए उसके चारों ओर पदमार्ग बनाया जाता था।

ह्वेन्सांग ने तक्षशिला में अशोक के बनवाए हुए तीन स्तूप देखे जिनकी ऊँचाई लगभग सौ फुट थी। नेपाल की सीमा पर पिप्रहवा के खण्डरों में एक स्तूप मिला है जो पत्थर के एक विशाल कक्ष के चारों ओर तथा उसके ऊपर ईंटों के एक ठोस गुम्बद के रूप में बनाया गया था। इस स्तूप के सम्बन्ध में डॉ० वी०ए० स्मिथ ने लिखा है कि ''इस स्तूप में ईंटों की जुड़ाई बहुत ही श्रेष्ठ कोटि की है, ईंटें बहुत अच्छी तरह जमाकर लगाई गयी हैं; पत्थर का विशाल कक्ष इससे अच्छा नहीं बनाया जा सकता था; और पुण्य अस्थियों के सम्मान में यहाँ सोने, चाँदी, मूँगे, स्फटिक तथा बहुमूल्य रत्नों के जो आभूषण रखे गए हैं, उनमें पत्थर तथा सोने की चीजें बनाने की कला में अत्यधिक निपुणता का प्रमाण मिलता है।''

कला की दृष्टि से साँची का स्तूप सबसे अधिक प्रसिद्ध है। आज भी वह मौर्य सम्राट के समय की कला के सौन्दर्य का द्योतक है। उसकी ऊँचाई 77½ फुट, व्यास 121½ फुट और उसके चारों ओर लगी बाड़ की ऊँचाई 11 फुट है।

मूल स्तूप ईंटों द्वारा बनाया गया था और उसका आकार छोटा था। बाद में उसके आस-पास पत्थर की चिनाई करके उसके आकार को दुगना कर दिया गया। मूल वेष्टणी प्रारम्भ में लकड़ी की बनी थी परन्तु बाद में पत्थर की बना दी गई। वेष्टणी में चार तोरण हैं जो बाद में बनाए प्रतीत होते हैं। प्रदशिण—पथ पर पहुँचने के लिए सीढ़ियाँ बनाई हुई हैं।

स्तम्भ (Pillars)—अशोक ने बड़ी संख्या में साम्राज्य के भिन्न-भिन्न भागों में स्तम्भ बनवाए। हम अशोक द्वारा बनवाए स्तम्भों की ठीक-ठीक संख्या नहीं बता सकते परन्तु अनुमान से कह सकते हैं कि उनकी संख्या 30 से 40 तक थी। स्तम्भों का निर्माण चुनार के बलुआ पत्थर से किया गया। स्तम्भ आधार की ओर तो मोटे हैं परन्तु शीर्ष की ओर पतले होते गए हैं। स्तम्भ का निर्माण एक ही पत्थर से किया जाता था। पत्थर पर इतनी कुशलता और चतुराई से पालिश किया जाता था कि कई दर्शकों ने स्तम्भों को धातु से बनाया समझ लिया।

स्तम्भ के तीन भाग किए जा सकते हैं। पहला भाग ध्वज या स्तम्भ का तना जो बिलकुल सादा परन्तु चिकना और चमकीला है। दूसरा भाग अण्ड या गला जो गोला बना हुआ है और धार्मिक प्रतीकों—चक्र, पशु-पंशी, लता, पुष्प आदि से विभक्त और अलंकृत है। सबसे ऊपर स्तम्भ का शीर्ष है जिसमें सिंह, हस्ति, अश्व, वृषभ आदि की मूर्तियाँ—एक या कई साथ बनी हैं। इन स्तम्भों की ऊँचाई 40 से 50 फुट और वजन 50 टन तक है। 80 टन वजन के स्तम्भों का भी वर्णन मिलता है। स्तम्भों पर पशुओं की आकृतियाँ और कमल का फूल बना हुआ है।

कला की दृष्टि से अशोक का सारनाथ का स्तम्भ सबसे अच्छा है। इसे अशोक ने बौद्ध के ''धर्मचक्र परिवर्तन'' की स्मृति में बनवाया।

अशोक द्वारा बनवाए गए स्तम्भ टोपरा, मेरठ, इलाहाबाद, साँची, सारनाथ, लौरिया—ऐराराज, लौरिया नन्दनगढ़, रामपुरवा, रूमिनदेई आदि स्थानों पर मिले हैं। इन स्तम्भों पर जो पालिश है वह शीशे की भाँति चमकती है। उनके पालिश के रहस्य को आज के कारीगर भी नहीं समझ सके। डॉ० वी०ए० स्मिथ ने लिखा है कि ''कठोर पाषाण को चिकना करने की कला इस पूर्णत: तक पहुँच गई थी कि यह कहा जा सकता है कि वर्तमान युग की कलात्मक शक्तियों

के लिए यह एक खोई हुई कला ही है।'' स्तम्भों के मस्तक शिल्पकला के अत्यन्त सुन्दर नमूने माने जाते हैं। सर जान मार्शल ने उनकी प्रशंसा इन शब्दों में की है—''ये आकार तथा शैली की दृष्टि से भारत की शिल्पकला की निस्सन्देह सर्वोत्तम कृतियाँ हैं और मैं समझता हूँ कि ये संसार के प्राचीन इतिहास में अद्वितीय हैं।'' सारनाथ का स्तम्भ सारे पत्थर के स्तम्भों से अधिक सुन्दर है। इसमें चार शेरों की आकृतियाँ हैं जो परस्पर पीठ सटाये बैठी हैं। शेरों के नीचे के पत्थर पर चार धर्म-चक्र और चार घोड़ा, शेर, हाथी और बैल (नन्दी) के चित्र अंकित हैं और नीचे उल्टी घंटी-सी बनी है। समस्त मस्तक पर काले रंग की पालिश की हुई है। डॉ० वी०ए० स्मिथ ने लिखा है कि ''संसार के किसी भी देश में कला की इस सुन्दर कृति से बढ़कर अथवा इसके समान शिल्पकला का उदाहरण पाना कठिन होगा।'' सर जान मार्शल भी सारनाथ स्तम्भ को स्थापत्यकला का उत्कृष्ट नमूना मानते हैं। सारनाथ वाला शीर्ष अत्यन्त विकसित कला की कृति है। सारनाथ शीर्ष उस कला का प्रतिनिधि है जिसके पीछे कई पीढ़ियों का परिश्रम और अनुभव था। सबसे ऊपर बनाए हुए शेरों का उभरता हुआ बल, उनकी फूली हुई नसें और उनके तने हुए पट्टे और नीचे नक्काशी का स्पष्ट यथार्थवाद इन सबसे पुरानी आदिकालीन कला की नकल दिखाई नहीं देती। जहाँ तक कलाकार ने अपनी कृति को प्राकृतिक बनाने की चेष्टा की है, वह प्रकृति को ही प्रस्तुत करने में सफल हुआ है और उसने प्रतिमा के आकार को ठीक-ठीक और दृढ़तापूर्वक बनाया है। उसने जानबूझकर और किसी उद्देश्य से चार शेरों में रचनात्मक पारस्परिक आत्मा डाल दी है। नक्काशी का काम भी उसी प्रकार उच्चकोटि का है।

अशोक के स्तम्भों के सम्बन्ध में डॉ० वी०ए० स्मिथ ने लिखा है कि ''पत्थर तराश की प्रवीणता को उच्चतम समझा जा सकता है। उसने वह काम कर दिखाए जो शायद बीसवीं शताब्दी में सम्भव न हों। तीस-चालीस फुट ऊँचे रेतीले पत्थर के इतने बड़े स्तम्भ पूर्णत: विधि अनुसार काटे गए और छीले गए और उन्हें ऐसी चमक दी गई जो शायद आज के कलाकार उस पत्थर को न दें।'' पुन: चमकाने की इतनी परिपूर्ण बना दी गई कि उसे आधुनिक युग में लुप्त कला कहा जाता है। इन स्तम्भों का निर्माण, रचनान्तर और स्थापना मौर्य-युगीय शिल्प आचार्यों और शिला तक्षकों को वृद्धि एवं कुशलता का अद्‌भुत प्रकाण प्रतिष्ठित करते हैं। (स्मिथ)

कुछ इतिहासकारों का विचार है कि स्तम्भों के शीर्ष भाग यूनानी तथा ईरानी कला के अनुकरण पर बनाए गए हैं। सर जान मार्शल ने लिखा है कि अशोक के राज्यकाल में ईरान से बुलाए गए कलाकारों द्वारा भारतीय कलाकारों का प्रशिक्षण हुआ। सारनाथ स्तम्भ शीर्ष पर केवल यूनानी प्रभाव ही पड़ सकता था। ऐकेमैनिड साम्राज्य के कलाकारों से अशोक के कलाकारों ने अपनी कृतियों को चमक देने का ढंग सीखा। बैक्ट्रिया के यूनानी कलाकारों से उन्होंने माडल बनाना सीखा।

डॉ० वी०ए० स्मिथ अशोक कालीन कला को मूलत: विदेशी मानने को तैयार न थे। सारनाथ शीर्षफलक पर के बैल और हाथी की विषय और प्रेरणा की दृष्टि से वे पूर्णत: भारतीय मानते थे और अर्द्ध-जाति कला का परिणाम नहीं समझते थे।

हैवेल इस मत को स्वीकार नहीं करता कि मौर्य राजा कारीगरों को ईरान से मंगवाया करते थे। इस प्रकार की धारणा यह सिद्ध करती है कि हम भारतीय विचारों से पूरी तरह अवगत नहीं। सत्य यह है कि शाही कारीगरों पर इण्डो-आर्य विचारों का प्रभाव था। अशोक के स्तम्भों पर घण्टी के आकार का ईरानी शीर्ष दिखाई देता है। यह शीर्ष भारतीय कला की वस्तुओं पर साधारणत: पाया जाता है। भारतीय कला में सांकेतिक लक्षण का प्रयोग होता है। इसलिए इस आकार को ईरानी कला की घण्टी का आकार समझना मालूम है। स्तम्भ पर वह आकार फूल का संकेत है न कि घण्टी का। यह विष्णु भगवान सम्बन्धी आकाश का नील-कमल है। इसकी आकृति एक छत्र की-सी है जो विश्वराज्य की भारतीय राजवंशों का निजी विचार है। कमल सम्बन्धी साँकेतिकता भारतीय विशेषता है, ईरानी नहीं। कमल की गुलाबी पंखुड़ियाँ उषा सुन्दरी के वस्त्र थे और उसका आवरण उदीयमान सूर्य का प्रतीक है। कमल का सम्बन्ध प्राचीन भारतीय वैदिक परम्परा से जोड़ा जाता है।

इसके अतिरिक्त ईरानी और भारतीय स्तम्भ किसी बड़े भवन आदि के अंग हैं परन्तु अशोक के स्तम्भ पूर्णत: स्मरणीय हैं। स्तम्भ बनाने का विचार भारत में विदेशी नहीं है, हिन्दु मन्दिरों से सामने छोटे-छोटे स्तम्भ तो होते ही हैं जिन्हें देवता के चिन्ह-चक्र या त्रिमूर्ति आदि से सुसज्जित किया जाता है। अशोक के स्तम्भ उन राजसी ध्वजों या जातीय

पताकाओं का प्रतिरूप हैं जिन्हें वैदिक संस्कार करने के स्थान को सीमाबद्ध करने के लिए लगाया जाता था। उन स्तम्भों का भारतीय उनके स्थानों से ही स्पष्ट है। रूम्मान दई और सारनाथ के स्तम्भ पूर्व बुद्धों में से पाँचवें के साथ सम्बन्धित हैं। स्तम्भों का एक समूह ही यात्री को बौद्ध तीर्थों का मार्ग दिखा सकता है।

मौर्य स्तम्भों और ईरानी स्तम्भों में और भी अन्तर हैं। मौर्य स्तम्भ पूर्णत: गोलाकार हैं जब कि ईरान के स्तम्भ में कंगूरे हैं। मौर्य स्तम्भ एक चट्टान से काटकर बनाया गया है जब कि ईरान का स्तम्भ बहुत से पत्थर जोड़कर बनाया गया है। मौर्य स्तम्भ एक बढ़ई का बनाया हुआ प्रतीत होता है जबकि ईरान-स्तम्भ राज का बनाया हुआ दीखता है। मौर्य स्तम्भ में कोई आधार नहीं है किन्तु ईरानी स्तम्भ की आधार शिला उल्टे कमल के फूल के समान है। मौर्य स्तम्भ में ईरानी और यूनानी कला का ऋण अवश्य दिखाई देता है परन्तु उनमें भारतीय कला की देन भी बहुत स्पष्ट है। उसका सामूहिक प्रभाव बहुत उत्कृष्ट है।

गुफाएँ (Caves)—कठोर पत्थरों की चट्टानों को काटकर गुफाएँ बनाने की कला का जन्म मौर्यकाल में हुआ। मौर्यकाल की सात गुफाओं का वर्णन मिलता है। चार गुफाएँ अशोक ने बनाईं और तीन गुफाएँ उसके पौत्र मौर्य सम्राट दशरथ ने बनवाईं। यह सारी गुफाएँ गया के पास बराबर और नागार्जुन की पहाड़ियों पर बनाई गईं। इन गुफाओं की दीवारों पर की गई पालिश आज भी शीशे की भाँति चिकनी और चमकदार है।

जो गुफाएँ अशोक ने बनवाईं उनमें सुदामा गुफा और लोमस ऋषि की गुफा बहुत सुन्दर है। सुदामा गुफा सबसे प्राचीन है। इसका निर्माण आजीक सम्प्रदाय के भिक्षुओं के लिए अशोक ने करवाया। इसमें दो कमरे हैं। अशोक ने कर्ण चौपाल नामक गुफा का निर्माण भी करवाया। यह गुफा एक आयताकार कमरे के रूप में है। जो गुफाएँ दशरथ ने बनवाई उनमें गोपी गुफा महत्त्वपूर्ण है। गोपी गुफा एक सुरंग जैसी गुफा है। यह 44 फुट लम्बी और 19 फुट चौड़ी है। उसकी छत शीर्ष पर दस फुट ऊँची है। गोपी गुफा एक लम्बा आयताकार हाल है जिसकी छत मेहाबदार है। कला की दृष्टि से लोमस ऋषि की गुफा विशेष उल्लेखनीय है। उसका प्रमुख द्वार बड़े कौशल से बनाया गया है और वह विशद अलंकरण से युक्त है। उसकी कोठरी अण्डाकार है।

मूर्तिकला—मौर्यकाल में मूर्तिकला के क्षेत्र में अच्छा विकास हुआ। उस काल में मनुष्यों, यक्ष-यक्षिणियों, गन्धर्वों, देवी-देवताओं, पशु-पक्षियों, लताओं और पुष्पों की प्रतिमाएँ बनाई गईं। मथुरा के पास परखम में मिली यक्ष की मूर्ति, बेस नगर की स्त्री मूर्ति और पटना और दीदारगंज की मूर्तियाँ विशेष कलात्मक और उल्लेखनीय हैं।

मौर्यकाल में मनुष्य की आकृति कुछ विशेष प्रभाव वाली नहीं है। परखम का यक्ष, बेसनगर की यक्षिणी और दीदारगंज की स्त्री की आकृतियाँ बहुत साधारण सी हैं। उनमें आकार को बड़ा बनाने का विशेष प्रयत्न किया गया है। सौन्दर्य की कमी है। पत्थर की छटाई भी साफ नहीं है। सारनाथ की वेष्टणी के पत्थर के टुकड़ों में भी विशेष सौन्दर्य नहीं है। इसके बावजूद यह मानना पड़ता है कि मौर्यकाल की मूर्तियों में भावों का अंकन बड़े सुन्दर ढंग से किया गया है। सारनाथ स्तम्भ पर बनी चार शेरों की मूर्तियों के सम्बन्ध में डॉ० वी०ए० स्मिथ ने लिखा है कि "इतनी प्राचीन और इतनी सुन्दर पशुओं की मूर्तियाँ किसी भी देश में पाना दुर्लभ है।" रामपुखा स्तम्भ पर बनी साँड की मूर्ति में सजीवता और स्वाभाविकता है। सर जान मार्शल ने लिखा है कि "वह अनुपम है, प्राचीन संसार में उस जैसी प्रभावशाली कोई मूर्ति उपलब्ध नहीं है।"

इंजीनियरिंग कला (Engineering)—अशोक के समय के इंजीनियर बड़े कुशल थे। यही कारण है कि वे 50-50 टनों के स्तम्भ टुकड़ों को पहाड़ से काटकर दूर-दूर स्थानों पर ले जाने में सफल हुए। मौर्यकाल में सुदर्शन झील का निर्माण वैज्ञानिक ढंग से किया गया। डॉ० राधा कुमुद मुकर्जी ने लिखा है कि मौर्यकाल के इंजीनियर नगर योजनाएँ बनाने में भी निपुण थे। मेगस्थनीज़ का कहना है कि पाटिलीपुत्र नगर एक निश्चित योजना के अनुसार बनाया गया था।

मौर्यकाल की कला के सम्बन्ध में यह कहा जा सकता है कि इस काल में इस क्षेत्र में बड़ी उन्नति हुई। इस काल की कृतियों को संसार के इतिहास में अद्वितीय स्थान प्राप्त है। परन्तु उसमें एस बड़ी त्रुटि थी। उस कला में उस समय के लोक जीवन और जन-साधारण के विचारों को अभिव्यक्त न किया गया परन्तु सम्राट के जीवन चरित्र आदेशों, धार्मिक विचारों और सिद्धान्तों को अपना ध्येय बनाया गया। मौर्यकालीन कला राजकीय कला थी जिसका विकास सम्राटों के

प्रयासों द्वारा हुआ। उसने लोक कला का रूप कभी धारण न किया। उसका परिणाम यह हुआ कि मौर्य साम्राज्य के पतन के साथ-साथ उस कला का भी पतन हो गया। इसी भाव को डॉ० निहार रंजन राय ने इन शब्दों में व्यक्त किया है "यह (मौर्यकला) वस्तुत: ग्रीष्म भवन का एक पादप था जिसका पोषण राज्य दरबार की इच्छा, देख-रेख और संरक्षण पर अवलंबित था और वह दरबार स्वयं विदेशी संस्कृति और विचारधारा के प्रभाव से अभिभूत था। कालान्तर में शीशे की दीवारें नष्ट हो गयीं और वह पौधा भी मुरझा कर बिखर गया।"

कुछ इतिहासकारों का कहना है कि भारतीय कला के विकास में मौर्यकला का कोई योगदान न रहा और वह केवल मौर्य युग तक ही सीमित रही। क्रैमरीश ने लिखा है कि "भारतीय कला के शरीर में मौर्य मूर्तिकला की केवल स्वल्प महत्ता है।" मौर्यकला में न आत्मिक प्रेरणा थी और न वह भारतीय कला को प्रेरणा दे सकी। इसके विपरीत कुछ विद्वानों का मत है कि मौर्यकला का प्रैरण-स्रोत बौद्ध धर्म था और वह सत्य भी है।

आलोचकों के बावजूद यह कहा जा सकता है कि भारतीय कला के विकास में मौर्यकला का महत्त्वपूर्ण स्थान है। अशोक सम्राट ने शिलाखण्डों पर कलाकृतियाँ अंकित करने की पद्धति को आरम्भ किया। विशाल शिलाखण्डों को तराश कर उन पर सजीव आकृतियाँ बनाना और उन पर चमकीली और चिकनी पालिश करना, चट्टानों को काटकर गुफाएँ बनाना मौर्यकाल की कला की देन हैं। मौर्यकला की सहायता से बौद्ध धर्म विश्व धर्म बन गया। मौर्यकला में भारतीय, यूनानी और ईरानी कला का सम्मिश्रण है और उसका भारतीय कला के विकास के इतिहास में एक महत्त्वपूर्ण स्थान है।

Suggested Readings

Alahakoon, H. : The Later Mauryas, Delhi, 1980.
Bachhofer, L. : Early Indian Sculpture, Paris, 1929.
Banhyopadhyaya, N.C. : Kautilya, Calcutta, 1927.
Bhandarkar, D.R. : Asoka.
Bhandarkar, R.G. : Vaisnavism, Saivism and Minor Religious Systems, Strassburg, 1913.
Bongard-Levin, G.M. : Mauryan India, Sterling Publishers, New Delhi, 1985.
Bose, A. : Social and Rural Economy of Northern India (600 B.C.-200 A.D.)
Brown, Percy : Indian Architecture : Buddhist and Hindu, Bombay, 1956.
Codrington, K. de B. : Ancient India from the Earliest Times to the Guptas, London, 1926.
Coomaraswamy, A.K. : History of Indian and Indonesian Art, London, 1927.
Fergusson, J. : A History of Indian and Eastern Architecture, London, 1910.
Goetz, H. : Art of India.
Gokhale, B.G. : Buddhism and Asoka.
Havell, B.G. : The History of Aryan Rule in India.
Hultzsch, B. : Inscriptions of Asoka, Oxford, 1925.
Jacobi, H. (Ed.) : Kalpasutra of Bhadrabahu, Leipzig, 1977.
Jaiswal, Suvira : The Origin and Development of Vaisnavism, Delhi, 1967.
Jayaswal, K.P. : An Imperial History of India, Lahore, 1934 (It contains the text of Aryamanjusrimulakalpa as edited by Rahula Sankrityayana).
Kangle, K.P. : The Kautilya Arthasastra.
Keith, A.B. : History of Sanskrit Literature, Oxford, 1928.
Kielhorn (Ed.) : Patanjali's Mahabhashya, 1909.
Kosambi, D.D. : The Culture and Civilisation of Ancient India in Historical Outline.

Kramrisch, Stella : Indian Sculpture, London, 1933.
Marshall, John : Monuments of Ancient India (Cambridge History of India, Vol. I).
McCrindle : Ancient India as described by Megasthenes and Arrian.
Mookerji, R.K. : Asoka, London, 1928.
Mookerji, R.K. : Chandragupta Maurya and his Times.
Mukherjee, S. : Some Aspects of Social Life in Ancient India, Allahabad, 1976.
Ray, Niharranjan : Maurya and Sunga Art, 1945.
Rowland, B. : The Art and Architecture of India, London, 1967.
Saraswati, S.K. : A Survey of Indian Sculpture, 1957.
Sastri, K.A. Nilakanta (Ed.) : Age of the Nandas and Mauryas, Motilal Banarasi Das, Delhi, 1967.
Sen, Atulya Chandra : Asoka's Edicts, Calcutta, 1953.
Shamsastri, R. : Kautilya's Arthsastra, Mysore, 1958.
Sharma, R.S. : Material Culture and Social Formation in Ancient India, Delhi, 1986.
Sharma, R.S. : Perspective in Social and Economic History of Early India, Delhi, 1983.
Sharma, R.S. : Sudras in Ancient India, Delhi, 1958.
Smith, V.A. : History of Fine Art in India and Ceylon, Oxford, 1930.
Stein, O. : Megasthenes and Kautilya, Wien, 1921.
Thapar, Romila : Ancient Indian Social History, Some Interpretations, New Delhi, 1978.
Thapar, Romila : Asoka and the Decline of the Mauryas.
Vogel : Buddhist Art in India, Ceylon and Java, 1926.
Waddell, I.A. : Report on the Excavations at Pataliputra, Calcutta, 1903.

अध्याय

25

शुंग और कणव वंश

185–73 ई०पू०

(The Sungas and Kanvas)

शुंग वंश (The Sunga)—मौर्यों के पश्चात् शासन की बागडोर शुंगों ने संभाली और 185 ई०पू० से लेकर 73 ई०पू० तक लगभग 112 वर्ष राज्य किया। पुराणों में लिखा है कि मौर्यों की दस पीढ़ियाँ 137 वर्ष शासन करेंगी और इसके पश्चात् उस भूमि पर शुंगों का अधिकार हो जाएगा। सेनापति पुष्यमित्र, बृहद्रथ को पदच्युत करके 36 वर्ष तक शासन करेगा। बाण कवि ने 'हर्षचरित' में लिखा है, ''अनार्य सेनापति पुष्यमित्र ने अपने स्वामी बृहद्रथ मौर्य को सेनाओं का निरीक्षण कराते समय कुचल डाला क्योंकि वह राज्य-शपथ निभाने में असमर्थ था।'' यह बात ध्यान देने योग्य है कि मौर्य नरेश जनहित की रक्षा करने में असमर्थ रहे। इधर यूनानी आक्रमणकारी पाटलिपुत्र तक बढ़ आए थे और देश में असन्तोष व्याप्त था। अत: पुष्यमित्र को राज्य हड़पने में देर न लगी। योग पुराण के अनुसार, ''दुष्ट विजयी यूनानी आक्रमणकारियों के दल साकेत, पाँचाल और मथुरा को परास्त करने के पश्चात् पाटलिपुत्र तक बढ़ आए थे।'' राज्य में सर्वत्र अव्यवस्था फैली हुई थी। उपर्युक्त सभी कारण पुष्यमित्र की विजय के साधन बने।

शुंग इतिहास के स्रोत (Sources of Sunga History)—पुराण, बाण का 'हर्षचरित' तथा पतञ्जलि का महाभाष्य शुंगों के इतिहास के मुख्य स्रोत हैं। इस सम्बन्ध में कुछ सामग्री 14वीं शताब्दी केजैन लेखक मेरुतुंग की थेरावलि से भी प्राप्त होती है। कालिदास के 'मालविकाग्निमित्रम्' में भी पुष्यमित्र के अश्वमेध यज्ञ तथा विदर्भराज के साथ अग्निमित्र की लड़ाई का वर्णन है। धनदेव के अभिलेख से पुष्यमित्र द्वारा दी गई दो घोड़ों की बलि का पता चलता है। 'दिव्यावदान' शुंगों के धार्मिक उत्पीड़न का ज्ञान कराता है। तिब्बती इतिहासज्ञ तारानाथ ने भी शुंगों के धार्मिक उत्पीड़न का वर्णन किया है।

शुंगों का प्रारम्भ (Origin of the Sungas)—शुंगों की उत्पत्ति के विषय में अनेक धारणाएँ हैं। पाणिनि शुंगों को भारद्वाज गोत्र के ब्राह्मण बतलाते हैं। हमें ब्राह्मणों के सेनापति होने के प्रमाण मिलते हैं। द्रोणाचार्य, कृपाचार्य, अश्वत्थामा, परशुराम इत्यादि इस तथ्य के सबल प्रमाण हैं। डॉ० के०पी० जायसवाल भी उपर्युक्त मत के समर्थक हैं। उनके अनुसार शुंग ब्राह्मण थे और धार्मिक जगत् में उनका प्रभुत्व अधिक था। पुष्यमित्र मौर्यों के राजा-पुरोहितों के वंश में से थे। बाद के मौर्य निर्बल तथा क्षीण थे। अत: साम्राज्य के हित को दृष्टि में रख कर और विदेशियों से बचने के लिए पुष्यमित्र को बृहद्रथ का वध करना पड़ा था।

'दिव्यावदान' में लिखा है कि पुष्यमित्र मौर्यों की वंश-परम्परा में से ही था। 'मालविकाग्निमित्रम्' में कालिदास ने बताया है कि पुष्यमित्र का पुत्र अग्निमित्र बैम्बीक वंश का था। एक लेखक का विचार है कि जिन शुंगों के नाम के अन्त में 'मित्र' शब्द जुड़ा हुआ है, वे ईरानी थे। वे 'मिथ्र' या सूर्य के उपासक थे। कीथ और मैक्डॉनैल बतलाते हैं कि आश्वलायन ''श्रौत सूर्य'' में शुंगों को अध्यापक माना गया है। 'बृहदारण्यक उपनिषद्' में एक आचार्य का नाम शौंगीपुत्र था। इसी

प्रकार वंश ब्राह्मण में शौंगायनी भी एक आचार्य के रूप में सामने आते हैं। उपर्युक्त परिस्थितियों में शुंगों की उत्पत्ति का ठीक-ठीक पता लगाना एक कठिन कार्य है, किन्तु फिर भी वे ब्राह्मण प्रतीत होते हैं।

पुष्यमित्र (Pushyamitra) 185-149 ई०पू०

पुष्यमित्र ने 36 वर्ष तक राज्य किया। अत: अनुमान लगाया जा सकता है कि अपनी मृत्यु के समय वह वृद्ध होगा। विभिन्न उल्लेखों से इस तथ्य का पता चलता है कि न केवल उसके पुत्र ने ही बल्कि उसके पौत्र ने भी देश के प्रशासन में भाग लिया।

यवनों से युद्ध (Yavana Wars)—पुष्यमित्र ने राज्य को घोर संघर्ष के बाद प्राप्त किया था। ऐसा अनुमान है कि उसे दो यवन-युद्ध लड़ने पड़े थे। पहला युद्ध तो उसे तब लड़ना पड़ा जब वह अपने राज्य की जड़ें जमा रहा था और दूसरा युद्ध तब जब उसका राज्य चरम सीमा को पहुँच चुका था। 'गार्गी संहिता' में वर्णित यवनों का आक्रमम अत्यन्त भीषण बताया गया है। साकेत, पाञ्चाल तथा मथुरा को विजय करते हुए यवन आक्रामक पाटलिपुत्र तक आ पहुँचे। यवन सेनापति को या तो नगर की प्राचीर में घुसने से पूर्व ही परास्त कर दिया गया या वह भयभीत होकर युद्ध किए बिना ही लौट गया था। इस बात का प्रमाण कहीं भी नहीं मिलता कि पुष्यमित्र को किसी यवन आक्रमणकारी के आगे घुटने टेकने पड़े हों। 'गार्गी-संहिता' में डेमेट्रियस का उल्लेख है और ऐसा बताया जाता है कि वह विदेशी सेनापति पाटलिपुत्र की सीमाओं तक पहुँचा था। पुष्यमित्र की राजधानी पर विदेशी आक्रमणकारी अधिकार न कर सके। डेमेट्रियस आक्रमणकारियों का नेता बताया जाता है। डेमेट्रियस के अपने राज्य में अव्यवस्था फैल जाने के कारण उसे भारत से लौटना पड़ा। बैक्ट्रिया में विद्रोह हो गया था। डेमेट्रियस को अपने शत्रु से लोहा लेने के लिए प्रस्थान करना पड़ा। कालिदास के 'मालविकाग्निमित्रम्' में यवनों के साथ दूसरे संघर्ष का उल्लेख है। तब तक पुष्यमित्र अवश्य वृद्ध हो गया होगा। पुष्यमित्र का पौत्र इस समय सिन्धु नदी पर होने वाले युद्ध में यवनों से लड़ा था। किन्तु 'मालविकाग्निमित्रम्' में जिस सिन्धु नदी का वर्णन किया गया है, वह यही सिन्ध नदी है, इस सम्बन्ध में विद्वान एकमत नहीं हैं। प्रो० रैप्सन का कथन है कि यह मतभेद काली सिन्धु और यमुना की सहायक नदी के बारे में है। काली सिन्धु नदी चम्बल नदी की एक सहायक नदी थी। यह चित्तौड़ के समीप माध्यमिका से सौ मील दूर बहती थी जहाँ यवनों ने घेरा डाला था। डॉ० आर०सी० मजूमदार ने इस सम्बन्ध में तर्क प्रस्तुत करते हुए कहा है कि सिन्धु नदी ही इण्डस नदी थी। वसुमित्र ने यवन सेनापति मेनाण्डर को परास्त किया था। यह उल्लेखनीय है कि मेनाण्डर को सिकन्दर से भी अधिक राष्ट्रों को विजित करने का श्रेय प्राप्त है। वह भी डेमेट्रियस के पश्चात् आया था। मुद्राओं से भी ज्ञात होता है कि उसका राज्य मथुरा तक फैला था। बौद्ध-लेखकों का कथन है कि मेनाण्डर बौद्ध बन गया था और उसका शाकल (सियालकोट) में स्थापित बराबर भवन बौद्ध भिक्षुओं का आश्रम बन गया था। डॉ० वी०ए० स्मिथ मेनाण्डर के आक्रमण को 155-53 ई०पू० बतलाते हैं। यह समय पुष्यमित्र के राज्यकाल के अन्तिम वर्षों से मिलता है।

विदर्भ के साथ युद्ध (War with Vidarbha)—हमें कालिदास के 'मालविकाग्निमित्रम्' में विदर्भ के विरुद्ध विदिशा के राज्य प्रतिनिधि (पुष्यमित्र के पुत्र अग्निमित्र) के युद्ध का उल्लेख मिलता है। ऐसा कहा जाता है कि विदर्भ साम्राज्य नया ही था और उसकी जड़ें अभी मजबूत नहीं हुई थीं। अन्तिम मौर्य सम्राट् वृहद्रथ, जिसे पुष्यमित्र ने पदच्युत कर दिया था, त्रिदर्भ नरेश यज्ञसेन का सम्बन्धी बताया गया है। सम्भव है कि वृहद्रथ के समय में यज्ञसेन विदर्भ का गवर्नर रहा हो और पुष्यमित्र के राज्य को हथिया लेने के बाद उसने अपने आपको स्वतन्त्र घोषित किया हो। यज्ञसेन का एक चचेरा भाई माधवसेन गुप्त रूप से अग्निमित्र से भेंट करने विदिशा आ रहा था, किन्तु वह मार्ग से ही सीमा के पास पकड़ा गया तथा जल में डाल दिया गया। अग्निमित्र ने यज्ञसेन से माधवसेन को छोड़ने को कहा। यज्ञसेन ने उत्तर में अपने एक बहनोई मौर्य मन्त्री की मुक्ति की माँग की। इस बात पर घमासान युद्ध हुआ और अग्निमित्र ने वीरसेन को विदर्भ के विरुद्ध सेनापति नियुक्त किया। यज्ञसेन की हार हुई और माधवसेन को मुक्ति मिली। विदर्भ उन दोनों ने बाँट लिया और वरद नदी दोनों के राज्यों की सीमा बनी।

डॉ० वी०ए० स्मिथ का मत है कि कलिंग नरेश खारवेल ने पुष्यमित्र के काल में मगध पर दो बार आक्रमण किया। 165 ई०पू० यू उसके लगभग वह पाटलिपुत्र से कुछ ही मील दूर रह गया था। पुष्यमित्र कपटपूर्वक मथुरा तक पीछे हट गया और खारवेल ने आगे न बढ़ना ही उचित समझा। खारवेल का दूसरा आक्रमण 161 ई०पू० में हुआ और अधिक

सफल रहा। खारवेल ने कलिंग के प्रसिद्ध हाथियों की सहायता से गंगा को उत्तर की ओर से पार किया और मगध की राजधानी पर आ धमका। पुष्यमित्र को घुटने टेकने पड़े। उसकी राजधानी और धन विजेता के हाथ लगे। किन्तु यह वर्णन अन्य कई विद्वानों को मान्य नहीं।

आर०पी० चन्दा तथा एलन का मत है कि हाथीगुम्फा शिलालेख के अनुसार, खारवेल ने बहसतिमित (बृहस्पतिमित्र) को हराया था, पुष्यमित्र को नहीं। दूसरी बात यह है कि दोनों को एक कदापि नहीं बताया जा सकता। यह कहा गया है कि यह विचार भाषा-विज्ञान तथा शिलालेखों की विद्या के अनुकूल नहीं ठहरता। वे तो यहाँ तक कहते हैं कि बहसतिमित शब्द पढ़ना भी असम्भव है। एलन का कथन है कि "विवादास्पद शब्द 'बहु' से आरम्भ होता है। इसके कुछ तत्त्व 'बहु (सु-) इदित' प्रतीत होते हैं जो कि शायद व्यक्तिवाचक संज्ञा नहीं है क्योंकि इससे पूर्व के शब्द का तथाकथित उच्चारण 'मगधम चरजनम्' पुरालिपिशास्त्र की दृष्टि से असम्भव है।" व्यक्तिवाचक संज्ञा के लिए पर्याय का प्रयोग असम्भव है और 'पुष्य-बृहस्पति' साम्य को ठीक नहीं माना जाना चाहिए।

प्रो० रैप्सन का मत है कि आन्ध्र के राजा सत्तकरणी ने पुष्यमित्र से उज्जैन को विजय किया था। अपने मत के पक्ष में रैप्सन आन्ध्र से प्राप्त सिक्कों को लेते हैं, जिन पर 'शात' नाम अंकित है। रैप्सन ने 'शात' को शातकर्णी प्रथम ही माना है और उन सिक्कों को मालवा के सिक्कों के रूप में स्वीकार किया है। उनका विचार है कि वे सिक्के शातकर्णी के अवन्ति पर अधिकार को सिद्ध करते हैं। किन्तु नवीन खोज से पता चलता है कि रैप्सन का मत गलत था। 'शात' 'शातवाहन' का लघु रूप है, शातकर्णी का नहीं। हमें ऐसे सिक्के प्राप्त हुए हैं, जिन पर लिखा है 'रानो शिरि शदवाहनस'। इसके अतिरिक्त उसकी रानी नयनिका के लेखों से भी यह ज्ञात नहीं होता कि अवन्ति को शातकर्णी प्रथम ने जीता था। जैन परम्परा के अनुसार, पुष्यमित्र तीस वर्षों तक अवन्ति का राजा रहा। यह बात ध्यान देने योग्य है कि इस समय शुंगों और आन्ध्रों के बीच युद्ध सम्भव नहीं था। यह बताया जा चुका है कि शुंगों की सेना ने नर्मदा को पार करके विदर्भ नरेश को परास्त किया था।

रैप्सन का अन्य मत था कि सम्भवतः पुष्यमित्र के राज्य में से मेनाण्डर ने शाकल को छीन लिया था, किन्तु इस उपर्युक्त मत की पुष्टि कहीं नहीं हुई। यह केवल 'योग पुराण' में कहा गया है कि एक सुन्दरी के कारण पुष्यमित्र ने शाकल के यूनानी राजा के विरुद्ध युद्ध छेड़ा था और युद्ध में काम आया।

अश्वमेध यज्ञ (Asvamedha Sacrifices)—अयोध्या के शिलालेख बताते हैं कि पुष्यमित्र ने दो अश्वमेध यज्ञ किये थे। 'मालविकाग्निमित्रम्' में वर्णित अश्वमेध उसने अपने राज्य के अन्तिम दिनों में किया था। 'महाभाष्य' के कर्त्ता पतञ्जलि उसके पुरोहित थे। 'महाभाष्य' में भी लिखा है कि 'इह पुष्यमित्रम् यजामहे' (यहाँ हम पुष्यमित्र के लिए यज्ञ करते हैं)। प्रश्न यह है कि प्रथम अश्वमेध यज्ञ कब हुआ था। इस सम्बन्ध में निश्चित रूप से कुछ नहीं कहा जा सकता। ऐसा प्रतीत होता है कि प्रथम अश्वमेध सम्भवतः पुष्यमित्र के राज्य ग्रहण करने पर या पाटलिपुत्र को यवनों से मुक्त करने के अवसर पर किया गया होगा। पुष्यमित्र उन ब्राह्मणों का नेता था, जो मौर्यों द्वारा बौद्ध-धर्म के संरक्षण के विरुद्ध थे, या जो ब्राह्मण धर्म के पुनरुद्धार के लिए तत्पर थे। उपर्युक्त दृष्टिकोण उचित प्रतीत होता है।

द्वितीय अश्वमेध का वर्णन 'मालविकाग्निमित्रम्' में मिलता है : "मेरी प्रार्थना है कि तुम स्वस्थ हो। यज्ञ वेदि से सेनापति पुष्यमित्र विदिशा-स्थित अपने पुत्र को संदेश भेजता है कि तुम्हें ज्ञात हो कि मैंने राजसूय यज्ञ करने के उपरान्त एक अश्व को समस्त बाधाओं अथवा बन्धनों से मुक्त कर छोड़ा है। इश अश्व को एक वर्ष पश्चात् आना था। इसलिए मैंने सौ राजपूतों सहित वसुमित्र को इसकी रक्षा के लिए नियुक्त किया है। सिन्धु नदी के दाएँ तट पर विचरण करते हुए इस अश्व को यवनों द्वारा पकड़ लिया गया था। इसी कारण दोनों पक्षों में भीषण युद्ध हुआ। तब वीर धनुर्धर वसुमित्र ने शत्रुओं को पराजित किया तथा अश्व को उनसे छीन लिया। अब मैं पौत्र द्वारा वापिस लाए हुए अश्व की बलि दूँगा बिलकुल वैसे जैसे कि अंशुमत ने 'सागर' को अश्व वापस लाकर दिया था। अब तुम क्रोध का परित्याग कर मेरी पुत्र-वधुओं सहित यज्ञ देखने के लिए आ जाओ।"

डोसन (Dowson) ने अपने प्राचीन शब्दकोश ('Classical Dictionary') में अश्वमेध का वर्णन इन शब्दों से किया है : "एक विशेष वर्ण का अश्व कुछ संस्कारों द्वारा पवित्र करके एक वर्ष तक विचरण करने के लिए छोड़ दिया जाता था। स्वयं सम्राट् अथवा उसका एक प्रतिनिधि सेना सहित घोड़े के साथ घूमता था। यदि घोड़ा किसी विदेशी राज्य

में घुस जाता तब या तो विदेशी राजा को अधीनता माननी पड़ती या वह युद्ध लड़ता था। अश्वमेध घोड़े को छोड़ने वाला राजा यदि उन सब राजाओं को, जिनके राज्य में घोड़ा जाता था, अधीनता मानने के लिए विवश कर लेता तो वह अपने अधीनस्थ राजाओं के साथ गौरव से लौटता था। परन्तु यदि वह इस कार्य में असफल रहता तो उसका निरादर किया जाता था। इस प्रकार उसकी अनधिकार चेष्टा का परिहास किया जाता था। उसके सफल होकर लौटने पर एक महोत्सव का आयोजन किया जाता था, जिसमें घोड़े की बलि दी जाती थी।''

पुष्यमित्र और बौद्ध धर्म (Pushyamitra and Buddhism)—'दिव्यावदान' में वर्णित बौद्ध परम्परा तथा तिब्बती इतिहासज्ञ तारानाथ के अनुसार पुष्यमित्र बौद्ध धर्म का घोर शत्रु था। 'दिव्यावदान' में कहा गया है कि अपने ब्राह्मण पुरोहित के परामर्श पर चलते हुए उसने भगवान् बुद्ध की शिक्षाओं को नष्ट करने का प्रयत्न किया था। वह पाटलिपुत्र में स्थित कुक्कुटाराम विहार को नष्ट करने गया, किन्तु वह गर्जना से भयभीत होकर वापस लौट आया। उसके पश्चात् वह चतुरंगिणी सेना सहित स्तूपों को तोड़ता, विहारों को जलाता, भिक्षुओं की हत्या करता शाकल तक बढ़ आया। पुष्यमित्र ने शाकल में घोषणा की कि 'जो भी मुझे एक श्रमण का सिर भेंट करेगा उसे मैं सौ दीनार दूँगा।' 'मिलिन्दपह्न' में शाकल को बौद्ध भिक्षुओं का निवास-स्थान बताया गया है।

डॉ० वी०ए० स्मिथ का कहना है कि बौद्ध धर्म पर पुष्यमित्र के अत्याचारों की कहानी एकदम झूठी नहीं है बेशक उसे बहुत बढ़ाकर बताया गया है। प्रो० एन०एन० घोष का मत है कि बौद्ध-धर्म पर पुष्यमित्र के अत्याचारों का वर्णन बौद्ध साहित्य में भी मिलता है। उन्होंने कहा है, ''पुष्यमित्र द्वारा अपनाई गई ब्राह्मण धर्म के पुनरुद्धार की नीति बौद्ध धर्म के प्रति उसके उदार दृष्टिकोण की धारणा से मेल नहीं खाती। चाहे पुष्यमित्र शुंग यह चाहता भी तो कर नहीं सकता था और न ही प्रतिक्रियावादी सहायकों को राज्य-प्रबन्ध से सम्बन्धित कर सकता था।'' किन्तु उन्होंने यह माना है कि शायद पुष्यमित्र के उत्तराधिकारियों के समय में ये भावनाएँ सम्भवत: कुछ कम हो गई हों और उन्होंने उदारता की नीति अपनाई हो। उन्होंने भारहुत के पूर्वी सिंहद्वार पर स्थित बाएँ स्तम्भ पर लिखे लेख को उद्धृत किया है, ''शुंगों के राज्यकाल में यह मार्ग अपने लेखों सहित गोतिपुत्र अजराजु के पुत्र वस्तिपुत्र धनभूति और सम्राट गार्गीपुत्र विश्वदेव के पौत्र द्वारा बना था। प्रो० एन०एन० घोष ने कहा है कि 'शुंगणम् राजे' शब्द में पुष्यमित्र शुंग के राज्य का भी सम्मिलित होना अनिवार्य नहीं है। इसका अर्थ केवल इतना है—'शुंगों के राज्य में'। प्रो० घोष ने एन०जी० मजूमदार के मत की ओर भी ध्यान दिलाया है कि सिंहद्वार पुष्यमित्र शुंग के बहुत समय पश्चात् बने थे।''

कई भारतीय लेखक इस बात पर सहमत नहीं कि पुष्यमित्र बौद्धों पर किए गए अत्याचारों के लिए उत्तरदायी था। डॉ० रायचौधरी कहते हैं : ''किन्तु शुंगों के राज्य में बनाए गए भारहुत के बौद्ध अवशेषों से ऐसा प्रतीत नहीं होता कि पुष्यमित्र और उसके वंशज प्रतिक्रियावादी ब्राह्मणवाद के नेता रहे होंगे।'' उन्होंने कहा है, ''बाद के बौद्ध लेखकों पर यह लाँछन है कि उन्होंने पुष्यमित्र पर शाक्य मुनि के धर्म का घोर शत्रु होने का दोषारोपण किया है किन्तु भारहुत में प्राप्त बौद्ध स्मारक जो कि शुंगों के राज्य में बने थे, यह नहीं बताते कि शुंग प्रतिक्रियावादी ब्राह्मण-धर्म के नेता थे। यद्यपि वे हिन्दू धर्म के कट्टर अनुयायी थे तथापि वे इतने असहिष्णु नहीं थे जितना कि कुछ लेखकों ने उन्हें दर्शाया था।'' यही मत डॉ० आर०एस० त्रिपाठी का है। वे कहते हैं, ''निश्चित रूप में पुष्यमित्र ब्राह्मण धर्म का एक प्रचण्ड समर्थक था। किन्तु शुंगकालीन भारहुत से प्राप्त बौद्ध स्तूप और जंगला इत्यादि साहित्य में प्राप्त पुष्यमित्र के साम्प्रदायिक विद्वेष की पुष्टि नहीं करते।''

प्रो० जगन्नाथ का मत है कि बौद्ध अनुयायी विशेष रूप से भिक्षु, शायद किसी प्रकार से असन्तुष्ट रहे हों परन्तु समस्त बौद्ध सम्प्रदाय के साथ अत्याचार की कहानी कुछ हताश लोगों की कहानी है जिन्होंने देखा कि राज्य-संरक्षण अब बौद्ध धर्म के स्थान पर ब्राह्मणों को मिल रहा था और अश्वमेध की वैदिक रीति प्रचलित हो रही है। यह भी सम्भव है कि बौद्धों को राजनीतिक कारणों से कष्ट उठाने पड़े हों और वह भी उसके अपने कार्यों के कारण। बौद्ध जनता शायद मौर्य साम्राज्य के पतन को स्वीकार न कर सकी हो। मौर्य-राज्य को बौद्ध अपने धर्म की सुदृढ़ प्राचीर समझते थे। ऐसा प्रतीत होता है कि पंजाब में खुले-आम बौद्धों ने यूनानी आक्रमणकारियों का साथ दिया। शायद इसी कारण से पुष्यमित्र ने उनके साथ ऐसा व्यवहार किया था जो प्रत्येक देशद्रोही के साथ होना चाहिए। बौद्ध-धर्म पुष्यमित्र के क्रोध से बच गया था। कुछ उत्तम बौद्ध स्मारकों को केवल सुरक्षित ही नहीं छोड़ा गया अपितु उन्हें लोगों तथा राज्य का संरक्षण भी मिलता रहा।

पुष्यमित्र के उत्तराधिकारी (Successors of Pushyamitra)—जब 36 वर्ष तक राज्य करने के पश्चात् 149 ई०पू० में पुष्यमित्र का देहावसान हुआ तब युवराज अग्निमित्र गद्दी पर बैठा और उसने आठ वर्ष तक राज्य किया। उसके राज्यकाल की घटनाएँ विदित नहीं हैं। उसके राज्य की मुद्राएँ तथा लेख भी प्राप्त नहीं हैं।

अग्निमित्र के पश्चात् सुज्येष्ठ गद्दी पर बैठा। उसने सात वर्ष तक राज्य किया। मुद्रा शास्त्री शाम्बी से प्राप्त मुद्राओं को जिन पर जेठमित लिखा हुआ है, सुजेष्ठ के साथ सम्बन्धित करने को तत्पर नहीं हैं। उसके विषय में और कोई सूचना भी नहीं मिलती।

133 ई०पू० में सुजेष्ठ के पश्चात् सुमित्र गद्दी पर बैठा। जब वह राजकुमार था तब पुष्यमित्र द्वारा छोड़े गए अश्वमेध के अश्व की रक्षा करते हुए उसने यूनानियों को जीतने का श्रेय प्राप्त किया था। सम्राट् बनने पर सुमित्र ने आमोद-प्रमोद के जीवन को अपनाया। परिणामस्वरूप शुंग साम्राज्य छिन्न-भिन्न होना प्रारम्भ हो गया। बाण कवि के अनुसार, सुमित्र संगीत और नृत्य का शौकीन था और जब वह एक संगीत समारोह में संगीत का आनन्द ले रहा था, मूलदेव ने उसकी हत्या कर दी। प्रतीत होता है कि मूलदेव कौशल के स्वाधीन राज्य का संस्थापक था। यह भी हो सकता है कि उसी समय पांचाल, कौशाम्बी तथा मथुरा स्वतन्त्र राज्य बने हों। वे राज्य सम्भवतः शुंग वंश के उन भूतपूर्व गवर्नरों, शासकों अथवा वंशजों ने बनाए हों, जिन्होंने केन्द्रीय सत्ता को मानने से इन्कार कर दिया था। उन्होंने अपनी मुद्राएँ भी प्रचलित कीं। शुंग राज्य केवल मगध तथा मध्य भारत तक ही सीमित था। सुमित्र ने लगभग दस वर्ष राज्य किया और उसके राज्य का 183 ई०पू० में अन्त हुआ।

पुराणों में आंध्रक, पुलिंदक तथा घोष को सुमित्र के उत्तराधिकारी माना गया है किन्तु यह भी कहा गया है कि ये शासक शुंग वंश से सम्बन्धित नहीं थे और इनके नाम गलती से पुराणों में लिख दिए गए। ऐसा माना जाता है कि 123 ई०पू० में आंध्रक नहीं बल्कि वज्रमित्र सुमित्र के पश्चात् गद्दी पर बैठा। वज्रमित्र ने नौ वर्ष तक राज्य किया और उसके पश्चात् 114 ई०पू० में भगवत् गद्दी पर बैठा। उसने 32 वर्ष राज्य किया और उसके पश्चात् 82 ई०पू० में देवभूति गद्दी पर बैठा।

बाण के अनुसार, एक शुंग राजा सुन्दर स्त्रियों की संगति बहुत पसन्द करता था और अपनी एक दासी की पुत्री के हाथ मारा गया। दासी की पुत्री ने रानी का वेश बनाया हुआ था। यह हत्या देवभूति के मन्त्री वासुदेव के इशारे पर हुई। अपने स्वामी को मार कर वासुदेव गद्दी पर बैठा और 73 ई०पू० में उसने कण्व वंश की स्थापना की। इस प्रकार 112 वर्ष तक राज्य करके शुंग वंश के शासन का अन्त हुआ।

सांची स्तूप

शुंगकाल का महत्त्व (Importance of Sunga Period)—डॉ० रायचौधरी ने कहा है, ''पुष्यमित्र के वंशजों का राज्य भारत के इतिहास में, और विशेष रूप से मध्य भारत के इतिहास में एक महत्त्वशाली युग का प्रवर्त्तक था। मध्य देश को भयभीत करने वाले यवनों के नवीन आक्रमण रुक गए और सीमा प्रान्त के यूनानियों ने अपने सेल्यूकसी पूर्वजों की नीति अपना ली। धर्म, साहित्य और कला के क्षेत्र में इतना कार्य हुआ कि उसकी तुलना गुप्तकाल से की जा सकती है।'' डॉ० वी०ए० स्मिथ कहते हैं, ''पुष्यमित्र का स्मरणीय अश्वमेध यज्ञ ब्राह्मण धर्म के उस पुनरुद्धार की ओर संकेत करता है जो पाँच शताब्दियों के बाद समुद्रगुप्त और उसके वंशजों के समय में उभरा।'' प्रो० सथ्यनाथय्यर ने शुंग युग को ''गुप्त वंश के स्वर्ण युग का शानदार पूर्वगामी'' कहा है।

इस बात से इन्कार नहीं किया जा सकता कि शुंगों ने ही देश को यवन आक्रमण से बचाया। अगर शुंग देश में एक मजबूत राज्य स्थापित कर यवनों को न मार भगाते तब वे समस्त उत्तरी भारत पर अपना अधिकार जमा लेते।

शुंग-काल भवन-निर्माण कला में भी एक नया युग लेकर आया। शुंग-काल में बौद्ध स्तूपों के लकड़ी के जंगले पत्थरों के जंगलों में बदल गए और शानदार प्रस्तर द्वार भी बने। भारहुत के जंगलों ने शुंगकाल को अमर बना दिया। फाउचर कहते हैं, ''विदिशा के हाथीदाँत के कारीगरों ने ही अपनी निकटवर्ती सीमा में साँची के अमर स्मारक द्वारों को बनाया।'' शुंग-काल के अमर स्मारकों में कुछ ये हैं—पूना के निकट भज-स्थित एक बिहार, भज में पुराने विहार केनिकट एक बड़ा चैत्य और चट्टान में से कटे स्तूप, अजन्ता में चैत्य कक्ष नं० 9, अमरावती में एक स्तूप, भारहुत में वृक्ष देवता, बेसनगर में गरुड़ स्तम्भ, चंक्राम या विहार को घेरे हुए बौद्ध गया का जंगला, नासिक का चैत्य कक्ष इत्यादि।

मध्य रेलवे के बीना और भोपाल जंकशन स्टेशनों के बीच में भिलसा के समीप साँची का महान् स्तूप और इसका कटघरा शुङ्गकाल के हैं। आन्ध्रों के काल में चार खुदे हुए द्वार बनाए गए थे। इन द्वारों से महान् स्तूप की शोभा में चार चाँद लग गए हैं। ये साँची के सभी खंडहरों के महत्त्व को भी बढ़ाते हैं। प्राचीन भारत के पलस्तर की कला के इतिहास में उनका स्थान अद्वितीय है। उनका-सा सौन्दर्य-चित्रण तथा मूर्ति-कथाँकन अन्य किसी स्थान पर नहीं मिलता। स्तूप के सादे और गोलार्ध ढाँचे तथा कटघरों के भारी खंभों की सादी स्थूलता की तुलना में ये द्वार अत्यधिक प्रभावी तथा आकर्षक लगते हैं। प्रत्येक द्वार में दो सीधे स्तम्भ हैं। उनका कुछ भाग वर्गाकार है। खम्बों के ऊपरी मस्तक (Capitals) हैं। उनके ऊपर तीन समानान्तर चौरस और चौकोर पत्थर टिके हैं। उन पत्थरों पर लहरिया चित्र बने हैं। उन तीनों पत्थरों के बीच में दो वर्गाकार ठप्पे हैं जिनमें से गुजरती हुई तीन छोटी-छोटी पंक्तियाँ दिखाई देती हैं। द्वारों के विभिन्न अंगों की प्राप्य एवं प्रत्यक्ष स्थान पर सुन्दर खुदाई की गई है और शेष स्थान पर कथांकन किया गया है। उनके खम्भों के मस्तकों को खड़े पशुओं से सजाया गया है। उनमें यक्ष एक पेड़ के नीचे भव्य आकृति में खड़ा है। खम्भों के नीचे-ऊपर लगाने के चौरस और चौकोर पत्थरों के बीच के स्थान पर भी परियों की तस्वीरें हैं जिनके साथ राजसी हाथी या गरजते शेर हैं। अन्य रिक्त स्थानों में घुड़सवार और हाथी-सवार, शेरों तथा अन्य पशुओं की मूर्तियाँ हैं। केन्द्र में सबसे ऊपर धर्मचक्र यक्षों के साथ कलात्मक रूप से हाथियों या शेरों पर टिका है।

स्तम्भों और उन पर लगाने के चौरस चौकोर पत्थरों पर कथांकन किया गया है। बुद्ध के जीवन से सम्बद्ध सभी महत्त्वपूर्ण कथाओं, कहानियों और उसकी शिक्षाओं को बड़े ही कलात्मक ढंग से उपस्थित किया गया है। वहाँ पर अनेक कहानियों और दृश्यों को दिखाया गया है। वे बुद्ध के जीवन की चार प्रमुख घटनाओं अर्थात् उसके जन्म, ज्ञान प्राप्ति, प्रथम उपदेश और मृत्यु से सम्बद्ध हैं। जातकों की कथाएँ भी वहाँ अंकित की गई हैं। पुराने मूर्तिकारों ने इन दृश्यों को पत्थर में इस प्रकार उभारा है कि वे साकार हो उठे हैं। आज का प्रत्येक दर्शक उनकी प्रशंसा करता नहीं थकता। यह ध्यान देने योग्य है कि सभी द्वार यद्यपि पत्थर के हैं तथापि ऐसे मालूम होते हैं कि उनके सभी अंग लकड़ी के हैं। यह कला उस काल से सम्बद्ध है जब कारीगर पहले लकड़ी पर खुदाई करते थे और उन्होंने पत्थर पर खुदाई करना आरम्भ किया था।

शुंग-काल में ब्राह्मण-धर्म ने अपना अत्याचारी रूप प्रस्तुत किया। उसने बौद्ध धर्म के लोगों पर अन्याय भी किए। ब्राह्मणों की रीतियाँ लोकप्रिय हो गईं। अयोध्या शिला-लेख बताता है कि पुष्यमित्र ने दो अश्वमेध यज्ञ किये। कालिदास

का 'मालविकाग्निमित्रम्' उनमें से एक का वर्णन करता है। पतञ्जलि अपने 'महाभाष्य' में स्वयं लिखता है कि वह उसमें से एक का पुरोहित था। ऐसा भी बताया जाता है कि मनुस्मृति भी शुंगों के काल में लिखी गई थी। विदिशा के निकटवर्ती शिलालेख बताते हैं कि भगवद्धर्म लोकप्रिय हो रहा था।

पतञ्जलि ने पुष्यमित्र की 'सभा' का वर्णन किया है। किन्तु यह पता नहीं चलता कि सभा का तात्पर्य राज्य दरबार से है या विशिष्टजनों की परिषद् (council of magnates) से अथवा एक न्याय समिति से। कालिदास के 'मालविकाग्निमित्रम्' में मन्त्रि-परिषद् का भी वर्णन है। ऐसा प्रतीत होता है कि राज्य के आवश्यक मामलों में मन्त्रि-परिषद् अथवा अमात्य-परिषद् से सलाह ली जाती थी।

कलिंग नरेश खालवेल (King Kharavela of Kalinga)—खारवेल शुंगों का ही समकालीन था और उसका वर्णन उचित ही है। सौभाग्यवश हाथीगुम्फ़ा शिलालेखों से उसके विषय में बहुत कुछ ज्ञात होता है। के०पी० जायसवाल और आर०डी० बनर्जी ने इस शिलालेख को सुयोग्यता से सम्पादित किया है।

शिलालेख, जैन शिलालेखों की भाँति अर्हतों और रिद्धों की उपासना से आरम्भ होता है। यह बताता है कि 15 वर्ष पूर्ण करने के उपरान्त खारवेल युवराज बना। 24 वर्ष का आयु में उसका राज्याभिषेक हुआ। वह कलिंग के तीसरे राजवंश से था और उसके वंश का नाम चेत (या चैत्र) था। उसके राजकीय सम्बोधन थे 'ऐरा', 'महाराज', 'महामेघवाहन' और 'कलिंगाधिपति'। कहा जाता है कि खारवेल राजर्षियों के वंश में था। अपने राज्य के प्रथम वर्ष में उसने कलिंग के तूफ़ान से क्षति-ग्रस्त प्राचीरों, द्वारों और भवनों को ठीक करवाया। उसने सरोवर तथा बाग बनवाए। उसने अपनी 35,00,000 प्रजा को प्रसन्न रखा।

अपने दूसरे वर्ष में शातकर्णी की अवहेलना करते हुए उसने पश्चिम की ओर एक बड़ी सेना भेजी। उसने कशप (कश्यप) क्षत्रियों की सहायतार्थ मूषिकों की राजधानी को नष्ट कर दिया।

अपने राज्य के तीसरे वर्ष में 'गन्धर्व-वेद' या संगीत-शास्त्र में निपुण खारवेल ने नृत्य, नाटक और अन्य उत्सव किए। इस प्रकार उसने राजधानी-निवासियों का मनोरंजन किया।

अपने राज्य के चौथे वर्ष में शायद खालवेल ने कुछ पवित्र भवनों की मरम्मत कराई, जिन्हें 'विद्याधरों के निवास' कहते थे। उसने राष्ट्रकों और भोजकों को भी जीता।

पाँचवें वर्ष में वह तनाशुल्य पथ से तीन सौ वर्ष पूर्व सम्राट् नन्द की खोदी हुई नहर को अपनी राजधानी में लाया।

छठे वर्ष में उसने 'पौर' तथा 'जनपद' परिषदों को कुछ पुविधाएँ दीं। उसकी छठे वर्ष की अन्य कृतियाँ शिलालेख से मिट गई हैं।

सातवें वर्ष का इतिहास लगभग सारा ही मिट गया है। किन्तु प्रतीत होता है कि इस वर्ष उसने विवाह किया था।

आठवें वर्ष में उसने मगध पर आक्रमण किया और गया से पाटलिपुत्र के पुराने मार्ग पर बढ़ते हुए बराबर पहाड़ियों (गोरथ-गिरि) तक बढ़ गया। प्रारम्भिक आक्रमण में उसने किसी को मारा और आगे बढ़ने के लिए तैयार हो गया। किन्तु राजगृह के विरोधी राजा ने युद्ध नहीं किया और वह मथुरा तक पीछे हट गया। खारवेल ने आगे न बढ़ने में ही बुद्धिमत्ता समझी।

नौवें वर्ष में खारवेल ने बहुत बहुमूल्य उपहार दिए। उसने एक ठोस सोने का 'कल्पवृक्ष' दिया। पेड़ में पत्ते भी सोने के थे। इस उपहार के साथ हाथी, घोड़े, रथ और उनके सारथि भी थे। ये उपहार ब्राह्मणों को दिए गए और साथ में ही उत्तम भोज भी दिया गया। इसी वर्ष खारवेल ने भुवनेश्वर के निकट प्राची नदी के दोनों तटों पर 35 लाख की रजत मुद्राओं की लागत का एक महल बनवाया, जिसका नाम उसने 'विजय-प्रासाद' रखा।

दसवें वर्ष में उसने भारतवर्ष अथवा उत्तरी भारत के विरुद्ध अपनी सेनाएँ भेजीं। इस वर्ष की अन्य घटनाएँ इस शिलालेख से मिट गई हैं।

ग्यारहवें वर्ष में उसने 13 सौ वर्ष पुरानी केतुभद्र की लकड़ी की प्रतिमा का जलूस निकाला। यह प्रतिमा कलिंग के भूतपूर्व नरेशों द्वारा पृथु-दक-दर्भ नामक नगर में स्थापित की गई थी। इस जलूस से 'जनपद' (प्रजा) को बहुत सन्तोष हुआ था।

बारहवें वर्ष में खारवेल ने उत्तर-पश्चिमी सीमाओं (उत्तरापथ) पर आक्रमण किया। उसी वर्ष उसने मगध के लोगों को चिन्तित बना दिया और उनके राजा को इस बात के लिए बाध्य कर दिया कि वह उससे भेंट करे। वह अंग और मगध के बहुमूल्य उपहारों तथा कलिंग की कुछ पैतृक सम्पत्ति तथा प्रथम जिन (first Jina) की एक प्रतिमा तथा पद-चिन्ह, जो राजा नन्द उठा कर ले गया था, अपने साथ लेकर कलिंग वापस लौटा। देश में उसने स्तम्भ बनवाए जिनके अन्दर अत्यन्त सुन्दर नक्काशी का काम देखने को मिलता है। उनके अन्दर उसने उपहार तथा भेटें रखवाईं उसी वर्ष उसने पाण्ड्य राजा से बड़े-बड़े हाथी-जहाज छीने या बलपूर्वक भेंट में लिए। इसके अतिरिक्त उसने हीरे, जवाहरात, हाथी, घोड़े तथा अन्य उपहार भी प्राप्त किये।

इस समय तक वह अपने राज्य-विस्तार से सन्तुष्ट हो चुका था। अत: राज्यकाल के तेरहवें वर्ष में उसका मन धर्म की ओर झुका। कुमारीपर्वत (उदयगिरि) पर उसने अर्हत देवालय के निर्माण की व्यवस्था की। शिलालेख में लिखा हुआ है कि राजा ने 1,900 बैल रखे हुए थे। किन्तु लेख कुछ मिटा हुआ-सा प्रतीत होता है। अत: बैलों के सम्बन्ध में यथार्थ रूप से कुछ कह सकना कठिन है। किन्तु इतना सत्य है कि उसने अर्हत मन्दिर के पास ही एक विशाल भवन बनवाया था। यह मन्दिर सम्भवत: पत्थर का बना हुआ था। चार स्तम्भों पर टिका एक मण्डप भी बनवाया जिसमें हरित मणियाँ भी जड़ी हुई थीं। जिस गुफा में यह लेख लिखा है, वह गुफ़ा भी बनवाई गई थी। यह कार्य उसके राज्य के तेरहवें या चौदहवें वर्ष में हुआ था। यह समय सम्राट् मुरिय की समाप्ति या मृत्यु के 165वें वर्ष से मेल खाता है। खारवेल को शान्ति तथा समृद्धि का सम्राट् कहा जाता है। भिक्षु-सम्राट् और 'धर्म राज' भी उसे कहा जाता है जिसने अपना जीवन कल्याण के देखने, सुनने और करने में लगाया। लेख की अन्तिम पंक्ति उपसंहार के रूप में खारवेल की राजनीतिक कीर्ति को फिर से दुहरा देती है।

जायसवाल और बैनर्जी का कथन है कि ईसाई संवत् से पूर्व की सदियों की ऐतिहासिक सामग्री में हाथी-गुम्फा शिलालेखों का अपना ही स्थान है। तिथि की दृष्टि से अशोक के पश्चात् के शिलालेखों में यह दूसरा शिलालेख है। पहला वेदीश्री का नानाघाट शिलालेख है। जैन धर्म के इतिहास और मौर्य-पूर्व कालानुक्रम के दृष्टिकोण से देश में पाई जाने वाली शिलालिपियों में सबसे अधिक महत्त्वपूर्ण है। इससे पौराणिक कथनों की भी पुष्टि होती है। इससे कम से कम 450 ई०पू० तक की वंशावली ज्ञात हो जाती है। इसी के आधार पर ही कहा जाता है जैन धर्म उड़ीसा में प्रतिष्ठित हुआ था। महावीर की मृत्यु के बाद सौ वर्ष में ही जैन धर्म वहाँ का राजधर्म बन गया। बिहार और उड़ीसा की एकता का प्राचीनतम (450 ई०पू० का) उदाहरण भी इसी से मिलता है। देश के सामाजिक इतिहास के बारे में पता चलता है कि 172 ई०पू० के लगभग प्राचीन उड़ीसा की जनसंख्या 35,00,000 थी। इससे न केवल 'अर्थशास्त्र' और मैगस्थनीज़ द्वारा प्रदत्त इस सूचना की ही पुष्टि होती है कि हमारे पूर्वज जनगणना कराया करते थे, बल्कि इस प्रकार तत्कालीन जनसंख्या का भी अनुमान लगाया जा सकता है। पुराणों में वर्णित आन्ध्र वंश के तीसरे राजा शातकर्णी प्रथम के इतिहास पर प्रकाश पड़ता है। यह अपने प्रकार का पहला लेख है जो "राजा मुरिय के काल" के विषय में सामग्री प्रदान करता है।

यह बात स्मरणीय है कि जहाँ डॉ० स्मिथ जैसे विद्वान भी जायसवाल और बैनर्जी द्वारा की गई इस लेख की व्याख्या से सहमत हैं वहाँ डॉ० आर०सी० मजूमदार ने इस सम्बन्ध में कई आपत्तियाँ उठाई हैं। वह कहते हैं कि खारवेल कलिंग के तीसरे वंश से सम्बन्धित नहीं था। वह आन्ध्र केशातकर्णी की भाँति कलिंग वंश की तीसरी पीढ़ी में होगा। उन दोनों ने अशोक की मृत्यु के पश्चात् अपनी स्वतन्त्रता घोषित कर दी थी। इसके अतिरिक्त इस बात का कोई भी प्रमाण नहीं है कि खारवेल का वंश महाभारत के समय से चला आ रहा था। यह शायद वेदों के काल से चला आ रहा हो। डॉ० मजूमदार कहते हैं कि जो शब्द साढ़े तीन लाख की आबादी बताते हैं उन्हें इस भाँति नहीं पढ़ना चाहिए। वे राजा को पुष्यमित्र ही मानने पर आपत्ति करते हैं। वे कहते हैं कि शिलालेख में उस केतु-भद्र का कोई वर्णन नहीं है जिसने 13 सौ वर्ष पूर्व महाभारत युद्ध लड़ा था। उसके अतिरिक्त उन्होंने महाभारत से उद्धरण लेकर

बताया है कि इस शिलालेख में वर्णित केतु-भद्र कलिंग-नरेश का पुत्र नहीं था। उसने कलिंग सेना का संचालन नहीं किया था। डॉ० मजूमदार ने कहा कि जैसा जायसवाल और बैनर्जी ने बताया, शिलालेख की सोलहवीं पंक्ति में तारीख का स्पष्ट वर्णन नहीं है।

कण्व या कण्वायन वंश (Kanvas or Kanvayanas), **73-28 ई०पू०**—शुंगों के पश्चात् कण्वों ने राज्य किया। पुराणों में स्पष्ट लिखा है कि ''शुंग इस पृथ्वी पर पूरे 112 वर्ष शासन करेंगे और इसके पश्चात् यह पृथ्वी कण्वों को मिल जाएगी।'' बाण ने भी हर्ष चरित में कहा कि ''अति कामुक शुंग नरेश मन्त्री वासुदेव के उकसाने पर देवभूति की दासी की कन्या द्वारा मारा गया। उस कन्या ने रानी का रूप बनाया था।''

स्वर्गीय सर आर०जी० भण्डारकर ने "Early History of the Deccan" में भिन्न मत दिया है। वे कहते हैं, ''आन्ध्र भृत्यों के संस्थापक ने केवल कण्वों को ही समूल नष्ट नहीं किया अपितु 'शुंगों की रही सही शक्ति' को भी समाप्त कर दिया। कण्वों को शुंगभृत्य अथवा शुंगों का नौकर कहा गया है। इसलिए ऐसा प्रतीत होता है कि जब शुंग राजा शक्तिहीन हो गए तो कण्वों ने समस्त शक्ति छीन ली और आधुनिक युग के पेशवाओं की भाँति राज्य करने लगे। उन्होंने अपने स्वामियों के वंश को उन्मूलित नहीं किया अपितु उन्हें बहुत साधारण राजा बना लिया। इस प्रकार इन वंशों ने साथ-साथ राज्य किया और शुंगों के राज्य के 112 वर्षों में 45 वर्ष कण्वों के भी सम्मिलित हैं।'' यह मत डॉ० स्मिथ तथा रायचौधरी को स्वीकार नहीं है। वे निश्चित रूप से कहते हैं कि कण्व शासक शुंगों के समकालीन नहीं हो सकते।

पुराणों में कण्वों का यह वृत्तान्त दिया गया है, ''वह (वासुदेव) कण्वायन नौ वर्ष तक राजा रहेगा। उसका पुत्र भूमिमित्र 14 वर्ष तक राज्य करेगा। उसका पुत्र नारायण 12 वर्ष तक राज्य करेगा। उसका पुत्र सुशर्मा 10 वर्ष का राज्य करेगा। ये शुंगभृत्य कण्वायन सम्राटों के नाम से याद किये जाते हैं। ये चार कण्व ब्राह्मण 45 वर्ष तक पृथ्वी पर शासन करेंगे। वे सत्यप्रिय होंगे और निकटवर्ती राजाओं को अधीन रखेंगे और सदाचारी होंगे। उसके पश्चात् राज्य आन्ध्रों के पास जाएगा।'' इस प्रकार पुराणों के अनुसार कण्व वंश में 4 राजा थे जिन्होंने 45 वर्ष तक राज्य किया। डॉ० स्मिथ के अनुसार, उनके वंश का राज्य 73 ई०पू० से 28 ई०पू० तक रहा। डॉ० रायचौधरी कहते हैं कि कण्वों ने लगभग 75 ई०पू० से 30 ई०पू० तक राज्य किया।

हमें कण्व वंश के किसी भी नरेश के विषय में कुछ भी मालूम नहीं। हमें कुछ मुद्राएँ (coins) मिली हैं जिन पर 'भूमिमित्र' खुदा है। उनसे ऐसा प्रतीत होता है कि वे कण्व नरेश भूमिमित्र के समय की हैं। किन्तु मुद्राशास्त्री (numismatics) इस मत से सहमत नहीं हैं। कुछ लोगों ने सुशर्मा को कण्व वंश का अन्तिम सम्राट् मानने की चेष्टा की है। सुशर्मा परिव्राजक वंश का संस्थापक था। परन्तु यह मत माननीय नहीं है।

ऐसा प्रतीत होता है कि शुंगों की तुलना में कण्वों का राज्य बहुत छोटा था। पंजाब को यूनानियों ने हस्तगत कर लिया था। मगध के पश्चिम में गंगा के मैदान के बड़े भाग पर 'मित्रों' (the Mitra kings) का अधिकार था। विदिशा में अभी तक शुंगों का अधिकार था। यद्यपि पुराण बताते हैं कि कण्व राजाओं को सामन्तों की राज्य-भक्ति का सौभाग्य प्राप्त हुआ तथापि ऐसा प्रतीत होता है कि मगध पर राज्य करने वाले वंश की यह परम्परागत प्रशंसामात्र थी। वास्तव में उनका राज्य शायद केवल मगध तक ही सीमित था।

पुराणों में यह कहा गया है कि कण्वों को आन्ध्रों ने पदच्युत कर दिया। किन्तु कण्वों को समाप्त करने वाले विशेष आन्ध्र राजा के बारे में काफी मतभेद हैं। ऐसा प्रतीत होता है कि आन्ध्रों द्वारा मगध की विजय स्थायी नहीं थी। हमें मगध के किसी भी पुरातत्त्व के स्थान से किसी भी आन्ध्र राजा का शिलालेख अथवा मुद्रा नहीं मिली है। आन्ध्रों के अन्तिम सम्राटों में से किसी का मगध पर एकाधिपत्य नहीं रहा। वे सब अपने को 'दक्षिणापथपति' (दक्षिण के राजा) कहते रहे। सम्भव है कि कुछ देर तक राज्य करने के पश्चात् वे मगध छोड़ कर चले गए हों। उनके जाने के पश्चात् ईसा संवत की पहली तीन शताब्दियों तक छोटे-छोटे राजा मगध में राज्य करते रहे और हम मगध के उस काल के इतिहास के विषय में लगभग कुछ नहीं जानते। इसी काल में लिच्छवी तथा गुप्त वंशों का आविर्भाव हुआ।

Suggested Readings

Barua, B.N.	:	Bharhut.
Bhandarkar, D.R.	:	The Carmichael Lectures, 1921.
Bhandarkar, R.G.	:	Early History of the Deccan.
The Divyavadana Ghosh, N.N.	:	Early History of India.
Jayaswal, K.P.	:	Hindu Pólity.
Kalidasa	:	Malvikagnimitram.
Majumdar, R.C. (Ed)	:	The Age of Imperial Unity.
Marshall, Sir John	:	Guide to Sanchi.
Pargiter, F.E.	:	Ancient Indian Historical Tradition.
Puri, B.N.	:	India in the time of Patanjali (1957).
Rapson (Ed.)	:	Cambridge History of India, Vol. I.
Raychaudhuri, H.C.	:	Political History of Ancient India.
Ray, N.R.	:	Maurya and Sunga Art.
Rockhill	:	Life of the Buddha.
Sastri, K.A. Nilakanta	:	A Comprehensive History of India, Vol. II.
Smith, V.A.	:	Early History of India.
Tarn, W.W.	:	The Greeks in Bactria and India.
Wilson	:	Theatre of the Hindus, Vol. I.

अध्याय

26

सातवाहन या आन्ध्र वंश

(The Satavahanas or Andhras)

जानकारी के स्रोत (Sources of Information)—कण्व वंश के उत्तराधिकारी सातवाहन या आन्ध्र वंश के इतिहास के स्रोत बहुत कम हैं। अभिलेखों की संख्या बहुत कम है और उनसे भी अधिक विवरण प्राप्त नहीं होते हैं। पूर्वी दक्षिण से केवल सात और पश्चिमी दक्षिण से 19 अभिलेख प्राप्त हुए हैं। पश्चिमी दक्षिण, मध्य प्रदेश और पूर्वी दक्षिण से बहुत बड़ी संख्या में सिक्के प्राप्त हुए हैं। थॉमस, रैप्सन, कनिंघम, भगवानलाल इन्द्राजी, स्कॉट आदि विद्वानों ने आन्ध्र वंश सम्बन्धी सारी उपलब्ध सामग्री एकत्र कर ली है। किन्तु उसमें बहुत सी विपरीतार्थक बातें हैं, जिनके कारण उस सामग्री को प्रामाणिक स्वीकार नहीं किया जा सकता। कुछ पुराणों के अनुसार आन्ध्र वंश के 19 राजा थे जिन्होंने 300 वर्ष राज्य किया। कुछ अन्य पुराणों के अनुसार इस वंश के 30 राजा थे जिन्होंने 400 वर्ष से अधिक राज्य किया। 'मत्स्य पुराण' के अनुसार, इस वंश की राज्य-अवधि 460 वर्ष, 'ब्रह्माण्ड पुराण' के अनुसार, 456 वर्ष, 'वायु पुराण' के अनुसार, 411 वर्ष और ''विष्णु पुराण'' के अनुसार, 300 वर्ष थी। इससे पुराणों में स्पष्ट विवाद दिखाई देता है। गुणाढ्य की ''बृहत्कथा'' किसी शातवाहन राजा के दरबार में ही लिखी गई बताई जाती है। यह कृति पूर्णरूप में तो प्राप्य नहीं है किन्तु इसके कुछ अंश प्राप्त होते हैं। राजा हाल के सैनिक कलापों की सूचना देने की दावा करने वाली 'लीलावाई' पुस्तक में अधिक विश्वसनीय जानकारी नहीं है। इससे भारतीय इतिहास के सातवाहन युग के विद्यार्थियों के लिए पर्याप्त कठिनाई होती है।

सातवाहनों का मौलिक निवास-स्थान (Original Home of the Satavahanas)—सातवाहन वंश के मूल-गृह के विषय में पर्याप्त विवाद है। अभिलेखों तथा सिक्कों से ज्ञात होने वाले सातवाहन तथा शातकर्णी नामक राजाओं को पुराणों में आन्ध्र, 'आन्ध्र-भृत्यः' और 'आन्ध्र जातीयः' कहा गया है। इससे विद्वानों ने यह निष्कर्ष निकाला है कि सातवाहन या शातकर्णी सभी वास्तव में आन्ध्र ही थे। रैप्सन, स्मिथ और भण्डारकर का विचार था कि सातवाहन वशी 'आन्ध्र देश' के निवासी थे। डॉ० स्मिथ ने उनकी राजधानी श्रीकाकुलम् निश्चित की, लेकिन भण्डारकर ने घन्नकटक को अधिक उपयुक्त समझा। डॉ० गोपालाचारी ने लिखा है कि अभिलेखी मुद्रा सम्बन्धी और साहित्यिक प्रमाण से तो पश्चिमी उद्‌भव की ओर संकेत मिलता है, अर्थात् वे उस स्थान के निवासी थे जो प्रतिष्ठिान के चारों ओर था; प्रतिष्ठान वर्त्तमान पैठान है जो भूतपूर्व हैदराबाद राज्य के औरंगाबाद जिले में स्थित है। यह बताया गया है कि सातवाहन महाराष्ट्र-निवासी थे। सम्भवतः शातकर्णी ने आन्ध्र देश को विजित किया और वहाँ के मूल निवासियों को परास्त करने के बाद उसे अपना साम्राज्य बना लिया। बाद में सातवाहनों के उत्तरी और पश्चिमी प्रदेश उनसे छिन गए और वे आन्ध्र देश के लोगों से इतने मिल गए कि पुराणों में उन्हें न केवल आन्ध्र देश के शासक ही कहा गया बल्कि उन्हें आन्ध्र वंशी भी कहा गया।

शुंगों और कण्वों की भांति शातवाहन भी ब्राह्मण थे। इसकी पुष्टि विशिष्ठीपुत्र पुरुमायि के नासिक गुफा अभिलेख से होती है जिसमें राजा गौतमीपुत्र शातकर्णी को एक अद्वितीय ब्राह्मण कहा गया है जिसकी शक्ति राम (परशुराम) के समान थी और जिसने क्षत्रियों की शान और मान को नष्ट कर दिया।

कालानुक्रम : शातवाहनों का कालानुक्रम बहुत कुछ अनिश्चित है। डॉ० डी०आर० भण्डारकर बताता है कि आन्ध्रों का उल्लेख 'ऐत्तरेय ब्राह्मण' में है जिसकी रचना 500 ई०पू० से पहले की गई थी। उस ग्रन्थ में आन्ध्रों को एक दस्यु जाति के रूप में प्रस्तुत किया गया है जो विश्वामित्र के वंशज थे और आर्य बस्तियों की सीमाओं पर रहते थे। चन्द्रगुप्त मौर्य और मैगस्थनीज़ के समय में आन्ध्र लोग गोदावरी और कृषणा नदियों के मुहानों पर रहते थे। वे अपनी सैनिक शक्ति के लिए प्रसिद्ध थे। केवल चन्द्रगुप्त मौर्य ही उनसे अधिक शक्तिशाली था। आन्ध्र क्षेत्र में 30 नगर थे जो दीवारों से घिरे हुए थे। उनके अतिरिक्त कई गाँव भी उसमें सम्मिलित थे। सेना में 100,000 पैदल सैनिक; 2,000 घुड़सवार और 1,000 हाथी थे। उनकी राजधानी श्रीकाकुलम् थी और कृष्णा नदी के बहाव की ओर किनारे पर स्थित थी।

अशोक ने बारहवें चट्टान लेख में आन्ध्रों की ओर इन शब्दों में संकेत किया है : "और उसी प्रकार यहाँ भी महाराज के राज्य में योण और कम्बोज जातियों में, नाभीतियों के नाभक, भोज और पिटिनिक जातियों में, आन्ध्र और पुलिन्द जातियों में, सब जगह सभी लोग महाराज द्वारा घोषित पुण्य-धर्म का अनुसरण करते हैं।" डॉ० स्मिथ ने लिखा है कि यद्यपि आन्ध्र अशोक के करदायी थे, उसकी मृत्यु के पश्चात् सिमुक के नेतृत्व में वे स्वतन्त्र हो गए। यह ईसा पूर्व तीसरी शताब्दी की घटना थी। डॉ० स्मिथ पुराणों में दी गई जानकारी को स्वीकार करते हैं कि आन्ध्रों ने 460 वर्ष राज्य किया। राजाओं की संख्या 30 भी ठीक ही प्रतीत होती है। डॉ० गोपालाचारी भी इस विचार को स्वीकार करते हैं। उनके अनुसार भी आन्ध्रों ने 460 वर्ष राज्य किया। उनका राज्य 235 ई०पू० के लगभग आरम्भ हुआ और 225 ई० के लगभग समाप्त हुआ।

खारवेल के हाथीगुंफा अभिलेख में काल्पनिक आधार पर दी गई मौर्य संवत् की एक तिथि को स्वीकार करके और सातवाहन वंश के श्री शातकर्णी की भाँति खारवेल को कलिंग के चेत वंस का तीसरा राजा मानकर, रैप्सन ने यह निष्कर्ष निकाला कि सातवाहन वंश का राज्य 220 और 221 ई०पू० के मध्य आरम्भ हुआ।

यह पहले ही कहा जा चुका है कि सातवाहनों के युग के विषय में सभी पुराणों में एक ही बात कही गई है। 'मत्स्य पुराण' में उनकी राज्य-अवधि 460 वर्ष बताई गई है, 'ब्रह्माण्ड पुराण' में 456 वर्ष, 'वायु पुराण' में 411 वर्ष और 'विष्णु पुराण' में केवल 300 वर्ष। सर आर०डी० भण्डारकर का विचार था कि यह अन्तर इसलिए था कि कुछ पुराणों में विभिन्न राजधानियों से एक ही समय किए गए राज्यों को क्रमानुगत समझ लिया गया था। डॉ० स्मिथ का विचार है कि अन्तर का कारण यह था कि कुछ पुराण सातवाहन वंश की राज्य-अवधि उसके आरम्भ से गिनते हैं और कुछ कण्व वंश के अन्त से। डॉ० रायचौधरी ने बताया है कि वंश की शाखाओं के कारण ही यह अन्तर दिखाई दिया और वंश की शाखाओं की पुष्टि कुन्तल शातकर्णी जैसे नामों से होती है। डॉ० रायचौधरी ने लिखा है कि "इस बात से इन्कार नहीं किया जा सकता कि मुख्य शाखा के साथ-साथ शातकर्णियों की गौण शाखाएँ भी थीं।..........यदि मुख्य शातकर्णी शाखा में 19 राजा थे और (इसलिए) उनकी राज्य अवधि 300 वर्ष हो तो पौराणिक जानकारी को स्वीकार करने में कोई कठिनाई नहीं कि सिमुक का समय बाद के कण्वों के समय में, अर्थात् प्रथम शताब्दी ईसा पूर्व था।" वे फिर कहते हैं, "कुछ विद्वान नानाघाट अभिलेख को द्वितीय शती के पूर्वार्द्ध में रखते हैं और गौतमीपुत्र शातकर्णी के अभिलेखों को द्वितीय शती ई० में रखते हैं, किन्तु उनको इसका कारण बताना होगा कि 300 वर्ष के समय में शातवाहन अभिलेखों की कमी क्यों है।"

डॉ० रायचौधरी इस निष्कर्ष पर पहुँचते हैं कि सातवाहन वंश का संस्थापक सिमुक था जिसे पुराणों में सिसुक, सिन्धुक और सिप्रक भी कहा गया है। सिमुक कुछ वर्षों के लिए सुशर्मा (40-30 ई०पू०) का समकालीन था और प्रथम शती ई०पू० में राज्य करता था। आर०पी० चन्दा ने यह भी कहा है कि नयनिका (Nayanika) का अभिलेख भागवत के बेसनगर अभिलेख से बाद का है जो सम्भवत: पुष्यमित्र के वंश का अन्तिम शासक था। इससे इस विचार की भी पुष्टि होती है कि सिमुक को प्रथम शती ई०पू० में रखा जा सकता है। बूह्लर (Buhler) का विचार है कि नानाघाट अभिलेखों के अक्षर गौतमीपुत्र शातकर्णी और उसके पुत्र पुलमायि के अभिलेखों से लगभग 100 वर्ष अधिक पुराने हैं। एन०जी० मजूमदार भी नानाघाट अभिलेख को 100 ई०पू० और 75 ई०पू० के बीच रखते हैं। डॉ० रायचौधरी आर०डी० बैनर्जी के विचार को प्रस्तुत करते हैं कि हाथीगुंफा अभिलेख में आने वाले एक वाक्य 'तिवास शत' का अर्थ 103 नहीं 300 है। खारवेल और उसका समकालीन शातकर्णी नन्दराज से 300 वर्ष पश्चात् 24 ई०पू० के लगभग रहे होंगे। रायचौधरी यह निष्कर्ष निकालते

हैं कि शातवाहन वंश के 19 राजा थे जिन्होंने 300 वर्ष राज्य किया। किन्तु कुन्तल के सातकर्णियों और शातवाहनों का राज्य इससे भी अधिक समय तक चला और चौथी शती ई० में भी यह विद्यमान था जब कादम्बों ने इसका अन्त कर दिया।

इस पुस्तक में हम डॉ० स्मिथ और डॉ० गोपालाचारी का विचार स्वीकार करते हैं कि सातवाहन वंश ने 460 वर्ष राज्य किया जो लगभग 235 ई०पू० में आरम्भ हुआ और लगभग 225 ई० में समाप्त हुआ।

सिमुक (Simuka)—सिमुक शातवाहन वंश का संस्थापक था और उसने लगभग 235 ई०पू० से 212 ई०पू० तक 23 वर्ष राज्य किया। पुराणों में सिमुक सम्बन्धी उल्लेख इस प्रकार है : ''आन्ध्र सिमुक और उसके सह-जाति लोग, सुशर्मा के सेवक, कण्वायनों और उस (सुशर्मा) पर आक्रमण करेंगे और शुंगों की शक्ति को नष्ट करेंगे और इस पृथ्वी पर अधिकार कर लेंगे।'' जैन परम्परा यह है कि सिमुक ने जैन और बौद्ध दोनों मन्दिर बनवाए। किन्तु अपने राज्य के अन्त में वह अत्याचारी बन गया। परिणामस्वरूप उसे सिंहासन से उतार दिया गया और उसका वध कर दिया गया।

काह्न या कृष्ण (Kanha or Krishna)—सिमुक के बाद उसका छोटा भाई काह्न या कृष्ण राजा बना। उसने लगभग 212 ई०पू० से 195 ई०पू० तक राज्य किया। 18 वर्ष के राज्य में काह्न ने अपने भाई की विजय नीति का अनुसरण किया। परिणामस्वरूप शातवाहन साम्राज्य पश्चिम में नासिक तक फैल गया।

शातकर्णी प्रथम (Satakarani I)—काह्न के बाद शातकर्णी प्रथम राजा बना। पुराणों के अनुसार वह काह्न का पुत्र था। डॉ० गोपालाचारी का मत है कि वह सिमुक का पुत्र था। उसने केवल नौ वर्ष राज्य किया। फिर भी उसने बहुत से कार्य किए। उसकी रानी नयनिका के एक अभिलेख से शातकर्णी प्रथम के विषय में बहुत सी जानकारी प्राप्त होती है। उसमें यह कहा है कि शातकर्णी प्रथम ने पश्चिमी मालवा पर और अनूप प्रदेश (नर्मदा घाटी) तथा विदर्भ (बरार) पर विजय प्राप्त की। यह कहा गया है कि यूनानियों के आक्रमणों के कारण देश में फैली अव्यवस्था से शातकर्णी प्रथम का कार्य सरल हो गया। शातकर्णी प्रथम ने दो अश्वमेध यज्ञ किए और एक राजसूय यज्ञ किया। इस प्रकार वह 'सम्राट' बन गया। उसने 'दक्खिनापथपति' और 'अप्रतिहतचक्र' उपाधियाँ धारण कर लीं। यज्ञों के समय बहुत सी वस्तुएँ उसने 'दक्षिणा' के रूप में दे दीं। कहा जाता है कि अन्य वस्तुओं के अतिरिक्त उसने 42,700 गायें, 10 हाथी, 1,000 घोड़े, 17 रजत-कलश, एक घोड़े वाला रथ और 68,000 कार्षापण दक्षिणा के रूप में दिए। प्रतीत होता है कि उसके समय में देश में समृद्धि होगी। सम्भव है कि शातकर्णी युद्ध में मारा गया हो।

वेदिश्री और सतिश्री (Vedisiri and Satisiri)—शातकर्णी के पश्चात् उसके दो नाबालिग पुत्र वेदिश्री और सतिश्री राजा बने। राजकार्य उनकी माँ ने अपने पिता की सहायता से चलाया। प्रतीत होता है कि वेदिश्री अपनी बाल्यावस्था में ही मर गया, किन्तु सभी पुराण एकमत हैं कि शातकर्णी प्रथम के पश्चात् पूर्णोत्संग राजा बना। इस वंश के चौथे राजा का कुछ भी नाम रहा हो, यह तो निश्चित हैकि इसके राज्य-काल में पुष्यमित्र ने मौर्य सिंहासन पर अधिकार कर लिया। 'मत्स्य पुराण' में स्कन्दस्तम्भी को पाँचवें राजा के रूप में प्रस्तुत किया गया है किन्तु इसे काल्पनिक नाम समझा गया है।

शातकर्णी द्वितीय (Satakarni II)—शातकर्णी द्वितीय ने 166 ई०पू० से 111 ई०पू० तक राज्य किया। सम्भवतः उसी का नाम हाथीगुम्भा और भेलसा अभिलेखों में दिया गया है। प्रतीत होता है कि उसके राज्य के पुष्यमित्र के किसी उत्तराधिकारी से पूर्वी मालवा जीत लिया गया।

पुराणों के अनुसार, शातकर्णी द्वितीय के बाद लम्बोदर राजा बना। उसके बाद उसका पुत्र आपीलक राजा बना। अगला महत्त्वपूर्ण राजा कुन्तल शातकर्णी था। वात्स्यायन-कृत ''कामसूत्र'' में कहा गया है कि कुन्तल शातकर्णी ने अपनी रानी मलयवती पर उंगलियों से प्रहार किया जो कैंची की तरह रखी हुई थीं इससे रानी की मृत्यु हो गई। राजशेखर-कृत 'काव्य मीमाँसा' में कहा गया है कि कुन्तल सातवाहन ने आदेश दिया कि प्राकृत भाषा का प्रयोग केवल उसके अन्तःपुर की स्त्रियाँ ही करें।

हाल (Hala)—सातवाहन वंश का अगला महत्त्वशाली राजा हाल था। वह इस वंश का सत्रहवाँ राजा था। उसने लगभग 20 ई० से 24 ई० तक राज्य किया। यह कहा गया कि राजा हाल शांति के समय सबसे महान् राजा था। वह कवि

था। उसका नाम पुराणों, 'लीलावती', 'सप्तशती', 'अभिघान चिन्तामणि', और 'देशीनाममाला' में दिया गया है। कहा गया है कि 'सप्तशतक' राजा हाल की रचना है। सर आर०डी० भण्डारकर का विचार था कि राजा हाल या तो इसका लेखक था या यह पुस्तक उसे समर्पित की गई थी।

सम्भवतः 'बृहत्कथा' का लेखक गुणाढ्य हाल का समसामयिक था। यह पुस्तक पैशाची भाषा में लिखी गई थी। तीन अन्य कृतियाँ 'बृहत्कथा' पर ही आधारित हैं : बुधस्वामी-कृत 'बृहत्कथा-श्लोक-संग्रह', क्षेमेन्द्र-कृत 'बृहत्कथा मंजरी' और सोमदेवकृत 'कथासरित्-सागर'।

हाल के सेनापति विजयानन्द ने लंका में अपने स्वामी की सेवा एक सफल अभियान में की। वापस आते समय वह सप्त गोदावरी भीमां में ठहरा। यहाँ उसने लंका के राजा की पुत्री लीलावती के सौन्दर्य की चर्चा सुनी। सेनापति ने सारी कथा राजा हाल से कह सुनाई। राजा ने लीलावती को प्राप्त किया और उससे विवाह कर लिया। प्रतीत होता है कि राजा ने पूर्वी दक्षिण में कुछ सैनिक अभियान भेजे, किन्तु विद्वान् इस विषय में एकमत नहीं हैं।

गौतमीपुत्र श्री शातकर्णी (Gautamiputra Siri Satakarni)—सातवाहन वंश का अगला महत्त्वशाली राजा था गौतमीपुत्र श्री शातकर्णी, और उसने लगभग 70 ई० से 95 ई० तक राज्य किया।

गौतमीपुत्र शातकर्णी शातवाहन वंश का सर्व-प्रसिद्ध शासक था। उसने वंश के विपत्ति-ग्रस्त भाग्य को ही नहीं बचाया बल्कि विस्तृत प्रदेशों को भी अपने साम्राज्य में सम्मिलित किया।

गौतमीपुत्र शातकर्णी को शकों, यवनों और पहलवों का विनाशकर्ता कहा गया है। उसने शक सरदार नहपान के वंश—क्षहरात वंश—का अन्त किया। नहपान का पतन उसके राज्य के 18वें वर्ष में या उसके शीघ्र पश्चात् ही हुआ होगा। उसने अपरान्त, अनूप, सुराष्ट्र, कुकुर, अकर और अवन्ति नहपान से जीत लिए। इनके अतिरिक्त गौतमीपुत्र का अधिकार ऋषिक, अस्मक, मूलक और विदर्भ पर भी था। ऋषिक का तादात्म्य कृष्णा नदी के तट पर स्थित ऋषिकनगर के इर्द-गिर्द के जिले से स्थापित किया गया है। अस्मक प्रदेश भूतपूर्व हैदराबाद राज्य में स्थित था। मूलक गोदावरी नदी के तट पर स्थित था और इसकी राजधानी प्रतिष्ठान थी। विदर्भ भूतपूर्व बरार प्रान्त था। वह प्रदेश जो उसके प्रत्यक्ष अधिकार में था, दक्षिण में गोदावरी से उत्तर में मालवा तथा काठियावाड़ तक और पूर्व में बरार से पश्चिम में कोंकण तक फैला हुआ था। उसने अपने आपको विन्ध्य, ऋक्षावत, परियात्रा, सह्य, महेन्द्र तथा अन्य पर्वतों का स्वामी घोषित किया जो भारत के दक्षिणी प्रायद्वीप के चारों ओर स्थित हैं। उसने 'त्रि-समुद्र-तोय-पिता-वाहन' उपाधि धारण की जिसका अर्थ है जिसकी सेनाएँ तीन समुद्रों अर्थात् बंगाल की खाड़ी, अरब सागर और हिन्द महासागर तक गईं।

प्रतीत होता है कि गौतमीपुत्र शातकर्णी द्वारा नहपान से विजित सभी प्रदेश मृत्यु से पहले ही उससे छिन गए। ये प्रदेश कार्दमक वंश के अधिकार में चले गए जो एक अन्य सिथियन वंश था। टोलेमि के भूगोल से यही परिणाम निकलता है। वैसा ही निष्कर्ष 150 ई० के रुद्रदमन के जूनागढ़ अभिलेख से भी निकलता है। इस अभिलेख से ज्ञात होता है कि गौतमीपुत्र शातकर्णी द्वारा नहपान से विजित सभी प्रदेश रुद्रदमन ने जीत लिए। प्रतीत होता है कि अपने विजित प्रदेशों के कुछ भाग को कार्दमक ने शकों के साथ एक वैवाहिक संधि करके बचाने की चेष्टा की। एक कन्हेरी अभिलेख में वाशिष्ठीपुत्र शातकर्णी को, जो सम्भवतः गौतमीपुत्र शातकर्णी का एक पुत्र था, एक 'महाक्षत्रप' की पुत्री का पति बताया गया है। यह 'महाक्षत्रप' सम्भवतः रुद्रदमन ही था।

गौतमीपुत्र महान् योद्धा था। वह शान्तिपूर्ण कार्यों में भी बहुत रुचि लेता था। उसने समाज की कुछ कुप्रथाओं को दूर किया। उसने चारों 'वर्णों' या जातियों के हितों की रक्षा की चाहे वे 'द्विज' थे या 'अवर'। उसने 'वर्णसंकर' नामक सामाजिक बुराई को समाप्त किया जिसका अभिप्राय था चारों जातियों का मिश्रण।

गौतमीपुत्र को एक सुन्दर व्यक्ति कहा गया है जिसका मुख मोहक और तेजस्वी था। उसकी चाल बहुत सुन्दर थी। उसकी बलिष्ठ, लम्बी भुजाएँ थीं। वह सभी लोगों में उत्साह और साहस का संचार कर देता था। अपनी माँ का आज्ञाकारी पुत्र था। आक्रमणकारी शत्रु पर भी वह प्रहार नहीं करना चाहता था। वह गुणवान व्यक्तियों का आश्रयदाता था। सदाचार का स्रोत था। वह अपनी प्रजा की भलाई में बहुत रुचि लेता था और न्यायपूर्ण कर ही लेता था।

गौतमीपुत्र शातकर्णी को विक्रमादित्य सिद्ध करने की चेष्टा की गई है। किन्तु यह बात इसलिए मान्य नहीं है कि गौतमीपुत्र ने कभी 'विक्रमादित्य' उपाधि ग्रहण नहीं की। इसके अतिरिक्त वह विक्रम संवत् भी प्रयोग नहीं करता था। वह स्वयं अपनी राजकीय गणना प्रयोग करता था। उसकी उपाधि थी 'वर-वरण-विक्रम-चारु-विक्रम', अर्थात् वह व्यक्ति जिसकी चाल सबसे बढ़िया हाथी की तरह है। इस उपाधि का 'विक्रमादित्य' से कोई सम्बन्ध नहीं है जिसका अर्थ है वीरता का सूर्य। उसी प्रकार यह विचार भी मान्य नहीं है कि गौतमीपुत्र शातकर्णी नागार्जुन का समसामयिक था। ह्यूनत्साँग ने लिखा है कि यह राजा दक्षिण कोशल में राज्य करता था। किन्तु यह प्रदेश उस सूची में सम्मिलित नहीं है जिसमें गौतमीपुत्र शातकर्णी के साम्राज्य के प्रदेशों की गणना की गई है। यह सुझाव भी दिया गया है कि गौतमीपुत्र शातकर्णी साधारणत: अपने पुत्र वाशिष्ठीपुत्र पुलिमायि के साथ ही राज्य करता था। किन्तु यह सम्भव प्रतीत नहीं होता क्योंकि ऐसा एक भी अभिलेख नहीं है जिसमें इन दोनों का नाम एक साथ दिया गया हो।

पुलुमायि द्वितीय (Pulumayi II)—गौतमीपुत्र श्री शातकर्णी के पश्चात् उसका पुत्र वाशिष्ठीपुत्र सामी-श्री-पुलुमायि राजा बना। इसने 96 ई० से 119 ई० तक राज्य किया। उसके राज्य में शातवाहन साम्राज्य अपने गौरव तथा समृद्धि के शिखर तक पहुँच गया। पुलुमायि द्वितीय ने अपने पिता के साम्राज्य को ही स्थिर नहीं रखा बल्कि उसमें वृद्धि भी की। उसके सिक्कों से ज्ञात होता है कि उसने अपने साम्राज्य का विस्तार दक्षिण में किया। उसने एक नए शहर नवनगर की स्थापना की और 'नवनगरस्वामी' उपाधि धारण की। उसने 'महाराज' और 'दक्षिणपथेश्वर' उपाधियाँ भी धारण कीं। उसके कई तरह के बहुत से सिक्के विभिन्न स्थानों से प्राप्त हुए हैं। कहा जाता है कि उसके समय में साम्राज्य में बहुत समृद्धि थी। अमरावती के स्तूप को और बड़ा कर दिया गया और उसके ऊपर नक्काशीदार संगमरमर की पट्टियाँ चढ़ा दी गईं और चारों ओर जंगला भी बना दिया गया। पुलुमायि द्वितीय की कीर्ति इतनी प्रसिद्ध थी कि सुविख्यात भूगोलशास्त्री टोलेमि ने भी उसका उल्लेख किया है। पुलुमायि द्वितीय और चष्टन दोनों एक ही समय में हुए।

प्रतीत होता है कि पुलुमायि द्वितीय के राज्य के अन्त में चष्टन की शक्ति बढ़ने लगी। सबसे पहले उसने कच्छ और सिन्धु-सौवीर में अपने पाँव जमाए। उसने कुकुर, सुराथ, मरु, स्वभ्र, अवन्ति और अकर प्रदेश सभी हस्तगत कर लिए। उसने महाक्षत्रप उपाधि भी धारण की। प्रो० रैप्सन का विचार था कि रुद्रदमन का दामाद पुलुमायि द्वितीय चष्टन का पौत्र था। डॉ० गोपालाचारी को यह विचार मान्य नहीं है और वे कहते हैं कि चष्टन के समसामयिक पुलुमायि द्वितीय ने उसकी प्रपौत्री से विवाह किया।

श्री शातकर्णी (Siri Satakarni)—पुलुमायि द्वितीय के पश्चात् वाशिष्टीपुत्र श्री शातकर्णी राजा बना। उसका नाम 'वायु पुराण' में दिया गया है जिसमें उसे 29 वर्ष का लम्बा राज्य-काल दिया गया है। उसने लगभग 120 ई० से 149 ई० तक राज्य किया होगा। वह रुद्रदमन का दामाद था। उसके बहुत से सिक्के प्राप्त हुए हैं।

शिव श्री पुलुमायि (Siva-Siri Pulumayi)—अगला राजा शिव-श्री पुलुमायि था जिसने लगभग 150 ई० से 156 ई० तक राज्य किया। डॉ० गोपालाचारी ने सुझाव दिया है कि सम्भवत: वह पुलुमायि द्वितीय का पौत्र था और सम्भवत: वही सातवाहन राजा था जिसे रुद्रदमन ने पराजित किया। रुद्रदमन के गिरनार अभिलेख में कहा गया है कि "रुद्रदमन ने अपने निकट सम्बन्धी दक्षिणापथेश्वर शातकर्णी को दो बार परास्त करके भी उसे नष्ट नहीं किया था इसलिए उसे अच्छे समाचार मिलते रहे।" प्रतीत होता है कि फिर युद्ध करने का कारण यह था कि रुद्रदमन सातवाहनों के हाथों नहपान को पराजय का बदला लेना चाहता था और छिने हुए प्रदेश वापस लेना चाहता था। रुद्रदमन ने अनूप और अपरान्त तो वापस ले लिए किन्तु असिक, असक, मूलक और कुन्तल को प्राप्त न कर सका।

श्री शिवखड-शातकर्णी (Siri-Sivakhada-Satakarni)—शिव-श्री पुलुमायि तृतीय के पश्चात् उसका पुत्र श्री-शिवखड शातकर्णी राजा बना। उसने लगभग 157 ई० से 159 ई० तक राज्य किया।

श्री-यन (Siri-yana)—श्री-यन लगभग 160 ई० में राजा बना और 189 ई० तक राज्य करता रहा। उसके दो कन्हेरी अभिलेखों, नासिक अभिलेख तथा दो गुन्तूर अभिलेखों से ज्ञात होता है कि श्री-यन पूर्वी तथा पश्चिमी दक्षिण दोनों में राज्य करता था। सम्भवत: वह अपरान्त को फिर प्राप्त करने में सफल हो गया। पार्जिटर (Pargiter) मानता है कि श्री-यन के समय में कुछ पुराणों में परिवर्तन किए गए। सम्भवत: वही वह राजा है जिसकी बाण कवि ने 'त्रिसमुद्राधिपति'

कहा है और नागार्जुन संन्यासी का मित्र बताया है। ये सिक्के गुजरात, काठियावाड़, सोपारा और चन्दा, अकोला, गोदावरी तथा कृष्णा जिलों से प्राप्त हुए हैं। प्रतीत होता है कि उसके राज्य के अन्तिम वर्ष शातवाहन साम्राज्य के लिए विपत्तिजनक थे। आभीरों ने नासिक के इर्द-गिर्द के प्रदेश को हस्तगत करके दक्षिण की एकता को भंग कर दिया।

स्वामी साकेशन (Swami Sakesana)—शिरि-यन के बाद माधरीपूत स्वामी साकेशन राजा बना। इस राजा की कुछ सिंह-मुद्राएँ और हस्ति-मुद्राएँ प्राप्त हुई हैं। एक अन्य सातवाहन राजा विजय था जिसने छः वर्ष राज्य किया। विजय के बाद वाशिष्ठीपुत्र श्री चद शातकर्णी राजा बना जिसने दस वर्ष राज्य किया।

पुलुमायि चतुर्थ (Pulumayi IV)—इस वंश का अन्तिम शासक मुख्य शाखा से था। किन्तु आन्ध्र देश में पुलुमायि चतुर्थ के राज्य का कोई चिह्न नहीं मिलता। इस समय में शातवाहन साम्राज्य छिन्न-भिन्न हो गया। वह पाँच गौण शाखाओं में विभक्त हो गया। उन पाँच भागों के शासक चुतु वंश, पल्लव वंश, इक्ष्वाकु वंश, आभीर वंश और वाकाटक वंश थे। इस तथ्य की पुष्टि निम्नलिखित पौराणिक वर्णन से होती है। "जब आन्ध्र साम्राज्य का अन्त होगा तो उनके सेवक उनके स्थान पर राज्य करेंगे : 7 आन्ध्र और 10 आभीर राजा, 7 गर्दभिन और 18 शक राजा। श्री पर्वतीय आन्ध्र राजा 52 वर्ष राज्य करेंगे, 10 आभीर राजा 67 वर्ष राज्य करेंगे, 7 गर्दभिन राजा 72 वर्ष पृथ्वी का भोग करेंगे, 18 शक राजा 183 वर्ष राज्य करें।" इस प्रकार शातवाहन वंश का अन्त हुआ।

सातवाहन युग में दक्षिण की अवस्था
(The Deccan during the Satavahana Period)

राजनीतिक अवस्था (Political Condition)—शातवाहन युग के अभिलेखों, सिक्कों और साहित्य से प्राप्त की गई जानकारी के आधार पर हम तत्कालीन लोगों के राजनीतिक, धार्मिक, सामाजिक और आर्थिक जीवन के विषय में ज्ञान प्राप्त कर सकते हैं। सातवाहन प्रशासन (administration) बहुत ही सरल था। धर्मशास्त्रों में निर्धारित नियमों को राजागण कार्यान्वित करते थे। राजतन्त्र पुत्रों में वंशानुगत था। बहुविवाह की प्रथा प्रचलित थी, किन्तु साम्राज्य में उत्तराधिकार के लिए झगड़े या विभाजन या भ्रातृघातक युद्धों का कोई चिन्ह दिखाई नहीं देता। शातवाहन राजाओं ने केवल 'राजा' उपाधि को ही ग्रहण किया। वे राजाओं के दैवी अधिकार में विश्वास नहीं रखते थे। वे किसी निरंकुश अधिकार का दावा नहीं करते थे। धर्मशास्त्रों के विहित नियमों से वे स्वयं भी बद्ध थे और देश के रीति-रिवाज उन पर भी लागू होते थे। युद्ध में राजा ही सेनापति भी होता था। युद्ध-क्षेत्र में वह स्वयं सेनाओं का नेतृत्व करता था। प्रत्येक संस्था का वही मुख्य था। राजकुमारों को 'कुमार' कहा जाता था। ज्येष्ठ पुत्र को 'युवराज' नहीं बनाया जाता था और उसे देश के प्रशासन में योग देने की आज्ञा नहीं दी जाती थी। किन्तु कुमारों को राजा के प्रतिनिधि नियुक्त किया जाता था। यदि राजा नाबालिग हो तो देश का प्रशासन मृत राजा के भाई या पत्नी द्वारा चलाया जाता था। नयनिका ने वास्तव में ऐसा ही किया।

सामन्तों के अधीनस्थ प्रदेशों को छोड़ कर शेष सारा साम्राज्य 'जनपदों' और 'अहारों' में विभक्त था। एक 'जनपद' में कई 'अहार' होते थे। 'अहार' को पल्लवकालीन 'राष्ट्र' या वर्तमान ज़िला समझना चाहिए। प्रत्येक 'अहार' का नाम उसके मुख्य कार्यालय के नाम पर रखा जाता था। प्रत्येक 'अहार' आगे 'गामों या गाँवों में विभक्त था। 'अहार' 'अमाचों' के अधिकार में रखा जाता था। वे पैतृक गवर्नर नहीं थे और समय-समय पर उन्हें स्थानान्तरित किया जाता था। अन्य ज्ञात अधिकारियों के नाम थे 'महातारक' (महाप्रतिहार), 'महाअर्यक', 'भण्डारागारिक' (भण्डारी), 'हैराणिक' (खजाँची), 'महामात्र', 'निबन्धकार' (प्रलेखों की देख-रेख करने वाले कर्मचारी), 'प्रतिहार' और 'दूतक'।

राजा कठिनाई से ज़ीवन-निर्वाह करता था। टैक्स अधिक नहीं थे। उनकी संख्या भी कम थी। सरकार की आय शाही जायदाद, भूमि-कर, नमक पर एकाधिकार से और न्याय-शुल्क से प्राप्त की जाती थी। बहुत से टैक्स पदार्थ रूप में लिए जाते थे।

सामाजिक अवस्था (Social Condition)—समाज चार वर्गों में विभक्त था। प्रथम वर्ग में 'महारथी' 'महाभोज और महासेनापति' सम्मिलित थे। वे समाज के उच्चतम वर्ग के अंग थे। 'राष्ट्रों' या जिलों के अधिकारी सामन्त थे।

'महाभोज' उत्तरी कोंकण-निवासी थे और 'महारथी' पश्चिमी घाट के उत्तरी प्रदेश के निवासी थे। रैप्सन ने बताया है कि "आमतौर पर प्रयुक्त होने वाले मातृनाम से सिद्ध होता है कि वे आन्ध्र राजाओं के बहुत समीप थे और उनके परिवार या जाति में से थे। पंडित भगवानलाल ने भी यही कहा था।"

द्वितीय वर्ग में कर्मचारी और गैर-सरकारी दोनों सम्मिलित थे। कर्मचारियों में 'अमात्य', 'महामात्र' और 'भण्डारागारिक' सम्मिलित थे और गैर-सरकारी सदस्यों में 'नैगम' (व्यापारी), 'सार्थवाह' (व्यापारियों के काफ़िले का प्रमुख) और 'श्रेष्ठिन्' (व्यापार निगम का प्रमुख) सम्मिलित थे। तृतीय वर्ग में 'लेखक' (क्लर्क), 'वैद्य', 'हलकीय' (कृषक), 'सुवर्णकार' (सुनार) और 'गन्धिक' (औषधियाँ बेचने वाला) सम्मिलित थे। चतुर्थ वर्ग में 'वार्धकी' (बढ़ई), 'मलाकार' (माली), 'लोहवणिज' (लौहार) और 'दसक' (मछियारा) सम्मिलित थे।

श्रेणियाँ (Srenis)—कृषकों और व्यापारियों को इकट्ठा मिला कर 'गृह', 'कुटुम्ब' या 'कुल' बनाए जाते थे। उनके प्रमुख को 'गृहपति' या 'कुटुम्बिन्' कहा जाता था। उसे अनेक अधिकार प्राप्त थे। 'श्रेणियाँ' या शिल्प-संस्थाएँ (craftguilds) शातवाहन युग की विशेषता थीं। तेलियों, द्रवचालित मशीन चलाने वालों, कुम्हारों, जुलाहों, खाद्यान्न के व्यापारियों, बाँस का काम करने वालों और ठठेरों की 'श्रेणियों' के चिन्ह प्राप्त होते हैं। सम्भवत: कुछ अन्य 'श्रेणियाँ' भी थीं जिनके विषय में हमारे पास जानकारी नहीं है। इन 'श्रेणियों' की उपस्थिति से ज्ञात होता है कि स्व-शासन की संस्थाएँ उस समय में प्रचलित थीं। 'श्रेणियाँ' केवल शिल्प या व्यापार में ही नहीं थीं। वे बैंक का काम करती थीं। उनमें धन जमा कराया जा सकता था और उस पर ब्याज भी मिलता था। प्राय: स्थाई धनदान भी इन्हीं 'श्रेणियों' को दिये जाते थे। उषावदात ने 'कुलीक निगमों' या 'श्रेणियों' को दो स्थाई धनदान दिए। एक दान से नए कपड़ों की व्यवस्था की गई और दूसरे दान से खाने-पीने की कुछ वस्तुओं की व्यवस्थाएँ की गईं। यह नहीं भूलना चाहिए कि उषावदात एक महान् व्यक्ति था और कपड़ों तथा खाने-पीने की व्यवस्था वह स्थानीय खजाने से भी कर सकता था लेकिन उसने 'श्रेणियों' में धन जमा कराना अधिक अच्छा समझा। इसका कारण यह था कि 'श्रेणियों' को साम्राज्य की अपेक्षा अधिक स्थायी समझा जाता था और साम्राज्य किसी भी समय नष्ट हो सकता था।

अभिलेखों से ज्ञात होता है कि जब भी धन को किसी व्यापार में लगाया जाता था तो उस पर ब्याज दिया जाता था। ब्याज की दर बदलती रहती थी। कभी-कभी यह दर 9% और कभी 12% वार्षिक होती थी।

विदेशी व्यापार (Foreign Trade)—शातवाहन काल में विदेशी व्यापार-वाणिज्य भी बहुत बढ़ा। भारतवर्ष और पश्चिम के व्यापारिक सम्बन्धों में दक्षिण ने पर्याप्त योग दिया। पेरिप्लस आफ दि एरीथ्रियन सी (Periplus of the Erythraen Sea) के अध्ययन से भारतवर्ष और पश्चिम के व्यापार का आभास मिलता है। हमें बताया गया है कि पश्चिमी देशों से आने वाले जहाज़ लाल सागर (Red Sea) के रास्ते आते थे और अरब के तट पर केन (Kane) तक आते थे। वहाँ से कुछ जहाज़ सिन्धु नदी की ओर चले जाते थे, कुछ बैरिगजा या भड़ौच की ओर और कुछ लिभ्रिका या मालाबार के बन्दरगाहों की ओर। पैठान और तगर उस समय की प्रसिद्ध मंडियाँ थीं। सर्वाधिक महत्त्वपूर्ण बन्दरगाहें थीं सुप्पारा या सोपारा और कलिएन या कल्याण। कल्याण की स्थायी मण्डी तृतीय सातवाहन शासक राजा शातकर्णी के समय में बनाई गई। टोलेमि (Ptolemy) ने, जिसने पेरिप्लस (Periplus) से केवल 60 वर्ष पश्चात् ही अपना वृत्तान्त लिखा, कल्याण का उल्लेख नहीं किया है। सम्भवत: उस समय तक कल्याण का महत्त्व कम हो गया था। शातवाहनों ने नौसेना के विकास की ओर भी ध्यान दिया।

पुलुमायि द्वितीय से श्री-यन (या यज्ञशिर) के समय में सुदूर पूर्व (Far-East) से केवल व्यापारिक सम्बन्ध ही नहीं थे, वहाँ पर उपनिवेश भी स्थापित किए गए। देश में शान्ति और समृद्धि से व्यापार और उपनिवेश-स्थापना में सहायता मिली होगी। राजा की प्रेरणा ने भी अपना कार्य किया होगा। रोम में आमोद-प्रमोद की वस्तुओं की माँग से भी व्यापारिक क्रियाशीलता को प्रोत्साहन मिला होगा।

मुद्रा (Currency)—देश की मुद्रा में कार्षापण (Karshapana) सम्मिलित थे जो ताँबा और चाँदी दोनों के बने हुए थे। सोने का सिक्का 'सुवर्ण' 35 चाँदी के कार्षापणों के बराबर था। एक कार्षापण का वजन 146·4 ग्रेन था और एक रत्ती का वजन 1·83 ग्रेन था।

धार्मिक अवस्था (Religious Condition)—हिन्दू धर्म और बौद्ध धर्म दोनों प्रचलित थे। शातवाहन राजा ब्राह्मण थे और वे यज्ञ भी करते थे। नयनिका के नानाघाट अभिलेख से ज्ञात होता है कि उस समय किस प्रकार के यज्ञ किये जाते थे। हमें बतलाया गया है कि शातकर्णी प्रथम ने दो अश्वमेध यज्ञ किए और एक राजसूय यज्ञ किया। उसी शासक ने 'अग्न्यावेध', 'अन्वराम्भनीय', 'गवमयान', 'अंगीरसतीरत्र', 'अप्तोर्यम', 'अंगीरसमयान', 'गार्गतीरात्र', 'छान्दोगपवमान अतीरात्र', 'त्रयोदशरात्र', 'दशरात्र' आदि यज्ञ भी किए। केवल यज्ञ ही नहीं किए जाते थे, बहुत-सा धन ब्राह्मणों को 'दक्षिणा' में भी दिया जाता था। एक अवसर पर 42,700 गायें, 10 हाथी, 17 रजत-कलश, एक घोड़े वाला रथ और 68,000 कार्षापण 'दक्षिणा' के रूप में दिए गए। कई बार 'दक्षिणा' ग्रामों के रूप में दी जाती थी।

शातवाहन राजा संकर्षण, वासुदेव, इन्द्र, सूर्य और चन्द्र की पूजा करते थे। राजा हाल की 'सप्तशती' में इन्द्र, कृष्ण, पशुपति और गौरी की पूजा का उल्लेख है। शिवपालित, शिवखादित, शिवदत्त, कुमार आदि नामों से शिव और स्कन्द की पूजा का संकेत मिलता है। उसी प्रकार विष्णुपालित, वेन्हु और लचिनिक नामों से विष्णु की पूजा का संकेत मिलता है। 'सप्तशती' में 'हरि' या 'त्रिविक्रम' को अन्य देवताओं से श्रेष्ठ बताया गया है। डॉ० डी०आर० भण्डारकर ने लिखा है : ''भूतपाल, महादेवनक, शिवदत्त, शिवघोष, शिवपालित, शिवभूति, शिवदात, भवगोप आदि नामों से यही सिद्ध होता है कि इस देवता की चार नामों से पूजा की जाती थी : शिव, महादेव, भव और भूतपाल। नन्दिन्, ऋषावानक और ऋषावदात नामों से ज्ञात होता है कि उसके वाहन बैल की भी पूजा होती थी। स्कन्दपालित, शिवस्कन्दिल और शिवस्कन्दगुप्त नामों से सिद्ध होता है कि स्कन्द की अकेले और शिव के साथ भी पूजा होती थी। नाग, सर्प और सर्पिल नामों से सर्प-पूजन के प्रचलन का आभास होता है।''

शातवाहन राजाओं की धार्मिक सहिष्णुता की नीति के कारण बौद्ध धर्म का इस युग में विकास हुआ। शातवाहन राजाओं ने बौद्ध धर्म को उतनी ही सहायता दी जितनी हिन्दू धर्म को। इसीलिए बौद्ध धर्म इस युग में बहुत फैला। बौद्ध गुफाओं तथा पीतलखोरा, नासिक, भज, बेदसा, कोण्डने और कुदा के अभिलेखों तथा भट्टीप्रोलु, अमरावती, गोली, घंटाशाला और गुम्मादीदुरू के बौद्ध स्तूपों से इस तथ्य की पुष्टि होती है। शातवाहन राजाओं ने ही बौद्ध धर्म को प्रोत्साहन नहीं दिया बल्कि उनके सामन्तों, कर्मचारियों, व्यापारियों, शिल्पियों और स्त्रियों ने भी उन्हीं के पद-चिन्हों का अनुसरण किया। प्रतीत होता है कि अधिक से अधिक बौद्ध विहार और गुफाएँ बनाने के लिए उनमें एक प्रकार से होड़ लगी रहती थी।

यह ध्यान देने योग्य है कि दक्षिण में अब तक जितनी भी गुफाएँ ज्ञात हुई हैं सभी बौद्ध गुफाएँ हैं और वे सब की सब शातवाहन काल में ही खोदी गई थीं : ये गुफाएँ दो प्रकार की थीं : 'चैत्यगृह' या मन्दिर और 'लयन', या भिक्षुओं के निवास के स्थान। 'चैत्यगृहों' की छतें महराबदार थीं और उनके प्रवेश द्वार पर घोड़े की नाल के आकार की खिड़कियाँ थीं। उनके अन्तः में एक हाल और दोनों ओर वीथिकाएँ थीं और अन्दर के गोलाकार सिरे पर एक छोटा-सा स्तूप होता था। 'लयन' में एक बड़ा हाल होता था जिसके चारों ओर छोटे-छोटे कमरे थे। प्रत्येक कमरे में भिक्षु के सोने के लिए एक पत्थर का तख्त होता था। प्रत्येक 'लयन' के साथ एक या दो चट्टान में से कटे हुए जलकुण्ड होते थे।

ये गुफाएँ विभिन्न व्यक्तियों ने बौद्ध धर्मावलम्बियों के लिए बनवाईं। उनकी मरम्मत के लिए तथा वहाँ रहने वाले भिक्षुओं के निर्वाह के लिए पर्याप्त व्यवस्था कर दी गई थी। मरम्मत के लिए गाँव दे दिए जाते थे। भिक्षुओं के निर्वाह के लिए कभी-कभी भूमि-दान दिया जाता था और कभी नकद धन दिया जाता था। इस धन को प्रायः 'श्रेणियों' में जमा करवा दिया जाता था। केवल बरसात के मौसम में ही भिक्षु गुफाओं में रहते थे। शेष समय वे भ्रमण करते थे। प्रतीत होता है कि कुछ गुफाएँ किसी विशेष बौद्ध धर्म-सम्प्रदाय के लिए निर्धारित की हुई थीं। नासिक की एक गुफा भाद्रायण भिक्षु संघ के लिए आरक्षित थी। कार्ले की एक गुफा महासांघिकों के लिए आरक्षित थी।

बौद्ध धर्म-सम्प्रदायों का उल्लेख कर देना उचित हो होगा। भादयानीय सम्प्रदाय नासिक और कन्हेरी में था। महासांघिक कार्ले और इसके इर्द-गिर्द के प्रदेश में थे। धम्मात्तरीय सोपारा में रहते थे। किन्तु इनमें किसी प्रकार का द्वन्द्व नहीं था। एक सम्प्रदाय दूसरे सम्प्रदाय की सहायता के लिए तैयार रहता था। पूर्वी दक्षिण में मुख्य सम्प्रदाय थे चेतिकीय,

पुब्बासेलीय, अवरसेलीय, उतायिपभाह और महाविनसेलीय। शातवाहन युग में महान् बौद्ध गुरुओं की बहुत बड़ी संख्या थी। पश्चिमी दक्षिण में महास्थविर, स्थविर, चरक और तेविज सम्प्रदाय लोगों में बौद्ध धर्म का प्रचार करते थे। पूर्वी दक्षिण में भिक्षु, भिक्षुणियाँ और सर्वसाधारण इन गुरुओं से सीखने के लिए तत्पर रहते थे। उस समय भिक्षुणियाँ भी उपदेश दिया करती थीं।

यह बड़ी रोचक बात है कि शातवाहन काल में बहुत से विदेशियों ने बौद्ध धर्म या ब्राह्मण-धर्म अंगीकार किया। यह बात यवनों, शकों, पहलवों और आभीरों के प्रति विशेषत: लागू होती है जो भारत में बस गए थे। रुद्रदमन ब्राह्मण-धर्म का अनुयायी था और विदिशा के राजा भागभद्र के दरबार में राजदूत हेलियोडोरस (Heliodorus) विष्णु का उपासक था। डॉ० डी०आर० भण्डारकर ने बताया है : "गुफा अभिलेखों में यवनों को कई बार चैत्यों या आश्रमिक स्थानों के सम्बन्ध में दान देते हुए दिखाया गया है। कार्ले में दो यवनों के नाम दिए गए हैं, एक का नाम सिहधोय (सिंहध्वज) है और दूसरे का नाम धर्म है। जुनार में तीन यवनों के नाम हैं, इपिल, चित (चित्र) और चन्द्र। नासिक में केवल एक यवन का नाम स्पष्ट रूप से दिया गया है, इन्द्राग्निदत्त जो धर्मदेव का पुत्र था। वे सब बौद्ध बन गए और इनमें से एक को छोड़ कर शेष सभी ने हिन्दू नाम धारण कर लिए।"

भारतीय कला में सातवाहन काल भी प्रसिद्ध है। उसकी देन महान है। आंध्र के गोली, जग्गपट, भट्टिप्रोलू, घंटसाल, अमरावती तथा नागार्जुन कोंडा जैसे स्थानों में इस काल के स्तूपों के अवशेष तथा मूर्तियाँ मिली हैं। अमरावती के स्तूप सबसे अधिक हैं तथा वे अत्यधिक मनोहर हैं। स्तूप का ढोल 20 फुट ऊँचा था। उसके बाहरी भाग पर चार वर्गाकार चित्र थे। उसके चारों ओर 192 फुट के व्यास वाला कठघरा था। कटघरे की परिधि 600 फुट थी। यह धरातल से 13 या 14 फुट ऊँचा था। बाहर का कटघरा लगभग 15 फुट चौड़े प्रदक्षिणा-मार्ग को घेरे था। उसके बीच-बीच में कुछ स्तम्भ थोड़ी-थोड़ी दूरी पर स्वतन्त्र रूप से खड़े थे। उन खम्भों पर छोटी-छोटी आकृतियों में स्तूप या उनके मस्तकों पर खुदे हुए चिन्ह थे। सर जॉन मार्शल का मत था कि "अमरावती की कला में अत्यधिक मौलिकता, स्वच्छन्दता तथा स्वाभाविक अंकन था।............अमरावती की कला भारहुत तथा अलोरा की भाँति ही वास्तव में भारतीय प्रकट होती है। वे मूर्तियाँ मौर्य कला की स्वाभाविक परिणति हैं। जब कला अधिक आचार विधियों में बंधती जा रही थी, उन्हें कुछ विचार और रूप विरासत में प्राप्त हुए जो उत्तर-पश्चिम से आए। किन्तु उन तत्त्वों को पूर्णत: पचा लिया गया है और वे भारतीय मूर्तिकला के रूप को भौतिक रूप से प्रभावित नहीं कर पाये।"

डॉ० बी०सी० सेन ने लिखा है कि "नारी की पतली कमर तथा शारीरिक सौन्दर्य के सुडौलपन, बढ़िया ढीले-ढाले कपड़े, कोमल चितबन, आकर्षक, प्राकृतिक गुणों के कारण अत्यधिक संज्ञाशील, कहीं किसी वाद्ययन्त्र को बजाती हुई सौन्दर्यपूर्ण कलात्मक तथा वस्तुत: कुछ हाव भाव का चोचला दिखाने वाली आकृतियाँ युवकों के सानिध्य में प्राप्त हुई हैं जिनमें सौंदर्य की प्रशंसा करने के गुण विद्यमान हैं। यदि हमें कभी उनको प्रत्यक्ष रूप में देखने का अवसर प्राप्त हो तो हम एक ओर प्रेमिका के प्रभावी चेहरे से उसके भावों को पढ़ सकते हैं और दूसरी ओर उसके प्रेमी के मन में उठने वाले उभार तथा कोमल भावनाओं की कल्पना कर सकते हैं।

अमरावती शाखा में बुद्ध को देवता मानकर पूजा की गई है। गांधार-कला में बुद्ध गुरु या उपदेशक के रूप में अवतरित हुआ है। मथुरा में वह स्थानीय संत बन गया है। अमरावती में उसे उपदेशक या सार्वजनिक वक्ता के रूप में प्रस्तुत किया गया है।"

चित्र कला के क्षेत्र में अजन्ता शाखा सातवाहनों से प्रारम्भ होती है। गुफा 10 का काल ईसा से दो शताब्दी पूर्व माना जाता है। यहाँ बुद्ध एक गद्दे पर भगवा वस्त्र पहने बैठा है। उसके मस्तक पर चंदन लगा है। उसके पास भिक्षु और एक गृहस्थी खड़ा है।

अमरावती शाखा "भारतीय पलस्तर कला के स्वर की समरसता में पूर्णत: विशिष्ट तथा अनुपम कड़ी है। अपने स्वच्छन्द उतार-चढ़ाव की पवित्र उपलब्धियों में, मानव हृदय की छली भावनाओं तथा उद्वेगों के आलेखन में तथा तड़पती हुई आत्मा के कम्पनों को विशेष रूप से अंकन करने में इसका कोई मुकाबला नहीं कर सकता।"

Suggested Readings

Bhandarkar, R.G. : The Early History of the Deccan.

Bhandarkar, R.G. : The Carmichael Lectures, 1919.

Dubreuil, G.J. : Ancient History of the Deccan, 1920.

Jayaswal, K.P. : History of India, A.D. 150-350.

Krishna Rao, B.V. : Early Dynasties of the Andhradesha, 1942.

Majumdar, R.C. (Ed.) : The Age of Imperial Unity.

Mookerjee, R.K. : Ancient India.

Pande, Chandra Bhan : History of Andhra-Satwahan Empire, 1963.

Pargiter : Dynasties of the Kali age.

Rapson (Ed.) : Cambridge History of India, Vol. I.

Raychaudhuri, H.C. : Political History of Ancient India.

Sastri, K.A.N. (Ed.) : Comprehensive History of India, Vol. II.

Sircar, D.C. : Successors of the Satavahanas 1939.

Smith, V.A. : Early History of India.

Subramaniam, K.R. : Buddhist remains in Andhra and Andhra History (A.D. 225-610), 1932.

अध्याय

27

भारत में बैक्ट्रियन यूनानी राज्य

(The Bactrian Greeks in India)

बैक्ट्रिया और पार्थिया सेल्यूकस के साम्राज्य के भाग थे। 250 ई०पू० के लगभग बैक्ट्रिया और पार्थिया दोनों ने सेल्यूकस के पौत्र एण्ट्योकस द्वितीय (Antiochos II) के विरुद्ध विद्रोह कर दिया। एण्ट्योकस द्वितीय और उसके तुरन्त बाद के उत्तराधिकारी विद्रोह को दबाने के लिए पर्याप्त शक्ति नहीं रखते थे इसलिए ये दोनों प्रदेश स्वतन्त्र हो गए। बैक्ट्रियन विद्रोह का नेता डायोडोटस प्रथम (Diodotos I) था और पार्थियन विद्रोह का नेता अर्सेकस था।

बैक्ट्रिया (Bactria)—हिन्दूकुश पर्वत के पार उत्तरी अफ़गानिस्तान में बल्ख के इर्द-गिर्द का प्रदेश बैक्ट्रिया कहलाता था। बैक्ट्रिया के उपजाऊ प्रदेश को स्ट्रैबो ने 'अरियाना का गौरव' कहा है। बैक्ट्रिया में बहुत पुराने समय से आदिवासी रहते थे जो सम्भवतः सिथियन जाति के थे। ईरान द्वारा बैक्ट्रिया की विजय से पहले भी उसका इस प्रदेश से घनिष्ठ सम्बन्ध था। बहुत से ईरानी बैक्ट्रिया में रहने लगे थे। ईरान द्वारा बैक्ट्रिया की विजय के बाद उसके सामरिक महत्त्व के कारण उसे एक क्षत्रप के अधिकार में सौंप दिया गया। सिकन्दर ने भी ईरान विजय के पश्चात् बैक्ट्रिया के प्रशासन में कोई परिवर्तन न किया। किन्तु बैक्ट्रिया पर अपने अधिकार को सुदृढ़ बनाने के लिए सिकन्दर ने अपने बहुत से अनुयायियों को इसी प्रदेश में रहने के लिए सहमत कर लिया। वे लोग बैक्ट्रियन लोगों का एक बड़ा भाग थे। यह मिश्रित जनता एक यूनानी क्षत्रप के अधीन रहती थी।

सेल्यूकस (Seleucus)—323 ई०पू० में सिकन्दर की मृत्यु के पश्चात् उसके सेनानायकों में प्रभुत्व के लिए संघर्ष हुआ। अन्त में पश्चिमी एशिया में सेल्यूकस और एण्टिगोनस सफल हुए। कुछ समय तक ये दोनों मिलकर काम करते रहे किन्तु कुछ समय पश्चात् इनमें भी संघर्ष हुआ। अन्त में 301 ई०पू० में सेल्यूकस ने एण्टिगोनस को इम्पस की लड़ाई में परास्त किया। सेल्यूकस ने अपने साम्राज्य का इतना विस्तार किया कि 282 ई०पू० तक वह एजियन सागर से भारत तक फैल गया। इस काल में बैक्ट्रिया में शान्ति बनी रही। उस पर किसी प्रकार का नियन्त्रण नहीं था। किन्तु वहाँ पर प्रशासन की क्षत्रपीय प्रणाली को अक्षुण्ण रखा गया। बैक्ट्रिया के यूनानी क्षत्रपों ने अपने स्वामी की पर्याप्त सहायता की।

एण्ट्योकस द्वितीय (Antiochos II)—एण्ट्योकस प्रथम (Antiochos I) अपने पिता सेल्यूकस के साथ 293 ई०पू० में राजा बना और बाद में स्वतन्त्र राजा बन गया। एशिया माइनर में उसने गॉल जाति पर एक महान् विजय प्राप्त की और 'सोटर' या 'सेवियर' (बचाने वाला) उपाधि धारण की। उसका पुत्र एण्ट्योकस द्वितीय 266 ई०पू० में अपने पिता के साथ राजा बना और कुछ वर्षों के पश्चात् वह स्वतन्त्र राजा बन गया। एण्ट्योकस द्वितीय शराबी और विलासी था। अपने जीवन-काल में उसे 'थीयस' (Theos) या 'देवता' कहा जाता था और उसकी देवता की तरह पूजा भी होती थी। इस अयोग्य राजा ने 15 या 16 वर्ष राज्य किया और उसी के राज्य में बैक्ट्रिया और पार्थिया ने विद्रोह करके स्वतन्त्रता प्राप्त की।

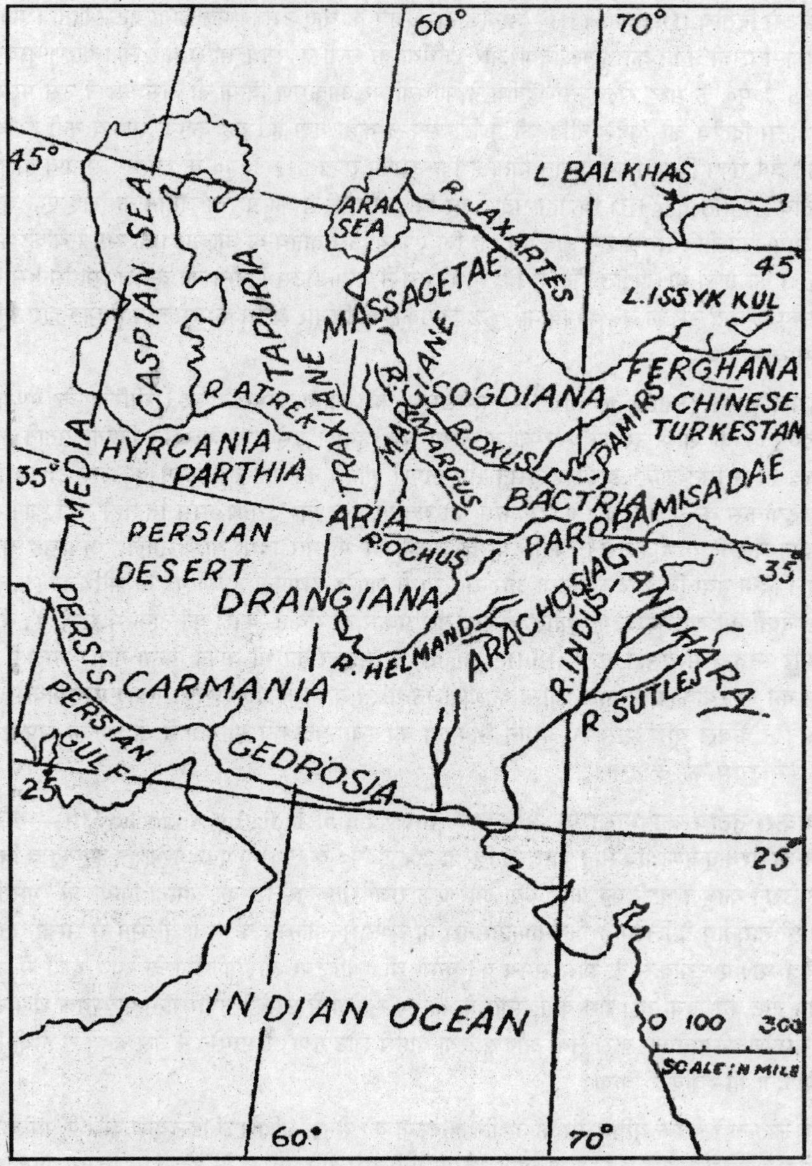

वैक्ट्रिया और उसके पड़ोसी क्षेत्र

डायोडोटस प्रथम (Diodotos I)—यह ऊपर कहा जा चुका है कि डायोडोटस प्रथम बैक्ट्रियन विद्रोह का नेता था। प्रतीत होता है कि विद्रोह से पहले काफी समय तक उसने बैक्ट्रिया और सोग्दियाना में सेल्यूसिद सम्राटों के गवर्नर के रूप में राज्य किया था। क्षत्रप के रूप में उसने एण्ट्योकस प्रथम को मिस्र के शासक टोलेमि फ़िलेडेल्फ़स के साथ उसके 274–73 ई०पू० के संघर्ष में बीस हाथी सहायतार्थ भेजे थे। वह एक शक्तिशाली राजा था। उसके पड़ोसी उससे दबते थे। पार्थियन विद्रोह के नेता अर्सेकस के साथ उसके सम्बन्ध अच्छे नहीं थे। डायोडोटस प्रथम के भय के कारण अर्सेकस को एक बहुत बड़ी सेना युद्ध-स्तर पर रखनी पड़ी। टार्न का विचार है कि सेल्यूकस द्वितीय ने डायोडोटस प्रथम की सहायता प्राप्त करने के लिए अपनी एक बहिन विवाह में उसे दे दी।

डायोडोटस द्वितीय (Diodotos II)—डायोडोटस प्रथम के बाद उसका पुत्र डायोडोटस द्वितीय राजा बना। उसने पिता की पार्थिया-विरोधी नीति को उलट दिया और पार्थिया के राजा के साथ सन्धि कर ली। परिणामस्वरूप जब 240 ई०पू० और 235 ई०पू० के मध्य सेल्यूकस द्वितीय ने पार्थिया पर आक्रमण किया तो अर्सेकस ने उसे परास्त कर दिया। इसलिए डायोडोटस द्वितीय की विदेश नीति को पूर्णतः सफल कहा गया है। यह कहना सम्भव नहीं है कि डायोडोटस द्वितीय ने कितने वर्ष राज्य किया किन्तु प्रतीत होता है कि उसका राज्य 212 ई०पू० के लगभग समाप्त हो गया होगा जब एण्ट्योकस तृतीय (Antiochus III) विद्रोही प्रदेशों पर फिर से सीरिया का प्रभुत्व जमाने के लिए एक बहुत बड़ी सेना लेकर पूर्व में आया। पोलीबियस से हमें ज्ञात होता है कि एण्ट्योकस तृतीय के आक्रमण के समय बैक्ट्रिया में यूथिडेमस (Euthydemus) का राज्य था। प्रतीत होता है कि यूथिडेमस ने डायोडोटस द्वितीय को केवल सिंहासन से ही नहीं उतारा बल्कि कुछ समय पश्चात् उसका वध भी किया। कुछ लेखकों का विचार है कि कम से कम विवाह द्वारा यूथिडेमस प्रथम या द्वितीय से सम्बन्धित था।

यूथिडेमस प्रथम (Euthydemus I)—यूथिडेमस को शान्ति प्राप्त न हुई। सीरिया के एण्ट्योकस महान् (223–187 ई०पू०) के साथ उसका एक बहुत लम्बा युद्ध हुआ। उसे इस बात की चिन्ता सताने लगी कि कहीं उसका अस्तित्व ही न मिट जाए। इसलिए उसने सम्मानपूर्ण शान्ति की शर्तें तय करने के लिए टेलियस नाम के एक व्यक्ति को एण्ट्योकस के पास भेजा। एण्ट्योकस को बताया गया कि ''यूथिडेमस विद्रोही नहीं था। अन्य लोगों ने निस्सन्देह विद्रोह कर दिया था। उसने विद्रोहियों के बच्चों को भी मार दिया था, इसीलिए अब वह राजा था।'' इस बात पर भी बल दिया गया कि यदि बैक्ट्रिया और सीरिया में शान्ति-स्थापना न की गई तो सीथियन (Scythian) बर्बर अवश्य ही उन दोनों का नाश कर देंगे क्योंकि वे सदा इस प्रकार के संकट-काल की ताक में रहते थे। बैक्ट्रिया में एक शक्तिशाली और स्वतन्त्र मध्यवर्ती राज्य (Buffer State) के महत्त्व का भी वर्णन किया गया। अन्त में यूथिडेमस के पुत्र डेमेट्रियस को एण्ट्योकस के पास शान्ति की शर्तें निर्धारित करने के लिए भेजा गया। एण्ट्योकस बड़ा प्रभावित हुआ और उसने न केवल यूथिडेमस के अधीन बैक्ट्रिया की स्वतन्त्रता को मान्यता दे दी बल्कि अपनी एक पुत्री को भी विवाह में डेमेट्रियस को दे दिया।

एण्ट्योकस तृतीय का भारत पर आक्रमण (Invasion of India by Antiochos III)—बैक्ट्रिया के साथ शान्ति-स्थापना के पश्चात् एण्ट्योकस ने भारत के विरुद्ध 206 ई०पू० के लगभग एक अभियान का नेतृत्व किया। हिन्दूकुश को पार करके उसने काबुल घाटी को पार किया और एक राजा सोफागसेनस का सामना किया जो **'भारतीयों का राजा'** कहलाता था। श्री तारानाथ ने लिखा है कि सोफागसेनस या सुभगसेन गान्धार के राजा वीरसेन से सम्बन्धित था जो सम्राट् अशोक का पौत्र था। एण्ट्योकस के पास समय की कमी थी। बैक्ट्रिया और पार्थिया के साथ युद्धों में उसने पहले ही बहुत-सा समय नष्ट कर दिया था। रोम के विस्तार के कारण स्वदेश में उसकी उपस्थिति आवश्यक थी। उसने सुभगसेन के सांकेतिक समर्पण को स्वीकार कर लिया और सीरिया वापस लौट गया। सुभगसेन ने उसे बहुत से हाथी दिए और बहुत बड़ी धन-राशि देना भी स्वीकार किया।

हमें यह ज्ञात नहीं है कि यूथिडेमस के अधीन बैक्ट्रिया की सेनाएँ दक्षिण में हिन्दूकुश को भी पार कर गईं या नहीं। किन्तु प्रतीत होता है कि ऐराकोसिया के कुछ भागों और पैरोपैमिसस और अरिया के प्रदेशों पर विजय प्राप्त की गई। गार्डनर बताता है कि इन प्रदेशों में यूनानी विजयें डेमेट्रियस की अधीनता में की गईं, जो अपने पिता के अन्तिम वर्षों में सम्भवतः उसका सहकारी भी था। किन्तु हिन्दूकुश के पार यूथिडेमस के समय में यूनानी विकास के विषय में निश्चित रूप से कुछ कहना सम्भव नहीं है। यह भी निश्चित नहीं है कि यूथिडेमस की मृत्यु कब हुई। सम्भवतः यह घटना लगभग 190 ई०पू० में हुई। यह बताया गया है कि इस शक्तिशाली और सुयोग्य शासक की देख-रेख में ही बैक्ट्रिया अपने गौरव के शिखर पर पहुँचा। उसके सभी पड़ोसी और पार्थिया भी उससे भय खाते थे और उसका मान करते थे। सोना, चाँदी और ताँबे के बहुत से सिक्के प्राप्त हुए हैं जिन पर यूथिडेमस का नाम अंकित है। उनमें से बहुत से सिक्के मुद्रा सम्बन्धी कला और तकनीक की उत्कृष्ट कृतियाँ हैं।

डेमेट्रियस (Demetrius)—यूथिडेमस के बाद उसका पुत्र डेमेट्रियस राजा बना। उसने बैक्ट्रिया और भारत के इतिहास में अत्यन्त महत्त्वपूर्ण भाग लिया। सिकन्दर के बाद डेमेट्रियस ही यूनानी सेनाएँ भारत के अन्दर ले आया। उसका

आक्रमण भारत पर होने वाले बैक्ट्रियन आक्रमणों में पहला था। यूनानियों के साथ भारत का घनिष्ठ सम्बन्ध डेमेट्रियस से ही आरम्भ हुआ।

डेमेट्रियस जब 35 वर्ष की आयु में बैक्ट्रिया का राजा बना तो बैक्ट्रिया एक समृद्ध राज्य था। इसलिए भारत पर आक्रमण करने के लिए उसके पास पर्याप्त शक्ति थी। भारत के सुदूर उत्तर (extreme north) की राजनीतिक अवस्था भी डेमेट्रियस के लिए लाभदायक थी। उसका लाभ उठाते हुए अपने राज्यकाल के आरम्भ में ही एक बड़ी सेना के साथ डेमेट्रियस ने हिन्दूकुश पार किया। हिन्दूकुश और सिन्धु नदी के बीच के प्रदेश में उसका रास्ता मित्र तथा अधीन क्षेत्र में से होकर जाता था। उसने पंजाब और सिन्ध के भाग विजित किए। नए प्रदेशों के अच्छे प्रशासन के लिए उसने सम्भवतः नए नगरों की स्थापना की। यह भी सम्भव है कि भारत पर आक्रमण के समय पार्श्व या पीछे की ओर से आक्रमण से बचने के लिए उसने यूनानी सैनिक टुकड़ियाँ सावधान कर दी हों। यही टुकड़ियाँ बाद में बैक्ट्रियन यूनानियों की विभिन्न बस्तियों का केन्द्र बनीं।

भारत में डेमेट्रियस के आगमन के मार्ग को ठीक-ठीक निश्चित करना सम्भव नहीं है। स्ट्रैबो बताता है कि बैक्ट्रियन सरदारों ने और विशेषतः मेनाण्डर ने सिकन्दर से भी अधिक राष्ट्रों को विजित किया। उनमें से कुछ को मेनाण्डर ने विजित किया और कुछ को यूथिडेमस के पुत्र डेमेट्रियस ने विजित किया। स्ट्रैबो ने लिखा है कि "उन्होंने (बैक्ट्रियन सरदारों ने) केवल पैटेलीन अर्थात् सिन्धु के मुहाने पर ही अधिकार नहीं किया बल्कि सरौस्टस अर्थात् सौराष्ट्र और सिगर्डिस (सम्भवतः सागरद्वीप अर्थात् कच्छ) पर भी अधिकार कर लिया जो समुद्र-तट का शेष भाग थे। उन्होंने अपना साम्राज्य सेरेज (मध्य एशिया में चीनियों तथा तिब्बतियों का स्थान) और फ्रायनि (सम्भवतः एक और मध्य एशियाई जाति) तक भी फैलाया।" 'युगपुराण' में यह भी कहा गया है कि "यवन साकेत (उत्तर प्रदेश के फैज़ाबाद जिले में अयोध्या के निकट); पांचाल (रुहेलखण्ड), मथुरा और कुसुमध्वज या पुष्पपुर (पाटलिपुत्र) तक बढ़ आए। यह घटना शालिशूक मौर्य के राज्य के पश्चात् हुई जो अशोक का चौथा उत्तराधिकारी था और वृहद्रथ का तीसरा पूर्वाधिकारी था। पतंजलि भी अपनी पुस्तक 'महाभाष्य' में हमें बताता है कि यूनानियों ने उसके जीवन-काल में भारत पर आक्रमण किया। कालिदास-कृत 'मालविकाग्निमित्रम्' में भी पुष्यमित्र के समय में यवनों के भारत पर आक्रमण का उल्लेख किया गया है। दुर्भाग्यवश 'युगपुराण' या पतंजलि या कालिदास ने यवन आक्रमण के नेता का नाम नहीं बताया है। डॉ० जे०एन० बनर्जी बताते हैं कि पहले तो 'मध्यप्रदेश' के कुछ भागों की विजय का श्रेय मेनाण्डर को दिया जाता था किन्तु आधुनिक खोज से ज्ञात हुआ है कि यह काम करने वाला डेमेट्रियस था जो भारत पर आक्रमण करने के लिए पर्याप्त शक्ति रखता था। टार्न ने लिखा है कि डेमेट्रियस के अधीन ही अपोलोडोटस और मेनाण्डर ने भारतीय रेगिस्तान के रास्ते भारत के भीतर एक यूनानी आक्रमण किया। "मेनाण्डर पंजाब के बीचोंबीच के मुख्य मार्ग और दिल्ली से गंगा नदी के मार्ग से मौर्य राजधानी पाटलिपुत्र की और दक्षिण-पूर्व दिशा में चल दिया।" अपोलोडोटस "दक्षिण दिशा में (शुरू-शुरू में दक्षिण-पश्चिम दिशा में) सिन्धु नदी के रास्ते उसके मुहाने और उस प्रदेश से आगे की ओर चल दिया।" इन दो विजयी सेनाओं ने भारत के मध्य में फिर मिल जाना था, "पुष्यमित्र शुंग से निबटना था और उत्तरी भारत पर यूनानी अधिकार को पूर्ण करना था।" डेमेट्रियस इस अभियान का मुख्य पथ-प्रदर्शक था और शेष दोनों ने उसकी सहायता की। वे दोनों शुरू-शुरू में भारतीय प्रदेश में उसके उप-राजा बने किन्तु बाद में उसके विस्तृत भारतीय प्रदेशों में उसके उत्तराधिकारी बने। किन्तु इस विचार की पुष्टि के लिए कोई स्पष्ट प्रमाण नहीं हैं।

वास्तविक स्थिति कुछ भी रही हो, इतना तो सत्य है ही कि डेमेट्रियस काफी लम्बी अवधि तक बैक्ट्रिया से अनुपस्थित रहा और परिणामस्वरूप यहाँ पर उसकी स्थिति दुर्बल हो गई। उसकी भारतीय विजयें उसके लिए आत्म-घातक सिद्ध हुईं। उसकी अनुपस्थिति में यूक्रेटाईड्स बैक्ट्रिया में आया और यहाँ के सिंहासन को डेमेट्रियस और उसके मनोनीत व्यक्तियों से छीनने में सफल हो गया। इसमें कोई सन्देह नहीं है कि डेमेट्रियस के विरुद्ध सफल होने से पहले यूक्रेटाइड्स को एक लम्बा संघर्ष करना पड़ा। डेमेट्रियस के अन्तिम दिनों के विषय में कुछ भी ज्ञात नहीं है। किन्तु सम्भव है कि बैक्ट्रिया में यूक्रेटाइड्ज़ द्वारा पराजित होने के बाद उसने अपने अन्तिम दिन भारत में गुजारे हों।

यूक्रेटाइड्ज़ (Eucratides)—डेमेट्रियस के पराभव के पश्चात् यूक्रेटाइड्ज़ बैक्ट्रिया का स्वामी बना लेकिन उसके विषय में कुछ विशेष जानकारी उपलब्ध नहीं होती। स्ट्रैबो और जस्टिन की कृतियों में उसके कुछ उल्लेख कहीं-कहीं

मिलते हैं। स्ट्रैबो हमें बताता है कि युक्रेटाइड्ज़ के अधीन एक हज़ार शहर थे। यह स्पष्ट रूप से नहीं कहा गया है कि ये नगर बैक्ट्रिया या भारत में थे किन्तु प्रतीत होता है कि बहुत से नगर भारत में रहे होंगे। बताया गया है कि यूक्रेटाइड्ज़ ने बैक्ट्रिया तथा भारत में डेमेट्रियस के उत्तराधिकारियों के साथ संघर्ष जारी रखा। जस्टिन बताता है कि जब एक बार यूक्रेटाइड्ज़ अपने एक सफल भारतीय अभियान से लौट रहा था तो उसके पुत्र ने उस पर प्रहार करके उसका वध कर दिया। पुत्र ने अपना रथ पिता के शरीर पर चलाया और आदेश दिया कि शव को फैंक दिया जाए। इस घातक के नाम के विषय में विद्वानों में एकमत नहीं है। कनिंघम का विचार था कि अपोलोडोटस ही घातक था। किन्तु बाद की खोज से ज्ञात होता है कि अपोलोडोटस यूक्रेटाइड्ज़ का पुत्र नहीं हो सकता था। अब यह सामान्यत: स्वीकार किया जाता है कि घातक हेलीयोक्लीस था।

यूक्रेटाइड्ज़ के राज्य में उसकी प्रजा में फूट पड़ गई। इसके अतिरिक्त बैक्ट्रिया की उत्तरी सीमा के पार रहने वाले शकों का भय भी बना रहता था। यह ज्ञात नहीं है कि उसके जीवन-काल में ही शकों का आगमन बैक्ट्रिया में हुआ या नहीं; लेकिन उसके पुत्र के राज्य के आरम्भ में ही वे बैक्ट्रिया में फैल गए। हेलियोक्लीस के लिए केवल एक ही मार्ग रह गया था कि वह हिन्दूकुश के पार के प्रदेशों पर अपने अधिकार को छोड़ दे और केवल भारतीय प्रदेशों पर ही राज्य करे। इस बात से इन्कार नहीं किया जा सकता कि यूक्रेटाइड्ज़ का राज्य बड़ी-बड़ी आशाओं से आरम्भ हुआ था। अपने शासन-काल के शुरू में उसने अपने बहुत से अभियानों में सफलता प्राप्त की। किन्तु प्रतीत होता है कि उसने अपनी सामर्थ्य से बहुत अधिक कार्य करने की चेष्टा की। यदि वह हिन्दूकुश को अपने साम्राज्य की दक्षिणी सीमा बना लेता तो बैक्ट्रिया पर उसके वंश का अधिकार अधिक समय तक चलता रहता। किन्तु उसने भिन्न नीति का अनुसरण किया, इसलिए केवल उसकी प्रजा ने ही नहीं बल्कि विदेशी शत्रुओं ने भी उसे परेशान करना शुरू किया। सम्भवत: उसकी मृत्यु प्रजा की फूट के कारण हुई। उसकी हत्या की ठीक-ठीक तिथि तो ज्ञात नहीं है किन्तु इसकी तिथि 115 ई०पू० समझी जाती है।

हेलियोक्लीस (Heliocles)—हेलियोक्लीस को प्राय: एकमत से यूक्रेटाइड्ज़ का उत्तराधिकारी माना गया है। उसका नाम प्राचीन पुस्तकों के लेखकों ने नहीं दिया है। किन्तु यह भी आम तौर पर स्वीकार किया जाता है कि सिथियनो या शकों ने हेलियोक्लीस को बैक्ट्रिया से निकाल दिया। स्वयं सिथियनों को यू०ची० (Yue-Chi) जाति ने खदेड़ दिया था। हेलियोक्लीस के राज्य के अन्त की तिथि के विषय में निश्चित जानकारी प्राप्त नहीं है। चीनी सूत्रों से ज्ञात होता है कि सिथियनों ने लगभग 135 ई०पू० में बैक्ट्रिया पर अधिकार किया था। भारत में हेलियोक्लीस का राज्य इससे भी कुछ समय पश्चात् जारी रहा होगा।

बैक्ट्रिया छिन जाने के बाद यवन मध्य तथा दक्षिणी अफ़गानिस्तान और उत्तर-पश्चिमी भारत में राज्य करते रहे। इन प्रदेशों में यवन राज्य की विशेषता यह रही कि डेमेट्रियस तथा यूक्रेटाइड्ज़ के वंशों के विभिन्न शासकों में परस्पर संघर्ष होते रहे। सिक्कों से मेनाण्डर सहित 30 इण्डो-बैक्ट्रियन (Indo-Bactrian) राजाओं के नाम ज्ञात होते हैं। इनमें से कुछ अवश्य ही समकालीन रहे होंगे और विभिन्न यवन प्रदेशों में राज्य करते होंगे। पुराणों में भारत में यवन राज्य का इस प्रकार उल्लेख किया गया है : "धार्मिक प्रेरणा या महत्त्वाकाँक्षा या लूट के लिए यवन यहाँ आयेंगे; वे धार्मिक रीति से प्रतिष्ठित राजा नहीं होंगे किन्तु अपने समय की बुराइयों के कारण बुरी कुरीतियों का अनुसरण करेंगे। स्त्रियों और बच्चों की हत्या करते हुए और एक दूसरे की हत्या करते हुए (यवन) राजा कलियुग के अन्त तक पृथ्वी का उपभोग करेंगे।"

अपोलोडोटस (Apollodotus)—प्राचीन लेखकों ने दो बार मेनाण्डर के साथ अपोलोडोटस के सम्बन्ध का उल्लेख किया है। प्रतीत होता है कि मेनाण्डर का ज्येष्ठ समकालीन था। सम्भवत: डेमेट्रियस ने भारत-विजय के लिए मेनाण्डर के साथ ही उसे भी भेजा था। उसके साम्राज्य के विस्तार के विषय में कुछ भी निश्चित नहीं है। किन्तु उसके सिक्कों से और पेरिप्लस आफ़ दि एरिथ्रीयन सी के लेखक के कथन से ज्ञात होता है कि उसका साम्राज्य कापीष और गान्धार से लेकर पंजाब की पश्चिमी और दक्षिणी सीमाओं के साथ-साथ सिन्ध तक और सम्भवत: उससे भी आगे बैरिगज़ा या भडौच के बन्दरगाह तक फैला हुआ था। पेरिप्लस के लेखक से ज्ञात होता है कि मेनाण्डर सिक्कों के साथ-साथ अपोलोडोटस के सिक्के भड़ौच से पहली शती ई० के अन्तिम चौथाई भाग में प्रचलित थे। अपोलोडोटस के बहुत से चाँदी और ताँबे के सिक्कों से ज्ञात होता हैकि वह एक बहुत बड़े साम्राज्य पर राज्य करता था। उसके सिक्कों में कई रोचक चिन्ह हैं।

मेनाण्डर (Menander)—स्ट्रैनो ने माना है कि मेनाण्डर इण्डो-यूनानी राजाओं में सबसे महान् था। पाली भाषा की पुस्तक ''मिलिन्दपह्न'' या मिलिन्द के प्रश्नों के अनुसार, मेनाण्डर कलसी गाँव में उत्पन्न हुआ था जो मेनाण्डर की राजधानी शाकल से 200 योजन दूर स्थित अलासण्ड द्वीप में स्थित था। शाकल पाकिस्तान में स्थित स्यालकोट है। भाग्यवश ''मिलिन्दपह्न'' में मेनाण्डर की राजधानी का यह विवरण दिया गया है : ''योणकों के देश में व्यापार का एक बहुत बड़ा केन्द्र है, एक शहर जिसका नाम शाकल है, सुहावने प्रदेश में स्थित है, वहाँ पानी की सुविधा है और पहाड़ियाँ भी हैं, कई उपवन, बाग, कुंज, झीलें और कुण्ड हैं, नदियों, पहाड़ों और जंगलों का स्वर्ग है। बुद्धिमान व्यक्तियों ने इसकी योजना बनाई और इसके निवासियों का अत्याचार से परिचय नहीं है क्योंकि सभी शत्रु और विपक्षी दबा दिए गए हैं। इसकी सुरक्षा सुदृढ़ है, कई बड़े-बड़े बुर्ज़ और दीवारें हैं, अनुपम दरवाजे और प्रवेश-द्वार हैं और इसके मध्य में सफेद दीवार का राजदुर्ग है जिसके चारों ओर गहरी खाई है। इसकी गलियाँ, वर्गाकार क्षेत्र, चौराहे और मंडियाँ नियमित ढंग से बनी हैं। इसकी दुकानों में भरे कीमती पदार्थों को दुकानों में अच्छी तरह प्रदर्शित किया जाता है। इसमें कई तरह के सैकड़ों हाल हैं और लाखों शानदार भवन हैं जो हिमालय की चोटियों की तरह ऊँचे हैं। इसकी सड़कें हाथियों, घोड़ों, गाड़ियों और पैदल यात्रियों से भरी हैं और हर प्रकार के व्यक्तियों—ब्राह्मण, सामन्त, शिल्पी, सेवक—की वहाँ भीड़ लगी रहती है। प्रत्येक सम्प्रदाय के गुरुओं का वे ऊँचे नारों से स्वागत करते हैं और नगर में प्रत्येक सम्प्रदाय के प्रमुख व्यक्ति रहते हैं। बनारसी मलमल, 'कोटुम्बर' पदार्थों और अन्य कई प्रकार के कपड़ों की बिक्री के लिए वहाँ दुकानें हैं। बाजारों से मीठी सुगन्धें आती हैं, वहाँ सब तरह के फूल और सुगन्धियाँ अच्छी तरह सजाकर रखी जाती हैं। आभूषण असंख्य हैं और हर प्रकार की कला के व्यापारियों की श्रेणियाँ अपना-अपना सामान सजाती हैं और चारों ओर फैलाती हैं।''

यूथिडेमस के वंश के साथ मेनाण्डर के वास्तविक सम्बन्ध का कुछ ज्ञान नहीं है। ''मिलिन्दपह्न'' में उसे एक राजवंश से सम्बन्धित बताया गया है। किन्तु प्रतीत होता है कि वह साधारण व्यक्ति था। विवाह के कारण यह यूथिडेमस के वंश से सम्बन्धित हो; यह सम्भव है। प्रो० रैप्सन का विचार था कि उसने डेमेट्रियस की पुत्री अगैथोक्लीया, अगैथोक्लीया की बहिन तथा अन्यों से विवाह किया। उसका पुत्र स्ट्रैटो प्रथम मेनाण्डर की मृत्यु के समय नाबालिग था। उसकी रानी अगैथोक्लीया अपने पुत्र की बाल्यावस्था में राज्य-कार्य करती रही। यह निष्कर्ष मेनाण्डर के कुछ सिक्कों के अध्ययन पर आधारित था। व्हाइटहैड ने रैप्सन के विचार को स्वीकार न किया किन्तु डॉ० जे०एन० बैनर्जी के अनुसार रैप्सन का विचार ठीक था।

यूनानी लेखकों से ज्ञात होता है कि मेनाण्डर एक महान् विजेता था। कहा जाता है कि उसने सिकन्दर से भी अधिक राष्ट्रों पर विजय पाई। मेनाण्डर के कई प्रकार के सिक्कों और उनके प्राप्ति-स्थानों की विविधता से निष्कर्ष निकाला गया है कि वह कई राज्यों का शासक था और एक महान् विजेता भी था। सम्भवत: उसके नेतृत्व में यवन मध्य भारत तक पहुँच गए जहाँ राजकुमार वसुमित्र ने उन्हें सिन्धु नदी के तट पर परास्त किया, जैसा कि 'मालविकाग्निमित्रम्' में भी बताया गया है। कहा गया है कि मेनाण्डर ने यूक्रेटाइड्ज़ के उत्तराधिकारियों से यूथिडेमस के वंश के काबुल घाटी में स्थित कुछ खोए हुए प्रदेश वापिस जीत लिए होंगे क्योंकि काबुल घाटी में पाए गए उसके कुछ सिक्कों से यही सिद्ध होता है। उसने दक्षिण-पूर्व की ओर आक्रमणकारी नीति का अनुसरण किया। उत्तर प्रदेश के पश्चिमी जिलों से उसके बहुत से सिक्के प्राप्त हुए हैं। उसके सिक्के काठियावाड़ में भी प्रचलित थे। एक महान् लेखक का विचार है कि मेनाण्डर ने ''हाइफ़ेनिस को पूर्व की ओर पार किया और इसामस पहुँच गया।'' 'हाइफ़ेनिस' सम्भवत: व्यास नदी का ही नाम था। 'इसामस' प्राकृत शब्द 'इच्चुमई' का यूनानी अपभ्रंश था। इच्चमुई पांचाल देश की एक नदी थी जिसे वर्तमान कालिन्दी समझा गया है जो कुमायूँ, रुहेलखण्ड और कन्नौज प्रदेशों से होकर बहती है।

पंजकोर और स्वात नदियों के संगम से 20 मील पश्चिम की ओर स्थित बजौर जातीय प्रदेश से खरोष्ठी अभिलेखों के एक मंजूषा में रखे दो वर्ग मिले हैं। इनमें से एक अभिलेख में मेनाण्डर के राज्य का उल्लेख किया गया है। शाक्य मुनि युद्ध के कुछ अवशेषों को पूजा के लिए मंजूषा में रख दिया गया और उसे पहले मेनाण्डर के एक सामन्त वियाकमित्र ने और फिर उसके पुत्र या पौत्र ने प्रतिष्ठित किया। इससे पेशावर प्रदेश और सम्भवत: ऊपरी काबुल घाटी पर मेनाण्डर के अधिकार का संकेत मिलता है। इस समय में तक्षशिला या पुष्कलवती में कोई स्वतन्त्र यवन शासक नहीं था। डॉ० डी०सी०

सरकार का विचार है कि मेनाण्डर का राज्य अफ़गानिस्तान के केन्द्रीय भागों, उत्तर-पश्चिमी सीमा-प्रान्त (N.W.F.P.), पंजाब, सिन्ध, राजपूताना, काठियावाड़ और सम्भवत: पश्चिमी उत्तर प्रदेश तक भी फैला हुआ था।

''मिलिन्दपह्ल'' में बताया गया है कि मेनाण्डर, बौद्ध धर्म का अनुयायी बन गया। कहा गया है कि शुंग राजा पुष्यमित्र के अत्याचार के त्रस्त बौद्ध भिक्षुओं के लिए मेनाण्डर का शाकल स्थित दरबार आश्रय-स्थल बन गया। ''दिव्यावदान'' में कहा गया है कि पुष्यमित्र ने घोषणा की थी कि जो व्यक्ति शाकल के किसी बौद्ध भिक्षु का सिर उसे लाकर देगा उसे एक सौ दीनार दिए जाएँगे। मेनाण्डर एक कट्टर बौद्ध था इसलिए इसमें कोई आश्चर्य नहीं कि उसने बौद्ध भिक्षुओं को आश्रय दिया हो जिन पर शुंगों ने सम्भवत: अत्याचार किए थे।

'मिलिन्दपह्ल' में मेनाण्डर अर्थात् मिलिन्द और बौद्ध विद्वान् भिक्षु नागसेन के बीच एक वार्तालाप दिया गया है। मेनाण्डर ने बौद्ध अध्यात्म शास्त्र और दर्शन के सम्बन्ध में कई सूक्ष्म प्रश्न नागसेन से पूछे और सभी प्रश्नों का सन्तोषजनक उत्तर उसे दिया गया। परिणामस्वरूप मेनाण्डर बौद्ध बन गया।

डॉ० डी०सी० सरकार की मान्यता है कि मेनाण्डर को आम तौर पर दूसरी शती ई०पू० के मध्य में रखा जाता है, किन्तु वास्तव में उसने कुछ समय पश्चात् ही राज्य किया मालूम होता है, सम्भवत: लगभग 115-90 ई०पू०। कुछ विद्वानों का विचार है कि मेनाण्डर ने ही पुष्यमित्र के समय में साकेत और मध्यमिका पर आक्रमण किया। डॉ० सरकार का विचार है कि वे विद्वान यह भूल जाते हैं कि ''गार्गी संहिता'' में 'मध्य देश' और पूर्वी भारत पर यूनानी आक्रमण को उत्तराकालीन मौर्य शासक शालिशूक के राज्य के शीघ्र पश्चात् और सम्भवत: 187 ई०पू० में पुष्यमित्र के सिंहासनारोहण से पहले बताया गया है। विद्वान् एकमत से मेनाण्डर का राज्य डेमेट्रियस की मृत्यु के पश्चात् रखते हैं जो लगभग 165 ई०पू० में हुई, इसलिए मेनाण्डर पुष्यमित्र का बाद के समय का समकालीन हो सकता है। डॉ० सरकार का विचार है कि मेनाण्डर वह यवन शासक नहीं था जिसने द्वितीय शताब्दी ई०पू० के प्रथम चतुर्थांश में 'मध्यदेश' और पूर्वी भारत पर आक्रमण किया। ''मिलिन्दपह्ल'' में कहा गया है कि मेनाण्डर 'परिनिर्वाण' से 500 वर्ष पश्चात् जीवित रहा। कुछ विद्वानों ने सुझाव दिया है कि मेनाण्डर यूक्रेटाइड्ज़ का बाद का समकालीन था क्योंकि ''कुछ वर्गाकार ताँबे के सिक्के इतने मिलते-जुलते हैं कि उन्हें एक ही काल के नहीं बल्कि एक ही प्रदेश के भी कहा जा सकता है—उस प्रदेश के जहाँ पर उनमें से एक के पश्चात् दूसरे ने राज्य किया।'' डॉ० सरकार का विचार है कि सिक्कों की समानता के स्थानीय तथा अन्य कारण थे और उनकी समकालीनता इसका कारण नहीं थी। डॉ० सरकार के विचार हैं कि मेनाण्डर ने सम्भवत: डेमेट्रियस के तुरन्त पश्चात् के उत्तराधिकारियों के पश्चात् राज्य किया, इसलिए उसका राज्य द्वितीय शताब्दी ई०पू० के मध्य से पहले ही आरम्भ हुआ होगा।

प्रो० रैप्सन ने ठीक कहा है कि एक महान् और न्यायप्रिय शासक के रूप में मेनाण्डर की ख्याति भारत तक ही सीमित नहीं थी। उसके लगभग दो शतियों पश्चात् प्लूटार्क ने यूनानियों को बताया कि सैनिक शिविर में उसकी मृत्यु के पश्चात् उसके अवशेषों की रक्षा के लिए किस प्रकार उसके साम्राज्य के नगरों में स्पर्धा हुई। रैप्सन ने लिखा है : ''इस प्रकार मेनाण्डर ने केवल एक महान् विजेता के रूप में ही नहीं बल्कि उपनिषदों में वर्णित कुरुवंशी जनमेजय और विदेह-शासक जनक की भाँति एक दार्शनिक के रूप में भी ख्याति प्राप्त की।'' ''मिलिन्दपह्ल'' में मेनाण्डर की प्रशंसा इन शब्दों में की गई है : ''प्रतिस्पर्धी के रूप में वह बेजोड़ था, उसको काबू करना तो और भी कठिन था। सभी दार्शनिक विचारधाराओं के संस्थापकों से वह निश्चय ही श्रेष्ठ था। वह बुद्धिमान और अत्यन्त शक्तिशाली था। स्फूर्ति एवं वीरता में मिलिन्द के सदृश भारत में कोई नहीं था। धन और समृद्धि की दृष्टि से भी वह सम्पन्न था और उसकी सेना की कोई गिनती नहीं थी।''

प्रो० ए० के० नारायण ने लिखा है : ''मेनाण्डर की अन्य भारतीय यूनानी सम्राटों की तुलना में महानता तथा लोकप्रियता केवल उसके सिक्कों से ही नहीं प्रत्युत परम्परों में उसके नाम के जीवित रहने से प्रमाणित होती है। निश्चित रूप से वह भारत के भारतीय सम्राटों में सब से महान् था।''[1]

मेनाण्डर के उत्तराधिकारी (Successors of Menander)—मृत्यु के समय मेनाण्डर किसी सैनिक अभियान में व्यस्त रहा प्रतीत होता है। उसके प्रतिद्वन्द्वी की हमारे पास कोई जानकारी नहीं है। किन्तु उसके बाद स्ट्रैटो प्रथम राजा बना,

1. The Indo Greeks, p. 100.

जो उस समय नाबालिग था। उसकी बाल्यावस्था में उसकी माँ ने संरक्षक का कार्य किया। मेनाण्डर की मृत्यु से उसके वंश को अवश्य ही आघात पहुँचा होगा और प्रतीत होता है कि कुछ प्रदेश भी छिन गए। स्ट्रैटो प्रथम का राज्य काफी लम्बा था। राज्य के आरम्भ में उसकी माँ राज्य-कार्य में सहकारी थी। वृद्धावस्था में उसका पौत्र स्ट्रैटो द्वितीय उसका सहकारी थी। स्ट्रैटो द्वितीय के बहुत से चाँदी और ताँबे के सिक्के प्राप्त हुए हैं।

एण्टियलसाइडस (Antialcidas)—एण्टियलसाइडस का नाम एक भारतीय स्मारक पर प्राप्त हुआ है। यह अभिलेख भूतपूर्व ग्यालियर राज्य में भिलसा के निकट बेसनगर में स्थित गरुड़ध्वज पर अंकित है। कहा गया है कि यह स्तम्भ यूनानी राजा एण्टियलसाइडस द्वारा राजा काशीपुत्र भागभद्र के दरबार में भेजे गए यवन राजदूत हेलियोडोरस ने, जो तक्षशिलावासी डायोन का पुत्र था, वासुदेव के सम्मानार्थ स्थापित किया। हेलियोडोरस को अभिलेख में विष्णु का उपासक बताया गया है। इस अभिलेख से यह भी सिद्ध होता है कि तक्षशिला के यवन शासक और विदिशा या बेसनगर के शुंग राजा में परस्पर मैत्रीपूर्ण कूटनीतिक सम्बन्ध स्थापित थे।

हेलियोक्लीस के साथ एण्टियलसाइडस का सम्बन्ध एक साँझे सिक्के से ज्ञात होता है जिससे हेलियोक्लीस ने अगैथोक्लीया और स्ट्रैटो प्रथम के सिक्कों को फिर से मुद्रित किया। प्रायः अनुमान लगाया जाता है कि एण्टियलसाइडस हेलियोक्लीस का पुत्र और यूक्रेटाइड्ज़ का पौत्र था। तक्षशिला प्रदेश के कुछ सिक्कों में एण्टियलसाइड्स का नाम एक ज्येष्ठ शासक लाइसियस के साथ दिया गया है जो सम्भवतः उसका पिता था। सम्भवतः लाइसियस ने हेलियोक्लीस और एण्टियलसाइडस के बीच राज्य किया। डॉ० सरकार ने लिखा हैकि यद्यपि सम्भव है कि इन्होंने एक ही समय में कापीश, पुष्कलवती और तक्षशिला में राज्य किया हो, लेकिन एण्टियलसाइडस को फिर भी किसी उत्तरकाल में रखना होगा। राजा भागभद्र के राज्य के 14वें वर्ष में विदिशा के दरबार में एण्टियलसाइडस के एक दूत-मण्डल का स्वागत किया गया। यह समय लगभग 113 ई०पू० है, इसलिए एण्टियलसाइडस ने लगभग इसी समय राज्य किया होगा। डॉ० सरकार के अनुसार सम्भव है कि एण्टियलसाइडस ने मेनाण्डर के साथ अपने संघर्ष में भारतीय राजा की सहायता प्राप्त करने की चेष्टा की हो।

हर्मियस (Hermaeus)—यूक्रेटाइड्ज़ के यवन वंश का हर्मियस अन्तिम प्रतिनिधि था। उसका राज्य ऊपरी काबुल घाटी तक ही सीमित था। उसके राज्य के चारों ओर वास्तविक या भावी शत्रु रहते थे। शक पूर्व में थे, पहलव पश्चिम में थे, और यू-ची उत्तर में थे। अपने छोटे से राज्य की एकता को अक्षुण्ण रखना हर्मियस के लिए काफी कठिन कार्य था। शत्रुओं का सामना करने के लिए प्रतिस्पर्धी देशी वंशों ने उसके राज्य-काल में समझौता कर लिया। किन्तु अपने सतत् प्रयत्नों के पश्चात् भी हर्मियस अपने आक्रान्ता पड़ोसियों के प्रहारों से सुरक्षित न रह सका। अन्त में लगभग प्रथम शती ई०पू० के मध्य में कन्धार प्रदेश के पहलवों या पार्थियनों के सामने हार गया। इसका प्रमाण सिक्कों से मिलता है। सम्भव है कि काबुल प्रदेश में यवन राज्य की अन्तिम तिथि से कुशाण वंश के उदय तक लगभग 50 वर्ष का समय व्यतीत हो गया हो।

जिन सिक्कों पर हर्मियस का नाम अंकित है वे लम्बी अवधि में फैले हुए हैं और उनके अपकर्षण के विभिन्न काल उनसे स्पष्ट दिखाई देते हैं। रैप्सन के विचार में श्रेष्ठ प्रकार तथा धातु के सर्वप्रथम सिक्के उस समय से पूर्व के हैं जब वर्गाकार यूनानी अक्षरों का प्रचलन हुआ। बाद के सिक्कों में निकृष्ट कला दिखाई देती है। चाँदी में भी मिलावट की गई है।

यह सुझाव दिया गया है कि हर्मियस का राज्य 40 ई०पू० से पहले आरम्भ हुआ होगा और उसके पश्चात् समाप्त हुआ होगा। दोनों ओर दस-दस वर्ष बढ़ाकर उसका राज्य 50 ई०पू० और 30 ई०पू० के मध्य रखा गया है। टार्न ने भी यही समय निश्चित किया है।

कुछ सिक्कों पर हर्मियस और कुजुला कैडफिसिज के नाम संयुक्त शासकों के रूप में दिए गए हैं। इसका कुछ कारण तो देना ही होगा। डॉ० रायचौधरी बताता है कि कुजुला ''हर्मियस का मित्र था और उसके साथ उसने साँझे सिक्के चलाए।'' किन्तु कहा गया है कि इस विचार को स्वीकार नहीं किया जा सकता क्योंकि इन दो शासकों के राज्यों में बहुत अन्तर था। टार्न के विचार में ये सिक्के कुजुला ने केवल प्रचार के लिए चलाए ताकि वह यूनानी सिंहासनों का दावेदार बन सके। यूनानी राजाओं से उसका सम्बन्ध था और उन्हें पहलवों ने अपदस्थ कर दिया था। रैप्सन ने लिखा है कि हर्मियस के विजेताओं ने विजय से काफी समय पश्चात् तक हर्मियस के नाम के सिक्के चलाए। अंग्रेजी ईस्ट इण्डिया कम्पनी ने भी ऐसा ही किया जब उन्होंने अपने सिक्कों पर मुगल सम्राट् का नाम भी अंकित किया।

प्रो० ए०के० नारायण लिखता है कि "हर्मियस (Hermaeus) अन्तिम भारतीय-यूनानी सम्राट् था। उसके शासन के साथ ही 200 वर्षों की वह कहानी समाप्त होती है जिसमें 39 सम्राटों तथा 2 सम्राज्ञियों ने शासन किया। यह किसी महान् शक्ति की अनुपस्थिति में रिक्तता को भरने की एक साहसी जाति के उत्थान की कहानी है। तब समय बीतने पर मंच पर नयी जातियाँ आयीं और प्रत्येक ने आगन्तुक के लिए मंच खाली किया। सभी ओर से निकाले जाने पर यवन अपना घर न संभाल सके। अतः उनका पतन होना अवश्यंभावी था। उनके साम्राज्य का पतन हुआ; उनके अभिमानी शासक परिवार उत्तरी-पश्चिमी भारत की जातियों में मिल गए। अब उनका कोई पता नहीं चलता।"[2]

भारत में इण्डो-बैक्ट्रियन राज्य के विषय में डॉ० जे०एन० बैनर्जी का विचार है कि भारत की द्वितीय यूनानी विजय सिकन्दर की विजय से अधिक महत्त्वपूर्ण थी। दो शताब्दियों तक भारतीयों तथा यूनानियों में पर्याप्त साँस्कृतिक सम्बन्ध रहे और दोनों की एक दूसरे पर प्रतिक्रिया हुई। यह केवल यूनानी सभ्यता का भारतीय सभ्यता पर तथा भारतीय सभ्यता का यूनानी सभ्यता पर प्रभाव मात्र नहीं था। भारतीयों की कई धार्मिक धारणाओं और आदर्शों को शासकों ने अपनाया। असंख्य यूनानी भारतीय धर्मों के अनुयायी बन गए। यूनानियों ने क्रमशः भारतीय ढंग अपना लिए। समय के साथ वे भारतीय भूमि की उपज ही बन गए। उन्होंने भारतीय कला में भी योग दिया। चूँकि यूनानी ग्रहणशील थे इसलिए वे कभी-कभी भारतीय मौद्रिक तकनीक को अपनाकर भी प्रयोग करते थे। असंख्य खरोष्ठी अक्षरों और रचनाओं में सम्भवतः भारतीय मुद्रकों के नाम देखने को मिल सकें। इसी काल में गान्धार कला की नींव भी रखी गई।

Suggested Readings

Allan, J.	:	British Museum Catalogue of Coins of Ancient India, London, 1930.
Bevan, E.R.	:	The House of Seleucus I, London, 1902.
Cunningham, A.	:	The Coins of Alexander's Successors in the East, London, 1873.
Cunningham, A.	:	Coins of Ancient India, London, 1891.
Lahiri, A.N.	:	Corpus of Indo-Greek Coins, 1965.
Majumdar, R.C. (Ed.)	:	The Age of Imperial Unity.
Majumdar, R.C. (Ed.) and Altekar, A.S.	:	New History of the Indian People, Lahore, 1946.
Milindapanha, (Ed.)	:	V. Tronckener and R. Chalmers (London, 1880) Bombay (Devanagari) 1940 (Eng. tr.) T.W. Rhys Davids, SBE, 35 and 33 (Oxford, 1890-94).
Narain, A.K.	:	The Indo-Greeks, 1957.
Pargiter, F.E.	:	Dynasties of the Kali Age.
Rapson (Ed.)	:	Cambridge History of India, Vol. I.
Rapson	:	Ancient India
Rawlinson, H.G.	:	Bactria.
Rawlinson, G.	:	History of Herodotus, 4 Vols., London, 1858-60.
Raychaudhuri, H.C.	:	Political History of Ancient India.
Sastri, K.A. Nilakanta (Ed.)	:	A Comprehensive History of India, Vol. II.
Seltman, Charles	:	Greek Coins, London, 1933.
Smith, V.A.	:	Early History of India.
Smith, V.A.	:	Catalogue of Coins in Indian Museum, Oxford, 1906.
Tarn, W.W.	:	The Greeks in Bactria and India, 1951.
Whitehead, R.B.	:	Catalogue of Coins in the Punjab Museum, Oxford, 1914.

2. The Indo-Greeks, p. 164.

अध्याय

28

भारत में शकों तथा पहलवों का राज्य

(The Sakas and the Pahlavas)

संस्कृत साहित्य में शक (सिथियन), पहलव (पार्थियन) और यवन (बैक्ट्रियन यूनानी) आक्रमणकारियों का नाम सामूहिक रूप में शक-यवन-पहलव दिया गया है और उन्हें विदेशी तथा बर्बर कहा गया है। शकों या सिथियनों का एक अत्यन्त प्राचीन उल्लेख डरियस प्रथम के अभिलेखों में प्राप्त होता है। उनमें शकों की तीन अलग-अलग शाखाओं का उल्लेख किया गया है। पर्सपोलिस अभिलेखों में शक तथा मक को उन प्रदेशों की सूची में सम्मिलित किया गया है जिन्हें डरियस ने विजित किया था। नक्शी रुस्तम अभिलेखों में शकों की तीन शाखाओं को उसके करदायी कहा गया है। हैरोडोटस में भी शकों का इन शब्दों में उल्लेख है : ''सैशे या साइथ लोग पायजामे पहने हुए थे। उनके सिर पर लम्बी नोकदार टोपियाँ थीं। उन्होंने अपने देशी धनुष और खंजर उठा रखे थे। इसके अतिरिक्त उनके पास युद्ध करने वाली कुल्हाड़ियाँ या सगरियाँ भी थीं। वास्तव में वे अमिर्गियन सिथियन थे। ईरानी उन्हें सैशे कहते थे। सभी सिथियनों को यही नाम देते हैं।'' प्रतीत होता है कि शकों की दो शाखाएँ एक ही प्रदेश में नहीं तो दो पास-पास के प्रदेशों में रहती थीं और उनका प्रदेश ड्रैंगियानासीस्तान था। प्रो० रैप्सन ने उनकी तीसरी शाखा को काला सागर के उत्तर की ओर रूसी मरुभूमि में यूरोपीय शक बताया है। ईरान की सीमाओं पर के शक उन शकों की सन्तान थे जिनका प्रवास (migration) मध्य एशिया से सम्भवत: आठवीं शताब्दी ई०पू० ही शुरू हो गया था।

शकों के आरम्भिक इतिहास के लिए हम चीनी तथा प्राचीन लेखकों के आभारी हैं। तेरहवीं शती के मा-त्वा-लिन के ज्ञानकोश में निम्नलिखित जानकारी दी गई है : प्राचीनकाल में ह्यंग-नू जाति द्वारा यू-ची जाति की पराजय के पश्चात् यू-ची पश्चिम की ओर ताहिया में रहने चले गए और शइ या शक जाति का राजा दक्षिण की ओर की-पिन में रहने को चला गया। शइ जाति के लोग इधर-उधर फैल गए और जगह-जगह पर उन्होंने अपने राज्य बना लिए।'' प्रथम हान वंश के इतिहास (History of the first Han Dynasty) में लिखा है : ''पहले जब ह्यूंग-नू (Hiung-un) जाति ने ता-यू-ची (Ta-Yueh-chi) जाति को विजित किया तो ता-यू-ची पश्चिम की ओर चले गए और उन्होंने ता-हिया जाति को दबा लिया। तत्पश्चात् (शक राजा) शइ-वाँग दक्षिण की ओर जाकर की-पिन में राज्य करने लगा।''

शक खानाबदोश थे जो मूलत: मध्य एशिया के निवासी थे। लगभग 165 ई०पू० में यू-ची जाति ने उन्हें वहाँ से खदेड़ दिया। शक दक्षिण-पश्चिम की ओर चले गए। उन्होंने बैक्ट्रिया में यूनानी राज्य में युद्ध किया। अधिकांश शक हिलमण्ड नदी (R. Hilmand) की घ्राटी में बस गए। उन्होंने वहाँ छोटे-छोटे राज्य स्थापित किए। उनमें से एक बस्ती को अब भी शकिस्तान या सीस्तान (Seistan) कहा जाता है। समय के साथ-साथ अधिक शक मध्य एशिया से आने लगे और जो उत्तर-पश्चिम में रहने लगे थे वे हिन्दूकुश और सुलेमान पर्वत पार करके उत्तरी भारत में रहने के लिए आ गए। पार्थियनों (Parthians) के साथ उनका संघर्ष हुआ। कुछ शक सरदार पार्थियनों की सेवा में लग गये और उन में से कुछ को पार्थियन राज्य के विभिन्न प्रान्तों का गवर्नर या क्षत्रप भी बना दिया गया।

की-पिन (Ki-pin) में शकों का राज्य स्थापित होने से पहले ही भारत के साथ उनके सम्बन्ध आरम्भ हो गए होंगे। पतंजलि-कृत ''महाभाष्य'' से ज्ञात होता है कि पुस्तक की रचना के समय शक लोग यवनों के साथ आर्यावर्त की सीमाओं से बाहर रहते थे। सम्भव है कि ईसा से काफी समय पहले शक भारत के सुदूर उत्तर-पश्चिमी तथा पश्चिमी सीमान्त प्रदेश में रहने लगे हों। वे ईरानी और पार्थियन साम्राज्यों की पूर्वी सीमाओं पर थे, ''रामायण'' में शकों को यवनों और कम्बोजों के साथ शूरसेन, प्रस्थल, भारत, कुरु और मद्रक राज्यों के पार ही स्थान दिया गया है। किन्तु ''महाभारत'' में उन्हें पहलवों, वर्बरों, किरातों और यवनों के साथ ही रखा गया है। ''हरिवंश'' में बताया गया है कि शक उल्टी तरफ अपने आधे हाथ मूँड देते थे।

डॉ० जे०एन० बैनर्जी (J.N. Banerjee) का विचार हैकि अधिकांश शक आक्रमणकारी किसी अन्य स्थान से होकर ही भारत आए। वे खैबर के दर्रे के रास्ते नहीं आए थे। हिन्दूकुश पार करके वे गैड्रोसिया की उत्तरी सीमा में घुम गए और फिर दर्रा बोलान (Bolan pass) के रास्ते से सिन्धु घाटी में आ गए। कई शक राजा इण्डो-यूनानी राजाओं के समकालीन थे। इण्डो-यूनानी राजाओं ने जो सिक्के अराकोसिया और पंजाब में चलाए, शकों ने उनकी नकल की। सिक्कों से ज्ञात होता है कि मुख्य शक शाखा ने भारत की ओर अपने प्रवास के समय मुख्य मार्ग का प्रयोग नहीं किया था। काबुल घाटी में हर्मियस तथा उसके उत्तराधिकारियों के अधीन यूनानी राज्य ने उनके सीधे प्रवेश का रास्ता रोक दिया था।

भारत में प्राथमिक शकों की नामपद्धति से ज्ञात होता है कि उनमें शक, पार्थियन और ईरानी तत्त्वों का मिश्रण था। इससे सिद्ध होता है कि भारत आने से पहले वे काफी समय तक शकिस्तान में पार्थियन शासकों के अधीन रहे। इससे पर्याप्त रक्त-मिश्रण हुआ होगा। भारत में उन्होंने अपने-आपको नई परिस्थितियों के अनुकूल ढाला और भारतीय नाम और धर्म भी अपनाया। भारतीयों के साथ उन्होंने विवाह भी किए। पतंजलि-कृत ''महाभाष्य'' के समय में शकों को 'अनिर्वासित शूद्र' या शुद्ध शूद्र कहा गया। ''मनुसंहिता'' में शकों को निम्न कोटि के क्षत्रिय कहा गया है।

सिक्कों से प्राप्त सूचना के आधार पर विद्वानों ने शक शासकों की दो या इससे अधिक शाखाओं को मान्यता दी है जो भारत के उत्तरी, उत्तर-पश्चिमी या पश्चिमी प्रदेशों में राज्य करते थे। कुछ शक सरदारों का पता उनके ब्राह्मी या खरोष्ठी अभिलेखों से भी मिला है। ज्ञात शक शासकीय शाखाओं में केवल दो शाखाएँ ही मुख्य हैं : एक पंजाब तथा इसके पड़ोस में माओज़ की शाखा और दूसरी अराकोसिया या कन्धार और गैड्रोसिया तथा ड्रैंगियाना या बलोचिस्तान प्रदेश में वोनोन्ज़ की शाखा माओज़ और सम्भवत: एजेज़ कुछ खरोष्ठी अभिलेखों में उल्लिखित हैं। किन्तु वोनोन्ज़ या उनके किसी सहकारी का नाम किसी ब्राह्मी या खरोष्ठी अभिलेख में नहीं मिलता। सम्भव है कि माओज़ और वोनोन्ज़ कुछ-कुछ समकालीन हों। डॉ० वी०ए० स्मिथ का विचार था कि माओज़ और वोनोन्ज़ जाति से पार्थियन थे। डॉ० जे०एन० बैनर्जी स्वीकार करते हैं कि इन शासकों से सम्बन्धित कुछ लक्षण पार्थियन थे। वोनोन्ज़ प्रथम और वोनोन्ज़ द्वितीय के नाम पार्थियन हैं। 'राजाओं का राजा' उपाधि पार्थियन है जो वोनोन्ज़ और माओज़ समूहों के राजाओं के साथ लगाई जाती थी। इस उपाधि का प्रयोग मिथ्रिडेट्स प्रथम या मिथ्रिडेट्स द्वितीय ने आरम्भ किया। डॉ० स्मिथ का विचार था कि मिथ्रिडेट्स प्रथम की विजयें हाइडेस्प्स या झेलम नदी तक फैली हुई थीं। एक पार्थियन सरदार माओज़ विदेशी साम्राज्य के अस्थायी पतन का लाभ उठाकर पंजाब में राजा बन गया। उसी प्रकार अन्य पार्थियन सरदार वोनोन्ज़ पार्थियन साम्राज्य के ड्रैंगियाना प्रदेश में राजा बन गया। इसके पश्चात् उन्होंने अपने-अपने राज्यों को बढ़ाना आरम्भ किया। वोनोन्ज़ का राज्य सीस्तान के कुछ भाग, दक्षिणी अफ़गानिस्तान और उत्तरी बलोचिस्तान में था। बाद में माओज़ और वोनोन्ज़ के वंशों को विलीन कर दिया गया और इस प्रकार भारत के सुदूर उत्तर और पश्चिम में एक इण्डो-पार्थियन साम्राज्य की स्थापना हुई।

डॉ० जे०एन० बैनर्जी का कहना है कि डॉ० वी०ए० स्मिथ का विचार स्वीकार नहीं किया जा सकता। डॉ० बैनर्जी कहते हैं कि ओरोसियस (Orosius) के कथन के कारण कि मिथ्रिडेट्स प्रथम ने ''हाइडेस्प्स और सिन्धु नदियों के बीच की सभी जातियों को विजित किया'', इस हाइडेस्प्स को भारतीय हाइडेस्प्स या झेलम समझना ठीक न होगा। इस कथन से केवल यही ज्ञात होता है कि मिथ्रिडेट्स प्रथम के अधीन पार्थियन साम्राज्य की पूर्वी सीमा सिन्धु नदी थी। रैप्सन का विचार था कि यह नदी विर्जिल की नदी मीडस हाइडेस्प्स थी। रैप्सन ने इस बारे में यह लिखा है : ''मिथ्रिडेट्स प्रथम द्वारा उत्तर-पश्चिमी भारत की विजय की धारणा इतिहासकार के कथन को ठीक तरह न समझने पर ही आधारित है। रैप्सन ने माओज़ और वोनोन्ज़ के पार्थियन लक्षणों का कारण पूर्वी ईरान में काफी समय तक शकों और पार्थियनों का सम्बन्ध

बताया। डॉ० बैनर्जी कहते हैं कि माओज और वोनोन्ज़ नामों में शक लक्षण स्पष्ट दिखाई देते हैं। अरियन ने एक एशियाई शक शासक माओएक्ज का उल्लेख किया है। एजेज़, एजिलिसिज, स्पेलिरिसिज आदि नामों में निश्चय ही शक या ईरानी तत्त्व दिखाई देते हैं। स्टेन-कोनो माओज़ की पार्थियन उत्पत्ति को स्वीकार करते हैं लेकिन वोनोन्ज़ को 10 ई०पू० से पहले ड्रैंगियाना और अराकोसिया प्रदेशों में राज्य करने वाले पार्थियन राजवंश का वोनोन्ज़ प्रथम मानते हैं। डॉ० जे०एन० बैनर्जी कहते हैं कि स्टेन-कोनो का विचार मान्य नहीं है क्योंकि यह काल्पनिक प्रमाणों पर आधारित है। मध्य तथा ऊपरी सिन्धु घाटी और ड्रैंगियाना तथा अराकोसिया में राज्य करते समय शक और पहलव बहुत घुल-मिल गए थे इसलिए उनमें अन्तर बताना सदैव सरल नहीं था। एक ही परिवार में पहलव तथा शक नाम होते थे। रैप्सन का विचार है : ''सिन्धु घाटी पर आक्रमण करने वाले माओज़ के परिवार के शासकों को शक कहना और ड्रैंगियाना तथा अराकोसिया में राज्य करने वाले वोनोन्ज़ के परिवार के शासकों को पहलव कहना एक तरह से सहज में उनके नामकरण के अतिरिक्त कुछ नहीं है।'' एफ०डब्ल्यू० थॉमस का भी ऐसा ही विचार था। डॉ० जे०एन० बैनर्जी मानते हैं कि ''इस समय शकों तथा पहलवों में घनिष्ठ सम्बन्ध का प्रमाण कई सूत्रों से मिलता है और सम्भवतः पूर्वी ईरान से भारत आने वाली आक्रमणकारी जातियों में विभिन्न तत्त्व थे। किसी नियमित पार्थियन आक्रमण का कोई उल्लेख नहीं मिलता। इसके विपरीत माओज़ और वोनोन्ज़ जैसे विभिन्न जन्म के साहसी व्यक्तियों तथा उनके सहकारियों ने भारत पर छोटे आक्रमण किए।''

माओज़ (Maues)—माओज़ जे लगभग 20 ई०पू० से 22 ई०पू० तक राज्य किया। उसने पूर्वी ईरान के 'राजाओं के महाराजा' से अपने सम्बन्ध तोड़ लिए। उसने उत्तर-पश्चिमी भारत के बड़े-बड़े भागों पर अपना प्रभुत्व फैलाया। उसने 'राजाओं का महाराजा' उपाधि भी धारण की। तक्षशिला अभिलेख से प्रतीत होता है कि माओज़ ने गान्धार पर अधिकार कर लिया। अपनी विजयों से उसने दो इण्डो-यूनानी राज्यों को अलग कर दिया। उसके राज्यकाल में शकों ने अपना राज्य मथुरा तक बढ़ा लिया।

एज़ेज़ (Azes)—सिक्कों से ज्ञात होता है कि माओज़ के बाद एज़ेज़ राजा बना। उसने लगभग 5 ई०पू० से 30 ई० तक राज्य किया। बताया जाता है कि एज़ेज़ स्पेलिरिसिज़ (Spalirises) का पुत्र था। यह भी सम्भव है कि एज़ेज़ माओज़ का दामाद हो। कहा गया है कि एज़ेज़ ने केवल माओज़ के प्रदेशों पर ही राज्य नहीं किया बल्कि यूथिडेमस वंश के स्वतन्त्र राज्य को भी समाप्त किया।

एज़िलिसिज़ (Azilises)—कुछ सिक्के एज़ेज़ ने एक अन्य शासक एज़िलिसिज़ के साथ भी चलाए। दोनों को 'राजाओं का महाराजा' कहा गया है। एज़िलिसिज़ सम्भवतः एज़ेज़ का पुत्र था। कुछ समय तक उसने पिता के साथ संयुक्त रूप से राज्य किया और उसकी मृत्यु के पश्चात् एकमात्र राजा बन गया। उसने लगभग 28 ई० से 40 ई० तक राज्य किया।

कुछ सिक्कों पर एज़िलिसिज़ और एज़ेज़ दोनों के नाम दिए गए हैं। कहा गया है कि एज़ेज़ इस नाम का दूसरा राजा था और एज़िलिसिज़ का पुत्र तथा उत्तराधिकारी था। उसने भी कुछ समय तक पिता के साथ संयुक्त रूप से राज्य किया और बाद में एक मात्र राजा बना। उसने लगभग 35 ई० से 79 ई० तक राज्य किया। कुछ विद्वानों का विचार है कि एज़ेज़ और एज़िलिसिज़ एक ही नाम के दो रूप हैं। कुछ विद्वानों का विचार है कि एज़िलिसिज़ प्रथम के पश्चात् राजा बना और उसके बाद एज़िलिसिज़ द्वितीय राजा बना। एज़ेज़ प्रथम को 58 ई०पू० से आरम्भ होने वाले विक्रम संवत् का संस्थापक कहा जाता है।

प्रतीत होता है कि एज़ेज़ प्रथम का ईरान राज्य से कोई सम्बन्ध नहीं था। भारत में माओज़ का उत्तराधिकारी बनने के पश्चात् स्पेलिरिसिज़ (Spalirises) से उसके सम्बन्ध अमैत्रीपूर्ण हो गए। सिक्कों से इस विचार की पुष्टि होती है।

प्रथम शती ई० के आरम्भ के लगभग पार्थियन साम्राज्य के अधीन अरिया या हैरात, अनाओइ प्रदेश; ड्रैंगियाना, शकस्तान और पूर्व में अराकोसिया थे। किन्तु प्रथम शती ई०पू० के मध्य में ये प्रदेश एक अलग राज्य में सम्मिलित थे। 43-44 ई० में जब टयाना वासी अपोलोनियस ने तक्षशिला की यात्रा की तो उस समय वहाँ पार्थियन शासक फ्राओट्स का राज्य था। 'परिप्लस' में इण्डो-सिथिया की राजधानी मीन-नगर पर पार्थियन अधिकार का उल्लेख है।

गोण्डोफ़र्न्ज़ (Gondophernes)—एज़ेज़ द्वितीय के पश्चात् गोण्डोफ़र्न्ज़ या गोण्डोफ़ेयर्ज़ राजा बना। उसके नाम से संकेत मिलता है कि वह जाति से पार्थियन था। सिक्कों से ज्ञात होता है कि स्वयं राजा बनने से पहले गोण्डोफ़र्न्ज़

अराकोसिया प्रदेश के किसी भाग में एक अन्य व्यक्ति गुद् के साथ मिलकर ऑर्थेन्ज़ के सहकारी वाइसरॉय के रूप में काम करता था। उसने आर्थेन्ज़ के कुछ सिक्कों की भी नकल की जिससे सम्भवतः सिद्ध होता है कि पूर्वी ईरान पर उसका अधिकार था। यह कहा गया है कि उसने पार्थियन साम्राज्य के कुछ भागों को विजित किया। यद्यपि कुजुला कैडफ़िसिज़ (Kujula Kadphises) ने ऊपरी काबुल घाटी के अन्तिम यूनानी शासक हर्मियस की सहायता की, फिर भी गोण्डोफर्न्ज ने उसे परास्त कर दिया। चीनी इतिहासकार फान-ये (Fan-ye) ने काबुल की पार्थियन विजय का उल्लेख इस प्रकार कया है : "जब भी टाइन-चाऊ अर्थात् भारत, की-पिन अर्थात् काफ़िरिस्तान और निकटवर्ती पूर्वी प्रदेश, एनागोन-सी अर्थात् पार्थियन के राज्य शक्तिशाली बने, उनमें से एक काबुल पर अवश्य ही अधिकार कर लेता था। जब वह राज्य कमजोर हो जाता था तो काबुल पर अवश्य ही अधिकार से निकल जाता था।.......कालान्तर में काबुल में पार्थिया का राज्य स्थापित हो गया।" रैप्सन का विचार है "इसमें कोई सन्देह नहीं कि उसके राज्य में पहलव साम्राज्य अपनी शक्ति के सर्वोच्च शिखर पर था और सम्भव है कि इस साम्राज्य पर केवल एक व्यक्ति का ही नियन्त्रण था जो पूर्वी ईरान तथा उत्तर-पश्चिमी भारत दोनों में राज्य करता था; क्योंकि गोण्डोफेयर्ज़ के सिक्कों में ऑर्थेन्ज़ और एज़ेज़ द्वितीय दोनों के सिक्के पाए जाते हैं, और इससे यही सिद्ध होता है कि वह उन दोनों राज्यों का उत्तराधिकारी था।" लेकिन कहा गया है कि ऊपरी काबुल घाटी में गोण्डोफ़र्न्ज़ की सफलता अल्पकाल तक रही। कुजुला कैडफ़िसिज़ ने प्रथम शताब्दी ई० के मध्य के काओ फू (Kao-fu) या काबुल पर अधिकार कर लिया। सिक्कों से ज्ञात होता है कि कुजुला कैडफ़िसिज़ ने दक्षिणी अफगानिस्तान में भी अपने राज्य का विस्तार किया।

कहा गया है कि भारत में शकों के विरुद्ध गोण्डोफ़र्न्ज़ की सफलता अधिक उल्लेखनीय थी। पेशावर जिले में मर्दान के निकट यूसुफ़जाई प्रदेश में स्थित तख्त-ए-बाही से उसके राज्य का एक अभिलेख प्राप्त हुआ है। इससे गान्धार पर पार्थियन अधिकार की पुष्टि होती है। उपर्युक्त अभिलेख की तिथि शक-पार्थियन संवत् या विक्रम संवत् के अनुसार 103 है और स्वयं गोण्डोफ़र्न्ज़ के राज्य की 26वें वर्ष की तिथि भी उसमें दी गई है। अतः गोण्डोफ़र्न्ज़ ने 21 ई० से लगभग 43 ई० तक राज्य किया होगा।

तक्षशिला से गोण्डोफ़र्न्ज़ के दो प्रकार के सिक्के प्राप्त हुए हैं। कुछ सिक्कों पर गोण्डोफ़र्न्ज़ के चित्र और चिन्ह के साथ उसके वाइसरॉय शपेदन और शतवस्त्र के नाम भी दिखाई देते हैं।

गोण्डोफ़र्न्ज़ का नाम सेण्ट थॉमस के साथ भी सम्बन्धित है जो पार्थियन लोगों का देवदूत था। एक परम्परा है कि पार्थियन लोगों में प्रचार करने का कार्य ही सेन्ट थॉमस को सौंपा गया था। परम्परा को संक्षिप्त रूप में इस प्रकार दिया गया है : "जब बारह देवदूतों ने संसार को प्रचार के लिए आपस में बाँट लिया तो भारत जुडास के हिस्से में आया। जुडास का नाम थॉमस या ट्विन भी था। उसने अपना धर्म-कार्य आरम्भ करने में कुछ अनिच्छा प्रकट की। इस समय एक व्यापारी हब्बन वहाँ आया जिसे भारत के शासक गुण्डाफर ने एक ऐसा शिल्पी ढूँढ़ कर लाने के लिए भेजा था जो उसके लिए एक महल बना दे। पूर्व की ओर जाने की देवदूत की अनिच्छा को दूर करने के लिए हमारे स्वामी ने उस व्यापारी को स्वप्न में दर्शन दिए और देवदूत को उसके हाथों 20 चाँदी के सिक्कों के लिए बेच दिया और सेण्ट थॉमस को आदेश दिया कि वह राजा गुण्डाफ़र की सेवा करे और उसके लिए महल बना दे।"

"इस आज्ञा के अनुसार अगले ही दिन देवदूत व्यापारी हब्बन के साथ समुद्री रास्ते से चल दिया। रास्ते में उसने व्यापारी को अपनी शिल्पी दक्षता का आश्वासन दिलाया और पत्थरों तथा लकड़ी के काम के विषय में भी बहुत कुछ बताया। अनुकूल वायु की सहायता से उनका जहाज शीघ्र सण्डारुक (Sandaruk) बन्दरगाह में पहुँच गया। वहाँ उतर कर यात्रियों ने राजा की पुत्री के विवाह में भाग लिया और उन्होंने अपने समय का इतना लाभ उठाया कि वर और वधू दोनों ने उनका धर्म स्वीकार कर लिया। वहाँ से उन्होंने अपना यात्रा फिर शुरू की और भारत के शासक गुण्डाफ़र के दरबार में पहुँचे। सेण्ट थॉमस ने राजा का महल छः महीने के अन्दर ही बना देने का वचन दिया किन्तु इस कार्य के लिए दिया गया सारा धन दान में ही व्यय कर दिया। जब उससे उत्तर माँगा गया तो उसने कहा कि वह राजा के लिए स्वर्ग में महल बना रहा था जिसे हाथों से नहीं बनाया गया था। उसने इतनी लगन और सात्विकता से प्रचार किया कि राजा, उसका भाई गद और असंख्य नर-नारी उसके धर्म के अनुयायी बन गए। पवित्र देवदूत ने कई चमत्कार किए।

कुछ समय पश्चात् राजा मैज्दाई का सेनापति सिफर उसके पास आया और देवदूत से प्रार्थना की कि वह उसकी पत्नी और पुत्री को रोगमुक्त कर दे। सेण्ट थॉमस ने उसकी प्रार्थना स्वीकार कर ली और सिफर के साथ रथ में राजा मेज्दाई के नगर चला गया। उसने धर्म के अनुयायी डीकन ज़ैन्थीप्पस को धर्म की देख-रेख के लिए राजा गुण्डाफ़र के राज्य में ही छोड़ दिया। जब सेण्ट थॉमस ने रानी टर्शिया और एक अन्य श्रेष्ठ स्त्री मिग्डोनिया को अपने धर्म में परिणत कर लिया तो राजा मैज्दाई बहुत क्रुद्ध हुआ। उसने सेण्ट थॉमस को मृत्यु-दण्ड दिया। चार सैनिकों को आज्ञा दी गई कि वे सेण्ट थॉमस की हत्या कर दें। सैनिकों ने उसे एक सुनसान पहाड़ पर ले जाकर भालों से उसकी हत्या कर दी। देवदूत को प्राचीन राजाओं की श्मशान भूमि में दबा दिया गया किन्तु उसके शिष्यों ने गुप्त रूप से उसकी हड्डियों को निकाल लिया और उन्हें पाश्चात्य देशों में ले गए।''

विद्वानों ने इस परम्परा की सत्यता को स्वीकार नहीं किया है। डॉ० वी०ए० स्मिथ का मत है कि सारा वर्णन केवल कथा-मात्र है। भौगोलिक विवरण की कथा की भाँति काल्पनिक है। भारत के इतिहासकारों के लिए इसका महत्त्व केवल यही है कि भारत के राजा गोण्डोफ़र्न्ज़ को उसकी मृत्यु के पश्चात् भी स्मरण किया जाता था और देवदूत के प्रचारों के साथ उसका नाम सम्बन्धित था। इसीलिए पार्थियनों के साथ भी उसका कुछ सम्बन्ध था। सम्भव है कि एक ईसाई प्रचारक मण्डल उसके राज्य में उत्तर-पश्चिमी सीमान्त पर रहने वाले इण्डो-पार्थियनों में गया, हालाँकि यह नहीं कहा जा सकता कि इस मण्डल का नेतृत्व स्वयं सेण्ट थॉमस ने किया। यह ध्यान देने योग्य बात है कि गोण्डोफ़र्न्ज़ के राज्य में किसी ईसाई सम्प्रदाय का चिन्ह नहीं मिलता। डॉ० स्मिथ ने अपने विचार इन शब्दों में व्यक्त किए : ''पर्याप्त सोच-विचार के पश्चात् मेरा यह मत है कि गोण्डोफ़र्न्ज़ और मैज्दाई के राज्यों में सेण्ट थॉमस के कार्यों और प्राणोत्सर्ग की कथा को स्वीकार नहीं करना चाहिए।''

उत्तराधिकारी (Successors)—गोण्डोफ़र्न्ज़ का उत्तराधिकारी एब्डागैसेज (Abdagases) था। कुछ समय तक वह अपने चाचा के साथ उप-शासक के रूप में राज्य करता रहा, जैसा कि सिक्कों से ज्ञात होता है। स्वयं उसका राज्य अधिक लम्बा नहीं था। उसके बाद पैकोर्ज राजा बना। उसका राज्य भी बहुत छोटा था। किन्तु सारे समय में उसने सम्पूर्ण प्रभुत्वशाली शक्ति का उपयोग किया। एक अन्य राजा सेनाबेयर्ज के सिक्के भी प्राप्त होते हैं। किन्तु भारत से उसका कोई सम्बन्ध रहा प्रतीत नहीं होता। भारत में पार्थियन राज्य के अन्त के चिन्ह हैं। छोटे-छोटे चाँदी के कई सिक्के सर जॉन मार्शल ने तक्षशिला में सिर्कप से प्राप्त किए हैं। किन्तु भारत के उत्तर-पश्चिमी प्रदेशों में विदेशी राज्य पार्थियनों के साथ ही समाप्त नहीं हो गया था। उनका स्थान कुषाणों ने ले लिया।

शक क्षत्रपीय वंश (Saka Satrapal Houses)—शक शासकों के भारतीय गवर्नरों को क्षत्रप कहा जाता था। यह शब्द सम्भवतः पुराने ईरानी शब्द 'क्षत्रपवन' से लिया गया था जिसका अर्थ है प्रान्तीय गवर्नर। प्रत्येक प्रान्त में दो सैट्रैप होते थे, एक छोटा सैट्रैप जिसे क्षत्रप कहते थे और एक बड़ा सैट्रैप जिसे महाक्षत्रप कहते थे। उनका सम्बन्ध राजा और युवराज जैसा था। भारत के विभिन्न भागों में कई क्षत्रपीय वंश थे। किन्तु हम इन्हें दो भागों में बाँट सकते हैं : तक्षशिला और मथुरा के उत्तरी क्षत्रप और महाराष्ट्र तथा उज्जैन के पश्चिमी क्षत्रप।

तक्षशिला के उत्तरी क्षत्रप (Northern Satraps of Taxila)—ल्याक कुशुलक तक्षशिला का सर्वप्रथम शक क्षत्रप प्रतीत होता है। वह छहर और चुक्ष का क्षत्रप था। छहर को अभी तक नहीं पहचाना गया है। चुक्ष तक्षशिला के उत्तर-पश्चिम में स्थित वर्तमान चत्र है। दोनों प्रान्त समीपवर्ती ही रहे होंगे और तक्षशिला के आस-पास ही होंगे। ल्याक ने अपने सिक्कों की नकल युक्रेटाइड्ज़ के सिक्कों से की।

बताया गया है कि ल्याक कुशुलक के पुत्र पातिक ने कोई उपाधि धारण नहीं की थी। उसने बुद्ध के अवशेषों की भी स्थापना की। यह ज्ञात नहीं है कि वह अपने पिता के साथ सहकारी के रूप में कार्य करता था या नहीं क्योंकि स्वयं उसकी अपनी तो कोई उपाधि थी नहीं। इन दो क्षत्रपों के सिक्के प्राप्त नहीं हुए हैं।

मथुरा के उत्तरी क्षत्रप (Northern Satraps of Mathura)—भाग्यवश मथुरा के क्षत्रपों के इतिहास से सम्बन्धित बहुत से सिक्के और अभिलेख प्राप्त हुए हैं। सिक्कों से ज्ञात होता है कि मथुरा के पूर्वतम शक क्षत्रप हगामश और हगान

थे। कुछ सिक्कों से प्रतीत होता है कि हगामश अकेला राज्य करता था। कुछ अन्य सिक्कों से प्रतीत होता है कि वह हगान के साथ मिल कर राज्य करता था।

डॉ० वी०ए० स्मिथ ने लिखा है कि हगामश और हगान का उत्तराधिकारी राजूल अथवा रञ्जूवूल था। इस क्षत्रप का नाम सिक्कों और अभिलेखों दोनों में प्राप्त हुआ है। उसे विभिन्न प्रकार से 'महाक्षत्रप और अप्रतिहतचक्र क्षत्रप' कहा गया है। इससे ज्ञात होता है कि उसने पहले क्षत्रप के रूप में और बाद में महाक्षत्रप के रूप में राज्य किया।

शोडास अपने पिता राजूल के साथ क्षत्रप के रूप में सम्बन्धित था। वह बाद में महाक्षत्रप के रूप में उसका उत्तराधिकारी बना। शोडास को एक स्थान पर युवराज और एक अन्य स्थान पर क्षत्रप कहा गया है। उसे 14 ई० में महाक्षत्रप भी कहा गया है। इससे ज्ञात होता है कि 14 ई० से पहले ही उसके पिता की मृत्यु हो गई थी।

तक्षशिला पत्र अभिलेख (Taxila plate inscription) में पाटिक का उल्लेख भी किया गया है। वहाँ उसे क्षत्रप ल्याक का पुत्र बताया गया है।

महाराष्ट्र के पश्चिमी क्षत्रप (Western Satraps of Maharashtra)—भूमक पश्चिमी भारत का प्रथम क्षत्रप प्रतीत होता है। वह शक जाति के खखराट वंश से था। उसके विषय में अधिक जानकारी प्राप्त नहीं है। भूमक के असंख्य सिक्कों के आधार पर प्रो० रैप्सन ने निष्कर्ष निकाला कि भूमक ने नहपान से पहले राज्य किया। उन्होंने कहा है कि भूमक के सिक्कों के मुख-भाग को नहपान के सिक्कों में पृष्ठ-भाग के रूप में प्रयोग किया गया है। सिक्कों के प्रकार के परिवर्तन, उनकी धातु और उन पर लिखे हुए मुद्रा-लेख से सिद्ध होता है कि नहपान भूमक का तात्कालिक उत्तराधिकारी था। किन्तु भूमक और नहपान के सम्बन्ध का कोई प्रमाण नहीं है और कोई तिथियाँ भी प्राप्त नहीं हुई हैं।

नहपान भूमक से आरम्भ होने वाले पश्चिमी क्षत्रपों में सबसे महान् था। उसके बहुत से सिक्के और अभिलेख प्राप्त हुए हैं। उसने महाराष्ट्र के पूर्व आन्ध्र राजाओं से महाराष्ट्र जीत लिया। किन्तु उसका राज्य भड़ौच, काठियावाड़, अजमेर और पुष्कर तक ही सीमित था। नहपान के बहुत से चाँदी के सिक्के महाराष्ट्र में पाए गए हैं। महाराष्ट्र में नहपान के राज्य की सबसे पहली तिथि 119 ई० है। उसकी अन्तिम तिथि है 46 ई०। उसका राज्य सम्भवत: 124 ई० के लगभग समाप्त हुआ। सम्भव है कि गौतमीपुत्र शातकर्णी ने उसे महाराष्ट्र से खदेड़ दिया हो।

यद्यपि महाराष्ट्र में नहपान का राज्य कुछ ही समय रहा, तथापि उसी अवधि में बहुत सी घटनाएँ हुईं। उसके राज्य में युद्ध हुए, अभियान भेजे गए और पुण्यार्थ दान दिए गए। इन सब कार्यों में उसके दामाद उषावदात ने उसकी बहुत सहायता की और वास्तव में वही उसकी दायाँ हाथ था।

नहपान ने केवल महाराष्ट्र में ही नहीं बल्कि काठियावाड़, भड़ौच, सुपार, दशपुर, अजमेर और पुष्कर में भी राज्य किया। अजमेर और पुष्कर से भी नहपान के सिक्के मिले हैं। बताया गया है कि नहपान व उषावदात ने मालवों के आक्रमण में उत्तमभद्रों की सहायता करके उन्हें छुटकारा दिलाया और पुष्कर तीर्थ जाकर वहाँ स्नान किया और ब्राह्मणों को गायें और सोना दान में दिए। उस समय के अन्य कई तीर्थों का भी उल्लेख किया गया है और वहाँ पर ब्राह्मणों को केवल भोजन ही नहीं दिया जाता था बल्कि उन्हें गायें और सोना दान में दिए जाते थे। यह भी बताया गया है कि उसकी पत्नी ने धार्मिक ख्याति के लिए एक गुफा-निवास दान में दिया।

नासिक के निकट जुगलयम्बी में नहपान के चाँदी के सिक्के बहुत बड़ी संख्या में पाए गए हैं। इन सिक्कों से ज्ञात होता है कि गौतमीपुत्र ने उन्हीं सिक्कों को फिर ढलवा कर प्रचलित किया। उनमें से किसी भी सिक्के पर उषावदात का नाम नहीं है। इससे केवल यही सिद्ध होता है कि महाराष्ट्र के क्षत्रपों का महाराष्ट्र पर अधिकार समाप्त हो गया था। यह ध्यान देने योग्य बात है कि उषावदात ने नहपान के प्रशासन में महत्त्वपूर्ण भाग लिया। वह सेनापति था। राज्य की ओर से उसने कई सार्वजनिक कार्य किए, जैसे नदी पार करने की चुंगी माफ़ करना, नावों के लिए घाट बनाना, बौद्ध भिक्षुओं के लिए गुफाएँ बनाना आदि।

उज्जैन के पश्चिमी क्षत्रप (Western Satraps of Ujjain)—इस वंश का सर्वप्रथम शासक दशमतिक था। उसका पुत्र चष्टन था। प्रो० डब्रुयूल (Dubreuil) का विचार है कि उसका राज्य 78 ई० में आरम्भ हुआ और उसने शक संवत्

की स्थापना की। किन्तु इस विचार को स्वीकार नहीं किया जा सकता। कारण यह है कि चष्टन की पूर्वतम तिथि 52 ई० है जिसे सभी विद्वानों ने शक संवत् में स्वीकार किया है। इस प्रकार यह वर्ष 130 ई० बन जाता है। यह स्वीकार करना कठिन है कि एक व्यक्ति 52 वर्ष राज्य करे, एक नया संवत् भी चलाए और हमें उसके सम्बन्ध में कुछ भी ज्ञात न हो। डॉ० रायचौधरी ने रैप्सन और भण्डारकर के विचारों का उल्लेख किया है कि चष्टन किसी उत्तरी शक्ति का, सम्भवतः कुषाणों का वाइसरॉय था। यह भी ज्ञात है कि कनिष्क को शक संवत् चलाने का श्रेय दिया जाता है।

एक अभिलेख से ज्ञात होता है कि 130 ई० में चष्टन ने अपने पौत्र रुद्रदमन के साथ मिलकर राज्य किया। रुद्रदमन के पिता का नाम जयदमन था। सम्भव है कि 130 ई० में जयदमन की मृत्यु हो गई।

रुद्रदमन (Rudradamana)—चष्टन का पौत्र और उत्तराधिकारी रुद्रदमन उज्जैन के शक क्षत्रपों में सर्वप्रसिद्ध था। इस शासक के जूनागढ़ शिलालेख से उसके सम्बन्ध में पर्याप्त जानकारी प्राप्त होती है। इस अभिलेख की तिथि 72 है और इसमें रुद्रदमन की तिथि 150 ई० के लगभग बताने में सहायता मिलती है। इस अभिलेख में कहा गया है कि रुद्रदमन ने महाक्षत्रप की उपाधि धारण की। प्रतीत होता है कि चष्टन के वंश को कुछ समय के लिए ग्रहण लग गया था किन्तु रुद्रदमन अपने वंश की शक्ति की पुनः स्थापना में सफल हुआ और उसने महाक्षत्रप की उपाधि धारण की। दक्षिण-नरेश शातकर्णी के साथ उसके युद्ध का भी उल्लेख है और रुद्रदमन ने उसे दो बार परास्त किया और फिर उसे अपना दामाद बना लिया। यह भी कहा गया है कि रुद्रदमन ने गर्वशाली और वीर यौधेयों को भी पराजित किया। पाणिनि ने यौधेयों को 'आयुधजीवी' कहा है, जिसका अर्थ है युद्ध करके जीवन-निर्वाह करने वाले। वे पूर्वी पंजाब में रहने वाले गणतन्त्रीय जाति के थे। उनके बहुत से सिक्के, अभिलेख, मुहरें और पट्टिकाएँ प्राप्त हुई हैं। समुद्रगुप्त ने भी उन्हें विजित जातियों में सम्मिलित किया है। रुद्रदमन ने उन्हें एक वीर जाति (वीरशब्दयाति) कहा है।

उपर्युक्त अभिलेख में रुद्रदमन का राज्य-विस्तार भी दिया गया है। उसमें अकर (पूर्वी मालवा), अवन्ति (पश्चिमी मालवा), अनूप, अनर्त (उत्तरी काठियावाड़), सौराष्ट्र (दक्षिणी काठियावाड़), स्वभ्र (साबरमती नदी के पास का प्रदेश), मरु (सम्भवतः मारवाड़), कच्छ, सिन्धु (निचली सिन्धु नदी से पश्चिम का प्रदेश), सौवीर (निचली सिन्धु नदी से पूर्व का प्रदेश), कुकुर (उत्तरी काठियावाड़), अपरान्त (उत्तरी कोंकण) और निशाद (पश्चिमी विन्ध्य और अरावली) सम्मिलित थे।

अभिलेख में कहा गया है कि चन्द्रगुप्त मौर्य और अशोक के समय की बनी हुई सुदर्शन झील रुद्रदमन के समय में टूट गई। इससे बहुत नाश हुआ। 'सुदर्शन' 'दुर्दर्शन' बन गई। रुद्रदमन ने बाँध को जल्दी-से-जल्दी बनाने के लिए धन और परिश्रम की कसर न रखी। बताया गया है कि बाँध की मरम्मत का खर्च रुद्रदमन ने अपनी जेब से दिया। कार्य को असम्भव समझ कर मन्त्रि-सभा ने सार्वजनिक कोष से धन देने से इन्कार कर दिया। रुद्रदमन ने एक संवैधानिक शासक की भाँति व्यवहार किया। अभिलेख में बताया गया है कि सभी जातियों ने रुद्रदमन को अपना रक्षक निर्वाचित किया।

रुद्रदमन की व्यक्तिगत विशेषताओं के सम्बन्ध में इस अभिलेख से पर्याप्त जानकारी मिलती है। वह अपनी प्रजा के सुख के लिए सदैव चिन्तित रहता था। इसकी पुष्टि इस बात से होती हैकि सुदर्शन झील की मरम्मत पर उसने सारा धन स्वयं खर्च किया। इस कार्य के लिए उसने प्रजा पर कोई विशेष कर या अनिवार्य परिश्रम या अनुदान नहीं लिया। वह राज्य-कार्य मन्त्रि-परिषद् की सहायता से करता था। मन्त्रि-परिषद् में सभी गुण थे ("अमात-गुण-सम्पृक्ता")। शासक बनने से पहले रुद्रदमन ने व्याकरण, शासन-विद्या, वित्त, संगीत, तर्क, आदि की शिक्षा ली थी। उसने प्रण किया कि युद्ध के अतिरिक्त वह कभी भी मनुष्यों की हत्या नहीं करेगा और उसने यह प्रण जीवनपर्यन्त निभाया।

रुद्रदमन के उत्तराधिकारियों के सम्बन्ध में हमारे पास अधिक जानकारी नहीं है। वे केवल अशक्त शासक थे। उत्तराधिकारियों के रूप में उनके नाम के अतिरिक्त उनके विषय में कुछ भी ज्ञात नहीं है। दामजाद या दामजादशरी रुद्रदमन का पुत्र और उत्तराधिकारी था। उसका पुत्र था जीवदमन। किन्तु दामजाद का तात्कालिक उत्तराधिकारी उसका भाई रुद्रसिंह प्रथम था। रैप्सन का विचार है कि रुद्रसिंह और जीवदमन में गृह-युद्ध हुआ, रुद्रसिंह विजयी हुआ। डॉ० रायचौधरी का मत है कि रुद्रसिंह के पश्चात् उसका पुत्र रुद्रसेन प्रथम शासक बना। जीवदमन के कुछ सिक्के हैं जिन पर एक मुद्रा-लेख

है कि ये सिक्के महाक्षत्रप जीवदमन ने चलाए। रैप्सन के अनुसार, "दामजाद प्रथम के पुत्र जीवदमन के राज्य से तिथि वाले सिक्के शुरू होते हैं। इस समय के बाद चाँदी के सिक्कों के मुख-भाग पर शासक के सिर के पीछे उनके निकलने का वर्ष ब्राह्मी अंकों में दिया गया है। जीवदमन के तिथि वाले कुछ सिक्के पोटिन के बने हुए हैं।"

रुद्रसिंह प्रथम का पुत्र रुद्रसेन प्रथम रुद्रदमन के पश्चात् उज्जैन का तीसरा शक क्षत्रप था। उसके बाद कई महत्त्वहीन क्षत्रप आए। उज्जैन का अन्तिम शक क्षत्रप रुद्रसिंह तृतीय (Rudrasimha III) था। उसी की चन्द्रगुप्त द्वितीय ने हत्या की थी। उसने 388 ई० तक राज्य किया। उज्जैन के क्षत्रपों का राज्य लगभग 250 वर्ष चला।

Suggested Readings

Cunningham, A. : Coins of Ancient India, London, 1891.
Cunningham, A. : The Coins of Alexander's Successors in the East, London, 1873.
Majumdar, R.C. (Ed.) : The Age of Imperial Unity.
Megovern, W.M. : The Early Empire of Central Asia, 1939.
Medlycott, A.E. : India and the Apostle Thomas, London, 1905.
Rapson (Ed.) : Cambridge History of India, Vol. I.
Rapson : Ancient India.
Sastri, K.A. Nilakanta : A Comprehensive History of India, Vol. II.
Smith, V.A. : Early History of India.
Smith, V.A. : Catalogue of Coins in Indian Museum, Oxford, 1906.

अध्याय

29

कुषाण साम्राज्य का उदय और पतन

(Rise and Fall of the Kushana Empire)

एच०जी० रॉलिन्सन (H.G. Rawlinson) का मत है : ''कुषाण युग भारतीय संस्कृति के इतिहास में महत्त्वशाली युग है। इस युग में ''नवजात ईसाई धर्म पूर्णत: विकसित बौद्ध धर्म से एशिया और मिस्र के आश्रमों और मण्डियों में मिला जबकि दोनों धर्म इर्द-गिर्द की कई प्रकार की मूर्त्तिपूजा और अनेक-देवोपासना की परिचायक असंख्य कलाकृतियों के प्रभाव से मुक्त नहीं थे। अन्तर्राष्ट्रीय यातायात के साधनों के विकास और प्रतिद्वन्द्वी सभ्याताओं के निरन्तर संघर्ष से आरम्भ होने वाली मानुषिक विचारधारा पर ईरान के प्राचीन धर्म का भी प्रभाव पड़ा। स्वयं बौद्ध धर्म भी एक अत्यन्त व्यक्तिवादी जीवन-दर्शन से उठ कर विश्व धर्म बन गया और खोतान के रास्ते मध्य एशिया के व्यापारिक मार्गों पर फैल गया जहाँ भारत और चीन मिलते हैं। स्वयं चीन में भी बौद्ध धर्म फैल गया। यह अत्यधिक कलात्मक और साहित्यिक क्रिया का युग था। बौद्ध और हिन्दू देवता पहली बार मानवीय आकृति में सामने आते हैं। यूनानी एशिया (Hellenistic Asia) के सम्पर्क में आकर भारतीय कला को एक नई प्रेरणा मिली। साहित्य के नए-नए नमूने सामने आए। नाटक और दरबारी महाकाव्यों का जन्म हुआ और प्राचीन संस्कृति का विकास किया गया। कुषाण युग गुप्तकाल के लिए एक उपयुक्त भूमिका है।''[1] डी०सी० सरकार ने लिखा है : ''कुषाण युग भारत के इतिहास में युग-प्रवर्त्तक काल है। मौर्य साम्राज्य के पतन के पश्चात् पहली बार एक महान् साम्राज्य बना जिसमें न केवल समस्त उत्तरी भारत ही सम्मिलित था बल्कि उसके बाहर के कई प्रदेश भी सम्मिलित थे जो मध्य एशिया तक फैले थे। इस प्रकार भारत बाहर की दुनिया के साथ घनिष्ठ सम्पर्क में आया। इस युग में धर्म, साहित्य और मूर्त्तिकला का भी महत्त्वपूर्ण विकास हुआ, विशेषकर महायान बौद्ध-धर्म का उदय, गान्धार कला और बौद्धमूर्त्ति का आगमन।''[2]

स्रोत (Sources)—यद्यपि कुषाण साम्राज्य का कोई विस्तृत विवरण तो प्राप्त नहीं है, फिर भी कुषाण वंश के राज्य का एक सुन्दर चित्र प्रस्तुत करना अब हमारे लिए सम्भव है। चीनी सूत्रों से यू-ची जाति का चीन से भारत की ओर प्रवास स्पष्ट रूप से विदित होता है। बहुत से सिक्के भी प्राप्त हुए हैं, जिनसे कुषाण राजाओं के कालानुक्रम और धर्म को निश्चित करना सम्भव है। कुषाण युग के बहुत से अभिलेख भी मिले हैं हालाँकि वे बहुत बड़े नहीं हैं। कैडफ़िसिज़ द्वितीय (Kadphises II) के सिक्कों से ज्ञात होता है कि वह शिव का अनुयायी था। कनिष्क के सिक्कों पर विभिन्न देवताओं के चित्रों से ज्ञात होता है कि साम्राज्य के विभिन्न भागों में उन देवताओं की पूजा की जाती थी और राजा अपनी प्रजा पर अपना धर्म न थोप कर अपने सिक्कों पर विभिन्न प्रदेशों के देवताओं के चित्र अंकित करने को तैयार था। कला के गान्धार स्कूल की बहुत-सी कलाकृतियों से तत्कालीन जनता और उनके धर्म का अनुमान लगाया जा सकता है। बैक्ट्रिया में चीनी राजदूत चांग-कीन ने यू-ची जाति के दक्षिण-पश्चिम की ओर के प्रवास का विवरण भी लिखा था। पान-कु ने अपनी पुस्तक प्रथम हान वंश का इतिहास ("History of the First Han Dynasty") में कुषाण साम्राज्य के सम्बन्ध में बहुत-सी जानकारी दी है। कनिष्क के समय में बहुत से विद्वान भी हुए और उनकी रचनाओं से बहुत सी लाभदायक सामग्री प्राप्त

1. India : A Short Cultural History, p. 104.
2. The Age of Imperial Unity, p. 153.

की जा सकती है। इस सम्बन्ध में नागार्जुन-कृत ''माध्यमिक सूत्र'' और अश्वघोष-कृत ''बुद्धचरित'' से जानकारी प्राप्त की जा सकती है। चीनी यात्री ह्यून-त्सांग ने भी कनिष्क के सम्बन्ध में बहुत सा सामग्री प्रदान की है।

कुषाण वंश का उदय[3] (Rise of the Kushanas)—चीनी इतिहासकार हमें बताते हैं कि कुषाण वास्तव में यू-ची जाति के ही एक भाग थे। यू-ची खानाबदोश थे और आधुनिक चीन के सीमान्त प्रदेशों में रहते थे। द्वितीय शताब्दी ई०पू० के मध्य में वे एक पड़ोसी बर्बर जाति ह्यूँग-नू के साथ संघर्ष में फँस गए। यू-ची के राजा को ह्यूँग-नू ने परास्त कर दिया और उसकी हत्या भी कर दी। ह्यूँग-नू ने यू-ची राजा की खोपड़ी का प्याला बनाया। यू-ची राजा की विधवा के नेतृत्व में यू-ची ने ह्यूँग-नू के सामने आत्म-समर्पण करने से इन्कार कर दिया और नई चरागाहों की खोज में पश्चिम की ओर जाने का निश्चय किया। जो लोग इस प्रकार पश्चिम की ओर गए उनकी संख्या छः से दस लाख थी। जब वे चल रहे थे तो एक अन्य छोटी जाति वू-सुन (Wu-sun) के साथ उनका संघर्ष हुआ जो इलि नदी और इसकी सहायक नदियों के किनारों पर रहते थे। वू-सुन यू-ची के मुकाबले में कुछ भी नहीं थे, वे परास्त हुए और उनका राजा मारा गया। इसी समय यू-ची दो भागों में बँट गए। जो भाग तिब्बत की सीमा पर रहने लगा वह लघु यू-ची कहलाया और दूसरा भाग, जो पश्चिम की ओर चलता रहा, महान यू-ची कहलाया।

इसके पश्चात् यू-ची का सामना शकों से हुआ जो वू-सुन के पश्चिम की ओर तथा जैक्सार्ट्ज (R. Jaxartes) के उत्तर की ओर रहते थे। शकों ने अपनी रक्षा करने की चेष्टा की किन्तु वे परास्त हुए। उन्हें अपनी चरागाहें खाली करनी पड़ीं और उन पर यू-ची ने अधिकार कर लिया। नए घर की खोज में शकों को प्रस्थान करना पड़ा और वे उत्तरी दर्रों के रास्ते भारत आ गए।

लगभग 15-50 वर्ष यू-ची अपने प्रदेशों में शान्तिपूर्वक रहे। किन्तु वू-सुन के राजा (जिसे यू-ची ने परास्त करके मार डाला था) के पुत्र ने ह्यूँग-नू की सहायता प्राप्त कर ली। वह उन्हीं की देख-रेख में बड़ा हुआ था। उनकी सहायता से उसने यू-ची को परास्त किया। शकों से प्राप्त की गई भूमि से यू-ची को खदेड़ दिया गया और वे फिर अपनी यात्रा पर निकल पड़े। वे ऑक्सस घाटी में रहने लगे और वहाँ के शान्तिप्रिय निवासियों पर उन्होंने अपना अधिकार जमा लिया। संभव है कि यू-ची का अधिकार ऑक्सस नदी के दक्षिण की ओर बैक्ट्रिया पर भी था। समय के साथ-साथ उनका घुमन्तू जीवन समाप्त हो गया और वे सुव्यवस्थित जीवन व्यतीत करने लगे। इस घटना की तिथि लगभग 10 ई०पू० रही होगी।

फ़ान-ये (Fan-ye) ने यू-ची का यह विवरण दिया है : ''पुराने समय में यू-ची ने ह्यूँग-नू को परास्त किया। फिर वे ता-हिया चले गए और उन्होंने राज्य को पाँच सी-हियु या याबगू में बाँट लिया : स्यूमी, शुआंग्मी, कुई-शुआंग, सीतुन और तूमी। उसके सौ से अधिक वर्ष बाद सी-हऊ या कुई-शुआंग (कुषाण) के याबु (याबुग) क्यु-त्हियु-क्यो ने शेष चार सी-हऊ को नष्ट कर दिया और स्वयं राजा या स्वामी (वाँग) बन गया। उसने एनगान-सी (अर्साकिद प्रदेश अर्थात् पार्थिया) पर आक्रमण करके काओ-फ़ू (काबुल) पर अधिकार कर लिया, पोटा और की-पिन पर भी अधिकार कर लिया और इन राज्यों का स्वामी बन गया। 80 से भी अधिक वर्ष की आयु में क्यू-त्सियु-क्यो (Kiu-tsiu-k'io) की मृत्यु

3. कुषाणों की राष्ट्रीयता का प्रश्न नया नहीं है। इस ओर बहुत से विद्वानों का ध्यान गया है। एक दृष्टिकोण है कि कुषाण तुर्क थे। यह दृष्टिकोण इस तथ्य पर आधारित है कि दोनों के सिक्के समान हैं। तुर्क-उद्गम की थ्योरी का आधार जाति-सम्बन्धी गुण हैं। कुछ पदों या उपाधियों के प्रयोग के कारण कुषाण तुर्क मालूम होते हैं। किन्तु अभिनव स्रोतों के अनुसार कुषाणों को तुर्क कहना निर्णायक नहीं है। डॉ० बी०एन० पुरी ने इस थ्योरी को रद्द किया है। मंगोल-उद्गम की थ्योरी का प्राथमिक आधार चीनी विवरण हैं जिनमें यूह-ची कबीले का उल्लेख है। यह कबीला पश्चिम की ओर चला और अन्त में इसने तहिआ (Tahia) नामक क्षेत्र को जीत लिया। यह क्षेत्र पहले शकों के अधीन था। यह कबीला पाँच वर्गों में बँट गया जिनमें कुषाण प्रभावी थे। कुषाणों का तहिआ घर का शक-ईरानी-उद्गम जाति की भाषा सम्बन्धी एकरूपता पर आधारित है और स्टेन कोनो ने इसका समर्थन किया है। उसका मत है कि कुषाणों द्वारा प्रयुक्त अनेक पद तथा उपाधियाँ ईरानी भाषा में मिलती हैं जो कभी चीनी तुर्किस्तान की जन तथा साहित्यिक भाषा थी। डॉ० बी०एन० पुरी का मत है कि कुषाण बैक्ट्रिया या उसके दक्षिणी भाग में रहते थे और पुरानी शक जाति से संबद्ध थे। उन्हें तुखारी या तुखार कहते थे। कुषाण शासकों ने कबीले की उपाधि का प्रयोग नहीं किया, तथापि भारतीय स्रोतों में उन्हें तुषार नाम दिया गया। वे यूह-ची के प्रति निष्ठावान रहे; उन्होंने तहिआ को विजय किया किन्तु बाद में उन्होंने अपने आपको पृथक् कर लिया, अपनी स्थिति को दृढ़ किया और दक्षिण-पूर्व की ओर बढ़ने में सफल हुए। उन्होंने अन्तिम यूनानी-सम्राट् को पराजित किया और भारत विजय के लिए मंच तैयार किया। (India : Under the Kushanas, p. 7).

हुई। उसका पुत्र येन–काओ–चेन (Yen-kao-tchen) राजा बना। अपने समय में उसने तईन–चाऊ (T'ien-tchou) पर विजय पाई [जिसका शाब्दिक अर्थ है एक बड़ी नदी के तट पर भारत, जो स्पष्ट ही फ़िलोस्ट्रेटस द्वारा उल्लिखित तक्षशिला राज्य है, और वहाँ पर शासन करने के लिए एक सरदार नियुक्त किया। इस समय से यू–ची बहुत बलवान हो गए। सभी देशों ने उनके राजा के नाम पर उन्हें कुषाण कहना आरम्भ कर दिया, किन्तु हान ने उनका पुराना नाम ही रखा और उन्हें ता–यू–ची (Ta-Yueh-chi) कहा।]''

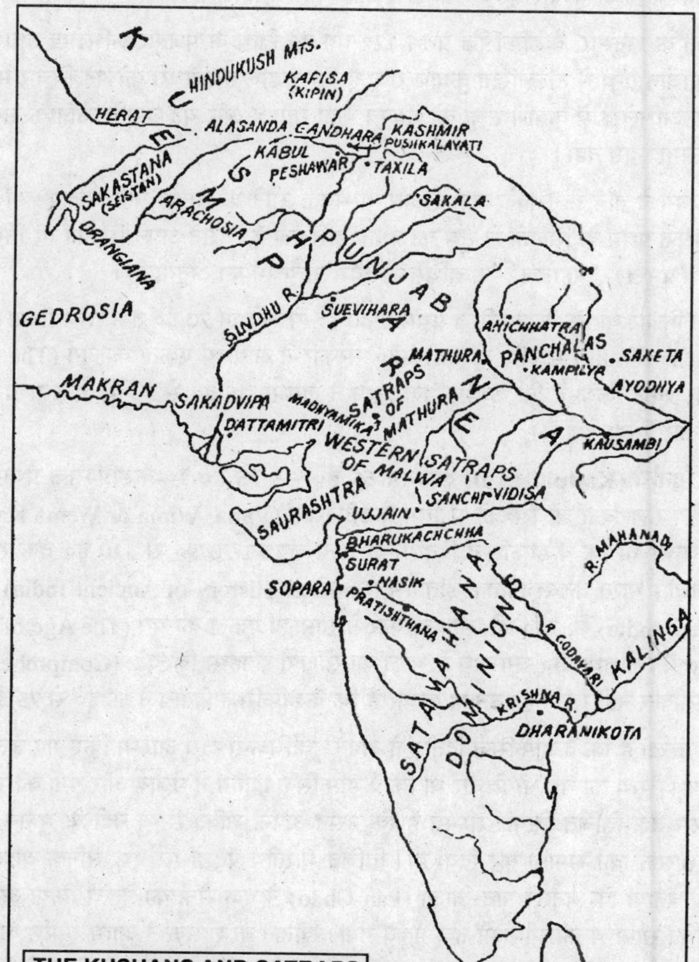

THE KUSHANS AND SATRAPS

कैडफ़िसिज़ प्रथम (Kadphises I, लगभग 15 ई० 65 ई०)—कैडफ़िसिज़ प्रथम (Kadphises I) या कुजुला कैडफ़िसिज़ या कोज़ोला कैडेफ़िज़ पहला कुषाण राजा था जिसके विषय में हमारे पास निश्चित जानकारी है। यू–ची पाँच भागों में बँट गए थे : ह्यू–मी, चौंग–मो, कुई–शांग, ही–थुम और काओ–फू। कैडफ़िसिज़ प्रथम कुषाण भाग का प्रमुख था और अन्य सभी भागों पर अपनी प्रमुखता जमाने में सफल हो गया। इस प्रकार वह यू–ची राष्ट्र का सर्वोच्च राजा बन गया।

डॉ० स्मिथ ने लिखा है कि कैडफ़िसिज़ प्रथम ने की–पिन (Ki-pin) और काबुल प्रदेश पर अपना राज्य स्थापित किया। बैक्ट्रिया में भी उसने अपने राज्य को सुदृढ़ बना लिया। उसने पार्थियनों पर भी आक्रमण किया। उनका राज्य ईरान की सीमा से सिन्धु नदी तक या सम्भवतः झेलम नदी तक फैला हुआ था। उसके समय में इण्डो–यूनानी और इण्डो–पार्थियन शासक पूरी तरह परास्त हो गए। लगभग 80 वर्ष की आयु में उनकी मृत्यु हुई।

कैडफ़िसिज़ प्रथम के कुछ सिक्के प्राप्त हुए हैं। उसके पूर्वतम सिक्कों पर काबुल के अन्तिम यूनानी शासक हर्मियस[4] का नाम दिया गया है। उसका अपना नाम दूसरी ओर दिया गया है। उसका मुद्रा-लेख इस प्रकार है : ''कुजुला कसा, कुषाण प्रमुख का, जो धर्म में प्रतिष्ठित है और वह सत्य का धर्म है।'' इन सिक्कों पर कोई राजसी उपाधि नहीं है हालाँकि कैडफ़िसिज़ प्रथम के बाद के सिक्कों पर वे दी गई हैं। इससे सम्भवत: यह सिद्ध होता है कि आरम्भ में कैडफ़िसिज़ प्रथम यूनानी शासक हर्मियस (Hermaios) का सामंन्त (vassal) था। सम्भवत: इसी यूनानी शासक की सहायता से ही कैडफ़िसिज़ ने अन्य चार यू-ची भागों पर आधिपत्य जमा लिया।

सर जॉन मार्शल के अनुसार, कैडफ़िसिज़ प्रथम 122 वर्ष की तिथि के पंजतार अभिलेख तथा 136 वर्ष की तिथि के तक्षशिला के एक प्राचीन ग्रन्थ में उल्लिखित कुषाण राजा है किन्तु डॉ० रायचौधरी को यह विचार मान्य नहीं है। उनका कथन है कि तक्षशिला अभिलेख में कुषाण राजा को देवपुत्र कहा गया है और यह उपाधि कनिष्क समूह द्वारा प्रयुक्त की गई थी, कैडफ़िसिज़ समूह द्वारा नहीं।

कैडफ़िसिज़ प्रथम ने ताँबे के सिक्के चलाए और सम्भवत: सोने के सिक्के नहीं चलाए। डॉ० रायचौधरी ने यह बताया है कि कैडफ़िसिज़ प्रथम के सिक्कों से रोम का प्रभाव झलकता है। उसने अपने सिक्कों पर निम्नलिखित उपाधियाँ प्रयुक्त कीं : 'यावुग' (प्रमुख), 'महाराज', 'राजाधिराज' और 'सत्यधर्म का अनुयायी'।

डॉ० स्मिथ का विचार था कि कैडफ़िसिज़ प्रथम ने 40 ई० से लगभग 70 ई० तक राज्य किया। किन्तु डॉ० मुकर्जी ने प्राचीन भारत (Ancient India) में और डॉ० डी०सी० सरकार ने साम्राज्य एकता का युग (The Age of Imperial Unity) में यह विचार प्रकट किया है कि कैडफ़िसिज़ प्रथम ने लगभग 15 ई० से 65 ई० तक राज्य किया। यही विचार प्रस्तुत पुस्तक में स्वीकार किया गया है।

कैडफ़िसिज़ द्वितीय (Kadphises II, लगभग 65 ई० — 75 ई०)—कैडफ़िसिज़ प्रथम के पश्चात् उसका पुत्र कैडफ़िसिज़ द्वितीय राजा बना जो सिक्कों में विम कैडफ़िसिज़ (Vima, Wima or Wema Kadphises) दिखाया गया है। स्मिथ का विचार था कि कैडफ़िसिज़ द्वितीय का राज्य लगभग 70 ई० से 110 ई० तक रहा। इस विचार को डॉ० रायचौधरी ने प्राचीन भारत का राजनैतिक इतिहास (Political History of Ancient India) में, डॉ० मुकर्जी ने प्राचीन भारत (Ancient India) में, डॉ० डी०सी० सरकार ने साम्राज्य एकता का युग (The Age of Imperial Unity) में, और डॉ० जे०एन० बैनर्जी तथा प्रो० जगन्नाथ ने भारत का संक्षिप्त इतिहास जिल्द 2 (Comprehensive History of India, Vol. II) में स्वीकार नहीं किया है। उनका विचार है कि कैडफ़िसिज़ द्वितीय ने 65 ई० से 75 ई० तक राज्य किया।

डॉ० स्मिथ ने लिखा है कि कैडफ़िसिज़ द्वितीय ने अपने पूर्वाधिकारी द्वारा आरम्भ किए गए उत्तरी भारत की विजय के कार्य को पूर्ण किया। स्मिथ का यह भी विचार था कि कैडफ़िसिज़ द्वितीय ने पंजाब और गंगा की घाटी का काफी बड़ा भाग, सम्भवत: बनारस तक विजित किया। सम्भव है कि उसने अपनी शक्ति सिन्धु नदी के मुहाने तक बढ़ाई हो और छोटे-छोटे पार्थियन शासकों को समाप्त कर दिया हो। विजित भारतीय प्रदेशों पर एक सैनिक वाइसरॉय का राज्य था। डॉ० स्मिथ ने यह भी बताया कि जनरल पान-चाओ (Pan-Chao) ने एक सेना का नेतृत्व किया और एक के बाद एक विजय करता हुआ रोमन साम्राज्य की सीमाओं तक पहुँच गया। खोतान के शासक ने आत्मसमर्पण कर दिया और काश्गर के राजा सहित अन्य कई शासकों ने भी उसका अनुकरण किया। चीनी अभियान से कैडफ़िसिज़ द्वितीय भयभीत हो गया। एक चीनी राजकुमारी से विवाह की माँग करके उसने चीनी सम्राट् के साथ बराबरी का दावा किया। कैडफ़िसिज़ द्वितीय ने जो दूत भेजा था उसे जनरल पान-चाओ (Pan-Chao) ने गिरफ्तार कर लिया। कैडफ़िसिज़ द्वितीय ने जनरल पानचाओ की चुनौती को स्वीकार कर लिया और अपने वाइसरॉय सिक के नेतृत्व में 70,000 घुड़सवारों की सेना भेजी जो सम्भवत:

4. कुजुला (Kujula) कैडेफेसिस और हर्मिस के सम्बन्धों को विद्वानों ने विभिन्न तरीकों से खोजा है। उनके नाम बहुत से सिक्कों की शृंखलाओं में मिलते हैं अत: उनको प्रामाणिक मानने पर बहुत समय से विचार-विमर्श होता रहा है। रैप्सन का मत था कि हर्मिस पहला राजा था जिसका नाम उसके धड़ के साथ यूनानी में लिखा है और कुजुला कैडेफेसिस उसका निकटतम उत्तराधिकारी था। उसका नाम सिक्के की दूसरी ओर खोष्ठी भाषा में लिखा है। थॉमस का मत था कि दोनों शासकों में कुछ अन्तर था जब पहलवों (Pahlavas) ने वास्तव में मध्यकाल में काबुल पर अधिकार किया हुआ था। इस मत की बाद में रैप्सन ने पुष्टि की और मार्शल स्टेनकोनो तथा तरण ने स्वीकार किया। डॉ० बी०एन० पुरी का मत है कि दोनों शासकों में रक्त-सम्बन्ध नहीं था और यह स्वीकार नहीं किया जा सकता कि हर्मिस के तुरन्त बाद कुजुला कैडेफेसिस गद्दी पर बैठा था।

तश्कुरगान दर्रे के रास्ते से आगे बढ़ी। इसे असंख्य कठिनाइयों का सामना करना पड़ा और अन्त में यह पराजित हो गई। कैडफ़िसिज़ द्वितीय को चीन को उपहार देना पड़ा। स्मिथ ने यह भी कहा है कि भारतीय दूत-मण्डल, जो भारत से रोमन सम्राट् ट्राजन को बधाई देने गया था, सम्भवत: कैडफ़िसिज़ द्वितीय ने ही भेजा था।

किन्तु डॉ० स्मिथ के उपर्युक्त विचार को डॉ० रायचौधरी, डॉ० मुकर्जी तथा अन्य विद्वानों ने स्वीकार नहीं किया। डॉ० स्मिथ ने कैडफ़िसिज़ द्वितीय के राज्य का जो काल निर्धारित किया है, उसे यदि स्वीकार न किया जाए तो इस काल की घटनाओं को किसी और काल में लगाना होगा। यह कहा गया है कि इसका कोई प्रमाण नहीं है कि कैडफ़िसिज़ द्वितीय का राज्य 78 ई० में आरम्भ हुआ और उसने शक संवत् की स्थापना की। कैडफ़िसिज़ द्वितीय के सिक्कों पर ऐसी तिथि नहीं है जिसे उसी द्वारा चलाए गए किसी संवत् की तिथि समझ लिया जाए। इसके विपरीत हमारे पास स्पष्ट प्रमाण है कि कनिष्क ने एक संवत् की स्थापना की ओर उस संवत् को उसके उत्तराधिकारियों ने भी जारी रखा। कुछ तिथियाँ हैं जो लगभग 1 से 99 वर्ष तक हैं।

कहा गया है कि कैडफ़िसिज़ प्रथम और कैडफ़िसिज़ द्वितीय की विजयों से चीन, रोमन साम्राज्य और भारत के मध्य व्यापार के मार्ग खुल गए। भारत से अधिक निर्यात होता था इसलिए रोमन सोना भारत में आने लगा। भारतीय रेशम, गर्म मसालों और हीरों की रोमन साम्राज्य में बहुत माँग थी। वह माँग बनी रही लेकिन बाद में कानून द्वारा भारतीय वस्तुओं का आयात बन्द कर दिया गया।

कैडफ़िसिज़ द्वितीय के पारिवारिक धर्म के विषय में विशेष जानकारी नहीं है। किन्तु उसके सिक्कों पर बैल के पास खड़े हुए शिव की मूर्ति है। इससे निष्कर्ष निकाला गया है कि उसने हिन्दू धर्म अपना लिया होगा और वह शिव का उपासक था।

कैडफ़िसिज़ द्वितीय ने सोने और ताँबे के सिक्के चलाये। उसके सिक्कों पर निम्नलिखित उपाधियाँ दी गई हैं : 'महाराज', 'राजाधिराज', 'सर्वलोकेश्वर', 'महीश्वर' आदि। कैडफ़िसिज़ द्वितीय के सोने के सिक्कों को न केवल इसके ही उत्तराधिकारियों ने बल्कि गुप्त वंश के राजाओं ने भी जारी रखा। ''समस्त पंजाब तथा कन्धार और काबुल घाटी'' में पाए गए बहुत से सिक्कों पर चिन्ह और मुद्रा-लेख हैं जिसमें उसे ''राजाओं का राजा, महान् उद्धारक'' कहा गया है।

डॉ० बी०एन० पुरी का ऐसा मत है कि विम कडेफिस के समय में कुषाण साम्राज्य पूर्व में वाराणसी तक और पार्थिया के सीमान्त तक फैल गया था। डॉ० वी०ए० स्मिथ का मत है कि अफ़गानिस्तान, तुर्किस्तान, बुखारा और रूसी तुर्किस्तान का क्षेत्र भी उसमें शामिल था।[5]

इस विषय में बहुत बड़ा विवाद है कि पहले कैडफ़िसिज़ समूह ने राज्य किया या कनिष्क समूह ने। किन्तु डॉ० सिम्थ, डॉ० रायचौधरी और डॉ० मुकर्जी स्वीकार करते हैं कि कनिष्क समूह ने कैडफ़िसिज़ समूह के पश्चात् राज्य किया। कहा गया है कि वासुदेव प्रथम तक विदेशी शासकों द्वारा चलाए गए सिक्कों के सूक्ष्म अध्ययन से ज्ञात होता है कि कैडफ़िसिज़ सिक्के शकों और पहलवों के सिक्कों के शीघ्र बाद चलाए गए थे। कनिष्क और हुविष्क के सिक्के जैसे ही कैडफ़िसिज़ द्वितीय के सिक्के भी प्रस्तुत किए जा सकते हैं। द्विभाषी या द्विलिपीय सिक्के, जिन्हें इण्डो-यूनानी शासकों ने आरम्भ किया था, कैडफ़िसिज़ द्वितीय के समय तक शक-पहलव युग में जारी रहे। कनिष्क ने ऐसे सिक्के बन्द कर दिए और हुविष्क तथा वासुदेव ने कनिष्क के सिक्कों का ही अनुकरण किया। कैडफ़िसिज़ द्वितीय के सिक्कों के मुख-भाग (obverse) की आकृति का कनिष्क के तथा उसके उत्तराधिकारियों के सिक्कों पर पर्याप्त प्रभाव पड़ा। सिक्कों से स्पष्टत: सिद्ध होता है कि कनिष्क समूह कैडफ़िसिज़ समूह का उत्तराधिकारी था।

कनिष्क प्रथम (Kanishka I)—कनिष्क कुषाण राजाओं में सबसे महान् था। किन्तु उसकी सिंहासनारोहण की तिथि के विषय में विद्वान् सहमत नहीं हैं। डॉ० फ्लीट (Fleet) का मत है कि कनिष्क ने कैडफ़िसिज़ समूह से पहले राज्य किया और उस संवत् की स्थापना की जो 58 ई०पू० में आरम्भ हुआ। कन्निंघम, डौसन फ्रैन्क तथा केनेडी ने डॉ० फ्लीट का उपर्युक्त विचार स्वीकार किया। किन्तु मार्शल के अनुसन्धान और अन्य जानकारी के कारण पुरानी विचारधारा

5. *India Under the Kushanas*, p. 26.

को अस्वीकृत कर दिया गया है। यह स्पष्टतः सिद्ध किया जा सकता है कि कनिष्क ने विक्रम संवत् की स्थापना नहीं की। ह्यून-त्साँग ने लिखा कि कनिष्क गान्धार पर राज्य करता था। किन्तु अन्य चीनी प्रमाण से ज्ञात होता है कि 50 ई०पू० के लगभग गान्धार पर यीन-मो-फू (Yin-mo-fu) का राज्य था। दोनों एक ही समय पर गान्धार पर राज्य नहीं कर सकते थे और चूँकि यीन-मो-फू का समय निश्चित है, इसलिए कनिष्क का समय 58 ई०पू० के लगभग न होकर कोई अन्य काल ही होगा। इसलिए उसने विक्रम संवत् की स्थापना नहीं की जो 58 ई०पू० से आरम्भ हुआ।

मार्शल, स्टेन-कोनो (Sten-Konow), स्मिथ, वॉन वाइक (Van Wijk) और अन्य विद्वानों का विचार था कि कनिष्क का राज्य लगभग 125 ई० में आरम्भ हुआ और दूसरी शताब्दी ई० के उत्तरार्द्ध के मध्य में समाप्त हुआ। रुद्रदमन के जूनागढ़ शिलालेख से ज्ञात होता है कि रुद्रदमन निचली सिन्धु घाटी का शासक था। यह स्पष्ट रूप से कहा गया है कि वह किसी अन्य शासक के अधीन नहीं था। वह प्रभुत्व-सम्पन्न शासक था जिसे स्वयं प्रजा ने निर्वाचित किया था। सुई विहार अभिलेख में कहा गया है कि कनिष्क के साम्राज्य में निचली सिन्धु घाटी भी सम्मिलित थी। यह निश्चित रूप से ज्ञात है कि रुद्रदमन का राज्य 130 ई० से 150 तक रहा, इसलिए स्पष्ट है कि कनिष्क का भी वही समय नहीं था। निचली सिन्धु घाटी पर कनिष्क का राज्य और रुद्रदमन की समकालीन प्रभुता दो विरोधी बातें हैं। इसके अतिरिक्त 1-23 कनिष्क की तिथियाँ, 24-28 वासिष्क की तिथियाँ, 31-60 हुविष्क की तिथियाँ और 74-98 वासुदेव की तिथियाँ एक निरन्तर संवत् का संकेत करती हैं। दूसरे शब्दों में कनिष्क ने निश्चय ही किसी संवत् की स्थापना की। किन्तु हमें ऐसा कोई भी संवत् ज्ञात नहीं है जो उत्तर-पश्चिमी भारत में प्रचलित रहा हो और द्वितीय शती ई० में आरम्भ हुआ हो।

डॉ० बी०एन० पुरी ने इस पेचीदा प्रश्न पर अपने विचारों को इस प्रकार लिखा है : "हमने कुषाणों तथा विशेष रूप से कनिष्क के समय से संबद्ध सभी स्रोतों से प्राप्त जानकारी पर अच्छी तरह विचार किया है। विद्वान् इस बारे में एकमत नहीं हैं। दुर्भाग्य से कोई नई जानकारी प्राप्त नहीं हुई है और पुरानी जानकारी का ही पुनः परीक्षण और पुनर्मूल्यांकन किया जा रहा है। पश्चिमी लेखक उसे ईसा की दूसरी शताब्दी में रखने को अधिक इच्छुक हैं और कुछ अपवादी लेखकों को छोड़कर अन्य इस बात पर तुले हैं कि उसने 78 ई० में एक नया संवत् चलाया था। उनका प्रमुख तर्क यह है कि हमें ईसा की दूसरी शताब्दी के किसी संवत् के बारे में कुछ भी पता नहीं है और जूनागढ़ लेख के अनुसार कनिष्क के रुद्रवर्मन के साथ युद्ध की अवहेलना नहीं की जा सकती जबकि वे दोनों ही समकालीन थे। इसके अलावा अस्सी वर्षीय पिता का उत्तराधिकारी विम कैडेफिस अधिक काल तक शासन नहीं कर सकता था। उसके लिए 64-74 ई० काल पर्याप्त है। उसका उत्तराधिकारी कनिष्क बना। पोटिआओ (Potiao) का उल्लेख परावर्ती कुषाण शासक वासुदेव द्वितीय की ओर संकेत करता है। दूसरी ओर यह भली प्रकार माना जा सकता है कि कनिष्क का काल राज्याभिषेक से सम्बन्ध रखता है। सम्भवतः उसमें सैकड़ों को छोड़ दिया गया है। इसी प्रथा का परावर्ती कुषाण शासकों ने भी पालन किया। हमें कनिष्क या उसके उत्तराधिकारियों का कोई रिकार्ड तीन अंकों की संख्या में प्राप्त नहीं हुआ है। इसके अलावा विम कैडिफिसेस के लिए 14 वर्ष की अवधि बहुत कम है। 136 के तक्षशिला रिकार्ड में अप्रत्यक्ष रूप से आए प्रसंग के अलावा और कोई ऐसा प्रमाण नहीं है कि महाराज, राजातिराज देवपुत्र उपाधि धारण करने वाला कुषाण राजा विम ही हो सकता है और उसका पिता कुजुला नहीं। यह भी असंभव नहीं है कि इस अस्सी वर्षीय व्यक्ति का पुत्र 30 या 35 वर्ष का नवयुवक हो सकता है जिसने अपने पिता की तरह लम्बे समय तक शासन किया हो। कनिष्क का रुद्रवर्मन से संघर्ष तथ्य नहीं हो सकता जबकि उसका काल 144 ई० माना जाए। उस दशा में उसने शक शासक की मृत्यु के बाद उत्तरी सिन्ध को जीता। कुषाणों ने 28 ई० में मालवे पर शासन किया। यह तथ्य साँची के वैशियक शिलालेखों से स्पष्ट होता है। किन्तु यह घटना परावर्ती कुषाणों से संबद्ध हो सकती है। चीनी स्रोतों में पोटिआओ का उल्लेख वासुदेव प्रथम से मेल खाता है जिसके सिक्के बेगराय में पाए गए थे। परावर्ती कुषाण शासक न तो इतना महत्त्वपूर्ण था और न उसका साम्राज्य इतना विशाल था कि उसे वे (Wei) से 40 संधियाँ करनी पड़तीं। यदि हम कनिष्क और उसके परिवार को दूसरी शताब्दी से हटा कर तीसरी शताब्दी के मध्य ले आएँ तो हमें सुविधा रहती है। उसके बाद परावर्ती कुषाण शासन करते हैं जो प्रारम्भिक गुप्त शासकों के समकालीन थे जिन्हें समुद्रगुप्त के इलाहाबाद स्तम्भ लेख में देवी पुत्र शाही शहनशाही बताया गया है।

इससे कुषाणों और गुप्त-काल के मध्य के अन्धकाल की सम्भावना भी समाप्त हो जाती है।[6]

डॉ० आर०सी० मजूमदार का विचार है कि कनिष्क द्वारा स्थापित संवत् त्रैकुटक-काल-चूरी-चेदी संवत् था जो 248-49 ई० में आरम्भ हुआ। किन्तु इस विचार की पुष्टि नहीं की जा सकती। चीनी त्रिपिटक की सूची में कहा गया है कि आन-शी-काओ (An-Shih-Kao, 148-170 ई०) ने कनिष्क के पुरोहित संघरक्षाकृत ''मार्गभूमि-सूत्र'' का अनुवाद किया। इससे स्पष्ट है कि कनिष्क का समय 170 ई० से काफी पहले था। अतः मजूमदार का मत मान्य नहीं है। सर आर०जी० भण्डारकर का विचार था कि कनिष्क का सिंहासनारोहण 278 ई० में हुआ, किन्तु उपर्युक्त आलोचना भण्डारकर के विचार पर भी लागू होती है।

फ़ुर्गुसन, ओल्डनबर्ग, थामस, आर०डी० बैनर्जी, रैप्सन, रायचौधरी आदि विद्वानों का मत है कि कनिष्क ने शक संवत् की स्थापना की और उसका सिंहासनारोहण 78 ई० में हुआ। इस मत के विरुद्ध कुछ आपत्तियाँ उठाई गई हैं किन्तु सूक्ष्म अध्ययन के बाद ज्ञात होता है कि उनमें विशेष सार नहीं है।

कहा गया है कि यदि यह स्वीकार कर लिया जाए कि कैडफ़िसिज़ प्रथम ने 50 ई० से पहले राज्य किया और कनिष्क ने 78 ई० में शक संवत् की स्थापना की तो कैडफ़िसिज़ प्रथम के शेष राज्य-काल तथा कैडफ़िसिज़ द्वितीय के पूरे राज्य-काल के लिए केवल 28 वर्ष रह जाते हैं। पहले तो कैडफ़िसिज़ प्रथम के लिए 50 ई० की तिथि निश्चित नहीं है। यदि उसे ठीक स्वीकार कर भी लिया जाए तो 28 वर्ष का समय कम नहीं है, क्योंकि कैडफ़िसिज़ द्वितीय एक 80 वर्षीय व्यक्ति का उत्तराधिकारी था। जब कैडफ़िसिज़ प्रथम की ''80 से भी अधिक वर्ष का आयु में मृत्यु हुई तो उसका पुत्र भी वृद्ध व्यक्ति होगा। इसलिए यह असम्भव है कि उसका राज्य काफी लम्बा रहा हो। इसलिए कनिष्क के राज्यारोहण के लिए 78 ई० की तिथि मान्य है।''

यह भी कहा गया है कि तक्षशिला स्थित चीर स्तूप से सर जॉन मार्शल ने जो अभिलेख प्राप्त किया है उसकी तिथि 136 है जो विक्रम संवत् के अनुसार 79 ई० ठहरती है। किन्तु उसमें उल्लिखित राजा कैडफ़िसिज़ प्रथम है और कनिष्क कदापि नहीं है। यह भी कहा जा सकता है कि इस अभिलेख में 'देवपुत्र' शब्द के प्रयोग से ही सिद्ध नहीं हो जाता कि यह संकेत कैडफ़िसिज़ प्रथम की ओर है। यह उपाधि कनिष्क समूह का लक्षण है और कैडफ़िसिज़ समूह का नहीं। कुषाण राजा का नाम न होने से ही यह नहीं माना जा सकता कि यह संकेत प्रथम कुषाण शासक की ओर है। कुमारगुप्त और बुद्धगुप्त के समय के असंख्य अभिलेखों में राजा को केवल 'गुप्तनृप' कहा गया है। उसी प्रकार 'देवपुत्र' उपाधि का प्रयोग कनिष्क के लिए भी हो सकता है।

स्टेन कोनो ने सिद्ध किया है कि कनिष्क संवत् और शक संवत् के अभिलेखों की तिथियाँ एक ही ढंग से नहीं दी गई हैं, इसलिए कनिष्क को शक संवत् का संस्थापक नहीं कहा जा सकता। किन्तु उसी विद्वान् ने यह भी स्वीकार किया है कि स्वयं शक संवत् के सभी अभिलेखों की तिथियाँ भी एक ही ढंग से नहीं दी गई हैं। स्थानीय तथा सामयिक आवश्यकताओं के अनुसार तिथियों में परिवर्तन किया जाता रहा। खरोष्ठी अभिलेखों में कनिष्क तथा उसके उत्तराधिकारियों ने तिथियाँ उसी ढंग से दीं जैसे उनके शक-पहलव पूर्वाधिकारी दिया करते थे, अर्थात् महीने का नाम और महीने का दिनांक दोनों ही दिए जाते थे। इसके विपरीत ब्राह्मी अभिलेखों में कनिष्क तथा उसके उत्तराधिकारियों ने तिथि देने का प्राचीन भारतीय ढंग ही अपनाया। इससे यह निष्कर्ष नहीं निकाला जा सकता कि खरोष्ठी तथा ब्राह्मी अभिलेख एक ही संवत् के नहीं हैं। यदि कनिष्क तिथि देने के दो ढंग प्रयोग कर सकता था तो पश्चिमी भारत की स्थानीय आवश्यकताओं की पूर्ति के लिए वह तीसरा ढंग भी प्रयोग कर सकता था। यह असम्भव नहीं है कि जिस प्रकार सीमांत प्रदेश में कनिष्क ने पुराना शक-पहलव ढंग अपनाया और हिन्दुस्तान में वहाँ प्रचलित तिथि देने का प्राचीन भारतीय ढंग अपनाया, उसी प्रकार पश्चिमी भारत में उसके कर्मचारियों ने वहाँ की रीति के अनुसार 'पक्ष' देना भी आरम्भ कर दिया।

डॉ० ऐ०एल० बाश्म बताता है कि कनिष्क की दूसरी शताब्दी के स्थान पर 78 ई० निश्चित करने के समर्थन में सब से बड़ा तर्क यह तथ्य है कि अन्यथा वह रुद्रवर्मन का समकालीन बन जाता है। रुद्रवर्मन का गिरनार शिलालेख 150 ई०

6. *India Under the Kushanas*, p. 49-50.

में लिखा गया था। कोनो और गिरशमन की काल गणना के अनुसार कनिष्क निश्चित रूप से उस तिथि को सिंहासनारूढ़ हुआ। इस पर भी रुद्रवर्मन किसी महाराजा का उल्लेख नहीं करता। रुद्रवर्मन ने शक संवत् 78 का प्रयोग किया है। यद्यपि उसने राजा महाक्षत्रप का लघु पद धारण किया था, वह सामन्त नहीं था। वह बहुत शक्तिशाली स्वतन्त्र राजा था। रुद्रवर्मन ने यौधेयों को पराजित करने की गर्वोक्ति की है जिनका सतलुज के दक्षिणी भाग में शासन था। यह प्रदेश कनिष्क के साम्राज्य के बीच में था। उस समय कनिष्क और रुद्रवर्मन जैसे एक ही स्तर के दो सम्राट् भारत में होने का प्रश्न ही नहीं उठता। अत: कनिष्क निश्चित रूप से 78 ई० में ही सिंहासन पर बैठा और दूसरी शताब्दी में नहीं।

उपर्युक्त शब्दों से स्पष्ट है कि कनिष्क ने शक संवत् की स्थापना की जो 78 ई० में आरम्भ हुआ। वह 78 ई० में ही राजा बना और 120 ई० में नहीं जैसा कि अन्य विद्वानों का विचार है।

कनिष्क के युद्ध (Wars of Kanishka)—जब कनिष्क राजा बना तो उसके साम्राज्य में अफ़गानिस्तान, सिन्ध का बहुत बड़ा भाग, और पार्थिया, बैक्ट्रिया तथा पंजाब के कुछ भाग सम्मिलित थे। उसके पूर्वाधिकारी को चीनियों ने परास्त कर दिया था। कनिष्क को अपनी शक्ति पर पूरा विश्वास था और वह उस पराजय का बदला लेना चाहता था। इसलिए इसमें आश्चर्य की कोई बात नहीं कि उसने अपने राज्यकाल में कई युद्ध किए।

डॉ० स्मिथ ने लिखा है कि कनिष्क को अपने राज्यकाल के प्रारम्भिक वर्षों में ही कश्मीर विजय सम्पन्न करने का श्रेय दिया जा सकता है। किन्तु कश्मीर के शासक के साथ उसके युद्ध के विवरण हमारे पास नहीं हैं। हमें बताया गया है कि कनिष्क को कश्मीर बहुत पसन्द था। उसने बहुत बड़ी संख्या में स्मारक बनाए और कनिष्कपुर नामक एक नगर की भी स्थापना की जो सम्भवत: वर्तमान कनीस्पोर (Kanispor) ग्राम है। कल्हण-कृत ''राजतरंगिणी'' में निम्नलिखित अनुच्छेद प्राप्त होता है : ''उसके पश्चात् यहाँ पर हुष्क, जुष्क और कनिष्क, तीन राजाओं ने राज्य किया और अपने-अपने नाम पर तीनों ने नगरों की स्थापना की। बुद्धिमान राजा जुष्क ने, जो बिहार सहित जुष्कपुर का संस्थापक था, जयस्वामीपुर की भी स्थापना की। धार्मिक कार्यों में संलग्न तुरुष्क जाति के इन राजाओं ने शुष्कलेत्र तथा अन्य स्थानों पर मठ, चैत्य तथा उसी प्रकार के अन्य भवन बनवाए।''

ऐसा कोई विश्वसनीय प्रमाण नहीं है जिससे यह सिद्ध किया जा सके कि कनिष्क ने मगध के विरुद्ध भी युद्ध किया। किन्तु बौद्ध परम्परा के अनुसार जब उसने पाटलिपुत्र पर अधिकार कर लिया तो महान् बौद्ध दार्शनिक अश्वघोष भी उसके हाथों में आ गया और वह उसे अपने साथ ही ले गया। इसमें कोई सन्देह नहीं कि अश्वघोष कनिष्क के दरबार को सुशोभित करता था। इससे अनुमान लगाया गया है कि कनिष्क ने मगध के कुछ भाग को विजित किया होगा। इस मत की पुष्टि इस तथ्य से होती है कि कनिष्क के सिक्के बहुत बड़ी संख्या में गाजीपुर तथा गोरखपुर में पाए गए हैं। यदि इन प्रदेशों पर कनिष्क का अधिकार न होता तो उसके इतने सिक्के वहाँ से प्राप्त न होते।

कहा जाता है कि कनिष्क ने उज्जैन के पश्चिमी क्षत्रपों के विरुद्ध भी युद्ध किया। अत्यधिक सम्भावना यही है कि चष्टन ही वह शक शासक था जिसे कनिष्क ने परास्त किया था। इस युद्ध के परिणामस्वरूप शकों ने कनिष्क की प्रभुता को स्वीकार कर लिया और मालवा का कुछ भाग भी दे दिया। डॉ० स्मिथ मानता है कि कनिष्क ने पार्थियनों के विरुद्ध भी एक सफल युद्ध किया। पार्थियनों के राजा ने उस पर आक्रमण किया और परम्परानुसार उस शासक को ''अत्यन्त मूर्ख और तेज स्वभाव वाला'' बताया गया है। सम्भवत: यह शासक कोसरोज़ (Chosroes) या खुसरू था, या उसका कोई प्रतिद्वन्द्वी था जिसने पार्थियन सिंहासन पर अधिकार के लिए उसका विरोध किया था।

कनिष्क ने काशगर, यारकन्द और खोतान पर भी विजय प्राप्त की। डॉ० स्मिथ ने कहा है कि कैडफिसिज द्वितीय ऐसे ही एक प्रयास में असफल रहा था किन्तु परिस्थितियों के परिवर्तन के कारण कनिष्क को सफलता प्राप्त हुई। चीनी सेनानी पान-चाओ की मृत्यु के कारण चीनी पक्ष की शक्ति क्षीण हो गई होगी। कनिष्क ने न केवल चीनियों को परास्त ही किया बल्कि आधानों (hostages) की भी माँग की। उन आधानों में चीनी सम्राट् का एक पुत्र भी था। किन्तु इस विचार को स्वीकार नहीं किया जाता।

डॉ० रायचौधरी ने लिखा है कि कनिष्क ने ऊपरी भारत की विजय का कार्य पूर्ण किया। वह एक महान् साम्राज्य पर राज्य करता था जो कापीश (Kapisa), गान्धार और कश्मीर से बनारस तक फैला हुआ था। डॉ० स्मिथ बताता है कि

कनिष्क का साम्राज्य समस्त उत्तर-पश्चिमी भारत पर और सम्भवत: विन्ध्य पर्वत तक फैला हुआ था। पामीर दर्रों के पार के प्रदेशों पर भी सम्भवत: उसका राज्य था।

कनिष्क अपने महान् साम्राज्य पर पेशावर या पुरुषपुर से राज्य करता था।

पेशावर (Peshawar)—कनिष्क ने अपनी राजधानी पुरुषपुर या वर्त्तमान पेशावर में स्थापित की। यह उसके साम्राज्य का केन्द्रवर्ती स्थान था क्योंकि साम्राज्य मध्य एशिया तक फैला हुआ था। कनिष्क ने अपनी राजधानी को कई श्रेष्ठ स्मारकों, सार्वजनिक भवनों और बौद्ध विहारों से सुसज्जित किया। कनिष्क ने एक महान् स्तम्भ बनवाया जो ठीक ही संसार के आश्चर्यों में गिना जाने के योग्य था। चित्रित लकड़ी की तेरह मंजिलों का सबसे ऊपर का भाग कम से कम भी 400 फुट ऊँचा था। उसके ऊपर लोहे का एक बहुत बड़ा कलश था। स्तम्भ के साथ ही एक विहार भी था। कनिष्क की राजधानी के स्थान की वर्त्तमान पेशावर के निकट खोज की गई है।

पुरुषपुर में स्थित अपनी राजधानी से वह अपने साम्राज्य पर शासन करता था। किन्तु उसके साम्राज्य के पूर्वी भाग में महाक्षत्रप खरपल्लण और क्षत्रप वनष्पर का शासन था। साम्राज्य के उत्तरी भाग में सेनानी लाल, क्षत्रप वस्पासी और क्षत्रप ल्याक (Liaka) का शासन था। सारनाथ अभिलेख से ज्ञात होता है कि कनिष्क का शासन क्षत्रपीय था।

कनिष्क का धर्म (Kanishka's Religion)—बौद्ध लेखक बताते हैं कि बौद्ध धर्म अंगीकार करने से पहले कनिष्क को सत्यासत्य में कुछ विश्वास नहीं था। किन्तु यह विचार स्वीकार नहीं किया जाता। वास्तव में बौद्ध धर्म अपनाने से पहले कनिष्क बहुत से देवताओं में विश्वास करता था। इसका प्रमाण यह है कि कनिष्क के प्रारम्भिक सिक्कों पर बहुत से देवताओं के चित्र हैं। यह उसने छोड़ दिया और बौद्ध धर्म को मान्यता दी। कनिष्क द्वारा बौद्ध धर्म अंगीकृत होने की तिथि तो ज्ञात नहीं है लेकिन सम्भवत: अश्वघोष ने कनिष्क के हृदय को प्रभावित किया और कनिष्क अपने पुराने विश्वास को छोड़ कर बौद्ध धर्मानुयायी बन गया। यद्यपि कनिष्क बौद्ध तो बन गया, तथा इसका अर्थ यह नहीं कि वह अन्य धर्मों के प्रति असहिष्णु (intolerant) हो गया। उसने अन्य धर्मों के देवताओं का उतना ही सम्मान किया जितना बौद्ध धर्म का।

अशोक की तरह कनिष्क ने भी बौद्ध-धर्म के विस्तार के लिए बहुत काम किया। कई पुराने विहारों की मरम्मत की गई और नए विहारों का निर्माण किया गया। बौद्ध भिक्षुओं के जीवन-यापन के लिए बहुत-सा धन उनमें वितरित किया गया। बुद्ध की स्मृति में बहुत से स्तूप बनाए गए। विदेशों में प्रचारक भेजे गए। इन्हीं प्रचारकों के प्रयत्नों से बौद्ध धर्म चीन, जापान, तिब्बत और मध्य एशिया में फैल गया। कला के गान्धार स्कूल का वह आश्रयदाता बन गया। उसके समय के मूर्त्ति-कलाकार और चित्रकार बौद्ध धर्म के विस्तार के अत्यधिक क्रियाशील साधन बने। बुद्ध की मूर्त्तियों की लाखों की संख्या में संस्थापना की गई। परिणामस्वरूप बौद्ध-धर्मानुयायियों की संख्या में बहुत वृद्धि हुई।

कनिष्क ने चौथी बौद्धसभा का आयोजन किया जिसमें लगभग 500 भिक्षुओं ने भाग लिया जिनमें वसुमित्र, अश्वघोष, नागार्जुन और पार्श्व भी सम्मिलित थे। यह सभा वसुमित्र की अध्यक्षता में हुई और अश्वघोष को इस सभा का उपाध्यक्ष नियुक्त किया गया। सभा किस स्थान पर हुई, इस विषय में कोई सहमति नहीं है। एक विचार के अनुसार, यह सभा पंजाब में जालन्धर के स्थान पर हुई। सभा के आयोजन का उद्देश्य था तत्कालीन बौद्ध धर्म के कुछ मतभेदों का निवारण करना। सारे बौद्ध साहित्य का सूक्ष्म अध्ययन किया गया। तीन पिटकों पर टीकाओं की रचना की गई। अधिकांश टीकाओं को एक पुस्तक में संकलित कर दिया गया, जिसका नाम 'महाविभाष' था। यह पुस्तक बौद्ध दर्शन पर सबसे महान् पुस्तक है। इसे बौद्ध धर्म का विश्वकोश कहा जाता है। सभा के निर्णय ताम्र-पत्रों पर लिख दिए गए और पत्थर की मंजूषाओं में रख कर उन्हें एक स्तूप में स्थापित कर दिया गया जो इसीलिए बनाया गया था। तिब्बत के इतिहासकार तारानाथ से ज्ञात होता है कि बौद्ध सभा ने बौद्ध धर्म के 18 स्कूलों के झगड़ों का निवारण किया और इन सभी स्कूलों को धर्म-परायण स्वीकार कर लिया गया।

कनिष्क के समय में बौद्ध धर्म में परिवर्तन हुए। बौद्ध धर्म का पुराना रूप हीनयान अपना स्थान खो बैठा और उसके स्थान पर धर्म का नया रूप आ गया। पहले बुद्ध की पूजा चिन्हों से होती थी, किन्तु महायान के अनुसार उसकी पूजा मूर्त्ति-रूप में होने लगी। पहले सत्कर्मों पर बल दिया जाता था किन्तु अब बुद्ध और बोधिसत्वों की पूजा पर बल दिया जाने लगा। बोधिसत्त्वों को महायान के अधीन ही प्रस्तुत किया गया। बोधिसत्त्व बुद्ध तथा उसके पूजकों के बीच माध्यम

थे। पहले बौद्ध धर्म सम्बन्धी पुस्तकों में पाली भाषा का प्रयोग किया जाता था किन्तु अब इसका स्थान संस्कृत भाषा ने ले लिया। मध्य एशिया में कनिष्क के महान् साम्राज्य से महायान के विकास में पर्याप्त सुविधा हुई होगी।

कला और विद्वता का संरक्षक (Patron of Art and Learning)—कनिष्क कला और विद्वत्ता का आश्रयदाता था। इसलिए इसमें आश्चर्य नहीं कि उच्चकोटि के धर्म-सापेक्ष और धर्म-निरपेक्ष संस्कृत साहित्य की उसके राज्य-काल में रचना की गई। कनिष्क के दरबार का सबसे महान् साहित्यिक व्यक्ति अश्वघोष था जिसकी रचनाओं की तुलना उनकी उत्तमता तथा विभिन्नता के आधार पर मिल्टन, गेटे, काण्ट और वॉल्टेयर की रचनाओं से की गई है। वह एक साहित्यिक और प्रतिभाशाली व्यक्ति था। उसने 'बुद्ध चरित' और 'सूत्रालंकार' की रचना की। 'बुद्ध चरित' में बुद्ध की जीवन-कथा संस्कृत पद्य में प्रस्तुत की गई। इसे बौद्ध धर्म का महाकाव्य कहा जाता है और इसकी तुलना वाल्मीकि-कृत "रामायण" से की जाती है।

नागार्जुन भी कनिष्क के दरबार की एक महान् विभूति था। उसकी तुलना मार्टिन लूथर से की जाती है। ह्यान-त्साँग ने उसे "संसार की चार मार्गदर्शक शक्तियों में से एक" कहा है। वह केवल दार्शनिक ही नहीं, वैज्ञानिक भी था। उसने अपनी महान् पुस्तक "माध्यमिक सूत्र" में सापेक्षता सिद्धान्त को प्रस्तुत किया। उसे ठीक ही भारतीय आईंस्टाइन कहा गया है।

वसुमित्र भी कनिष्क के दरबार के रत्नों में था। उसने चतुर्थ बौद्ध सभा की अध्यक्षता की। उसने 'महाविभाष सूत्र' की रचना की जो बौद्ध धर्म का विश्वकोश कहा गया है।

चरक भी कनिष्क के दरबार का रत्न था। उसने औषधि सम्बन्धी प्रसिद्ध पुस्तक 'सुश्रुत' की रचना की।

बुद्धिमान राजनीतिज्ञ मथर कनिष्क का मंत्री था। इन्होंने तथा यूनानी यान्त्रिक अजेसिलॉस (Greek Engineer Agesilaus) जैसी अन्य महान् विभूतियों के कनिष्क के "राज्य की धार्मिक, साहित्यिक, वैज्ञानिक, दार्शनिक और कलात्मक कृतियों में महत्त्वपूर्ण भाग लिया।"

कनिष्क महान् निर्माता भी था। उसके मुख्य स्मारक तथा कलाकृतियाँ पेशावर, मथुरा, कनिष्कपुर और तक्षशिला में पाई गई हैं। तक्षशिला का सिरमुख नगर उसी का स्थापित किया हुआ था, जिसमें बड़ा भवन, विहार और अन्य भवन थे। मथुरा उसके समय में एक महान् कला-केन्द्र बन गया। बड़ी संख्या में विहार, मूर्त्तियाँ और प्रस्तर-मूर्त्तियाँ बनाकर कनिष्क ने मथुरा की सुन्दरता में वृद्धि की। इस समय का एक मुख्य अवशेष कनिष्क की सिर रहित एक मूर्त्ति है। पेशावर में कनिष्क की शाह-जी-की ढेरी का उल्लेख पहले किया जा चुका है

कनिष्क की मृत्यु (Death of Kanishka)—सिलवेन लेवी ने कनिष्क की मृत्यु सम्बन्धी घटनाओं के विषय में प्रचलित किंवदन्ती का वर्णन इन शब्दों में किया है : "कथा इस प्रकार है कि राजा का एक मंत्री था मथर, जिसकी बुद्धि असाधारण थी, उसने कनिष्क को ये शब्द कहे : "श्रीमान्, यदि आप अपने सेवक की बात मानें तो समस्त संसार आपके अधिकार में आ सकता है। सभी आपके सामने आत्मसमर्पण कर देंगे और आठों दिशाओं में आपकी कीर्ति फैल जाएगी। सेवक ने जो कहा है उस पर विचार कीजिए किन्तु इसे किसी अन्य व्यक्ति पर प्रकट न कीजिए।" राजा ने उत्तर दिया : 'तथास्तु'। फिर मन्त्री ने योग्य सेनानी एकत्र किए और एक चतुरगिणी सेना तैयार की। जहाँ भी राजा गया सभी ने उसके सामने ऐसे समर्पण कर दिया जैसे दरांती के नीचे घास बैठ जाती है। तीन दिशाओं के लोगों ने समर्पण किया; कनिष्क के घोड़े की शक्ति के सामने सभी कुछ झुक गया या टूट गया। राजा ने कहा : 'तीन दिशाओं में मैंने विजय की है; सभी लोगों ने मेरा आश्रय लिया है, केवल उत्तरी दिशा ने समर्पण नहीं किया है। यदि मैं इस पर अधिकार कर लूँ तो मैं फिर किसी पर प्रहार करने के अवसर का लाभ नहीं उठाऊँगा, चाहे वह कोई भी हो; किन्तु अभी यह कार्य करने का ढंग मुझे नहीं सूझ रहा है।' राजा के शब्द सुनकर लोगों ने परामर्श करके कहा : 'राजा लोभी, अत्याचारी और तर्क-विहीन है; उसके अभियानों और निरन्तर सफलताओं से उसके सेवक तंग आ चुके हैं। वह संतुष्ट होना नहीं जानता किन्तु चारों दिशाओं में राज्य करना चाहता है। सेनाएँ दूर-दूर की सीमाओं पर पड़ी हैं और हमारे सम्बन्धी हमसे बहुत दूर हैं। इस परिस्थिति में हमें आपस में एकमत होना चाहिए और उससे छुटकारा पाना चाहिए, ऐसा करने के पश्चात् हमें प्रसन्नता मिल सकती है।' चूँकि वह बीमार था, इसलिए उन्होंने उसके ऊपर एक रज़ाई डाल दी; एक आदमी उसके ऊपर बैठ गया और राजा वहीं मर गया।"

कनिष्क का मूल्याँकन (Estimate of Kanishka)—प्राचीन भारत के महान् राजाओं में ही कनिष्क को भी स्थान देना होगा। वह महान् यौद्धा, साम्राज्य-निर्माता और कलाकारों तथा विद्वानों का आश्रयदाता था। किसी भी भारतीय शासक के साम्राज्य में मध्य एशिया का इतना बड़ा भाग सम्मिलित नहीं था जितना कि कनिष्क के साम्राज्य में था। वह एकमात्र इण्डो-एशियाई शासक था जिसका साम्राज्य पामीर के पार भी था। इसमें कोई आश्चर्य नहीं कि कनिष्क को भारतीय इतिहास में एक अद्वितीय स्थान प्राप्त है।

कनिष्क एक महान् विजयी ही नहीं महान् प्रशासक भी था। यह उल्लेखनीय बात है कि उसके राज्य में एक भी विद्रोह नहीं हुआ। उसने कला और विद्वत्ता को संरक्षण प्रदान किया। उसने अपने दरबार में बहुत-से विद्वानों को एकत्र किया। उसके स्मारकों का उल्लेख ऊपर किया जा चुका है।

कनिष्क की तुलना अशोक के साथ की गई है। कहा गया है कि बौद्ध धर्मानुयायी बनने से पहले दोनों क्रूर स्वभाव के तथा खून के प्यासे थे। बौद्ध धर्म के प्रभाव से दोनों में महान् परिवर्त्तन हुए। अशोक ने पाटलिपुत्र में बौद्ध सभा का आयोजन किया और कनिष्क ने कश्मीर में बौद्ध सभा का आयोजन किया। यदि अशोक ने भारत, लंका और निकटवर्ती देशों में बौद्ध धर्म का विस्तार किया तो कनिष्क ने तिब्बत, चीन और जापान में बौद्ध धर्म को फैलाया। कनिष्क ने अशोक के अपूर्ण कार्य को पूर्ण किया। इसलिए कनिष्क को द्वितीय अशोक कहा जाता है। किन्तु यह भी कहा गया है कि उनकी तुलना ठीक नहीं है। अशोक हीनयान का अनुयायी था और कनिष्क महायान का। कनिष्क ने अहिंसा का सिद्धान्त अपने जीवन-काल में स्वीकार नहीं किया और जीवन-पर्यन्त युद्ध करता रहा। कनिष्क का व्यक्तित्व अशोक की तरह महान् नहीं था। कनिष्क निश्चय ही कम श्रेष्ठ, कम महान् और कम प्रसिद्ध है। कनिष्क को द्वितीय अशोक कहना अशोक की महत्ता और सेवाओं को कम करना है क्योंकि अशोक केवल राजा ही नहीं, ऋषि भी था।

कुषाण साम्राज्य का पतन (Downfall of the Kushana Empire)—महान् कुषाण साम्राज्य कनिष्क प्रथम के समय में अपने गौरव के सर्वोच्च शिखर पर पहुँच गया। इसी समय में कुषाण साम्राज्य से केवल भारत के ही नहीं बल्कि मध्य एशिया के शासक भी भय खाते थे। किन्तु इस गौरव को कनिष्क प्रथम के उत्तराधिकारी अक्षुण्ण न रख सके। कनिष्क प्रथम के उत्तराधिकारी वासिष्क को मथुरा और इसके निकटवर्ती प्रदेश में राज्य करता बताया गया है। सम्भवत: साँची प्रदेश भी उसके राज्य में सम्मिलित था। भारत के अन्य भागों में वासिष्क के अभिलेख प्राप्त नहीं हुए हैं। इसलिए यह निष्कर्ष निकाला गया है कि कुषाण साम्राज्य के दूरवर्ती भागों से उसका अधिकार जाता रहा। उसके राज्यकाल में कुषाण साम्राज्य के ह्रास का कोई कारण नहीं बताया गया है किन्तु यह विचार प्रस्तुत किया गया है कि यह ह्रास अस्थायी था। वासिष्क के पश्चात् हुविष्क राजा बना और 30 वर्ष से भी लम्बे राज्यकाल में उसने कुषाण साम्राज्य की समृद्धि को पुन: स्थापित किया। उसका राज्य दीर्घकालीन तथा समृद्धिशाली था। उसके अभिलेख मथुरा प्रदेश में ही नहीं बल्कि भारत के उत्तरी-पश्चिमी सीमान्त और पूर्वी अफ़गानिस्तान में भी पाए गये हैं। यह कहा गया है कि काबुल से 30 मील पश्चिम की ओर का प्रदेश उसके राज्य में सम्मिलित था और उसे महाराजाधिराज हुविष्क कहा गया है। उसके समय में ही कनिष्क द्वितीय को भी राज्य करते बताया गया है।

हुविष्क के पश्चात् वासुदेव प्रथम राजा बना। उसके राज्य के विस्तार के सम्बन्ध में कोई स्पष्ट प्रमाण नहीं है किन्तु सम्भवत: उसके राज्य में उत्तर प्रदेश के कुछ भाग के अतिरिक्त और प्रदेश सम्मिलित नहीं थे। लगभग सभी ब्राह्मी अभिलेख (Brahmi Inscriptions) मथुरा प्रदेश और इसके पड़ोस से प्राप्त हुए हैं। प्रतीत होता है कि इस समय तक भारत के सुदूर उत्तरी और उत्तर-पश्चिमी प्रदेशों में कुषाण सम्राटों का अधिकार समाप्त हो गया था। सम्भव है कि स्थानीय कुषाण तथा अन्य सरदारों ने केन्द्रीय कुषाण शक्ति की दुर्बलता का लाभ उठाकर अपनी स्वतन्त्रता स्थापित कर ली हो। वासुदेव की अन्तिम ज्ञात तिथि लगभग 176-77 ई० है और उसकी मृत्यु के पश्चात् शीघ्र ही साम्राज्य समाप्त हो गया।

वासुदेव प्रथम के उत्तराधिकारियों का क्रम के अनुसार विवरण देना सम्भव नहीं। जानकारी के एकमात्र सूत्र हैं सिक्के परन्तु उनसे कोई निश्चित जानकारी नहीं मिलती। किन्तु कहा गया है कि वासुदेव प्रथम के पश्चात् कनिष्क तृतीय राजा बना जिसने लगभग 30 वर्ष राज्य किया। उसके पश्चात् वासुदेव द्वितीय राजा बना। डॉ० अल्टेकर बताता है कि उसने लगभग 210 ई० से 230 ई० तक राज्य किया।

कुषाण साम्राज्य का पूर्ण बिखराव वासुदेव प्रथम के उत्तराधिकारियों के समय में सम्पूर्ण हुआ प्रतीत होता है। भारत के अधिकांश प्रदेश भारतीय शासकों के हाथ में आ गए। उनमें मुख्य थे नाग, यौधेय, मालव और कुणिन्द वंश अथवा जातियाँ। अभिलेखीय प्रमाण से ज्ञात होता है कि नाग जाति का राज्य चन्द्रगुप्त द्वितीय के समय से एक शताब्दी से भी अधिक समय पहले स्थापित हो चुका था। पूर्वकालीन नाग जाति (Early Nagas) का राज्य पद्मावती और मथुरा पर था जो पहले कुषाण साम्राज्य में सम्मिलित था। उन्हें दस अश्वमेध यज्ञ करने का श्रेय दिया जाता है। पुराण से ज्ञात होता है कि गुप्त वंश से पहले सात राजाओं ने मथुरा पर और नौ राजाओं ने पद्मावती पर राज्य किया था। ये राज्य नाग जाति ने ही किए होंगे और कुषाण वंश को खदेड़ कर ही यह सम्भव हो सकता था। इससे कुषाण साम्राज्य के पतन का कुछ कारण दिखाई देता है।

डॉ० अल्टेकर मानता है कि यौधेय जाति ने भी कुषाण साम्राज्य के पतन में योग दिया। भूतपूर्व बहावलपुर राज्य तक सतलुज नदी के दोनों ओर के प्रदेश में उनका राज्य एक शताब्दी से भी अधिक समय तक चला। यौधेय जाति के ताँबे के सिक्के कुषाणों के ताँबे के सिक्कों से मिलते-जुलते हैं। प्रतीत होता है कि कुषाणों का जूआ उतार फेंकने के पश्चात् यौधेयों ने ये सिक्के चलाए।

मालव और कुणिन्द भी स्वतन्त्र बन गए और कुषाणों के विरुद्ध सफल विद्रोह करने के बाद विख्यात हो गए। उन्होंने कुषाणों के भूतपूर्व प्रदेशों को आपस में बाँट लिया। मालवों की राजधानी, राजपूताना में, मालवनगर थी। कुणिन्दों ने यमुना और सतलुज़ के बीच के प्रदेश और व्यास तथा सतलुज के ऊपरी प्रदेशों पर अधिकार कर रखा था।

उत्तर-पश्चिमी भारत में कनिष्क तृतीय और वासुदेव द्वितीय के उत्तराधिकारियों के विषय में निश्चित रूप से कुछ भी कहना सम्भव नहीं है। किन्तु प्रतीत होता है कि पश्चिमी तथा केन्द्रीय पंजाब और सिन्धु नदी के दूसरी ओर का प्रदेश दो या उससे अधिक जातियों के अधिकार में था जिनका नाम सिक्कों पर शक (Sakas) और शीलाड (Shiladas) पढ़ा गया है। स्वर्गीय आर०डी० बैनर्जी ने माना है कि शकों ने गान्धार में राज्य किया और पेशावर के निकट उनके बहुत से सिक्के प्राप्त हुए हैं। शीलाडों का राज्य सिन्धु नदी के पूर्व की ओर के प्रदेश में था। डॉ० वी०ए० स्मिथ ने इन शासकों को तीसरी तथा चौथी शताब्दी में पंजाब तथा इसके निकटवर्ती प्रदेश में राज्य करने वाले विविध शासक बताया है। शकों तथा शीलाडों के कुषाणों के साथ वास्तविक सम्बन्धों की परिभाषा देना सम्भव नहीं है।

कुषाण साम्राज्य के पतन का एक और कारण ईरान में सस्सैनियन साम्राज्य का उदय था। अर्देशिर प्रथम (Ardeshir I) ने 225-26 ई० में सस्सैनियन साम्राज्य की स्थापना की। आरम्भ से इसके शासकों ने पूर्व की ओर अपनी दृष्टि लगाई थी। स्वयं आर्देशिर प्रथम खोरासाँ (Khorasan) तक आया था। बताया गया है कि 'कुषाण शाह' या उस समय के शासक ने आर्देशिर प्रथम की प्रभुता स्वीकार करने के लिए अपना दूत उसके पास भेजा। धीरे-धीरे सस्सैनियन साम्राज्य सीस्तान पर भी फैल गया। समय के साथ-साथ वह पश्चिमी और मध्य भारत के कुछ भागों और भारत के उत्तर-पश्चिमी भागों तथा सीमान्त प्रदेशों में भी फैल गया। पश्चिमी तथा मध्य भारत की ओर सस्सैनियन साम्राज्य का विकास पश्चिमी क्षत्रपों तथा शातवाहनों को खदेड़ने के बाद हुआ। सस्सैनियन साम्राज्य के पूर्वी प्रान्तों में न केवल बैक्ट्रिया का किन्तु समस्त उत्तर-पश्चिमी भारत का महत्त्व बढ़ गया। सम्राट् वर्ह्राम द्वितीय (Varhram II, 276-93 ई०) के राज्य में कुषाणों ने स्वतन्त्र होने का प्रयास किया। किन्तु वह प्रयास संवभत: असफल रहा। स्पष्ट है कि उदीयमान सस्सैनियन शक्ति के कारण भारत के उत्तरी तथा पश्चिमी प्रदेशों तथा उसके पास के प्रदेशों में ह्रासोन्मुख कुषाण साम्राज्य को और भी धक्का लगा।

प्रतीत होता है कि समय के साथ-साथ भारत में सीमान्त प्रदेशों में तथा पंजाब में कुषाण अन्य जातियों में मिल गए। समुद्रगुप्त के समय तक भी ये जातियाँ विद्यमान थीं। उसने इन्हें समर्पण करने पर विवश कर दिया। इलाहाबाद स्तम्भ अभिलेख में उन्हें 'दैवपुत्र-शाही-शाहानुशाही' कहा गया है। चौथी शताब्दी ई० के उत्तरार्द्ध या पाँचवीं शताब्दी में पंजाब, उत्तर-पश्चिमी सीमा प्रान्त (N.W.F.P.) तथा कश्मीर के कुछ भागों में उनकी विद्यमानता की पुष्टि सिक्कों से होती है जो बहुत बड़ी संख्या में इन प्रदेशों में पाए गए हैं। किन्तु उनके काल, उत्तराधिकार क्रम तथा राज्य के विस्तार के विषय में कुछ भी कहना कठिन है। इस प्रकार कुषाण साम्राज्य समाप्त हो गया।

यह कहा गया है कि कुषाण साम्राज्य के पतन का एक कारण था कुषाण शासकों में संयुक्त शासन के कारण

शक्ति का विभाजन। हुविष्क और कनिष्क द्वितीय ने एक ही समय राज्य किया। हमें बताया गया है कि संयुक्त शासक (associated rulers) को भी राजसी उपाधियाँ प्राप्त थीं। एजेज़ प्रथम तथा एज़िलिसिज़ और एजेज़ द्वितीय ने अपने सिक्कों पर एक जैसी उपाधियाँ प्रयुक्त की हैं। एक शक्तिशाली राज्य की स्थापना के लिए यह ढंग उपयोगी नहीं था।

इस प्रकार कुषाण साम्राज्य इतिहास से अदृश्य हो गया।

प्रशासन (Administration)—कुषाणों के सिक्कों तथा अभिलेखों के आलोचनात्मक अध्ययन से तत्कालीन भारत की स्थिति का पता चलता है। हमें ज्ञात है कि कुषाणों की प्रशासन पद्धति में कुछ विदेशी लक्षण थे और कुछ भारतीय। मुख्य विदेशी लक्षण था क्षत्रपों के माध्यम से प्रशासन चलाना। क्षत्रप प्रान्तों में वायसरॉय या गवर्नर थे। कुछ कर्मचारी थे जिनके नाम विदेशी थे। स्ट्रैटेजस का अर्थ था सेनानी या सैनिक गवर्नर। मैरिडच का अर्थ था जिला न्यायाधीश। अमात्य और महासेनापति नामक कर्मचारी भारतीय उद्भव के कर्मचारी थे। विदेशी नामों वाले कर्मचारियों को उत्तर-पश्चिम में नियुक्त किया जाता था।

राजतन्त्र ही प्रचलित पद्धति थी हालाँकि गणतन्त्रों का उल्लेख है। कुषाण शासकों ने 'महीश्वर', 'देवपुत्र', 'केसर' और 'शाही शाहानुशाही' आदि उपाधियाँ धारण कर लीं। वंशीय राजाओं को देवताओं के रूप में प्रस्तुत करने की प्रवृत्ति थी। हुविष्क के मथुरा अभिलेख में 'देव-कुल' नामक एक स्थान का उल्लेख है जहाँ पर कनिष्क के दादा की मूर्त्ति स्थापित की गई थी। कुषाण युग में दो राजाओं का एक ही समय पर राज्य करने का अनोखा ढंग प्रचलित था। हमें बताया गया है कि कनिष्क द्वितीय और हविष्क संयुक्त शासक थे। सम्भव है कि यह प्रथा इण्डो-यूनानियों से ली गई हो। सैट्रप भारत में महाक्षत्रप तथा क्षत्रप कहलाते थे। वे लगभग स्वतन्त्र ही होते थे।

डॉ० बी०एन० पुरी का विचार है कि कुषाण निरंकुश शासक थे। बौद्ध-साहित्य में राजा की परामर्शी सभा का उल्लेख होते हुए भी यह स्वीकार करना उचित नहीं है कि ऐसी संस्था का कुषाण काल में अस्तित्व था। ऐसी संस्था का कुषाण रिकार्ड में उल्लेख नहीं है।

भारत में क्षत्रपों को महाक्षत्रप तथा क्षत्रप कहते थे। उनमें से कुछ को राजन् महाक्षत्रप बताया गया है। इन अधिकारियों को अपने सिक्के जारी करने का अधिकार था। इस प्रकार की उपाधि से पता चलता है कि किसी वरिष्ठ अधिकारी ने उसकी पुष्टि की थी। संस्कृत साहित्य में क्षत्रप पद का प्रयोग अधिराज्य के लिए किया जाता है जिस पर देवताओं और मनुष्यों का शासन हो। ऋग्वेद में इसे शासक के लिए प्रयुक्त किया गया है। कुषाणों के पहले भी कपिसा, अभिसार, प्रस्थ और मथुरा के क्षत्रप थे। कुषाण शासकों ने अपने पूर्ववर्ती लोगों की ही प्रणाली को अपनाया। कनिष्क के क्षत्रपों की स्थिति पश्चिम के क्षत्रपों से भिन्न थी। कनिष्क के शिलालेखों में अनेक क्षत्रपों का उल्लेख है। डॉ० पुरी बताते हैं कि यदि क्षत्रप स्वतन्त्र होते तो उनके नाम केवल कनिष्क या हविष्क के लेखों में ही न आकर अन्य लेखों में भी मिलने चाहिए थे।

'दण्ड नायक' और 'महादण्ड नायक' पद कुषाण प्रशासकीय मशीनरी की कड़ी थे। ये पद सबसे पहले कुषाण-रिकार्ड में मिलते हैं। दण्ड नायक का अनुवाद मजिस्ट्रेट, 'स्थल सेना के चार अंगों का नेता', 'भाग्यशाली सेनापति', 'सेनापति', 'जज', 'दण्ड-प्रशासक', 'फौजदारी मजिस्ट्रेट', 'सेना का महान नेता', 'पुलिस अधिकारी' और 'पुलिस कमिश्नर' के रूप में किया गया है। डॉ० पुरी का मत है कि दण्ड नायक सामन्ती सरदार थे जिन्हें सम्राट् नियुक्त करता था। वे सम्राट् के प्रति निष्ठावान् होते थे। वे सम्राट् की नागरिक और सैनिक सेवा करते थे। नागरिक सेवा के रूप में वे शान्ति और व्यवस्था बनाए रखने के लिए कर्मचारी नियुक्त करते थे। कुषाणों ने उस प्रणाली को जारी किया जिसे बाद में गुप्त-शासकों ने अपनाया। क्षत्रपों; महाक्षत्रपों और महादण्डनायकों के पद विदेशी मालूम होते हैं और उच्च स्थानों पर भारतीय अधिकारियों के अभाव को व्यक्त करते हैं।

ग्रामिकों और पद्रपालों का भी उल्लेख है। ग्रामिक को ग्राम का मुखिया माना जाता था। पद्रपाल भी स्थानीय मुखिया था।

डॉ० पुरी का मत है कि कुषाण प्रशासन ने सुरक्षा की व्यवस्था की थी क्योंकि मथुरा से अभिसार, नागरा, ओडयाना,

और बोखाना या बादक्षा आने-जाने का उल्लेख है। विस्तृत प्रशासन कुछ भी रहा हो, प्रगति और समृद्धि के लिए सुरक्षा का होना अनिवार्य था जिसका प्रमाण सामान्य जनता के जीवन तथा सभी धर्मों को दिए गए दानों से मिलता है।[7]

आर्थिक स्थिति (Economic Condition)—विदेशों के साथ भारत का बहुत व्यापार था। देश में शान्ति एवं व्यवस्था की स्थापना और विदेशी आक्रमण की अनुपस्थिति के कारण देश में समृद्धि का वातावरण बन गया। साम्राज्य के विभिन्न भागों से माल विदेशों को भेजा जाता था। उत्तर-पश्चिम की ओर से व्यापारिक मार्ग थे और पश्चिमी तट से समुद्री मार्ग भी थे। रोमन साम्राज्य के साथ भारत का व्यापार लाभदायक था। महान् इतिहासकार मॉम्सन ने रोम से भारत की ओर बहुत बड़ी मात्रा में सोने के लाये जाने का उल्लेख किया है जो भारत से आयात के मूल्य में देना पड़ता था। सोना इतना अधिक आता था कि रोमन लेखक प्लाइने ने अपने देश से सोना निकल जाने पर दुःख प्रकट किया। हमें बताया गया है कि भारत से मँगाई गई मलमल को कई बार लपेट कर रोमन स्त्रियाँ रोम के बाजारों में घूमती थीं। वास्तव में वे नगर की नैतिकता के लिए भय बन गईं। अन्त में विवश होकर वहाँ की सरकार ने भारत से मलमल का आयात बन्द कर दिया। रोम के साथ व्यापार पश्चिमी तथा दक्षिणी भारत के बन्दरगाहों से किया जाता था। इन प्रदेशों से बड़ी संख्या में रोमन सिक्कों की प्राप्ति से इस बात की पुष्टि होती है। इन रोमन सिक्कों का प्रभाव कुषाणों के सिक्कों पर ही नहीं गुप्त राजाओं के सिक्कों पर भी पड़ा।

कृषि देश की अर्थव्यवस्था की आधार थी। फसलों, भूमि के प्रकारों और उसके विकास और सिंचाई के उल्लेख से पता चलता है कि कृषक उपज के महत्त्व और उसको सुधारने तथा बढ़ाने के साधन को जानते थे। पशु-पालन को भी प्रोत्साहित किया जाता था। कई बार अकाल भी पड़ते थे। उस संकट का सामना करने के लिए सुरक्षित भण्डार में से उचित रूप से अनाज वितरण किया जाता था।

ऐसा मालूम होता है कि सामान्य जनता आर्थिक रूप से खुश थी क्योंकि मथुरा में अधिकाँश दान सामान्य पुरुषों और स्त्रियों ने दिया था। व्यापार श्रेणियों (guilds) में स्थायित्व एवं विश्वास था। रिकार्ड में इन व्यापार श्रेणियों का उल्लेख है : सुनार, वस्त्र-निर्माता, तेली, गन्धी, चूड़ी निर्माता, दही निर्माता, जुलाहे, हलवाई, गेहूँ के आटे के विक्रेता, फल विक्रेता, आटा पीसने वाले, सुगन्धित तेलों के विक्रेता, खाद्य-सामग्री विक्रेता, कुम्हार, अनाज विक्रेता, बाँस का सामान बनाने वाले तथा ठठेरे। श्रेणी के अध्यक्ष को श्रेष्ठिन् कहा जाता था। श्रेणियाँ निश्चित अवधि के लिए धन जमा करती थीं और सौदे की शर्तों को पूरा करती थीं। यह ज्ञात नहीं है कि क्या श्रेणियाँ अपनी सेवाओं के बदले में कुछ कमीशन लेती थीं या नहीं।

समुद्रपार व्यापार भी होता था। महावस्तु में उल्लेख है कि व्यापारी सामान से लदे जहाजों को लेकर बड़े-बड़े सागरों के पार जाते थे। समुद्री यात्रा से सुरक्षित लौट आना व्यापारी के जीवन में बड़ी खुशी का अवसर माना जाता था।

धातुकारों में लुहार, सूई निर्माता, सुनार, ताँबे की वस्तुएँ बनाने वाले, सीसे और काँच, टिन, पीतल, हाथी दाँत और लोहे आदि की वस्तुएँ बनाने वाले थे। जंगली जीवन व्यतीत करने वालों में आदिवासियों के स्थान पर निम्न वर्ग के लोग थे। इस व्यावसायिक वर्ग में शिकारी, सपेरे, वृक्षों की छाल बेचने वाले, बाँस का सामान बनाने वाले, पक्षियों को पकड़ने वाले, सूअर-विक्रेता आदि थे। सेवक वर्ग में माली, घरेलू कर्मचारी, द्वारपाल, दासियाँ, स्नानागार-सेवक, मज़दूर और किराये पर काम करने वाले कारीगर थे। मनोरंजक वर्ग में नाटककार, नर्तक, विदूषक तथा वेश्याएँ थीं। विद्वत् जनों में लेखक, वैद्य शल्य-चिकित्सक तथा चित्रकार थे।

सामाजिक जीवन (Social Life)

डॉ० पुरी बताते हैं कि कुषाणों के अधीन उत्तरी भारत में सामाजिक जीवन समृद्धि, विविधताओं तथा अनेक गतिविधियों से परिपूर्ण था। यह शिलालेखों विशेषतः मथुरा के शिलालेखों से स्पष्ट है जिसमें जीवन को अनेक गतिविधियों का केन्द्र बताया गया है। नाचने, गाने, वाद्य यन्त्रों के उपयोग, नाटकों, जादू के खेलों का साहित्य में उल्लेख है जिनसे मनोरंजन होता था। शिलालेखों में पवित्र व्यक्तियों द्वारा अपने-अपने धर्मों के लिए दिए गए दान का उल्लेख है जिसका भाग परिवार से सभी सदस्यों को मिलने की प्रार्थना की गई है। समाज धन या व्यवसाय के आधार पर नहीं बँटा हुआ था। समाज-विभाजन का आधार जन्म था। विभिन्न व्यवसायों को अपनाने वाले तथा विभिन्न स्तर के एक ही जाति के लोगों

7. *India Under the Kushanas*, p. 85.

के विवाहों का उल्लेख है। लेकिन अन्तर्जातीय विवाह का उल्लेख नहीं है। ब्राह्मण, क्षत्रिय, वैश्य और शूद्र चार जातियों का उल्लेख है। ब्राह्मणों को उच्च स्थान प्राप्त था। उनका अत्यधिक सम्मान किया जाता था। सैकड़ों ब्राह्मणों को एक स्थान पर भोजन कराने का जिक्र भी है।

घरेलू कर्मचारियों का उल्लेख है जो स्वामी तथा स्वामिनी की सुविधाओं का ध्यान रखते थे। घरेलू कर्मचारी को कर्मकार कहते थे। भाड़े का मज़दूर पौर्षेय कहलाता था। महिलाओं की सेवा नौकरानियाँ करती थीं तथा उनके सौन्दर्य प्रसाधन, हार आदि तैयार करती थीं। बच्चों की देख-भाल करने के लिए अनेक प्रकार की धायों का उल्लेख है। महिलाओं को पर्याप्त स्वतन्त्रता थी। घर में उनके अलग कमरे होते थे। पोशाक में एकरूपता नहीं थी। प्रत्येक क्षेत्र तथा जाति की पोशास भिन्न थी। गन्धार क्षेत्र में लोग सामान्यत: धोती बाँधते थे, कमर में फेंटा लगाते थे और सिर पर रूमाल या साफ़ा बाँधते थे। महिलाएँ लहंगा और चोली पहनती थीं। वे कभी-कभी साड़ी भी बाँधती थीं। मथुरा की मूर्तियाँ विभिन्न प्रकार की पोशाकें पहनी हुई दिखाई गई हैं। सारनाथ की एक मूर्ति में भक्त लम्बे कोट पहने हैं और उनके कूल्हों के ऊपर पेटी है। कुछ लोगों ने हार, बाजूबन्द, काँटे पहने हुए हैं। उनकी धोती घुटनों को ढके हुए है। लोगों की यही सामान्य पोशाक थी। वे अपने लंगोट के चारों ओर एक अंगोछा लपेट लेते थे। कभी शरीर पर शाल ओढ़ते थे, कभी शाल नहीं ओढ़ते थे। सिर पर सामान्यत: पगड़ी या रूमाल बाँधते थे। विदेशियों की पोशाक भी दिखाई गई है। पुरुष जूते, पायजामे और पेटीदार गाउन पहनते थे तथा महिलाएँ जाकटें पहनती थीं। गन्धार मूर्तिकला में पुरुष हार और हर कलाई में एक कड़ा पहनते थे। महिलाएँ भी पुरुषों की तरह गले में हार पहनती थीं। किन्तु वे कलाइयों में अनेक चूड़ियाँ पहनती थीं तथा टाँगों में भारी पायजेब। मथुरा की मूर्तियों में पुरुषों के आभूषण हार, बाजूबन्द और काँटे थे। महिलाएँ हार, पहुँची, पायजेब और बुन्दे पहनती थीं। अश्वघोष के ललित विस्तार तथा सौंदर्यानन्द में पायजेबों, बुन्दों और मोतियों के हारों का उल्लेख है।

पोशाक का कपड़ा लोगों के निवास-स्थान तथा स्थिति के अनुसार बदलता था। कुछ काशी की सूती सिल्क का प्रयोग करते थे और अन्य सादी खादी का।

जनता के मनोविनोद और मनोरंजन लोगों की रुचि और परिस्थिति के अनुसार बदलते रहते थे। मनोरंजन के लिए स्वच्छ एवं सुन्दर उद्यानों का उल्लेख है। सैर करने की सुन्दर जगह भी थी। बच्चे रेत पर अपने खिलौनों से खेल कर खुश होते थे। अखाड़े और व्यायामशालाएँ भी थीं। वयस्क वाद्य यन्त्रों, नृत्यों, भ्रमणों, शिकार तथा पाँसों से मनोरंजन करते थे। जनता जादू के खेलों और त्यौहारों का भी आनन्द उठाती थी। मूर्तियों में मंजीरा, ढोल, एकतारा, सितार, सारंगी, शहनाई, खंजड़ी वाद्य यन्त्रों का आलेखन है। जादूगरों के खेलों का भी उल्लेख है।

जनता में शाकाहारी तथा माँसाहारी भी थे। शाकाहारी भोजन में आटा, चावल, जौ, सरसों, जड़ें, दूध, घी, दही, मिठाइयाँ, जूस, शहद आदि थे। माँसाहारी भोजन में माँस-मछली प्रमुख थीं। क्षत्रिय प्याज नहीं खाते थे।

गृह-व्यवस्था का भी उल्लेख है। दोमंजिले मकान थे। उनमें सीढ़ियाँ भी थीं। बाहरी भाग में छज्जा होता था तथा जनानखाना पीछे की ओर होता था।

धार्मिक स्थिति (Religious Condition)

कुषाण काल में महायान मत का प्रादुर्भाव हुआ और बौद्ध-धर्म दो भागों में बँट गया। कनिष्क ने बौद्ध-सिद्धान्तों को निश्चित करने के लिए चौथी बौद्ध-सभा बुलाई। कुषाणों ने धार्मिक सहिष्णुता का पालन किया। ब्राह्मण धर्म, बौद्ध-धर्म और जैन-धर्म साथ-साथ चल रहे थे। कुषाणों के सिक्कों में ब्राह्मणों और बौद्धों के देवताओं के साथ-साथ यूनानी, सुमेरी, ईरानी आदि देवताओं के चित्र भी मिलते हैं। कुषाण सम्राटों ने अपने निजी धर्म को राज्य-धर्म या जन-धर्म नहीं बनाया। कैडाफिस द्वितीय शिव का उपासक था। कनिष्क प्रथम बौद्धमत का अनुयायी था। यह ध्यान देने योग्य है कि कुषाण शासक किसी धर्म के प्रति पक्षपाती नहीं थे। यह ध्यान देने योग्य है कि इस काल में बौद्ध-धर्म की भाषा भी संस्कृत बन गई।

डॉ० पुरी ठीक ही बताते हैं कि शिलालेखों, सिक्कों, साहित्य तथा कला से प्राप्त जानकारी से पता चलता है कि कुषाण काल में ब्राह्मण धर्म शक्तिशाली था। वैदिक यज्ञों का होना सामान्य बात थी। ब्राह्मणों को अच्छी दक्षिणा मिलती थी। ऐसा उल्लेख है कि व्यापार श्रेणियों (guilds) के पास लोग स्थायी रूप से धन जमा कर देते थे जिसके ब्याज से

सैकड़ों ब्राह्मणों को भोजन कराया जाता था। विष्णु, नारायण, वरुण, ब्रह्मा, कुबेर, चन्द्र, सूर्य, धन्वा और गंगा जैसे हिन्दू देवताओं का उल्लेख है।

जैनियों के गणों, कुलों और शाखाओं की उन्नति हुई। मथुरा जैन मत का प्रबल केन्द्र था। जैन अपने सरदारों या धार्मिक नेताओं के अवशेषों पर स्तूप बनवाते थे तथा उनके चारों ओर कटघरों का निर्माण कराते थे। जैनियों की सभी शाखाएँ तीर्थंकरों का सम्मान करती थीं। महिलाएँ भी जैन धर्म में महत्त्वपूर्ण भाग लेती थीं। वे धन समर्पित करती थीं तथा अन्यों को प्रेरणा देती थीं। जैन साध्वियों का भी उल्लेख है। प्रत्येक शाखा के अध्यक्ष की महिला-शिष्याएँ भी थीं। वे धार्मिक शिक्षाएँ भी प्राप्त करती थीं।

अनेक रिकार्डों में नाग-पूजक वर्ग का भी उल्लेख है। मूर्तियों में नागों को मानवीय रूप दिया गया है। उनके फल बौद्ध-सत्व से भिन्न हैं। ब्राह्मणों, बौद्धों और जैनियों ने इस वर्ग के लोगों को अपने में शामिल करने का प्रयास किया किन्तु नाग खजाने के स्वामी को सन्तुष्ट करने वालों के रूप में बने रहे जो किसी को वरदान दे सकते थे या किसी के शत्रु को नष्ट कर सकते थे।

साहित्य (Literature)

कुषाण शासक साहित्य के संरक्षक थे। अतः उनके काल में बहुत उच्चकोटि के ग्रन्थ रचे गए। कुषाण साहित्य की भाषा संस्कृत तथा स्वर बौद्ध मत का है। बौद्ध-विद्वानों ने अपने विचारों को पाली में व्यक्त करने के स्थान पर संस्कृत का सहारा लिया है।

इस काल का सबसे प्रमुख लेखक **अश्वघोष** था। वह बुद्ध-चरित्र तथा सौन्दर्यानन्द का लेखक था। माना जाता है कि दोनों काव्यों में से उसने पहले सौन्दर्यानन्द लिखा। किन्तु बुद्ध-चरित्र अधिक महत्त्वपूर्ण है। बुद्ध-चरित्र में अश्वघोष ने बुद्ध का चरित्र सादी और शुद्ध संस्कृत में पूर्ण श्रद्धा और निष्ठा के साथ लिखा है। सौन्दर्यानन्द भी बुद्ध के जीवन से सम्बद्ध है। किन्तु इसका प्रमुख विषय बुद्ध द्वारा नन्द का धर्म-परिवर्तन कराना है। यह कहानी प्रारम्भिक पाली ग्रन्थों में लिखी हुई थी। अश्वघोष बताते हैं कि उसने अपनी पुस्तक अनुसंधान ग्रन्थ के रूप में न लिख कर मुक्ति तथा पूर्ण शान्ति के लिए लिखी है। उसने लिखा है "यह अलंकारों से विभूषित कविता शहद में कुछ कड़वी औषधि मिलाकर उन लोगों के लिये लिखी गई है जिन्हें वह तथागत के धर्म के प्रति आकर्षित करना चाहता था।"

अश्वघोष सारिपुत्र प्रकरण का भी लेखक था। यह नौ अंकीय नाटक है। इसमें सारिपुत्र और मन्दगल्याण (Mandgalyana) के धर्म-परिवर्तन की कहानी है। कुछ अवतरण ही मध्य एशिया की पाँडुलिपि में प्राप्त हैं। चीनी तथा तिब्बती अनुवाद में अश्वघोष को गण्डीस्तोत्र तथा वज्रशुचि का लेखक बताया गया है। गण्डीस्तोत्र या 'घण्टी का गीत' में 29 छन्द हैं। ये अश्वघोष की शैली से नहीं मिलते। वज्रशुचि ब्राह्मण श्रेष्ठता तथा जाति-प्रथा के विरुद्ध वादानुवादी सुन्दर ग्रन्थ है। यह भी अश्वघोष की शैली से नहीं मिलता।

आलोचक बताते हैं कि अश्वघोष पर वाल्मीकि तथा कालिदास का प्रभाव है। उसने अनेक स्थलों पर कालिदास तथा वाल्मीकि का उल्लेख किया है। अश्वघोष ने केवल काव्य की दृष्टि से ही अपने ग्रन्थ नहीं लिखे। उसके सामने मुक्ति का उच्च आदर्श था। उसने कविता को दर्शन तथा धर्म की चेरी बनाया। उसने अपनी कविता के माध्यम से मानवी भावनाओं को सजग किया। जॉहनस्टन का मत है : "अश्वघोष में तीव्र विरोधाभास मिलता है; एक ओर साहित्यिक कलाकार कहानी सुनाने वाला, उपदेशक तथा कवि है; दूसरी ओर विद्वान अपने ज्ञान को व्यक्त करने के लिए सभी प्रकार के नियमों का पालन करने को इच्छुक है। अच्छे गुण बुद्धिमान तथा शिक्षित समाज में कमियों के लिए उत्तरदायी होते हैं। बौद्ध कवि के लिए कुछ स्थलों पर पाँडित्य प्रदर्शन करने की भूल करना अस्वाभाविक नहीं है।"

अश्वघोष की शैली सादा है किन्तु वह कलात्मक अलंकारों से मुक्त नहीं है। वह उपमाओं को पसन्द करता है तथा उपमा ढूँढ़ने का क्षेत्र अद्वितीय है। उसके काव्य में प्राकृतिक चित्रण तथा रोमाँस भी है। अश्वघोष महिलाओं का कटु आलोचक था। उसने उनकी तुलना नागिनों से की है। उनकी वाणी में मिठास होता है किन्तु हृदय विष से पूर्ण होता है। वे ही सभी पापों और खतरों को जन्म देती हैं। उसने लोगों को सलाह दी है कि लोगों को शत्रु से अधिक महिलाओं का विश्वास नहीं करना चाहिए। अश्वघोष ने चुने हुए शब्दों में प्रकृति-चित्रण करते हुए आलंकारिक भाषा का प्रयोग किया

है। उसे प्रकृति अत्यधिक आकर्षक प्रतीत हुई। वह कमल को सबसे अधिक चाहता था।

इसी काल में नागार्जुन ने प्रज्ञापरामित-सूत्रशास्त्र लिखा। वसुमित्र ने महाविभाष शास्त्र लिखा। चरक ने भारतीय औषधियों पर अपना प्रसिद्ध ग्रन्थ रचा। इस काल में महावस्तु, ललित विस्तार, दिव्यानन्द, सुधर्म-पुण्डरीक तथा मिलिन्द पनह लिखे गए। मिलिन्द पनह के अतिरिक्त अन्य सभी ग्रन्थ संस्कृत में हैं।

मुद्रा (Coinage)—कुषाण युग के सिक्के बहुत बड़ी संख्या में प्राप्त हुए हैं। कनिष्क प्रथम, हुविष्क तथा वासिष्क ने सोने तथा ताँबे के सिक्के चलाए। उन्होंने चाँदी के सिक्के नहीं चलाए। उत्तर कुषाणों ने केवल सोने के सिक्के चलाए। मालव, यौधेय, अर्जुनायन, औदुम्बर, कुणिन्द आदि स्वायत्त जातियों ने चाँदी और ताँबे के सिक्के चलाए। सोने के रोमन सिक्के भी प्राप्त हुए हैं जो रोम को भारतीय माल खरीदने के कारण भेजने पड़े।

कुषाण सिक्कों का एक रुचिकर लक्षण यह है कि कुषाण साम्राज्य के विभिन्न भागों में रहने वाले लोगों के देवताओं को कुषाण सिक्कों पर अंकित किया है। कुषाण राजाओं ने अपने धार्मिक विश्वास जनता पर थोपने की चेष्टा नहीं की। धार्मिक मामलों में उनके विचार सार्वभौमिक (cosmopolitan) थे। यह उल्लेखनीय है कि ईरान, बैक्ट्रिया और निकटवर्ती प्रदेशों के देवताओं के चित्र कुषाण सिक्कों पर अंकित किए गए थे।

कुषाण शासकों के सिक्कों पर विभिन्न देवताओं के नाम इस प्रकार हैं :— हेलियस, सेलीन, ऑर्लैग्नो, मैज्डोह्मनो, बोड्डो, शक-मन-बौद्ध, मीयरो, माओ, मनाओबागो, अर्दोक्षो, मिथ्रो, राइड, ज़ीरो, होरान, मआसेन, स्कन्दोकुमारो-बिजागो, ओम्मो आदि। शिव का चित्र कैडफ़िसिज़ द्वितीय के सिक्कों पर दिखाई देता है और हैरैकल्ज का चित्र कैडफिसिज़ प्रथम के सिक्कों पर दिखाई देता है।

कुषाण सिक्कों को ब्राह्मण-धर्म और बौद्ध-धर्म के आदर्शों से प्रेरणा मिली। कुषाण सिक्कों पर बहुत से ब्राह्मण देवता भी हैं जैसे वृत्रहन, मिहिर, चन्द्रमस्, भवेश, यम, वरुण, महासेन, स्कन्द-कुमार, विशाखा, उमा, वात, अपाम् नपात, मित्र, ऐर-वीर आदि। कुषाण सिक्कों के अध्ययन से ज्ञात होता है कि कुषाण साम्राज्य में ब्राह्मणों तथा बौद्ध-मतानुयायियों को एक जैसे अधिकार प्राप्त थे।

गान्धार की कला (Gandhara Art)

गान्धार कला के विकास के लिए कुषाण युग प्रसिद्ध है। उस समय जो प्रदेश गान्धार के नाम से प्रसिद्ध था वहाँ से इस कला के बहुत से नमूने प्राप्त हुए हैं। इस प्रदेश का केन्द्र पेशावर था। इस प्रदेश पर लगभग 300 वर्ष तक यूनानी शासकों का राज्य था और यह पूर्व तथा पश्चिम के मिलने का स्थान था। गान्धार कला की कृतियों की रचना के लिए यूनानी-रोमन कलाकारों को नियुक्त किया गया और यह अनुमान लगाया जाता है कि ये कलाकार पार्थियन साम्राज्य के मार्ग से गान्धार पहुँचे। गान्धार स्कूल के मुख्य केन्द्र अफ़गानिस्तान में जलालाबाद, स्वात घाटी में हैड्डा और पेशावर जिले में बामियान थे।

डॉ० वी०ए० स्मिथ बताते हैं कि गान्धार कला की शैली यूनानी-रोमन है और ईसाई संवत् की पहली तीन शताब्दियों में प्रचलित एशिया माइनर और रोमन साम्राज्य की सार्वभौमिक कला पर आधारित थी। इस शैली की सर्वश्रेष्ठ रचनाएँ दूसरी शताब्दी ई० में कनिष्क तथा हुविष्क के राज्य काल में की गई। पॉल मेसन-ऑरसैल तथा अन्य लेखकों की मान्यता है कि गान्धार कला यूनानी अधिक भारतीय कम है। यह सम्भवत: पहली शती ई०पू० के उत्तरार्द्ध से पाँचवीं शती ई०पू० तक प्रचलित रही। एन०आर० राय (N.R. Ray) मानते हैं कि गान्धार कला पहली शती ई०पू० के मध्य से पाँचवीं शती ई० तक विकसित हुई।

डॉ० एच० गोट्ज़ ने गान्धार कला के बारे में लिखा है : ''सौन्दर्य बोध व्यवहार में यह कला यूनानी-रोमन कला से तनिक भी नहीं मिलती। इसका सामान्य प्रभाव भड़कीला तथा अतिशयोक्ति पूर्ण है। यह अच्छी विदेशी तथा असभ्य स्थानीय कारीगरी का मिश्रण है। केवल अन्तिम काल में ही सन्तुलित वास्तुकला तथा कोमल मूर्तियों का निर्माण किया गया। प्राचीन गान्धार के पहाड़ी स्थलों में आज भी हज़ारों खण्डहर मौजूद हैं : जैसे पेशावर, काबुल के पास बेगराम तथा हड्डा के खण्डहर, काश्मीर में उष्कुर तथा हावनि तथा पंजाब में तक्षशिला आदि। गान्धार कला के प्रभाव का मुख्य क्षेत्र मध्य एशिया था किन्तु यह भारत में भी सौराष्ट्र, गुजरात तथा यमुना नदी के किनारे प्रमुख व्यापारिक नगर मथुरा तक फैली हुई थी।''

डॉ० बी०एन० पुरी का विचार है कि ''गान्धार कला विवाद से मुक्त नहीं है। भारतीय प्रतिमा-विज्ञान प्रभावी है किन्तु विदेशी तत्त्व भी प्रत्यक्ष दिखाई देते हैं। तथ्य यह है कि युनानी तथा रोमन तत्त्व कलाकार की कल्पना तथा आलेखन के आधार हैं। बुद्ध की अपालो-आकृति, काइटन वेश-भूषा, छोटे फूल सम्बन्धी सजावट में विदेशी प्रभाव स्पष्ट झलकता है। इस कला में कुछ विदेशी देवताओं की मूर्तियाँ भी मिलती हैं। यह हो सकता है कि ये प्रारम्भिक गान्धार-कलाकारों की रचनाएँ हों किन्तु काल का महत्त्व है। अन्ततः भारतीयकरण ही युग की पुकार थी। यह सम्भावना है कि गान्धार के कलाकारों ने मथुरा के साथियों की सहायता की हो और बदले में उनसे प्रेरणा ली हो। ऐसा कुषाणों के शासन में हुआ होगा क्योंकि उनके साम्राज्य में ये दोनों क्षेत्र आते थे। कुषाणों ने इन कलाकारों का संरक्षण किया तथा दोनों में पारस्परिक समझौते की कल्पना से इंकार नहीं किया जा सकता। यह दुर्भाग्य है कि इस काल की कलात्मक परम्परा में संयोग नहीं हुआ तथापि यह हो सकता है मथुरा का प्रभा मण्डल तथा वस्त्रों की सिकुड़न या तो गान्धार से सम्बद्ध है या उससे प्रभावित है। यह अधिक सम्भव है कि बौद्ध-प्रतिमा-विज्ञान ने गान्धार में प्रभावी होते हुए भी यूनान या रोम या दोनों प्रतिमा-विज्ञान के आदर्शों को अपना लिया हो।[8]''

गान्धार कला की तिथि बताना अत्यन्त कठिन है क्योंकि हमारे पास एक भी ऐसी कलाकृति नहीं है जिस पर तिथि दी गई हो। ''सहस्रों ज्ञात मूर्तियों में से एक पर भी किसी ज्ञात संवत् के अनुसार तिथि नहीं दी गई है। शैली के आधार पर भी उनका ठीक-ठीक कालानुक्रम देना सम्भव नहीं है।'' किन्तु इतना तो निश्चित है कि इनमें से अधिकाँश कृतियों की रचना कुषाण युग में की गई और इस कार्य का अत्यधिक क्रियाशील समय भी कुषाणों के युग में ही मानना पड़ेगा। यह कल्पना की जा सकती है कि कुषाण वंश के अभ्युदय से पहले भी इस स्कूल ने प्रंकट होना आरम्भ कर दिया था। जो आकार (types) कुषाणों के समय में सुस्थिर हो गए उनके विकास के लिए एक काफ़ी लम्बी पूर्व अवधि आवश्यक प्रतीत होती है। निश्चित रूप से केवल यही कहा जा सकता है कि गान्धार स्कूल पहली शती ई०पू० में आरम्भ हुआ और कनिष्क के राज्यकाल में इसका अधिकतम विकास हुआ।

बोधिसत्त्व (गान्धार कला)

डॉ० क्रैमरिश (Kramrisch) मानते हैं कि ''एक दृष्टि से (गान्धार कला को) ईरानी लक्षणों से युक्त यूनानी सभ्यता का पूर्ववर्ती विस्तार समझा जा सकता है; दूसरी दृष्टि से इसे भारतीय संस्कृति का पश्चिमी देश में पश्चिमवर्ती गमन समझा जा सकता है।'' उसी ने लिखा है कि ''यदि यूनानी दृष्टिकोण से यह भारतीय और औपनिवेशिक है तो भारतीय दृष्टिकोण से यह यूनानी और औपनिवेशिक है।'' कुछ विद्वानों का विचार है कि गान्धार कला के ईरानी लक्षण उस समय भारतीय कला में प्रवेश करने लगे जब एकेमेनियन साम्राज्य में उत्तर-पश्चिम भी सम्मिलित था और यूनानी तत्त्व बाद में आए। किन्तु सर जॉन मार्शल का विचार है कि ईरानी तथा यूनानी विचारों का समन्वय बैक्ट्रिया तथा उसके निकटवर्ती प्रदेशों में हुआ जब सिकन्दर महान् ने उन पर विजय प्राप्त कर ली थी और भारत में उस द्विवर्णीय कला का प्रवेश मौर्य साम्राज्य तथा पश्चिमी एशिया के शान्तिपूर्व सम्बन्धों के कारण हुआ था बैक्ट्रियन यूनानी, सिथियन, पार्थियन, और कुषाण जातियों के आक्रमणों के फलस्वरूप हुआ जिन पर यूनानी-रोमन संस्कृति का प्रभाव पड़ चुका था। असंख्य कला-चिन्हों तथा तकनीकी बारीकियों से यूनानी प्रभाव झलकता है। बुद्ध को अपोलो की भाँति प्रस्तुत किया गया और उसे ओलिम्पस का रूप देने की प्रवृत्ति बढ़ने लगी। भारतीय देवी-देवताओं तथा ऋषियों की मूर्तियों पर फ़ेडायस के त्रिभुजाकार वस्त्रों को प्रस्तुत किया गया। धार्मिक प्रवृत्ति वाले बौधिसत्त्वों को नशे में चूर सिलेनी के साथ प्रस्तुत किया जाने लगा। बुद्ध तथा उसके शिष्यों के आदर्शवादी तथा सुकोमल चित्रीकरण के सामने ह्रासोन्मुख यूनानी यथार्थवाद के भयानक उदाहरण प्रस्तुत किए गए, जैसे लाहौर की क्षुधा-पीड़ित बुद्ध की मूर्ति जिसमें स्त्रियोचित केश-विन्यास तथा पौरुषेय दाढ़ी के स्त्री-समान मुख वाले एक व्यक्ति की पसलियाँ तथा स्नायु स्पष्ट दिखाए गए हैं।

यद्यपि आकार तथा निष्पादन में गान्धार कला यूनानी प्रतीत होती है फिर भी विषय तथा अन्तर्वस्तु के आधार पर यह निश्चय ही भारतीय है। मूर्ति विद्या के सभी लक्षणों में कल्पना एवं धातु की दृष्टि से इसमें भारतीय परम्परा का अनुसरण

8. *India : Under the Kushanas,* p. 195.

किया गया है। बैठे हुए योगी तथा गुरु की कल्पना ही भारतीय है। उष्णीय, मुद्रा, आसन आदि सभी भारतीय ही हैं। इसमें यूनानी तत्त्व केवल इसकी नम्यता तथा वस्त्रों के विन्यास तक ही सीमित है। ''भारतीय विषय-वस्तु तथा भारतीय रीति-रिवाज पर आधारित गान्धार कला को सभी दृष्टियों से भारतीय कहा जा सकता है और वास्तव में यह एक पूर्वकालीन भारतीय कला की शक्तिशाली बाह्य प्रभावों से युक्त नई धारी थी।''

यह उल्लेखनीय है कि बीमरान कलाकृति-संग्रहालय में रखी हुई मूर्तियों तथा उनके वस्त्र-विन्यास से यूनानी आदर्शों का स्मरण हो आता है। वस्त्रों का नम्य ढंग से व्यवहार किया गया है जैसे इसका पृथक भार हो। लोरियन टोंग ई से प्राप्त खड़े हुए बुद्ध की मूर्ति में वस्त्र को शरीर से अलग कर दिया गया है, लेकिन उसे इस प्रकार बनाया गया है कि शरीर के अंग वस्त्रों में से दिखाई देते हैं और वस्त्र की सिलवटें भी स्पष्ट प्रस्तुत की गई हैं। चार्सद्दा से प्राप्त बुद्ध-मूर्ति से यह और भी स्पष्ट हो जाता है। समय के साथ-साथ कड़ी सिलवटों वाले पारदर्शक वस्त्रों का महत्त्व बढ़ता गया। पहली शती ई० की कलाकृतियाँ आकार में छोटी, देखने में मोटी तथा अपरिष्कृत ढंग से बनाई गई हैं। प्रतीत होता है कि इस अपकृष्ट कला का कारण मथुरा प्रदेश से शक-कुषाण प्रभाव था। तीसरी शताब्दी से पहली शताब्दी में प्रचलित कलात्मक दक्षता फिर से चमकने लगी। हैड्डा तथा जौलियाँ से प्राप्त कला के नमूनों की विशेषता है संवेदना की उग्रता, प्रचण्ड यथार्थवाद और व्यक्तित्व। गान्धारकला का यही रूप मध्य एशिया तथा चीन में भी पहुँचा और इसी ने इस कला को विश्व-प्रसिद्ध बनाया।

गान्धार कला के प्रभाव के सम्बन्ध में विद्वान एकमत नहीं हैं। हैवेल मानते हैं कि भारतीय कला पर यूनानी कला का प्रभाव केवल तकनीकी था और वह किसी प्रकार भी एक आध्यात्मिक या बौद्धिक प्रभाव नहीं था जिसने इसके आदर्शों तथा आकारों को प्रभावित किया है। कनिष्क को प्रेरणा देने वाले महायान बौद्धधर्म का केन्द्र गान्धार नहीं मथुरा था। विल ड्यूरैण्ट (Will Durant) बताता है कि गाँधार कला का भारतीय मूर्ति-कला के आकार तथा ढंग पर कुछ प्रभाव न पड़ा। जब कुछ शताब्दियों के विकास के पश्चात् गान्धार स्कूल समाप्त हुआ, तो हिन्दू शासकों के संरक्षण में भारतीय कला फिर विकसित होने लगी। उसने भारहुत, अमरावती तथा मथुरा के देशी कलाकारों द्वारा छोड़ी गई परम्परा को पुनर्जीवित किया और गान्धार के यूनानी अन्तराल की ओर विशेष ध्यान न दिया। डॉ० आर०सी० मजूमदार ने लिखा है कि गान्धार कला ने भारतीय कला के अन्य स्कूलों पर भी कुछ प्रभाव डाला जैसा कि स्वयं उस पर उन स्कूलों का प्रभाव पड़ा किन्तु उस प्रभाव की प्रकृति तथा मात्रा का विषय विवादास्पद है। यह भारत के अन्तस् में प्रवेश न पा सकी। भारतीय कला के उत्तरकालीन विकास में इसका कोई हाथ न था। ''किन्तु भारत के बाहर गान्धार कला ने महान् सफलता प्राप्त की क्योंकि यह पूर्वी या चीनी तुर्किस्तान, मंगोलिया, चीन, कोरिया और जापान की बौद्ध कला की जन्मदात्री बनी।''

आर०डी० बैनर्जी का विचार था कि गान्धार कला पाँच शतियों तक विकसित होती रही और धीरे-धीरे उसने भारत तथा अपने प्रभाव-क्षेत्र में आने वाले अन्य देशों के कलात्मक स्कूलों को प्रभावित किया। मध्य-एशिया में पाए गए भारतीय कला के अवशेष तथा कृष्णा जिले में अमरावती में पाए गए बौद्ध अवशेष गान्धार कला के दूरगामी प्रभाव के परिचायक हैं। भारतीय मूर्ति-कला को गान्धार कला की मुख्य देन है बुद्ध तथा बोधिसत्त्वों की मूर्तियों का आकार। उन्होंने गहराई का विचार नक्काशी के काम में लागू किया। सिथियन शासकों ने ये आदर्श तथा कला-चिन्ह प्रचलित रखे। मध्य एशिया के बौद्ध स्मारकों को मूर्तियों, चित्रण तथा टैराकोटा से सजाया गया था जिससे गान्धार स्कूल के प्रभाव का पता चलता है। गान्धार-कला द्वारा प्रचलित शैली, जिससे बुद्ध के जीवन से विज्ञान का चित्रण किया जाता था, उत्तरी भारत में बारहवीं शती ई० तक चलती रही।

पॉल मेसन-ऑरसैल (Paul Masson-Oursel) तथा अन्य लेखकों के अनुसार गान्धार कला का प्रभाव द्विरूपी था। इसका प्रभाव मध्य एशिया के रास्ते चीन तथा जापान तक पहुँचा तथा दूसरी ओर भारत में और समुद्र के रास्ते द्वीपों तथा हिन्द-चीन तक पहुँचा। सबसे पहले गान्धार कला का प्रभाव मथुरा की कला पर पड़ा प्रतीत होता है।

रेने ग्रूस्से के निम्नलिखित कथन से इस चर्चा को समाप्त किया जा सकता है : ''स्पष्ट है कि व्यक्तित्व-हीन तथा दुर्बल आकार और क्रम-बद्ध तथा साधारण कला-चिन्हों की तुलना साँची स्कूल की विश्वास तथा संवेदना की सरलता

या प्रेरणा की स्वाभाविकता से नहीं की जा सकती और गुप्त तथा पल्लव युगों के स्कूलों से तो उसकी तुलना बिलकुल भी नहीं की जा सकती।''

Suggested Readings

Banerjee, R.D. : Prehistoric, Ancient and Hindu India.
Bhandarkar : Commemoration Volume.
Brown, Percy : Indian Architecture (Buddhist and Hindu).
Durant, Will : Our Oriental Heritage.
Eliot : Hinduism and Buddhism.
Grousset, Rene : The Civilisations of the East, Vol. II.
Havell, E.B. : The History of Aryan Rule in India.
Jayaswal, K.P. : History of India (A.D. 150-350 A.D.)
Jouveau-Dubreuil : Ancient History of the Deccan.
Konow, Sten : Indian Studies in Honour of Lanman.
Konow, Sten : Corpus Inscriptionum Indicarum (Vol. II)
Konow, Sten : Further Kanishka Notes, I.H.Q. III.
Kramrisch : Indian Sculpture.
Law, B.C. : Buddhistic Studies.
Majumdar, R.C. : Ancient India.
Majumdar, R.C. (Ed.) : The Age of Imperial Unity.
Marshall, Sir John : A Guide to Taxila.
Mookerjee, R.K. : Ancient India.
Mukherjee, B.N. : Studies in Kushana Geneology and Chronology, Vol. I, 1967.
Pathak, S.K. : Life of Nagarjuna (I.H.Q., 1954, pp. 93-5).
Paul Mason, Oursel etc. : Ancient India and Indian Civilisation.
Puri, B.N. : India—Under the Kushanas (1965).
Rawlinson, H.G. : India—A Short Cultural History.
Raychaudhuri, H.G. : Political History of Ancient India.
Sastri, K.A.N. : Comprehensive History of India, Vol. II.
Smith, V.A. : Oxford History of India.
Smith, V.A. : Early History of India.
Smith, V.A. : History of Fine Art in India and Ceylon.
Spooner, D.B. : Handbook to the Sculptures in the Peshawar Museum.
Vogel, J. Ph. : Buddhist Art in India, Ceylon and Java.
Whitehead : Indo-Greek Coins.

अध्याय

30

मौर्योत्तर काल में भारत की सामाजिक, सांस्कृतिक और आर्थिक अवस्था

(Social, Cultural and Economic Life in Post-Mauryan Times)

भारतीय इतिहास में इस काल का बड़ा महत्त्व है। इस काल में यवन, शक, पल्हव व कुषाण विदेशी जातियाँ भारतीय बन गयीं। उनमें से कई जातियों ने बौद्ध धर्म अपना लिया और कई ने शैव या वैष्णव धर्म अपना लिया। उन्होंने भारत की संस्कृत व प्राकृत भाषाओं का अपने राज्य के कार्य में और व्यावहारिक रूप से प्रयोग करना आरम्भ कर दिया। वे विदेशी न रहे और भारत के ही अंग बन गए। इसी काल में भारत के धर्मों और संस्कृति का दूसरे देशों में प्रचार हुआ। अशोक सम्राट् ने बौद्ध धर्म के प्रचार के लिए लोगों को दूसरे देशों में भेजा था और वैसा ही कुषाण सम्राट् कनिष्क ने किया। उसके साम्राज्य की सीमा चीन तक फैली हुई थी। उसके प्रयत्न से चीन आदि अन्य एशिया के देशों में बौद्ध धर्म और भारत की संस्कृति का प्रसार हुआ। बौद्ध धर्म के अलावा शैव और वैष्णव धर्मों की इस काल में बहुत उन्नति हुई। इसी काल में भारत के लोगों ने पूर्वी व दक्षिण-पूर्वी एशिया में अपने उपनिवेश स्थापित करने शुरू किए और वहाँ पर हिन्दू धर्म और संस्कृति का प्रभाव पड़ा। इसी काल में प्राचीन वैदिक धर्म का पुनरुत्थान हुआ। बौद्ध और जैन धर्मों के विरुद्ध प्रतिक्रिया हुई और फिर से प्राचीन वैदिक धर्म का उद्धार हुआ। विदेशी जातियों के साथ सम्पर्क में आने से भारत के विज्ञान और कला पर भी प्रभाव पड़ा। भारत के विदेशी व्यापार को भी सहायता मिली। चूँकि इस काल में कोई केन्द्रीय राजनीतिक शक्ति न थी इसलिए पुराने गणराज्यों को फिर से उठने का अवसर मिल गया। उन गणराज्यों के नाम लिच्छवि, मालव, यौधेय, शिवि, अर्जुनायन, कुणिन्द इत्यादि थे। गुप्त-काल में सम्राट् समुद्रगुप्त ने इन गणराज्यों को हराया और उनके राज यों को अपने साम्राज्य में मिला लिया।

सामाजिक अवस्था (Social Condition)

विदेशी लोग भारत में बहुत स्थानों पर विजेता के रूप में बस गए। उनकी राजनीतिक और सामाजिक स्थिति बहुत ऊँची थी। बौद्धों और जैनियों को विदेशियों को अपने में मिलाने में कोई कठिनाई न आयी क्योंकि वे जात-पांत व वर्णभेद को नहीं मानते थे। इसका परिणाम यह हुआ कि बहुत-सी विदेशी जातियों ने बौद्ध धर्म ग्रहण कर लिया।

वैदिक धर्म के नेताओं ने भी विदेशी जातियों को अपने में मिलाने के लिए एक तरीका निकाल लिया। उन्होंने कहा कि यवन, शक, पारद, पल्हव, कम्बोज, पौन्ड्रक आदि जातियाँ मूलत: क्षत्रिय थीं परन्तु ब्राह्मणों का सम्पर्क न रहने से वे म्लेच्छ बन गयीं। अब जब उन्हें ब्राह्मणों का सम्पर्क मिल गया और उन्होंने वैदिक धर्म अपना लिया तो वे फिर क्षत्रिय-वर्ग में शामिल हो गए। उन्होंने वासुदेव, कृष्ण और शिव की उपासना शुरू कर दी और उनमें म्लेच्छत्व का कोई अंश न रहा। इसी प्रकार विदेशी म्लेच्छों के पुरोहितों को भी ब्राह्मण वर्ग में शामिल कर लिया गया।

मौर्यकाल में राज्य का बड़ा नियंत्रण था परन्तु मौर्य साम्राज्य के पतन के साथ वह नियंत्रण समाप्त हो गया और शिल्पियों आदि को व्यक्तिगत स्वतंत्रता प्राप्त हो गयी। वैश्यों और शूद्रों के बीच का अन्तर कुछ कम हो गया परन्तु मनु ने शूद्रों के लिए बड़े कठोर नियम बनाए। मनु का कहना था कि शूद्र तीन ऊँचे वर्णों की सेवा करें और यदि वे ऐसा न करें तो उनको कठोर दंड दिया जाये। इस कठोरता के कारण शूद्रों में बहुत असंतोष था और वे ब्राह्मणों के विरुद्ध हो गए। मनु का विचार था कि जब तक इन लोगों को डंडे के बल से दबाया नहीं जायेगा, काम नहीं चलेगा। विद्रोह का एक बड़ा रूप राजकरों का न देना था। इससे समाज में तनाव हो गया। इस समस्या का समाधान करने के लिए राजाओं ने भूमि दान की प्रथा चलाई और इस प्रकार कर एकत्रित किए। उन लोगों को पुलिस के अधिकार भी दे दिए गए।

मौर्यकाल में तलाक की प्रथा प्रचलित थी परन्तु इस युग में वह प्रथा कमजोर पड़ गई। मनुस्मृति के अनुसार, पुरुष स्त्री का त्याग कर सकता था पर छोड़ने के बाद भी वह पति की भार्या बनी रहती थी और उसको दूसरा विवाह करने का अधिकार न था। स्त्री को पति त्याग करने का अधिकार न था। यदि स्त्री रोगिणी होती तो उसकी अनुमति से पुरुष दूसरा विवाह कर सकता था।

इस युग में नियोग की प्रथा जारी थी। यदि सन्तान न होती तो देवर या किसी अन्य सपिण्ड व्यक्ति के साथ नियोग किया जा सकता था। मनु विधवा विवाह के पक्ष में न था। मौर्यकाल की अपेक्षा इस काल में स्त्रियों की स्थिति खराब हो गयी और आगे चलकर वह और भी बिगड़ गई।

धार्मिक अवस्था (Religious Condition)

इस काल की सबसे बड़ी घटना बौद्ध धर्म का ह्रास था और वैदिक धर्म का फिर से उत्थान था। सम्राट अशोक के बाद उसके उत्तराधिकारियों की सैनिक-शक्ति कम हो गयी और मौर्यों के अन्तिम सम्राट का वध करके पुष्यमित्र सिंहासन पर बैठा। सर्वसाधारण जनता में बहुत बड़ा असन्तोष था क्योंकि मौर्य राजाओं ने यवनों के आक्रमण को न रोका और उनकी हानि हुई। लोगों का कहना था कि राजाओं का कर्त्तव्य शत्रुओं का दमन करना और प्रजा का पालन करना था और न कि चुप बैठ रहना। लोग इसलिए भी असंतुष्ट थे कि बौद्ध भिक्षु ऐश्वर्यशाली बन गए थे और उनसे विहार आराम करने के स्थान बन गए थे। साधारण जनता के हृदय में बौद्ध भिक्षुओं के प्रति आदर और सम्मान न रहा और वे वैदिक धर्म की ओर आकर्षित हुए क्योंकि वह धर्म अहिंसा का पालन न करता था और युद्ध करने का समर्थन करता था। पुष्यमित्र ने अश्वमेध यज्ञ की प्रथा को चलाया। सातवाहन राजा सातकरणि ने दो बार अश्वमेध यज्ञ किए। इन यज्ञों का करना वैदिक धर्म के पुनरुत्थान का सूचक था। बौद्धों का कहना है कि पुष्यमित्र ने बहुत से बौद्ध भिक्षुओं को मरवा दिया और उनके स्तूपों व विहारों को गिरवा दिया। हो सकता है कि इसमें अतिशयोक्ति हो परन्तु वास्तव में बौद्धों के विरुद्ध एक प्रबल प्रतिक्रिया हुई और वैदिक धर्म की उन्नति हुई।

यह बात ध्यान रखने योग्य है कि जिस वैदिक धर्म का इस काल में पुनरुत्थान हुआ उस पर बौद्ध धर्म का बड़ा प्रभाव था। बौद्ध और जैन किसी ईश्वर को सृष्टि का स्रष्टा नहीं मानते थे और सांख्यदर्शन में भी किसी ऐसे ईश्वर को स्थान न दिया गया। योग-दर्शन भी सृष्टि के बनाने के लिए किसी ईश्वर की आवश्यकता नहीं समझता। छः दर्शनों में से तीन के ईश्वर के सम्बन्ध में विचार बौद्धों जैसे हैं। बौद्ध और जैन लोग लोकोत्तर पुरुषों पर विश्वास रखते थे और साँख्यों के कपिल को भी लोकोत्तर ज्ञानी, माना। सांख्य और योग शास्त्रों पर बौद्धों और जैनियों के विचारों का बड़ा प्रभाव पड़ा। बौद्ध और जैन धर्मों में जो स्थान बोधिसत्वों और तीर्थंकरों का था वही स्थान वैदिक धर्म में नए देवताओं को दिया गया। उन देवताओं की बुद्ध और महावीर के समान पूजा होने लगी। पहले लोग निर्गुण और निराकार ईश्वर को मानते थे और अब अवतारों की मूर्तियां बनाकर और उन्हें मन्दिरों में रखकर उनकी पूजा करने लगे। पहले यज्ञों में कर्मकाण्ड की प्रधानता थी और अब यज्ञों का स्थान मूर्त्तिपूजा ने ले लिया।

जो धर्म अब फैला उसकी दो प्रधान शाखाएँ थीं और वे थीं भागवत धर्म और शैव धर्म। इस युग में भागवत धर्म सर्वत्र फैलने लगा। वासुदेव कृष्ण बड़े महान् पुरुष थे और उनका जीवन आदर्श था और उनकी शिक्षाएँ भी अपूर्व थीं। धीरे-धीरे कृष्ण को वैदिक विष्णु का अवतार माना जाने लगा। भगवद् गीता इस भागवत सम्प्रदाय का मुख्य धर्म-ग्रंथ था। महाभारत और भागवत पुराण में कृष्ण को देवता का रूप दिया गया।

भागवत लोग यज्ञों में पशुओं की हिंसा को उचित नहीं मानते थे। वे यज्ञों के विरोधी भी न थे और न ही पक्ष में। भागवत लोग वासुदेव कृष्ण को आदर्श बालक, आदर्श युवा, आदर्श राजनीतिज्ञ, आदर्श योगीराज और आदर्श तत्त्वज्ञानी समझते और मानते थे। कृष्ण देवता अपने भक्तों की सहायता और रक्षा के लिए सदा तैयार रहता था। जो उसकी भक्ति और उपासना करता था उसको मनमांगा फल मिलता था। वासुदेव कृष्ण साधारण पुरुष न था। वह विष्णु का अवतार था। जिस प्रकार गौतम बुद्ध ने कई बार जन्म लिया इसी प्रकार विष्णु भगवान ने अवतार लिया। भागवत धर्म में देवताओं की पूजा के लिए मन्दिर और मूर्तियां बनाई गयीं और उनकी पूजा एक नए तरीके से शुरू हुई। कर्मकांड के स्थान पर भक्ति पर जो दिया गया। भक्त लोग मन्दिरों में जाकर गीत गाते और उपहार चढ़ाते और पूजा करते थे।

इस काल में शैव धर्म की उन्नति हुई। इसका प्रवर्त्तक आचार्य लकुलीश था और वह पुराणों के अनुसार शिव का अवतार था। उसने जो ग्रन्थ लिखा उसका नाम पंजाध्यायों या पंचार्थविद्या था। शुरू-शुरू में शैव धर्म शिव-भागवत, लाकुल, पाशुपत और माहेश्वर नामों से जाना जाता था परन्तु आगे चलकर इसके कई सम्प्रदाय बन गए जिनमें कापालिक और कालमुख प्रधान थे। कई विदेशी जातियों ने शैव धर्म अपनाया। कुषाण राजा बिम ने शैव धर्म को अपनाया। उसके कुछ सिक्कों पर त्रिशूलधारी शिव की प्रतिमा है और वह नन्दी के समीप खड़ा है। कई और विदेशियों ने शैव धर्म को अपनाया।

शैव मन्दिरों में पहले शिव की मूर्ति रखी जाती थी और फिर लोग उसकी भक्ति व उपासना करते थे। बाद में शिव का स्थान लिंग ने ले लिया और शैव लोग लिंग की पूजा करने लगे। लिंग को भगवान शिव का चिन्ह या लिंग मान लिया गया। शैव धर्म को यौधेयों ने अपनाया और उनके सिक्कों पर शिव और नन्दी की प्रतिमा पायी जाती है।

इस काल में भारत में सूर्य के भी मन्दिर बनाए गए और उनमें सूर्य की मूर्ति स्थापित की गयी। भविष्य पुराण में लिखा है कि सूर्य की पूजा के लिए शाकद्वीप से मग ब्राह्मणों को बुलाया गया। मग व ईरानी ब्राह्मणों ने सूर्य व मिहिर की पूजा की व्यवस्था की। कनिष्क सम्राट के कई सिक्कों पर सूर्य की प्रतिमा है। उस काल में सूर्य के बहुत से मन्दिर थे और उनके खण्डहर अब भी कश्मीर और अलमोड़ा में मिलते हैं।

बौद्ध धर्म

इस काल में साधारण जनता में बौद्ध-धर्म का प्रचार था। कई विदेशी शासकों (यवन, शक, और कुषाण) ने भी बौद धर्म अपनाया। ऐसा ज्ञान उस समय के शिलालेखों और बौद्ध विहारों, स्तूपों और चैत्यों से मिलता है। नासिक की एक गुफा में एक यवन ने लिखा है कि उसने बौद्ध धर्म को स्वीकार कर लिया था। यवन राजा मिनान्डर ने बौद्ध धर्म को स्वीकार किया और नागसेन से दीक्षा ली। शक जाति के कई लोगों ने बौद्ध धर्म को स्वीकार किया। कुछ ने जैन धर्म को और कुछ ने वैदिक धर्म को भी स्वीकार किया। मथुरा का शक-महाक्षत्रप शोडास बौद्ध धर्म का अनुयायी था। कुषाण वंश के संस्थापक कुजल के कई सिक्कों पर देवपुत्र लिखा है जो उसके बौद्ध होने को सूचित करता है। सम्राट कनिष्क न केवल स्वयं बौद्ध बना अपितु उसने बौद्ध धर्म का दूसरे देशों में प्रचार करने के लिए बड़ा काम किया।

बुद्ध की मृत्यु के तुरन्त बाद ही उसके अनुयायियों में वाद-विवाद प्रारम्भ हो गया था। उसको निपटाने के लिए कई चेष्टाएँ की गयीं परन्तु वे असफल रहीं। कनिष्क के समय तक आते-आते बौद्ध धर्म की 18 शाखाएँ बन गयीं। कनिष्क के समय में चौथी बौद्ध महासभा में बौद्ध धर्म हीनयान और महायान नामक दो शाखाओं में बंट गया। इस काल में ज्ञानमार्ग और कर्ममार्ग की अपेक्षा भक्तिमार्ग अधिक लोकप्रिय हो रहा था और वह प्रवृत्ति महायान सम्प्रदाय में आ गयी। हीनयान सम्प्रदाय में महात्मा बुद्ध लोगों के लिए पथ-प्रदर्शकमात्र थे और अब वे देवता माने जाने लगे। महायान के अनुसार मनुष्य जीवन का उद्देश्य बौधिसत्त्व के आदर्श को प्राप्त करना है। उसके लिए मनुष्यों को अपने जीवन में कई गुण लाने चाहियें जैसे दान, शील, वीर्य, ध्यान, प्रज्ञा, उपायकौशल्य, प्रणिधान, बल और ज्ञान। इन गुणों को प्राप्त करने के बाद मनुष्य बोधिसत्त्व का पद प्राप्त कर सकता है और बोधिसत्त्व बने बिना कोई बुद्धत्व को प्राप्त नहीं कर सकता। हीनयान में प्रत्येक व्यक्ति के सामने व्यक्तिगत निर्वाण प्राप्ति के लिए अर्हत पद प्राप्त करने का आदर्श था परन्तु महायान सम्प्रदाय ने प्रत्येक व्यक्ति के सामने बोधिसत्त्व का आदर्श रखा। महात्मा बुद्ध को एक धार्मिक उपदेशक के रूप में न देखकर भगवान के रूप में देखा जाने लगा और उनकी मूर्तियों की पूजा शुरू हो गयी। महात्मा बुद्ध के जीवन-चिन्हों की उपासना पहले की तरह चलती रही किन्तु अब उसका स्थान मूर्ति पूजा लेने लगी। महायान धर्म में भक्ति की धारणा का विकास हुआ और बुद्ध

के उपासक उससे दया की आशा करने लगे। बुद्ध के गुणों पर जोर देने के लिए इस काल में उसकी जीवन-कथा फिर से लिखी गई। महावस्तु, ललित विस्तार और अश्वघोष का लिखा हुआ बुद्ध चरित इसी उद्देश्य की पूर्ति थी।

महायान का विकास महासांधिक सम्प्रदाय से हुआ जिसके प्रधान केन्द्र अमरावती और नागार्जुनकोण्ड थे। महायान की उत्पत्ति आँध्र प्रदेश में हुई और उसका प्रसार वहाँ से हुआ। नागार्जुन, आर्यदेव, असंग और वसुबन्धु ने महायान के प्रसार में बहुत काम किया। नागार्जुन ने अपने ज्ञान और शील के कारण बौद्ध जगत में बड़ी ख्याति प्राप्त की। असंग और वसुबन्धु भाई-भाई थे।

सम्राट कनिष्क के राज्यकाल में बौद्ध धर्म की चौथी महासभा कश्मीर में हुई। उसके प्रधान वसुमित्र और पार्श्व थे। इस महासभा में इकट्ठे हुए विद्वानों ने बौद्ध धर्म के सम्प्रदायों के मतभेद को दूर करने के लिए महाविभाषा नाम का एक बड़ा ग्रन्थ तैयार किया जो कि बौद्ध त्रिपिटिक के भाष्य के रूप में था।

बौद्ध धर्म का समर्थन धनाढ्य व्यापारियों ने भी किया। इस समय के कई विहार उनके दान से बने। उन्हीं के उद्यम से बौद्ध धर्म पश्चिमी एशिया और मध्य एशिया में पहुँचा। चूँकि बौद्ध विहारों को बहुत-सा धन मिला इसलिए वे धन के भण्डार हो गए। भिक्षु और भिक्षुणियों ने भी बौद्ध विहारों को दान दिया।

जैन धर्म

इस काल में जैन धर्म में भी परिवर्तन हुआ। ईसा की प्रथम शताब्दी के आस-पास जैन धर्म में विभाजन हुआ। रूढ़िवादी जैन दिगम्बर कहलाए और उदारवादी जैन श्वेताम्बर कहलाए। दिगम्बर सम्प्रदाय का गुरू शिवभूति था।

जैन आचार्यों और मुनियों ने अपने धर्म के प्रचार के लिए विशेष रूप से प्रयत्न किया और विद्वत्तापूर्ण ग्रन्थ रचे। उसका परिणाम यह हुआ कि वे भारत के बड़े भाग पर अपना प्रभाव डालने में सफल हुए। बौद्ध धर्म की भाँति जैन धर्म में भी मूर्तिपूजा का विकास हुआ।

साहित्य (Literature)

बौद्ध और जैन साहित्य में बहुत से ग्रन्थ इस काल में लिखे गए। इसी प्रकार वैदिक धर्म से सम्बन्धित पुस्तकें लिखी गयीं। इस काल में पतंजलि ने पाणिनी की प्रसिद्ध रचना अष्टाध्यायी पर महाभाष्य लिखा। यह एक विशाल ग्रन्थ है। स्मृति-ग्रन्थों का निर्माण इसी काल में हुआ। सबसे पुरानी स्मृति मनुस्मृति है। इसका निर्माण 150 ई०पू० के लगभग हुआ। इस पुस्तक से शुंगकाल की सामाजिक अवस्था का ज्ञान होता है। इसी काल में विष्णु स्मृति और याज्ञवल्क्यस्मृति लिखी गयीं। महाभारत और रामायण के वर्त्तमान रूप प्रधानतया इसी काल में संकलित हुए। संस्कृत का प्रसिद्ध कवि भास इसी समय में हुआ। उसने प्रतिज्ञायौगन्धरायण आदि नाटक संस्कृत में लिखे। भास द्वारा रचे गए नाटकों की संख्या 13 है। आचार्य अश्वघोष ने बुद्धचरितम् नाम का महाकाव्य और अनेक नाटक लिखे। शूद्रक कवि ने मृच्छकटिक नाम का नाटक लिखा। भरतमुनि ने नाट्यशास्त्र लिखा और वात्स्यायन ने कामसूत्र की रचना की। प्राकृत भाषा में भी उन्नति हुई। सातवाहन वंश के राजा प्राकृत भाषा के बड़े रक्षक थे। राजा हाल स्वयं कवि और लेखक था। गुणाढ्य कवि भी इसी काल में हुआ।

इसी काल में महायान सम्प्रदाय के सम्बन्ध में बहुत से ग्रन्थ लिखे गए। नागार्जुन ने महायान के अनेक सूत्रों की रचना की। अश्वघोष ने बुद्धचरित लिखा। जैन आचार्यों और मुनियों ने जैन साहित्य की वृद्धि की। वज्रस्वामी के शिष्य आर्यरक्षित ने जैन सूत्रों को अंग, उपांग आदि चार भागों में बाँट दिया।

इसी काल में आचार्य चरक ने चरक संहिता लिखी। सुश्रुत ग्रन्थ नागार्जुन द्वारा सम्पादित किया गया। कहते हैं कि नागार्जुन केवल वैद्य ही न था अपितु रसायन, शास्त्र, लोह-शास्त्र और रसायन विज्ञान का भी पंडित था। उसने जनन-विज्ञान पर भी ग्रन्थ लिखा था। उसने अनेक पुस्तकें लिखीं जिनमें माध्यमिक सूत्र वृत्ति विशेषरूप से प्रसिद्ध है। गर्गाचार्य ने गर्ग संहिता नामक पुस्तक ज्योतिष-शास्त्र पर लिखी।

इस काल में संस्कृत भाषा क्लिष्ट होती गयी। वह केवल ब्राह्मणों की ही भाषा न रही, शासक-वर्ग की भाषा भी बन गयी। राजकीय अभिलेखों की भाषा आडम्बरपूर्ण हो गयी। धीरे-धीरे प्राकृत भाषा का स्थान संस्कृत ने ले लिया। रुद्रदामन का गिरनार अभिलेख संस्कृत में है। कुषाण काल के सुईविहार के अभिलेख भी संस्कृत में हैं।

कला (Art)

इस समय के कला-स्मारक स्तूप, गुहा मन्दिर (जिन्हें चैत्य कहा जाता है) और संघाराम अथवा विहार हैं। पर्वतों में खोदी हुई गुफाएँ मन्दिर और भिक्षुओं के निवास स्थान का काम देती थीं। भरहुत का प्रसिद्ध स्तूप शुंगकाल में बना। बोधगया के मन्दिर के चारों ओर का जंगला इस काल में बना। सांची के अनेक अंश इस काल में बने।

इस काल के बहुत से गुहा-मन्दिर उड़ीसा में विद्यमान हैं। पहाड़ को काटकर उसके अन्दर से विशाल मन्दिर, विहार या चैत्य खोदे गए हैं। उड़ीसा के गुहा-मन्दिर जैनियों के हैं। उनके नाम हाथी गुम्फा, मंचा पुरी गुम्फा, रानी गुम्फा, गणेश-गुम्फा, जय विजय गुम्फा, अल्कापुरी गुम्फा इत्यादि हैं। इसके अलावा रामगढ़ में सीताबेंगा स्थान का गुहा-मन्दिर और जोगी मारा गुहा-मन्दिर हैं।

महाराष्ट्र में भी बहुत से गुफा मन्दिर हैं। अजन्ता की गुफाएँ बड़ी प्रसिद्ध हैं और उनमें से कुछ इस काल की हैं। इन गुफा-मन्दिरों की दीवारों पर बड़े सुन्दर रंगीन चित्र बनाए गए हैं। सैकड़ों वर्षों के बाद भी उनका आकर्षण पहले जैसा ही है। अजन्ता के अलावा बेडसा, नासिक, कार्ले, जुन्नर, कोंडाणें आदि स्थानों पर इसी काल के गुहा-मन्दिर हैं। कार्ले की गुफाओं का सौन्दर्य बहुत विकसित है। मौर्य-काल के गुहा-मन्दिर बहुत छोटे-छोटे थे परन्तु इस काल के गुफा-मन्दिर बहुत विशाल हैं। वे तो पूरे बौद्ध विहार हैं।

इस काल की बहुत-सी मूर्त्तियाँ मिलती हैं। भरहुत और साँची के स्तूपों के जंगलों और तोरणों में पत्थर काट-काटकर मूर्त्तियाँ बनाई गई हैं। इसी प्रकार गुहा-मन्दिरों की दीवारों पर मूर्त्तियाँ खोदकर बनायी गयी हैं।

इसी काल में गान्धार शैली का विकास हुआ। इसी शैली को ग्रीक-बौद्ध शैली भी कहते हैं। इसका विकास कुषाण काल में हुआ। इस कला की विषय-वस्तु बौद्ध धर्म से ली गई और निर्माण यूनानी ढंग से किया गया। गान्धार शैली की शुरू-शुरू की बुद्ध की मूर्त्तियों का मुख यूनानी देवता अपोलो से मिलता-जुलता है। गान्धार कला के उदाहरण हद्दा और जौलियन में मिले हैं। वे कला की दृष्टि से सर्वश्रेष्ठ हैं। गान्धार शैली की मूर्त्तियों में शरीर की आकृति को सर्वथा यथार्थ दिखाने का प्रयत्न किया गया है।

गान्धार शैली की बहुत-सी मूर्त्तियाँ काले स्लेटी पत्थर की भी हैं। बहुत-सी मूर्त्तियाँ बुद्ध और बोधिसत्वों की हैं। पेशावर के कारीगरों ने मूर्त्तियाँ हजारों की संख्या में बनायीं और वे धीरे-धीरे सारे भारत में फैल गयीं।

मथुरा शैली गान्धार शैली से पृथक थी। इसमें शरीर को यथार्थ दिखाने का प्रयत्न नहीं किया गया परन्तु मुख की आकृति में आध्यात्मिक सुख और शान्ति व्यक्त की गयी है। मथुरा की शैली आदर्शवादी थी। यह ठीक है कि मथुरा की कला पर गान्धार शैली का प्रभाव अवश्य पड़ा परन्तु मथुरा की शैली गान्धार शैली की नकल नहीं है। मथुरा में कई प्रकार की मूर्त्तियाँ बनायी गईं। कई मूर्त्तियाँ अब भी मिलती हैं परन्तु वे प्रायः खण्डित दशा में हैं। सम्राट् कनिष्क की मूर्त्ति बड़े महत्त्व की है। बौद्ध धर्म से सम्बन्ध रखने वाली मूर्त्तियाँ हजारों की संख्या में मथुरा में बनायी गईं।

आर्थिक अवस्था (Economic Condition)

इस युग में वाणिज्य और व्यापार ने बड़ी उन्नति की। इस कार्य में उस समय के मार्गों अथवा सड़कों ने बड़ी सहायता दी। स्थल मार्ग से पाटलिपुत्र ताम्रलिप्ति से जुड़ा हुआ था और वहाँ से जहाज बर्मा और श्रीलंका को जाते थे। दक्षिण भारत के स्थल मार्गों का विकास भी इस समय हुआ। इसके अलावा कई और मार्ग व्यापारिक मार्गों से जुड़े हुए थे। उनमें से कुछ मध्य एशिया और पश्चिम एशिया को जाते थे। एक स्थल मार्ग द्वारा तक्षशिला काबुल से जुड़ा हुआ था। एक और मार्ग बैक्ट्रिया से होकर कैस्पियन सागर को जाता था और फिर कृष्ण सागर (Black Sea) को जाता था। एक मार्ग कन्धार से ईरान जाता था। ईरान से व्यापारी लोग पूर्वी भूमध्य सागर तक जाते थे। इसी काल में अरब सागर में चलने वाली मानसून हवाओं की जानकारी हुई और उससे समुद्र द्वारा व्यापार को लाभ पहुँचा। इसी युग में चीनी सिल्क व्यापार में भारतीय व्यापारियों ने मध्यस्थ के रूप में भाग लेना आरम्भ किया। भारत के व्यापारी दक्षिण अरब और लाल सागर के क्षेत्रों से जुड़े हुए थे। रोमन साम्राज्य (Roman Empire) के साथ भारत का व्यापार बहुत बढ़ा। भारत के व्यापारी चीन से रेशम खरीद

कर रोमन साम्राज्य के व्यापारियों तक पहुंचाते थे और उससे उनको बड़ा लाभ होता था। भारत से हाथी दाँत का सामान, मोती, वैदूर्य, काली मिर्च, लौंग, कई प्रकार के मसाले, सुगन्धियाँ औषधियाँ, रेशमी और सूती कपड़े बहुत मात्रा में रोम भेजे जाते थे। कहा जाता है कि भारत का माल रोम में सौगुनी कीमत पर बिकता था। रोम की स्त्रियाँ हवा की जाली की तरह बारीक भारत में बनी हुई मलमल को बहुत पसन्द करती थीं। इस व्यापार का केन्द्र केरल प्रदेश था। चूँकि भारत का व्यापार रोम से अधिक था इसलिए रोम से कई लाख की सोने की मुद्राएँ भारत में प्रत्येक वर्ष आती थीं। ऐसी बहुत-सी मुद्राएँ भारत में बड़ी संख्या में मिली हैं।

मिश्र और रोम की अपेक्षा, भारत का व्यापार बर्मा, जावा, सुमात्रा, चम्पा और चीन के साथ अधिक था। बड़े-बड़े जहाज माल के भरे हुए भारत से जाते थे। भारत का रोम और चीन के साथ व्यापारिक सम्बन्ध था। वह भारत की मार्फत होता था।

भारत के कई प्रदेश कई वस्तुओं के लिए प्रसिद्ध थे। कश्मीर, कोशल, विदर्भ और कलिंग हीरों के लिए विख्यात थे। बंगाल मलमल के लिए मशहूर था। कश्मीर और उज्जैन से लायी हुई कई वस्तुएँ भड़ौच से पश्चिमी देशों को भेजी जाती थीं। सोपारा और कल्याण पश्चिमी तट पर प्रसिद्ध नगर थे। प्रतिष्ठान नगर भी व्यापार का केन्द्र था। तक्षशिला में पश्चिमी देशों से बहुत-सी वस्तुएँ लाई जाती थीं।

व्यापार के साथ मुद्रा का भी विकास हुआ। इन्डो-ग्रीक शासकों ने सोने के सिक्के चलाए। कुषाण शासकों ने बहुत बड़ी संख्या में सोने के सिक्के का प्रयोग किया। ताँबे के सिक्के भी चलाए गए। दैनिक जीवन में मुद्रा का बहुत चलन हो गया। भारत के सिक्कों पर विदेशियों का बहुत प्रभाव पड़ा। जो सिक्के बैक्ट्रिया के शासकों ने जारी किए उन पर शासकों की आकृति और नाम होता था। कई सिक्कों पर देवताओं के चित्र होते थे। शुरू में कई सिक्कों पर पौराणिक कथाएँ दी गयीं। धीरे-धीरे पौराणिक कथाएँ यूनानी और भारतीय दोनों स्रोतों से ली जाने लगीं और खरोष्ठी और ग्रीक लिपियों में लिखी जाने लगीं। मुद्रा का प्रयोग इस युग की सबसे बड़ी देन है। मुद्रा व्यवस्था और व्यापार के कारण देश में कई नगरों का विकास हुआ। उनके साथ-साथ कारीगरी और शिल्प का भी विकास हुआ।

कहा जाता है कि राजगृह में लगभग 36 प्रकार के शिल्पी रहते थे। मलिन्दपन्ह में 75 व्यवसायों का वर्णन आता है और उनमें से 60 शिल्पों से सम्बन्ध रखते थे। उद्योगों के विकास से उनको भी प्रोत्साहन मिला। उनमें से 8 व्यवसाय सोना, चाँदी, ताँबा, टिन, शीशा, पीतल, लोहा आदि धातुओं से सम्बन्ध रखते थे। चीनी रेशम ने रेशम के उद्योगों को प्रोत्साहन दिया।

भिन्न-भिन्न शिल्पकारों ने इकट्ठे होकर शिल्पी श्रेणियों का संगठन किया। व्यापारियों ने भी अपनी-अपनी श्रेणियों का संगठन किया। श्रेणियों का वर्णन मथुरा क्षेत्र और पश्चिमी दक्षिण के क्षेत्र के अभिलेखों में मिलता है।

ये श्रेणियाँ अपने व्यवसाय का संगठित रूप में संचालन करती थीं। दूसरे लोगों का रुपया धरोहर के रूप में रख कर उस पर सूद देती थीं। उनके पास ऐसा रुपया भी जमा किया जाता था जिसे फिर लौटाया न जाये और जिसका केवल सूद ही सदी के लिए किसी धर्म के कार्य में लगता रहे। सूद की दर भी निश्चित की जाती थी। श्रेणियों को भूमि भी धरोहर के रूप में दी जाती थी और उसकी आमदनी किसी निश्चित कार्य के लिए लगाई जाती थी, जैसे भिक्षुओं को खाना खिलाना, किसी मन्दिर में दीपक जलाना अथवा विद्यार्थियों को भोजन और वस्त्र देने की व्यवस्था करना।

व्यापारी लोग भी पूगों और निगमों में संगठित थे। उनके धर्म, व्यवहार और चरित्र को राज्य द्वारा स्वीकार किया जाता था। कई ग्रन्थों में लेन-देन के नियमों का वर्णन है। ऋण लेख तैयार किए जाते थे और उन पर साक्षियों के हस्ताक्षर किये जाते थे। अधिक लाभ प्राप्त करने के लिए बहुत से व्यापारी लोग मिलकर वस्तुओं को बाजार में रोक लेते थे। साधारणतया इस काल में लोगों की आर्थिक अवस्था अच्छी थी।

Suggested Readings

Adhya, G.L. : Early Indian Economics.

Barua, B.N. : Bharhut.

Bhandarkar, R.G. : Early History of the Deccan.

Brown, Percy : Indian Architecture (Buddhist and Hindu).

Fergusson, J. : History of Indian and Eastern Architecture.

Jaiswal, S. : The Origin and Development of Vaisnavism.

Jha, D.N. : Ancient India, An Introductory Outline.

Jha, D.N. : Revenue System in Post-Maurya and Gupta Times.

Kramrisch, Stella : Indian Sculpture, London, 1933.

Marshall, Sir John : Guide to Sanchi.

Marshall, Sir John : A Guide to Taxila.

Narain, A.K. : The Indo-Greeks, 1957.

Pande, Chandra Bhan : History of Andhra-Satwahan Empire, 1963.

Puri, B.N. : India in the Time of Patanjali, 1957.

Puri, B.N. : India Under Kushanas, 1965.

Rawlinson, H.G. : India—A Short Cultural History.

Ray, N.R. : Maurya and Sunga Art, 1945.

Saraswati, S.K. : A Survey of Indian Sculpture, 1957.

Sastri, Ajaya Mitra (Ed.) : Coinage of the Satvahanas and Coins from Excavations.

Sastri, K.A.N. (Ed.) : Comprehensive History of India, Vol. II.

Sharma, R.S. : Political Ideas and Institutions in Ancient India.

Sharma, R.S. : Sudras in Ancient India.

Smith, V.A. : History of the Fine Art in India and Ceylon, 1930.

Spooner, D.B. : Handbook to the Sculptures in the Peshawar Museum.

Subramaniam, K.R. : Buddhist Remains in Andhra and Andhra History (225-610 A.D.), 1932.

Vogel : Buddhist Art in India, Ceylon and Java, 1936.

Whitehead : Indo-Greek Coins.

अध्याय

31

भारत के पश्चिमी देशों से सम्बन्ध

(India and the Western World)

अब यह सामान्यतः स्वीकार किया जाता है कि पश्चिमी देशों के साथ भारत के सम्बन्ध ईसाई संवत् से कई शताब्दियों अधिक पुराने हैं। मोहनजोदाड़ो से की गई खोज से ज्ञात होता है कि सिन्धु घाटी तथा पश्चिमी देशों के सम्बन्ध 3,000 ई०पू० के लगभग भी थे। मोहनजोदाड़ो सम्भवतः एक बहुत बड़ा बन्दरगाह था जहाँ से समुद्र के रास्ते उर, किश तथा मिस्र के साथ व्यापार किया जाता था। जमीन के रास्ते से भी सम्बन्ध था। डॉ० आर०सी० मजूमदार का विचार है कि यह कहना कठिन है कि यह सम्बन्ध सिन्धु घाटी की सभ्यता के पतन के पश्चात् भी पूर्ववत् चलता रहा या नहीं।

यहूदी इतिहासों के अनुसार सोलोमन (लगभग 800 ई०पू०) के समय में पूर्व की ओर एक समुद्री यात्रा की गई। वहाँ से बहुत-सा माल लाया गया। माल के लिए भारतीय नामों के प्रयोग से उसकी भारतीय उत्पत्ति की ओर संकेत मिलता है। अस्सुरवनिपल (Assurbanipal) के अध्ययन-कक्ष से प्राप्त शब्द 'सिन्धु' को भारतीय कपास के लिए प्रयोग किया गया है। हिब्रू शब्द 'कर्पस्' की उत्पत्ति संस्कृत 'कर्पस' से हुई।

एक जातक-कथा में बबेरू के राज्य की ओर एक समुद्री व्यापारिक यात्रा का उल्लेख मिलता है और कुछ विद्वान इसे बेबिलोन का भारतीय रूप समझते हैं। इससे भारत तथा बेबिलोन के बीच व्यापार का आभास होता है।

ईसा पूर्व चौदहवीं शताब्दी के बोगाज कोई अभिलेखों में मित्र, वरुण, इन्द्र आदि देवताओं के नाम हैं। इससे प्रतीत होता है कि चौदहवीं शती ई०पू० से पहले भारत तथा पश्चिमी एशिया के बीच घनिष्ठ सम्बन्ध थे।

डॉ० आर०सी० मजूमदार बताते हैं कि उपलब्ध जानकारी के आधार पर अन्तर्राष्ट्रीय सम्बन्ध की प्रकृति तथा घनिष्ठता का अनुमान लगाना कठिन है किन्तु भारत तथा पश्चिमी देशों के मध्य व्यापारिक सांस्कृतिक सम्बन्ध थे। राजनीतिक सम्बन्ध न के बराबर थे।

ईरान (Persia)—538 ई०पू० में ईरान के सम्राट सायरस ने एक महान् वंश की स्थापना की। उसके उत्तराधिकारी डेरियस ने भारत की ओर एक अभियान भेजा। सिन्धु घाटी को साम्राज्य में मिला लिया गया और उसे ईरानी साम्राज्य का एक अलग प्रान्त बना दिया गया। इससे बहुत बड़ा वार्षिक शुल्क प्राप्त होता था। भारत और पश्चिमी देशों का एक ही साम्राज्य में होना भारत तथा पश्चिमी देशों के बीच घनिष्ठ सम्बन्ध के लिए लाभप्रद था।

यूनान (Greece)—भारत तथा पश्चिमी देशों के सम्बन्धों में सिकन्दर महान् के भारतीय आक्रमण का महत्त्वपूर्ण स्थान था। बहुत से यूनानी तथा भारतीय सिकन्दर के अभियान में सम्मिलित थे। इसलिए एक दूसरे को समझने के लिए उन्हें पर्याप्त अवसर मिले होंगे। सिकन्दर के उत्तराधिकारी उसके भारतीय प्रदेशों को न सम्भाल सके। भारत ने सेल्यूकस के राज्य के माध्यम से पश्चिमी देशों के साथ अपना सम्बन्ध बनाए रखा, क्योंकि सेल्यूकस का राज्य भारत की सीमाओं तक था। चन्द्रगुप्त मौर्य, बिन्दुसार तथा अशोक ने यूनान के साथ घनिष्ठ सम्बन्ध बनाए। मैगस्थनीज़ तथा डायमेकस मौर्य दरबार में राजदूतों के रूप में रहते थे। मिस्र के शासक टोलेमि फिलेडैल्फ़स (Ptolemy Philadelphus) ने डायोनीसियस

(Dionysius) को राजदूत के रूप में भेजा। इन सब व्यक्तियों ने भारत के विषय में मूल्यवान विवरण लिखे। यह कल्पना की जा सकती है कि मौर्य सम्राटों ने भी उक्त देशों को अपने राजदूत भेजे होंगे। यह सर्वविदित है कि बिन्दुसार ने सेल्यूकस के उत्तराधिकारियों से अंजीरें, मीठी शराब तथा एक सोफिस्ट भेजने की प्रार्थना की। इससे ज्ञात होता है कि इन दोनों देशों में घनिष्ठ सम्बन्ध थे। अशोक के तेरहवें शिला-आदेश (XIII Rock Edict) में पाँच यूनानी शासकों के नाम दिए गए हैं : सीरिया के एण्ट्योकस, मकदूनिया का एण्टिगोनस गोनाटस, एपिरस का सिकन्दर, मिस्र का टोलेमि और सायरीन का मागस। यह कहा जाता है कि अशोक के प्रचार के कारण उसके 'धम्म' (Dhamma) का उक्त शासकों के राज्यों में अनुकरण किया जाता था। मैगस्थनीज़ बताते हैं कि पाटलिपुत्र में अलग विभाग था जो विदेशियों की देखरेख करता था। इससे ज्ञात होता है कि उस समय में बहुत बड़ी संख्या में विदेशी भारत आया करते थे।

मिस्र (Egypt)—भारत और मिस्र के बीच भी घनिष्ठ सम्बन्ध थे। बताया जाता है कि टोलेमि फिलेडैल्फस (285-246 ई०पू०) के पास भारतीय स्त्रियाँ, भारतीय शिकारी कुत्ते, भारतीय गायें और भारतीय गर्म मसाले थे।

पार्थिया राज्य की स्थापना से भारत तथा यूनान के सम्बन्ध टूट गए। सीरिया का एण्ट्योकस महान् अन्तिम पश्चिमी यूनानी शासक था जिसने भारत के साथ सम्बन्ध बनाए रखे। आठ सौ वर्ष से भी अधिक समय के लिए पार्थियन साम्राज्य भारत तथा पश्चिमी राज्यों के बीच मध्यस्थ राज्य (Buffer State) बना रहा। किन्तु मिस्र तक समुद्र के रास्ते पहुँचा जा सकता था और भारत तथा मिस्र के बीच समुद्री सम्बन्ध बने। सिकन्दर द्वारा टायर के विध्वंस तथा अलैग्ज़ैण्ड्रिया की स्थापना से दोनों देशों के बीच सम्बन्धों के लिए मार्ग खुल गया। टोलेमि फिलेडैल्फस ने लाल सागर के मिस्र की ओर के तट पर एक बन्दरगाह तथा बेरेनिस की स्थापना की और उन्हें एक सड़क से मिला दिया। भारत और मिस्र के बीच सीधी समुद्री यात्रा होती ही होगी। बताया गया है कि छठी शताब्दी ई०पू० में डेरियस ने स्काईलेक्स को सिन्धु घाटी की छान-बीन के लिए भेजा। वह सिन्धु नदी के रास्ते से हिन्द महासागर पहुँच गया और अन्त में मिस्र पहुँच गया।

रोमन साम्राज्य (The Roman Empire)—ईसाई संवत् की पहली दो शताब्दियों में रोमन साम्राज्य की व्यापारिक नीति यह थी कि भारत के साथ सीधे समुद्री व्यापार को प्रोत्साहन दिया जाए। पार्थिया के रास्ते से भारत के साथ व्यापार को कम से कम करने का भी निश्चय किया गया। किन्तु सीधा समुद्री मार्ग लम्बा और कठिन था क्योंकि नाविकों को तट के साथ-साथ रहना पड़ता था। किन्तु लगभग 45 ई० में हिप्पेलस ने एक खोज की जिससे परिस्थितियों में परिवर्तन आ गया। उसने बतलाया "हिन्द महासागर के आर-पार मानसून हवाएँ चलती हैं जिनसे हिन्द महासागर को सीधे ही लाँघना सम्भव हो सकेगा।" फलस्वरूप भारत तथा अलैग्जैण्ड्रिया के बीच समुद्री यात्रा के लिए बहुत कम समय लगने लगा। कुछ अन्य कारणों से भी व्यापार के विस्तार में सहायता मिली। ये कारण थे रोमन साम्राज्य की स्थापना तथा भारतीय आमोद-प्रमोद की वस्तुओं की रोमन मण्डियों में अत्यधिक माँग। प्लाइने हमें बताता है कि व्यापार के मूल्य के रूप में प्रति वर्ष लगभग 50,000,000 सैस्टर्स या लगभग 500,000 पाउण्ड रोम से भारत भेजे जाते थे। प्लाइने के इस कथन की पुष्टि इस तथ्य से होती है कि भारत में बहुत बड़ी संख्या में रोमन सिक्के पाए गए हैं। संघम युग का दक्षिण भारतीय साहित्य भी इसी तथ्य की पुष्टि करता है। "कठोर तथा कर्कश बोली वाले यवनों" के भी उल्लेख हैं जिनके पास कीमती बर्तन तथा बड़ी मात्रा में हीरे होते थे। समुद्री बन्दरगाहों के भी उल्लेख हैं जहाँ विदेशी व्यापारी रहा करते थे। चुंगी के व्यस्त कर्मचारियों और अन्य कर्मचारियों का भी उल्लेख है जो बन्दरगाहों पर जहाजों में माल लादते थे और उतारते थे। भारत तथा रोमन साम्राज्य के बीच तीव्र व्यापार तीसरी शताब्दी ई० तक चलता रहा।

एक या अधिक भारतीय राज्यों ने सम्राट् ऑगस्टस के पास अपने राजदूत भेजे। ट्राजन, हेड्रियन, कॉन्स्टैण्टाइन, जूलियन तथा जस्टीनियन के समय में ईसाई संवत् की पहली चार शताब्दियों में रोम को भारतीय दूतमण्डल भेजे गये।

भारत और रोमन साम्राज्य के बीच व्यापारिक तथा राजनीतिक सम्बन्धों का एक महत्त्वपूर्ण परिणाम यह हुआ कि बहुत से भारतीय तथा रोमन एक दूसरे के देश में गए। पूर्व और पश्चिम के बीच मिलने का स्थान अलैग्जैण्ड्रिया था। यहाँ असंख्य भारतीय व्यापारी जाया करते थे। भारतीय निवासी अलैग्जैण्ड्रिया की स्थायी जनसंख्या का भाग भी थे। चक्र और त्रिशूल वाले एक कब्र के पत्थर से इस बात की पुष्टि होती है। कुछ ब्राह्मण 470 ई० में अलैग्जैण्ड्रिया गए। वे मन्त्री सैवरस (Consul Saverus) के अतिथि थे।

प्रभाव (Effect)—जब भी कुछ देश एक दूसरे के निकट सम्पर्क में आते हैं तो उनका एक-दूसरे पर प्रभाव पड़ना आवश्यक है। यह नहीं कहा जा सकता कि भारत पर पश्चिमी देशों का कुछ भी प्रभाव नहीं पड़ा। उसी प्रकार यह कहना भी उपहासजनक है कि "भारतीय सभ्यता मकदूनिया या एकेमेनिया के आक्रमणों की उत्पत्ति थी।"

जहाँ तक पश्चिम पर भारतीय प्रभाव का सम्बन्ध है, इस बात से इन्कार नहीं किया जा सकता कि भारत से बहुत बड़ी मात्रा में गर्म मसाले, बढ़िया वस्त्र, कीमती हीरे और सुगन्धि के सामान पश्चिमी देशों को भेजे जाते थे। युद्ध में प्रयोग के लिए हाथियों की बहुत माँग थी। किन्तु भारत ने साहित्य, विज्ञान, दर्शन और धर्म के क्षेत्रों में बहुत प्रभाव डाला।

बताया गया है कि यूनानी वैद्यों को भारतीय चिकित्सा-विज्ञान का ज्ञान था। एक पारसी परम्परा के अनुसार सस्सैनिद (Sassanid) शासक शपूर (Shapur, 242-272 ई०) ने "भारत यूनान तथा अन्य देशों से पाई गई चिकित्सा, नक्षत्र-विज्ञान तथा अध्यात्मविद्या की पुस्तकों को धार्मिक पुस्तकों में सम्मिलित करवाया।" शपूर ने एक भारतीय चिकित्सक को सूसा में रखा हुआ था। वह केवल रोगियों की चिकित्सा ही नहीं करता था बल्कि विद्यार्थियों को चिकित्सा-विज्ञान भी पढ़ाता था। कहा जाता है कि उसकी मृत्यु के पश्चात् उसके शिष्य ईरान में महान् वैद्य बने।

भारतीय दर्शन का भी यूनानी दर्शन पर पर्याप्त प्रभाव पड़ा। अलैग्जैण्ड्रिया के क्लीमैण्ट ने यहाँ तक कह दिया कि यूनानियों ने "अपना दर्शन बर्बरों से चुराया।" सर विलियम जोन्स ने सांख्य दर्शन तथा पैथागोरस के दर्शन की एकरूपता पर बल दिया। कई विद्वानों का विचार है कि पैथागोरियन दर्शन साँख्य दर्शन से ही लिया गया है। किन्तु यह तर्क प्रस्तुत किया गया है कि इस विचार को स्वीकार करना कठिन है क्योंकि उस समय भारत तथा यूनान के बीच लगभग कोई सम्बन्ध नहीं थे। किन्तु कहा गया है कि भारत और यूनान की सीमाओं से लगते हुए एकेमेनियन साम्राज्य की स्थापना से ईरान ऐसे सम्बन्धों की भूमि बन गया। रॉलिन्सन ने सुकरात तथा एक भारतीय दार्शनिक की भेंट का उल्लेख किया है। बताया गया है कि पाँचवीं शती ई०पू० में भी भारतीय दार्शनिक पश्चिम की ओर यात्रा किया करते थे। सम्भव है कि यदि भारत में नहीं तो यूनान या ईरान में पैथागोरस भारतीय दार्शनिकों के सम्पर्क में आया और इन्हीं से उसने अपने मुख्य दार्शनिक विचार ग्रहण किए। श्रोडर का विचार है कि पैथागोरस के विचारों की जन्म-भूमि भारत ही थी। इसी प्रकार के विचार कोलब्रुक तथा गार्ब के भी हैं। लैस्सन ने ईसाई संवत् से पहले यूनानी दर्शन पर भारतीय प्रभाव से इन्कार किया है। बार्थेलेमि सेण्ट हेलेरि ने सांख्य दर्शन की उत्पत्ति प्लेटो से बताई है। प्रो० वैबर ने लोगस सिद्धान्त पर 'वाच' के भारतीय विचार के प्रभाव पर बल दिया है।

यह कहा गया है कि ऑफिक के रहस्यवादी दर्शन ने बहुत कुछ भारतीय विचारों से ग्रहण किया। यूनानियों ने भारतीयों से पुनर्जन्म तथा कर्म के सिद्धान्त में विश्वास ग्रहण किया। उन्होंने भारत से योग सिद्धान्त और संन्यास-सम्बन्धी विचार भी ग्रहण किए। कहा गया है कि अलैग्जैण्ड्रिया के नव-प्लेटो-वादी स्कूल तथा ज्ञेयवाद में भी भारतीय प्रभाव झलकते हैं। इनमें से कई दार्शनिक अपना ज्ञान तथा दर्शन प्राप्त करने के लिए भारत आए होंगे।

अशोक के समय में बौद्ध धर्म पश्चिमी देशों में फैल गया। ईरानी सीमान्त पर बौद्ध धर्म की विद्यमानता की पुष्टि सीस्तान में पाए गए एक बौद्ध विहार के अवशेषों से होती है। चीनी लेखकर बताते हैं कि बौद्ध धर्म पार्थिया में फैला हुआ था। एक पार्थियन शासक दूसरी शती ई० में सिंहासन छोड़कर बौद्ध भिक्षु बन गया। अल्बरूनी हमें बताता है कि प्राचीनकाल में खुरासान, ईरान, ईराक, मोसूल तथा सीरिया की सीमा तक का सारा प्रदेश बौद्ध था। तीसरी शती ई० में प्रचारित मैंनिकियन धर्म पर बौद्ध प्रभाव दिखाई देते हैं। बौद्ध सूत्र के रूप में लिखी गई पुस्तक में इसके संस्थापक मणि को तथागत कहा गया है और बौद्ध तथा बौधिसत्त्वों का भी उल्लेख किया गया है।

प्राप्त प्रमाण के आधार पर कहा जा सकता है कि ब्राह्मण धर्म पश्चिमी एशिया में भी प्रचलित था। जैनॉब हमें बताता है कि दूसरी शती ई०पू० में ऊपरी यूफ्रेटस पर एक भारतीय बस्ती थी। वहाँ भारतीयों ने दो मन्दिर बनाए जिनमें मूर्तियाँ थीं। कहा गया है कि जब 304 ई० में ग्रैगरी ने उन मन्दिरों को नष्ट करने की चेष्टा की तो भारतीयों ने उसका विरोध किया। जब ईसाई धर्म इन प्रदेशों में आया तो भारतीय संस्कृति तथा धर्म वहाँ पहले ही महत्त्वशाली थे। यह भी कहा गया है कि "क्रोजियर, मिट्रे, चैसूबल, कार्डिनल, लबादा, देवालय में दो गायन-समूह, मन्त्र, भूतापसारण, पाँच जजीरों वाला धूपदान, धर्मावलम्बियों के सिर पर हाथ बढ़ाकर आशीर्वाद देना, पादरियों का ब्रह्मचर्य, उनका संसार से

दूर रहना, संतों की उपासना, व्रत, जलूस, भजन तथा ईसाई धर्म का पवित्र जल, यह भारतीय बौद्ध धर्मावलम्बियों के सम्पर्क के ही परिणाम हैं।''

'पंचतन्त्र' जैसी कुछ पुस्तकें पश्चिमी देशों में अत्यन्त लोकप्रिय थीं और कई भाषाओं में उनका अनुवाद किया गया। बहुत-सी भारतीय किंवदन्तियाँ यूरोप में भी पहुँच गईं।

इसका अर्थ यह नहीं है कि भारत पर पश्चिमी देशों का कुछ भी प्रभाव न पड़ा। इस देश के नक्षत्र-विज्ञान पर यूनानियों का बहुत प्रभाव पड़ा। उत्तरकालीन भारतीय नक्षत्र-विज्ञान की पुस्तकों में यूनानी नक्षत्र-वेत्ताओं के उद्धरण दिए गए। उन्हें 'योवनेश्वर' या 'यवनाचार्य' कहा जाता था। 'गार्गी संहिता' में इस प्रकार कहा गया है : ''यवन बर्बर हैं किन्तु नक्षत्र-विद्या उन्हीं से आरम्भ हुई, इसलिए उनका सम्मान देवताओं की तरह करना चाहिए।'' भारतीय नक्षत्र-वेत्ताओं ने अपनी पुस्तकों में ग्रहों के यूनानी नामों तथा अन्य तकनीकी शब्दों का बहुत प्रयोग किया है। भारतीयों ने यूनानियों से जन्म-पत्री बनाने का ढंग सीखा।

यूनानियों ने भारत में सिक्के बनाने के ढंग को भी प्रभावित किया। यूनानियों के सम्पर्क में आने से पहले भारतीयों के सिक्के केवल ठप्पे हुए या अपरिष्कृत ढंग से बने होते थे। वे सिक्कों पर एक ही अक्ष का प्रयोग करते थे और उनके सिक्के चमकाए हुए नहीं थे। भारतीयों ने यूनानियों से दोनों ओर अक्ष लगाने का ढंग सीखा। दूसरे शब्दों में उन्होंने सिक्कों को दोनों ओर अंकित करना सीख लिया। एक तरफ राजा का नाम तथा उपाधि मुद्रित की जाती थी और दूसरी ओर कोई जानवर या कोई अन्य चिन्ह दे दिया जाता था।

जयराज भाऊ का मत है कि यह अकल्पनीय नहीं है कि यूनानी नगर नियोजन के विचारों को भारत में लागू किया गया हो। तक्षशिला में खुदाई कराने वाले सर जॉन मार्शल ने यह देखा है कि मौर्य नगर अनियोजित रूप से बसाया गया है किन्तु यूनानी नगर शिरकप नियमानुसार बसाया गया था। उसका कारण यूनानी प्रभाव था। मुख्य सड़क उत्तर से दक्षिण की ओर जाती है और अन्य सड़कें इसे समकोण पर काटती हैं तथा थोड़े-थोड़े फासले पर पूर्व से पश्चिम को जाती हैं।

जयराज भाऊ का यह भी मत है कि अशोक को शिलालेखों की प्रेरणा ईरानी शिलालेखों से मिली। यह भी सम्भावना है कि अशोक द्वारा लेखों से युक्त स्तम्भों का निर्माण यूनानी विचार से प्रभावित हो। यूनानी पुरातन गाथा में हरक्युलिस ने दूर पश्चिम में अपनी गेरियन राक्षस पर विजय के स्मारक के रूप में स्तम्भ बनवाये थे। इसी प्रकार सिकन्दर ने पूर्व में स्तम्भ बनवाए। यह प्रसिद्ध है कि सिकन्दर ने अपने साम्राज्य की सीमा निश्चित करने के लिए ब्यास पर वेदियाँ बनवाई थीं।

जयराज भाऊ यह भी बताता है कि भारतीय परम्परा में विजय स्तम्भ बनवाने का उदाहरण नहीं है। पुरातन काल में केवल यज्ञ-स्तम्भों के निर्माण का उल्लेख है। यह सत्य है कि अशोक के स्तम्भ विशुद्ध सैन्य भाषा में विजय स्तम्भ नहीं हैं किन्तु वे नैतिक विजय के स्मारक अवश्य हैं। इस मत को स्वीकार नहीं किया जा सकता कि मौर्य शिला स्तम्भ पशुओं की पूजा के लिए बनाए गए थे क्योंकि पशु किसी देवता के प्रतीक थे। यह महत्त्वपूर्ण है कि भारत में देवता को समर्पित प्रारंभिक प्राप्य स्तम्भ किसी यूनानी ने ही बनवाया था। यह मध्य भारत में भिलसा के साथ बेरुनगर में पत्थर का स्तम्भ था। हमें शिलालेख से पता चलता है कि उसे तक्षिला के डिओं (Dion) के पुत्र हेलिओडर्स ने विष्णु के एक रूप वासुदेव के सम्मान में बनवाया था। उसे राजा अन्तिलक दास ने बेसनगर के शुंग शासक के पास दूत के रूप में भेजा था। पीछे का शिलालेख संयम, सदाचार तथा त्याग को स्वर्ग प्राप्त करने का साधन बताता है। यह स्तम्भ अशोक के अर्थ में नैतिक स्तम्भ है। सारनाथ स्तम्भ में प्रदर्शित पशुओं के मध्य में सूर्य चक्र हैं। सारनाथ स्तम्भ के मस्तक के चौकोर भाग में अश्व, नदी, शेर, हाथी हैं। वे एक घेरे में तश्तरियों के पीछे दौड़ रहे हैं। ये ही पशु क्रम से दौड़ते हुए निपुर पट्टी में अर्टेक्सेरेक्सा प्रथम (Artaxerxes I) तथा डेरियस द्वितीय (464-404 ई०पू०) के खंडहरों से भी प्राप्त हुए हैं। अमरावती में बौद्ध स्मारकों के पीछे खोदी गई सूर्य-तश्तरी का चिन्ह वस्तुत: असीरिया से लिया गया है। इसी प्रकार तथाकथित बौद्ध त्रिशूल आभूषण असीरिया की सूर्य की पंखों वाली तश्तरी के अनुरूप बनाया गया है। तश्तरियों से घिरे ईराकी सूर्य-स्तम्भ, जो मन्दिरों के द्वारे पर खड़े हैं या जिन्हें सूर्य देवता के पुरोहित माना गया है, बौद्ध स्तूपों के स्तम्भों के सूर्य चक्रों के नमूने हैं।

कलम, दवात, पट्टी, पट्टिका और पुस्तक के लिए संस्कृत शब्द यूनानी शब्दों से लिए गये हैं यथा कलभोस से कलम, मिलन से मेला, पिट्टाकिओं से पिटिका, फलकों से फलक और पुक्षिन से पुस्तक। यूनानियों ने भारत में चर्म पत्र भेजा होगा।

यूनानियों ने भारतीय मूर्ति-कला को भी प्रभावित किया। यूनानियों से पहले भारहुत और साँची कला के केन्द्र थे। यूनानी मूर्ति-कला का भारतीय विचारधारा पर प्रभाव पड़ा और उन्होंने उसे अपना लिया। भारतीय कला पर पश्चिमी प्रभाव का प्रत्यक्ष उदाहरण कला का गान्धार स्कूल (Gandhara School of Art) है। शारीरिक लक्षण, वस्त्र या वस्त्र-विन्यास यूनानियों से ही अपनाये गये थे।

वैबर और विण्डिश ने संस्कृत नाटक पर यूनानी प्रभाव बताया और डॉ० वी०ए० स्मिथ भी उनसे सहमत हैं। यह बताया गया है कि भारतीयों ने पर्दे, चाटुकार और विदूषक के विचार यूनानियों से ही ग्रहण किए।

कहा जाता है कि भारतीयों ने यूनानियों से गणित में दशमलव प्रणाली को ग्रहण किया। किन्तु यह उल्लेखनीय है कि दशमलव प्रणाली की योजना एक भारतीय ने यूनानियों के आने से बहुत समय पहले बनाई थी।

धर्म क्षेत्र में बौद्ध धर्मावलम्बियों द्वारा और बाद में हिन्दुओं द्वारा मूर्ति-पूजा भी यूनानी प्रभाव का परिणाम बताई जाती है।

कहा गया है कि भारत के साथ यूनानी सम्पर्क से ''उसकी मुद्रा में क्रान्ति हो गई। नक्षत्र-विद्या में उन्नति हुई और कला का विकास हुआ।'' प्रो० सथ्यनाथैय्यर ने लिखा है कि ''सत्य तो यह है कि यूनानियों की तरह भारतीय भी किसी से कोई अच्छी चीज अपनाने के विरुद्ध नहीं थे और जब उन्होंने सोच-विचार कर कुछ उधार लिया तो उसका इतना सुन्दर समन्वय किया कि कभी-कभी उधार लेने का प्रमाण देना कठिन हो जाता है।''

Suggested Readings

Banerjee, G.N. : Hellenism in Ancient India, Calcutta.

Banerjee, G.N. : India as known to the Ancient World, Calcutta, 1920.

Basham, A.L. : The Wonder that was India, 1954.

Cary and Warmington : The Ancient Explorers.

Charlesworth, M.P. : Trade-Route and Commerce of the Roman Empire, Cambridge, 1921.

Jairazbhoy, R.A. : Foreign Influence in Ancient India 1963.

Jairazbhoy, R.A. : Oriental Influence in Western Art.

Majumdar R.C. (Ed.) : The Age of Imperial Unity.

Majumdar R.C. (Ed.) : The Classical Age.

Pococke, E. : India in Greece, London, 1852.

Prtiaulx, Osmond De Beauvoir : Indian Travels of Appollonius of Tyna and the Indian Embassies to Rome, London, 1873.

Rawlinson, H.G. : Intercourse between India and Western World, Cambridge, 1916.

Sastri, K.A.N. : Foreign Notices of South India.

Sastri, K.A.N. (Ed.) : A Comprehensive History of India, Vol. II.

Smith, V.A. : Early History of India.

Tarn, W.W. : Hellenistic Civilization, London, 1930.

Warmington, E.H. : Commerce between the Roman Empire and India, Cambridge, 1928.

अध्याय

32

नाग वंश

(The Nagas)

नाग लोग प्राचीन भारत के नागोपासक अनार्य निवासी थे। नागोपासना देश के सभी भागों में लोकप्रिय थी। हमारे पास अभिलेखीय मुद्रा सम्बन्धी और साहित्यिक प्रमाण हैं कि नाग लोग देश के विभिन्न भागों में रहते थे। बहुत से स्थानों का नाम नाग लोगों के नाम पर ही रख दिया गया, जैसे नागपुर, उरगपुर, नागरखण्ड आदि। प्रस्तुत अध्याय में हमारा सम्बन्ध केवल उन्हीं नाग वंशों से है जो उत्तरकालीन कुषाणों के समय में शक्तिशाली बन गए और जिन्हें अन्त में गुप्त राजाओं ने परास्त किया।

पुराणों का कथन यह है कि नाग शासकों ने विदिशा, कान्तिपुरी, मथुरा और पद्मावती में राज्य किया। पुराणों में विदिशा के नाग वंश के दो भाग किए गए हैं। पहले भाग में वे राजा हैं जिन्होंने शुंगों के पतन से पहले राज्य किया और दूसरे भाग में वे राजा हैं जिन्होंने उनके अन्त के पश्चात् राज्य किया। 31 ई०पू० से पहले के नागवंशी राजा थे शेष, भोगिन्, रामचन्द्र, नखावन, धनवर्मा या धर्म वर्मा और वङ्गर। शुंगों के बाद के राजाओं के नाम थे भूतनन्दी या भूतिनन्दी, शिशुनन्दी और यशोनन्दी। प्रतीत होता है कि भूतनन्दी के समय से, जब वंश की पुनःस्थापना की गई थी, उन्होंने पद्मावती को अपनी राजधानी बनाया। 'स्वर्ण बिन्दु' नामक एक 'शिवलिंगम्' की वहाँ स्थापना की गई।

बहुत लम्बी चर्चा के पश्चात् डॉ० के०पी० जायसवाल ने विदिशा के नाग राजाओं का कालानुक्रम दिया :—

1. शेष नाग (110–90 ई०पू०)
2. भोगिन् (90–80 ई०पू०)
3. रामचन्द्र (80–50 ई०पू०)
4. धर्मवर्मा (50–40 ई०पू०)
5. वङ्गर (40–31 ई०पू०)
6. भूतनन्दी (लगभग 20–10 ई०पू०)
7. शिशुनन्दी (10 ई०पू०–25 ई०)
8. यशः नन्दी (लगभग 25–30 ई०)
9. पुरुष दत्त
10. उत्तम दत्त

11. काम दत्त

12. भव दत्त

13. शिवनन्दी या शिव दत्त

डॉ० के०पी० जायसवाल बताते हैं कि अन्तिम पाँच राजाओं का ज्ञान अभिलेखों तथा सिक्कों से ही मिलता है। उनका उत्तराधिकारक्रम भी अनिश्चित है। उक्त तेरह राजाओं ने लगभग 200 वर्ष तक लगभग 100 ई०पू० से 78 ई० तक राज्य किया।

नव नाग (Nava Naga)—डॉ० के०पी० जायसवाल ने लिखा है कि नव नाग ने नव नाग वंश की स्थापना की जिसका वास्तविक नाम भारशिव वंश था। वह कुषाण शासक वासुदेव का समकालीन था और उसने लगभग 140 ई० से 170 ई० तक राज्य किया। उसने उत्तर प्रदेश में राज्य किया। उसके सिक्के कौशाम्बी से जारी किए जाते थे। सिक्कों के कारण ही वह एक ओर पद्मावती और विदिशा से सम्बन्धित था। दूसरी ओर वीरसेन तथा कौशाम्बी के सिक्कों के अन्य राजाओं से सम्बन्धित था।

वीरसेन (Virasena)—लगभग 175 या 180 ई० में वीरसेन नामक एक नाग वंशी राजा ने मथुरा में हिन्दू प्रभुत्व की पुनःस्थापना की। डॉ० जायसवाल के विचार हैं कि वीरसेन का अभ्युदय केवल नाग वंश के इतिहास में ही नहीं बल्कि आर्यावर्त के इतिहास में भी एक महत्त्वपूर्ण घटना है। उसके सिक्के उत्तरी भारत में, लगभग सारे उत्तर प्रदेश और पंजाब में पाए गये हैं। मथुरा में वे अत्यधिक पाए जाते हैं। उसने मथुरा पर अधिकार कर लिया और आर्यावर्त दोआब पर राज्य किया। वीरसेन के एक अभिलेख की खोज सर रिचर्ड बर्न ने की। असंख्य टूटी हुई मूर्त्तियाँ और कढ़ाईदार वस्तुएँ प्राप्त हुई हैं और एक जानवर की मूर्ति के सिर तथा मुँह पर उक्त अभिलेख खुदा हुआ है। अभिलेख की तिथि स्वामी वीरसेन के राज्य का तेरहवाँ वर्ष है। वीरसेन ने अपने राज्य के पहले वर्ष में ही पूर्ण प्रभुत्व ग्रहण कर लिया। प्रतीत होता है कि उसने कुषाणों को मथुरा से तथा गंगा और यमुना के बीच के दोआब से खदेड़ दिया। वीरसेन का राज्य-काल काफ़ी लम्बा था और डॉ० जायसवाल के अनुसार उसने लगभग 170 से 210 ई० तक राज्य किया। उसी लेखक का विचार है कि "उसके सिक्कों तथा असन्दिग्ध भारशिव राजा के सिक्कों के घनिष्ठ सम्बन्ध, जैसे उसके नाम को पूर्ण करने के लिए सिक्कों पर नाग चिन्ह, उसके अभ्युदय का काल और मथुरा में उसकी स्थापना आदि से वीरसेन अभिलेखों में उल्लिखित पूर्वतम भारशिव-नाग वंशी राजाओं तथा पुराणों के नव वंशी राजाओं में सम्मिलित हो जाता है।"

भव नाग (Bhava Naga)—जायसवाल के विचार हैं कि वीरसेन के पश्चात् चार राजाओं ने राज्य किया। हय नाग ने लगभग 30 वर्ष अर्थात् लगभग 210 से 245 ई० तक राज्य किया। त्रय नाग ने 245 से 250 ई० तक राज्य किया। बर्हिन नाग ने लगभग 7 वर्ष अर्थात् 250 से 260 ई० तक राज्य किया। चरज नाग ने 30 वर्ष या इससे भी अधिक लगभग 260 से 290 ई० तक राज्य किया। भव नाग ने लगभग 290 से 315 ई० तक राज्य किया। डॉ० जायसवाल ने स्पष्ट कर दिया कि उन्होंने भव नाग का काल वाकाटक तथा गुप्त कालानुक्रम के आधार पर निश्चित किया। भव नाग प्रवरसेन प्रथम का समकालीन था जो समुद्रगुप्त का ज्येष्ठ समकालीन था। भव नाग को भारशिव वंशी बताया जाता है। "जिनका वंश शिव की परम सन्तुष्टि पर आधारित था क्योंकि उन्होंने एक शिवलिंग को अपने कन्धों पर उठाकर सम्मानित किया था" और "जिनके माथे पर भागीरथी का पवित्र जल छिड़का गया था जिसे उन्हीं की वीरता से प्राप्त किया गया था।" जायसवाल ने माना है कि होशंगाबाद और जब्बलपुर के जंगलों से बाहर आकर भारशिव लोग बघेलखण्ड के रास्ते गंगा तक पहुँचे प्रतीत होते हैं। उन्हें दस अश्वमेध यज्ञ करने का श्रेय दिया जाता है।

डॉ० जायसवाल का विचार है कि भारशिवों की मुख्य देन यह थी कि उन्होंने हिन्दू स्वतन्त्रता या प्रभुत्व की नई परम्परा की स्थापना की। "मानव धर्मशास्त्र" में कहा गया था कि आर्यावर्त आर्यों की भूमि थी। म्लेच्छों

को उसके पार या बाहर रहना पड़ता था। यह उनका राजनीतिक तथा अन्तर्राष्ट्रीय जन्म-सिद्ध अधिकार था। इसे प्रमाणित करना ही था। ''भार-शिवों द्वारा आरम्भ की गई परम्परा को वाटाटकों ने जारी रखा और गुप्त वंश ने उसे ग्रहण किया तथा चन्द्रगुप्त विक्रमादित्य से वालादित्य तक सभी सम्राटों ने उसे अक्षुण्ण रखा। यदि भार-शिव न होते तो गुप्त साम्राज्य की स्थापना न होती और गुप्त विक्रमादित्य भी न होते। भारशिवों ने आर्यावर्त में हिन्दू प्रभुत्व की पुनःस्थापना की। उन्होंने हिन्दू राजसिंहासन और राष्ट्रीय सभ्यता को फिर से स्थापित किया और देश को नया जीवन दिया। लगभग चार शताब्दियों के पश्चात् उन्होंने अश्वमेध का पुनरुत्थान किया। पाप और अपराध से भगवान् शिव की नदी गंगा को पूरी तरह रहित करके उन्होंने गंगा माँ की पवित्रता फिर से स्थापित की और उसे इतना पवित्र बना दिया कि वाकाटक तथा गुप्त शासकों ने अपने मन्दिरों के द्वारों पर उसे पवित्रता के चिन्ह स्वरूप अंकित किया। उन्होंने यह सब किया और अपने लिए कोई स्मारक न बनाया। उन्होंने अपने महान् कर्म किए और अपने आप को मिटा दिया।''

चौथी शताब्दी ई० के मध्य में समुद्रगुप्त ने आर्यावर्त के बहुत से राजाओं का उन्मूलन करने का दावा किया और उनमें से दो नाग वंशी थे, गणपतिनाग और नागसेन। किन्तु प्रतीत होता है कि गुप्त शासकों ने दलित नाग वंशों के साथ मैत्रीपूर्ण सम्बन्ध रखे। इसकी पुष्टि इस बात से होती है कि चन्द्रगुप्त द्वितीय का विवाह राजकुमारी कुबेरनागा से हुआ जो 'महादेवी' थी और प्रभावती गुप्ता की माँ थी। सर्वनाग नामक एक नाग सरदार को 'विषयपति' या प्रान्तीय गवर्नर नियुक्त किया गया। स्कन्दगुप्त के अधीन 466 ई० में वह गंगा और यमुना के बीच अन्तर्वेदी जिले में तथा प्रयाग और हरिद्वार के बीच शासन करता था। यद्यपि यह कहना कठिन है कि कुबेरनाग और सर्वनाग किस नाग वंश से सम्बन्धित थे, यह निश्चित है कि गणपतिनाग और नागसेन पद्मावती के वंश से थे।

पद्मावती, विदिशा और मथुरा से महाराज गणेन्द्र या गणप के कुछ सिक्के प्राप्त हुए हैं। इस राजा का तादात्म्य गणपतिनाग से स्थापित किया गया है जिसे समुद्रगुप्त ने पराजित किया था। नागसेन का अभी तक कोई सिक्का प्राप्त नहीं हुआ है। किन्तु बाण-कृत ''हर्षचरित'' में कहा गया है कि नागसेन की गुप्त सूचनाओं को एक सारिक पक्षी ने कह दिया जिससे पद्मावती में नागसेन का नाश हो गया। सम्भव है कि गणपतिनाग की पराजय के पश्चात् समुद्रगुप्त ने नागसेन को पद्मावती के सिंहासन पर अपने सामन्त के रूप में नियुक्त किया हो। यह भी सम्भव है कि उसने विद्रोह कर दिया हो और समुद्रगुप्त द्वारा पूर्णतः नष्ट कर दिया गया हो।

पुराणों में पद्मावती के नौ नाग वंशी राजाओं का उल्लेख है। सम्भवतः उनमें से तीन थे—भवनाग, गणपतिनाग और नागसेन। पद्मावती के पड़ोस में पाए गए सिक्कों पर कुछ नाग राजाओं का उल्लेख है, उनके नाम हैं—महाराज भीमनाग, महाराज स्कन्दनाग, महाराज बृहस्पतिनाग और महाराज देवनाग। पद्मावती के कुछ सिक्कों को विभुनाग के सिक्के समझा जाता है। 'व्याघ्र' मुद्रा-लेख वाले कुछ सिक्कों को व्याघ्रनाग के सिक्के समझा गया है।

पुराणों से ज्ञात होता है कि मथुरा में कुषाणों के पश्चात् सात नाग वंशी राजाओं ने राज्य किया। गोमित्र, ब्रह्ममित्र, दृढ़मित्र, सूर्यमित्र और विष्णुमित्र के मथुरा से जारी किए गए सिक्के प्राप्त हुए हैं। ये सिक्के पहली शती ई०पू० के हैं। कुछ अन्य सिक्के हैं जिन पर पुरुषदत्त, उत्तमदत्त, रामदत्त, राजा कामदत्त, राजा शेषदत्त, राजा भवदत्त और राजा बलभूति के नाम हैं। सम्भवतः ये राजा कुषाणों के सामन्त थे।

डॉ० जायसवाल बताते हैं कि नाग प्रशासन एक संघ या फेडरेशन था जिसमें तीन नागवंशी राजतन्त्र और कई गणतन्त्र थे। पद्मावती और मथुरा में भारशिवों ने दो शाखाओं की स्थापना की जिनके अपने अलग-अलग नाम थे। बुलन्दशहर जिले में इन्द्रपुर या उसके निकट एक अन्य राजवंश था। नागदत्त, नागसेन या मतिल या उनके पूर्वाधिकारियों ने अपने सिक्के नहीं चलाए। भारशिवों के समय में अहिच्छत्र के किसी गवर्नर ने भी सिक्के नहीं चलाए। भारशिव वंश के केवल दो प्रशासनीय केन्द्र प्रतीत होते हैं, कान्तिपुरी और पद्मावती। चम्पावती (भागलपुर) का केन्द्र अधीनस्थ था। मालवा तथा राजपूताना के गणतन्त्र तथा पंजाब में कूणिन्द, जिन्होंने भारशिवों के समय में अपने-अपने सिक्के चलाए, भारशिव संघ के प्रभुत्व-सम्पन्न सदस्य थे।

डॉ० जायसवाल बताते हैं कि समुद्रगुप्त से पहले ही पंजाब का अधिकांश भाग मुक्त करवा लिया गया था। मुद्रकों ने अपने सिक्के जारी किए थे। उन्होंने समुद्रगुप्त के साथ शान्ति-वार्ता की और उनकी प्रभुता को स्वीकार किया। जब समुद्रगुप्त जाजा बना तो काँगड़ा तक की पहाड़ियों में हिन्दू राज्य था। इसके लिए अधिकाँश श्रेय भारशिव राजाओं को है। नागों ने कुषाणों को भारत से निकाल दिया। यह सरल कार्य न था।

नागों के राज्य की विशेषता शिव की उपासना थी। नाग राज्य में कोई गौरव न था। नागों ने कुषाणों की राजसी मुद्रा की ओर ध्यान न दिया। उन्होंने प्राचीन हिन्दू सिक्के चलाए। उन्होंने हिन्दू गणतन्त्रों को स्वतन्त्रता प्रदान की। उन्होंने उन्हें अपने सिक्के चलाने की अनुमति दे दी और उन्हें अपना जीवन व्यतीत करने की छूट दे दी।

अश्वमेध यज्ञ राजनीतिक पुनरुत्थान तथा धर्म-परायण संस्कृति के द्योतक थे।

डॉ० जायसवाल इस चर्चा का अन्त इन शब्दों में करते हैं : ''आधुनिक हिन्दू धर्म की नींव नाग वंशी सम्राटों ने रखी, वाकाटकों ने उसकी पालना की और गुप्त शासकों ने उसका विकास किया।''

Suggested Readings

Javaswal, K.P. : History of India (150 A.D. to 350 A.D.)
Majumdar, R.C. : The Age of Imperial Unity.

अध्याय

33

गुप्त साम्राज्य

(The Gupta Empire)

स्रोत (Sources)—गुप्त वंश का इतिहास लिखने के लिए निम्न स्रोतों से जानकारी प्राप्त होती है।

(क) साहित्य (Literature)—(1) साहित्यिक स्रोतों में पुराणों का महत्त्वपूर्ण स्थान है। पुराणों में दी गई वंशावलियों का आलोचनात्मक अध्ययन करने के बाद पार्जिटर, के०पी० जायसवाल, किर्फल तथा अन्य विद्वानों ने निष्कर्ष निकाला है कि पुराणों में दी गई गुप्त वंश सम्बन्धी जानकारी विश्वसनीय है। पुराणों की संख्या 18 है किन्तु ऐतिहासिक दृष्टि से ''वायु पुराण'', ''ब्रह्माण्ड पुराण'', ''मत्स्य पुराण'', ''विष्णु पुराण'' और ''भागवत पुराण'' अत्यधिक महत्त्व रखते हैं। पुराणों से गुप्त साम्राज्य, उसके विभिन्न प्रान्तों तथा सीमाओं का स्पष्ट चित्र मिलता है। साम्राज्य के अखण्ड भागों तथा उसके प्रत्यक्ष कार्यक्षेत्र से बाहर के प्रदेशों में अन्तर रखा गया है। राजाओं तथा छोटे-छोटे राजवंशों के नाम ज्ञात करने तथा उनकी समता स्थापित करने में पुराणों से सहायता मिलती है। साम्राज्य के अन्दर के राज्यों तथा स्वतन्त्र राज्यों के अभ्युदय का समय निश्चित करने में भी वे सहायक हैं। पुराणों से ही ज्ञात होता है कि चन्द्रगुप्त प्रथम प्रयाग, साकेत (अयोध्या) तथा मगध में राज्य करता था। समुद्रगुप्त के राज्य के पूर्वार्द्ध में उसके समकालीन शासकों, जैसे नाग तथा वाकाटक वंश और सिन्ध तथा पश्चिमी पंजाब में शक आदि का पूर्ण विवरण पुराणों से प्राप्त होता है।

(2) धर्मशास्त्रों से भी बहुत-सी लाभदायक सामग्री प्राप्त होती है। जायसवाल मानता है कि नारद का समय पूर्व गुप्तकाल था। सम्भवतः बृहस्पति भी पूर्व गुप्तकाल में ही जीवित रहा। व्यास, हारित, पितामह और पुलस्त्य की स्मृतियाँ भी सम्भवतः गुप्तकाल में ही लिखी गई थीं। उनकी रचनाओं से पर्याप्त जानकारी मिलती है।

(3) ''कामन्दक नीतिसार'' की रचना सम्भवतः चन्द्रगुप्त द्वितीय के समय में उसके प्रधानमन्त्री शिखर ने की। पुस्तक का उद्देश्य राजा को आदेश देना था। लेखक ने अपने स्वामी द्वारा शक शासक के वध की रक्षा की है। लेखक के शब्दों में, ''भेष बदलकर शत्रु की हत्या करने से नैतिकता का उल्लंघन नहीं होता।''

(4) काव्य-नाटक साहित्य भी हमारे लिए लाभदायक है। ''सेतुबन्धकाव्य'' या ''सेतुकाव्य'', ''कौमुदीमहोत्सव'', ''देवीचन्द्रगुप्तम्'' और ''मुद्राराक्षस'' इसी श्रेणी में आते हैं। ''सेतुबन्धम्'' एक प्राकृत काव्य है जिसमें लंका पर राम के आक्रमण तथा रावण के वध को चित्रित किया गया है। इस पुस्तक की रचना वाकाटक राजा प्रवरसेन ने की थी।

''कौमुदीमहोत्सव'' पाँच अंकों में लिखा गया एक नाटक है। कुछ विद्वानों का विचार है कि इस पुस्तक की रचना किशोरिका ने की और कुछ अन्य विद्वानों ने विज्जिका को इसकी लेखिका बताया है। के०पी० जायसवाल का दृढ़ विचार था कि इस पुस्तक की रचना 340 ई० में की गई और इसमें मगध की तत्कालीन राजनीतिक अवस्था का चित्रण किया गया है। इस नाटक की कथा के अनुसार सुन्दरवर्मा मगध का राजा था। उसकी कई रानियाँ थीं। लेकिन उनमें से किसी ने भी पुत्र को जन्म नहीं दिया था। जब वह बूढ़ा होने लगा तो उसने चन्द्रसेन को दत्तक पुत्र बना लिया।

वह 'मगध-कुल' का था और उसकी पत्नी लिच्छवी जाति की थी। लिच्छवी मगध के राजवंश के पुराने शत्रु थे। नाटक में लिच्छवियों को म्लेच्छ कहा गया है। चन्द्रसेन को गोद लेने के बाद सुन्दरवर्मा के एक पुत्र हुआ जिसका नाम उसने कल्याणवर्मा रखा। राजा अपने पुत्र को बहुत चाहने लगा; चन्द्रसेन को यह अच्छा न लगा और उसने अपने पोषक पिता के विरुद्ध विद्रोह कर दिया। युद्ध में सुन्दरवर्मा की मृत्यु हुई और चन्द्रसेन राजा बन गया। प्रधानमन्त्री मन्त्रगुप्त तथा सेनापति कुंजारक को यह मान्य न था और उन्होंने स्वर्गीय राजा के वास्तविक पुत्र का पक्ष लिया। उसे बहुत दूर एक सुरक्षित स्थान पर ले जाया गया जहाँ वह कई वर्ष रहा। प्रधानमन्त्री तथा सेनापति अनुकूल अवसर की प्रतीक्षा करने लगे जब उसे सिंहासन पर बैठाया जाए। सीमान्त प्रदेश में एक विद्रोह को दबाने के लिए चन्द्रसेन को राजधानी छोड़नी पड़ी। चन्द्रसेन की अनुपस्थिति में कल्याणवर्मा को राजधानी में लाया गया और चन्द्रसेन को गद्दी से उतार कर कल्याणवर्मा को राजा बना दिया गया। कहा गया है कि चन्द्रसेन ही गुप्त वंश का चन्द्रगुप्त प्रथम था। डॉ० दीक्षित के अनुसार, इस नाटक में गुप्त वंश की उत्पत्ति तथा उन्नति पर पर्याप्त प्रकाश डाला गया है। गुप्त वंश के आरम्भिक इतिहास की कई उलझनों को सुलझाने में इसने विद्वानों की सहायता की है।

''देवीचन्द्रगुप्तम्'' एक राजनीतिक नाटक है और इसकी रचना का श्रेय ''मुद्राराक्षस'' के लेखक विशाखदत्त को दिया जाता है। इस नाटक की पूर्ण प्रति प्राप्त नहीं हो सकी है। कुछ लेखकों द्वारा लिए गए फुटकर उद्धरण ही प्राप्त हुए हैं। अभिनवगुप्त ने इसके उद्धरण ''अभिनवभारती'' में दिए। भोज ने ''शृंगारप्रकाश'' में, रामचन्द्र ने ''न्यायदर्पण'' में और सागरनादिन ने ''नाटकलक्षण रत्नकोष'' में इसके उद्धरण दिए। इन पुस्तकों में दी गई जानकारी को एकत्र करके ''देवीचन्द्रगुप्तम्'' की पूर्ण प्रति बनाई जा सकती है। ''नाट्यदर्पण'' से ज्ञात होता है कि रामगुप्त चन्द्रगुप्त द्वितीय का बड़ा भाई था। अन्त:पुर में रानी का सेवक माधवसेन था। राजकुमार चन्द्रसेन रानी का प्रेमी बन गया। शकपति रामगुप्त का शत्रु था। उन दोनों के युद्ध में रामगुप्त की पराजय हुई और उसने अपनी रानी ध्रुवदेवी को शक राजा को देना स्वीकार किया। बताया गया हैं कि रामगुप्त ने यह शर्त अपने मन्त्रियों के परामर्श से स्वीकार की, जनता के परामर्श से नहीं। राजकुमार चन्द्रगुप्त ने शक शासक की हत्या करने का संकल्प किया। अन्त में उसने ध्रुवदेवी का भेष बनाया और शक शासक की उसी के शिविर में हत्या कर दी। यह साहस का कार्य था और चन्द्रगुप्त अपने उद्देश्य में पूर्णत: सफल हुआ। शक शासक की हत्या के पश्चात् चन्द्रगुप्त ने रामगुप्त का भी वध करने की ठानी। ऐसा करने के बाद वह स्वयं राजा बन गया।

विशाखदत्त-कृत ''मुद्राराक्षस'' से भी लाभदायक जानकारी मिलती है। मुख्य कथावस्तु तो चन्द्रगुप्त मौर्य तथा कौटिल्य द्वारा मौर्य वंश की स्थापना से सम्बन्धित है किन्तु प्रतीत होता है कि विशाखदत्त ने अपने समय में गुप्त वंश की स्थापना से सम्बन्धित घटनाओं का उल्लेख भी कर दिया है। नाटक कूटनीति तथा राजनीति से भरपूर है। गुप्तकाल में राजा के धर्म तथा जनता की धार्मिक स्थिति पर भी कुछ प्रकाश पड़ता है। हमें बताया गया है कि विष्णु की पूजा 'वराहावतार' के रूप में की जाती थी। प्रतीत होता है कि धार्मिक सहिष्णुता प्रचलित थी। नाटक में 'जैन जीवसिद्धि' की महत्त्वपूर्ण स्थिति से इसकी पुष्टि होती है। चाणक्य तथा राक्षस ने उसे विश्वासपात्र बनाया। नाटक में चन्द्रगुप्त द्वितीय के समय की शक, यवन, किरात, कम्बोज, भालिक, पराशिक, खस, गान्धार, चीन, कौलूट, गध इत्यादि जातियों का ज्ञान प्राप्त होता है।

(5) **फ़ा-ह्यान** द्वारा लिखित विवरण से भी पर्याप्त जानकारी प्राप्त होती है। विवरण का नाम है ''फ़ो-कुओ-की'' या बौद्ध राज्यों का विवरण। ब्याल, लैग तथा गाइल्ज़ ने इसका अनुवाद अंग्रेज़ी में किया है। फ़ा-ह्यान का मुख्य उद्देश्य बौद्ध पुस्तकों तथा किंवदन्तियों की खोज करना था, किन्तु उसने तत्कालीन सामाजिक तथा धार्मिक स्थिति की भी पर्याप्त जानकारी दी है। उसने नगरों तथा नागरिकों के धन तथा समृद्धि का उल्लेख किया है। राज्य तथा अन्य परोपकारी संस्थाओं द्वारा चलाए गए नि:शुल्क चिकित्सालयों का भी उसने वर्णन किया है।

एक अन्य चीनी यात्री ई-त्सिग ने हर्षवर्धन की मृत्यु के पश्चात् भारत यात्रा की। उसने महाराजा श्रीगुप्त का उल्लेख किया है जिसने चीनी तीर्थयात्रियों के लिए मृगशिखावन के निकट एक मन्दिर बनवाया। मन्दिर का नाम था 'चीन का मन्दिर' और ई-त्सिग ने सके अवशेष भी देखे। वह हमें बताता है इसका निर्माण उसके समय से 500 वर्ष पूर्व किया गया। यही श्रीगुप्त सम्भवत: गुप्त वंश का संस्थापक था और उसने ई-त्सिग के समय से 500 वर्ष पूर्व राज्य किया।

(ख) अभिलेख—गुप्तकाल का इतिहास लिखने में अभिलेख भी सहायक है। सन् 1888 में कोर्पस इन्सक्रिप्शन इण्डिकारम् (Corpus Inscriptionum Indicarum) का तीसरा भाग प्रकाशित करके डॉ० फ्लीट (Fleet) ने महान् सेवा की। इसमें आरम्भिक गुप्त राजाओं तथा उनके उत्तराधिकारियों के अभिलेख हैं। किन्तु इसमें डॉ० फ्लीट ने केवल आरम्भिक गुप्त राजाओं के ही नहीं उत्तरकालीन गुप्त राजाओं के अभिलेख भी संकलित किए हैं। उपर्युक्त कॉर्पस में पहले बारह अभिलेख आरम्भिक गुप्त राजाओं के हैं। उनकी तिथियाँ 360 और 466 के मध्य हैं। आरम्भिक गुप्त राजाओं की मुख्य शाखा को स्कन्दगुप्त के साथ समाप्त हुई समझा जाता है। 484 ई० का बुद्धगुप्त तथा 510 ई० का भानुगुप्त कॉपर्स के क्रमशः उन्नीसवें तथा बीसवें अभिलेख में उल्लिखित हैं। समुद्रगुप्त के इलाहाबाद स्तम्भ अभिलेख से 'भारतीय नेपोलियन' की विजयों का विस्तृत विवरण मिलता है। समुद्रगुप्त के ऐरण शिलालेख, अभिलेख संख्या 2, से भी समुद्रगुप्त की शक्ति तथा कार्य-कलापों का ज्ञान होता है।

उदयगिरि गुफा अभिलेख, मथुरा शिलालेख, साँची शिलालेख और गढ़वा शिलालेख सभी चन्द्रगुप्त द्वितीय के हैं और धर्म के प्रति राज्य की नीति से हमें अवगत कराते हैं। गढ़वा शिलालेख, बिलसाड़ स्तम्भ शिलालेख और मकूवर मूर्ति शिलालेख में कुमारगुप्त प्रथम का वर्णन है। दो भागों में बिहार स्तम्भ शिलालेख, भिटारी स्तम्भ शिलालेख, जूनागढ़ शिला अभिलेख, काहौम स्तम्भ शिलालेख और इन्दौर ताम्र-पत्र अभिलेख में स्कन्दगुप्त का वर्णन दिया गया है।

महरौली लौह-स्तम्भ अभिलेख में किसी राजा चन्द्र का वर्णन है। व्यास नदी के निकट एक पहाड़ी पर इसके मौलिक स्थान से दिल्ली का एक शासक इसे दिल्ली के निकट महरौली ले आया। इस अभिलेख में कहा गया है कि उसके विरुद्ध संगठित एक राज-समूह के विरुद्ध युद्ध करके उसने वंग देशों पर विजय पाई। सिन्धु नदी के सात मुखों के आर-पार एक युद्ध करके उसने वाहलीकों पर भी विजय पाई। उसने अपनी विजय-ख्याति दक्षिणी समुद्रों तक पहुँचाई। अपनी भुजाओं की शक्ति से उसने संसार में अपनी सर्वोच्च सत्ता स्थापित की।

स्कन्दगुप्त के भिटारी स्तम्भ अभिलेख में उसके पिता कुमारगुप्त प्रथम के समय में पुष्यमित्रों तथा सम्भवतः हूणों के साथ भी स्कन्दगुप्त के युद्ध का विवरण है। इस अभिलेख से स्कन्दगुप्त के कार्य-कलापों का वर्णन प्राप्त होता है। बताया गया है कि उसने आक्रमणकारी या आक्रमणकारियों को बुरी तरह पराजित किया और विजयी होकर वापस राजधानी लौट आया। प्रतीत होता है कि उसके वापस लौटने पर उसके पिता ने राज-कार्य उसे सौंप दिया।

(ग) मुहरें (Seals)—मुजफ़्फ़रपुर जिले में वैशाली से बहुत बड़ी संख्या में मुहरें प्राप्त हुई हैं। चन्द्रगुप्त द्वितीय की रानी महादेवी ध्रुवस्वामिनी की मुहर भी प्राप्त हुई है। यह महाराज गोविन्दगुप्त की माता था। वह सम्भवतः कुमारगुप्त प्रथम का छोटा भाई था। अपने पिता चन्द्रगुप्त द्वितीय के राज्य में वह वैशाली का गवर्नर था। वैशाली के अन्य कर्मचारियों की अनेक मुहरें भी वहाँ से प्राप्त हुई हैं। मुहरों की विविधता तथा नमूने से प्रान्तीय तथा स्थानीय प्रशासन के सम्बन्ध में पता चलता है। उच्च तथा अधीन कर्मचारियों की मुहरें प्राप्त हुई हैं। नागरकि तथा सैनिक प्रशासनीय कर्मचारियों की एक लम्बी सूची हमें प्राप्त हो जाती है।

(घ) स्मारक (Monuments)—गुप्तकाल के स्मारक भी उस समय के इतिहास के स्रोत हैं। इन स्मारकों से कला तथा भवन-निर्माण के विभिन्न केन्द्रों के उदाहरण प्राप्त होते हैं, यथा मथुरा केन्द्र, बनारस स्कूल तथा नालन्दा स्कूल। गुप्त-कला विदेशी प्रभावों से मुक्त थी। सारनाथ अजायबघर में रखी हुई बनारस की बैठे हुए बुद्ध की मूर्ति भारतीय कला की उत्कृष्ट कृति है। नालन्दा स्कूल की कृतियाँ नालन्दा तथा कुर्किहार में दिखाई देती हैं। ये सब पटना अजायबघर में रखी गई हैं। गुप्तकाल के मन्दिरों से तत्कालीन भवन-निर्माण कला के सम्बन्ध में पता चलता है। लोगों के धार्मिक विश्वासों का भी उनसे ज्ञान होता है। उनमें तत्कालीन धर्मों तथा देवताओं को प्रस्तुत किया गया है, यथा विष्णु, शिव, दुर्गा, जैन तीर्थङ्कर, बुद्ध या बौधिसत्त्व। उदयगिरि तथा पठारी (Pathari) के मन्दिरों से विष्णु-पूजन का ज्ञान होता है। उदयगिरि के एक मन्दिर में गंगा और यमुना को देवियों के रूप में प्रस्तुत किया गया है। देवगढ़ का एक मन्दिर शिव तथा विष्णु की पूजा के लिए है। ऐहोल (Aihole) का मन्दिर दुर्गा की पूजा के लिए है। बादामी गुफाओं की उत्तम शिल्प कला से लोगों की धार्मिक अवस्था का ज्ञान होता है।

(ङ) मुद्राएँ (Coins)—गुप्त इतिहास की बहुत सी सामग्री गुप्त सम्राटों के सिक्कों से प्राप्त होती है। जे० एलन (J. Allan) ने 1914 में गुप्त वंश के सिक्कों की सूची (Catalogue of the Coins of the Gupta Dynasties) नामक रचना प्रकाशित की। इस रचना में गुप्त वंश के सिक्कों का नियमित अध्ययन किया गया है। समुद्रगुप्त द्वारा चलाए गए सिक्के प्राप्त हुए हैं। इन पर चन्द्रगुप्त प्रथम तथा उसकी रानी कुमार देवी के चित्र अंकित हैं। समुद्रगुप्त के चीता प्रकार, वीणा-वादक प्रकार, अश्वमेध प्रकार, पताका प्रकार, धनुर्धर प्रकार, आदि सिक्के प्राप्त हुए हैं। चन्द्रगुप्त द्वितीय के भी विभिन्न प्रकार के अनेक सिक्के हैं, यथा धनुर्धर प्रकार, शंख प्रकार, छत्र प्रकार, शेर-घातक प्रकार, घुड़सवार प्रकार। कुमारगुप्त प्रथम के भी कई सिक्के मिले हैं, यथा धनुर्धर प्रकार, अश्वमेध प्रकार, घुड़सवार प्रकार, शेर-घातक प्रकार, चीता-घातक प्रकार, हाथी-सवार प्रकार आदि। स्कन्दगुप्त के धनुर्धर प्रकार के सिक्के मुख्यत: सोने के हैं। सिक्कों के मुद्रा-लेखों से कवि की श्रेष्ठता झलकती है। चन्द्रगुप्त द्वितीय ने चाँदी के सिक्के केवल उन्हीं प्रदेशों के लिए चलाए जा पहले पश्चिमी क्षत्रपों के अधीन थे। किन्तु बाद में चाँदी के सिक्के गृह प्रान्तों के लिए भी चला दिए गए।

गुप्तवंश के अभ्युदय से पहले उत्तरी भारत की स्थिति
(Condition of Northern India before the Rise of the Guptas)

राजतन्त्र (Monarchies)—कुषाण वंश के पतन तथा गुप्त वंश के उदय के बीच के काल में उत्तरी भारत में अनेक राजतन्त्रीय तथा गणतन्त्रीय राज्य थे। नाग राज्य, अहिछत्र राज्य, अयोध्या राज्य, कौशाम्बी राज्य, वाकाटक राज्य, मौखरी राज्य और गुप्त राज्य मुख्य राजतन्त्र थे।

(1) **नाग लोग** भारत के विभिन्न भागों में फैले हुए थे। इस तथ्य की पुष्टि साहित्यिक, अभिलेखीय तथा मुद्रा सम्बन्धी प्रमाणों से होती है। पुराणों के अनुसार विदिशा, कान्तिपुरी, मथुरा और पद्मावती नागों की शक्ति के केन्द्र थे। विदिशा के नाग वंशी शासकों में से कुछ के नाम शीश, भोगिन् और सदाचन्द्र चन्द्राँश थे। अभिलेखों से ज्ञात होता है कि महाराज भवनाग रुद्रसेन प्रथम का नाना था जिसका पौत्र चन्द्रगुप्त द्वितीय का समकालीन था। वह भारशिव वंश का था जो कुषाण साम्राज्य के पतन के पश्चात् सत्तारूढ़ हुआ। पद्मावती से कुछ सिक्के प्राप्त हुए हैं जिन पर भवनाग का नाम अंकित है। इलाहाबाद स्तम्भ अभिलेख से ज्ञात होता है कि समुद्रगुप्त ने गणपतिनाग और नागसेन नागवंशी राजाओं को नष्ट किया। किन्तु समुद्रगुप्त ने अपने पुत्र चन्द्रगुप्त द्वितीय का विवाह एक नाग राजकुमारी कुबेरनागा से किया। यह सुझाव दिया गया है कि पद्मावती, मथुरा और विदिशा में पाए गए सिक्के महाराजा गणेन्द्र या गणप या सम्भवत: गणपतिनाग के ही थे जिसका उल्लेख इलाहाबाद स्तम्भ अभिलेख में किया गया है। पुराणों में पद्मावती के नौ राजाओं का उल्लेख है। उनमें से कुछ के नाम भीमनाग, स्कन्दनाग, बृहस्पतिनाग, देवनाग, विभानाग और व्याघ्रनाग हैं। सम्भव है कि महाराज वीरसेन नाग वंश का ही था जिसकी राजधानी मथुरा थी और जो अपने समय का एक शक्तिशाली राजा था। उसके सिक्के मथुरा, बुलन्दशहर और पंजाब में पाए गए हैं।

(2) **अहिछत्र राज्य** के राजाओं का उल्लेख ईसवी संवत् की पहली तीन शताब्दियों के सिक्कों पर मिलता है। उनके नाम भद्रकोष, सूर्यमित्र, फाल्गुनमित्र, अग्निमित्र, बृहत्स्वामीमित्र, आदि थे। अच्युत का नाम भी कुछ सिक्कों पर पाया गया है और सम्भवत: वह वही राजा था जिसे समुद्रगुप्त ने पराजित किया था।

(3) **अयोध्या** के धनदेव और विशाखदेव नामक राजाओं के नाम भी सिक्कों में ज्ञात हुए हैं। धनदेव सम्भवत: कौशल का राजा था जिसे पुष्यमित्र का वंशज बताया गया है। सत्यमित्र, आयुमित्र और संघमित्र भी अयोध्या के शासक थे।

(4) **कौशाम्बी** के शासकों के रूप में सुदेव, बृहत्स्वामीमित्र, अश्वघोष, अग्निमित्र, वरुणमित्र, ज्येष्ठमित्र और प्रजापतिमित्र के नाम सिक्कों पर दिए गए हैं।

(5) **वाकाटक वंश** का संस्थापक विन्ध्यशक्ति था। उसे 'वाकाटक-वंशकेतु' कहा गया है। अनेक युद्ध करके उसने अपनी शक्ति का विस्तार किया। इन्द्र और विष्णु से उसकी तुलना की गई है। उसके बाद उसका पुत्र प्रवरसेन प्रथम राजा बना जो वंश का वास्तविक संस्थापक था। उसने अपना राज्य नर्मदा तक बढ़ाया। उसे सातों यज्ञ करने का श्रेय दिया गया है। उसने चार अश्वमेध यज्ञ किए। उसने 'सम्राट्' की उपाधि धारण की। भारशिवों के साथ उसने वैवाहिक सम्बन्ध

स्थापित किए। प्रवरसेन प्रथम के पश्चात् रुद्रसेन प्रथम राजा बना। वह समुद्रगुप्त का समकालीन था और सम्भवतः यह रुद्रदेव ही था जिसका नाम इलाहाबाद स्तम्भ अभिलेख में दिया गया है।

(6) **मौखरी वंश** का राज्य सुन्दरवर्मा के अधीन अवध में था। मौखरी सेनापतियों ने बलिवेदि के रूप में स्तम्भ बनाए।

(7) **गुप्त वंश** भी एक स्थानीय राजवंश था। समय के साथ वे अन्य सभी शासकों को परास्त करने में सफल हो गए और उन्होंने अपना प्रभुत्व स्थापित कर लिया। सम्भवतः श्रीगुप्त इस वंश का संस्थापक था। उसके पश्चात् महाराज घटोत्कच राजा बना। उसके बाद चन्द्रगुप्त प्रथम राजा बना और उसी से गुप्त वंश का वास्तविक गौरवमय काल आरम्भ हुआ।

गणतन्त्र (Republics)—गणतन्त्रीय राज्यों के नाम अर्जुनायन, मालव, यौधेय, शिवि, कुणिन्द, कुलूट और औदुम्बर राज्य थे।

(1) **अर्जुनायन गणतन्त्र** भूतपूर्व भरतपुर और अलवर राज्यों में था जो अब राजस्थान में हैं। उनके सिक्के बहुत बड़ी संख्या में मिले हैं और उनका मुद्रा-लेख है 'अर्जुनायनम् जयः'। इण्डो-यूनानियों के अधीन वे प्रसिद्ध हुए किन्तु शकों ने उन्हें फिर दबा दिया। कुषाणों के पतन के पश्चात् उन्होंने फिर अपनी शक्ति स्थापित कर ली किन्तु गुप्त सम्राटों ने अन्त में उन्हें समाप्त कर दिया।

(2) **मालव गण** सिकन्दर के समकालीन थे। उस समय वे पंजाब में रहते थे। किन्तु बाद में वे वर्तमान राजस्थान में आ गए। राजस्थान में उनकी राजधानी का नाम था मालवनगर जो जयपुर के निकट स्थित थी। उन्होंने ही सर्वप्रथम विक्रम संवत् का प्रयोग किया। किन्तु उन्होंने कृत संवत् का भी प्रयोग किया। प्रतीत होता है कि शकों के विरुद्ध उन्होंने सफलता प्राप्त की। मौखरी सेनापति बल का उल्लेख मालव गणतन्त्र के सामन्त के रूप में किया गया है। किन्तु गुप्त राजाओं ने मालवों को दबा दिया। मालव सिक्कों का मुद्रा-लेख है 'मालवनाम जयः'।

(3) **यौधेय गण** पूर्वी पंजाब में और उत्तर प्रदेश तथा राजस्थान के कुछ भागों में अपना राज्य स्थापित करने में सफल रहे प्रतीत होते हैं। संस्कृत व्याकरण-शास्त्री पाणिनि ने उन्हें 'आयुधजीवी क्षत्रिय' कहा है। यौधेय लोग 'ब्राह्मण्यदेव' की पूजा करते थे। शकों तथा कुषाणों ने उन पर अपना आधिपत्य जमा लिया था। कुषाणों के पतन के पश्चात् वे फिर प्रसिद्ध हो गए, किन्तु गुप्त राजाओं ने उन्हें पराजित किया। उनके सिक्कों के मुद्रा-लेख हैं 'वहुधनकः यौधेयानाम्', 'भगवतः स्वामिनो ब्रह्मदेवस्य कुमारस्य यौधेयानाम्' और 'यौधेयगणस्य जयः'। यौधेयों के कई भाग थे। वे इतने शक्तिशाली थे कि उन्होंने रुद्रदमन को भी चुनौती दी।

(4) **शिवि गणराज्य** का उल्लेख भी सिकन्दर के समय में हुआ। बताया जाता है कि उनके पास बहुत बड़ी पैदल सेना थी। बाद में वे वर्तमान राजस्थान प्रदेश में चले गए। वे चित्तौड़ के निकट रहने लगे और अपनी राजधानी माध्यमिका में बनाई। उनके कुछ सिक्कों का मुद्रा-लेख है ''मझमिकाय शिबिजनपदस''।

(5) **लिच्छवी गणराज्य** भी उस समय शक्तिशाली था। यह गणतन्त्र बुद्ध के समय में भी विद्यमान था और गुप्त वंश के अभ्युदय से पहले उनकी स्थिति इतनी सुदृढ़ थी कि एक लिच्छवी राजकुमारी के साथ विवाह करके चन्द्रगुप्त प्रथम को मान तथा शक्ति दोनों की प्राप्ति हुई।

(6) **कुणिन्द गणराज्य** के सिक्के बहुत बड़ी संख्या में प्राप्त हुए हैं। उन सिक्कों का मुद्रा-लेख है 'भगवतः छत्रेश्वर महात्मनः।' छत्र सम्भवतः कुणिन्द गणतन्त्र की राजधानी का नाम था। उनका राज्य यमुना और सतलुज के बीच का प्रदेश और व्यास तथा सतलुज के ऊपरी बहाव में था। कुणिन्दों के शासक के रूप में अमोघभूति का उल्लेख मिलता है।

(7) **कुलूट लोग** कुणिन्दों को परास्त करने में सफल हो गए। वे काबुल घाटी में रहते थे। उनके सिक्कों पर राजा वीरयशस और भद्रयशस के नाम हैं। कुलूटों पर गुप्त राजाओं ने अपना आधिपत्य जमा लिया।

(8) **औदुम्बर गणतन्त्र** के बहुत से सिक्के प्राप्त हुए हैं। उनके सिक्कों का मुद्रा-लेख है 'भगवतो महादेवस्य राजराजस्य'। औदुम्बर शासकों में से कुछ के नाम धाराघोष शिवदास और रुद्रदास थे। कुछ सिक्कों पर शिव-मन्दिर,

ध्वज, त्रिशूल और परशु के चित्र हैं। कल्पना की जाती है कि उन सिक्कों पर उल्लिखित अग्निमित्र, महिमित्र, भूमित्र, महाभूमित्र आदि औदुम्बर शासक थे।

गुप्त वंश की उत्पत्ति तथा स्थापना (Origin and Foundation of Gupta Dynasty)—गुप्त वंश की उत्पत्ति का प्रश्न अन्धकार में छिपा हुआ है। 'गुप्त' नाम प्राचीन भारत के प्रलेखों में और विशेषकर शुंग और शातवाहन वंशों के प्रलेखों में कई बार आता है किन्तु चौथी शताब्दी ईसवी के गुप्त राजवंश से उन्हें मिलाना सम्भव नहीं है। सुझाव दिया गया है कि गुप्त करास्कर मूल के थे। किन्तु इस सम्बन्ध में प्रमाण निर्णायक नहीं है। "कौमुदी महोत्सव" के चन्द्रसेन को चन्द्रगुप्त प्रथम समझना ठीक नहीं है क्योंकि चन्द्रसेन के वंश को तो नष्ट कर दिया गया था और चन्द्रगुप्त प्रथम का वंश कई शताब्दियों तक राज्य करता रहा। केवल यह प्रमाण देना पर्याप्त नहीं है कि लिच्छवियों ने चन्द्रसेन की सहायता की इसलिए चन्द्रसेन चन्द्रगुप्त प्रथम ही होगा।

के०पी० जायसवाल का विचार था कि गुप्त वंशी जाट थे। डॉ० एच०सी० रायचौधरी का मत है कि चन्द्रगुप्त द्वितीय की पुत्री प्रभावती गुप्ता ने अपने-आपको धरणगोत्र का बताया है, इसलिए गुप्त परिवार का भी यही गोत्र होगा क्योंकि उसके पति का गोत्र कुछ और था। सम्भव है कि गुप्त रानी धारिणी से सम्बन्धित थे जो अग्निमित्र की महारानी थी। किन्तु डॉ० आर०सी० मजूमदार का मत है कि यह विचार अत्यन्त समस्याजनक है।

डॉ० डी०सी० गाँगुली ने सर्वप्रथम बताया कि "राजवंशी गुप्त शासकों का मौलिक निवास-स्थान मुर्शिदाबाद, बंगाल में था, मगध में नहीं।" यह विचार चीनी यात्रा ई-त्सिग (I-tsing) के कथन पर आधारित है कि उसके समय (672 ई०) से 500 वर्ष पहले एक चीनी यात्री हुई-लुन (Hui-lun) नालन्दा गया और उसे ज्ञात हुआ कि "महाराजा श्रीगुप्त ने चीनी पुरोहितों के लिए एक मन्दिर बनवाया और उसके खर्च के लिए 24 गाँव दान में दिए। यह मन्दिर, जो चीन के मन्दिर के नाम से प्रसिद्ध था, मि-लि-क्या-सि-क्या-पो-नो (Mi-li-kia-si-kia-po-no) नामक आश्रम के पास था जो गंगा के तट पर नालन्दा से चालीस योजन पूर्व की ओर स्थित था।" डॉ० गाँगुली ने महाराज श्रीगुप्त को गुप्त वंश का संस्थापक बताया क्योंकि चालीस योजन 240 मील के बराबर है। चीनी सूत्रों में उल्लिखित आश्रम को डॉ० गाँगुली बंगाल में स्थित बताते हैं। किन्तु फ्लीट तथा अन्य विद्वानों ने महाराज श्रीगुप्त को महाराज गुप्त स्वीकार करने में कालानुक्रमिक कठिनाई को प्रस्तुत किया है। कारण यह है कि महाराज गुप्त का समय तृतीय शताब्दी ई० के अन्त में था और ई-त्सिग ने महाराज श्रीगुप्त का समय दूसरी शताब्दी ई० का अन्त बताया है। किन्तु एलन ने कोई कठिनाई नहीं समझी क्योंकि "चीनी तीर्थ-यात्री ने अपना कथन उस परम्परा पर आधारित किया जिसे वृद्ध व्यक्तियों ने प्राचीन काल से अपने पीछे आने वाले लोगों को बताया था।"

डॉ० आर०सी० मजूमदार का मत है कि नेपाल से प्राप्त 1015 ई० की एक हस्तलिपि (जिसे चित्रों सहित कैम्ब्रिज से प्रकाशित किया गया) में एक स्तूप का चित्र है और उसका शीर्षक है 'वरेन्द्री का मृगस्थापनस्तूप'। फ़ाउचर मानता है कि मि-लि-क्या-सि-क्या-पो-नो का मौलिक भारतीय रूप मृगस्थापन होना चाहिए और मृगशिखावन नहीं, जैसा कि ई-त्सिग के विवरण के अनुवादक चैवनेज (Chavnnes) ने लिखा है। प्रतीत होता है कि वरेन्द्री का कुछ भाग प्रथम गुप्त शासक श्रीगुप्त के राज्य में सम्मिलित था। डॉ० गाँगुली के कथन में आलोचकों ने दो दोष बताए हैं। एक तो यह कि मुर्शिदाबाद वरेन्द्री में नहीं राधा डिविजन में स्थित है। नालन्दा से 240 मील पूर्व निस्संदेह मुर्शिदाबाद है लेकिन ई-त्सिग के विवरण से स्पष्ट है कि वह पहले नालन्दा से गंगा गया और फिर नदी के बहाव की ओर चला गया। 240 मील में नालन्दा से गंगा तक की दूरी और फिर गंगा के साथ-साथ पूर्व की ओर का अन्तर दोनों को गिनना होगा। इस प्रकार अभीष्ट स्थान माल्दा दिखाई देता है।

"विष्णु पुराण", "वायु पुराण" और "भागवत पुराण" से ज्ञात होता है आरम्भिक गुप्त राज्य में मगध और उत्तर-पश्चिमी बंगाल तक "गंगा नदी के किनारों के प्रदेश" सम्मिलित थे। किन्तु कुछ लेखकों का विचार है कि "मगध गुप्त राजाओं का मूल निवास नहीं था।" कहा जाता है कि मगध को सम्भवतः महाराज घटोत्कच ने विजय किया हो, किन्तु इसका बिलकुल कोई प्रमाण नहीं है।

श्रीगुप्त (लगभग 240-280 ई०)—प्रभावती गुप्त के पूना ताम्रपत्र अभिलेख में श्रीगुप्त को गुप्तवंश का 'आदिराज' बताया गया है। ऋद्धापुर ताम्रपत्र अभिलेख में कहा गया है कि श्रीगुप्त धरण गोत्र का था। डॉ० आर०सी० मजूमदार मानता है कि हम अस्थायी रूप से गुप्त वंश के श्रीगुप्त को ई-त्सिंग द्वारा वर्णित महाराज श्रीगुप्त मान सकते हैं। ई-त्सिंग का बताया हुआ मन्दिर मगध में नहीं बल्कि उत्तरी या केन्द्रीय बंगाल की पश्चिमी सीमाओं पर स्थित था। श्रीगुप्त के राज्य में बंगाल का कुछ भाग सम्मिलित रहा होगा।

गुप्त प्रलेखों में 'महाराज' की उपाधि श्रीगुप्त और घटोत्कच दोनों के लिए प्रयोग की गई है। यह उपाधि आम तौर पर सामन्तों द्वारा प्रयोग की जाती थी। यह सुझाव दिया गया है कि प्रारम्भिक गुप्त राजा मुरुण्डों के अधीन शासक थे। किन्तु इसका कोई दृढ़ प्रमाण नहीं है।

घटोत्कच (Ghatotkacha, लगभग 280-319 ई०)—घटोत्कच को गुप्त प्रलेखों में श्रीगुप्त का पुत्र तथा उत्तराधिकारी बताया गया है। किन्तु चन्द्रगुप्त द्वितीय की पुत्री प्रभावती गुप्ता के दो अभिलेखों में घटोत्कच को प्रथम गुप्त राजा कहा गया है। घटोत्कच किस प्रकार गुप्त वंश का संस्थापक समझा जाने लगा, यह बताना सम्भव नहीं है। किन्तु राजवंश के घटोत्कच को वैशाली से प्राप्त कुछ मुहरों में उल्लिखित घटोत्कच गुप्त समझना ठीक नहीं है। घटोत्कच गुप्त चन्द्रगुप्त द्वितीय के समय में उस प्रान्त का प्रमुख था जिसकी राजधानी वैशाली थी। यह उल्लेखनीय है कि उसे 'महाराज' न कहकर केवल 'कुमारामात्य' ही कहा गया है।

चन्द्रगुप्त प्रथम (Chandragupta I, 319-335 ई०)—यह उल्लेखनीय है कि श्रीगुप्त और घटोत्कच को केवल महाराज' कहा गया है लेकिन चन्द्रगुप्त प्रथम को 'महाराजाधिराज' कहा गया है। स्पष्ट है कि अपनी विजयों के फलस्वरूप उसने 'महाराजाधिराज' की उपाधि प्राप्त की होगी। किन्तु चन्द्रगुप्त की विजयों के हमारे पास कोई विवरण नहीं हैं। एलन ने लिखा है कि पुराणों में चन्द्रगुप्त प्रथम के समय में गुप्त साम्राज्य का उल्लेख इन शब्दों में किया गया है : ''गुप्त परिवार के राजा गंगा पर प्रयाग, साकेत और मगध क्षेत्रों का उपभोग करेंगे।'' प्रयाग या साकेत की विजय के हमारे पास कोई विवरण नहीं हैं। वैशाली चन्द्रगुप्त प्रथम के साम्राज्य का अंग प्रतीत नहीं होता। किन्तु समुद्रगुप्त के इलाहाबाद स्तम्भ अभिलेख में नेपाल को उसके साम्राज्य की सीमा पर स्थित बताया गया है। चन्द्रगुप्त प्रथम के सिक्कों पर लिच्छवियों को चन्द्रगुप्त प्रथम और कुमार देवी के विवाह के कारण चन्द्रगुप्त की प्रभुता में भागीदार बताया गया है। कुछ साहित्यिक विवरणों में चन्द्रगुप्त प्रथम द्वारा मगध-विजय का उल्लेख किया गया है किन्तु इस जानकारी को विश्वसनीय नहीं माना जा सकता। ''कौमुदीमहोत्सव'' के अनुसार, मगध पर सुन्दर वर्मा का राज्य था और वह चन्द्रसेन के आक्रमण का सामना करते हुए मारा गया। चन्द्रसेन उसका दत्तक पुत्र था और लिच्छवियों ने उसकी सहायता की थी। उसने लिच्छवियों की राजकुमारी से विवाह कर लिया था। बताया गया है कि मगध की सीमाओं पर गवर्नरों के विद्रोह को दबाने के लिए चन्द्रसेन को पाटलिपुत्र छोड़ना पड़ा। स्वर्गीय राजा के पुत्र कल्याणवर्मा को गद्दी पर बैठाने के लिए एक षड्यन्त्र रचा गया। कल्याणवर्मा ने अपने सिंहासनारोहण के उपलक्ष्य में कौमुदीमहोत्सव का, जो नाटक की कथावस्तु था, आयोजन किया। नाटककार ने लिच्छवियों को म्लेच्छ कहकर भर्त्सना की है। चन्द्रसेन को करस्कर कहा गया है। सुझाव यह दिया गया है कि चन्द्रसेन को चन्द्रगुप्त प्रथम समझना चाहिए क्योंकि चन्द्रगुप्त प्रथम ने एक लिच्छवी राजकुमारी से विवाह किया था और मगध का सिंहासन हस्तगत करने में इससे उसे सहायता मिली थी। यह भी सुझाव दिया गया है कि इलाहाबाद स्तम्भ अभिलेख में उल्लिखित कोट-कुल मगध-कुल है और 'कोट-कुलज' कल्याणवर्मा है। समुद्रगुप्त द्वारा कल्याणवर्मा की पराजय का वर्णन तेरहवीं पंक्ति के उस अंश में किया गया होगा जो अब वहाँ नहीं है। किन्तु यह ठीक ही कहा गया है कि सम्पूर्ण कथानक ही दूरवर्ती प्रतीत होता है। चन्द्रसेन की समानता चन्द्रगुप्त प्रथम से करना स्पष्ट ही असंगत है।

चन्द्रगुप्त प्रथम के पुत्र समुद्रगुप्त ने उसका वध किया, यह कल्पना की जाती है। ''भविष्योत्तर पुराण'' में इस तथ्य की ओर संकेत किया गया है। किन्तु इसे ''प्रत्यक्ष वर्त्तमान कपट-लखा'' कहा गया है।

यह भी कहा गया है कि चन्द्रगुप्त प्रथम ने ''सिथियनों को बाहर निकाल दिया और तीन शताब्दियों की दासता और विदेशी अत्याचार के पश्चात् मगध को स्वतन्त्रता प्रदान की।'' किन्तु ऐसा कोई भी प्रमाण नहीं है कि चन्द्रगुप्त प्रथम ने सिथियनों से युद्ध किया या किसी स्वतन्त्रता-संग्राम का नेतृत्व किया।

चन्द्रगुप्त प्रथम और लिच्छवी राजकुमारी कुमारदेवी के विवाह को अत्यधिक महत्त्व दिया जाता है। बताया गया है कि लगभग 308 ई० में कुमारदेवी के साथ चन्द्रगुप्त प्रथम के विवाह से पहले वह केवल पाटलिपुत्र में या उसके निकट एक स्थानीय शासक मात्र था। किन्तु इस विवाह के कारण गुप्त वंश की प्रसिद्धि बढ़ने लगी। वी०ए० स्मिथ मानता है कि कुमारदेवी ने दहेज के रूप में अपने पति को वह प्रभाव दिया जिसके कारण कुछ ही वर्षों में उसे मगध और निकटवर्ती प्रदेशों में प्रभुता प्राप्त हुई। "सम्भव है कि इस भाग्यशाली संयोग के समय लिच्छवी लोग प्राचीन राज-नगर के स्वामी थे और इस विवाह के कारण अपनी पत्नी के सम्बन्धियों की शक्ति का चन्द्रगुप्त उत्तराधिकारी बना। प्राचीन समय में वैशाली के लिच्छवी पाटलिपुत्र के राजाओं के प्रतिद्वन्द्वी थे और पुष्यमित्र के राज्य के पश्चात् के अव्यवस्थित काल में उन्होंने प्रतिकार के रूप में इस नगर पर अधिकार कर लिया, जिसे वास्तव में उन्हीं की अशान्त भावनाओं के दमन के लिए कई शताब्दियों पहले बनाया गया था। यह निश्चित है कि लिच्छवियों के साथ अपने सम्बन्ध के कारण चन्द्रगुप्त अपने पिता और दादा की एक साधारण स्थानीय शासक की स्थिति से ऊपर उठ कर इतना शक्तिशाली और गौरवशाली हो गया कि उसने 'महाराजाधिराज' की उपाधि धारण कर ली जो प्रायः सर्वोच्च शासक के लिए प्रयोग की जाती है। उसने अपने, अपनी पत्नी और लिच्छवियों के नाम से अंकित संयुक्त मुद्रा चलाई और उसके पुत्र एवं उत्तराधिकारी ने अपने आप को साधारणतः 'लिच्छवी-दौहित्र कहा।"

एलन (Allan) और आर०सी० मजूमदार ने डॉ० स्मिथ के उपर्युक्त विचार को स्वीकार नहीं किया है। एलन का मत है : "लिच्छवियों के साथ अपने सम्बन्ध से गर्व अनुभव करने का कारण सम्भवतः उनकी प्राचीनता थी और गुप्त वंश को उससे प्राप्त कोई अन्य वास्तविक लाभ नहीं था।" चन्द्रगुप्त के विवाह के समय लिच्छवियों की सामाजिक स्थिति इतनी ऊँची नहीं थी। "मनुसंहिता", जिसे उस समय बहुत आदर से देखा जाता था, में लिच्छवियों को 'व्रात्य क्षत्रिय' या निम्नकोटि के क्षत्रिय कहा गया है।

डॉ० आर०सी० मजूमदार का विचार है कि इस विवाह से चन्द्रगुप्त को राजनीतिक लाभ हुए, सामाजिक नहीं। उनके अनुसार डॉ० स्मिथ ने इस विवाह को आवश्यकता से अधिक महत्त्व प्रदान किया है। उनका कथन है कि गुप्त वंश के अभ्युदय के समय लिच्छवियों की सामाजिक स्थिति स्पष्ट रूप से व्यक्त करना सम्भव नहीं है। यह ठीक है कि बुद्ध के समय में लिच्छवी लोग वैशाली पर राज्य करते थे, किन्तु गुप्त वंश केसमय में वे नेपाल की घाटी में राज्य करते थे। इसके अतिरिक्त यह भी निश्चित नहीं है कि कुमारदेवी के लिच्छवी वंशी सम्बन्धी वैशाली, नेपाल या किसी अन्य स्थान के थे। इसका कोई प्रमाण नहीं है कि गुप्तकाल के आरम्भ में वे मगध में राज्य करते थे। डॉ० मजूमदार ने माना है कि सम्भवतः लिच्छवी और गुप्त राज्य पड़ोसी थे। इस विवाह से उन्हें संयुक्त कर दिया गया जिससे नए राज्य की शक्ति और मान में वृद्धि हुई।

गुप्त संवत् (Gupta Era)—सन् 1887 में डॉ० फ़्लीट ने जब यह तर्क प्रस्तुत किया कि चन्द्रगुप्त प्रथम 319-20 ई० में आरम्भ होने वाले, संवत् का संस्थापक था तो प्राचीन भारत के इतिहास के विद्यार्थियों ने चैन की साँस ली। वी०ए० स्मिथ ने कहा है : "फ़्लीट द्वारा गुप्त संवत् के निर्णय से एक कदम आगे उठाया गया जिसके विषय में पहले केवल कल्पना ही की जाती थी। जब उन्होंने यह सिद्ध कर दिया कि उस संवत् का प्रथम वर्ष 319-20 ई० है तो एक अत्यन्त महत्त्वशाली वंश के कालानुक्रम को निश्चित कर दिया गया और अव्यवस्था के स्थान पर सुव्यवस्था स्थापित कर दी गई। गुप्त काल के कालानुक्रम सम्बन्धी अनेक कठिनाइयाँ, जो 1887 की फ़्लीट की खोज के पश्चात् भी सामने आती रहीं, श्री सिल्वेन लेवी के प्रकाशन से दूर हो गईं कि समुद्रगुप्त लंका के राजा मेघवर्ण (लगभग 352-79 ई०) का समकालीन था।"

फ़्लीट ने अपना निर्णय अल्बरूनी के कथन पर आधारित किया कि गुप्त संवत् और शक संवत् में 241 वर्ष का अन्तर था। शक संवत् 78 ई० में आरम्भ हुआ, इसलिए गुप्त संवत् 319-20 ई० में आरम्भ हुआ होगा।

फ़्लीट के विचार को अनेक विद्वानों ने अस्वीकार किया है। डॉ० शाम शास्त्री का मत है कि गुप्त संवत् का प्रथम वर्ष 200-201 ई० था। श्री गोविन्द पाई का विचार है कि गुप्त संवत् 272-73 ई० में आरम्भ हुआ। वि

सर आर०जी० भण्डारकर ने ठीक ही कहा है कि "अल्बरूनी द्वारा दी गई गुप्त संवत् की प्रथम तिथि के पक्ष में प्रमाण एकदम अकाट्य हैं।"

कुछ स्पष्ट जानकारी उपलब्ध हो चुकी है जिससे फ़्लीट के विचीर की निस्सन्देह पुष्टि होती है। कुमारगुप्त और बन्धुवर्मा के मन्दसौर अभिलेखों की तिथि मालव संवत् 493 या 436 ई० है। राजा शशाँक के गंजाम पत्रों की तिथि गुप्त संवत् 300 है जो फ़्लीट की गणना के अनुसार 619-20 ई० है। कुमारगुप्त की पूर्वतम ज्ञात तिथि गुप्त संवत् 96 है जो बिलसाढ़ अभिलेख में दी गई है। उसकी अन्तिम ज्ञात तिथि गुप्त संवत् 136 है जो उसके एक चाँदी के सिक्के से प्राप्त हुई है। फ़्लीट की गणना के अनुसार कुमारगुप्त का राज्य 414 से 455 ई० तक है। यदि हम फ़्लीट का विचार स्वीकार कर लें तो 436 ई० का मन्दसौर अभिलेख उसके राज्य-काल में ही माना जाएगा। यदि शाम शास्त्री या पाई का विचार स्वीकार कर लिया जाए तो कुमारगुप्त की तिथियाँ मन्दसौर अभिलेख में दी गई तिथियों से मेल नहीं खातीं।

यह सर्वविदित है कि राजा शशाँक हर्षवर्धन का समकालीन था जिसने 606 ई० से 647 ई० तक राज्य किया। शशाँक के गंजाम पत्रों की तिथि 619-20 ई० है यदि गुप्त संवत् का आरम्भ 319-20 ई० में स्वीकार कर लिया जाए। इस समकालीनता से भी फ़्लीट के विचार की पुष्टि होती है।

यह सामान्यत: स्वीकार किया जाता है कि चन्द्रगुप्त द्वितीय ने पश्चिमी क्षत्रपों को परास्त और नष्ट किया। यदि 319-20 ई० को गुप्त संवत् का प्रथम वर्ष मान लिया जाए तो चन्द्रगुप्त द्वितीय का राज्य 375 ई० में आरम्भ होगा और 414 ई० में समाप्त होगा। पश्चिमी क्षत्रपों का राज्य समाप्त करने के पश्चात् उसने उन्हीं के सिक्कों की तरह के अपने चाँदी के सिक्के चलाए। चन्द्रगुप्त द्वितीय की अन्तिम ज्ञात तिथि गुप्त संवत् 93 है जो 412-13 ई० के बराबर है। शक वंश की अन्तिम ज्ञात तिथि शक संवत् 304 है जो सिक्कों से प्राप्त हुई है। यह तिथि 382 ई० है। इससे फ़्लीट के विचार की पुष्टि होती है कि गुप्त संवत् 319-20 ई० में आरम्भ हुआ। फ़्लीट के विचार को स्वीकार करने से ही गुप्त और शक वंशों के इतिहासों का समन्वय किया जा सकता है।

अपरकोट और सर्वानिया से स्वामी रुद्रसिंह तृतीय के सिक्के मिले हैं। इन सिक्कों से ज्ञात होता है कि स्वामी रुद्रसिंह तृतीय के सिक्के शक संवत् 274 या 352 ई० में समाप्त हो गए। यह समुद्रगुप्त के राज्यकाल में ही है जिसे क्षत्रप राज्य की विजय का श्रेय दिया जाता है।

कामरूप के राजा हर्षवर्मा के उस तेजपुर शिलालेख का उल्लेख भी करना उपयुक्त है जिसकी तिथि गुप्त संवत् 510 है। राजा हर्षवर्मा शालस्तम्भ का नौवाँ उत्तराधिकारी था जिसकी तिथि लगभग 650 ई० थी। इस प्रकार राजा हर्षवर्मा की तिथि 829 ई० के लगभग होगी। यह तभी हो सकता है यदि गुप्त संवत् की प्रथम तिथि 319-20 ई० स्वीकार की जाए।

समुद्रगुप्त पराक्रमाँक (लगभग 335-375 ई०)
(Samudragupta Parakramanka)

इलाहाबाद स्तम्भ अभिलेख (Allahabad Pillar Inscription)—सिक्कों की बहुत बड़ी संख्या के अतिरिक्त समुद्रगुप्त के राज्य के लिए इलाहाबाद स्तम्भ अभिलेख का महत्त्व सबसे अधिक है। यह अभिलेख अशोक के एक स्तम्भ पर अंकित है। अब यह स्तम्भ इलाहाबाद के किले में है और कौशाम्बी में स्थित अपने मूल स्थान से इसे हटा लिया गया है। इस अभिलेख की कोई तिथि नहीं है। फ़्लीट का विचार था कि यह अभिलेख समुद्रगुप्त की मृत्यु के पश्चात् लिखा गया था। किन्तु अब यह विचार त्याग दिया गया है। कारण यह है कि इसमें अश्वमेध का उल्लेख नहीं किया गया है और सिक्कों तथा अन्य अभिलेखों पर अश्वमेध का उल्लेख किया गया है। इस प्रकार इस अभिलेख की तिथि दक्षिण से लौटने के बाद और अश्वमेध यज्ञ से पहले रखनी होगी।

अभिलेख असाम्प्रदायिक और पूर्णत: ऐतिहासिक है। इसकी रचना समुद्रगुप्त के राजकवि हरिषेण ने की। अभिलेख की भाषा एवं शैली से स्पष्ट है कि इसका रचयिता उच्चकोटि का कवि था। हरिषेण शान्ति तथा युद्ध का मन्त्री ('सन्धिविग्रहिक') था। प्रशस्ति का लेखक संस्कृत पद्य की सूक्ष्मताओं से पूर्णत: परिचित था। अभिलेख का कुछ अंश पद्य में और कुछ गद्य में है। वी०ए० स्मिथ के अनुसार, "राजकवि द्वारा रचित प्रलेख आज भी लगभग पूर्णत: प्राप्य है और

उस समय की घटनाओं का तत्कालीन विस्तृत वर्णन इससे प्राप्त होता है। असंख्य भारतीय अभिलेखों से यह सम्भवतः अधिक श्रेष्ठ है।''

इलाहाबाद स्तम्भ अभिलेख ने समुद्रगुप्त के अभियानों को चार श्रेणियों में विभक्त किया है। पहली श्रेणी में दक्षिण के ग्यारह राजाओं के विरुद्ध अभियान है। दूसरी श्रेणी में 'आर्यावर्त' के नौ राजाओं के नाम हैं और उनसे साथ कुछ अन्य राजा भी हैं जिनके नाम नहीं दिए गए हैं। तीसरी श्रेणी में वनवासी असभ्य जातियों के नेता हैं और चौथी श्रेणी में सीमावर्ती राज्य तथा प्रजातन्त्र हैं। कुछ विदेशी शासकों के साथ समुद्रगुप्त के सम्बन्धों का उल्लेख भी किया गया है।

अभिलेख का प्रारम्भिक भाग पद्य में है। इसमें आठ श्लोक हैं। इसमें समुद्रगुप्त की प्रारम्भिक शिक्षा तथा राजा बनने की योग्यता का उल्लेख है। पहले दो श्लोक तो लगभग पूर्णतः लुप्त हो चुके हैं। उनके अवशेषों से प्रतीत होता है कि अपने पिता के समय उसने कुछ युद्धों में सफलतापूर्वक भाग लिया। पहले श्लोक में कहा गया है कि समुद्रगुप्त एक योग्य विद्वान् था। वह शास्त्रों का ज्ञात था और विद्वान् व्यक्तियों की संगति का अत्यन्त इच्छुक था। चौथे श्लोक में बताय गया है कि समुद्रगुप्त को उसके पिता ने अपना उत्तराधिकारी मनोनीत किया और यह आशीर्वाद दिया : ''समस्त संसार पर राज्य करो।'' यह दरवारियों की उपस्थिति में किया गया और वे अति प्रसन्न हुए। कुछ अन्य व्यक्ति ईर्ष्यावश पीले पड़ गए। पाँचवें और छठे श्लोकों में सम्भवतः उन युद्धों का वर्णन है जिनमें उसने अपने शत्रुओं को परास्त किया। प्रतीत होता है कि उन्हें क्षमादान दिया गया था। उन्होंने पश्चात्ताप किया और उनके मन प्रसन्नता तथा स्नेह से भर गए। सातवें और आठवें श्लोकों में समुद्रगुप्त के सैनिक अभियानों तथा विजयों के विवरण दिए गए हैं।

अभिलेख की तेरहवीं पंक्ति में कहा गया है कि समुद्रगुप्त ने उत्तरी भारत के तीन राजाओं को पराजित किया जिनके नाम थे अच्युत नाग, नाग सेन और गणपति नाग। ये राजा क्रमशः अहिछत्र, मथुरा और पद्मावती में राज्य करते थे। यह तीन नाम इक्कीसवीं पंक्ति में 'आर्यावर्त' के अन्य राजाओं के साथ भी दिए गए हैं जिन्हें समुद्रगुप्त ने दक्षिणी अभियान के पश्चात् परास्त किया।

उन्नीसवीं और बीसवीं पंक्तियों में समुद्रगुप्त के दक्षिणी अभियानों का वर्णन दिया गया है। कहा गया है कि दक्षिण के बारह राज्यों के शासकों को समुद्रगुप्त ने बन्दी बना लिया और फिर मुक्त कर दिया। उनके राज्यों को साम्राज्य में विलीन नहीं किया गया था। उनके नाम कौशल का महेन्द्र, महाकाण्टार का व्याघ्रराज, कोरल का मण्टराज, पिष्टपुर का महेन्द्रगिरि, कोट्टूर का स्वामीदत्त, एरण्डपल्ल का दमन, काँची का विष्णुगोप, अवमुक्त का नीलराज, वेङ्गी का हस्तिवर्मा, पलक्क का उग्रसेन, देवराष्ट्र का कुबेर और कुस्थलपुर का धनंजय थे। यह संतोष का विषय है कि इनमें अधिकाँश का तादात्म्य निश्चित कर लिया गया है। इनसे ज्ञात होता है कि समुद्रगुप्त के अभियान दक्षिण के पूर्वी तट तक ही सीमित थे। पहले फ़्लीट और स्मिथ द्वारा प्रस्तावित विचार यह था कि समुद्रगुप्त पश्चिमी तट के रास्ते वापस आया। यह विचार अब त्याग दिया गया है क्योंकि बारह राजाओं के तादात्म्य पूर्वी तट पर ही निश्चित कर लिए गए हैं। यह उल्लेखनीय है कि दक्षिण के केन्द्रीय और पश्चिमी भाग वाकाटकों के अधीन थे और दक्षिण में समुद्रगुप्त द्वारा पराजित राजाओं की सूची में वाकाटकों का नाम नहीं है। इससे सिद्ध होता है कि समुद्रगुप्त के दक्षिणी अभियानों के समय वाकाटक राज्य सुस्थिर रहा।

इक्कसवीं पंक्ति में अच्युत नाग, नाग सेन, गणपति नाग, रुद्र देव, मतिल, नागदत्त, चंद्रवर्मा, नन्दी और बलवर्मा नाम दिए गए हैं। इन सब राजाओं का समुद्रगुप्त ने पूर्ण उन्मूलन किया। सम्भव है कि ये नौ राजा समुद्रगुप्त के विरुद्ध ए संघ में सम्मिलित हुए हों, इसीलिए अच्युत नाग, नागसेन और गणपति नाग के नाम फिर दिए गए हैं। यह स्पष्ट नहीं कि युद्ध कहाँ हुआ। शायद कौशाम्बी के निकट हुआ होगा।

समुद्रगुप्त ने 'आटविक' राजाओं या जंगली जातियों को भी आत्मसमर्पण करने पर विवश कर दिया। डॉ० फ्ल का विचार था कि ये जंगली प्रदेश उत्तर प्रदेश में गाज़ीपुर जिले से जब्बलपुर तक थे। इस प्रदेश की विजय की पु समुद्रगुप्त के ऐरण अभिलेक से होती है। बाईसवीं पंक्ति में कहा गया है पाँच 'प्रत्यान्त' या सीमावर्ती प्रदेशों के शास भी उसकी आज्ञानुसार आत्म-समर्पण करने आए और उन्होंने शुल्क भी दिया। उन पाँच राज्यों के नाम समतट, डवा कामरूप, नेपाल और कर्तृपुर थे।

मालव, अर्जुनायन, यौधेय, मद्रक, आभीर, प्रार्जुन, सनाकानीक, काक और खरपारिक नौ जातीय गणों ने समुद्रगुप्त के प्रति आत्मसमर्पण किया। इन सबके निवास-स्थान निश्चित कर लिए गए हैं।

तेईसवीं और चौबीसवीं पंक्तियों में कुछ विदेशी शासकों के नाम हैं जिन्होंने आत्म-समर्पण किया और राजनिष्ठा का प्रमाण देकर शान्ति मोल ली। ये उपहारस्वरूप कन्याएँ लाए। उन्होंने गरुड़ के प्रतीक दिए। उन्होंने अपने राज्य भी अर्पित कर दिए और आज्ञा की प्रतीक्षा की। इस श्रेणी में दैवपुत्र, शाही, शाहानुशाही, शक, मुरुण्ड और सिंहल के लोग तथा द्वीपों के अन्य निवासी थे।

इस अभिलेख में समुद्रगुप्त की बहुत प्रशंसा की गई है। कहा गया है कि समुद्रगुप्त ने अच्छाई का संचार किया और बुराई का नाश किया। वह दयालु था। वह नम्र था जिसे अभीष्ट सेवा तथा आज्ञापालन से मोहित किया जा सकता था। उसने कई लाख गायें दान में दीं। उसका मस्तिष्क दीन, निर्धन, पीड़ित और असहाय व्यक्तियों की पालना के साधन जुटाने में व्यस्त रहता था। मानव-मात्र के प्रति करुणा का वह प्रतीक था। वह कुबेर, वरुण, इन्द्र और अतक देवताओं के समान था। जिन राजाओं को वह परास्त करता था उनकी सम्पत्ति उन्हें वापस दिलाने में उसके कर्मचारी दत्तचित्त रहते थे। अपनी तीक्ष्ण तथा परिष्कृत बुद्धि और गायन तथा संगीत में दक्षता से उसने देवताओं के स्वामी, इन्द्र के गुरू और टुम्बुरु और नारद को भी लज्जित कर दिया। अपने काव्यों से उसने कविराज की उपाधि प्राप्त की। उसकी रचनाएँ इतनी उत्कृष्ट कोटि की थीं कि वह उनके माध्यम से विद्वानों की तरह जीवन-निर्वाह के साधन जुटा सकता था। मानवता के रीति-रिवाजों को पूर्ण करने में ही वह मानव था, किन्तु वास्तव में वह पृथ्वी पर रहने वाला देवता था। वह चन्द्रगुप्त और कुमार देवी का पुत्र, घटोत्कज का पौत्र और श्रीगुप्त का प्रपौत्र था। श्रीगुप्त और घटोत्कच के लिए 'महाराज' उपाधि का प्रयोग किया गया है और चन्द्रगुप्त प्रथम के लिए 'महाराजाधिराज' उपाधि प्रयुक्त की गई है।

अभिलेख की उनतीसवीं पंक्ति में कहा गया है कि यह स्तम्भ पृथ्वी की एक भुजा को भाँति है जो समुद्रगुप्त की ख्याति की घोषणा कर रहा है। समस्त संसार की विजय के कारण उसकी प्रसिद्धि समस्त भूतल पर फैली हुई थी।

उत्तराधिकार (Succession)—इलाहाबाद स्तम्भ अभिलेख में कहा गया है कि समुद्रगुप्त के पिता ने उसकी योग्यता के कारण उसे सिंहासन के लिए चुन लिया और परामर्शदाताओं की उपस्थिति में इसकी घोषणा करके राजकुमार से कहा, "इस पृथ्वी की रक्षा करो।" यह भी कहा गया है कि जब यह घोषणा की गई तो उसके बराबर के अन्य सम्बन्धी ('तुल्य कुलज') निराशा के कारण पीले पड़ गए। सभा के सदस्य अति प्रसन्न हुए। ऋद्धपुर अभिलेख में समुद्रगुप्त के लिए 'तत्पाद-परिगृहीत' शब्द का प्रयोग किया गया है। यदि डॉ० छाबड़ा द्वारा दिए गए इसके अर्थ को स्वीकार किया जाए तो चन्द्रगुप्त प्रथम ने राज्य-त्याग कर दिया और समुद्रगुप्त को राजा बना दिया। ऐरण अभिलेख से ऐसे ही अर्थ की पुष्टि होती है।

कुछ विद्वानों का विचार है कि अभिलेख का यह कथन कि समुद्रगुप्त के सम्बन्धी पीले पड़ गये, उत्तराधिकार के लिए झगड़े का केवल काव्यात्मक वर्णन है। कई सिक्कों पर 'कच' नाम और एक मुद्रा-लेख दिखाई देता है। कहा गया है कि कच समुद्रगुप्त का बड़ा भाई था जो राजा बन गया और उसका वध करने पर समुद्रगुप्त सिंहासन प्राप्त कर सका। किन्तु यदि हम यह स्वीकार करें कि चन्द्रगुप्त प्रथम ने समुद्रगुप्त के पक्ष में राज्य-त्याग किया तो उत्तराधिकार युद्ध का विचार कदापि मान्य नहीं है। इसके अतिरिक्त कच के सिक्के समुद्रगुप्त के सिक्कों से इतने मिलते हैं कि एलन ने यह निष्कर्ष निकाला कि "सम्राट् का वास्तविक नाम कच था और अपनी विजयों के संकेत में उसने समुद्रगुप्त नाम धारण किया।" इस बात की पुष्टि इस तथ्य से होती है कि कच के सिक्कों के पृष्ठ-भाग पर 'सर्वराजोच्छेत्ता' मुद्रा-लेख पाया गया है। वंश के विश्वसनीय लेखों में यह उपाधि केवल समुद्रगुप्त को दी गई है, इसलिए कच समुद्रगुप्त का दूसरा नाम माना जा सकता है। सम्भव है कि महासागर तक अपनी विजयें कर लेने के बाद कच ने समुद्रगुप्त का नाम धारण किया। 'समुद्रगुप्त' शब्द को दो भागों में बाँट लिया गया है : 'समुद्र' को व्यक्तिगत नाम और 'गुप्त' को उपनाम माना गया है। यह विचार इस तथ्य पर आधारित है कि समुद्रगुप्त के पूर्वतम सिक्कों के मुख-भाग पर 'समुद्र' नाम अंकित है और इसके पृष्ठ-भाग पर मुद्रा-लेख 'पराक्रम' है।

समुद्रगुप्त के सिंहासनारोहण की निश्चित तिथि ज्ञात नहीं है। यदि हम कृत्रिम नालन्दा पत्र को स्वीकार कर लें तो समुद्रगुप्त गुप्त संवत् 5 या 325 ई० से पहले ही राजा बना। कुछ लेखक समुद्रगुप्त को ही गुप्त संवत् का संस्थापक मानते हैं और यदि उनका विचार स्वीकार कर लिया जाये तो समुद्रगुप्त 320 ई० में राजा बना। डॉ० आर०सी० मजूमदार के अनुसार समुद्रगुप्त की सिंहासनारोहण की तिथि 340 और 350 ई० के मध्य में रखी जा सकती है। कृत्रिम गया ताम्र-पत्र के अनुसार 328 ई० में वह राज्य कर रहा था। डॉ० आर०के० मुकर्जी के अनुसार समुद्रगुप्त ने लगभग 335 ई० से 380 ई० तक राज्य किया।

समुद्रगुप्त की विजयें (Conquests of Samudragupta)—समुद्रगुप्त अपनी विजयों के लिए प्रसिद्ध था। इसीलिए डॉ० वी०ए० स्मिथ ने उसे 'भारतीय नैपोलियन' की उपाधि प्रदान की। उसकी विजयें विभिन्न दशाओं में की गईं और कई प्रकार की थीं। बताया गया है कि आर्यावर्त्त में उसने 'दिग्विजयी' का कार्य किया किन्तु दक्षिणापथ या दक्षिण में उसने 'धर्मविजयी' का कार्य किया।

दक्षिण में विजयें (Conquests in the South)—समुद्रगुप्त ने दक्षिणा-पथ के कई राजाओं को बन्दी बना लिया और फिर उन्हें मुक्त कर दिया। उनके नाम कोशल का महेन्द्र, महाकण्टार का व्याघ्रराज, पिष्टपुर का महेन्द्रगिरि, कोट्टूर का स्वामीदत्त, कोरल का मण्टराज, वेङ्गी का हस्तिवर्मा, काँची का विष्णुगोप, पल्लक का उग्रसेन, एरण्डपल्ल का दमन, अवमुक्त का नीलराज, देवराष्ट्र का कुबेर, कुस्थलपुर का धनंजय तथा अन्य राजा थे।

डॉ० एच०सी० रायचौधरी का मत है कि दक्षिणापथ में कोशल राज्य में वर्त्तमान विलासपुर, रायपुर और सम्भलपुर के जिले और सम्भवत: गंजाम का कुछ भाग सम्मिलित थे और राजधानी श्रीपुर थी।

डॉ० भण्डारकर का विचार है कि महाकाण्टार का व्याघ्रराज निश्चय ही उच्चकल्प वंश के जयनाथ का पुत्र व्याघ्र ही था जिसने बुन्देलखण्ड के जासो और अजयगढ़ राज्यों में राज्य किया। किन्तु इससे महाकाण्टार राज्य विन्ध्य पर्वत के उत्तर में आ जाएगा और दक्षिणापथ में नहीं जैसा कि इलाहाबाद अभिलेख में कहा गया है। जी० रामदास ने महाकाण्टार को गंजाम और विशाखापतनम को झाड़खण्ड प्रदेश माना है। कुछ लेखक इसे महावन ही समझते हैं जो उड़ीसा में वर्त्तमान जयपुर वन प्रदेश है। डॉ० रायचौधरी के अनुसार, महाकाण्टार मध्य प्रदेश का एक जंगली प्रदेश था जिसमें सम्भवत: काण्टार भी सम्मिलित था जिसे "महाभारत" में वैनगंगा की घाटी और कोशल के पूर्वी भाग के बीच बताया गया है।

पिष्टपुर गोदावरी जिले में वर्त्तमान पिठापुरम है। पुलकेशिन द्वितीय के ऐहोल अभिलेख में भी इसका उल्लेख किया गया है।

कुराल को विभिन्न विद्वानों ने क्रमश: कोलेयर झील (Colair Lake), जिसे पुलकेशिन द्वितीय के ऐहोल अभिलेख में कुराल कहा गया है, मध्य प्रदेश में सोनपुर जिला अर्थात् "ययाति नगर के इर्दगिर्द का प्रदेश जिसे 'पवनदूत' के लेखक ने केरलों का घर बताया है," और दक्षिण भारत में कोराड, स्वीकार किया है। डॉ० रायचौधरी का विचार है कि कुराल को कोल्लेरू या कोलेयर नहीं माना जा सकता क्योंकि वे वङ्गी के हस्तिवर्मा के राज्य में सम्मिलित होंगे। डॉ० बार्नेट का विचार है कि कुराल एक गाँव था जिसका वर्त्तमान नाम दक्षिण भारत में कोराड़ है। गंजाम में रस्सलकुण्ड के निकट भी कोलाड़ नामक एक स्थान है। बी०वी० कृष्ण राव ने लिखा है कि कुराल को कोल्लेरू झील नहीं समझना चाहिए क्योंकि वह वेङ्गीपुर के अत्यधिक निकट है जिसे दण्डिन् ने झील पर स्थित आन्ध्र नगरी कहा है। उसका मत है कि कुराल को मध्य प्रान्त के चान्दा जिले में स्थित कुलूट राज्य स्वीकार करना चाहिए।

जे० डब्रयूल (J. Dubreruil) का विचार है कि कोट्टूर को गंजाम जिले में कोटूर स्वीकार करना चाहिए। कहा गया है कि कोट्टूर का स्वामीदत्त दो प्रदेशों का राजा था। एक प्रदेश की राजधानी पिष्टपुर थी और दूसरे की राजधानी कोट्टूर थी।

फ़्लीट ने एरण्डपल्ल को खानदेश में एरण्डोल माना है और जे० डब्रयूल ने एरण्डपलि माना है जो गंजाम जिले में चीकाकोल के निकट स्थित है। जी० रामदास के अनुसार, एरण्डपल्ल को विशाखापतनम में येण्डीपल्लि या एल्लो ताल्लुके में एण्डपल्लि मानना चाहिए।

डॉ० रायचौधरी का मत है कि काँची मद्रास के निकट वर्त्तमान काँजीवरम है। विष्णुगोप पल्लव वंश का राजा था।

डॉ० रायचौधरी का विचार है कि अवमुक्त का तादात्म्य सन्तोषजनक ढंग से निश्चित नहीं किया जा सकता। किन्तु इसके राजा नीलराज के नाम से नीलपल्लि का स्मरण हो आता है जो गोदावरी जिले में यनाम के निकट एक बन्दरगाह था। डॉ० आर०के० मुकर्जी लिखता है कि ''अवमुक्त अवश्य ही एक छोटा राज्य रहा होगा जो काँची और वेङ्गी के निकट स्थित होगा। नीलराज गोदावरी जिले में नील पल्लिम से सम्बन्धित हो सकता है। वह पल्लव संघ का भी सदस्य था जिसका समुद्रगुप्त ने सामना किया। काँची राज्य उस समय कृष्णा नदी के मुहाने से पालर नदी और किसी समय में कावेरी नदी तक दक्षिण में फैला हुआ था। इस प्रदेश के पूर्व की ओर वेङ्गी, पल्लक और अवमुक्त राज्य स्थित थे।''

स्मिथ तथा अन्य लेखकों ने देवराष्ट्र को महाराष्ट्र माना है। किन्तु इस तादात्म्य को अनेक विद्वानों ने स्वीकार नहीं किया है। कहा गया है कि देवराष्ट्र को विशाखापतनम जिले में पाए गए ताम्र-पत्र अनुदान में उल्लिखित देवराष्ट्र मानना चाहिए। यह भी कहा गया है कि किसी समय पिष्टपुर भी देवराष्ट्र में ही था।

वेङ्गी को कृष्णा और गोदावरी के बीच में स्थित एल्लोर से सात मील उत्तर की ओर स्थित वेङ्गी या पेड्डा-वेङ्गी माना गया है। डॉ० हुल्ट्श (Hultzsch) ने वेङ्गी के हस्तिवर्मा को आनन्द वंश का अतिवर्मा स्वीकार किया। डॉ० रायचौधरी के अनुसार हस्तिवर्मा सम्भवत: शालंकायन वंश का था।

जे० डब्रयूल (J. Dubreuil) का मत है कि पलक्क वही राजधानी है जो कृष्णा नदी के दक्षिण की ओर स्थित थी और जो अनेक पल्लव ताम्र-पत्रों में भी उल्लिखित है। डॉ० रायचौधरी ने माना है कि पल्लक या पलट्कट मानना चाहिए जो पल्लक्वंश का निवास-स्थान था या दक्षिण भारत में गुन्तूर या नैल्लोर में किसी वाइसरॉय का निवास-स्थान था। एलन और जी० रामदास इसे नैल्लोर जिले में स्थित मानते हैं।

डॉ० बार्नेट ने कुस्थलपुर को उत्तरी अर्काट में पोलूर के निकट कुट्टालूर माना है। स्मिथ का विचार था कि कुस्थलपुर वास्तव में कुशस्थलपुर था जो द्वारिका के धार्मिक नगर का ही दूसरा नाम था।

उत्तर में विजयें (Conquests in the North)—समुद्रगुप्त ने रुद्रदेव, मतिल, नागदत्त, चन्द्रवर्मा, गणपति नाग, नागसेन, अच्युत, नन्दिन, बलवर्मा और अन्य अनेक राजाओं को पूर्णत: समाप्त किया। ये सब उसके पड़ोसी और आर्यावर्त में राज्य करते थे। कहा गया है कि अच्युत सम्भवत: अहिच्छत्र प्रदेश (बरेली जिले में वर्त्तमान रामनगर) में राज्य करता था और उसके कुछ ताँबे के सिक्के प्राप्त हुए हैं। डॉ० आल्टेकर का विचार है कि ''चौथी शती ई० के मध्य तक अच्युत नामक एक राजा अहिच्छत्र (रुहेलखण्ड) में राज्य करने लगा था। उसके सिक्के नाग वंशों के कुछ सिक्कों से बहुत कुछ मिलते-जुलते हैं और सम्भव है कि वह स्वयं भी नाग वंश का ही था; सम्भवत: वह मथुरा के वंश की एक गौण शाखा का ही एक शासक था।''

नागसेन के विषय में बाण-कृत ''हर्षचरित'' से यह जानकारी मिलती है : ''पद्मावती में नाग-वंशी नागसेन का पतन हुआ क्योंकि उसने मूर्खता से एक सारिका की उपस्थिति में अपनी नीति की चर्चा की जिसने उस नीति की घोषणा कर दी।'' पुराणों में कहा गया है कि नागसेन ने पद्मावती और मथुरा में राज्य किया।

रुद्रदेव को रुद्रसेन प्रथम वाकाटक समझा गया है। सम्भवत: यमुना और विदिशा या बुन्देलखण्ड के बीच का प्रदेश उससे छिन गया था।

गणपति नाग को वह राजा समझा गया है जिसकी राजधानी पद्मावती या नाखाड़ थी जो भूतपूर्व ग्वालियर राज्य में अब भी विद्यमान है। गणपति नाग के सिक्के नाखाड़ और बेसनगर में पाए गए हैं। वह सम्भवत: नागसेन का उत्तराधिकारी था। उसे 'धराधीश' या पृथ्वी का स्वामी कहा गया है। ''भावशतक'' से ज्ञात होता है कि वह एक महान् शासक था। सम्भवत: समुद्रगुप्त के विरुद्ध किसी विद्रोह का वह नेता था। गणपति नाग के सिक्के मथुरा में भी पाए गए हैं। किन्तु मथुरा एक मुख्य तीर्थ तथा व्यापारिक केन्द्र था इसलिए निश्चित रूप से नहीं कहा जा सकता कि वह मथुरा का भी शासक था। कुछ विद्वान् ''भावशतक'' की प्रामाणिकता में सन्देह करते हैं।

चन्द्रवर्मा इसी नाम का एक राजा था जिसका प्रलेख पश्चिमी बंगाल के बाँकुरा जिले में सुसूनिया में पाया गया है।

आटविक राज्य (Atavika Kingdoms)—समुद्रगुप्त ने वन प्रदेश के सभी राजाओं को 'परिचारक' या सेवक बनाया। फ़्लीट के अनुसार, यह प्रदेश केन्द्रीय भारत में स्थित था। डॉ० रायचौधरी मानता है कि आटविक राज्यों में आलवक (गाज़ीपुर) और डभाल या जब्बलपुर प्रदेश से सम्बन्धित वन राज्य भी सम्मिलित होंगे। इस प्रदेश की विजय का संकेत ऐरण अभिलेख में भी है।

सीमावर्ती राज्य (Frontier States)—पूर्व तथा पश्चिम के सीमावर्ती राज्यों ने "सब प्रकार के कर देकर, आज्ञाएँ मान कर तथा राजनिष्ठा का प्रमाण देकर" समुद्रगुप्त को आत्मसमर्पण कर दिया। पूर्व की ओर राज्य थे समतट, कामरूप, डबाक, कर्तृपुर और नेपाल। पश्चिम की ओर मालव, अर्जुनायन, यौधेय, मद्रक, आभीर, प्रार्जुन, सनाकानाक, काक, खरपारिक तथा अन्य गणतन्त्र थे।

समतट को गंगा और ब्रह्मपुत्र के डेल्टा का प्रदेश माना गया है "जिसका केन्द्रीय भाग जैस्सोर जिला है।" डॉ० बी०सी० सेन का विचार है कि "विवरणों तथा जीवन-कथा से, जिनमें ह्यून-त्साँग की यात्रा का वर्णन किया गया है, पड़ोसी देशों के सम्मुख समतट की स्थिति इस प्रकार निश्चित की जा सकती है। "यह कामरूप (असम) के दक्षिण में था, कर्णसुवर्ण (मुर्शिदाबाद ज़िला) के दक्षिण-पूर्व की ओर, तथा ताम्रलिप्ति (मिदिनापुर ज़िला) के पूर्व की ओर स्थित था।"

कामरूप असम ही है। असम के कुछ भाग को अब भी कामरूप कहा जाता है। कामरूप में समुद्रगुप्त का समकालीन पुष्यवर्मा व समुद्रवर्मा थे जो हर्षवर्धन के समकालीन भास्करवर्मा के प्राचीन पूर्वज थे।

डॉ० रायचौधरी का विचार है कि डवाक का तादात्म्य अब भी सन्तोषजनक रूप से निश्चित नहीं किया गया है। के०एल० बरुआ ने इसे मध्य असम में कोपिलि घाटी माना है। स्मिथ द्वारा उत्तरी बंगाल के कुछ जिलों से डवाक का तादात्म्मय गलत है। फ़्लीट का कहना हैकि डवाक वास्तव में ढाका का प्राचीन नाम था। टोलेमि के आधार पर कर्नल जैरिनि (Jerini) ने इसे ऊपरी बर्मा स्वीकार किया।

कर्तृपुर को पूर्वी पंजाब के जालन्धर जिले में करतारपुर माना गया है। कुमायूँ, गढ़वाल और रुहेलखण्ड के कटूरिया राजा के राज्य और मुल्तान तथा लोहनी के मध्य कहरोर से भी इसका तादात्म्य निश्चित करने की चेष्टा की गई है।

नेपाल का प्राचीन राज्य गंडक और कोसी की घाटियों के बीच का प्रदेश था जिसे अब भी "नेपाल की घाटी" कहा जाता है। कौटिल्य के "अर्थशास्त्र" में भी नेपालकम् का उल्लेख किया गया है। उस समय जयदेव प्रथम नेपाल का राजा था जो समुद्रगुप्त से उसकी माँ की ओर से सम्बन्धित था।

मालव सिकन्दर के समय में पंजाब में रहते थे। जब उषावदात के साथ उनका संघर्ष हुआ उस समय वे सम्भवतः पूर्वी राजपूताना में थे। समुद्रगुप्त के समय में उनकी स्थिति ठीक-ठीक निश्चित करना सम्भव नहीं है। डॉ० आर०सी० मजूमदार का मत है कि मालव सम्भवतः मेवाड़, टोंक और दक्षिण-पूर्वी राजस्थान के निकटवर्ती क्षेत्रों में रहते थे। उनके ताँबे के सिक्के सतलुज और नर्मदा के मध्य के समस्त प्रदेश में पाए गए हैं। मंदसौर में उनके प्रभाव की पुष्टि इस बात से होती है कि उन्होंने मंदसौर के शासकों को अपना संवत् मानने के लिए बाध्य किया। उनके सिक्के 350 ई० के पश्चात् नहीं मिलते।

"बृहत्संहिता" के अनुसार, अर्जुनायन लोग भारत के उत्तरी भाग में थे। उनके सिक्के मथुरा प्रदेश में पाए गए हैं और वी०ए० स्मिथ ने लिखा है कि "उन्हें आगरा और मथुरा के पश्चिम की ओर के क्षेत्र के निवासी समझा जा सकता है; यह क्षेत्र भरतपुर और अलवर राज्यों का है।" डॉ० रायचौधरी ने लिखा है कि अर्जुनायनों तथा पाण्डव अर्जुन का परस्पर सम्बन्ध स्पष्ट है।

यौधेयों का पाणिनि ने एक सैनिक जाति के रूप में उल्लेख किया है जो युद्ध-व्यवसाय पर ही निर्भर थे। रुद्रदमन के अभिलेख में कहा है कि यौधेय अपनी वीरता पर गर्व अनुभव करते थे। एक अभिलेख से यौधेयों का सम्बन्ध भरतपुर राज्य से स्थापित होता है। सहारनपुर से मुल्तान तक के क्षेत्र में उनके सिक्के बहुत बड़ी संख्या में पाए गए हैं। डॉ० साहनी

ने रोहतक के निकट खोकराकोट से सिक्कों के साँचे बड़ी संख्या में प्राप्त किए। समुद्रगुप्त के समय में सम्भवतः उत्तरी राजपूताना और दक्षिण-पूर्वी पंजाब पर उनका अधिकार था। उनका राज्य भूतपूर्व बहावलपुर राज्य की सीमा तक था। जोहियावाड़ नामक प्रदेश के नाम में उनके नाम की झलक पाई जाती है।

मद्रकों का ''महाभारत'' में तथा पाणिनि के व्याकरण में उल्लेख किया गया है। उनकी राजधानी शाकल या स्यालकोट थी और उनका प्रदेश रावी और चनाब के बीच था। समुद्रगुप्त के समय में वे यौधेयों से उत्तर की ओर रहते थे।

आभीरों को ''महाभारत'' के अनुसार सरस्वती नदी तथा वीनासन के निकट पश्चिमी राजपूताना में स्थान दिया गया है। पतंजलि के ''महाभाष्य'' में भी उनका उल्लेख मिलता है। लगभग 248 ई० में एक आभीर राजा ईश्वरसेन महाराष्ट्र क्षेत्र में राज्य करता था। समुद्रगुप्त के समय में उनकी शासन-प्रणाली गणतन्त्रीय थी। वी०ए० स्मिथ ने उनका निवास-स्थान झाँसी और भिलसा के बीच आहीरवाड़ा क्षेत्र निश्चित किया।

वी०ए० स्मिथ का कथन है कि प्रार्जुन लोग मध्य प्रान्त या मध्य प्रदेश के नरसिंहपुर जिले के निवासी थे। कौटिल्य के ''अर्थशास्त्र'' में प्राज्जुनकों का उल्लेख मिलता है। भण्डारकर ने माना है कि प्रार्जुन लोग नरसिंहगढ़ के निकट ही रहते थे और भिलसा से अधिक दूर नहीं थे।

सनाकानीकों का उल्लेख चन्द्रगुप्त द्वितीय के उदयगिरि कन्दरा अभिलेख में किया गया है। सम्भवतः वे भिलसा के निकट ईषगढ़ जिले में रहते थे।

काकों का भी ''महाभारत'' में प्रसंग आता है। वी०ए० स्मिथ ने उनको काकनाड (साँची) से सम्बन्धित किया।

डॉ० भण्डारकर का विचार है कि खरपारिक वही खरपार लोग थे जिनका उल्लेख बत्तीहागढ़ अभिलेख में किया गया है और वे सम्भवतः मध्य प्रान्त के दमोह जिले में रहते थे।

उपर्युक्त गणतन्त्रीय राज्यों के समर्पण के विषय में डॉ० अल्टेकर ने ये विचार प्रकट किए हैं : ''सामान्यतः यही विचार किया जाता है कि गुप्त वंश की साम्राज्यवादी आकाँक्षा तथा विस्तार के कारण समुद्रगुप्त के इलाहाबाद स्तम्भ अभिलेख में उल्लिखित यौधेय, मद्र, अर्जुनायन और मालव गणतन्त्रों की कार्यशीलता समाप्त हो गई। किन्तु इस विचार के पक्ष में कोई स्पष्ट प्रमाण नहीं है। समुद्रगुप्त ने केवल यही दावा किया है कि इन गणतन्त्रों ने उसकी प्रभुता स्वीकार की और उसे शुल्क भी दिया। आन्तरिक स्वराज्य के साथ यह पूर्णतः सगत है और यह सम्भव है कि चन्द्रगुप्त द्वितीय और कुमारगुप्त प्रथम के राज्यकाल में उनका अस्तित्व स्थिर रहा हो। उन्होंने अपनी अर्ध-स्वतन्त्र स्थिति सम्भवतः पाँचवीं शती ई० के मध्य तक भी स्थिर रखी जब हूण आक्रमण के कारण वे लुप्त हो गए।''

समुद्रगुप्त के उक्त विजय-अभियानों में कुछ राजाओं का वध कर दिया गया और उनके राज्य गुप्त साम्राज्य में मिला लिए गए; कुछ राजा हार गए और उन्हें बन्दी बना लिया गया। किन्तु उन्हें मुक्त करके फिर उन्हीं के राज्यों में सामन्तों के रूप में नियुक्त कर दिया गया। कुछ सीमावर्ती राज्य तथा गणतन्त्र राज्यों ने उसकी विजय से पहले ही समर्पण कर दिया और व्यक्तिगत श्रद्धाँजलि अर्पित की। समुद्रगुप्त निर्दयी विजेता नहीं था। वह दयालु विजेता था जो परास्त शत्रु के प्रति उदार था। ठीक ही कहा गया है ''समस्त संसार में फैली हुई उसकी कीर्ति अनेक राजवंशों की पुनःस्थापना पर आधारित थी जिन्हें पहले उसने परास्त करके उनकी राजसत्ता छीन ली थी।''

विदेशी राज्य (Foreign States)—इलाहाबाद स्तम्भ अभिलेख में विदेशी राज्यों का भी उल्लेख किया गया है जिन्होंने समुद्रगुप्त के साथ सम्बन्ध स्थापित किए : ''देवपुत्रों, शाहियों, शाहानुशाहियों, शकों और मुरुण्डों तथा सिंहल के लोगों और अन्य द्वीपों के सभी निवासियों ने सम्मानसूचक सेवा की, उदाहरणतया स्वयं को बलि के रूप में प्रस्तुत करना, कन्याओं को उपहार-स्वरूप देना, अपने प्रदेश अर्पित करने के चिन्ह-स्वरूप गरुड़-मुद्रा देना, उसकी आज्ञा की प्रतीक्षा करना आदि। इस प्रकार समुद्रगुप्त ने अपनी भुजाओं की प्रचण्डता से समस्त संसार को बाँध कर एक कर दिया।''

डॉ० मुकर्जी का मत है : 'दैवपुत्र-शाही-शाहानुशाही' उपाधि को सर्वप्रथम कुषाण सम्राटों ने प्रयुक्त किया। 'शाही' उपाधि कनिष्क प्रथम ने धारण की। 'देवपुत्र' उपाधि कनिष्क प्रथम, हुविष्क और वासुदेव प्रथम ने धारण की। 'देवपुत्र' का

मूल वास्तव में चीनी है। 'शाहानुशाही' ईरान से लिया गया है। वासुदेव के सिक्कों पर मिलने वाला मुद्रा-लेख 'शाओनोनो' इसी का प्रतिरूप है। डॉ० रायचौधरी का विचार है : 'दैवपुत्र-शाही-शाहानुशाही' उत्तर-पश्चिम के कुषाण वंश की उपाधि थी। कुछ विद्वान् इसका तीन पृथक् शब्दों में विच्छेद स्वीकार नहीं करते जिनका अलग-अलग अर्थ है। डॉ० भण्डारकर का मत है कि ''किन्तु यह भुला दिया जाता है कि प्रथम शब्द 'देवपुत्र' नहीं अपितु 'दैवपुत्र' है जो तद्धित रूप है, जिससे स्पष्ट है कि इसे अलग ही प्रयोग न करके उसके आगे अन्य शब्दों के साथ ही लेना होगा। यदि यह विचार ठीक है तो 'दैवपुत्र' को केवल 'शाही' के साथ ही नहीं बल्कि 'शाहानुशाही' के साथ भी लेना होगा जिससे वह पूर्ण उपाधि 'देवपुत्र महाराज राजाधिराज' के तदनुरूप बन जाएगी। इस उपाधि को केवल पूर्वी कुषाण राजवंश ने ही नहीं बल्कि उत्तर-कालीन महान् कुषाण वंश या कुषाणपुत्रों ने भी प्रयोग किया।''

डॉ० रायचौधरी का लेख है कि 'शक-मुरुण्ड' के अन्तर्गत सिथियन जाति के उत्तरी शासक थे जिन्होंने अर्दोक्षो सिक्के चलाए और इसमें सौराष्ट्र तथा मध्य भारत के शक शासक भी सम्मिलित थे। स्टेन कोनो बताता है कि 'मुरुण्ड' एक शक शब्द है जिसका अर्थ है स्वामी जिसका संस्कृत पर्याय 'स्वामिन्' है। 'स्वामिन्' उपाधि को सौराष्ट्र और उज्जैन के क्षत्रपों ने प्रयुक्त किया। साँची से प्राप्त एक अभिलेख से एक शक राज्य का पता मिलता है जिस पर 319 ई० में महादण्डनायक श्रीधरवर्मा का राज्य था। मध्य भारत के खोह (Khoh) अभिलेख में एक 'मुरुण्ड स्वामिनी' या श्रेष्ठ स्त्री का उल्लेख है। मुरुण्डों का एक समय पाटिलपुत्र पर भी अधिकार था। यह सुझाव भी दिया गया है कि लगमान प्रदेश के मुरुण्डों ने समुद्रगुप्त के साथ कूटनीतिक सम्बन्ध स्थापित किया।

लंका के साथ सम्बन्ध (Relations with Ceylon)—कहा जाता है कि लंका के बौद्ध राजा श्रीमेधवर्मा ने दो भिक्षुओं को भारत भेजा। उनमें से एक उसका भाई था। उन्हें रत्न-सिंहासन को सम्मान अर्पण करना था और बोधगया में पुनीत वृक्ष के पूर्व की ओर स्थित अशोक के विहार की भी यात्रा करनी थी। कहा गया है कि उन भिक्षुओं का ठीक-ठीक आदर-सत्कार नहीं किया गया था और लंका वापस पहुँच कर उन्होंने अपने राजा से शिकायत की कि भारत में एक भी स्थान पर आराम से रहने का अवसर उन्हें नहीं मिला। लंका के राजा ने भारत में अपनी प्रजा के लिए एक विहार बनाने का निश्चय किया। इस उद्देश्य से उसने समुद्रगुप्त के पास एक दूत-मण्डल भेजा और उसके साथ भेंट के रूप में कीमती हीरे तथा अन्य वस्तुएँ भी भेजीं। समुद्रगुप्त से केवल यही प्रार्थना की गई कि वह एक विहार बनाने के लिए अनुमति प्रदान करे और उसने अनुमति दे दी। उसके बाद लंका के राजा ने विहार बना दिया जिसकी तीन मंजिलें, छः हाल और तीन मीनार थे और उसके चारों ओर 30-40 फुट ऊँची दीवार बना दी गई। बुद्ध की सोने और चाँदी की बनी हुई और रत्नों से सज्जित मूर्ति भी उस विहार में स्थापित की गई। ह्यून-त्साँग ने उस विहार को 'महाबोधि संघाराम' कहा। उस समय इस विहार में एक हजार भिक्षु थे जो स्थविर संघ के महायान-वादी थे। स्पष्ट है कि लंका का राजा समुद्रगुप्त के साथ अच्छे सम्बन्ध रखना चाहता था। लंका के दूत-मण्डल का कुछ आभास इलाहाबाद स्तम्भ अभिलेख के कथन से मिलता है कि ''सिंहल के लोगों तथा द्वीपों के सभी वासियों ने उपहार प्रस्तुत किए।''

इलाहाबाद स्तम्भ अभिलेख में प्रयुक्त शब्द 'सर्वद्वीपवासिन्' महत्त्वपूर्ण है। इससे ज्ञात होता है कि गुप्त-काल में दक्षिण-पूर्वी एशिया के हिन्दू उपनिवेश मातृभूमि से घनिष्ठ सम्बन्ध रखते थे। डॉ० आर०सी० मजूमदार ने बताया कि जावा की पुस्तक ''तान्त्री-कामन्दक'' में इक्ष्वाकु महाराज ऐश्वर्यपाल ने अपनी वंशावलि समुद्रगुप्त के परिवार से सम्बन्धित की। निकटवर्ती द्वीपों में समुद्रगुप्त के अधिकार का कुछ संकेत उसकी उपाधि 'धनद वरुणेन्द्रान्तकसम' से मिलता है जिसका अर्थ है धनद, वरुण, इन्द्र और अन्तक के समान। इन देवताओं से समुद्रगुप्त की तुलना से सभी दिशाओं में उसकी विजयों का ही आभास नहीं होता बल्कि विशाल सम्पत्ति, समुद्रपुर प्रदेशों पर प्रभुत्व, दैवी संसार में उसकी कीर्ति का प्रसार तथा विभिन्न राजाओं के अन्त आदि का संकेत भी प्राप्त होता है।

समुद्रगुप्त के साम्राज्य का विस्तार (Extent of His Empire)—डॉ० आर०सी० मजूमदार का कथन है कि समुद्रगुप्त के साम्राज्य में ''कश्मीर, पश्चिमी पंजाब, पश्चिमी राजपूताना, सिन्ध और गुजरात के अतिरिक्त शेष सारा भारत सम्मिलित था और छत्तीसगढ़ तथा उड़ीसा प्रदेश तथा पूर्वी तट के साथ-साथ दक्षिण में चिंगलपट तक या उससे भी आगे तक के प्रदेश साम्राज्य में सम्मिलित थे।'' डॉ० आर०के० मुकर्जी का मत है कि समुद्रगुप्त ने अपना साम्राज्य पूर्व में ब्रह्मपुत्र तक, दक्षिण में नर्मदा तक और उत्तर में हिमालय तथा कश्मीर तक बढ़ाया। डॉ० वी०ए० स्मिथ ने लिखा है कि ''चौथी

शताब्दी के मध्य में उत्तरी भारत के सर्वाधिक जनसंख्या वाले तथा उपजाऊ प्रदेश समुद्रगुप्त के साम्राज्य में सम्मिलित थे। पूर्व में ब्रह्मपुत्र से पश्चिम में जमुना तथा चम्बल तक तथा उत्तर में हिमालय के आधार से, दक्षिण में नर्मदा तक यह साम्राज्य फैला हुआ था। इन विस्तृत सीमाओं से आगे असम तथा गंगा के डेल्टा के सीमावर्ती राज्य और हिमालय की दक्षिणी ढलानों के राज्य तथा राजपूताना और मालवा की स्वतन्त्र जातियाँ साम्राज्य के साथ मैत्रीपूर्ण सन्धियों से सम्बन्धित थीं और दक्षिण के लगभग सभी राज्यों पर सम्राट् की सेनाओं ने विजय प्राप्त की थी और उन्होंने उसकी अजेय शक्ति को स्वीकार किया। इस प्रकार यह साम्राज्य छः शताब्दियों पूर्व के अशोक के साम्राज्य के पश्चात् भारत में सबसे बड़ा था और यह स्वाभाविक था कि विदेशी राज्य भी उस साम्राज्य के स्वामी का सम्मान करें।''

अश्वमेध (Horse Sacrifice)—अपनी विजयें सम्पन्न करने के बाद समुद्रगुप्त ने अश्वमेध यज्ञ किया। कुछ सोने के सिक्के प्राप्त हुए हैं जो इस अवसर पर चलाए गए थे तथा ब्राह्मणों को प्रदान किए गए थे। इन सिक्कों पर एक वेदि के सामने बलि किए जाने वाला घोड़ा अंकित है और उसका मुद्रा-लेख है ''पृथ्वी-विजय के पश्चात् अजेय एवं शक्तिशाली महाराजाधिराज ने स्वर्ग-विजय की।'' इन सिक्कों के पृष्ठ-भाग पर महारानी का चित्र है तथा 'अश्वमेध पराक्रमः' मुद्रा-लेख अंकित है। इस प्रकार ये शब्द भी अंकित हैं : 'अश्वमेध से उसकी प्रभुता स्थापित हो गई है।' लखनऊ अजायबघर में घोड़े की एक पत्थर की मूर्ति है जो सम्भवतः अश्वमेध यज्ञ की ओर संकेत करती है। उस पर एक अपूर्ण प्राकृत मुद्रा-लेख है 'द्दागुत्तस्स देयाधम्म।'

कहा गया है कि समुद्रगुप्त ने अश्वमेध यज्ञ की प्रथा को पुनरुज्जीवित किया क्योंकि शुंग सम्राट् पुष्यमित्र के पश्चात् लगभग 400 वर्ष तक इसे त्याग दिया गया था। किन्तु यह विचार सत्य नहीं है। इस अवधि में अन्य अनेक शासकों ने भी अश्वमेध यज्ञ किए, यथा प्रसारीपुत्र सर्वतात, नयनिका का पति शातकर्णी, वासिष्ठीपुत्र इक्ष्वाकु श्री चंतमूल, देववर्मा, शालंकायन, प्रवरसेन प्रथम वाकाटक, शिव-स्कन्दवर्मा पल्लव तथा भारशिव वंश के नाग राजा।

सिक्के (Coins)—समुद्रगुप्त के सिक्कों से उसके सम्बन्ध में बहुत सी उपयोगी जानकारी उपलब्ध होती है। वास्तव में समुद्रगुप्त ने ही गुप्त मुद्रा को आरम्भ किया और इसका भारतीयकरण किया। समुद्रगुप्त के सोने के सिक्कों के आठ विभिन्न प्रकार हैं। पताका प्रकार, धनुर्धर प्रकार, युद्ध-परशु प्रकार, चन्द्रगुप्त प्रथम प्रकार, कच प्रकार, चीता प्रकार, वीणा-वादक प्रकार और अश्वमेध प्रकार। चीता और वीणा-वादक प्रकारों के अतिरिक्त शेष सभी सिक्कों पर ऐसे मुद्रा-लेख हैं जिनसे समुद्रगुप्त की विजयों तथा उसकी सर्वोच्च सत्ता की ओर संकेत मिलता है। पताका प्रकार संख्या में सर्वाधिक हैं और सामान्यतः पाए गए हैं। उनका सम्पूर्ण मुद्रा-लेख इस प्रकार है : ''अजेय पुरुष ने एक शताब्दी तक युद्ध करके अपने शत्रुओं को परास्त किया और अब स्वर्ग-विजय की।'' धनुर्धर प्रकार का मुद्रा-लेख इस प्रकार है : ''पृथ्वी-विजय के पश्चात् अजेय पुरुष ने सत्कर्मों से स्वर्ग-विजय की।'' युद्ध-परशु प्रकार का मुद्रा-लेख इस प्रकार है : ''कृतान्त का परशु प्रयोग करते हुए दुर्जेय राजाओं के अजेय विजेता ने विजय प्राप्त की।'' मुख-भाग पर राजा को खड़े दिखाया गया है, उसने तंग टोपी, कोट और पायजामा पहिन रखा है, कानों में छल्ले तथा हार और तलवार भी पहनी हुई है और एक हाथ में युद्ध-परशु उठाया हुआ है। पृष्ठ-भाग पर लक्ष्मी एक सिंहासन पर बैठी हैं और कमल पादपीठ भी रखा हुआ है। धनुर्धर और युद्ध-परशु प्रकारों ने गुप्त मुद्रा के भारतीयकरण की ओर एक कदम उठाया। विभिन्न दिशाओं में अपनी विजयों के उपलक्ष्य में समुद्रगुप्त ने युद्ध-परशु प्रकार के सिक्के चलाए।

चन्द्रगुप्त प्रकार के सिक्के समुद्रगुप्त ने चलाए थे और उनका श्रेय चन्द्रगुप्त प्रथम को नहीं दिया जा सकता। यदि उन्हें चन्द्रगुप्त ने चलाया होता तो वे पताका प्रकार के होते और कुषाण सिक्कों से बहुत कुछ मिलते-जुलते होते। किन्तु वास्तव में ऐसा नहीं है। चन्द्रगुप्त प्रकार के सिक्के समुद्रगुप्त के पताका प्रकार से भी अधिक भारतीयकृत हैं। इनके मुख-भाग पर चन्द्रगुप्त को तंग कोट, पायजामा और मुकुट पहने हुए दिखाया गया है, इसने कानों में छल्ले तथा कंगन भी पहने हुए हैं, एक हाथ में उसने एक डंडा उठाया हुआ है जिसके ऊपर एक चन्द्राकार चिन्ह है और उसके ऊपर एक पट्टिका भी चढ़ी हुई है, उसके दाएँ हाथ में एक अँगूठी है जो वह कुमारदेवी को दे रहा है, कुमारदेवी खड़ी हुई है और उसने ढीले कपड़े, काँटे, हार, कंगन और तंग शिरो-वस्त्र पहने हुए हैं। एक ओर 'चन्द्र' या 'चन्द्रगुप्त' मुद्रा-लेख है और दूसरी ओर 'कुमारदेवी' या 'श्रीकुमारदेवी' या 'कुमारदेवी श्रीः' अंकित है। इन सिक्कों के पृष्ठ-भाग पर एक देवी बैठे हुए सिंह पर बैठी है और उसके पैर एक कमल के ऊपर रखे हुए हैं। सिंह के ऊपर बैठी हुई देवी दुर्गा ही होगी। इस मुद्रा-लेख का

महत्त्व तभी अनुभव किया जा सकता है यदि हम स्मरण रखें कि समुद्रगुप्त ने स्वयं को अपने अभिलेखों में 'लिच्छवी-दौहित्र' या लिच्छवियों की लड़की का पुत्र कहा और इस प्रकार अपनी माँ के लिच्छवी सम्बन्ध में अपना गर्व प्रकट किया।

कच प्रकार के सिक्कों में मुख-भाग पर यह मुद्रा-लेख है : "पृथ्वी-विजय के पश्चात् अपने कार्यों से कच ने स्वर्ग प्राप्त किया।" मुख-भाग पर यह मुद्रा-लेख है : 'सर्वराजोच्छेत्ता' अर्थात् 'समस्त राजाओं का उन्मूलन करने वाला।' मुख-भाग पर राजा को खड़े हुए दिखाया गया है; उसने एक हाथ में एक डंडा उठाया हुआ है जिसके ऊपर एक 'चक्र' है और दूसरे हाथ से वह वेदि पर सुगन्धि छिड़क रहा है। पृष्ठ-भाग पर लक्ष्मी की चित्र अंकित है, उसने ढीले वस्त्र पहन रखे हैं, एक हाथ में एक फूल उठाया हुआ है और भुजा में धान्य-पुष्प है।

चीता प्रकार के सिक्कों के मुख-भाग पर राजा को एक चीता रौंदते हुए दिखाया गया है और राजा का तीर लगने पर चीता पीछे गिरता हुआ दिखाया गया है। इसका मुद्रा-लेख है 'व्याघ्रपराक्रम'। पृष्ठ-भाग पर देवी गंगा को मकर पर खड़े दिखाया गया है, वह कमर तक नग्न है और उसने काँटे, हार, पायल और कंगन पहन रखे हैं तथा एक हाथ में कमल उठाया हुआ है। मुद्रा-लेख है 'राजा समुद्रगुप्त'। इस प्रकार के सिक्के बहुत कम हैं और अब तक केवल चार ही प्राप्त हुए हैं। गंगा देवी समुद्रगुप्त द्वारा गंगा घाटी की विजय की प्रतीक है।

वीणा-वादक प्रकार के सिक्कों में राजा एक ऊँची पीठ वाली चौकी पर बैठा वीणा बजा रहा है जो उसकी टाँगों पर पड़ी है। मुद्रा-लेख है 'महाराजाधिराज-श्री-समुद्रगुप्तः'। पृष्ठ-भाग पर सरस्वती का चित्र है और मुद्रालेख है 'समुद्रगुप्तः'। यह उल्लेखनीय है कि चीता और वीणा-वादक प्रकारों पर विदेशी प्रभाव बिलकुल नहीं है। राजा की मुद्रा तथा पोशाक पूर्णतः भारतीय हैं।

अश्वमेध प्रकार के सिक्कों पर एक घोड़ा बलिवेदि के सामने खड़ा है जिसके ऊपर से होकर ध्वज घोड़े की पीठ के ऊपर फहरा रहे हैं। घोड़े के नीचे मुद्रा-लेख है "पृथ्वी-विजय के पश्चात् अपने पराक्रम से महाराजाधिराज ने स्वर्ग प्राप्त किया।" पृष्ठ-भाग पर महारानी ढीले वस्त्र पहने खड़ी है। उसने आभूषण भी पहने हुए हैं और एक चौरी उसके कन्धों के ऊपर से लटक रही है। पृष्ठ-भाग पर मुद्रालेख है 'अश्वमेध पराक्रमः।'

समुद्रगुप्त के सिक्कों की कुछ विशेषताओं का उल्लेख करना अभीष्ट होगा, जिनसे गुप्त मुद्रा के उत्तरोत्तर भारतीयकरण का आभास होता है। कुषाणों का नोकदार या त्रिभुजाकार शिरो-वस्त्र त्याग दिया गया है और उसका स्थान एक तंग टोपी या भारतीय पगड़ी ने ले लिया है। कुछ सिक्कों पर राजा को नंगे सिर दिखाया गया है। राजा और रानी दोनों के आभूषण भारतीय हैं। कुछ सिक्कों पर राजा ने भारतीय धोती पहन रखी है। आर्दोक्षो के स्थान पर लक्ष्मी, दुर्गा, सरस्वती और गंगा आदि भारतीय देवियों को अंकित किया गया है। कुछ सिक्कों पर रानी को राजा के साथ प्रस्तुत किया गया है। कुछ सिक्कों पर विष्णु के वाहन गरुड़ का चित्र है। युद्ध और आखेट के भारतीय शस्त्र भी सिक्कों पर पाए गए हैं, यथा धनुष, बाण, तलवार और परशु। अश्वमेध प्रकार के सिक्के तो पूर्णतः भारतीय हैं।

वैयक्तिक योग्यताएँ—समुद्रगुप्त एक महान् विजेता ही नहीं था, हृदय और बुद्धि की भी उसमें कई विशेषताएँ थीं। उसे 'कविराज' और 'बहुकविता' (कई कविताओं) का रचयिता कहा गया है। कहा गया है कि "अपनी तीक्ष्ण तथा परिष्कृत बुद्धि और गायन तथा संगीत में दक्षता से उसने देवताओं के स्वामी इन्द्र के गुरू और टुम्बुरु और नारद को भी लज्जित कर दिया।" वह "उस वास्तविक काव्य का प्रणेता था जिसमें कवियों की प्रतिभा पूर्णतः व्यक्त होती है।" समुद्रगुप्त को कुछ सिक्कों पर वीणा बजाते हुए दिखाया गया है। वह शास्त्रों का भी पण्डित था। वह स्वयं ही सुशिक्षित नहीं था बल्कि विद्वान् व्यक्तियों की संगति का भी इच्छुक था।

अपनी प्रजा के प्रति वह अत्यन्त दयावान था। "करुणा से परिपूर्ण होने के कारण उसका हृदय नम्र था और अभीष्ट सेवा तथा आज्ञापालन से उसे मोहित किया जा सकता था।" जो व्यक्ति समर्पण कर दें उन्हें क्षमादान देने के लिए वह तत्पर था। हमें पता चलता है कि "जिन राजाओं को वह परास्त करता था उनकी सम्पत्ति उन्हें वापस दिलाने में उसके कर्मचारी दत्तचित्त रहते थे।" निर्धन, असहाय तथा पीड़ित व्यक्तियों के लिए वह दया की साक्षात् मूर्ति था। उसे "कई लाख गायों का दानी" कहा गया है।

इलाहाबाद स्तम्भ अभिलेख में समुद्रगुप्त की बहुत प्रशंसा की गई है। उसकी प्रशंसा इस प्रकार की गई है : ''वह समस्त राजाओं का उन्मूलनकर्त्ता था, संसार में उसका कोई प्रतिद्वन्द्वी नहीं था, उसकी कीर्ति चारों समुद्रों तक पहुँच चुकी थी।'' वह धनद, वरुण, इन्द्र और अन्तक के समान था, स्वयं कृतान्त का परशु उसके हाथ में था, ठीक ढंग से एकत्रित अपार सोने का तथा लाखों गायों का दानी था और बहुत समय से भूली हुई अश्वमेध यज्ञ की प्रथा का पुनः प्रचलित करने वाला था।'' इसके अतिरिक्त ''वह विभिन्न प्रकार के एक तो युद्ध लड़ने वाला था, उसका एकमात्र सहायक उसकी भुजाओं का पराक्रम था, उसका अत्यन्त आकर्षक शरीर एक सौ घावों से ढका हुआ था जो परशु, बाण, भालों, नेज़ों, शंकु, तलवारों, छुरों, बरछों, लोहे के तीरों तथा अन्य कई शस्त्रों के किए गए थे।'' यह ठीक ही था कि उसने ''विक्रमांक'' की उपाधि धारण की।

मूल्याँकन (Estimate)—डॉ० आर०सी० मजूमदार ने लिखा है कि समुद्रगुप्त एक प्रभावशाली व्यक्ति था। उसने भारतीय इतिहास में एक नए युग की स्थापना की। वह एक अखिल भारतीय साम्राज्य के आदर्श से प्रेरित हुआ था। छोटे राज्यों की विनाशकारी प्रवृत्तियों को रोकने में समर्थ एक महान् राज्य की उसने स्थापना की। दूरवर्ती प्रदेशों पर उसने नियन्त्रण रखने की चेष्टा नहीं की क्योंकि इससे वे शत्रु बन जाते। मैत्रीपूर्ण नीति से उन्हें मोह लेने की उसने चेष्टा की। उसने उन्हें आन्तरिक स्वराज्य प्रदान किया लेकिन भारत के राजनीतिक जीवन में फूट और भेद डालने की छूट उन्हें नहीं दी। सेनानी और राजनीतिज्ञ दोनों ही दृष्टियों से वह कुशाग्रबुद्धि था। स्मिथ का उसे भारतीय नैपोलियन कहना सर्वथा संगत है।

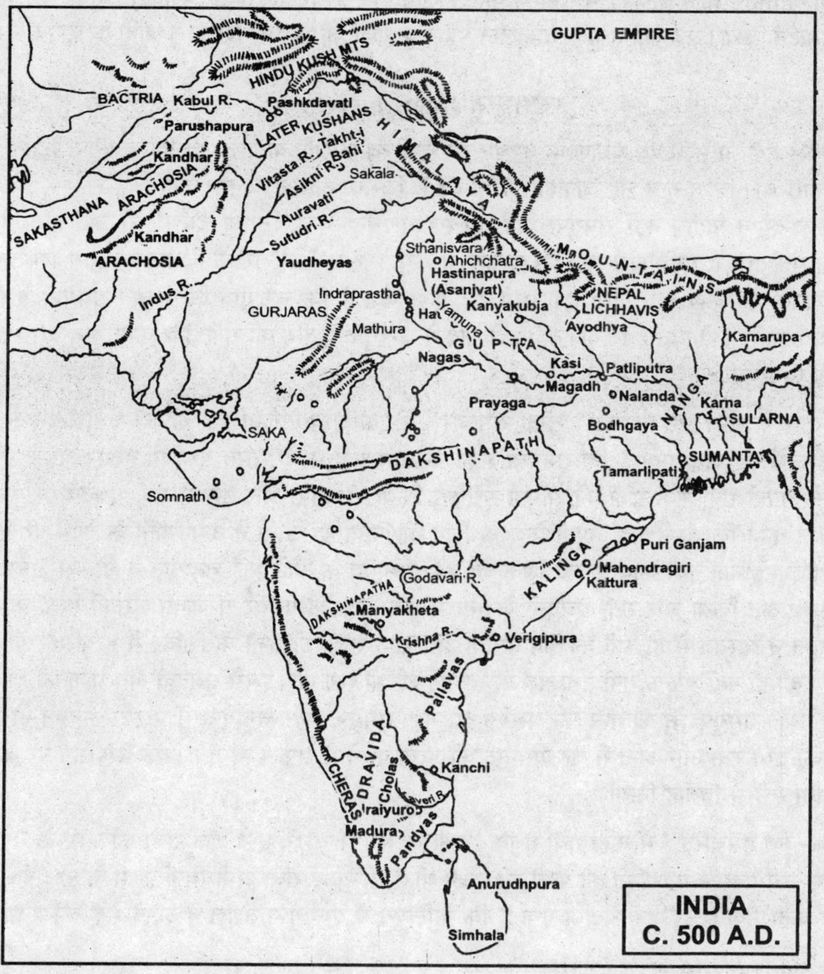

डॉ० आर०के० मुकर्जी का मत है ''अशोक शान्ति और अहिंसा का प्रतीक था, इसके विपरीत समुद्रगुप्त युद्ध और आक्रमण की नीति का अनुयायी था। एक को विजय से घृणा थी, दूसरे को विजय का मोह था। वह आरम्भ से ही एक क्षत्रिय राजा के पुरातन आदर्श से प्रेरित था। वह आदर्श था देश की सीमाओं तक अपना अधिकार स्थापित करना और राजाधिराज बनना। राजा के इस आदर्श की पूर्ति में समुद्रगुप्त ने विभिन्न दिशाओं में विजय (दिग्विजय) का कार्यक्रम बनाया और उसे इस प्रकार सम्पन्न किया कि उसे अब भारतीय नैपोलियन कहा जाने लगा है। एक सौ युद्धों के विजेता समुद्रगुप्त ने भारत के सभी भागों में विजय-यात्रा करके उन्हें अपनी प्रभुता स्वीकार करने पर विवश कर दिया।''

प्रो० आर०डी० बैनर्जी का विचार है कि ''समुद्रगुप्त एक महान् राजा था, अपने वंश में तो सबसे महान था। उसने एक छोटा-सा राज्य प्राप्त किया किन्तु एक बहुत बड़े साम्राज्य को अपने उत्तराधिकारी को सौंपा। शासन और प्रशासन की प्रणाली को उसने पुनर्गठित किया। सिथियन शब्द त्यागकर उसने कर्मचारी पद्धति का सुधार किया। इसके पश्चात् कर्मचारियों की श्रेणी, अनुक्रम, अधिकार और उपाधियाँ सर्वथा भिन्न हैं। गौण परिवर्त्तनों के साथ यही प्रणाली मुसलमानों द्वारा उत्तरी भारत की विजय तक चलती रही। नौकरशाही मौर्यों से भिन्न थी। उत्तरकालीन महान् कुषाणों के घटिया सोने को त्याग कर उसने शुद्ध सोने के और बढ़िया ताँबे के सिक्के चला कर मुद्रा का सुधार किया। यदि एलिन का विचार ठीक है तो अपने पिता की स्मृति में और एक अन्य सम्बन्धी कच के नाम से अंकित सिक्के चला कर तथा अश्वमेध यज्ञ के समय उपस्थित होने वाले ब्राह्मणों में वितरण के लिए एक नए प्रकार के सिक्के चलाकर उसने मुद्रा-क्षेत्र में एक नए चरण का उद्घाटन किया। राजवंशी तथा उत्तरकालीन महान् कुषाणों की तरह समुद्रगुप्त ने चाँदी के सिक्के नहीं चलाए।''[1]

रामगुप्त (Rama Gupta)

दीर्घकाल तक अभिलेखीय प्रमाण के आधार पर यही स्वीकार किया जाता था कि चन्द्रगुप्त द्वितीय ही समुद्रगुप्त का उत्तराधिकारी था। किन्तु कुछ नई जानकारी प्राप्त हुई है जिसके आधार पर यह कहा जाने लगा है कि समुद्रगुप्त का उत्तराधिकारी चन्द्रगुप्त द्वितीय नहीं रामगुप्त था। रामचन्द्र गुणचन्द्र-कृत ''नाट्य-दर्पण'' से ज्ञात होता है कि रामगुप्त समुद्रगुप्त का पुत्र तथा उत्तराधिकारी था। इस पुस्तक में ''मुद्राराक्षस'' के लेखक विशाखदत्त द्वारा लिखित एक प्रसिद्ध ऐतिहासिक नाटक का कुछ भाग दिया है। उसमें यह कहा गया है कि चन्द्रगुप्त के पश्चात् रामगुप्त राजा बना जिसने ध्रुवदेवी या ध्रुवस्वामिनी से विवाह किया। यही स्त्री बाद में चन्द्रगुप्त द्वितीय की रानी और कुमारगुप्त प्रथम तथा राजकुमार गोबिन्दगुप्त की माँ बनी।

धारा के राजा भोज द्वारा लिखित ''शृंगार रूपकम्'' में एक अन्य ऐतिहासिक नाटक ''देवीचन्द्रगुप्तम्'' के उद्धरण दिए गए हैं। उनमें यह कहा गया है कि रामगुप्त शकों के साथ युद्ध में बुरी तरह पराजित हुआ। अपनी प्रजा की सुरक्षा के लिए उसने अपनी रानी शक राजा को सौंपना स्वीकार किया। रामगुप्त और उसकी रानी ध्रुवदेवी में एक लम्बी वार्ता हुई। रामगुप्त ने कहा कि उसने यह अपनी प्रजा के लिए ही किया था। रानी ने अपने पति के कार्य पर घृणा प्रकट की और उसकी हृदय-हीनता तथा कायरता की शिकायत की। रामगुप्त के छोटे भाई चन्द्रगुप्त ने भी इस अपमानजनक कार्य के प्रति विरोध प्रकट किया और रानी ध्रुवदेवी के भेष में शक राजा के शिविर में जाकर उसकी हत्या करने का प्रस्ताव किया। चन्द्रगुप्त ने वास्तव में ही स्त्री का भेष बनाया और शक राजा की उसी के शिविर में हत्या कर दी। इस कार्य से उसने साम्राज्य की ही नहीं बल्कि रानी तथा वंश के सम्मान की भी रक्षा की। इससे ध्रुवदेवी और प्रजा की दृष्टि में चन्द्रगुप्त का मान बढ़ गया। रामगुप्त के व्यवहार की भर्त्सना की गई। रामगुप्त और चन्द्रगुप्त में परस्पर अनबन हो गई। चन्द्रगुप्त ने पागलपन का ढोंग रचा और अन्त में वह रामगुप्त की हत्या करने में सफल हो गया। वह सिंहासन पर बैठा और अपने भाई की विधवा स्त्री से विवाह किया।

''बाण-कृत हर्षचरित'' में कहा गया है कि ''स्त्री के भेष में चन्द्रगुप्त ने शक राजा की उसी के नगर में ही हत्या कर दी क्योंकि उसे एक अन्य व्यक्ति की पत्नी की इच्छा थी।'' राष्ट्रकूट राजा अमोघवर्षा प्रथम के 871 ई० के संजन पत्रों में इस प्रकार कहा गया है : ''हमें बताया गया है कि कलियुग में एक गुप्त वंशज ने अपने भाई की हत्या करके उसके

1. Banerjee, R.D. : *The Age of the Imperial Guptas.*

राज्य तथा रानी पर अधिकार कर लिया।'' राष्ट्रकूट राजा गोविन्द चतुर्थ के क्रमशः 930 और 933 ई० के कैम्बे तथा साँग पत्रों में एक व्यक्ति साहसाँक का उल्लेख है जिसने अपने भाई की हत्या कर दी और उसकी स्त्री से विवाह कर लिया।

चन्द्रगुप्त विक्रमादित्य के नाम के साथ कई किंवदन्तियाँ प्रचलित हैं। अब्दुल हसन द्वारा सन् 1226 में फारसी में अनूदित एक अरबी भाषा की कृति में ''देवीचन्द्रगुप्तम्'' की कथा पाई गई है। उसमें कहा गया है कि जब राजा रावल को आक्रमण का भय हुआ तो उसने अपनी रानी आक्रान्ता को समर्पण करना स्वीकार किया। उसके भाई बार्कमारिस ने रानी की पोशाक पहिन कर शत्रु की हत्या कर दी। बाद में उसने राजा रावल की भी हत्या कर दी और विधवा रानी से विवाह कर लिया।

उपर्युक्त तथ्यों के आधार पर डॉ० अल्टेकर इस निष्कर्ष पर पहुँचे कि समुद्रगुप्त का उत्तराधिकारी चन्द्रगुप्त द्वितीय नहीं रामगुप्त था। रामगुप्त एक अशक्त और अयोग्य शासक था। परिणामतः शक राजा ने उसे इस बात पर विवश कर दिया कि वह अपनी रानी ध्रुवदेवी को उसे दे दे। रामगुप्त के छोटे भाई चन्द्रगुप्त ने ध्रुवदेवी के भेष में शक राजा की हत्या कर दी और देश की रक्षा की। उसके बाद चन्द्रगुप्त ने या उसकी प्रेरणा पर किसी अन्य व्यक्ति ने रामगुप्त की हत्या कर दी। चन्द्रगुप्त ने ध्रुवदेवी से विवाह कर लिया और उसे महारानी बनाया।

कई विद्वानों ने अपने विचारों से डॉ० अल्टेकर के मत की पूर्ण अथवा आँशिक पुष्टि की है। न्यूमिस्मैटिक सोसाइटी ऑफ इण्डिया की पत्रिका तथा अन्य पत्रिकाओं के विभिन्न अंकों में कई लेख प्रकाशित हो चुके हैं। हाल में ही डॉ० सी०सी० दासगुप्ता ने ''देवीचन्द्रगुप्तम्'' से प्राप्त जानकारी को एक नया अर्थ देने की चेष्टा की है।

इस विचार की बहुत आलोचना की गई है कि रामगुप्त ऐतिहासिक व्यक्ति था और उसने समुद्रगुप्त तथा चन्द्रगुप्त द्वितीय के मध्य राज्य किया। डॉ० रायचौधरी का मत है कि ''यह अनुश्रुति केवल नौवीं शताब्दी से ही प्रचलित है कि एक गुप्त राजा ने अपने भाई की हत्या करके उसकी रानी तथा सिंहासन पर अधिकार कर लिया। इस विषय पर साहित्यिक प्रमाण असंगत है और निर्णायक नहीं है। बाण तथा उसके टीकाकार द्वारा दी गई कथा 'काव्यमीमाँसा' से प्राप्त कथा से कई मुख्य बातों में भिन्न है। 'हर्षचरित' में दी गई सरल कथा को बाद के कवियों तथा नाटककारों ने चढ़ा-बढ़ा कर प्रस्तुत किया। चन्द्रगुप्त द्वितीय का इतिहास लिखने के लिए 'देवीचन्द्रगुप्तम्' उतना ही अनुपयुक्त है जितना महान् मौर्यों के लिए 'मुद्राराक्षस' और 'अशोकावदान'।''

डॉ० जे०एन० बैनर्जी का विचार है : ''प्राप्य सभी सामग्री का अध्ययन करने के बाद, उन्होंने (डॉ० अल्टेकर) स्वीकार किया है कि रामगुप्त-काण्ड की ऐतिहासिकता की पुष्टि में प्रमाणों की कमी है, फिर भी उन्होंने इसकी सम्भावना को स्वीकार करने की प्रवृत्ति प्रकट की है। कुछ सिक्के, जो हाल ही में पाए गए हैं, जिन पर कुछ-कुछ पढ़ा जाने वाला मुद्रा-लेख 'रामगुप्त' अंकित है : ''उनका इस समस्या से कोई स्पष्ट सम्बन्ध दिखाई नहीं देता क्योंकि उन्हें चलाने वाला मध्य भारत का कोई स्थानीय शासक प्रतीत होता है। इन सिक्कों को उक्त कथा के रामगुप्त द्वारा चलाए गए बताने की पुष्टि में उनके विचार विश्वसनीय नहीं हैं।..........इस समस्या के विषय में लेखक के दो विचार रहे प्रतीत होते हैं और लेखक द्वारा रामगुप्त के लिए लगभग 370-75 ई० का काल निश्चित करना केवल कल्पना है।''

आलोचकों का कहना है कि सारी कथा ही विश्वसनीय नहीं है। समुद्रगुप्त के शक्तिशाली साम्राज्य का अधिकारी इतना दुर्बल था कि एक शक शासक ने उसे पराजित कर दिया और वह अपनी पत्नी समर्पित करने को राजी हो गया, यह विचार माना नहीं जा सकता। इस प्रकार की आशा एक गुप्त शासक से नहीं की जा सकती। गुप्तकाल में सम्मान के नियम उत्तरकाल से बहुत ऊँचे थे, जब हिन्दुओं ने अपमान का बदला लेने के लिए जीवन न्यौछावर कर दिए और स्त्रियाँ आग में कूद कर सती हो गईं।

यह भी बताया गया है कि चन्द्रगुप्त द्वितीय को अभिलेखों में 'तत्परिगृहीत' कहा गया है। इस उपाधि का यह अर्थ है कि चन्द्रगुप्त को उसके पिता ने ही राज्य के लिए चुना था। अतः रामगुप्त का समुद्रगुप्त तथा चन्द्रगुप्त द्वितीय के मध्य में राज्य करने का प्रश्न ही नहीं उठता। यह नहीं कहा जा सकता कि रामगुप्त ने बलपूर्वक सिंहासन पर अधिकार कर लिया जबकि चन्द्रगुप्त को अत्यन्त शक्तिशाली व्यक्ति कहा गया है, रामगुप्त को अयोग्य और अशक्त बताया गया है। चन्द्रगुप्त द्वितीय के सामने रामगुप्त की सफलता की सम्भावना ही नहीं थी।

यह वर्णन भी मिलता है कि बाण-कृत ''हर्षचरित'', राजशेसर-कृत ''काव्य मीमाँसा'' तथा राष्ट्रकूट अभिलेखों में ही परस्पर मतभेद है, यथा घटना का स्थान, कहानी की नायिका तथा चन्द्रगुप्त द्वितीय की कूटयुक्ति का शिकार। ''हर्षचरित'' में केवल यही कहा गया है कि शक राजा को किसी अन्य व्यक्ति की स्त्री का मोह था और चन्द्रगुप्त ने एक स्त्री के भेष में उसकी हत्या की। अन्य विवरण बाद में जोड़ दिए गए। फिर यह कहा गया कि वह अन्य व्यक्ति राम या सेन गुप्त था। यह बाद में जोड़ दिया गया कि ध्रुवदेवी, जिसे अभिलेखों में चन्द्रगुप्त द्वितीय की महारानी बताया गया है, आरम्भ में रामगुप्त की पत्नी थी। यह भी बाद में ही जोड़ा गया कि समुद्रगुप्त ने रामगुप्त की हत्या की और उसकी विधवा से विवाह किया।

आलोचकों की यह भी धारणा है कि यह विश्वास करना कठिन है कि चन्द्रगुप्त द्वितीय ने अपने बड़े भाई की विधवा से विवाह किया। किन्तु डॉ० अल्टेकर का विचार था कि यह तो एक ऐतिहासिक तथ्य था। यह विचार ''इस समय हमें बहुत अनोखा प्रतीत हो सकता है किन्तु हमारे पूर्वजों के लिए यह ऐसा नहीं था।'' उनका विचार था कि ''धर्मशास्त्रों के लेखों ने बड़े भाई की विधवा से विवाह करने की अनुमति दे दी थी और ध्रुवदेवी से विवाह करने का चन्द्रगुप्त का आचरण सम्भवतः उस समय चर्चा का विषय नहीं था, यद्यपि हमें यह विचित्र ही प्रतीत होता है।'' उन्होंने अथर्ववेद, बौधायन धर्मसूत्र, वासिष्ठ-अर्थशास्त्र, नारद आदि का प्रमाण दिया है। किन्तु यह भी कहा गया है कि अथर्ववेद के समय का भारत गुप्त-कालीन भारत से भिन्न था। इसके अतिरिक्त, ''विद्रोही तथा राज-घातक द्वारा अपने भाई की विधवा से विवाह कर लेना तत्कालीन नैतिक तथा सामाजिक सदाचार सम्बन्धी हमारी पोषित धारणाओं के सर्वथा विरुद्ध है।''

आलोचकों का कथन है कि गुप्तकाल के बहुत से अभिलेख और सिक्के हमारे पास हैं लेकिन उनमें रामगुप्त का नाम मात्र भी नहीं है। जब बयाना से बहुत बड़ी संख्या में सिक्के प्राप्त हुए तो बहुत बड़ी आशाएँ की गई थीं। किन्तु उनमें भी रामगुप्त का कोई सिक्का नहीं मिला। डॉ० अल्टेकर ने यह बात तो स्वीकार की लेकिन फिर भी कहा कि ''प्रस्तुत सिक्कों की खोज से पहले 200-300 सिक्के पिघल गए थे, इसलिए सम्भव है कि रामगुप्त के सभी सिक्के पिघल गए हों और रामगुप्त के अधिक सिक्के हो भी नहीं सकते थे क्योंकि उसका राज्य बहुत छोटा था।...प्रस्तुत ढेर में रामगुप्त के सिक्के ने मिलने पर भी 'देवीचन्द्रगुप्तम्' की कथावस्तु की ऐतिहासिकता में मेरा विश्वास अडिग है।''

बेसनगर में रामगुप्त के ताँबे के सिक्के प्राप्त होने पर डॉ० अल्टेकर ने कहा कि इन ''सिक्कों से साहित्यिक कथा की ऐतिहासिकता की पुष्टि होती है।'' ये सिक्के मालवा के बेसनगर स्थान से 1951 में पाए गए। उनके मुख-भाग पर रामगुप्त का नाम है और पृष्ठ-भाग पर लेटे हुए शेर का चित्र है। कहा गया है कि सिक्कों का मुद्रा-लेख गुप्त लिपि में 'रामगुप्त' ही पढ़ा जाएगा। आलोचकों का कथन है कि इन सिक्कों का रामगुप्त मालवा का एक स्थानीय शासक था। किन्तु डॉ० अल्टेकर के अनुसार, ये सिक्के रामगुप्त ने सम्भवतः अपने सिंहासनारोहण के समय चलाए होंगे ''क्योंकि प्राचीन भारत में मुद्रा स्थानीय होती थी और सम्भव है कि बाद की नाग मुद्रा की तरह गुप्त प्रशासन ने भी कुछ स्थानीय मुद्रा की आवश्यकता अनुभव की हो।'' वे फिर कहते हैं, ''सम्भव है कि यह मुद्रा समुद्रगुप्त ने ही चलाई हो और यदि मालवा में ढूँढ़ा जाए तो शायद उसके कुछ नमूने प्राप्त हों।'' लेकिन रामगुप्त की ताम्र-मुद्रा चन्द्रगुप्त द्वितीय द्वारा चलाई गई मुद्रा से भिन्न है। इसलिए यह निष्कर्ष निकाला गया है कि यह केवल स्थानीय मुद्रा थी और इसे स्थानीय आवश्यकताओं की पूर्ति के लिए उस क्षेत्र के किसी स्थानीय शासक ने ही चलाया था। समुद्रगुप्त ने बेसनगर से 40 मील दूर ऐरण तक अधिकार कर लिया था। लेकिन इससे यह सिद्ध नहीं हो जाता कि बेसनगर में पाए गए सिक्के गुप्त राज-वंश के रामगुप्त के ही हैं। ऐसा विचार पूर्णतः असत्य है तथा इतिहास के तर्क में एकदम अविश्वसनीय है।

डॉ० अल्टेकर का यह भी विचार था कि सिक्कों का कचगुप्त ही साहित्यिक परम्परा का रामगुप्त है। डॉ० भण्डारकर ने माना है कि समुद्रगुप्त और चन्द्रगुप्त द्वितीय के मध्य राज्य करने वाला राजा कच था और यह लिपिक की गलती थी कि उसका नाम बाद के साहित्य में राम या रामगुप्त दिया गया। साहित्यिक अनुश्रुति का रामगुप्त सिक्कों का कचगुप्त की है। आलोचकों का कथन है कि कच को सिक्कों में 'सर्वराजोच्छेत्ता' या समस्त राजाओं का नाशक कहा गया है। यह विवरण रामगुप्त के लिए उपयुक्त नहीं है क्योंकि वह तो अपने आपको और अपनी प्रजा को बचाने के लिए अपनी रानी को भी समर्पित करने के लिए तैयार था। कहा गया है कि कच समुद्रगुप्त का दूसरा नाम था रामगुप्त का नहीं।

यह सुझाव दिया गया है कि रामगुप्त एक स्थानीय शासक था जिस पर उज्जैन के एक राजा ने एक लज्जाजनक शर्त लगा दी। शक राजा की चन्द्रगुप्त द्वितीय ने हत्या की। यह सिद्ध करने के लिए भी प्रमाण नहीं है कि रामगुप्त चन्द्रगुप्त द्वितीय का बड़ा भाई था या ध्रुवदेवी उसकी रानी था और बाद में चन्द्रगुप्त द्वितीय की पत्नी बनी।

किन्तु यह भी ठीक ही कहा गया है कि यद्यपि रामगुप्त की कथा को कल्पना की उपज नहीं कहा जा सकता तथापि उसे ऐतिहासिक तथ्य मानना भी सम्भव नहीं है। अभी तो हमें अपना निश्चित विचार प्रकट करने का समय स्थगित करना ही होगा। इस समस्या का समाधान तब होगा जब इस विषय पर अधिक प्रमाण प्राप्त होंगे।

चन्द्रगुप्त द्वितीय (Chandragupta II, 375–414 ई०)—चन्द्रगुप्त द्वितीय के विषय में हमारी जानकारी अभिलेखों, सिक्कों तथा फ़ा-ह्यान द्वारा लिखित विवरण से प्राप्त की गई है। गुप्त संवत् 61 के मथुरा स्तम्भ अभिलेख में कहा गया है कि गुप्त संवत् का 61 वर्ष या 380 ई० चन्द्रगुप्त द्वितीय के राज्य का पाँचवां वर्ष था। इससे चन्द्रगुप्त द्वितीय के सिंहासनारोहण (accession) की तिथि 375 ई० निश्चित की गई है। चन्द्रगुप्त द्वितीय की अन्तिम ज्ञात तिथि गुप्त संवत् 93 है जो उसके साँची अभिलेख में दी गई है। यह वर्ष 412–13 ई० है। गुप्त संवत् 96 या 415 ई० के बिलसाड़ अभिलेख के अनुसार उस समय कुमारगुप्त प्रथम का राज्य था। इस प्रकार चन्द्रगुप्त द्वितीय की मृत्यु तिथि 414 ई० मानी जा सकती है। स्पष्ट है कि चन्द्रगुप्त द्वितीय ने चालीस वर्ष राज्य किया।

उदयगिरि शिलालेख की तिथि गुप्त संवत् 82 है। इसे सनाकानीक नामक एक सामन्त ने अंकित करवाया था। साँची शिलालेख की तिथि गुप्त संवत् 93 है। इसे चन्द्रगुप्त द्वितीय के मन्त्री अम्रकार्दव ने अंकित किया था जो कई युद्धों में लड़ चुका था। गढ़वा के एक अभिलेख में चन्द्रगुप्त द्वितीय का नाम तो नहीं दिया गया, किन्तु उसकी उपाधियाँ 'परमभागवत' और 'महाराजाधिराज' दी गई हैं। चन्द्रगुप्त द्वितीय के बहुत से सिक्के प्राप्त हैं।

महरौली लोह-स्तम्भ अभिलेख में कहा गया है कि राजा चन्द्र ने अपने विरुद्ध संगठित राजाओं के एक संघ को परास्त करके वंग देश को विजित किया। "सिन्धु नदी के सात मुँह" पार करके उसने वाहलीक पर भी विजय प्राप्त की। डॉ० आर०सी० मजूमदार के अनुसार, वाहलीक हिन्दूकुश पर्वतों के पार बल्ख को ही मानना होगा। यह भी कहा गया है कि राजा चन्द्र ने अपनी भुजाओं के पराक्रम से संसार में प्रभुता प्राप्त की।

इस अभिलेख के राजा चन्द्र का तादात्म्य निश्चित करने की समस्या कठिन है। इसके सम्बन्ध में कई विचार प्रस्तुत किए गए हैं। एक विचार यह है कि राजा चन्द्र चन्द्रवर्मा है जिसका नाम बंगाल में बाँकुरा के निकट सुसूनिया पहाड़ी पर पाए गए एक अभिलेख में दिया गया है। चन्द्रवर्मा विष्णु का अनुयायी था और राजा चन्द्र भी वैष्णव था।

एक अन्य विचार यह है कि पुष्करण मारवाड़ में पोकरन या पोकुर्ण है और चन्द्रवर्मा मन्दसौर अभिलेख में उल्लिखित सिंहवर्मा का पुत्र था। उस अभिलेख में नरवर्मा को सिंहवर्मा का पुत्र और चन्द्रवर्मा का भाई कहा गया है। इस विचार के विषय में कठिनाई यह है कि इस अभिलेख में चन्द्रवर्मा के सैनिक कार्यों का उल्लेख नहीं किया गया। इसके अतिरिक्त मन्दसौर अभिलेख शायद किसी स्थानीय शासक की ओर संकेत करता है।

एक अन्य विचार के अनुसार, राजा चन्द्र को चन्द्रगुप्त प्रथम समझना चाहिए। यह तभी सम्भव हो सकता है जब यह सिद्ध कर दिया जाये कि चन्द्रगुप्त प्रथम ने बंगाल को विजित किया। यह सम्भव नहीं है क्योंकि यह निश्चित है कि बंगाल-विजय समुद्रगुप्त ने की थी, चन्द्रगुप्त प्रथम ने नहीं। इस विचार के समर्थकों का कथन है कि बंगाल के मुख्य भाग की विजय तो चन्द्रगुप्त प्रथम ने की लेकिन समुद्रगुप्त ने बंगाल के दूरवर्ती प्रदेशों पर विजय प्राप्त करके बंगाल-विजय का कार्य पूर्ण किया। "बंगाल-विजय से अपने पीछे के प्रदेश को सुरक्षित करके चन्द्रगुप्त प्रथम ने अपनी विजयें प्रयाग तक और फिर उससे आगे साकेत या अवध तक फैला दीं, जैसा कि पुराणों के परिच्छेद में कहा गया है और इसे प्रस्तुत सुझाव के साथ ठीक-ठीक समझा जा सकता है।"

एक अन्य विचार यह है कि बंगाल-विजय चन्द्रगुप्त द्वितीय ने की और वही महरौली स्तम्भ अभिलेख में उल्लिखित है। यह कहा जाता है कि महरौली स्तम्भ अभिलेख की लिपि इलाहाबाद स्तम्भ अभिलेख की लिपि से मिलती-जुलती है। चन्द्रगुप्त द्वितीय के मथुरा अभिलेख से ज्ञात होता है कि मथुरा में शक-कुषाण राज्य का अन्तिम स्थान भी चन्द्रगुप्त द्वितीय

के हाथों में आ गया। यह पश्चिम क्षत्रपों की गुप्त विजय के पश्चात् किया गया। प्रतीत होता है कि चन्द्रगुप्त द्वितीय ने अपने पिता समुद्रगुप्त का अनुसरण किया। शायद रुद्रसेन द्वितीय के अधीन शकों का पुनरुत्थान हुआ और इसने 'महाक्षत्रप' की उपाधि धारण की। रुद्रसेन तृतीय और स्वामी सिंहसेन के समय में भी यही क्रम जारी रहा। क्षत्रपों की शक्ति से गुप्त साम्राज्य के लिए भय पैदा हुआ और चन्द्रगुप्त द्वितीय ने उनसे लोहा लिया। चन्द्रगुप्त द्वितीय ने जिस शक राजा का वध किया वह सम्भवत: सिंहसेन था। शकों के विध्वंस में काफ़ी लम्बा समय लगा प्रतीत होता है और सम्भवत: इसमें लगभग बीस वर्ष लगे। यह सब महरौली स्तम्भ अभिलेख में दी गई राजा चन्द्र की कृतियों से संगत है। इसके अतिरिक्त चन्द्रगुप्त के ताम्र सिक्कों के नौ प्रकारों में से एक के मुख-भाग पर 'श्रीचन्द्र' मुद्रा-लेख है और पृष्ठ-भाग पर प्रत्यय 'गुप्त:' दिया गया है। एक प्रकार पर केवल 'चन्द्र' नाम ही अंकित है। अत: महरौली स्तम्भ अभिलेख के राजा चन्द्र को गुप्त वंश का चन्द्रगुप्त द्वितीय समझने में कोई आपत्ति नहीं होनी चाहिए।

चन्द्रगुप्त ने कई प्रकार के सिक्के चलाए, धनुर्धर प्रकार, सिंहासन प्रकार, छत्र प्रकार, सिंह-घातक प्रकार और घुड़सवार प्रकार। धनुर्धर प्रकार के सिक्कों का मुद्रा-लेख है "देव श्री महाराजाधिराज श्री चन्द्रगुप्त:"। मुख-भाग पर गरुड़ है और पृष्ठ-भाग पर लक्ष्मी है। सिंहासन प्रकार के सिक्कों पर मुद्रा-लेख हैं 'रूपकृत' और 'विक्रमादित्यस्य'। छत्र प्रकार के सिक्कों पर एक बौने का चित्र है जिसने राज-छत्र उठा रखा है। सिंह-घातक प्रकार के सिक्कों पर मुद्रा-लेख है। राजा को 'सिंहविक्रम:' कहा गया है। चन्द्रगुप्त ने चाँदी तथा ताँबा दोनों के सिक्के चलाए। चन्द्रगुप्त द्वारा पश्चिमी क्षत्रपों की विजय का निर्णय सिक्कों से ही किया गया है। उन सिक्कों पर दी गई तिथियों से ही उस विजय का काल भी निश्चित किया गया है। पश्चिमी क्षत्रपों के सिक्कों की नकल के चन्द्रगुप्त द्वितीय के पूर्वतम चाँदी के सिक्कों की तिथि गुप्त संवत् 90 या 409–10 ई० है। पश्चिमी क्षत्रपों के सिक्कों की अन्तिम तिथि संवत् 370 या 388 ई० है। इसी अवधि में पश्चिमी क्षत्रपों की विजय का कार्य सम्पूर्ण किया गया।

चन्द्रगुप्त द्वितीय को विक्रमादित्य, नरेन्द्रचन्द्र, सिंहचन्द्र, नरेन्द्रसिंह, सिंह विक्रम, देवराज, देवगुप्त और देवश्री भी कहा जाता है। उसकी माता का नाम दत्ता तथा दत्ता देवी दिया गया है। उसकी दो पत्नियाँ, दो पुत्र तथा एक पुत्री थी। उस की पत्नियों के नाम ध्रुवदेवी और कुबेरनागा थे। उसके पुत्रों के नाम कुमारगुप्त और गोविन्दगुप्त थे। पुत्री का नाम प्रभावती गुप्ता था।

अभिलेखों में कहा गया है कि समुद्रगुप्त ने अपने जीवन-काल में ही चन्द्रगुप्त द्वितीय को अपना उत्तराधिकारी चुन लिया था। उसके लिए 'तत्परिगृहीतेन' तथा 'तत्परिगृहीत' शब्दों का प्रयोग किया गया है। बताया गया है कि उसे कई पुत्रों में से चुना गया था क्योंकि वह उनमें योग्यतम ('सत्पुत्र') था।

जैसा कि ऊपर कहा जा चुका है, गुप्त वंश के राजाओं की विदेश नीति में वैवाहिक सन्धियों का महत्त्वपूर्ण स्थान था। लिच्छवी वंश में चन्द्रगुप्त प्रथम के विवाह से उसकी स्थिति सुदृढ़ हो गई। आर्यावर्त्त की विजय के पश्चात् गुप्त राजाओं ने अन्य राजवंशों से भी वैवाहिक सम्बन्ध स्थापित करने की चेष्टा की जिससे गुप्त साम्राज्य को सुदृढ़ किया जा सके और नए प्रदेशों की विजय के लिए भी सम्भावना बन जाए। यह ऊपर बताया गया है कि समुद्रगुप्त ने कुषाण तथा अन्य शासकों से कन्याओं को उपहारस्वरूप स्वीकार किया। स्वयं चन्द्रगुप्त द्वितीय ने नाग वंश की राजकुमारी कुबेरनागा से विवाह किया और उसने एक पुत्री प्रभावती गुप्ता को जन्म दिया। प्रभावती गुप्ता का विवाह वाकाटक राजा रुद्रसेन द्वितीय से किया गया। डॉ० स्मिथ का मत है कि "वाकाटक महाराज की भौगोलिक स्थिति ऐसी थी कि उत्तर दिशा से आने वाले गुजरात तथा सौराष्ट्र के पश्चिमी क्षत्रपों के आक्रमणकारी के लिए वह पर्याप्त सेवा या अपसेवा कर सकता था। चन्द्रगुप्त ने बहुत बुद्धिमत्ता से, सावधानी के रूप मे अपनी पुत्री वाकाटक शासक को दे दी और इस प्रकार उसकी अधीनस्थ मैत्री प्राप्त कर ली।" रुद्रसेन द्वितीय का राज्यकाल बहुत छोटा था और उसकी मृत्यु के पश्चात् प्रभावती गुप्ता को उसके अवयस्क पुत्रों दिवाकरसेन तथा प्रवरसेन द्वितीय की संरक्षिका नियुक्त किया गया। इससे वाकाटक दरबार में गुप्त सम्राट् का प्रभाव बढ़ गया। लगभग 390 ई० से 410 ई० तक प्रभावती गुप्ता ही वाकाटक राज्य की शासक थी। इस अवसर का लाभ उठाकर चन्द्रगुप्त द्वितीय ने पश्चिमी क्षत्रपों को परास्त करके उनके राज्य को अपने साम्राज्य में मिला लिया।

कुन्तल के कादम्ब शासक काकुत्स्थवर्मा के एक अभिलेख में कहा गया है कि उसकी पुत्रियों के विवाह गुप्त शासकों से हुए। भोज तथा क्षेमेन्द्र ने कहा है कि विक्रमादित्य ने एक दूत-मण्डल कुन्तल भेजा।

चन्द्रगुप्त द्वितीय की विजयें (Conquests of Chandragupta II)—चन्द्रगुप्त द्वितीय की सबसे बड़ी सैनिक सफलता यह थी कि उसने साम्राज्य को अरब सागर तक बढ़ाया और सौराष्ट्र या काठियावाड़ प्रायद्वीप को विजित किया। स्मिथ बताता है कि जाति, धर्म और रीति-रिवाज की विभिन्नता के कारण चन्द्रगुप्त द्वितीय को पश्चिमी क्षत्रपों के राज्य को विजित करने का विशेष कारण दिखाई दिया। उसका कुछ भी उद्देश्य रहा हो उसने सत्यसिंह के पुत्र क्षत्रप रुद्रसेन पर आक्रमण किया, उसे सिंहासन से उतारा और उसका वध किया। तत्पश्चात् उसने उसका राज्य भी गुप्त साम्राज्य में मिला लिया। युद्ध अवश्य ही बहुत लम्बा रहा होगा। उस प्रदेश के विलीन किए जाने का प्रमाण सिक्कों से मिलता है, अभिलेखों से नहीं। किन्तु वीरसेनशाब के उदयगिरि गुफा अभिलेख में कहा गया है कि "वह (शाब) यहाँ (पूर्वी मालवा) आया, उसके साथ स्वयं राजा (चन्द्रगुप्त) भी था जो समस्त संसार पर विजय पाने का अभिलाषी था।" यह विचार प्रकट किया गया है कि शाब पाटलिपुत्र का निवासी था और वह चन्द्रगुप्त द्वितीय का 'सचिव' या मन्त्री बना। वह युद्ध तथा शान्ति विभाग का अधिकारी था। जब चन्द्रगुप्त द्वितीय ने पश्चिमी क्षत्रपों को परास्त करने का निश्चय किया तो वह भी उसके साथ गया। शकों के विरुद्ध चन्द्रगुप्त के अभियानों का केन्द्र पूर्वी मालवा था। सांची तथा उदयगिरि के अभिलेखों से प्रतीत होता है कि चन्द्रगुप्त द्वितीय ने अपने मन्त्री, सेनानी और सामन्त पूर्वी मालवा में विदिशा के स्थान पर या उसके निकट एकत्र किए। बाण ने भी पश्चिमी क्षत्रपों के पतन का उल्लेख किया है। किन्तु चन्द्रगुप्त द्वारा चलाए गए चाँदी के सिक्कों का प्रमाण तो निर्णायक है। रैप्सन की मान्यता है कि "अन्तिम महाक्षत्रपों के सिक्कों की तरह, जिनसे वे धातु और शैली की दृष्टि से बहुत कुछ मिलते-जुलते हैं, उनके मुख-भाग (obverse) पर, राजा के सिर के पीछे तिथि दी गई है जिसके साथ 'वर्षे' का कोई तुल्यार्थ शब्द भी है और यूनानी अक्षरों में पुराने मुद्रा-लेख (legend) के कुछ-कुछ अवशेष भी हैं और पृष्ठ-भाग (reverse) पर गुप्त चिह्न (मोर) के स्थान पर चैत्य, चन्द्र और तारे को अंकित कर दिया गया है।"

स्मिथ के अनुसार, "सौराष्ट्र और मालवा के साम्राज्य में मिल जाने के केवल साधारण सम्पत्ति और उपज वाले प्रान्त नहीं हुए बल्कि पश्चिमी तट के बन्दरगाहों का रास्ता भी सर्वोच्च शक्ति के लिए बिना किसी रोक-टोक के खुल गया। इस प्रकार मिस्र के रास्ते यूरोप के साथ समुद्री व्यापार के द्वारा चन्द्रगुप्त द्वितीय का सम्बन्ध स्थापित हो गया और उसके दरबार तथा प्रजा पर भी उन यूरोपीय विचारों का प्रभाव पड़ने लगा जो अलैग्जैण्ड्रिया के व्यापारियों के माल के साथ भारत में आए।"

गुप्त संवत् 61 के मथुरा स्तम्भ अभिलेख का सम्पादन करते समय डॉ० भण्डारकर ने कहा, "यह अभिलेख समुद्रगुप्त के पुत्र चन्द्रगुप्त के राज्य का है। प्रत्येक नाम के साथ लगाई गई उपाधियाँ हैं। वे उपाधियाँ हैं 'भट्टारक', 'महाराज' और 'राजाधिराज'। उनमें से प्रथम—'भट्टारक'—को गुप्त शासकों के लिए प्रायः प्रयुक्त किया गया है। किन्तु दूसरी उपाधि 'महाराजाधिराज' प्रस्तुत अभिलेख में प्रयुक्त 'महाराज राजाधिराज' से भिन्न है जो कुषाण राजाओं की उपाधि 'महाराज राजातिराज' का पर्याय प्रतीत होती है। मथुरा में यह स्वाभाविक है क्योंकि यह कुषाण साम्राज्य का एक मुख्य प्रान्त था और यहाँ कुषाणों के कई अभिलेख भी प्राप्त हुए हैं। इससे यही संकेत मिलता है कि चन्द्रगुप्त द्वितीय ने पहली बार कुषाणों से मथुरा तथा निकटवर्ती प्रदेश छीन लिए।" किन्तु कहा जाता है कि डॉ० भण्डारकर का यह विचार ठीक नहीं है क्योंकि समुद्रगुप्त का साम्राज्य पश्चिमी में ऐरण तक फैला हुआ था। इसलिए चन्द्रगुप्त द्वितीय द्वारा कुषाणों से सत्ता छीनने का प्रश्न ही नहीं उठता।

महरौली स्तम्भ अभिलेख में कहा गया है कि राजा चन्द्र ने वंग देश में राजाओं के एक संघ का सामना किया। कालिदास की मान्यता है कि 'वंग' शब्द का अर्थ गंगा की दो शाखाओं भागीरथी और पद्मा के बीच की भूमि है; इलाहाबाद स्तम्भ अभिलेख में कहा गया है कि समतट (Samatata) जिसमें वंग का कुछ भाग भी सम्मिलित था, एक 'प्रत्यान्त' या सीमावर्ती राज्य था जो समुद्रगुप्त की प्रभुता को स्वीकार करता था। सम्भव है कि कुछ राजाओं ने चन्द्रगुप्त द्वितीय को मान्यता न दी हो और उसे उनके विरुद्ध युद्ध करना पड़ा हो। सम्भव है कि वंग-विजय चन्द्रगुप्त द्वितीय के राज्य-काल के अन्त में हुई हो और इसीलिए सिक्कों तथा अभिलेखों से इस घटना का उल्लेख नहीं मिलता।

यह ऊपर कहा जा चुका है कि चन्द्रगुप्त द्वितीय ने वाहलीक को भी विजित किया जिसे बल्ख या बैक्ट्रिया समझा गया है। इस अभियान के विवरण तो हमारे पास नहीं हैं। सम्भव है कि जिन कुषाण शासकों ने समुद्रगुप्त की प्रभुता को स्वीकार किया था उन्होंने विद्रोह कर दिया हो और इसलिए उन्हें दबाने की फिर आवश्यकता पड़ी हो। यह भी सम्भव है कि चन्द्रगुप्त द्वितीय अपनी शक्ति बढ़ाना चाहता हो और इसीलिए उसने इस अभियान का आयोजन किया हो।

मुख्य नगर (Chief cities)—प्राय: यही स्वीकार किया जाता है कि चन्द्रगुप्त द्वितीय के समय में भी पाटलिपुत्र गुप्त साम्राज्य की राजधानी थी। प्रतीत होता है कि 402 ई० से चन्द्रगुप्त द्वितीय ने एक निवास-स्थान मालवा में भी बना लिया था, पहले सम्भवत: विदिशा में और फिर उज्जैन में। चन्द्रगुप्त द्वितीय को "श्रेष्ठतम नगर उज्जैन का स्वामी" और "सर्वश्रेष्ठ नगर पाटलिपुत्र का स्वामी" कहा गया है। वसुबन्धु की जीवन-कथा के लेखक ने अयोध्या को विक्रमादित्य की राजधानी कहा है। एलन के अनुसार, "चन्द्रगुप्त द्वितीय द्वारा चलाए गए ताँबे के सिक्के प्राय: अयोध्या में और उसके निकट पाए गए हैं। इससे ज्ञात होता है कि अयोध्या भी एक राजधानी थी और उसमें एक टकसाल थी।"

ब्लोच द्वारा बसाड़ में की गई खुदाई से बहुत-सा मिट्टी की मुहरें प्राप्त हुईं जिनसे चन्द्रगुप्त द्वितीय के इतिहास पर प्रकाश पड़ता है। एक मुहर से ज्ञात होता है कि ध्रुवस्वामिनी चन्द्रगुप्त द्वितीय की 'महादेवी' और गोविन्दगुप्त की माता थी। यह भी सिद्ध हो जाता है कि अपने पिता चन्द्रगुप्त द्वितीय के समय में गोविन्दगुप्त तीर या तीरभुक्ति का गवर्नर था। मुहरों में उस समय के कई कर्मचारियों को पदवियाँ दी गई हैं, जैसे 'उपरिक', 'कुमारामात्याधिकरण', 'बलाधिकरण', 'रणभण्डाधिकरण', 'दण्डपाशाधिकरण', 'महादण्डनायक', 'विनयस्थितिस्थापक', 'भटाश्वपति', 'महाप्रतिहार', 'विनयसुर', तथा 'तलवार'। इन मुहरों से प्रान्तीय प्रशासन पर ही नहीं बल्कि जिला और स्थानीय प्रशासन पर भी प्रकाश पड़ता है।

प्रतीत होता है कि उज्जैन और उत्तरी भारत के बीच मुख्य मार्ग पर स्थित कौशाम्बी को भी राजा ने अपना निवास-स्थान बना कर सम्मानित किया।

फ़ा-ह्यान (Fa-hein, 399-411 ई०)—चन्द्रगुप्त द्वितीय के राज्य-काल में चीनी यात्री फ़ा-ह्यान ने भारत-यात्रा की। वह स्थल मार्ग से भारत आया और समुद्री मार्ग से वापस गया। अपनी यात्रा में उसने 30 देशों में भ्रमण किया। भारत में उसने छ: वर्ष सफ़र में और छ: वर्ष अध्ययन में व्यतीत किए। हमें बताया गया है कि उसने "तीन वर्ष संस्कृत लिखने और बोलने में और नीति पुस्तकों की नकल करने में लगाए।" भारत आने का उसका मुख्य उद्देश्य बौद्ध-नीति पुस्तकें प्राप्त करना था जो चीन में लगभग अज्ञात हो चुकी थीं। चार अन्य व्यक्ति भी फ़ा-ह्यान के सहकारी बन गए लेकिन उन्होंने कोई भी विवरण नहीं लिखा।

फ़ा-ह्यान शान-शान गया जहाँ उसे हीनयान धारा के 4,000 बौद्ध भिक्षु मिले। तारतार प्रदेश में उसने कई बौद्ध भिक्षुओं को भारतीय भाषा तथा पुस्तकें पढ़ते देखा। खोतान में उसने महायान धारा के हजारों भिक्षु देखे। केवल गोमती विहार में ही 3,000 भिक्षु थे और खोतान में इस प्रकार के चौदह विहार थे। काशगर में उसने एक हजार बौद्ध भिक्षु देखे और वहाँ का राजा भी बौद्ध था जो हीनयान शाखा का अनुयायी था। फ़ा-ह्यान ने गान्धार, तक्षशिला और पेशावर की यात्रा भी की और इन स्थानों में असंख्य बौद्ध स्मारक थे। अफ़गानिस्तान में उसने महायान और हीनयान शाखाओं के 3,000 भिक्षु देखे। उसने बन्नू की यात्रा भी की और वहाँ भी बहुत से बौद्ध भिक्षु थे। पंजाब में उसने कई बौद्ध विहार देखे और इनमें अनुमानत: 10,000 से भी अधिक भिक्षु थे। केवल मथुरा में ही उसने 20 विहार देखे जिनमें 3,000 बौद्ध भिक्षु थे। फ़ा-ह्यान ने मध्य देश नामक प्रदेश की भी यात्रा की। श्रावस्ती में उसने कई बौद्ध स्मारक देखे। लुम्बिनी, वैशाली, नालन्दा, गया, बोध-गया और राजगृह आदि बौद्ध स्थानों की उसने यात्रा की। उसने लंका की यात्रा भी की और वहाँ वह दो वर्ष रहा। लंका से वह जावा गया और वहाँ से वापस चीन पहुँचा।

यह उल्लेखनीय है कि फ़ा-ह्यान अपने कार्य में इतना दत्तचित्त था कि उसने तत्कालीन शासक चन्द्रगुप्त द्वितीय का नाम देने का भी कष्ट नहीं किया। किन्तु उसने देश का बहुत अच्छा चित्र प्रस्तुत किया है और कुछ विस्तृत विवरण भी दिए हैं।

फ़ा-ह्यान हमें बताता है कि मथुरा से दक्षिण की ओर का प्रदेश 'मध्य देश' (मालवा) कहलाता था। यह प्रदेश ब्राह्मण-धर्म का दृढ़ केन्द्र था। प्रशासन प्रबुद्ध तथा कार्य-कुशल था। "लोग खुशहाल हैं, उन्हें अपनी गृहस्थी के विषय में लिखवाना नहीं पड़ता, न न्यायाधीशों के सामने उपस्थित होना पड़ता है और न ही उनके नियमों का पालन करना होता है, केवल वही लोग जो राज्य की भूमि में खेती करते हैं, उससे प्राप्त लाभ का कुछ अंश देते हैं। यदि वे जाना चाहें तो चले जाते हैं, रहना चाहें तो रहते हैं। प्राण-दण्ड या अन्य शारीरिक दण्ड के बिना ही राजा राज्य करता है। अपराधियों पर उनके अपराध की परिस्थितियों के अनुसार भारी या हल्का जुर्माना लगाया जाता है। बार-बार विद्रोह करने पर भी केवल उनका दाहिना हाथ काट दिया जाता है। राजा के अंगरक्षकों तथा परिचारकों को वेतन दिया जाता है। सारे देश में लोग जीव-हत्या नहीं करते, न नशेदार पदार्थ पीते हैं और प्याज़ या लहसुन भी नहीं खाते। केवल चाण्डाल ही ऐसा करते हैं। क्रय-विक्रय में कौड़ियाँ प्रयोग करते हैं।"

फ़ा-ह्यान यह वर्णन करता है कि चाण्डाल लोग अन्य लोगों से अलग रहते थे। जब वे शहर या बाजार में जाते थे तो अपने आने की सूचना में उन्हें लकड़ी से आवाज करनी पड़ती थी ताकि दूसरे लोग उनके साथ लग कर अपवित्र न हो जाएँ। केवल वे ही दया के नियमों का उल्लंघन करते थे और वही शिकारी, मछियारे और कसाई होते थे।

"राजाओं, वृद्धों तथा भद्र व्यक्तियों की रीति थी कि वे धार्मिक स्थान बनवाएँ, भूमि, घर और बाग दान में दें और खेती के लिए बैल तथा अन्य आदमी भी दें। पक्के पट्टे लिख दिए जाते थे और बाद के राजा भी उनका उल्लंघन करने का साहस नहीं करते थे।"

सरकार की आय मुख्यत: राज-भूमि के कर से प्राप्त की जाती थी। सरकारी कर्मचारियों को निश्चित वेतन दिए जाते थे और प्रजा से धन लेकर निर्वाह करने का उन्हें अवसर नहीं दिया जाता था।

दान-धर्म की कई संस्थाएँ थीं। सड़कों के किनारों पर या उनसे दूर लोग दान गृह बनवाते थे और यात्रा करने वाले भिक्षुओं तथा यात्रियों को वहाँ बिस्तर और भोज्य पदार्थ दिए जाते थे। किन्तु वहाँ रहने का निश्चित समय प्रत्येक स्थान पर भिन्न था।

स्थायी निवासी और यात्री भिक्षुओं को बिस्तरों तथा चटाइयों और खाने तथा कपड़ों सहित रहने के लिए कमरे दिए जाते हैं, सभी स्थानों में ऐसा ही होता है। सारीपुत्र, मोगालन तथा आनन्द और अभिधम्म, विनय तथा सुत्तों के सम्मान में पगोडे बनाए जाते हैं। भिक्षुओं की वार्षिक वापिसी के पश्चात् उनके लिए विभिन्न वस्त्र तथा अन्य वस्तुएँ जुटाने के लिए धार्मिक परिवार चन्दा इकट्ठा करते थे। भगवान् बुद्ध के निर्वाण के समय से राजा, सरदार और गृहस्थ सभी ने भिक्षुओं के लिए विहार बनवाए हैं और उनके लिए खेत, घर, बाग, सेवक और पशु दान में दिए हैं। ताम्र-पत्रों पर लिख कर विहारों की सम्पत्ति उनके लिए आरक्षित कर दी जाती है, ये ताम्र-पत्र एक राज्य के बाद दूसरे राज्य को दे दिए जाते हैं और उन्हें रद्द करने की किसी को भी हिम्मत नहीं होती। सभी स्थायी भिक्षु जिन्हें विहारों में कमरे दिए जाते हैं, उन्हें बिस्तर, चारपाइयाँ, खाना, पेय पदार्थ आदि भी मिलते हैं। वे अपना समय दया-धर्म के कार्य करने, धार्मिक पुस्तकों का पाठ करने और आत्मचिन्तन में व्यतीत करते हैं। यदि कोई विदेशी यात्री किसी विहार में आता है तो वहाँ के उच्च पुरोहित उसे अतिथि-ग्रह तक छोड़ने जाते हैं और उसके वस्त्र तथा दान-पात्र भी उठाते हैं। वे उसे पैर धोने के लिए पानी और मालिश के लिए तेल देते हैं और उसके लिए विशेष खाना बनाया जाता है। कुछ विश्राम के पश्चात् उससे उसकी धर्माचार्य की स्थिति में पदवी पूछी जाती है और उसके अनुसार उसे स्थान और बिस्तर दिया जाता है। वर्षा-विश्राम के बाद के मास में धार्मिक लोग पुरोहितो के लिए दान इकट्ठा करते हैं और पुरोहित-गण एक बड़ी सभा करते हैं और धर्म-प्रचार करते हैं। जब पुरोहित अपना दान प्राप्त कर लेते हैं तो गृहस्थ और ब्राह्मण उन्हें वस्त्र तथा अन्य आवश्यक वस्तुएँ भेंट देते हैं, स्वयं पुरोहित भी एक-दूसरे को उपहार देते हैं और इस प्रकार, जब से महात्मा बुद्ध इस पृथ्वी से सिधारे, धर्माचार्य के नियम निरन्तर चलते आ रहे हैं।"

फ़ा-ह्यान से हमें ज्ञात होता है कि धनी लोगों ने अपनी राजधानियों में नि:शुल्क औषधालय बना रखे हैं और सभी निर्धन या असहाय रोगी, अनाथ विधवाएँ और पंगु वहाँ आते हैं। वहाँ इनकी अच्छी देख-रेख की जाती है, एक वैद्य उनकी

चिकित्सा करता है और खाना तथा औषधियाँ उनकी आवश्यकतानुसार निःशुल्क दी जाती हैं। उन्हें आराम पहुँचाया जाता है और जब वे ठीक हो जाते हैं तो वे चले जाते हैं।''

पाटलिपुत्र से और अशोक के महल से फ़ा-ह्यान अत्यन्त प्रभावित हुआ। उसके विचार में कई भवनों वाला महल भूतों ने बनाया था जो पत्थरों पर पत्थर रखते गए। उन्होंने दीवारें और द्वार बनाए, चित्रकारी की और दैवी ढंग से उसमें मूर्तियाँ उत्कीर्ण कीं। फाह्या-न की यात्रा के समय भी अशोक का महल बना हुआ था। अशोक के बनवाए एक स्तूप के निकट फा-ह्यान ने दो विहार देखे जिनमें से एक में महायान शाखा के और दूसरी में हीनयान शाखा के बौद्ध भिक्षु रहते थे। दोनों विहारों में कुल छः सात सौ भिक्षु रहते थे। किन्तु अपनी विद्वता के लिए वे इतने प्रसिद्ध थे कि दूर-दूर से विद्यार्थी तथा जिज्ञासु उनके भाषण सुनने आते थे। स्वयं फ़ा-ह्यान ने संस्कृत भाषा सीखने में तीन वर्ष लगाए। भिक्षुओं की नीति-पुस्तकें प्राप्त करके वह अति प्रसन्न हुआ। बीस बड़े और सुसज्जित रथों वाले विशाल जलूस की उसने बहुत सराहना की। ये जलूस हर साल निकाले जाते हैं और दूसरे महीने की आठवीं तिथि को इन्हें शहर में घुमाया जाता है। उनमें गायक और संगीतज्ञ भी होते थे। फ़ा-ह्यान हमें बताता है कि ऐसे जलूस और शहरों में भी निकाले जाते थे।

फ़ा-ह्यान बताता है कि गया शहर खाली और उजड़ा हुआ था। बोधगया के पवित्र स्थानों के चारों ओर जंगल बन गए थे। ईसा पूर्व पाँचवीं शताब्दी में पहाड़ की तराई में जहाँ घनी आबादी थी, अब वहाँ बहुत कम जनसंख्या थी। श्रावस्ती में केवल 200 परिवार थे। कपिलवस्तु और कुशीनगर के पवित्र स्थान भी उजाड़ और खाली थे। बहुत थोड़े भिक्षु और उनके सेवक अब भी उनकी पवित्रता और अपनी श्रद्धा के कारण वहाँ रहते थे और दान पर निर्वाह करते थे।

यह ध्यान देने योग्य बात है कि फ़ा-ह्यान ने सब कुछ बौद्ध दृष्टि से देखा। उसे यह भी देखना चाहिए था कि गुप्त राजाओं के संरक्षण में हिन्दू धर्म के पुनरुत्थान के कारण बौद्ध धर्म पृष्ठभूमि में आ गया था। फ़ा-ह्यान के विवरण से यह नहीं पता चलता कि ब्राह्मण-धर्म भारत में मुख्यतः प्रचलित था।

चन्द्रगुप्त द्वितीय का मूल्याँकन (Estimate of Chandragupta II)—डॉ० स्मिथ ने माना है कि चन्द्रगुप्त द्वितीय एक सशक्त और प्रचण्ड शासक था और एक विस्तृत साम्राज्य की वृद्धि और उसके प्रशासन के लिए सुयोग्य था। वह बड़ी-बड़ी उपाधियों का इच्छुक था जिनसे उसकी वीरता तथा पराक्रम का परिचय मिलता है। एक शेर के साथ सफलतापूर्वक लड़ते हुए अपना चित्र उसने अपने सिक्कों पर अंकित करवाया था।

डॉ० रायचौधरी का मत है कि चन्द्रगुप्त द्वितीय एक श्रेष्ठ शासक था। वह स्वयं कट्टर वैष्णव था लेकिन दूसरे सम्प्रदायों के अनुयायियों को भी उसने राज्य के उच्च पदों पर नियुक्त किया। उसका सेनानी अम्रकाद्दव सम्भवतः बौद्ध था। उसका युद्ध तथा शान्ति का मन्त्री शाब-वीरसेन और उसका मन्त्री शिखरस्वामी शिव के उपासक थे।

डॉ० मजूमदार का विचार है कि समुद्रगुप्त ने विजय-कार्य आरम्भ किया और चन्द्रगुप्त द्वितीय ने उसे सम्पूर्ण किया। साम्राज्य की रूप-रेखा में उसने केवल सीमावर्ती जातीय राज्यों तथा राजतन्त्रों को ही विलीन नहीं किया बल्कि शकों और कुषाणों के राज्यों को भी साथ मिला दिया। ''शान्तिमय और सुगठित विशाल साम्राज्य जो उसने अपने उत्तराधिकारी को सौंपा, यह एक महान् सेनानी और सुयोग्य राजनीतिज्ञ के ही नहीं, एक प्रतिभाशाली व्यक्तित्व के प्रयत्नों का भी परिणाम था। यदि चन्द्रगुप्त विक्रमादित्य को भविष्य की पीढ़ियों ने स्मरण रखा और उसके अधिक प्रतिभाशाली पिता को विस्मृत कर दिया तो इसका कारण ढूँढ़ना कठिन नहीं है। सम्पूर्ण किए गए स्मारक का लोगों पर अधिक प्रभाव पड़ता है और योजना बनाने वाले और सतत परिश्रम से नींव रखने वाले मुख्य-निर्माता को भूलकर वे उसे सम्पूर्ण करने वाले को अधिक श्रेय प्रदान करते हैं। सौ युद्धों का विजेता समुद्रगुप्त इतिहास का नायक है। राजनीतिक महत्ता और साँस्कृतिक पुनरुत्थान के युग को सम्पूर्ण करने वाला चन्द्रगुप्त द्वितीय अपनी प्रजा के हृदयों में भी स्थान प्राप्त करने में विजयी हुआ।''

प्रो० आर०डी० बैनर्जी ने लिखा है : ''वंश के तीसरे सम्राट् चन्द्रगुप्त द्वितीय ने अपने पिता से मिले हुए राज्य को एक साम्राज्य का रूप दिया। पंजाब और पश्चिमी भारत के सिथियनों को समाप्त करके वह उत्तरी भारत का वास्तविक स्वामी बन गया। अपनी मृत्यु के समय वह निस्सन्देह भारत का सर्वोच्च शासक था। वाकाटकों के साथ विवाह सन्धि करके उसने भारत की एकमात्र प्रतिद्वन्द्वी शक्ति को तटस्थ कर दिया। सभी महान् शासकों की तरह वह भी पूर्णतः विवेक-रहित

था। इसका प्रमाण इस बात से मिलता है कि उसने अपने सबसे बड़े भाई रामगुप्त को अपदस्थ करके उसका वध किया। अकबर और शिवाजी की तरह वह भी इतना साहसी था कि उसे उद्दण्ड कहा जा सकता था जैसा कि इस बात से सिद्ध होता है कि चुने हुए सहकारियों के दल के साथ भेष बदलकर सिथियन राजा के शहर या शिविर में उसने वीरतापूर्ण कार्य किया। वह एक महत्त्वाकाँक्षी व्यक्ति और श्रेष्ठ सेनानी था, इसलिए विरासत में प्राप्त राज्य के साथ वह पूर्वी पंजाब, मालवा, गुजरात और काठियावाड़ को भी मिलाने में सफल हो गया।''

कुमारगुप्त प्रथम (Kumara Gupta I, 415-455 ई०)—यह लगभग निश्चित है कि कुमारगुप्त प्रथम ने 415 ई० से 455 ई० तक राज्य किया। 415 ई० उसके बिलसाड़ अभिलेख पर अंकित है। उसके चाँदी के सिक्कों से उसकी अंतिम तिथि 455 ई० प्राप्त होती है। इस प्रकार उसका 40 वर्ष का लम्बा राज्यकाल था।

कुमारगुप्त प्रथम की दो पत्नियाँ और दो पुत्र थे। पुरुगुप्त अनन्तदेवी का पुत्र था और स्कन्दगुप्त सम्भवतः देवकी का पुत्र था। यह नाम स्कन्दगुप्त के लिए अभिलेख आधार पर सीवैल ने प्रस्तावित किया है।

कुमारगुप्त प्रथम के कई नाम थे, जैसे 'श्री महेन्द्र', 'अजीत महेन्द्र', 'सिंह महेन्द्र', 'अश्वमेध महेन्द्र', 'महेन्द्र कर्म', 'महेन्द्र कल्प', 'श्री महेन्द्रसिंह', 'महेन्द्रकुमार', 'महेन्द्र आदित्य', आदि।

उसके अनेक अभिलेख तथा अन्य व्यक्तियों के अभिलेखों में कहा गया है कि चीरतदत्त पुण्ड्रवर्धन भुक्ति का गवर्नर था जो उत्तरी बंगाल है। उसी प्रकार राजकुमार घटोत्कच गुप्त ऐरण प्रान्त या पूर्वी मालवा का वाइसराय था। एक अन्य वायसराय बन्धुवर्मा दशपुर में शासन करता था। 436 ई० के एक अभिलेख में कहा गया है कि कुमारगुप्त बहुत बड़े साम्राज्य पर शासन करता था जो उत्तर में सुमेर और कैलास पर्वत से दक्षिण में विन्ध्य वनों तक और पूर्व तथा पश्चिम में सागर के बीच में फैला हुआ था जिनके बीच में उसका राज्य मेखला की भाँति झूम रहा था। देश में धार्मिक सहिष्णुता थी। इसका प्रमाण यह तथ्य है कि लोग अपनी इच्छानुसार विभिन्न देवी-देवताओं की पूजा करते थे। विभिन्न धर्म साथ-साथ प्रचलित थे। विष्णु, शिव, शक्ति, जिन, बुद्ध, सूर्य और कार्तिकेय की पूजा के लिए दान देने के अनेक उल्लेख पराप्त हुए हैं। ब्राह्मणों की सहायता के लिए विशेष दान दिए जाते थे ताकि वे अपने धार्मिक संस्कार सुगमतापूर्वक कर सकें।

कुमारगुप्त प्रथम ने विभिन्न प्रकार के सिक्के चलाए : धनुर्धर प्रकार, तलवारधारी प्रकार, अश्वमेध प्रकार, घुड़सवार प्रकार, सिंह-घातक प्रकार, चीता-घातक प्रकार, मोर प्रकार, प्रताप प्रकार और हाथी-सवार प्रकार। पश्चिमी भारत में प्रचलन के लिए कुमारगुप्त ने चाँदी के सिक्के चलाए। उसने ताँबे के सिक्के भी चलाए। अश्वमेध प्रकार के सिक्के अश्वमेध यज्ञ के उपलक्ष्य में ही चलाए गए होंगे। इन सिक्कों के मुख-भाग का मुद्रा-लेख 'जयति दिवम् कुमारः' है और पृष्ठ-भाग का मुद्रालेख 'श्री अश्वमेध-महेन्द्रः' है। उसके सिक्कों से उसके साम्राज्य का विस्तार ज्ञात होता है। सतारा जिले में पाए गए 1395 सिक्कों से दक्षिण की ओर फैलने का संकेत मिलता है।

प्रतीत होता है कि कुमारगुप्त प्रथम का राज्य शान्तिपूर्ण और समृद्धिशाली था। किन्तु उसके राज्य के अन्त में एक आक्रान्ता ने शान्ति भंग कर दी, हालांकि उस आक्रान्ता के सम्बन्ध में पता नहीं चल सका है। फ्लीट का विचार था कि गुप्त साम्राज्य पर पुष्यमित्रों ने आक्रमण किया। कुछ विद्वानों के अनुसार भिटारी स्तम्भ अभिलेख में 'पुष्यमित्र' शब्द को ठीक नहीं पढ़ा गया है क्योंकि उसमें इस शब्द का द्वितीय अक्षर पूर्ण नहीं है। एच०आर० दिवेकर ने 'पुष्यमित्रंश' के स्थान पर 'युध्यमित्रंश' पढ़ने की चेष्टा की है। ''विष्णु पुराण'' में 'पुष्यमित्र' नामक एक जाति का उल्लेख है। ''कल्पसूत्र'' में 'पुष्यमितक-कुल' का उल्लेख है। पुराणों ने पुष्यमित्रों को नर्मदा के स्रोत के निकट मेकल प्रदेश से सम्बन्धित किया है। वाकाटकों के अभिलेख में मेकल की युद्धप्रिय क्रियाओं के उल्लेख मिलते हैं। बाण भी मगध के एक राजा की कथा सुनाता है जिसे मेकल के राजा के मन्त्री उठा कर ले गए। वाकाटक राजा पृथ्वीसेन द्वितीय के बालाघाट पत्रों में कहा गया है कि उसके पिता नरेन्द्रसेन का राज्य कोल, मेकल और मालवा पर भी फैला हुआ था। नरेन्द्रसेन का राज्य काल लगभग 440 और 460 ई० के बीच में माना जाता है। यह सुझाव दिया गया है कि नरेन्द्रसेन पुष्यमित्रों का नेता था। किन्तु कहा गया है कि यह सम्भव नहीं है क्योंकि नरेन्द्रसेन तो स्वयं ही नल वंशी राजा भावदत्त वर्मा के आक्रमण के कारण अवनति की स्थिति में था। बताया गया है कि स्कन्दगुप्त के जूनागढ़ अभिलेख में गुप्त साम्राज्य के आक्रमण का उल्लेख इन शब्दों में किया गया है : ''इसके बाद महाराजाधिराज सदैव विजयी हों, जिनके साथ धन और शोभा की देवी आलिंगन कर रही

है; जिन्होंने अपनी भुजाओं (की शक्ति) से पराक्रम प्राप्त किया; और जिन्होंने गरुड़-सम (अपने स्थानीय) प्रतिनिधियों की शक्ति प्राप्त की (और प्रयुक्त की) और घमण्ड तथा उद्दण्डता से अपने सिर उठाते हुए सर्प-सम (शत्रु) राजाओं के विरुद्ध उसे प्रयोग किया;—जब (उन) पिता ने अपनी कीर्ति से देवताओं का मित्र बनने की क्षमता प्राप्त कर ली थी (अर्थात् वह दिवंगत हो चुका था) तो राज-गुण-युक्त तथा शोभा-युक्त स्कन्दगुप्त ने अपने शत्रुओं को झुका दिया और चारों समुद्रों तक फैली हुई (सारी) पृथ्वी को अपने अधिकार में कर लिया (और) उसकी सीमाओं पर समृद्ध देश बसे हुए थे।'' इससे स्पष्ट है कि अपने पिता की मृत्यु से कुछ समय पहले स्कन्दगुप्त ने ''सर्प-सम (शत्रु) राजाओं'' से युद्ध किया। यह उल्लेख पुष्यमित्रों के साथ किये गए युद्ध का है।

कुमारगुप्त प्रथम ने 'व्याघ्र-बल-पराक्रम' उपाधि धारण की जिसका अर्थ है चीते की शक्ति और पराक्रम वाला। इसका यह अर्थ निकालने की चेष्टा की गई है कि कुमारगुप्त प्रथम ने नर्मदा से पार चीतों से भरे प्रदेश को हस्तगत करने की चेष्टा की। यह विचार काल्पनिक प्रतीत हो सकता है लेकिन यह उल्लेखनीय है कि कुमारगुप्त प्रथम ने त्रैकुटक मुद्रा से मिलते-जुलते सिक्के चलाए। इन सिक्कों से अनुमान लगाया गया है कि कुमारगुप्त प्रथम ने उस दिशा में कुछ प्रदेश विजित किए।

डॉ० आर०सी० मजूमदार ने लिखा है : ''कुमारगुप्त के राज्य को प्राय: महत्त्वशून्य समझा जाता है। लेकिन उसके चरित्र और कार्यों का ठीक मूल्याँकन करते समय हमें उन महत्त्वपूर्ण विवरणों को उपयुक्त महत्ता देनी चाहिए जिन्हें आमतौर पर उपेक्षित कर दिया जाता है। इस समय के अनेक अभिलेखों में केवल एक सैनिक अभियान का उल्लेख है जो उसके राज्य-काल के अन्त में भेजा गया। इसके अतिरिक्त अरब सागर से बंगाल की खाड़ी तक उसकी अपनी देख-रेख में एक शांतिमय और सुस्थिर प्रशासन का पता चलता है। इतने बड़े साम्राज्य को केवल एक सशक्त और उपकारी शासक ही इस प्रकार नियन्त्रण से रख सकता था। उसकी मृत्यु के शीघ्र पश्चात् ही हूणों तथा अन्य शत्रुओं की पराजय से राज-सेना की कुशलता का प्रमाण मिलता है। कुमारगुप्त के लिए यह श्रेय की बात थी कि लगभग 40 वर्ष तक शान्तिपूर्ण समय में भी राज-सेना को सुरक्षित रखा गया। यह असम्भव नहीं कि आधुनिक इतिहासकार कुमारगुप्त के प्रशासन और व्यक्तित्व को जितना श्रेय प्रदान करते हैं उससे अधिक श्रेय उसे देना चाहिए। उसके राज्य को एक अन्धकारमयी पृष्ठभूमि समझा जाता है जिसके सामने उसके उत्तराधिकारी और दो पूर्वाधिकारियों के राज्य चमकते दिखाई देते हैं कि यह सम्भवत: उचित नहीं है और वास्तविक ऐतिहासिक तथ्य से संगत नहीं है।''

कुमारगुप्त प्रथम के पश्चात् उत्तराधिकारी की समस्या (Succession Problem after Kumaragupta I)—कुमारगुप्त प्रथम के पश्चात् उत्तराधिकार की समस्या काफी जटिल है। स्मिथ, पन्नालाल, रायचौधरी तथा अन्य विद्वानों का विचार था कि स्कन्दगुप्त ही कुमारगुप्त प्रथम का तात्कालिक उत्तराधिकारी था। किन्तु कुमारगुप्त की भिटारी मोहर (Bhitari seal) के अनुसार, पुरुगुप्त कुमारगुप्त प्रथम का पुत्र तथा उत्तराधिकारी था। समस्या केवल यह है कि पहले पुरुगुप्त ने राज्य किया या स्कन्दगुप्त ने। होर्नल (Hoernle), एलन, स्मिथ और रायचौधरी जैसे विद्वानों का विचार है कि स्कन्दगुप्त निस्सन्तान मर गया और उसके बाद उसका भाई या वैमात्रेय भाई पुरुगुप्त राजा बना। उसके बाद भिटारी मुहर के नरसिंहगुप्त और कुमारगुप्त राजा बने। डी०आर० भण्डारकर जैसे विद्वानों ने पुरुगुप्त को स्कन्दगुप्त ही माना है। कुछ अन्य विद्वानों के अनुसार पुरुगुप्त और स्कन्दगुप्त ने साम्राज्य का विभाजन कर लिया। बसक का मत है कि कुमारगुप्त प्रथम की मृत्यु के पश्चात् साम्राज्य को दो भागों में विभाजित कर दिया गया। एक शाखा में स्कन्दगुप्त, कुमारगुप्त द्वितीय, बुद्धगुप्त और भानुगुप्त थे और दूसरी शाखा में पुरुगुप्त, नरसिंहगुप्त और कुमारगुप्त तृतीय थे। एलन को एक अन्य शाखा में भी विश्वास था जो भिटारी मुहर द्वारा निश्चित वंशावलि वाली शाखा के समानान्तर चलती थी। डॉ० आर०सी० मजूमदार को भी यह सन्देह हुआ कि गुप्त राजवंश की दो शाखाएँ बन गईं जो बुद्धगुप्त के साथ एक हो गई।

(1) कुमारगुप्त द्वितीय के पश्चात् गुप्त साम्राज्य के विभाजन के सम्बन्ध में आर०जी० बसक का विचार है कि स्कन्दगुप्त सारनाथ अभिलेख के कुमारगुप्त द्वितीय का उत्तराधिकारी था और उसके बाद बुद्धगुप्त राजा बना जो ऐरण अभिलेख तथा दामोदरपुर ताम्र-पत्रों का बुद्धगुप्त है। बुद्धगुप्त का उत्तराधिकारी भानुगुप्त था। बसक को पुरुगुप्त के पश्चात् एक और शाखा में भी विश्वास है। बसक के अनुसार, ''स्पष्ट है कि पुर (?) गुप्त से चलने वाली गुप्त वंश की शाखा सारनाथ अभिलेख और दामोदरपुर पत्रों द्वारा स्थापित वंशावलि वाली शाखा के समानान्तर चलती थी।''

(2) यह विचार सर्वप्रथम होर्नल ने दिया कि पुरुगुप्त और स्कन्दगुप्त एक ही थे। डॉ० मजूमदार को भी इसके पक्ष में सन्देह हुआ और कृष्णदेव ने इसकी पुष्टि की। इसके समर्थकों के विचार में भिटारी मुहर के अनुसार पुरुगुप्त कुमारगुप्त प्रथम का पुत्र तथा निकटतम उत्तराधिकारी प्रतीत होता है। किन्तु भिटारी स्तम्भ अभिलेख के अनुसार स्कन्दगुप्त कुमारगुप्त प्रथम का उत्तराधिकारी था। स्कन्दगुप्त के बिहार शिला स्तम्भ अभिलेख में स्कन्दगुप्त को तथा कुमारगुप्त की भिटारी मुहर के स्कन्दगुप्त तथा पुरुगुप्त दोनों को ही कुमारगुप्त के प्रति 'तत्पादानुध्याता' कहा गया है। इस प्रकार पुरुगुप्त तथा स्कन्दगुप्त एक हैं।

यह भी कहा गया है कि परमार्थ के विक्रमादित्य को, जो वसुबन्धु का आश्रयदाता था, तककुशु ने स्कन्दगुप्त बताया है और उसका युवराज बालादित्य पुरुगुप्त का पुत्र नरसिंहगुप्त ही था। इस प्रकार स्कन्दगुप्त और पुरुगुप्त एक ही सिद्ध होते हैं।

''आर्य-मंजुश्री-मुलकल्प'' के अनुसार महेन्द्र या कुमारगुप्त प्रथम के पश्चात् सकर या स्कन्दगुप्त राजा बना। स्कन्दगुप्त के बाद बालादित्य राजा बना। पुरुगुप्त के पश्चात् नरसिंह बालादित्य राजा बना इसलिए स्कन्दगुप्त और पुरुगुप्त एक ही व्यक्ति के दो नाम हैं।

यह भी कहा गया है कि स्कन्दगुप्त ही पुरुगुप्त कहलाने लगा जिसका अर्थ है 'महानगुप्त' क्योंकि हूणों को परास्त करके स्कन्दगुप्त ने वंश की अद्वितीय सेवी की थी। पुरुगुप्त और स्कन्दगुप्त के सिक्के निश्चय ही समकालीन हैं। एक राजा द्वारा अपने दो नामों वाले मुद्रा-लेखों से अंकित सिक्के चलाना असम्भव नहीं था। जहाँ तक मुद्रा-सम्बन्धी प्रश्न का सम्बन्ध है इस विचार को अस्वीकार करने का कोई कारण नहीं है कि पुरुगुप्त और स्कन्दगुप्त एक थे।

(3) एन० के० भट्टसाली का मत है कि स्कन्दगुप्त के पश्चात् सारनाथ अभिलेख का कुमारगुप्त राजा बना और उसके बाद लगभग 476 ई० में बुद्धगुप्त सिंहासनारूढ़ हुआ। अगला राजा भानुगुप्त था जो लगभग 495 ई० में राजा बना और उसने मिहिरकुल से युद्ध किया। भानुगुप्त के बाद पुरुगुप्त राजा बना जो अपने पिता कुमारगुप्त की मृत्यु के समय केवल 4-5 वर्ष का था। भानुगुप्त का उत्तराधिकारी बनने के समय पुरुगुप्त अत्यन्त वृद्ध होगा और उसके शीघ्र पश्चात् ही उसका स्वर्गवास हो गया होगा। उसके बाद नरसिंहगुप्त लगभग 515 ई० में राजा बना। भट्टसाली ने लिखा है : ''पुरुगुप्त ने उत्तराधिकार के अवसर के लिए धैर्यपूर्वक प्रतीक्षा की जो कम से कम भी उसके पिता की मृत्यु के 50 वर्ष बाद तक उसे प्राप्त न हुआ। इस अवधि में उसने कम से कम चार राजाओं—स्कन्द, कुमार, बुद्ध और भानु—के राज्य देखे।''

(4) पन्नालाल का विचार है कि स्कन्दगुप्त का राज्य 467 ई० में समाप्त हुआ और उसके बाद पुरुगुप्त (467-69), नरसिंहगुप्त (469-73), कुमारगुप्त द्वितीय (473-77) और बुद्धगुप्त राजा बने। पन्नालाल ने स्कन्दगुप्त और बुद्धगुप्त के बीच प्रकाशादित्य, देवदासादित्य और घटोत्कच को स्थान दिया। होर्नल (Hoernle) के अनुसार, ''सम्भावना यह है कि पुर (?) गुप्त स्कन्दगुप्त का छोटा भाई है और जब स्कन्दगुप्त निस्सन्तान मर गया तो उसका उत्तराधिकारी बना।'' स्मिथ का लेख है कि स्कन्दगुप्त के पश्चात् उसका भाई पुरुगुप्त राजा बना। एलन ने माना है कि स्कन्दगुप्त की ''कोई सन्तान नहीं थी और उसका उत्तराधिकारी उसका भाई पुरु (?) गुप्त राजा बना।'' बी०सी० सेन का कथन है कि ''इन विषम कल्पनाओं के बीच में कुमारगुप्त के उत्तराधिकारियों के विषय में प्राप्त सामग्री के साथ पन्नालाल का विचार ही सर्वाधिक संगत है कि पुरु (?) गुप्त की शाखा ही ''स्कन्दगुप्त की उत्तराधिकारी बनी।'' प्रो० दाण्डेकर भी पन्नालाल के विचार से सहमत हैं।

डॉ० बी० पी० सिन्हा ने बताया है कि हाल ही में प्राप्त जानकारी के सम्मुख पन्नालाल तथा अन्य विद्वानों का विचार ग्राह्य नहीं है। इस विचार को स्वीकार करने में भी एक स्वाभाविक असंगति है। सबसे बड़ी आपत्ति तो यह है कि स्कन्दगुप्त के अन्तिम वर्ष 467 ई० और बुद्धगुप्त के प्रथम ज्ञात वर्ष 475-76 ई० के मध्य तीन राजाओं—पुरुगुप्त, नरसिंहगुप्त और सारनाथ अभिलेख तथा भिटारी मुहर के कुमारगुप्त—के राज्यों को स्थान देने के लिए कहा जा सकता है। डॉ० रायचौधरी का उत्तर यह है कि इसमें असाधारण बात कुछ नहीं है। पूर्वी चालुक्य वंश के तीन राजाओं ने आठ वर्ष राज्य किया और कश्मीर के छः राजाओं ने छः वर्ष राज्य किया। डॉ० सिन्हा का कहना है कि यह तुलना ठीक नहीं है क्योंकि ये उदाहरण छोटे-छोटे स्थानीय राज्यों के हैं। यदि उत्तराधिकार इतनी तीव्रता से बदलता रहा तो बुद्धगुप्त के समय तक गुप्त साम्राज्य की अक्षुण्णता का कारण बताना कठिन है। स्पष्ट प्रमाण न होने के कारण यह कल्पना कर लेना ठीक नहीं है कि चार पीढ़ियों

ने आठ-नौ वर्ष के अन्दर-अन्दर राज्य किया। हाल ही में प्राप्त नालन्दा मुहरों से उत्तराधिकार का क्रम काफी बदल जाता है और स्वयं डॉ० आर०सी० मजूमदार अपना विचार परिवर्तन करना चाहते हैं।

(5) डॉ० बी०पी० सिन्हा ने अपनी महान कृति मगध साम्राज्य का पतन (The Decline of the Kingdom of Magadha) में यह विचार प्रस्तुत किया कि यद्यपि स्कन्दगुप्त कुमारगुप्त प्रथम का पुत्र था तथापि वह महादेवी का नहीं दूसरी रानी का पुत्र था। कुमारगुप्त प्रथम तथा महादेवी के पुत्र या पुत्रों के सम्मुख स्कन्दगुप्त के सिंहासन प्राप्त करने का कोई वैध अधिकार नहीं था। सिंहासन पर उत्तराधिकार के लिए वैध अधिकार की अनुपस्थिति के कारण ही उसे कुमारगुप्त प्रथम को कभी 'पादानुध्याता' नहीं कहा गया है। पुरुगुप्त की माता महादेवी अनन्तदेवी थी और स्कन्दगुप्त की माता का नाम सम्भवत: देवकी था। पुरुगुप्त के अभिलेखों में निरन्तर महादेवी अनन्तदेवी का पुत्र बताया गया है और अपने पिता कुमारगुप्त के चरणों में आराधना करते प्रस्तुत किया गया है। स्कन्दगुप्त की तुलना में पुरुगुप्त को उत्तराधिकार का अधिक अधिकार था। यह कल्पना करना स्वाभाविक है कि कुमारगुप्त प्रथम की मृत्यु के पश्चात् वही राजा बना होगा लेकिन उसके अधिक योग्य सौतेले भाई स्कन्दगुप्त ने शीघ्र ही उसे सिंहासन से उतार दिया।

स्कन्दगुप्त (Skandagupta, 455-467 ई०)—स्कन्दगुप्त और हूण आक्रमणों के सम्बन्ध में अधिकांश सामग्री भिटारी स्तम्भ अभिलेख से प्राप्त होती है। भिटारी गाँव गाजीपुर जिले में सैयदपुर से पाँच मील उत्तर-पूर्व की ओर स्थित है। गाँव से बाहर लाल पत्थर का एक स्तम्भ और उस पर उन्नीस पंक्तियों का एक लम्बा अभिलेख है और उसका अधिकांश अब भी सुरक्षित है। इसी अभिलेख से ज्ञात होता है कि अपने पिता के समय में अपने वंश का भाग्य पुन: स्थापित करने के लिए हूणों के साथ युद्ध में स्कन्दगुप्त ने एक रात जमीन पर गुजारी। ''जिसने अपने परिवार के ग्रस्त भाग्य को जगाने के लिए एक रात जमीन पर गुजारी और पुष्यमित्रों को परास्त करके, जो बहुत धनवान और शक्तिशाली बन गए थे, उनके राजा के ऊपर अपना बायाँ पैर रखा!'' जैसा कि ऊपर कहा जा चुका है 'पुष्यमित्र' शब्द के पढ़ने के बारे में कुछ सन्देह प्रकट किया गया है लेकिन आर०डी० बैनर्जी ने केवल फ्लीट के विचार को ठीक माना है।

भिटारी स्तम्भ अभिलेख से भी हूण आक्रमण के विषय में निम्नलिखित विवरण प्राप्त होता है : ''जिसने अपने पिता के देहावसान के पश्चात्, (अपनी) भुजाओं के पराक्रम से (अपने) शत्रुओं को परास्त किया और (अपने) वंश के ग्रस्त भाग्य को (पुन:) प्रतिष्ठित किया और फिर विजय प्राप्त कर ली, चिल्लाते हुए (अपनी) माता के पास गया जिसकी आँखें प्रसन्नता के अश्रुओं से भरी हुई थीं, जिस प्रकार कृष्ण (अपने) शत्रुओं को परास्त करके (अपनी माता) देवकी के पास गया था।''

''जिसने अपनी सेनाओं से (अपनी) वंशावली को (पुन:) स्थापित किया जिसे लगभग उन्मूलित कर दिया गया था........(और) अपनी दो भुजाओं से पृथ्वी को अधिकार में किया (और) कष्ट में फँसे लोगों पर दया की, (लेकिन) घमण्डी या अक्खड़ नहीं बना यद्यपि उसकी शक्ति दिन-प्रतिदिन बढ़ती जा रही है, (और) जिसको भाटों ने अपने गीतों तथा प्रशंसा से सम्मानित किया।''

''जिसने हूणों के साथ घमासान युद्ध करके भँवर (जैसा आन्दोलन) उत्पन्न करके अपनी दो भुजाओं से पृथ्वी को कम्पित कर दिया।''

जूनागढ़ शिलालेख में भी कहा गया है कि अपने पिता की मृत्यु के पश्चात् स्कन्दगुप्त ने अपने पराक्रम से अपने शत्रुओं को पराजित किया और चारों दिशाओं में समुद्रों तक पृथ्वी को विजित किया जिसके चारों ओर समृद्ध राज्य थे। म्लेच्छ देशों में अपने शत्रुओं के अभियान को जड़ से ही समाप्त किया और उनसे यह घोषणा करवाई कि उसने विजय प्राप्त कर ली थी। म्लेच्छों पर विजय-प्राप्ति की कथा सोमदेव की रचना ''कथा-सरित्-सागर'' में राजा विक्रमादित्य की कहानी में भी पाई जा सकती है।

काहौम स्तम्भ लेख में स्कन्दगुप्त की कृतियों का वर्णन इन शब्दों में किया गया है : ''इन्द्र-सम राजा, एक सौ राजाओं के स्वामी, के दरबार (उपस्थान) में एक सौ राजाओं के सिर सम्मान में उसके चरणों पर झुक गए और उसने अपने साम्राज्य में शान्ति स्थापित की।''

हूणों पर विजय प्राप्त करके स्कन्दगुप्त ने भारत की जो सेवा की उसके महत्त्व को कम नहीं किया जा सकता। डॉ० आर०सी० मजूमदार ने लिखा है : "यदि हम स्मरण रखें कि हूणों के अत्याचार डेन्यूब से सिन्धु तक फैलाए गए, कि उनका नेता ऐट्टिला जो 453 ई० में मर गया था, रेवेन्ना और कॉस्टेटिनोपल दोनों की अवज्ञा करने में सफल हुआ और तीस वर्ष पश्चात् उन्होंने ईरान पर आक्रमण किया और उसके राजा का वध किया, तो स्कन्दगुप्त की उन पर प्राप्त विजय का महत्त्व हम अनुभव कर सकते हैं। विशाल साम्राज्य की प्रजा ने इस महान् उद्धार के कारण चैन की साँस ली होगी। इस पराक्रम के कारण स्कन्दगुप्त द्वारा 'विक्रमादित्य' उपाधि धारण करना पूर्णतः न्यायसंगत है जो उसके सिक्कों पर 'विक्रमादित्य' उपाधि के साथ ही दिखाई देती है।"

डॉ० आर०के० मुकर्जी का विचार है कि स्कन्दगुप्त शत्रुओं को परास्त करके ही चुप नहीं बैठ गया था। उसका सैनिक स्वभाव उसे 'दिग्विजय' के लिए प्रेरित करने लगा। किन्तु यह 'धर्म विजय' भी थी क्योंकि स्कन्दगुप्त ने परास्त शत्रुओं को पुनः स्थापित करके दया दिखाई।

स्कन्दगुप्त के साम्राज्य के विस्तार के विषय में डॉ० मुकर्जी का विचार है कि "अपनी शक्ति के सर्वोच्च शिखर पर स्कन्दगुप्त एक विशाल साम्राज्य का शासक था जो काठियावाड़ से बंगाल तक सारे उत्तरी भारत में फैला हुआ था। पश्चिम दिशा में सौराष्ट्र और कैम्बे और गुजरात तथा मालवा के भाग भी साम्राज्य में सम्मिलित थे। जूनागढ़ शिलालेख से सौराष्ट्र पर उसका अधिकार सिद्ध होता है, कैम्बे तट पर उसके अधिकार की पुष्टि बैल प्रकार के सिक्कों से होती है और कच्छ पर उसका अधिकार वेदि प्रकार के सिक्कों से सिद्ध होता है।"

जूनागढ़ शिलालेख से ज्ञात होता है कि "इस प्रकार सारी पृथ्वी को विजित करके और शत्रुओं का अभिमान भंग करके सभी प्रान्तों में गवर्नर नियुक्त करके साम्राज्य की व्यवस्था करने में जुट गया और नव-विजित सौराष्ट्र प्रदेश के प्रशासन के लिए उपयुक्त कर्मचारी ढूँढ़ने के लिए उसे बहुत सोच-विचार करना पड़ा। कई दिन-रात इस प्रश्न पर विचार करने के बाद उसने पर्णदत्त को इस प्रदेश पर राज्य करने के लिए नियुक्त किया। पर्णदत्त को पश्चिम में नियुक्त करके राजा को उसी प्रकार हार्दिक शान्ति हुई जैसे देवताओं ने वरुण को पश्चिम दिशा में नियुक्त करके शान्ति प्राप्त की थी।" पर्णदत्त का पुत्र चक्रपालित था जिसे उसने गिरनार नगर का महापौर नियुक्त किया। कहा गया है कि चन्द्रगुप्त मौर्य के समय की बनाई गई सुदर्शन झील स्कन्दगुप्त के समय में 450 ई० में टूट गई और सुदर्शन झील दुर्दर्शन झील बन गई। उस प्रदेश के निवासियों को बहुत निराशा हुई। किन्तु चक्रपालित ने उनकी सहायता की। वह अपने नगर तथा राजा के सुख के लिए सदैव तत्पर रहता था। उसने बाँध की मरम्मत करवाई और दो महीने के अन्दर अपार धनराशि खर्च करके यह कार्य पूर्ण किया। यह बाँध एक सौ हाथ लम्बा और 68 हाथ चौड़ा था और उसकी ऊँचाई सात आदमियों के बराबर थी। चक्रपालित ने चक्रभृत देवता का मन्दिर भी बनवाया।

स्कन्दगुप्त ने सर्वनाग को अन्तर्वेदि (गंगा दोआब) का 'विषयपति' (जिलाधीश) नियुक्त किया। उसने भीमवर्मा को कोसम प्रदेश का अधिकारी भी नियुक्त किया।

स्कन्दगुप्त ने धार्मिक सहिष्णुता की नीति का अनुसरण किया। स्कन्दगुप्त स्वयं भागवत या कृष्ण-विष्णु का उपासक था, किन्तु उसने अपने कर्मचारियों तथा प्रजाजनों के धर्म में हस्तक्षेप नहीं किया। भगवान गोविन्द के उपासक के रूप में चक्रपालित ने गिरिनगर में एक मन्दिर बनवाया। बिहार स्तम्भ अभिलेख में एक प्रसंग है कि मन्दिरों के एक चक्र का निर्माण किया गया जो स्कन्द देवता और ब्राह्मी, महेश्वरी, कौमारी, वैष्णवी, महेन्द्री, वाराही, चामुण्डा, चण्डी और चार्चिका नामक दैवी माताओं की उपासना के लिए बनवाए गए थे। सविता या सूर्य के एक मन्दिर का निर्माण दो क्षत्रिय व्यापारियों ने करवाया। काहौम स्तम्भ अभिलेख में एक उल्लेख है कि 'ब्राह्मणों के प्रति आसक्त' एक व्यक्ति ने जैन मूर्तियाँ बनवाईं।

स्कन्दगुप्त ने तीन प्रकार के सोने से सिक्के चलाए, धनुर्धर प्रकार, राजा तथा लक्ष्मी प्रकार और घुड़सवार प्रकार। चाँदी के सिक्के पश्चिम और मध्य भारत में प्रचलित थे। कुमारगुप्त प्रथम के राज्य के अन्तिम वर्षों में सोने और चाँदी के सिक्कों के भार में कमी आ गई थी, उसे स्कन्दगुप्त ने फिर पूरा करा दिया। किन्तु हूण युद्ध के पश्चात् उसे सोने और चाँदी के साथ मिश्रित धातु का प्रयोग करना पड़ा।

डॉ० के०पी० जायसवाल ने अपनी पुस्तक भारत का साम्राज्यीय इतिहास (Imperial History of India) में स्कन्दगुप्त के विषय में बहुत-सी रोचक जानकारी दी है। ''आर्यमंजुश्रीमूलकल्प'' में दी गई जानकारी के आधार पर डॉ० जायसवाल ने कहा कि स्कन्दगुप्त को 'श्रेष्ठ', 'बुद्धिमान्' और 'धर्म-वत्सल' राजा कहा जाता था। भारतीय इतिहासज्ञों के विचार में वह गुप्त सम्राटों में सर्वाधिक महान् था। डॉ० जायसवाल स्वयं भी उसे सबसे महान् गुप्त सम्राट् मानते हैं। एशिया और यूरोप में वही एकमात्र नायक था जिसने हूणों को उनके उद्भव के समय परास्त किया। उस समय वह युवक था।

''चन्द्रगर्भ परिपरीच्छा'' में कहा गया है कि जब तीन लाख सेना से शत्रु ने भारत पर आक्रमण किया तो स्कन्दगुप्त को उसके पिता ने दो लाख सेना देकर सामना करने के लिए भेजा जिनमें मन्त्रियों तथा अन्य धर्मपरायण हिन्दुओं के पुत्र भी थे। असाधारण तथा द्रुतगामी गति से स्कन्दगुप्त ने शत्रु पर आक्रमण किया। क्रोध में उसका ललाट 'तिलक' की तरह दीखने लगा। उसका शरीर वज्र के समान हो गया। राजकुमार ने शत्रु सेना को छिन्न-विच्छिन्न कर दिया और विजय प्राप्त की।

डॉ० जायसवाल ने लिखा है कि स्कन्दगुप्त ने धर्मनिष्ठ हिन्दू भारत के तरुणों का नेतृत्व किया और संख्या में अपने से अधिक शक्तिशाली शत्रु पर आक्रमण करके पराक्रम और साहस का परिचय दिया। जायसवाल ने डॉ० स्मिथ का विचार स्वीकार नहीं किया कि स्कन्दगुप्त का साम्राज्य निरन्तर हूण आक्रमणों के सामने झुक गया और उसकी मृत्यु के बाद नष्ट हो गया। डॉ० जायसवाल बताते हैं कि यह विचार ''आर्यमंजुश्रीमूलकल्प'' तथा ''चन्द्रगर्भसूत्र'' में दिए गए तथ्यों के विपरीत है। उनमें कहा गया है कि अगले राजा बालादित्य के राज्य में कोई भी प्रतिद्वन्द्वी अथवा विपत्ति नहीं थी। दूसरे शब्दों में युद्ध तो स्कन्दगुप्त ने ही समाप्त कर दिये थे और विदेशियों को परास्त कर दिया था। उन्हें इतनी बुरी तरह खदेड़ दिया गया था कि गुप्त शासन के समय में उन्होंने भारत पर फिर आक्रमण करने का साहस नहीं किया। जायसवाल बताते हैं कि स्मिथ ने बालादित्य प्रथम और बालादित्य द्वितीय का अन्तर नहीं पहचाना। चूँकि स्मिथ ने इन दोनों को एक ही समझा, इसलिए उन्होंने दूसरा हूण आक्रमण भी स्कन्दगुप्त के राज्य में रख दिया। ''मंजुश्रीमूलकल्प'' में कहा गया है कि दूसरा हूण आक्रमण 50 वर्ष पश्चात् हुआ और स्कन्दगुप्त के समय में नहीं हुआ था।

स्कन्दगुप्त के उत्तराधिकारी (Successors of Skandagupta)

पुरुगुप्त (Purugupta 467-73 ई०)—डॉ० रायचौधरी का मत है कि स्कन्दगुप्त की मृत्यु के पश्चात् गुप्त साम्राज्य का पतन आरम्भ हो गया। सम्भव है कि स्कन्दगुप्त का निकटतम उत्तराधिकारी उसका भाई पुरुगुप्त था जिसने 467 ई० से 473 ई० तक राज्य किया। वह कुमारगुप्त प्रथम और उसकी रानी अनन्तदेवी का पुत्र था। सिंहासनारोहण के समय पुरुगुप्त अवश्य ही वृद्ध पुरुष रहा होगा। इसलिए इसमें कोई आश्चर्य की बात नहीं कि लगभग छः वर्ष राज्य करने के बाद ही उसका स्वर्गवास हो गया। उसकी रानी का नाम विभिन्न विद्वानों ने 'श्री वत्सदेवी', 'श्री वैन्यदेवी' और 'श्री चन्द्रदेवी' पढ़ा है। वह नरसिंह बालादित्य की माता थी। पुरुगुप्त ने केवल एक प्रकार के सोने के सिक्के चलाए जो धनुर्धर प्रकार के थे। पुरुगुप्त महान् बौद्ध प्रचारक वसुबन्धु से भी सम्बन्धित रहा प्रतीत होता है। कहा गया है कि उसने वसुबन्धु को अपनी रानियों तथा युवराज बालादित्य का गुरू नियुक्त किया था।

उसके राज्य में गुप्त साम्राज्य का ह्रास हुआ। सौराष्ट्र पर उसका अधिकार सुदृढ़ नहीं था। पुरुगुप्त के चाँदी के सिक्के नहीं थे क्योंकि सौराष्ट्र पर उसका राज्य नहीं था जहाँ उन सिक्कों की आवश्यकता थी।

भारसार से पाए गए सिक्कों से प्रतीत होता है कि प्रकाशादित्य नामक एक राजा ने स्कन्दगुप्त से कुछ समय पश्चात् राज्य किया। डॉ० रायचौधरी बताते हैं कि प्रकाशादित्य सम्भवतः पुरुगुप्त या उसके किसी तात्कालिक उत्तराधिकारी की गौण उपाधि थी।

नरसिंहगुप्त बालादित्य (Narasimhagupta Baladitya, 473 ई०)—डॉ० रायचौधरी मानते हैं कि पुरुगुप्त के पश्चात् सम्भवतः उसका पुत्र नरसिंहगुप्त बालादित्य राजा बना। उसका तादात्म्य उस बालादित्य से स्थापित किया गया है। जिसके विषय में ह्यून-त्सांग ने कहा है कि उसने मिहिरकुल को कैद किया। डॉ० रौयचौधरी बताते हैं कि मिहिरकुल का विजेता पुरुगुप्त का पुत्र नहीं बल्कि एक अन्य व्यक्ति था।

कुमारगुप्त द्वितीय (Kumara Gupta II, 473-476 ई०)—नरसिंहगुप्त बालादित्य के पश्चात् उसकी रानी मित्रदेवी से उत्पन्न पुत्र कुमारगुप्त द्वितीय विक्रमादित्य राजा बना। भिटारी मुहर के कुमारगुप्त द्वितीय को धनुर्धर प्रकार के कुछ सिक्कों में वर्णित विक्रमादित्य माना गया है। ''आर्यमंजुश्रीमूलकल्प'' में कहा गया है कि बालादित्य और उसके उत्तराधिकारी कुमार ने गौड़ (उत्तरी बंगाल का पश्चिमी भाग) सहित 'पूर्वदेश' (पूर्वी भारत) में राज्य किया। कुमारगुप्त द्वितीय ने केवल धनुर्धर प्रकार के सोने के सिक्के चलाए। महाराज हस्तिन् को वह अपना सामन्त मानता था। सारनाथ बुद्ध मूर्ति पर अंकित अभिलेख में गुप्त संवत् का वर्ष 154 दिया गया है जो 473 ई० के बराबर है ''जब कुमारगुप्त पृथ्वी की रक्षा कर रहा था।'' यह बुद्धमूर्ति तत्कालीन मूर्तिकला की एक उत्कृष्ट कृति है। इस मूर्ति की रचना अभयमित्र ने करवाई ताकि उसके माता-पिता, गुरू और पूर्वजों को मुक्ति प्राप्त हो।

कुमारगुप्त द्वितीय का राज्य 476-77 ई० के लगभग समाप्त हुआ। उपर्युक्त विवरण से स्पष्ट है कि पुरुगुप्त, नरसिंहगुप्त और कुमारगुप्त द्वितीय तीनों ने केवल दस वर्ष राज्य किया। किन्तु डॉ० रायचौधरी कहते हैं कि यह कोई असाधारण बात नहीं है। उन्होंने अन्य वंशों तथा राज्यों के उदाहरण देकर सिद्ध करने की चेष्टा की है कि कई बार एक के बाद दूसरे राजा की मृत्यु होती गई।

बुद्धगुप्त (Buddhagupta, 477-495 ई०)—बुद्धगुप्त ने 477 ई० से 495 ई० तक लगभग बीस वर्ष राज्य किया। कई अभिलेखों में बुद्धगुप्त का उल्लेख किया गया है। उनमें से एक अभिलेख में बुद्धगुप्त को ''परमदेवता-परमभट्टारक-महाराजाधिराज-श्री-पृथ्वीपति'' कहा गया है। 484 ई० के ऐरण से प्राप्त एक अभिलेख में महाराज सुरश्मिचन्द्र को बुद्धगुप्त के सामन्त के रूप में कालिन्दी तथा नर्मदा के बीच राज्य करते बताया गया है। बुद्धगुप्त ने चाँदी के सिक्के चलाए जिन पर उसके नाम के साथ उसकी उपाधि 'अवनीपति' दी गई है।

डॉ० आर०के० मुकर्जी की मान्यता है कि ''अभिलेखों से ज्ञात होता है कि बुद्धगुप्त के समय में साम्राज्य की सीमाओं में कोई कमी नहीं हुई। इसके विपरीत, प्रतीत होता है कि अपने पूर्वाधिकारियों के समय में खोई हुई भूमि और गौरव का कुछ भाग उसने फिर प्राप्त किया। इसमें कालिन्दी तथा नर्मदा के मध्य का विस्तृत प्रदेश सम्मिलित था। उत्तरी बंगाल में पुण्ड्रवर्धन प्रान्त कोटिवर्ष-विषय और पुण्ड्रवर्धन-विषय जिलों सहित सम्मिलित था। सुरश्मिचन्द्र के अधीन मालवा भी साम्राज्य का अंग था।''

तथागतगुप्त (Tathagatagupta) **और बालादित्य द्वितीय** (Baladitya II)—ह्यून-त्सांग की जीवनी के अनुसार, बुद्धगुप्त के पश्चात् तथागतगुप्त राजा बना। वह सम्भवतः वैन्यगुप्त से सम्बन्धित था। तथागतगुप्त के पश्चात् बालादित्य द्वितीय राजा बना। इस समय में गुप्त वंश की प्रभुता को हूण नेता तोरमान ने मध्य भारत में चुनौती दी। ह्यून-त्सांग हमें बताता है कि बालादित्य तोरमान और उसके पुत्र मिहिरकुल को बन्दी बनाने में सफल हुआ किन्तु राजमाता के कहने पर उसने उन्हें मुक्त कर दिया। डॉ० रायचौधरी बताता है कि यह असम्भव नहीं है कि 'बालादित्य' एक 'विरुद' या ''गौरवशाली भानुगुप्त, सारी पृथ्वी पर सबसे अधिक वीर पुरुष, एक महान् राजा, पार्थ-सम'' की गौण उपाधि थी। मध्य भारत के कुछ भागों से हूणों को पूर्णतः खदेड़ दिया गया था।

कृष्णगुप्त (Krishnagupta), **हर्षगुप्त** (Harshagupta) **और जीवितगुप्त प्रथम** (Jivitagupta I)—डॉ० रायचौधरी मानता है कि कुमारगुप्त तृतीय और उसके तीन उत्तराधिकारी कृष्णगुप्त, हर्षगुप्त तथा जीवितगुप्त को 510 और 554 ई० के बीच रखना होगा। 510 ई० भानुगुप्त की तिथि है और 554 ई० ईषानवर्मा की तिथि है। कृष्णगुप्त के विषय में लगभग कुछ भी ज्ञात नहीं है। एक अभिलेख में उसे एक वीर पुरुष बताया गया है जिसने सिंह की तरह अपनी भुजाओं से अभिमानी शत्रुओं के हाथियों के माथों को खरोंच दिया और असंख्य शत्रुओं पर अपने पराक्रम से विजय प्राप्त की। उसने सम्भवतः यशोधर्मन के विरुद्ध युद्ध किया।

देवश्री हर्षगुप्त कृष्णगुप्त का उत्तराधिकारी था। उसे उन लोगों से युद्ध करना पड़ा जो ''भाग्य की देवी को अपने स्वामी के पास रहने देने के पक्ष में नहीं थे।'' उसके वक्ष पर कई घाव थे। उसके शत्रुओं के नाम नहीं दिये गये हैं।

जीवितगुप्त प्रथम देवश्री हर्षगुप्त का उत्तराधिकारी था। हिमालय तथा समुद्र के बीच के प्रदेश में अपने वंश का आधिपत्य पुनः स्थापित करने में वह सम्भवतः सफल हुआ। ''भय का उत्ताप उसके घमण्डी शत्रुओं से दूर नहीं होता था भले ही वे समुद्र के निकट खड़े हों जहाँ पानी की लहरों के उतार-चढ़ाव में ठंड थी और जो ऊँचे ताड़ वृक्षों के कुंज में

घूमते हुए हाथियों द्वारा तोड़े गये केले के वृक्षों की शाखाओं से ढकी हुई थीं; चाहे वे हिमालय पर खड़े हों जो बर्फ़ की बौछारों से ठंडा है।'' यह संकेत सम्भवतः घमंडी शत्रु गौड़ों की ओर है।

कुमारगुप्त तृतीय (Kumaragupta III)—जीवितगुप्त प्रथम के पश्चात् कुमारगुप्त तृतीय राजा बना। उसे बहुत-सी कठिनाइयों का सामना करना पड़ा। गौड़ों, आन्ध्रों तथा शूलिकों ने विद्रोह कर दिया। कहा गया है कि आन्ध्रों के राजा के पास हजारों हाथी थे और पूर्वी प्रदेश की विजय करने के उद्देश्य से उसने गोदावरी को पार किया और उस प्रदेश में ग्यारह अश्वमेध यज्ञ किये। शूलिक चालुक्य माने गये हैं। गौड़ों ने पश्चिमी बंगाल में विद्रोह किया। मौखरी भी ऊपरी गंगा घाटी (Upper Gangetic Valley) में अपना अधिकार जमाने लगे। गया के मौखरी शासक, यज्ञवर्मा, शार्दूलवर्मा और अनन्तवर्मा, एक सामन्त परिवार के थे। उत्तर प्रदेश के मौखरी सम्भवतः आरम्भ में अधीनस्थ थे। उनके पूर्वतम शासकों के नाम थे हरिवर्मा, आदित्यवर्मा और ईश्वरवर्मा। वे अपने आपको 'महाराज' कहते थे। ईश्वरवर्मा का उत्तराधिकारी ईषानवर्मा था। उसने आन्ध्रों, शूलिकों तथा गौड़ों पर विजय का दावा किया। सर्वप्रथम उसने 'महाराजाधिराज' उपाधि धारण की। सम्भवतः इसलिए कुमारगुप्त तृतीय के साथ उसका संघर्ष हुआ। यह संघर्ष जारी रहा और अन्त में गुप्त राजा ने गौड़ों की सहायता से मौखलियों को समाप्त किया। कहा गया है कि ''राजाओं के चन्द्र, ईषानवर्मा के सेना-रूपी अथाह दुग्ध के सागर को जो कि उसके भाग्य प्राप्त करने का साधन बना, कुमारगुप्त तृतीय ने मन्थन किया।'' यह भी बताया गया है कि कुमारगुप्त तृतीय की दाह-क्रिया प्रयाग में की गई जो उसके साम्राज्य का भी भाग होगा।

दामोदरगुप्त (Damodaragupta)—कुमारगुप्त तृतीय के पश्चात् दामोदरगुप्त राजा बना। बताया जाता है कि उसने मौखरियों के साथ युद्ध किया और अंत में वह स्वर्गवासी हुआ। ''शान के साथ आते हुए शक्तिशाली हाथियों की पंक्ति को विच्छिन्न करके, जिन्हें मौखरियों ने हूणों की सेना को कुचलने के लिए युद्ध में छोड़ा था, वह मूर्च्छित हो गया (और युद्ध में उसकी मृत्यु हो गई)।''

महासेनगुप्त (Mahasenagupta)—दामोदरगुप्त के बाद उसका पुत्र महासेनगुप्त राजा बना। सम्भवतः यही वह मालवा-नरेश है जिसका नाम बाण-कृत ''हर्षचरित'' में दिया गया है। कहा गया है कि कुमारगुप्त और माधवगुप्त को उनके पिता ने राज्यवर्धन और हर्षवर्धन से मिलने के लिये भेजा। सम्भव है कि महासेनगुप्त की मित्रता का कारण मौखरियों का भय रहा हो। कामरूप में उस समय एक शक्तिशाली राजतन्त्र स्थापित था। कामरूप के राजा सुस्थितवर्मा ने महासेनगुप्त के विरुद्ध युद्ध किया किन्तु पराजित हुआ। अफ्साड़ (Aphsad) अभिलेख के अनुसार, ''सुयोग्य सुस्थितवर्मा पर विजय प्राप्त करने वाले महासेनगुप्त की महान् कीर्ति का गान अब भी लौहित्य नदी के तटों पर किया जाता है।''

देवगुप्त द्वितीय (Devagupta II)[2]—महासेनगुप्त के पश्चात् देवगुप्त द्वितीय राजा बना। दो अभिलेखों में कहा गया है कि ''दुष्ट घोड़ों से तुलना किए जाने वाले राजाओं में देवगुप्त द्वितीय सर्वाधिक प्रसिद्ध था। उन सबको राज्यवर्धन ने दण्ड दिया।'' सम्भव है कि देवगुप्त द्वितीय ही वह मालव-नरेश था जो गृहवर्मा मौखरी के वध के लिए उत्तरदायी था और जो स्वयं राज्यवर्धन द्वारा परास्त हुआ। देवगुप्त द्वितीय सम्भवतः महासेनगुप्त का ज्येष्ठ पुत्र था और कुमारगुप्त तथा माधवगुप्त का बड़ा भाई था।

कहा गया है कि गुप्त तथा गौड़ वंशों के समान भय के कारण हर्षवर्धन ने कामरूप के राजा भास्करवर्मा से सन्धि की। यह सन्धि गौड़ों के लिए विनाशकारी सिद्ध हुई।

माधवगुप्त (Madhavagupta)—देवगुप्त द्वितीय के पश्चात् माधवगुप्त राजा बना जो महासेनगुप्त का छोटा पुत्र था। वह हर्षवर्धन का अधीनस्थ मित्र बना रहा। वह हर्षवर्धन के दरबार में भी रहा।

आदित्यसेन (Adityasena)—माधवगुप्त के पश्चात् आदित्यसेन राजा बना जिसमें विशिष्ट पराक्रम और योग्यता थी। उसने कई अश्वमेध तथा अन्य यज्ञ किए। उसने गौड़ों तथा मौखरियों से अपने सम्बन्ध पुनः स्थापित किए। एक गौड़ सरदार सूक्ष्मशिव को उसने अपनी सेवा में लिया। एक मौखरी सरदार भोगवर्मा सम्भवतः उसका अधीनस्थ मित्र बन गया। आदित्यसेन ने 'महाराजाधिराज' तथा 'परमभट्टारक' उपाधियाँ धारण कीं। एक अभिलेख से ज्ञात होता है कि आदित्यसेन 672-73 ई० में राज्य कर रहा था।

---

2. चन्द्रगुप्त द्वितीय ने 'देवगुप्त' उपाधि धारण की थी और उसे देवगुप्त प्रथम भी कहा जाता है।

देवगुप्त तृतीय (Devagupta III), **विष्णुगुप्त द्वितीय** (Vishnugupta II)[3] **और जीवितगुप्त द्वितीय** (Jivitagupta II)—आदित्यसेन के पश्चात् उसका पुत्र देवगुप्त तृतीय राजा बना। उसके बाद उसका पुत्र विष्णुगुप्त द्वितीय राजा बना। जीवितगुप्त द्वितीय गुप्त वंश का अन्तिम शासक था। इन सब राजाओं ने राजसी उपाधियाँ धारण कीं। सम्भवतः गौड़ों ने अन्तिम रूप से गुप्त साम्राज्य को समाप्त किया। गौड़ अत्यधिक बलशाली हो गये थे। कन्नौज के राजा यशोवर्मा के समय मगध के सिंहासन पर एक गौड़ राजा आरूढ़ था।

गुप्त वंश के गौण शासक बारहवीं तथा तेरहवीं शताब्दी तक राज्य करते रहे। असंख्य अभिलेखों में गुप्त शासकों का उल्लेख मिलता है। इस प्रकार धीरे-धीरे गुप्त वंश लुप्त हो गया।

गुप्त साम्राज्य के पतन के कारण
(Causes of Downfall of the Gupta Empire)

समुद्रगुप्त तथा चन्द्रगुप्त द्वितीय के पराक्रम से स्थापित गुप्त साम्राज्य का क्रमशः ह्रास होने लगा और छठी शती ई० के अन्त में उसका पतन हो गया। गुप्त साम्राज्य के ह्रास तथा पतन के कई कारण थे।

ऊपर कहा जा चुका है कि पुष्यमित्रों तथा हूणों के आक्रमणों के विरुद्ध साम्राज्य की एकता को अक्षुण्ण रखने के लिए स्कन्दगुप्त को भरसक प्रयत्न करना पड़ा। उसकी मृत्यु के पश्चात् देश में अव्यवस्था फैल गई। फलस्वरूप उसकी मृत्यु के पश्चात् गुप्त वंश का स्पष्ट वर्णन देना बहुत कठिन है। कई राजाओं के नाम ज्ञात हैं लेकिन उनकी तिथियाँ और उनके पारस्परिक सम्बन्ध निश्चित करना सुगम नहीं है। उत्तराधिकार के लिए ज्येष्ठपुत्राधिकार का नियम सर्वमान्य नहीं था। अतः सम्भव है कि सिंहासन के लिए संघर्ष होते रहे हों। यह कहा जाता है कि एक ही समय पर विभिन्न राजधानियों से प्रतिद्वन्द्वी गुप्त शासक राज्य करते थे। स्कन्दगुप्त के पश्चात् केवल पुरुगुप्त, कुमारगुप्त द्वितीय और बुद्धगुप्त महत्त्वपूर्ण थे, शेष सभी प्रभावहीन थे। परिणामतः वे पतन को रोकने में समर्थ न हुए और अन्त में गुप्त साम्राज्य समाप्त हो गया।

गुप्त साम्राज्य की समाप्ति में विदेशी आक्रमणों का भी हाथ था। गुप्त साम्राज्य की स्थिरता को कुमारगुप्त प्रथम के समय में ही पुष्यमित्रों के आक्रमण से बहुत धक्का लगा था। किन्तु स्कन्दगुप्त ने उन्हें खदेड़ दिया। कालान्तर में हूण सामने आए। यह ठीक है कि गुप्त शासक हूणों के विरुद्ध सफल हुए किन्तु इसका अर्थ यह नहीं है कि हूण आक्रमणों का गुप्त साम्राज्य पर कुछ भी प्रभाव न पड़ा। उनके निरन्तर आक्रमणों से साम्राज्य के साधन अवश्य ही समाप्त हो गए होंगे। यह सामान्यतः स्वीकार किया जाता है कि हूण आक्रमणों से ही समाप्त हो गए होंगे। यह सामान्यतः स्वीकार किया जाता है कि हूण आक्रमणों से ही गुप्त साम्राज्य का पतन हुआ। किन्तु डॉ० आर०सी० मजूमदार को यह विचार मान्य नहीं है। उनके मतानुसार, सारी छठी शताब्दी में भारत के द्वार हूणों के लिए पूर्णतः बन्द थे। तोरमान और मिहिरकुल की अल्पजीवी सफलताओं के होते हुए भी हूण कभी भी भारतीय इतिहास में स्थायी शक्ति नहीं माने गए। वे केवल कश्मीर और अफ़गानिस्तान को विजय कर सके थे जो गुप्त साम्राज्य की सीमाओं से बाहर थे।

डॉ० मजूमदार का मत है कि गुप्त साम्राज्य पर विनाशकारी आघात हूणों ने नहीं अपितु यशोधर्मन जैसे महत्त्वाकाँक्षी सरदारों ने किया। यह ठीक है कि हूणों ने अत्यधिक विनाश किया किन्तु उनकी शक्ति शीघ्र ही समाप्त हो गई। यशोधर्मन द्वारा बनाई गई दरार फैलती गई और अन्त में गुप्त साम्राज्य खंड-खंड हो गया। आरम्भ में यशोधर्मन केवल एक स्थानीय सरदार था। मालवा में अशान्ति से लाभ उठाकर उसने अपनी स्वतन्त्र शक्ति स्थापित कर ली। वह इतना शक्तिशाली हो गया कि उसने केवल मिहिरकुल को ही परास्त नहीं किया बल्कि गुप्त सम्राट् की भी अवज्ञा की। सम्भव है कि उसने गुप्त साम्राज्यों के कुछ भागों को भी विजित किया हो हालाँकि उसकी विजयों के सम्बन्ध में हमें पूर्ण ज्ञान नहीं है। मन्दसौर अभिलेख में कहा गया है कि उसकी प्रभुता को बहुत बड़े क्षेत्र में स्वीकार किया जाता था जो पश्चिमी महासागर से ब्रह्मपुत्र

3. विष्णुगुप्त प्रथम भिटारी मुहर में उल्लिखित कुमारगुप्त द्वितीय का पुत्र था। उसने सम्भवतः 510-554 ई० की अवधि में कुछ समय तक राज्य किया।

तक और हिमालय से गंजम् जिले (Ganjam District) तक फैला हुआ था। प्रतीत होता है कि यशोधर्मन अपनी स्थिति को अधिक समय तक स्थापित न रख सका। किन्तु इसकी गौरवमयी सफलताओं से अन्य लोगों को भी प्रोत्साहन मिला। यदि यशोधर्मन गुप्त साम्राज्य की अवज्ञा कर सकता था तो कोई कारण नहीं कि अन्य लोग भी ऐसा न कर सकते थे। ऐसे वातावरण में गुप्त साम्राज्य का पतन अवश्यम्भावी था।

कई सरदारों ने गुप्त साम्राज्य के विरुद्ध विद्रोह किया। धीरे-धीरे मौखरी उत्तर प्रदेश में उदित हुए और छठी शती ई० मध्य तक उन्होंने एक स्वतन्त्र राज्य स्थापित कर लिया। कन्नौज के मौखरी वंश की स्थापना हरिवर्मा ने की। लगभग 554 ई० में ईशानवर्मा ने गुप्त सम्राट् के साथ और सम्भवतः हूणों के साथ भी युद्ध किया। उसने 'महाराजाधिराज' उपाधि भी धारण की। लगभग 554 ई० से 580 ई० तक मौखरी उत्तरी भारत में निस्सन्देह सर्वशक्तिमान थे। ईशानवर्मा ने बहुत बड़ा क्षेत्र गुप्त शासकों से छीन लिया। उसने आन्ध्रों को भी पराजित किया और उनके राज्य का कुछ भाग प्राप्त किया। उसने बंगाल का कुछ भाग भी विजित किया।

स्कन्दगुप्त के समय में सौराष्ट्र में पर्णदत्त नामक एक 'गोप्ता' का राज्य था। उसे स्वयं स्कन्दगुप्त ने वायसरॉय नियुक्त किया था। किन्तु कुछ समय के पश्चात् मैत्रक जाति के एक सरदार भट्टार्क ने इस क्षेत्र पर सैनिक गवर्नर के रूप में अधिकार कर लिया और अपनी राजधानी वल्लभी में बनाई। घरसेन प्रथम उसका तात्कालिक (immediate) उत्तराधिकारी था। भट्टार्क तथा घरसेन प्रथम ने 'सेनापति' उपाधि धारण की। किन्तु अगले शासक द्रोणसिंह ने 'महाराज' उपाधि धारण की और गुप्त राजा ने उसे मान्यता दी। इस वंश की एक शाखा ने छठी शताब्दी के उत्तरार्द्ध में मालवा के पश्चिमी भाग पर अधिकार कर लिया और विस्तृत विजयें कीं। एक अन्य शाखा बल्लभी में राज्य करती रही। बल्लभी के ध्रुवसेन द्वितीय ने हर्षवर्धन की पुत्री से विवाह किया। उसके पुत्र धरसेन चतुर्थ ने "परमभट्टारक परमेश्वर चक्रवर्तिन्" उपाधि धारण की। स्पष्ट है कि लगभग इसी समय मैत्रक वंशी शासक गुप्त साम्राज्य से स्वतन्त्र हो गए। इससे गुप्त साम्राज्य के भाग्य पर दुष्प्रभाव पड़ना स्वाभाविक ही था।

उत्तरकालीन गुप्त वंशियों ने मालवा और मगध में राज्य किया। आरम्भ में वे गुप्त वंश के सामन्त (feudatory) थे और सम्भवतः गुप्त साम्राज्य की रक्षा के लिए उन्होंने युद्ध भी किया किन्तु बाद में लगभग मौखरियों के समय में ही उन्होंने अपनी स्वतन्त्र सत्ता स्थापित कर ली।

इसी समय बंग (दक्षिणी तथा पूर्वी बंगाल) ने गुप्त साम्राज्य की सत्ता को अस्वीकार कर दिया। छठी शताब्दी के आरम्भ में वैन्यगुप्त का पूर्वी बंगाल में राज्य था और उसकी उपाधि महाराज थी। बाद में बंग के शासकों ने भी 'महाराजाधिराज' उपाधि धारण की और गुप्त सम्राटों की भाँति सोने के सिक्के चलाए।

चौथी तथा पाँचवीं शतियों में बंगाल ने गुप्त प्रभुता को स्वीकार किया था। इलाहाबाद स्तम्भ अभिलेख में समतट को सीमावर्ती राज्य कहा गया है। उत्तरी बंगाल या पुण्ड्रवर्धन भुक्ति कुमारगुप्त प्रथम के समय में गुप्त साम्राज्य का अंग था। किन्तु गौड़ बंगाल में उदित हुए और छठी शती के उत्तरार्द्ध में उन्होंने गुप्त वंश की प्रभुता को ठुकरा दिया। आरम्भिक गौड़ों के विषय में अधिक ज्ञान प्राप्त नहीं है। गौड़ राजाओं के नाम थे धर्मादित्य, गौपचन्द्र, समाचारदेव और जयनाग। हर्षवर्धन का समकालीन शशांक भी गौड़ वंश का था। केवल यही तथ्य कि गौड़ राजाओं ने 'महाराजाधिराज' उपाधि धारण की, इस बात को सिद्ध करता है कि वे सम्राट् की प्रभुता को नहीं मानते थे और स्वतन्त्र शासकों की तरह आचरण करते थे।

यह सर्वविदित है कि आरम्भिक गुप्त सम्राट् हिन्दू धर्म के प्रबल संरक्षक थे किंतु बाद के गुप्त शासकों, यथा बुद्धगुप्त, तथागतगुप्त और बालादित्य का झुकाव बौद्ध धर्म की ओर था, इससे भी गुप्त साम्राज्य को आघात पहुँचना स्वाभाविक था। अशोक के बाद मौर्यों की तरह सैनिक कुशलता को अभीष्ट महत्त्व नहीं दिया जाता था। इसलिए साम्राज्य को संगठित रखना असम्भव था। ह्वून-त्साँग हमें बताता है कि जब मिहिरकुल शाकल या स्यालकोट का शासक था तो वह गुप्त राजा बालादित्य पर आक्रमण करने के लिए गया। जब बालादित्य को यह सूचना प्राप्त हुई तो उसने अपने मन्त्रियों से ये शब्द कहे, "मैंने सुना है कि ये चोर आ रहे हैं और मैं उन (की सेनाओं) से नहीं लड़ सकता, यदि मेरे मंत्री मुझे अनुमति दें तो मैं कीचड़ में छिप जाऊँ।" उसने केवल यह कहा ही नहीं बल्कि वास्तव में अपनी बहुत सी प्रजा के साथ

एक द्वीप में चला गया। ह्यून-त्साँग हमें बताता है कि मिहिरकुल बन्दी बना लिया गया किन्तु बालादित्य की माता के कहने पर उसे मुक्त कर दिया गया। यह कहना कठिन है कि ह्यून-त्साँग द्वारा बताई गई बालादित्य की कहानी कहाँ तक सत्य है किन्तु स्पष्ट है कि गुप्त राजाओं में अधिक साहस या सैनिक बल नहीं रह गया था। उनकी दया और कृपा का गुप्त साम्राज्य पर विपरीत प्रभाव पड़ना ही था। ऐसे शासक देश में अपनी प्रभुता स्थिर न रख सके और उनको पृष्ठभूमि में धकेल दिया जाना स्वाभाविक था।

हूण जाति (The Hunas)

हूण खानाबदोश जंगलियों के समूह थे। आरम्भ में वे चीन के पड़ोस में रहते थे। वे पश्चिम की ओर बढ़े और दो भागों में विभक्त हो गए। एक भाग वोल्गा की ओर चला गया और दूसरा भाग ऑक्सस की ओर चला गया। जो हूण यूरोप गए वे काले हूण कहलाए और उसका सबसे महान नेता ऐट्टिला था। जो हूण ईरान और भारत में रहने लगे वे श्वेत हूण थे और ऐफ्थलाइट्स कहलाए। पाँचवीं शती ई० के मध्य में वे आक्सस घाटी में शक्तिशाली बन गए। 484 ई० में उनके राजा अख्शोनवर ने ईरान के सस्कैनियन राजा फ़िरोज़ को परास्त किया और उसका वध भी किया। इससे हूणों का मान बढ़ गया और छठी शती ई० के अन्त में वे एक विशाल साम्राज्य पर राज्य करते थे जिसकी राजधानी बल्ख थी।

यह पहले भी वर्णन किया गया है कि हूणों ने स्कन्दगुप्त के समय में भारत पर आक्रमण किया लेकिन उन्हें खदेड़ दिया गया। पराजय इतनी विनाशकारी रही होगी कि उन्होंने बहुत लम्बे समय तक भारत पर आक्रमण करने का साहस न किया।

तोरमान (Tormana)—भारत में हूणों के कार्यों के विषय में अधिक प्रामाणिक ज्ञान हमारे पास नहीं है। दो हूण राजाओं, तोरमान और मिहिरकुल, के नाम सिक्कों तथा अभिलेखों से ज्ञात हैं। उन्हें हूण समझा जाता है लेकिन इसका कोई प्रबल प्रमाण नहीं है। 520 ई० में गान्धार के हूण राजा के दरबार में चीनी दूत सोंग-युन ने अपने समय से दो पीढ़ी पहले हूणों द्वारा इस राज्य पर आक्रमण तथा अधिकार का उल्लेख किया है। उसने इस प्रदेश का यह विवरण दिया है : ''ये-थास ने इस देश का विनाश किया था और बाद में एक टेगिन या राजवंश के एक कुमार को राजा बना दिया, उसके बाद दो पीढ़ियाँ बीत गईं। इस राजा (या वंश) का स्वभाव अत्याचारी और प्रतिकारी था और वह बहुत अत्याचार करता था। वह बुद्ध के सिद्धान्तों में विश्वास नहीं रखता था किन्तु दानव-पूजा उसे प्रिय था।.......केवल अपनी शक्ति पर निर्भर होकर उसने की-पिन (Ki-pin) या कश्मीर के राजा के साथ युद्ध किया, उसके राज्य की सीमाओं के विषय में झगड़ा किया और तीन वर्ष तक वह उससे युद्ध कर चुका था। राजा के पास 700 युद्ध के हाथी हैं।.........राजा निरन्तर अपनी सेनाओं के साथ सीमा पर रहता था और कभी अपने राज्य में वापस न आया।..........''

एक यूनानी लेखक कॉस्मस (Cosmas) ने लगभग 547 ई० में अपनी कृति क्रिसचियन टोपोग्रैफी (Christian Topography) में इस प्रकार लिखा : ''भारत से ऊपर, अर्थात् उत्तर की ओर श्वेत हूण (White Hunas) रहते हैं। यह वर्णन मिलता है कि गोल्लस (Gollas) नामक एक शासक, युद्ध में जाते समय अपने साथ दो हजार हाथी और बहुत बड़ी घुड़सवार सेना लेकर जाता है। वह भारत का स्वामी है और लोगों पर अत्याचार करके उनसे शुल्क लेता है। फ़ाइसन नदी भारत के विभिन्न देशों को हूणों के देश अे अलग करती है।'' वही लेखक बताता है कि फ़ाइसन नदी सिन्धु है। पाँचवीं शती के अन्त में या छठी शती के आरम्भ में तोरमान पंजाब से बढ़ा और उसने पश्चिमी भारत के बहुत बड़े भाग को विजित किया। ऐरण भी उसके राज्य में था। तोरमान के सिक्के उसके विदेशी उद्‌भव का प्रमाण देते हैं और यह सिद्ध करते हैं कि वह उत्तर प्रदेश, राजस्थान, पंजाब और कश्मीर के भागों में राज्य करता था। सम्भवतः गान्धार में राज्य करने वाले हूण परिवार से वह सम्बन्धित था। आठवीं शती की एक जैन कृति ''कुवलयमाला'' में कहा गया है कि तोरमान संसार का प्रभु था। चन्द्रभागा या चनाव नदी के तट पर पवैया में वह रहता था। वह जैन मतानुयायी बन गया था।

तोरमण के बारे में डॉ० उपेन्द्र ठाकुर का मत है कि "महान विजेता तोरमण असंदिग्ध रूप से अत्यधिक कुशल शासक और चतुर राजनीतिज्ञ था जिसने हूणों की खोई प्रतिष्ठा को पुनः प्राप्त किया; उसने अपने पराक्रम, दूरदृष्टि, शान्त मस्तिष्क, राजनयिकता तथा आराधक व्यवहार के द्वारा मध्य एशिया से पाटलिपुत्र तक फैले विशाल साम्राज्य का निर्माण किया। उसने चालू प्रशासकीय ढाँचे में कोई परिवर्तन नहीं किया तथा किसी को बेकार में परेशान नहीं किया। उसने धन्यविष्णु जैसे अधिकारियों को मोहित किया तथा प्रान्तीय प्रशासन की पुरानी प्रणाली तथा पुराने अधिकारी परिवारों तथा सामन्तों को बनाए रखा। उसकी इस दूरदर्शिता से नये विजित क्षेत्रों में स्वाभाविक रूप से सुविधा रही और उस युग के शासक परिवारों में कटुता उत्पन्न नहीं हुई। उसने इतने कम समय में उत्तरी भारत के पर्याप्त भाग को विजित किया कि उसके उदाहरण बहुत कम हैं। यह महान साहसिक एवं आश्चर्यजनक कार्य था जिससे अशोक तथा समुद्रगुप्त भी ईर्ष्या कर सकते थे। वह धार्मिक तथा प्रशासकीय मामलों में सहिष्णु रहा; उसने अपने प्रशासन को स्थिर किया, सिक्के जारी किए तथा गुप्त साम्राज्य के विघटन की गति को तीव्र किया। अब केवल साम्राज्य का शव ही शेष रह गया था जिसे शीघ्र ही राजनीतिक गिद्धों ने नोच डाला जो ऐसे अवसरों की सदा ही तलाश में रहते थे। तोरमण रिटायर हो गया किन्तु गुप्तों का वैभव कभी नहीं लौटा और अगली शताब्दी में इतिहास के मंत्र से वे पूर्णतः गायब हो गए। देश की राजनीतिक एकता इतनी बिगड़ गई थी कि उसकी मरम्मत नहीं हो सकी तथा 550 ई० के बाद भारतीय इतिहास के राष्ट्रीय तथा सामान्य जीवन की साझी कड़ी खो गई। यह सत्य है कि इस समय तक हूण राजनीतिक दृश्य से गायब हो गए थे लेकिन पुराना जीवन लौट कर नहीं आया।"[4]

मिहिरकुल (Mihirakula)—लगभग 515 ई० में तोरमान का पुत्र मिहिरकुल उसका उत्तराधिकारी बना। ह्यून-त्साँग के अनुसार, शाकल मिहिरकुल की राजधानी थी। वह यह भी बताता है कि "मिहिरकुल ने इस नगर पर अपना अधिकार स्थापित किया और वह भारत पर राज्य करता था। उसने पड़ोस के सभी प्रदेशों को विजित किया।" प्रारम्भ में बौद्ध धर्म में उसे रुचि थी किन्तु बाद में उसने "आदेश जारी कर दिया कि पाँचों द्वीप-समूहों मे सभी भिक्षुओं को समाप्त कर दिया जाए, बुद्ध का नियम समाप्त कर दिया जाए और कुछ शेष न छोड़ा न जाए।"

"राजतरंगिणी" में मिहिरकुल को शक्तिशाली राजा कहा गया है जिसने गान्धार और कश्मीर पर राज्य किया और दक्षिणी भारत तथा लंका को विजित किया। मिहिरकुल को प्रचण्ड स्वभाव का व्यक्ति बताया गया है। उसके अत्याचार की लम्बी कहानियाँ बताई गई हैं।

प्रतीत होता है कि मिहिरकुल एक शक्तिशाली राजा था जिसने उत्तरी भारत के अधिकांश पर चढ़ाई की। 530 ई० के एक अभिलेख से ज्ञात होता है कि उसका प्रभुत्व ग्वालियर तक फैला हुआ था। सम्भवतः उससे आगे भी उसके प्रभुत्व को स्वीकार किया जाता था। कॉस्मस (Cosmas) ने हूण सरदार को भारत का स्वामी बताया है। किन्तु मिहिरकुल शीघ्र ही परास्त हो गया। मंदसौर अभिलेख में यशोधर्मन दावा करता है कि "प्रसिद्ध शासक मिहिरकुल ने भी उसके चरणों में सम्मान अर्पित किया, जिसका सिर (पहले) (भगवान्) स्थाणु (शिव) के अतिरिक्त किसी के आगे नहीं झुका था और जिसके बाहुपाश में आकर बर्फ का पहाड़ (हिमालय) गलत ही अपने आपको अजेय दुर्ग समझ कर गर्व अनुभव करता है।"

ह्यून-त्सांग ने गुप्त सम्राट् द्वारा मिहिरकुल की पराजय का वर्णन इन शब्दों में किया है : "मगध-नरेश बालादित्य-राजा बुद्ध के नियम का अनन्य उपासक था। जब उसने मिहिरकुल के अत्याचारों तथा नृशंसता के समाचार सुने तो उसने राज्य की सीमाओं को पूर्णतः सुरक्षित कर लिया और शुल्क (tribute) देने से इन्कार कर दिया। जब मिहिरकुल ने उसके राज्य पर आक्रमण किया तो बालादित्य ने अपनी सेना सहित एक द्वीप में आश्रय लिया। मिहिरकुल ने अपनी सेना का बड़ा भाग अपने छोटे भाई के अधीन छोड़ दिया, स्वयं किश्तियों पर सवार हुआ और अपनी सेना के कुछ भाग के साथ द्वीप में उतरा। किन्तु एक तंग दर्रे में बालादित्य के सैनिकों ने उसका पीछा किया और उसे बन्दी बना लिया। बालादित्य ने मिहिरकुल का वध करने का निश्चय किया किन्तु अपनी माता के कहने पर उसे मुक्त कर दिया। वापस लौटकर मिहिरकुल को ज्ञात हुआ कि उसका भाई वापस लौट आया था और उसने सिंहासन पर अधिकार कर लिया था। इसलिए उसने कश्मीर में आश्रय की माँग की और उसे यहाँ आश्रय मिला भी। तब उसने वहाँ एक विद्रोह करवाया

4. Journal of Indian History, 1966, p. 92.

और राजा का वध करके स्वयं कश्मीर के सिंहासन पर बैठ गया। उसने गान्धार के राजा का वध किया और राजवंश को समाप्त किया, स्तूपों तथा संघारामों को नष्ट किया और देश की सम्पत्ति को लूटकर लौट गया। किन्तु एक ही वर्ष में उसकी मृत्यु हो गई।''

लंका के राजा के विरुद्ध भी उसके एक अभियान का वर्णन मिलता है। ''उसकी रानी ने अपने वक्ष पर लंका का बना हुआ एक क्रॉस्लेट पहिना हुआ था जिस पर लंका के राजा के पैरों का चित्र था। मिहिरकुल ने उसे अपमान समझा और लंका पर आक्रमण करके उसे नष्ट कर दिया।'' यह कहना कठिन है कि इस अनुश्रुति में कितनी सत्यता है।

मिहिरकुल की मृत्यु की निश्चित तिथि ज्ञात नहीं है। कुछ लेखकों के अनुसार उसका 540 ई० में देहान्त हुआ। कुछ अन्य विद्वानों का विचार है कि उसकी मृत्यु 547 ई० में हुई। किन्तु मिहिरकुल इतना अत्याचारी था कि ''उसकी मृत्यु के समय मेघगर्जना और बौछार हुई और घनघोर अन्धकार छा गया और पृथ्वी कम्पायमान हो गई और एक भयानक तूफान आया।'' (ह्य न त्सांग)।

मिहिरकुल के धर्म के विषय में अधिक जानकारी प्राप्त नहीं होती। उसके सिक्कों पर शिव के बैलों के चित्र हैं। सम्भवत: वह शिव का उपासक था। ग्वालियर अभिलेख में बताया गया है कि मिहिरकुल ने सूर्य का एक मन्दिर बनवाया। सम्भवत: वह सूर्य का उपासक भी था। जैसा कि ऊपर बताया गया है कि वह बौद्ध धर्मानुयायियों के प्रति अत्यन्त नृशंस था।

उत्तर गुप्त वंशजों के एक अभिलेख में एक प्रसंग है कि ''मौखरियों के हाथी गर्व के साथ आगे बढ़ते गए, जिन्होंने हूणों की सेनाओं को कुचल दिया था।'' सम्भव है कि हूणों पर यह विजय मौखरी राजा ईशानवर्मा ने प्राप्त की हो। मौखरियों ने भी हूण शासकों की तरह सिक्के चलाये। उन्होंने उन प्रदेशों पर भी राज्य किया जो पहले हूणों के अधिकार में थे।

प्रतीत होता है कि मिहिरकुल की पराजय से भारत से हूणों की प्रभुता समाप्त हो गई। उसके बाद वे भारतीय इतिहास में विप्लवकारी शक्ति न रहे। तुर्कों तथा ईरानियों द्वारा 563 तथा 567 ई० के बीच ऑक्सस के तटों पर हूणों की पराजय से भी भारत में उनका मान कम हो गया। छोटे-छोटे हूण सरदार पंजाब तथा उत्तर-पश्चिमी भारत में राज्य करते रहे। समय के साथ-साथ हूण भारतीय समाज में विलीन हो गये।

हूण सभ्यता (Huna Civilisation)—पश्चिमी संसार के बौद्ध अभिलेखों में कहा गया है कि हूणों की कोई लिखित भाषा नहीं है और उनके शिष्टाचार के नियम भी त्रुटिपूर्ण हैं। ग्रहों आदि के चलन का उन्हें कोई ज्ञान नहीं है। वर्षों की गणना में उनके कोई मध्यस्थ मास या कोई और छोटे-बड़े महीने नहीं हैं, वे केवल वर्ष को बारह भागों में बाँट देते हैं। संगीत के कोई साज नहीं मिलते। यथा देश के राजवंश की स्त्रियाँ लम्बे-लम्बे वस्त्र पहनती हैं जो तीन फुट से भी अधिक धरती पर लटकते हैं। वे अपने सिर पर आठ फुट लम्बा एक सींग भी पहनती हैं जिसमें से तीन फुट भाग लाल रंग का होता है।.........धनी तथा निर्धन लोगों के अपने-अपने ढंग के वस्त्र हैं। उनमें से अधिकांश बुद्ध में विश्वास नहीं करते और झूठे देवताओं की पूजा करते हैं। वे जीवों की हत्या करते हैं और उनका माँस खाते हैं।''

यह सत्य है कि हूणों ने थोड़े समय के लिए भारत में राज्य किया, किन्तु उन्होंने देश को कई प्रकार से प्रभावित किया। राजनीतिक दृष्टि से हूण आक्रमणों ने गुप्त साम्राज्य के ह्रास और पतन में योग दिया। साम्राज्य के साधन समाप्त हो गये। राजनीतिक एकता समाप्त हो गई और देश कई छोटे-छोटे राज्यों में बंट गया। आक्रमणों से गड़बड़ और अव्यवस्था फैल गई और इससे जनता को हानि हुई।

सांस्कृतिक दृष्टि से हूण आक्रमण अभिशाप सिद्ध हुए। हूणों ने कला की उत्कृष्ट कृतियाँ नष्ट कर दीं। उन्होंने बिहारों तथा मन्दिरों को गिरा दिया और जला दिया। उन्होंने केवल गुप्त कला की कृतियों को ही नष्ट नहीं किया बल्कि इतिहास के बहुमूल्य स्रोत भी जला दिये। उनके विनाश के कारण इतिहासकार बहुत-सी लाभदायक सामग्री से वंचित रह गये।

सामाजिक दृष्टि से भी हूण आक्रमणों का महत्त्व है। हूणों ने भारतीयों की जातीय रचना को भी प्रभावित किया। भारत में राजनीतिक सत्ता खो बैठने के बाद वे देश में ही बस गये। उन्होंने भारतीय स्त्रियों से विवाह किये और अन्त में भारतीय समाज में ही विलीन हो गये। डॉ० स्मिथ बताता है कि, "राजपूतों की तथाकथित 36 जातियों में से एक को वास्तव में ही हूण कहा गया।" हैवेल ने लिखा है, "इसमें कोई सन्देह नहीं कि वर्तमान असंख्य राजपूत जातियों में पर्याप्त विदेशी तत्त्व हैं जिन्हें इण्डो-आर्य समाज ने चौथी से छठी शताब्दी तक और उसके बाद अपने अन्दर विलीन कर लिया।"

नैतिक प्रभाव को हैवेल ने इन शब्दों में व्यक्त किया है : "हूणों के रक्त के अत्यधिक मिश्रण से इण्डो-आर्य परम्परा का नैतिक स्तर नीचा हो गया और बहुत से अश्लील अन्धविश्वासों को पनपने का अवसर मिला जिनकी आर्यावर्त के महान् दार्शनिकों तथा आध्यात्मिक आचार्यों ने कल्पना भी न की थी।" उसी लेखक के विचार में हूण आक्रमणों ने पूर्वी निरंकुशता के लिए रास्ता खोल दिया। हैवेल ने इस बारे में लिखा है : "निरंकुशवाद का मूल तारतार या मंगोल था। अधिक सम्भावना यही है कि भारतीयों ने इसे मंगोल हूणों से ही प्राप्त किया।"

Suggested Readings

Aiyangar, S. Krishnaswami : Studies in Gupta History.

Allan, J. : Catalogue of the Coins of the Gupta Dynasties and of Sasanka, King of Gauda.

Altekar, A.S. : Catalogue of the Gupta Coins in the Bayana Hoard (Bombay, 1954).

Aryamanjusrimulakalpa edited by K.P. Jayaswal.

Banerjee, R.D. : The Age of the Imperial Guptas.

Basak, R.G. : History of North-Eastern India, 1934.

Beal, E. : Buddhist Records of the Western World, (1883).

Chhabra, B.Ch. : Some Observations on the Bhitari Inscription of Skandagupta (Journal of Indian History, 1963, pp. 543-9).

Cunningham, R. : A Book of Indian Eras (Calcutta, 1883).

Dandekar, R.N. : A History of the Guptas, 1941.

Devichandraguptam,

Fleet, J.F. : Corpus Inscriptionum Indicarum, Vol. III.

Giles, H. : Travels of Fahien (Cambridge, 1923).

Gokhale, B.G. : Samudragupta, Life and Times (Bombay, 1962).

Gupta, P.L. : Legitimacy of Skandagupta, Succession (Journal of Indian History 1962, pp. 243-52).

Jayaswal, K.P. : History of India (150 A.D. to 350 A.D.).

Jayaswal, K.P. : Imperial History of India.

Kaumudimahotsava

Legge, J.H. : Record of the Buddhistic Kingdoms, being an account of the Chinese Monk Fahien's Travels.

Majumdar, R.C. : Original Home of Imperial Guptas (pp. 410-18, Journal of Bihar Research Society, 1952).

Majumdar, R.C. (Ed.) : The Classical Age.

Majumdar and Altekar : The Vakataka-Gupta Age.

Mehta, G.P. : Chandragupta Vikramaditya (Hindi).

Mookerji, R.K. : The Gupta Empire (1947).

Mookerji, R.K. : Ancient India.

Mookerji, R.K. : Men and Thought in Ancient India.

Pargiter, E.E. : Dynasties of the Kali Age.

Raychaudhuri, H.C. : Political History of Ancient India.

Saletore, R.N. : Life in the Gupta Age.

Sastri, Raghunandana : Gupta-Vamsa ka Itihas (Hindi).

Shembavnekar, K.M. : The Glamour About the Guptas.

Sinha, B.P. : The Decline of the Kingdom of Magadha (Patna, 1954).

Sinha, B.P. : Original Home of the Imperial Guptas (Journal of Bihar Research Society, 1952 pp. 419-28)

Sircar, D.C. : Select Inscriptions bearing on Indian History and Civilisation.

Sircar, D.C. : Copper Coins of Ramagupta.

Smith, V.A. : Early History of India.

Thakur, Upendra : The Hunas in India (Varanasi, 1967).

Upadhyaya, P. : Gupta Samrajya ka Itihas (Hindi).

अध्याय

34

गुप्तकालीन भारत

(India during the Gupta Age)

गुप्त प्रशासन (Gupta Administration)—डॉ० आर०एन० सेलटोर (R.N. Saletore) का मत है : "गुप्त प्रशासन प्रणाली को पूर्णत: मौलिक नहीं कहा जा सकता। किन्तु इसे प्रभावशाली और हितकारी अवश्य माना जा सकता है। यह मौलिक नहीं थी क्योंकि यह भूत की ऐतिहासिक परम्परा पर आधारित थी और तत्कालीन परिस्थितियों के अनुकूल बनाने के लिए इसे विकसित कर लिया गया था। यह प्रभावशाली थी क्योंकि इसका ढाँचा बहुत विशाल था जिसकी प्रकृति तभी समझी जा सकती है जब यह स्मरण रखा जाए कि इसके अंग थे राजा, मन्त्रि-परिषद्, महासभा, सामन्तगण, राज्य के विभाग, राजधानी, प्रान्तों तथा ग्रामों के कर्मचारी, उनके बहुमुखी कर्त्तव्य, उनके अधिकारों की विशाल सीमा और उनके अधीनस्थ कर्मचारियों की बहुत बड़ी संख्या। यह हितकारी थी क्योंकि यह एक असभ्य निरंकुश शासन नहीं थी जहाँ राजा ही पूर्णाधिकार-प्राप्त शासक था, मन्त्रि-परिषद् तथा राज्य के उच्च अधिकारियों के रूप में इसमें कई सांविधानिक प्रतिबन्ध थे।……किन्तु इसके अतिरिक्त सम्पूर्ण प्रशासन का संचालन प्राय: सांविधानिक रीति की न्यायपूर्ण व्याख्या से उत्पन्न स्वतन्त्रता से किया जाता था। सांविधानिक रीतियाँ उदाहरणों के रूप में विद्यमान थीं जिन्होंने अलिखित नियम की शक्ति प्राप्त कर ली थी। इसकी कार्यकुशलता ऐसी थी कि इसने राजस्व के स्रोतों को नियमित रूप दिया, हिसाब के खाते को सराहनीय ढंग से रखा, (जिसका प्रमाण एंक गाँव में धरती के टुकड़े की बिक्री में भी दिखाई देता है) और इसके आर्थिक साधनों की ऐसी उत्तम व्यवस्था थी कि इसने शासकों को मगध से समतट की सीमा तक और पश्चिम में सौराष्ट्र की सीमा तक तथा हिमालय के शुरू से मध्य भारत की दूरवर्ती सीमाओं तक फैले हुए विशाल साम्राज्य पर नियन्त्रण रखने की क्षमता प्रदान की।"[1]

गणतन्त्र (Republics)—गुप्तकाल में राजतन्त्र (monarchy) ही प्रशासन का प्रचलित रूप था किन्तु पंजाब तथा राजपूताना में कुछ गणतन्त्र अभी स्थित थे। केन्द्रीय पंजाब में मद्रों का राज्य था। कांगड़ा-घाटी में कुणिन्दों का, दक्षिण-पूर्वी पंजाब में यौधेयों का, आगरा-जयपुर प्रदेश में अर्जुनायनों का और केन्द्रीय राजपूताना में मालवों का राज्य था। मध्य भारत में प्रार्जुनों, सनाकानीकों, काकों तथा आभीरों के गणतन्त्र थे। लगभग 400 ई० के पश्चात् ये सब गणतन्त्र समाप्त हो गये।

---

1. Life in the Gupta Age, pp. 318-19.
आर०डी० बनर्जी का मत है कि गुप्त सम्राटों के शिलालेखों में मौर्य अधिकारियों के पदों का कोई चिन्ह नहीं है। (द एज ऑफ इम्पीरियल गुप्ताज, पृ० 60)। किन्तु आज इस मत को स्वीकार नहीं किया जाता। यह बताया जाता है कि गुप्त सम्राटों ने बहुत बड़ी सीमा तक अपने पूर्वजों के अधिकारियों के पदों को बनाये रखा। कुमारामात्य, महादंडनायक और संधिविग्रहक पदों का उल्लेख समुद्रगुप्त के इलाहाबाद स्तम्भ शिलालेख में है। उल्लिखित पदों का कौटिल्य को ज्ञान था। ग्रामिक, ग्राम, विष, नागरा, गोपा, भोगा, शुल्क, पुष्तप, गुल्म, अक्षपटल, दूत, सीमा और अधिकरण तकनीकी पद कौटिल्य को ज्ञात थे। उसने युक्तक औ उपयुक्तक का उल्लेख किया है, समुद्रगुप्त के इलाहाबाद स्तम्भ शिला-लेख में आयुक्त पुरुषों का वर्णन है। ऐसा दिखाई देता है कि गुप्त-सम्राटों ने सुविधा की दृष्टि से कौटिल्य के सरकारी पदों को अपनाया था। इसी प्रकार से शातवाहनों के महासेनापति, सेनापति, भंडारिक, महादंडनायक, लेखक, गुलमिक, गणपक, नायक, भोजक, महत्तर तथा शतभट नामक अधिकारी गुप्त-प्रशासन में मिलते हैं। रज्जुक, लेखक, मतिसचिव, अमात्य, दंडनायक, महासेनापति और ग्रामिक कुषाण अफसरों के नाम गुप्तकाल में भी पाये जाते हैं।

राजतन्त्र (Monarchy)—गुप्तकाल में राजाओं के देवत्व का सिद्धान्त अत्यन्त लोकप्रिय था। समुद्रगुप्त को देवता कहा गया है जो पृथ्वी पर रहने के लिए आया था। कुछ शासकों को पंचमलोकपाल या दैवी रक्षक कहा गया है। किन्तु इसका अर्थ यह नहीं है कि गुप्त शासकों ने अपने देवत्व के कारण अपने को सर्वथा निर्दोष मानने का दावा किया हो। राजा को वृद्धों की सलाह लेने, प्रशासन-कला सीखने और न्यायपरायणता की भावना फैलाने की आवश्यकता थी। अक्खड़, अधर्मी और अत्याचारी राजाओं की निन्दा की जाती थी। एक आदर्श राजा को अपना शरीर इस प्रकार बनाना पड़ता था कि वह अपने उच्चपद के कर्त्तव्यों को पूर्ण कर सके। ज्येष्ठ पुत्र को प्राय: 'युवराज' चुना जाता था। उसका अपना अलग नागरिक तथा सैनिक कार्यालय था। राजा की अनुमति से वह प्रान्तीय सरकारों के प्रनुखों को आदेश भेज सकता था। यदि राजा वृद्ध होता था तो अधिकांश राज्य कार्य उसी के हाथ में आ जाता था। रानियाँ तथा राजकुमारियाँ प्रशासन में अधिक भाग नहीं लेती थीं। यद्यपि कुमारदेवी को बहुत ऊँचा स्थान दिया गया था फिर भी उसने अपने पति चन्द्रगुप्त प्रथम के प्रशासन में कोई भाग नहीं लिया। चन्द्रगुप्त द्वितीय की रानी ध्रुवदेवी ने भी ऐसा ही किया।

गुप्त सम्राटों की उपाधियाँ 'परमदेवता', 'परमभट्टारक', 'एकाधिराज', 'महाराजाधिराज', 'पृथ्वीपाल', 'परमेश्वर', 'सम्राट्', 'एकाधिराज' और 'चक्रवर्तिन्' थीं। श्रीगुप्त, घटोत्कच तथा कुमारगुप्त प्रथम जैसे शासकों को केवल 'महाराज' कहा गया। कालिदास द्वारा दी गई राजसी उपाधियाँ हैं 'राजन्', 'नरपति', 'देव', 'भट्टारक', 'असह्यविक्रम', 'अप्रतिरथ', 'सम्राट्', आदि। चन्द्रगुप्त द्वितीय की रानी को 'महादेवी ध्रुवदेवी' कहा गया है। कभी-कभी रानियों के 'परमभट्टारिका' (सम्मान की सर्वोच्च अधिकारी) तथा 'परमभट्टारिकाराज्ञी महादेवी' कहा जाता है।

गुप्त शासकों को बहुत विस्तृत शक्तियाँ प्राप्त थीं। वे शक्तियाँ राजनीतिक, प्रशासनीय, सैनिक तथा न्यायिक क्षेत्रों में फैली हुई थीं। बहुधा वे स्वयं ही अपने सेनापति भी होते थे। समुद्रगुप्त, चन्द्रगुप्त द्वितोय और स्कन्दगुप्त ने अपनी सेनाओं का स्वयं नेतृत्व किया। गुप्त सम्राट् सभी गवर्नर, मुख्य सैनिक तथा नागरिक कर्मचारी नियुक्त करते थे। वे सब सम्राट् के प्रति उत्तरदायी थे। गवर्नर तथा उनके कर्मचारी सम्राट् के आदेश तथा पथ-प्रदर्शन में काम करते थे। उसी प्रकार केन्द्रीय सचिवालय भी सम्राट् की देख-रेख में काम करता था। सम्राट् ही सब प्रकार की उपाधियाँ तथा सम्मान प्रदान करता था। देश की सारी भूमि सम्राट् की सम्पत्ति थी और वह उसे किसी को भी दे सकता था। वह बाँध बना सकता था, विदेशियों को आश्रय दे सकता था, टैक्स लगा सकता था, माफ कर सकता था, इकट्ठा कर सकता था और न्याय प्रदान कर सकता था। यदि किसी सम्पत्ति का कोई स्वामी नहीं होता था तो वह सम्राट् को मिल जाती थी।

यह कहना ठीक नहीं है कि गुप्त सम्राट् निरंकुश शासक थे। मन्त्रियों तथा अन्य उच्च कर्मचारियों के साथ उनके अधिकार बँटे हुए थे। ग्राम पंचायतों तथा नगर परिषदों आदि स्थानीय संस्थाओं को बहुत से अधिकार दे दिए गये थे। प्रजा की इच्छाओं का आदर करके तथा उनका हित-साधन करके सम्राट् को जनता में लोकप्रियता प्राप्त करनी पड़ती थी।

जनता से सम्पर्क रखने के लिए सम्राट् देश का दौरा किया करता था। दंडिन् (Dandin) बताता है : "प्रशासन का वृक्ष—जिसकी पाँच जड़ें उत्तम-योजना है, जिसकी दोहरी पुष्टि उसका मान है, जिसकी चार शाखाएँ शक्ति हैं, जिसकी 72 पत्तियाँ उसके परामर्शदाता हैं, जिसकी छ: टहनियाँ उसके छ: साधन हैं, जिसका फूल सत्ता है और फल सफलता है—उसके शासक के लिए लाभप्रद होना चाहिए। किन्तु इसका विस्तार इतना विशाल है कि उसे पूरी तरह व्यक्त करने के लिए एक सहायक की आवश्यकता है।" कालिदास बताता है कि राज-पद धूप से बचने के लिए छत्र के डण्डे की तरह है जिसे अपने ही हाथ से उठाया जाता है। महाराज हस्तिन् को "गायों, हाथियों, घरों, सोने और बहुत-सी धरती का दान देने वाला कहा गया है, जो (अपने) आध्यात्मिक आचार्य तथा माता-पिता को सम्मानित करने का इच्छुक था और देवताओं तथा ब्राह्मणों के प्रति अत्यन्त श्रद्धा रखता था।"

गुप्त सम्राट् सामान्यत: अपने उत्तराधिकारी मनोनीत करते थे। चन्द्रगुप्त प्रथम ने समुद्रगुप्त को अपना उत्तराधिकारी नियुक्त किया। चन्द्रगुप्त द्वितीय को भी उसके पिता ने मनोनीत किया था और उसका प्रमाण 'तत्परिगृहीत' शब्द के प्रयोग से मिलता है। प्रतीत होता है कि गुप्त वंश की प्रणाली हर्षवर्धन के समय में भी अपनाई गई। सम्राट् राज्यवर्धन की हत्या के पश्चात् उत्तराधिकार का प्रश्न सामने आया। "हर्षचरित" का लेखक बाण हमें बताता है कि सेनापति सिंहनाद ने हर्षवर्धन को ये शब्द सम्बोधित किए, "चूँकि राजा स्वर्गवासी हो गया है और सर्प के डंक से राज्यवर्धन दिवशत हो गये हैं, इस

कठिनाई में आप ही शेष बचे हैं जो पृथ्वी को सहारा दे सकते हैं। अपने असहाय लोगों को सान्त्वना दो।'' कहा गया है कि हर्षवर्धन ने प्रस्ताव स्वीकार कर लिया और फिर ''सभा को विसर्जित किया, सामन्तों को वापस भेज दिया और स्नान के लिए सभाकक्ष से चल दिया।'' ह्यून-त्सांग ने इस घटना को इन शब्दों में व्यक्त किया है : ''प्रजा का शासक खो गया था अत: देश निराश्रय था। फिर महामन्त्री पोनि (भण्डी) ने जिसकी शक्ति और यश बहुत प्रशंसनीय थे और जिसके आदेशों को माना जाता था, एकत्र मन्त्रियों से इस प्रकार कहा, 'राष्ट्र का भाग्य आज निश्चित करना है। वृद्ध राजा के पुत्र का स्वर्गवास हो गया है, राजकुमार का भाई दयालु और स्नेहपूर्ण है, और उसका स्वभाव देवताओं के आशीर्वाद से कर्त्तव्यनिष्ठ और आज्ञाकारी है। वह अपने परिवार का हित-चिन्तक है अत: प्रजागण उस पर विश्वास करेंगे। मैं यह प्रस्ताव करता हूँ कि उसे राज-पद सम्भालना चाहिए। आपके जैसे भी विचार हों कह दीजिए।'..............इस पर मुख्य मन्त्री और न्यायाधीशों ने सत्ता सम्भालने के लिए उससे अनुरोध करते हुए कहा, 'राजकुमार, सुनो!'..............जनता के विचार, जो उनके गीतों से स्पष्ट हैं, तुम्हारे गुणों में उसकी आसक्ति सिद्ध करते हैं। अत: धरती पर गौरव से राज्य करो, वंश के शत्रुओं को विजित करो। हम प्रार्थना करते हैं कि हमारा अनुरोध अस्वीकार न करना।'..............ऐसा अनुरोध होने पर हर्ष ने सिंहासन स्वीकार कर लिया।''

सम्राट की परिषद् (King's Council)—प्रतीत होता है कि गुप्त शासकों की अपनी परिषदें थीं। सम्भवत: इसमें राजकुमार, उच्च कर्मचारी तथा सामन्त सम्मिलित थे। यह सम्भव है कि सम्राट् की परिषद का एक कर्त्तव्य सिंहासन के लिए उत्तराधिकारी को स्वीकार या अस्वीकार करना था।

कालिदास ने मन्त्रि-परिषद का उल्लेख किया है। उसके अनुसार कञ्चुकी या प्रतिहार (Chamberlain) सम्राट् तथा परिषद् में सम्पर्क स्थापित करता था। मन्त्रिपरिषद् जो भी निर्णय करती उसे एक 'अमात्य' द्वारा सम्राट् के पास भेज दिया जाता था। प्रतीत होता है कि प्रश्न मन्त्रि-परिषद् के सामने रख दिया जाता था और किसी निर्णय पर पहुँचने की चेष्टा की जाती थी। यह निर्णय सम्राट् के पास भेजा जाता था और उसे अन्तिम निर्णय करने का अधिकार होता था। अन्तिम निर्णय सम्राट् देता था। मन्त्रि-परिषद् का कर्त्तव्य था कि सम्राट् को परामर्श दे किन्तु अन्त में उसे सम्राट् की आज्ञा माननी पड़ती थी। कुछ परिस्थितियों में मन्त्रि-परिषद् संरक्षण परिषद् (Council of Regency) का कार्य भी करती थी। 'युवराज' के राजतिलक की तैयारी के लिए इसे उत्तरदायी माना जाता था।

कालिदास ने तीन प्रकार के मन्त्रियों का उल्लेख किया है जो विदेश-नीति, वित्त और न्याय के अधिकारी थे। उपाध्याय के मतानुसार, ''विभागों के विशेष प्रमुखों के अतिरिक्त, कालिदास ने कम से कम तीन अन्य मन्त्रियों के विभागों का उल्लेख किया है, यथा मुख्य मन्त्री, वित्त मन्त्री और विधि तथा न्याय मन्त्री। सम्भवत: युवराज को मिलाकर ये सब मन्त्रि-परिषद् के सदस्य थे।'' डॉ० सेलटोर (Saletore) ने यह विचार स्वीकार नहीं किया है।

कालिदास के अनुसार, मन्त्रियों को अपने-अपने कार्य में दक्ष समझा जाता था। बहुधा उनकी पदवी कुलानुगत (hereditary) होती थी। मन्त्रियों की सभाओं की कार्यवाहियों को बहुत गोपनीय रखा जाता था।

नागरिक कर्मचारी (Civil Officers)—देश के प्रशासन के लिए गुप्त शासकों ने बहुत बड़ी संख्या में नागरिक कर्मचारी नियुक्त कर रखे थे। उनमें मुख्य कर्मचारी थे 'राजपुरुष', 'राजनायक', 'राजपुत्र', 'राजामात्य', 'महासामन्त', 'महाकुमारामात्य', 'महाप्रतिहार', 'कञ्चुकी', 'आज्ञासंचारिक', इत्यादि। कहा गया है कि 'कञ्चुकी' वास्तव में 'महाप्रतिहार' ही था। किन्तु उसका कर्त्तव्य था सम्राट् की स्त्रियों के अन्त:पुर की देखभाल करना। सम्राट् से भेंट करने के लिए आने वालों की सूचना भी वही सम्राट् को देता था। सम्भवत: 'राजामात्य' सम्राट् के परामर्शदाता के रूप में कार्य करता था। कभी-कभी 'महासामन्त' को 'महाकुमारामात्य' के बराबर स्थान दिया जाता था। 'राजस्थानीय' सम्भवत: सम्राट् या गवर्नर के निवास-स्थान का एक कर्मचारी था।

'आज्ञासंचारिकों' को सम्राट् की आज्ञाओं का पालन करना पड़ता था। उनकी तुलना दरबारियों से की गई है। वे संरक्षकों तथा पथ-प्रदर्शकों का कार्य भी करते थे।

राजस्व तथा पुलिस अधिकारी (Revenue and Police Officers)—प्रतीत होता है कि राजस्व उगाहने तथा पुलिस के कार्यों को पूर्णत: अलग-अलग नहीं किया गया था। इन विभागों के मुख्य कर्मचारी थे 'उपरिक', 'दशापराधिक',

'चौरोद्धरणिक', 'दण्डिक', 'दण्डपाशिक', 'गौल्मिक', 'क्षेत्रप्रान्तपाल', 'कोट्टपाल', 'अंगरक्षक' और 'आयुक्तक-विनियुक्तक', 'राजुक', इत्यादि।

'उपरिक' शब्द के विद्वानों ने विभिन्न अर्थ लगाए हैं। स्कन्दगुप्त के बिहार शिला स्तम्भ अभिलेख में 'उपरिक' शब्द को 'कुमारामात्य' शब्द से पहले प्रयुक्त किया गया है। एक अन्य अभिलेख में इस शब्द को 'कुमारामात्य' और 'राजस्थानीय' के बाद प्रयुक्त किया गया है। कुछ अभिलेखों में 'उपरिक' 'दूतक' का कार्य करता दिखाई देता है। भट्टाचार्य का विचार है कि 'उपरिक' "नगरों के गवर्नरों का अध्यक्ष" था। डॉ० छाबड़ा के अनुसार, "स्पष्ट है कि 'उपरिक' को दो प्रकार की—न्यायिक और प्रशासनीय शक्तियाँ दी गई थीं। अतः उसकी तुलना एक न्यायाधीश से की जा सकती है।"

सैनिक अधिकारी (Military Officers)—अभिलेखों में उल्लिखित सैनिक अधिकारियों के नाम हैं : 'सेनापति', 'महासेनापति', 'बलाधिकृत', 'महाबलाधिकृत', 'दण्डनायक', 'सन्धिविग्रहिक', 'महासन्धिविग्रहिक', 'गोप्ता' आदि। चित्रवर्मा और बप्पादेव को 'सेनापति' कहा गया है। वे सेनापति थे। किन्तु विजयगढ़ शिलालेख में 'महासेनापति' का उल्लेख किया गया है जो 'सेनापति' का उच्च अधिकारी रहा होगा। एक अभिलेख में श्लापक्ष को 'बलाधिकृत' कहा गया है जिसे सेना का अधिकारी समझा गया है। एक अन्य अभिलेख में नरसिंह को 'महाबलाधिकृत' कहा गया है जो अवश्य ही उच्च पदवी रही होगी। 'दण्डनायक' को सम्भवतः सैनिक तथा न्यायिक अधिकार प्राप्त थे। समुद्रगुप्त के इलाहाबाद स्तम्भ अभिलेख में हरिषण, ध्रुवभूति और तिलभट्टक को 'महादण्डनायक' कहा गया है। इस नाम का कर्मचारी बहुत समय तक रहा। 'महासन्धिविग्रहिक' को सम्भवतः युद्ध और शान्ति के कार्यों का अधिकारी बना दिया जाता था। इस कर्मचारी का उल्लेख कन्नौज के हर्षवर्धन के सम्बन्ध में भी किया गया है।

'चमूप' नामक एक कर्मचारी का उल्लेख भी अभिलेखों में कभी-कभी मिलता है लेकिन उसके कर्त्तव्यों के सम्बन्ध में कोई विशेष जानकारी नहीं है। 'वनपाल' का उल्लेख भी किया गया है लेकिन इसके विशेष सैनिक कर्त्तव्यों के विषय में कुछ भी कहना सम्भव नहीं है।

स्कन्दगुप्त के जूनागढ़ शिलालेख में कहा गया है कि उसने "सभी देशों में रक्षक ('गोप्ता') नियुक्त किए।" कालिदास ने भी ऐसे ही एक कर्मचारी का उल्लेख "मालविकाग्निमित्रम्" में किया है। टीकाकार (commentator) मल्लीनाथ के अनुसार, 'गोप्ता' एक रक्षक था।

गुप्तकाल का एक अन्य कर्मचारी 'वार्डन ऑफ दि मार्चेज' (warden of the marches) या सीमावर्ती प्रान्त का गवर्नर था। टिकिन को 'मार्गपति या सड़कों का रक्षक और उत्तर का शासक' (ruler of the North) कहा गया है। "कोमुदी-महोत्सव" में 'प्रत्यान्तपाल' नामक एक कर्मचारी का उल्लेख किया गया है। कालिदास ने 'अन्तपालों' का उल्लेख किया है।

न्यायिक अधिकारी (Judicial Officers)—अभिलेखों में 'महादण्डनायक', 'महाक्षपटलिक' आदि न्यायिक अधिकारियों का उल्लेख मिलता है। सम्भवतः 'महादण्डनायक' एक न्यायाधीश तथा एक सेनानी के कार्य करता था। 'महाक्षपटलिक' सम्भवतः रिकार्ड का मुख्य रक्षक था।

डॉ० सेलटोर (Saletore) के अनुसार, "ऊपर से नीचे तक गुप्त प्रशासन के सभी कर्मचारी एक अधिकरण कार्यालय के अधीन कार्य करते थे। प्रतीत होता है कि 'कुमारामात्य', 'भण्डागार', 'दण्डपाशिक' और 'उपरिक' का अपना-अपना 'अधिकरण' था। सम्भवतः अधिकरण में भूमि का भाव तथा न्यायिक प्रश्नों का निर्णय किया जाता था।"

कालिदास ने 'धर्मस्थान' का उल्लेख किया है। सम्भव है कि कालिदास के समय में सम्राट् राजधानी में ऐसे एक न्यायालय में उपस्थित हुआ करता था। कालिदास ने 'धर्माधिकारों' का भी उल्लेख किया है। उन्हें 'धर्म' की पुस्तकों का ज्ञान प्राप्त करना पड़ता था और नगर में व्यवस्था रखनी होती थी। उनका यह भी कर्त्तव्य था कि जंगलों में ऋषियों की तपस्या में बाधा न पड़ने दें।

दण्ड—फा-ह्यान के अनुसार दण्ड-विधान अत्यन्त ढीला था। "प्राण-दण्ड या अन्य शारीरिक दण्ड के बिना ही राजा राज्य करता है। अपराधियों पर उनके अपराध के अनुसार भारी या हल्का जुर्माना किया जाता है। बार-बार विद्रोह

करने पर भी केवल उनका दाहिना हाथ काट दिया जाता है।'' किन्तु फा-ह्यान का कथन स्वीकार नहीं किया जाता और बताया जाता है कि गुप्तकाल में दण्ड काफी सख्त थे।

कालिदास हमें बताता है कि यदि कोई चोर पकड़ा जाए तो उसे 'रक्षिण:' नामक प्रहरियों को सौंप दिया जाता था। वे उसकी जाँच करते और चोर से प्रश्नोत्तर करते थे। चोर को नगर-द्वार के निकट कैद में रखा जाता था। यदि अपराधी ने राजवंश का अपराध किया होता तो सम्राट् को सूचित किया जाता था।

जिस अपराधी को मृत्यु-दण्ड दिया जाता उसके ''मृत्यु के फूल'' शब्द लिखकर पट्टी बाँध दी जाती थी। ''मुद्राराक्षस'' में विशाखदत्त ने गुप्तकाल में फाँसी चढ़ाने के ढंग का वर्णन किया है। प्राण-दण्ड प्राप्त व्यक्ति को एक जलूस में फाँसी चढ़ाने के स्थान पर ले जाया जाता था जिसे 'वध्यस्थान' कहा जाता था। रास्ते में कई स्थानों पर घोषणा की जाती थी जिसमें जनता को अपराधी के अपराध के विषय में बताया जाता था। उनमें से एक घोषणा इस प्रकार थी : ''श्रेष्ठ लोगो, सुनो। यह है श्रेष्ठ चेरुदत्त सागरदत्त का पुत्र और व्यापारी विनयदत्त का पौत्र। यह गणिका वसन्तसेना को 'पुष्पकरण्ड' बाग में ले गया और वहाँ छोटी-सी बात पर उसका गला घोंट कर उसकी हत्या कर दी। यह लूट की वस्तुओं के साथ पकड़ा गया। इसने अपना अपराध स्वीकार कर लिया। अत: हम राज्य पालक की आज्ञा से इसका वध करने जा रहे हैं। यदि कोई अन्य व्यक्ति ऐसा ही अपराध करे, इस संसार में तथा अगले संसार में उसे अभिशाप लगे, राजा पालक उसे यही दण्ड देंगे।'' प्रतीत होता है कि जनता को अपराधी का अपराध बताने की चेष्टा की जाती थी। किन्तु अपराधी के छूटने की कुछ सम्भावना थी यदि कोई व्यक्ति बन्दी को बचाने के लिए कुछ धन अर्पित करे, या राजा के पुत्र उत्पन्न हो या हाथी भाग जाए और बन्दी को मुक्त कर दे। बाण कवि ने भी ''लाल सन्दल रस के टुकड़ों का उल्लेख किया है जिससे अपराधियों को सजा दी जाती थी।'' दण्डित व्यक्ति के शरीर पर लाल सन्दल लगाया जाता था। उसे लाल कपड़े और आभूषण पहनाए जाते थे। लाल हार भी प्रयोग किये जाते थे। शरीर पर आटा लगा दिया जाता था और पिसी हुई सुगन्धि भी लगाई जाती थी।

गुप्तकाल में प्राणदण्ड देने का अत्यन्त क्रूर ढंग था हाथियों से कुचलवा देना। विशाखदत्त के अनुसार अर्थपाल को एक व्यापारी के घर से चोरी करते समय रंगे हाथ पकड़ लिया गया। उसे प्राणदण्ड दिया गया। संकेत मिलने पर एक लम्बे दाँत वाले मस्त हाथी को सामने लाया गया। उस हाथी को मृत्यु-विजयी कहा जाता था और वध करना उसका खेल था। वह हाथी अपराधी की ओर लपका और अपनी घण्टियों की टन-टन और जन-समूह के शोर के बीच उसने अपराधी को कुचल दिया। यह सब जन-समूह की उपस्थिति में किया गया।

एक अन्य निर्दयी दंड था देशद्रोही की आँखें निकलवा देना, विशेषकर ब्राह्मणों के लिए। कहा गया है कि उच्च अधिकारियों को भी नहीं छोड़ा जाता था यदि वे राजा की हत्या का षड्यन्त्र रचते। दंडिन् के अनुसार द्रोह का अर्थ था राज्य करने वाले सम्राट् को जहर देना, राजा के विरुद्ध षड्यन्त्र करना और राजा की हत्या के उद्देश्य से राजकर्मचारियों से गुप्त भेंट करना।

गुप्तकाल में चोर और डाकू वेश्याओं के घरों, मदिरालयों, जूआ-स्थानों, रोटी वाले की दुकानों, उपवनों, संन्यासियों की कुटियों, खाली मन्दिरों, बाजारों, मण्डी के दालानों तथा वर्गों में बहुत जाया करते थे और पुलिस भी उन्हें पकड़ने के लिए उन स्थानों में जाया करती थी। सन्देह वाले व्यक्तियों को पकड़ लिया जाता था और उनसे प्रश्नोत्तर किये जाते थे। सड़कों तथा कब्रिस्तान में घूमने का अर्थ था एकदम कैद होना, हथकड़ी लगाना और बन्दी बना दिया जाना। यदि कोई शराबी सड़क पर पाया जाए तो उसे गिरफ्तार किया जा सकता था।

स्कन्दगुप्त के जूनागढ़ शिलालेख में यन्त्रणा (torture) का उल्लेख है। कहा गया है कि उसके राज्य में अपराधियों को ''अधिक यन्त्रणा नहीं दी जाती थी। किन्तु सम्भव है कि उसके पूर्वाधिकारियों के समय में यन्त्रणा का अधिक प्रयोग किया जाता हो।''

किसी व्यक्ति को दोषी या निर्दोष सिद्ध करने के लिए चार प्रकार की परीक्षाओं (ordeals) का प्रयोग किया जाता था। ''ये परीक्षाएँ पानी, आग, तौल (weighting) और ज़हर से की जाती है। पानी परीक्षा में, अभियुक्त को एक थैले में डाल दिया जाता है और एक पत्थर को दूसरे थैले में। फिर दोनों थैलों को बाँध कर एक गहरी नदी में फेंक दिया जाता

है। यदि पत्थर वाला थैला तैरता रहे और दूसरा डूब जाए तो दोष सिद्ध हो जाता है। अग्नि परीक्षा में अभियुक्त को घुटने टेकने और गर्म लोहे पर चलना पड़ता है, उसे हाथ में उठाना पड़ता है और चाटना पड़ता है। यदि वह निर्दोष हो तो उसे कोई आघात नहीं पहुँचता। यदि वह जल जाए तो वह दोषी है। तौल परीक्षा में अभियुक्त को एक पत्थर से तौल लिया जाता है। यदि पत्थर हल्का हो तो वह निर्दोष है अन्यथा दोषी है। जहर परीक्षा में एक मेष (ram) की पिछली दाहिनी टाँग काट दी जाती है और उसका जो भाग अभियुक्त को खाने के लिए दिया जाता है उसमें जहर मिला दिया जाता है। यदि अभियुक्त निर्दोष हो तो वह जीवित रहता है, अन्यथा जहर अपना प्रभाव करता है।''

प्रतीत होता है कि सख्त सजाओं का उद्देश्य यह था कि लोग कम अपराध करें। उन्हें सुधारने का कोई विचार नहीं था।

प्रशासनीय विभाग (Administrative Divisions)—गुप्त-वंश के अभिलेखों (inscriptions) के अध्ययन से ज्ञात होता है कि ऊपर से नीचे तक प्रशासनीय विभागों का एक क्रम था। साम्राज्य के कई नाम थे, जैसे 'राज्य', 'राष्ट्र', 'देश', 'मण्डल', 'पृथ्वी' और 'अवनी'। इसे प्रान्तों में बाँटा गया था जिन्हें 'भुक्ति', 'प्रदेश', और 'भोग' कहा जाता था। ऐरिकिन प्रदेश, नगर-भुक्ति, तीर-भुक्ति, पुण्ड्रवर्धनभुक्ति, उत्तरमण्डल-भुक्ति आदि का उल्लेख मिलता है। प्रान्तों को 'विषयों' में बाँटा जाता था जिनके शासक 'विषयपति' कहलाते थे। 'विषयपति' अपने 'विषय' में एक 'अधिकरण' की सहायता से राज्य करता था जिसमें चार प्रतिनिधि होते थे : 'नगरश्रेष्ठिन', 'सार्थवाह', 'प्रथमकुलीक' और 'प्रथमकायस्थ'। 'नगरश्रेष्ठिन्', शहर के व्यापारियों की श्रेणी (Guild) का प्रतिनिधि था। 'सार्थवाह' सभी व्यापारियों का प्रतिनिधि था। 'प्रथमकुलीक' शिल्पियों का प्रतिनिधि था। 'प्रथमकायस्थ' लेखकों (clerks) का प्रतिनिधि था। 'विषय' के एक भाग को 'वीथि' कहा जाता था। ग्रामों के संघ को 'पेठक' और 'शान्तक' कहा जाता था। छोटी इकाइयों या ग्राम के भागों को 'अग्रहार' और 'पट्ट' कहा जाता था।

प्रान्तीय प्रशासन (Provincial Administration)—प्रान्तीय शासन के प्रमुख को कई नामों से पुकारा जाता था, जैसे 'उपरिक', 'गोप्ता', 'भौगिक', 'भोगपति' और 'राजस्थानीय'। कभी-कभी राजा के पुत्र या 'राजपुत्र' को भी गवर्नर नियुक्त किया जाता था। राजवंश से सम्बन्धित गवर्नर का सहचर मन्त्री 'कुमारामात्य' कहलाता था।

प्रान्तीय प्रशासन के कई कर्मचारियों के नाम दिए गए हैं। 'बलाधिकरणिक' सैनिक कोष का अधिकारी (Chancellor of the Military Exchequer) था। 'महादंडनायक' सर्वोच्च न्यायाधीश था। 'विनयस्थितिस्थापक' विधि एवं व्यवस्था मन्त्री था। 'भटाश्वपति' पैदल और घुड़सवार सेना का अधिपति था। 'महापिल्लुपति' हाथी सेना का अधिकारी था। 'साधनिक' का उल्लेख भी मिलता है जो ऋण और जुर्माने का कार्य सम्भालता था। मल्लासरूल ताम्र-पत्र अभिलेख (Mallasarul Copper Plate Inscription) में 'कर्तकृतिक', 'भोगपतिक', 'हिरण्यसमुद्रिक' (मुद्रा अधिकारी, currency officer), 'तदयुक्तक' (कोषाधिकारी, Treasury officer), 'औद्रगिक' (उद्रंग कर का संग्रहकर्त्ता) 'और्ण-स्थानिक' (रेशम के कारखानों के पर्यवेक्षक), 'अग्रहारिक' (अग्रहारों के पर्यवेक्षक), 'चौरोद्धरणिक' (पुलिक मुख्यनिरीक्षक, Inspector-General of Police) आदि का उल्लेख किया गया है।

जिला प्रशासन (District Administration)—'विषयपति' के कार्य में 'महत्तार' (ग्राम वृद्ध), ग्रामिक (ग्राम प्रमुख या मुखिया), 'शौल्किक' (चुंगी के संग्रहकर्त्ता), 'गौल्मिक' (जंगलों और किलों के अधिकारी), 'अग्रहारिक', 'अष्टकुलाधिकरणिक' (जो सम्भवतः स्थानीय क्षेत्र के आठ 'कुलों' या परिवारों के अधिकारी थे), 'ध्रुवाधिकरणिक' (भूमि-कर के अधिकारी), 'भाण्डागाराधिकृत' (कोषाध्यक्ष), 'रालवटक' (लेखापाल या मुनीम), 'पुस्तपाल', आदि उसके सहायक थे।

जिले के प्रलेखागार (record office) को 'अक्षपटल' कहा जाता था जो 'महाक्षपटलिक' के अधीन था। इस विभाग में कई लिपिक (clerks) थे जिनका काम था प्रलेखों तथा पत्रों का लिखना और उनकी नकलें करना। उन्हें 'लेखक' और 'दिविर' कहा जाता था। प्रलेखों (documents) के अधिकारी को 'करणिक' कहा जाता था और उनका मसविदा बनाने वाला 'शासयिता' या 'कर्त्ता' कहलाता था। इनके अतिरिक्त 'सर्वाध्यक्ष' (सामान्य अधीक्षक, General Superintendents) भी थे। 'कुलपुत्र' उनके अधीन काम करते थे और उनका काम दुराचार रोकना था।

नगर प्रशासन (City Administration)—नागरिक प्रशासन के प्रमुख को 'पुरपाल' या 'नगर-रक्षक' कहा जाता था। एक अन्य कर्मचारी 'पुरपाल-उपरिक' का उल्लेख भी मिला है जिसे विभिन्न नगरों के प्रमुखों का अध्यक्ष कहा गया है। दशपुर के प्रमुख को 'दशपुर-पाल' कहा जाता था। नगर का प्रशासन एक 'परिषद्' करती थी। 'अवस्थिक' एक विशेष अधिकारी था जो धर्मशालाओं के पर्यवेक्षक (Superintendent) के रूप में काम करता था।

ग्राम प्रशासन (Village Administration)—'ग्रामिक' ग्राम का प्रमुख था किन्तु उसके साथ कुछ अन्य कर्मचारी भी थे जैसे 'दूत', 'सीमा-कर्मकार' (सीमा बनाने वाले), गड़रिये, 'कर्त्ता', 'लिपिक', 'दण्डिक' (दण्ड देना वाला), 'चौरोद्धरणिक' और 'शतभट', 'परिषद्' या ग्राम सभा का उल्लेख भी प्राप्त होता है। उसके कार्यों की चर्चा करना सम्भव नहीं है किन्तु यह संस्था बाण कवि के समय में भी विद्यमान थी जिसने 'पंचकुल' का उल्लेख किया है।

राजस्व के साधन (Sources of Revenue)—सम्बन्धित अभिलेखों के अध्ययन से राज्य के राजस्व के साधनों का पता चलता है। उनमें से कुछ थे 'उद्रंग' या भूमिकर, 'उपरिक' जो फ्लीट के विचार में उन कृषकों से लिया जाता था, जिनका भूमि पर कोई स्वामित्व अधिकार (proprietary right) नहीं था, 'वट', 'भूत', 'धान्य', 'हिरण्य' (सोना), 'अदेय', 'वैष्टिक' या अनिवार्य श्रम (forced labour), 'दशापराध' या दस अपराधों के लिये जुर्माना, 'भोग', 'भाग' आदि। कुछ अभिलेखों में ऐसे प्रसंग हैं कि ग्रामों को कर-मुक्त कर दिया गया था। एक अभिलेख के शब्दों में, ''इसने कर नहीं देने हैं ('अकरदायी'); इसे सेना या पुलिस ('भट') या उद्वैध (outlaws) ('गात') तंग नहीं करेंगे; इसे अपनी गाय और बैल नहीं देने होंगे; न ही फूल दूध, चरागाह, खाल और ईंधन देने होंगे, न ही नमक या गीले नमक, क्रय या विक्रय, या खनिज पदार्थों पर टैक्स देने होंगे; इसे अनिवार्य परिश्रम (forced labour) नहीं करना होगा, न ही अपने छिपे हुए कोष और पदार्थ, 'क्लृप्त' और 'उपक्लृप्त' देने होंगे।'' एक अन्य अभिलेख में राजा द्वारा दी गई इन मुक्तियों का उल्लेख है : सैनिकों ('भट') और राजा के छत्र-धारियों ('छत्र') द्वारा उत्पीड़न से मुक्ति; चरागाह, खालों और 'अंगार' या ईंधन का अधिकार समर्पण न करना; औषधियाँ और खनिज-पदार्थ शुद्ध करने का अधिकार न छोड़ना; जानवरों की वृद्धि न देना; बलि के लिए जानवर न देना, फूलों या दूध या छिपे हुए धन और पदार्थों का भाग न देना।

डॉ० अल्टेकर के अनुसार, केन्द्र तथा प्रान्तों में गुप्त प्रशासन सुव्यवस्थित था। केन्द्रीय सचिवालय कार्य-कुशल था और वह जिलों तथा ग्रामों में होने वाली घटनाओं की सूचना प्राप्त कर सकता था। गुप्त प्रशासन ने काफी लम्बे समय तक प्रजा को विदेशी आक्रमणों तथा आन्तरिक उपद्रवों से सुरक्षित रखा। दंड-विधान का प्रशासन न्याय तथा मानवीयता का सुन्दर समन्वय था। सरकार प्रजा के सांसारिक तथा आध्यात्मिक हितों की रक्षा करती थी। प्रशासन के विकेन्द्रित होने के कारण जनता का भी शासन में हाथ था और स्थानीय संस्थाओं को बहुत से अधिकार प्राप्त थे।

गुप्त प्रशासन का प्रभाव (Influence of Gupta Administration)—यह उल्लेखनीय है कि गुप्त साम्राज्य के अन्त के पश्चात् भी गुप्त प्रशासनीय पदवियाँ प्रचलित रहीं। पूर्व-कालीन कालचूरियों (Early Kalachuriyas) पर सर्वप्रथम गुप्त प्रशासन प्रणाली का प्रभाव पड़ा। उनके राजा शंकरगान को 595 ई० के अभिलेख में ऐसा व्यक्ति बताया गया है ''जिसका संसार में कोई समान प्रतिद्वन्द्वी न था·······जिसकी शक्ति धनद, वरुण, इन्द्र और अंतक के बराबर थी, जिसने अपनी भुजाओं के पराक्रम से शक्तिशाली राजाओं का भाग्य प्राप्त किया, जिसका विशाल और उच्च मन केवल समर्पण से ही प्रसन्न होता था··········जिसने लम्बे समय से सिंहासन-च्युत राजाओं के परिवारों को पुनः स्थापित किया।'' काइलहॉर्न (Kielhorn) ने अन्य कई समरूपी सन्दर्भों का भी उल्लेख किया है। उनके अन्य अभिलेखों में 'राजा', 'सामन्त', 'भोगिक', 'विषयपति', 'ग्राममहत्तार', 'आधिकारिक' आदि का उल्लेख किया गया। 'भोग', 'विषय', 'उद्रंग', 'उपरिकर', 'शत-भट' और 'भूमिछिद्र न्याय' का भी उल्लेख मिलता है।

उसी प्रकार बादामी के चालुक्यों, मलखेद के राष्ट्रकूटों और कल्याणी के पश्चिमी चालुक्यों को भी गुप्त प्रशासन ने प्रभावित किया। राष्ट्रकूट अभिलेखों के 'परमभट्टारक महाराजाधिराज परमेश्वर', 'राष्ट्रपति', 'विषयपति', 'ग्रामकुल' (ग्रामों का प्रमुख), 'युक्तक' (लेखापाल या मुनीम), 'नियुक्तक' (उपलेखापाल या छोटा मुनीम), 'अधिकारकम्' आदि का उल्लेख मिलता है। फ्लीट के अनुसार, कटक (Kataka) के सोमवंशी राजाओं ने भी गुप्त उपाधियाँ धारण कीं। उनके

शासकों ने 'परमभट्टारक महाराजाधिराज परमेश्वर' उपाधि धारण की। 'संहर्त्ता', 'सन्निधाता', 'नियुक्तक', 'आधिकारिक', 'दण्डपाशिक', 'शतभट' और 'राजपुत्र' का उल्लेख भी प्राप्त होता है।

गुप्त सम्राटों का व्यक्तिगत धर्म (Personal Religion of the Guptas)—आमतौर पर यही विश्वास किया जाता है कि गुप्त सम्राट् विष्णु के उपासक थे। इस विचार के पक्ष में कई कारण दिए जाते हैं। गुप्त सम्राट् अपने आपको 'परमभागवत' कहते थे। इस शब्द से ज्ञात होता है कि वे विष्णु के उपासक थे। कई गुप्त सिक्कों पर लक्ष्मी का चित्र दिखाई देता है और लक्ष्मी को विष्णु की सहचरी समझा जाता है। गुप्तकाल की मुहरों पर भी गरुड़ का चित्र पाया जाता है। बुद्धगुप्त के एक अभिलेख में 'विष्णुध्वज' या विष्णु के ध्वज-दण्ड का उल्लेख किया गया है। स्कन्दगुप्त का जूनागढ़ शिलालेख विष्णु की स्तुति से आरम्भ होता है। इससे ज्ञात होता है कि सम्राट् विष्णु का अनुयायी था।

डॉ० दीक्षितार (Dikshitar) ने अपनी पुस्तक द गुप्त पॉलटी (The Gupta Polity) में उक्त विचार को स्वीकार नहीं किया। उनका कथन है कि यद्यपि अब तो 'परमभागवत' शब्द को विष्णु के अनुयायी के लिए प्रयोग किया जाता है, गुप्त-काल में ऐसा नहीं था। उनके मतानुसार 'भगवान्' शब्द किसी विशेष देवता या देवी के लिए प्रयोग नहीं किया गया है। यह ऐसा शब्द है जो ईश्वर की महत्ता का वर्णन करने के लिए प्रयोग किया गया है जिसने अपने लक्षण समस्त सृष्टि में फैलाए हुए हैं। गुप्त-काल से दो-तीन शताब्दियाँ पहले ''तीरूक्कुराल'' ने 'आदि भगवान्' को संसार का सर्वप्रथम पुरुष बताया। यह कहना कठिन है कि उसने विष्णु की ओर संकेत किया था। ''भगवत्भजनोत्सव पद्धति'' में एक लोकप्रिय श्लोक है जिसमें प्रह्लाद, परमार, नारद, पुण्डीरक, व्यास, रुक्मांगद, शुक्र और शौनक सभी को 'परम्-भागवत' कहा गया है। इससे स्पष्ट है कि यह शब्द केवल विष्णु-पूजन के लिए ही प्रयोग नहीं किया गया था। 'परम' उपसर्ग का केवल यही अर्थ है कि गुप्त सम्राट् ईश्वर के अनन्य भक्त थे। केवल विष्णु की ओर कोई संकेत नहीं किया गया है।

डॉ० दीक्षितार बताता है कि यह कारण संतोषजनक नहीं है कि लक्ष्मी विष्णु की सहचरी है, यद्यपि यह गलत भी नहीं है। लक्ष्मी को देश की सम्पत्ति तथा धन का प्रतीक समझना होगा। गुप्त-सिक्कों पर लक्ष्मी के चित्र 'राज्यश्री' या प्राचीन हिन्दू राजाओं की सम्पत्ति के द्योतक हैं। यह धारणा थी कि देश की समृद्धि उसकी सम्पत्ति पर निर्भर है। अत: सम्पत्ति की देवी का आशीर्वाद प्राप्त करने की गुप्त शासकों ने चेष्टा की। यही कारण है कि गुप्त-सिक्कों पर लक्ष्मी के चित्र बहुधा पाए जाते हैं। विष्णु की सहचरी के रूप में लक्ष्मी की धारणा तो थी किन्तु उसे बढ़ाया नहीं गया था। केवल सम्पत्ति की देवी की महत्ता की गई।

विष्णु के वाहन गरुड़ की ओर गुप्त राजाओं ने अत्यधिक ध्यान दिया है किन्तु इसे विशेष महत्त्व प्रदान नहीं किया जा सकता। कारण यह है कि वाहन तो केवल उपकरण है। वैष्णव धर्म के पक्ष में इसे तर्क के रूप में प्रस्तुत नहीं किया जा सकता। यदि गरुड़ विष्णु का वाहन है तो 'ऋषभ' या बैल शिव का वाहन है। गुप्त शासकों ने 'नन्दी' या बैल को भी अपने अभिलेखों में पर्याप्त महत्त्व दिया है। यह कहना तर्कसंगत नहीं है कि गुप्त शासक विष्णु के अनुयायी थे। उन्होंने शिव को भी श्रद्धांजलि भेंट की।

बुद्धगुप्त के एक अभिलेख में 'विष्णु ध्वज' या विष्णु के ध्वज-दण्ड (flagstaff) के उल्लेख को भी अत्यधिक महत्त्व नहीं दिया जा सकता। सभी हिन्दू मन्दिरों में ध्वज या पताका एक अनिवार्य उपकरण है। अत: बुद्धगुप्त के एक मन्दिर में विष्णु का ध्वज होना स्वाभाविक है। वास्तव में गुप्त शासकों ने विभिन्न देवताओं के लिए विशाल स्मारक बनवाए जिन्हें लोकप्रिय धार्मिक रीति-रिवाजों में मान्यता दी जाती थी। यही कारण है कि गुप्त शासकों तथा अन्य उपासकों द्वारा बनवाए गए प्रत्येक मन्रि में एक 'ध्वजस्तम्भ' है।

एक और तर्क यह है कि जूनागढ़ शिलालेख में स्कन्दगुप्त ने विष्णु की स्तुति की। इसलिए गुप्त सम्राट् विष्णु के अनुयायी थे। इस सम्बन्ध में यह उल्लेखनीय है कि उस समय शिव, विष्णु या देवी की तरह कोई साम्प्रदायिक देवता नहीं थे। प्रत्येक देवी या देवता एक विशेष उद्देश्य की पूर्ति के लिये प्रकट होता था और भक्त-गण उसकी पूजा करते थे। गुप्त सम्राट् शिव या विष्णु या देवी या कार्त्तिकेय की पूजा बिना भेद-भाव के करते थे। परिस्थितियों के अनुसार किसी विशेष उद्देश्य के लिए विशेष देवता की स्तुति की जाती थी। इससे यह सिद्ध नहीं होता कि गुप्त-शासकों ने केवल विष्णु की उपासना की और शेष सभी देवताओं की ओर ध्यान न दिया।

डॉ० दीक्षितार के अनुसार, शैव धर्म की राजवंश तथा सर्वसाधारण का मान्य धर्म था। गुप्तकाल में भक्तों ने विष्णु तथा शिव के मन्दिर साथ-साथ बनवाए। इस सम्बन्ध में नागोड़ के शिव मन्दिर, अजयगढ़ में नचना-कुठार के पार्वती मन्दिर और नागोध में खोह के शिव मन्दिर का उल्लेख किया जा सकता है। इन स्मारकों से ज्ञात होता है कि गुप्त सम्राट् शिव की विभिन्न रूपों में पूजा करते थे। वे केवल शिव के ही नहीं, शिव की पत्नी पार्वती और पुत्र कार्त्तिकेय के भी भक्त थे।

स्कन्दगुप्त के बैल-प्रकार (bull-type) के सिक्कों से ज्ञात होता है कि उसका झुकाव शिव की ओर था। यह सुझाव दिया है कि स्कन्दगुप्त के वे सिक्के, जिनके मुख-भाग (obverse) पर 'नन्दी' या बैल का चित्र है, वल्लभी में बनाए गये थे और बैल वल्लभी के सेनापतियों का चिन्ह (Symbol) था। किन्तु यह विचार स्वीकार नहीं किया जाता।

गुप्त-काल के कई अभिलेखों में 'कृतान्तपरश:' (यम का घातक) शब्द प्रयुक्त किया गया है। यम का घातक स्वयं शिव ही था। गुप्त अभिलेखों में गुप्त सम्राटों की तुलना प्राय: शिव से ही की जाती है। चन्द्रगुप्त द्वितीय का उदयगिरि गुफा अभिलेख शिव-अभिलेख है। इस अभिलेख का उद्देश्य था शम्भु के लिए एक मन्दिर का प्रतिष्ठापन करना और शम्भु तो शिव का ही एक उप-नाम है। कुमारगुप्त के कर्मदण्ड अभिलेख की पहली पंक्ति में 'नमो महादेवाय' शब्द दिए गए हैं। इस अभिलेख में महादेव की पूजा के लिए अर्चना की गई थी। महाराज हस्तिन का खोह ताम्र-पत्र अभिलेख (Khoh Copper Plate Inscription) भी 'नमो महादेवाय' से आरम्भ होता है। देवगढ़ मन्दिर के प्रवेश-द्वार पर गंगा तथा यमुना देवियों को शिव की अनुचरियों (attendants) के रूप में प्रस्तुत किया गया है।

प्रतीत होता है कि गुप्त-काल में शक्ति-उपासना भी प्रचलित थी। अजयगढ़ में नचना-कुठार स्थान पर एक पार्वती मन्दिर है। इस मन्दिर में शक्ति और पराक्रम से भरे हुए चित्र हैं। उदयगिरि में सनाकानीक गुफा में भी कई मूर्तियाँ हैं। विष्णु की मूर्ति के आगे 'महिषासुरमर्दिनी' का चित्र है। इस चित्र की चार भुजाएँ हैं। 'महिषासुरमर्दिनी' का चित्र दुर्गा का ही दूसरा रूप है।

''ब्रह्माण्ड पुराण', ''दैवी भागवत पुराण'' और ''मार्कण्डेय पुराण'' आदि दुर्गा-पूजा से सम्बन्धित हैं। दुर्गा की स्तुति में कहे गये श्लोक ''महाभारत'' के 'विराट् पर्व' में ही नहीं 'भीष्म पर्व' में भी पाए जाते हैं।

'सप्तमात्रिक' शब्द गुप्त-अभिलेखों में बार-बार आता है। जिन सात माताओं का प्राय: उल्लेख किया जाता है, उनके नाम हैं, ब्राह्मी, महेश्वती, कौमारी, वैष्णवी, वाराही, महेन्द्री और चामुण्डी। यह सुझाव दिया गया है कि गुप्त सम्राटों ने शक्ति की पूजा भी आरम्भ की क्योंकि उन्होंने अनुभव किया कि धर्म के एक लक्षण के रूप में शक्तिवाद वैदिक साहित्य में मूलभूत है और बिना शक्ति के पुरुष का सिद्धान्त निष्क्रिय बन जाता है।

मोर पर सवार स्कन्द तथा युद्ध देवता के रूप में स्कन्द की पूजा गुप्त-काल में प्रचलित थी। कार्त्तिकेय या स्वामी महासेन (जैसा कि उसे गुप्त-काल में कहा जाता था) को समर्पित कई मन्दिर पाए गए हैं। इस पद्धति (cult) की लोकप्रियता बहुत कुछ कालिदास के कारण थी जिसने अपने समय में युद्ध देवता की बहुत प्रशंसा की। गुप्त शासक इस पद्धति के भी अनुयायी थे जैसा कि वे अन्य पद्धतियों के अनुयायी थे। हमें बताया गया है कि कुमारगुप्त के बिलसाड़ शिला स्तम्भ अभिलेख का उद्देश्य स्वामी महासेन के मन्दिर को उन्नत करना था। स्कन्दगुप्त के बिहार शिलास्तम्भ अभिलेख में 'स्कन्दप्रदानै:' शब्द प्रयुक्त किया गया है। इससे ज्ञात होता है कि स्कन्द को देवता के रूप में स्वीकार कर लिया गया था और हिन्दुओं में तथा विशेषकर गुप्त शासकों में वह सर्वप्रिय बन चुका था।

गुप्त-काल में गणेश की उपासना के विषय में कोई निश्चित जानकारी नहीं है। भूमरा गुफा के सिक्कों में गणेश की एक मूर्ति पाई गई है। यह मूर्ति इतनी जीर्णावस्था में है कि इसे गणेश की मूर्ति समझना कठिन है। किन्तु डॉ० दीक्षितार ने इसे गणेश की मूर्ति माना है। गुप्त-काल के टैराकोटा चित्रों में से एक में पार्वती को अपने दो पुत्रों गणेश तथा कार्त्तिकेय के साथ बैठे हुए दिखाया गया है। प्रतीत होता है कि धीरे-धीरे गणेश की मूर्ति महत्त्व प्राप्त करती जा रही थी।

गुप्त-काल में सूर्योपासना का विस्तृत वर्णन है। गुप्त शासकों ने सूर्योपासना को संरक्षण (patronage) प्रदान किया। स्कन्दगुप्त के इन्दौर ताम्र-पत्र अभिलेख (Copper Plate Inscription) में प्रार्थना की गई है कि सूर्य जनता की रक्षा

करे। उन्नत बुद्धि के ब्राह्मण सूर्य देव की पूजा करते हैं। उसकी सीमाओं तक सुरासुर (Gods and demons) नहीं पहुँच सकते थे। जब लोग अपने वश में नहीं रहते तो वे सूर्य से चेतना प्राप्त करते हैं। अभिलेख से ज्ञात होता है कि एक ब्राह्मण देवविष्णु ने सूर्य-देवता के लिए एक द्वीप अर्पित किया।

एक अन्य अभिलेख में एक कहावत दी गई है कि अपौरुष शक्ति से युक्त ऋषि उसके रथ के घोड़ों पर चढ़ कर सूर्य का स्तुति-गान कर रहे हैं। कुमारगुप्त और बन्धुवर्मा के मन्दसौर शिलालेख में सूर्योपासना का एक रोचक वर्णन दिया गया है। शिलालेख की प्राथमिक पंक्तियाँ इस प्रकार हैं : ''सूर्य तुम्हारी रक्षा करे, जिसकी पूजा केवल अस्तित्व के लिए देव-समूह करते हैं और अपौरुष शक्तियों के आकाँक्षी 'सिद्ध' भी जिसकी पूजा करते हैं, तपस्या में लीन तथा सांसारिक इच्छाओं को वश में किए हुए तथा आत्मा की अन्तिम मुक्ति के इच्छुक संन्यासी जिसकी पूजा करते हैं, कठिन तपस्या करने वाले तथा सब प्रकार के प्रलोभन का सामना करने की क्षमता पाने के इच्छुक ऋषि जिसकी पूजा करते हैं; और जो सृष्टि के विनाश तथा पुनर्निर्माण का कर्ता है।''

उसी अभिलेख में ये पंक्तियाँ भी आती हैं : ''सूर्य को श्रद्धांजलि, जिसे सत्य के ज्ञानी और परिश्रमी ब्राह्मण ऋषि भी न समझ सके, जिसने सभी दिशाओं में फैली अपनी किरणों से तीनों लोकों की पालना की और जिसकी उदय होने के पश्चात् गन्धर्व, देव, सिद्ध, किन्नर और नर भी प्रशंसा करते हैं और जो उनकी इच्छाएँ पूर्ण करता है जो उसकी पूजा करते हैं। शोभायुक्त रश्मियों से सुसज्जित वह सूर्य तुम्हारी रक्षा करे।''

डॉ० दीक्षितार बताते हैं कि गुप्त शासक हिन्दू धर्म के पक्के अनुयायी थे। उनमें साम्प्रदायिक भावना नहीं थी। सूर्योपासना से सिद्ध होता है कि गुप्तवंशी न वैष्णव थे न शैव थे। साँझे देवता सूर्य की पूजा करके उन्होंने परम्परागत हिन्दू धर्म का अनुयायी होने की घोषणा की।

गुप्तवंशियों ने अपने-अपने विचारों के अनुसार हिन्दू धर्म को संरक्षण प्रदान किया। यदि एक शासक विष्णु-उपासक था तो दूसरा शिव का अनुयायी था, तीसरा मुरुग का पूजक था तो चौथा सूर्य का उपासक था। किन्तु इससे वे अन्य मतों के प्रति असहिष्णु न बने। परिणामतः बौद्ध-धर्म और जैन धर्म को समान सहिष्णुता प्रदान की गई। ई-त्सिंग हमें बताता है कि श्रीगुप्त ने मृगशिखावन में एक मन्दिर केवल चीनियों के लिए बनवाया। समुद्रगुप्त के समय में लंका के राजा ने बोध-गया में एक विहार बनाने के लिए अनुमति माँगी और अनुमति दे दी गई। कहा गया है कि चन्द्रगुप्त द्वितीय के एक कर्मचारी ने साँची में एक बौद्ध विहार भिक्षुओं के निर्वाह के लिए और एक दीपक जलाने के लिए दान दिया। चन्द्रगुप्त द्वितीय के समय में भारत-यात्रा करने वाले फ़ाह्यान ने बताया कि गान्धार में एक हीनयान बिहार था। उसने पेशावर में सैकड़ों भिक्षु देखे; शंकासी में उसने हीनयान तथा महायान के एक हजार भिक्षु तथा भिक्षुणियाँ देखीं। हीनयान के अनुयायी कान्यकुब्ज के बिहारों में पाए गए। कुषी नगर में भी कुछ भिक्षु थे। पाटलिपुत्र में एक विहार महायान के लिए और एक विहार हीनयान के लिए था। कपिलवस्तु के विहार और स्तूप परित्यक्त और उजड़े हुए थे।

यह कहना गलत है कि गुप्त काल में बौद्ध-धर्म का अन्त हो गया। हमारे पास निश्चित प्रमाण है जिसके आधार पर यह सिद्ध किया जा सकता है कि गुप्त काल में बुद्ध की मूर्तियाँ जहाँ-तहाँ स्थापित की गईं और पुराने विहार पूर्ववत् समृद्ध रहे। स्मारकों तथा अभिलेखों से सिद्ध होता है कि बौद्ध धर्म गुप्त काल में भी उन्नत था क्योंकि गुप्त शासकों ने इस धर्म में या इसके सिद्धान्तों में हस्तक्षेप नहीं किया। बोधगया, साँची, मथुरा और सारनाथ बौद्ध धर्म के केन्द्र बने रहे।

गुप्त शासकों ने जैन धर्म को सहिष्णुता दी। किन्तु गुप्त काल के केवल दो यी तीन अभिलेख ही प्राप्त हुए हैं जिनमें भक्त-जनों द्वारा जैन मूर्त्तियों की स्थापना का उल्लेख मिलता है।

हिन्दू धर्म का पुनरुत्थान (Revival of Hinduism)—डॉ० कीथ ने ठीक ही कहा है कि गुप्त साम्राज्य ब्राह्मण धर्म और हिन्दू धर्म के पुनरुत्थान का प्रतीक था। इसका अर्थ यह नहीं है कि बौद्ध धर्म की प्रधानता के युग में हिन्दू धर्म भारत से लुप्त हो गया था। यह सत्य है कि अशोक के समय से बौद्ध धर्म राज-धर्म बन गया था और हिन्दू धर्म पृष्ठभूमि में चला गया था। किन्तु अल्प-कालीन ग्रहण के पश्चात् ब्राह्मण शुंगों के अधीन हिन्दू धर्म फिर उन्नत हुआ। पुष्यमित्रों द्वारा अश्वमेध यज्ञ करने से ज्ञात होता है कि ब्राह्मण धर्म की पुनरावृत्ति हो रही थी। कण्वों तथा आंध्रों ने भी ब्राह्मण धर्म को लोकप्रिय बनाया। ब्राह्मण रीति-रिवाजों को लोकप्रिय बनाने में आन्ध्रों ने पर्याप्त योग किया। उन्होंने कई अश्वमेध यज्ञ किए और ब्राह्मणों को बहुत दान दिए।

यह आशा करना स्वाभाविक है कि जो विदेशी भारत आए वे बौद्ध धर्म की जाति-प्रथा के प्रति विरक्ति के कारण उसकी ओर आकर्षित हुए होंगे, किन्तु वास्तव में ऐसा नहीं था। यह ठीक है कि कनिष्क ने अपने अन्तिम वर्षों में बौद्ध धर्म को संरक्षण दिया किन्तु अगले शासक वासुदेव ने कैडफ़िसिज द्वितीय की तरह फिर शिव-पूजन आरम्भ कर दिया। उसी प्रकार सौराष्ट्र के उत्तरकालीन शक क्षत्रप भी बौद्ध धर्म की अपेक्षा हिन्दू धर्म की ओर अधिक झुके हुए थे। उन्होंने हिन्दुओं की भाषा संस्कृत को संरक्षण दिया और बौद्ध मतावलम्बियों की भाषाओं को संरक्षण नहीं दिया। रुद्रदमन का गिरनार अभिलेख संस्कृत में ही है।

महायान के उदय से भी बौद्ध-धर्म हिन्दू-धर्म के निकट आ गया। बौद्ध प्रचार की भाषा पाली के स्थान पर महायानवादियों ने अपनी पुस्तकों में संस्कृत भाषा का प्रयोग किया। संस्कृत की स्वीकृति ब्राह्मणों के लिए एक विजय थी। धर्म, भाषा और साहित्य की उन्नति साथ-साथ ही होती है। अत: संस्कृत की लोकप्रियता से हिन्दू-धर्म का कार्य आगे बढ़ा। महायान के अन्तर्गत बौद्ध-धर्म में मूर्त्ति पूजा का प्रचलन किया गया। बुद्ध के चारों ओर असंख्या बोधिसत्त्व आ गए जो बुद्ध तथा उसके उपासकों के बीच मध्यस्थ थे। इससे भी बौद्ध धर्म हिन्दू-धर्म के अधिक निकट आ गया। हिन्दू-धर्म में बौद्ध धर्म के विलीन होने की सम्भावना बढ़ गई।

गुप्त वंश के उदय से पहले भी भारशिवों ने गंगा के तट पर दशाश्वमेध घाट पर दस अश्वमेध यज्ञ करके हिन्दू-धर्म को लोकिप्रिय बनाया था किन्तु हिन्दू-धर्म को राज-संरक्षण प्रदान करने और उसे राज्य-धर्म बनाने का कार्य गुप्त वंश के लिए ही रह गया था। गुप्तवंशी धर्मान्ध नहीं थे और उन्होंने सभी के प्रति धार्मिक सहिष्णुता का प्रदर्शन किया, वास्तव में समुद्रगुप्त ने प्रसिद्ध बौद्ध विद्वान वसुबन्धु को संरक्षण दिया। किन्तु इसमें कोई सन्देह नहीं कि गुप्त-शासक धर्मनिष्ठ (orthodox) हिन्दू थे। उनका पथ-प्रदर्शन प्राय: ब्राह्मण परामर्शदाता करते थे। वे स्वयं संस्कृत भाषा के अच्छे ज्ञाता थे। चन्द्रगुप्त द्वितीय को 'राजाधिराजर्षि' कहा गया है जो राजा और ऋषि का मिश्रण है। समुद्रगुप्त और कुमारगुप्त ने अश्वमेध यज्ञ किए। ऐसे वातावरण में ही हिन्दू धर्म ने तीव्र प्रगति की। विभिन्न हिन्दू देवी-देवताओं की पूजा के लिए मन्दिर बनाए गए। विष्णु के अवतारों की पूजा को अत्यधिक महत्त्व दिया जाने लगा। कहा जाता था कि दानवों या निकृष्ट शक्तियों से संसार की रक्षा करने के लिए विष्णु समय-समय पर अवतार लेते हैं। 'पुराणों' में विष्णु के दस अवतारों का उल्लेख किया गया है। मीन या मछली के रूप में विष्णु ने मानवता के पिता मनु की विश्वव्यापी बाढ़ से रक्षा की। कछुए के रूप में विष्णु ने अपनी पीठ पर मन्दर पहाड़ को सम्भाला जिसे देवताओं ने सागर से मानवता के हित के लिए चौदह पदार्थ प्राप्त करने के लिए मन्थन करते समय प्रयुक्त किया था। वृष, नरसिंह तथा वामन के रूप में विष्णु ने पृथ्वी को विध्वंस करने के इच्छुक दानवों का वध किया। ब्राह्मण-धर्म के विक्राँता परशुराम के रूप में विष्णु ने क्षत्रियों को नष्ट किया। विष्णु के पहले छ: अवतार पूर्णत: पौराणिक थे। अगले तीन अवतार ऐतिहासिक तथा अर्द्ध-ऐतिहासिक व्यक्ति थे। विष्णु के उपासक बुद्ध को भी विष्णु का अवतार मानते थे जिसे दानवों तथा अपराधियों को पथ-भ्रष्ट करने के लिए भेजा गया था। कल्कि अवतार अभी भविष्य की गोद में था। प्रत्येक देवता की एक सहचरी थी। विष्णु की सहचरी लक्ष्मी थी, समृद्धि तथा सौन्दर्य की देवी जब सागर से निकली तब सुरों तथा असुरों ने इसका मन्थन किया। विष्णु को कलाकृतियों में विश्व-नाग, 'शेष' या 'अनन्त' पर लेटे हुए या वाहन गरुड़ पर सवार दिखाया जाता था। देवताओं को बहुभुज और बहु-मुख वर्णन करने की प्रवृत्ति इस युग में लोकप्रिय हो गई। देवता अपने हाथों में अपनी शक्ति के लक्षण उठाए होता है, यथा वज्र, मण्डल, शंख, कमल और त्रिशूल। 'शालिग्राम' को विष्णु के लिए पुण्य समझा जाता है और उसका पवित्र पौधा तुलसी है।

शिव या महादेव को विष्णु का विलोम समझा जाता था। वह योगियों का भगवान् है जो विश्वात्मा में विलीन होने के लिए आत्म-चिन्तन करते हैं। हिमालय की बर्फीली पहाड़ियों में वह अनन्त युगों तक तप करता है, शरीर पर भस्म लगाता है, खोपड़ियों की माला पहनता है और उसकी लम्बी जटाओं से गंगा बहती है। शिव को उर्वरता तथा प्रजोत्पादन का देवता भी समझा जाता है। 'लिंग' के रूप में उसकी पूजा की जाती है और उसका वाहन 'नन्दी' या बैल है। शिव को कभी-भी 'नटराज' या नृत्य-देवता के रूप में भी प्रस्तुत किया जाता है। उसकी सहचरी पार्वती या उमा है जो अलौकिक सौन्दर्य तथा माधुर्य की देवी है। काली या दुर्गा के रूप में रक्तिम तथा अश्लील रीतियों से उसकी पूजा की जाती है।

गुप्तकाल का साहित्य (Literature of the Gupta Age)—गुप्तकाल संस्कृत साहित्य का स्वर्ण युग है। बार्नेट (Barnett) का मत है : "प्राचीन भारत के इतिहास में गुप्तकाल का वही महत्त्व है जो यूनान के इतिहास में पेरिक्लीयन

(Periclean) युग का है।'' डॉ० स्मिथ ने गुप्तकाल की तुलना ब्रिटिश इतिहास के एलिज़ाबेथन तथा स्टुअर्ट युगों से की। उनके मतानुसार भारत में कालिदास ने साधारण लेखकों को उसी प्रकार प्रकाशहीन कर दिया जैसे इंग्लैण्ड में शेक्सपीयर ने अन्य सभी लेखकों को निष्प्रभ कर दिया। जिस प्रकार एलिज़ाबेथन साहित्य शेक्सपीयर की कृतियों के बिना भी भरपूर रहता उसी प्रकार यदि कालिदास की कृतियाँ प्राप्त न होतीं तो भी अन्य लेखकों की पुस्तकों से इस युग को साहित्यिक उन्नति में अत्यन्त भरपूर कहने का पर्याप्त कारण हमें मिल जाता।

कालिदास (Kalidasa)—कालिदास के युग के सम्बन्ध में पर्याप्त मतभेद है। एक विचार के अनुसार, वह प्रथम शताब्दी ईसा पूर्व में रहा। बताया जाता है कि परम्परा के अनुसार कालिदास विक्रम संवत् के संस्थापक विक्रमादित्य का समकालीन था। कालिदास ने शुंग काल के सूक्ष्म विवरण दिए हैं जो केवल एक समकालीन को ही ज्ञात हो सकते थे। यह भी कहा जाता है कि अश्वमेध तथा कालिदास के श्लोकों में कुछ स्पष्ट और साधारणतः स्वीकृत समानता थी। अतः यदि कालिदास को गुप्तकाल में रखा जाये तो यह मानना होगा कि कालिदास ने अपने कुछ विचार अश्वघोष से प्राप्त किए। किन्तु यह उत्तर दिया जाता है कि विचार उधार लेना कोई बुरी बात नहीं है और कालिदास ने तो मूल विचारों से सदा उन्नत विचार दिए हैं। यह भी कहा जा सकता है कि बाद के समय का एक कवि उसे प्राप्त साधनों के आधार पर पूर्व-युग के विस्तृत वर्णन दे सकता है जो सम्भवतः आज नहीं मिलते।

दूसरा विचार यह है कि कालिदास गुप्त-कालीन था और चन्द्रगुप्त द्वितीय ने सम्भवतः उसे संरक्षण प्रदान किया। कहा जाता है कि चन्द्रगुप्त द्वितीय ने भी 'विक्रमादित्य' उपाधि धारण की थी अतः कालिदास चन्द्रगुप्त द्वितीय के युग का भी हो सकता है। साहित्यिक अनुश्रुति के अनुसार कालिदास ने राजा प्रवरसेन की कविता 'सेतुबन्ध' (पुल का बनाना जिससे राम की सेना लंका द्वीप पहुँची) को संशोधित किया। यह राजा वाकाटक वंशी प्रवरसेन द्वितीय था। सम्भवतः कालिदास कुछ समय तक प्रवरसेन का अध्यापक था। किन्तु यह स्वीकार करना होगा कि कालिदास को गुप्तकाल में रखने के लिए अभी हमारे पास कोई निर्णायक, प्रत्यक्ष और निश्चित प्रमाण नहीं है। फिर भी सिलवेन लेवी, जैकोबी और बूह्लर की कृतियों ने स्पष्ट कर दिया है कि कालिदास को 350 से 472 ई० तक के युग से पश्चात् नहीं रखा जा सकता।

अनुश्रुति के अनुसार, कालिदास एक ब्राह्मण का पुत्र था। बचपन में ही उसके पिता का स्वर्गवास हो गया और एक चरवाहे ने उसकी पालना की। वह असभ्य और अशिक्षित था किन्तु सुन्दर था। एक मन्त्री की चालाकी से एक राजकुमारी के साथ उसके विवाह की एक अत्यन्त रोचक कहानी है। विवाह के बाद उसने देवी कालि से सहायता की माँग की और एक महान् कवि बना। उसकी कृतियों से ज्ञात होता है कि वह वास्तव में ही ब्राह्मण था और शिव तथा वेदान्त का अनुयायी था। उसे उज्जयिनी नगर से बहुत प्रेम था और हिमालय के नीचे के प्रदेश से वह अच्छी तरह परिचित था।

कालिदास की अधिक महत्त्वपूर्ण कृतियाँ हैं ''अभिज्ञान शाकुन्तल'', ''ऋतु संहार'', ''मालविकाग्निमित्रम्'', ''कुमारसम्भव'', ''मेघदूत'', ''रघुवंश'' और ''विक्रमोर्वशीयम्''। कई भारतीय सिद्धान्तियों के अनुसार, समस्त कलाओं में नाटक सर्वश्रेष्ठ है, समस्त नाटकों में ''शकुन्तला'' सर्वश्रेष्ठ है, ''शाकुन्तला'' नाटक में चतुर्थ अंक सर्वश्रेष्ठ है, और उस अंक में वे श्लोक सर्वश्रेष्ठ हैं जिनमें कण्व ऋषि अपनी दत्तक पुत्री को विदा करता है। ''शकुन्तला'' में कालिदास की प्रतिभा अपनें सर्वोच्च शिखर पर दिखाई देती है। ''मालविकाग्निमित्रम्'' उसकी प्रथम कृति है और ''रघुवंश'' परिपक्वावस्था की कृति है। समालोचकों का कथन है कि कालिदास की कविता अपने सौन्दर्य, सरलता, विचारों तथा कल्पनाओं के कारण प्रसिद्ध है। उसकी उपमाएँ सुन्दर, अनुकूल और विभिन्न प्रकार की हैं। चरित्र-चित्रण में उसका कोई सानी नहीं है। प्रेम और करुणा के भावों को प्रकट करने में वह उत्कृष्ट है। उसकी सुन्दर भाषा में कई गूढ़ तत्त्व हैं।

भास (Bhasa)—कालिदास तथा बाण ने भास की प्रशंसा की है किन्तु उसका युग भी विवाद का प्रश्न है। एक मत के अनुसार त्रिवेंद्रम के तेरह नाटक भास के लिखे हुए नहीं हैं। उनमें से एक में भी नहीं कहा गया है कि उनका लेखक भास था। उत्तरकालीन लेखकों ने जो श्लोक भास के लिखे बताए हैं वे उन नाटकों में नहीं हैं। दूसरे विचार के मानने वाले कहते हैं कि भास के नाटक ''स्वप्नवासवदत्ता'' की अधिकांश विशेषताएँ त्रिवेंद्रम नाटकों के ''स्वप्नवासवदत्ता''

में पाई जाती हैं। त्रिवेंद्रम के तेरह नाटक भाषा और नाटकीय तकनीक की दृष्टि से एक जैसे हैं और उन्हें एक ही व्यक्ति की कृतियाँ मानना होगा। भास का समय 300 ई० के लगभग निश्चित किया जा सकता है। तेरह त्रिवेंद्रम नाटकों के नाम हैं, "मध्यमव्यायोग", "दूतवाक्य", "बालचरित", "प्रतिमा", "अभिषेक", "अविमार्क", "प्रतिज्ञायौगन्धरायण", "स्वप्नवासवदत्ता", "चारुदत्त", "दूतघटोत्चक", "कर्णभार", "उरुभङ्ग" और "पंचरात्र"।

शूद्रक (Sudraka)—"मृच्छकटिक" का लेखक शूद्रक सम्भवतः चौथी शताब्दी ई० में हुआ। "मृच्छकटिक" संस्कृत साहित्य के सर्वाधिक रोचक नाटकों में है।

विशाखदत्त (Visakhadatta)—विशाखदत्त ने "मुद्राराक्षक" नाटक लिखा जिसमें उस क्रान्ति का वर्णन है जिससे चन्द्रगुप्त मौर्य मगध के सिंहासन पर बैठा। विशाखदत्त को "देवी चन्द्रगुप्तम्" का लेखक भी माना जाता है।

भट्टी (Bhatti)—भट्टी ने "रावणवध" पुस्तक लिखी जिसे "भट्टीकाव्य" भी कहा जाता है। राम की कथा देते हुए यह पुस्तक व्याकरण के नियम समझाती है। कुछ लेखक भट्टी को भर्तृहरि मानते हैं जो क्रमशः साधु, दरबारी, दार्शनिक, व्याकरणशास्त्री और कवि बना और जिसने प्रसिद्ध 'तीन शतकों' की रचना की।

मातृगुप्त और भर्तृमेघ भी इसी युग के थे किन्तु उनकी कृतियाँ लुप्त हो चुकी हैं। नाटककार शौमिल्ल और कुलपुत्र भी इसी युग के थे।

विष्णुशर्मा (Vishnusharma)—मूल "पंचतन्त्र" की रचना विष्णुशर्मा ने गुप्तकाल में की। यह पुस्तक संसार के साहित्य में अत्यन्त महत्त्वपूर्ण स्थान रखती है। संसार की विभिन्न 50 भाषाओं आदि में इस पुस्तक के लगभग 200 अनुवाद हैं, जैसे इंग्लिश, जर्मन, स्पेनिश, लेटिन, यूनानी।

पुराण (Puranas)—पुराणों की रचना गुप्तकाल से काफी समय पहले की गई थी किन्तु अब उन्हें अभिनव (up-to-date) बना लिया गया। कलियुग के वंशों का इतिहास 350 ई० तक लिख दिया गया। विष्णु और शिव की स्तुति में कई परिच्छेद जोड़ दिए गए।

स्मृतियाँ (Smritis)—याज्ञवल्क्य, नारद, कात्यायन और बृहस्पति की स्मृतियाँ इसी युग में लिखी गईं। कहा गया है कि "याज्ञवल्क्य स्मृति" इस विषय पर नियमानुकूल और सन्तुलित पुस्तक है।

कामन्दक (Kamandaka)—कामन्दक-कृत "नीतिसार" की रचना सम्भवतः गुप्त शासकों के किसी मन्त्री ने की।

"हितोपदेश"—"हितोपदेश" सम्भवतः गुप्तकाल में ही लिखी गई थी।

ईश्वरकृष्ण (Ishwarakrishna)—ईश्वरकृष्ण ने अपनी प्रसिद्ध पुस्तक "साँख्यकारिका" या साँख्य पद्धति दर्शन की रचना की।

वात्स्यायन (Vatsyayana)—वात्स्यायन से "न्याय-भाष्य" या न्याय पद्धति दर्शन लिखा।

प्रशस्तपाद (Prasastapada)—प्रशस्तापाद ने "पदार्थ-धर्म संग्रह" या वैशेषिक पद्धति दर्शन लिखा।

"व्यासभाष्य" (Vyasabhashya)—योग दर्शन पर "व्यास-भाष्य" की रचना की गई।

बौधायन, उपवर्ष और **भर्तृप्रपन्न** जैसे दार्शनिक भी गुप्त काल में ही हुए।

दण्डी (Dandi)—दण्डी ने इसी युग में "काव्यादर्श" और "दशकुमारचरित" की रचना की।

आसंग (Asanga)—बौद्ध लेखक आसंग ने "यौगाचारभूमि-शास्त्र" और "महायान सम्परिग्रह" की रचना की।

वसुबन्धु (Vasubandhu)—वसुबन्धु ने महायान तथा हीनयान बौद्ध दर्शन पर कई पुस्तकें लिखीं।

दिङ्नाग (Dignaga)—दिङ्नाग ने "प्रमाण समुच्चय" की रचना की।

परमार्थ (Parmartha)—परमार्थ ने वसुबन्धु की जीवन-कथा लिखी।

चन्द्रगोमिन् (Chandragomin)—बौद्ध विद्वान् चन्द्रगोमिन् ने ''चन्द्र-व्याकरण'' की रचना की।

आर्यभट्ट, वराहमिहिर और ब्रह्मगुप्त : आर्यभट्ट, वराहमिहिर और ब्रह्मगुप्त को ''संसार के सर्वप्रथम नक्षत्र-वैज्ञानिक और गणितज्ञ'' कहा गया है। आर्यभट्ट ने ''सूर्यसिद्धान्त'' लिखा। उसने सूर्यग्रहण और चन्द्रग्रहण के वास्तविक कारण बताए। आर्यभट्ट पहला भारतीय नक्षत्र-वैज्ञानिक था जिसने घोषणा की कि पृथ्वी अपनी धुरी पर घूमती है। उसने नक्षत्रीय चलन के परिवर्त्तनों का विवरण भी किया। वराहमिहिर की पुस्तक ''बृहत् संहिता'' में नक्षत्र-विद्या, वनस्पति-शास्त्र, प्राकृतिक इतिहास और भौतिक भूगोल के विषयों पर चर्चा की गई है। वराहमिहिर नें ''पंच सिद्धान्त'', ''बृहज्जातक'' और ''लघुजातक'' की रचना भी की। ब्रह्मगुप्त इस युग का महान् नक्षत्र-वैज्ञानिक और गणितज्ञ था। उसने यह घोषणा करके न्यूटन के सिद्धान्त की पूर्व-कल्पना कर ली : ''प्रकृति के एक नियम के अनुसार सभी वस्तुएँ पृथ्वी पर गिरती हैं, क्योंकि पृथ्वी स्वभाव से ही सभी वस्तुओं को अपनी ओर आकर्षित करती है।''

चिकित्सा (Medicine)—''नवनीतकम्'' की रचना गुप्त काल में की गई। इस पुस्तक में नुस्खे, सूत्र और उपचार-विधियाँ दी गई हैं। पलकाप्व ने पशु-चिकित्सा पर ''हस्त्यायुर्वेद'' लिखा।

राज-कवि (Court-poets)—समुद्रगुप्त के प्रसिद्ध सेनानी और विदेश मन्त्री हरिषेण ने समुद्रगुप्त पर अपनी प्रसिद्ध प्रशस्ति लिखी जो इलाहाबाद स्तम्भ अभिलेख में पाई गई है। यह प्रशस्ति एक सुन्दर कविता के रूप में है। लेखक ने सरल और आलंकारिक शैलियों में अपनी कुशलता का परिचय दिया है। वासुल ने यशोवर्मा पर अपनी प्रशस्ति लिखी। रविशान्ति ने मौखरी राजा की हराह (Haraha) प्रशस्ति लिखी। वत्सभट्टी ने कुमारगुप्त और बन्धुवर्मा की मन्दसौर (Mandasor) प्रशस्ति लिखी। कुब्ज ने तालगुन्द प्रशस्ति लिखी। शाब चन्द्रगुप्त द्वितीय का राजकवि था।

गुप्त-कला (Gupta Art)

गुप्तकाल की शोभा कुछ सीमा तक गुप्त-कला के कारण थी। इसी युग में समस्त भारत में कला की अभूतपूर्व उन्नति हुई। मूर्ति-कला, भवन-निर्माण-कला, चित्र-कला और टैराकोटा ने इतनी प्रगति की जितनी उसके बाद कभी देखने में न आयी। कुछ अत्यन्त सुन्दर स्मारक गुप्तकाल की देन है। इस युग में मथुरा, बनारस और पटना कला-केन्द्र थे।

गुप्त कला में कई विशेष लक्षण हैं। इस कला में परिष्कृति और संयम का मेल दृष्टिगोचर होता है। गुप्त कलाकारों ने मात्रा की अपेक्षा लावण्य पर अधिक बल दिया। उनकी कला में अभिव्यक्ति की सरलता और आध्यात्मिक उद्देश्य स्पष्ट दिखाई देते हैं। रूढ़ियों से स्वतन्त्रता तथा संतुलन उनकी विशेषता है। वस्त्रों, आभूषणों तथा अन्य सजावटी वस्तुओं के प्रयोग में गम्भीरता दिखाई देती है। उसमें स्वाभाविकता है। गुप्त कलाकार तकनीक में कुशल जान पड़ते हैं।

गुप्त कला 'रूपम्' या सौन्दर्य के कल्पना के लिए प्रसिद्ध है। गुप्त कलाकारों ने सुन्दर आकृति की विभिन्न आकारों में उपासना की। आध्यात्मिक आनन्द और श्रेष्ठता के नए विचार उत्पन्न करने के लिए उन्होंने कला की उपासना की।

गुप्त कला में व्याप्त धार्मिक और आध्यात्मिक संवेदना है। अजन्ता की गुफाओं में देवताओं, ऋषियों, राजाओं, रानियों और उनके अनुचरों के चित्रों से अच्छाई और बुराई का पता चलता है।

गुप्त कला से शैली की सरलता और अभिव्यक्ति की सुगमता का पता चलता है। महान् विचारों को प्राकृतिक और सरल ढंग से स्पष्ट रूप में प्रस्तुत किया गया। बाह्याकार और आन्तरिक अर्थ को उसी प्रकार मिला दिया गया जैसे शरीर और आत्मा मिले हुए हैं।

विद्वानों के विचार में गुप्त कला प्राचीन भारतीय कला का सर्वश्रेष्ठ रूप है। इसे केवल भारत में ही विशिष्ट स्थान प्राप्त नहीं हुआ बल्कि बृहत्तर भारत में भी इसे ले जाया गया। इसने भारत में तथा विदेशों में आश्चर्यपूर्ण सफलताएँ प्राप्त कीं। विशेषकर गुफाओं की दीवारों पर चित्रण-कला को मध्य एशिया और चीन में पहुँचाया गया।

मूर्ति-कला (Sculpture)—डॉ० वी०एस० अग्रवाल का मत है, ''गुप्त कला को मूर्ति कला के कारण सम्मान प्राप्त है। कुशल कलाकार की छेनी ने पत्थर को स्थायी सौन्दर्य और लालित्य प्रदान किया। गुप्त मूर्ति कला की सफलता कुषाण मूर्तियों की कामुकता और प्रारम्भिक मध्ययुगीन कला की प्रतीकात्मक कल्पना के संतुलित सम्मिश्रण में है।''

नग्नता गुप्त-कला से पूरी तरह से लुप्त हो गई। शारीरिक आकर्षण को छिपाने के लिए गुप्त कलाकार ने वस्त्रों का प्रयोग किया। गुप्त काल की बुद्ध मूर्तियों से यह स्पष्ट दिखाई देता है। सारनाथ में बैठे हुए बुद्ध की मूर्ति, मथुरा अजायबघर में खड़े हुए बुद्ध की मूर्ति और सुलतानगंज में बुद्ध की तांबे की मूर्ति इस कला के नमूने हैं। उनमें केवल बुद्ध की मुस्कान ही नहीं उसकी शान्त चिन्तन-मुद्रा भी दिखाई देती है। गुप्त काल की बुद्ध मूर्तियों के सुन्दर घुंघराले बाल हैं। बुद्ध मूर्ति के दीप्ति चक्र में विभिन्न प्रकार के ललित अलंकार प्रयोग किए गए। गुप्त कलाकारों ने पारदर्शक वस्त्र प्रयोग किए। उन मूर्तियों में कला की नवीनता तथा सजीवता दिखाई देती है।

अत्यन्त सुन्दर शिव मूर्तियों में से कुछ गुप्तकाल में ही बनाई गईं। यह सत्य है कि 'लिंग' के रूप में शिव की पूजा कुषाण युग में भी होती थी। लेकिन 'एकमुखी' और 'चतुर्मुखी' शिवलिंग तो गुप्त कलाकारों की ही देन है। गुप्त कलाकारों ने शिव के 'अर्धनारीश्वर' रूप की रचना भी की जिसमें देवता को आधा पुरुष और आधा नारी दिखाया गया है।

गुप्त मूर्तियों से ज्ञात होता है कि विष्णु और उसके विभिन्न अवतारों की पूजा उस समय बहुत लोकप्रिय थी। मथुरा से प्राप्त विष्णु की मूर्ति गुप्त नम्य कला (plastic art) का श्रेष्ठ उदाहरण है। इसमें सन्तोष और शान्त आत्म-चिन्तन दिखाई देता है। विष्णु की मूर्ति में मानव सिर से साथ वाराह और सिंह के सिर दिखाए हैं। गढ़वाल और मथुरा की विष्णु की मूर्तियों में एक केन्द्रीय मानव आकृति के चारों ओर दीप्तिमान सिर दिखाए गए हैं। डॉ० अग्रवाल ने लिखा है कि उदयगिरि की विशाल वाराह मूर्ति (लगभग 400 ई०) को गुप्त मूर्तिकारों की कुशलता का स्मारक माना गया है। इसका आकार और सशक्त परिष्कृति इसकी पृष्ठभूमि के छोटे आकार के दृश्यों के सम्मुख सुन्दर विषमता के रूप में प्रस्तुत होती है। दो पार्श्विक दृश्य भी असाधारण महत्त्व लिए हुए हैं, जिनमें गंगा-यमुना के जन्म, प्रयाग में उनके संगम और सागर में उनके विलीन होने के दृश्य प्रस्तुत किये गए हैं। सम्पूर्ण दृश्य में कविता की संवेदना है और संभवतः इसमें मध्य प्रदेश को आदर्श रूप में दिखाया गया है जो विशाल साम्राज्य का केन्द्र था। इसके चिन्ह थे गंगा और यमुना देवियाँ जो अपने-अपने वाहन मगर और कछुए पर खड़ी हैं।''

गुप्त कलाकारों ने विष्णु और शिव के विभिन्न अवतारों की कथाओं को कुशलतापूर्वक व्यक्त किया। देवगढ़ मन्दिर में राम और कृष्ण की काव्य-कथाओं के दृश्यों को चित्रित किया है। कृष्ण से सम्बन्धित किंवदन्तियाँ भी दिखाई गई हैं, जैसे कृष्ण का गोकुल जाना, दूध की गाड़ी को ठोकर मारना, कंस को बालों से पकड़ना, आदि। एक दृश्य में कृष्ण, रुक्मिणी और सुदामा को इकट्ठे दिखाया गया है। ''रामायण'' के कुछ दृश्य भी प्रस्तुत किए गए हैं, जैसे राम, लक्ष्मण और सीता का वन-प्रस्थान, अगस्त्य ऋषि से उनकी भेंट, लक्ष्मण द्वारा शूर्पणखा की नाक काटना आदि। डॉ० अग्रवाल ने बताया है : ''गजेन्द्रमोक्ष, अनन्त पर लेटा हुआ विष्णु और हिमालय में नर तथा नारायण, जिन्हें देवगढ़ मन्दिर में चित्रित किया गया है, हिन्दू मूर्ति-कला की सर्वोत्कृष्ट कृतियों में हैं।''

भवन-निर्माण कला (Architecture)—जबलपुर जिले में टिगवा स्थित विष्णु मन्दिर, भूतपूर्व नागोड़ राज्य में भूभरा स्थित शिव मन्दिर भूतपूर्व अजयगढ़ राजय में नचना-कुठार स्थित पार्वती मन्दिर, साँची तथा बोधगया के बौद्ध मन्दिर, देवगढ़ में दशावतार मन्दिर, असम के दागर जिले में ब्रह्मपुत्र के तट पर स्थित दाह पार्बतिया का मन्दिर और भूतपूर्व नागोड़ राज्य में खोह स्थित शिव मन्दिर गुप्त काल के अवशिष्ट मन्दिर हैं। इस मन्दिर से प्राप्त उत्तम एकमुखी लिंग तथा 'गणों' को चित्रित करने वाली बहुत-सी मूर्तियाँ अब इलाहाबाद अजायबघर में रखी हुई हैं। इनके अतिरिक्त गुप्त-काल के ईंटों के बने हुए मन्दिर कानपुर जिले में भीतरगाँव, बंगाल में पहाड़पुर तथा मध्य प्रदेश में सीरपुर में भी स्थित हैं। भीतरगाँव के मन्दिर की छत शुण्डाकार है। इसकी दीवारों को टैराकोटा की पट्टियों से सजाया गया है। उनमें हिन्दू पौराणिक कथाएँ प्रस्तुत की गई हैं। डॉ० अग्रवाल ने लिखा है कि इस मन्दिर का विशेष महत्त्व है क्योंकि इसमें भारत की पूर्वतम वास्तविक महराब पाई गई हैं।

पत्थरों के बने हुए मन्दिर छोटे-छोटे और सामान्य हैं। उन्हें केवल मूर्तियों के लिए बनाया गया था और उपासकों के लिए उनमें कोई स्थान नहीं है। उनकी छत प्रायः चपटी है। पत्थर-तराशी बहुत अच्छी की गई है। उनमें किसी प्रकार का गारा चूना नहीं लगाया गया है, उनमें ऊँचे 'शिखर' या बड़े-बड़े 'मण्डप' नहीं हैं। देवगढ़ के दशावतार मन्दिर का शिखर शुरू में 40 फुट ऊँचा था। पर्सी ब्राऊन बताता है कि पूर्णावस्था में देवगढ़ का दशावतार मन्दिर इसके विभिन्न भागों के क्रम

की दृष्टि से असाधारण था। कहा गया है कि बहुत कम स्मारकों में देवगढ़ के मन्दिर की सी कारीगरी दिखाई गई है। इस मन्दिर की मूर्तिकला में परिपक्वता और परिष्कृति दिखाई देती है। यह उल्लेखनीय है कि मूर्ति-स्थान का प्रवेश-द्वार ही गुप्तकालीन मन्दिरों के मुख्य आकर्षण का केन्द्र था।

जोलियाँ, चार्सड्डा तथा पुष्कलवती के पास प्राचीन स्थानों में पाए गए बौद्ध स्तूप, पूजा-स्थान तथा विहार उल्लेखनीय हैं। मोहरा मराडू में एक सभा-सदन, जलपान गृह, रसोई, भण्डारागार तथा शौचालय मिले हैं। सारनाथ में की गई खुदाई से एक बुद्ध-मन्दिर तथा बहुत विहार निकले हैं।

राजगीर में जरासन्ध-की-बैठक में पाया गया स्तूप तथा सारनाथ में घामेख स्तूप भी गुप्त-काल के हैं। सारनाथ का स्तूप 128 फुट ऊँचा है। इसके चारों कोणों पर बुद्ध की मूर्तियों के चार गवाक्ष बने हुए हैं। नरसिंहगुप्त बालादित्य ने नालन्दा में ईंटों का एक बौद्ध मन्दिर बनवाया। यह 300 फुट ऊँचा था।

गुप्त-काल की मुख्य गुफाएँ अजन्ता और आन्ध्र देश की हैं। गुप्त-काल में अजन्ता में चैत्य तथा विहार गुफाएँ खोदी गईं। विहार गुफाएँ 13 और 17 नं० तथा चैत्य गुफा 19 नं० अत्यधिक महत्त्वपूर्ण हैं। ये गुफाएँ गुप्त-काल की सर्वोत्कृष्ट कला-कृतियाँ हैं। प्रत्येक गुफा में बहुत से स्तम्भ हैं। उनकी सुन्दरता तथा विभिन्नता विशिष्ट हैं। कोई से दो स्तम्भ बिलकुल एक जैसे नहीं हैं। फिर भी अभिकल्प तथा आकृति का पूर्ण मेल है। इन गुफाओं में चित्रण-कला भी की गई है। गुफाओं का प्रभाव तो वर्णन करने की अपेक्षा अनुभव करने की वस्तु है। सभी गुफाएँ किसी समय में बुद्ध के जीवन तथा जातक-कथाओं से लिए गए दृश्यों से ढकी हुई थीं। दीवारों और स्तम्भों पर स्पष्ट रूपरेखा तथा आकर्षक रंगों में नमूने बनाए गए हैं।

मुगलराजपुरम्, उण्डवल्ली तथा अक्कान्नामदन्ना की गुफाएँ भी गुप्तकालीन हैं। उनकी शिल्प-कला सरल है। उनके स्तम्भ सादे किन्तु भारी हैं। भोपाल के निकट उदयगिरि के गुफा मन्दिर का कुछ भाग तो चट्टान में काटा गया है और कुछ पत्थरों से बनाया गया है।

टैराकोटा (Terra-cotta)—टैराकोटा भी गुप्त-काल की एक मुख्य शाखा था। गुप्त-काल की मिट्टी की मूर्तियाँ बनाने वाले कलाकार सुन्दर वस्तुएँ बनाते थे। इसलिए वे लोकप्रिय थे। मिट्टी की वस्तुएँ निर्धनों की कला बन गई। इस प्रकार गुप्त-कला सर्वसाधारण में भी लोकप्रिय बन गई। टैराकोटा मूर्तियाँ तीन प्रकार की हैं : देवता तथा देवियाँ, पुल्लिंग तथा स्त्रीलिंग आकृतियाँ और पशुओं की छोटी आकृतियाँ तथा फुटकर वस्तुएँ। विष्णु, सूर्य, दुर्गा, गंगा और यमुना की आकृतियाँ बहुत बड़ी संख्या में प्राप्त हुई हैं। उन मिट्टी की आकृतियों को पकाने का काम काफी कठिन रहा होगा। ईरान और मध्य एशिया के विदेशियों की बहुत-सी आकृतियाँ मिली हैं। वरों, हाथी-सवारों, विदूषकों तथा बौनों की बहुत-सी आकृतियाँ भी मिली हैं। राजघाट में पाई गई टैराकोटा मूर्तियाँ इतनी सजीव हैं कि मानो मिट्टी में गीत मुखरित हो उठे हों। डॉ० अग्रवाल का विचार है कि उस समय की प्रचलित सच्ची कला की आत्मा इन टैराकोटा की आकृतियों में पाई जाती हैं। गुप्त-काल के कलाकार के लिए यह सच्चाई से कहा जा सकता है कि उसने जिस वस्तु को भी हाथ लगाया उसे अति सुन्दर बना दिया।

बुद्ध, सारनाथ

चित्रण-कला (Painting)—डॉ० वी० एस० अग्रवाल का विचार है कि चित्रणकला गुप्त-काल में उच्च शिखर पर पहुँच चुकी थी। गुप्त चित्रों के अति उत्तम उदाहरण अजन्ता की गुफाओं की दीवारों पर, ग्वालियर की बाघ गुफाओं में, पुदुक्कोट्टई के सीत्तान्नावासन मन्दिर में और लंका में सिगीरिया की चट्टानों में काटे गए सदनों में पाए जाते हैं। आरम्भ में अजन्ता की अधिकाँश गुफाओं में चित्र थे। अब वे केवल कुछ ही गुफाओं में दिखाई देते हैं। उन चित्रों के तकनीक का जहाँ तक सम्बन्ध है, पिसे हुए पत्थर, गोबर, मिट्टी और भूसे के साथ तल बना लिया जाता था। करणी के साथ उसे समतल

कर लिया जाता था और सूखने के बाद कलाकार स्पष्ट रूपरेखा से चित्र बनाते थे। राथेन्स्टाइन (Rothenstein) ने लिखा है : ''इन चट्टानों से कटे मन्दिरों की सैकड़ों दीवारों और स्तम्भों पर हम एक विशाल नाटक देखते हैं, जिसे राजकुमारों, ऋषियों और नायकों तथा प्रत्येक स्थिति के पुरुषों तथा स्त्रियों ने अलौकिक विभिन्न पृष्ठभूमि में खेला। जंगलों तथा उद्यानों, दरबारों तथा नगरों के चौड़े मैदानों तथा घने बनों में उन्हें विभिन्न कार्यों में व्यस्त दिखाया गया है और उनके ऊपर देवगण आकाश में विचरण कर रहे हैं। इस सबसे एक अवर्णनीय आनन्द उत्पन्न होता है जो प्रकृति के सौन्दर्य, पुरुषों तथा स्त्रियों की शारीरिक श्रेष्ठता, पशुओं के बल तथा लावण्य और पक्षियों तथा फूलों की सुन्दरता तथा पवित्रता से प्रस्फुटित होता है। संसार के पदार्थों की इस सुन्दर रचना में हम संसार की आध्यात्मिक शक्तियों का क्रम-बद्ध चित्र देखते हैं।''

गुप्त चित्रकारों ने बुद्ध के जीवन की घटनाओं को भी चित्रित किया। गुफा नं० 16 के ''मृत्यु-शैया पर राजकुमारी'' नाटक दृश्य की ग्रिफिथ्स, बर्जेस और फर्गुसन ने सराहना की है। ''करुणा और विचारों की दृष्टि से और अपनी कथा कहने के ठीक ढंग की दृष्टि से, मेरे विचार में कला के इतिहास में इससे अधिक श्रेष्ठ चित्र बनाना सम्भव

अजन्ता की गुफाओं का एक सामान्य दृश्य।

नहीं है। फ्लोरेन्स का कलाकार अधिक अच्छी रूप-रेखा बना लेता और वेनिस का कलाकार अधिक अच्छे रंग लगा सकता, किन्तु उनमें से एक भी इससे अच्छी प्रकृति के सौन्दर्य प्रस्तुत न कर सकता।'' गुफा नं० 17 को ठीक ही चित्रालय कहा गया है। इसमें बुद्ध के जन्म, जीवन और मरण से सम्बन्धित कई घटनाओं को चित्रित किया गया है। शेर तथा काले हिरण और हाथी के शिकार के दृश्य अति सुन्दर हैं। श्रीमती हैरिंघम के अनुसार ये चित्र प्रकाश और छाया के क्रम पर बनाए गए हैं जिनकी तुलना इटली में सत्रहवीं शताब्दी से पहले नहीं की जा सकती।

मालवा की बाघ गुफाएँ भी अजन्ता की गुफाओं की कोटि की हैं। नमूनों की विभिन्नता वहाँ विद्यमान है। कला-कौशल में वे सजीव हैं। उनमें से अधिकांश चित्र धर्म-निरपेक्ष हैं। गायन तथा नृत्य को स्वच्छन्दता से प्रयुक्त किया गया है।

लंका में सिगीरिया के चित्रों में कुलीन स्त्रियों का जलूस चित्रित है जो एक बौद्ध मन्दिर की ओर जा रही हैं। उनके साथ उनकी दासियाँ हैं, जिन्होंने पूजा-सामग्री उठा रखी है। कला अति उच्च कोटि की है।

अजन्ता की गुफा पर अंकित एक दृश्य।

कला के समालोचकों का कथन है कि गुप्त-कला में रूपरेखा की कोमलता, रंगों की उज्ज्वलता और अनुपम भावपूर्णता उसकी प्रमुख विशेषताएँ हैं। इन्हीं लक्षणों ने गुप्त काल के चित्रों को सदा के लिए सर्वोत्तम बना दिया है।

डॉ० स्मिथ बताते हैं : "सुन्दर मूर्तियों सहित कुछ टूटे हुए भाग, यह बताते हैं कि गुप्त काल के भव्य पत्थरों के मन्दिर बनारस के निकट सारनाथ तथा अन्य स्थानों पर थे। सारनाथ गुप्त काल की आकृतियों और नक्काशी के लिए भरपूर भण्डार सिद्ध हुआ है। जिनमें से कई समुद्रगुप्त और उसके उत्तराधिकारियों के समय के उच्चकोटि के नमूने हैं। गुप्त कलाकार धातुओं के काम में भी कम दक्ष नहीं थे। समुद्रगुप्त के समय में जंग न लगने वाले लोहे का बनाया हुआ दिल्ली का स्तम्भ धातुशोधन में कुशलता का अद्भुत नमूना है। ताँबे की मूर्तियाँ बनाने का कार्य विशेष सफलता के साथ किया गया। छठी शती के अन्त में बिहार में नालन्दा के स्थान पर बुद्ध की 80 फुट ऊँची ताँबे की मूर्ति स्थापित की गई और साढ़े सात फुट ऊँची बुद्ध की सुल्तानगंज मूर्ति अब भी बकिंघम के अजायबघर में देखी जा सकती है। यह चन्द्रगुप्त द्वितीय के समय की है। कला के उच्चतम विकास का काल पाँचवीं शती को माना जा सकता है जो कालिदास का भी समय था, अर्थात् चन्द्रगुप्त द्वितीय और उसके पुत्र का राज्य-काल। अजन्ता की दो सर्वोत्कृष्ट गुफाएँ, 16 तथा 17, उस गौरवमयी शताब्दी में ही खोदी गई थीं। अजन्ता की गुफाओं की चित्रण-कला की उच्चकोटि की व्याख्या करना अनावश्यक है क्योंकि अब उसे निस्संकोच स्वीकार किया जाता है। एक डेनिश

(Danish) कलाकार ने अमूल्य व्यावसायिक समालोचना (professional criticism) प्रकाशित की है। उसने कहा है कि ''वे विशुद्ध भारतीय कला के उच्चतम विकास की द्योतक हैं। सम्पूर्ण चित्र से लेकर छोटे-से-छोटे मोती या फूल तक सभी कुछ अन्तर्दृष्टि की गहराई तथा महान् तकनीकी कुशलता के प्रमाण हैं।'' लंका की उनसे मिलती-जुलती सिगीरिया की चित्रण-कला स्कन्दगुप्त के राज्य के शीघ्र पश्चात् 479 से 497 ई० तक के काल में सम्मिलित की गई।

कृष्णवर्ण राजकुमारी, अजन्ता गुफा नं० 1.

आर०डी० बैनर्जी की मान्यता है : ''गुप्तकला वास्तव में पुनरुत्थान है जिसका कारण चौथी तथा पाँचवीं शती ई० में उत्तरी भारत के लोगों के विचारों में परिवर्त्तन था। इस परिवर्त्तन का आधार पुराने लक्षणों को मिलाना, विदेशी लक्षणों को निकाल बाहर करना और पूर्णतः नए तथा एकदम भारतीय विचारों का क्रम-बद्ध रचना करना था।''

कॉड्रिंगटन (Codringtion) के विचार हैं : ''गुप्त कला की बौद्धिकता के लिए उसकी प्रशंसा की गई है। किन्तु इसे प्राचीन भारतीय कला का परिणाम समझना अधिक ठीक होगा। इसमें डिजाइन और आकृति की स्पष्ट प्रशंसा थी, जीवों के स्पन्दन और लय तथा उनकी मुद्रा तथा सन्तुलन का मेल था। गुप्त शताब्दी में उद्देश्यों की निश्चित क्रम है जो उत्तम गुफा-मन्दिरों के समय के निकट आकर संख्या और कल्पना की जटिलता में बढ़ते जाते हैं। अजन्ता, औरंगाबाद और एलोरा में ही मध्य युग आरम्भ हुआ। इसकी निश्चित संस्कृति है जो गुप्त संस्कृति से बहुत भिन्न है। एक प्राचीन है, दूसरी रोमानी है। सर जॉन मार्शल का गुफा मन्दिरों की अकृत्रिमता से प्रभावित होना स्वाभाविक है। केवल इन छोटे-छोटे मन्दिरों का भव्य और आकर्षक निर्माण ही नहीं अपितु उनको सजाने के लिए की गई मूर्ति-कला भी अद्वितीय और विचित्र है।''

एक महिला बैठने की मुद्रा में, अजन्ता गुफा नं० 1.

एक आकृति, अजन्ता गुफा नं. 2.

एच०जी० रालिन्सन ने लिखा है, "समय के थपेड़ों तथा हूण तथा मुस्लिम आक्रमणकारियों के प्रहारों से गुप्त कला एवं शिल्प-कला को बहुत हानि हुई है और बहुत कम नमूने ही बच सके हैं। किन्तु जो कृतियाँ प्राप्त हुई हैं उनसे स्पष्ट है कि ह्यूनसाँग तथा बाण के वर्णन बढ़ा-चढ़ा कर नहीं लिखे गए थे।"

गुप्त-मुद्रा (Gupta Coinage)—गुप्त-वंश के इतिहास की बहुत सी लाभदायक सामग्री उनके सिक्कों से प्राप्त होती है। एलन ने 1914 में अपनी पुस्तक 'गुप्त वंशी सिक्कों की सूची' (Catalogue of the Coins of the Gupta Dynasties) प्रकाशित की। इस पुस्तक में गुप्त सिक्कों का नियमित अध्ययन किया गया है।

एलन का विचार था कि चन्द्रगुप्त प्रथम और उसकी रानी कुमारदेवी के चित्रों वाले सिक्के उनके पुत्र समुद्रगुप्त ने स्मारकीय पदकों के रूप में चलाए

थे। किन्तु डॉ० अल्टेकर ने यह विचार स्वीकार नहीं किया है। उनका कथन है कि यदि यह ठीक होता तो समुद्रगुप्त का नाम भी उन सिक्कों पर अवश्य दिया रहता। इसलिए इन्हें चन्द्रगुप्त प्रथम के सिक्के मानना आवश्यक है। चन्द्रगुप्त प्रथम के सिक्कों के मुख-भाग पर राजा और उसकी रानी कुमारदेवी एक दूसरे के सामने खड़े हैं। राजा अपनी रानी को एक अंगूठी या कंगन दे रहा है। दोनों के नाम सिक्कों पर दिए गए हैं। पृष्ठ-भाग पर दुर्गा शेर पर बैठी है। इससे ज्ञात होता है कि चन्द्रगुप्त प्रथम एक महत्त्वाकांक्षी व्यक्ति था और उसने विजय-क्रम आरम्भ किया। भारतीय परम्परा यह है कि सैनिक अभियान आरम्भ करते समय दुर्गा का आशीर्वाद प्राप्त किया जाए। उन सिक्कों का मुद्रा-लेख 'लिच्छवय:' है जिसमें सम्भवत: गुप्त वंश द्वारा प्राप्त लिच्छवी सहायता को स्वीकार किया गया है।

समुद्रगुप्त के बहुत से सिक्के प्राप्त हुए हैं। चीता प्रकार में राजा को 'उत्थान' मुद्रा में कमरबंद, पगड़ी और आभूषण पहिने हुए दिखाया गया है। वह एक चीते को रौंद रहा है। 'मकर' (हाथी के सिर वाली मछली) पर एक देवी भी खड़ी हुई है।

वीणावादक प्रकार में राजा वीणा बजा रहा है। इससे संगीत में राजा की रुचि तथा कला को संरक्षण प्रदान करने का प्रमाण मिलता है। इन सिक्कों पर लक्ष्मी बैठी हुई है।

अश्वमेध प्रकार (Asvamedha Type) के कई नमूने मिले हैं। मुख-भाग पर एक घोड़ा 'यूप' या बलि-वेदि के निकट खड़ा है। पृष्ठ-भाग पर 'पलनि' अर्थात् यज्ञ-कर्त्ता की पत्नी का चित्र है। इसलिए यह रानी समुद्रगुप्त की महारानी दत्तादेवी ही होगी। अश्वमेध प्रकार के सिक्कों से ज्ञात होता है कि समुद्रगुप्त ने अश्वमेध यज्ञ किया, जिसका अर्थ है उत्तरी और दक्षिणी भारत के शासकों पर विजय प्राप्त करना।

समुद्रगुप्त के बहुत से सिक्के पताका प्रकार के हैं। वी०ए० स्मिथ ने इन सिक्कों को भाला प्रकार कहा क्योंकि उन्होंने राजा के बाएँ हाथ में पकड़ी हुई वस्तु को भाला समझा। किन्तु एलन ने यह विचार स्वीकार नहीं किया क्योंकि उन्हें ऐसी कोई वस्तु दिखाई नहीं दी।

धनुर्धर प्रकार में पताका के स्थान पर धनुष है। युद्ध-परशु प्रकार में राजा ने बाएँ हाथ में कुल्हाड़ी उठाई हुई है। कुछ सिक्कों पर तलवार दिखाई गई है। इन सिक्कों से समुद्रगुप्त के युद्धप्रिय स्वभाव का आभास मिलता है।

रामगुप्त के कोई सिक्के प्राप्त नहीं हुए हैं। यद्यपि डॉ० अल्टेकर ने कुछ सिक्कों को रामगुप्त के सिक्के बनाने की असफल चेष्टा की है।

चंद्रगुप्त द्वितीय के बहुत से सिक्के प्राप्त हुए हैं। धनुर्धर प्रकार की कई किस्में हैं, जैसे सिंहासन सिक्के और कमल सिक्के। चन्द्रगुप्त के धनुर्धर प्रकार के सिक्के समुद्रगुप्त के इसी प्रकार के सिक्कों से बहुत मिलते हैं। इन सिक्कों में राजा ने धनुष उठा रखा है। धनुष और बाण समुद्रगुप्त द्वितीय की युद्धप्रियता के द्योतक हैं।

चन्द्रगुप्त द्वितीय के सिंहासन प्रकार के सिक्के बहुत कम हैं। इन सिक्कों पर राजा एक सिंहासन पर बैठा है जिसकी ऊँची पीठ है। पृष्ठ भाग पर देवी श्री का चित्र है।

ब्राह्मण, अजन्ता गुफा नं० 17.

चन्द्रगुप्त द्वितीय ने छत्र प्रकार के सिक्के भी चलाए। भारतीय परम्परा में छत्र को संप्रभुता या राजस्व का प्रतीक समझा जाता है। यह राजा के ऐश्वर्य की साज सामग्री है।

शेर-घातक प्रकार के सिक्कों में चन्द्रगुप्त द्वितीय एक शेर को रौंद रहा है या उसे मार रहा है।

गन्धर्व, अजन्ता, ऐलोरा।

चन्द्रगुप्त ने घुड़सवार प्रकार के सिक्कों को प्रचलित किया। इन सिक्कों के मुख-भाग पर राजा पूरी पोशाक पहिने या केवल कमर पर एक वस्त्र बाँधे एक घोड़े पर सवार है। एक तलवार या कभी एक धनुष उसके हाथ में दिखाई देता है। पृष्ठ-भाग पर देवीश्री का चित्र है जो बैंत की एक तिपाई पर बैठी है। पश्चिमी क्षत्रियों की विजय के पश्चात् चन्द्रगुप्त द्वितीय ने चाँदी के सिक्के भी चलाए। इस सिक्कों का परिमाण, भार और धातु क्षत्रप सिक्कों से बहुत कुछ मिलते हैं। आरम्भ में उन्हें केवल क्षत्रपों की पुरानी भूमि में ही प्रचलित करने के लिए चलाया गया था। उनके मुख-भाग पर क्षत्रप आवक्ष है और एक यूनी मुद्रा-लेख के अर्थहीन चिन्ह हैं। उनके प्रचलन का वर्ष गुप्त लिपि में दिया गया है और पृष्ठ भाग पर तीन महराव वाली पहाड़ी के स्थान पर गरुड़ अंकित है।

कुमारगुप्त प्रथम के भी बहुत से सिक्के हमारे पास हैं। वे कई तरह के हैं जैसे धनुर्धर प्रकार, अश्वमेध प्रकार, घुड़सवार प्रकार, शेर-घातक प्रकार, चीता-घातक प्रकार, हाथी सवार प्रकार, इत्यादि। अधिकांश सिक्के उसके पूर्वजों के सिक्कों जैसे ही थे। किन्तु हाथी सवार प्रकार कुमारगुप्त प्रथम ही ने चलाया। उन पर राजा हाथी पर सवार है, उसके पीछे एक सेवक बैठा है जिसने उसके सिर पर छत्र पकड़ रखा है। पृष्ठ-भाग पर लक्ष्मी का चित्र है और उसने हाथ में कमल का फूल पकड़ रखा है। कुमारगुप्त प्रथम के कुछ सिक्कों के पृष्ठ-भाग पर मुद्रा-लेख 'प्रताप' है। चन्द्रगुप्त द्वितीय ने चाँदी के सिक्के पश्चिमी क्षत्रपों के अधीन प्रदेशों में चलाये थे। कुमारगुप्त प्रथम के समय में चाँदी के सिक्के गुप्त साम्राज्य के गृह-प्रान्तों के लिए भी चला दिए गए। इन सिक्कों पर यूनानी मुद्रा-लेख के अर्थ-हीन चिन्ह तथा आवक्ष को छोड़ दिया गया। पृष्ठ-भाग पर गरुड़ के स्थान पर मोर रख दिया गया। स्कन्दगुप्त तथा बुद्धगुप्त भी मोर प्रकार के चाँदी के सिक्के चलाते रहे।

स्कन्दगुप्त के धनुर्धर प्रकार के सिक्के मुख्यत: सोने के ही हैं। राजा धनुष, गरुड़ तथा ध्वज के साथ दिखाया गया है। कुछ सिक्कों का मुद्रा-लेख 'विक्रमादित्य' है जो स्कन्दगुप्त की उपाधि है। सम्भव है कि स्कंदगुप्त ने घुड़सवार प्रकार

के सिक्के भी चलाए हों। उसके कुछ सिक्कों पर गरुड़, बैल और वेदि है। गरुड़ हरि का वाहन है। गरुड़ को पंख फैलाए दिखाया गया है। बैल घटिया धातु के सिक्कों से सम्भवत: स्कंदगुप्त के धार्मिक झुकाव की ओर संकेत मिलता है। वेदि उसके चाँदी के सिक्कों पर देखी गई है। उन पर जलती हुई आग के चिन्ह हैं।

प्रकाशादित्य के भी कुछ सिक्के प्राप्त हुए हैं। वी०ए० स्मिथ का मत है कि पुरुगुप्त तो राजा का अपना नाम था और प्रकाशादित्य उसकी उपाधि थी। ये सिक्के घुड़सवार प्रकार और शेर घातक-प्रकार के मिश्रण हैं। उनमें प्रकाशादित्य घोड़े पर सवार है और एक तलवार से शेर को चीर रहा है।

यह उल्लेखनीय है कि सोने के प्रारम्भिक गुप्त सिक्के उत्तर-कालीन कुषाणों के सिक्कों से बहुत कुछ मिलते हैं। कुषाण सिक्कों का मुख भाग, जिस पर राजा खड़ा है और वेदि पर आहुति दे रहा है, गुप्त सिक्कों के प्रारम्भिक समय में पाया गया है। पृष्ठ-भाग भी कुषाण सिक्कों की नकल थी जिस पर ऊँची पीठ वाले सिंहासन पर अर्दोक्षो बैठा हुआ था। किन्तु बाद में सिक्कों को पूर्णत: हिन्दुओं के रंग में रंग दिया। यूनानी मुद्रा-लेख के स्थान पर ब्राह्मी मुद्रा लेख अंकित किया गया। कुषाणों की मोर वाली टोपी कभी गुप्त सम्राटों को नहीं पहनाई गई। अर्दोक्षो का स्थान कमल पर बैठी लक्ष्मी ने ले लिया। राजा द्वारा वेदि पर आहुति देने का कुषाण ढंग कुछ दशकों तक चलता रहा। लेकिन गुप्त शासकों ने इसके साथ-साथ नए कलात्मक प्रकार भी प्रचलित किए, जैसे धनुर्धर प्रकार, युद्ध-परशु प्रकार, चीता-घातक प्रकार, शेर-घातक प्रकार, छत्र प्रकार, घुड़सवार प्रकार, हाथी-सवार प्रकार आदि। इनमें से अधिकांश भावों की दृष्टि से मौलिक हैं और उनमें विदेशी प्रभाव के कोई चिन्ह नहीं हैं। उनका कलाकौशल अत्यन्त उत्तम है। समुद्रगुप्त के अश्वमेध प्रकार के सिक्के और चन्द्रगुप्त द्वितीय के शेर-घातक प्रकार के सिक्के सर्वोत्तम हैं किन्तु कुमारगुप्त प्रथम के समय से कला का पतन आरम्भ हो गया।

एक युद्ध दृश्य, कैलाश, ऐलोरा।

सिक्कों के मुद्रा-लेख पद्यात्मक हैं और उनमें पर्याप्त काव्यमय योग्यता झलकती है। 'विजितावनीरवनीपति: कुमारगुप्तो दिवम् जयति' मुद्रा लेख कुमारगुप्त प्रथम ने आरम्भ किया और उसे केवल स्कन्दगुप्त और बुद्धगुप्त ने नहीं बल्कि तोरमान, ईशानवर्मा, अवन्तिवर्मा और हर्षवर्धन ने भी नकल किया।

गुप्तकाल में सामाजिक तथा आर्थिक अवस्था (Social and Economic Condition in Gupta Period)—गुप्तवंश के समय में भारतीय समाज चार जातियों में विभक्त था : ब्राह्मण, क्षत्रिय,वैश्य और शूद्र। व्यक्ति को चार 'आश्रमों' में से गुजरना होता था; ब्रह्मचर्य, गृहस्थ, वानप्रस्थ और संन्यास। विभिन्न 'आश्रमों' या जीवन के विभिन्न भागों के लिए कुछ कर्त्तव्य निर्धारित थे। राजा समाज का रक्षक था। जातियों के अवैध मिश्रण या 'वर्णसंकर' को रोकना उसका कर्त्तव्य था। एक प्रान्तीय गवर्नर अभयदत्त को जातियों का रक्षक बताया गया है। उसके पुत्र को जातियों के मिश्रण को रोकने वाला कहा है।

ब्राह्मणों के आदर्शों तथा कर्त्तव्यों के सम्बन्ध में बहुत सी जानकारी प्राप्त होती है। वे बौद्धिक और आध्यात्मिक जीवन व्यतीत करने के पक्ष में थे। उन्हें साँसारिक वस्तुओं से कोई सरोकार न था। योगी ब्राह्मण 'सिद्धि' और 'मोक्ष' की प्राप्ति के लिए 'ध्यान' या चिन्तन करते थे। 'मुनि' लोग कठिन तपस्या करते थे। 'भक्ति' ही उनके जीवन का एकमात्र कर्म था। 'तप', 'स्वाध्याय', वैदिक ज्ञान, और मन्त्रों, सूत्रों, भाष्यों तथा प्रवचनों में प्रवीण होने के लिए वे प्रसिद्ध थे।

बुद्ध की दान मंजूषा, अमरावती।

गुप्त अभिलेखों में कई प्रसंग हैं जिनमें ब्राह्मणों को भूमि तथा 'अग्रहार' देने का उल्लेख मिलता है। समाज के सभी अंग ब्राह्मणों को आदर की दृष्टि से देखते थे। यदि संत किसी स्थान पर रहते थे तो उस स्थान को पवित्र समझा जाता था। एक जैन सामन्त मौद्र ब्राह्मणों, धार्मिक आचार्यों तथा संन्यासियों के प्रति अपनी श्रद्धा पर गर्व करता था। राजवंशों के 'आचार्य' या अध्यापक ब्राह्मण ही होते थे। कहा गया है कि चणाल स्वामी प्रभावती गुप्ता के राजवंश का आचार्य था। प्रजा के स्वास्थ्य तथा हित के लिए प्रार्थना करने के लिए ब्राह्मणों को सेवा में लिया जाता था। ब्राह्मण अपने 'गोत्रों' से जाने जाते थे। गुप्त अभिलेखों में कई गोत्रों का उल्लेख है, यथा भारद्वाज गोत्र, भार्गव गोत्र, आत्रेय गोत्र, गौतम गोत्र, वत्स गोत्र, कश्यप गोत्र, कण्व गोत्र, इत्यादि। ब्राह्मण अपने 'वेदों' से जाने जाते थे जिनका वे अध्ययन करते थे। कुछ ब्राह्मण 'सामवेदी ब्राह्मण' कहलाते थे और कुछ चतुर्वेदी ब्राह्मण कहलाते थे। कुछ ब्राह्मण मन्त्रियों तथा लेखकों का उल्लेख भी मिलता है। मातृ विष्णु एक ब्राह्मण राजा था। मयूररक्षक और शिखरस्वामी भी ब्राह्मण थे।

यह कल्पना करना भ्रमपूर्ण है कि जाति-प्रथा दृढ़ होने के कारण अन्तर्जातीय विवाह होते ही नहीं थे। हम पढ़ते हैं कि रविकीर्ति नामक एक ब्राह्मण ने एक क्षत्रिय कन्या भानुगुप्ता से विवाह किया। एक विवाह की प्रथा तो थी ही नहीं। गुप्त शासक स्वयं बहु-विवाह करते थे। चन्द्रगुप्त द्वितीय तथा कुमारगुप्त प्रथम की अनेक पत्नियों के स्पष्ट उल्लेख मिलते हैं। किन्तु धार्मिक यज्ञों में केवल महारानी को ही भाग लेने का अधिकार था।

स्त्रियों के 'स्त्रीधन' का उल्लेख मिलता है जिसमें से वे दान दिया करती थीं। प्रतीत होता है कि उस समय सती-प्रथा भी प्रचलित थी। हमें बताया गया है कि सेनानी गोपराज की पत्नी उसके साथ ही चिता पर जल गई।

गुप्त-साहित्य से ज्ञात होता है कि ऊँचे परिवारों की तथा आश्रमों में रहने वाली कन्याएँ प्राचीन इतिहास तथा परम्परा का अध्ययन करती थीं। उन्हें इतनी उच्च शिक्षा दी जाती थी कि वे न केवल श्लोक समझ सकती थीं बल्कि उनकी रचना भी कर लेती थीं। ऊँचे परिवारों की कन्याएँ प्रायः गायन, नृत्य, आदि में शिक्षा लिया करती थीं। कन्याओं की शिक्षा के लिए नियमित संस्थाएँ रही प्रतीत होती हैं। "अमरकोश" में कई ऐसे शब्द हैं जिनका अर्थ है अध्यापिकाएँ तथा वैदिक मन्त्रों की आचार्याएँ।

आर्थिक क्षेत्र में कृषि, उद्योग, वाणिज्य, व्यापार और बैंकिंग में बहुत उन्नति की गई। भूमि से सम्बन्धित गुप्त अभिलेखों से स्पष्ट है कि ऊसर, बिना खेती की गई या उजाड़ भूमि को धार्मिक आदि कार्यों के लिए प्राप्त करना सुगम कार्य न था। खेती का विकास इतना अधिक था कि लगभग सारी भूमि में खेती की जाती थी। दान के लिए जो भूमि दी जाती थी वह विभिन्न ग्रामों में विभिन्न स्थानों से प्राप्त की जाती थी। शिक्षा की संस्थाओं को जब भूमि दी जाती थी तो श्रमिकों तथा बैलों के लिए भी व्यवस्था की जाती थी जो खेती के लिए आवश्यक हों।

प्रतीत होता है कि उद्योग, वाणिज्य तथा बैंकिंग के लिए अलग-अलग 'श्रेणियाँ' या 'निगम' थे। श्रेष्ठियों, कलाकारों, व्यापारियों आदि वर्गों तथा तेलियों एवं जुलाहों का उल्लेख भी मिलता है। कभी-कभी कई श्रेणियों को

मिलाकर एक केन्द्रीय श्रेणी बनाई जाती थी, जैसे 'श्रेष्ठी-कुलीक निगम' अर्थात् साहूकारों और कारीगरों का निगम और 'श्रेष्ठी-सार्थवाह-कुलीक निगम' साहूकारों, कारीगरों और व्यापारियों के निगम।

बैंकिंग इन श्रेणियों का एक मुख्य कार्य था। संघ स्थायी और न बदलने वाला दान प्राप्त करते थे। इस धन में से संघ दान देने वालों द्वारा बताए गए पात्रों को धन दिया करते थे। जमा करवाने वाले पात्रों को पंजीयित किया जाता था। विहार या मन्दिर के लिए दिए गए दान संघ की प्रबन्धक परिषद् स्थायी दान के रूप में लिया करती थी। दैनिक पूजा, इत्र, आहुति, फूलों तथा बत्तियों के लिए तेल आदि के लिए मन्दिर भी दान लिया करते थे।

गुप्त शासकों ने विभिन्न आकृतियों, प्रकारों तथा मूल्यों की मुद्रा चलाई। सिक्के विभिन्न धातुओं के होते थे, जैसे सोना, चांदी और तांबा।

अनेक स्थानों पर सार्वजनिक हित के स्थान बनाए जाते थे। सौराष्ट्र में गिरिनगर के निकट पहाड़ियों के नीचे नदियों के बहाव को रोकने के लिए 'सुदर्शन-तटक' बनाया गया था।

गान्धार अभिलेख में कुओं, तालाबों, भवनों वाले मन्दिरों, पीने वाले पानी के एकत्र करने, उद्यानों, झीलों, पुलों आदि नगर की सुविधाओं का उल्लेख किया गया है।

गुप्तकाल के मुख्य अनाज तथा फ़ल थे : चावल, गेहूँ, अदरक, सरसों, आम, तरबूज, इमली, रम्भा, नारियल, नाशपाती, आड़ू, खूबानी, अंगूर, संतरा आदि।

वस्त्र उद्योग (Textile Industry) उस समय में बहुत उन्नत रहा प्रतीत होता है। भारतीयों की पोशाक मलमल, रेशम, छींट, लिनन और ऊन आदि से बनती थी। ''अमरकोश'' में कई शब्द हैं जिन्हें बढ़िया या मोटे किस्म के कपड़े, पलंग-पोश, फ़र्श के कपड़े, स्त्रियों तथा पुरुषों की पोशाक के कपड़े आदि के लिए प्रयुक्त किया गया है। लोग सिले हुए और बिना कटे हुए कपड़े भी पहनते थे। यह ज्ञान गुप्त सिक्कों पर दी गई राजसी पोशाकों से स्पष्ट है। अजंता के चित्रों में भी विभिन्न वर्गों के स्त्री-पुरुषों की पोशाकें हैं। पुण्ड्र देश 'क्षूण' कपड़े का उत्पादन करता था। सर्वोत्तम रेशमी कपड़े बनारस में बनाए जाते थे। अति उच्चकोटि का सूती कपड़ा मदुरा में तैयार किया जाता था।

हाथी-दाँत को फर्नीचर बनाने और सजाने तथा मुहरें आदि बनाने के लिए प्रयुक्त किया जाता था। मूर्तिकला तथा शिल्पकला के नमूनों से गुप्तकाल के पत्थर-तराशों की कुशलता का परिचय मिलता है।

''चरक संहिता'' में सोने, चांदी, सीसे, ताँबे और काँसी के बने औजारों का उल्लेख मिलता है। लोहे के उद्योग का सर्वोत्तम उदाहरण कुतुबमीनार महरौली, के निकट राजा चन्द्र का लौह स्तम्भ है। तांबे का काम करने वाले कारीगर भी दक्ष थे। उन्होंने असंख्य मूर्तियाँ बनाईं। स्त्रियाँ तथा पुरुष दोनों ही आभूषण पहनते थे। ''बृहत् संहिता'' में उस समय के बीस विभिन्न प्रकार के आभूषणों का उल्लेख है। उसमें हीरों, मोतियों तथा लालमणि के निकलने के स्थान, रंग, किस्म आदि का उल्लेख भी मिलता है। रत्न कई वस्तुओं के लिए प्रयुक्त किये जाते थे। कभी-कभी वे बड़े आभूषणों तथा मुहरों में जड़ दिए जाते थे। कभी वस्त्रों को अधिक सुन्दर बनाने के लिए उनका प्रयोग किया जाता था। कभी उन्हें प्रवेश द्वारों की सजावट के लिए लगाया जाता था। एक गृहस्थ के आभूषणों की सूची में 80, 40, 3 और एक धारा के मोतियों के हारों का उल्लेख है। हीरे, लालमणि, नीलमणि, मरकतमणि आदि के काटने और चमकाने का काम भी बहुत किया जाता था। कम-मूल्य के पत्थरों के काम का भी गुप्त-काल में ज्ञान था।

वाणिज्य के लिए लंका को केन्द्रीय स्थान प्राप्त था। भारत के पूर्वी तथा पश्चिमी तटों के बन्दरगाह लंका के रास्ते से ही मिलते थे। ताम्रलिप्ति तथा लंका और इण्डोनेशिया तथा हिन्द-चीन के बीच नियमित व्यापारिक संबंध थे।

गुप्त-काल में लोगों का जीवन-स्तर काफी ऊँचा था। यह निश्चय से कहा जा सकता है कि नगरों के लोग विशेषकर समृद्धिशाली जीवन व्यतीत करते थे। लोग सुखी तथा समृद्ध थे।

गुप्त-काल की मुख्य विशेषताएँ (Salient Features of Gupta Age)—भारतीय इतिहास के स्वर्ण युग से विख्यात गुप्त-काल का सर्वेक्षण करने के पश्चात् इसकी मुख्य विशेषताओं का उल्लेख करना संगत होगा। इसी युग में देश का एकीकरण किया गया। गुप्त-वंश के अभ्युदय से पहले भारत अनेक छोटे-छोटे राज्यों में विभक्त था। गुप्त साम्राज्यवाद के कारण वे राज्य समाप्त हो गए और भारत में एक संयुक्त, संकेन्द्रित तथा सशक्त प्रशासन की स्थापना

हुई। विदेशी तथा देशी राज्य दृष्टि से लुप्त हो गए।

गुप्त शासक एक कार्यकुशल शासन-प्रणाली स्थापित करने में सफल थे। सारे देश में एक शासन-पद्धति स्थापित की गई। नागरिक तथा सैनिक सेवाओं की पुनर्व्यवस्था की गई। कर्मचारी प्रजा के हित का चिन्तन करने लगे। अराजकता तथा अव्यवस्था को समाप्त किया गया। अतः शान्ति, व्यवस्था तथा सुरक्षा स्थापित हो गई।

गुप्त काल में घरेलू तथा विदेशी वाणिज्य तथा व्यापार में अत्यधिक वृद्धि हुई। चन्द्रगुप्त द्वितीय द्वारा पश्चिमी क्षत्रपों के राज्य को साम्राज्य में मिला लेने के बाद ये और भी बढ़ने लगे। वाणिज्य और व्यापार की वृद्धि से देश की सम्पत्ति तथा समृद्धि में भी वृद्धि हुई। भारत के पश्चिमी तट पर पाए गए बहुत से सोने के सिक्कों से ज्ञात होता है कि भारत का व्यापारिक सन्तुलन उसके हित में था।

इसी युग में ही भारत ने सांस्कृतिक विकास तथा उपनिवेश-स्थापना (colonisation) का कार्य आरम्भ किया। भारतीय संस्कृति तथा सभ्यता जावा, सुमात्रा, बाली, बोर्नियो, चीन आदि में फैल गई। उसी समय ही बृहत्तर भारत (Greater India) की स्थापना हुई।

गुप्त काल से ही संस्कृत का अध्ययन विकसित हुआ। गुप्त शासकों के संरक्षण से उसमें पर्याप्त सहायता मिली होगी। अनेक सुन्दर संस्कृत कृतियाँ इस युग में लिखी गईं। ब्राह्मणों तथा बौद्धों ने संस्कृत भाषा में मौलिक कृतियों की रचना की।

ललित कला ने भी इस युग में अद्भुत प्रगति की। डॉ० वी०ए० स्मिथ ने ठीक ही कहा है कि "भवन-निर्माण कला, मूर्ति कला तथा चित्रण-कला की तीन परस्पर सम्बद्ध कलाओं ने सफलता का असाधारणतः उच्चशिखर प्राप्त किया।" भारतीय कलाकारों ने अभूतपूर्व सफलताएँ प्राप्त कीं।

कहा गया है कि गुप्त शासक ही अंतिम हिन्दू साम्राज्य-निर्माता थे और उनके पश्चात् साम्राज्यवाद की प्राचीन परम्पराएँ क्षीण होती गईं। किन्तु अब यह विचार स्वीकार्य नहीं है। इस सम्बन्ध में हर्षवर्धन मौखरियों तथा गुर्जर-प्रतिहारों के महान् साम्राज्यों का उल्लेख किया जाता है।

इस युग में हिन्दू धर्म का पुनरुत्थान भी हुआ। यदि यह मान भी लिया जाये कि गुप्त वंश के अभ्युदय से पूर्व भी हिन्दू धर्म ने सिर उठाना आरम्भ कर दिया था यह तो कहना ही होगा कि हिन्दू-धर्म का गुप्त काल में ही सर्वाधिक विकास हुआ। गुप्त शासकों ने ब्राह्मण धर्म को सशक्त बनाया और इसे एक नयी स्फूर्ति प्रदान की।

यह प्रश्न पूछा जा सकता है कि कौन-सी परिस्थितियाँ गुप्त शासकों की महान् सफलताओं के लिए उत्तरदायी थीं। उत्तर यह है कि इसका आंशिक कारण गुप्त शासकों का उदार और ज्ञानोद्दीप्त संरक्षण था। यह उल्लेखनीय है कि उन्होंने समस्त वौद्धिक तथा कलात्मक गतिविधियों को प्रोत्साहन दिया और प्रजा की रुचि और आवश्यकताओं से सहानुभूति प्रकट की। सम्पूर्ण शांति एवं व्यवस्था की स्थापना से इस कार्य में पर्याप्त सहायता मिली होगी। आन्तरिक खतरे तथा विदेशी आक्रमणों के भय से मुक्ति के कारण ही लोगों को अत्यधिक योग देने के लिए उपयुक्त परिस्थितियाँ प्राप्त हुईं। यह भी कहा गया है कि विदेशों के साथ भारत के संबंध से भी इसमें सफलता प्राप्त हुई। डॉ० वी०ए० स्मिथ ने बताया है : "गुप्त काल का असाधारण बौद्धिक विकास काफी हद तक पूर्व तथा पश्चिम में विदेशों के साथ विचारों के निरन्तर आदान-प्रदान से सम्भव हो सका।" इस समय भारतीयों का विशाल दृष्टिकोण भी प्रगति के लिए अनुकूल था। वे किसी स्थान पर भी किसी से तथा सभी से कुछ सीखने को तत्पर थे। यह बात वराहमिहिर के कथन से स्पष्ट है जो स्वयं इस युग का एक महान् वैज्ञानिक था : "यवन म्लेच्छ हैं फिर भी नक्षत्र विज्ञान उन्हीं से आरम्भ हुआ, अतः देवताओं की तरह उनका मान करना चाहिए।" यह ठीक कहा गया है कि गुप्त काल में लोगों में उत्सुकता की वैज्ञानिक भावना थी। आलोचनात्मक दृष्टि से ही ज्ञान प्राप्त करने की उनमें इच्छा तथा धारणा थी और बिना देखे पीछे चलने की उनमें इच्छा नहीं थी। आर्यभट्ट के इस कथन से उस भावना का पता चलता है : "मैंने नक्षत्र विज्ञान के विभिन्न सत्य तथा असत्य सिद्धान्तों का गूढ़ अध्ययन किया और अपनी बुद्धि की सहायता से सत्य ज्ञान की मणि को डूबने से बचाया।"

Suggested Readings

Agrawala, V.S. : Gupta Art, 1947.

Allan, J. : Catalogue of the Coins of the Gupta Dynasties and of Sasanka King of Gauda.

Altekar, A.S. : State and Government in Ancient India.

Altekar, A.S. : Catalogue of the Gupta Gold Coins of Bayana Hoard.

Banerjee, R.D. : The Age of the Imperial Guptas, 1933.

Brown, Percy : Indian Architecture (Buddhist and Hindu).

Brown, Percy : Indian Painting, 1930.

Codrington, K. de B. : Ancient India.

Coomaraswamy, A.K. : History of Indian and Indonesian Art.

Dandekar, R.N. : Life in the Gupta Age.

Dikshitar, V.R.R. : The Gupta Polity (1952).

Groussets, R. : Civilisations of the East, Vol. II.

Havell, E.B. : Aryan Rule in India.

Havell, E.B. : Indian Sculpture and Paintings.

Jhala, G.C. : Kalidasa.

Kar, C. : Classical Indian Sculpture.

Kramrisch, S. : Indian Sculpture.

Maity, S.K. : The Economic Life of Northern India in the Gupta Period (Calcutta, 1957).

Maity, S.K. : Society in the Age of the Gupta (Journal of Indian History, 1962, pp. 537-50).

Majumdar and Altekar : The Vakataka-Gupta Age, 1946.

Majumdar, R.C. (Ed.) : The Classical Age.

Mirashi, V.V. and N.R. Nuvalekar : Kalidasa.

Mookerji, R.K. : The Gupta Empire.

Mookerji, R.K. : Ancient India.

Raja, C.K. : Historical background of works of Kalidasa (I.H.Q., 1942, pp. 128-136).

Rawlinson and others : Indian Art.

Raychaudhuri, H.C. : Political History of Ancient India.

Saletore, R.N. : Life in the Gupta Age (Bombay, 1943).

Sankar, K.G. : The Date of Kalidasa (I.H.Q., 1925, pp. 309-16).

Sarma, E.R. Sri Krishna (Ed.) : Kalidasa : Samiksa, 1967.

Sehgal, Sita Ram : Rashtrakavi Kalidas (1961).

Shembavnekar, K.M. : The Glamour about the Guptas (Bombay, 1953).

Smith, V.A. : Early History of India.

Smith, V.A. : History of Fine Art in India and Ceylon.

Upadhyaya, B. : India in Kalidasa (1968).

अध्याय

35

अजंता, ऐलोरा, अमरावती और नागार्जुनकुण्ड

(Ajanta, Ellora, Amaravati and Nagarjunkund)

अजन्ता-गुफ़ा—अजन्ता गुफाएँ जलगाँव से 64 किलोमीटर या औरंगाबाद से लगभग 104 किलोमीटर की दूरी पर स्थित हैं। ये दोनों स्टेशन मध्य रेलवे पर हैं। अजन्ता की गुफाओं की पहाड़ियों का प्राकृतिक वातावरण बहुत मनोहर है, वे निवास तथा तपस्या के लिए बहुत उपयुक्त हैं। यह पता नहीं कि किसने यह स्थान चुना और गुफ़ाओं को बनाने के लिए छेनी का प्रयोग आरम्भ किया। किन्तु मालूम होता है कि गुफ़ाओं का निर्माण ईसा से दो शताब्दी पूर्व प्रारम्भ हुआ। यह तथ्य गुफ़ा 9 और 10 के चित्रों तथा लेखों से सिद्ध होता है। अन्तिम गुफ़ाएँ आठवीं सदी में बनाई गईं। यह स्पष्ट है कि अजन्ता का निर्माण कार्य 1000 वर्ष तक चला।

अजन्ता में 30 गुफ़ाएँ हैं। उनमें से 5 चैत्य मन्दिर हैं और शेष जनसभा तथा निवास के लिए बड़े हाल हैं। चैत्य हालों एवं कक्षों की व्यवस्था इस प्रकार है कि उससे बौद्ध-विहार के अस्तित्व का आभास होता है। अपनी शान के अतिरिक्त अजन्ता गुफ़ाओं में अनेक विशेष आकृतियाँ हैं जिनके कारण विश्व के समस्त भागों के कला एवं सौन्दर्य के प्रेमियों के लिए ये तीर्थ-स्थल बन गई हैं। गुफ़ाओं की दीवारों, छतों एवं स्तम्भों पर बुद्ध एवं बोधिसत्त्वों की अनेक आकृतियाँ एवं चित्र पत्थर काटकर बनाए गए हैं। वहाँ उस युग के जीवन के चित्रों की अन्तहीन पंक्ति है जो बहुत पहले समाप्त हो चुका था।

चैत्य हाल पत्थर के काम के आश्चर्य हैं। गुफ़ाओं के बाहरी भाग पर अत्यधिक सजावट है। खंभों और स्तूपों पर बहुत बड़ी मात्रा में खुदाई एवं सजावट है। गुफ़ाओं के बाहर अलंकारों से सुशोभित छज्जों से युक्त घोड़ों की नाल के आकार की बड़ी खिड़कियाँ हैं। अजन्ता के खम्भों पर खाड़ेदार एवं चमकदार सुन्दर जाल की सजावट है। आधारों एवं शिखरों पर अनेक प्रकार की पौराणिक कथाओं से सम्बन्धित पशुओं एवं फूलों के डिजाइन बने हैं। अजन्ता में अधिकाँश पत्थर का कार्य ईसा की पाँचवीं शताब्दी से हुआ है। गुफ़ाओं के पूर्ण आयोजन एवं महान् निर्माण कार्य पर प्रत्येक को आश्चर्य होता है। मूर्ति निर्माण कार्य में उत्तम शिष्टता, पवित्रता या सौन्दर्य के आकर्षण को प्रकट किया गया है।

किन्तु अजन्ता की गुफ़ाओं का वास्तविक गौरव अधिकाँश गुफ़ाओं में रंगों की सजावट की पंक्ति से है। गुफ़ाओं में अन्दर अन्धेरा है और चित्र बनाने का कार्य दीपक के धीमे प्रकाश में किया गया होगा। आरम्भ में प्रायः सभी गुफ़ाएँ चित्रित थीं लेकिन केवल गुफ़ा क्रमांक 1, 2, 9, 10, 11, 16 और 17 में ये चित्र पर्याप्त मात्रा में उपलब्ध हैं। कुछ चित्र पूर्णतः सजावट के लिए हैं। सजावट के चित्रों में आलेखनों एवं पैटर्नों की अपरिमित भिन्नता है। ये भूमितीय, चक्राकार, टेढ़ी लकीरों और विषय रूपों के हैं। ये पैटर्न अधिकतर छतों पर या दृश्य उपस्थित करने वाले चौखटों के हाशियों पर बने हैं। पशुओं, पक्षियों तथा पौधों के चित्र सजावट के पैटर्नों के विषय हैं। रेखीय एवं प्राकृतिक पैटर्नों में अजन्ता चित्र कला पैटर्नों के रूप में श्रेष्ठता की द्योतक है और उनकी मूर्ति में निश्चित एवं निर्दोष हाथ का कमाल दिखाई देता है।

पशुओं, पक्षियों एवं पौधों को इस प्रकार चित्रित किया गया है कि उनसे निरीक्षण की सूक्ष्मता और पूर्ण निर्माण कौशल के दर्शन होते हैं। पशु एवं पक्षी अपने सम्भार करते हुए चमकीले शरीरों के रूप में कहीं और चित्रित किए गये पशुओं से स्वाभाविकता एवं सौन्दर्य में श्रेष्ठ हैं। चित्रों के सामान्य फैलाव में पशु एवं पक्षी प्रमुख हैं और दृश्यों में अंकित ड्रामे में वे स्वयं आवश्यक ऐक्टर हैं। हम इस प्रसंग में गुफ़ा नं० 10 में नहाते हुए शक्ति परीक्षा में लगे हुए हाथियों के एक झुण्ड को दिखाये जाने वाले दृश्य का उल्लेख कर सकते हैं। एक बड़े जंगल के सिरे पर एक कमल सरोवर में बड़ी लापरवाही से खेल में मगन बहुत से छोटे-बड़े हाथियों के झुण्ड को सभी विचारणीय स्थितियों में अत्यधिक स्वतन्त्रता से चित्रित किया गया है। अनेक व्यक्तियों के समूहों को हाथियों के दाँतों को महल में ले जाते हुए दिखाने वाले चित्र में भी रेखाओं से बनी आकृतियाँ शान से आगे बढ़ती प्रतीत होती हैं। जहाँ कहीं भी उनके होने की कल्पना की जा सकती है और उनकी मुखाकृतियाँ दृश्य में उनकी उचित स्थिति को ठीक रूप से प्रकट करती हैं। रचना की चातुर्यपूर्ण हस्ताकारी, आकृतियों का प्रबन्ध और उनकी चाल की चपलता, अनेक सन्ततियों के बढ़ते हुए लम्बे अनुभव को व्यक्त करते हैं। यद्यपि यह अजन्ता के पहले चित्रों में से एक है, इसमें निर्णय की परिपक्वता विद्यमान है। गुफ़ा नं० 10 में सम जातक तथा गुफ़ा नं० 9 में दासों सहित नाग राजा को दिखाने वाले चित्रों का भी उल्लेख किया जा सकता है। इन गुफ़ाओं के चित्र दूसरी और पहली सदी ईसा पूर्व के हैं।

इसके बाद अजन्ता में अनेक सदियों तक निर्माण कार्य नहीं हुआ। मगध में गुप्त-वंश के उत्थान के पश्चात् अजन्ता में कार्य का एक नया और प्रबल युग आरम्भ हुआ। वह कार्य 400 वर्ष तक जारी रहा। इसी काल में अजन्ता में भारतीय चित्र कला के सबसे अधिक मूल्यवान रत्न विश्व को उपलब्ध कराए गए। अजन्ता का गौरव ईसा की पाँचवीं सदी से पतनोन्मुख हुआ और एक सदी में पूर्णत: गायब हो गया।

इस युग में गुफ़ा नं० 9 और 10 को आँशिक रूप से पुन: सजाया गया। अनेक गुफ़ाओं का इस काल में निर्माण हुआ। इस काल में अजन्ता में भित्ति-चित्रण अपने चरमोत्कर्ष पर पहुँच गया। कलाकारों ने समस्त मूल रंगों और मिश्रण के अनेक रूपों पर पूर्ण नियन्त्रण प्राप्त कर लिया था। वे विभिन्न रंगों के असंख्य उतार-चढ़ावों को प्रस्तुत करने में समर्थ हुए। उन्होंने अपने द्वारा प्रयुक्त सामग्री पर आगा-पीछा न करते हुए पूर्ण अधिकार प्रकट किया। चित्रों के रंग उत्साह एवं तीक्ष्णता से ठनठनाते और थिरकते हैं, रेखाएँ ब्रुश आघातों की अत्यधिक कोमलता एवं शीघ्र बोध को रिकार्ड करती हैं।

इन चित्रों में से अधिकांश शाक्य मुनि एवं बोधिसत्त्व से सम्बन्धित हैं। बुद्ध के जीवन की महान् घटनाएँ जैसे उनका जन्म, गृह-त्याग, ज्ञान-प्राप्ति, प्रथम उपदेश देना तथा मृत्यु बड़ी सावधानी से अंकित की गई हैं। बुद्ध के जीवन की अन्य अनेक घटनाओं को भी चित्रित किया गया है। जातकों के अनेक दृश्यों को भी चित्रित किया गया है।

चित्रों की विषय-वस्तु केवल धार्मिक ही नहीं प्रत्युत् पृथ्वी, भूमि, जल, चट्टानें, वनस्पति, पशु-पक्षी और मानव भी हैं। उनमें काल्पनिक जीव, बुद्ध को मार्गच्युत करने वाले मार (Mara) के सेवक राक्षस, बौद्धों तथा ब्राह्मणों के अनेक देवता, दिक्पाल, द्वारपाल, नाग, यक्ष, किन्नर, गंधर्व और अप्सरा आदि भी हैं। तत्कालीन सामाजिक जीवन का विभिन्न रूपों में सच्चा रिकार्ड प्रत्येक को दिखाई देता है। उसमें प्यार, घृणा, भावनाओं, पक्षपातों, मकानों और महलों के जीवन के रूपों, वस्त्रों, वर्दियों, भौतिक सम्पत्ति एवं आध्यात्मिक लालसा के दर्शन होते हैं। वहाँ पर महलों तथा दरबारों के राजसी एवं विलासी जीवन के साथ गरीब और साधारण व्यक्ति के जीवन का भी चित्रण किया गया है। चित्रों में अंकित लोगों से यह पता चलता है कि उस समय देश में अनेक जातियों के लोग रहते थे। उनके वस्त्र बहुत बढ़िया कपड़े के बने हुए दिखाई देते हैं और सिद्ध करते हैं कि बुनने, रंगने तथा छपाई की कला अत्यधिक विकसित हो चुकी थी। चित्र में रत्नों को भी सबसे अधिक विचारणीय पैटर्नों तथा ललित रूपों में चित्रित किया गया है। इन चित्रों में मानवी शरीर विशेषत: नारी जाति के इन्द्रियजनित आकर्षण पर पर्याप्त जोर दिया गया है। इन चित्रों में केवल भौतिक सम्पत्ति तथा शारीरिक आकर्षण के ही विभिन्न रूप नहीं मिलते प्रत्युत् गम्भीर एवं श्रेष्ठ आध्यात्मिक के भी दर्शन होते हैं, जिसने अजन्ता के चित्रों को परिपक्व बुद्धि एवं योग्यता का सर्वश्रेष्ठ नमूना बना दिया है और संसार में उनकी कोई मिसाल नहीं है।

गुफ़ा नं० 1 बोधिसत्व पद्मपाणि अवलोकितेश्वर आकृति चित्रण में भारतीय चित्रकला की सर्वश्रेष्ठ उपलब्धि को प्रकट करती है। गुफ़ा नं० 16 में हम मरणोन्मुख राजकुमारी के दर्शन करते हैं। इस चित्र के बारे में यह कहा गया है कि

प्रभाव डालने, भावना को उत्तेजित करने तथा ठीक प्रकार से अपनी कहानी कहने में कला के इतिहास में कोई इससे आगे नहीं निकल सकता। फ्लोरेनटाइन अच्छे चित्र बना सकता था और वेनिस के रंगों का सफल प्रयोग कर सकता था लेकिन उससे इनसे अच्छा भाव-चित्रण नहीं हो सका। गुफ़ा नं० 17 में हमें आकर्षक माता और बच्चों के समूह के दर्शन होते हैं जिसमें बुद्ध की पत्नी अपने पुत्र राहुल को बुद्ध को दे रही है। गुफ़ा नं० के चित्र में शायद किसी भारतीय राजा के दरबार में कुछ विदेशियों को दिखाया गया है। इसी गुफ़ा में मद्यपान करने वालों के समूह भी हैं। उनके वस्त्रों तथा अन्य वस्तुओं पर ईरानी प्रभाव स्पष्ट दिखाई देता है।

अजन्ता की कला के बारे में कहा गया है कि उसमें देश की सबसे अच्छी कला परम्पराओं का समावेश है। उसने ऐसी परम्पराएँ स्थापित कीं जो दूर के देशों तक पहुँचीं। उसका प्रभाव अफगानिस्तान के बमियान में, फोन्डूकिस्तान के भित्ति चित्रों में और मध्य एशिया में अनेक स्थान के भित्ति चित्रों में देखा जा सकता है। अजन्ता कला बौद्ध जगत् की सार्वदेशिक कला बन गई और ऐसा मालूम होता है कि वह बौद्ध मत के साथ ही वहाँ गई जहाँ बौद्ध मत गया।

ग्रीफिथ ने कहा है, ''इसकी अनेक सीमाओं के होते हुए भी मैं इसका निर्माण कार्य इतना पूर्ण और लोक सम्मति में इतना दृढ़, आलेखन में इतना सजीव एवं विपरीत, सुन्दर रूप एवं रंग में इतनी स्पष्ट प्रसन्नता से पूर्ण पाता हूँ कि मैं इसे इटली में प्राप्त उस प्रारंभिक कला के तुल्य रखता हूँ जिसकी प्रशंसा करने के लिए संपूर्ण विश्व सहमत हो गया है।.........अजन्ता की कारीगरी प्रशंसनीय है। ब्रुश के एक आघात से समान मोटाई की अत्यधिक यथार्थता के साथ लम्बी, कोमल अथवा सूक्ष्म टेढ़ी रेखाएँ खींची जाती हैं;..........कला की शिक्षा के लिए भारतीय कला विद्यार्थी के समक्ष अजन्ता की गुफ़ाओं से प्राप्त चित्रों की अपेक्षा अधिक नमूने उपस्थित नहीं किए जा सकते। हमें यहाँ की कला में जीवन के दर्शन होते हैं, मानवी आकृतियाँ भावपूर्ण हैं, अंगों का संचालन सजीव है, पुष्प खिलते हैं, पक्षी चहचहाते हैं और जंगली जीव कूदते हैं या लड़ते हैं या शान्ति से भार ढोते हैं, ये सभी प्रकृति की पुस्तक से लिए गए हैं.........इस बात में इस्लामी कला से पूर्णत: भिन्न है जो अवास्तविक, अप्राकृतिक है और इसलिए विकास के लिए अनुपयुक्त है।''

हालैण्ड के एक कलाकार ने, जिसने अजन्ता के चित्रों की उपयोगी व्यावसायिक आलोचना प्रकाशित की है, घोषित किया है कि ''वे चरम सीमा का प्रतिनिधित्व करते हैं जिसे प्रामाणिक भारतीय कला ने प्राप्त किया है। और इन चित्रों में प्रत्येक वस्तु पूर्ण चित्र से लेकर छोटे से छोटे मोती या फूल तक अत्यधिक चातुरी से युक्त गंभीर चिन्तन को प्रमाणित करती है।''

एलोरा गुफ़ाएँ (Ellora Caves)—एलोरा गुफ़ाएँ अपने प्रकार की भारत में सबसे बड़ी हैं और अपने विस्तार, बृहद् लम्बाई-चौड़ाई एवं परिश्रम से की गई खुदाई के कारण दुनिया के आश्चर्यों में से एक है। इन गुफ़ाओं की संख्या 34 है। उनमें से 12 बुद्ध गुफ़ाएँ, 17 हिन्दू गुफ़ाएँ और 5 जैन गुफ़ाएँ हैं। हिन्दू गुफ़ाएँ 8वीं तथा 9वीं सदी में बनीं तथा जैन गुफ़ाएँ 12वीं और 13वीं सदी में।

पहली बौद्ध गुफ़ा 52 फुट वर्ग की 8 कक्षों से युक्त एक विहार है। दूसरी गुफ़ा संभवत: एक चैत्य है, जिसका आँगन प्रत्येक दिशा में गलियारा छोड़कर 42 फुट वर्ग है। बुद्ध के अनेक चित्र हैं। वे कमल पर उपदेश देने की मुद्रा में बैठे दिखाए गए हैं। छत को बहुत बड़े 12 खम्भों का सहारा दिया गया है। वे वर्गाकार रीति से बने हैं। सिंहासन पर बैठे हुए बुद्ध का एक बहुत बड़ा चित्र है। अनेक बोधिसत्त्व के चित्र हैं जिसमें उन्होंने अपने दायें हाथ में माला तथा बाएँ हाथ में कमल दंड पकड़ा हुआ है। पाँचवीं गुफ़ा एक विस्तृत विहार है। इसका क्षेत्रफल 117′ × 58′ है। उसमें 24 खम्भे हैं। छठी गुफ़ा में बहुत-सी मनोरंजक खुदी हुई मूर्तियाँ हैं। दसवीं गुफ़ा एक चैत्य है। उसका चौखटा बहुत अधिक सजा हुआ है जो मन्दिर के साथ चारण गैलरी की ओर जाती हुई एक गैलरी से घिरी हुई एक ड्योढ़ी से युक्त है। स्तूप के सामने बुद्ध का एक बहुत बड़ा चित्र खुदा हुआ है। दो अन्य बौद्ध गुफ़ाएँ तीन मंजिले विहार हैं। वे बहुत विशाल हैं और उनमें खुदे हुए आलेखन हैं। उनमें कई हाल हैं जो खम्भों की पंक्तियों के द्वारा अनेक मन्दिर मार्गों में बँटे हैं। ये विहार अन्य समस्त बौद्ध विहारों से बौद्ध प्रतिमाओं के जड़ाऊपन एवं सजावट के कारण श्रेष्ठ हैं। सातवीं सदी में तकनीकी पक्ष अथवा चट्टानों को तराशने की कला इन विहारों में अपनी चरम सीमा पर पहुँच चुकी थी।

हिन्दू गुफ़ाएँ—हिन्दू गुफ़ाएँ अन्य समस्त गुफ़ाओं की अपेक्षा बहुत अच्छी तरह सजी हैं। हमें अनेक मूर्तियाँ दिखाई देती हैं जो बहुत सुन्दर रीति से पत्थर में खोदी गई हैं और हिन्दू पुराणों के दृश्यों को उपस्थित करती हैं। सबसे प्रमुख गुफ़ा कैलाश मन्दिर आठवीं सदी की है। यह भारत में चट्टान में काटकर बनाई गई मंदिर गुफ़ाओं में सबसे बड़ी है। इसमें विश्व की सबसे बढ़िया एवं शानदार एक ही पत्थर से काटकर बनाई गई मूर्ति है और भवन-निर्माण-विशेषज्ञों तथा मूर्तिकारों की प्रमुख उपलब्धि है। यह एक बहुत बड़े आँगन के केन्द्र में स्थित है। इसको खम्भों और बहुत बड़े-बड़े खुदे हुए हाथियों का सहारा दिया गया है। इससे ऐसा आभास होता है कि मन्दिर वायु के बीच में अधर लटका है।

जैन गुफ़ाओं में इन्द्र सभा और जगन्नाथ सभा सबसे प्रमुख हैं। इन्द्र सभा की दो मंजिलें हैं। इसकी ऊपरी मंजिल के विषय में कहा गया है कि दूसरी मंजिल के समान एलोरा में किसी अन्य मन्दिर की व्यवस्था इतनी पूर्ण या कारीगरी का काम इतना श्रेष्ठ नहीं है। मूर्ति बनाने के भौतिक रूप तथा सजावट के विचार से, कारीगरों ने अत्यधिक श्रेष्ठ कार्य किया है। जगन्नाथ सभा में महावीर स्वामी की मूर्ति एक सिंहासन पर विराजमान है।

अमरावती (Amaravati)—अमरावती दक्षिणी रेलवे के गन्टूर स्टेशन से मोटर सड़क पर 64 किलोमीटर है। अमरावती के सभी महान् मन्दिर खंडहर हैं। व्यावहारिक रूप में उस स्थान पर कुछ भी नहीं है। लेकिन सफेद या भूरे रंग की चूना पत्थर की बहुत-सी टुकड़ियाँ उसकी इमारतों के गत वैभव तथा मूर्तिकारों की उच्च चातुरी को अभिव्यक्त करती हैं। ये टुकड़ियाँ उस संगमरमर से मिलती-जुलती हैं जिससे चौखटों के भाग, शहतीर और स्तम्भ बने थे। इन्हें पुराने स्थान से प्राप्त किया गया है। उनमें से अधिकांश मद्रास अजायबघर में हैं।

अमरावती बौद्ध मत का प्रधान केन्द्र था और यहाँ दूर-दूर से यात्री आते थे। इसका स्तूप बहुत प्रसिद्ध था क्योंकि उसमें बुद्ध के अवशेष सुरक्षित थे। उसके चारों ओर लगभग 13 फुट ऊँची पत्थर की अरगनी लगी थी। महान् स्तूप की ऊँचाई 100 फुट थी। अरगनी 10 फुट ऊँचे पत्थर के टुकड़ों तथा खम्भों से बनी थी। अरगनी के आन्तरिक भाग में संगतराशी का कार्य बहुत बढ़िया किया गया था। अरगनी भारत में संभवत: अपने प्रकार की सबसे अधिक सावधानी से बनी और कलात्मक समाधि थी। स्तूप के आधार की परिधि 435 फुट थी। इसमें बाहर की ओर आधार से चोटी तक बहुत बढ़िया संगतराशी से युक्त पत्थर की टुकड़ियाँ लगी थीं। भारत में अन्य कोई बौद्ध मन्दिर ऐसा नहीं है जिसमें अमरावती के समान संगतराशी का कार्य हो। गुणों में भी यह अद्वितीय है। ह्यून सांग का यह कहना उचित है कि वह बैक्ट्रिया (Bactria) के भवनों की समस्त शान को अपने में संजोए हुए था। यह संभव है कि आरंभिक स्तूप को अशोक ने बनवाया हो। महादेव उसके प्रचारकों में से एक, दक्षिण भारत गया था और कल्पना की जाती है कि उसने वहाँ एक केन्द्र स्थापित किया। ह्यून सांग के समय में अमरावती के खंडहर बनने लगे थे। इस सबके होते हुए वहाँ तब तक लगभग 20 मठ अच्छी दशा में थे और उनमें बौद्ध मत के विभिन्न संप्रदायों के लगभग 1000 भिक्षु रहते थे। अमरावती में ह्यून सांग ने बौद्ध धर्म-ग्रन्थ पढ़े।

आलोचकों ने अमरावती कला के विकास काल को चार भागों में बाँटा है। पहले भाग में (200 ई०पू० से 100 ई०पू०) शैली भारहुत के समान थी। इस युग के नमूने बहुत कम हैं और वे भी अधिकांश टुकड़ों में हैं। उनमें पर्याप्त दृढ़ता है और घुमाव से रहित हैं। हमें पंखों तथा गिद्धों के सिर वाले कुछ पशु भी दिखाई देते हैं।

दूसरा काल 100 ई० तक था और इसमें कला निश्चित रूप से आगे बढ़ी। पहली दृढ़ता अब कम दिखाई देती थी। पहली बार बुद्ध का चित्रण एक मनुष्य के रूप में किया गया है, महिलाओं को कपड़े पहने हुए दिखाया गया है लेकिन वे अभी तक नग्न ही प्रतीत होती हैं।

तीसरा काल ईसा की दूसरी सदी तक था। इस काल में महान स्तूप के चारों ओर अरगनी का निर्माण हुआ। हमें अरगनी के अनेक अवशेष प्राप्य हैं और उनके प्रभावी गुण स्पष्ट करते हैं कि यह श्रेष्ठ ढाँचा था। यहाँ की मुखाकृतियाँ कोमल हैं और उनमें कोमल प्रभाव स्पष्ट है। उनमें बहुत अधिक भावनाओं को चित्रित किया गया है लेकिन उन सब में कोमल भावना है। इन मूर्तियों की एक उल्लेखनीय विशेषता विभिन्न समक्षेत्रों का नक्शा खींचना है। क्रियात्मक तथा मानवी भावनाओं के दृश्यों की अभिव्यक्ति में अरगनी काल के मूर्तिकार सर्वश्रेष्ठ थे।

चौथा काल ईसा की तीसरी सदी में था। काल की मुखाकृतियाँ तनिक ऊँची तथा दुर्बल हैं। कभी-कभी वे कद में छोटी भीं हैं। इस काल की अधिकांश संगतराशी आरम्भिक अरगनी के टुकड़ों पर की गई थी।

तोरण के बौद्ध स्तूप के द्वार के विकास का प्रारम्भिक रूप अमरावती में मिलता है। यह खम्भों का एक जोड़ा ही था जिस पर प्रतिदिन या समय-समय पर ताजे फूलों के हार के दो सिरों को बाँध दिया जाता था। समय बीतने पर इसका स्थान बनावटी ढाँचों ने ले लिया जैसे भारहुत या साँची में मिलते हैं। प्रारम्भिक तोरण दो पतले खम्भों से बनता था। यह बात अमरावती के प्रारम्भिक महान् स्तूप के तत्कालीन संगतराशी के ढाँचों में उसकी सजावट के पत्थर के टुकड़ों से स्पष्ट है। उनके सिरों की दो-चार शेर रक्षा करते थे। स्तूप के चारों ओर की अरगनी चार द्वारों को जोड़ती थी।

डॉ० ए०सी० सेन का मत है कि अमरावती की कला का विकास अशोक के कलाकारों की शैली और प्रेरणा से हुआ। यह सम्भव है कि मौर्य साम्राज्य के पतन के बाद कलाकारों में से कुछ ने सतवाहनों के यहाँ शरण ली जो मौर्यों के राजनीतिक उत्तराधिकारी थे। इन कलाकारों ने सातवाहनों की कला को विकसित किया। अमरावती कला का गुप्त कला में प्रभाव स्पष्ट है। इसने सातवीं सदी के पल्लव गुफ़ा मंदिर, महाबलीपुरम् के संगतराशों को भी प्रेरणा दी, जहाँ से अमरावती का प्रभाव बृहद् भारत में फैला। इस प्रभाव को बोरोबुदर परमबनम् आदि में देखा जा सकता है।

नागार्जुनकुण्ड (Nagarjunkund)—नागार्जुनकुण्ड दक्षिणी रेलवे के मछेरला से मोटर मार्ग पर लगभग 25 किलोमीटर दूर है। नागार्जुनकुण्ड की अधिकांश समाधियाँ खँडहर हैं। नागार्जुनकुण्ड का पुराना नाम श्री पर्वत था। ह्यून सांग ने हमें बताया है कि एक सतवाहन राजा ने नागार्जुन में एक मठ का निर्माण कराया जो ईसा की दूसरी सदी का प्रसिद्ध बौद्ध स्थान था। यह नागार्जुनकुण्ड के स्थान पर था। वहाँ विजयपुरी नामक एक महान् नगर बसा हुआ था। वह शिक्षा और तीर्थयात्रा का केन्द्र था। वहाँ भारत के समस्त भागों, लंका तथा चीन से लोग आते थे।

नागार्जुन के दानियों में से कुछ बौद्ध रानियाँ तथा इक्ष्वाकु वंश की राजकुमारियाँ थीं यद्यपि उनके पति ब्राह्मण धर्म के अनुयायी थे। नागार्जुनकुण्ड के विहारों में से एक का नाम सिंहल विहार है। यह श्रीलंका से आने वाले भिक्षुओं के रहने के लिए बनवाया गया था। इस विहार में बोधि वृक्ष युक्त एक पवित्र स्थान था।

नागार्जुनकुण्ड के स्तूप एक चक्र के रूप में बनाए गए थे जो धुरी, नाड़ियों और टायर से पूर्णतः युक्त थे। ये सब ईंटों के बने थे। कहीं-कहीं उनका निर्माण छतरी से मिलता है। स्तूप का गुम्बद 3 से 5 फुट ऊँचे ड्रम पर टिका था। चार मुख्य बिन्दुओं पर स्थित एक आयताकार प्लेटफार्म बाहर की ओर उठा हुआ था और वह भक्तों द्वारा पुष्पांजलि अर्पित करने के लिए वेदी के रूप में काम आता था। बड़े स्तूपों में हर प्लेटफार्म पाँच पत्थर के खम्भों पर टिका था। नागार्जुनकुण्ड में बुद्ध के अवशेष सुरक्षित हैं।

नदी पर बाँध बनने के कारण नागार्जुनकुण्ड का स्थान जल में डूब जायेगा। इसे पूर्णतः खोद लिया गया है। खुदाई से अनेक अन्य स्तूपों, मठों, संगतराशी, लेख आदि का पता चला है। जब उनकी विशद व्याख्या होगी तो उससे भारतीय इतिहास के सतवाहन काल के बारे में हमारे ज्ञान में वृद्धि होगी।

Suggested Readings

Brown, P. : Indian Architecture, Buddhist and Hindu.
Griffiths : Ajanta Frescoes.
Gupta, R.S. : The Iconography of the Buddhist Sculptures of Ellora, 1964.
Herringham, Lady : Ajanta Frescoes.
Kramrisch, S. : A Survey of Paintings in the Deccan.
Sen, A.C. (Ed.) : Buddhist Remains in India (1956).
Smith, V.A. : A History of Fine Art in India and Ceylon, 1930.
Yazdani, G. : Ajanta (London, 1930).

अध्याय 36

वाकाटक वंश

(The Vakatakas)

प्रो० डर्ब्यूल (Dubreuil) ने लिखा है : "तीसरी से छठी शताब्दी तक दक्षिण में राज्य करने वाले सभी वंशों में सर्वश्रेष्ठ, सम्मानपूर्ण स्थान का अधिकारी, अन्य सभी से आगे निकल जाने वाला, समस्त दक्षिण की महत्तम सभ्यता वाला वंश निस्संदेह वाकाटकों का तेजस्वी वंश है।" वाकाटक गुप्त शासकों के समकालीन थे और उन्होंने मध्य भारत में राज्य किया।

वाकाटकों के मूल (origin) के सम्बन्ध में डॉ० जायसवाल का विचार था कि वे आरम्भ में वाकाटक नामक स्थान से आए जो उनकी सम्मति में भूतपूर्व ओछी राज्य में बगत है। किन्तु डॉ० मीराशी ने डॉ० जायसवाल का विचार स्वीकार नहीं किया है और उनका विचार है कि वाकाटकों का मूल दक्षिणी था। डॉ० मीराशी का मत है : "अपने विचार की पुष्टि में उन्होंने (डॉ० जायसवाल ने) यह सिद्ध करने की चेष्टा की कि इलाहाबाद के निकट कोसम से तथा उत्तरी भारत के एक अन्य स्थान से प्राप्त सिक्के प्रवरसेन प्रथम और वाकाटक वंश के अन्य शासकों ने चलाए थे। किन्तु जायसवाल का अध्ययन संदेहपूर्ण है तथा अन्य विद्वानों ने उसे स्वीकार नहीं किया है। वास्तव में वाकाटकों ने कोई सिक्के चलाए ही नहीं और अपने राज्य में गुप्त मुद्रा का ही प्रयोग किया। यह सिद्ध करने के लिए कोई वैध प्रमाण नहीं कि वाकाटक वंश आरम्भ में एक उत्तरी वंश था। इसके अतिरिक्त कई संकेत हैं कि वे दक्षिणी भारत से ही इस प्रदेश में आए थे। उनके संस्कृत तथा प्राकृत अभिलेखों में कई ऐसे शब्द हैं जो पल्लव दान-पत्रों में प्रयुक्त शब्दों से बहुत मिलते हैं। शातकर्णियों, कादम्बों तथा दक्षिण के चालुक्यों की भाँति पूर्वीय वाकाटकों ने अपने आपको 'हारितिपुत्र' या हारिति के वंशज कहा। उन्होंने 'धर्म-महाराज' उपाधि भी धारण की जो दक्षिण के कुछ ही वंशों, जैसे पल्लव और कादम्बवंश, के अभिलेखों में पाई जाती है। अत: यह निश्चित प्रतीत होता है कि वाकाटक वास्तव में दक्षिण से ही आए।"

वाकाटक वंश का संस्थापक विन्ध्यशक्ति था जिसे शिलालेखों में 'वाकाटक वंशकेतु' कहा गया है। अजन्ता के एक अभिलेख में विन्ध्यशक्ति की अत्यधिक प्रशंसा की गई है। कहा गया है कि बड़े-बड़े युद्धों में उसने अपनी शक्ति बढ़ाई। उत्तेजित किए जाने पर वह अरोध्य था। दान तथा युद्ध दोनों में ही वह असाधारण था। इन्द्र और विष्णु से उसकी तुलना की गई है। उसके पास बहुत बड़ी अश्वसेना थी जिसकी सहायता से उसने अपने शत्रुओं को परास्त किया।

विन्ध्यशक्ति के पश्चात् उसका पुत्र प्रवरसेन प्रथम राजा बना। सम्भवत: उसे ही पुराणों में प्रवीर कहा गया है। यदि यह तादात्म्य ठीक है तो प्रवरसेन प्रथम वीर राजा था। जिस प्रकार अकबर को मुगल वंश का वास्तविक संस्थापक कहा जाता है उसी प्रकार प्रवरसेन प्रथम को वाकाटक वंश का वास्तविक संस्थापक कहा जा सकता है। उसने अपना राज्य नर्मदा तक बढ़ाया। उसे ये सातों यज्ञ करने का श्रेय दिया जाता है : अग्निष्टोम, अप्तोर्यम, वाजपेय, ज्योतिष्टोम, बृहस्पतिशव, शड्‌यस्क, अश्वमेध। बताया गया है कि उसने चार अश्वमेध यज्ञ किए। यह तभी सम्भव हो सकता था यदि उसने विभिन्न दिशाओं में सफल अभियानों का नेतृत्व किया हो। सम्भवत: उसने अपनी राजधानी चानक से हटाकर अधिक केन्द्रीय स्थान पुरीक में स्थापित की। यह भी सम्भव है कि प्रवरसेन प्रथम ने पुरीक नाग शासक को सिंहासन से हटाकर उसके

राज्य को अपने राज्य में मिला लिया हो। उसने भारशिवों के साथ भी विवाह-सन्धि की। प्रवरसेन प्रथम के पुत्र गौतमीपुत्र का विवाह भारशिव राजा भवनाग की पुत्री से कर दिया गया। भारशिवों की उस समय बहुत शक्ति थी और उनके साथ विवाह-सन्धि से वाकाटकों की शक्ति और शान में वृद्धि हुई होगी। इसका प्रमाण इस बात से मिलता है कि गौतमीपुत्र के वंशज इस विवाह-सन्धि का उल्लेख करने में गर्व अनुभव करते थे।

यदि पुराणों का कथन स्वीकार किया जाए तो प्रवरसेन के चार पुत्र थे और वे सभी राजा बने। इस विचार को काफ़ी लम्बे समय तक स्वीकार नहीं किया जाता था। किन्तु 1939 में एक ताम्र-पत्र प्राप्त हुआ जिससे ज्ञात हुआ कि प्रवरसेन का एक पुत्र सर्वसेन था। प्रो० मिराशी द्वारा संशोधित एक अजन्ता अभिलेख की पढ़ाई में भी यह नाम आता है। सम्भव है कि प्रवरसेन प्रथम का राज्य उसके चार पुत्रों ने विभक्त कर लिया हो। किन्तु वाकाटकों की ज्येष्ठ शाखा अपनी राजधानी पुरीक से राज्य करती रही। सर्वनाग ने अकोला जिले में वत्सगुल्मा के स्थान पर अपने आपको स्थापित कर लिया। शेष दो पुत्रों के नाम ज्ञात नहीं हैं।

प्रवरसेन प्रथम का ज्येष्ठ पुत्र गौतमीपुत्र उससे पहले ही मर गया। अत: प्रवरसेन प्रथम का उत्तराधिकारी उसका पौत्र रुद्रसेन प्रथम बना। वह भारशिव राजकुमारी का पुत्र था। अत: वह भारशिवों की सहायता पर निर्भर कर सकता था। वह समुद्रगुप्त का समकालीन था। इलाहाबाद स्तम्भ अभिलेख में उल्लिखित रुद्रदेव सम्भवत: रुद्रसेन प्रथम ही है। किन्तु प्रो० मीराशी को यह विचार मान्य नहीं है। इलाहाबाद स्तम्भ अभिलेख में रुद्रसेन का नाम अन्य आठ राजाओं के साथ दिया गया है। इस तथ्य का प्रमाण यह है कि दक्षिण में समुद्रगुप्त के विरुद्ध बनाए गए संगठन का नेता रुद्रसेन प्रथम था। किन्तु समुद्रगुप्त द्वारा पराजय के परिणामस्वरूप रुद्रसेन प्रथम को अपने मध्य भारतीय तथा नर्मदा से दक्षिणवर्त्ती कुछ प्रदेशों से हाथ धोना पड़ा। अत: वाकाटकों की मुख्य शाखा उत्तरी विदर्भ तक सीमित हो गई।

रुद्रसेन प्रथम के पश्चात् उसका पुत्र पृथ्वीसेन प्रथम राजा बना। उसने कुन्तल को विजित करके अपने राज्य में मिलाकर वाकाटक राज्य में वृद्धि की। पृथ्वीसेन प्रथम को इलाहाबाद स्तम्भ अभिलेख में 'कुन्तलेन्द्र' कहा गया है। कुन्तल को कन्नड़ प्रदेश माना जा सकता है।

पृथ्वीसेन प्रथम के बाद उसका पुत्र रुद्रसेन द्वितीय राजा बना। वह चन्द्रगुप्त द्वितीय का समकालीन था। चन्द्रगुप्त ने शकों के विरुद्ध अपना अभियान आरम्भ करने से पहले रुद्रसेन द्वितीय की मैत्री प्राप्त करने की चेष्टा की। अपनी पुत्री प्रभावती गुप्ता का विवाह रुद्रसेन द्वितीय से करके उसकी मैत्री प्राप्त कर ली। प्रभावती गुप्ता एक नाग राजकुमारी कुबेरनागा की पुत्री थी जिसका विवाह चन्द्रगुप्त द्वितीय से किया गया था। इन सम्बन्धों से रुद्रसेन द्वितीय का सम्मान बढ़ गया होगा। रुद्रसेन द्वितीय का राज्य-काल लम्बा नहीं था और उसके बाद उसके नाबालिग पुत्र दिवाकरसेन और दामोदरसेन राजा बने, राज्य-शक्ति प्रभावती गुप्ता के हाथों में आ गई। यह उल्लेखनीय है कि प्रभावती गुप्ता ने राज्य-कार्य बड़ी कुशलता से किया। दिवाकरसेन के अल्पकालीन राज्य के पश्चात् दामोदरसेन उसका उत्तराधिकारी बना। उसने 'प्रवरसेन द्वितीय' उपाधि धारण की। प्रवरसेन द्वितीय द्वारा अनेक खेतों तथा ग्रामों के दान का उल्लेख मिलता है। एक ताम्र-पत्र अभिलेख में कहा गया है कि प्रवरसेन द्वितीय ने एक नए नगर प्रवरपुर की स्थापना की। सम्भव है कि वह अपनी राजधानी इस नए स्थान पर ले गया हो। प्रवरसेन द्वितीय शम्भु का अनुयायी था। वह दावा करता था कि उसने 'कृतयुग' या स्वर्ण युग स्थापित किया। उसने ब्राह्मणों को बहुत से दान दिए।

नरेन्द्रसेन अपने पिता प्रवरसेन द्वितीय का उत्तराधिकारी बना। उसे आक्रमणकारी नीति का अनुयायी बताया जाता है। उसने सम्भवत: उत्तर और पूर्व में कुछ प्रदेशों को विजित किया। उसके पुत्र के कुछ ताम्र-पत्र अभिलेखों से ज्ञात होता है कि नरेन्द्रसेन ने शत्रुओं को परास्त किया और उसके आदेशों का कौशल, मेकल और मालव के शासकों ने सम्मान किया। प्रो० मीराशी ने लिखा है, मालव सम्भवत: अपने वाइसराय गोविन्दगुप्त के अधीन स्वतन्त्र हो गया था। यह कहा गया है कि नरेन्द्रसेन के प्रति मालव का समर्पण उसके राज्य-काल से भी संगत है जो प्रो० मीराशी के अनुसार 450 से 465 ई० तक था।

नरेन्द्रसेन के पश्चात् उसका पुत्र पृथ्वीसेन द्वितीय सिंहासनारूढ़ हुआ। उसे एक अभिलेख में ''वंश के खोए हुए भाग्य को बनाने वाला'' कहा गया है। प्रो० मीराशी बताता है, पृथ्वीसेन द्वितीय ने पद्मपुर को राजधानी बनाया। उसने

बस्तर राज्य के नाल वंश को भी परास्त किया। पूर्वी विदर्भ में उसने अपनी स्थिति को सुदृढ़ बना लिया। वाकाटकों की मुख्य शाखा का वह अन्तिम ज्ञात सैनिक था। इसी प्रकार मुख्य वाकाटक शाखा लगभग 480 में समाप्त हो गई।

1939 में विन्ध्यशक्ति द्वितीय के बासाम ताम्र-पत्र अभिलेख से पहले वाकाटक वंश की अमुख्य या वत्स-गुल्मा शाखा का कोई ज्ञान नहीं था। इस शाखा के कई शासकों के नाम अजन्ता अभिलेख में दिये गये थे लेकिन अभिलेख की विकृति (mutilation) के कारण उन्हें ठीक-ठीक पढ़ा नहीं गया था। किन्तु इस अभिलेख के नए संस्करण में डॉ० मीराशी ने उन्हें ठीक-ठीक पढ़ लिया है।

सर्वसेन इस शाखा का संस्थापक था। उसे प्रवरसेन प्रथम का पुत्र बताया जाता है। सम्भवतः वह छोटा पुत्र था और अकोला जिले में उसने अपना स्वतन्त्र राज्य स्थापित किया जिसकी राजधानी वत्सगुल्मा थी। उसने 'धर्ममहाराज' उपाधि धारण की। उसे प्राकृत काव्य "हरिविजय" तथा "गाथासप्तशती" में सम्मिलित कुछ प्राकृत 'गाथाओं' का लेखक कहा जाता है।

विन्ध्यसेन अपने पिता सर्वसेन का उत्तराधिकारी बना और उसने 'विन्ध्यशक्ति द्वितीय' की उपाधि धारण की। उसने भी 'धर्म महाराज' उपाधि धारण की। उसके राज्य में 37वें वर्ष में राजधानी वत्सगुल्मा से दिए गए बासीम अनुदान का वही लेखक था।

विन्ध्यशक्ति द्वितीय के पश्चात् उसका पुत्र प्रवरसेन द्वितीय राजा बना। किन्तु उसके विषय में लगभग कुछ भी ज्ञात नहीं है। केवल यही ज्ञात है कि वह एक उदार शासक था। उसके पश्चात् एक अन्य शासक राजा बना जिसका नाम अजन्ता अभिलेख में लुप्त हो चुका है। उसके विषय में केवल यही ज्ञात है कि उसने अच्छा राज्य किया। उसके बाद उसका पुत्र देवसेन राजा बना। उसने वत्सगुल्मा से एक ताम्र-पत्र अभिलेख जारी किया। हस्तिभोज नामक उसका एक सुयोग्य मन्त्री था। उसने राज-कार्य उसके हाथों में छोड़ दिया और स्वयं वैभवशाली जीवन व्यतीत करने लगा।

देवसेन के पश्चात् उसका पुत्र हरिषेण राजा बना। उसे एक वीर शासक बताया जाता है। उसने कई विजयें कीं और अपने राज्य को सभी दिशाओं में बढ़ाया। उसकी विजयों में कोशल कलिंग, अवन्ति, कुन्तल, त्रिकुटि (नासिक जिला), लाट (गुजरात) और आन्ध्र सम्मिलित थे। उसका विशाल राज्य उत्तर में मालव से दक्षिण में कुन्तल तक और पूर्व में बंगाल की खाड़ी से पश्चिम में अरब सागर तक फैला हुआ था। वराहदेव उसका सुयोग्य और लोकप्रिय मन्त्री था। उसी ने अजन्ता की वह गुफा खुदवाई जिससे वाकाटकों की अमुख्य शाखा के विषय में जानकारी प्राप्त की गई है। प्रतीत होता है कि इस शासक के राज्य में वाकाटक साम्राज्य अपनी शक्ति के शिखर पर पहुँच गया।

हरिषेण ने पाँचवीं शती ई० की अन्तिम चौथाई के लगभग राज्य किया किन्तु उसकी मृत्यु के पश्चात् वाकाटक वंश की शाखा का इतिहास ज्ञात नहीं है। सम्भव है कि अगली शताब्दी के मध्य में इस शाखा को पदच्युत कर दिया गया। इसके पतन के कारण बताना अत्यन्त दुष्कर है। सम्भवतः हरिषेण के अशक्त उत्तराधिकारी ही इसका मुख्य कारण रहे हों। कालचूरी तथा कादम्ब वंशों के अभ्युदय तथा नाल वंश के विकास से भी उनके पतन में योग हुआ होगा। छठी शताब्दी ई० उत्तरार्द्ध में यशोधर्मा के उदय से भी इस शाखा को काफी धक्का लगा होगा। अत्यधिक सम्भावना यही है कि कालचूरी वंश ही वाकाटकों के पराभव के लिए उत्तरदायी था।

वाकाटकों के युग में धर्म, कला और साहित्य के क्षेत्रों में पर्याप्त कार्य हुआ। वाकाटक वशी कट्टर हिन्दू थे। उनमें से अधिकांश शिव के अनुयायी थे और महेश्वर तथा महाभैरव के नाम से उसकी उपासना करते थे किन्तु चन्द्रगुप्त द्वितीय का जामाता रुद्रसेन द्वितीय विष्णु का उपासक था। हिन्दू धर्मशास्त्रों में निर्दिष्ट कई यज्ञ वाकाटकों ने किए। प्रवरसेन को सातों यज्ञ करने का श्रेय दिया जाता है और कहा जाता है कि उसने चार अश्वमेध यज्ञ किए। वाकाटक शासकों ने धर्मपरायण तथा विद्वान ब्राह्मणों को भूमि और ग्राम भी दान दिए। उन्होंने शिव की उपासना के लिए कई मन्दिर बनवाए।

वाकाटक शासक केवल ज्ञान के संरक्षक नहीं थे बल्कि स्वयं भी प्रसिद्ध लेखक थे। सर्वसेन प्राकृत काव्य "हरिविजय" का लेखक था। यह पुस्तक महाभारत के कृष्ण सत्यभामा और पारिजात काण्ड पर आधारित थी। यह काव्य अब प्राप्त नहीं है किन्तु अन्य लेखकों द्वारा दिए गए उद्धरणों के रूप में उसके कुछ सन्दर्भ प्राप्त हुए हैं। ये सन्दर्भ भी काव्य

की शैली तथा कथा के विषय में बहुत कुछ कहते प्रतीत होते हैं। इस काव्य के अतिरिक्त सर्वसेन कई गाथाओं का लेखक था जो ''गाथासप्तशती'' में सम्मिलित हैं। उसकी राजधानी वत्सगुल्मा ज्ञान तथा संस्कृति का केन्द्र बन गई।

मुख्य वाकाटक शाखा का प्रवरसेन द्वितीय भी, 'गाथासप्तशती' में सम्मिलित कई प्राकृत गाथाओं का लेखक था। महाराष्ट्रीय लिपि में वह ''सेतुबन्ध'' काव्य का भी लेखक था जो ''रावणवहो'' के नाम से भी प्रसिद्ध था। दण्डी के अनुसार कहावतों के लिए ''सेतुबन्ध'' हीरों की खान थी। बाण के अनुसार, ''इस सेतु अर्थात् (सेतुबंध) के माध्यम से प्रवरसेन की प्रसिद्धि समुद्र को पार कर गई। जिस प्रकार पहले बन्दरों ने पुल के रास्ते समुद्र पार किया था।'' यह भी सम्भव है कि कालिदास कुछ समय तक प्रवरसेन द्वितीय के दरबार में भी रहा हो और ''मेघदूत'' की रचना उसने वहीं की हो। वाकाटक शासक चित्रण कला, मूर्ति-कला और भवन निर्माण-कला के भी संरक्षक थे। विदर्भ में टिगोवा मन्दिर और नचना के मन्दिर अब भी सुरक्षा की दृष्टि से अच्छी स्थिति में हैं। टिगोवा मन्दिर के बरामदे के स्तम्भ इन्डो-पर्सपोलिटान शैली (Indo-Persepolitan style) के हैं। एक पेड़ के दोनों ओर दो आधे बैठे हुए शेरों की मूर्तियाँ हैं जिनकी पीठ पेड़ की ओर है। इसी मन्दिर में गंगा और यमुना की मूर्तियाँ भी हैं। नचना का मन्दिर प्रवरसेन द्वितीय के समय में एक सामन्त व्याघ्रदेव ने बनवाया था।

अजन्ता की विहार गुफाएँ 16 और 17 तथा चैत्य गुफा 19 वाकाटक काल की है। बिहार गुफा 16 हरिषेण के मन्त्री वराहदेव ने बनवाई थी। इसमें एक हाल है जो 66 फुट लम्बा, 65 फुट चौड़ा और 50 फुट ऊँचा था। छत को शहतीरों और कड़ियों के आकार में काटा गया है। धर्मचक्र प्रवर्त्तन मुद्रा में बुद्ध की एक बहुत बड़ी मूर्ति भी है। गुफा की चित्र वीथिकाएँ तो विकृत हो चुकी हैं किन्तु मृत्यु-शैयासीन राजकुमारी के चित्र की ग्रिफिथ्स (Griffiths) ने करुणा, भावना, कलात्मक कुशलता और रंग की दृष्टि से बहुत प्रशंसा की है। विहार गुफा 17 भी गुफा 16 जैसी ही है। गुफा 19 को सुन्दर मुर्ति-कला से सजाया गया है। बैठे हुए और खड़े हुए दोनों आकारों की मूर्तियाँ यहाँ देखी जा सकती हैं। फर्गुसन के अनुसार यह गुफा भारत में बौद्ध कला के सर्वश्रेष्ठ उदाहरणों में से है।

Suggested Readings

Allan, J. : Catalogue of the Coins of Ancient India in the British Museum, London, 1936.

Gopalchari, K. : Early History of the Andhra Country, Madras, 1941.

Heras, H. : Relations between Guptas, Kadambas and Vakatakas (Journal of Bihar and Orissa Research Society, 1926, pp. 455-63).

Jayaswal, K.P. : History of India (150-350 A.D.)

Majumdar, R.C. : The Classical Age.

Majumdar and Altekar : The Vakataka-Gupta Age.

Mirashi, V.V. (Ed.) : Corpus Inscriptionum Indicarum, Vol. V (Inscriptions of the Vakatakas), 1963.

Pargiter, F.E. : Dynasties of the Kali Age.

Rao, B.V. Krishna : History of the Early Dynasties of Andhradesa.

Sircar, D.C. : Successors of Satavahanas in Lower Deccan, Calcutta, 1939.

Subramanian, K.R. : Buddhist Remains in Andhra and the History of Andhra between 285 and 610 A.D.

अध्याय

37

मैत्रक और मौखरी वंश

(The Maitrakas and the Maukharis)

हर्षवर्धन के इतिहास का अध्ययन करने से पहले वलभी के मैत्रक वंश तथा कन्नौज के मौखरी वंश का वर्णन करना उचित प्रतीत होता है।

वलभी का मैत्रक वंश (Maitrakas of Valabhi)—मैत्रकों द्वारा वलभी राज्य की स्थापना की तिथि निश्चित नहीं है। किन्तु यह स्पष्ट है कि यह गुप्त साम्राज्य के खण्डहरों पर ही बना। सेनापति भटार्क ने सौराष्ट्र में अपना शासन स्थापित कर लिया और वलभी को अपनी राजधानी बनाया। सभी राजकीय अनुदान (royal grants) वलभी से जारी किए गए थे अत: कल्पना की गई है कि वलभी ही राजधानी होगी। किन्तु यह स्पष्ट नहीं है कि राजधानी को गिरिनगर (जूनागढ़) से वलभी क्यों ले जाया गया। एक सुझाव यह है कि सुदर्शन झील के टूट जाने से नगर की सुरक्षा को भय पैदा हो गया। किन्तु यह कारण मान्य नहीं है क्योंकि नई राजधानी पुरानी राजधानी से काफी दूर थी। वलभी राज्य का विस्तार निश्चित करना सम्भव नहीं है। किन्तु वलभी का स्थान अब भी भूतपूर्व भावनगर राज्य में वल (Vala) के स्थान पर स्थित है। भटार्क सौराष्ट्र का गवर्नर था अत: अनुमान किया जाता है कि वलभी राज्य सौराष्ट्र के समरूप ही रहा होगा।

धरसेन प्रथम (Dharasena I)—भटार्क के पश्चात् उसका पुत्र धरसेन प्रथम शासक बना। भटार्क तथा धरसेन प्रथम ने अपने आपको 'सेनापति' कहा लेकिन अगले पाँच शासकों ने अपने आप को 'महाराज' कहा और उनके नाम थे द्रोणसिंह, ध्रुवसेन प्रथम, धरपट्ट, गुहासेन और धरसेन द्वितीय। प्रतीत होता है कि कुछ समय तक उन्होंने गुप्त वंश या अन्य किसी शक्ति की नाममात्र प्रभुता को स्वीकार किया। सम्भवत: यह शक्ति हूण थे।

ध्रुवसेन प्रथम (Dhruvasena I)—ध्रुवसेन प्रथम ने सोलह अनुदान (grants) जारी किए। उसने भी किसी अन्य शासक की नाममात्र प्रभुता को स्वीकार किया। उसने कम से कम 525 से 545 ई० तक राज्य किया।

गुहासेन (Guhasena)–-गुहासेन की ज्ञात तिथियाँ 556-559 से 567 ई० तक हैं। यह उल्लेखनीय है कि अनुदानों (grants) में उसके नाम के साथ 'परमभट्टारक-पादानुध्याता' शब्द को नहीं दिया गया है जैसा कि उसके पूर्वाधिकारियों के नामों के साथ दिया जाता था। इससे ज्ञात होता है कि वह किसी अन्य शक्ति की नाममात्र प्रभुता भी नहीं मानता था।

धरसेन द्वितीय (Dharasena II)—गुहासेन के पश्चात् उसका पुत्र धरसेन द्वितीय शासक बना। उसने 'महाराजाधिराज' उपाधि धारण की, जिससे स्पष्ट है कि उसका राज्य अधिक विस्तृत हो गया था। राज्य के विस्तार की पुष्टि ह्यूनसांग ने भी की है। यह कहना कठिन है कि धरसेन द्वितीय ने कौन-सा प्रदेश विजित किया किन्तु सम्भवत: यह सौराष्ट्र का अति पश्चिमवर्ती भाग (Western extremity) था। उसकी ज्ञात तिथियाँ 571 और 590 ई० के बीच हैं।

शीलादित्य प्रथम धर्मादित्य (Siladitya I Dharmaditya)—धरसेन द्वितीय के पश्चात् उसका पुत्र शीलादित्य प्रथम धर्मादित्य राजा बना। उसकी ज्ञात तिथियाँ 606 और 612 ई० के बीच हैं। यह कहा जाता है कि राजा शीलादित्य एक

विशाल राज्य में शासन करता था और वलभी उस समय पश्चिमी भारत का सर्वशक्तिमान राज्य था। ह्यूनसांग हमें बताता है कि शीलादित्य "महान् प्रशासनीय योग्यता और असाधारण करुणा और दया से युक्त शासक" था। उसने एक बौद्ध मन्दिर बनवाया जो "आकार तथा अलंकार की दृष्टि से अत्यन्त कलात्मक" था। प्रतिवर्ष वह एक धार्मिक सभा का आयोजन करता था जिसमें सभी दिशाओं के बौद्धों को बुलाया जाता था। 'धर्मादित्य' उसका उपनाम था।

खाराग्रह (Kharagraha) **और धरसेन तृतीय** (Dharasena III)—शीलादित्य के पश्चात् उसका छोटा भाई खाराग्रह राजा बना। उसके बाद उसका पुत्र धरसेन तृतीय शासक बना। उसके समय में वलभी राज्य में उत्तरी गुजरात भी सम्मिलित था।

ध्रुवसेन द्वितीय (Dhruvasena II)—धरसेन तृतीय के पश्चात् उसका छोटा भाई ध्रुवसेन द्वितीय राजा बना। यह घटना 629 ई० से कुछ समय पहले की थी। उसी के राज्य-काल में ह्यूनसांग ने भारत-यात्रा की और उससे ज्ञात होता है कि ध्रुवसेन द्वितीय हर्षवर्धन का जामाता था। वह तीव्र स्वभाव और कम बुद्धि का व्यक्ति था। किन्तु उसे बौद्ध धर्म में सच्चा विश्वास था। हर्ष द्वारा बुलाई गई प्रयाग की धार्मिक सभा और सम्भवतः कन्नौज की धार्मिक सभा में भी वह सम्मिलित हुआ। ध्रुवसेन द्वितीय ने कम से कम 640-41 ई० तक राज्य किया और उसका पुत्र धरसेन चतुर्थ उसका उत्तराधिकारी बना। उसकी ज्ञात तिथियाँ 646 और 650 हैं।

उपर्युक्त शासक हर्षवर्धन के समकालीन थे। उसके समय में वलभी एक शक्तिशाली और स्वतन्त्र राज्य था। उत्तरी गुजरात और मालवा के कुछ भाग पर इसकी प्रभुता थी। भड़ौंच के गुर्जरों के अभिलेखों से ज्ञात होता है कि दद्द द्वितीय (Dadda II) ने वलभी-नरेश की रक्षा करके एक शानदार विजय प्राप्त की जिस पर महान् शासक हर्षदेव[1] ने आक्रमण कर दिया था। इससे ज्ञात होता है कि हर्षवर्धन और वलभी-नरेश में संघर्ष हुआ। किन्तु इससे अधिक इस संघर्ष के विषय में कुछ भी ज्ञात नहीं है। इस संघर्ष के कारणों से हम परिचित नहीं हैं। प्रतीत होता है कि पहले तो हर्षवर्धन को वलभी के शासक के विरुद्ध कुछ सफलता प्राप्त हुई लेकिन बाद में दद्द द्वितीय (Dadda II) की सहायता से वभली की रक्षा कर ली गई। कहा गया है कि हर्षवर्धन ने कभी वलभी पर विजय प्राप्त नहीं की थी और वलभी के शासक कभी भी उसके अधीन नहीं थे।

धरसेन चतुर्थ (Dharasena IV)—धरसेन चतुर्थ ने राजसी उपाधियाँ धारण कीं और अपने आपको 'परमभट्टारक', 'महाराजाधिराज', 'परमेश्वर' और 'चक्रवर्तिन्' कहा। उसके अनुदानों से यह निश्चित रूप से सिद्ध नहीं होता कि उसने गुर्जर राज्य को विजय किया। सम्भव है कि ये अनुदान उस समय जारी किए गए हों जब धरसेन चतुर्थ गुर्जर शासक के राज्य में उसका अतिथि था। यह सुझाव दिया गया है कि एक विजयी सैनिक अभियान के समय ही वह भड़ौंच तक पहुँचा। किन्तु भड़ौंच पर यह अधिकार थोड़े से समय तक ही रहा। धरसेन चतुर्थ का राज्य-काल वलभी के इतिहास में एक महत्त्वपूर्ण चरण है। उसने वलभी की शान और शक्ति में वृद्धि की। महाकवि भट्टी उसी के दरबार में रहता था। 653 ई० से कुछ समय पूर्व उसकी मृत्यु हो गई।

धरसेन चतुर्थ के उत्तराधिकारी (Successors of Dharasena IV)—धरसेन चतुर्थ की मृत्यु के पश्चात् वलभी राज्य में बहुत गड़बड़ रही। शीलादित्य तृतीय के समय में ही राज्य-स्थिरता की पुनरस्थापना हुई। शीलादित्य तृतीय एक शक्तिशाली शासक था। उसने राजसी उपाधियाँ धारण कीं और गुर्जर राज्य को विजित किया। 676 ई० में उसने कुछ भूमि-अनुदान दिए। कुछ समय पश्चात् गुर्जरों ने सम्भवतः पश्चिमी चालुक्यों की सहायता से वलभी के अधिकार का अन्त कर दिया। शीलादित्य तृतीय के उत्तराधिकारी थे शीलादित्य चतुर्थ, शीलादित्य पंचम, शीलादित्य षष्ठ और शीलादित्य सप्तम। वे सब क्रमशः पिता-पुत्र थे। शीलादित्य सप्तम 766-67 ई० में राज्य कर रहा था। सम्भव है कि शीलादित्य पंचम के समय में अरबों ने वलभी पर आक्रमण किया हो। उन्होंने सिन्ध में अपने केन्द्र से अभियान आरम्भ किया और राजपूताना, गुजरात और काठियावाड़ को रौंदते हुए उज्जयिनी तक पहुँच गए। उन्हें आरम्भ में तो कुछ सफलता प्राप्त हुई लेकिन बाद में लाट के चालुक्य राजा और मालव के प्रतिहार राजा ने उन्हें खदेड़ दिया। अरब आक्रमण 725 और 735 ई० के मध्य हुए होंगे।

---

1. कन्नौज के सम्राट् हर्षवर्धन का एक और नाम हर्षदेव भी था।

अरबों को तो खदेड़ दिया गया। लेकिन वलभी-नरेश को शान्तिपूर्वक राज्य करने का अवसर न मिला। काठियावाड़ का दक्षिण-पश्चिमी भाग वलभी राज्य से अलग होकर एक स्वतन्त्र राज्य बन गया। चालुक्यों, प्रतिहारों तथा राष्ट्रकूटों के उत्थान तथा विकास से वलभी के लिए खतरा पैदा हो गया और यही वलभी के पतन का आंशिक कारण था।

शीलादित्य सप्तम वलभी का अन्तिम ज्ञात शासक था। इस वंश का राज्य सम्भवत: 766-67 ई० से कुछ समय पश्चात् ही समाप्त हो गया। वलभी नगर उस अवसर पर या उसके कुछ समय पश्चात् नष्ट कर दिया गया। वलभी के विनाश का हमारे पास कोई विवरण नहीं है और यह एक रहस्यपूर्ण विषय ही है। सुझाव दिया गया है कि वराह या उसके पूर्वज ने वलभी को परास्त किया। यह भी सुझाव दिया गया है कि प्रतिहार राजा ने वलभी राज्य को समाप्त किया और चाप तथा चालुक्य आदि को अधीनस्थ वंशों के रूप में स्थापित किया। वलभी के पतन का यही अत्यधिक तर्कसंगत कारण प्रतीत होता है।

अल्बरूनी (Alberuni)—हमें बताते हैं कि वलभी राज्य को अरबों ने समाप्त किया। वलभी के एक धनी नागरिक का राजा से झगड़ा हो गया। राजा के क्रोध के भय से वह सिन्ध के अरब शासक के पास चला गया। उसने सिन्ध के शासक को धन भेंट में दिया और वलभी के विरुद्ध एक नाविक सेना भेजने का अनुरोध किया। "अत: अरब शासक ने रात्रि को आक्रमण किया, राजा और उसकी प्रजा को मार दिया और नगर को नष्ट कर दिया।"

वलभी का मैत्रक वंश पाँचवीं शती ई० के अन्त में सत्तासीन हुआ। छठी और सातवीं शती में वे पश्चिमी भारत के सर्वाधिक शक्तिशाली शासक बन गए। आठवीं शती के अन्त में उनके वंश का पतन हुआ।

ज्ञान तथा संस्कृति के केन्द्र के रूप में वलभी ने एक महत्त्वपूर्ण कार्य किया। यह वाणिज्य और व्यापार का केन्द्र भी था। भारुकच्छ सामान और यातायात की बन्दरगाह थी। वलभी नगर "अन्तर्राष्ट्रीय व्यापार का केन्द्र था और इसमें दुर्लभ सामान के अनेक भण्डार थे।" सातवीं और आठवीं शताब्दी में उसकी शान सबसे ऊँची थी। वलभी के शासक शिव के अनुयायी थे लेकिन उन्होंने बौद्ध धर्म के लोगों पर अत्याचार करने की नीति को नहीं अपनाया। ह्यूनसाँग हमें बताते हैं कि जब उसने वलभी-यात्रा की तो उस समय वहाँ का शासक बौद्ध था। जब ई-त्सिंग ने वलभी-यात्रा की तो उसने उसे विद्वता का केन्द्र पाया। वलभी को लगभग नालन्दा विश्वविद्यलय के बराबर का स्थान प्राप्त था। सातवीं शती ई० के मध्य में गुणमति और स्थिरमति वलभी के दो प्रसिद्ध बौद्ध विद्वान् थे। वलभी केवल बौद्ध ज्ञान का केन्द्र ही नहीं था। ब्राह्मणों के पुत्रों सहित सारे देश से विद्यार्थी उच्च शिक्षा के लिए वलभी जाते थे। हमें बताया गया है कि वलभी के स्नातकों को ऊँची कार्यकारिणी पदवियाँ दी जाती थीं। वहाँ पढ़ाए जाने वाले विषय धार्मिक और धर्मनिरपेक्ष दोनों ही थे। विश्वविद्यालय में बौद्धिक स्वच्छन्दता का वातावरण था। अपनी निष्पक्षता के लिए यह प्रसिद्ध था। हमें बताया गया है कि सारे भारत के विद्वान वलभी आकर वहाँ दो या तीन वर्ष रहते थे और "सम्भव तथा असम्भव सिद्धान्तों" की चर्चा करते थे। इस विश्वविद्यालय को केवल राजा से ही नहीं धनी व्यापारियों से भी सहायता मिलती थी।

कन्नौज का मौखरी वंश (Maukharis of Kanauj)—'मौखरी' शब्द अत्यन्त प्राचीन है। पाणिनि ने "अष्टाध्यायी" में यह शब्द दिया है। मौर्य काल की एक मौखरी जाति की एक मुहर हमें प्राप्त हुई है। भूतपूर्व कोटा राज्य से 239 ई० का एक अभिलेख प्राप्त हुआ है और इसमें एक मौखरी सेनानी का उल्लेख है। तीसरी शताब्दी ई० में राजस्थान में अनेक मौखरी परिवारों के उल्लेख मिलते हैं। मौखरी उत्तरी भारत के बहुत बड़े प्रदेश में फैले हुए थे। जब वे शक्तिशाली हुए तो उन्होंने अश्वपति के वंशज होने का दावा किया जिसे "महाभारत" में केन्द्रीय पंजाब में मद्र का राजा बताया गया है।

छठी शती ई० में एक मौखरी वंश गया के पड़ोस में राज्य कर रहा था। अभिलेखों तथा साहित्य से मौखरी शासकों के दो समूहों के नाम ज्ञात हुए हैं। पहले समूह का संस्थापक था यज्ञवर्मा और उसके उत्तराधिकारी थे शार्दूलवर्मा और अनन्तवर्मा। "हर्षचरित" तथा सर्ववर्मा के असीरगढ़ ताम्र-मुहर अभिलेख से मौखरियों की दूसरी शाखा का पता मिलता है और इस शाखा के शासकों के नाम हरिवर्मा, आदित्यवर्मा, ईश्वरवर्मा, ईशानवर्मा, सर्ववर्मा, अवन्तिवर्मा और ग्रहवर्मा थे।

यह उल्लेखनीय है कि यज्ञवर्मा, शार्दूलवर्मा या अनन्तवर्मा को अभिलेखों में 'राजा' या 'महाराज' नहीं कहा गया है। उन्हें केवल 'सामन्त' या 'सामन्तचूड़ामणि' कहा गया है। वे सब गुप्त वंश के सामन्त थे। उन सब ने छठी शती ई० के पूर्वार्द्ध में या उससे कुछ समय पूर्व राज्य किया।

हरिवर्मा (Hari Varma)—हरिवर्मा को मौखरी शासकों की नई शाखा का पहला राजा बताया गया है। उसे 'महाराज' की उपाधि दी गई है जिससे ज्ञात होता है कि वह एक स्वतन्त्र शासक था। उसे अभिलेखों में ऐसा व्यक्ति बताया गया है "जिसकी कीर्ति चारों समुद्रों तक पहुँच गई और जिसने अपने पराक्रम तथा स्नेह से अन्य शासकों को अपने अधीन कर लिया।"

आदित्यवर्मा (Aditya Varma)—हरिवर्मा के पश्चात् आदित्यवर्मा शासक बना। उसने कृष्णगुप्त की पुत्री और मगध के हर्षगुप्त की बहन हर्षगुप्ता से विवाह किया। "हर्षचरित" तथा अभिलेखों में मौखरियों तथा गुप्त शासकों के झगड़ों के उल्लेख मिलते हैं। सम्भव है कि ये झगड़े कभी-कभी वैवाहिक सन्धियों से निपटाए जाते हों।

ईश्वरवर्मा (Iswar Varma)—आदित्यवर्मा के पश्चात् उसका पुत्र ईश्वरवर्मा राजा बना। उसने 554 ई० से पहले ही राज्य किया होगा क्योंकि यह ईशानवर्मा की पूर्वतम ज्ञात तिथि है। जौनपुर शिलालेख में कई महत्त्वपूर्ण बातें बताई गई हैं। उसमें कहा गया हैकि "धारा नगर से आयी आग की एक चिनगारी को ईश्वरवर्मा ने सुगमता से बुझा दिया।" इसमें मालवा के राजा यशोवर्मन की पराजय का उल्लेख है जिसने अपनी राजधानी शायद मन्दसौर से धारा में बदल ली थी। ये दोनों शहर एक-दूसरे के निकट हैं। प्रतीत होता है कि धारा का शासक ही आक्रान्ता था। उसी अभिलेख में बताया गया है कि "भय के कारण आन्ध्रों के शासक ने विन्ध्य पर्वत की घाटियों में शरण ली।" इससे ज्ञात होता है कि ईश्वरवर्मा ने आन्ध्रों को परास्त किया जिन्होंने विन्ध्य पर्वत पार करके उत्तरी भारत पर आक्रमण करने की चेष्टा की थी। उसी अभिलेख से ज्ञात होता है कि ईश्वरवर्मा ने एक और राजा को भा परास्त किया जो "रैवतक (Raivataka) पहाड़ की और चला गया।" इससे ज्ञात होता है कि सौराष्ट्र या काठियावाड़ से आने वाले एक आक्रमणकारी को ईश्वरवर्मा ने परास्त किया।

असीरगढ़ अभिलेख से ज्ञात होता है कि देवी उपगुप्ता का विवाह ईश्वरवर्मा से हुआ था। प्रतीत होता है कि वह स्त्री मगध के गुप्त वंश की राजकुमारी थी। हराह अभिलेख से ज्ञात होता है कि ईश्वरवर्मा दयावान, करुणामय, सदाचारी, महत्त्वाकाँक्षी, आत्मनिर्भर, सत्यवक्ता और परम दानी था।

ईशानवर्मा (Ishana Varma)—ईश्वरवर्मा के पश्चात् उसका पुत्र ईशानवर्मा शासक बना। मौखरी वंश का वह पहला राजा था जिसने 'महाराजाधिराज' की उपाधि धारण की। हराह अभिलेख में दिए गए उसके कार्यों से स्पष्ट है कि यह उपाधि केवल दिखावा मात्र नहीं थी। उसने आन्ध्रों, शूलिकों और गौड़ों पर विजय प्राप्त की। इस प्रकार मौखरी वंश उत्तरकालीन गुप्त वंश का प्रतिद्वन्द्वी बन गया। यह स्थिति कई पीढ़ियों तक चलती रहा और अन्त में ग्रहवर्मा के समय में मौखरी शासन की समाप्ति हो गई। ग्रहवर्मा सम्राट् हर्षवर्धन का बहनोई था। ईशानवर्मा के समय में मौखरी वंश अपनी शक्ति के शिखर पर पहुँच गया। ऐसा माना जाता है कि शूलिक चालुक्य थे और उन पर ईशानवर्मा की विजय मौखरियों के इतिहास में एक महत्त्वपूर्ण चिन्ह है। हमें बताया गया है कि चालुक्यों का कोल्लीपक्काई नगर शूलि द्वारा घिरा हुआ था। चालुक्यों, आन्ध्रों और गौड़ों पर ईशानवर्मा की विजय से उसने 'महाराजाधिराज' उपाधि अर्जित की।

ईशानवर्मा के राज्य का विस्तार निश्चित करना सम्भव नहीं है। उसके सिक्कों तथा अभिलेखों के प्राप्ति स्थानों से ज्ञात होता है कि उसका राज्य वर्त्तमान उत्तर प्रदेश में था। इसमें मगध के कुछ भाग भी सम्मिलित थे। यह कहा गया है कि असीरगढ़ "दक्षिण में मौखरियों का सीमा-स्थान था।" श्री अरावमुथन का विचार है कि "असीरगढ़ मौखरियों के हाथ में पड़ गया" क्योंकि "अन्य किसी सुझाव से स्पष्ट नहीं होता कि सर्ववर्मा की मुहर वहाँ कैसे पहुँच गई।" किन्तु कहा गया है कि ताम्र-पत्रों तथा मुहरों को आसानी से एक स्थान से दूसरे स्थान तक ले जाया जा सकता है। यह भी अनिश्चित है कि यह मुहर वास्तव में ही असीरगढ़ में पाई गई या नहीं। यह बताया जाता है कि ईशानवर्मा के अधीन मौखरी राज्य सतलुज तक फैला हुआ था। किन्तु इस मत के पक्ष में कोई स्पष्ट प्रमाण नहीं है।

सर्ववर्मा और अवन्तिवर्मा—ईशानवर्मा, सर्ववर्मा और अवन्तिवर्मा के कई सिक्के मिले हैं जिन पर तिथियाँ भी दी गई हैं। किन्तु उनके अंक निश्चित नहीं हैं। विभिन्न विद्वानों ने अपने-अपने विचार प्रस्तुत किए हैं। डॉ० आर०सी० मजूमदार का विचार है कि ईशानवर्मा ने लगभग 558 ई० तक, सर्ववर्मा ने 576 से 580 तक और अवन्तिवर्मा ने लगभग 580 से 600 ई० तक राज्य किया।

ग्रहवर्मा (Graha Varma)—अवन्तिवर्मा के उत्तराधिकारी के विषय में कोई निश्चित जानकारी नहीं है। ''हर्षचरित'' में कहा गया है कि ग्रहवर्मा अवन्तिवर्मा का ज्येष्ठ पुत्र था और उसने प्रभाकरवर्धन की पुत्री को विवाह में प्राप्त करने की चेष्टा की। डॉ० मजूमदार का विचार है कि ग्रहवर्मा अवन्तिवर्मा के पश्चात् शासक बना और बाद में उसने राजश्री से विवाह किया।

नालन्दा मुहर से ज्ञात होता है कि ग्रहवर्मा अवन्तिवर्मा का पुत्र तथा उत्तराधिकारी नहीं था। मुहर का अध्ययन दोषपूर्ण है और इस पर निर्भर करना सम्भव नहीं है। किन्तु यह सत्य है कि ग्रहवर्मा ने प्रभाकरवर्धन की पुत्री से विवाह कर लिया और इस घटना को ''पुष्पभूति तथा मुखर की दो गौरवपूर्ण शाखाओं का मिलन'' कहा जाता है। किन्तु ग्रहवर्मा को अधिक समय तक राज्य करने का सौभाग्य न मिला। पूर्वी मालवा के एक गुप्त शासक, सम्भवत: देवगुप्त ने गौड़ राजा शशांक की सहायता से कन्नौज पर आक्रमण किया और ग्रहवर्मा का वध कर दिया। राज्यश्री को पकड़ लिया गया और उसे बन्दी बना लिया गया। यह घटना 606 ई० में हुई।

यह सर्व-विदित है कि हर्षवर्धन कन्नौज का शासक बना। किन्तु मौखरी वंश के कुछ सदस्य छोटे-छोटे प्रदेशों में पहले हर्षवर्धन के सामन्तों के रूप में राज्य करते रहे और हर्षवर्धन की मृत्यु के पश्चात् अर्ध-स्वतन्त्र शासकों के रूप में राज्य करते रहे। एक मौखरी शासक भोगवर्मा का नाम जयदेव द्वितीय के एक अभिलेख में आता है। इस अभिलेख की तिथि 759 ई० है। बताया गया है कि भोगवर्मा मगध के आदित्यसेन का जामाता था। स्पष्ट है कि भोगवर्मा एक महत्त्वपूर्ण व्यक्ति था नहीं तो आदित्यसेन उसे अपना जामाता न बनाता।

Suggested Readings

Aravamuthan, T.G. : The Kaveri, the Kaukharis and the Sangam Age, Madras, 1925.

Basak, R.G. : History of Kanauj, 1937.

Jagan Nath : "New Light on Maukhari Geneology", Woolner Commemoration Volume, pp. 116-8.

Majumdar, R.C. (Ed.) : The Classical Age.

Pires, E. : The Maukharis, 1934.

Sankalia, H.D. : Archaeology of Gujarat, 1941.

Tripathi, R.S. : History of Kanauj, 1937.

Virjee, K.J. : Ancient History of Saurashtra, 1952.

अध्याय

38

हर्षवर्धन और उसका युग

(Harshavardhana and His Times)

जानकारी के स्रोत (Sources of Information)—हर्ष के राज्य के विषय में हमारी जानकारी "प्राचीन भारत के किसी अन्य शासक के सम्बन्ध में हमारी जानकारी से अधिक पूर्ण है।" भाग्यवश ह्यूनसाँग और बाणभट्ट की कृतियाँ हमें प्राप्त हो गई हैं। अभिलेख और मुद्रा सम्बन्धी प्रमाण उनकी पूर्ति करते हैं।

ह्यूनसाँग (Hiuen Tsang)—ह्यूनसाँग एक चीनी यात्री था जिसने 630 और 644 ई० के बीच भारत-यात्रा की। उसे "यात्रियों में राजकुमार", "नीति का पण्डित" और "वर्तमान शाक्यमुनि" कहा जाता है। उसका जन्म 600 ई० में हुआ और 664 ई० में उसकी मृत्यु हो गई। बीस वर्ष की आयु में वह भिक्षु बन गया था। 29 वर्ष की आयु में उसने "चन्द्र की भूमि" भारत की यात्रा करने का निश्चय किया। उसे पारपत्र प्राप्त नहीं हो सका था, अत: गुप्त रूप से वह अपने देश से निकल गया। ताशकन्द, समरकन्द और बलख होते हुए 630 ई० में वह गान्धार पहुँचा। वहाँ से वह कश्मीर गया जहाँ वह दो वर्ष रहा। वह पंजाब में भी आया और बुद्ध के जीवन से सम्बन्धित स्थानों, जैसे कपिलवस्तु, बनारस, गया और कुशीनगर की उसने यात्रा की। नालन्दा विश्वविद्यालय में वह काफी समय तक रहा। कामरूप के राजा कुमार और कन्नौज के हर्ष ने उसे निमन्त्रण दिया। उसने दक्षिण और पश्चिमी घाट की यात्रा की। उसने लगभग सारे देश में भ्रमण किया। 644 ई० में उसने हर्ष से स्वदेश लौट जाने की अनुमति प्राप्त कर ली। राजा उदित को उसे सीमा तक पहुँचाने के लिए नियुक्त किया गया। पामीर तथा खोतान होकर 645 ई० में ह्यूनसाँग चीन पहुँचा। मार्ग में हानि के पश्चात् भी वह बुद्ध के अवशेषों के 150 कण, सोने, चाँदी और सन्दल की बुद्ध की मूर्तियाँ तथा 657 पुस्तकों की पाण्डुलिपियाँ (manuscript) अपने साथ ले गया। शेष जीवन उसने अनुवाद करने में व्यतीत किया। उसने अपनी यात्राओं का विवरण हमें प्रदान किया जो बील (Beal) की पुस्तक पश्चिमी विश्व के बौद्ध-रिकार्ड (Buddhist Records of the Western World) में और वाटर्ज़ की पुस्तक युवान च्वांग की भारत में यात्रा (On Yuan Chwang's Travels in India) में पढ़ा जा सकता है। ह्यूनसाँग की एक जीवन-कथा उसके मित्र हईली (Hwui-li) ने लिखी। बील ने इसका अनुवाद ह्यूनसाँग का जीवन (Life of Hiuen Tsang) में किया है।

डॉ० आर०के० मुकर्जी ने ठीक ही कहा है कि ह्यूनसाँग द्वारा लिखि भारत का विवरण "इसकी व्यापक जाँच तथा विस्तार की अधिकता की दृष्टि से गजेटियर प्रतीत होता है।" सातवीं शती के पूर्वार्द्ध में भारत में जीवन के सामाजिक, राजनीतिक, आर्थिक, धार्मिक और प्रशासनीय पक्षों के विषय में यह हमें पर्याप्त जानकारी प्रदान करता है। इस ज्ञान का महत्त्व इसलिए है कि यह एक ऐसे व्यक्ति द्वारा दिया गया है जो भारत में लम्बी अवधि तक रहा, जो देश की भाषा को जानता था और जिसने वही लिखा जो उसने स्वयं अपनी आँखों से देखा है।

ह्यूनसांग

भारत के विषय में ह्यूनसांग ने इस प्रकार लिखा : ''नगरों तथा ग्रामों में अन्तःद्वार हैं; दीवारें ऊँची और मोटी हैं, मुहल्ले और गलियाँ घुमावदार हैं और सड़कें भी टेढ़ी हैं। मुख्य मार्ग गन्दे हैं और दोनों ओर की दुकानों पर उपयुक्त चिन्ह लगा दिए गए हैं। कसाई, मछियारे, नाचने वाले, जल्लाद, सफाईवाले आदि शहर से बाहर रहते हैं। आते-जाते समय ये लोग जब तक अपने घर न पहुँच जाएँ सड़क के बायीं ओर चलते हैं। उनके घर नीची दीवारों से घिरे हुए हैं और उन्हें उपनगर (suburbs) माना जाता है। धरती नरम और कीचड़ वाली है। इसलिए नगर की दीवारें ईंटों या टाइलों की बनाई जाती हैं। दीवारों के ऊपर के मीनार लकड़ी या बाँस के बनाए जाते हैं। घरों की अटारियाँ और छज्जे लकड़ी के हैं जो मिट्टी या चूने के पलस्तर तथा टाइलों से ढके हुए हैं। विभिन्न इमारतों की शक्ल चीन की इमारतों जैसी ही है। सरपत या सूखी टहनियों या टाइलों या तख्तों से उन्हें ढक दिया जाता है। दीवारें चूने या गारे से ढकी हैं और पवित्रता के लिए उसमें गोबर मिला दिया जाता है। विभिन्न ऋतुओं में वे फूल बिखेरते हैं। यह उनके कुछ रिवाज हैं। संघारामों (विहारों) का निर्माण कुशलता से किया जाता है। चारों कोणों पर तीन मँजिलों के बुर्ज बनाए जाते हैं। शहतीर और उभरे हुए सिरों पर विभिन्न आकारों में खोदकर मूर्तियाँ बनाई गई हैं। द्वारों, खिड़कियों और नीची दीवारों पर बहुत से चित्र बनाए जाते हैं। भिक्षुओं के कमरे अन्दर से सुसज्जित और बाहर से सादे हैं, इमारत के बीचों-बीच एक ऊँचा और चौड़ा हाल है। अनेक मंजिलों के सदन और बिना किसी नियम के

अलग-अलग ऊँचाई और आकार की बूर्जियाँ हैं। द्वार पूर्व की ओर खुलते हैं और राज-सिंहासन भी पूर्व की ओर मुँह किए हुए हैं। उनकी पोशाक कटी हुई या सजी हुई नहीं है; बहुधा वे उजले सफेद कपड़े पहनते हैं। रंगदार या सजे हुए कपड़ों का वे मान नहीं करते। पुरुष कमर पर अपने कपड़े बाँधते हैं और फिर उन्हें बगल के नीचे इकट्ठा करके शरीर पर बाईं ओर लटका देते हैं।''

भारत की समृद्धि से ह्यूनसांग अत्यधिक प्रभावित हुआ। वह हमें बताते हैं कि लोगों का जीवन-स्तर बहुत ऊँचा था। सोने और चाँदी दोनों के सिक्के प्रचलित थे। कौड़ियाँ और मोती भी मुद्रा के रूप में प्रचलित थे। भूमि उर्वर थी और उत्पादन बहुत अधिक था। विभिन्न प्रकार की सब्जियों तथा फलों की उपज की जाती थो। लोगों का मुख्य आहार था गेहूँ की चपातियाँ, भुने हुए दानें, चीनी, घी और दूध के पदार्थ। कुछ अवसरों पर मछली, मृग और भेड़ का माँस भी खाया जाता था। गाय तथा कुछ जंगली जानवरों का माँस पूर्णत: वर्जित था। जो व्यक्ति नियमों का उल्लंघन करता था उसे निष्कासित (excommunicated) किया जा सकता था।

ह्यूनसांग हमें बताते हैं कि कई नए नगर बन गए थे और पुराने नगर समाप्त हो रहे थे। पाटलिपुत्र अब उत्तरी भारत का प्रमुख नगर नहीं रहा था और उसका स्थान कन्नौज ने ले लिया था। ह्यूनसांग हमें बताते हैं कि कन्नौज लम्बाई में बीस ली (Li) और चौड़ाई में लगभग 5-6 ली (Li) था। उसमें सैकड़ों संघाराम और 200 हिन्दू मन्दिर थे। कन्नौज की समृद्धि उसके ''ऊँचे भवनों, सुन्दर उद्यानों, स्वच्छ जल के तालाबों और विचित्र स्थानों से एकत्रित दुर्लभ वस्तुओं के अजायबघरों'' में थी। इसके नागरिकों की लुभावनी चितवन, उनके रेशमी वस्त्रों तथा ज्ञान और कला के प्रति उनकी श्रद्धा से भी यह उतनी ही स्पष्ट है। प्रयाग एक महत्त्वपूर्ण स्थान बन चुका था। किन्तु श्रावस्ती अब नष्ट हो रहा था और कपिलवस्तु में केवल 30 भिक्षु थे। नालन्दा और वलभी जैसे स्थानों में बौद्ध धर्म का जोर था।

ह्यूनसाँग हमें बताते है कि रेशम, ऊन और सूत के कपड़े बनाने की कला अत्यन्त परिष्कृत थी। उस समय बनाए जाने वाले कई कपड़ों का उसने उल्लेख किया है। 'कौशेय' कपड़ा रेशम और सूत से बनाया जाता था। सन, जूट और भाँग से प्राप्त वस्तुओं से 'क्षौम' कपड़ा या लिनन बनाया जाता था। तीसरी प्रकार की पहनने की वस्तु थी 'कम्बल'। चौथी प्रकार की चीज थी किसी जंगली जानवर की ऊन का बना कपड़ा जो बहुत बढ़िया, मुलायम और आसानी से कातने और बुनने योग्य होता था।

ह्यूनसाँग बताते हैं कि ''राजा तथा उच्च व्यक्तियों के आभूषण असाधारण थे। कीमती पत्थर का 'तारा' और हार उनके सिर के आभूषण हैं और उनके शरीर अंगूठियों, कंगनों तथा मालाओं से सुसज्जित हैं। धनवान व्यापारी केवल कंगन पहनते हैं।'' यद्यपि लोग सादे कपड़े पहनते थे, तथापि वे आभूषणों के शौकीन प्रतीत होते थे।

औद्योगिक जीवन जातियों तथा बड़ी-बड़ी श्रेणियों तथा निगमों पर आधारित था। देश के औद्योगिक जीवन में ब्राह्मणों का कोई भाग नहीं था। खेती का काम शूद्र के हाथों में था।

ह्यूनसाँग हमें बताते हैं कि जाति-प्रथा ने हिन्दू समाज को जकड़ रखा था। ब्राह्मण धर्म-कर्म करते थे। क्षत्रिय शासक वर्ग थे। राजा प्राय: क्षत्रिय होते थे। वैश्य व्यापारी तथा वणिक् थे। शूद्र खेती तथा परिचर्या का कार्य करते थे। ह्यूनसाँग के शब्दों में, क्षत्रिय और ब्राह्मण अपनी पोशाक आदि की दृष्टि से साफ हैं और वे घरेलू और समृद्ध जीवन व्यतीत करते हैं। धनी व्यापारी सोने की वस्तुओं का व्यापार करते हैं। वे प्राय: नंगे पाँव जाते हैं, बहुत कम लोग पादुकाएँ पहनते हैं। वे अपने दाँतों पर लाल या काले निशान लगाते हैं; वे अपने बाल ऊपर बाँधते हैं और कानों में छिद्र करते हैं। शारीरिक सफाई का वे बहुत ध्यान रखते हैं। खाने से पहले वे हाथ-मुँह धो लेते हैं। जूठन वे कभी नहीं खाते। प्रयोग करने के बाद लकड़ी तथा मिट्टी के बर्तन नष्ट कर दिए जाते हैं; धातु के बर्तनों को रगड़ कर माँजा जाता है। खाने के बाद वे अपने मुँह को दातुन से साफ करते हैं और हाथ तथा मुँह धो लेते हैं। ''सर्व-साधारण लोग यद्यपि कम बुद्धि के हैं फिर भी वे सच्चे और विश्वसनीय हैं। धन के मामले में वे निष्कपट हैं और न्याय करने में वे उदार हैं। किसी अन्य योनि में जन्म लेने से वे बहुत डरते हैं ओर इस संसार की वस्तुओं को वे अधिक महत्त्व नहीं देते। अपने आचरण में वे धोखेबाज या द्रोही नहीं हैं और उनके प्रशासनीय नियमों में विशिष्ट शुद्धि है। व्यवहार में वे सर्वथा स्पष्ट और न्यायसंगत एवं बहुत सदाचारी और शीलवान हैं।''

ह्यूनसाँग हमें बताता है कि अन्तर्जातीय विवाह नहीं होते थे। एक ही जाति के विभिन्न वर्गों में भी विवाह सीमित थे। भोजन तथा विवाह की दृष्टि से विभिन्न जातियों में कुछ नियन्त्रण थे लेकिन उनमें सामाजिक आचार-व्यवहार के मार्ग में ये नियन्त्रण बाधक नहीं थे।

ह्यूनसाँग ने भारतीयों के भोजन की शुद्धता की और विशेष ध्यान दिया। प्याज और लहसन बहुत कम प्रयोग होते थे। उन्हें खाने वालों को समाज से निष्कासित कर दिया जाता था। विधवा विवाह की प्रथा नहीं थी। उच्च वर्गों में तो पर्दे की प्रथा नहीं होती थी। हमें बताया गया है कि ह्यूनसाँग के उपदेश सुनते समय राज्यश्री पर्दा नहीं करती थी। सती-प्रथा प्रचलित थी। रानी यशोमति अपने पति प्रभाकरवर्धन के साथ ही सती हो गई। राज्यश्री भी सती होने ही वाली थी और उसकी जीवन-रक्षा बड़ी कठिनाई से की गई।

ह्यूनसाँग लिखता है कि अनुशासन बौद्ध धर्म ग्रन्थों के नियमों के अनुकूल ही था। उसका उल्लंघन करने पर कड़ा दण्ड दिया जाता था। ह्यूनसाँग के शब्दों में, "ऐश्वर्य के पीछे भागना सांसारिक जीवन का लक्षण है और ज्ञान की खोज धार्मिक जीवन का लक्षण है। धर्म को अपनाने के बाद धर्म-निरपेक्ष जीवन में आना अपमानजनक समझा जाता है। समाज के नियम को तोड़ने वाले की खुलेआम भर्त्सना की जाती है। छोटे से दोष के लिए उसे मौन धारण करने के लिए बाध्य किया जाता है; बड़े दोष के लिए उसे निष्कासित किया जाता है। जिन्हें इस प्रकार जीवन-पर्यन्त निष्कासित किया जाता है, वे निराश्रय सड़कों पर फिरते हैं; कभी-कभी वे अपना पुराना व्यवसाय फिर शुरू कर देते हैं।"

शिक्षा धार्मिक थी और उसे विहारों के माध्यम से प्रसारित किया जाता था। धार्मिक पुस्तकें लिखी हुई थीं। किन्तु वेदों को मौखिक रूप से प्रचलित रखा गया था और उन्हें कागज या पत्तों पर नहीं लिखा जाता था। उस समय प्रचलित लिपि को ब्राह्मी कहा जाता था जो ब्रह्मा के मुख से निःसृत मानी जाती थी। संस्कृत विद्वान वर्ग की भाषा थी। संस्कृत व्याकरण को विधिवत् नियमों से जकड़ दिया गया था। एक व्यक्ति की शिक्षा नौ वर्ष की आयु से तीस वर्ष की आयु तक चलती थी। "जब शिष्य तीस वर्ष के हो जाते हैं तो उनकी बुद्धि परिपक्व होने पर तथा शिक्षा सम्पूर्ण होने पर वे अपने-अपने कार्य में जुट जाते हैं और सबसे पहले वे अपने अध्यापकों की कृपा के लिए उन्हें दक्षिणा देते हैं।" ह्यूनसाँग लिखते हैं कि भारत में कई लोग ऐसे थे जो सारा जीवन अध्ययन में व्यतीत करते थे। उसने नालन्दा विश्वविद्यालय का विस्तृत वर्णन किया है। उसने विभिन्न विषयों पर वाद-विवाद के ढंग का भी उल्लेख किया है। ह्यूनसाँग ने लिखा है, "जब किसी व्यक्ति की कीर्ति सर्व-प्रसिद्ध हो जाती है तो वह एक विचार-गोष्ठी का आयोजन करता है। गोष्ठी में भाग लेने वालों की योग्यता का वह अनुमान लगाता है और यदि उनमें से कोई अपनी परिष्कृत भाषा, सूक्ष्म खोज, गहन चिन्तन औ अकाट्य तर्क से विशिष्टता प्राप्त कर ले तो बहुमूल्य आभूषणों से सज्जित हाथी पर बैठा कर उसके प्रशंसक उसे विहार के द्वार पर ले जाते हैं। इसके विपरीत यदि एक व्यक्ति वाद-विवाद में हार जाए या अश्लील वाक्य प्रयुक्त करे या तर्क के नियमों का उल्लंघन करे तो उसके ऊपर कीचड़ लगा कर उसे खाई में फेंक दिया जाता है।" ह्यूनसाँग हमें बताते हैं कि एक बार लोकात्य समुदाय के एक आचार्य ने चालीस सिद्धान्त लिखे और नालन्दा विश्वविद्यालय के द्वार पर इस सूचना के साथ उन्हें लटका दिया : "यदि कोई व्यक्ति इन सिद्धान्तों को गलत सिद्ध कर दे तो उसकी विजय के उपलक्ष्य में मैं उसे अपना सिर दूँगा।" ह्यूनसाँग ने इस चुनौती को स्वीकार किया और उस व्यक्ति को एक सार्वजनिक वाद-विवाद में हरा दिया। किन्तु ह्यूनसाँग ने उसे क्षमा कर दिया और वह ह्यूनसाँग का शिष्य बन गया।

शासन-प्रणाली के विषय में ह्यूनसाँग ने इस प्रकार कहा है : "शासन-पद्धति हितकारी सिद्धान्तों पर आधारित है। इसलिए कार्यकारिणी सरल है। परिवारों को पंजीयित नहीं किया जाता। लोगों को अनिवार्य परिश्रम नहीं करना पड़ता। राजभूमि चार भागों में बाँटी गई है। पहला भाग राज्य-कार्य चलाने के लिए है। दूसरा भाग मन्त्रियों तथा कर्मचारियों को वेतन देने के लिए है। तीसरा भाग प्रवीण व्यक्तियों को पुरस्कार देने के लिए है। चौथा भाग धार्मिक सम्प्रदायों को दान देने के लिए है। इस प्रकार लोगों को कर बहुत कम देने पड़ते हैं और उनसे ली गई सेवाएँ हल्की हैं। प्रत्येक व्यक्ति अपनी वस्तुओं को शान्तिपूर्वक अपने पास रखता है और निर्वाह के लिए सभी खेती करते हैं। जो राज-भूमि पर खेती करते हैं वे उत्पादन का छठा भाग शुल्क के रूप में देते हैं। व्यापार करने वाले व्यक्ति अपने व्यवसाय के कारण इधर-उधर यात्रा करते हैं। थोड़ा-सा धन देने पर नदियाँ और चौकियाँ यात्रियों के लिए खोल दी जाती हैं। सार्वजनिक कार्यों के लिए श्रम

की आवश्यकता होने पर श्रमिकों को लगाया जाता है लेकिन उन्हें इसके लिए पारिश्रमिक दिया जाता है। पारिश्रमिक किए गए काम के अनुपात से ही दिया जाता है।''

ह्यूनसाँग फिर कहता है : ''अपराधी और विद्रोही संख्या में कम हैं और वे केवल कभी-कभी कष्टप्रद होते हैं। यदि नियमों को तोड़ा जाए या शासक की शक्ति का उल्लंघन किया जाए तो अपराधी की खोज की जाती है और अपराधी को दण्ड दिया जाता है। शारीरिक दण्ड नहीं दिया जाता; उन्हें केवल जीने और मरने के लिए छोड़ दिया जाता है और उन्हें मनुष्यों में नहीं गिना जाता। जब नैतिकता या न्याय के नियमों का उल्लंघन किया जाता है, या पुरुष अपनी पितृ-भक्ति में दोषी या बेईमान है तो उसके कान और नाक काट दिए जाते हैं और उसे मृत्यु तक जंगलों में घूमने के लिए नगर से निकाल दिया जाता है। इनके अतिरिक्त अन्य अपराधों में दण्ड के स्थान पर हल्का जुर्माना लिया जाता है। अपराध की खोज करते समय दोष-स्वीकृति का प्रमाण प्राप्त करने के लिए बल-प्रयोग नहीं किया जाता। अभियुक्त से प्रश्नोत्तर के समय यदि वह साफ-साफ उत्तर दे तो उसका दण्ड घटा दिया जाता है लेकिन यदि वह हठपूर्वक अपराध को स्वीकार न करे तो सत्य की गहराई तक पहुँचने के लिए परीक्षा को प्रयुक्त किया जाता है।''

ह्यूनसाँग बतलाते हैं कि प्रशासनीय कर्त्तव्यों की पूर्ति में हर्ष अथक था। अपने राज्य का निरीक्षण करने के लिए वह वर्ष का अधिकांश भाग यात्रा में व्यतीत करता था। इस प्रकार उसने अपने मन्त्रियों तथा सामन्तों के लिए उदाहरण स्थापित किया। ह्यूनसाँग बताता हैं कि ''राजा अपने समस्त राज्य की निरीक्षण-यात्रा करता था और किसी भी स्थान पर अधिक समय न रह कर अपने विश्राम के विभिन्न स्थानों पर अस्थायी इमारतें बनवाता था।''दिन उसके लिए बहुत छोटा था। उसे तीन भागों में बाँटा गया था जिनमें से एक राज्य-कार्य के लिए और दो धर्म-कर्म के लिए निर्धारित थे। वह अथक परिश्रम करता था और सत्कार्यों में वह भूख और नींद भी भूल जाता था।''

ह्यूनसाँग हमें बताता हैं कि राज्य के सभी कार्यों का रिकार्ड रखा जाता था। सार्वजनिक विपत्ति और भाग्य के महत्त्वपूर्ण कार्यों का विस्तृत विवरण दिया जाता था। हर्ष ने रिकार्ड तथा पुरालेखों का एक अलग विभाग खोल दिया था।

सेना के विषय में ह्यूनसाँग बताते हैं कि हर्ष ने एक बहुत बड़ी सेना रखी हुई थी। उसमें पैदल सैनिकों की संख्या 50,000 थी। घुड़सेना में एक लाख घुड़सवार थे। हाथियों की संख्या लगभग 60,000 थी। युद्ध के रथ सेना का महत्त्वपूर्ण अंग नहीं थे। ह्यूनसाँग ने सेना की विभिन्न शाखाओं की सामग्री (equipment) का विस्तृत वर्णन किया है। वह यह भी बताते हैं कि सेना सीमाओं की रक्षा करती थी और अराजकता का दमन करती थी। सेना रात्रि में राजमहल के चारों ओर पहरा देती थी। सैनिकों को आवश्यकतानुसार भर्ती किया जाता था। उन्हें निश्चित वेतन का आश्वासन दिया जाता था और भर्ती खुले-आम की जाती थी।

बाण-कृत ''हर्षचरित'' (Bana's Harshacharita)—हर्ष के राज्य के इतिहास का एक और स्रोत बाण-कृत ''हर्षचरित'' है। बाण ब्राह्मण और हर्ष का दरबारी कवि था। ''हर्षचरित'' वास्तव में हर्ष के राज्य का ही इतिहास है। इसका पहला अध्याय स्वयं लेखक के जीवन और परिवार से सम्बन्धित है। दूसरे, तीसरे और चौथे अध्यायों में हर्ष के पूर्वजों तथा थानेसर के राजवंश के इतिहास का वर्णन है। पाँचवें और छठे अध्यायों में हर्ष के युद्धों तथा विजयों का वर्णन है। अन्तिम अध्याय में विन्ध्य वनों में रहने वाले विभिन्न धार्मिक सम्प्रदायों का विवरण है। ''हर्षचरित'' के अध्ययन से हर्ष के समय के लोगों के धार्मिक, आर्थिक तथा राजनीतिक जीवन का पता चलता है। यह ठीक है कि कहीं-कहीं अपने स्वामी की प्रशंसा में बाण ने अतिशयोक्ति कर दी है किन्तु इससे इन्कार नहीं किया जा सकता कि यह पुस्तक लाभदायक ज़ानकारी प्रदान करती है। कॉवेल एण्ड थॉमस ने ''हर्षचरित'' का अंग्रेज़ी में अनुवाद किया है। उसने लिखा है : ''दरबार, शिविर, शान्त ग्राम और उससे भी अधिक शान्त विहार तथा आश्रम, ब्राह्मणों के या बौद्धों के, सभी को एक ही रंग में चित्रित किया गया है और उसकी (बाण की) कृति चीनी यात्री के विवरण की प्रत्येक चरण पर पुष्टि और पूर्ति करती है। यह पुस्तक प्रत्येक प्रकार के संस्कृत ज्ञान से परिपूर्ण है।''

इनके अतिरिक्त हर्ष के राज्य के इतिहास के अन्य स्रोत भी हैं। हर्ष के राज्य के बहुत से अभिलेख भाग्यवश प्राप्त हुए हैं। 631 ई० का मधुबन पत्र अभिलेख चार पीढ़ियों तक हर्ष की वंशावली बताता है। सोनीपत अभिलेख हर्ष के राज्य के कालानुक्रम की कठिनाइयों को सुलझाने में सहायक है। 628 ई० के बांसखेड़ा अभिलेख से हर्ष के हस्ताक्षर की प्रतिलिपि प्राप्त हुई है। इससे ज्ञात होता है कि हर्ष एक कुशल लेख-विशारद था।

कहा जाता है कि ''रत्नावलि'', ''नागानन्द'' और ''प्रियदर्शिका'' नाटक स्वयं हर्ष ने ही लिखे थे। ''रत्नावलि'' और ''प्रियदर्शिका'' प्रेम तथा दरबार के षड्यन्त्रों से सम्बन्धित हैं। उन्हें हर्ष के सुखान्त नाटक (comedies of Harsha) कहा गया है। ''नागानन्द'' में हर्ष की दानवीरता और उदारता का चित्रण है।

हर्ष के पूर्वज (Harsha's Ancestors)—हर्ष के पूर्वज स्थानीश्वर राज्य में शासन करते थे जो पूर्वी पंजाब में वर्त्तमान थानेसर है। किन्तु इस राज्य की उत्पत्ति का प्रश्न रहस्यपूर्ण है। बाण मानता है कि इस राज्य का संस्थापक पुष्पभूति था। किन्तु उसने पुष्पभूति के उत्तराधिकारियों का उल्लेख न करके सीधे प्रभाकरवर्धन का विवरण आरम्भ किया है। किन्तु राजकीय मुहरें और अभिलेख कुछ अन्य शासकों के नाम प्रधान करते हैं, यथा महाराज नरवर्धन, महाराज राज्यवर्धन, महाराज आदित्यवर्धन और परमभट्टारक महाराजाधिराज प्रभाकरवर्धन। राज्यवर्धन का विवाह यशोमतिदेवी से हुआ था। उसके तीन पुत्र तथा एक पुत्री थी। पुत्रों के नाम थे राज्यवर्धन, हर्षवर्धन और कृष्ण तथा पुत्री का नाम था राज्यश्री।

यह उल्लेखनीय है कि नरवर्धन, राज्यवर्धन और आदित्यवर्धन को तो केवल 'महाराज' ही कहा गया है किन्तु प्रभाकरवर्धन को 'महाराजाधिराज' के साथ 'परमभट्टारक' भी कहा गया है। प्रभाकरवर्धन से पहले तीन शासकों की स्थिति के विषय में कुछ निश्चित जानकारी नहीं है। ये शासक लगभग 500 और 580 ई० के बीच जीवित रहे और सम्भवत: सामन्त थे। जो हुणों अथवा गुप्त शासकों की या अलग-अलग समय पर दोनों की प्रभुता स्वीकार करते थे। यह भी सम्भव है कि उन्होंने मौखरियों की प्रभुता को मान्यता दी हो।

बाण ने एक अध्याय से भी अधिक स्थान प्रभाकरवर्धन के लिए दिया है। लेकिन बाण ने ऐतिहासिक दृष्टि से लाभप्रद जानकारी केवल यही दी है कि प्रभाकरवर्धन ''हूण रूपी हिरण के लिए शेर था। सिन्धु के राजा के लिए निरन्तर चढ़ता हुआ बुखार था, गुर्जर राजा की बकरी के लिए कष्टदायक था, सुरक्षित हाथी रूप गान्धार के स्वामी के लिए एक विपत्ति था, लाट वंश की कीर्ति का नाशक था और स्वयं मालव की भाग्य-देवी के लिए परशु (axe) है।'' बाण ने जिस प्रकार यह जानकारी दी है उससे स्पष्ट नहीं है कि प्रभाकरवर्धन ने वस्तुत: उन शक्तियों को पराजित किया या नहीं। किन्तु हमें ज्ञात है कि मृत्यु से पहले प्रभाकरवर्धन ने अपने पुत्र राज्यवर्धन के नेतृत्व में हूणों के विरुद्ध उत्तरापथ की ओर एक सैनिक अभियान भेजा। किन्तु इस अभियान के परिणाम से हम परिचित नहीं हैं क्योंकि पिता की बीमारी के कारण राज यवर्धन को वापस राजधानी में बुला लिया गया था। प्रतीत होता है कि हूण राज्य उत्तरी पंजाब के किसी प्रदेश में स्थित था लेकिन हर्ष और हूणों के पारस्परिक सम्बन्धों का हमें ज्ञान नहीं है।

डॉ० आर०सी० मजूमदार बताते हैं कि बाण द्वारा बताई गई शत्रु शक्तियों को पड़ोसी राज्यों के दो भागों में बाँटा जा सकता है। पहले भाग में उत्तर तथा पश्चिम की ओर हूण, गान्धार और सिन्धु हैं, और दूसरे भाग में दक्षिण की ओर लाट, मालव और गुर्जर हैं। डॉ० मजूमदार के विचार में यह मानना कठिन है कि प्रभाकरवर्धन इन सभी राज्यों पर, विशेषत: सिन्धु और लाट पर, सीधा आक्रमण कर सकता था। सम्भव है कि प्रभाकरवर्धन ने शत्रु शक्तियों के दो संघों से युद्ध किया हो, या सम्भवत: उनके साथ उसके सम्बन्ध शत्रुतापूर्ण थे। राज्यवर्धन ने लगभग 580 से 605 ई० तक राज्य किया।

बताया गया है कि राज्यवर्धन और हर्षवर्धन को हूणों के विरुद्ध एक अभियान के साथ भेजा गया था। किन्तु हूणों का दमन करने से पहले ही राज्यवर्धन को प्रभाकरवर्धन की बीमारी के कारण वापस थानेश्वर लौटना पड़ा। उसके पिता की मृत्यु हो चुकी थी और उसकी माता सरस्वती के तट पर सती हो गई थी। राज्यवर्धन इतना दु:खी हो गया कि उसने हर्षवर्धन के पक्ष में सिंहासन छोड़ने का निश्चय किया। किन्तु हर्षवर्धन भी सिंहासन स्वीकार करने को उद्यत न था। अत: राज्यवर्धन को समाचार मिला कि राज्यश्री के पति, कन्नौज के राजा ग्रहवर्मा का मालव के राजा देवगुप्त ने वध कर दिया है। उसने यह भी सुना कि राज्यश्री को बन्दी बना लिया गया है। राज्यवर्धन इसे सहन न कर सका। अपने छोटे भाई हर्षवर्धन को राजधानी में छोड़ कर उसने देवगुप्त के विरुद्ध 10,000 अश्वारोहियों के साथ प्रस्थान किया। उसने सुगमता से मालव की सेनाओं को खदेड़ दिया किन्तु ''गौड़ के राजा के झूठे वचनों के कारण वह स्वयं उसके झाँसे में आ गया और उसी के द्वारा मार डाला गया।''

राज्यवर्धन की मृत्यु का समाचार मिलने के समय हर्षवर्धन केवल सोलह वर्ष का था। वह सिंहासन पर नहीं बैठना चाहता था। किन्तु मन्त्रियों के परामर्श से उसने उनकी बात मान ली। इस प्रकार 606 ई० में वह थानेसर का राजा बना।

हर्षवर्धन का सबसे पहला कर्त्तव्य अपनी विधवा बहन राज्यश्री का पता लगाना था। उसे समाचार मिला कि राज्यश्री कारागार से छूट गई थी और विन्ध्य वनों में पहुँच गई थी। व्याघ्रकेतु, भूकम्प और नोर्घट जैसे पहाड़ी शासकों तथा आचार्य दिवाकरमित्र और उसके शिष्यों की सहायता से हर्षवर्धन राज्यश्री को, जो स्वयं चिता में कूद कर जलने ही वाली थी, ढूँढ़ने में सफल हो गया।

हर्ष के सैनिक अभियान (Military Campaigns of Harsha)—हर्ष वीर योद्धा और विजेता था। अत: इसमें कोई आश्चर्य नहीं कि उसने कई शक्तियों से लोहा लिया। किन्तु दुर्भाग्यवश उसके युद्धों के विषय में अधिक सुनिश्चित जानकारी प्राप्त नहीं हुई है। उसके सम्बन्ध में विद्वानों में बहुत मतभेद है।

शशाँक (Sasanka)—बंगाल या गौड़ का राजा शशाँक हर्ष का समकालीन था। जब मालव के राजा देवगुप्त ने कन्नौज के ग्रहवर्मा की शक्ति को नष्ट किया तो शशाँक उसका मित्र था। जब राज्यवर्धन ने देवगुप्त को परास्त किया तो शशाँक ने उसे अपने शिविर में बुला कर उसका वध कर दिया। अत: हर्ष ने शशाँक को खत्म करने की ठान ली। बाण ने ''हर्षचरित'' में कहा है कि हर्ष की 'दिग्विजय' गौड़ के राजा (जिसे ''गौड़ों में सर्वाधिक निकृष्ट'' और ''अधम गौड़ सर्प'' कहा गया है) के विरुद्ध युद्ध की विस्तृत तैयारियों से आरम्भ हुई। किन्तु बाण ने हर्ष और शशाँक के बीच युद्ध का कोई विवरण नहीं दिया है। ह्यूनसाँग के विवरण भी इस सम्बन्ध में सहायक नहीं हैं। उसने केवल यही कहा है कि शशाँक बौद्ध धर्म के प्रति हिंसक था। कुशीनगर और वाराणसी के बीच के सभी बौद्ध विहारों का उसने विध्वंस कर दिया। पाटलिपुत्र में बुद्ध के पद-चिन्हों से अंकित पत्थरों को उसने गंगा में फेंक दिया। गया के बोधि वृक्ष को उसने काट डाला। बुद्ध की मूर्ति के स्थान पर उसने शिव की मूर्ति स्थापित की। ह्यूनसाँग बताते हैं कि 637 ई० में जब उसने बोधि वृक्ष देखा तो शशाँक की मृत्यु उसी समय ही हुई थी।

शशाँक की मृत्यु का वर्ष ज्ञात नहीं है। उसकी अन्तिम ज्ञात तिथि 619 ई० है। उसकी मृत्यु 637 ई० से कुछ समय पहले ही हुई होगी क्योंकि ह्यूनसाँग ने इसे हाल की घटना बताया है। प्रो० एo डी० बैनर्जी का विचार था कि शशाँक को हर्ष ने पराजित किया और उसका राज्य भी अपने राज्य में मिला लिया। किन्तु डॉ० आर०सी० मजूमदार को यह विचार मान्य नहीं है। उनका विचार है कि शशाँक के विरुद्ध हर्ष सफलता प्राप्त नहीं कर सकता था। सम्भवत: उसकी मृत्यु के पश्चात् ही हर्ष ने मगध को विजित किया और कोंगोड़ तक अपनी विजय-पताका फहराई ताकि शशाँक के राज्य में सम्मिलित सभी प्रदेशों पर वह अधिकार कर सके। सम्भवत: उसने पश्चिमी बंगाल को भी विजित किया जो मगध और उड़ीसा के बीच पड़ता था। यह सब हर्ष के सिंहासनारोहण से तीस से भी अधिक वर्ष पश्चात् हुआ।

''मंजूश्रीमूलकल्प'' के एक सन्दर्भ में कहा गया है कि हर्ष ने शशाँक की राजधानी पुण्ड्र पर आक्रमण करके उसे परास्त किया और उसे राज्य से बाहर जाने से मना कर दिया। यदि यह कथन स्वीकार कर लिया जाए तो भी हर्ष के प्रथम अभियान का कोई स्थायी परिणाम न निकला। हर्ष के लौट जाने पर शशाँक ने फिर मगध पर अधिकार कर लिया। यह सुनिश्चित है कि 619 ई० में शशाँक का राज्य बंगाल, दक्षिण बिहार और उड़ीसा में फैला हुआ था और उसने अपनी सभी उपाधियाँ धारण की हुई थीं। इससे ज्ञात होता है कि शशाँक के विरुद्ध हर्ष के प्राथमिक प्रयत्न सफल न हुए।

बाण ने ''शशाँक मण्डल'' शब्द का प्रयोग किया है जिसमें शशाँक अपनी पूरी शोभा से दीप्तिमान था। इसमें पूरा बंगाल और बिहार तथा उड़ीसा के कुछ भाग सम्मिलित रहे होंगे। पूर्व में भास्कर स्वामी के अधीन कामरूप तथा पश्चिम में ग्रहवर्मा के अधीन कन्नौज की स्वतन्त्रता को इससे काफी खतरा था। इससे ज्ञात होता है कि कामरूप का राजा शशाँक के विरुद्ध हर्ष का मित्र क्यों बन गया।

यह सुझाव दिया गया है कि शशाँक आरम्भ में साधारण सरदार नेता था। रोहतासगढ़ मुद्रा में उसे महासामन्त शशाँकदेव कहा गया है। 605-6 ई० पूर्व में वह शक्तिशाली शासक बन गया था। उसे कर्णसुवर्ण का स्वामी कहा गया है। उसका प्रभाव-क्षेत्र काफी विस्तृत रहा होगा और उसकी शक्ति उसके पड़ोसियों के लिए भय का कारण रही होगी। शशाँक सम्भवत: शिव का अनुयायी था। वह ब्राह्मण धर्म का पक्षपाती था। बौद्ध धर्म का वह पक्का शत्रु था। बौद्ध धर्म के विरुद्ध उसके कार्यों का उल्लेख ऊपर किया जा चुका है। उसने सोने के सिक्के चलाए और उन पर अपनी उपाधि **'श्री शशाँक'**

अंकित की। उनके एक ओर शिव अपने बैल नन्दी के ऊपर लेटा हुआ है और उसके पीछे अर्ध-चन्द्र तथा मुद्रालेख शशाँक है। सिक्कों के दूसरी ओर कमल के ऊपर खड़ी लक्ष्मी का चित्र है।

कामरूप (Kamarupa)—यह कहना कठिन है कि हर्ष ने कभी बंगाल के उस भाग पर अधिकार किया था जो भागीरथी के पूर्व की ओर या पद्मा नदी के उत्तर की ओर था। किन्तु यह निश्चित है कि कुछ समय तक भास्करवर्मा, कामरूप का राजा, इस क्षेत्र का शासक था। सम्भव है कि हर्ष ने शशाँक के साथ युद्ध में भास्करवर्मा से जो सहायता प्राप्त की उसके लिए उसने यह प्रदेश पुरस्कारस्वरूप दिया हो। यह भी सम्भव है कि हर्ष कुछ समय तक बंगाल का स्वामी रहा हो और भास्करवर्मा ने यह प्रदेश हर्ष की मृत्यु के पश्चात् प्राप्त किया हो।

पुलकेशिन् द्वितीय से युद्ध (War with Pulkesin II)—हर्ष और पुलकेशिन् द्वितीय के युद्ध को अधिक महत्त्व प्रदान किया गया है। ह्यूनसाँग हमें बताते हैं कि हर्ष अपनी सेना के साथ पुलकेशिन् द्वितीय से युद्ध करने गया। प्रस्थान करने से पहले उसने पाँचों प्रदेशों से सेनाएँ एकत्र कीं और योग्यतम सेनानी बुलाए। किन्तु वह पुलकेशिन् द्वितीय को परास्त करने में सफल न हुआ। पुलकेशिन् द्वितीय के उत्तराधिकारियों ने हर्ष पर इस विजय को अत्यन्त महत्त्वशाली माना और उन्होंने इसमें गर्व अनुभव किया। "उत्तर के सभी प्रदेशों के युद्ध-प्रिय शासक हर्षवर्धन को पराजित करके" पुलकेशिन् द्वितीय ने "परमेश्वर" उपाधि अर्जित की। 634 ई० के ऐहोल अभिलेख में कवि रविकीर्ति ने कहा है कि "पुलकेशिन् ने असंख्य सामन्तों द्वारा श्रद्धाञ्जलि प्राप्त हर्ष के बड़े-बड़े हाथियों को युद्ध में मारने के बाद उसका हर्ष भय में बदल दिया।" इस अभिलेख से यह संकेत भी मिलता है कि युद्ध विन्ध्य तथा रेवा (नर्मदा) के बीच हुआ। अन्य अनेक अभिलेखों में पुलकेशिन् द्वितीय को समस्त उत्तरी भारत के स्वामी श्री हर्ष का विजेता कहा गया है। एक अभिलेख में पुलकेशिन् द्वितीय को "उत्तरी प्रदेश के स्वामी हर्षवर्धन से युद्ध में विजयपताका" छीनने वाला कहा गया है।

डॉ० वी०ए० स्मिथ का विचार था कि पुलकेशिन् द्वितीय ने "नर्मदा के दर्रों को इतनी अच्छी तरह से सुरक्षित रखा कि हर्ष को अपमानित होकर वापस लौटना पड़ा और उस नदी को सीमा स्वीकार करना पड़ा।" डॉ० आर०सी० मजूमदार बताते हैं कि लाटों, मालवों तथा गुर्जरों को पुलकेशिन् द्वितीय का सामन्त कहा गया है और उसका कोई प्रमाण नहीं है कि उन्होंने हर्ष के सामने समर्पण किया। ह्यूनसाँग ने भी मालवा तथा बुन्देलखण्ड के स्वतन्त्र क्षेत्रों का उल्लेख किया है। डॉ० मजूमदार इस निष्कर्ष पर पहुँचते हैं कि हर्ष का राज्य दक्षिण की ओर नर्मदा तक नहीं था और सम्भव है कि हर्ष और पुलकेशिन् द्वितीय का युद्ध नर्मदा से काफी उत्तर की ओर लड़ा गया था।

वलभी (Valabhi)—वलभी के सम्बन्ध में उल्लेखनीय है कि शीलादित्य प्रथम, खाराग्रह, धरसेन तृतीय, ध्रुवसेन द्वितीय, बालादित्य और धरसेन चतुर्थ हर्ष के समकालीन थे। प्रतीत होता है कि हर्ष और वलभी के राजा के बीच युद्ध हुआ। युद्ध के कारणों तथा घटनाओं से हम परिचित नहीं हैं। डॉ० आर०सी० मजूमदार ने सुझाव दिया है कि पहले तो हर्ष ने वलभी-नरेश के विरुद्ध कुछ सफलता प्राप्त की किन्तु बाद में दद्द द्वितीय (Dadda II) और सम्भवत: कुछ अन्य मित्रों की सहायता से वलभी के पक्ष में स्थिति में सुधार हुआ। डॉ० मजूमदार को यह विचार मान्य नहीं है कि हर्ष ने वलभी को विजित किया और वहाँ के राजा को अपना अधीनस्थ सामन्त बनाया। भड़ौंच के दद्द द्वितीय ने वलभी के राजा की सहायता करके हर्ष से शत्रुता मोल ले ली।

सिन्ध (Sindh)—बाण ने कहा है कि हर्ष ने "सिन्धु के राजा को नष्ट किया और उसकी सम्पत्ति को हस्तगत कर लिया।" यह सर्व-विदित है कि सिन्ध प्रभाकरवर्धन के विरुद्ध था और सम्भव है कि हर्ष ने सिन्ध के विरुद्ध चढ़ाई की हो। किन्तु ह्यूनसांग के विवरण से ज्ञात होता है कि उसकी यात्रा के समय सिन्ध एक शक्तिशाली और स्वतन्त्र राज्य था। इससे सिद्ध होता है कि हर्ष को सिन्ध के विरुद्ध सफलता प्राप्त न हुई।

नेपाल (Nepal) **और कश्मीर** (Kashmir)—नेपाल और कश्मीर के राज्य सम्भवत: हर्ष के साम्राज्य से बाहर थे। भगवान्लाल इन्द्राजी और बूह्लर (Buhler) जैसे विद्वानों का मत है कि हर्ष ने नेपाल को भी विजित किया। उनके मत इस तथ्य पर आधारित हैं कि हर्ष का संवत नेपाल में भी लिखा जाता था। डॉ० आर०के० मुकर्जी नेपाल और कश्मीर को बर्फीले पहाड़ समझते प्रतीत होते हैं। कश्मीर से सम्बन्धित ह्यूनसाँग के लेखों को डॉ० मुकर्जी ने उद्धृत किया है जिससे ज्ञात होता है कि डॉ० मुकर्जी का कश्मीर को हर्ष का अधीन राज्य मानने की ओर झुकाव है। उन्होंने लिखा है : "जीवन में

एक घटना है..........जिससे ज्ञात होता है कि कश्मीर एक तरह से हर्ष की प्रभुता स्वीकार करता था : वह घटना जिसमें हर्ष ने कश्मीर के राजा को बुद्ध के अवशेषों के कुछ भाग उसे देने पर बाध्य कर दिया था। बाण ने भी बर्फ़ीले पहाड़ों के दुर्गम प्रदेश के हर्ष द्वारा दमन करने का उल्लेख किया; इन शब्दों में सम्भवत: कश्मीर की ओर भी उल्लेख किया गया है।''

डॉ० सिलवेन लेवी के विचार भगवान्लाल इन्द्राजी और बूह्लर के विचारों से भिन्न हैं। उनका विचार है कि ''उस समय नेपाल तिब्बत का अधीन राज्य था और तिब्बत ने हर्ष की मृत्यु के पश्चात् उसके सिंहासन को छीनने वाले के विरुद्ध चीनी दूत वाँग-ह्यान-त्से (Wang-hiuen-tse) के अभियान के समर्थन में नेपाल की सहायता की।'' उनका यह भी विचार है कि नेपाल में हर्ष संवत् के प्रचलन से यह सिद्ध नहीं होता कि नेपाल हर्ष का अधीन राज्य था। नेपाल केवल हर्ष के साम्राज्य का निकटवर्ती पड़ोसी था। हर्ष संवत् प्रयोग करने वाले अभिलेख सम्भवत: नेपाल के उस भाग के हैं जो हर्ष के साम्राज्य के साथ लगता था। सम्भव है कि नेपाल के राजा ने अभिलेखों के स्थानों में हर्ष संवत् को उन अभिलेखों में प्रयुक्त किया हो जिनका उन क्षेत्रों के निवासियों में प्रचलन था और वे उन्हें समझते थे।

उड़ीसा (Orissa)—उड़ीसा के सम्बन्ध में पर्याप्त प्रमाण है कि विजय के फरस्वरूप यह हर्ष के साम्राज्य का अंग बन गया। हमें बताया गया है कि हर्ष ने कोंगोड़ या गंजाम की ओर एक अभियान का नेतृत्व किया और उड़ीसा में अपना शिविर स्थापित किया। उड़ीसा-विजय के पश्चात् वहाँ एक महायान बौद्ध सभा बुलाई गई और नालन्दा से बौद्ध विद्वानों को निमन्त्रित किया गया। इसी सभा में हर्ष ने बौद्ध विद्वान् जयसेन को ''उड़ीसा के 80 बड़े नगरों का राजस्व'' अर्पित किया।

जालन्धर के राजा उदित को उत्तर भारत का शासक कहा गया है। वह बौद्ध बन गया और ''तत्पश्चात् मध्य भारत के राजा (हर्ष) ने उसके सच्चे धर्म की सराहना में सारे भारत में बौद्ध धर्म के कार्यों का भार उसे सौंप दिया।'' इसी राजा को हर्ष ने, एक सैनिक मण्डल के साथ ह्यूनसाँग को सीमा तक पहुँचाने के लिए नियुक्त किया था। राजा उदित ने एक घुड़सवार दस्ते का प्रबन्ध किया और स्वयं उसका नेतृत्व किया। सर्वोच्च शासक (suzerain) की स्थिति से हर्ष ने उनके साथ चार पथ-प्रदर्शक भेजे और स्वयं हर्ष द्वारा लिखित पत्र भी उन्हें दिए गए जो उन्हें सभी प्रदेशों में दिखाने के लिए आदेश दिया गया था ''ताकि उन प्रदेशों के शासक ह्यूनसाँग को चीन की सीमा तक पहुँचाने के लिए गाड़ियों तथा अन्य साधनों का प्रबन्ध करें।'' कापीश के राजा ने हर्ष की इच्छा की पूर्ति की। इससे स्पष्ट है कि हर्ष का प्रभाव समस्त उत्तरी भारत पर तथा चीन की सीमा तक भी था।

हर्ष के साम्राज्य का विस्तार (Extent of Harsha's Empire)—हर्ष के साम्राज्य की सीमाएँ निश्चित करने में सबसे बड़ी कठिनाई यह है कि कई विद्वानों ने अपर्याप्त जानकारी के आधार पर बढ़ा-चढ़ा कर अनुमान लगाए हैं। ह्यूनसाँग के अनुसार, हर्ष ने पड़ोसी राज्यों को अधीन कर लिया, प्रभुता स्वीकार करने वाले राज्यों पर आक्रमण किया और अन्त में सौराष्ट्र, कान्यकुब्ज, गौड़, मिथिला और उड़ीसा के पाँचों प्रदेशों पर अधिकार कर लिया। दक्षिण भारतीय अभिलेखों से ज्ञात होता है कि हर्ष सारे उत्तरापथ या उत्तरी भारत का स्वामी ('सकलोत्तरापथनाथ') था। डॉ० आर०सी० मजूमदार बताते हैं : ''आरम्भ में हर्ष के राज्य में केवल थानेश्वर और कन्नौज के पुराने राज्य ही सम्मिलित थे। सम्भव है कि उत्तर और पश्चिम की ओर उसने कुछ वृद्धि की हो। उसमें सम्भवत: पूर्वी पंजाब और उत्तर प्रदेश सम्मिलित माने जा सकते हैं। अपने राज्यकाल के अन्त में उसने मगध को भी साथ मिला लिया था और उड़ीसा तथा कोंगोड़ और बीच का प्रदेश भी हर्ष के राज्य में मिला लिया गया था या नहीं।''

डॉ० मजूमदार ने डॉ० स्मिथ का यह विचार स्वीकार नहीं किया है कि वलभी का राजा हर्ष का सामन्त या करदायी था। उन्होंने स्मिथ का यह विचार भी अस्वीकार किया है कि मालव, गुजरात, कच्छ और काठियावाड़ प्रायद्वीप भी हर्ष के साम्राज्य में ही थे।

चीन से सम्बन्ध (Relations with China)—ह्यूनसाँग ने चीनी सम्राट् के विषय में हर्ष को जो कुछ बताया उससे वह बहुत प्रभावित हुआ। 641 ई० में हर्ष ने चीनी दरबार में एक ब्राह्मण दूत भेजा। 643 ई० में उत्तर लेकर एक चीनी दूत मण्डल भारत पहुँचा। मा-त्वान-लिन (Ma-twan-lin) ने इसका निम्न वर्णन दिया है : ''शीलादित्य ने 'मगध का राजा' उपाधि धारण कर ली और एक दूत को पत्र देकर सम्राट् के पास भेजा। सम्राट् ने उत्तर में ल्याँग-होआई-किंग (Liang-hoai-king) को पत्र देकर दूत के रूप में भेजा और शीलादित्य को (चीनी सम्राट् के प्रति) समर्पण करने के लिए निमन्त्रण

दिया। शीलादित्य को अत्यधिक आश्चर्य हुआ और उसने अपने कर्मचारियों से पूछा कि उससे पहले कभी कोई चीनी दूत भारत आया था। सभी ने एक ही स्वर में उत्तर दिया : 'नहीं।' तत्पश्चात् राजा बाहर गया, उसने राजकीय आदेशों को झुके हुए घुटनों से स्वीकार किया और उसे सर पर रख लिया।''

इस वर्णन से एट्टिंघासेन (Ettinghausen) ने निष्कर्ष निकाला कि हर्ष बड़ी कठिनाई में रहा होगा और उसे चीन के शासक की सहायता की बहुत आवश्यकता रही होगी। किन्तु यह विचार निराधार प्रतीत होता है। यह स्वीकार करना कठिन है कि हर्ष चीन जैसे दूरवर्ती देश से किसी प्रकार की सहायता की आशा कर सकता था।

643 ई० में ली-य-प्याओ (Li-y-piao) और वाँग-ह्यान-त्से (Wang Hiuen-tse) के अधीन एक और चीनी दूत-मण्डल अपने साथ चीनी सम्राट् का उत्तर भी लाया और उसके सदस्यों का हार्दिक स्वागत किया गया। वाँग-ह्यान-त्से को चीन पहुँचने के शीघ्र बाद ही भारत भेज दिया गया। यह दूत-मण्डल सम्भवत: हर्ष के पत्र के बाद आया जो उसने ह्यूनसाँग के हाथ भेजा था। 64 ई० में त्स्याँग च्यू-जेन्न (Tsiang-cheu-jenn) के साथ वाँग-ह्यान-त्से फिर भारत के लिए रवाना हो गया। किन्तु दुर्भाग्यवश तीसरे चीनी दूत-मण्डल के भारत पहुँचने के पहले ही हर्ष की मृत्यु हो चुकी थी।

हर्ष का धर्म (Harsha's Religion)—व्यक्तिगत धर्म के विषय में हर्ष के राजवंश के सदस्य अपने-अपने धार्मिक विचारों का अनुसरण करते थे। प्रभाकरवर्धन सूर्य का उपासक था। कहा गया है कि वह प्रतिदिन सूर्य को ''लाल कमल के फूलों का एक गुच्छा अर्पित करता था जो लाल-मणि के एक बर्तन में सजा होता था और यह बर्तन भी उसके हृदय की तरह उसी रंग का था।'' राज्यवर्धन बौद्ध था। स्वयं हर्ष ने वंश के तीन देवताओं, शिव, सूर्य और बुद्ध को श्रद्धाँजलि अर्पित की। उसने उन तीनों की सेवा के लिए कीमती मन्दिर बनवाए। किन्तु अपने जीवन के अन्तिम वर्षों में वह महायान बौद्ध था। स्पष्टत: यह ह्यूनसाँग के प्रभाव का ही परिणाम था।

बताया गया है कि विभिन्न धर्मों के विद्वानों की चर्चा सुनने का हर्ष को बहुत चाव था। ह्यूनसाँग द्वारा महायान की व्याख्या से वह बहुत प्रभावित हुआ था।

कन्नौज सभा (Kanauj Assembly)—643 ई० में हर्ष ने कन्नौज में एक सभा का आयोजन किया। सभा का उद्देश्य देश में बौद्ध धर्म को विकसित करने के लिए ह्यूनसाँग की उपस्थिति का लाभ उठाना था। बहुत से शासक इस सभा में सम्मिलित हुए। उसमें 3,000 महायान तथा हीनयान बौद्ध भिक्षु, 3,000 ब्राह्मण और निग्रोध तथा नालन्दा विश्वविद्यालय के लगभग 1,000 बौद्ध विद्वान् भाग लेने के लिए आए। हर्ष ने ह्यूनसाँग का नाम सभापति पद के लिए प्रस्तावित किया और महायान सम्बन्धी एक विषय को वाद-विवाद के लिए निर्धारित कर दिया। यह सभा 23 दिन तक चली और इसमें महायान का एकपक्षी प्रचार किया गया।

हमें बताया गया है कि गंगा के तट पर स्थित विशाल विहार को इसी अवसर के लिए बनवाया गया था। राजा के बराबर बुद्ध की एक सोने की मूर्ति एक सौ फुट ऊँचे स्तम्भ पर रख दी गई। उसी प्रकार की किन्तु उससे छोटी, तीन फुट ऊँची मूर्ति को रोज जलूस में उठाया जाता था जिसमें 20 राजा और 300 हाथी होते थे। छत्र को स्वयं हर्ष उठाता था और वह शक देवता के रूप में उपस्थित होता था। कामरूप का राजा कुमार ब्रह्म देवता के रूप में उपस्थित होता था और हाथ में एक सफेद चँवर उठाता था। आगे बढ़ते हुए हर्ष चारों ओर मोती, सुनहरी फूल और अन्य कीमती चीजें बिखेरता जाता था। हर्ष ने स्वयं अपने हाथों से बुद्ध मूर्ति को धोया और अपने कन्धों पर उठाकर पश्चिमी स्तम्भ तक ले गया। वहाँ उसने हीरों से जड़े हुए हजारों रेशमी वस्त्र उसे अर्पित किए।

उपर्युक्त सार्वजनिक वाद-विवाद में ह्यूनसाँग के प्रति दिखाए गए पक्षपात पर बहुत अप्रसन्नता प्रकट की गई। हर्ष को ज्ञात हुआ कि प्रतिद्वन्द्वियों के कारण ह्यूनसाँग के जीवन को खतरा था। इस समय हर्ष ने यह घोषणा की : ''यदि कोई भी व्यक्ति कानून के पंडित को हाथ लगायेगा या चोट पहुँचाएगा तो उसे एकदम फाँसी पर चढ़ा दिया जाएगा, जो भी उसके विरुद्ध बोलेगा उसकी जबान काट ली जाएगी; किन्तु जो लोग उसके उपदेश से लाभ उठाना चाहें वे मेरे वचनों को मान कर इस घोषणा से भयभीत न हों।'' परिणामस्वरूप किसी ने भी वाद-विवाद में भाग नहीं लिया।

हमें बताया गया है कि अस्थायी विहार विशेष रूप से इसी अवसर के लिए बनाया गया था, उसमें अचानक आग लग गई और अधिकांश भाग जल गया। स्वयं हर्ष ने स्थिति को सम्भाला और आग को बुझाया।

कहा गया है कि यह दृश्य देखने के लिए हर्ष विशाल स्तूप के ऊपर चढ़ गया। जब वह सीढ़ियों से नीचे आ रहा था तो एक धर्मान्ध व्यक्ति हाथ में खंजर लेकर हर्ष की हत्या के उद्देश्य से उसकी ओर लपका लेकिन उसे पकड़ लिया गया। उसने स्वीकार किया कि उसे एक विधर्मी ने उकसाया था क्योंकि हर्ष बौद्ध धर्म का बहुत पक्ष लेता था। बताया गया है कि 500 मुख्य ब्राह्मणों को पकड़ लिया गया और उन्होंने अपना अपराध स्वीकार कर लिया। उनमें से कुछ का वध कर दिया गया और लगभग 500 ब्राह्मणों को देश-निकाला दे दिया गया।

प्रयाग सभा (Prayaga Assembly)—उसी वर्ष हर्ष ने प्रयाग में एक और सभा ('मोक्ष-परिषद्') का आयोजन किया। हर्ष ने बताया कि वह पिछले 30 वर्षों से ऐसी सभाएँ आयोजित करता रहा था। 643 ई० की सभा छठी सभा थी। यह सभा रेत पर की गई थी जहाँ गंगा और यमुना मिलती हैं। सभा में हर्ष और ह्यूनसाँग के अट्ठारह राजसी मित्रों ने भाग लिया। उस अवसर पर 500,000 से भी अधिक व्यक्ति उपस्थित थे। उनके निवास तथा भोजन के लिए प्रबन्ध कर दिया गया था।

प्रयाग में किए गए कार्य के सम्बन्ध में पहले दिन रेत के ऊपर एक अस्थायी इमारत पर, एक बुद्ध-मूर्ति रखी गई और लोगों में असंख्य वस्त्र तथा बहुमूल्य वस्तुएँ बाँटी गईं। दूसरे और तीसरे दिन क्रमशः सूर्य और शिव की मूर्तियों का सम्मान किया गया। किन्तु उन दोनों दिन दान का धन पहले दिन से आधा था। चौथे दिन दस हजार बौद्ध भिक्षुओं को दान दिया गया। प्रत्येक भिक्षु को सोनो के एक सौ सिक्के, एक मोती और एक सूती कपड़ा दिया गया। उन्हें भोजन, पेय पदार्थ, फूल और सुगन्धियाँ भी दी गईं। अगले दिन 20 ब्राह्मणों को दान दिया गया। जैन धर्म तथा अन्य धर्मों के अवलम्बियों को दस दिन दान दिया गया। सुदूर देशों के तपस्वियों को अगले दिन तक दान दिया गया। अगले एक महीने में निर्धन, अनाथ और पंगु लोगों को सहायता दी गई। यह सब 75 दिन में हुआ। ह्यूनसाँग ने लिखा है : "अब तक पाँच वर्ष का संचित धन व्यय हो चुका था। घोड़ों, हाथियों और सैनिक उपकरण के अतिरिक्त जो राज-सम्पत्ति की रक्षा तथा सुव्यवस्था के लिए आवश्यक थे, शेष कुछ भी न बचा। इनके अतिरिक्त राजा ने अपने हीरे और सामान, कपड़े और मालाएँ, काँटे, कंगन, कण्ठे, हार और चमकीले शिरो-भूषण सब बिना भेदभाव के दान में दिए। सब कुछ दे चुकने के बाद उसने अपनी बहन (राज्यश्री) से क पुराना वस्त्र माँगा और उसे पहन कर उसने 'दस दिशाओं के बुद्धों' की पूजा की और प्रसन्नता अनुभव की कि उसका कोष दान-धर्म में समाप्त हो गया था।"

डॉ० आर०के० मुकर्जी बताते हैं कि इन दो सभाओं के वर्णन से ज्ञात होता है कि हर्ष अपने महायान बौद्ध-धर्म का प्रचार असहिष्णुतापूर्वक करना चाहता था जिससे विरोध उत्पन्न हुआ। किन्तु विशेषता तो यह है कि उसके दान और उदारता ने तो पुरानी सभी सीमाओं को भी पार कर लिया। हमें किसी राजा का ज्ञान नहीं है जिसने मानवता का कष्ट-निवारण करने के लिए सर्वस्व दान दिया हो।

हर्ष के समय में भारत की धार्मिक अवस्था के विषय में यह इन्कार नहीं किया जा सकता कि ब्राह्मण धर्म ही देश का मुख्य धर्म था। वास्तव में विदेशों में भारत को "ब्राह्मणों का देश कहा जाता था जो देश वर्गों में सर्वाधिक पवित्र और सम्मानित है।" संस्कृत देश के सुसंस्कृत वर्गों की भाषा थी। इन ब्राह्मणों में कई समुदाय थे और प्रत्येक समुदाय के अपने-अपने बाहरी चिन्ह थे। "कुछ मोर के पंख पहनते हैं, कुछ खोपड़ियों के हार पहनते हैं, कुछ नंगे घूमते हैं, कुछ घास या तख्ते पहनते हैं, कुछ साफ मुड़े हुए होते हैं, कुछ अपने बालों को सिर के ऊपर बाँध लेते हैं। वे अनेक रंगों के कपड़े पहनते हैं। दिगम्बरों और पाशुपतों के अतिरिक्त कुछ भस्म लगाते हैं।" बाण के कृष्ण, कपिल, कणाद, न्याय और उपनिषदों के ब्राह्मण अनुयायियों का उल्लेख किया है। उसने ब्राह्मणों में 'लोकायतों' या भौतिकवादियों (materialists) का भी उल्लेख किया है। बाण ने कुछ संन्यासी विधवाओं, 'प्रसार' तपस्वियों, जैन भिक्षुओं और शिव अनुयायियों को अपने मित्र कहा है। उसने संन्यासियों के 'कर्पाटिन्' या जीर्ण-शीर्ण वस्त्रधारी संन्यासी 'काष्ठमुनि' या स्तम्भ वाले संन्यासी 'दग्भमुण्ड', 'पांडुरिन्' और 'पिण्डपातिन्' वर्गों का भी उल्लेख किया है। ह्यूनसाँग ने भूतों, निर्ग्रन्थों और कापालिकों का वर्णन किया है। कहा गया है कि अधिकाँश संन्यासी संसार की चिन्ता नहीं करते थे। वे अपने एकान्त में ही सन्तुष्ट थे। वे

सन्तोष का जीवन व्यतीत करते थे। उन पर किसी सम्मान अथवा अपमान का प्रभाव नहीं पड़ता था। वे बेकार रहना अच्छा समझते थे और भोजन भिक्षा से प्राप्त करते थे। राजा भी उन्हें दरबार में आने को बाध्य नहीं कर सकते थे। प्रजा उनका सम्मान करती थी और पूर्ण ज्ञान को वे अपना लक्ष्य समझते थे।'' ये संन्यासी कला और विज्ञान पर उपदेश देते नहीं थकते।

बौद्ध-धर्म में हीनयान की अपेक्षा महायान अधिक महत्त्वपूर्ण था। किन्तु दोनों शाखाओं के अनुयायी एक ही विहार में रहते थे। बौद्ध-धर्म में अठारह सम्प्रदाय थे। प्रत्येक सम्प्रदाय की अपनी धर्म-पुस्तकें थीं और विहार थे। ह्यूनसाँग ने 5,000 विहार देखे। उन विहारों में दो लाख से भी अधिक भिक्षु थे। कश्मीर बौद्ध-धर्म का केन्द्र था।

अध्ययन के लिए ह्यूनसाँग ने कई मुख्य विहारों में निवास किया और उनमें से कुछ के नाम थे, नगरधन, श्रुध्न, मतिपुर, भग्रविहार, श्वेतपुर, महाबोधि, पुणयवर्धन, मुंगेर, रक्तामृत और ति-लो-श्चि-क। नालन्दा विहार सर्वाधिक महत्त्वपूर्ण था और इसका विस्तृत विवरण आगे दिया जाएगा।

विभिन्न स्थानों में ह्यूनसाँग ने अनेक हिन्दू मन्दिर देखे। कान्यकुब्ज या कन्नौज में विष्णु, शिव और सूर्य के मन्दिर थे। बनारस में एक सौ मन्दिर थे और उनमें से अधिकांश शिव के मन्दिर थे। कपिलवस्तु में ईश्वर का एक मन्दिर था। बोधगया में पृथ्वीदेवी का एक मन्दिर था। मुलतान में एक सूर्य का मन्दिर था जहाँ 1,000 यात्री प्रतिदिन पूजा करते थे। मन्दिरों के साथ विश्राम-गृह भी थे और उनमें आवश्यकतानुसार भोजन, पेय और औषधि का प्रबन्ध भी था। मथुरा में कई मन्दिर थे जिनमें सारिपुत्र, राहुल, आनन्द, मौद्गलपुत्र और उपालि की मूर्तियों की पूजा की जाती थी।

सिक्के और मुहरें—सर रिचर्ड बर्न ने बहुत से चाँदी के सिक्कों की खोज की जिनमें नौ श्री प्रतापशील के, 284 श्री शीलादत्त या शीलादित्य के और एक हर्ष का था। शीलादित्य[1] के सिक्कों का मुद्रा-लेख इस प्रकार है : ''पृथ्वी का विजेता और स्वामी श्री शीलादित्य स्वर्ग को विजित करता है।'' डॉ० होर्नल को सोने का एक सिक्का मिला है जो हर्ष का माना गया है। उस पर मुद्रा-लेख 'हर्षदेव' है और उस पर एक घुड़सवार का चित्र है। हर्ष को अभिलेखों में तथा बाण के ''हर्षचरित'' में हर्षदेव कहा गया है।

हर्ष की दो मोहरें भी प्राप्त हुई हैं। सोनीपत मोहर के शीर्ष पर बैल की आकृति है। नालन्दा मुहर में एक विकृत अभिलेख है जिसमें हर्ष को 'महाराजाधिराज' कहा गया है।

लेखक तथा विद्वानों का आश्रयदाता (Author and Patron of Learning)—हर्ष केवल विजेता और प्रशासक ही नहीं किन्तु विद्वान् भी था। हर्ष की काव्यात्मक कुशलता, मौलिकता और विस्तृत ज्ञान के लिए बाण ने उसे श्रद्धाँजलि अर्पित की है। ई-त्सिंग (I-tsing) भी बताते हैं कि हर्ष एक साहित्यिक व्यक्ति था। अपने दरबारियों की काव्यात्मक रचनाओं के लिए भी वह उत्तरदायी था। बुद्ध के पिछले जन्मों से सम्बन्धित पाँच सौ कविताएँ राजा को अर्पित की गईं और वे 'जातकमाला' के नाम से प्रसिद्ध हुईं। ई-त्सिंग बताते हैं कि बोधिसत्त्व जीमूत-वाहन की कथा को हर्ष ने कविता-बद्ध किया। हर्ष को ''रत्नावलि'', ''प्रियदर्शिका'' और ''नागानन्द'' की रचना का श्रेय भी दिया जाता है। जयदेव ने अपनी कृति ''गीतगोविन्दम'' में कहा है कि कालिदास और भास की भाँति हर्ष भी महाकवि था।

हर्ष के दरबार में कई विद्वान भी थे। बाण उनमें प्रमुख था और उसने ''हर्षचरित'' और ''कादम्बरी'' की रचना की। हरिदत्त को भी हर्ष ने संरक्षण प्रदान किया। जयसेन विभिन्न विषयों के ज्ञान के लिए सुविख्यात था और हर्ष ने उड़ीसा के 80 ग्रामों के राजस्व की भेंट दी। किन्तु जयसेन ने वह भेंट अस्वीकार कर दी।

प्रशासन (Administration)—सम्राट् हर्ष स्वयं प्रशासन की धुरी था। उसका विचार था कि प्रशासनीय कुशलता के लिए शासक को निरन्तर सचेष्ट रहना चाहिए। ह्यूनसाँग बताते हैं कि हर्ष बहुत परिश्रमी था। उसके लिए दिन बहुत छोटा था। उसने दिन को तीन भागों में बाँट लिया था जिनमें से एक राज्य-कार्य के लिए निश्चित था। उसका व्यक्तित्व बहुत प्रभावशाली था। वह इतना व्यस्त रहता था कि प्रजा और राजा भी उससे नहीं मिल सकते थे।

हर्ष को निरीक्षण-यात्रा के लाभ में विश्वास था। यदि नगरों के निवासियों के आचार में कोई त्रुटियाँ होती थीं तो वह स्वयं उनके बीच चला जाता था। किन्तु उसकी यात्राएँ नगरों तक ही सीमित न थीं। ग्रामीण क्षेत्रों की ओर भी वह

1. शीलादित्य भी हर्षवर्धन का एक और नाम था।

उतना ही ध्यान देता था। वर्षा-ऋतु में मौसम और यातायात की कठिनाइयों के कारण वह यात्रा नहीं करता था। यात्रा के समय अपने रहने के लिए वह अस्थाई इमारतें बनवा लेता था। जब राजा किसी स्थान पर ठहरता था तो प्रजा गण उससे भेंट कर सकते थे और उसके समक्ष अपनी कठिनाइयाँ प्रस्तुत कर सकते थे।

राजा का सर्वत्र बहुत धूमधाम से स्वागत होता था। जब वह यात्रा पर जाता था तो सैकड़ों ढोलक बजाने वाले प्रत्येक कदम पर, सुनहरी ढोल पर डंका बजाने के लिए उसके साथ जाते थे। अन्य राजा को ऐसा शान्ति-संगीत प्रयोग करने की आज्ञा नहीं दी जाती थी। राज-प्रतिहार राजा के साथ भेंट की व्यवस्था करता था।

यह ठीक है कि सिद्धान्त रूप में हर्ष का प्रशासन निरंकुश था। किन्तु लोगों को अपने-अपने क्षेत्र में बहुत-सा स्वशासन प्राप्त था। अधिकांश कार्य ग्रामीण समुदायों के हाथ में था। केन्द्रीय सरकार और ग्राम-सभाओं में पर्याप्त सहयोग था। कहा गया है कि कुल मिलाकर हर्ष का प्रशासन निरंकुश तथा गणतन्त्रीय तत्वों का मिश्रण था।

मन्त्रि-परिषद् (Council of Ministers)—शासक की सहायता के लिए मन्त्रि-परिषद् थी। राज-सिंहासन रिक्त होने की अवस्था में परिषद् अपनी शक्ति का प्रयोग करती थी। यह सर्व-विदित है कि राज्यवर्धन की मृत्यु पर मुख्य-मन्त्री भण्डी ने मन्त्रि-परिषद की सभा का आयोजन किया और उसे इन शब्दों में सम्बोधित किया : ''राष्ट्र का भाग्य आज निश्चित करना है। वृद्ध राजा के पुत्र की मृत्यु तो हो गई है; राजकुमार का भाई दयालु और स्नेहपूर्ण है और वह कर्त्तव्यनिष्ठ और आज्ञाकारी है। वह अपने परिवार की हित-चिन्तक है अत: प्रजागण उस पर विश्वास करेंगे। मैं प्रस्ताव करता हूँ कि उसे राज-पद सम्भालना चाहिए। आपके जैसे भी विचार हों कह दीजिए।'' बताया गया है कि सभी उपस्थित जन सहमत हो गए और हर्ष से राज्याधिकार ग्रहण करने के लिए अनुरोध किया।

मन्त्रि-परिषद् को शासक चुनने में ही नहीं बल्कि विदेश-नीति में भी काफी कुछ कहने का अधिकार था। मन्त्रि-परिषद् के परामर्श से ही राज्यवर्धन ने शत्रु का निमन्त्रण स्वीकार किया था और शत्रु के शिविर में उसका वध कर दिया गया था। बील (Beal) का कथन है कि ''अपने मन्त्रियों की गलती से उसे अपना शरीर शत्रु को सौंप देना पड़ा।''

सचिवालय (Secretariat)—प्रतीत होता है कि राजधानी में एक सुव्यवस्थित सचिवालय था। बाण ने अवन्ति को विदेश तथा युद्ध मन्त्री बताया है। सिंहानन्द को उसने हर्ष का महासेनापति कहा है। कुन्तल को उसने घुड़सेना का एक अधिकारी बताया है। स्कन्दगुप्त को हाथी सेना का प्रमुख कहा है। मधुवन ताम्र-पत्र में स्कन्दगुप्त को 'महाप्रमातार महासामन्त' कहा गया है। उसी पत्र में सामन्त महाराज ईश्वरगुप्त को रिकार्ड-संरक्षक कहा है। बाँसखेड़ा ताम्र-पत्र अभिलेख में भानु को रिकार्ड-संरक्षक कहा है। मुख्य राज्य कर्मचारियों के नाम थे 'महासामन्त', 'महाराज', 'दौस्साधनिक', 'प्रमातार', 'राजस्थानीय', 'कुमारामात्य', 'उपरिक', 'विषयपति' इत्यादि।

उच्च प्रशासकीय सेवा में 'कुमारामात्य' नियुक्त किए गए थे। उन्हीं में से मन्त्री, सचिवालय के आधिकारी और जिला अधिकारी लिए जाते थे। राजधानी के अपने राजकीय सन्देशवाहक थे जिन्हें ''हर्षचरित'' में 'दीर्घध्वज' कहा है। 'सर्वगत:' नामक एक कर्मचारी का उल्लेख है जो सम्भवत: गुप्तचर विभाग का सदस्य था। प्रतीत होता है कि अधिकाँश उच्च कर्मचारियों को वेतन नकद नहीं दिया जाता था। ह्यूनसाँग ने लिखा है कि ''राज्य के मन्त्री तथा साधारण कर्मचारी, सभी के पास अपनी-अपनी भूमि है और उनके निर्वाह का भार उन नगरों पर है जिनमें उन्हें नियुक्त किया जाता है।'' प्रतीत होता है कि राज्य के छोटे कर्मचारियों को उनके कार्य के अनुसार नकद या भूमि के रूप में वेतन दिए जाते थे। यह कहा जा सकता है कि हर्ष की प्रशासन-प्रणाली देश की सामन्त-प्रणाली की अग्रगामी (forerunner) थी।

सेना (Army)—ह्यूनसाँग बताते हैं कि हर्ष के पास 5,000 हाथी, 2,000 घुड़सवार और 5,000 पैदल सैनिक थे। अपने राज्य को विस्तृत करने के बाद हर्ष ने अपनी सैन्य शक्ति को भी बढ़ाया। फिर उसके पास 60,000 हाथी और 1,00,000 घुड़सवार हो गए। घुड़सेना के लिए घोड़े सिन्धु, ईरान और कम्बाज से प्राप्त किए जाते थे। पैदल सेना इससे भी कई गुणा अधिक रही होगी किन्तु इसकी ठीक संख्या नहीं दी गई। साधारण सैनिकों को 'चाट' और 'भाट' कहा जाता था। घुड़सेना के अधिकारियों को 'बृहदश्ववर' कहा जाता था। पैदल सेना के अधिकारियों को 'बलाधिकृत' और 'महाबलाधिकृत' कहा जाता था। प्रमुख सैन्याधिकारी को 'महासेनापति' कहा जाता था।

साम्राज्य के भाग (Divisions of Empire)—हर्ष का साम्राज्य प्रान्तों, डिविजनों, ज़िलों आदि में विभक्त था। हर्ष के अधीन प्रान्तों की संख्या का हमारे पास कोई विवरण नहीं है। बाण ने ''हर्षचरित'' में कई ''लोकपालों'' का वर्णन किया है। प्रतीत होता है कि प्रान्तों को 'भुक्तियों' में बाँटा गया था। हर्ष के मधुवन तथा बाँसखेड़ा पत्रों में 'अहिछत्र भुक्ति' का उल्लेख है। सम्भव है इसमें वर्त्तमान बुन्देलखण्ड सम्मिलित था। 'भुक्ति' को कई 'विषयों' में बाँटा गया था। उन्हें वर्त्तमान जिले समझा जा सकता है। यह बताया गया है कि 'अहिछत्र' भुक्ति में 'कुण्डधानी' तथा 'अंगदीय' 'विषय' सम्मिलित थे। प्रत्येक 'विषय' में कई 'पाठक' थे। यह स्पष्ट नहीं है कि 'पाठक' और ग्राम के बीच में कोई और इकाई भी थी। सम्भवत: ग्राम का प्रशासन एक मुखिया के हाथ में था जिसे 'ग्रामक्षपटलिक' कहा जाता था। उसकी सहायता के लिए कई लेखक थे जिन्हें 'करणिक' कहा जाता था। ग्राम परिषदों का कोई उल्लेख नहीं है किन्तु यह पूरी सम्भावना है कि ऐसी संस्थाएँ भी थीं।

कर (Taxes)—तीन प्रकार के करों का उल्लेख मिलता है, यथा 'भाग', 'हिरण्य' और 'बलि'। 'भाग' भूमि-कर था और पदार्थ रूप में दिया जाता था। 'हिरण्य' करों को कृषक या व्यापारी नकद दिया करते थे। यह कहना कठिन है कि 'बलि' शब्द का अभिप्राय किन करों से था। प्रतीत होता है कि नाव-कर भी लिया जाता था। व्यापारिक वस्तुओं पर नाप और तौल के अनुसार कर लिये जाते थे। कृषि उत्पादन में सम्राट् का छठा भाग था। अनिवार्य श्रम भी लिया जाता था लेकिन उसके लिए पारिश्रमिक दिया जाता था। ह्यूनसाँग हमें बताते हैं कि कर बहुत कम थे।

ह्यूनसाँग ने लिखा है कि राज-भूमि को चार भागों में बाँटा गया था। एक भाग राज्य-कार्य चलाने के लिए था। दूसरा भाग मन्त्रियों तथा अन्य राजकर्मचारियों को वेतन देने के लिए था। तीसरा भाग सुयोग्य व्यक्तियों को पुरस्कृत करने के लिए था। चौथा भाग धार्मिक सम्प्रदायों को दान देने के लिए था।

दण्ड-विधान (Penal System)—ह्यूनसाँग यह भी बताता है कि अपराधी और विद्रोही संख्या में बहुत कम थे। जब कानून तोड़ा जाता था तो अपराधियों को दण्ड दिया जाता था। शारीरिक दण्ड नहीं दिए जाते थे। अपराधियों को जीने या मरने के लिए छोड़ दिया जाता था और उन्हें मनुष्यों में नहीं गिना जाता था। कुछ अपराधों के लिए नाक या कान काट दिए जाते थे और फिर उन अपराधियों को शेष जीवन जंगलों में बिताने के लिए नगर से निकाल दिया जाता था। कुछ अपराधों के लिए थोड़ा-सा जुर्माना किया जाता था। अभियुक्त से अपराध स्वीकार कराने के लिए उसे यन्त्रणा नहीं दी जाती थी। परीक्षा द्वारा अपराध की जाँच करने का ढंग भी प्रचलित था।

ह्यूनसाँग बताते हैं कि सरकार हितकारी थी और सरकारी जरूरतें कम थीं। सरकार प्रजा के जीवन में हस्तक्षेप नहीं करती थी। लोग अपने आपको रजिस्टर्ड नहीं कराते थे। डॉ० अल्टेकर ने लिखा हैकि हर्ष का प्रशासन उतना कार्यकुशल नहीं था जितना मौर्य तथा गुप्त शासकों के अधीन था। ह्यूनसाँग ने हर्ष के प्रशासन को श्रद्धांजलि अर्पित की है लेकिन एक सामान्य निर्णय दे देना चीनी यात्री के लिए उचित न था। स्वयं ह्यूनसाँग को डाकुओं ने राजधानी के निकट ही लूट लिया था। भाग्यवश उसके जीवन की रक्षा हो गई। यह कहा जा सकता है कि हर्ष का प्रशासन कार्य-कुशलता की दृष्टि से गुप्त प्रशासन के तुल्य नहीं था और न ही अपने कार्यों के बहुमुखी विस्तार की दृष्टि से मौर्य प्रशासन के तुल्य था।

हर्ष का मूल्याँकन (Estimate of Harsha)—हर्ष महान् विजेता था। इसका प्रमाण उस विशाल क्षेत्र से मिलता है जिसे उसने अपने अधिकार में लिया। वह स्वयं विद्वान पुरुष था और विद्वान् पुरुषों को संरक्षण भी देता था। हर्ष द्वारा संरक्षित व्यक्तियों का उल्लेख ऊपर किया जा चुका है।

हर्ष आदर्श शासक था। ह्यूनसाँग बताते हैं कि ''वह बहुत परिश्रमी था और सत्कार्यों में नींद और भोजन भूल जाता था।'' हर्ष ने अपना सारा समय अपनी प्रजा की हित-वृद्धि में लगाया। यह कार्य करने के लिए दिन उसके लिए बहुत छोटा था। उदारता और दान में हर्ष का कोई सानी न था। यह बताता गया है कि प्रयाग सभा में उसने अपना सर्वस्व दान कर दिया। दानशीलता के लिए हर्ष को 'भारतीय हातिम' कहा गया है।

डॉ० आर०के० मुकर्जी बताता है कि ''हर्ष में समुद्र गुप्त तथा अशोक के कुछ लक्षण तथा विशेषयाएँ मिश्रित हैं।'' एच०जी० रॉलिन्सन (H.G. Rawlinson) ने माना हैकि हर्ष विशिष्ट पुरुष था और भारत के महान् शासकों में उसका स्थान

अशोक और अकबर के साथ है। सैनिक तथा प्रशासक, अद्वितीय प्रजापालक, साहित्य के संरक्षक और स्वयं एक सुयोग्य नाटककार, आदि के रूप में वह इतिहास के पृष्ठों में एक प्रतिभावान और चित्ताकर्षक व्यक्ति है।

पणिक्कर की मान्यता है, ''हर्ष की तुलना प्राय: अशोक से की जाती है; किन्तु उनमें केवल बाहरी समानता के अतिरिक्त और कुछ भी नहीं है। तुलना का एकमात्र कारण सम्भवत: यही है कि दोनों बौद्ध धर्म के संरक्षक थे। किन्तु इसमें भी प्रियदर्शी की धार्मिक प्रचण्डता और प्रचार के जोश और हर्ष की विशाल उदारता में कोई समानता नहीं है। बौद्ध धर्म अपनाने के बाद अशोक ने अपना सारा जीवन 'धर्म' के प्रचार में लगाया और भिन्न-धर्मियों के विचारों में कभी हस्तक्षेप नहीं किया। इसके विपरीत हर्ष ने अपने दरबार में धार्मिक वाद-विवाद में एक अनुरागी के अतिरिक्त कोई रुचि न ली और दान के अतिरिक्त अन्य किसी ढंग से भी अपने धर्म की सहायता करने का प्रयत्न न किया। अशोक की अपेक्षा अकबर से तुलना अधिक उपयुक्त है। महान् मुगर सम्राट् की भाँति हर्ष ने सबको धार्मिक सहिष्णुता प्रदान की। सभी धर्मों के मुख्य विद्वानों से विवाद किये और उसकी तरह धर्म की ऊँची पुकार के प्रति विरक्त था। इबादत खाना के प्रसिद्ध विवाद की भाँति हर्ष के दरबार के विवादों का कोई परिणाम नहीं निकल सकता था। स्पष्ट त्रुटियों के होते हुए भी हर्ष निस्सन्देह उदार शासक था। भारत के महान् शासकों में उसका नाम गिना जाना चाहिए। पणिक्कर ने लिखा है : ''यह हर्ष का गौरव था कि वह चन्द्रगुप्त मौर्य से होने वाली उन हिन्दू शासकों की लम्बी पंक्ति का अन्तिम शासक था जिनके समय में संसार ने भारत को एक प्राचीन तथा महान् सभ्यता ही नहीं बल्कि मानवता की उन्नति के लिए कार्यशील एक सुव्यवस्थित और शक्तिशाली राज्य के रूप में हर्ष को भारतीय इतिहास में उच्च स्थान प्राप्त होगा।''

डॉ० आर०सी० मजूमदार की मान्यता है : ''यह कल्पना करना गलत होगा, जैसा कि कई लोग समझते हैं, कि हिन्दू काल में हर्ष अन्तिम साम्राज्य-निर्माता था और उसकी मृत्यु से ही उत्तरी भारत की राजनीतिक एकता की पुनर्स्थापना के लिए प्रयत्न समाप्त हो गए। उसके साम्राज्य से तुलना करने वाले कई साम्राज्य अगली पाँच शताब्दियों में उत्तरी भारत में उदित हुए और उनमें से प्रतिहार साम्राज्य जैसा साम्राज्य अधिक विशाल और स्थायी थे। एक दृष्टि से यह कहना भी उचित है कि हर्षवर्धन का राज्य एक विशिष्ट काल था या भारतीय इतिहास में युगप्रवर्तक था, फिर भी एक महान् शासक, एक वीर सेनानी, कला के संरक्षक और श्रेष्ठ आदर्शों तथा प्रतिभावान व्यक्ति वाले एक पुरुष के रूप में उसकी प्रशंसा और सराहना करना अनिवार्य है।''

यहाँ पर नालन्दा विश्वविद्यालय का विस्तृत वर्णन तथा ई-त्सिग का भारती विवरण देना अभीष्ट प्रतीत होता है।

नालन्दा विश्वविद्यालय (Nalanda University)—नालन्दा विश्वविद्यालय बौद्ध धर्म का ऑक्सफोर्ड और काशी का प्रतिद्वन्द्वी था। मध्य युग में क्लूनी और क्लेयरवॉक्स की जो महत्ता फ्राँस में थी वही महत्ता भारत में नालन्दा की थी। उत्तरकालीन गुप्त सम्राटों में से एक ने पाँचवीं शती ई० में इसकी स्थापना की। भारत तथा समुद्र पार के भारतीय उपनिवेशों के धनी व्यक्तियों ने इसके लिए धन की व्यवस्था की। कालान्तर में यह वस्तुत: अन्तर्राष्ट्रीय ज्ञान मन्दिर बन गया। भाग्यवश ह्यूनसाँग तथा ई-त्सिग के विवरणों से तथा अभिलेखों और पुराविद्या से इस बौद्ध विश्वविद्यालय के विषय में बहुत सी जानकारी प्राप्त हुई।

नालन्दा विश्वविद्यालय के भव्य भवन थे। उसमें कम से कम आठ कॉलेज थे जिन्हें आठ विद्यानुरागियों ने बनवाया था, जिनमें से एक था श्रीविजय या सुमात्रा का राजा बालपुत्रदेव। इन्हें पंक्तियों में बनाया गया था। यशोवर्मा के नालन्दा अभिलेख में इन भवनों की शोभा की प्रशंसा की गई है। ह्यूनसाँग बताते हैं कि सारा विश्वविद्यालय क्षेत्र ईंटों की एक दीवार के अन्दर था। ''एक द्वार महाविद्यालय में खुलता है जो मध्य के आठ भवनों से अलग खड़ा है। अत्यधिक सुसज्जित मीनार और परियों की भाँति चोटी वाली पहाड़ियों की तरह के स्तम्भों को इकट्ठा बना दिया गया था। वेधशाला तो (धुन्ध में) छिपी प्रतीत होती है और ऊपर वाले कमरे आकाश से भी ऊँचे हैं.........बाहर के भवन, जिनमें पुरोहितों के स्थान हैं, चार-चार मंजिलों के हैं। मंजिलों के बड़े-बड़े प्रक्षेप हैं, रंगदार गुफाएँ हैं। मुलम्मेदार और अलंकृत लाल-मणि जैसे स्तम्भ हैं, अत्यधिक सुसज्जित चबूतरे हैं, और छतो में टाइलें लगी हैं जिनमें से प्रकाश असंख्य रंगों में परावर्तित होता है।''

नालन्दा विश्वविद्यालय के केवल भव्य भवन ही नहीं थे बल्कि विद्यार्थियों को अध्ययन के लिए सभी प्रकार की सुविधाएँ भी दी जाती थीं। उसमें तीन बड़े पुस्तकालय थे; 'रत्नसागर', 'रत्नोदधि' और 'रत्नरंजक'। वहाँ 10,000 से भी

अधिक विद्यार्थी थे और सभी प्रकार के अध्यापक भी थे। वे कोरिया, मंगोलिया, जापान, चीन, तिब्बत, लंका, तुखार, बृहत्तर भारत और स्वयं भारत के विभिन्न भागों से यहाँ आते थे। वास्तव में वे बौद्ध संसार के सभी भागों से आते थे। कोरिया के कई विद्वानों के नाम हमें ज्ञात हैं, जैसे हुई–न्येह (Huih-Nieh) और आर्यवर्मा। हुई–न्येह की उपस्थिति की पुष्टि इस तथ्य से होती है कि ई–त्सिग ने एक हस्त–लिपि पर यह वाक्य पाया : ''नीम (दातुनवृक्ष) के नीचे बैठ कर हुई–न्येह ने यह विवरण लिखा।''

नालन्दा में केवल बाहर से ही लोग नहीं आते, बौद्ध धर्म के प्रचार के लिए नालन्दा के विद्वान् विश्व के विभिन्न भागों में भी जाया करते थे। नालन्दा के विद्वान् सन्तरक्षित, पद्मसम्भव, कमलशील, स्थिरमति और बुद्धकीर्ति तिब्बत गए थे। चीन में प्रचार करने वालों के नाम कुमारजीव, परमार्थ, सुभाकरसिंह और धर्मदेव थे।

नालन्दा विश्वविद्यालय मुख्यत: बौद्ध विहार था। इसकी स्थापना बुद्ध की शिक्षा को फैलाने के लिए की गई थी। इस रूप में उसने सहस्रों बौद्ध भिक्षुओं को रात–दिन बौद्ध–धर्म का अध्ययन करने के लिए सुविधाएँ प्रदान कीं। उन व्यक्तियों के लिए नालन्दा भगवान् का मन्दिर था। किन्तु नालन्दा विश्वविद्यालय बौद्ध ज्ञान के विहार से भी बढ़ गया। समय के साथ–साथ बौद्ध धर्म के अतिरिक्त अन्य विषय भी पढ़ाए जाने लगे। बताया गया है कि नालन्दा विश्वविद्यालय में अध्ययन के विषय वेद, तर्क विद्या, व्याकरण, चिकित्सा विज्ञान, सांख्य, योग, न्याय और बौद्ध धर्म की विभिन्न शाखाओं की पुस्तकें थीं। नालन्दा विश्वविद्यालय के कुछ अत्यधिक प्रसिद्ध आचार्यों के नाम नागार्जुन, आर्यदेव, अङ्ग, शीलभद्र, वसुबन्धु, दिङ्नाग, धर्मपाल, चन्द्रपाल, प्रभामित्र, जिनमित्र, ज्ञानचन्द्र आदि थे। बताया गया है कि इनके अतिरिक्त ''कई सहस्र अन्य बन्धु भी योग्यता और विद्वता के आगार थे और उनमें से सैकड़ों का अत्यधिक सम्मान किया जाता था और वे बहुत प्रसिद्ध थे।'' नालन्दा में जीवन अति व्यस्त था। अध्ययन और वाद–विवाद में दिन बीत जाते थे। रात–दिन वे एक दूसरे को अपने–अपने कर्त्तव्यों के बारे में सचेत करते रहते थे। बड़े–छोटे सभी एक दूसरे की पूर्ण ज्ञान प्राप्ति में सहायता करते थे।

नालन्दा विश्वविद्यालय का आदर्श था ज्ञान प्राप्त करने की स्वतन्त्रता। सभी ओर से, सभी सम्प्रदायों तथा सभी धर्मों के ज्ञान का स्वागत किया जाता था। यह यथार्थ में विश्वविद्यालय था। यह कोई साम्प्रदायिक या वर्गीय प्रमुख पाठशाला नहीं थी।

नालन्दा विश्वविद्यालय के आचार्य और शिक्षार्थी दर्शन की विभिन्न शाखाओं के पक्षपाती तथा अनुयायी थे। वाद–विवादों तथा गोष्ठियों में उनकी भेंट होती ही रहती थी। ह्यूनसाँग ने इस प्रकार की कुछ गोष्ठियों का वर्णन किया है। एक बार जब शीलभद्र ने उसे 'योग–शास्त्र' के कुछ भागों की व्याख्या करने के लिए भेजा तो एक अन्य विद्वान् सिंहरश्मि एकदम विपरीत सिद्धान्तों पर भाषण दे रहा था। ह्यूनसाँग ने प्रश्नों से उसका मुँह बन्द कर दिया। वह अपमानित होकर विश्वविद्यालय छोड़ गया के बोधि विहार में जाने को बाध्य हुआ। शीलभद्र पूर्वी भारत के चन्द्रसिंह को ह्यूनसाँग से वाद–विवाद करने के लिए नालन्दा में लाया। किन्तु वह भी परास्त हो गया। एक 'लोकायत' दार्शनिक ने चालीस सिद्धान्त लिख कर नालन्दा विहार के द्वार पर लटका दिए। उसने यह सूचना भी लगा दी : ''यदि अन्दर से कोई व्यक्ति इन सिद्धान्त को गलत सिद्ध कर दे तो उसकी विजय के प्रमाणस्वरूप मैं उसे अपना सिर दूँगा।'' ह्यूनसाँग ने चुनौती स्वीकार कर ली और उस दार्शनिक को परास्त किया। किन्तु ह्यूनसाँग ने उसका जीवन नहीं लिया और उसे शिष्य बना लिया।

नालन्दा विश्वविद्यालय साधारण विश्वविद्यालय नहीं था। यह स्नातकोत्तर संस्था थी और इसमें प्रवेश प्राप्त करना अत्यन्त कठिन था। प्रवेश से पहले एक परीक्षा ली जाती थी। उसमें केवल 20 प्रतिशत शिक्षार्थी उत्तीर्ण होते थे और शेष 80 प्रतिशत असफल हो जाते थे। केवल योग्यतम व्यक्तियों को ही प्रवेश करने की अनुमति दी जाती थी। ह्यूनसाँग बताते हैं कि अपने ज्ञान को पूर्ण करने के लिए ही लोग इस विश्वविद्यालय में आते थे। ह्यूनसाँग ने लिखा है : ''विभिन्न नगरों से विवाद में शीघ्र ख्याति प्राप्त करने के इच्छुक विद्वान् पुरुष अधिक संख्या में यहाँ आते हैं।''

नालन्दा विश्वविद्यालय के निर्वाह के लिए बहुत–सी सम्पत्ति दान में दी जाती थी। इसके अपने धान्य खेत थे और दूध के लिए दुग्ध–शालाएँ थीं। ह्यूनसाँग बताते हैं कि उसने प्रतिदिन इसकी खेती से छकड़ों में भर कर आते हुए ''साधारण चावल के सैकड़ों पैकल और दुग्ध–शालाओं में मक्खन तथा दूध के सैकड़ों कोट्टी'' आते हुए देखे। (एक 'पैकल' लगभग डेढ़ मन और एक 'कोट्टी' लगभग दो मन के बराबर है।)

नालन्दा विश्वविद्यालय निगमित संस्था के रूप में कार्य करता था। उससे सम्बन्धित कॉलेज या विहार भी उसी प्रकार कार्य करते थे। नालन्दा से कई मुहरें प्राप्त हुई हैं जिन पर यह लेख अंकित है : ''श्रीनालन्दा-महाविहार-आर्य-भिक्षु-संघस्य'', अर्थात् 'प्रतिष्ठित नालन्दा विश्वविद्यालय की संचालक परिषद् का'। अधिकांश मुहरों पर 'धर्मचक्र' अंकित है। एक कॉलेज या विहार की मुहर भी प्राप्त हुई जिस पर यह लेख अंकित है : ''श्री-नालन्दा-महाविहार-गुणाकार-बुद्ध-भिक्षुणाम्''। प्रतीत होता है कि नालन्दा विश्वविद्यालय को बहुत मान और अधिकार दिया जाता था।

नालन्दा विश्वविद्यालय ई-त्सिंग की यात्रा के पश्चात् भी पाँच शतियों तक उन्नति करता रहा। नालन्दा विश्वविद्यालय के पतन का इतिहास एक प्रकार से भारत में बौद्ध-धर्म के ह्रास का इतिहास है।

ई-त्सिग का भारतीय विवरण (I-tsing's Account of India)—ई-त्सिग चीनी यात्री था जिसने 672 और 688 ई० के बीच भारत में भ्रमण किया। उस समय के भारतीयों की सामाजिक, धार्मिक और आर्थिक अवस्था का उसने सजीव चित्र खींचा है। इसके अतिरिक्त बुद्ध के जीवन, उसके नाम से सम्बन्धित स्थानों तथा उसकी प्रचार की विधि के विषय में भी बहुत-सी जानकारी उससे उपलब्ध होती है। वह हमें बताता है कि बुद्ध ने साधारण लोगों को अत्यन्त सरल भाषा में उपदेश दिया। बुद्ध का विश्वास था कि 'शील' की साधना से संसार के लोगों के अधिकाँश दोष दूर किये जा सकते हैं।

ई-त्सिंग बताते हैं कि भारत तथा बहत्तर भारत के लोगों को चार 'निकायों' का ज्ञान था, हालाँकि उपासकों की संख्या स्थान-स्थान पर भिन्न थी। जहाँ बौद्ध धर्म प्रचलित था वहाँ भी अन्य धर्म उपस्थित थे।

भारत में पुरोहित लोग खाना खाने से पहले हाथ-पैर धो लिया करते थे। ये अलग-अलग छोटी-छोटी बेंतों की कुर्सियों पर बैठते थे। पवित्र तथा झूठे भोजन में भेद रखना भारत का रिवाज था। यदि एक कौर भी खा लिया जाए तो भोजन झूठा हो जाता था और उन बर्तनों का प्रयोग नहीं किया जाता था जिनमें वह भोजन परोसा जाता था। यह प्रथा धनी और निर्धनों में प्रचलित थी। खाना खाने के बाद प्रत्येक भारतीय को मुँह साफ करना पड़ता था। ई-त्सिंग बताते हैं कि जब एक बार उत्तर के मंगोलिया के लोगों ने एक दूतमण्डल भारत भेजा तो उसके सदस्यों का उपहास और अपमान किया गया क्योंकि वे अपने शरीर तथा मुँह साफ नहीं करते थे।

जब भी 'संघ' द्वारा किसी खेत में फसल लगाई जाती थी तो उत्पादन का कुछ भाग विहार के सेवकों या खेती करने वालों को देना पड़ता था। प्रत्येक उपज को छ: भागों में बाँटा जाता था और उसमें से एक भाग 'संघ' को प्राप्त होता था।

विहार का सारा कार्य एक परिषद् की अनुमति से किया जाता था और उस के परामर्श के बिना कुछ नहीं किया जा सकता था। यदि कोई पुरोहित परिषद् की इच्छा पर ध्यान दिए बिना ही कोई निर्णय करता था या किसी से बुरा व्यवहार करता था तो उसे विहार से निकाल दिया जाता था।

ई-त्सिंग बताते हैं कि नालन्दा विहार के नियम बहुत कड़े थे। आवासियों की संख्या 3,000 से अधिक थी। इसके अधिकार में 200 से अधिक ग्राम थे जो कई पीढ़ियों के राजाओं ने उसे प्रदान किए थे।

ई-त्सिंग बताते हैं कि सारे भारत में लोग दो कपड़े पहनते थे। वे चौड़ी लिनन के थे और आठ फुट लम्बे थे। उनकी कटाई या सिलाई नहीं की जाती थी। उन्हें केवल कमर के चारों ओर बाँध लिया जाता था जिससे शरीर का निचला भाग ढक जाए। उत्तर-पश्चिम के लोग कपड़े प्रयोग नहीं करते थे। वे ऊन और चमड़े के वस्त्र पहनते थे। वे कमीजें और पायजामे पहनते थे। ई-त्सिंग एक अन्य प्रकार के वस्त्र का भी उल्लेख करता है जो बाएँ कन्धे के ऊपर पहना जाता था। घाघरा शरीर के निचले भाग के चारों ओर बाँध लिया जाता था। इसके लिए मुलायम सफेद कपड़ा प्रयोग किया जाता था।

ई-त्सिंग ने लिखा है कि भारत में पुरोहित और साधारण लोग सैर के लिए जाया करते थे। सैर का समय सुबह और शाम था। सैर से बीमारी दूर होती है और खाना पचाने में सहायता मिलती है।

ई-त्सिंग बताते हैं कि भारत को 'आर्यदेश' कहा जाता था। 'आर्य' का अर्थ है श्रेष्ठ और 'देश' का अर्थ है क्षेत्र। भारत को 'आर्यदेश' कहा जाता था क्योंकि श्रेष्ठ चरित्र के व्यक्ति वहाँ निरन्तर जन्म लेते रहते थे। भारत को **'मध्यदेश'** भी कहा जाता था क्योंकि यह सैकड़ों देशों के मध्य में था। लोग इसके नाम से परिचित थे। उत्तरी जातियाँ ही **'आर्यदेश'**

को 'हिन्दू' कहती थीं। क्योंकि यह प्रचलित नाम नहीं था। यह केवल स्थानीय नाम था और इसका कोई विशेष महत्त्व नहीं था। भारतीयों को यह नाम प्रायः अज्ञात था और भारत के लिए सर्वाधिक उपयुक्त नाम था 'आर्यदेश' या श्रेष्ठ भूमि।

ई-त्सिंग ने भारत में आचार्यों द्वारा विद्यार्थियों को शिक्षित करने के ढंग का विस्तृत वर्णन किया है। विद्यार्थी आचार्य के पास जाकर उसकी सेवा करते थे। आचार्य उन्हें इस प्रकार पाठ पढ़ाता था जिससे प्रत्येक विवरण की ओर पर्याप्त ध्यान दिया जा सके। आचार्य अपने शिष्य के आचरण पर दृष्टि रखता था और उसके दोष उसे बताता था। जब वह शिष्य की गलती पकड़ता था तो वह उसे ठीक करने के लिए और प्रायश्चित करने के लिए बाध्य करता था। विद्यार्थी अपने आचार्य के शरीर की मालिश करता था, उसके कपड़े तह करता था और कभी-कभी कमरों तथा आँगन को साफ करता था। वह गुरू को शुद्ध जल लाकर देता था। विद्यार्थी अपने गुरू की ओर से सब कुछ करता था। इसके विपरीत यदि शिष्य अस्वस्थ हो जाए तो आचार्य का कर्त्तव्य था कि उसकी परिचर्या करे और उसे आवश्यक औषधियाँ दे और उससे पुत्रवत् व्यवहार करे।

ई-त्सिंग बताते हैं कि भारत के चिकित्सा विज्ञान के अनुसार वैद्य रोगी की आवाज और मुख का निरीक्षण करता था और चिकित्सा विज्ञान के आठ भागों के अनुसार औषधि लिख देता था। वे भाग सब प्रकार के दर्दों, शरीर के रोगों, बच्चों के रोगों, जीवन लम्बा करने के उपायों और टाँगों तथा शरीर को पुष्ट करने के उपायों से सम्बन्धित थे। आठ भाग अलग-अलग पुस्तकों में थे लेकिन उन्हें अभी-अभी एक पुस्तक में संक्षिप्त कर दिया गया था। सभी वैद्य उसी पुस्तक के अनुसार कार्य करते थे और सफलता प्राप्त करते थे। लोग वैद्यों का सम्मान करते थे क्योंकि वे उनको रोग-मुक्त करते थे। ई-त्सिंग बताते हैं कि पश्चिमी भारत में लाटों के देश में जो लोग बीमार हो जाते थे आधे महीने तक और कभी-कभी पूरा महीना खाना नहीं खाते थे। जब तक बीमारी रहे वे खाना नहीं खाते थे। मध्य भारत में उपवास की सबसे लम्बी अवधि एक सप्ताह थी, किन्तु दक्षिणी समुद्र के द्वीपों में यह अवधि दो या तीन दिन ही थी।

ई-त्सिंग बताते हैं कि भारतवासी प्याज नहीं खाते थे। कूड़ा-कर्कट उठाने वाले चलते समय लकड़ियाँ पीटते जाते थे। यदि गलती से कोई उन्हें छू दे तो उसे स्नान करना पड़ता था और कपड़े बदलने पड़ते थे।

ई-त्सिंग बताते हैं कि अश्वघोष ने कुछ काव्यात्मक गीतों की ओर "सूत्रालंकार शास्त्र" की रचना की। उसने "बुद्ध चरित काव्य" की रचना भी की। यह कृति इतनी बड़ी थी कि इसे दस पुस्तकों में विभाजित करना पड़ा। इसे पूर्ण करने में छः मास लगे। सूत्र पाणिनि की कृति में पाए गए। आठ वर्ष की आयु में ही बच्चे उन्हें पढ़ना शुरू कर देते थे और आठ महीने के अन्दर उन्हें मौखिक रूप से दुहरा सकते थे। वे उन्हें अच्छी तरह कण्ठस्थ करते थे।

सूत्रों की टीका का नाम "काशिकावृत्ति" था। पन्द्रह वर्ष की आयु में बालक उसे पढ़ना शुरू करते थे और पाँच वर्ष में वे उसे पूरी तरह समझ लेते थे। इस पुस्तक का लेखक गयादित्य ख्याति-प्राप्त विद्वान् था।

ई-त्सिंग बताते हैं कि टीका समाप्त करने के पश्चात् विद्यार्थी पद्य तथा गद्य रचना, तर्क, अध्यात्मविद्या आदि का अध्ययन करते थे।

ई-त्सिंग ने "भर्तृहरि शास्त्र" का उल्लेख किया है। उसमें 25,000 श्लोक थे। इस पुस्तक में मानव जीवन के सिद्धान्तों, व्याकरण के नियमों और परिवारों के उत्थान तथा पतन की परिस्थितियों से सम्बन्धित नियमों का वर्णन किया गया था। ई-त्सिंग बताता है कि भर्तृहरि सारे भारत में बहुत प्रसिद्ध था। उसकी पुस्तक सभी जगह ज्ञात थी। भर्तृहरि धर्मपाल का समकालीन था। कुछ अन्य पुस्तकें भी उसकी कृतियाँ बताई जाती थीं।

ई-त्सिंग की भारत यात्रा के समय भारतीय समाज का चित्र अंकित करने में ई-त्सिंग द्वारा दी गई जानकारी अत्यन्त लाभप्रद है।

Suggested Readings

Agarwala, V.S. : Harshacharita (in Hindi), Patna, 1953.

Altekar, A.S. : Education in Ancient India.

Beal, S. : Buddhist Records of the Western World (1883).

Beal, S.	:	Life of Hiuen Tsiang by the Shaman Hwui Li (London, 1911).
Bose, P.N.	:	Indian Teachers of Buddhist Universities.
Chatterji, Gauri Shankar	:	Harsha-vardhana (in Hindi) Allahabad, 1938.
Cowell and Thomas	:	Bana's Harshcharita.
Devahuti, D.	:	Harsha : A Political Study. Oxford, 1970.
Ettinghausen, M.L.	:	Harsha-vardhana.
Gangal, V.D.	:	Harsha (National Book Trust).
Ghosh	:	A Guide to Nalanda (1939).
Majumdar, R.C.	:	The Harsha Era (I.H.Q., 1951, pp. 183-190).
Majumdar, R.C. (Ed.)	:	The Classical Age (Chapter on Harsha).
Mookerji, R.K.	:	Harsha, Oxford, 1926.
Mookerji, R.K.	:	Ancient India.
Mookerji, R.K.	:	Men and Thought in Ancient India.
Mookerji, R.K.	:	Education in Ancient India.
Panikkar, K.M.	:	Shri Harsha of Kanauj, Bombay, 1932.
Sampurnanada	:	Samrat Harsha-vardhana (in Hindi), Bombay, 1920.
Sankalia, H.D.	:	The University of Nalanda, Madras, 1934.
Sharma, Baijnath	:	Harsha and His Times, Varanasi, 1970.
Sircar, D.C.	:	Harsha's Accession and Harsha Era (I.H.Q., 1951, pp. 321-7).
Smith, V.A.	:	Early History of India.
Tripathi, R.S.	:	History of Kanauj to the Muslim Conquest, Banaras, 1937.
Watters	:	On Yuan Chwang's Travel in India (1904-5).

अध्याय

39

हर्षवर्धन के पश्चात् उत्तरी भारत की अवस्था

(Northern India After Harshavardhan)

647 ई० में हर्षवर्धन की मृत्यु के पश्चात् उत्तरी भारत या दक्षिणी भारत का इतिहास विस्तृत रूप में प्रस्तुत करना इस पुस्तक का उद्देश्य नहीं है। केवल मुख्य-मुख्य घटनाओं की ही चर्चा यहाँ की जाएगी।

यह सर्व-विदित है कि हर्षवर्धन के अधीन प्राप्त की गई उत्तरी भारत की एकता उसकी मृत्यु के पश्चात् समाप्त हो गई। अर्जुन ने कन्नौज के सिंहासन पर अधिकार कर लिया। हर्षवर्धन की मृत्यु के पश्चात् वाँग-ह्यान-त्से (Wang-hiuen-tse) के नेतृत्व में आए चीनी दूत-मण्डल का उसने विरोध किया। वाँग-ह्यान-त्से के साथ आने वाले रक्षकों की या तो हत्या कर दी गई या उन्हें बन्दी बना लिया गया। दूत-मण्डल की सम्पत्ति और भारतीय राजाओं द्वारा उसे दिए गए उपहार लूट लिये गए। किन्तु रात्रि के समय वाँग-ह्यान-त्से और उसके सहकारी नेपाल भाग गए। तिब्बत में उस समय स्त्रॉंग-त्सान गैम्पो का राज्य था। उसका विवाह एक चीनी राजकुमारी से हुआ था। उसने वाँग-ह्यान-त्से को 1,200 चुने हुए सैनिक दिए और उनके अतिरिक्त वाँग-ह्यान-त्से नेपाल से 7,000 अश्वारोही प्राप्त करने में भी सफल हो गया। कामरूप के राजा भास्करवर्मा ने भी उसकी सहायता की और उसने तिरहुत के मुख्य नगर पर आक्रमण कर दिया। वहाँ की सेना के 3,000 सैनिकों की हत्या कर दी गई और 10,000 व्यक्ति नदी में डूब गए। अर्जुन परास्त हुआ और बन्दी बना लिया गया। वाँग-ह्यान-त्से ने 1,000 बन्दियों का वध कर दिया और सम्पूर्ण राजवंश को बन्दी बना लिया। उसने 12,000 व्यक्ति बन्दी बनाए और 13,000 से अधिक घोड़े, गाएँ और बैल आदि भी प्राप्त किए। इस युद्ध में 580 प्राचीर-नगरों ने समर्पण कर दिया। वाँग-ह्यान-त्से अर्जुन को बन्दी बना कर अंपने साथ चीन ले गया।

इन परिस्थितियों में उत्तरी भारत में अनेक राज्य स्थापित हो गए और उनमें सर्वोच्चता के लिए संघर्ष होना स्वाभाविक था। उस संघर्ष में चार राज्यों ने भाग लिया, यथा कन्नौज, कश्मीर, मगध और राष्ट्रकूट वंश। कुछ समय के लिए कन्नौज का प्रतिहार वंश सर्वोच्च बन गया। उनके बाद पाल वंश ने उनका स्थान ग्रहण किया। राष्ट्रकूटों ने दक्षिण भारत के पश्चिम और दक्षिण में अपने राज्य का विस्तार किया था। पाल वंश के पतन के पश्चात् अह्निलवाड़ के चालुक्य वंश, जेजकभुक्ति के चन्देल वंश, ग्वालियर के कच्छकपघाप वंश, दहाल के चेदी वंश, मालवा के परमार वंश, दक्षिणी राजपूताना के गुहिल वंश और शकम्भरी के चाहमान वंश ने उत्तरी भारत का विभाजन कर लिया।

कामरूप (Kamarupa)—कामरूप राज्य गुप्त सम्राट् की प्रभुता स्वीकार करता था किन्तु घरेलू कार्यों में इसे स्वाधीनता प्राप्त थी। हर्षवर्धन के समय में कामरूप में भास्करवर्मा का राज्य था। गौड़ या बंगाल के राजा शशाँक के उदय के कारण उसे भय होने लगा, अत: उसने हर्षवर्धन के साथ मैत्री सन्धि कर ली और उसके पूर्वी अभियानों में उसकी सहायता भी की। पुरस्कार-स्वरूप उसे बंगाल का कुछ भाग मिला। शशाँक की मृत्यु के पश्चात् भास्करवर्मा की स्थिति

अधीनस्थ सामन्त की सी हो गई। इसका प्रमाण इस तथ्य से मिलता है कि जब भास्करवर्मा ने ह्यूनसाँग को हर्षवर्धन के पास भेजने से इन्कार कर दिया तो हर्षवर्धन ने उसे धमकी दी और उसे ह्यूनसाँग को हर्षवर्धन के पास भेजना पड़ा। यह भी कहा जाता है कि भास्करवर्मा हर्षवर्धन की कन्नौज और प्रयाग की सभाओं में भी उपस्थित हुआ। हर्षवर्धन की मृत्यु के पश्चात् ही भास्करवर्मा ने अपनी स्वतन्त्रता का दावा किया। किन्तु प्रतीत होता है कि उसकी स्वतन्त्रता अल्पजीवी थी। एक बर्बर सरदार शीलस्तम्भ ने भास्करवर्मा को परास्त किया और इस प्रकार लगभग 300 वर्ष के लिए कामरूप म्लेच्छों के अधीन हो गया।

नेपाल (Nepal)—समुद्रगुप्त के इलाहाबाद स्तम्ब लेख से पता चलता है कि समुद्रगुप्त के समय में नेपाल स्वतन्त्र राज्य था। वह गुप्त सम्राट् को कर देता था और उसकी आज्ञा का पालन करता था। कर सम्भवतः नाममात्र था और आज्ञापालन भी निरन्तर नहीं था। सातवीं शताब्दी में नेपाल तिब्बत और हर्ष के साम्राज्य के बीच में मध्यस्थ राज्य था। ठाकुरी वंश के संस्थापक अशुवर्मा का तिब्बत के साथ घनिष्ठ सम्बन्ध था क्योंकि उसकी पुत्री का विवाह तिब्बत के शासक से हुआ था। हर्षवर्धन की मृत्यु के पश्चात् तिब्बत और नेपाल की सेनाओं ने चीनी दूत वाँग-ह्यान-त्से की अर्जुन के विरुद्ध सहायता की जिसने कन्नौज के सिंहासन पर अपने बल से अधिकार कर लिया था। आठवीं शती में भी नेपाल तिब्बत के अधीन था। 703 ई० में नेपाल ने तिब्बत से स्वतन्त्रता प्राप्त कर ली। युद्ध में तिब्बत का राजा मारा गया। 879 ई० में एक नया नेपाली संवत् आरम्भ किया गया किन्तु इसका कारण ज्ञात नहीं है। आठवीं शताब्दी के मध्य के पश्चात् नेपाल और भारत के साथ चीन के सम्बन्ध टूट गए।

अशोक के समय में नेपाल में बौद्ध धर्म का प्रचार किया गया। उसके पश्चात् कई शताब्दियों तक नेपाल के धार्मिक इतिहास का कोई ज्ञान नहीं है। सातवीं शती में प्रचलित धर्म महायान का 'तान्त्रिक' रूप प्रतीत होता है जो शिव से सम्बन्धित प्राचीन हिन्दू धर्म से बहुत मिलता था।

कश्मीर (Kashmir)—मौर्यों और कुषाणों के राज्य के अतिरिक्त कश्मीर घाटी राजनीतिक दृष्टि से भारत से पृथक् थी। अशोक के समय में बौद्ध धर्म कश्मीर में फैला। कनिष्क के समय में भी कश्मीर उसके साम्राज्य का अंग था। उसने कश्मीर में बौद्ध सभी की थी। हूण नेता मिहिरकुल ने भी कश्मीर में आश्रय लिया। उसने कश्मीर के राजा की हत्या कर दी और उसके सिंहासन पर अधिकार कर लिया। एक वर्ष पश्चात् उसकी मृत्यु हो गई। सातवीं शती में कश्मीर में एक शक्तिशाली हिन्दू वंश उदित हुआ जिसकी स्थापना दुर्लभवर्धन ने की थी। इसी शासक के राज्य-काल में ह्यूनसाँग ने कश्मीर यात्रा की। दुर्लभवर्धन के पश्चात् उसका पुत्र प्रतापादित्य सिंहासन पर बैठा। उसी ने प्रतापपुर शहर की स्थापना की। ललितादित्य मुक्तापीड इस वंश का सबसे महान् राजा था। वह 724 ई० में राजा बना। उसे पंजाब, कन्नौज, दर्दिस्तान और काबुल को विजय करने का श्रेय दिया जाता है। उसी के राज्य-काल में सूर्य-देवता का मार्तण्ड मन्दिर बनवाया गया। लगभग 740 ई० में उसने कन्नौज के राजा यशोवर्मा को परास्त किया। 36 वर्ष राज्य करने के बाद लगभग 760 ई० में उसकी मृत्यु हुई। ललितादित्य मुक्तापीड़ के पौत्र जयापीड़ विनयादित्य को भी कई अभियानों का श्रेय दिया जाता है। कहा गया है कि उसने कन्नौज के राजा (सम्भवतः वज्रायुध) को परास्त करके सिंहासन से उतारा। उसने गुप्त रूप से बंगाल में पुण्ड्रवर्धन की राजधानी की भी यात्रा की। यह भी कहा जाता है कि उसने नेपाल के राजा के विरुद्ध युद्ध का नेतृत्व किया। वह बहुत अत्याचारी राजा था। उसके राज्य के विषय में "राजतरंगिणी" का लेखक कह्लण लिखता है : "इस प्रसिद्ध राजा ने 31 वर्ष राज्य किया। वह अपनी इच्छाओं को नियन्त्रण में नहीं रख सकता था। जब शासकों की तृष्णा धन से और मछलियों की तृष्णा अशुद्ध जल से उत्तेजित हो जाती है तो वे अपना स्थान छोड़ कर बुरे ढंग अपनाते हैं और परिणामस्वरूप वे मृत्यु के कठोर जाल में अर्थात् शासक भाग्य के चक्र में और मछलियाँ मछियारों के समूह में फंस जाती हैं।"

अवन्तिवर्मा ने 855 ई० से 883 ई० तक राज्य किया। साहित्य को आश्रय देने के कारण और अपने लोक-कल्याण मन्त्री सूय्य की जल-प्रणाली और सिंचाई की लाभकारी योजनाओं के कारण अवन्तिवर्मा प्रसिद्ध था। उसके बाद शंकरवर्मा ने 883 से 902 तक राज्य किया। उसने युद्ध में प्रसिद्धि प्राप्त की। उसने मन्दिरों के धन को लूटा। राजा जयसिंह ने 1127 से 1155 ई० तक राज्य किया और उसने कश्मीर के प्रसिद्ध कवि और इतिहासकार कह्लण को संरक्षण दिया। चौदहवीं शती में कश्मीर पर मुस्लिम राज्य स्थापित हो गया। उस वंश ने 1587 ई० तक राज्य किया, जब अकबर ने कश्मीर को विजित किया।

राजपूतों का उत्थान (Rise of the Rajputs)—इस काल की मुख्य विशेषता राजपूतों का उत्थान थी। हर्षवर्धन की मृत्यु के पश्चात् राजपूत ही उत्तरी भारत की राजनीति पर छाए रहे। उन्होंने कई राज्य स्थापित किए और उनसे ही मुसलमानों ने उत्तरी भारत विजय किया।

राजपूतों का उद्भव (Origin of the Rajputs)—राजपूतों की उत्पत्ति का विषय विवादग्रस्त है। इसे निर्धारित करने के लिए कुशलता से काम लिया गया है। कठिनाई और भी बढ़ गई है क्योंकि ब्राह्मणों और भाटों ने राजपूतों को गौरवशाली वंशावलियों का राजा बताया है। राजपूतों ने वैदिक काल के क्षत्रियों के सीधे वंशज होने का दावा किया है। उन्होंने अपना वंश सूर्य और चन्द्र से जोड़ा और कुछ अग्निकुल सिद्धान्त में विश्वास करते थे।

'राजपूत' शब्द राजस्थान के कुछ भागों में किसी क्षत्रिय सरदार या जागीरदार के अवैध पुत्र को कहा जाता है। 'राजपूत' संस्कृत के 'राजपुत्र' शब्द का बिगड़ा हुआ रूप है, जिसका अर्थ है 'राजसी रक्त का वंशज'। राजपूत शब्द पुराणों में और बाणकृत ''हर्षचरित'' में भी आता है।

राजपूतों के उद्भव के विषय में कई विचार हैं। टॉड बताते हैं कि राजपूत शकों, हूणों, कुषाणों, गुर्जरों आदि के वंशज थे जो भारत आये और यहीं रहने लगे। कालान्तर में वे हिन्दू समाज में विलीन हो गए। उन्होंने भारतीय स्त्रियों से विवाह किए और भारत को ही अपना घर बनाया। उन्हें भारतीय जातियों में मिला लिया गया। इन विदेशियों की उच्च श्रेणियों ने एक अलग युद्धप्रिय वर्ग बनाया जो अपने आपको राजपूत कहते थे और निम्न श्रेणी वाले जाट, अहीर आदि कहलाए। इस सिद्धान्त की पुष्टि में टॉड ने विभिन्न आधिवासियों और राजपूतों की कुछ विशेष समानताओं का उल्लेख किया। ये समानताएँ अश्व की पूजा, अश्वमेध यज्ञ, भाट, युद्ध-रथ, स्त्रियों की स्थिति, शकुन और भविष्यवाणी, तेज शराब का चाव, शस्त्रों की पूजा, शस्त्र संस्कार, इत्यादि हैं।

टॉड का विचार यूरोपीय विद्वानों ने स्वीकार किया। विलियम ब्रुक ने माना है : ''नवीन खोज से राजपूतों के उद्भव पर पर्याप्त नया प्रकाश पड़ता है। वैदिक क्षत्रिय और मध्ययुगीन राजपूत के बीच में काफी अन्तर है जिसे पूरा करना अब असम्भव है। एक सहायक भाट की सहायता से कुछ गोत्र सम्भवत: अपनी वंशावलि बौद्ध युगों के क्षत्रियों तक निश्चित कर सके जिन्हें हिन्दू समाज का मुख्य अंग माना जाता था और जो अपने विचारों में ब्राह्मणों से भी ऊँचे थे। किन्तु अब यह निश्चित है कि अनेक गोत्रों का उद्भव शक या कुषाण आक्रमण के समय का है जो दूसरी शती ई०पू० के मध्य में शुरू हुए, या उनका उद्भव और भी निश्चित रूप से श्वेत हूणों से है जिन्होंने 480 ई० के लगभग गुप्त साम्राज्य का नाश किया। श्वेत हूणों से सम्बन्धित गुर्जर जाति ने हिन्दू-धर्म अपना लिया और उनके नेताओं से ही ऊँचे राजपूत परिवारों का जन्म हुआ। राजकीय सम्मान के इन नए दावेदारों ने जब ब्राह्मण-धर्म और उसकी संस्थाओं को अंगीकार किया तो ''महाभारत'' और ''रामायण'' में उल्लिखित काल्पनिक वीरों के वीरतापूर्ण कार्यों से सम्बन्ध जोड़ने का प्रयत्न स्वाभाविक था। इसी से दन्तकथाएँ बनीं जिन्हें पूर्व कथाओं (The Annals) में संकलित किया गया है जिसके अनुसार दो महान् राजपूत शाखाओं को सूर्य या चन्द्र से उसी प्रकार उत्पन्न हुआ कल्पित किया जाता है जिस प्रकार पीरू के इंक वंशी (Incas of Peru) और जापान के मिकादो वंशी (Mikado of Japan) भी दावा करते हैं।

विदेशी उद्भव का सिद्धान्त सी०वी० वैद्य और गौरीशंकर औझा जैसे विद्वानों ने स्वीकार नहीं किया है। उनके अनुसार नृवंश (Ethnology), परम्परा और सम्भावनाएँ इसी परिणाम की ओर संकेत करती हैं कि राजपूत शुद्ध आर्य थे और विदेशियों के वंशज नहीं थे। ओझा बताते हैं कि शकों और राजपूतों की रीतियों और आचारों की समानताओं में कुछ भी विशेष नहीं है। सूर्योपासना भारत में वैदिक युगों से प्रचलित है। ''महाभारत'' से सिद्ध होता है कि शकों के आगमन से पहले भी भारत में सती-प्रथा प्रचलित थी। अश्वमेध यज्ञ भी अज्ञात नहीं था। ऐसे यज्ञों का महाकाव्यों में उल्लेख है। अश्वों और शस्त्रों की पूजा भी कोई नई चीज नहीं है। भारत के शासक वर्ग सदा से इनकी उपासना करते आए हैं। यह भी बताया गया है कि पुराणों का यह कथन ठीक नहीं है कि शिशुनगर वंश के राजा महानन्द के पश्चात् शूद्र राजा प्रभुत्व ग्रहण करेंगे। नन्द और मौर्य वंशों के पश्चात् क्षत्रिय राजाओं की विद्यमानता को सिद्ध करने के लिए प्रमाण हैं।

अन्तिम मौर्यराजा बृहद्रथ की हत्या करने के बाद जब पुष्यमित्र ने अपना राज्य स्थापित किया तो उसने अश्वमेध यज्ञ किया और ऐसे एक यज्ञ में ''महाभाष्य'' का लेखक पतंजलि भी उपस्थित था। यदि पुष्यमित्र शूद्र था तो पतंजलि

वहां उपस्थित न होता। खारवेल के हाथी गुफा अभिलेख में कौशाम्बी के क्षत्रियों का नाम है। महाभारत युद्ध से पहले यादव-वंशी क्षत्रियों का मथुरा और निकटवर्ती प्रदेश में राज्य था।

नौवीं और दसवीं शताब्दियों के कुछ अभिलेखों से ज्ञात होता है कि उस समय राज्य करने वाले राजपूत परिवारों का उद्भव सूर्यवंशी राम और चन्द्रवंशी कृष्ण से हुआ था। बीकानेर, मेवाड़ और जयपुर के भूतपूर्व शासक अपनी वंशावलियाँ सूर्यवंश से जोड़ते थे। उसी प्रकार जैसलमेर और कच्छ के शासक अपने आपको चन्द्रवंशी कहने में गर्व अनुभव करते थे। इस सबका कुछ ऐतिहासिक आधार अवश्य होगा।

राजपूतों के उद्भव का अग्निकुल सिद्धान्त चन्दबरदाई की कृति ''पृथ्वीराजरासो'' में दिया गया है। इस सिद्धान्त के अनुसार, विष्णु के अवतार परशुराम ने समस्त क्षत्रियों को नष्ट कर दिया। किन्तु ब्राह्मणों ने अपनी रक्षा के लिए युद्धप्रिय वर्ग की आवश्यकता को अनुभव किया। आबू पर्वत की चोटी पर उन्होंने ईश्वर से प्रार्थना की और 40 दिन तक बड़ा हवन किया गया। ब्राह्मणों की प्रार्थनाएँ सफल हुईं और अग्निकुण्ड से चार नायक निकले और उनमें से प्रत्येक ने एक पृथक् राजपूत वर्ग की स्थापना की। इस प्रकार चौहान, सोलङ्की (या चालुक्य), परमार और प्रतिहार वंशों की स्थापना हुई। यह सिद्धान्त अब भी राजपूतों को मान्य है। डॉ० डी०आर० भण्डारकर और अन्य विद्वानों ने इस कथा में राजपूतों के विदेशी उद्भव की पुष्टि पाई है। एडवर्ड्स (Edwards) का विचार है कि अग्निकुल की पौराणिक कथा का अभिप्राय अग्नि द्वारा शुद्धि की रीति से है, जिसका स्थान दक्षिणी राजपूताना में था और जिससे विदेशियों को शुद्ध करके उन्हें जाति-प्रथा में प्रवेश करने योग्य बनाया गया। यह कथा निश्चय ही काल्पनिक है। यह ब्राह्मणों का क्षत्रियों के लिए एक उच्च उद्भव ढूँढ़ने का प्रयास मात्र है क्योंकि क्षत्रियों का समाज में बहुत ऊँचा स्थान था और वे ब्राह्मणों को अपार धन दान किया करते थे।

डॉ० वी०ए० स्मिथ ने लिखा है कि राजपूत मिश्रित वर्ग थे। कुछ राजपूत गोत्र हूणों, शकों और कुषाणों आदि विदेशियों के वंशज थे और शेष प्राचीन क्षत्रिय जातियों के वंशज थे। आरम्भ में ये दोनों भाग एक-दूसरे के विरुद्ध थे किन्तु बाद में एक दूसरे के साथ मिल गए। स्मिथ बताते हैं : ''इस प्रकार उस समय जातियों का क्षत्रिय या राजपूत समूह वास्तव में एक व्यावसायिक समूह है। इसमें सभी कबीले हिन्दू रीतियाँ मानते हैं। इस समूह ने वास्तव में ही राज-कार्य सम्भाला। अत: अत्यन्त विभिन्न जातियाँ राजपूत कही जाती थीं और हैं। वर्त्तमान अधिकांश राजपूत कबीले अपनी उज्ज्वल वंशावलियों के होते हुए भी विदेशों से आने वाली जातियों या गोंड और भार जैसी देशीय जातियों के वंशज हैं।''

राजपूत संस्कृति और सभ्यता (Rajput Culture and Civilization)—राजपूत अत्यन्त गौरवशाली थे। उन्हें अपने खानदानों पर गर्व था। शीघ्र ही वे घमंडी और दम्भी शासक बन गए। उन्होंने विशेष अधिकारों और रियासतों के दावे किए और उन्हें सुरक्षित रखने के लिए वे तत्पर थे। उनमें कई असाधारण गुण भी थे। उन्होंने अपने अन्दर वीरता की भावना जाग्रत की और कठिनाइयों के सामने भी उसे सुरक्षित रखा। यद्यपि युद्ध ही राजपूतों का सर्वप्रमुख उन्माद था तथापि वे समर्पण करने और आश्रय माँगने वाले शत्रु के प्रति उदार और दयावान थे। ''यदि कोई प्रार्थी रसोई में शरण ले तो वह पवित्र माना जाता था।'' टॉड ने लिखा है : ''प्रशंसा-योग्य उत्साह, देश-भक्ति, स्वामि-भक्ति, प्रतिष्ठा, आतिथ्य-सत्कार और सरलता के गुण तो उनमें निस्संकोच स्वीकार करने ही होंगे।'' राजपूतों को मैक्यावेली के सिद्धान्तों में विश्वास नहीं था। वे बड़े स्वाभिमानी और सत्यवादी थे। विजयी होने पर भी वे शत्रुओं को मौत के घाट नहीं उतारते थे। निर्धनों और निर्दोषों को वे अनावश्यक कष्ट नहीं पहुँचाते थे। स्त्री-सम्मान में वे गर्व अनुभव करते थे। उनके सम्मान और सतीत्व की रक्षा के लिए सर्वस्व भी न्यौछावर कर देते थे। वे अपनी पुत्रियों के विवाह सर्वोच्च परिवारों में करने की चेष्टा करते थे। विदेशी आक्रमणकारियों का वे डट कर विरोध करते थे और स्वामिभक्ति की शपथ लेते थे, अपने वचन को पूरा करते थे। केवल तभी निष्ठा-त्याग करते थे जब विदेशी विजेता कर्त्तव्य-विमुख हो जाएँ।

राजपूत का समस्त जीवन ही युद्ध में लग जाता। वयस्क होने पर खड्ग बाँधने के संस्कार से उसे सरदार बना दिया जाता था। ''रामायण'' और ''महाभारत'' की कहानियों के आदर्शों पर उसका पालन-पोषण किया जाता था। युद्ध न करते समय राजपूत अपना समय शिकार आदि में या रण-कौशल के खेल में व्यतीत करता था। अवकाश के समय वह अपने भाटों और नर्तकियों को साथ रखता था। अपने अनुयायियों सहित वह अफ़ीम का पानी ('कुसुम्ब') पीता था। बर्नियर (Bernier) ने लिखा है : ''यदि राजपूत वीर पुरुष हो तो अपने अनुयायियों द्वारा छोड़े जाने का उसे भय नहीं होता। उन्हें

केवल अच्छी तरह भोजन मिलता रहना चाहिए। उन्होंने उसके साथ ही मर मिटने का प्रण किया होता है। उनमें अपने स्वामी को शत्रु को सौंपने की प्रवृत्ति नहीं होती। युद्ध के समय उनका वीरोचित साहस दर्शनीय होता है। अफ़ीम का नशा उन पर चढ़ा होता है। एक दूसरे का वे आलिंगन करके अभिनन्दन करते हैं जैसे कि उन्हें मृत्यु की पूर्ण सम्भावना हो।''

राजपूतों की तुलना स्कॉटलैण्ड के पर्वतीय प्रदेश के वासियों से की गई है। प्रमुख और जाति के लिए उनकी निष्ठा अपार थी। वे अपना समय पड़ोसियों से लड़ने और उनके प्रदेशों पर आक्रमण करने में व्यतीत करते थे। छोटी-छोटी बातों के लिए भी वे रक्त-पात-पूर्ण युद्ध करने को तैयार रहते थे। कहा गया है कि एक बार एक राजा ने युद्ध किया क्योंकि शिकार करते समय उसने जो तीतर मारा वह उसके पड़ोसी के राज्य में गिरा लेकिन उसने उसे वहाँ से भी उठा लिया। राजपूतों को युद्ध से इतना प्रेम था कि युद्ध से पहली रात को वे ''महाभारत'' की कथा सुनते थे और अगले दिन की उस प्रकार प्रतीक्षा करते थे जैसे एक विरहिणी स्त्री अपने पति की प्रतीक्षा करती है। वे कहते थे : रात्रि कब समाप्त होगी; युद्ध का प्रभात कब होगा?

राजपूत शक्तिशाली और साहसी थे। वे अधिक सफलता प्राप्त न कर सके। यह कुछ सीमा तक उनकी जातीय निष्ठा का परिणाम था। वे केवल अपने प्रमुख और जाति की ही चिन्ता करते थे। उन्हें सम्पूर्ण देश से कोई सरोकार न था। वे परस्पर लड़ते रहते थे। वे संगठित होकर विदेशी आक्रान्ता को परास्त करने के योग्य न थे। एक-एक करके सभी हार जाते थे। पारस्परिक ईर्ष्या और झगड़ों में वे अपना समय और शक्ति व्यर्थ गंवा देते थे। यदि राजपूत अपनी शक्ति को संगठित करना सीख लेते तो मुस्लिम आक्रमणकारी उन्हें परास्त करने में सफल न होते। तब भारत का इतिहास एकदम भिन्न होता।

राजपूत प्रशासन (Rajput Government)—राजपूतों का प्रशासन जागीरदारी ढंग का था। उत्तरी भारत में बहुत से राजपूत राज्य थे और प्रत्येक राज्य कई जागीरों में बँटा हुआ था। जागीर एक-एक जागीरदार के अधीन होती थी। ये जागीरदार साधारणत: राजपूत सरदारों के परिवार के ही होते थे। राज्य की शक्ति और सुरक्षा उन जागीरदारों पर ही निर्भर थी। जागीरदारों को राजा की सैनिक सेवा करनी होती थी। व्यक्तिगत श्रद्धा से वे राजा से सम्बन्धित होते थे। कठिनाई या संकट के समय वे अपनी निष्ठा सिद्ध करने को तत्पर रहते थे। वे राजा को कुछ धन भी दिया करते थे। ऐसी सरकार का दोषयुक्त होना स्वाभाविक ही था। इससे व्यक्तिवाद को बढ़ावा मिलता था। किसी एक ही उद्देश्य के लिए राज्य की सभी राजनीतिक शक्तियों के संगठित होने के लिए यह बाधा थी। सभी कुछ राजा पर निर्भर था। किसी दुर्बल व्यक्ति के राजा बनने पर अव्यवस्था फैल जाती थी। अत: झगड़े लगे ही रहते थे।

राजपूत साहित्य में नियमित नौकरशाही के उल्लेख हैं। कर्मचारी वर्ग के लिए प्रयुक्त शब्द 'कायस्थ' था। अभिलेखों में कर्मचारियों को 'कायस्थ' कहा गया है। ये कर्मचारी अधिकतर ब्राह्मणों में से ही लिये जाते थे।

राज्य की आय का मुख्य स्रोत भूमि-कर था। वाणिज्य और व्यापार पर लगाए गए टैक्सों से उसकी पूर्ति कर ली जाती थी। जागीरदार भी कुछ धन दिया करते थे।

यह उल्लेखनीय है कि केन्द्रीय सरकार के परिवर्त्तनों से ग्राम्य जीवन पर कोई प्रभाव नहीं पड़ता था। बड़ी-बड़ी घटनाओं से विचलित हुए बिना ही ग्रामीण पंचायतों से अपना काम करते रहते थे। राजस्व पंचायतों के मध्य से ही एकत्र किया जाता था। पंचायतें दीवानी और फ़ौजदारी न्याय भी करती थीं। गाँव का मुखिया और पटवारी भूमि-कर एकत्र करने का अपना सामान्य कार्य करते थे और उसे कोष में पहुँचा देते थे।

सामाजिक जीवन (Social Life)—जाति-प्रथा राजपूत साम्राज्य में प्रचलित थी। केवल ब्राह्मण, क्षत्रिय, वैश्य और शूद्र के अतिरिक्त कई नई उपजातियाँ भी थीं। राजपूत समाज में ब्राह्मणों का सबसे ऊँचा स्थान था और उनका सबसे अधिक सम्मान किया जाता था। वे समस्त आध्यात्मिक या लौकिक ज्ञान के एकमात्र अधिकारी होने का दावा करते थे। वे राजपूत राजाओं के सभासद और मन्त्री होते थे। उनमें से अधिकांश अध्ययन, अध्यापन, यज्ञ, धार्मिक संस्कार तथा अन्य पुण्य-कर्म करने में ही अपना समय व्यतीत करते थे। ब्राह्मण पुरोहित और दार्शनिक समझे जाते थे। उन्हें ऐसे अधिकार और सुविधाएँ प्राप्त थीं जो अन्य लोगों को प्राप्त नहीं थीं। ब्राह्मणों को प्राण दण्ड नहीं दिया जाता था। राजपूत शासक और सैनिक क्षत्रिय वर्ग के होते थे। व्यापार और उधार तथा लेन-देन का काम वैश्य करते थे। शूद्र खेती और शिल्प का काम करते थे। वे शेष तीन जातियों की सेवा भी करते थे। अछूत ग्राम या शहर से बाहर रहते थे।

राजपूत काल के आरम्भ में तो जाति-प्रथा इतनी कठोर नहीं थी लेकिन उत्तर राजपूत काल में वह कठोर हो गई। बाण कवि ने पार्श्व का उल्लेख किया है जो ब्राह्मण पुरुष और शूद्र स्त्री का पुत्र था। 861 ई० के एक प्रतीहार अभिलेख में कहा गया है कि ब्राह्मण हरिश्चन्द्र ने एक क्षत्रिय कन्या भद्रा से विवाह किया। अन्तर्जातीय विवाह से उत्पन्न पुत्रों की जाति उनके पिता की मानी जाती थी। उत्तर ब्राह्मण काल में जाति-प्रथा अत्यधिक कठोर हो गई और ये बातें अधिकतर ब्राह्मणों के कारण हुईं। इस काल में कई नई जातियाँ और उप-जातियां बन गईं। वे उपजातियाँ जन्म, व्यवसाय, निवास-स्थान, रीतियों, धार्मिक-संस्कारों, भोजन के अन्तर आदि पर निर्भर थीं। उप-जातियाँ विशेषकर ब्राह्मणों में थीं। उस समय कन्नौज के ब्राह्मण, गौड़-ब्राह्मण, मालवी-ब्राह्मण, तेलुगू-ब्राह्मण, कोंकण-ब्राह्मण आदि अस्तित्व में आ गए। उसी प्रकार क्षत्रियों और वैश्यों में भी उप-जातियाँ बन गईं। अनेक व्यावसायिक जातियाँ भी बन गईं, जैसे ऊन बुनने वाले, जुलाहे, बढ़ई, मछियारे, शराब बनाने वाले, तेली, ग्वाले आदि। एक नई जाति भी बनी जिसका नाम कायस्थ था। कायस्थों का मुख्य कार्य लेखकों का था। सम्भवत: वे कई जातियों के थे।

राजपूतों के दरबारी जीवन की एक विशेषता थी भाट या चारन। वह राजपूतों के पूर्वजों के साहसिक कार्यों का वर्णन करता था। वह विशिष्ट व्यक्ति और कृपापात्र होता था। यह माना जाता था कि भाट या चारण को कबीले का पूरा इतिहास ज्ञात था। वंशावली से सम्बन्धित प्रश्नों पर उसका विचार सर्वमान्य था। वंश के जन्म, मृत्यु और विवाहों का विवरण वही रखता था। पैतृक या पारिवारिक सम्पत्ति के विभाजन में और विवाह के प्रश्न पर सहगोत्र के सम्बन्ध में उसका निर्णय अन्तिम था। भाट को किसी प्रकार शारीरिक हानि नहीं पहुँचाई जा सकती थी। वह युद्ध में दूत का काम करता था। वचनों की पूर्ति में वही जामिन भी होता था। यदि वचनों को तोड़ा जाए तो भाट 'त्राग' (धार्मिक आत्म-हत्या) कर लेता था। इस प्रकार दोषी के सिर पर एक भयानक अभिशाप लाद दिया जाता था।

राजपूत अपनी स्त्रियों का अत्यधिक सम्मान करते थे। उनमें पर्दे की प्रथा नहीं थी। राजपूत स्त्रियों को पर्याप्त स्वतन्त्रता प्राप्त थी। वे अपना वर भी स्वयं चुना करती थीं। धनी और निर्धन सभी राजपूतों में 'स्वयंवर' का उल्लेख मिलता है। स्त्रियाँ वयस्क होने के बाद ही विवाह करती थीं। अल्बरुनी ने लिखा है : ''सभी स्त्रियाँ शिक्षित थीं। वे सार्वजनिक कार्यों में प्रमुख भाग लेती थीं। कन्याएँ संस्कृत पढ़ती थीं, लिखती और समझती थीं। वे खेल, नृत्य और चित्र बनाना सीखती थीं।'' कुछ स्त्रियाँ इतनी विदुषी थीं कि वे किसी को भी विवाद में हरा सकती थीं। ब्राह्मण विद्वान शंकराचार्य को मण्डनमिश्र की ब्राह्मण पत्नी ने परास्त किया। सुप्रसिद्ध संस्कृत कवि राज शेखर की पत्नी अवन्ति सुन्दरी अपनी विद्वत्ता के लिए विख्यात थी। इन्दुलेखा, मरुला, शीला, सुभद्रा, लक्ष्मी, विज्जिका, मोरिका, पद्मश्री और मदालसा राजपूत काल में संस्कृत की प्रसिद्ध कवयित्रियाँ थीं। सोलंकी राजा विक्रमादित्य की बहन अक्कादेवी एक महान् योद्धा प्रशासिका थी। वह चार प्रान्तों की गवर्नर थी। उसने बेलगाँव जिले के दुर्ग के विरुद्ध चढ़ाई की और वहाँ घेरा डाला। समाज के उच्च वर्गों की स्त्रियों में संगीत और नृत्य सर्वप्रिय विनोद थे। राजाओं और योद्धाओं की पुत्रियाँ भी अश्वारोहण का प्रशिक्षण लेती थीं।

राजपूत स्त्रियों के सतीत्व और देशभक्ति के उच्च आदर्श थे। राजपूत इतिहास में असंख्य उदाहरण मिलते हैं कि सतीत्व की रक्षा के लिए स्त्रियाँ प्रसन्नता से आग में जल गईं या अपने पति के प्रति श्रद्धा और सराहना प्रकट करने के लिए उसकी चिता पर ही जल गईं। 'जौहर' सामूहिक आत्महत्या की एक रीति थी जो विजयी शत्रु के हाथों अपवित्र होने से बचने का एक ढंग था। शत्रु द्वारा अपमानित होना मृत्यु से भी अधिक निकृष्ट समझा जाता था। 'सती' वैयक्तिक आत्महत्या थी। विधवा अपने पति के युद्ध में मारे जाने पर उसकी चिता पर जल जाती थी।

विवाह की आयु कम होती जा रही थी। पुनर्विवाह की अनुमति नहीं दी जाती थी। फलस्वरूप युवा विधवाओं को कठोर जीवन व्यतीत करना पड़ता था। बहु-विवाह प्रचलित थे। कन्या का जन्म राजपूतों में अच्छा नहीं समझा जाता था क्योंकि कन्या के पिता को उसके विवाह के समय झुकना पड़ता था। अत: कई कन्याओं का जन्म के समय ही वध कर दिया जाता था। साधारण स्त्री की स्थिति खराब होती जा रही थी। वह अपने पति पर या पुरुष सम्बन्धियों पर अधिक निर्भर होती जा रही थी।

उच्च वर्ग बड़े-बड़े महलों में रहते थे और ऐश्वर्यशाली जीवन व्यतीत करते थे। उनके दास भी होते थे। वर्ष भर त्यौहार और मेले लगे रहते थे। संगीत, नृत्य, नाटक, चौपट, आखेट, शतरंज आदि सर्वप्रिय विनोद-साधन थे। स्त्रियाँ और पुरुष दोनों आभूषण पहनते थे। विभिन्न प्रकार की पोशाकों के वे बहुत शौकीन थे।

भोजन की शुद्धता पर बहुत बल दिया जाता था। उच्च वर्ग बहुत शराब पीता था। अफ़ीम और शराब का सामान्यतः प्रयोग किया जाता था। धूम्र-पान प्रचलित प्रतीत नहीं होता। भोजन के लिए माँस का प्रयोग नहीं होता था।

कहा गया है कि "जनता को अन्ध-विश्वासों द्वारा अज्ञान में रखा जाता था। उन्हें धूमधाम से सम्पन्न किए जाने वाले अगणित त्यौहारों से पथ-भ्रष्ट किया जाता था।" दूसरों को अपने में विलीन करने की हिन्दुओं की पुरानी शक्ति समाप्त हो रही थी। उनकी पुरानी स्वस्थता भी लुप्त हो रही थी। कठोर जाति-प्रथा उन्हें अप्रगतिशील बना रही थी। ब्राह्मणों की आध्यात्मिक और सांसारिक क्षेत्रों में सर्वोच्चता से घोर अन्धकार मच रहा था।

आर्थिक स्थिति (Economic Condition)—कृषि जनता का मुख्य व्यवसाय था। राजपूत महान् निर्माता थे और दुर्भिक्ष, अभाव और अनावृष्टि के समय उन्होंने अनेक बाँध, जलाशय, तालाब, कुएँ और नहरें बनाईं। राज्य की ओर से कृषकों को बहुत सहायता दी जाती थी। वाणिज्य और व्यापार की राजपूत काल में बहुत उन्नति हुई। बड़े शहर सड़कों से मिला दिए गए। लोग धनी और समृद्ध थे। उनके धन की ख्याति से मुस्लिम आक्रमणकारियों का ताँता बँध गया।

साहित्य (Literature)—राजपूत शासक कला और साहित्य के संरक्षक थे। कुछ राजपूत राजा स्वयं प्रसिद्ध लेखक थे। धार का राजा मुञ्ज महान कवि था। राजा भोज ने नक्षत्र-विज्ञान, कृषि, धर्म, भवन-निर्माण-कला, कोश-रचना, ललित-कला आदि विषयों पर विशिष्ट पुस्तकें लिख कर प्रसिद्धि प्राप्त की। उसकी मुख्य कृतियों में से कुछ के नाम हैं : "आयुर्वेद सर्वस्व", "राजमृगांक", "व्यवहार समुच्चय", "शब्दानुशासन" और "युक्तिकल्पतरु"। उसने पद्मगुप्त, धनिक, हलायुध, धनञ्जय और अमितगति जैसे विख्यात साहित्यकारों को संरक्षण दिया। राजपूत राजाओं द्वारा संरक्षित विद्वानों ने काव्य, नाटक, उपन्यास, विधि, राजनीति, इतिहास, विज्ञान और चिकित्सा आदि विषयों पर प्रसिद्ध पुस्तकें लिखीं। प्राकृत भाषा के नाटक "कर्पूर-मंजरी" का लेखक राजशेखर कन्नौज के राजा महेन्द्रपाल के दरबार में था। प्रसिद्ध "गीतगोविन्द" का लेखक जयदेव बंगाल के राजा लक्ष्मणसेन का राज-कवि था। यह कृति अर्ध-नाटक एवं अर्धगीत है। इसमें कृष्ण और गोपियों और विशेषकर प्रेयसी राधा के प्रेम का चित्रण है। कल्हण ने "राजतरंगिणी" की रचना की। सोमदेव ने सुप्रसिद्ध "कथासरितसागर" की रचना की। चन्दबरदाई ने अपने आश्रयदाता राजा पृथ्वीराज की कृतियों की प्रशंसा करने के लिए सुविख्यात "पृथ्वीराज रासो" की रचना की।

भट्टी ने "रावणवध" लिखा। माघ ने "शिशुपालवध" लिखा। श्री हर्ष ने "नैषधचरित" लिखा। पद्मगुप्त ने "नवसाहसाँकचरित" लिखा। दामोदरगुप्त ने "कुल्तनिमाता" लिखा। दण्डी ने "दशकुमारचरित" लिखा। धनपाल ने "तिलकमंजरी" और "यशतिलक" लिखे। सुबन्धु ने "वासवदत्ता" लिखा। भवभूति ने "मालतीमाधव", "महावीरचरित" और "उत्तररामचरित" लिखे। कहा गया है कि भवभूति का स्थान केवल कालिदास के बाद है। शैली की शक्ति और आवेग तथा विन्यास की अद्वितीय कुशलता में तो भवभूति ने कालिदास को भी मात किया है। आनन्दवर्धन ने "प्रबोधचन्द्र" नाटक लिखा। भट्ट नारायण ने "वैणीसंहार" लिखा। मुरारी ने "अनर्धराघव" लिखा। विल्हण ने "विक्रमांकचरित" लिखा। सन्ध्याकारन्दित ने "रामचरित" लिखा जो पाल वंश का इतिहास है। जयनायक ने "पृथ्वीराजविजय" लिखा। हेमचन्द्र ने "कुमारपालचरित" लिखा। क्षेमेन्द्र ने "बृहत्कथा मंजरी" लिखी। जयादित्य ने "काशिकावृति" लिखी। भर्तृहरि ने पतंजलि के "महाभाष्य" पर टीका लिखी। सर्ववर्मा ने व्याकरण पर एक पुस्तक लिखी। हेमचन्द्र, यादवभट्ट, पुरुषोत्तमदेव और भट्टक्षीरस्वामी ने शब्द-कोश लिखे। वात्स्यायन के "कामसूत्रों" पर भाष्य लिखे गए। कोक पण्डित ने एक नई पुस्तक "कोकशास्त्र" की रचना की। शृंगदेव ने संगीत पर अपनी पुस्तक "संगीत रत्नाकर" लिखी। हेमचन्द्र ने दर्शन और जैन-धर्म पर "प्रमाणमीमाँसा" लिखी। धर्मकीर्ति ने बौद्ध दर्शन पर "न्यायबिन्दु" लिखा। उद्योत्कर, उदयनाचार्य और अन्य लेखकों ने 'न्याय' पर भाष्य लिखे। श्रीधर ने वैशेषिक दर्शन पर और वाचस्पति मिश्र ने सांख्य दर्शन पर एक-एक पुस्तक लिखी। दर्शन पर मौलिक रचना शंकराचार्य ने लिखी। विज्ञानेश्वर ने "मिताक्षरा" लिखा जो हिन्दू कानून पर एक टीका है। वाग्भट्ट एक प्रसिद्ध वैद्य था। भास्कराचार्य एक

प्रसिद्ध नक्षत्र-शास्त्री था। वाग्भट्ट ने चिकित्सा पर ''अष्टाँगसंग्रह'' लिखा। भास्कराचार्य ने नक्षत्र-विज्ञान पर ''सिद्धान्त शिरोमणि'' लिखा। माधवकर ने चिकित्सा पर ''माधवनिदान'' लिखा।

यह उल्लेखनीय है कि राजपूत काल में ही देशी साहित्य ने प्रगति की। यह ठीक ही कहा गया है कि हिन्दी, गुजराती, मराठी और बंगला जैसी आधुनिक भारतीय भाषाओं की नींव राजपूत काल में ही रखी गई थी। इसी युग के देशी साहित्य में काव्य का विकास किया गया। एक महान् जैन संत हेमचन्द्र सूरी ने हमारे राष्ट्रीय साहित्य में पर्याप्त योगदान किया।

कला (Art)—राजपूत महान् निर्माता थे। उनके बाँध, स्नानागार, जलाशय और किले उनके शिल्पियों और इंजीनियरों की प्रवीणता का पर्याप्त प्रमाण देते हैं। कला समालोचक राजपूत काल में मन्दिर भवन-निर्माण-कला के विकास को दो भागों में बाँटते हैं। पहला भाग 600 से 900 ई० तक था। दूसरा भाग 900 से 1200 ई० तक था। पहले भाग में भवन-निर्माण-कला के विकास की नियमित उन्नति हुई। दूसरे भाग में मन्दिर निर्माण-कला में आलंकारिकता की अधिकता है। प्राचीन काल की मौलिकता जाती रही और महानता को व्यक्त करने के लिए कलाकार ने मात्रा का सहारा लिया। उनकी रुचि का स्तर गिर गया और अश्लील आकृतियाँ दिखाई देने लगीं। सम्भवतः यह हिन्दू-धर्म पर तान्त्रिक धर्म के प्रभाव का परिणाम था। ठीक ही कहा गया है कि इस काल के स्मारकों में मौलिक कला की सुन्दरता नहीं है।

राजपूत कला के कुछ महत्त्वपूर्ण उदाहरण, राजस्थान में चित्तौड़गढ़, रणथम्भौर और कुम्भलगढ़ के किले, मध्य प्रदेश में माण्डु, ग्वालियर, चन्देरी और असीरगढ़ के किले हैं। राजपूत घरेलू भवन-निर्माण-कला के उदाहरण, ग्वालियर में मानसिंह के महल, अम्बर (जयपुर) के स्मारक और उदयपुर में झील में महल हैं। अनेक राजपूत नगर और प्रासाद किलों में, पहाड़ियों के बीच या सुन्दर कृत्रिम झीलों के किनारों पर स्थित हैं। राजस्थान में जोधपुर का दुर्ग एक ऊँची अगम्य पहाड़ी पर बना हुआ है और उसके उठते हुए बुर्ज और मोर्चे हैं। बाबर ने भी उन्हें ''चमकदार ताँबे की पट्टियों से ढके गुम्बज'' कह कर उनकी प्रशंसा की।

राजपूत शासकों ने मन्दिर बनाने के लिए अपार धन दान दिया। कला समालोचकों ने उनकी सराहना की है। अधिकांश मन्दिर तो मुसलमानों ने गिरा दिए थे किन्तु कुछ बच गए और उनसे इस युग की कलात्मक सफलताओं का पता चलता है।

बुन्देलखण्ड में खजुराहो मन्दिर समूह में 30 मन्दिर हैं। उनकी अपनी सुनिश्चित पृथक् शिल्पीय विशेषता है। प्रत्येक मन्दिर ऊँचे और ठोस चबूतरे पर खड़ा है। उनमें से एक भी विशेष प्रभावोत्पादक नहीं है क्योंकि उनमें सबसे बड़ा भी केवल 100 फुट लम्बा है। किन्तु सुरूप परिमाण, सुन्दर परिधि और सुअलंकृत तलसम्पादन के लिए वे सुप्रसिद्ध हैं। खजुराहो मन्दिर के शिखर अति परिष्कृत और ललित हैं। मन्दिरों के अन्दर और बाहर सुन्दर मूर्तियाँ हैं। ये मन्दिर जैन तीर्थंकरों और शिव तथा विष्णु जैसे ब्राह्मण देवताओं के लिए बनाए गये थे।

जोधपुर से 32 मील दूर ओसिया में सोलह ब्राह्मण तथा जैन मन्दिर हैं। चित्तौड़गढ़ में कालिका माता का मन्दिर और उदयपुर से कुछ मील दूर एकलिंग मन्दिर हैं। आबू पर्वत के जैन मन्दिरों में सफेद संगमरमर के हाल, ग्यारह संकेन्द्रिक चक्रों का केन्द्रीय गुम्बद और कढ़ाईदार, महराबदार छतें और स्तम्भ हैं। इन सबमें उच्च कोटि की कला दिखाई देती है। प्रत्येक स्थान पर सुन्दर मूर्तियाँ हैं। सफेद संगमरमर के हालों वाले तेजपाल मन्दिर के विषय में फर्गुसन ने धैर्यशील हिन्दू कलाकार द्वारा सफेद संगमरमर से बनाई गई परियों की आकृतियों के ''बेलदार लावण्य'' की ओर संकेत किया है। उसी मन्दिर के केन्द्रीय गुम्बद के विषय में फर्गुसन ने कहा : ''यह एक अधखिले कमल की भाँति दिखाई देता है जिसके पंख इतने पतले, पारदर्शक और इतनी अच्छी तरह बनाए गए हैं कि सराहना करते हुए आँखें इस पर टिकी रह जाती हैं।'' नेमावर और उदयपुर में शिव मन्दिर भी हैं। पठारी और ग्यारसपुर में मन्दिरों के अवशेष दिखाई देते हैं। ग्वालियर में सास-बहू का मन्दिर है। सुनाक में नीलकण्ठ मन्दिर और पाटन से कुछ मील दूर मोढेरा में सूर्य-मन्दिर है। स्तम्भों वाले और नोकदार महराबों वाले प्रवेश-स्थानों, परिमाण की सुन्दरता और आध्यात्मिक शोभा के वातावरण के लिए मोढेरा मन्दिर विशिष्ट है। मन्दिर की सारी रचना ही प्रेरणा की ज्वलन्त शिखा से उद्दीप्त है। रुद्रमाल मन्दिर भारत के महत्तम और अत्यधिक सुसज्जित धार्मिक स्मारकों में है।

प्रतिहार साम्राज्य (Pratihara Empire)—प्रतिहार सम्भवत: गुर्जर जाति के ही भाग थे जो हूणों के बाद भारत में आए। अभिलेखों से तथा अबू जैद (Abu Zaid) और अलमसूदी (Al Musudi) जैसे अरब लेखकों की कृतियों से सिद्ध होता है कि प्रतिहार गुर्जर जाति के थे। अरब लेखकों ने अरबों की उत्तर के जुज्र (Juzr) या गुर्जरों के साथ लड़ाइयों का उल्लेख किया है। कन्नड़ कवि पम्प ने महीपाल को 'गुर्जर-राजा' कहा है। प्रतिहारों के अभिलेख उनका मूल लक्ष्मण से जोड़ते हैं जो राम का भाई था और उसके लिए 'प्रतिहार' या द्वारपाल का कार्य करता था। राजशेखर ने महेन्द्रपाल को 'रघुकुलतिलक' (रघु के कुल का भूषण) और 'रघुग्रामणी' (रघु के कुल का नेता) कहा है किन्तु इन शब्दों की ओर ध्यान देने की आवश्यकता नहीं है क्योंकि इनका उद्देश्य केवल यह था कि प्रतिहारों को श्रेष्ठ और सर्व-प्रसिद्ध वंशावली प्रदान की जाए।

कहा गया है कि प्रतिहारों की पूर्वतम ज्ञात बस्ती केन्द्रीय राजस्थान में मन्दौर (जोधपुर) है। यहाँ पर ही हरिश्चन्द्र के वंश ने राज्य किया। एक शाखा ने दक्षिण की ओर प्रस्थान किया और उज्जैन में अधिकार स्थापित कर लिया। इसकी पुष्टि अमोघवर्ष प्रथम के एक अभिलेख से होती है जिसमें कहा गया है कि राष्ट्रकूट राजा दन्तिदुर्ग ने गुर्जर शासक को परास्त किया। "जैन हरिवंश" में वत्सराज को स्पष्टत: अवन्ति का राजा कहा गया है। वत्सराज नागभट द्वितीय का पिता था अत: यह निश्चित रूप से कहा जा सकता है कि कन्नौज विजय से पहले प्रतिहार अवन्ति के स्वामी थे।

नागभट प्रथम (Nagabhata I)—प्रतिहारों ने नागभट प्रथम के अधीन अच्छा श्रीगणेश किया। ग्वालियर अभिलेख में कहा गया है कि उसने "शक्तिशाली म्लेच्छ शासक की विशाल सेना को नष्ट कर दिया।" उसने पश्चिमी भारत की अरबों से रक्षा की। अरबों द्वारा परास्त कई राज्यों को अपने अधीन करने में वह सफल हुआ। उसने नन्दिपुर के गुर्जर राज्य पर अधिकार किया। सम्भवत: जोधपुर के प्रतिहार राजवंश पर भी उसने अपना अधिकार स्थापित किया। कहा गया है कि राष्ट्रकूट राजा दन्तिदुर्ग ने 733 ई० से 758 ई० तक राज्य किया। उसने गुर्जर राजा को परास्त किया और उज्जैन में जब उसने 'हिरण्यगर्भदान' यज्ञ किया तो वहाँ उसने 'प्रतिहार' या द्वारपाल का काम लिया। कहा गया है कि दन्तिदुर्ग और नागभट प्रथम दोनों ने ही अरब आक्रमणों से फैली अव्यवस्था से लाभ उठाने की चेष्टा की। यद्यपि दन्तिदुर्ग ने पहले कुछ सफलता प्राप्त की तथापि किम नदी के उत्तर की ओर के क्षेत्र पर वह अपना अधिकार सुदृढ़ न रख सका। सम्भव है कि चालुक्यों के साथ अपने झगड़ों के कारण राष्ट्रकूट राजा ने उत्तर की ओर अपनी आक्रमणकारी नीति को त्याग दिया हो। अपनी प्राथमिक असफलता के होते हुए भी नागभट प्रथम ने अपने उत्तराधिकारी को एक शक्तिशाली राज्य सौंपा जिसमें मालवा और राजपूताना तथा गुजरात के कुछ भाग सम्मिलित थे।

वत्सराज (Vatsaraja)—नागभट प्रथम के पश्चात् कक्कुक (Kakkuka) और देवराज शासक बने। वे दोनों उसके भाई के पुत्र थे। इन शासकों के विषय में लगभग कुछ भी ज्ञात नहीं है। देवराज का पुत्र वत्सराज एक शक्तिशाली राजा था। वत्सराज को प्रतिहार वंशी मान लिया गया है। 778 ई० में या उसके लगभग सिंहासनारोहण के समय उसके साम्राज्य में मालवा और पूर्वी राजपूताना सम्मिलित थे। अभिलेखों से ज्ञात होता है कि वत्सराज केन्द्रीय राजपूताना में भी राज्य करता था। धीरे-धीरे उसने उत्तर में अपने राज्य का विस्तार किया। कहा गया है कि वत्सराज ने बलपूर्वक भण्डी जाति का राज्य उनसे छीन लिया। भण्डी जाति का राज्य संभवत: कन्नौज में था। वत्सराज एक महत्त्वाकाँक्षी व्यक्ति था और वह उत्तरी भारत में एक साम्राज्य स्थापित करना चाहता था। उसे अपनी आकाँक्षाओं की पूर्ति में पर्याप्त सफलता मिली। उसने गौड़ या बंगाल के राजा धर्मपाल को पराजित किया और उसका राज-छत्र उठा कर ले गया। उसके अधीनस्थ सामन्तों ने उसकी सहायता की। यह कहना सम्भव नहीं है कि वत्सराज ने वास्तव में ही बंगाल पर आक्रमण किया या नहीं। यह भी ज्ञात नहीं है कि उसने धर्मपाल का सामना दोआब में किया और वहीं उसे परास्त भी किया। किन्तु वत्सराज ने उत्तरी भारत के बहुत बड़े भाग पर अपनी प्रभुता स्थापित कर ली होगी। इस प्रकार उसने एक शक्तिशाली साम्राज्य की नींव रखी।

जब वत्सराज और धर्मपाल उत्तर में युद्ध कर रहे थे तो राष्ट्रकूट राजा ध्रुव ने परिस्थिति से लाभ उठाकर वत्सराज को एक भयंकर पराजय दी और उसे 'मरु के मध्य में' आश्रय लेने पर बाध्य कर दिया। स्पष्ट है कि उत्तरी भारत में प्रभुत्व के लिए गुर्जर, राष्ट्रकूट और पाल वंशों में संघर्ष हो रहा था। वे सब कन्नौज पर अधिकार करने की चेष्टा कर रहे थे। सम्भव है कि बंगाल के राजा के विरुद्ध प्रस्थान करने से पहले वत्सराज ने कन्नौज पर अधिकार कर लिया हो। ध्रुव ने तो धर्मपाल और वत्सराज दोनों को ही परास्त किया था परन्तु प्रतिहार शासक की सर्वाधिक हानि हुई। ध्रुव के सामने

हारने के बाद वत्सराज के बारे में कुछ भी ज्ञात नहीं है। बंगाल के राजा धर्मपाल के समय में उसके विषय में या उसके राज्य के विषय में कुछ भी ज्ञात नहीं है। सम्भव है कि वत्सराज की शक्ति केन्द्रीय राजपूताना तक ही सीमित हो गई हो।

नागभट द्वितीय (Nagabhata II)—वत्सराज के पश्चात् उसका पुत्र नागभट द्वितीय राजा बना जिसने लगभग 805 से 833 ई० तक राज्य किया। आरम्भ में उसने वंश के ग्रस्त भाग्य को पुनः स्थापित करने की चेष्टा की। किन्तु राष्ट्रकूट राजा गोविन्द तृतीय ने उसे बुरी तरह पराजित किया। ग्वालियर से प्राप्त एक अभिलेख से ज्ञात होता है कि आन्ध्र, सैन्धव, विदर्भ और कलिंग के शासकों ने उसके सामने आत्म-समर्पण कर दिया। कहा गया है कि उसने कन्नौज के चक्रायुध को भी परास्त किया जिसे पाल राजा ने सिंहासन पर बिठाया था। नागभट द्वितीय ने अनर्त, मालवा, किरात, वत्स, मत्स्य और तुरुष्क के राजाओं के पहाड़ी दुर्गों पर भी अधिकार कर लिया।

गोविन्द तृतीय ने नागभट को परास्त किया। नागभट भय के कारण अज्ञात में हो गया। उसके गृह को नष्ट करके गोविन्द तृतीय ने उसके राज्य को पार किया और हिमालय तक पहुँच गया। यह उल्लेखनीय है कि गोविन्द तृतीय द्वारा नागभट की पराजय से धर्मपाल और देवपाल को पाल वंश की प्रभुता पुनः स्थापित करने का अवसर मिला। इस प्रकार प्रतिहारों की शक्ति का कुछ ह्रास हुआ।

डॉ० आर०सी० मजूमदार ने लिखा है : "भारत के तत्कालीन इतिहास में वत्सराज और नागभट द्वितीय के राज्यों का विशिष्ट स्थान है। दोनों ही महत्त्वशाली व्यक्ति थे। सैनिक प्रवीणता दोनों में पर्याप्त मात्रा में विद्यमान थी। राष्ट्रकूटों के सामने उनकी अन्तिम पराजय के कारण उत्तरी भारत के एक सिरे से दूसरे सिरे तक उन्होंने जो सैनिक सफलताएँ प्राप्त की थीं, उनके गौरव में कोई कमी नहीं आती। उन्होंने एक प्रान्तीय राज्य को पहली श्रेणी की सैनिक तथा राजनीतिक शक्ति में परिणत किया। एक सुस्थिर साम्राज्य स्थापित करने का उनका स्वप्न तो पूरा नहीं हुआ तथापि उन्होंने उसकी जड़ें इस प्रकार जमा दीं कि कुछ समय पश्चात् राजा भोज अपने वंशागत शत्रु पाल और राष्ट्रकूट वंशों के घोर विरोध के बावजूद इस महान् कार्य में सफल हुआ।"[1]

नागभट के पश्चात् उसका पुत्र रामभद्र राजा बना। उसने लगभग तीन वर्ष राज्य किया। उसके विषय में हमें लगभग कुछ भी ज्ञात नहीं है।

मिहिरभोज (Mihirabhoja)—रामभद्र के पश्चात् उसका पुत्र मिहिरभोज राजा बना। उसने 836 से 883 ई० तक राज्य किया। कहा गया है कि राजा भोज के सिंहासनारोहण से प्रतिहारों के इतिहास में एक नया और गौरवमय अध्याय आरम्भ हुआ। अपने सिंहासनारोहण के पश्चात् कुछ ही वर्षों में उसने प्रतिहारों की शक्ति को सुदृढ़ बना दिया। उसका प्रभुत्व हिमालय तक मान्य था। अपनी स्थिति सुदृढ़ बना लेने के बाद उसने बंगाल के पाल राजा देवपाल से लोहा लेने का निश्चय किया। कहा गया है कि देवपाल ने "गुर्जर नरेश का घमंड चूर-चूर किया।" फिर भी भोज ने अपनी शक्ति का प्रयोग दक्षिण की ओर किया। उसने दक्षिणी राजपूताना और उज्जैन के निकट का प्रदेश नर्मदा नदी तक अपने अधिकार में कर लिया। किन्तु 867 ई० से कुछ समय पहले राष्ट्रकूटों की गुजरात शाखा के ध्रुव द्वितीय ने उसे परास्त किया। भोज का सामना मुख्य राष्ट्रकूट शाखा के कृष्ण द्वितीय से भी हुआ। दोनों युद्ध अनिर्णायक थे। सम्भवतः राजा भोज की सेनाएँ पेहोआ (करनाल जिला) और पश्चिम में सम्भवतः इससे भी आगे और दक्षिण-पश्चिम में सौराष्ट्र तक पहुँच गईं।

अरब लेखक सुलेमान ने राजा भोज का इस प्रकार विवरण दिया है : "यह राजा एक विशाल सेना रखता है और अन्य किसी राजा के पास ऐसी उत्तम अश्वसेना नहीं है। अरबों के प्रति उसकी मित्रता नहीं है। फिर भी वह मानता है कि अरबों का राजा सबसे महान् है। भारत के शासकों में उससे बड़ा इस्लाम का शत्रु और कोई नहीं है। उसका राज्य एक विस्तृत क्षेत्र में है। उसके पास धन है और उसके घोड़े और ऊँट असंख्य हैं। उसके राज्य में विनिमय चाँदी (और सोने) से होता है और इस देश में सम्भवतः इन धातुओं की खानें हैं। भारत का कोई अन्य राज्य डाकुओं से अधिक सुरक्षित नहीं है।"

डॉ० आर०सी० मजूमदार ने लिखा है : "एक सुयोग्य शासक के रूप में भोज प्रसिद्ध था। वह अपने राज्य में शांति रखने और बाहरी आक्रमणों से उसे सुरक्षित रखने में समर्थ था। मुस्लिम आक्रमणों के सामने वह अभेद्य दीवार की तरह था। अपना यह गुण वह अपने उत्तराधिकारियों को भी विरासत में दे गया।"

1. *The Age of Imperial Kanauj*, p. 28.

महेन्द्रपाल (Mahendrapala)—राजा भोज के बाद उसका पुत्र महेन्द्रपाल प्रथम राजा बना जो निर्भयराज भी कहलाता है। उसने लगभग 885 ई० से 910 ई० तक राज्य किया। अपने राज्य के आरम्भ में उसने मगध और उत्तरी बंगाल का अधिकांश प्रदेश विजय कर लिया। 893 और 899 ई० में उसका प्रभुत्व सौराष्ट्र तक मान्य था जहाँ उसके अधीनस्थ राजा राज्य करते थे। प्रतीत होता है कि महेन्द्रपाल प्रथम से कुछ क्षेत्र काश्मीर के राजा ने विजय किया। इसका आंशिक कारण यह था कि वह पूर्व में ही बहुत व्यस्त था। संभव है, महेन्द्रपाल प्रथम ने कुछ प्रदेश खो दिये हों, पर निश्चित है कि करनाल जिला उसके अधीन रहा।

महीपाल (Mahipala)—महेन्द्रपाल प्रथम की मृत्यु के पश्चात् उसका पुत्र भोज द्वितीय राजा बना किन्तु शीघ्र ही उसका सौतेला भाई, महीपाल उसे सिंहासन से उतार कर, स्वयं राजा बन गया। महीपाल ने लगभग 912 से 944 ई० तक राज्य किया। राज्य के शुरू में ही उसे राष्ट्रकूटों का सामना करना पड़ा। हमें बताया गया है कि इन्द्र तृतीय ने कन्नौज को पूर्णतः नष्ट कर दिया। उसने प्रयाग तक राज्य को लूट लिया। पाल वंशियों ने इससे लाभ उठाया और सोन नदी के पूर्वी तट तक अपने पैतृक राज्य को फिर प्राप्त कर लिया।

कहा गया है कि अपनी असफलताओं के होते हुए भी महीपाल शक्तिशाली सामन्तों की सहायता से अपने वंश की शक्ति को पुनः स्थापित करने में सफल हुआ। कहा गया है कि महीपाल का प्रभाव मुरालों (नर्मदा क्षेत्र के वासी), मेखलों (अमरकण्टक पहाड़ियाँ), कलिंगों, केरलों, कुलूटों, कुन्तलों और रामाथों ने भी अनुभव किया। किन्तु प्रतीत होता है कि राज्य के अन्त में महीपाल को राष्ट्रकूट राजा कृष्ण तृतीय के कारण कठिनाइयों का सामना करना पड़ा। 940 ई० से कुछ समय पहले राष्ट्रकूटों ने दो प्रतिहार दुर्गों पर अधिकार कर लिया।

महीपाल के उत्तराधिकारी (Successors of Mahipala)—महेन्द्रपाल प्रथम के पश्चात् उसका पुत्र राज्यपाल द्वितीय राजा बना। प्रतीत होता है कि उसने प्रतिहार साम्राज्य को अक्षुण्ण रखा। वह 948 ई० के लगभग सिंहासनारूढ़ हुआ। उसी के राज्य-काल में चन्देल वंश का आविर्भाव हुआ। प्रतिहारों की शक्ति का बराबर पतन होता रहा। प्रतिहार साम्राज्य को अन्हिलवाड़ के चालुक्यों, जेजकभुक्ति के चन्देलों, दाहल के चेदियों, मालवा के परमारों, दक्षिणी राजपूताना के गुहिलों, शकम्भरी के चाहमानों और ग्वालियर के कच्छपघाटों ने बाँट लिया।

दसवीं दशाब्दी के अन्त में जब राज्यपाल प्रतिहार सिंहासन पर आसीन हुआ तो वंश का गौरव और यश लुप्त हो चुके थे। इस समय मुस्लिम आक्रमणकारी भारत के द्वारों पर खड़े थे। मुस्लिम आक्रमणों को रोकने के लिए पंजाब के शाहियों के प्रयत्नों में राज्यपाल ने भी योग दिया। 991 ई० में राज्यपाल ने सुल्तान सुबुक्तगीन के विरुद्ध राजा जयपाल की सहायतार्थ एक सैनिक दस्ता भेजा। 1008 ई० में उसने एक और सैनिक दस्ता राजा आनन्दपाल की सहायता के लिए भेजा जब उस पर महमूद गज़नवी ने आक्रमण किया। दोनों बार भारतीय परास्त हुए। 1018 ई० में जब महमूद ने राज्यपाल के विरुद्ध प्रस्थान किया तो वह भाग गया। राज्यपाल के ऐसे अपमानजनक समर्पण से चन्देल वंशी गण्ड को क्रोध आ गया। उसने युवराज विद्याधरदेव के अधीन एक सेना राज्यपाल को दण्ड देने के लिए भेजी। राज्यपाल मारा गया और उसके पुत्र त्रिलोचनपाल को सिंहासन पर बिठाया गया। 1019 ई० में महमूद ने त्रिलोचनपाल को परास्त किया। इस वंश का अन्तिम शासक सम्भवतः यशपाल था और उसका नाम 1036 के अभिलेख में दिया गया है।

डॉ० आर०सी० मजूमदार ने माना है कि लगभग एक शताब्दी तक प्रतिहार साम्राज्य पूर्ण शोभा के साथ स्थिर रहा। मुस्लिम विजय से पहले यह उत्तरी भारत का अन्तिम महान् साम्राज्य था। इसने गुप्त साम्राज्य की याद फिर से ताजा कर दी और कुछ दृष्टियों से यह उसकी समानता भी करता था। इसने उत्तरी भारत का राजनीतिक एकीकरण किया। इसकी सबसे बड़ी देन पश्चिमी आक्रमणों का सफल सामना करना था। मुस्लिम आक्रमणों के विरुद्ध प्रतिहार साम्राज्य रक्षा की दीवार बन कर खड़ा रहा। प्रतिहार सेनाओं की शक्ति ने मुस्लिम आक्रमणकारियों को लगभग 300 वर्ष तक रोके रखा। प्रतिहार वंश के कुछ अति सुयोग्य शासक वत्सराज, नागभट द्वितीय, भोज और महेन्द्रपाल थे। प्रतिहार राजाओं ने साम्राज्य के गौरव की एक परम्परा को जन्म दिया जो चिरस्थायी रही और जिसने अनेक संकटों का सामना किया। राजेश्वर ने महेन्द्रपाल को आर्यावर्त्त का महाराजाधिराज या उत्तरी भारत का सम्राट् कहा।

कन्नौज का गाहड़वाल वंश (Gahadavalas of Kanauj)—प्रतिहारों के पतन के पश्चात् देश में व्यापक अराजकता की स्थिति थी। अन्त में 1080 और 1085 ई० के मध्य में गाहड़वाल वंश कन्नौज के सिंहासन पर अधिकार

करने में सफल हुआ। उनके मूल के विषय में निश्चित रूप से कुछ नहीं कहा जा सकता। प्रतीत होता है कि वे राष्ट्रकूटों या राठौरों से सम्बन्धित थे। इस नये वंश का संस्थापक चन्द्रदेव था। उसने अपना कार्य चन्देल सेनानी कीर्तिवर्मा को परास्त करके आरम्भ किया। एक अभिलेख में चन्द्रदेव को काशी, उत्तर कौशल, कुशिक (कन्नौज) और इन्द्रप्रस्थ (दिल्ली) के तीर्थों का संरक्षक कहा गया है। कहा गया है कि चन्द्रदेव ने बंगाल के विजयसेन के आक्रमण को भी रोक दिया। 1100 ई० के लगभग उसकी मृत्यु हुई।

चन्द्रदेव के पश्चात् उसका पुत्र मदनपाल शासक बना। उसके बाद उसका पुत्र गोविन्दचन्द्र शासक बना। युवराज के रूप में उससे गज़नी के राजा मसूद तृतीय के आक्रमण को विफल किया था। गोविन्दचन्द्र ने पाल वंश के अधीन मगध के कुछ भाग भी अपने राज्य में मिला लिए। उसने दशर्ण (Dasarna) या दक्षिणी मालवा को भी विजय किया। काश्मीर का राजा जयसिंह (1128–1149 ई०) और गुजरात का सिद्धराज जयसिंह (1095–1143 ई०) दोनों उसके सहायक मित्र थे। सम्भव है कि चोल शासक भी उसका सहायक-मित्र था। लक्ष्मीधर गोविन्दचन्द्र का एक विद्वान् मन्त्री था और वह विधि सम्बन्धी "कृत्यकल्पतरु" का लेखक था।

लगभग 1154 ई० में विजयचन्द्र अपने पिता गोविन्दचन्द्र का उत्तराधिकारी बना। "पृथ्वीराजरासो" से ज्ञात होता है कि विजयचन्द्र ने अमीर खुसरो को लाहौर से खदेड़ दिया। पूर्व में दक्षिणी बिहार तक उसका राज्य था। पश्चिम में विग्रहराज विशालदेव ने उससे दिल्ली छीन ली।

विजयचन्द्र के पश्चात् उसका पुत्र जयचन्द्र शासक बना। उसका राज्य चन्देलों और चौहानों से घिरा हुआ था। पूर्व में उसका राज्य गया और बनारस तक था। दिल्ली और अजमेर के शासक पृथ्वीराज चौहान से उसके सम्बन्ध अच्छे नहीं थे क्योंकि वह उसकी पुत्री को 'स्वयंवर' से उठाकर ले गया था। 1191 की तराई की पहली लड़ाई में पृथ्वीराज ने शहाबुद्दीन ग़ौरी को परास्त किया। अगले वर्ष शहाबुद्दीन गौरी ने फिर आक्रमण किया और पृथ्वीराज को तराई की दूसरी लड़ाई में परास्त किया। दिल्ली से मुहम्मद गौरी ने जयचन्द्र के विरुद्ध प्रस्थान किया और इटावा के निकट, यमुना के तट पर, उसे परास्त किया। जयचन्द्र को अपनी मूर्खता का मूल्य चुकाना पड़ा। वह युद्ध में परास्त हुआ और मारा गया। इसके बाद कन्नौज और बनारस पर अधिकार किया गया और उन्हें लूट लिया गया। इस प्रकार हिन्दू शासकों के अधीन कन्नौज के प्राचीन राज्य का इतिहास समाप्त हुआ।

बुन्देलखण्ड का चन्देल वंश (Chandelas of Bundelkhand)—जेजक भुक्ति बुन्देलखण्ड का प्राचीन नाम था। कन्नौज के प्रतिहार साम्राज्य का यह अंग था। नौवीं शती ई० में चन्देल वंशी यशोवर्मा ने एक प्राचीन राज्य की स्थापना की और कालंजर को विजय किया जो उसके राज्य का केन्द्र बन गया। महोबा को राजधानी बनाया गया। महत्त्वपूर्ण शासक ढंग (Dhanga) और कीर्तिवर्मा थे। ढंग ने महमूद गज़नवी के विरुद्ध भारतीय राज-संघ से सहयोग किया। कीर्तिवर्मा ने शक्तिशाली चेदिवंशी कर्ण को परास्त किया। वह विद्वानों का संरक्षक था। "प्रबोधचन्द्रोदय" नाटक की रचना उसी के दरबार में की गई और वहीं उसे खेला भी गया। महोबा के निकट 'कीरतसागर' नामक एक सुन्दर झील को उसी ने बनवाया था। परमल अन्तिम स्वतन्त्र चन्देल शासक था। 1182 ई० में उसने पृथ्वीराज चौहान के सामने समर्पण कर दिया। 1203 ई० में उसने कुतुबुद्दीन के सामने समर्पण किया।

चन्देल वंशी महान् निर्माता थे। कीर्तिवर्मा ने महोबा के निकट एक सुन्दर झील बनवाई। चन्देलों द्वारा निर्मित कई सुन्दर मन्दिर खजुराहो में देखे जा सकते हैं।

चेदि का कालचूरी वंश (Kalachuris of Chedi)—कालचूरी वंश का राज्य नर्मदा से दक्षिण की ओर और गोदावरी से उत्तर की ओर था। इसकी राजधानी जबलपुर के निकट त्रिपुरी थी। आरम्भ में कालचूरी वंशी प्रतिहारों के अधीन थे। किन्तु दसवीं शताब्दी के मध्य में वे स्वतन्त्र हो गए। लक्ष्मणराज स्वतंत्र चेदि राज्य का संस्थापक था। उसे एक महान् विजेता और महान् नायक कहा गया है। ग्यारहवीं शती में चेदि वंशी कर्ण को चन्देल राजा कीर्तिवर्मा ने परास्त किया। वारंगल के गणपति वंश, देवगिरि के यादव वंश और बाघेल राजपूतों के आविर्भाव से चेदि राज्य समाप्त हो गया।

मालवा का परमार वंश (Paramaras of Malwa)—मालवा का परमार वंश भी कन्नौज के प्रतिहार साम्राज्य के खंडहरों पर बना। इस वंश का संस्थापक उपेन्द्र था। उसने अपने वंश की स्थापना 820 ई० में की। परमार वंश का सातवाँ

शासक मुंज था। उसने 974 से 995 ई० तक राज्य किया। वह केवल कवियों का संरक्षक ही नहीं, स्वयं भी एक महान् कवि था। धर्मराज और धनिक जैसे प्रसिद्ध विद्वान् उसी के दरबार में रहते थे। इस वंश का सर्वप्रसिद्ध शासक राजा भोज था। उसके राज्य-काल में परमार वंश की राजधानी धारा थी। उसने 1018 से 1060 ई० तक 42 वर्ष राज्य किया। राजा भोज स्वयं बहुत बड़ा विद्वान् था और विद्वानों का संरक्षक भी था। भोजपुर झील उसी ने बनवाई थी। यह सुन्दर झील भोपाल से दक्षिण-पूर्व की ओर स्थित है और 250 मील के वर्ग में फैली हुई है। राजा भोज ने एक संस्कृत महाविद्यालय भी बनवाया जिसके स्थान पर अब एक मस्जिद बनी हुई है। गुजरात और चेदि के शासकों के सामूहिक आक्रमण का वह शिकार हुआ। इतिहास और कल्पित कथाओं में उसका सर्वाधिक प्रबुद्ध शासक के रूप में वर्णन किया गया है। भोज परमार वंश का सम्भवत: अन्तिम स्वतन्त्र शासक था किन्तु यह वंश एक स्थानीय शक्ति के रूप में तेरहवीं शती के आरम्भ तक चलता रहा।

अजमेर और दिल्ली का चौहान वंश (Chauhanas of Ajmer and Delhi)—राजपूत चौहान सम्भर और अजमेर में राज्य करते थे। नौवीं शती ई० के मध्य में चौहान वंशी विग्रहराज या विशालदेव ने तोमर वंशी शासक से दिल्ली जीत ली। यह चौहान शासक प्रसिद्ध लेखक था और विद्वानों का महान संरक्षक था।

उसके बाद उसका भतीजा पृथ्वीराज चौहान शासक बना। मुस्लिम विजय के समय भारत के इतिहास में पृथ्वीराज ने महत्त्वपूर्ण भाग लिया। पृथ्वीराज के सुप्रसिद्ध राजकवि चन्दबरदाई ने अपने आश्रयदाता के सम्बन्ध में ''पृथ्वीराजरासो'' की रचना करके उसका नाम अमर कर दिया।

पृथ्वीराज चौहान और कन्नौज के राजा जयचन्द्र में परस्पर स्पर्धा चल रही थी। जयचन्द्र की पुत्री संयुक्ता थी। संयुक्ता को पृथ्वीराज से प्रेम हो गया। राजा जयचन्द्र ने अपनी पुत्री का 'स्वयंवर' रचा और पृथ्वीराज चौहान के अतिरिक्त सभी शासकों और राजकुमारों को निमंत्रण दिया। पृथ्वीराज की एक मूर्ति को द्वारपाल के स्थान पर रख दिया गया। किन्तु संयुक्ता ने माला इसी मूर्ति के गले में डाली। पृथ्वीराज भेष बदल कर नगर में उपस्थित था और विरोध के होते हुए भी संयुक्ता को उठा कर ले गया। इससे इन दोनों वंशों में शत्रुता हो गई जिसके परिणामस्वरूप वे दोनों शहाबुद्दीन ग़ौरी द्वारा नष्ट कर दिए गए।

शहाबुद्दीन ग़ौरी ने पृथ्वीराज और जयचन्द्र की शत्रुता का लाभ उठाया। 1191 ई० में उसने पंजाब पर आक्रमण किया। वह तराई की पहली लड़ाई में परास्त हुआ। पृथ्वीराज ने आक्रान्ता के विरुद्ध अपनी सफलता का लाभ न उठाया। परिणामत: शहाबुद्दीन ग़ौरी ने अगले वर्ष फिर आक्रमण किया और तराई की दूसरी लड़ाई में पृथ्वीराज को परास्त किया। जयचन्द्र को भी शहाबुद्दीन ग़ौरी ने परास्त किया और उसका वध भी किया। इस प्रकार अजमेर और दिल्ली का चौहान वंश समाप्त हुआ।

पाल वंश (The Palas)—गौड़ के प्रसिद्ध शासक शशांक की मृत्यु के एक शताब्दी से भी अधिक समय पश्चात् तक बंगाल में अराजकता रही। यह अनुभव किया गया कि यदि एक शक्तिशाली केन्द्रीय शासन स्थापित किया जाता तो इस प्रकार की स्थिति को सुधारा जा सकता था। परिणामस्वरूप 750 ई० में, जनता ने गोपाल नामक व्यक्ति को अपना शासक चुना और उसने अव्यवस्था को दूर किया। गोपाल ने 750 से 770 ई० तक राज्य किया। बताया गया है कि गोपाल के पिता का नाम वप्यात था जो सेनानी के रूप में प्रसिद्ध था। गोपाल के दादा का नाम दयितविष्णु था। गोपाल क्षत्रिय था। चुनाव के समय एक मुख्य नेता था जिसने शासक और सेनानी के रूप में प्रसिद्धि पाई थी। गोपाल का आरम्भिक राज्य वंश या पूर्वी बंगाल में था। गोपाल के शेष जीवन के विषय में हमें कुछ भी ज्ञात नहीं है। प्रतीत होता है कि उसने राज्य में शान्ति स्थापित की और वंश की भावी महत्ता के बीज बोए। सम्भव है कि अपनी मृत्यु से पहले उसने सारे बंगाल पर अपना अधिकार सुदृढ़ कर लिया हो। तिब्बत का इतिहासज्ञ तारानाथ बताता है कि गोपाल ने ओतान्तपुर का प्रसिद्ध विहार बनवाया।

धर्मपाल (Dharmapal 770-810 ई०)—गोपाल के बाद उसका पुत्र धर्मपाल राजा बना। उसने लगभग चालीस वर्ष राज्य किया। वह स्फूर्तिदायक व्यक्तित्व का शासक था और उसने अपने जीवन-काल में बहुत-सी सफलाएँ प्राप्त कीं। उसके पिता ने ही बंगाल में संगठन का काम कर दिया था अत: धर्मपाल को विदेशी अभियान आयोजित करने का अवसर मिल गया।

प्रतिहार और राष्ट्रकूट वंश दोनों ही उत्तरी भारत में अपनी स्थिति दृढ़ करने के इच्छुक थे। अत: धर्मपाल का उन दोनों से संघर्ष हुआ। बताया गया है कि धर्मपाल ने कन्नौज के शासक इन्द्रराज या इन्द्रायुध को परास्त और पदच्युत किया

और उसके स्थान पर चक्रायुध को शासक बनाया। इस विजय के पश्चात् धर्मपाल ने कन्नौज में एक दरबार का आयोजन किया। इस दरबार में बहुत से सामन्त, सरदार सम्मिलित हुए और इस सम्बन्ध में भोज, मत्स्य, मद्र, कुरु, यदु, यवन, अवन्ति, गान्धार और किर के शासकों के नाम लिये जाते हैं। बताया गया है कि इन शासकों ने धर्मपाल के काम की पुष्टि ही नहीं की बल्कि काँपते हुए मुकुटों से सम्मानपूर्वक सिर भी झुकाया। गान्धार में पश्चिमी पंजाब और निचली काबुल घाटी है। मद्र मध्य पंजाब में था। फिर, कुरु और मत्स्य क्रमशः कांगड़ा, थानेश्वर और जयपुर क्षेत्र थे। अवन्ति मालवा या उसका एक भाग था। यवन सिन्धु घाटी में कोई मुस्लिम राज्य था। यदु या यादव वंश का सिंहपुर मथुरा और द्वारका में राज्य था। बरार या उसके एक भाग पर भोज वंश का राज्य था। यह नहीं कहा जा सकता कि धर्मपाल ने इन सब राज्यों को अपने राज्य में विलीन कर लिया। इसका अर्थ केवल यह है कि उन्होंने उसकी प्रभुता स्वीकार कर ली और अपने आन्तरिक मामलों में और जब तक वे कर देते रहें और अन्य कर्त्तव्य पूरे करते रहें, उन्हें स्वतन्त्र छोड़ दिया गया था। धर्मपाल उत्तरी भारत का सर्वोच्च शासक बना और इसलिए उसे ''उत्तरापथस्वामी'' या उत्तरी भारत का स्वामी कहा गया है।

धर्मपाल को अपने नव-प्राप्त क्षेत्रों का अधिकार शान्तिपूर्वक रखने का अवसर न मिला। प्रतिहार शासक वत्सराज ने गंगा के दोआब में किसी स्थान पर धर्मपाल को परास्त किया। उसने ''गौड़ राजा का राजकीय ऐश्वर्य सुगमतापूर्वक हस्तगत कर लिया।'' वह ''गौड़ का राज-छत्र उठा कर ले गया।'' किन्तु स्वयं वत्सराज को राष्ट्रकूट राजा ध्रुव ने परास्त किया। वत्सराज को राजपूताना के मरुस्थल में शरण लेनी पड़ी। तत्पश्चात् ध्रुव दोआब में गया और वहाँ धर्मपाल को परास्त किया। किन्तु धर्मपाल पर विजय प्राप्त करने के शीघ्र पश्चात् ही ध्रुव दक्षिण की ओर चला गया। ठीक ही कहा गया है कि धर्मपाल को हानि कम और लाभ अधिक हुआ। प्रतिहार वंश की तो बहुत हानि हुई किन्तु धर्मपाल की थोड़ी सी हानि हुई। राष्ट्रकूटों ने प्रतिहार को, जो पाल वंश के लिए उत्तरी भारत में प्रतिद्वन्द्वी थे, नष्ट ही नहीं किया बल्कि उत्तरी भारत से शीघ्र ही वापस जाकर पाल वंश को अपनी शक्ति बढ़ाने का सुअवसर प्रदान किया। धर्मपाल ने अवसर का पूरा लाभ उठाया और अनेक विजयी अभियानों का नेतृत्व करके समस्त उत्तरी भारत का सर्वोच्च शासक बन गया।

धर्मपाल को एक और चुनौती का सामना करना पड़ा। प्रतिहार शासक नागभट द्वितीय ने कन्नौज विजय कर लिया और उसके शासक चक्रायुध को वहाँ से खदेड़ दिया। चक्रायुध धर्मपाल का आश्रित था। अतः नागभट द्वितीय और धर्मपाल का युद्ध अवश्यम्भावी था। सम्भवतः मुंगेर के निकट एक घमासान युद्ध हुआ जिसमें नागभट ने धर्मपाल को परास्त किया। किन्तु नागभट द्वितीय को भी अपनी विजय का फल भोगने का अधिक समय न मिला। स्वयं उसको ही राष्ट्रकूट शासक गोविन्द तृतीय ने परास्त किया। किन्तु विजय के शीघ्र पश्चात् गोविन्द तृतीय ने फिर दक्षिण की ओर प्रस्थान किया। इस प्रकार धर्मपाल को उत्तरी भारत में अपनी सैनिक आकांक्षाओं की पूर्ति के लिए अवसर मिल गया। नागभट द्वितीय की सफलता केवल अल्पजीवी थी और धर्मपाल अपने जीवन के अन्त तक एक महत्त्वपूर्ण शासक रहा।

धर्मपाल का साम्राज्य तीन भागों में बँटा हुआ था। बंगाल और बिहार सीधे उसी के अधिकार में थे। कन्नौज का राज्य उसके अधीन था क्योंकि वहाँ का शासक उसने नियुक्त किया था। पंजाब, राजपूताना, मालवा और बरार के शासक उसकी प्रभुता मानते थे और उसे कर देते थे। ''स्वयम्भू पुराण'' में कहा गया है कि नेपाल भी धर्मपाल का अधीनस्थ प्रदेश था।

डॉ० आर०सी० मजूमदार ने धर्मपाल की भूरि-भूरि प्रशंसा की है। उनके मतानुसार धर्मपाल एक सौ युद्धों का नायक था। कठिनाइयों के सामने वह कभी विचलित न हुआ और उसने उन सब पर काबू पा लिया। उसके अधीन बंगाल उत्तरी भारत का सर्वाधिक शक्तिशाली राज्य बना। धर्मपाल ने शशांक का महान् गौड़ साम्राज्य स्थापित करने का स्वप्न पूरा किया। धर्मपाल ने 'परमेश्वर', 'परमभट्टारक' और 'महाराजाधिराज' आदि राजसी उपाधियाँ धारण कीं। धर्मपाल के गौरव का अनुमान उसके पाटलिपुत्र दरबार से लगाया जा सकता है। ''जहाँ गंगा नदी उसके समुद्री बेड़े से ढक गई, दिन की रोशनी उसके बड़े-बड़े हाथियों के झुण्डों से और उत्तर के राजाओं द्वारा अर्पित घोड़ों के पैरों से उड़ी धूल के कारण काली पड़ गई और उनमें से कुछ राजा अपनी असंख्य सेनाओं के साथ स्वयं उपस्थित हुए।'' डॉ० मजूमदार कहते हैं कि धर्मपाल बंगाल के लोगों की नई शक्ति और दृष्टि का प्रतीक था और उसने उनकी आशाओं को पूरा किया। इसमें कोई आश्चर्य नहीं कि उसका नाम और कीर्ति के गान अब भी देश में गाये जाते हैं।

हमें बताया गया है कि धर्मपाल बौद्धमत का महान् आश्रयदाता था। वह विक्रमशील विहार का संस्थापक था जो कालान्तर में बौद्ध ज्ञान और संस्कृति का केन्द्र बना। इसका स्थान केवल नालन्दा विश्वविद्यालय के बाद ही था। धर्मपाल ने वरेन्द्र में सोमपुर के स्थान पर भी एक विहार स्थापित किया। एक और विशाल विहार की स्थापना उसने बिहार में ओदान्तपुरी के स्थान पर की। बौद्ध लेखक हरिभद्र को धर्मपाल ने आश्रय दिया। तारानाथ कहता है कि धर्मपाल ने पचास बौद्ध विद्यालयों की स्थापना की। इस प्रकार धर्मपाल युद्ध तथा शान्ति दोनों में ही महान् था।

देवपाल (Devapala 810-850 ई०)—धर्मपाल के बाद उसका पुत्र देवपाल सिंहासन पर बैठा। वह सुयोग्य पिता का सुयोग्य पुत्र था। उसने अपने पैतृक साम्राज्य को बनाये रखा और उसमें वृद्धि भी की। बताया गया है कि हिमालय से विन्ध्य तक और पूर्वी सागर से पश्चिमी सागर तक समस्त उत्तरी भारत के शासकों से उसने शुल्क प्राप्त किया। उसके अभियान उसे कम्बोज तक पश्चिम में और विन्ध्य तक दक्षिण में ले गए। कहा गया है कि उसने उत्कलों को नष्ट किया; प्राग्ज्योतिष (Pragajyotisha) या असम को विजय किया, हूणों का दम्भ चूर किया और गुर्जर तथा द्रविड़ शासकों को भी नीचा दिखाया। इस कार्य में उसके चचेरे भाई जायपाल और पौत्र केदारमिश्र ने उसकी बहुत सहायता की।

बताया गया है कि जब जयपाल के नेतृत्व में देवपाल की सेनाएँ निकट आयीं तो प्राग्ज्योतिष के राजा ने बिना युद्ध किए समर्पण कर दिया। उसी प्रकार उत्कल के राजा ने भी राजधानी छोड़ दी और भाग गया। हूणों के छोटे-छोटे कई राज्य थे। उनमें से एक उत्तरापथ में हिमालय के निकट था। उसे देवपाल ने विजय किया। वहाँ से वह कम्बोज की ओर गया। नागभट द्वितीय के पुत्र रामभद्र प्रतिहार पर देवपाल ने आक्रमण किया और उसे परास्त किया। राजा भोज प्रतिहार को भी देवपाल ने परास्त किया। देवपाल को राष्ट्रकूटों की तीन पीढ़ियों से संघर्ष करना पड़ा। किन्तु सभी कठिनाइयों के सामने उसने उत्तरी भारत में अपनी सर्वोच्चता को स्थिर रखा। प्रतीत होता है कि देवपाल ने राष्टकूट शासक अमोघवर्ष को भी परास्त किया। यह सम्भवत: उसने उन राज्यों की सहायता से किया जो राष्ट्रकूटों को अपना शत्रु समझते थे।

देवपाल बौद्ध मत का महान् आश्रयदाता था। उसने भिक्षुओं की विभिन्न सुविधाओं, ''धर्मरत्नों'' की रचना और सुवर्णद्वीप (सुमात्रा) या यवभूमि (जावा) के राजा बालपुत्रदेव द्वारा निर्मित विहार के निर्वाह के लिए पाँच गाँव दान में दिए। देवपाल ने मगध में अनेक मन्दिर और विहार बनवाए। कला और शिल्पकला को नया संवेग मिला। नालन्दा बौद्ध ज्ञान के केन्द्र के रूप में पूर्ववत् चालू रहा।

डॉ० आर०सी० मजूमदार बताते हैं : ''धर्मपाल और देवपाल के राज्य-काल बंगाल के इतिहास में सर्वाधिक गौरवपूर्ण अध्याय हैं। इससे पहले या अंग्रेजों के आगमन तक उसके बाद बंगाल ने कभी भी भारतीय राजनीति में ऐसा महत्त्वपूर्ण भाग नहीं लिया।''

देवपाल के बाद **विग्रहपाल** शासक बना। कुछ विद्वान उसे देवपाल का भतीजा और कुछ उसे देवपाल का पुत्र समझते हैं। उसने केवल तीन या चार वर्ष राज्य किया। उसके बाद उसने राज्य त्याग दिया और साधु बन गया।

नारायणपाल विग्रहपाल के बाद राजा बना। उसने 50 वर्ष से भी अधिक समय तक राज्य किया। वह शान्त और धार्मिक प्रवृत्ति का व्यक्ति था। 860 ई० से कुछ समय पश्चात् राष्ट्रकूटों ने पाल शासक को पराजित किया। प्रतिहारों ने इसका लाभ उठाया और पूर्व की ओर अपनी शक्ति का विस्तार किया। पाल शासक के हाथ से मगध या दक्षिणी बिहार निकल गया। कुछ समय के लिए उत्तरी बंगाल भी प्रतिहारों के हाथ में आ गया। पाल वंश के अधीनस्थ सामन्तों ने विद्रोह किया। असम के राजा हर्जर ने राजसी उपाधियाँ धारण कर लीं। शैलोद्भवों ने उड़ीसा में अपनी शक्ति स्थापित कर ली। कहा गया है कि कुछ समय के लिए नारायणपाल का राज्य बंगाल के एक भाग तक ही सीमित हो गया। किन्तु 908 ई० के लगभग उसने सम्भवत: उत्तरी बंगाल और दक्षिणी बिहार प्रतिहारों से वापस ले लिए। राष्ट्रकूट राजा कृष्ण द्वितीय द्वारा प्रतिहारों की पराजय के पश्चात् ही यह सम्भव हो सका। सम्भव है कि नारायणपाल को कृष्ण द्वितीय ने परास्त किया हो। 908 ई० में अपनी मृत्यु से पहले नारायणपाल ने बंगाल और बिहार पर अपनी प्रभुता स्थापित कर ली।

नारायणपाल के पश्चात् राज्यपाल शासक बना और उसके बाद गोपाल द्वितीय और विग्रहपाल द्वितीय सिंहासन पर आए। इन तीनों ने 80 वर्ष के लगभग राज्य किया।

महीपाल प्रथम (Mahipala I)—विग्रहपाल द्वितीय के पश्चात् उसका पुत्र महीपाल शासक बना। उसने 988 से 1038 ई० तक राज्य किया। उसके अभिलेखों के प्राप्ति स्थानों से प्रतीत होता है कि उसके अधीन पाल साम्राज्य की शक्ति एक बार फिर जाग्रत हुई। महीपाल प्रथम के राज्य में दिनाजपुर, मुजफ्फरपुर, पटना, गया और तिप्पेरा जैसे दूर-दूर के स्थान सम्मिलित थे। महीपाल प्रथम ने कम्बोज वंश के एक गौड़ राजा से उत्तरी बंगाल जीत लिया। उस क्षेत्र को सम्भवत: गोपाल द्वितीय के राज्य-काल के अन्त में छीन लिया गया था। 1026 ई० का महीपाल का एक अभिलेख सारनाथ में पाया गया है। इसमें महीपाल द्वारा 'गन्धकुटी' के निर्माण का वर्णन है। कर्णाटों के साथ महीपाल प्रथम के युद्धों के कुछ अस्पष्ट उल्लेख मिलते हैं और तीरभुक्ति या तिरहुत के छिन जाने के भी ऐसे उल्लेख हैं।

महीपाल के राज्य की सबसे बड़ी घटना राजा राजेन्द्र चोल का लगभग 1021 और 1025 ई० के बीच का उत्तर का आक्रमण है। राजेन्द्र चोल उड़ीसा, उत्तरी कौशल और दण्डभुक्ति में से होकर निकला। उसने बंगाल देश या पूर्वी बंगाल के राजा गोविन्द चन्द्र को परास्त किया और उसके बाद राजा महीपाल को परास्त किया। किन्तु गंगा के पार पाल शासक राजेन्द्र चोल के बहाव के रोकने में सफल हुआ। महीपाल के राज्य के अन्त में उसके राज्य-विस्तार में कमी हुई होगी।

कहा गया है कि राजेन्द्र चोल के आक्रमण का उद्देश्य गंगा-जल ले जाना था जिससे वह अपने देश को पवित्र करता। यह भी कहा गया है कि गंगा के पराजित राजाओं को गंगा-जल के पात्र अपने सिरों पर उठाने को बाध्य कर दिया गया। कहा गया है कि सम्भवत: राजेन्द्र चोल का आक्रमण "विस्तृत क्षेत्र पर शीघ्रता में की गई चढ़ाई से अधिक न रहा होगा।"

प्रतीत होता है कि महीपाल के राज्य-काल के अन्त में कालचूरी राजा गाँगेयदेव ने उस पर आक्रमण किया और उसे परास्त किया।

महीपाल प्रथम का नाम उन हिन्दू राजाओं के संघ में नहीं आता जिन्हें मुस्लिम आक्रमणों को रोकने के लिए संगठित किया गया था। इसीलिए कुछ लेखकों ने महीपाल पर देश-प्रेम ने होने का आरोप लगाया है। किन्तु कहा गया है कि महीपाल का कार्य न्यायपूर्ण और ठीक था क्योंकि उसे अपने राज्य में ही काफी कठिनाइयाँ थीं। अपनी व्यक्तिगत समस्याओं को भुला कर एक दूरवर्ती प्रदेश में अभियान भेजना संकट से खाली न होता।

डॉ० डी०सी० गांगुली का मत है : "इस बात से कोई भी इन्कार नहीं कर सकता कि महीपाल ने केवल पाल साम्राज्य को भावी विनाश से ही नहीं बचाया बल्कि पाल वंश की पुरानी शक्ति और गौरव को भी काफी सीमा तक पुन: स्थापित किया और यह सब जटिल कठिनाइयों के होते हुए किया गया। इस महान् कार्य में उसकी सफलता अत्यन्त प्रशंसनीय थी। यह कहना व्यर्थ है कि उसने इससे अधिक कुछ न किया। उसकी सफलताएँ विशिष्ट हैं और देवपाल के बाद उसे बंगाल का श्रेष्ठ पाल सम्राट् ठीक ही कहा गया है। इसका भी कोई कारण है कि बंगाल में आज भी प्रचलित गीतों में पाल सम्राटों में से केवल उसका नाम ही मिलता है।" महीपाल को ठीक ही पाल साम्राज्य का द्वितीय संस्थापक कहा गया है। बनारस, सारनाथ और नालन्दा में बहुत से धार्मिक स्मारकों की उसने स्थापना और मरम्मत करवाई। कहा गया है कि उसने सैकड़ों पवित्र कार्य किए और सारनाथ के कुछ प्राचीन बौद्ध स्मारकों की मरम्मत की गई। बौध-गया में दो मन्दिर बनवाए गए। बंगाल के कई तालाबों और शहरों के साथ भी महीपाल का नाम सम्बन्धित है।

नयपाल (Nayapala)—लगभग 1038 ई० में महीपाल प्रथम के पश्चात् उसका पुत्र नयपाल राजा बना। कालचूरी शासक गांगेयदेव का पुत्र कर्ण अपना क्षेत्र पाल साम्राज्य की ओर बढ़ाना चाहता था। इस उद्देश्य से कर्ण अपनी सेना को मगध में ले गया। उसने नगर पर अधिकार करने का असफल प्रयत्न किया। फिर उसने बौद्ध बिहारों को नष्ट किया और खाद्यान्न को भी नष्ट किया। नयपाल कर्ण को परास्त करने में सफल हुआ। विक्रमशील बिहार के आचार्य दीपंकर श्रीज्ञान ने कर्ण को आश्रय दिया और उसे अपने देश को लौटने के लिए सहायता दी। कोशल के राजा महाशिवगुप्त ययाति ने गौड़ और राधा पर आक्रमण किया। सम्भवत: उसे नयपाल का सामना करना पड़ा।

विग्रहपाल तृतीय (Vigrahapala III)—नयपाल के पश्चात् लगभग 1055 ई० में उसका पुत्र विग्रहपाल तृतीय राजा बना। पाल और कालचूनी वंशों में फिर द्वन्द्व शुरू हो गया। कर्ण ने एक बार फिर गौड़ पर आक्रमण किया किन्तु परास्त हुआ। उसे शान्ति-याचना करनी पड़ी। उसे अपनी पुत्री यौवनश्री विवाह में विग्रहपाल तृतीय को देनी पड़ी। 1068 ई० से कुछ समय पहले विग्रहपाल तृतीय ने विक्रमादित्य षष्ठ चालुक्य से हार खाई। अभिलेखों से ज्ञात होता है कि विग्रहपाल

का गौड़ और मगध दोनों पर अधिकार था। उसने 13 वर्ष से अधिक राज्य किया। उसकी लगभंग 1070 ई० में मृत्यु हुई और उसके बाद महीपाल द्वितीय राजा बना।

महीपाल द्वितीय (Mahipala II)—महीपाल द्वितीय के राज्य-काल में उसके सामन्त शक्तिशाली हो गए। उनमें से एक विश्वादित्य था और वह '**गया मण्डल**' का शासक था। एक और सामन्त ईश्वरघोष था जो ढेक्करी (Dhekkari) का शासक था। किन्तु कुल मिलाकर महीपाल एक श्रेष्ठ और उदार शासक था। वह अपने भाइयों सुरपाल और रामपाल के प्रति दयालु था। जब उसे ज्ञात हुआ कि वे उसके विरुद्ध षड्यन्त्र रच रहे हैं तो उनके विरुद्ध कोई जाँच किए बिना ही उसने उन्हें कारागार में डाल दिया। बहुत से सामन्त उसके विरुद्ध मिल गए और उसे परास्त किया। राज्य के एक कर्मचारी दिव्य ने महीपाल द्वितीय की हत्या कर दी। **सुरपाल और रामपाल** कारागार से भागने में सफल हो गए। सुरपाल ने लगभग दो वर्ष राज्य किया और 1077 ई० के लगभग उसका छोटा भाई रामपाल राजा बना।

रामपाल (Ramapala)—जब रामपाल सिंहासन पर बैठा तो उसे अनेक कठिनाइयों का सामना करना पड़ा। कई विद्रोही सामन्तों ने पाल वंश के दुर्भाग्य का लाभ उठाया था। सन्ध्याकरनन्दी-कृत "रामचरित" से ज्ञात होता है कि रामपाल ने उन सबसे स्वयं भेंट की और अपने चातुर्य और उदारता से उन्हें फिर अपने साथ मिला लिया। इन सामन्तों तथा अपने मामा राष्ट्रकूट राजा मथान की सहायता से उसने कैवर्तों के विरुद्ध एक सेना का नेतृत्व किया। पाल सेनाओं ने गंगा को पार किया और कैवर्त प्रमुख भीम को परास्त किया और बन्दी बना लिया। बाद में भीम का वध कर दिया गया। रामपाल ने उत्तरी बंगाल में अपने पैतृक क्षेत्र भी प्राप्त कर लिए। उसके बाद उसने कलिंग और कामरूप पर आक्रमण किए। पूर्वी बंगाल के राजा यादववर्मा ने रामपाल का संरक्षण प्राप्त करने की चेष्टा की। लगभग 1120 ई० में रामपाल ने गंगा में कूदकर आत्महत्या कर ली।

डॉ० डी०सी० गांगुली बताते हैं कि रामपाल के अजेय संकल्प, सूझबूझ और महान् व्यक्तित्व के कारण उसकी सराहना करनी ही पड़ती है। उसे दुर्भाग्य का कड़ा सामना करना पड़ा और उसे अपमान का कड़वा घूँट भी पीना पड़ा। वह तनिक भी हतोत्साहित न हुआ। वह राज्य के सभी क्षेत्रों को पुनः प्राप्त करने और अपने पूर्वजों का गौरव पुनः स्थापित करने के अपने दृढ़ संकल्प पर डटा रहा। उसका लंबा जीवन सैनिक अभियानों से परिपूर्ण था जिनमें उसे सफलता प्राप्त हुई। उसकी रोमांचकारी मृत्यु एक लम्बे जीवन का उचित अन्त थी जो इतिहास की अपेक्षा नाटकीय अधिक था।

रामपाल के उत्तराधिकारी (Successors of Ramapala)—रामपाल के पश्चात् उसका पुत्र कुमारपाल शासक बना। उसके समय में कामरूप में विद्रोह हुआ। किन्तु उसके मन्त्री वैद्यदेव ने उसे दबा दिया। वैद्यदेव ने स्वयं कामरूप में लगभग स्वतन्त्र राज्य स्थापित कर लिया।

कुमारपाल के उत्तराधिकारी अशक्त थे। अतः वे वंश के पतन को रोकने में सफल न हुए। अधीनस्थ सामन्त स्वतन्त्रता घोषित करने लगे। विजयसेन के उदय से मदनपाल ने उत्तरी बंगाल छोड़ दिया। पाल वंश का अधिकार केवल बिहार के एक भाग तक ही सीमित रह गया। थोड़े से समय के लिए उन्होंने वहां अपनी अस्थिर शक्ति स्थापित रखी। सेन और गाहड़वाल वंशी उनको घेरते जा रहे थे। गोविन्दपाल अन्तिम पाल शासक था जिसके विषय में हमें कुछ ज्ञात है। उसका नाम 1175 ई० के एक अभिलेख में दिया गया है। इस प्रकार लगभग 400 वर्ष के शासन के बाद भारत के शाही शासकों में अग्रगण्य पाल वंश का अंत हुआ।

पाल वंशियों ने बंगाल और बिहार में चार शताब्दियों से भी अधिक राज्य किया। उनकी राजधानी निश्चित करना अभी तक सम्भव नहीं हो सका। सम्भवतः मुद्रगिरि या मुंगेर (Monghyr) उनकी राजधानी थी। इसी स्थान से पाल शासकों ने अनेक अनुदान दिए। पाल वंश के सर्वाधिक महत्त्वपूर्ण शासक धर्मपाल और देवपाल थे। पाल वंशी कला और साहित्य के महान् संरक्षक थे। डॉ० वी०ए० स्मिथ बताते हैं कि धीमन और उसके पुत्र वीतपाल ने "चित्रकारों, मूर्तिकारों और काँसे की वस्तुएँ बनाने वालों के रूप में अपनी दक्षता के लिए सर्वोच्च ख्याति प्राप्त की।" दुर्भाग्यवश पाल युग के कोई स्मारक अब विद्यमान नहीं हैं। किन्तु पाल युग में बनाए बहुत से तालाब और नहरें देखने को मिलती हैं। इससे ज्ञात होता है कि सार्वजनिक सुविधा के कार्यों में पाल शासक रुचि लेते थे। वे बौद्ध धर्म के अनुयायी और संरक्षक थे। उन्होंने विहारों को बहुत-सा धन दान दिया। यही विहार विद्वता और धर्म के विकास के सर्वाधिक प्रभावशाली साधन थे। प्रसिद्ध बुद्ध भिक्षु

अतिष (Atisa) ग्यारहवीं शती ई० के मध्य में बौद्ध धर्म के प्रचार के लिए तिब्बत गया। किन्तु यदि पाल वंशियों ने बौद्ध धर्म को संरक्षण दिया तो इसका अर्थ यह नहीं है कि हिन्दू धर्म के प्रति वे असहिष्णु थे। उन्होंने ब्राह्मणों को बड़े-बड़े दान दिए और हिन्दू देवताओं के सम्मान में कई मन्दिर भी बनवाए।

Suggested Readings

Banerji, R.D. : The Palas of Bengal, Calcutta, 1915.
Chanda, R.P. : Gauda-Rajamala.
Das, S.C. : Indian Pandits in the Land of Snow, Calcutta, 1893.
Elliot and Dowson : History of India as told by its own Historians.
Forbes, A.K. : Rasa Mala.
Ganguly, D.C. : History of Parmara Dynasty.
Ishwari Prasad : Medieval India.
Lallanji Gopu : The Economic Life of Northern India (700 to 1200 A.D.) 1965.
Majumdar, A.K. : Chalukyas of Gujarat, 1956.
Majumdar, R.C. (Ed.) : The Age of Imperial Kanauj.
Majumdar, R.C. (Ed.) : The Classical Age.
Majumdar, R.C. : History of Bengal, Calcutta, 1915.
Majumdar, R.C. (Ed.) : The Struggle for Empire.
Majumdar, N.G. : Inscriptions of Bengal.
Mishra, V.B. : The Gurjara-Pratiharas and their Times, 1966.
Mookerji, R.K. : Ancient India.
Munshi, K.M. : The Glory that was Gurjaradesa, Part III. The Imperial Gurjaras, Bombay, 1944.
Niyogi, Roma : The History of Gahadavala Dynasty, 1959.
Ojha, Pandit, G.H. : History of Rajputana (in Hindi), Ajmer, 1936.
Paul, P.L. : The Early History of Bengal, Vols. I and II, Calcutta, 1939-40.
Puri, B.N. : History of the Gurjara-Pratiharas.
Rawlinson, H.G. : India : A Short Cultural History.
Ray, H.C. : Dynastic History of Northern India, Vols. I, II (1931, 1936).
Sarkar, J.N. (Ed.) : The History of Bengal, Calcutta, 1948.
Sen, B.C. : Some Historical Aspects of the Inscriptions of Bengal, Calcutta 1942.
Sharma, B.N. : Social Life in Northern India (600 to 1000 A.D.), 1966.
Sircar, D.C. : Ancient Malwa and the Vikramaditya Tradition, 1969.
Smith, V.A. : Early History of India.
Tod, James : Annals and Antiquities of Rajasthan, Edited by William Crooke, Oxford, 1920.
Tripathi, R.S : History of Kanauj to the Muslim Conquest.
Vaidya, C.V. : History of Medieval Hindu India.
Vidya Prakash : Khajuraho, 1967.

अध्याय

40

उत्तर भारत की सभ्यता और संस्कृति (650–1200 ई०)

(Civilization and Culture of Northern India From 650 to 1200 A.D.)

इस काल की कई विशेषताएँ थीं। भारत में उस समय कोई ऐसा शक्तिशाली राज्य न था जिसके नीचे बाकी राज्य आ सकते। उत्तरी भारत में पालों, गुर्जर-प्रतिहारों, कर्कोट आदि राजवंशों ने और दक्षिण भारत में राष्ट्रकूट, पल्लव, गंग, चोल, चालुक्य आदि राजवंशों ने शासन किया। यद्यपि शासन करने वाले राजवंशों में परिवर्तन होता रहा तथापि राजनीतिक दशा में कोई सुधार न हुआ। यह ठीक है कि गुर्जर-प्रतिहारों का स्थान गंहड़वालों ने ले लिया और दक्षिण में राष्ट्रकूटों का स्थान कल्याणी के चालुक्यों न ले लिया, परन्तु जो राजनीतिक अवस्था हर्षवर्धन के राज्यकाल के बाद से शुरू हुई थी, वह वैसी ही रही।

इस काल में बौद्ध धर्म और हिन्दू धर्म में बहुत परिवर्तन हुआ। दोनों में मन्त्र शक्ति और तान्त्रिक क्रियाएँ आ गईं। बौद्धों के वज्रयाणी गुरुओं ने मन्त्रों और सिद्धियों द्वारा अपने अनुयायियों का कल्याण करना शुरू कर दिया। हिन्दू धर्म में भी शाक्त सम्प्रदाय आ गया। दोनों धर्मों में वाम मार्ग आ गया। इसका प्रभाव यह हुआ कि प्राचीन धर्मों की शक्ति और महत्ता न रही। उनमें सदाचार की भावना और उच्च आदर्श न रहे। इसका परिणाम यह हुआ कि जब मुसलमानों ने भारत पर आक्रमण करके भारत पर विजय प्राप्त कर ली, उस समय हिन्दुओं अथवा बौद्धों में इतनी शक्ति ही नहीं थी कि वे उनको अपने में मिला सकें। भारतीय धर्मों का आन्तरिक ह्रास उसके लिए उत्तरदायी था।

इस काल में धर्मों और जातियों में संकीर्णता आ गई। यह ठीक है कि भारत का समाज वर्ण-धर्म के सिद्धान्त पर आधारित था परन्तु उसमें जाति भेद न था। लोग अपनी इच्छा के अनुसार शिल्प, व्यवसाय अथवा पेशा अपनाते थे। कर्म के अनुसार मनुष्य ऊँचे या नीचे वर्ण को प्राप्त कर सकता था। कई वर्णों के लोगों के बीच विवाह वर्जित न था। खाने और पीने के मामलों में भी लोग संकीर्ण विचारों के नहीं थे परन्तु 650 ई० के बाद स्थिति बदल गई। जाति भेद ने उग्र रूप धारण कर लिया। जातियों में संकीर्णता आ गई। प्रत्येक जाति अलग हो गई। उनमें परस्पर व्यवहार कम हो गया। ऐसे जात-पात ने भारत की बहुत हानि की।

इस काल की एक और विशेषता यह थी कि यद्यपि इस समय अनेक कवि, दार्शनिक, स्मृतिकार और विज्ञानवेत्ता हुए, तथापि उनमें वाल्मीकि और कालिदास जैसी मौलिकता न थी। उनके काव्यों में सौन्दर्य था जो कि अलंकार पर आधारित था परन्तु उनमें स्वाभाविकता न थी। वे शब्द जाल में फँसे हुए थे और बाल की खाल उतारने में लगे थे।

शासन-व्यवस्था (Administration)

राजा (King)—इस काल की शासन-व्यवस्था पुराणों, स्मृतियों, उन पर लिखे गये भाष्यों, नीति शास्त्रों और लोक परम्परा की मान्यताओं पर आधारित थी। महाभारत की व्यवस्था का भी महत्त्व माना जाता था। विश्वरूप, मेधातिथि (825-900 ई०), कल्कुक, गोविन्दराज, विज्ञानेश्वर, अपरार्क ने भाष्य लिखे। जीमूतवाहन के ''व्यवहार मातृका'' और ''दाय भाग'' नामक ग्रन्थ और लक्ष्मीधर का ''कृत्य कल्पतरु'' आदि ग्रन्थ लिखे गए। वर्ण-व्यवस्था के आधार पर विश्वरूप

और मेघातिथि ने क्षत्रियों को राजसत्ता का अधिकारी माना। मेघातिथि के अनुसार, क्षत्रिय शासक के अभाव में यदि कोई राजा न हो तो अव्यवस्था के कारण प्रजा नष्ट हो जाती है। प्रजा की रक्षा करना राजा का परम धर्म और कर्त्तव्य था। सुरक्षा प्रदान करने के बदले में राजा अपनी आजीविका प्रजा से लेता था। यदि राजा निर्धन, असहाय और विद्वान ब्राह्मणों की रक्षा न करता तो वह स्वर्ग का अधिकारी न हो सकता था। मेघातिथि ने यह भी कहा है कि कर न देने वाले व्यक्ति की सुरक्षा का दायित्व भी राजा पर है। जहाँ तक अत्याचारी राजा का प्रश्न है, प्रजा उसकी हत्या कर सकती है और उससे मुक्त हो सकती है। ऐसा न होने पर सेना, कोष आदि का विनाश आवश्यक है।

जहाँ तक राजा की दैवी उत्पत्ति का प्रश्न है, पुराणों में भी उसकी पुष्टि मिलती है। विष्णु-धर्मोत्तर पुराण में राजा के बिना समाज की अवस्था दिखाई गई है और दैवी उत्पत्ति के सिद्धान्त का प्रतिपादन किया गया है। इस पुराण के अनुसार सम्पत्ति और परिवार के अस्तित्व और सुरक्षा का मूल राजा ही है। राजा के अभाव से पैदा हुई अराजकता का समाप्त करने के लिए पृथु को राजा बना दिए जाने की घटना का उल्लेख विश्वस्वरूप ने किया है। शुक्र के अनुसार, पूर्व जन्म में श्रेष्ठ कामों के कारण ही राजा पृथ्वी का शासक बनता है और अपने कर्म और तप से शक्ति इकट्ठी करता है। साथ ही वह प्रजा का पालक भी होता है।

इस काल में राजा सर्वशक्तिमान होता था। वह न्याय और व्यवस्था के मामले में सबसे ऊपर होता था। वह सेना का सर्वोच्च नायक था। वह व्यवहार में निरंकुश हो सकता था परन्तु नैतिक स्तर पर ही उनके योग्य और अनुभवी मन्त्रियों का उस पर नियन्त्रण होता था। यदि राजा निर्बल होता तो उसके मन्त्रियों को षड्यन्त्र रचने का अवसर मिल जाता और वे राजा को सिंहासन से उतार देते। राजा को लोक धर्म, श्रेणी के नियम और स्थानीय परम्पराओं का पालन प्रायः करना पड़ता था। व्यवहार की दृष्टि से राजा और राज्य का अस्तित्व सैनिक शक्ति पर आधारित था। इस बात से इन्कार नहीं किया जा सकता कि राजा की लोकप्रियता का भी अपना महत्त्व था। अलसुलेमान ने लिखा है कि पड़ोसी राजा को जीतने के बाद विजेता पराजित वंश के किसी व्यक्ति को ही अपनी अधीनता में वह राज्य सौंप देता था। यदि ऐसा नहीं किया जाता तो जनता का विरोध होता था। केन्द्रीय सत्ता की जड़ें प्रान्तीय स्तर पर बहुत मजबूत नहीं होती थीं। उसका कारण यह था कि उस समय राज्यों में सामन्त पद्धति थी। महाराजाधिराज की अधीनता में बहुत से छोटे-बड़े सामन्त राजा होते थे। वे अपने-अपने क्षेत्र में शासन करते थे। उनकी अपनी सेना होती थी। उनका अपना राजकोष होता था। उनकी स्थिति अपने प्रदेश में स्वतन्त्र शासक की तरह होती थी। यदि महाराजाधिराज निर्बल हो जाता तो सामन्त लोग स्वतन्त्र हो जाने में ज़रा भी संकोच नहीं करते थे। अपनी स्वतन्त्रता की घोषणा के बाद वे स्वयं विजय-यात्रा के लिए निकल पड़ते थे। उदाहरण के तौर पर पाल वंशी सम्राट् धर्मपाल ने कन्नौज के राजा इन्द्रायुद्ध अथवा इन्द्रराज को हरा दिया। विजय के बाद धर्मपाल ने इन्द्रायुद्ध के राज्य को अपने शासन में नहीं मिलाया परन्तु आयुद्ध वंश के कुमार चक्रायुद्ध को कन्नौज के सिंहासन पर बैठा दिया। चक्रायुद्ध धर्मपाल का महासामन्त बन गया। उसकी अपनी अधीनता में कुरु, यदु, यवन, अवन्ति, गान्धार, कीर, भोज, मत्स्य और मद्र के राजा थे। वे चक्रायुद्ध के सामन्त थे और अपने-अपने प्रदेश का शासन करते थे। कहा जाता है कि धर्मपाल स्वयं उत्सुक था कि चक्रायुद्ध के सामन्त चक्रायुद्ध का आधिपत्य स्वीकार करें। एक अभिलेख में लिखा है कि चक्रायुद्ध के सामन्त राजाओं ने अपने राजमुकुटों सहित आदर से झुक कर चक्रायुद्ध को अपना स्वामी स्वीकार किया। यद्यपि चक्रायुद्ध के अधीन कई प्रदेश थे जिनके अपने-अपने पृथक् राजा थे, वह स्वयं धर्मपाल का महासामन्त मात्र था।

इस काल में राजा अपने कुल के प्रमुख पुरुषों की सहायता से राज्य का शासन करता था। वह राजदरबार में बैठकर राज्य का कार्य सोचता और करता था। प्रायः राजा लोग निरंकुश और स्वेच्छाचारी होते थे। यदि वे योग्य होते थे तो प्रजा का कल्याण होता था। यदि वे अयोग्य और नृशंस होते थे तो वे प्रजा को पीड़ित करते थे।

सामन्त पद्धति के कारण यह सम्भव नहीं था कि राजा लोग प्रजा के हित और कल्याण का ध्यान रखे। उनकी अपनी सारी शक्ति अपने आपको शक्तिशाली बनाने में लगी रहती थी ताकि सामन्त लोग स्वतन्त्र न हो जाएँ। इस काल में ग्राम सभाओं ने बहुत से काम अपने हाथों में ले लिये और उनका महत्त्व बढ़ गया। यद्यपि राज्यों में लोकतन्त्र शासन का सर्वथा अभाव था तथापि ग्राम संस्थाओं के रूप में ऐसी संस्थाएँ विद्यमान थीं जिनके द्वारा जनता अपने साथ सम्बन्ध रखने वाले मामलों की व्यवस्था स्वयं कर सकती थी। चार्ल्स मेटकाफ ने लिखा है कि ग्राम-संस्थायें छोटे-छोटे लोकतन्त्र राज्यों का नाम था जो अपने आप में पूर्ण थी। उन्हें जो कुछ भी चाहिए था, वह उनके अन्दर मौजूद था। अपने से बाहर के

साथ उनका सम्बन्ध बहुत कम था। ऐसा प्रतीत होता है कि जहाँ अन्य कोई नहीं बचा, वहाँ वे बची रहीं। एक राजवंश के बाद दूसरा राजवंश आया। एक क्रान्ति के बाद दूसरी क्रान्ति हुई—पर ग्राम-संस्थाएँ पूर्ववत् वहीं की वहीं कायम रहीं। मेरी सम्मति में ये ग्राम-संस्थाएँ ही, जिनमें से प्रत्येक एक पृथक् राज्य की तरह है, भारतीय जनता की रक्षा में सबसे अधिक समर्थ रहीं। इन्हीं के कारण सब परिवर्तनों और क्रान्तियों में जनता की रक्षा होती रही।''

केन्द्रीय शासकों के कई प्रकार के गौरवशाली टाईटल (Title) थे जैसे परम भट्टारक, महाराजाधिराज, परमेश्वर इत्यादि। उनके नीचे महाराजा, राजा आदि होते थे। एक राजा की मृत्यु के बाद उसके अपने वंश का सबसे बड़ा पुत्र उत्तराधिकारी बनता था। शासक द्वारा अपने योग्य पुत्र के उत्तराधिकारी के लिए नामांकन के उदाहरण मिलते हैं।

मन्त्री-गण (Ministers)—राज्य के कार्य को चलाने के लिए राजा मन्त्री नियुक्त करता था। उनकी संख्या काम के अनुसार होती थी। यदि राजा मन्त्री को नियुक्त कर सकता था तो वह उसे अपनी इच्छा के अनुसार हटा भी सकता था। अभिलेखों में ऐसे उदाहरण मिलते हैं जिनमें पिता के बाद उसके लड़के को उसी के पद पर नियुक्त किया गया। इसका तात्पर्य यह है कि मन्त्रियों के पदों के वंशानुगत होने की प्रवृत्ति आ गई थी। धर्मपाल से लेकर नारायनपाल तक के पालवंश के राजाओं ने एक ब्राह्मण परिवार के सदस्यों को पिता के बाद पुत्र को उसी पद पर नियुक्त किया। राजा कभी मन्त्रियों से अलग-अलग विचार-विमर्श करता था और कभी इकट्ठे। कभी-कभी मन्त्रियों में से एक को महामन्त्री या राजामात्य बना दिया जाता था। प्रत्येक मन्त्री का अपना विभाग होता था जिसे वह राजा के आदेश के अनुसार चलाता था।

प्रशासकीय भाग—प्रतिहारों के ताम्रपत्रों और अभिलेखों से पता लगता है कि गृह राज्य पर राजा का सीधा शासन होता था। शेष साम्राज्य भुक्तियों से (प्रान्त), भुक्त मण्डलों में (जिला) और मण्डल विषयों में (तहसील) में विभक्त होते थे।

नगर—नगर प्रशासन में सैनिक और असैनिक प्रशासन का विभाजन स्पष्ट होता था। श्रेष्ठिन और सार्थवाह असैनिक प्रशासन के अधिकारी होते थे। दुर्ग के अधिकारी कोटपाल, बलाधिकृत के साथ दो श्रेष्ठिन और सार्थवाह की एक समिति थी। अन्य नगरों में भी वैसी ही प्रशासन की पद्धति होगी। नगर परिषद् के निकटवर्ती भूमि पर भी वैधानिक अधिकार थे। केन्द्रीय शासन से सम्बन्ध रखने वाले अनेक कर्मचारियों का उल्लेख है जैसे साँधिविग्रहिक, अक्षपटालिक, भांडागारिक, महाप्रतीहार, महादण्डनायक, धर्मस्थीय, सेनापति, युवराज, प्रान्तीय शासक, सामन्त इत्यादि।

गृह शासन के बाहर राजा के सामन्तों अथवा अधीनस्थ शासकों के शासन क्षेत्र थे जैसे चौहान, तोमर, चालुक्य, चन्देल, परमार आदि जिन्होंने प्रतिहारों के पतन के बाद अपने-अपने स्वतन्त्र राज्य स्थापित किये। अधीनस्थ-शासकों के पदाधिकारियों के नाम ऐसे थे : राजा, राजन्य, राजस्थानीय, दण्डपाशिक और सांधिविग्रहक। भूमिदान के लिए सम्राट् द्वारा नियुक्त किये गये तन्त्रपाल नामक अधिकारी की अनुमति आवश्यक थी।

भूमिदान—उस समय भूमि दान की प्रथा प्रचलित थी। राजा अपने सम्बन्धियों, बड़े अफसरों और ब्राह्मणों को बड़ी संख्या में ग्राम दान देता था। भूमि के साथ उस भूमि के प्रशासन का अधिकार भी दिया जाता था। भूमिदान से सम्बन्धित अधिकारियों के नाम थे। महाधर्माध्यक्ष, महासांधिविग्रहिक, महामुद्राधिकृत और महाक्षपटलिक।

सेना का प्रशासन (Army Organisation)—इस काल में पैदल, सैनिक, अश्वारोही और हस्तिदल सेना के मुख्य अंग थे। चोल और पाल शासकों ने नौसेना का भी संगठन किया। राजा सेना का सर्वोच्च नायक होता था। सेना के प्रशासन के लिए महासेनापति, सेनापति, महाबलाधिकृत, बलाधिकृत और पीलुपति नियुक्ति किये जाते थे। उस समय दुर्गों का बड़ा महत्त्व था। उनकी सुरक्षा के लिए कोट्टपाल की नियुक्ति की जाती थी। दुर्गों में सैनिक रखे जाते थे। सामन्तों की भी अपनी सेना होती थी। इसलिए भारतीय सेना के संगठन में कई त्रुटियाँ थीं जिनके कारण वे मुसलमानों से हार गये।

ग्राम (Village)—ग्राम प्रशासन की सबसे छोटी इकाई थी। प्रत्येक ग्राम की एक सभा या महासभा होती थी जो अपने क्षेत्र में शासन का सारा कार्य करती थी। ग्राम सभाओं के संगठन भिन्न-भिन्न स्थानों और कालों में भिन्न-भिन्न प्रकार के थे। कुछ ग्रामों में वहाँ के सब बालिग पुरुष (वयस्क) ग्राम सभा के सदस्य होते थे। कुछ ऐसे भी थे जिनको ऐसा अधिकार न था। ग्रामसभा का अधिवेशन मन्दिर में होता था अथवा किसी वृक्ष की छाया के नीचे। कई

ग्राम सभाओं के पास अपने पृथक् भवन भी थे। सभा के अधिवेशनों की अध्यक्षता ग्रामणी करता था। शासन कार्य की सुविधा के लिए कई समितियाँ बनाई जाती थीं, जैसे नियुक्त समिति, शासन कार्य का नियन्त्रण व निरीक्षण करने वाली समिति, दान की व्यवस्था करने वाली समिति, जलाशय की व्यवस्था करने वाली समिति, उद्यानों का प्रबन्ध करने वाली समिति, न्याय की व्यवस्था करने वाली समिति, सुवर्ण और कोष का प्रबन्ध करने वाली समिति, ग्राम के विभागों का निरीक्षण करने वाली समिति, खेतों और मैदानों की व्यवस्था व निरीक्षण करने वाली समिति, मन्दिरों का प्रबन्ध करने वाली समिति और साधु व विरक्त लोगों की व्यवस्था करने वाली समिति।

ग्राम संस्थाओं का स्वरूप छोटे-छोटे राज्यों के समान था। इसलिए ग्राम वालों को वे सब काम करने पड़ते थे जो राज्य करते थे। ग्राम संस्थाओं के ये कार्य थे : ग्राम संस्था की अपनी सम्पत्ति को बेचना व अमानत रखकर रुपया प्राप्त करना, ग्राम के झगड़ों और अभियोगों का फैसला करना, मंडी व बाजार का प्रबन्ध करना, टैक्स वसूल करना, ग्राम के लाभ के लिए नये कर लगाना, ग्राम के हित के लिए ग्राम के लोगों से काम लेना, जलाशयों, उद्यानों, खेतों, चरागाहों व मैदानों की देख-रेख करना और मार्गों को ठीक हालत में रखना। लोग ग्राम सभा के पास किसी विशेष काम के लिए धन जमा कराते थे। दान-पुण्य की रकमें प्रायः ग्राम सभाओं के पास जमा होती थीं। दुर्भिक्ष आदि प्राकृतिक विपत्तियों के समय ग्राम सभायें लोगों की सहायता करती थीं। ग्राम सभाएँ धन उधार भी देती थीं। वे शिक्षा पर धन भी खर्च करती थीं। ग्राम सभाएँ शत्रुओं और डाकुओं से ग्राम की रक्षा करती थीं। जो लोग इस काम में विशेष पराक्रम दिखाते थे, सभाएँ उनका सम्मान करती थीं। ग्राम के क्षेत्र से राज्य के लिए कर वसूल करना ग्रामसभा का कार्य था। उसे राजकोष में जमा कराना भी उसी का कर्त्तव्य था।

सामाजिक अवस्था (Social Condition)

पहले की तरह भारतीय समाज ब्राह्मण, क्षत्रिय, वैश्य और शूद्र वर्णों में विभक्त था। इस काल के सामाजिक व्यवस्थाकारों ने भी प्रत्येक वर्ण में अन्तर बनाये रखने की व्यवस्था की। प्रत्येक वर्ण अनेक शाखाओं में विभाजित हो गया। वर्णाश्रम धर्म का पालन और उसकी रक्षा राजा का कर्त्तव्य समझा जाता था। पाल लेखों में धर्मपाल, विग्रहपाल राजाओं को जाति व्यवस्था के रक्षक की पदवी दी गई। उड़ीसा के राजा क्षमांकरदेव को ''वर्णाश्रम-परमोपासक'' के नाम से बुलाया जाता है। उपजातियों की उत्पत्ति के कई कारण थे। एक कारण था रोजी कमाना। लोग कई प्रकार के कामों में लगते जा रहे थे और उनके अनुसार उनकी उपजातियाँ बन गईं। लोहे का काम करने वाला लोहार, चमड़े का काम करने वाला चर्मकार और सोने का काम करने वाला सोनार कहलाने लगा। उपजातियों का एक कारण अनुलोम और प्रतिलोम विवाह भी थे। उनके भी कई विभाग हो गए। विभागों को कुटि गोत्र या प्रवर कहा जाता है। लोहार, चर्मकार, सोनार आदि सब में अनेक विभाग हो गए।

ब्राह्मण (Brahmans)—इस काल में ब्राह्मणों का बड़ा ऊँचा स्थान था। वे धर्म-कर्म में, शिक्षा-दीक्षा में और शासन में समाज में आगे थे। पहले ब्राह्मण पुरोहित थे परन्तु अब मन्दिरों के पूजारी बन गये। इसका एक कारण यह भी था कि मन्दिरों में बैठकर पुजारी अधिक धन कमा सकते थे। ब्राह्मणों ने राजकीय काम भी करने शुरू कर दिये। बंगाल के पाल वंश के राजाओं की सेना में ब्राह्मण सेनापति का काम करने लगे। ब्राह्मणों ने खेती का भी काम शुरू कर दिया। वे वाणिज्य में भी भाग लेने लगे। इसका कदापि यह तात्पर्य नहीं कि ब्राह्मणों ने अपने परम्परागत कर्त्तव्यों को छोड़ दिया। वे वेदों का अध्ययन करते थे और ईश्वर और प्रकृति पर लोगों को व्याख्यान देते थे। कुछ ब्राह्मण अध्यापन का कार्य करते थे और पाठशालों तथा विद्यालयों का संचालन करते थे। वे निःशुल्क शिक्षा देते थे। ब्राह्मणों को ग्राम दान में दिये जाते थे। उन पर सरकार कोई कर नहीं लगाती थी। पहले राजा गाँव से कर लेता था परन्तु अब वह अधिकार ब्राह्मणों को दिया गया। जो ग्राम ब्राह्मणों को दिये जाते थे उन पर शासन करने का अधिकार भी उनको दिया गया। राजा के कर्मचारी और सिपाही उन ग्रामों के अन्दर नहीं जा सकते थे। प्रारम्भ में अभियुक्तों को दण्ड देने का अधिकार राजा का था परन्तु अब वह अधिकार भी ब्राह्मणों को दे दिया गया। ग्राम में कानून व्यवस्था की स्थापना का कार्य भी ब्राह्मणों को दिये जाते थे। इससे राजा की स्थिति कमजोर हो गई। ब्राह्मणों ने रक्त की पवित्रता पर बड़ा ज़ोर दिया और विवाह, खाना और व्यवसाय सम्बन्धी नियम बड़े कड़े कर दिये।

ब्राह्मण पंचगौड़ में विभाजित हो गये। उसका एक महत्त्वपूर्ण कारण स्थानान्तरण था। ब्राह्मणों में सरयूपारी, कान्यकुब्ज, सारस्वत, गौड़ तथा शकद्वीपी शाखाएँ बन गईं। जो ब्राह्मण सरयू नदी के तट पर बसे, वे सरयूपारी ब्राह्मण कहलाये। जो ब्राह्मण सरस्वती नदी के तट पर बसे वे सारस्वत कहलाये। जो ब्राह्मण गौड़ देश में रहने लगे वे गौड़ कहलाये। उस समय के दानपत्रों से ब्राह्मणों की कई शाखाओं का पता लगता है। एक ताम्र पत्र में चतुर्वेदी, उपाध्याय, पाण्डेय, दीक्षित, अग्निहोत्री पाठक आदि के नाम मिलते हैं। एक और अभिलेख में द्विवेदी और त्रिवेदी के नाम भी आते हैं। जब भिन्न-भिन्न गोत्र बन गये तब ब्राह्मण अपने-अपने गोत्रों में ही विवाह करने लगे।

ब्राह्मण को कई विशेषाधिकार दिये गये। साधारण लोगों की अपेक्षा ब्राह्मणों को बहुत कम दण्ड दिया जाता था। मेधातिथि ने लिखा है कि ब्राह्मणों पर केवल जुर्माना ही किया जा सकता है, मृत्यु-दण्ड इत्यादि नहीं।

क्षत्रिय (Kshatriya)—शास्त्रों के अनुसार, शासन करना, प्रजा की रक्षा करना और युद्ध में भाग लेना क्षत्रिय के कर्त्तव्य थे। शासक वर्ग होने के कारण उनके विशेष अधिकार भी थे। इस काल में अनेक राजवंशों का उदय हुआ। राजपूत जाति और शासकों में अनेक गुण भी थे। उनमें वंशागत रक्त-शुद्धता की भावना भरी हुई थी। किसी-किसी देश के सैनिक तथा योद्धा-वर्ग में बहु-विवाह की प्रथा भी प्रचलित थी। क्षत्रिय लोग स्वाभिमान के लिये प्रसिद्ध थे। उनमें बलिदान और उच्च आदर्श के अपूर्व उदाहरण मिलते हैं। राजपूत योद्धा, स्त्रियों, बच्चों और शस्त्रों के बिना शत्रु पर आघात नहीं करते थे। वे शरणागत की रक्षा करना अपना कर्त्तव्य समझते थे। एक शक्तिशाली सैनिक वर्ग होने के कारण, क्षत्रियों का धर्म, समाज, काव्य-साहित्य, कला तथा स्थापत्य, आर्थिक व्यवस्था आदि पर बड़ा प्रभाव था। क्षत्रियों में अदम्य उत्साह, राजभक्ति और देश-प्रेम के गुण विद्यमान थे। इस युग में कई क्षत्रिय विद्वान भी थे। परमार राजा भोज और गहड़वाल राजा गोविन्द चन्द्रदेव प्रसिद्ध विद्वान थे। राजपूत राजे विद्वानों और कलाकारों को आश्रय भी देते थे।

ब्राह्मणों की भाँति क्षत्रियों में भी कई उपजातियाँ बन गईं। लगभग 36 उपजातियों का उल्लेख है। कुछ क्षत्रिय कृषि का भी कार्य करते थे।

जो क्षत्रिय शासक थे और जो उनके संबंधी थे, उनका जीवन सुखमय था। उनको कठोर दण्ड नहीं दिया जाता था। अल्बेरुनी ने लिखा है कि चोरी के अपराध पर क्षत्रियों को केवल दाहिना हाथ और बाएँ पाँव से रहित कर दिया जाता था। उन्हें अन्धा नहीं बनाया जाता था। क्षत्रिय लोग वेदों का अध्ययन कर सकते थे और पुराणों के आदेश के अनुसार अपना जीवन व्यतीत करते थे।

राजपूत लोग क्षत्रियों का एक अंग समझे जाते थे। उनका उत्पत्ति के विषय में विद्वानों में मतभेद है। गौरीशंकर हीराचन्द्र ओझा और सी०वी० वैद्य ने राजपूतों को वैदिक कालीन क्षत्रियों की सन्तान माना है। राजपुत्र शब्द बाण के हर्षचरित और पुराणों में मिलता है। राजपूत लोगों ने अपने आप को सूर्यवंशी और चन्द्रवंशी क्षत्रियों की सन्तान कहा और ब्राह्मणों ने उनको वैसा मान भी लिया। डॉ० दशरथ शर्मा इस निष्कर्ष पर पहुँचे हैं कि सभी राजवंशों का मूल एक नहीं था। न सभी प्रतिहार राजवंश वैदिक क्षत्रियों की सन्तान थे और न सब विदेशी।

एक और मत के अनुसार क्षत्रियों की उत्पत्ति अग्निकुंड से हुई। चारण परम्परा के अनुसार गुर्जर प्रतिहार उन चार राजपूत वंशों में से एक था जिनकी ऋषि वशिष्ठ के आबू पर्वत के अग्निकुण्ड से उत्पत्ति हुई थी। इस परम्परा के अनुसार इस यज्ञ में गुर्जरों ने द्वारपाल का कार्य किया इसलिए वे प्रतीहार कहलाए। अन्य तीन राजवंश परमार, चौलुक्य और चाहमानों के थे। इस परम्परा का मुख्य आधार चंदरबरदाई का पृथ्वीराजरासो है। उसमें अग्निकुल का वर्णन नहीं है। इसलिए इस मत को मानना ठीक नहीं। प्रतीहार और चौहानों के अभिलेखों में भी यह बात नहीं आती। ग्यारहवीं शताब्दी में पद्मगुप्त ने "नव-सहसांक चरित्र" लिखा जिसमें परमारों की उत्पत्ति अग्निकुण्ड से बतलाई है। चालुक्यों के बारहवीं और तेरहवीं शती के अभिलेखों में भी इस बात का वर्णन है। ऐसा प्रतीत होता है कि अग्निकुण्ड से राजपूतों की उत्पत्ति की कथा "पृथ्वीराज रासो" में पीछे से जोड़ दी गई। जिन चार वंशों की उत्पत्ति अग्निकुण्ड से बताई जाती है उनके राज्य आबू पर्वत के आस-पास थे। इसलिए उनकी उत्पत्ति आबू पर्वत से जोड़ दी गई। निष्कर्ष यह निकलता है कि अग्निकुण्ड परम्परा ऐतिहासिक तथ्य नहीं मानी जा सकती।

गुर्जर प्रतीहारों के अभिलेखों से पता लगता है कि उनमें से कुछ विदेशी थे। उन्होंने मुसलमानों से देश की रक्षा की और क्षत्रिय कहलाए। चौहानों के अभिलेखों में उन्हें वत्स गोत्र के ब्राह्मणों की सन्तान कहा गया है। हम नहीं कह सकते कि वे विदेशी थे। परमार वाक्पतिराज प्रथम राष्ट्रकूट अकालवर्ष की सन्तान था। इससे सिद्ध होता है कि वे विदेशी नहीं थे। चन्देलों को महोबा-खण्ड और उनके अभिलेखों में चन्द्रवंशी कहा है। महाभारत के क्षत्रियों से जेजाकभूक्ति के चन्देलों का सम्बन्ध नहीं जोड़ा जा सकता। कुछ लेखकों के अनुसार वे गोंड और भार आदिम जातियों की सन्तान थे जो मध्य भारत में रहती थीं। इस मत का कोई निश्चित प्रमाण नहीं है। गहड़वालों के अभिलेखों में उन्हें क्षत्रिय कहा गया है। टाड ने उन्हें दूषित रक्त वाला कहा है। ऐसा हो सकता है कि राजपूत मध्य भारत की आदिम जातियों की सन्तान हों। कलचुरी अभिलेखों में राजपूतों को प्राचीन चन्द्रवंशी क्षत्रियों की सन्तान कहा है। ऐसा हो सकता है कि वे न तो विदेशी थे और न आदिम जातियों की सन्तान। डॉ० डी०आर० भंडारकर का विचार है कि गुहिल राजपूत नागर ब्राह्मण थे। उनके अभिलेखों में भी उन्हें ब्राह्मण कहा गया है। इसलिए वे क्षत्रियों की सन्तान न थे। मारवाड़ और बीकानेर के राठौर राजपूत अपने आप को गहड़वालों की सन्तान बतलाते हैं परन्तु राठौर और गहड़वाल जातियों के गोत्र अलग-अलग हैं। ऐसा हो सकता कि उनका मूलएक न रहा हो।

भंडारकर और विलियम क्रुक का विचार है कि अग्निकुण्ड परम्परा का यह अर्थ है कि ब्राह्मणों ने अग्नि द्वारा विदेशियों को शुद्ध करके उन्हें हिन्दू समाज में क्षत्रियों का स्थान दिया। ब्राह्मणों ने ऐसा इसलिए किया क्योंकि राजपूत राजा ब्राह्मणों के आश्रयदाता थे। वी०ए० स्मिथ के अनुसार, कुछ राजपूत गौंड, भार आदि आदिम जातियों की सन्तान थे।

ऐसा कहना ठीक नहीं कि राजपूतों में विदेशियों की सन्तान बिल्कुल नहीं थी। यह भी ठीक नहीं कि सभी राजपूत विदेशी थे। यदि यह ठीक होता तो वे वैदिक परम्पराओं की रक्षा के लिए क्यों लड़ते। ऐसा प्रतीत होता है कि राजपूतों में कुछ राजवंश ऐसे थे जो वैधिक क्षत्रियों की सन्तान थे। ऐसा मालूम होता है कि सभी राजवंश जो चाहे वैदिक क्षत्रियों की सन्तान थे, चाहे विदेशी थे, चाहे भारत के आदिम जातियों की सन्तान थे, राजपूत कहलाने लगे जिन्होंने विदेशियों से देश की रक्षा की और अपने स्वतन्त्र राज्य स्थापित किये। सुरेन्द्रनाथ सेन का विचार है कि राजपूतों ने अपने आप को सूर्यवंशी और चन्द्रवंशी क्षत्रिय कहने का दावा तब किया जब उन्होंने भारत के प्राचीन विचारों और परम्पराओं को पूरी तरह अपना लिया।

वैश्य (Vaishya)—वैश्यों के मुख्य कर्त्तव्य कृषि, पशु-पालन और वाणिज्य थे। जैनियों के मतानुसार, कृषि का काम करना पाप था। जो वैश्य इस मत से प्रभावित हुए, उन्होंने कृषि को नीच कार्य समझ कर छोड़ दिया और उन्होंने सारा समय वाणिज्य में लगा दिया। वैश्यों का वाणिज्य पर एकाधिकार हो गया। दैनिक आवश्यकताओं के बढ़ने के कारण वाणिज्य का सम्मान होने लगा। बहुत से वैश्य मन्त्री, सेनापति और यौद्धा बन गए। अलबुरुनी ने लिखा है कि वैश्यों और शूद्रों का आदर एक जैसा होता था। कभी-कभी वे एक ही मकान में रहते थे। जिन क्षत्रियों ने वैश्यों जैसा काम करना शुरू कर दिया वे भी वैश्य बन गए। अहिंसा के सिद्धान्त से प्रभावित होकर कई क्षत्रियों ने लड़ने का काम छोड़ दिया और व्यापार में लग गए। वैश्यों में भी कई उपजातियाँ बन गईं।

शूद्र (Shudra)—जब वैश्यों ने कृषि का काम छोड़ दिया तो शूद्र वह काम करने लगे। शूद्र ही इस काल में किसान, लुहार, राज, रंगरेज, धोबी, जुलाहे, कुम्हार, आदि थे। इस काल में वैश्यों और शूद्रों की स्थिति में कोई विशेष अन्तर न था। उनके वैवाहिक और अन्य रीति-रिवाज समान थे। वैश्यों और शूद्रों को वेद पढ़ने का अधिकार न था। व्यवसायों के आधार पर शूद्रों में कई उपजातियाँ बन गईं।

मदारी, मल्लाह, धीवर और जंगली पशु-पक्षियों का शिकार करने वालों को अन्त्यज कहते थे। वे शहरों और गांवों के बाहर रहते थे।

वेद व्यास ने ब्राह्मण और वैश्य में अनुलोम विवाह से उत्पन्न सन्तान को चाण्डाल कहा है। कुछ घृणित कार्य करने वालों को पंचम वर्ग कहते थे। अल्बेरूनी ने लिखा है कि पंचम वर्ग के लोग गाँव से बाहर रहते थे और उनके नाम थे डोम, चमार, नट इत्यादि।

सातवीं शताब्दी के बाद कई नई जातियाँ बन गईं। कई जातियाँ इस कारण बनीं क्योंकि कई वैश्य स्त्रियों ने अपने से नीचे के वर्गों के पुरुषों से विवाह कर लिया। शूद्रों की भी कई उपजातियाँ बन गईं। ब्राह्मणों और राजपूतों में भी वैसा ही

हुआ। उस समय की अर्थव्यवस्था ऐसी थी कि एक स्थान से दूसरे स्थान जाना कठिन था। एक ही व्यवसाय के लोग चूँकि भिन्न-भिन्न स्थानों में रहते थे, इसलिए उनकी अपने स्थानों के आधार पर नई उपजातियाँ बन गईं। जब आदिम जातियों को वर्ण आश्रम में मिलाया गया, उन्हें शूद्रों में स्थान दिया गया और उन्हें नई-नई जातियों के नाम दिये गये।

इस काल में भारतीय समाज में हलचल हुई। वर्णाश्रय में खेती करने वाले वैश्य कहलाते थे और मज़दूर शूद्र होते थे। जो आय सरकार को वैश्यों से होती थी उससे राजा राजकर्मचारियों, सैनिकों इत्यादि को वेतन देता था। संकट तब उत्पन्न हुआ जब वैश्यों और शूद्रों ने अपने कर्त्तव्यों का पालन न किया। छोटी जाति के लोगों ने अपने आप को बड़ा समझा और सरकार को कर इत्यादि देने से इंकार कर दिया। वर्णाश्रम की कड़ी आलोचना की गई क्योंकि पैदा करने वालों को भारी टैक्स देने पड़ते थे और उन्हें सरकार से रक्षा नहीं मिलती थी। इस समस्या का मुकाबला करने के लिये कई सुझाव रखे गये। एक सुझाव यह था कि राजकर्मचारियों और पण्डितों को धन के स्थान पर भूमि दी जाये। इस सुझाव के पक्ष में यह बात थी कि टैक्स इकट्ठे करने और कानून व्यवस्था ठीक रखने का कार्य भी उन्हीं को दे दिया जाये। जिनको भूमि दी गई उन्होंने उस पर काश्त करायी। चूँकि ब्राह्मणों को उन क्षेत्रों में भूमि दी गई जहाँ आदिम जाति के लोग रहते थे, वहाँ के लोग हिन्दू धर्म और रहन-सहन से परिचित हो गये। भूमि देने की पद्धति का एक और परिणाम यह हुआ कि जिन लोगों को भूमि मिली उन्होंने अपने आप को बड़ा दिखाने की कोशिश की। यदि आर्थिक दृष्टि से उनकी स्थिति सुधर गई परन्तु समाज में उनका स्थान ऊँचा न हुआ।

इस काल में जाति भेद ने एक नया रूप धारण किया। खाने-पीने की तरह विवाह सम्बन्ध के मामले में भी जातियों ने धीरे-धीरे संकीर्ण रूप धारण कर लिया। प्राचीन समय में सवर्ण विवाह को श्रेष्ठ समझते हुए भी अनुलोम विवाह (ऊँचे वर्ण का अपने से नीची वर्ण की स्त्री से विवाह) को धर्म के अनुकूल समझा जाता था। कई जातियों में प्रतिलोम विवाह की भी आज्ञा थी। महाकवि बाण ने एक ब्राह्मण का वर्णन किया है जिसकी माँ शूद्र थी। ब्राह्मण कवि राजशेखर ने क्षत्रिय कन्या अवन्ति सुन्दरी से विवाह किया। परन्तु धीरे-धीरे भारत में दूसरी जाति में विवाह कर सकना सम्भव न रहा और जाति बन्धन बड़े दृढ़ हो गये। इसका यह परिणाम हुआ कि जब तुर्कों और अफगानों ने भारत पर आक्रमण किया, भारत के लोग उनको अपने बीच न ला सके। हिन्दुओं ने उनको मलेच्छ और अपवित्र समझा और उनके साथ खान-पान व विवाह का कोई सम्बन्ध न रखा। उनकी यह धारणा थी कि वैसा करने से वे भ्रष्ट हो जायेंगे। परिणाम यह हुआ कि हिन्दू लोग मुसलमानों को अपने समाज का अंग न बना सके। हिन्दुओं में विदेशियों का आत्मसात् करने की शक्ति न थी।

जाति भेद के कारण यह प्रवृत्ति थी कि प्रत्येक शिल्प कुछ विशेष कुलों में ही सुरक्षित रहे। पुत्र पिता के व्यवसाय को अपनाता था। इसका यह परिणाम था कि उन कुलों में शिल्प का विशेष ज्ञान विकसित होता रहता था। प्राचीन भारत में जो विद्या, विज्ञान, व्यापार, शिल्प आदि क्षेत्रों में उन्नति हुई उसका एक कारण जाति भेद भी था। भिन्न-भिन्न जातियों ने अपने-अपने क्षेत्र में विकास और उन्नति के लिये बड़ा प्रयत्न किया। किसी एक क्षेत्र में विशिष्टता प्राप्त कर सकना सम्भव था परन्तु जाति-भेद के कई बुरे परिणाम भी थे। उससे भारतवासियों में संकीर्णता की भावना आ गई। ब्राह्मण लोग दूसरी जातियों के लोगों के सम्पर्क में आना अपनी प्रतिष्ठा के विरुद्ध समझने लगे। विद्या और ज्ञान पर ब्राह्मणों का एकाधिकार हो गया। इसका यह परिणाम हुआ कि साधारण लोग शिल्पी और व्यवसायी शिक्षा से वंचित हो गए। ब्राह्मणों के पास ज्ञान था और लोगों के पास कला। दोनों का आपस में किसी प्रकार का सम्पर्क न था। ब्राह्मणों का ज्ञान अक्रियात्मक होता गया। वे केवल सिद्धान्तों की बातों में लगे रहे। क्रियात्मक जीवन से सम्बन्ध न होने के कारण भारत का ब्राह्मण कोई सांसारिक लाभ न उठा सका। विद्या के प्रकाश के अभाव से भारत का शिल्पी भी उन्नति के दौड़ में पीछे रह गया। जाति-भेद के कारण जनता में एकता की भावना उत्पन्न न हुई। ऐसी भावना कि हम सब एक देश के वासी हैं और एक समाज और राष्ट्र के अंग हैं, पैदा न हुई। जाति-भेद के कारण भारतीय जनता का बहुत बड़ा भाग पद-दलित दशा में रह गया। भारतीय समाज में ब्राह्मणों और क्षत्रियों की संख्या कम थी और जिनकी संख्या अधिक थी उन्हें वे नीची दृष्टि से देखते थे। इसका परिणाम यह हुआ कि आम लोगों में अपनी हीनता की भावना पैदा हो गई और वह देश के लिए हानिकारक सिद्ध हुई।

कायस्थ (Kayastha)—कायस्थ शब्द का प्रयोग लेखन कार्य करने वालों के लिए कई स्थानों में किया गया है। इस काल के लेखों में लिपिक के पद पर कार्य करने वाले व्यक्ति को कायस्थ कहा गया है। साहित्य और धार्मिक ग्रन्थों में भी लिपिक को कायस्थ माना गया है। बारहवीं शताब्दी में कायस्थों ने एक जाति का रूप धारण कर लिया। उश्नस और

वेदव्यास स्मृति में कायस्थों का वर्णन एक पृथक् जाति के रूप में है। क्योंकि कायस्थ द्विज नहीं थे, इसलिए वेदव्यास ने उन्हें शूद्र बताया। कायस्थों ने शूद्र बनने से इंकार किया और अपनी पृथक् जाति बना ली। कायस्थों में भी उनके निवास स्थान के आधार पर अनेक उपजातियाँ बन गईं जैसे मथुरा में रहने वाले माथुर और गौड़ (बंगाल) में रहने वाले गौड़ कहलाए।

विवाह-प्रथा (Marriage)—मेधातिथि ने ब्राह्मण का क्षत्रिय और वैश्य स्त्री से अनुलोम विवाह अपवाद रूप में स्वीकार किया है। अनुलोम विवाह की सन्तान माता की जाति की होगा और प्रतिलोम विवाह की सन्तान पिता की जाति में होगी। इस युग में अन्तर्जातीय विवाह रोकने का प्रयत्न किया गया। स्मृतिचन्द्रिका और स्मृत्यार्थसार में असवर्णों से विवाह कलिर्वज्य घोषित है। स्वजातीय से विवाह के बाद द्विजातीय से विवाह को अनुमति दी गई है। अपरार्क और विज्ञानेश्वर ने उच्च वर्ण की कन्या से अनुलोम विवाह को उचित और शूद्रा से विवाह सम्भव माना है। मेधातिथि ने मामा की पुत्री से विवाह अधम कोटि में रखा है। इस काल में स्वयंवर, विशेषकर राजवंशों में, के उदाहरण मिलते हैं। कई स्मृतियों के अनुसार स्त्रियों का पुनर्विवाह या विधवा विवाह पति के लापता होने पर, मृत्यु पर, सन्यासी होने पर, नपुंसक होने पर या जाति से बाहर निकाले जाने पर सम्भव था परन्तु मेधातिथि पुनर्विवाह अथवा विधवा विवाह का विरोधी था। कुछ विशेष परिस्थितियों में और अनेक बन्धनों के साथ नियोग की आज्ञा थी। बाल-विवाह और बहुविवाह स्त्रियों को कमजोर बनाता था।

साधारणतया माता-पिता कन्याओं का विवाह करते थे परन्तु कई बार प्रेम के आधार पर भी विवाह होते थे। मेधातिथि ने गन्धर्व विवाह की निन्दा की है। वह ब्राह्मण का विवाह शूद्रा कन्या के साथ करने के पक्ष में न था। व्यक्तिगत जीवन की पवित्रता और शुद्रता पर बड़ा जोर दिया जाता था।

स्त्रियों की दशा (Condition of Women)—इस काल में कुछ स्त्रियाँ अच्छी पढ़ी-लिखी थीं। मण्डन मिश्र की पत्नी ने शंकराचार्य को शास्त्रार्थ में हरा दिया। राजेश्वर की पत्नी अवन्ति सुन्दरी ने प्राकृत कविता में आने वाले देशी शब्दों का एक कोष बनाया।

इस काल में पर्दे की प्रथा न थी। स्त्रियाँ राज-सभा और महाभारत की कथा सुनने के लिए मन्दिरों में जाती थीं और पुजारियों और ब्राह्मणों से मिलती थीं। अमीर पुरुष कई विवाह करते थे। अधिकतर कन्याओं का विवाह 14 वर्ष की आयु में होता था। स्वयंवरों का भी रिवाज था। कुछ विधवा विवाह भी होते थे। अधिकतर विधवायें बड़े संयम से अपना जीवन व्यतीत करती थीं। उस समय ऐसा विचार था कि पत्नी के बिना जीवन सुखी नहीं हो सकता। पत्नी के साथ ही पुरुष धर्म, अर्थ और काम का उपभोग कर सकता है। सती प्रथा प्रचलित थी परन्तु अधिक नहीं। हर्षवर्धन की माता सती हो गई। उसकी बहन राज्यश्री भी अपने पति के साथ सती होने जा रही थी परन्तु बचा ली गई। स्मृति ग्रन्थों में सती होने के प्रमाण मिलते हैं। चेदि लेख में गांगेयदेव की सौ पत्नियों के सती होने का वर्णन है। राजपरिवारों में पर्याप्त संख्या में स्त्रियाँ समय-समय पर सती होती थीं। साधारण घरों की स्त्रियाँ भी विधवा होने पर सती हो जाती थीं। कभी-कभी वे अपनी इच्छा से सती होती थीं और कभी उन्हें समाज सती होने के लिए बाध्य करता था। पति के देहान्त के बाद विधवाओं का जीना पाप समझा जाने लगा। इस काल में बाल-हत्या भी की जाती थी परन्तु यह प्रथा राजपूतों में ही अधिक थी। बाकी लोग कठोरता से इसका पालन नहीं करते थे।

'दशकुमारचरित' में दण्डी ने वेश्याओं का विस्तारपूर्वक वर्णन किया है। 'कुट्ट नीमतम' में दामोदर गुप्त ने लिखा है कि गणिकायें अनेक प्रकार से राजाओं, कुलीन और धनी व्यक्तियों से धन ऐंठती थीं। सेना के साथ भी वेश्यायें रहती थीं। मन्दिरों में देवदासी प्रथा प्रचलित थी।

भोजन (Food)—ऐसा मालूम होता है कि गेहूँ, चावल और फल भोजन के प्रमुख अंग थे। माँस-मछली और शराब का भी रिवाज था। बंगाल में शाक्त मत के कारण मांस-भक्षण और मदिरा-पान पर बड़ा जोर दिया जाता था। ऐसा मालूम होता है कि ब्राह्मण भी माँस खाते थे। ब्राह्मण शराब नहीं पीते थे परन्तु क्षत्रियों में यह प्रथा प्रचलित थी।

मगध में चावल का खाना बहुत प्रचलित था। महाशालि चावल सबसे अच्छा समझा जाता था। उत्तर भारत के अन्य प्रदेशों में गेहूँ और जौ का बड़ा रिवाज था। लोग उड़द, मूंग, अरहर, राजमाह और तिल भी खाते थे। लोग

केला, खरबूज, नारियल, अंगूर, नाशपाती आदि खाते थे। दूध, दही, घी, मक्खन और पनीर बड़ी मात्रा में भोजन का भाग होते थे।

उच्च जातियों के लोग माँस नहीं खाते थे परन्तु क्षत्रियों में इसका रिवाज था। श्राद्ध के समय अन्य जातियों के व्यक्ति भी मांस खाते थे। हीनयान बौद्ध मांस खाते थे परन्तु महायान के अनुयायी माँस नहीं खाते थे। क्षत्रिय गन्ने के रस से बनी और वैश्य फलों से बनी शराब पीते थे। ब्राह्मण सुरा नहीं पीते थे। वे और बौद्ध भिक्षु अंगूर या गन्ने का रस पीते थे। तान्त्रिक लोग शराब पीते थे। अधिकतर लोग मांस नहीं खाते थे। कुछ जातियों के लिए प्याज और लहसुन का प्रयोग वर्जित था।

वस्त्र और आभूषण (Dress and Ornaments)—इस काल में कई लोग बिना सिले कपड़े पहनते थे जैसे धोती और चादर। कंचुक, चीन चोलक, बारबान और कूर्पासक सिले हुए कपड़े थे। कंचुक पूरे बाजू वाला लम्बा कोट था। चीन चोलक चीनी शैली का ओवरकोट था। बारबार पूरी बाजू का कोट था जिसे अधिकतर सैनिक पहनते थे। कूर्पासक आधी बाजू का कुर्ता था। महकवि बान ने चार प्रकार के पजामों का वर्णन किया है। बौद्ध भिक्षु तीन वस्त्र पहनते थे। साधारणतया स्त्रियाँ उत्तरीय, कंचुक और चण्डातक पहनती थीं। उत्तरीय औढ़नी, कंचुक, चोली और चण्डातक पेटीकोट थे। उत्सवों के अवसर पर अधिकतर स्त्रियाँ रंगीन कपड़े पहनती थीं। मध्य देश की स्त्रियाँ साड़ी पहनती थीं। बाहर जाते समय चादर का प्रयोग करती थीं। स्त्रियाँ छींट के कपड़े पहनती थीं। उनको रंगीन कपड़े अच्छे लगते थे। कान, गले, हाथ और पैर में कई प्रकार के आभूषण पहने जाते थे। स्त्रियाँ शृंगार-प्रिय अवश्य थीं परन्तु आधुनिक युग की स्त्रियों की भाँति नग्न न थीं। वे अपने शरीर को वस्त्रों और आभूषणों से पूरी तरह ढकती थीं। अधिकांश वर्तमान आभूषणों का प्रचार उस समय था। हार, अंगूठियाँ, कड़े, मालायें, बाजूबन्द, कर्णफूल सभी प्रचलित थे परन्तु नथ का प्रयोग न था।

आमोद-प्रमोद—उस काल में मनोरंजन के कई साधन थे जैसे गेंद खेलना, शतरंज, नृत्य, गाना बजाना, काव्य-गोष्ठी, नाट्य-प्रदर्शन, जल-क्रीड़ा, मल्ल-युद्ध, घुड़दौड़, अनेक प्रकार के खेल, जुआ, शिकार (आखेट), मेले, त्यौहार इत्यादि। रत्नावली में लिखा है कि वसन्त के उत्सव और होली पर पिचकारी द्वारा रंग फेंकने का रिवाज था। कौमुदी महोत्सव अश्विनी पूर्णिमा को मनाया जाता था। उस अवसर पर सब लोग अपने घरों की सफाई करते थे और घरों और बाजारों में झण्डियाँ लगाते थे। वे सुन्दर कपड़े पहनकर अपने मित्रों और बन्धुओं को मिलने जाते थे। युवक और युवतियाँ नृत्य करती थीं और गाने गाती थीं। कार्तिक के महीने में दीवाली का पर्व मनाया जाता था। आन्दोल-तृतीया का त्यौहार चैत्र मास के शुक्ल पक्ष की तीज को मनाया जाता था। यह स्त्रियों का त्यौहार था और वे उस दिन पार्वती की पूजा करती थीं और अगले दिन झूला झूलती थीं। वट सावित्री व्रत भी स्त्रियों का त्यौहार था जो ज्येष्ठ मास की पूर्णिमा को मनाया जाता था। उस अवसर पर स्त्रियाँ गातीं, नाचतीं और एक-दूसरे पर पानी फेंकती थीं। महानवमी का त्यौहार अश्विन मास के शुक्ल पक्ष की नवमी को मनाया जाता था और उस दिन क्षत्रिय लोग अपने अस्त्रों-शस्त्रों की पूजा करते थे। वर्षा ऋतु में दोलोत्सव होता था और शतरंज, चौपड़ आदि खेले जाते थे। क्षत्रिय शिकार के बहुत शौकीन थे। उस समय साहित्य गोष्ठियाँ भी होती थीं। धार्मिक अवसरों पर रथ-यात्रा की व्यवस्था की जाती थी। संगीत और नृत्य का आयोजन विशेष अवसरों पर किया जाता था।

चरित्र (Character)—इस काल में लोगों में बहुत अहंकार आ गया था। जो वीर थे, उन्हें अपनी वीरता पर घमण्ड था। जो विद्वान थे उनके लिए सारा संसार मूर्ख था। जो दानशील थे उनके लिए समस्त विश्व अर्थ-लोलुप था। अलबरुनी ने भी इस तथ्य का समर्थन किया है। उसने लिखा है कि भारत के लोग अपने आप को बड़ा समझते हैं और किसी को अपने जैसा नहीं समझते। यह दोष भारतीयों के पतन का कारण बना।

इस समय लोग छल-कपट से घृणा करते थे। वचन का पालन करना वे अपना परम कर्त्तव्य समझते थे। राजपूत अपनी ईमानदारी और प्रतिज्ञा-पालन के लिए विख्यात थे।

दास-प्रथा (Slavery)—इस काल में पहले की तरह दास प्रथा थी। विज्ञानेश्वर ने 15 प्रकार के दासों का वर्णन किया है परन्तु उस समय के साहित्य में चार प्रकार के दासों का उल्लेख है। क्रीतदास वे थे जो खरीदे जा सकते थे। ऐसा प्रतीत होता है कि उस समय दासों का व्यापार होता था। ऋण-दास वे दास थे जो कर्जा न देने के कारण दास बन जाते थे। स्वविक्रयी दास वे थे जो अपने आप को बचाने के लिए अकाल-दुर्भिक्ष के समय दास बन जाते थे। ध्वजाहृत वे दास

थे जो युद्ध के बाद पकड़े जाते थे और दास बना लिए जाते थे। उस काल में सामन्तों में प्रायः युद्ध होते रहते थे। जो व्यक्ति बन्दी बनाये जाते थे उनसे दासों का काम लिया जाता था। कुछ शत्रु के प्रदेश के स्त्री और पुरुष भी बन्दी बना लिए जाते थे। उन्हें भी दासों की तरह काम करना पड़ता था। मुसलमानों के आक्रमणों के कारण आम लोगों की आर्थिक दशा खराब हो गई और उनकी लड़कियाँ पेट भरने के लिए दासी बन जाती थीं। डाकू लोग लोगों को पकड़कर ले जाते थे और उन्हें दास के रूप में बेच देते थे। पता चलता है कि कई नाविक गुजरात से लोगों को पकड़कर ले जाते थे और विदेशों में उन्हें बेचते थे। काश्मीर के एक शासक ने बड़ी संख्या में वहाँ के लोगों को दास के रूप में बेचा। दासों की बिक्री सामान्य घटना थी। राजपूत कन्यायें भी दासी के रूप में काम करती थीं। सभी दासियों को बहुत काम करना पड़ता था। उनसे भारी बोझ उठवाये जाते थे। उनको पीटा भी जाता था। इस काल में दासों का स्वतन्त्र होना असम्भव-सा हो गया था। उनके साथ मनुष्यों जैसा व्यवहार न किया जाता था। उनकी दशा इतनी बुरी थी कि उनमें से कुछ आत्महत्या भी कर लेते थे।

धार्मिक अवस्था (Religious Condition)

इस काल में हिन्दू धर्म भारत में अपनी पराकाष्ठा को पहुँच गया था। हिन्दू धर्म का केन्द्र मध्य देश था। वहाँ से ब्राह्मणों ने बंगाल में ब्राह्मण धर्म का प्रचार किया और उन्हें वहाँ के राजाओं से भी काफी योगदान मिला। इस काल में वैदिक देवता बड़ी तीव्रता से बदलने लगे। पुराने देवी-देवताओं के स्थान पर नये देवी-देवताओं की मान्यता होने लगी। उस समय लोगों में, विशेषकर राजाओं और धनी लोगों में, दान देने की रुचि थी। जो दान आता गया, उससे नये-नये मन्दिर बनते गये। लेखों और मूर्तियों से पता लगता है कि त्रिदेवों के स्थान पर पंचदेवों की उपासना होने लगी।

वैष्णव धर्म—यह धर्म भक्ति मार्ग का पोषक था। इसमें कर्मकाण्ड और अनुष्ठानों की अपेक्षा भक्ति और उपासना को अधिक महत्त्व दिया जाता था। पहले वासुदेव कृष्ण की मूर्तियाँ मन्दिरों में स्थापित की जाती थीं। परन्तु इस काल में भागवत धर्म की सीधी-साधी भक्ति आडम्बरयुक्त होने लगी। मन्दिरों की मूर्तियों के साज और शृंगार को बहुत महत्त्व दिया जाने लगा। देवता को खुश करने के लिए नाचने और गाने की प्रथा भी शुरू की गई। मन्दिरों में स्थापित मूर्तियों को जीवित जागृत देवता मानकर उनको स्नान, भोग, साज-शृंगार, वस्त्र आदि द्वारा सन्तुष्ट करने की प्रथा चल पड़ी। कृष्ण के सम्बन्ध में अनेक प्रकार की गाथाओं का विकास भी इसी युग में हुआ, जैसे गोपियों के साथ उनकी क्रीड़ायें, राधा का कृष्ण के साथ सम्बन्ध इत्यादि। भागवत पुराण दशवीं सदी की कृति माना जाता है। कृष्ण की जिस प्रकार की लीलाओं का वर्णन भागवत पुराण में आता है, उसका विकास इसी काल में हुआ। इस समय का वैष्णव धर्म पुराने वैष्णव धर्म से बहुत भिन्न था। कृष्ण और राधा के प्रेम को आधार बनाकर जयदेव ने 'गीतगोविन्द' नाम का काव्य लिखा जिसमें उस काल की वैष्णव धर्म की प्रवृत्तियों का वर्णन है।

वैष्णव धर्म के विकास में दक्षिण भारत के आचार्यों और सन्तों ने महत्त्वपूर्ण योगदान दिया। उन सन्तों को आलवार कहते हैं। उन्होंने भक्ति रस को प्रवाहित करने के लिए बहुत से गीत बनाए जो बहुत लोकप्रिय हुए। वैष्णव सन्तों को दो प्रबल विरोधियों का सामना करना पड़ा। कुमारिल भट्ट ने कर्मकाण्ड के पक्ष में बड़ी प्रबलता के साथ आवाज उठाई और इस बात पर जोर दिया कि स्वर्ग और मोक्ष केवल यज्ञों द्वारा मिल सकते हैं। शंकराचार्य ने अद्वैतवाद के सिद्धान्त का प्रतिपादन किया। उसके अनुसार सत्य केवल ब्रह्म है और जगत मिथ्या है। यह ज्ञान ही मोक्ष प्राप्ति का एकमात्र साधन है। शंकराचार्य के अगाध पांडित्य और विलक्षण काम के कारण वैष्णवों के भक्ति आन्दोलन को बहुत आघात लगा। उस समय ऐसे वैष्णव आचार्य आगे आये जिन्होंने यह सिद्ध किया कि ब्रह्म और जीव की सत्ता पृथक् है. इस प्रकार के आचार्यों में सर्वप्रथम नाथ मुनि या रंगनाथ आचार्य थे। नाथ मुनि ने कई ग्रन्थ लिखकर वैष्णव सिद्धान्तों की व्याख्या की और आलवार सन्तों के गीतों को इकट्ठा करके रागबद्ध भी किया और वैष्णव मन्दिरों में उनके गाने का प्रबन्ध भी किया। नाथ मुनि ने 'श्री वैष्णव' का सम्प्रदाय चलाया। यमुना आचार्य, नाथ मुनि का पौत्र, वैष्णवों का प्रधान आचार्य बना। उसने कई ग्रन्थों की रचना की और यह सिद्ध करने की कोशिश की कि भक्ति योग के सामने ज्ञान योग और कर्म योग का कोई महत्त्व नहीं। यमुना आचार्य के बाद रामानुज आये। उसका सिद्धान्त था कि जीव ब्रह्म का एक विशिष्ट रूप है, परन्तु ब्रह्म से भिन्न है। ब्रह्म से पृथक् होने के कारण जीवात्मा को भक्ति मार्ग का अनुसरण करना चाहिए। अपने सिद्धान्त की पुष्टि में रामानुज

ने वेदान्तसार, वेदान्त संग्रह, वेदान्त दीप आदि कई ग्रन्थ लिखे। उसने ब्रह्म सूत्रों और भगवद् गीता के भाष्य भी किये। रामानुज के शिष्यों ने भी अपने गुरू के सिद्धान्तों का समर्थन किया।

श्री वैष्णव सम्प्रदाय के अतिरिक्त कई और सम्प्रदाय वैष्णव धर्म में विकसित हुए। निम्बार्क आचार्य ने भक्ति मार्ग पर बड़ो जोर दिया। उसका मत था कि मनुष्य को उसी ढंग से भगवान की भक्ति करनी चाहिए जैसे राधा और गोपियों की कृष्ण के प्रति भक्ति थी। माधवाचार्य ने जीव को ब्रह्म से सर्वथा भिन्न मानकर द्वैतवाद का सिद्धान्त दिया। अपने सिद्धान्त की पुष्टि में उन्होंने 37 ग्रन्थ लिखे। अपने मत का प्रचार करने के लिए उसने सारे भारत का दौरा भी किया। नाथमुनि, यमुना आचार्य, निम्बार्क और माधवाचार्य के प्रयत्नों से वैष्णवों को वह दार्शनिक आधार मिल गया जिसकी उन्हें बड़ी आवश्यकता थी।

वैष्णव सम्प्रदाय बहुत लोकप्रिय था। उसका प्रचार बंगाल से लेकर मध्य प्रान्त और पूर्वी उत्तर प्रदेश में काफी था। इस काल की मुद्राओं पर विष्णु, लक्ष्मी और गरुड़ की मूर्तियाँ हैं। उदयगिरि में शेषशायी विष्णु की प्रतिमा प्राप्त हुई है। लगभग सातवीं सदी में वैष्णव मत में कृष्ण का आविर्भाव हुआ जो बंगाल में कृष्ण सम्प्रदाय बना। आठवीं शताब्दी की पहाड़पुर की खुदाई से कृष्ण लीला के चित्र मिले हैं। वैष्णव सम्प्रदाय के अनुयायियों के इष्टदेव विष्णु हैं जिसके 24 अवतार हुए हैं। इन अवतारों में मर्यादा पुरुषोत्तम राम और लीला पुरुषोत्तम कृष्ण सबसे अधिक लोकप्रिय हैं। वैष्णव भक्ति आन्दोलन में कृष्ण की रामलीला का बड़ा महत्त्व था। प्रेम-भावना के प्रचार में कृष्णलीला का भारत के अनेक क्षेत्रों में प्रभाव पड़ा। सभी वैष्णव सम्प्रदायों को राजा, महाराजा, वैश्यवर्ग और अन्य धनी लोगों का संरक्षण प्राप्त होता रहा।

अपनी पुस्तक 'दशावतारचरितम' में क्षेमेन्द्र ने विष्णु के दश अवतारों का वर्णन किया है। उनके नाम थे मत्स्य, कूर्म, वराह, नृसिंह, वामन, परशुराम, राम, कृष्ण, बुद्ध और कल्कि। उन अवतारों में कृष्ण बहुत लोकप्रिय था। भागवत पुराण ने कृष्ण की पूजा को प्रोत्साहन दिया और लोकप्रिय बनाया। कई वैष्णव मन्दिर राजस्थान में मिले हैं। विष्णु के मन्दिर किस प्रकार के होते थे उनकी व्याख्या राजतरंगनी में की गई है। विष्णु का चतुर्भुज मन्दिर 875 ई० में ग्वालियर में बनाया गया।

वैष्णवों के दो महत्त्वपूर्ण सम्प्रदाय थे जिनके नाम थे भागवत और पंचरत्र। भागवतों का विचार था कि वासुदेव केवल ज्ञान है और बाद में उसने चार रूप लिए जो कि वासुदेव, समकर्षण, प्रद्योम्न और अनिरुद्ध थे।

शैव धर्म (Saivism)—छठी सदी तक शैव धर्म का भारत में पर्याप्त प्रचार हो चुका था और कालिदास, भवभूति, सुबन्धु और बाणभट्ट जैसे व्यक्ति शिव के उपासक थे। भारत से बाहर भी शैव धर्म का प्रचार था।

इस काल में शैव धर्म उत्तरी भारत का प्रधान धर्म था। राजपूतों के सभी राजा शैव धर्म के अनुयायी थे। गुर्जर-प्रतीहार, राष्ट्रकूट, चन्देल, परमार आदि राजवंशों के राजा भी शैव धर्म को मानते थे। दक्षिणापथ और सुदूर दक्षिण के बहुत से राजा भी शैव धर्म को मानते थे। पूर्वी चालुक्य, पूर्वी गंग, काकतीय, चोल, कालचूरी आदि राजवंशों के बहुत से राजा शैव धर्म को मानते थे। जिस प्रकार वैष्णव धर्म में विशिष्टाद्वैत, द्वैत आदि कई सम्प्रदाय थे, वैसे ही शैव धर्म में भी कई सम्प्रदाय थे। शैव धर्म का एक रूप काश्मीर में था जिसका प्रवर्तक वसुगुप्त था जिसके द्वारा शिवसूत्र प्रकाश में आये। यह शिवसूत्र ही काश्मीर के शैव सम्प्रदाय का प्रामाणिक ग्रन्थ था। इस सम्प्रदाय का यह सिद्धान्त था कि संसार की परम सत्ता शिव है जो सृष्टि का न केवल निमित्त कारण है बल्कि उपादान कारण भी है। इस काल में शैव धर्म के लोगों की काश्मीर में प्रधानता थी, यद्यपि वहाँ बौद्ध धर्म के लोग भी थे।

शैव धर्म के प्रचार में शंकराचार्य ने बहुत महत्त्वपूर्ण काम किया। वे न केवल दार्शनिक ही थे, अपितु शैव धर्म के बड़े आचार्य भी थे। उन्होंने शिव की स्तुति में अनेक स्रोतों की रचना की। शैव धर्म के प्रचार के लिए उन्होंने सारे देश का दौरा किया और बड़े-बड़े आचार्यों और पण्डितों से शास्त्रार्थ भी किया और उनको हराया। शंकराचार्य ने भारत के चारों कोनों में चार मठों की स्थापना की। शंकराचार्य शैव धर्म के अनुयायी थे और उनके शिष्य उन्हें भगवान शिव का अवतार मानते थे।

पूर्व-मध्य युग में बहुत से शिव मन्दिर बनाए गए और उनमें शिव की मूर्तियाँ स्थापित की गईं। ये मूर्तियाँ कई प्रकार की थीं। शिव के अनेक रूप हैं। वह जगत का पालन करने वाला है और अपने भक्तों पर कृपा भी करता है। यह शिव का सौम्य रूप है। शिव सृष्टि का संहार भी करता है। यह उसका उग्र या रौद्र रूप है। वह कई प्रकार के शिल्पों व विद्याओं

का प्रवक्ता है। वह उमा या पार्वती का पति भी है। शिव के सम्बन्ध में पुराणों में कई कथाएँ हैं। उनके अनुसार, शिव की कई प्रकार की मूर्तियाँ बनाई गईं और उन्हें मन्दिरों में स्थापित किया गया। शिव की सौम्य, उग्र, नटराज आदि रूपों में कई प्रकार की मूर्तियाँ बनाई गईं। बाद में जब तन्त्रवाद का शैव धर्म में प्रवेश हुआ तब मन्दिरों में शिव लिंग रखे गए।

शैव धर्म में कई सम्प्रदाय बने। उनमें से लिंगायत (वीर शैव), शैव सिद्धान्त और शिवाद्वैत प्रधान हैं। वीर शैव सम्प्रदाय के प्रवर्तक पांच आचार्य थे जिनके नाम रेणुक, दारुक, घंटाकरण, धनुकरण और विश्वकर्ण थे। वे पंच आचार्य के नाम से प्रसिद्ध हैं। उन्होंने पाँच मठों की स्थापना की जिनके द्वारा लिंगायत सम्प्रदाय का सब जगह प्रचार हुआ। वासव कलचुरी वंश के राजा बिज्जल का प्रधानमन्त्री था। उसने लिंगायत सम्प्रदाय के प्रचार का बहुत काम किया।

शैव-सिद्धान्त सम्प्रदाय का प्रचार विशेषकर दक्षिण के तमिल प्रदेशों में हुआ। इस सम्प्रदाय के अनुयायी जगत और जीव की पृथक सत्ता मानते थे और शिव को चर और अचर जगत का स्वामी मानते थे।

श्रीकण्ठ शिवादैत सम्प्रदाय के प्रवर्तक थे। उनका सिद्धान्त था कि ब्रह्म जगत का न केवल निमित्तकारण है अपितु उत्पादन कारण भी है। ब्रह्म और शिव एक ही सत्ता के सूचक हैं।

इसके अतिरिक्त पाशुपत और कापालिक शैव धर्म के सम्प्रदाय थे। पाशुपत सम्प्रदाय अधिक लोकप्रिय था। पाशुपत दो प्रकार के थे। एक प्रकार के वे लोग थे जो वैदिक परम्परा के अनुकूल थे और दूसरे उसके विरुद्ध थे। माधवाचार्य के ''सर्वदर्शन संग्रह'' में लाकुलिश पाशुपत के अनेक प्राचीन काल से प्रचलित असामान्य दंगों की चर्या और उपचर्या का वर्णन है। उस समय काशी पाशुपत धर्म का मुख्य केन्द्र था और वहाँ बहुत से मन्दिरों में पशुपति शिव की पूजा होती थी। पाशुपत लोग यह मानते थे कि साधक को जानबूझ कर वे सब कार्य करने चाहिए जिन्हें लोग निन्दनीय समझते हैं ताकि साधक कर्त्तव्य और अकर्त्तव्य के ज्ञान से ऊँचा उठ सके।

कापालिक लोग कई प्रकार के कार्य करते थे, जैसे नरमुण्ड के बने कपाल-पात्र में भोजन करना, शव की भस्म को शरीर पर लगाना, निरन्तर मदिरा का पान करना और उसी में महेश्वर की पूजा करना। भैरव और चण्डिका इन लोगों के उपास्यदेव थे। इस युग में इस सम्प्रदाय का बहुत प्रचार हुआ परन्तु इसने कभी शैव धर्म के प्रमुक सम्प्रदाय की स्थिति प्राप्त नहीं की।

पाल, चेदि, चन्देल आदि राजाओं के लेखों में ''ओम् नमः शिवाय'' और ''ओम् नमो ब्राह्मणो निर्गुणम् व्यापकम् नित्यम् शिवम्'' उत्कीर्ण है। कलचुरी लेख में राजाओं को परम महेश्वर की उपाधि दी गई है। इस समय में बनाये गये मन्दिरों में से 70 प्रतिशत मन्दिर शिव के हैं।

शाक्त सम्प्रदाय—शाक्त सम्प्रदाय का भी इस काल में बड़ा प्रचार हुआ। इस सम्प्रदाय के अनुसार सृष्टि की सबसे अद्‌भुत और रहस्यमयी शक्ति वह है जो उत्पादन या प्रजनन करती है। शाक्तों ने शक्ति की उपासना पर जोर दिया है। वे लोग तन्त्र-मन्त्र और गुह्य क्रियाओं में विश्वास रखते थे। शब्दजाल के आडम्बर से वे उन क्रियाओं को प्रोत्साहित करते थे। कई क्रियायें नैतिकता के विरुद्ध भी थीं।

शिव की शक्ति के रूप में जिस उमा या पार्वती की सत्ता पर शैव लोग विश्वास करते थे, उसका महत्त्व धीरे-धीरे बढ़ता गया और लोग मानने लगे कि संसार की सृष्टि, स्थिति और प्रलय का मूल कारण यह शक्ति ही है। इस प्रकार शक्ति की एक देवी के रूप में पूजा शुरू हुई। शक्ति की देवी की पूजा भवानी, महिषासुरमर्दिनी, सिंहवाहिनी, दुर्गा, चामुण्डा, काली, कराली आदि रूपों में होने लगी। कई ग्रन्थ इस बात पर लिखे गये और पूजा की भिन्न-भिन्न विधियाँ बनाई गईं। पशुओं की बलियाँ भी शक्ति देवी को दी गईं। भारत के कई स्थानों पर देवी के बहुत से मन्दिर बनाये गये जिनमें कई प्रकार से पूजा की जाती थी। शाक्त लोगों का विश्वास था कि दुर्गा, चामुण्डा, त्रिपुरसुन्दरी आदि देवियाँ ''आद्या'' शक्ति के विभिन्न रूप हैं।

अवतारवाद—इस काल में अवतारवाद का महत्त्वपूर्ण विकास हुआ। अवतारों का एकमात्र उद्देश्य मनुष्यों को सांसारिक कष्टों से मुक्त करना था और पाप को समाप्त करके पुण्य की स्थापना करना था। लोगों के हृदय में अवतारों के प्रति बड़ी श्रद्धा की भावना पैदा हो गई और उन्होंने 24 अवतारों की मूर्तियाँ बनाकर उनकी पूजा शुरू कर दी। अवतारवाद

पर कई ग्रन्थ लिखे गये। क्षेमेन्द्र ने दशावतारचरित और जयदेव ने गीतगोविन्द में अवतारों की व्याख्या की। अभिलेखों में भी अवतारों का उल्लेख है। हिन्दुओं ने महात्मा बुद्ध को भी अवतार बना लिया। अवतारों की मूर्तियाँ और मूर्तियों से भिन्न थीं। कई अवतारों के कितने-कितने हाथ मूर्तिकारों ने बना दिये।

तान्त्रिक विचारधारा—महानिर्वानतन्त्र एक महत्त्वपूर्ण ग्रन्थ तान्त्रिक विचारधारा पर है जिससे तान्त्रिक सिद्धान्तों का पर्याप्त ज्ञान प्राप्त हो सकता है। तान्त्रिक लोगों का विचार है कि सारी उत्पत्ति शक्ति से होती है। पार्वती, दुर्गा, लक्ष्मी और राधा जगतमाता के ही भिन्न-भिन्न नाम हैं। तान्त्रिक लोगों ने मन्त्रों और यन्त्रों पर बड़ा बल दिया। उनके विचार में साधक का कर्त्तव्य है कि वह अपने इष्ट देवता के साथ एक हो जायें और मुक्ति प्राप्त कर लें।

तान्त्रिक लोगों का विचार था कि बहुत से लोग पढ़ ही नहीं सकते। इसलिए उनके लिए कोई आसानी से समझ में आने वाला धर्म होना चाहिए और वह धर्म वे लोगों के सामने रख रहे थे। वेद का पढ़ना-पढ़ाना शूद्रों और स्त्रियों के लिए वर्जित था। उन्हें मन्दिरों में पूजा करने की भी आज्ञा न थी। इसलिए तान्त्रिक पूजा का प्रबन्ध शूद्रों और स्त्रियों के लिए किया गया। तान्त्रिक विचार दोनों ऊँची और नीची जातियों के लिए थे।

तान्त्रिक साहित्य के सम्बन्ध में दो तरह के विचार हैं। एक विचार यह है कि तान्त्रिकों ने लोगों को मुक्ति का सरल मार्ग दिखाया। दूसरा विचार यह है कि तान्त्रिक साहित्य गन्दी चीजों से भरा है और समाज के हित में नहीं है। साधक लोग इस बात की परवाह नहीं करते कि उनके कार्य समाज के शिष्टाचार के विरुद्ध हैं। वे लोग शराब आदि का खुलेआम प्रयोग करते हैं और कई प्रकार के व्यभिचार भी करते हैं।

एक विचार यह भी है कि जब आदिवासियों को हिन्दू धर्म में मिलाया गया तो उनके लिए तान्त्रिक धर्म बनाया गया। ब्राह्मणों ने आदिवासियों के रस्मों-रिवाजों और जन्त्रों-मन्त्रों को अपने धर्म में मिला लिया। कुछ समय के बाद ब्राह्मणों ने उन विचारों और संस्थाओं को अपने हित के लिए बदल डाला। तान्त्रिक विचार शैवों, वैष्णवों, बौद्धों और जैनियों में भी घुस गये।

बौद्ध धर्म (Buddhism)—भारत में बौद्ध धर्म का अन्त मध्य युग के अन्तिम भाग में हुआ परन्तु तब तक वह भारत के प्रमुख धर्मों में से एक था। हर्षवर्धन बौद्ध धर्म का अनुयायी था और उसके राज्यकाल में बौद्ध धर्म ने बहुत उन्नति की। ह्यूनसांग ने लिखा है कि सातवीं सदी में पश्चिमी भारत के बौद्ध भिक्षु आलसी और पतित हो गये थे। वे अपने कर्त्तव्य को निभा नहीं रहे थे। इसका परिणाम यह हुआ कि जनता के हृदय में बौद्ध भिक्षुओं के प्रति श्रद्धा न रही। बज्रयान के विकास के कारण बौद्ध भिक्षुओं में लोगों के हित के कार्य करने की भावना न रही। इसलिए लोगों के हृदय में उनके लिए आदर की भावना भी कम हो गई। बज्रयान के अनुसार महात्मा बुद्ध बज्रगुरु थे और उनके पास अलौकिक सिद्धियाँ थीं। इसलिए बौद्धों का कर्त्तव्य था कि वे अपने गुरु की तरह अलौकिक सिद्धियाँ प्राप्त करें और उसके लिए गुह्य साधनों का प्रयोग करें। यह विचार महात्मा बुद्ध के मौलिक सिद्धान्तों के विरुद्ध था। इसका परिणाम यह हुआ कि बौद्धों के उच्च आदर्श उनके सामने न रहे और उनका पतन आरम्भ हो गया। हूणों के आक्रमणों ने भी बौद्ध धर्म को नुकसान पहुँचाया। उन्होंने शैव धर्म को अपनाया, बौद्ध धर्म को नहीं। राजपूत राजाओं में बौद्ध धर्म के प्रति आस्था न थी। इसका परिणाम यह हुआ कि बौद्ध धर्म उत्तर-पश्चिमी और उत्तरी भारत से सर्वथा लुप्त हो गया। बौद्ध धर्म पूर्वी भारत में ही रह गया। बंगाल के पाल वंश के राजा बौद्ध धर्म के अनुयायी थे। उनके संरक्षण में बौद्ध धर्म ने बड़ी प्रगति की। वहां के अनेक बौद्ध विद्वान व भिक्षु अपने धर्म के प्रचार के लिए आते जाते रहे। बंगाल के राजा महिपाल और न्यायपाल के शासनकाल में नालन्दा, उड्यन्तपुर और विक्रमशिला के महाविहारों की बड़ी उन्नति हुई। विक्रमशिला और उड्यन्तपुर के महाविहारों की स्थापना पाल वंश के राजाओं ने की। राजा धर्मपाल ने वीरेन्द्र में सोमपूरी नामक एक महाविहार बनवाया। यह महाविहार ग्यारहवीं सदी तक बड़ी उन्नत और समृद्ध दशा में रहा। बौद्ध धर्म के प्रसिद्ध विद्वान अतीशदीपंकर ने यहाँ रहकर कई ग्रन्थों का तिब्बती भाषा में अनुवाद किया। राजा रामपाल ने जगद्दल में एक नये महाविहार की स्थापना की। उस नये विहार में विभूतिचन्द्र, दानशील, मोक्षाकर गुप्त, शुभाकर गुप्त आदि जैसे बड़े विद्वान हुए जिन्होंने कई दार्शनिक ग्रन्थों की रचना की। पालवंशी राजाओं ने दो और विहार बंगाल में स्थापित किये जिनके नाम देवीकोट और पंडितविहार थे। पाल वंश के राजाओं की उदारता के कारण बौद्ध भिक्षुओं के पास बहुत धन और सम्पत्ति

आ गई परन्तु जब मुसलमानों ने बंगाल पर आक्रमण किया तो वे जीत गये। बौद्ध पंडित और भिक्षु उनका मुकाबला न कर सके और भारत छोड़कर नेपाल, तिब्बत आदि स्थानों को चले गये।

इस काल में काश्मीर भी बौद्ध धर्म का केन्द्र था। वहाँ के दो महाविहार जयेन्द्रविहार और राजविहार बौद्ध धर्म और शिक्षा के केन्द्र थे। कुछ समय के बाद उनका स्थान रत्नगुप्त विहार और रत्नश्रीविहारों ने ले लिया। बारहवीं सदी तक ये दोनों विहार काश्मीर में बौद्ध धर्म और शिक्षा के केन्द्र रहे। दूर-दूर से विद्यार्थी वहाँ अध्ययन के लिए आते रहे। बौद्ध धर्म के प्रचार के लिए वहाँ के कई विद्वान चीन, तिब्बत, मध्य एशिया आदि में गये। जो काश्मीरी विद्वान बौद्ध धर्म का प्रचार करने के लिए बाहर गये उनके नाम ज्ञानश्रीमित्र, ब्रह्मश्रीज्ञान, सर्वज्ञश्रीरक्षित, शाक्यश्रीभद्र, भव्यराज और शंकरानन्द थे।

मध्य देश में कई ऐसे स्थान थे जहाँ बौद्ध धर्म भली-भाँति फलता-फूलता रहा। सारनाथ बौद्ध धर्म का केन्द्र था। कौशाम्बी में भी बौद्ध धर्म का अच्छा प्रचार था। इन उदाहरणों के अतिरिक्त कोई ऐसा स्थान नहीं मिलता जहाँ बौद्ध धर्म का बड़ा प्रचार था। ह्यूनसांग और इत्सिंग ने लिखा है कि बौद्ध धर्म के अनुयायियों में यह विश्वास आ गया था कि उनका धर्म भारत से विलुप्त हो जाएगा। बोधगया के बौद्धों का यह विश्वास था कि जब वहाँ की अवलोकितेश्वर की मूर्तियाँ बालू में पूरी तरह धंस जायेंगी तो उनका धर्म विलुप्त हो जायेगा। सातवीं शताब्दी में उनमें से कुछ मूर्तियों पर छाती तक रेत चढ़ चुकी थी। पुरुषपुर (पेशावर) में ह्यूनसांग को एक जीर्ण-शीर्ण माला दिखाई गई थी जो महात्मा बुद्ध की पहनी हुई समझी जाती थी। भिक्षुओं का यह विश्वास था कि जब वह माला नष्ट हो जायेगी तब बौद्ध धर्म का नाश हो जायेगा।

इस काल में बौद्ध धर्म अपनी प्राचीन महत्ता को खोता जा रहा था। बौद्ध धर्म में तान्त्रिक विचार घुस गए थे। महायान का असली स्वरूप लगभग सातवीं सदी तक रहा। उसके बाद उसमें तन्त्रयान ने घर कर लिया। साधारण लोगों का देवी देवताओं में पूर्ण आस्था थी। वे मन्त्र को मोक्ष प्राप्ति का साधन मानते थे। उनका विश्वास था कि मन्त्र से मनुष्य पूर्णता को प्राप्त कर सकता है। इसका परिणाम यह हुआ कि बौद्ध धर्म में कई प्रकार के आडम्बरों ने घर कर लिया और बौद्ध लोग भूत-प्रेत, इन्द्रजाल, मोहन, वशीकरण आदि भावनाओं में विश्वास करने लगे। वे हठयोग की माया में फँस गये। वज्रयान सम्प्रदाय वालों ने यौगिक क्रियाओं में मन्त्र के साथ-साथ मुद्रा पर भी जोर दिया। तान्त्रिक भाषा में मुद्रा उसे कहते हैं जहाँ साधक किसी युवती को अपनी संगिनी बनाता है और सहज सुख पाने के लिए गुप्त रीति का पालन किया जाता है। वज्रयान के साधकों ने अपनी साधना में हठयोग और मैथुन को प्रधानता दी। वज्रयान के आचार्यों ने हठयोग के जिन साधनों का उल्लेख किया था, उनका दुरुपयोग किया गया। बंगाल और बिहार वज्रयान के केन्द्र थे और नालन्दा तान्त्रिक मत का केन्द्र था। बौद्धों में भी शक्ति की उपासना का प्रचार हुआ। तारादेवी को बौद्ध शक्तियों में महत्त्वपूर्ण स्थान दिया गया। सिद्धों ने अपने मत के प्रचार के लिए बहुत काम किया। इससे सिद्ध होता है कि जिन विडम्बनाओं और आडम्बरों के खिलाफ महात्मा बुद्ध ने आवाज उठाई थी, वही सारे दोष बौद्धों में आ गये और उनके कारण बौद्ध धर्म धीरे-धीरे भारत से विलुप्त हो गया।

जैन धर्म (Jainism)—इस काल में गुजरात और राजपूताना जैन धर्म के प्रधान केन्द्र थे। अन्हिलवाड़ा के चालुक्या राजवंश का राजा मूलराज जैन धर्म का अनुयायी था। उसने अपनी राजधानी में एक जैन मन्दिर बनवाया। मूलराज के वंश में राजा भीम था। उसके एक मन्त्री ने आबू पर्वत पर भगवान आदिनाथ का जैन मन्दिर बनवाया। जयसिंह सिद्धराज और कुमारपाल भी जैन धर्म के संरक्षक थे। उन्होंने जैन विद्वानों को आश्रय दिया। प्रसिद्ध जैन विद्वान हेमचन्द्र कुमारपाल का समकालीन था। उसकी प्रेरणा से चालुक्य राजा ने अपने राज्य में बहुत से जैन मन्दिर बनवाए। गुजरात के लोगों में भी जैन धर्म के प्रति बड़ी श्रद्धा थी। काठियावाड़ में शत्रुञ्जय, गिरनार आदि स्थानों पर भी बहुत से जैन मन्दिर बनाये गये। कल्याणी के चालुक्य और द्वारसमुद्र के होयसाल राजा भी जैन धर्म के संरक्षक थे। चालुक्य राजा सत्याश्रय ने जैन आचार्य विमलचन्द्र पण्डित देव को अपना गुरू माना और उसके कहने के अनुसार राज्य शासन का कार्य किया। सत्याश्रम और उसके उत्तराधिकारियों ने जैन विद्वानों और जैन मन्दिरों को बहुत सी जागीरें दीं।

यह ठीक है कि हिन्दू धर्म के पुनरुत्थान के कारण जैन धर्म की लोकप्रियता उत्तर भारत में कम हो गई परन्तु कई राजाओं ने जैन मठों और विहारों को इसी काल में दान दिये। उनका प्रमाण उस समय के अभिलेखों और दानपत्रों से मिलता है। एकपाल लेख में शैव राजा की पत्नी द्वारा जैन विहार को दान देने का उल्लेख है। बंगाल के पुण्ड्रवर्धन क्षेत्र में कई जैन विहार थे जिन्हें हिन्दू राजा दान देते थे। उस समय का जैन धर्म ब्राह्मण धर्म के काफी नज़दीक आ चुका था।

जैनियों ने पौराणिक देवी-देवताओं की पूजा करनी शुरू कर दी थी। सरस्वती देवी को भी जैनियों ने अपने धर्म में स्थान दे दिया था। गणेश की अठारह भूजा वाली मूर्ति मिली है जिसकी जैन लोग पूजा करते थे। अहलण देव का सूर्य तथा शिव की उपासना करना सिद्ध करता है कि जैनियों ने भी ब्राह्मण देवताओं की पूजा शुरू कर दी थी। इस काल में संस्कृत, प्राकृत, कन्नड़ आदि भाषाओं में जैन आचार्यों ने अनेक ग्रन्थों की रचना की।

धार्मिक विश्वास और आस्थायें—इस समय के लोगों के धार्मिक विश्वासों और आस्थाओं का हमें पता लगता है। लोगों में दान देने की प्रवृत्ति थी। उनमें धार्मिक सहिष्णुता था। वे धर्मनिरपेक्ष भाव से दान देते थे। उस काल में मूर्ति पूजा जोरों पर थी और अधिक से अधिक संख्या में मन्दिर बनवाये गये। उनके लिए न केवल राजाओं ने दान दिया अपितु साधारण जनता ने भी दान दिया। मन्दिरों के साथ-साथ व्यक्तियों और संस्थाओं को भी दान दिया जाता था। मन्दिरों, विहारों और व्यक्तियों को दान देने के कई उदाहरण मिलते हैं। लोगों का विश्वास था कि दान देने से वे स्वर्ग में चले जायेंगे। दान देने के कुछ विशेष अवसर भी थे जैसे सूर्य या चन्द्रग्रहण, एकादशी, संक्रान्ति, अक्षय तृतीया इत्यादि। जन्म दिवस और विवाह के समय भी दान दिया जाता था। दानी राजा यह लिख देता था कि दान दी गई भूमि को वापिस लेने वाला अथवा दान देने में बाधा डालने वाला व्यक्ति नरक को जायेगा और जो उसका पालन करेगा वह सीधा स्वर्ग में जाएगा।

इस काल में मूर्ति पूजा जोरों पर थी और सभी धर्मों में विद्यमान थी। सभी लोग देवताओं की पूजा करते थे। इस काल में कई नये देवी-देवता बनाये गये और कई देवता एक से दूसरे सम्प्रदाय में अपनाये गये।

इस काल में धर्म-सहिष्णुता लोगों में थी। अपने मत को अच्छा समझते हुए भी वे दूसरे मत को उपेक्षित दृष्टि से नहीं देखते थे। यह उल्लेखनीय तथ्य है कि जब जैन राजाओं ने अपने मत के मन्दिरों और विहारों को दान दिया तो उन्होंने दूसरे धर्मों के लोगों को भी दान दिया। ऐसा ही बंगाल के राजाओं ने किया। धार्मिक असहिष्णुता का आरोप केवल चन्द हिन्दू सम्राटों पर ही लगाया जा सकता है औरों पर नहीं। धार्मिक सहिष्णुता ने ही उस समय के समाज को गिरने से बचाये रखा। यह उल्लेखनीय बात है कि कई बार दो सम्प्रदायों के कलाकारों ने मिलकर देवताओं की मूर्तियों को सुन्दर बनाया।

पारसी धर्म (Parsi Religion)—इस काल में इस्लाम के प्रचार की प्रक्रिया से बचने के लिये अनेक पारसी लोग पश्चिमी भारत में संजात और बम्बई में आकर बस गये। शिलाहार राजाओं ने उन्हें संरक्षण प्रदान किया। जो पारसी लोग भारत में आये, उन्होंने अपने धर्म के प्रसार अर्थात् लोगों को पारसी बनाने का कोई प्रयास न किया। पारसी लोग व्यापार और उद्योग में बड़ी उन्नति कर गये और भारती समाज के अंग बन गये।

इस्लाम (Islam)—आठवीं शताब्दी के आरम्भ में अरबों ने सिन्ध पर विजय प्राप्त की। उससे कुछ सीमा तक इस्लाम का प्रचार हुआ। राष्ट्रकूट राजाओं ने भी अपने राज्य में अरब व्यापारियों को कई प्रकार की धार्मिक सुविधाएँ दीं। महमूद गज़नवी ने भारत पर कई आक्रमण किये और वह भारत से बहुत सा माल लूट कर ले गया। सूफी सन्तों ने इस काल में भारत के लोगों पर अपना प्रभाव डाला। शेख इस्माईल, शेख अली बिन उस्मान, अल-हुज्वैरी और सैयद अहमद सुलतान सखी सखर ने पंजाब और सिन्ध के मुसलमान शासकों को बड़ा प्रभावित किया। इनके अतिरिक्त ख्वाजा मुईनुद्दीन चिश्ती और कुतुबुद्दीन बख्तियार काकी ने इस्लाम के प्रसार में पर्याप्त योगदान दिया। इन सूफी सन्तों का जीवन आदर्शमय, सादा और पाक था।

साहित्य (Literature)

यह ठीक ही कहा गया है कि इस काल की साहित्यिक कृतियाँ वर्तमान साहित्यकारों और साहित्य के विद्यार्थियों का पथ-प्रदर्शन करने की क्षमता रखती हैं। इस काल में साहित्य के भिन्न-भिन्न अंगों पर बहुत से ग्रन्थ लिखे गये।

इस काल में कई कवि हुए। महाकवि भारवी ने 'किरातार्जुनीय' काव्य लिखा। उसकी कविता संस्कृत साहित्य में अर्थ-गौरव के लिए प्रसिद्ध है। वह अलंकृत काव्यशैली के जन्मदाता माने जाते हैं।

महाकवि भट्टि ने 'भट्टि-काव्य' या 'रावण वध' की रचना की। भट्टि-काव्य में राम के चरित्र के वर्णन के साथ-साथ व्याकरण के सिद्धान्त भी दिये गये हैं।

माघ को संस्कृत साहित्य का महारथी कहा जाता है। उसके प्रसिद्ध महाकाव्य का नाम 'शिशुपाल–वध' था जो कि संस्कृत साहित्य में एक उत्कृष्ट रचना है। यदि कालिदास अपनी उपमाओं, भारवी अर्थ–गौरव और दण्डी पद–लालित्य के लिए प्रसिद्ध हैं तो माघ में वे तीनों गुण विद्यमान थे। 'शिशुपाल–वध' माघ के मस्तिष्क और हृदय की उत्कृष्टता का उदाहरण है। इस महाकाव्य में उत्तम कविता भी है और प्रगाढ़ पांडित्य भी।

काश्मीरी पण्डित क्षेमेन्द्र ने कई ग्रन्थ लिखे जिनमें 'बृहत्कथा मंजरी', 'दशावतारचरित', 'कलाविलास' आदि विख्यात हैं।

श्रीहर्ष न केवल सफल कवि था बल्कि बड़ा विद्वान भी था। उसका सर्वश्रेष्ठ उच्चकोटि का महाकाव्य 'नैषध चरित' है। उसका दार्शनिक ग्रन्थ 'खण्डनखंड खाद्य' है।

कुमारदास ने ''जानकी–हरण'' नामक काव्य लिखा। उसके विषय और शैली दोनों पर कालिदास का प्रभाव दिखाई देता है।

कविराज ने ''राघव–पाण्डवीय'' नामक ग्रन्थ लिखा जिसमें राम और पाण्डवों की कथा साथ–साथ कही गई है। वे ही शब्द दो अर्थ देने से दोनों कथाओं का अर्थ देते हैं।

शिव स्वामी ने 'कफ्फणाभ्युदय' नाम का बौद्ध महाकाव्य लिखा। रविशेण ने 'पद्म पुराण' की रचना की। जिनसेन ने ''पार्श्वाभ्युदय'' और 'आदिपुराण' के पहले 42 अध्यायों की रचना की। असंग ने ''वर्धमानचरित या ''महावीरचरित'' महाकाव्य रचा। महाकवि रत्नाकर ने 'हरविजय' नाम का काव्य लिखा। अभिनन्द ने ''कादम्बरी–कथासार'' लिखा। अभिनन्द नामक एक दूसरे लेखक ने 'रामचरित' नामक महाकाव्य लिखा। वासुदेव ने ''युधिष्ठिर विजय'' ''शौरी कथोग्य'' और ''त्रिपुरदहन'' नाम के तीन महाकाव्य लिखे। अमितगति ने ''सुभाषित रत्न सन्दोह'' नामक ग्रन्थ लिखा। पद्मगुप्त ने प्रसिद्ध ऐतिहासिक काव्य ''नव साहसांक चरित'' लिखा। वाक्पति ने ''गौड़वहो'' नामक काव्य प्राकृत में लिखा।

काश्मीर के प्रमुख महाकवि बिल्हण ने ''विक्रमांकदेवचरित'' लिखा। उसमें इतिहास के विद्यार्थियों के लिए कुछ सामग्री प्रस्तुत की। कल्हण ने ''राजतरंगिनी'' में काश्मीर का इतिहास लिखा। सन्ध्याकरनन्दी ने ''रामचरित'' में अपने आश्रयदाता बंगाल के शासक रामपाल और दशरथ के पुत्र राम का साथ–साथ वर्णन किया। हेमचन्द्र ने ''द्वायाश्रय'' काव्य लिखा। जिसमें चौलुक्य राजाओं का वर्णन है। इसका अन्तिम भाग ''कुमरपालचरित'' प्राकृत में है। बल्लाल ने राजा भोज का चरित ''भोज प्रबन्ध'' में लिखा है। कवि जयानक ने ''पृथ्वीराजविजय'' लिखा। सोमेश्वर ने ''कीर्तिकौमुदी'' लिखी। अरिसिंह ने ''सुकृत–संकीर्त्तन'' लिखा, जयसिंहसूरि ने ''हम्मीर–मदमर्दन'', मेरुतुंग ने ''प्रबन्ध चिन्तामणि'', राजशेखर ने ''चतुविर्षती–प्रबन्ध'', नयचन्द्र सूरि ने ''हमीर'' महाकाव्य, आनन्द भट्ट ने ''बल्लालचरित'' और चन्द्रप्रभ सूरि ने ''प्रभावकचरित'' लिखे।

आचार्य भामह ने ''काव्य अलंकार'' लिखा। उद्भट के ग्रन्थ का नाम ''भामह विवरण'' है। रुद्रट ने ''काव्य मीमांसा'' लिखी। दण्डी को पल्लव नरेश का राज्याश्रय प्राप्त था। उसने ''काव्यादर्श'' लिखा।

इस काल में कुछ ऐसे आचार्य पैदा हुए जिन्होंने रस को ही काव्य की आत्मा घोषित करके रस सिद्धान्त का प्रतिपादन किया। उन आचार्यों के नाम भट्टलोल्लट, शंकुक, भट्टनायक आदि थे।

कुन्तक ने ''वक्रोक्तिजीवित'' नामक ग्रन्थ लिखा। आचार्य मम्मट ने प्रसिद्ध ग्रन्थ ''काव्य प्रकाश'' लिखा जो कि विद्वत्तापूर्ण है। इसलिए उसको ''ध्वनिप्रस्थापन परमाचार्य'' की उपाधि दी गई।

छन्दशास्त्र के क्षेत्र में भी कार्य हुआ। छन्दशास्त्र के प्रणेता पिंगल माने जाते हैं। उन्होंने ''पिंगल सूत्र'' नामक एक प्रामाणिक ग्रन्थ लिखा। कालिदास ने ''श्रुतबोध'' नामक ग्रन्थ लिखा। क्षेमेन्द्र ने ''सुवृत्ततिलक'' नामक प्रसिद्ध ग्रन्थ लिखा। हेमचन्द्र ने ''छन्दानुशासन'', दामोदर मिश्र ने ''वाणिभूषण'' और केदारभट्ट ने ''वृत्तरत्नाकर'' प्रसिद्ध ग्रन्थ लिखे।

बिह्लण ने ''चौर–पंचाशिका'' नाम का रीति काव्य लिखा। उसमें प्रेम का सुन्दर वर्णन है। इस काल का सर्वश्रेष्ठ गीतिकाव्य ''गीतगोविन्द'' है जिसको जयदेव ने लिखा। इस काव्य में बड़ी मनोहर शैली में कृष्ण और राधा के प्रेम का

वर्णन है। श्रीकृष्ण के गुणों का, रासलीला का और गोपियों का विरह-वर्णन हृदयग्राही है। गोवर्धन ने ''आर्यासप्तशती'' में श्रृंगार विषय के 700 आर्या छन्द लिखे। धोई ने ''पवनदूत'' लिखा जिसमें एक राजकुमारी के राजा को पवन द्वारा अपना संदेश भेजने का वर्णन है।

इस काल में कई नीतिशतक भी लिखे गये। बिल्हण ने ''शान्तिशतक'' और गुमाणी ने ''उपदेशशतक'' लिखा। क्षेमेन्द्र ने ''समयमात्रिका'' में वेश्याओं का वर्णन किया है। बल्लभदेव ने ''सुभाषितावलि'' की रचना की। श्रीधर दास ने ''प्रदुक्तिकरणामृत'' नाम की पुस्तक लिखी।

नाटक—भवभूति ने तीन प्रसिद्ध नाटक लिखे जिनके नाम ''मालती-माधव'', ''महावीरचरित'' और ''उत्तररामचरित'' हैं। पहले नाटक में श्रृंगार रस-प्रधान है, दूसरे में वीर रस और तीसरे में करुणा रस। भट्टनारायण ने प्रसिद्ध नाटक 'वेणीसंहार' रचा। भीम ने ''प्रतिभा-चाणक्य'' और ''दशानन-स्वप्न'' नामों के दो नाटक लिखे। मुरारि ने ''अनर्ध-राघव'' नाम का नाटक लिखा जिसमें राम के वन से लौटने की कथा है। शक्ति भद्र ने ''आश्चर्य-चूड़ामणि'' नामक नाटक लिखा। हस्तिमल्ल ने भी कई नाटक लिखे। राजशेखर ने चार नाटक लिखे। बाल-रामायण में राम की कथा है। बाल-भारत में महाभारत के एक प्रसंग को आधार माना गया है। ''विशालमंजिका'' एक नाटिका है जिनमें चार अंग हैं। ''कर्पूरमंजरी'' नाटक प्राकृत में है। क्षेमेन्द्र ने ''चंडकौशिक'' नाम का नाटक लिखा जिसमें राजा हरिश्चन्द्र की कथा है। उसके दूसरे नाटक ''नैषधानन्द'' में नल की कथा है। इसी काल में चार भाण भी लिखे गये जिनका संग्रह ''चतुभणि'' के नाम से प्रकाशित हुआ है।

जयदेव जो कि 'गीतगोविन्द' के लेखक से भिन्न था, ने ''प्रसन्नराघव'' नाम का नाटक लिखा जिसमें राम की कथा का वर्णन है। उमापतिधर ने ''पारीजातहरण'' और रामचन्द्र ने ''नलविलास'' और ''निर्भयभीम'' नाम के नाटक लिखे। बिल्हण ने ''कर्णसुन्दरी'' नाम की नाटिका लिखी। जयसिंह सूरि ने ''हम्मीर-मद-मर्दन'' लिखा।

गद्य-पद्यमय नाटक को चम्पू कहते हैं। इस काल में भोज ने ''रामायन चम्पू'' और अभिनव-कालिदास ने ''भागवत-चम्पू'' और ''अभिनव-भारत चम्पू'' नामक ग्रन्थ लिखे।

पंचतन्त्र की कहानियों के कई रूप इस काल में लिखे गये, जैसे ''तन्त्राख्यायिका'' और ''पंचाख्यायिका''। बंगाल में इसका रूप हितोपदेश कहलाया। ''शुकसप्तती'' और ''सिंहासन-द्वात्रिंगशिका'' नाम के कहानियों के ग्रन्थ भी इसी काल में लिखे गये। हेमचन्द्र ने ''त्रिष्टिशलाका-पुरुष-चरित'' में जैन तीर्थांकरों की जीवन कथाएँ लिखीं।

इस काल में अलंकारशास्त्र के विषय में कई ग्रन्थ लिखे गये जिनमें काव्य के भिन्न-भिन्न रसों की व्याख्या की गई। आचार्य भामह ने ''काव्यालंकार'' ग्रन्थ की रचना की। दण्डी, वामन, आनन्दवर्धन, अभिनन्द गुप्त और मम्मट ने साहित्य शास्त्र की उन्नति में योगदान दिया। उद्भट ने ''अलंकारसंग्रह'' नामक पुस्तक लिखी। रुद्रट ने ''काव्यालंकार'' की रचना की। रीति ग्रन्थों के लेखकों में सबसे प्रसिद्ध वामन था जिसने ''काव्यालंकारसूत्रवृत्ति'' नामक पुस्तक रची। आनन्दवर्धन ने ''ध्वन्यालोक'' नाम की पुस्तक लिखी जिसमें ध्वनि पर विशेष बल दिया गया। राजशेखर ने ''काव्यमीमांसा'' पुस्तक लिखी जो सब कवियों के लिए उपयोगी है।

दार्शनिक साहित्य—इस काल में दार्शनिक साहित्य की भी काफी उन्नति हुई। दर्शन के कई क्षेत्रों में काम हुआ। ब्राह्मण, बौद्ध और जैन विद्वानों ने अपने-अपने ज्ञान का प्रकाशन विद्वत्तापूर्वक किया। उद्योतकार ने ''न्यायवार्तिक'' लिखी। वाचस्पति मिश्र ने सभी दर्शनों पर अपने भाष्य लिखे। जयन्तभट्ट ने ''न्यायमंजरी'' लिखी। उदयनाचार्य ने अनेक ग्रन्थ लिखे जिनमें ''तात्पर्यपरिशुद्धि, ''लक्ष्णावली'', ''बौद्धधिक्कार'', ''न्यायकुसमांजलि'' आदि प्रसिद्ध हैं। उदयनाचार्य का दावा था कि जिस प्रकार जिस दिशा में सूर्य उदय होता है वही पूर्व दिशा कहलाती है, उसी प्रकार उदयनाचार्य जो कुछ कहें वही सत्य है।'' भासर्वज्ञ ने 'न्यायसार' लिखा। गंगेश उपाध्याय ने ''तत्त्वचिन्तामणि'' की रचना की।

वैशेषिक दर्शन पर भी इस युग में बड़ा काम हुआ। व्योम-शिवाचार्य ने ''व्योमवती'' की रचना की। उदयनाचार्य ने 'किरणावली' की रचना की। श्रीधर आचार्य ने 'न्यायकन्दली' नामक प्रसिद्ध पुस्तक लिखी। बल्लाभाचार्य ने 'न्यायलीलावती' की रचना की। शिवादित्य मिश्र ने 'सप्तपदार्थी' लिखी।

इस काल में सांख्यशास्त्र पर भी बड़ा काम हुआ। वाचस्पति मिश्र ने सांख्यशास्त्र पर 'सांख्यतत्व कौमुदी' नाम की पुस्तक लिखी। गौड़पाद ने सांख्यकारिका पर एक महत्त्वपूर्ण भाष्य 'गौड़पाद भाष्य' के नाम से लिखा।

योगदर्शन के क्षेत्र में भी कुछ आचार्यों ने काम किया। वाचस्पति मिश्र ने 'तत्ववैशारदी' नाम की पुस्तक लिखी जो व्यास भाष्य पर टीका थी। विज्ञानभिक्षु ने 'योगवार्त्तिक' और 'योगसारसंग्रह' के नाम से दो ग्रन्थ लिखे। राघवानन्द ने 'पातंजलरहस्य' नाम की पुस्तक लिखी। भोज ने 'राजमातन्ड' लिखी। भावागणेश ने 'वृत्ति' नाम का ग्रन्थ लिखा। रामानन्दपति ने 'मणिप्रभा' लिखी। अनन्तपंडित ने 'योगचन्द्रिका' लिखी। सदाशिव सरस्वती ने 'त्यागसुधाकर' नाम की पुस्तक लिखी। नागोचभट्ट ने भी इसी क्षेत्र में काम किया। इस काल में बहुत-सी टीकायें लिखी गईं। इसलिए साहित्य के इतिहास में इस काल को टीका काल भी कहा जाता है।

मीमांसा दर्शन पर भी काफी काम हुआ। कुमारिल भट्ट ने 'श्लोकवार्तिक', 'तन्त्रवार्त्तिक', 'तुष्टिका' आदि ग्रन्थ लिखे। मण्डन मिश्र उसका शिष्य था। उसने "विधि-विवेक", "भावना विवेक", "विभ्रम-विवेक" आदि की रचना की। उम्बेक ने "श्लोक-वार्त्तिक" की "तात्पर्य टीका" के नाम से अपना ग्रन्थ लिखा। पार्थसारथि मिश्र, माधवाचार्य और खण्डदेव ने कुमारिल भट्ट के सिद्धान्तों का पोषण किया और टीकायें लिखीं। श्री प्रभाकर मिश्र को कुमारिल भट्ट ने गुरू की उपाधि दी। गुरू मत के आचार्यों में शालिकनाथ, भवनाथ मुरारि मिश्र और नन्दीश्वर अधिक प्रसिद्ध हैं।

इस काल में वेदान्त दर्शन पर भी काम हुआ। अनेक आचार्यों ने वेदान्त दर्शन के सम्बन्ध में अपने-अपने मत का प्रतिपादन किया।

इस काल में विश्वरूप ने यज्ञवल्क्य स्मृति पर "बाल-क्रीड़ा" नाम की टीका लिखी। मेधातिथि ने मनुस्मृति पर अपनी टीका लिखी। इन टीकाओं में उस समय की समस्याओं पर विशेष प्रकाश डाला गया है।

इसी काल में धर्मकीर्ति और शान्तरक्षित दार्शनिकों ने बौद्ध दर्शन को विकास की चरम सीमा पर पहुँचा दिया। धर्मकीर्ति के ग्रन्थों में प्रमाणविनिश्चय सर्वप्रधान है। धर्मकीर्ति के बाद शांतरक्षित, कमलशील और ज्ञानश्री जैसे बौद्ध दार्शनिकों ने दर्शन शास्त्र को और उन्नति प्रदान की। बौद्ध विद्वान दार्शनिक क्षेत्र में योग्यतापूर्वक अपने दार्शनिक सिद्धान्त का प्रतिपादन करते रहे और विरोधियों के सिद्धान्तों का खण्डन करते रहे।

जैन विद्वानों ने भी इस काल में अपने दार्शनिक विचारों का प्रतिपादन किया। जैन दार्शनिकों में सिंहसेन दिवाकर, समन्त-भद्र हरिभद्र, भट्टअलंक, विद्यानन्द, हेमचन्द्र और मल्लिसेन सूरी के नाम उल्लेखनीय हैं।

कोश—इस काल में बहुत से कोश लिखे गये। अमर कोश पर 50 के लगभग टीकाएँ लिखी गईं। क्षीरस्वामी की टीका सब से अधिक प्रसिद्ध है। पुरुषोत्तम देव ने 'त्रिकाण्ड शेष' और 'हारावली' नामक शब्दकोषों की रचना की। शाश्वत ने 'अनेकार्थ समुच्चय' लिखा। हलायुद्ध ने 'अभिधान रत्नमाला' लिखी। यादवप्रकाश ने 'वैजयन्ती' नामक पुस्तक लिखी। हेमचन्द्र ने 'अभिधान चिन्तामणि', 'अनेकार्थ संग्रह', 'निघण्टुशेष' और 'देशीनाममाला' के नाम वाले ग्रन्थ लिखे। इस काल में कुछ वैयाकरणियों ने मौलिक और टीका ग्रन्थों की रचना की। जयादित्य और वामन ने पाणिनी की अष्टाध्यायी की टीका 'काशिकावृत्ति' लिखी। उस टीका की टीका पंडित जिनेन्द्र बुद्धि ने 'न्यास' के नाम से लिखी। शरणदेव ने 'दुर्घटवृत्ति' नाम का ग्रन्थ लिखा। चन्द्रगोमिन ने 'चान्द्रव्याकरण' की रचना की और आप ही उसकी टीका लिखी। बौद्ध भिक्षु काश्यप ने 'बालावबोधन' नाम का ग्रन्थ लिखा। जिनेन्द्र ने 'जिनेन्द्र व्याकरण' लिखी और शाकटायन ने 'शाकटायन व्याकरण' लिखी। कमदीश्वर ने 'संक्षिप्तसार' और बोपदेव ने 'मुग्धबोध' व्याकरण लिखे। प्राकृत भाषा के भी व्याकरण लिखे गए। उनमें चण्ड का 'प्राकृत लक्षण', हेमचन्द्र की 'उणादिसूत्र वृत्ति' और लक्ष्मीधर का 'शम्भु-रहस्य' आदि विख्यात हैं।

अर्थशास्त्र—इस काल में अर्थशास्त्र और नीति शास्त्र में भी उन्नति हुई। कामन्दकी ने 'नीतिसार' लिखा। सोमदेव सूरि ने 'नीतिवाक्यामृत' लिखा। हेमचन्द्र ने 'लघुअर्हण नीति' लिखी। भोज ने 'युक्तिकल्पतरू' लिखा। चण्डेश्वर ने 'नीतिरत्नाकर' की रचना की।

संगीत के क्षेत्र में नारद का 'संगीतमकरानंद', जगदेकमल्ल का 'संगीतचूड़ामणि', सोमेश्वर का 'मानसोल्लास' सोरंगदेव का 'संगीतरत्नाकर', दामोदरगुप्त का 'संगीतदर्पण' आदि रचनायें इस काल में हुईं।

कामशास्त्र पर भी कई ग्रन्थ लिखे गये। ज्योतिरीश्वर ने 'पंचसायक' लिखा। दामोदरगुप्त ने 'कुट्टनीमत', जयदेव ने 'रतिमंजरी', कल्याणमल्ल ने 'अनंगरूप' और नागार्जुन ने 'रतिशास्त्र' नाम के ग्रन्थ लिखे।

इस काल में आयुर्वेदशास्त्र पर कई नये ग्रन्थ लिखे गये। माधवकरण ने 'माधवनिदान' की रचना की। इस पुस्तक में विविध रोगों के निदान (उत्पत्ति का कारण) पर विशुद्ध रूप से विचार किया गया। चक्रपाणिदत्त नाम के बंगाली वैद्य ने चरक और सुश्रुत के प्राचीन ग्रन्थों पर टीकाएँ लिखीं। उसने 'चिकित्सासार संग्रह' नाम की पुस्तक की रचना की। शार्ङ्गधर ने 'शार्ङ्गधरसंहिता' लिखी। वृद्ध वाग्भट ने 'अष्टांग हृदय' और 'अंष्टांग हृदय संहिता' दो ग्रन्थों की रचना की। भिल्हण ने 'चिकित्सामृत' की रचना की। बोपदेव ने इस ग्रन्थ की टीका लिखी। नागार्जुन ने 'रस रत्नाकर' लिखा। नित्यनाथ ने 'रसरत्नाकर', रामचन्द्र ने 'रसेन्द्र चिन्तमणि' और सुरेश्वर ने 'शब्द-प्रतीप' की रचना की। मदनपाल ने 'मदन निघण्टु' लिखा। इसी काल में अनेक मौलिक सिद्धांतों का अनुसंधान किया गया, जैसे त्रिदोष-सिद्धांत, नाड़ी विज्ञान, शल्य-चिकित्सा और रसेश्वर के सिद्धान्त। इसी काल में पारा-भस्म बनाने का अनुसन्धान हुआ।

इस काल में पशुओं की चिकित्सा के विषय पर भी अनेक ग्रन्थ लिखे गये। आचार्य पालकाप्य ने गजचिकित्सा, गजार्युवेद, राजदर्पण, गजपरीक्षा और गजलक्षण ग्रन्थों की रचना की। जयदत्त ने अश्व चिकित्सा और नकुल ने शालिहोत्र-शास्त्र और अश्वतंत्र ग्रन्थ लिखे। भोज ने शालीहोत्र लिखा। गण ने 'अश्वार्युवेद' लिखा। नारायण ने 'मातंगलीला', बृहस्पति ने 'गजलक्षण' और 'गोवैद्यशास्त्र', मल्लिनाथ ने 'हय लीलावती' और हंसदेव ने 'मृगपक्षिशास्त्र' की रचनाएँ कीं।

गणित विज्ञान में भारतीय लोगों ने अंकगणित और दशमलवप्रद्धति के सिद्धान्त का विकास किया। इसके अतिरिक्त त्रिकोणमिति का विकास भी हुआ। गणित की सहायता से भारत के ज्योतिषी ग्रहों और राशियों की गणना से परिचित हो गए। त्रिकोणमिति में वाचस्पति ने चापीय घनक्षेत्र निकालने का साधन मौलिक रूप से प्रतिपादित किया। भास्कराचार्य ने चलन गणित का प्रयोग ज्योतिष में किया।

धार्मिक साहित्य—इस काल में भारतीय विद्वानों ने अपने धर्म-ग्रन्थों का अध्ययन किया और उन पर भाष्य और टीकायें भी लिखीं। विश्वरूप ने यज्ञवल्क्यस्मृति पर 'बाल-क्रीड़ा' नाम की टीका लिखी। मेधातिथि ने मनुस्मृति पर अपनी टीका लिखी। विज्ञानेश्वर का 'मिताक्षरा' और जीमूतवाहन का 'दाय भाग' इसी काल में लिखे गये। इनके अतिरिक्त असहाय, धारेश्वर, भावदेव भट्ट और देवन भट्ट आदि विद्वानों ने अपनी टीकायें और भाष्य लिखे। असहाय ने मनुस्मृति पर भाष्य लिखा। हो सकता है कि उसने गौतम धर्म सूत्र पर टीका लिखी हो। भारूचि ने विष्णु धर्मसूत्र पर टीका लिखी। भर्तृयज्ञ ने कात्यायन श्रोत्र सूत्र की टीका लिखी। सम्भवतः उसने 'पास्कर गृह्यसूत्र' की टीका भी लिखी। धारेश्वर ने 'शृंगार प्रकाश' और 'सरस्वती कंठाभरण' के अतिरिक्त 'राजमृगांक' और 'राजमार्तण्ड' की रचना की। गोविन्दराज ने 'स्मृतिमंजरी', देवन भट्ट ने 'स्मृति चन्द्रिका', हेमाद्रि ने 'चतुर्वेद चिन्तामणि', बल्लालसेन ने 'प्रतिष्ठा सागर' और 'दान सागर' और अपरार्क ने यज्ञवल्क्य स्मृति की 'अपरार्क-यज्ञवल्क्यीय धर्मशास्त्र निबन्ध' ग्रन्थों की रचना की।

शिक्षा (Education)

इस काल में शिक्षा का अच्छा प्रबन्ध था। बिहारों और मठों में शिक्षा दी जाती थी। मन्दिरों के साथ भी शिक्षा का प्रबन्ध था। शिक्षा के प्रसार के लिए राजा लोग बहुत दान देते थे। कन्हेरी में एक बौद्ध मठ था जिसे पुस्तकें खरीदने के लिए भद्रविष्णु ने बहुत धन दिया। सान्तोगी में एक महाविद्यालय था जिसमें 27 छात्रावास थे। इसमें 60 एकड़ भूमि की आमदनी प्रकाश करने पर और 250 एकड़ भूमि की आमदनी आचार्य को वेतन देने के लिए थी। ब्राह्मणों को अग्रहार गाँव दिए जाते थे जिनकी आमदनी से वे अपना निर्वाह करते थे। विशेष शिक्षा के लिए अनेक संस्थायें थीं जिनके चलाने के लिए सरकार सहायता देती थी और दानी लोग भी धन देते थे। कुछ विद्यालय श्रेणियाँ भी चलाती थीं।

बहुत से विद्यार्थी वेद, वेदांग, इतिहास, पुराण, व्याकरण, मीमांसा, तर्कशास्त्र, निरुक्त और धर्मशास्त्र का अध्ययन करते थे। बौद्ध मठों और जैन पल्लियों में भी शिक्षा दी जाती थी। विद्वान लोग अपने घरों में भी शिक्षा देते थे। कई स्थानों पर अर्थशास्त्र और राजनीति की शिक्षा दी जाती थी। कई स्थानों पर धर्मशास्त्र, तर्क, मीमांसा, आयुर्वेद, धनुर्वेद और गन्धर्ववेद की शिक्षा दी जाती थी। 1058 ई० में नागइ में 200 विद्यार्थी वेद और 50 शास्त्रों का अध्ययन करते थे। तीन

आचार्य वेद पढ़ाते थे और तीन शास्त्र। इस प्रकार के महाविद्यालय अन्य स्थानों पर भी थे। भास्कराचार्य के पोते चाँगदेव ने ज्योतिषशास्त्र के अध्ययन के लिए एक महाविद्यालय की स्थापना की। शिल्पों की शिक्षा के लिए अलग संस्थायें न थीं। लोग स्वयं अपने बच्चों को शिक्षा देते थे। युद्ध शिक्षा, व्यायाम शिक्षा आदि का भी अध्ययन प्रायोगिक ढंग से किया जाता था। शिक्षा के प्रत्येक क्षेत्र में संतोषजनक स्थिति थी।

बौद्ध धर्म के विस्तार के साथ-साथ भारत के बहुत से नगरों में बिहारों की स्थापना हुई जिनमें बौद्ध भिक्षु विद्या के अध्ययन और अध्यापन में लगे रहते थे। उस समय में नालन्दा, विक्रमशिला और उड्यन्तपुर के महाविहारों ने विश्वविद्यालयों का रूप धारण कर लिया। केवल भारत के ही नहीं और देशों के छात्र और विद्वान भी शिक्षा केन्द्रों में शिक्षा के लिए आते थे।

नालन्दा महाविहार—यह महाविहार शिक्षा का बड़ा केन्द्र था। इसकी स्थापना सम्राट् कुमारगुप्त ने की। दूसरे सम्राटों ने भी बहुत से भवन वहाँ बनवाये। यह विश्वविद्यालय इतनी उन्नति कर गया कि देश-विदेश के हजारों विद्यार्थी शिक्षा प्राप्ति के लिए वहाँ आने लगे। उनमें अनेक चीनी विद्वान भी थे। नालन्दा के आचार्यों और विद्यार्थियों को मिलाकर उनकी संख्या 10,000 से भी अधिक हो जाती थी। वहां के शिक्षक अपने ज्ञान और विद्वता के कारण सर्वत्र प्रसिद्ध थे। कई शिक्षकों की ख्याति दूर-दूर तक फैली हुई थी। उनका चरित्र उज्ज्वल था। उनका बड़ा मान था। वे सदाचारी थे।

जो विद्यार्थी इस महाविहार में पढ़ना चाहते थे उन्हें पहले एक परीक्षा पास करनी पड़ती थी। चीनी यात्री ह्वेनसांग कई वर्ष नालन्दा में पढ़ता रहा और वह वहां के ज्ञानमय वातावरण और चरित्र की उच्चता से बड़ा प्रभावित हुआ। चीनी यात्री इत्सिग ने लिखा है कि नालन्दा में विद्यार्थियों की संख्या हजारों में थी। वहां के विद्यार्थी बौद्ध धर्म के अतिरिक्त शब्द-विद्या, चिकित्सा-विज्ञान, सांख्यशास्त्र, तन्त्र, वेद आदि पढ़ते थे। नालन्दा के विश्वविद्यालय के लिए सरकार ने बहुत-सी भूमि दान में दे दी थी। वहाँ का पुस्तकालय बड़ा विशाल था। उसके तीन विशाल भवन थे। आठवीं सदी के शुरू में तिब्बत के राजा ने नालन्दा के प्रसिद्ध आचार्य शान्तरक्षित को बौद्ध धर्म के प्रसार के लिए बुलाया। उसका बड़ा स्वागत किया गया और उसे 'बोधिसत्व' की उपाधि दी गई। शान्तरक्षित के बाद आचार्य कमलशील नालन्दा से तिब्बत गये। उसके बाद आचार्य अतीश भी तिब्बत गए। ग्यारहवीं सदी तक नालन्दा का महाविहार भारत में शिक्षा का प्रधान केन्द्र रहा। मोहम्मद बिन बख्तियार खिलजी ने आक्रमण करके नालन्दा विश्वविद्यालय का नाश कर दिया।

विक्रमशिला—विक्रमशिला महाविहार की स्थापना पाल वंश के राजा धर्मपाल ने नवीं सदी में की। धर्मपाल ने विक्रमशिला में एक महाविहार बनवाकर पढ़ाने के लिए 108 आचार्यों की नियुक्ति की। इस महाविहार के खर्चे के लिए बहुत-सा धन धर्मपाल और उसके उत्तराधिकारियों ने दिया। बहुत से विद्यार्थी शिक्षा पाने के लिए वहां आ गये। यहाँ के विद्यार्थी बड़े-बड़े विद्वान बने। जब यहाँ के विद्यार्थी अपनी शिक्षा पूरी कर लेते थे तब उन्हें पाल वंश के राजाओं द्वारा 'पण्डित' की उपाधि दी जाती थी।

ऐसा प्रतीत होता है कि विक्रमशिला में 6 विद्यालय थे और प्रत्येक विद्यालय का 'द्वार पण्डित' पृथक था। द्वार पण्डित के पद पर उच्चकोटि के विद्वानों की ही नियुक्ति होती थी। विक्रमशिला महाविद्यालय में शिक्षकों की कुल संख्या 648 थी। विक्रमशिला के सभा भवन में 8,000 व्यक्ति एक साथ बैठ सकते थे। महाविहार के चारों ओर दुर्गों की तरह एक प्राचीर थी।

इस महाविहार में बौद्ध साहित्य, वैदिक साहित्य और अन्य ज्ञान-विज्ञान की शिक्षा दी जाती थी। विशेषकर वहाँ बौद्धों के वज्रयान सम्प्रदाय के सिद्धान्तों के अध्ययन का प्रबन्ध था। इस महाविहार से अनेक विद्वान शिक्षा लेकर निकले और उनकी बड़ी प्रसिद्धि हुई। उनमें से रत्नवज्र, रत्नकीर्ति, ज्ञानश्रीमित्र, रत्नाकरशान्ति और दीपङ्कर अतीश के नाम उल्लेखनीय हैं।

उड्यन्तपुर—इस महाविहार की स्थापना पाल वंश के प्रवर्त्तक राजा गोपाल ने की। यह महाविहार धीरे-धीरे उन्नति करता रहा। बारहवीं सदी में यह शिक्षा का बड़ा केन्द्र बन गया। इसमें हजारों आचार्य और विद्यार्थी रहते थे। यह महाविहार एक दुर्ग के समान था। 1199 ई० में मोहम्मद बिन बख्तियार खिलजी ने इस पर आक्रमण किया। महाविहार के

आचार्यों और विद्यार्थियों ने डटकर मुस्लिम सेना का मुकाबला किया और लड़ते-लड़ते वे सब मर गये। मोहम्मद ने वहाँ के पुस्तकालय को जला दिया और महाविहार का भी नाश कर दिया।

नालन्दा, विक्रमशिला और उद्‌यन्तपुर के महाविहारों के अतिरिक्त भारत में अनेक विहार अथवा महाविहार शिक्षा के केन्द्र थे। जयेन्द्र विहार, राजविहार, रत्नगुप्त विहार और रत्नरश्मि विहार काश्मीर में थे। सोमपुरी विहार और जगद्दल विहार बंगाल में थे। इनके अतिरिक्त कौशाम्बी और काम्पिल्य के विहार थे। ये सब विहार बौद्ध धर्म और बौद्ध संस्कृति के केन्द्र थे। काठियावाड़ में बल्लभी शिक्षा का बड़ा केन्द्र था। इत्सिंग ने इसकी तुलना नालन्दा से की है। शिक्षा ग्रहण करने के लिए दूर-दूर से विद्यार्थी वहाँ आते थे।

इस काल में कई राजाओं ने विद्या और ज्ञान के प्रोत्साहन और संवर्धन के लिए बहुत-सा धन दान में दिया। परमार राजा भोज ने अपनी राजधानी धारा में एक महाविद्यालय की स्थापना की जिससे विद्वानों और साहित्यिकों को बड़ा प्रोत्साहन मिला। भोज के बाद मुब्ज, सिंधुराज आदि उत्तराधिकारियों ने भी इसी क्षेत्र में बड़ा काम किया। मुस्लिम आक्रान्ताओं ने इस महाविद्यालय को गिराकर वहाँ मस्जिद बना दी।

चाहूमान (चौहान) वंश के राजा विग्रहराज चतुर्थ ने अपनी राजधानी अजमेर में एक महाविद्यालय की स्थापना की। कन्नौज, मिथिला, उज्जयिनी, पैठन, मालखेड़, और कल्याणी के राजाओं ने भी महाविद्यालय स्थापित किए और उनके खर्चे के लिए बहुत-सा धन दिया।

इस काल में तीर्थ शिक्षा के केन्द्र थे। वाराणसी और काँची जैसे तीर्थस्थानों पर पण्डित लोग अध्ययन-अध्यापन का कार्य करते थे। इस काल में बनाए गए हिन्दुओं के मन्दिर भी शिक्षा के स्थान थे। मन्दिरों के साथ विद्यालय भी थे। नगरों और ग्रामों में बहुत-सी पाठशालायें थीं जहाँ ब्राह्मण लोग अध्ययन और अध्यापन का कार्य करते थे। स्थानीय लोग ब्राह्मणों के निर्वाह का प्रबन्ध करते थे। राजा लोग भी उन्हें आमदनी के लिए भूमि देते थे जिन्हें 'अग्रहार' कहते थे।

कला (Art)

कला की दृष्टि से यह काल बड़े महत्त्व का है। इस काल की वास्तुकला बड़े-बड़े मन्दिरों के निर्माण के रूप में प्रकट हुई। उसका एक कारण यह था कि पौराणिक धर्म में मन्दिरों और उनमें रखी जाने वाली मूर्तियों का बड़ा महत्त्व था। भागवत, शैव, शाक्त और अन्य सम्प्रदायों के अनुयायी अपना यह कर्त्तव्य समझते थे कि वे बड़े-बड़े मन्दिर बनाएं और पुण्य के भागी बनें। भारत में बहुत धन इकट्ठा हो गया था और लोगों ने उसका उपयोग बड़े-बड़े मन्दिर बनाने में किया।

स्थापत्य कला (Architecture)—भारतीय स्थापत्य कला में मन्दिरों की तीन शैलियां विशेष रूप से प्रसिद्ध हैं। उत्तरी भारत में हिमालय से विन्ध्य तक नागर शैली प्रचलित रही है। विन्ध्य से कृष्णा नदी तक की शैली को वेसर शैली कहते हैं। कृष्णा नदी के दक्षिण से कन्याकुमारी तक द्रविड़ शैली का विकास हुआ।

उत्तर भारत के मन्दिरों में इस काल में नागर शैली का विकास हुआ। इनमें गर्भगृह (छोटी कोठरी) के ऊपर टेढ़ी रेखाओं से आवेष्टित शिखर बनाये जाते थे जो नीचे कुछ चौड़े और ऊपर पतले होते जाते थे। सबसे ऊपर गोलाकार आमलक होता था और उसके ऊपर कलश होता था। गर्भगृह के आगे मण्डप (बरामदा) होता था। नागर शैली का अच्छी तरह विकास आठवीं शताब्दी तक हो चुका था। चूँकि इस शैली के मन्दिर इतने विस्तृत क्षेत्र में बनाये गये, इसलिए उनमें कुछ प्रादेशिक विशेषताएँ पाई जाती हैं।

उत्तर भारत की उड़ीसा शैली के मन्दिरों के श्रेष्ठ उदाहरण भुवनेश्वर, के मन्दिर हैं। इनमें सबसे प्रसिद्ध मुक्तेश्वर, राजरानी और लिंगराज के मन्दिर हैं। लिंगराज का मन्दिर सबसे अधिक प्रसिद्ध है। इसका शिखर ऊँचाई में 48·8 मीटर है। कई विद्वानों का मत है कि यह नवीं या दशवीं शताब्दी में बनाया गया। भुवनेश्वर के सभी मन्दिर वास्तुकला की दृष्टि से अनुपम हैं। उनके मण्डप, शिखर, गोपुर आदि सभी अपनी विशेषताएँ रखते हैं। उनका सौन्दर्य और कलात्मकता का वर्णन करना कठिन है।

पुरी के प्रसिद्ध जगन्नाथ मन्दिर का निर्माण गंग वंश के राजा अनन्तवर्मन ने 1078 ई० में किया। यह मन्दिर केवल धार्मिक दृष्टि से ही महत्त्व नहीं रखता परन्तु वास्तुकला की दृष्टि से भी यह अपना विशेष स्थान रखता है। इसका शिखर 200 फुट ऊँचा है। कोणार्क में सूर्य मन्दिर है। उड़ीसा के मन्दिर अलंकरणों और मूर्तियों की बहुलता के कारण बहुत आकर्षक हैं। मन्दिर का कोई भी कोना अलंकरणों से शून्य नहीं छोड़ा गया। उड़ीसा के मन्दिरों में स्तम्भों का अभाव है जो दक्षिण भारत के मन्दिर की विशेषता है। यहाँ के मन्दिर विशालता के लिए भी प्रसिद्ध हैं।

बुन्देलखंड के मन्दिरों में खजुराहो के मन्दिर सबसे अधिक प्रसिद्ध हैं। यह स्थान झाँसी से 100 मील दूरी पर है। खजुराहो के मन्दिर संख्या में 30 है। कुछ मन्दिर शैवों के हैं, कुछ वैष्णवों के और कुछ जैनियों के। खजुराहो चन्देल राजाओं की राजधानी थी। उनके राज्य काल में 950 ई० से 1050 ई० के बीच मन्दिर बनवाये गये। सबसे सुन्दर और विशाल मन्दिरों का निर्माण राजा धंग (950-999 ई०) ने करवाया। उनमें सबसे सुन्दर और विशाल कन्दयनाथ महादेव का मन्दिर है जो 35·3 मीटर ऊँचा है। इसमें अनेक शिखर समूह हैं जो ऊपर की ओर छोटे-छोटे होते जाते हैं। इसके प्रदक्षिणा पथ में बहुत से स्तम्भ बड़े सुन्दर ढंग से बनाए गये हैं। मन्दिर का कोई भी भाग ऐसा नहीं जो अत्यन्त मनोहर अलंकरणों से सजाया न गया हो। इस मन्दिर में बहुत सी ऐसी मूर्तियां हैं जिनमें काम कला का मूर्त रूप दिया गया है। इससे पहले मूर्ति-कला में अश्लीलता नहीं थी। शृंगार का प्रदर्शन मूर्तियों द्वारा किया जाता था परन्तु अश्लील ढंग से नहीं। खजुराहो, भुवनेश्वर, पुरी आदि के मन्दिरों की मूर्तियों में अश्लीलता बड़ी मात्रा में है। 'चतुर्भुज वैष्णव मन्दिर' और आदिनाथ का जैन मन्दिर एक शैली के हैं। इन मन्दिरों को कुराई करके आधार से ऊपर तक अलंकृत किया गया है।

इस काल के अनेक मन्दिर राजस्थान में हैं। उनमें सबसे श्रेष्ठ आबू पर्वत पर दिलवाड़ा में स्थित दो जैन मन्दिर हैं। दोनों मन्दिर संगमरमर के हैं। दोनों में अलंकरणों का बाहुल्य है। उनमें संगमरमर की बनी कई प्रकार की जालियाँ, प्रतिमाएँ और बेल-बूटे हैं। किसी ने लिखा है कि इन मन्दिरों में संगमरमर को इस बारीकी के साथ तराशा गया है मानो किसी सुनार ने रेती से रेत-रेत कर आभूषण बनायें हों या बनी हुई जालियाँ और झालरें पथरा गई हों। ठीक ही कहा गया है कि कला की दृष्टि से दिलवाड़ा के मन्दिर अत्यन्त उत्कृष्ट हैं।

राजस्थान में कई और स्थानों पर इस काल के मन्दिर मिले हैं। झालावाड़ में अनेक ऐसे मन्दिर हैं जो छोटे होते हुए भी कला की दृष्टि से अत्यन्त उत्कृष्ट हैं। इनमें शिव मन्दिर सबसे अच्छा है। झालावाड़ के मन्दिर भग्न दशा में हैं। कई मन्दिरों के तो केवल स्तम्भ, गर्भगृह और मण्डप ही बाकी रह गये हैं। इनके पाश्वों पर पुष्पों, पशुओं और मनुष्यों की आकृतियों की शृंखलाएँ बड़े अच्छे तरीके से बनाई गई हैं। उनको देखकर अजन्ता की मूर्तियाँ याद आ जाती हैं।

जौधपुर में ओसिया के निकट 16 मन्दिर मिले हैं जिनमें 11 मन्दिर आठवीं-नवीं शताब्दी के हैं। उनमें सबसे सुन्दर सूर्य मन्दिर है। हरिहर के तीन मन्दिर भी सुन्दर हैं परन्तु ओसिया का सबसे श्रेष्ठ मन्दिर महावीर मन्दिर है।

कोटा नगरी से लगभग 30 मील की दूरी पर अनेक मन्दिर मिले हैं जिनके गोपुर, मण्डप और शिखर कला की दृष्टि से अनुपम हैं। उनके स्तम्भ भी कई प्रकार की प्रतिमाओं और अलंकरणों से विभूषित हैं।

ग्वालियर के किले में तीन मन्दिर हैं जो ग्यारहवीं सदी में बनाये गये। इनमें दो 'सास-बहु' के मन्दिर कहलाते हैं और एक 'तेली' का मन्दिर।

जबलपुर के समीप भेड़ा घाट में 64 योगिनियों का विशाल मन्दिर है जिसका व्यास 116 फुट है। रीवा से 15 किलोमीटर दूर वैजनाथ गाँव में वैद्यनाथ महादेव का त्रिरथ गर्भ गृह योजना का मन्दिर है जिसके शिखर की ऊँचाई कुछ दबी हुई है। चंबल नदी के प्रपात स्थल पर बरौली में पंचरथ नियोजन का एक मन्दिर है। सिरपुर का लक्ष्मण मन्दिर नागर शैली का है। इसमें गर्भगृह, अन्तराल और मण्डप हैं। इसका गर्भगृह पंचरथ में नियोजित है। यह मन्दिर ईंटों का बना है। यह मन्दिर अत्यन्त आकर्षक है। अमरकंटक क्षेत्र में केशव नारायण और मच्छिद्रनाथ के मन्दिर बड़े आकर्षक हैं। बघेलखण्ड में सुहागपुर में स्थित विराटेश्वर का मन्दिर महत्त्वपूर्ण है। इसका गर्भगृह सप्तरथ में नियोजित है और इसमें शिखर सात पगों में उठता है। इसमें तीन आमलकों का प्रयोग है।

मध्य भारत के मन्दिरों के विकास क्रम में स्तम्भों का प्रयोग था किन्तु ये प्रारम्भिक उदाहरणों में नहीं हैं। इसका नियोजन सप्तरथ में होने लगा। मुख्य शिखर पर अंग शिखरों का प्रयोग है जो शिखर को भव्यता प्रदान करता है। मन्दिरों में अन्तराल और मण्डप में स्तम्भों का प्रयोग विशिष्ट है। अर्धमण्डप की सीढ़ियाँ इसे अतिरिक्त भव्यता प्रदान करती हैं। प्रत्येक मण्डप की छत बहुत-सी कलाकृतियों से युक्त और मेहराबदार है। यह अलंकृत स्तम्भों और प्रस्तरपादों पर आधारित है। प्रत्येक मण्डप के अंग शिखरों से युक्त शिखर पतले होते हुए भव्य ऊँचाई तक पहुँचते हैं। दूर से देखने पर यह आकृति पर्वत श्रृंगों की भाँति बड़ी मनोरम प्रतीत होती है।

गुजरात की स्थापत्य कला अनेक स्थलों पर राजस्थान के समान है किन्तु काठियावाड़ की बरद पहाड़ियों में गोप नामक स्थान में इस क्षेत्र की दृष्टि से असामान्य शैली के प्राचीन मन्दिर प्राप्त होते हैं। इस प्रकार के मन्दिर अन्य स्थानों में भी हैं। सूत्रपद के सूर्य मन्दिर में विशाल आमलक शिला के साथ ही शिखर की प्रत्येक दिशा में कोनिया आमलक स्थापित है। सोलंकी के शासकों के काल में नागर शैली में एक नया रूप आया जिसे सोलंकी शैली कहा जाता है। इस शैली का पूर्ण विकास दसवीं और ग्यारहवीं शताब्दी में हुआ। गुजरात में इसी शैली का सोमनाथ मन्दिर बड़ा प्रसिद्ध था।

इस काल में मथुरा में बहुत से विशाल और कलात्मक मन्दिर बनाये गये जो तुर्क आक्रांताओं ने नष्ट कर दिये। महमूद गजनबी के समकालीन लेखक अल-उतवी ने मथुरा के मन्दिरों के विषय में लिखा है कि मथुरा के मध्य में एक अत्यन्त उत्कृष्ट विशाल मन्दिर है जिसकी सुन्दरता और नक्काशी का वर्णन नहीं किया जा सकता। यदि कोई ऐसा मन्दिर बनवाना चाहे तो उसे दस करोड़ स्वर्ण दीनार खर्चने होंगे और बनाने में दो सौ वर्ष लगेंगे। पाँच मूर्तियाँ शुद्ध सोने की बनी हैं। प्रत्येक की ऊँचाई पाँच गज है। इन मूर्तियों की आँखों में ऐसी मणियाँ लगी हुई हैं जिन में से प्रत्येक की कीमत 50 हजार दीनार है। इस मन्दिर में चाँदी की बनी हुई लगभग 200 मूर्तियाँ थीं। महमूद गजनवी ने इस मन्दिर को तोड़ दिया और उसके सोने, चाँदी, मणि-माणिक्य आदि अपने साथ गज़नी ले गया। मथुरा के अतिरिक्त हरिद्वार, प्रयाग, वाराणसी आदि कई तीर्थस्थान थे जहाँ बहुत से मन्दिर बनाये गये।

काश्मीर में ललितादित्य (724-760 ई०) और अवन्ति वर्मा (855-888 ई०) के राज्यकाल में सुन्दर मन्दिर बनाए गए। श्रीनगर के निकट रुद्रेश मन्दिर है। तख्ते सुलेमान का शंकराचार्य का मन्दिर है। मातण्ड का सूर्य मन्दिर ललितादित्य ने बनवाया। अवन्ति वर्मा के समय में एक शिव मन्दिर और एक विष्णु मन्दिर बनाया गया। काश्मीर शैली का विकसित रूप पाटन के शिव मन्दिर में पाया जाता है।

बंगाल के पाल राजाओं ने बहुत से मन्दिर बनवाए। बर्दवान जिले में बरकर में चार मन्दिर मिले हैं। इसमें एक दसवीं सदी का है। उसकी शैली भुवनेश्वर के मन्दिरों के समान है। दो मन्दिर मनभम और बाँकुरा जिले में भी मिले हैं।

हिमाचल प्रदेश, गढ़वाल और कुमायूँ में बहुत से टूटे हुए मन्दिर मिले हैं जो इस काल में बनाये गये थे। हिमाचल प्रदेश के कांगड़ा ज़िले में मसरूर नामक स्थान पर अनेक मन्दिर हैं जो आठवीं सदी में बनाये गए थे। बैजनाथ (कांगड़ा) और चम्बा में कई मन्दिर नवीं सदी में बनाए गए। कुल्लू के बजौरा नामक स्थान पर महादेव का एक मन्दिर है जो दसवीं सदी में बनाया गया। इसके अलंकरण बहुत सुन्दर और कलात्मक हैं। अलमोड़ा के क्षेत्र में भी सूर्य और अन्य पौराणिक देवी-देवताओं के बहुत से मन्दिर इस काल में बनाए गए। उत्तराखण्ड में बद्रीनाथ और केदारनाथ के प्रसिद्ध मन्दिर भी इसी काल में बनाए गए।

मन्दिरों के अतिरिक्त लोगों का ध्यान भवन निर्माण की ओर भी था। मठ, शिक्षालय, भवन आदि का निर्माण कला की दृष्टि से उत्तम कोटि का था। मकान कई मंजिलों के बनाए गए। एलौरा का मठ उस काल की कला को प्रदर्शित करता है। नालन्दा का विश्वविद्यालय भी उसी काल में बना। नालन्दा के भवन कई मंजिल के थे। उनकी संख्या और आकार बहुत बड़े थे। विद्यार्थियों के पढ़ने, रहने और सोने के सुन्दर भवन बनाए गए।

इस काल में पहाड़ियों को काटकर मठ और चैत्य बनाए गए। भवनों में बड़ी-बड़ी मूर्तियाँ स्थापित की गईं। गुफा कला की तीन श्रेणियाँ थीं—एलौरा विधि, एलीफेंटा विधि और पल्लव विधि। एलौरा विधि में खोदकर एक कमरा बनाया जाता था जिसमें ब्राह्मण और जैन मूर्तियाँ स्थापित की जाती थीं। इस गुफा में एक बरामदा बना होता था जिसके अन्त में एक कोठरी बनाई जाती थी। एलीफेंटा गुफा में शिव की प्रतिमाएँ चट्टान को काटकर गुफा के साथ ही बनाई जाती थीं। एलीफेंटा

की गुफा में सजीवता और स्वच्छता का विशेष ध्यान दिया गया। साधारणतया गुफाओं का निर्माण ऊँची पहाड़ियों पर होता था जिनमें तीन ओर से चट्टान को काटकर गुफा बनाई जाती थी और उसका आकार मन्दिर का बनाया जाता था। कैलाश मन्दिर के बनाने में इस शैली का प्रयोग न किया गया। इसमें कलाकारों ने पहाड़ को सिरे से काटना प्रारम्भ किया। ऊपर के भाग में चौकोर भाग काटकर मध्य के भाग से सतह तक मन्दिर बनाया गया। इस प्रकार गुफा बनाने की कई शैलियाँ बनती गईं। कुछ समय के बाद गुफाओं के रूप में इतना परिवर्तन हुआ कि उन्हें गुफा न कहकर मन्दिर कहा जाने लगा।

मूर्ति कला (Sculpture)—भारत की मूर्ति-कला गुप्त युग में अपने विकास की चरम सीमा को पहुँच गई और इस काल में कोई उन्नति न हुई। वास्तव में धीरे-धीरे मूर्तियों के निर्माण के सौन्दर्य और कलात्मकता कम होने लगी। देवताओं का सामर्थ्य दिखाने के लिये मूर्तियों के बहुत से हाथ बनाये गये। उनमें कई प्रकार के अस्त्र-शस्त्र भी दिखाये गये। इस काल के मूर्तिकारों ने अपनी मूर्तियाँ बनाते समय अपनी प्रतिभा और कल्पना की अपेक्षा शास्त्र वचनों को अधिक महत्त्व दिया। उन्होंने ''साधनमाला'' में लिखे गये नियमों के अनुसार मूर्तियाँ बनाईं। शास्त्रों के अनुसार देवताओं के शरीर मानव शरीर से भिन्न होते हैं। उनके कान मानव कानों से बड़े होते हैं। उनकी आँखें कानों के समीप तक फैली हुई होती हैं। उनके हाथ घुटनों से नीचे तक पहुँचते हैं। जब मूर्तिकारों ने देवी-देवताओं की मूर्तियाँ बनाईं, उस समय उन्होंने इन धारणाओं को अपने सामने रखा और उन्हीं के समान अपनी मूर्तियाँ बनाईं। इसका परिणाम यह हुआ कि इस काल की मूर्तियों में गुप्त काल की मूर्तियों जैसा न आकर्षण है न सौन्दर्य।

इस काल की मूर्तियाँ पत्थर, काठ और कई प्रकार की धातुओं से बनाई गईं। मूर्तियाँ अधिकतर मन्दिरों में ही मिलती हैं। उनमें धार्मिक प्रभाव अधिक है। इस काल में लोगों ने चित एकाग्रता का एकमात्र साधन मूर्तियों को ही माना और सूर्य, विष्णु, शिव, बुद्ध आदि की मूर्तियाँ भिन्न-भिन्न मुद्राओं में बनाईं। सूर्य की मूर्ति में डंडी और पिंगल दो मूर्तियों के साथ ऊषा और प्रत्यूषा नामक दो देवियाँ भी जोड़ दी गईं। ऐसा ही कोणार्क का सूर्य मन्दिर उड़ीसा में बनाया गया। विष्णु की मूर्तियाँ बहुत संख्या में बनाई गईं। विष्णु के 24 अवतारों की मूर्तियाँ मिलती हैं जो खड़ी और बैठी अवस्थाओं में हैं। बलराम, वराह, वामन, मत्स्य, नरसिंह आदि की मूर्तियाँ अलग-अलग और इकट्ठी भी मिलती हैं। हैहय शासन की बनी एक स्तम्भ पर विष्णु के अनेक अवतारों की मूर्तियाँ मिली हैं। वहाँ मत्स्य, बुद्ध, वामन, कल्कि की मूर्तियाँ एक के ऊपर दूसरी है। एक और स्तम्भ पर कर्म, वाराह और नरसिंह की मूर्तियाँ हैं। विष्णु की मूर्तियों में शंख, चक्र, गदा, और पद्म दिखाया गया है। कहीं-कहीं विष्णु और ब्रह्म की इकट्ठी मूर्तियाँ बनाई गई हैं। प्रायः विष्णु की चार भुजाएँ दिखाई गई हैं।

इस काल में शिवलिंग की पूजा प्रचलित थी। शिव की एक मुख और चतुर्मुख लिंग की मूर्तियाँ बनाई गईं।

शिव के अतिरिक्त गणेश और कार्तिकेय की पूजा इस काल में होती थी और उनकी मूर्तियाँ भी बड़ी संख्या में बनाई गईं।

इस काल में कई प्रकार के देवी-देवताओं की पूजा होती थी और उनकी मूर्तियाँ भी बनाई गईं। देवी, चण्डी, गणेशानी, सप्तमातृका आदि देवियों की मूर्तियाँ बनाई गईं। रोग की देवी हारिती (शीतला), सर्पदेवी, शक्ति मूर्ति, गंगा और यमुना की मूर्तियाँ बनाई गईं। कुबेर, यम, वरुण, इन्द्र, अग्नि आदि देवताओं की मूर्तियाँ भी बनाई गईं। जैन धर्म के 24 तीर्थंकरों की मूर्तियाँ बनाई गईं। उनके साथ यक्ष और यक्षिणी की मूतियाँ भी बनाई गईं। बौद्ध धर्म में तारा, अवलोकितेश्वर, बौद्धिसत्व, लोकेश्वर, आदि की मूर्तियाँ बनाई गईं। पाल वंश के समय में बंगाल में अनेक सुन्दर मूर्तियाँ बनाई गईं। सबसे महत्त्वपूर्ण मूर्ति ''उमा महेश्वर'' की है। इसमें बहुभुजी शिव की बैठी मूर्ति है और उसकी गोद में पार्वती सुखासन में बैठी है। नालन्दा की अष्ट धातु की 'अवलोकितेश्वर' और कुर्किहार की तारा की मूर्तियाँ कला की दृष्टि से श्रेष्ठ हैं।

इस काल की बहुत सी मूर्तियाँ खजुराहो, राजस्थान, माइसूर, मद्रास आदि के मन्दिरों में मिलती हैं। नटराज शिव की बहुत सी धातु से बनाई हुई मूर्तियाँ दक्षिणी भारत में मिलती हैं जो कला की दृष्टि से अत्यन्त उत्कृष्ट हैं। शिव का ताण्डव नृत्य बहुत सुन्दर है।

राजस्थान में शाहाबाद (कोटा) से मिली शेषशाही विष्णु की मूर्ति बड़ी मनोहर है।

श्रवण बेलगोला (माईसूर) की पहाड़ी पर गोमतेश्वर की विशाल मूर्ति है जो दसवीं सदी की बनाई हुई है। यह मूर्ति 57 फूट ऊँची और 26 फुट चौड़ी है। वह एक ही शिलाखण्ड को तराश कर बनाई गई है। जिस पत्थर से यह बनाई गई

है वह काले रंग का है और कठोर है। मूर्ति के भिन्न-भिन्न अंग सुव्यवस्थित और ठीक अनुपात में हैं। मूर्ति की मुख मुद्रा शान्त और गम्भीर है परन्तु उसके साथ मुस्कान भी है।

खजुराहो, उड़ीसा और अन्य क्षेत्रों के मन्दिरों की भित्तियों पर बनी हुई देवियों, देवताओं, ऋषियों, नर्तक-नर्तकियों, नायक-नायिकाओं, संगीतकारों और योद्धाओं की मूर्तियाँ बड़ी प्रभावशाली हैं। उनकी भिन्न-भिन्न भाव-दशाओं और अनेक प्रकार की मुद्राओं के नियोजन में ज्यामिति के रेखा सिद्धान्तों के पालन का अनुमान होता है। स्त्रियों के केश-विन्यास, वेषभूषा, लटों को सँवारने की अनगिनित मोहित शैलियाँ, उनके साज-शृंगार आदि में रूपों-भावों की अभिव्यक्ति मूर्तिकला की संवृद्धि को प्रदर्शित करती है। खजुराहो के मन्दिर के एक स्थल पर पत्थर ढोने वाले श्रमिक और पत्थर-उत्कीर्ण करने वाले शिल्पकारों का भी चित्रण है। मन्दिरों की दीवारों पर स्थापित मूर्तियाँ कई प्रकार की हैं। उनमें पौराणिक कथाओं के पात्र, दिक्पाल, सामान्य जीवन के विविध भाव-रूप, अनेक मुद्राओं के मिथुन, शार्दूल, हाथी, घोड़े आदि दिखाये गये हैं।

चित्रकला (Painting)– इस काल में चित्रकला भी उन्नत अवस्था में थी। गुप्त काल की अजन्ता की चित्रकारी इस युग तक चलती रही जिसके अनुसार मन्दिरों की दीवारों को चित्रों से सजाया जाता था। आठवीं शताब्दी में भित्ति चित्रों के स्थान पर छोटी आकृतियाँ बनाई गईं जिनका प्रयोग हस्तलिखित ग्रन्थों में किया गया। इस काल में ताड़ के पत्रों पर चित्र बनाए गए। इनमें 'प्रजापारमिता' मुख्य माना जाता है। उस समय के चित्र देवताओं की आकृतियों के अनुसार बनाए गए। पहले काले रंग से इन चित्रों का आकार खींच लिया जाता था। उसके बाद लाल, नीले, हरे, पीले आदि रंग भर दिए जाते थे। चित्रों के मध्य में प्रधान देवता की रचना होती थी। चारों ओर कई आकृतियाँ बनाई जाती थीं। हस्तलिखित पुस्तकों के बीच में कलाकार अपनी कला का परिचय देता था।

उस काल के कई ग्रन्थ मिले हैं जो ताम्रपत्रों, ताल पत्रों और कागज पर उत्कीर्ण व लिखित हैं। इन्हें भी कई चित्रों से विभूषित किया गया है। उनसे उस समय की चित्रकला का कुछ परिचय मिलता है।

कैलाश के दरीगृह के मन्दिर की छत में जो चित्र बने हैं वे अजन्ता और बाघ के चित्रों से भिन्न हैं। भारतीय चित्र कला रूप-प्रधान नहीं है परन्तु भाव प्रधान है। हमारे चित्रकार बाहर के अंगों की सूक्ष्मता और सुन्दरता पर उतना ध्यान नहीं देते जितना कि अन्दर के मानसिक भावों को व्यक्त करने में देते हैं।

इस काल में चित्रण शैली में कई शैलियाँ चल पड़ीं जैसे गुजरात शैली, राजपूताना शैली, काँगड़ा शैली, काश्मीरी शैली इत्यादि। गुजरात शैली में जैन-जीवन पद्धति और धर्म से सम्बन्धित चित्र हैं। राजपूत शैली में रास-लीला, राग रागिनी, नायक-नायिका-भेद सम्बन्धी अनेक चित्र मिलते हैं। पत्र-पुष्पलता और पशुओं के भी अनेक चित्र भाव-प्रधान हैं। इन चित्रों में प्रेम और गार्हस्थ्य भी दिखाया गया है। बौद्ध धर्म की पुस्तकों में देवताओं के अनेक चित्र बनाये गये हैं।

आर्थिक अवस्था (Economic Condition)

इस काल में कृषि की प्रधानता थी। भूमिदान और नई भूमि को कृषि-योग्य बनाने के स्वामी निजी व्यक्ति की प्रक्रिया पहले की तरह चलती रही। मेघातिथि ने लिखा है कि कृषि-योग्य भूमि या परिवार होते थे परन्तु चूँकि राजा समस्त देश का स्वामी होता था और लोगों के जीवन और सम्पत्ति की रक्षा करता था इसलिए उसका भी आंशिक रूप से भूमि पर स्वामित्व समझा जाता था। जब किसी गाँव को राजा दान में देता था, वह भूमि का स्वामित्व नहीं देता था परन्तु उस गाँव से भूमिकर आदि करों को वसूल करने का अधिकार उस व्यक्ति को देता था। राजा अधिकार पत्रों द्वारा अधिकार उस व्यक्ति को देता था। भूमि को दान में प्राप्त करने वाले लोग चारागाह, गाँव के पेड़, झील और नमक की खानों के भी स्वामी बन जाते थे। इस काल में राजा और कृषक के अतिरिक्त कुछ सामन्त भी अपने आप को कृषि-योग्य भूमि का स्वामी समझते थे। कुछ सामन्त अपने सम्राट् या उसके अधिकारियों की आज्ञा से भूमि दान में देते थे और कुछ उसके बिना भी। ऐसा प्रतीत होता है कि जब कोई सामन्त किसी गाँव को ब्राह्मणों को दान में देता था तो उसके कृषकों पर भी उन ब्राह्मणों का स्वामित्व हो जाता था। उन कृषकों को उन ब्राह्मणों के लिए कुछ सेवाएँ देनी पड़ती थीं। साधारणतः किसान स्वतन्त्र थे। इस काल में राजाओं और सामन्तों के अतिरिक्त कई व्यक्तियों ने भी अपनी भूमि दान में दी।

जिस व्यक्ति को भूमि दान में मिलती थी वह स्वयं खेती नहीं करता था। खेती का काम कृषकों को दिया जाता था अथवा खेतिहरों को। इत्सिंग ने लिखा है कि जो भूमि मठों को दी जाती थी उसकी काश्त नौकर और दीगर व्यक्ति करते थे। जब आदिवासियों के क्षेत्रों की भूमि ब्राह्मणों को दान में दी जाती थी तो वे उसकी काश्त औरों से करवाते थे। उन गाँव के कृषकों और कारीगरों को अपने गाँव छोड़ने की आज्ञा न थी। वे एक गाँव छोड़कर दूसरे गाँव में बस नहीं सकते थे। उन्हें उसी गाँव में रहकर लोगों की आवश्यकताएँ पैदा करनी होती थीं।

भूमि के दानपत्रों में भाग, भोग, कर और हिरण्य का उल्लेख है। भाग से अभिप्राय उपज के छठे भाग का है जो किसान राजा को देते थे। भोग का अभिप्राय उन वस्तुओं से है जो गाँव वाले समय-समय पर राजा को देते थे, जैसे फल, फूल, ईंधन इत्यादि। कर से उस भूमि कर का अभिप्राय है जो राजा समय-समय पर साधारण भूमि कर के अतिरिक्त किसानों से लेता था। हिरण्य ऐसा कर था जो धन-राशि के रूप में सारे गाँव से लिया जाता था।

पश्चिमी भारत में इस काल में उद्रंग और उपरिकर नाम वाले कर भी लिए जाते थे। उद्रंग निश्चित कर था और उपरिकर अतिरिक्त कर था। हो सकता है कि ये दोनों अतिरिक्त कर थे। इस काल के कई अभिलेखों में 'दशापराध' नाम के कर का भी वर्णन है। उस का अर्थ दस निर्दिष्ट अपराधों के लिए गाँव वालों से जुर्माना वसूल करने का अधिकार था। नारद-स्मृति के अनुसार, वे दस अपराध ये थे—राजा के आदेश का उल्लंघन करना, स्त्री की हत्या करना, वर्ण संकट, परस्त्री गमन, चोरी, पति के अतिरिक्त किसी अन्य पुरुष के कारण गर्भ, परनिन्दा और मानहानि, अश्लीलता, आक्रामण और गर्भपात।

पाल राजाओं के अभिलेखों में उपरिकर, दशापराध, चौरोद्धरण, आदि करों का वर्णन है। चौरोद्धरण वह था जो गाँव वालों से उनकी चोरी से रक्षा करने के लिए लिया जाता था। इनके अतिरिक्त जो कर लिये जाते थे उनके नाम शुल्क और तर थे। उड़ीसा के अभिलेखों में कई और करों का वर्णन है, जैसे हाथी पालने पर हस्ति दण्ड, बैलों पर 'वरबलिवर्द्द', हलों पर 'हल दण्ड', पैदल सेना के निर्वाह के लिए 'पदाति जीव्य', राजा को भेंट 'वन्दापना, सपेरों पर शुल्क 'अही दण्ड', सुनारों पर 'स्वर्ण दण्ड' इत्यादि। चन्देल राजाओं के अभिलेखों में शुल्क और पशु का भी उल्लेख है। 'शुल्क' चुंगी थी और पशुओं पर कर था। कुछ कर्मचारी 'आभाव्य' लेते थे जिसका यह अर्थ था कि वे वेतन के अतिरिक्त प्रजा से धन प्राप्त करते थे। 'कल्याण धन' वह धन था जो त्यौहार के अवसर पर प्रजा राजा को देती थी। प्रतिहार राजाओं के अभिलेखों में खल, भिक्षा, प्रस्यक, अपुत्रिका धन, स्कन्धक, मार्ग्गणक, चोल्लक, उत्पाध्यमानविष्टि आदि करों का वर्णन है। खल भिक्षा खलिहानों पर कर था। प्रस्थक वह कर था जो प्रत्येक परिवार से एक प्रस्थ की दर से लिया जाता था। पुत्रिका धन वह कर था जो उस व्यक्ति से लिया जाता था जिसके कोई पुत्र न हो। चौल्लक वह कर था जो नियत बोझ पर लिया जाता था। उत्पाद्यमानविष्टि वह धन था जो सामन्त बेगार के बदले में कृषकों से लेते थे। जब सामन्तों की संख्या बढ़ गई तो धन की बड़ी मात्रा बिचौलियों के हाथों में चली गई और राजा और किसान दोनों को हानि हुई।

कृषि को सुधारने के लिए कई राजाओं ने सिंचाई आदि का उचित प्रबन्ध किया। काश्मीर के राजा अवन्तिवर्मा ने झेलम नदी के तट पर बाँध बाँधकर नहरें निकलवायीं और प्रत्येक गाँव में जल देने की व्यवस्था की। उससे उपज बढ़ गई और चावल का दाम 200 दीनारों से गिरकर 36 दीनार हो गया। बुन्देलखण्ड के चन्देल राजाओं ने पहाड़ियों को काटकर बहुत सी झीलें बनवाईं जिसने सिंचाई का काम लिया गया।

मेधातिथि ने चावल और जौ सहित सत्रह प्रकार के अनाज को धान्य की कोटि में रखा है। उस काल में मगध और कलिंग प्रदेश चावल के लिए प्रसिद्ध थे। 'मानसोल्लास' में रंग, सुगन्ध आदि के अनुसार आठ प्रकार के चावलों का उल्लेख है। फलों के लिए काश्मीर प्रसिद्ध था। धान, जौ, कोद्रव, ईख, प्रियंगु, तिल, और भिन्न प्रकार की दालों का उत्पादन बड़ी मात्रा में होता था। उत्पादन के हिसाब से भूमि उर्वरक, बंजर खिल और मरु कहलाती थी। अधिकतर सिंचाई राहट से होती थी। जलाशयों से भी सिंचाई का पानी लिया जाता था। उत्पादन के बावजूद साधारण कृषकों की दसा ठीक न थी।

व्यवसाय—कृषि के अतिरिक्त वस्त्र व्यवसाय ने बहुत उन्नति की। उस समय बारीक से बारीक कपड़ा बनाया जाता था। बाण ने नौ प्रकार के वस्त्रों का उल्लेख किया है जैसे क्षौम, बादर, दूकूल, लला तन्तुज, नेत्र, अंशुक, जातिपट्ट, चित्रपट्ट

और स्तवरक। क्षौम के वस्त्र अलसी से बनते थे और बादर के वस्त्र रुई से बनते थे। दूकूल एक छाल से बंगाल में बनाया जाता था। लला तन्तुज एक प्रकार का रेशम था। अंशुक बहुत बारीक कपड़ा था। नेत्र भी रंग-बिरंगा रेशम था। जातिपट्ट और चित्रपट्ट फूल-पत्ती की कशीदाकारी वाले रेशमी कपड़े थे। स्तवरक ईरानी जरी थी। उस समय कपड़ों की रंगाई और छपवाई कई प्रकार से की जाती थी। रंग के लिए नील की खेती बहुत होती थी। कपड़े रंगने की कला बहुत विकसित थी।

'मानसोल्लास' के अनुसार, सूती कपड़े के विशिष्ट उत्पादन क्षेत्र गुजरात, मुल्तान, कलिंग, बंग और मालवा थे।

भिन्न प्रकार की धातुएँ निकाली जाती थीं और उनसे अनेक प्रकार की वस्तुएँ बनाई जाती थीं। देबल (सिंध) तलवार बनाने के लिए प्रसिद्ध था। चोल राज्य में अष्ट धातु की मूर्तियाँ बनाई जाती थीं। सोने और चाँदी के आभूषण बनाये जाते थे और उनमें बहुमूल्य रत्न जड़े जाते थे। पत्थर पर उत्कीर्ण उच्चकोटि की कलाकृतियाँ विशेषकर मन्दिरों के लिए बनाई जाती थीं। लोहे से स्तम्भ और कई वस्तुएँ बनाई जाती थीं। धारा का लौह-स्तम्भ बड़ा प्रसिद्ध है। हाथी दाँत की चूड़ियाँ आदि बनाई जाती थीं।

व्यवसायों की अलग-अलग श्रेणियाँ थीं जो उनके हितों की रक्षा करती थीं। बुनकर, कुम्हार, माली, बढ़ई, लोहार, स्वर्णकार, राजगीर आदि व्यवसायों की अपनी-अपनी श्रेणियाँ थीं जो अपनी मजदूरी और अन्य नियम बनाती थीं। शिल्पकारों की श्रेणियों का उल्लेख उस समय के अभिलेखों में भी मिलता है। श्रेणियों के प्रधान 'महत्तर' कहलाते थे। उनके नियमों को सरकार मान्यता देती थी। स्मृतिचन्द्रिका में शिल्पकारों और व्यापारियों की श्रेणियों के अनेक नियमों का उल्लेख है। इस काल में श्रेणियों का महत्त्व पहले की अपेक्षा घट गया। राजनीतिक अव्यवस्था के कारण श्रेणियों की पहले जैसी साख न रही। उनका स्थान व्यावसायिक उपजातियों ने ले लिया। श्रेणियों की प्रतिष्ठा हीन जातियों के बराबर हो गयी। सुनार, कुम्हार और धोबी हीन जातियों में गिने जाते थे। श्रेणियों की आर्थिक दशा भी पहले की अपेक्षा खराब हो गई। इस काल में गाँव की सभाएँ बड़ा काम करती थीं। लोग उनके पास पैसे जमा कराते थे और भूमि भी देते थे ताकि वे धर्म के कार्य कर सकें। वे बैंकों को काम देती थीं। श्रेणियों की बजाय लोगों ने मन्दिरों में पैसे जमा कराने शुरू कर दिए क्योंकि वे अधिक स्थान समझे जाते थे।

आन्तरिक व्यापार—इस काल में देश भर में कई वस्तुओं का व्यापार होता था। 953 ई० के अहर अभिलेख से पता लगता है कि कर्नाटक, मध्य प्रदेश (उत्तर प्रदेश), लट (गुजरात) और टक्क से अहर (उदयपुर) आते थे और अपनी व्यापार की वस्तुओं पर शुल्क देते थे। अधिकतर व्यापारी काफिले बनाकर व्यापार के लिए यात्रा पर जाते थे। इसका कारण यह था कि सड़कों पर चोरों और डाकुओं का डर था। काफिले में घोड़े, ऊँट, बैल, छकड़े आदि होते थे और उनके चारों ओर शस्त्रधारी लोग होते थे। अनेक व्यक्ति गाड़ियाँ और माल ढोने वाले पशुओं का प्रबन्ध करके बहुत धन कमाते थे। बहुत थोड़ी सड़कें अच्छी थीं और वे भी वर्षा ऋतु में खराब हो जाती थीं और व्यापार के लिए ठीक नहीं रहती थीं। महत्त्वपूर्ण सड़कों पर दूरी दर्शाने के लिए पत्थर लगे होते थे। यात्रियों के लिए पीने के पानी की व्यवस्था थी। उनके ठहरने के लिए धर्मशालाएँ थीं। उत्तर भारत में नदियों द्वारा भी बहुत व्यापार होता था। नदियों पर नावों के प्रयोग करने पर शुल्क देना पड़ता था।

इस काल में देश में आन्तरिक व्यापार कम हो गया। उसका एक कारण देश में एक शक्तिशाली राज्य का अभाव था। देश में अनेक राज्य थे जो आपस में हमेशा लड़ते रहते थे। देश भर में अव्यवस्था का राज था। सड़कों पर सुरक्षा का कोई प्रबन्ध न था। प्रत्येक राज्य ने व्यापारियों को सुरक्षा न दी। सामन्त लोग भी व्यापारियों को लूट लेते थे। देश भर में व्यापारियों को भिन्न-भिन्न स्थानों पर कई प्रकार के कर और शुल्क देने पड़ते थे। इन सब कारणों के परिणामस्वरूप देश का आन्तरिक व्यापार कम हो गया।

व्यापार जल और स्थल दोनों मार्गों से होता था। स्थल मार्ग से चीन, बेबीलोन, अरब और ईरान के साथ भारत का व्यापार था। भारत और चीन के व्यापार में अरब के व्यापारियों ने रुकावटें डालीं और अन्त में भारत का चीन के साथ व्यापार बिल्कुल कम हो गया।

दशवीं शताब्दी में इस्लामी देशों से व्यापारिक मार्ग देवल, काबुल और कंधार होकर अरब देशों और मध्य एशिया को जाता था। भारत में आने के लिए दो प्रसिद्ध मार्ग थे। पहला मार्ग बलोचिस्तान से होकर सिन्ध के मुहाने तक और

दूसरी मार्ग गज़नी और काबुल होकर पंजाब आता था। उस समय अफगानिस्तान व्यापार का बड़ा केन्द्र था जहाँ से भारत का माल कई दिशाओं में जाता था। किरमान से सिन्ध तक का मार्ग बाम, फन्नाजर, मकरान की राजधानी से देवल और फिर पंजाब और मुलतान को जाता था।

पश्चिमी भारत के मुख्य बन्दरगाह, देवल, खमबात, थाना, सोपारा और क्वीलों थे। इन से भारतीय वस्तुएँ पश्चिमी देशों को जाती थीं। सातवीं सदी में भारतीय व्यापारी बसरा तक जाते थे। भारत के पूर्वी तट पर ताम्रपर्णी सबसे अधिक प्रसिद्ध बन्दरगाह थी। जब वहाँ मिट्टी भर गई तो उसका स्थान सप्तग्राम की बन्दरगाह ने ले लिया। पूर्वी तट की अन्य प्रसिद्ध बन्दरगाहों के नाम पुरी, कलिंगपटम, चिकाकुली, बानपुर और रामेश्वर थे। कोरोमण्डल तट पर माबर बड़ी बन्दरगाह थी। वहाँ कई देशों से जहाज आते थे। मालाबार तट पर क्वीलों पर प्रसिद्ध बन्दरगाह थी जहाँ जहाज ताजा पानी लेने आते थे। चीन से अरब देशों को जाने वाले जहाज भी वहाँ रुकते थे। पश्चिमी तट पर भृगुकच्छ एक बड़ी बन्दरगाह थी। कैम्बे और सोमनाथ भी प्रसिद्ध बन्दरगाह थीं। देवल की बन्दरगाह सिन्ध नदी के मुहाने पर थी।

भारतीयों के जहाज उतने अच्छे नहीं थे जितने कि अरब और चीन देशों के। चीनी जहाज बड़े थे और उनके पालो की साज–सज्जा अधिक अच्छी थी। इसलिए बहुत से व्यापारी उनमें जाने लगे। भारत के व्यापारियों ने अपने जहाजों की रक्षा के लिए कोई उपाय न किया। उसका यह परिणाम हुआ कि आठवीं सदी से भारत और चीन का बहुत सा व्यापार समाप्त हो गया। भारत के व्यापारी श्रीलंका तक ही जाने लगे। दक्षिण भारत के पूर्वी और पश्चिमी तट की सभी बन्दरगाहों पर व्यापार करने लगे।

इस काल में अरब व्यापारी वस्तुएँ खरीद कर ले जाते थे। उससे राष्ट्रकूट राजाओं को बहुत लाभ होता था। चालुक्यों की समृद्धि का एक कारण यह था कि उनके राज्य में भड़ौच, कैम्बे और सोमनाथ की प्रसिद्ध बन्दरगाहें थीं।

इब्नखोर–दादवेह के अनुसार, भारत से चन्दन की लकड़ी, कपूर, लौंग, नारियल, मखमल के समान, कपड़ों आदि का निर्यात होता था। भारत के नील, अंगूल, कस्तूरी, देवदार की लकड़ी, बाँस, भोजपत्र और हाथीदांत से बनाई हुई कई प्रकार की वस्त्रों की विदेशों में माँग थी। एक और लेखक ने लिखा है कि भारत से सागोन, काली मिर्च, इलायची और भिन्न प्रकार के इत्र का निर्यात होता था। भारत से गैंडे के सींग, हाथीदांत, चीते, शेर आदि की खाल, कछुए की खोपड़ी, सोना–चांदी, तांबा, लोहा, शीशा, टीन, खांड, सोंठ, चन्दन, काला नमक, बहुमूल्य मणियां, रेशम, छींट, मलमल, हीरे, मोरपंख आदि विदेशों को भेजे जाते थे। निर्यात अधिक होने के कारण भारत की समृद्धि बढ़ती जाती थी।

विदेशों से अच्छी नसल के घोड़े, अच्छी शराब, बसरा से खजूर, चीन से रेशम, दक्षिण–पूर्व एशिया से अनेक प्रकार के बहुमूल्य रत्न और मसाले, कम्बोडिया से अगरू की लकड़ी भारत में आती थी। श्रीलंका से मोती, सोंठ, टीन और बारीक कपड़ा आता था।

यह बात उल्लेखनीय है कि भारत का व्यापार घटता गया। भारत का रोमन साम्राज्य के साथ व्यापार समाप्त हो गया। छठी सदी में ईरान के साथ सिल्क का व्यापार बन्द हो गया। भारत का चीन और दक्षिण–पूर्व एशिया से भी व्यापार घटता गया। व्यापार के घटने का यह प्रमाण है कि नवीं सदी के बाद से सोने के विदेशी सिक्के भारत में नहीं मिलते। व्यापार घटने का यह परिणाम हुआ कि बहुत से नगर उजड़ गये। उत्तरी भारत में कई व्यापारिक नगरों के खण्डहर ही रह गये। गुप्त काल में ही पुराना किला (दिल्ली), मथुरा, हस्तिनापुर (मेरठ जिला), श्रावस्ती (उत्तर प्रदेश), कौशाम्बी (इलाहाबाद के नजदीक), राजघाट (वाराणसी) आदि के नगर उजड़ने लग गये थे। ह्यूनसांग के समय महात्मा बुद्ध से सम्बन्धित कई स्थान बिल्कुल उजड़ गये थे। चूंकि भारतीय वस्तुओं की मांग विदेशों में कम हो गई, इसलिए जो कारीगर और व्यापारी उन नगरों में रहते थे, वे गांवों में चले गये और वहां खेती करने लगे। इसका यह परिणाम हुआ कि गांवों की भूमि के छोटे–छोटे टुकड़े हो गये।

इस काल में साहूकारों की दशा अच्छी थी। वे साधारणतया 15 प्रतिशत प्रति वर्ष ब्याज पर उधार देते थे। कई बार उससे भी अधिक ब्याज लिया जाता था। यह आश्चर्य की बात है कि ब्याज की दर जाति की उच्चता अथवा नीचता पर आधारित थी। यदि ब्राह्मण से 2 प्रतिशत ब्याज लिया जाता तो शूद्र से 5 प्रतिशत लिया जाता था।

इतिहासकारों का विचार है कि इस काल में भारत की आर्थिक स्थिति अच्छी थी परन्तु भारत की धन-सम्पत्ति, सोना-चांदी और जवाहरात राजाओं, महाराजाओं, सामन्तों, सेठ-साहूकारों और मन्दिरों में केन्द्रित थी। प्रायः जनता का जीवन श्रमसाध्य था और लोग किसी सीमा तक सादा और सुखी जीवन व्यतीत करते थे।

Suggested Readings

Aiyangar, S. Krishnaswami : Ancient India, Poona, 1941.

Bagchi, P.C. : Studies in the Tantra, Calcutta, 1939.

Barnett, L.D. : Hindu Gods and Heroes, London, 1923.

Barodia, U.D. : History and Literature of Jainism, Bombay, 1909.

Bhanlakar, R.G. : Vaishnavism, Saivism and other Minor Religious Systems, Poona, 1938.

Chakladar, H.C. : Social Life in Ancient India, Calcutta, 1929.

Das Gupta, S.N. : History of India Philosophy, Cambridge, 1932.

Das Gupta, S.N. (Ed.) : History of Sanskrit Literature, Calcutta, 1947.

Das, S.K. : Economic History of Ancient India, Calcutta, 1925.

Eliot, Sir Charles : Hinduism and Buddhism, 1953.

Ghate, V.L. : The Vendanta, Poona, 1926.

Gopal, Lallanji : The Economic life of Northern India.

Keith, A.B. : Sanskrit Drama, Oxford, 1924.

Konow, Sten and Tuxen, Paul : Religions of India, Copenhagen, 1949.

Majumdar, R.C. (Ed.) : The Age of Imperial Kanauj; Bharatiya Vidya Bhavan, Bombay, 1964.

Majumdar, R.C. (Ed.) : The Struggle for Empire, Bharatiya Vidya Bhavan, Bombay, 1979.

Majumdar, R.C. (Ed.) : History of Bengal, Vol. I, Dacca, 1943.

Pran Nath : A Study in the Economic Condition of Ancient India, London, 1929.

Saletore, B.A. : Medieval Jainism, Bombay, 1938.

Sharma, Brijnarain : Social life in Northern India.

Sharma, Dashratha : Lectures on Rajput History and Culture.

Sharma, R.S. : Feudalism in Ancient India.

Stevenson, S. : The Heart of Jainism, Oxford, 1915.

Tripathi, R.S. : History of Kanauj, Banaras, 1937.

Vaidya, C.V. : History of Medieval Hindu India, 3 Vols., Poona, 1921-1926.

Venkateswara, S.V. : Indian Culture Through the Ages, 2 Vols., London, 1928-1932.

Winternitz, M. : History of Indian Literature, Vols. I and II, Calcutta, 1927-1933.

Woodroffe, Sir John : Introduction to Tantra Shastra, Madras, 1952.

Woodroffe, Sir John : Principles of Tantra, Madras, 1952.

Woodroffe, Sir John : Shakti and Shakta, Madras, 1951.

अध्याय

41

राष्ट्रकूट वंश

(The Rashtrakutas)

राष्ट्रकूट वंश की उत्पत्ति (Origin of the Rashtrakutas)—राष्ट्रकूटों की उत्पत्ति के विषय में कई विचार हैं। डॉ० फ्लीट का विचार था कि राष्ट्रकूट वास्तव में उत्तर के राठौरों के वंशज थे। बर्नेल का विचार था कि वे आन्ध्र देश के द्रविड़ रड्डियों से सम्बन्धित थे। किन्तु सर्वाधिक सम्भावना यही है कि मलखेद के राष्ट्रकूट राष्ट्रिकों या राठिकों के वंशज थे जो तीसरी शताब्दी ई० पूर्व के मध्य में इतने महत्त्वपूर्ण थे कि अशोक के अभिलेखों में भी उनका उल्लेख मिलता है।

बताया जाता है कि राष्ट्रकूटों का नाम एक शासकीय पदवी के नाम से बना। कई रिकार्डों में राष्ट्रकूट नामक पदाधिकारियों के नाम मिलते हैं जिसका अर्थ है 'राष्ट्र' या जिले के प्रमुख। राजवंशी राष्ट्रकूटों ने नौवीं शताब्दी में दावा किया कि वे महाभारत काल के यदु वंश से सम्बन्धित थे। राष्ट्रकूट शासकों के राजकवियों ने 808 ई० तक राष्ट्रकूट वंश की तुलना यदु वंश से की। यह भी कहा कि गोविन्द तृतीय के जन्म से राष्ट्रकूट वंश उसी प्रकार अजेय हो गया जिस प्रकार मुरारि या कृष्ण के जन्म से यदु वंश अजेय हो गया था। 871 ई० के संजान अनुदान के लेखक ने कृष्ण को राष्ट्रकूट वंश का आदि पूर्वज बताया और राष्ट्रकूट वंश को 'यादवान्वय' कहा। बाद के प्रलेखों में राष्ट्रकूटों को रत के वंशज बताया जो तुंग वंश का था और यदु वंश की सात्यकी शाखा से था। लगभग आठवीं शताब्दी के मध्य में बादामी के चालुक्यों के पतन से पहले भी राष्ट्रकूट नामक कई व्यक्ति और वंश दक्षिण के विभिन्न भागों में राज्य कर रहे थे। प्रतीत होता है कि लगभग 742 ई० में राष्ट्रकूट वंशी गोविन्दराज चालुक्य राजा विक्रमादित्य द्वितीय के अधीन सतारा-रत्नगिरि प्रदेश में राज्य करता था। निश्चित रूप से कहना कठिन है कि पाँचवीं और छठी शताब्दी ई० में उसी प्रदेश में राज्य करने वाले राष्ट्रकूट वंश से उसका कोई सम्बन्ध था या नहीं। एक और राष्ट्रकूट परिवार सातवीं और आठवीं शती ई० में मध्य प्रदेश के बेतूल और एलिचपुर जिलों में राज्य कर रहा था।

अभिलेखों और सिक्कों से ज्ञात होता है कि राठिक और महारथी परिवार महाराष्ट्र में और कर्नाटक के कुछ भागों में सामन्ती शासकों के रूप में राज्य करते थे। डॉ० अल्टेकर कहता है कि उनका मूल निवास कर्नाटक में था और उनकी मातृभाषा कन्नड़ थी। कई अभिलेखों में उन्हें "श्रेष्ठ नगर लट्टलूर के स्वामी" कहा गया है। यह उल्लेखनीय है कि भूतपूर्व हैदराबाद राज्य के बीदर जिले में लट्र नामक एक कन्नड़ भाषी स्थान है। यह विचार कुछ अन्य विद्वानों के मत से भिन्न है कि मलखेद के राष्ट्रकूट महाराष्ट्र के निवासी थे।

राष्ट्रकूट वंश का उदय (Rise of the Rashtrakutas)—राष्ट्रकूट वंश के प्राथमिक शासक दन्तिवर्मा, इन्द्र प्रथम, गोविन्द प्रथम, कर्क प्रथम और इन्द्र द्वितीय थे। प्रतीत होता है कि उन्होंने कुछ महत्त्वपूर्ण सफलताएँ प्राप्त नहीं कीं। किन्तु वास्तव में हमें यह भी ज्ञात नहीं है कि उनका राज्य कहाँ था। डॉ० अल्टेकर का विचार था कि उसका राज्य "कहीं बरार में" था। डॉ० अल्टेकर के अनुसार, राष्ट्रकूट वंशी सातवीं शती ई० के मध्य में बरार के एलिचपुर जिले में राज्य करने वाले राष्ट्रकूट राजा नन्नराज युधासुर की मुख्य या गौण शाखा के वंशज थे।

दन्तिदुर्ग (Dantidurga)—मान्यखेत के राष्ट्रकूटों का महत्त्वपूर्ण काल दन्तिदुर्ग के अधीन आरम्भ हुआ। उसके राज्य-काल के प्रलेखों से दन्तिदुर्ग के विजय-अभियान का भव्य चित्र प्राप्त होता है। उनमें कहा गया है कि उसने माही, महानदी और रीवा नदियों पर युद्ध किए और कांची, कलिंग, कौशल, श्री-शैल, मालव, लाट और टंका पर विजय प्राप्त

कीं। बताया जाता है कि उसने उज्जैन में हिरण्यगर्भ यज्ञ किया जिनमें ''गुर्जर वंशी राजा तथा अन्य राजाओं को द्वारपाल बनाया गया।'' उसने चालुक्य राजा को भी परास्त किया और वल्लभ पर भी विजय पाई। उसने चालुक्यों से सर्वोच्च अधिकार छीन लिया और ''हिमालय से सेतु तक सभी अभिमानी राजाओं के चक्र को परास्त किया।''

डॉ० अल्टेकर कहते हैं कि यद्यपि दन्तिदुर्ग को ही राष्ट्रकूटों को गौरव के उच्च शिखर पर ले जाने का श्रेय है तथापि उसकी विभिन्न विजयों को ठीक तिथि के अनुसार, प्रस्तुत करना दुष्कर है। उनके अनुसार उसने कुछ विजये उस समय प्राप्त कीं जब वह चालुक्यों का अधीनस्थ शासक था। चालुक्य सम्राट् विक्रमादित्य द्वितीय और पुलकेशिन् ने अरबों को खदेड़ने के लिए जिस अभियान का आयोजन किया उसमें भी दन्तिदुर्ग ने भाग लिया। लगभग 738 ई० में एक रक्तपात-पूर्ण युद्ध हुआ जिसमें अरबों की ऐसी बुरी पराजय हुई कि उन्होंने गुजरात पर फिर आक्रमण करने का साहस न किया। चालुक्य सम्राट् इतना प्रसन्न हुआ कि उसने दन्तिदुर्ग को 'पृथ्वीवल्लभ' और 'खड्गावलोक' उपाधियाँ प्रदान कीं। लगभग 743 ई० में काँची के विरुद्ध विक्रमादित्य द्वितीय के अभियान में भी दन्तिदुर्ग ने भाग लिया और पल्लवों पर प्राप्त विजय के श्रेय का भागीदार बना।

747 ई० में विक्रमादित्य द्वितीय की मृत्यु पर दन्तिदुर्ग ने अपना विजय-कार्य आरम्भ किया। किन्तु उसने चालुक्य सम्राट् के साथ संघर्ष नहीं किया। उसने नन्दीपुरी के गुर्जर राज्य को नष्ट किया। उस प्रदेश पर राज्य करने के लिए अपने भतीजे को नियुक्त किया। उसने मालवा के विरुद्ध अभियान का नेतृत्व किया और उज्जैन में हिरण्यगर्भ यज्ञ किया। पूर्वी मध्य प्रदेश पर उसने अपना राजनीतिक प्रभाव स्थापित किया। 750 ई० तक वह केन्द्रीय और दक्षिण गुजरात और समस्त मध्य प्रदेश और बरार का स्वामी बन गया। चालुक्य राजा कीर्तिवर्मा द्वितीय ने दन्तिदुर्ग से युद्ध करने का निश्चय किया और उनकी सेनाएँ खानदेश में एक-दूसरे के सामने आ डटीं। दन्तिदुर्ग विजयी हुआ और 753 ई० तक वह सारे महाराष्ट्र का स्वामी बन गया। दन्तिदुर्ग ने 'महाराजाधिराज', 'परमेश्वर' और 'परमभट्टारक' उपाधियाँ भी धारण कीं। 758 ई० से कुछ समय पूर्व उसकी मृत्यु हुई और तत्पश्चात् उसका चाचा कृष्ण प्रथम शासक बना।

कृष्ण प्रथम (Krishna I) **758-73 ई०**—चालुक्य राजा कीर्तिवर्मा को दन्तिदुर्ग ने परास्त तो किया था किन्तु उसका अन्त नहीं हुआ था। यह कार्य कृष्ण प्रथम ने किया। कीर्तिवर्मा को कृष्ण प्रथम ने परास्त किया और लगभग 720 ई० तक चालुक्य साम्राज्य पूर्णत: समाप्त हो गया। उसके बाद कृष्ण प्रथम ने मैसूर में राज्य करने वाले गंग वंश को भी परास्त किया और कुछ समय के लिए उनकी राजधानी पर अधिकार कर लिया। कृष्ण प्रथम ने वेङ्गी के चालुक्य राजा पर आक्रमण करने के लिए गोविन्द को भी भेजा। अभियान सफल हुआ। कृष्ण प्रथम ने राहप्प को भी परास्त किया। उसने दक्षिणी कोङ्कण पर भी विजय पाई। मध्य प्रदेश का मराठी भाषा-भाषी सारा भाग कृष्ण प्रथम के अधिकार में आ गया।

यह उल्लेखनीय है कि कृष्ण प्रथम केवल एक महान् विजेता ही नहीं अपितु एक महान् निर्माता भी था। एलौरा में उसने ठोस चट्टान से काट कर एक महान् शिव मन्दिर बनवाया। डॉ० वी०ए० स्मिथ ने इस मन्दिर को ''भारतीय वास्तुकला की सर्वाधिक अद्‌भुत कृति'' माना है। इसे वास्तु-कला का एक आश्चर्य माना जाता है। कृष्ण प्रथम ने 'शुभतुंग' और 'अकालवर्ष' उपाधियाँ धारण कीं।

गोविन्द द्वितीय (Govinda II) **773-780 ई०**—कृष्ण प्रथम के पश्चात् उसका ज्येष्ठ पुत्र गोविन्द द्वितीय शासक बना और उसने 'प्रभूतवर्ष विक्रमावलोक' की उपाधि धारण की। यह ठीक है कि युवराज होते हुए उसने वेंगी के चालुक्य राजा को बुरी तरह परास्त किया किन्तु सिंहासनारोहण के पश्चात् वह एक निकृष्ट व्यक्ति बन गया। वह भोग-विलास में फँस गया। राज्य-कार्य उसके छोटे भाई ध्रुव के हाथ में आ गया। कुछ समय पश्चात् गोविन्द ने संकट के समय को पहचाना और ध्रुव को राज्य-कार्य से वंचित कर दिया। ध्रुव ने विद्रोह किया और दोनों में युद्ध हुआ। युद्ध में गोविन्द परास्त हुआ और ध्रुव विजयी हुआ।

ध्रुव (Dhruva) **780-93 ई०**—सिंहासनारोहण के बाद ध्रुव ने 'निरुपम्‌कालि-वल्लभ', 'घरवर्ष' और 'श्रीवल्लभ' उपाधियाँ धारण कर लीं। ध्रुव ने भाई के सहायक शासकों को दण्ड देने का निश्चय किया। गंग वंशी राजा मुत्तरास पराजित हुआ। उसका युवराज शिवमार बन्दी बना लिया गया। समस्त गंगवाड़ी राष्ट्रकूट राज्य में मिला लिया गया। ध्रुव ने पल्लव

राजा दन्तिवर्मा के विरुद्ध प्रस्थान किया जिसने ध्रुव को उपहारस्वरूप हाथी दिए। वेङ्गी के राजा को भी परास्त किया गया। इन विजयों से ध्रुव समस्त दक्षिण का सर्वोच्च शासक बन गया।

किन्तु इससे ध्रुव को संतोष न हुआ और उसने उत्तरी भारत का भी सर्वोच्च स्वामी बनने की ठानी। उसने उत्तरी उज्जैन के प्रतिहार शासक वत्सराज को ''मरु (रेगिस्तान) के मध्य में दुर्भाग्य के पथ का अनुसरण करने'' पर बाध्य कर दिया, जिसका अर्थ है कि ध्रुव ने अपने शत्रु को परास्त किया और उसे राजपूताना के ऊसर प्रदेशों की ओर खदेड़ दिया। ध्रुव ने इन्द्रायुध के समय में गंगा दोआब पर भी आक्रमण किया और ''गंगा यमुना के चिन्हों को भी अपने राजकीय चिन्ह में जोड़ दिया।'' ध्रुव ने पाल वंशी धर्मपाल के विरुद्ध भी युद्ध किया। ध्रुव सफल हुआ और धर्मपाल को अपने श्वेत राज-छत्र रण-भूमि में छोड़ कर ही भाग जाना पड़ा। ध्रुव ने गंगा और यमुना के तटों पर कुछ सप्ताह व्यतीत किए और इन दोनों नदियों को राष्ट्रकूट विजय-पताका पर अंकित किया। ध्रुव कन्नौज तक जाकर उस पर अधिकार न कर सका। लगभग 790 ई० में अपार धन लेकर वह वापस लौट गया।

डॉ० अल्टेकर ठीक कहते हैं कि ''ध्रुव के राज्य-काल के अन्त में राष्ट्रकूटों की शक्ति शिखर पर थी। गंग युवराज राष्ट्रकूट बन्दी-गृह में था और पल्लव शासक ने समर्पण करके ही आत्म-रक्षा की, वत्सराज भाग गया था और धर्मपाल का पराभव हो चुका था। राष्ट्रकूट सर्वोच्चता को चुनौती देने के लिए देश में कोई शक्ति नहीं बची थी।''

गोविन्द तृतीय (Govinda III) **793-814 ई०**—793 ई० में ध्रुव के पश्चात् गोविन्द तृतीय शासक बना और वह 814 ई० तक राज्य करता रहा। आरम्भ में उसे बहुत-सी कठिनाइयों का सामना करना पड़ा। गंगवाड़ी के गवर्नर और गोविन्द तृतीय के भाई स्तम्भ (Stambha) ने गोविन्द तृतीय के सिंहासनारोहण को चुनौती दी। अनेक सामन्तों और पड़ोसियों ने स्तम्भ का पक्ष लिया। किन्तु गोविन्द तृतीय ''स्तम्भ के नेतृत्व में बारह राजाओं'' के विद्रोह को समाप्त करने में सफल हुआ। गोविन्द तृतीय ने अपने भाई के साथ अत्यन्त उदार व्यवहार किया और उसे फिर गंगवाड़ी का गवर्नर बना दिया। उसके बाद स्तम्भ अपने भाई के प्रति स्वामिभक्त रहा।

गंग राजकुमार शिवमार राष्ट्रकूटों का बन्दी था। सम्भवत: स्तम्भ की आकाँक्षाओं पर नियन्त्रण करने के लिए गोविन्द तृतीय ने अपने सिंहासनारोहण के पश्चात् उसे मुक्त कर दिया किन्तु शिवमार ने स्तम्भ का पक्ष लिया। गोविन्द तृतीय और स्तम्भ की सन्धि के पश्चात् शिवमार की स्थिति कठिन हो गई। वह परास्त हुआ, बन्दी बना लिया गया और कैद में डाल दिया गया।

पल्लव राजा दन्तिवर्मा को गोविन्द तृतीय के प्रति आत्मसमर्पण करने पर बाध्य कर दिया गया। वेङ्गी का राजा विष्णुवर्धन चतुर्थ गोविन्द तृतीय का नाना था अत: उसने गोविन्द तृतीय के अधिकार को चुनौती नहीं दी। परिणामस्वरूप 795 ई० तक गोविन्द तृतीय समस्त दक्षिण का निर्विवाद सर्वोच्च शासक बन गया।

गोविन्द तृतीय महत्त्वाकांक्षी था और उसने उत्तरी भारत में भी अपना भाग्य आजमाने का निश्चय किया। इसके लिए बहुत अधिक तैयारियाँ की गईं। गोविन्द तृतीय ने भोपाल और झाँसी के रास्ते से प्रस्थान किया और कन्नौज उसका लक्ष्य था। प्रतिहार शासक नागभट द्वितीय ने रणभूमि में गोविन्द तृतीय का सामना किया और बुन्देलखण्ड में उनका संघर्ष हुआ। गोविन्द तृतीय विजयी हुआ और नागभग द्वितीय को राजपूताना की ओर भागना पड़ा। कन्नौज के नाममात्र शासक चक्रायुध ने गोविन्द तृतीय के सामने बिना शर्त समर्पण कर दिया। इसे पर्याप्त समझा गया और कन्नौज तक जाकर उस पर अधिकार करने के लिए प्रयत्न न किया गया। बंगाल के शासक धर्मपाल ने भी समर्पण किया। धर्मपाल का विचार था कि गोविन्द तृतीय से युद्ध न करके उसके सामने समर्पण करना ही नीतिपूर्ण है। उसे विश्वास था कि गोविन्द तृतीय अधिक समय तक उत्तरी भारत में नहीं रहेगा और नागभट द्वितीय राजपूताना भाग गया था, अत: उत्तर से गोविन्द तृतीय के पलायन से वह स्थिति का लाभ उठा सकेगा। वास्तव में नागभट द्वितीय की शक्ति को भंग करने के लिए धर्मपाल गोविन्द तृतीय का आभारी था।

यह उल्लेखनीय है कि प्रतिहार और पाल राजाओं के अतिरिक्त गोविन्द तृतीय ने उत्तरी भारत के कई अन्य राजाओं को भी परास्त किया। किन्तु गोविन्द तृतीय ने उन्हें अपने राज्यों में पुन:स्थापित कर दिया। गोविन्द तृतीय ने हिमालय तक युद्ध किए। वह वापस आ गया और ''नर्मदा के तट के साथ-साथ आते हुए.........मालवा, कलिंग,

वंग (या वेङ्गी), दहाल और ओद्रक को प्राप्त करके विक्रम (गोविन्द तृतीय) ने अपने सेवकों को उनका उपभोग कराया।''

उत्तर की ओर के अभियानों की तिथि के विषय में बहुत विवाद है। पुराना विचार था कि उनका समय 806 या 807 ई० था। किन्तु अब यह विचार किया जाता है कि उनका समय 802 या 800 ई० था।

यह ऊपर कहा जा चुका है कि वेङ्गी का शासक विष्णुवर्धन गोविन्द तृतीय का नाना था और 799 ई० में उसकी मृत्यु के बाद उसका पुत्र विजयादित्य द्वितीय राजा बना। नए राजा ने गोविन्द तृतीय को चुनौती देकर बड़ी मूर्खता की, वह परास्त हुआ और पदच्युत कर दिया गया। उसके छोटे भाई को राजा बना दिया गया।

जब गोविन्द तृतीय उत्तरी भारत में था तो गंग, केरल, पाण्ड्य और पल्लव वंशी राजाओं ने उससे युद्ध करने के लिए षड्यन्त्र रचा। किन्तु गोविन्द तृतीय इन सबसे अधिक शक्तिशाली था और 802 ई० में वे पूर्णतः परास्त हुए। लंका का राजा भी भयभीत हो गया और उसने भी समर्पण कर दिया। उसने गोविन्द तृतीय को दो मूर्तियाँ भेजीं जिनमें से एक उसके मन्त्री की थी और दूसरी स्वयं उनकी अपनी थी। उनमें से एक मूर्ति को गोविन्द ने काँची के शिव मन्दिर में रख दिया।

डॉ० अल्टेकर की मान्यता है कि ''गोविन्द तृतीय निस्सन्देह राष्ट्रकूट सम्राटों में योग्यतम था; साहस, रणकौशल, राजकौशल और सैनिक कार्यों में वह अतुल्य था। उसकी अजेय सेनाओं ने कन्नौज से कुमारी अन्तरीप तथा वाराणसी और भड़ौच के बीच के सारे प्रदेश को विजय किया। वेंगी पर उसी द्वारा नियुक्त एक व्यक्ति का राज्य था। सुदूर दक्षिण के द्रविड़ शासकों की शक्ति पूर्णतः नष्ट हो चुकी थी। लंका का राजा भी भयभीत होकर समर्पण करने को उद्यत हो गया। इसके बाद राष्ट्रकूट साम्राज्य इतना वैभवशाली कभी नहीं हो सका।''

अमोघवर्ष (Amoghavarsha) 814-878 ई०—गोविन्द तृतीय के पश्चात् उसका पुत्र सर्व राजा बना जो अमोघवर्ष के नाम से अधिक प्रसिद्ध है। उसने 'नृपतुंग', 'महाराजाशण्ड', 'वीर-नारायण' और 'अतिशयधवल' उपाधियाँ धारण कीं। सिंहास्सनारोहण के समय उसकी आयु केवल 13 या 14 वर्ष थी। मृत्यु से पहले ही गोविन्द तृतीय ने राज्य कार्य सम्भवतः कर्क को सौंप दिया था। यह व्यवस्था कुछ समय तक चलती रही किन्तु शीघ्र ही विनाशकारी शक्तियाँ सामने आ गईं। राजवंश में ही फूट पड़ गई और अन्त में मन्त्रिगण भी स्वामिनिष्ठा को त्यागने लगे। अधीनस्थ शासक विद्रोही हो गए। गंगवाड़ी के शासक ने अपने को स्वतन्त्र घोषित कर दिया। वेंगी के राजा विजयादित्य द्वितीय ने जिसे गोविन्द तृतीय ने पदच्युत किया था, बदला लेने के लिए राष्ट्रकूट साम्राज्य पर आक्रमण किया। परिणामस्वरूप देश में अराजकता फैल गई और अमोघवर्ष सिंहासन खो बैठा। किन्तु सम्भवतः अप्रैल 821 ई० से पहले उसने सिंहासन पर फिर अधिकार कर लिया। अमोघवर्ष अब भी युवक था और लम्बे समय तक उसकी स्थिति सुदृढ़ रही।

साम्राज्य के अन्दर शान्ति और व्यवस्था स्थापित करके अमोघवर्ष ने विजयादित्य द्वितीय पर आक्रमण किया और लगभग 830 ई० में उसे परास्त किया। इसके बाद राष्ट्रकूट सेनाओं ने बारह वर्ष तक वेंगी पर अधिकार रखा। किन्तु 845 ई० से पहले विजयादित्य द्वितीय के एक सेनानी ने वेंगी को फिर प्राप्त कर लिया।

अमोघवर्ष के राज्यकाल के प्राथमिक बीस वर्षों में राष्ट्रकूटों और गंगों के बीच निरन्तर युद्ध होता रहा। गंग वंशी लगभग अपने सारे राज्य से राष्ट्रकूटों को खदेड़ने में सफल हुए। अन्त में अमोघवर्ष ने उनसे सन्धि कर ली और अपनी पुत्री का विवाह एक गंग राजकुमार से कर दिया।

सीरपुर पत्रों में कहा गया है कि अंग, वंग, मगध, मालवा और वेंगी के शासकों ने अमोघवर्ष को श्रद्धाँजलि अर्पित की। कहा गया है कि ये केवल झूठे और निराधार दावे थे।

उत्तर और दक्षिण दोनों में ही अमोघवर्ष की सेनाओं ने अधिक प्रगति न की। इसके विपरीत तिहार राजा मिहिरभोज ने उज्जयिनी के चारों ओर का नर्मदा का प्रदेश और सम्भवतः उससे भी आगे की भूमि पर आक्रमण किया। इस आक्रमण का सामना करने का श्रेय अमोघवर्ष की अपेक्षा ध्रुव द्वितीय को है।

कहा गया है कि अमोघवर्ष में सैनिक प्रवृत्ति की कमी के कारण ही धर्म और साहित्य की ओर उसे अधिक रुचि थी। जैन धर्म के सिद्धान्तों से बहुत अधिक आकृष्ट हुआ था। किन्तु इसका अर्थ यह नहीं कि हिन्दू-धर्म के प्रति उसे

कोई सहानुभूति या आसक्ति नहीं थी। संजान पत्रों (Sanjan plates) में अमोघवर्ष को देवी महालक्ष्मी का उपासक कहा गया है।

अमोघवर्ष साहित्य का संरक्षक था और उसने जिनसेन, महावीराचार्य और शकतायन को संरक्षण प्रदान किया। जिनसेन ने "आदिपुराण" लिखा। महावीराचार्य ने "गणितसारसंग्रह" की रचना की। शकतागन ने "अमोघवृत्ति" की रचना की। स्वयं अमोघवर्ष ने "कविराजमार्ग" लिखा जो पद्य-रचना पर पूर्वतम कन्नड़ कृति है।

अमोघवर्ष ने अपनी राजधानी मान्यखेत या मलखेद में स्थापित की जो भूतपूर्व हैदराबाद राज्य में है। यह कहना कठिन है कि अमोघवर्ष वास्तव में ही इस नगर का संस्थापक था या नहीं। किन्तु यह निश्चित है कि नगर की समृद्धि और महत्ता अमोघवर्ष के कारण ही थी।

बताया गया है कि अमोघवर्ष के राज्य के अन्तिम दिन धार्मिक कार्यों में व्यतीत हुए। आत्म-चिन्तन के लिए राजा थोड़े-थोड़े समय के लिए एकान्त-वास करने लगा। इन अवधियों में वह राज्य-कार्य युवराज या मन्त्रि-परिषद् के हाथ में सौंप देता था।

डॉ० अल्टेकर का विचार है "राज्य में शान्ति और व्यवस्था के पुन:संस्थापक, कला और साहित्य के प्रेरक, अपने सिद्धान्तों पर अडिग रहने वाले और जन-हित के लिए बलिदान में शरीर का एक अंग देने से भी न चूकने वाले शासक के रूप में अमोघवर्ष का नाम चिरस्मरणीय रहेगा।"

कृष्ण द्वितीय (Krishna II) **878-914 ई०**—अमोघवर्ष के पश्चात् उसका पुत्र कृष्ण द्वितीय राजा बना और उसने 36 वर्ष राज्य किया। पिता की तरह वह भी जैन धर्म की ओर झुका हुआ था। उसने 'अकालवर्ष' और 'शुभतुंग' उपाधियाँ धारण कीं। कई अभिलेखों में कहा गया है कि कृष्ण द्वितीय ने गुर्जरों को भयभीत किया, लाट के अभिमान को तोड़ा, गौड़ों को नम्रता सिखाई और अंग, कलिंग, वंग और मगध के शासक उसकी आज्ञा का पालन करते थे। इससे ज्ञात होता है कि कृष्ण द्वितीय का अधिकाँश समय युद्धों में ही व्यतीत हुआ।

कृष्ण द्वितीय के सर्वाधिक महत्त्वपूर्ण युद्ध प्रतिहारों तथा पूर्वी चालुक्यों के साथ हुए। कृष्ण द्वितीय ने प्रतिहार शासक भोज से युद्ध किया। इस युद्ध में कृष्ण द्वितीय के पक्ष में कृष्णराज ने महत्त्वपूर्ण भाग लिया। कृष्ण द्वितीय को पूर्वी चालुक्यों से भी युद्ध करना पड़ा। ऊपर कहा गया है कि वेंगी के शासक विजयादित्य द्वितीय ने अमोघवर्ष के समय में अपने राज्य को स्वतन्त्र करवा लिया। जब कृष्ण द्वितीय सिंहासनारूढ़ हुआ तो विजयादित्य ने आक्रमणकारी नीति अपनाई और कुछ समय के लिए उसने सफलता प्राप्त की। उसने गंग और नोलम्ब वंशी शासकों पर भी आक्रमण किए जो राष्ट्रकूटों के करदाता था। उसकी सेनाएँ बरार के महल तक पहुँच गईं। परिणामस्वरूप कृष्ण द्वितीय सभी ओर परास्त हुआ। किन्तु उसने अपनी सेनाओं की पुनर्व्यवस्था की, अपने सामन्तों से सहायता ली और चालुक्य आक्रान्ता को खदेड़ दिया। विजय निर्णायक थी और चालुक्य शासक भीम बन्दी बना लिया गया। कुछ समय पश्चात् भीम को मुक्त किया गया और उसे अपने राज्य को लौटने की अनुमति दी गई। किन्तु उसे सामन्त के रूप में व्यवहार करना था। प्रतीत होता है कि भीम ने फिर विद्रोह किया किन्तु एक रक्तपात-पूर्ण युद्ध में वह परास्त हुआ।

कृष्ण द्वितीय के सम्बन्ध चोल वंश के साथ भी थे। चोल वंशी आदित्य प्रथम का विवाह कृष्ण द्वितीय की एक पुत्री से हुआ। फिर भी कृष्ण द्वितीय ने अपने पौत्र को सिंहासन पर बिठाने के लिए चोल राज्य पर आक्रमण किया। किन्तु वल्लाल नामक स्थान पर वह परास्त हुआ। यह उल्लेखनीय है कि कुछ आरम्भिक सफलताओं के अतिरिक्त कृष्ण द्वितीय के अधिकांश युद्ध असफल हुए और कभी-कभी विनाशकारी सिद्ध हुए।

इन्द्र तृतीय (Indra III) **914-922 ई०**—कृष्ण द्वितीय के पश्चात् उसका पौत्र इन्द्र तृतीय शासक बना। उसने 'नित्यवर्ष', 'रत्तकन्दप', 'कीर्ति नारायण' और 'राजमार्तण्ड' उपाधियाँ धारण कीं। इन्द्र तृतीय ने प्रतिहारों के साथ फिर युद्ध शुरू कर दिया। कहा गया है कि इन्द्र तृतीय का अभियान इन दो शक्तियों की पुरानी शत्रुता का केवल एक चरण था। इन्द्र तृतीय ने कन्नौज के विरुद्ध प्रस्थान किया और उस पर अधिकार कर लिया। कन्नौज पर

अधिकार करना राष्ट्रकूटों के लिए एक महान् सफलता थी। कहा गया है कि महीपाल भाग गया और उसका पीछा करने के लिए बहुत से लोगों को भेजा गया। वेंगी के विरुद्ध भी युद्ध किया गया किन्तु किसी पक्ष को भी विशेष सफलता प्राप्त न हुई।

अमोघवर्ष द्वितीय (Amoghavarsha II), **गोविन्द चतुर्थ** (Govinda IV) **और अमोघवर्ष तृतीय** (Amoghavarsha III) **(922-939 ई०)**—922 ई० में इन्द्र तृतीय की मृत्यु पर उसका पुत्र अमोघवर्ष द्वितीय राजा बना। किन्तु उसके छोटे भाई गोविन्द चतुर्थ ने उसकी हत्या कर दी और वह स्वयं राजा बन गया। उस समय गोविन्द चतुर्थ की आयु 25 वर्ष की थी। उसने विलासी जीवन व्यतीत करना आरम्भ कर दिया और अत्याचारी बन गया। उसके चाचा अमोघवर्ष तृतीय ने उसे गद्दी से उतार दिया और स्वयं 936 से 939 ई० तक राज्य किया। अमोघवर्ष तृतीय अपनी न्यायपरायणता के लिए प्रसिद्ध था किन्तु देश के प्रशासन में वह अधिक रुचि नहीं लेता था। उसके राज्यकाल में शासन का कार्य उसका पुत्र कृष्ण करता था जो बाद में उसका उत्तराधिकारी भी बना। गंगवाड़ी की ओर एक अभियान भेजा गया और वहाँ के शासक को पदच्युत कर दिया गया। बुन्देलखण्ड की ओर भी एक अभियान भेजा गया और कालंजर तथा चित्रकूट के किलों पर अधिकार कर लिया गया।

कृष्ण तृतीय (Krishna III) **939-968 ई०**—सिंहासनारोहण के शीघ्र पश्चात् कृष्ण तृतीय ने अपने बहनोई बुटुग के साथ चोल राज्य पर आक्रमण किया। काँची और तंजौर के महत्त्वपूर्ण नगरों पर 943 ई० में अधिकार कर लिया गया। चोल राजा आक्रमणकारियों को अपनी कुछ भूमि से खदेड़ने में समर्थ हुआ। उन्होंने टोण्डमण्डलम् पर पूर्ण अधिकार रखा जिसमें अर्काट, चिंगलपुट और वेलोर जिले सम्मिलित थे। 949 ई० में चोल सेना तक्कोलम के स्थान पर परास्त हुई। कृष्ण तृतीय ने अपनी विजय-यात्रा रामेश्वरम् तक की और वहाँ एक विजय-स्तम्भ बनवाया। अपनी कीर्ति को सुस्थिर करने के लिए उसने रामेश्वरम् में या उसके निकट कृष्णेश्वर और गण्डमार्तण्डादित्य के मन्दिर बनवाए। टोण्डमण्डलम् को राष्ट्रकूट साम्राज्य में विलीन कर दिया गया।

लगभग 963 ई० में कृष्ण तृतीय ने उत्तरी भारत की ओर एक अभियान का नेतृत्व किया। सम्भवत: वह बुन्देलखण्ड तक आया किन्तु इसके अतिरिक्त कुछ भी ज्ञात नहीं है। उसने वेंगी के सिंहासन पर अपने एक व्यक्ति को नियुक्त किया और इस प्रकार वेंगी पर भी नियन्त्रण कर लिया।

डॉ० अल्टेकर ने लिखा है कि कृष्ण तृतीय राष्ट्रकूट वंश के योग्यतम शासकों में था। सम्भवत: उत्तरी भारत में वह ध्रुव, गोविन्द तृतीय या इन्द्र तृतीय की भाँति सफल न हो सका किन्तु इससे इन्कार नहीं किया जा सकता कि वह समस्त दक्षिण का सर्वोच्च स्वामी था। कृष्ण तृतीय ने चोल राज्य के बहुत बड़े भाग पर अधिकार कर रखा था और प्रायद्वीप के सुदूर दक्षिण पर उसकी विजय का प्रमाण उसके मन्दिरों में मिलता है। कोई भी दूसरा राष्ट्रकूट शासक समस्त दक्षिण का इस प्रकार सर्वोच्च शासक नहीं था जैसे कृष्ण तृतीय था।

खोत्तिग (Khottiga) **968-972 ई०**—कृष्ण तृतीय के पश्चात् 968 ई० में उसका छोटा भाई खोत्तिग राजा बना। वह वृद्ध व्यक्ति था। परमार राजा सियक (Siyaka) ने राष्ट्रकूट राज्य पर आक्रमण किया किन्तु खोत्तिग उसका सामना न कर सका। सियक ने 971 ई० में राष्ट्रकूटों की राजधानी मलखेद को लूट लिया और कोष खाली हो गया। खोत्तिग इसको सहन न कर सका और सितम्बर 972 ई० में उसकी मृत्यु हो गई।

कर्क द्वितीय (Karka II) **972-973 ई०**—खोत्तिग के बाद कर्क द्वितीय राजा बना। साम्राज्य का गौरव समाप्त हो चुका था। कुशासन के कारण नये राजा की स्थिति खराब हो गई। परिणामस्वरूप सिंहासनारोहण के 18 महीने के अन्दर ही वह अपना सिंहासन खो बैठा। वास्तव में राष्ट्रकूटों के एक सामन्त तैल द्वितीय (Taila II) ने नए राजा के विरुद्ध युद्ध की तैयारियाँ कीं और 973 ई० के अन्त में विद्रोह कर दिया। कर्क द्वितीय परास्त हुआ किन्तु भाग गया। राष्ट्रकूटों की पुनर्स्थापना के लिए प्रयत्न किए गए किन्तु ये सब प्रयत्न असफल रहे और 975 ई० तक तैल द्वितीय दक्षिण का सर्वोच्च शासक बन गया। इस प्रकार लगभग 225 वर्ष के गौरवमय शासन के पश्चात् राष्ट्रकूट वंश इतिहास से लुप्त हो गया।

राष्ट्रकूट प्रशासन (Rashtrakuta Administration)

राजा (King)—राष्ट्रकूट प्रशासन में राजा ही समस्त अधिकार का केन्द्र और स्रोत था। उसकी उपाधियाँ 'महाराजाधिराज', 'परमभट्टारक', 'धरवर्ष', 'अकालवर्ष', 'सुवर्णवर्ष', 'विक्रमावलोक' और 'शुभत्तुंग' थीं। यदि राजा किसी अभियान पर न गया हो तो वह दरबार में नियमित रूप से उपस्थित होता था। दरबार में खूब चहल-पहल रहती थी। इसे राजा की शक्ति का प्रत्यक्ष प्रमाण माना जाता था। स्वागत-कक्ष में राज-प्रतिहार की अनुमति से प्रवेश किया जाता था। जब तक दरबारी कर्मचारी सामन्तों और दूतों को स्वयं ने ले जायें उन्हें प्रतीक्षा करनी पड़ती थी। सम्राट् एक चित्ताकर्षक सिंहासन पर बैठता था और उसने अनेक अमूल्य आभूषण आदि पहने होते थे। एक अंगरक्षक सदैव उपस्थित होता था। नर्तकियाँ सभा की शोभा को बढ़ाती थीं। राजा के दरबार में अधीनस्थ सामन्त, विदेशी राजदूत, उच्च सैनिक व नागरिक अधिकारी, कवि, वैद्य, ज्योतिषी और श्रेणियों के प्रतिनिधि उपस्थित रहते थे।

राजपद वंशागत था और साधारणत: ज्येष्ठ पुत्र ही सिंहासन पर आरूढ़ होता था। उसे 'युवराज' नियुक्त किया जा सकता था। कभी-कभी छोटे पुत्र के अधिक योग्य होने पर उसे भी नियुक्त किया जा सकता था। गोविन्द तृतीय के लिए ऐसा ही किया गया था। कभी-कभी छोटे भाई बड़े भाइयों को सिंहासन से उतार भी देते थे। ध्रुव और गोविन्द चतुर्थ ने ऐसा ही किया था।

देश के शासन में राजा की सहायता करना 'युवराज' का कर्त्तव्य था। सैनिक अभियानों का नेतृत्व करने या उन अभियानों पर राजा के साथ जाने की उससे आशा की जाती थी। युवराज के अतिरिक्त शेष राजकुमारों को प्रान्तीय गवर्नर नियुक्त किया जाता था। राजकुमारियों को भी राष्ट्रकूट प्रशासन में महत्त्वपूर्ण स्थान दिए जाते थे। अमोघवर्ष प्रथम की पुत्री चन्द्रबेलब्बा ने 837 ई० में रायचूर दोआब में राज्य किया। शीलभट्टारिका ने अपने पति ध्रुव की अनुमति के बिना ही एक भूमि अनुदान दिया। बहुत बार गद्दी के उत्तराधिकार के लिए झगड़े होते थे।

मंत्री (Ministers)—राजा मंत्रियों की सहायता से प्रशासन चलाता था। विभिन्न मन्त्रियों के कार्यों के नाम तो ज्ञात नहीं हैं किन्तु मन्त्रालय प्रधान मन्त्री, विदेश मन्त्री, राजस्व मन्त्री, कोषाध्यक्ष, महान्यायाधीश, प्रधान सेनापति और पुरोहित के रहे होंगे। मंत्रियों की योग्यता और उनकी नियुक्ति की विधि से हम परिचित नहीं हैं। किन्तु कल्पना की जा सकती है कि राजनीतिक और सैनिक कार्यों में योग्यता और प्रवीणता के लिए ही उन्हें चुना जाता होगा। राजा और उसके मन्त्रियों में पूर्ण विश्वास होता था। मन्त्रियों को राजा का दायाँ हाथ कहा गया है।

मोर्यों के अधीन अमात्यों तथा गुप्त शासकों के अधीन कुमारामात्यों जैसी किसी उच्च प्रशासकीय सेवा का हमें कुछ ज्ञान नहीं है। यह ज्ञात नहीं है कि साम्राज्य के विभिन्न प्रान्तों और जिलों का केन्द्रीय सरकार किस प्रकार निरीक्षण करती और उन पर नियन्त्रण रखती थी। किन्तु प्रतीत होता है कि राष्ट्रकूटों के अधीन ऐसे अधिकारी थे जो सारे साम्राज्य में निरीक्षण यात्राएँ करते थे। सामन्तों और जिलाधिकारियों को अपनी कार्रवाई का कारण बताने के लिए प्राय: राजधानी में बुलाया जाता था। समस्त साम्राज्य की देख-रेख के लिए केन्द्रीय सरकार के अपने प्रतिनिधि थे और उनका कर्त्तव्य था कि केन्द्रीय सरकार को आवश्यक जानकारी भेजें।

अधीनस्थ राज्य (Vassal States)—राष्ट्रकूट साम्राज्य में कुछ भाग पर ती सीधे प्रशासन किया जाता था और शेष अधीनस्थ राज्य थे। महत्त्वशाली सामन्तों को लगभग पूर्ण स्वायत्तता प्राप्त थी। राजा की अनुमति के बिना भी वे किसी व्यक्ति को ग्राम दे सकते थे। उनके अपने उप-सामन्त होते थे। किन्तु इन उप-सामन्तों को बहुत कम स्वतन्त्रता प्राप्त थी और केवल सम्मान के लिए उन्हें 'राजा' कहा जाता था। उच्चाधिकारियों की अनुमति के बिना वे भूमि नहीं द्रे सकते थे। सामन्तों से सम्राट् की आज्ञा पालन करने की माँग की जाती थी। उन्हें समय-समय पर दरबार में उपस्थित होना पड़ता था। उन्हें नियमित शुल्क देना पड़ता था। उन्हें निश्चित संख्या में सैनिक देने पड़ते थे। कभी-कभी राजा के सैनिक अभियानों में व्यक्तिगत रूप से भाग लेना पड़ता था। उन्हें अपने दरबार में केन्द्रीय सरकार का एक दूत रखना पड़ता था। उसी प्रकार राजधानी की गतिविधि की देख-रेख के लिए उन्हें साम्राज्य की राजधानी में अपने प्रतिनिधि रखने पड़ते थे। यदि सामन्त विद्रोह करें तो उन्हें विभिन्न प्रकार से अपमानित किया जाता था। उन्हें अपने कोष, हाथी और अश्व अर्पण करने पड़ते थे।

सीधे प्रशासित क्षेत्र (Directly Administered Areas)—सीधे प्रशासित क्षेत्रों को 'राष्ट्रों' और 'विषयों' में बाँटा गया था। एक 'विषय' में सम्मिलित ग्रामों की संख्या 1,000 से 4,000 तक थी। प्रत्येक 'विषय' को अनेक 'भुक्तियों' में बाँटा जाता था और प्रत्येक 'भुक्ति' में 50 से 70 तक ग्राम होते थे। 'भुक्तियों' का नामकरण सम्भवत: उनके मुख्य-कार्यालय के नगर के नाम पर किया जाता था। प्रत्येक भुक्ति को 20 ग्रामों में बाँटा जाता था। ग्राम सबसे छोटी प्रशासकीय इकाई थी।

'राष्ट्र' का प्रमुख 'राष्ट्रपति' कहलाता था। उसका अधिकार नागरिक और सैनिक प्रशासन दोनों पर था। अपने अधिकार-क्षेत्र में शान्ति और व्यवस्था स्थापित रखना उसका कर्त्तव्य था। छोटे सामन्तों तथा कर्मचारियों पर निरीक्षण रखना भी उसका कर्त्तव्य था। यदि कोई विद्रोह करे तो उसे एकदम दबाने के लिए उससे माँग की जाती थी। 'राष्ट्रपति' के अधीन पर्याप्त सैनिक शक्ति होती थी। प्राय: वह सैनिक अधिकारी भी होता था। उसे एक सामन्त का पद और उपाधियाँ दी जाती थीं। 'राष्ट्रपति' की तुलना गुप्त प्रशासन के 'उपरिक' से की जा सकती है। 'राष्ट्रपति' आर्थिक प्रशासन के भी अधिकारी थे। भूमि-कर उगाहना भी उनका कर्त्तव्य था। स्थानीय अधिकारों और विशेषाधिकारों का ब्यौरा रखना उनका कर्त्तव्य था। मन्दिरों और ब्राह्मणों को जिन ग्रामों का राजस्व दे दिया जाता था उनके नाम और संख्या का विवरण भी उन्हें रखना पड़ता था। राजा की अनुमति के बिना वे राजस्व दान नहीं दे सकते थे। वे जिलों आदि के उच्चाधिकारी नियुक्त नहीं कर सकते थे।

'विषयपति' और 'भोगपति' अपने-अपने सीमित क्षेत्रों में वही कार्य करते थे जो 'राष्ट्रपति' अपने विस्तृत क्षेत्र में करते थे। इन पदों पर नियुक्ति सैनिक सेवा के लिए उपहार के रूप में या प्रशासकीय योग्यता की मान्यता के लिए की जाती थी। कभी-कभी ये पद वंशागत हो जाते थे।

यह उल्लेखनीय है कि 'विषयपति' और 'भोगपति' राजस्व एकत्र करने का अपना कार्य 'नग्दावुण्ड' या 'देशग्रामकूट' नामक राजस्व कर्मचारियों की सहायता से करते थे। इन कर्मचारिबों को वेतन के रूप में बिना लगान के भूमि दी जाती थी।

ग्राम प्रशासन ग्राम प्रमुख और ग्राम कोषाध्यक्ष करते थे। ये पद प्राय: वंशागत होते थे। ग्राम में विधि एवं व्यवस्था की स्थापना का दायित्व ग्राम-प्रमुख पर था। उसके अधिकार में एक स्थानीय सेना होती थी। ग्रामों की शान्ति चोरों या डाकुओं के कारण नहीं बल्कि सामन्तों के विद्रोह और पड़ोसी गाँवों की प्रतिद्वन्द्विता के कारण भंग होती थी। ग्राम प्रमुखों से सैनिक कप्तान के कर्त्तव्य की माँग की जाती थी। ग्राम के कर एकत्र करने का दायित्व उन्हीं पर था। राजस्व को राज-कोष में देना होता था या धान्यागार में सुरक्षित रखा जाता था। ग्राम कोषाध्यक्ष एक सहकारी के रूप में कार्य करता था।

यह प्रश्न पूछा जाता है कि देश के प्रशासन में सार्वजनिक तत्त्व कितना था। डॉ० अल्टेकर का विचार है कि सार्वजनिक तत्त्व पर्याप्त मात्रा में प्रभावशाली था। प्रत्येक ग्राम में एक सार्वजनिक परिषद् थी जिसमें प्रत्येक वयस्क गृहस्थ होता था। स्थानीय पाठशालाओं, तालाबों, मन्दिरों और सड़कों के प्रबन्ध के लिए उप-समितियाँ नियुक्त की जाती थीं। वे धरोहर सम्पत्ति भी प्राप्त कर सकती थीं और दान देने वालों की शर्तों के अनुसार उनकी व्यवस्था कर सकती थीं। उप-समितियों को ग्राम प्रमुख के सहयोग से कार्य करना होता था। ग्राम परिषदें नागरिक अभियोगों का निर्णय भी करती थीं और उन निर्णयों को सरकार कार्यान्वित करती थी। इसी प्रकार की सार्वजनिक परिषदें नगरों में भी थीं।

'विषयमहात्तारों' (जिले के बड़ों) और 'राष्ट्रमहात्तारों' (प्रान्त के बड़ों) के उल्लेख मिलते हैं। प्रतीत होता है कि जिलों और प्रान्तों के मुख्यकार्यालयों के नगर में भी सार्वजनिक संस्थाएँ रही होंगी। उनके कार्य भी ग्राम परिषदों की तरह ही थे। जिलों और प्रान्तों की परिषदों के सम्बन्ध में हमारे पास प्रत्यक्ष प्रमाण नहीं हैं। राष्ट्रकूट साम्राज्य की राजधानी में एक सार्वजनिक सभा या पार्लियामेंट का कोई उल्लेख नहीं है। सम्भवत: ऐसी कोई संस्था नहीं थी। उस समय में यातायात की कठिनाइयाँ ही सम्भवत: इसका कारण थीं। सार्वजनिक तत्त्व केवल ग्रामों में ही प्रभावशाली रहे होंगे।

सेना (Military)—राष्ट्रकूट सम्राट् अत्यन्त महत्त्वाकाँक्षी थे। अत: अपनी सैनिक व्यवस्था को शक्तिशाली और कार्य-कुशल बनाने की उन्होंने भरसक चेष्टा की। वे विशाल सेनाएँ रखते थे। उनकी संख्या के विषय में हमारे पास कोई जानकारी नहीं है। डॉ० अल्टेकर का विचार है कि राष्ट्रकूटों की सेना 500,000 से कम नहीं रही होगी। सेना का बहुत बड़ा भाग राजधानी में रखा जाता था। एक दक्षिण की सेना और एक उत्तर की सेना थी। स्थायी सेनाएँ प्रतिरक्षा और विजय के लिए रखी जाती थीं। अपनी पैदल सेना के लिए यह सेना प्रसिद्ध थी किन्तु इसका अर्थ यह नहीं है कि अश्वसेना

महत्त्वहीन थी। मुख्य सैनिक अभियान के समय कुछ टुकड़ियाँ सामन्त और प्रान्तीय गवर्नर दिया करते थे। सैनिक जातियों के सैनिक भर्ती होने से पहले ही प्रशिक्षण ले लेते थे। रसद-विभाग का प्रबन्ध धनी व्यापारियों की सहायता और सहयोग से किया जाता था। सेना की भर्ती ब्राह्मणों और जैनियों सहित सभी जातियों से की जाती थी। बांकेय, श्रीविजय, नरसिंह आदि राष्ट्रकूट सेनानी जैन थे।

राजस्व के स्रोत (Sources of Revenue)—राष्ट्रकूट साम्राज्य के राजस्व के कई स्रोत थे। सामन्तों से शुल्क के रूप में बहुत-सा धन प्राप्त होता था। खानों, जंगलों और ऊसर भूमि से भी आय होती थी। 'उद्रंग' या 'भोगकर' के रूप में भूमिकर से भी पर्याप्त आय होती थी। यह उत्पादन का लगभग पाँचवाँ भाग था। इसे पदार्थ रूप में दो या तीन किस्तों में लिया जाता था। ब्राह्मणों और मन्दिरों को दी गई भूमि पर भी कर लिया जाता था लेकिन उसकी दर कम होती थी। केवल दुर्भिक्ष के समय में ही भूमि-कर माफ किया जाता था। फलों, सब्जियों आदि पर भी कर लिए जाते थे। बहुत-सी वस्तुओं पर चुंगी और महसूल लिया जाता था। ग्राम की यात्रा करने वाले अधिकारियों के निवास, निर्वाह और आने-जाने का प्रबन्ध ग्रामवासियों को निःशुल्क करना पड़ता था।

धार्मिक स्थिति (Religious Condition)—राष्ट्रकूट साम्राज्य में शिव और विष्णु की पूजा लोकप्रिय थी। अभिलेखों में उन देवताओं के अनेक उल्लेख हैं। उनकी मुहरों पर विष्णु के वाहन गरुड़ या योग-मुद्रा में बैठे शिव का चित्र है। इस काल में बहुत से ब्राह्मण यज्ञ किए गए। दन्तिदुर्ग ने उज्जयिनी या उज्जैन में 'हिरण्यगर्भ' यज्ञ किया। कई व्यक्तियों द्वारा 'तुलादान' या स्वयं अपने भार के बराबर सोने के दान के उल्लेख मिलते हैं।

पूजा के लिए मूर्तियों की स्थापना के लिए मन्दिर बनवाए जाते थे। उन मूर्तियों की पूजा प्रतिदिन होती थी और उस अवसर पर विस्तृत विधि अपनाई जाती थी। इस युग का एकमात्र महत्त्वशाली मन्दिर एलौरा का शिव मन्दिर है।

जैन धर्म को अमोघवर्ष प्रथम, इन्द्र द्वितीय, कृष्ण द्वितीय और इन्द्र तृतीय ने संरक्षण प्रदान किया। बौद्ध-धर्म की इस काल में अवनति हुई और इसका मुख्य केन्द्र कन्हेरी था।

कला (Art)

राष्ट्रकूटों ने भारतीय कला को अनुपम भेंट दी। चट्टान काटकर बनाए गए एलौरा और एलिफैण्टा के पवित्र स्थल इसी काल के हैं। एलौरा का कैलाश मन्दिर अत्यधिक विस्तृत तथा बहुमूल्य है। इस मन्दिर को आठवीं शताब्दी में कृष्ण प्रथम ने पहाड़ी चट्टान में से कटवाया था। यह पत्ताडाकल के लोकेश्वर मन्दिर के समान है। इसे एक वर्गाकार गुफा में काटकर बनाया गया है। यह 276 फुट लम्बा तथा 154 फुट चौड़ा है तथा अन्दर जाकर 107 फुट गहरा है। मन्दिर के चार प्रमुख भाग हैं : मुख्य पवित्र स्थल, पश्चिम का प्रवेश द्वार, नंदी मण्डप तथा आँगन के चारों ओर मठ। यह सम्भव है कि पूरक भवनों की बाद में खुदाई की गई थी। पिगोट (Piggot) की मान्यता है कि "ऊपर उभरे हुए भाग के पत्थरों में सजावट का आलेखन है। उनमें सबसे प्रमुख उल्लेखनीय वस्तु फर्श के चारों ओर हाथियों और राक्षसों के झुण्ड का होना है..........जो वास्तव में आशातीत रूप में अपने गमन के संभूत आवेश को सहन करता है।"[1] दासवत्र भैरव का पत्थर का चौखटा, कैलाश पर्वत को हिलाता हुआ रावण, नृत्यलीन शिव तथा संगीत का आनन्द लेते हुए विष्णु तथा लक्ष्मी ऐश्वर्य युक्त है। पर्सी ब्राउन का मत है कि "एलौरा का कैलाश मन्दिर भारत में पत्थर में खोदी कला का ही एक मात्र सर्वश्रेष्ठ नमूना नहीं है किन्तु शिला-निर्माण का यह अद्वितीय उदाहरण है। इस मन्दिर के धूमिल मण्डपों में खड़े होने पर ऐसा मालूम होता है कि हम दूसरी दुनियाँ में पहुँच जाते हैं जहाँ समय और स्थान का महत्त्व नहीं है। किन्तु इसी जगत के पत्थर में से काटकर बनाई गई सौन्दर्यपूर्ण कलात्मक आकृति के माध्यम से आध्यात्मिक आत्म-समर्पण के भाव का आलेखन किया गया है। मानव को धीरे-धीरे इस प्रशंसनीय कल्पना का ज्ञान होता है; उसके निर्माण में लगा अथक श्रम साकार हो उठता है; और अन्त में उस मूर्ति-निर्माता का ध्यान आता है जिसने उसे सजाया है। यही पलास्टर की सजावट उसकी शान है। यह कलात्मक निर्माण का एक रूप ही नहीं है प्रत्युत् यह आध्यात्मिक उपलब्धि है जिसका प्रत्येक अंग अपने-आप में एक अर्थपूर्ण कहानी है। कैलाश उन अवसरों में से एक का आलेखन है जब मानव का मन, मस्तिष्क तथा हृदय एकाग्र होकर सर्वोच्च आदर्श को प्राप्त करने के हेतु कार्य करते हैं। धार्मिक तथा सांस्कृतिक स्थिरता की ऐसी अवस्था में शिव के स्वर्ग का महान् प्रस्तर-आलेखन ही पाया था।"[2]

1. *Some Ancient Sites of India*, p. 64.
2. *Indian Architecture : Buddhist and Hindu*, p. 90.

दस अवतार सबसे विशाल तथा सादा है। दीवारों पर ऊँचे-ऊँचे आकारों में शिव तथा विष्णु की गाथाएँ अंकित की गई हैं। उन सबमें हिरण्यकश्यप दृश्य अत्याधिक मनोहर है। इस प्रस्तर दृश्य के बारे में डॉ० कुमारास्वामी ने यह लिखा है : नृसिंह भगवान् के हाथों मारे गए राक्षस राजा की प्रसिद्ध कहानी के इतने अधिक सुन्दर आलेखन की कल्पना करना कठिन है। हाथ कंधों पर हैं; कृत्रिम मुस्कराहट से युक्त आकृति को धुँधला होने का समय नहीं मिला है। इससे अधिक भयंकर क्या हो सकता है?

चट्टानों में से काटकर पाँच जैन मन्दिर भी बनाए गये हैं और उनमें छोटा कैलाश, इन्द्र सभा और जगन्नाथ-सभा प्रमुख हैं। पर्सी ब्राउन अच्छी प्रकार अंकित किए गए विस्तार तथा पूर्णतः समाप्ति पर बल देता है। उसने इन पवित्र स्थानों के विशेषतः स्तम्भों की पूर्णता और संगतराशी की निपुणता की ओर ध्यान आकर्षित किया है। उसने लिखा है : ''जैनियों के निर्माण कार्यों में से अनेक में सजावटी सौंदर्य के होते हुए या इसके कारण सम्भवतः किसी बाधा के होने पर चट्टान में से काटकर बनाए गए हालों में शान्त एवं सार्वजनिक भावना निहित है जो बौद्ध तथा हिन्दू-पवित्र स्थलों पर प्राप्य नहीं हैं।''

एलिफैण्टा का महान या प्रमुख स्थल एलौरा के स्थलों से श्रेष्ठ माना जाता है। यह बताया जाता है कि एलौरा के भैरव की मूर्तिकला की अपेक्षा एलिफैण्टा की नटराज और सदा शिव की मूर्तिकला अधिक श्रेष्ठ है। एलौरा की मूर्तिकला की तकनीक में पूर्णता नहीं है यद्यपि उसकी शैली अधिक प्रबल है। एलिफैण्टा की अर्द्धनारीश्वर तथा त्रिमूर्ति या महेश मूर्ति के आलेखन में ईश्वर को तीन रूपों में अंकित किया गया है जो उसके तीन कार्यों को व्यक्त करते हैं : सृष्टि का निर्माण, पालन और संहार। ग्राउजेट का कथन है : ''एक ही देवता की तीन आकृतियों में बिना किसी प्रभाव के एकता उत्पन्न की गई है। सम्पूर्ण विश्व की कला में दैवी सिद्धान्त का भौतिक प्रतिनिधित्व इतने सशक्त तथा संतुलित रूप में इस स्थल के अलावा और कहीं उपलब्ध नहीं है।''

आरम्भ में कुछ तीर्थस्थलों पर चित्रकारी की गई थी। उनके कुछ अवशेष एलौरा के महान् कैलाश मन्दिर के बरामदे तथा एलिफैण्टा के महेश मूर्ति मन्दिर की छत पर मिलते हैं।

इस विषय को हम डॉ० अल्टेकर के निम्नलिखित कथन से समाप्त कर सकते हैं : ''दक्षिण में लगभग 753 से 975 ई० तक राष्ट्रकूट वंश की सर्वोच्चता का काल सम्भवतः इसके इतिहास का सर्वाधिक गौरवमय अध्याय है। अठारहवीं शताब्दी में मराठों के उदय से पहले दक्षिण के किसी अन्य राजवंश ने भारत के इतिहास में ऐसा प्रमुख भाग नहीं लिया। इसके कम से कम तीन शासक, ध्रुव, गोविन्द तृतीय और इन्द्र तृतीय, अपने विजय-अभियान उत्तरी भारत के मध्य तक ले गए और उसके सर्वाधिक शक्तिशाली शासकों को पराजित करके उन्होंने उसके इतिहास की धारा ही बदल दी। दक्षिण में भी उनकी सफलताएँ अपूर्व थीं और कृष्ण तृतीय अपनी विजय-यात्रा में वस्तुतः ही रामेश्वर तक पहुँच गया। उत्तर के प्रतिहार और पाल वंश और दक्षिण के पूर्वी चालुक्य और चोल वंश, भारत की सभी महान् शक्तियों को उन्होंने एक या दूसरे समय पर अपने अधीन किया। निस्सन्देह कभी-कभी उन्होंने हार भी खाई किन्तु कुल मिलाकर अपने शक्तिशाली शत्रुओं के विरुद्ध उनके सैनिक अभियान बार-बार सफल हुए।''

Suggested Readings

Altekar, A.S. : The Rashtrakutas and Their Times.
Banerji, R.D. : History of Orissa.
Dubreuill : Ancient History of the Deccan.
Gangoli and Goswami : The Art of the Rashtrakutas.
Mahalingam, T.V. : South Indian Polity (Madras, 1955).
Majumdar, R.C. (Ed.) : The Classical Age.
Majumdar, R.C. (Ed.) : The Age of Imperial Kanauj.
Mookerji, R.K. : Ancient India.

अध्याय

42

चालुक्य वंश

(The Chalukyas)

छठी से आठवीं शताब्दी ईसवी तक और फिर दसवीं से बारहवीं शताब्दी ईसवी तक चालुक्य वंश दक्षिण में सबसे अधिक शक्तिशाली था। इस सम्बन्ध में हम बादामी के चालुक्य वंश या पूर्वकालीन पश्चिमी चालुक्य वंश (Eastern Western Chalukyas), कल्याणी के उत्तरकालीन पश्चिमी चालुक्य वंश (Later Western Chalukyas) और वेङ्गी के पूर्वी चालुक्य वंश (Eastern Chalukyas) के इतिहास का अध्ययन करेंगे। पूर्वकालीन पश्चिमी चालुक्य वंश ने लगभग दो शताब्दियों तक छठी शताब्दी के मध्य से आठवीं शताब्दी के मध्य तक; राज्य किया और तब राष्ट्रकूट वंश ने उन्हें निकाल बाहर किया। दसवीं शताब्दी के उत्तरार्द्ध में कल्याणी के उत्तरकालीन पश्चिमी चालुक्य वंश ने राष्ट्रकूट वंश को समाप्त किया और वह बारहवीं शताब्दी के अन्त तक राज्य करता रहा। पूर्वी चालुक्य वंश ने सातवीं से बारहवीं शताब्दी तक राज्य किया।

उत्पत्ति (Origin)—चालुक्यों की उत्पत्ति का विषय विवादास्पद है। डॉ० वी०ए० स्मिथ का विचार था कि चालुक्य वास्तव में चापों (Chapas) से सम्बन्धित थे। इस प्रकार विदेशी गुर्जरों से सम्बन्धित थे क्योंकि चाप इन्हीं की एक शाखा थे। डॉ० स्मिथ का यह भी विचार था कि वे राजपूताना से दक्षिण गए। इस विचार को अस्वीकार करते हुए डॉ० डी०सी० सरकार ने अपना मत प्रस्तुत किया है कि चालुक्य एक देशीय कन्नड़ परिवार थे जो क्षत्रिय होने का दावा करते थे। चालुक्य संज्ञा को कभी-कभी उत्तरापध के चूलिक लोगों से जोड़ा जाता है जिन्हें सोग्दियन (Sogdians) खयाल किया जाता है। डॉ० डी०सी० सरकार ने इस विचार की पुष्टि के लिए कोई प्रमाण नहीं दिया है। उनका यह भी विचार है कि शूलिक उड़ीसा के शुल्की हैं और चालुक्यों से उनका कोई सम्बन्ध नहीं था।

बादामी के चालुक्य वंशी हारितिपुत्र होने का दावा करते थे। कहा गया है कि वे मानव्य गोत्र के थे। वे सप्त-मातृ द्वारा पोषित होने का दावा करते थे जो मानवमात्र की माताएँ थीं। चालुक्यों को स्वामिन् वा स्वामी महासेन या कार्तिकेय के चरणों में आराधना करते बताया गया है। किन्तु पूर्वकालीन चालुक्यों का देवता सम्भवत: विष्णु था। यह भी ज्ञात है कि उन्होंने शैवों और जैनों को भी संरक्षण प्रदान किया।

कल्याणी के उत्तरकालीन चालुक्यों के आलेखों में दिए गए पारम्परिक इतिहास में चालुक्यों को मनु या चन्द्र से जोड़ा गया है और इसका सम्बन्ध अयोध्या के साथ बताया गया है जो उत्तर-कोशल की राजधानी थी। बताया गया है कि चालुक्य वंश के 49 राजाओं ने अयोध्या में राज्य किया और 16 राजाओं ने दक्षिणापथ में राज्य किया। कुछ समय के लिए उनका सितारा डूबने लगा किन्तु जयसिंह ने वंश की कीर्ति को पुनः स्थापित किया। एक अन्य अभिलेख में कहा गया है कि इस वंश का आदिपूर्वज ब्रह्म देवता था। उसके बाद उसका पुत्र स्वयम्भू-मनु था। उसका पुत्र मानव्य था। मानव्य के बाद उसका पुत्र हारित था। उसके बाद उसका पुत्र पंचशिखी हारिति था। उसका पुत्र चालुक्य था और उसी से चालुक्यों की उत्पत्ति हुई। कुछ प्रलेख बताते हैं कि चालुक्य वंशी सोम या चन्द्र के वंशज थे जो ब्रह्म देवता के पुत्र अत्रि की आँख से बनाए गए थे। चालुक्यों की उत्पत्ति के सम्बन्ध

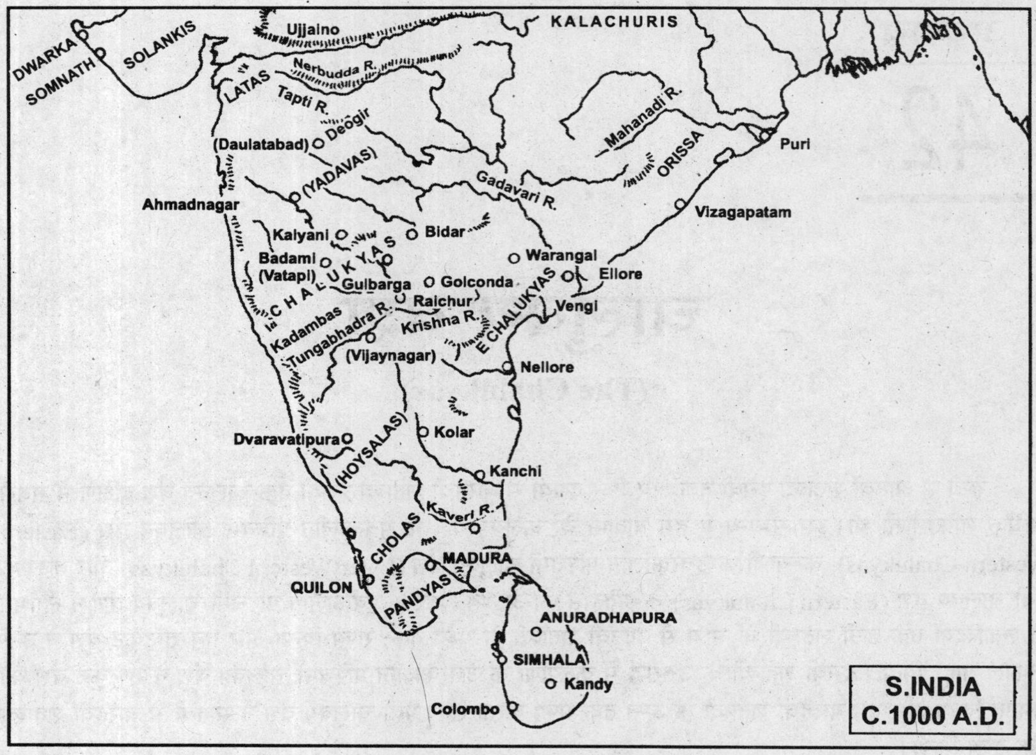

में कई और ऐसी कथाएँ हैं। किन्तु डॉ० डी०सी० सरकार कहते हैं कि ''चालुक्यों की उत्पत्ति और आरम्भिक इतिहास के लिए इन वर्णनों को अस्पष्ट अनुश्रुतियाँ और मूल्यहीन पौराणिक कथाएँ मानकर विद्वानों ने उचित ही इन्हें अस्वीकार किया है।''

बादामी का पूर्वकालीन पश्चिमी चालुक्य वंश
(Early Western Chalukyas of Badami)

उत्पत्ति (Origin)—जयसिंह और उसके पुत्र रणराग के अधीन चालुक्यों ने अपना कार्य अत्यन्त साधारण रीति से आरम्भ किया। उनके पश्चात् पुलकेशिन् प्रथम ने लगभग 535 से 566 ई० तक राज्य किया। वह अपने परिवार का पहला महाराज था और उसे वंश का वास्तविक संस्थापक कहा जा सकता है। उसने 'सत्याश्रय', 'श्री-पृथ्वी वल्लभ', 'श्री-वल्लभ' और 'वल्लभ' उपाधियाँ धारण कीं। पुलकेशिन् प्रथम ने 'हिरण्यगर्भ', 'अश्वमेध', 'अग्निष्टोम', 'अग्निचयन', 'वाजपेय', 'बाहुसुवर्ण' और 'पुण्डरीक' यज्ञ किए। पुलकेशिन् प्रथम की तुलना ययाति और दिलीप जैसे पौराणिक नायकों से की जाती है। उसे ''मानव-धर्मशास्त्र'', ''पुराणों'', ''रामायण'', ''महाभारत'' और अन्य इतिहासों का अच्छा ज्ञाता कहा गया है। पुलकेशिन् प्रथम ने वाटापी दुर्ग की नींव रखी जो बीजापुर जिले में वर्त्तमान बादामी है। किन्तु पुलकेशिन प्रथम को किसी विशेष विजय का श्रेय नहीं दिया जाता। वह वर्तमान बीजापुर जिले में राज्य करता था और उसकी राजधानी बादामी थी।

कीर्तिवर्मा प्रथम (Kirtivarma I)—लगभग 567 ई० में पुलकेशिन् प्रथम के पश्चात् कीर्तिवर्मा प्रथम शासक बना। उसने 'सत्याश्रय', 'पुरु-रणपराक्रम', 'वल्लभ' और 'पृथ्वी-वल्लभ' उपाधियाँ धारण कीं। उसे भी ''वाटापी का प्रथम निर्माता'' कहा गया है। इसका अर्थ यह है कि मन्दिरों तथा अन्य स्मारकों से उसने नगर की सुन्दरता में वृद्धि की।

उसके छोटे भाई मंगलेश ने शिला-मन्दिरों (Cave-temples) की रचना को पूर्ण किया और विष्णु की मूर्ति की स्थापना के अवसर पर एक ग्राम उनके खर्च के लिए दे दिया। कीर्तिवर्मा ने सम्भवत: 'बाहुसुवर्ण' और 'अग्निष्टोम' यज्ञ भी किए।

एक अभिलेख में कहा गया है कि कीर्तिवर्मा ने वंग, अंग, कलिंग, वट्टूर, मगध, मद्रक, केरल, गंग, भूषक, पाण्ड्य, द्रमिल, चोलिय, अलूक और वैजयन्ती के शासकों को पराजित किया। कीर्तिवर्मा को नालों (Nalas), मौर्यों और कादम्बों के प्रति ''विनाश की रात्रि'' भी कहा गया है। उसे कादम्ब राजाओं के संगठन को भंग करने का श्रेय भी दिया जाता है।

डॉ० डी०सी० सरकार के मतानुसार, चालुक्यों का राजनीतिक प्रभाव महाराष्ट्र राज्य के दक्षिण भाग और निकटवर्ती मैसूर के क्षेत्र तथा मद्रास राज्य आदि विस्तृत प्रदेशों में फैला हुआ था। प्रतीत होता है कि कीर्तिवर्मा ने कोंकण में मौर्य प्रदेशों के कुछ भाग हस्तगत कर लिए।

मंगलेश (Mangalesa)—लगभग 598 ई० में कीर्तिवर्मा के बाद उसका छोटा भाई मंगलेश राजा बना। उसने 'रण-विक्रान्त', 'उरु-रणविक्रान्त', 'पृथ्वी-वल्लभ' और 'श्री-पृथ्वी-वल्लभ' उपाधियाँ धारण कीं। मंगलेश को 'परम भागवत' अर्थात् भागवत या विष्णु का अनन्य भक्त कहा गया है। उसकी सबसे बड़ी सफलताएँ थीं कालचूरियों और रेवतीद्वीप की विजय। कहा गया है कि कालचूरी राजा बुद्ध 602 ई० से पहले परास्त हुआ और उसका समस्त राज्य हस्तगत कर लिया गया। सम्भवत: कालचूरियों और चालुक्यों का संघर्ष कई वर्षों तक चलता रहा जिसके बाद मंगलेश विजयी हुआ और मध्य तथा उत्तरी मराठा प्रदेश पर उसका अधिकार हो गया।

मंगलेश और पुलकेशिन् द्वितीय के बीच गृह-युद्ध हुआ। पुलकेशिन् द्वितीय कीर्तिवर्मा प्रथम का पुत्र था। युद्ध का कारण यह था कि मंगलेश ने अपने पुत्र के लिए उत्तराधिकार सुरक्षित रखने की चेष्टा की। युद्ध के परिणामस्वरूप मंगलेश मारा गया और पुलकेशिन् द्वितीय शासक बना।

पुलकेशिन् द्वितीय (Pulakesin II)—पुलकेशिन् द्वितीय चालुक्य वंश का सबसे महान् राजा था। उसने 610-11 से 642 ई० तक राज्य किया। वह अपने कई नामों से जाना जाता है जैसे 'वल्लभ', 'पृथ्वी-वल्लभ', 'श्रीपृथ्वी-वल्लभ', 'परमेश्वर परमभागवत'।

पुलकेशिन् द्वितीय द्वारा प्राप्त सिंहासन फूलों की सेज नहीं था। मंगलेश और पुलकेशिन् द्वितीय के बीच गृह-युद्ध के कारण चालुक्य साम्राज्य के विभिन्न भागों ने स्वतंत्रता की घोषणा कर दी। ऐहोल अभिलेख में स्थिति का वर्णन इस प्रकार किया गया है : ''समस्त संसार पर शत्रु रूपी अन्धकार छाया हुआ था।'' गृह-प्रान्तों पर भी आप्पायिक और गोविन्द ने आक्रमण किया। पुलकेशिन् द्वितीय के सामने दो उद्देश्य थे : विदेशी आक्रमणों का सामना करना और विद्रोही अधीनस्थ व्यक्तियों का दमन करना। शत्रुओं में फूट डालने की नीति का पालन करके वह अपने उद्देश्यों में सफल हुआ। उसने गोविन्द को अपने साथ मिला लिया और उससे मित्रता कर ली। इस प्रकार आप्पायिक को परास्त करने में वह सफल हुआ।

पड़ोसियों को अधीन करने के विषय में जैन कवि रविकीर्ति ने ऐहोल अभिलेख में विस्तृत वर्णन दिया है। इस अभिलेख में कहा गया है कि पुलकेशिन् द्वितीय ने कादम्बों की राजधानी वनवासी पर घेरा डाला और उस पर अधिकार कर लिया। दक्षिणी मैसूर के गंगों और आलूपों को समर्पण करने पर बाध्य किया गया। गंग राजा दुर्विनीत कोंगणीवृद्ध ने अपनी एक पुत्री का विवाह पुलकेशिन् द्वितीय से कर दिया। कोंकण के मौर्यों पर आक्रमण करके उन्हें परास्त किया गया। लाटों, मानवी और गुर्जरों को समर्पण करने के लिए विवश कर दिया गया। इस प्रकार विजित प्रदेशों से पुलकेशिन् द्वितीय कन्नौज के राजा हर्षवर्धन के सम्पर्क में आया। 633 ई० में हर्षवर्धन ने काठियावाड़ पर आक्रमण किया। पुलकेशिन् द्वितीय ने बंगाल के राजा शशांक, उसके सामन्त कोंगोड़ के सैन्यभित्त-माधववर्मा द्वितीय और वलभी तथा भड़ौंच के राजाओं को अपने साथ मिला लिया। इस संगठन से 637-38 ई० में उसने हर्षवर्धन को परास्त किया। यह ठीक कहा गया है कि ''भारत के अपरान्त क्षेत्र (division) के वर्तमान गुजरात प्रदेश पर मध्यदेश और दक्षिणपथ के शासकों द्वारा अधिकार करने की चेष्टा से ही उनमें संघर्ष हुआ।''

पुलकेशिन द्वितीय खुसरो द्वितीय द्वारा भेजे गए दूतमण्डल का स्वागत करते हुए।

कुछ विद्वानों के अनुसार पुलकेशिन् द्वितीय ने हर्षवर्धन को शक संवत् 534 या 612–13 ई० के भाद्र मास की पूर्णमासी से पहले दिन परास्त किया। यह विचार चालुक्य शासक के हैदराबाद अनुदान (grant) में दी गई जानकारी पर आधारित हैं। इस अभिलेख में कहा गया है कि "एक सौ युद्धों में संघर्ष करने का संकल्प करने वाले शत्रु राजाओं को परास्त करके" पुलकेशिन् द्वितीय ने 'परमेश्वर' उपाधि अर्जित की। उसके उत्तराधिकारियों के अभिलेखों में कहा गया है कि "उत्तर के समस्त प्रदेश के युद्ध-प्रिय स्वामी यशस्वी हर्षवर्धन को परास्त करके" पुलकेशिन् द्वितीय ने यह उपाधि प्राप्त की। किन्तु कहा गया है कि तत्कालीन परिस्थितियों में ऐसी सम्भावना नहीं थी। हर्षवर्धन 306 ई० में शासक बना और पुलकेशिन् द्वितीय 610–11 ई० में शासक बना। दोनों शासक अपने-अपने राज्य में इतने व्यस्त रहे होंगे कि 612–13 ई० में वे युद्ध करने की कल्पना नहीं कर सकते थे। हर्षवर्धन की पराजय 630 ई० से पहले नहीं हो सकती क्योंकि पुलकेशिन् द्वितीय के 630 ई० लोहनेर अनुदान (grant) में इसका उल्लेख नहीं है।

ऐहोल अभिलेख में कहा गया है कि दक्षिण जाते समय चालुक्य सेना ने समुद्र तट का रास्ता अपनाया। पिष्टपुर दुर्ग और कुणाल नदी में एक द्वीप पर बने एक अन्य दुर्ग पर अधिकार कर लिया गया। पिष्टपुर के शासक को पदच्युत कर दिया गया और पुलकेशिन् द्वितीय ने अपने छोटे भाई को उसका शासक बना दिया। इस प्रकार पूर्वी चालुक्यों के वंश की स्थापना की गई जो 1070 ई० तक राज्य करता रहा।

पुलकेशिन् द्वितीय ने पल्लव राजा कीर्तिवर्मा प्रथम को परास्त किया और उसे अपना राजधानी कांची के दुर्ग में शरण लेनी पड़ी। तत्पश्चात् पुलकेशिन् द्वितीय ने कावेरी नदी को पार किया और चोल, केरल तथा पांड्य वंशों के साथ मित्रता स्थापित की। 'दिग्विजय' पूर्ण करने के बाद पुलकेशिन् द्वितीय वाटापी लौट आया।

यह ठीक है कि पल्लवों को परास्त किया गया था किन्तु उन्हें समाप्त नहीं किया गया था। उन्होंने पुलकेशिन् द्वारा अपनी राजधानी पर किए गए आक्रमण का प्रतिकार लेने का संकल्प किया। उन्होंने बादामी पर आक्रामण करके उस पर

अधिकार कर लिया। पल्लव राजा ने पुलकेशिन् को कई बार परास्त किया। एक अभिलेख में कहा गया है कि पल्लव राजा ने पुलकेशिन् की पीठ पर विजय पर शब्द लिख दिया जो पलायन में परिवर्तित हो गया। उसने वाटापी को नष्ट किया और वहाँ के लोगों को मृत्यु के घाट उतार दिया। पुलकेशिन् सम्भवतः युद्ध में मारा गया। उसकी मृत्यु के बाद चालुक्य-साम्राज्य का ह्रास होने लगा।

पुलकेशिन् द्वितीय निश्चय ही प्राचीन भारत के श्रेष्ठ शासकों में था। उसकी प्रसिद्धि और प्रभाव भारत की सीमाओं से आगे भी फैल गए। मुस्लिम इतिहासकार तबारी के अनुसार, ईरान के राजा खुसरो द्वितीय (Khusru II) ने 625-26 ई० में पुलकेशिन् द्वितीय द्वारा भेजे गए एक दूत-मण्डल का स्वागत किया। कहा गया है कि अजन्ता की एक गुफ़ा के एक चित्र में पुलकेशिन् द्वितीय को उत्तर देते हुए एक ईरानी दूत को प्रस्तुत किया गया है।

चीनी यात्री ह्यूनसांग ने 641 ई० में दक्षिण-यात्रा की। उस समय पुलकेशिन् द्वितीय का दरबार नासिक में था और डाकुओं से भरे घने जंगलों में से रास्ता ढूँढ़ने में 'कानून के पण्डित' को बहुत कठिनाई हुई। उस प्रदेश को उस समय महाराष्ट्र कहा जाता था। पुलकेशिन् द्वितीय के हितकारी शासन और उसके सामन्तों की स्वामी-निष्ठा से ह्यूनसाँग अत्यन्त प्रभावित हुआ।

ह्यूनसाँग ने जनता का निम्नलिखित विवरण दिया है : "उनका आचरण सरल और स्वाभाविक है। वे अभिमानी, उद्दण्ड और ऊँचे कद के हैं। यदि कोई उनकी सेवा करता है, तो वे उसके आभारी होते हैं और उन्हें कष्ट देने वाला उनके प्रतिकार से नहीं बच सकता। यदि कोई उनका अपमान करे तो वे उसका नाश करने के लिए अपने जीवन को खतरे में नहीं डालते। यदि कोई कठिनाई में उनकी सहायता माँगे तो उसके लिए वे अपनी सुध-बुध भूल कर भागते हैं। यदि वे किसी क्षति का बदला लेते हैं तो वे अपने शत्रु को चेतावनी देते हैं, फिर दोनों कवच पहन लेते हैं और भाला सम्भाल लेते हैं। युद्ध में भागने वालों की पीछा करते हैं लेकिन समर्पण करने वालों का वे वध नहीं करते। यदि कोई सेनानी युद्ध में हार जाये तो वे उसे शारीरिक दण्ड न देकर स्त्री-वेष पहना देते हैं और इस प्रकार उसे आत्म-हत्या करने पर विवश कर देते हैं। देश में से सैकड़ों सैनिकों के दस्ते भर्ती किए जाते हैं। जब भी उन्हें युद्ध करना होता है, वे शराब पी लेते हैं और एक आदमी हाथ में भाला उठा कर दस हज़ार व्यक्तियों का सामना करने और उन्हें चुनौती देने के लिए तैयार हो जाता है। यदि इनमें से कोई सैनिक किसी व्यक्ति की हत्या कर दे तो उसे दण्ड नहीं दिया जाता। प्रस्थान करते समय वे ढोल पीटते हैं। इसके अतिरिक्त वे सैकड़ों हाथियों को नशा चढ़ा देते हैं और स्वयं भी शराब पी लेते हैं और फिर आगे बढ़कर सभी कुछ रौंद डालते हैं जिससे कोई भी शत्रु उनके सामने नहीं ठहर सकता। इस प्रकार के हाथी और सैनिक होने के कारण राजा अपने पड़ोसियों को घृणा से देखता है।"

ह्यूनसांग बताते हैं कि पुलकेशिन् द्वितीय क्षत्रिय था और उसकी प्रजा स्वेच्छा से उसकी आज्ञा का पालन करती थी। उसकी योजनाएँ और उद्देश्य विस्तृत थे। उसके लाभदायक कार्यों का प्रभाव सभी ओर अनुभव किया जाता था। सारा देश परिधि में लगभग 836 मील था। इसकी राजधानी की परिधि लगभग पाँच मील थी। उसके पश्चिम में एक बहुत बड़ी नदी थी। भूमि उर्वर थी और उस पर नियमित रूप से खेती की जाती थी।

विक्रमादित्य प्रथम (Vikramaditya I, 655-681 ई०)—प्रतीत होता है कि पुलकेशिन् द्वितीय की मृत्यु के पश्चात् बादामी और कुछ दक्षिणी प्रदेश कई वर्षों तक पल्लवों के अधिकार में रहे। आक्रमणकारियों को वहाँ से खदेड़ने के कई प्रयत्न किए गए किन्तु वे प्रयत्न असफल रहे क्योंकि पुलकेशिन् द्वितीय के पुत्रों में फूट थी। 642 से 655 ई० तक चालुक्य सिंहासन रिक्त रहा। सिंहासन के कई दावेदार थे और अन्त में विक्रमादित्य प्रथम पल्लवों से बादामी प्राप्त करने में सफल हुआ और इस प्रकार अपने पिता के सिंहासन पर बैठा। प्रतीत होता है कि पूर्वी चालुक्यों ने पुलकेशिन् द्वितीय के पुत्रों की सहायता न की।

विक्रमादित्य प्रथम ने 'सत्याश्रम', 'रणरसिक', 'अनिवारित', 'राजमल्ल', 'श्री-पृथ्वी-वल्लभ', 'भट्टारक', 'परममहेश्वर' और 'महाराजाधिराज परमेश्वर' उपाधियाँ धारण कीं। विक्रमादित्य ने सारे राज्य पर अपना अधिकार जमा लिया। पिछले राजाओं द्वारा जब्त किए गए देवताओं तथा ब्राह्मणों के अनुदान (grants) फिर प्रदान किए।

कहा गया है कि पल्लव राजा परमेश्वरवर्मा प्रथम ने विक्रमादित्य प्रथम की सेना को पेरुवलनल्लूर की लड़ाई में परास्त किया और उसे भागने पर विवश कर दिया। सम्भवतः पल्लव शासक ने बादामी का विध्वंस भी किया।

विक्रमादित्य ने अपने छोटे भाई धराश्रय जयसिंह वर्मा को गुजरात प्रदेश का वाइसरॉय नियुक्त किया और उसकी प्रान्तीय राजधानी सम्भवतः नवसारिक या नवसारी थी। धराश्रय नरसिंह वर्मा ने माही और नर्मदा के बीच वज्जद नामक एक शासक की सारी सेना को नष्ट किया। वज्जद को अस्थायी रूप से वलभी के मैत्रक वंश का शीलादित्य तृतीय मान लिया गया है।

विनयादित्य (vinayaditya)—विक्रमादित्य प्रथम के बाद उसका पुत्र विनयादित्य शासक बना जिसने 681 से 696 ई० तक राज्य किया। उसने 'श्री-पृथ्वी-वल्लभ' और 'सत्याश्रय' उपाधियाँ और सम्भवतः 'राजाश्रय' और 'युद्धमल्ल' उपाधियाँ भी धारण कीं। उसने पल्लवों, कालभ्रों, केरलों, हैहयों, विलों, मालवों, चोलों, पाण्ड्यों, अलुवों, गंगों आदि के साथ संघर्ष किया। उसने कामेर (या कावेर) पारासिक (ईरान) और सिंहल (लंका) आदि द्वीपों के राजाओं से शुल्क लिया। उसने समस्त उत्तरापथ के स्वामी को परास्त करके 'पालीध्वज' नामक पताका प्राप्त की। उत्तरापध के स्वामी का नाम ज्ञात नहीं है।

विजयादित्य (Vijayaditya)—विनयादित्य के बाद उसका पुत्र विजयादित्य राजा बना और उसने 696 से 733 ई० तक राज्य किया। अपने पिता और दादा के समय में उसने सैनिक और प्रशासनीय कार्यों में प्रशिक्षण लिया। पहले यही माना जाता था कि उसका राज्य शान्तिपूर्ण था। किन्तु अब यह प्रतीत होता है कि पल्लवों के साथ उसका संघर्ष हुआ। सम्भवतः युद्ध उसी ने शुरू किया था। उसने काँची को विजय किया और पल्लव राजा परमेश्वरवर्मा से शुल्क लिया। बीजापुर जिले में पट्टदकल स्थान पर उसने शिव-मन्दिर बनवाया। उसकी बहन ने लक्ष्मेश्वर में एक जैन मन्दिर बनवाया। वह जैन धर्म के प्रति सहिष्णु था और उसने जैन प्रचारकों को कई ग्राम दान में दिए।

विक्रमादित्य द्वितीय (Vikramaditya II)—विक्रमादित्य के बाद उसका पुत्र विक्रमादित्य द्वितीय राजा बना। उसने 734 से 745 ई० तक राज्य किया। उसकी एक रानी ने पट्टदकल में एक शिव मन्दिर बनवाया। दूसरी रानी ने पुराने मन्दिर के निकट एक और बड़ा मन्दिर बनवाया।

पल्लवी के साथ संघर्ष उसके राज्य में भी चलता रहा। कहा गया है कि पल्लव राजा को भगा कर विक्रमादित्य द्वितीय ने उसके वाद्य-यन्त्रों, पताका, हाथियों और रत्नों पर अधिकार कर लिया। उसने काँची में प्रवेश तो किया लेकिन उसे नष्ट नहीं किया। विक्रमादित्य द्वितीय ने सम्भवतः चोल, केरल, पाण्ड्य, कालभ्र और अन्य शासकों की शक्ति को भी समाप्त किया। दक्षिणी महासागर के तट पर उसने एक विजय-स्तम्भ बनवाया। चालुक्यों के राज्य पर अरबों (Arabs) ने आक्रमण किया किन्तु वे परास्त हुए। विक्रमादित्य द्वितीय एक महान् निर्माता और विद्वानों का संरक्षक था।

कीर्तिवर्मा द्वितीय (Kirtivarma II)—विक्रमादित्य द्वितीय के पश्चात् उसका पुत्र कीर्तिवर्मा द्वितीय राजा बना। उसने 746 से 747 ई० तक राज्य किया। उसने अपने पिता की पल्लव अभियान में सहायता की थी। गौरवमय चालुक्य वंश का वह अन्तिम शासक था। पचास वर्ष बाद राष्ट्रकूटों के कारण चालुक्यों की शक्ति का पूर्णतः ह्रास हो गया। राष्ट्रकूट राजा दन्तिदुर्ग ने चालुक्य शक्ति को पूर्णतः समाप्त कर दिया। उसने दक्षिण में कर्नाटक की चालुक्य सेना को भी परास्त किया जिसकी महान् सैनिक परम्परा थी। प्रतीत होता है कि दन्तिदुर्ग की मृत्यु के पश्चात् कीर्तिवर्मा द्वितीय ने अपने वंश के गौरव को पुनः स्थापित करने की चेष्टा की किन्तु राष्ट्रकूट राजा कृष्ण प्रथम ने उसे परास्त किया। कहा गया है कि कृष्ण प्रथम "हलराते हुए पाली वंशों की माला पहने चालुक्य वंश के वैभव को बलपूर्वक उठा कर ले गया।" और उसने "महान् बराह (चालुक्य चिन्ह), जिसे युद्ध करने की लालसा हुई थी, पर आक्रमण किया और उसे हिरण बना दिया।"

राष्ट्रकूट वंश दो शताब्दियों तक सर्वोच्च रहा और उसके बाद कल्याणी के उत्तरकालीन पश्चिमी चालुक्य (Later Western Chalukyas) ने उन्हें परास्त किया।

कल्याणी का उत्तरकालीन पश्चिमी चालुक्य वंश (Later Western Chalukyas of Kalyani)—उत्तरकालीन पश्चिमी चालुक्य वंश का संस्थापक तैल या तैलप द्वितीय (Taila or Tailapa II) था। उसने 973 से 997 ई० तक 24 वर्ष राज्य किया। उसने पूर्वकालीन पश्चिमी चालुक्यों के खोये जाये हुए राज्य का अधिकाँश भाग पुनः प्राप्त किया और 'महाराजाधिराज', 'परमेश्वर' तथा 'चक्रवर्ती' उपाधियाँ धारण कीं। तैल को चेदि, उड़ीसा, नेपाल और कुन्तल को विजय करने का श्रेय दिया जाता है। अतः उत्तरकालीन पश्चिमी चालुक्य अपने आपको कुन्तल या कन्नड़ जिले के स्वामी कहने में गर्व अनुभव करते थे। तैल ने सम्भवतः मालवा के परमार राजा मुंज का भी वध किया।

तैल के पश्चात् उसका पुत्र सत्याश्रय राजा बना जो सोल्लीन और सोल्लीर भी कहलाता था। कहा गया है कि उसने चोल आक्रान्ता के विरुद्ध विजय प्राप्त की जिसकी सम्पत्ति उसने लूट ली और उसका राज्य भी विजय कर लिया। सत्याश्रय के उत्तराधिकारी दशवर्मा, विक्रमादित्य, पंचम, जयसिंह प्रथम और जगदेकमल्ल प्रथम थे। जगदेकमल्ल ने सम्भवतः मालवा के राजा भोज को परास्त किया। उसे मालवा संगठन और चेदि राजा को परास्त करने का भी श्रेय दिया जाता है। उसने चोल राजा राजेन्द्र को भी परास्त किया हालांकि चोल अभिलेखों में इस बात से इन्कार किया गया है।

सोमेश्वर प्रथम (Somesvara I)—अगला राजा सोमेश्वर प्रथम था जो 1042 ई० में राजा बना। उसने मान्यखेत को त्याग कर कल्याणपुर या कल्याण को अपनी राजधानी बनाया। चोल वंश के साथ संघर्ष उसके राज्य में भी चलता रहा। सोमेश्वर प्रथम के अभिलेखों में कहा गया है कि उसने चोल राजा राजेन्द्र को परास्त किया और उसके उत्तराधिकार को तोड़ दिया। किन्तु चोल अभिलेखों में कहा गया है कि राजेन्द्र ने सोमेश्वर प्रथम को 1053 ई० में पेरारी नदी के तट पर कोप्पल की लड़ाई में परास्त किया। विह्लण ने चोल राज्य तथा उसकी राजधानी काँची पर चालुक्यों की चढ़ाई का उल्लेख किया है। उसने परमार राजधानी धारा की लूट का भी उल्लेख किया है और चेदि के कालचूरी शासक करण के पराभव का भी वर्णन किया है। किन्तु चोल अभिलेख में कहा गया है कि 1061 ई० में सोमेश्वर प्रथम कुदाल-संगम् के स्थान पर चोल राजा राजेन्द्र द्वितीय से दूसरी बार पराजित हुआ। सोमेश्वर प्रथम ने चोल राजा वीरराजेन्द्र को फिर चुनौती दी किन्तु निश्चित समय पर वह उपस्थित न हुआ। सोमेश्वर प्रथम के राज्य में कोशल और कलिंग भी सम्मिलित थे। चक्रकूट के नागवंशी शासक धरवर्ष ने उसकी प्रभुता स्वीकार कर ली।

सोमेश्वर प्रथम ने अपने दूसरे पुत्र विक्रमादित्य को अपना उत्तराधिकारी बनाना अधिक अच्छा समझा। किन्तु विक्रमादित्य ने यह सम्मान अपने बड़े भाई सोमेश्वर द्वितीय के लिए छोड़ दिया। चोल तथा केरल वंशों के विरुद्ध लंका तक तथा बंगाल और असम पर प्राप्त विजयों में लगी सेनाओं का सेनापति विक्रमादित्य को नियुक्त किया गया। उसे चोलवंशियों से गंगईकोण्ड-चोलपुरम्, पूर्वी चालुक्यों की राजधानी वेङ्गी और परमारों के दुर्ग चक्रवोत्र को विजय करने का श्रेय दिया जाता है। जब विक्रमादित्य वापस आया तो उसे ज्ञात हुआ कि उसके पिता ने, जो एक घातक बीमारी का शिकार था, तुंगभद्रा नदी में डूब कर आत्म-हत्या कर ली थी।

सोमेश्वर द्वितीय (Somesvara II)—इन परिस्थितियों में सोमेश्वर द्वितीय 1608 ई० में सिंहासनारूढ़ हुआ। दुर्भाग्यवश सोमेश्वर द्वितीय विलासिता में पड़ गया और अपने भाई विक्रमादित्य की राज-निष्ठा खो बैठा। सोमेश्वर द्वितीय को विक्रमादित्य को युवराज मानना पड़ा और विक्रमादित्य राज्य के दक्षिण भाग में स्वतन्त्रतापूर्वक राज्य करने के लिए चला गया। विह्लन ने सोमेश्वर के विरुद्ध विक्रमादित्य के विद्रोह का विस्तृत वर्णन किया है। विक्रमादित्य ने कोंकण के राजा जयकेशिन् तथा केरल के राजा का समर्पण स्वीकार किया। विक्रमादित्य ने चोल राजा वीरराजेन्द्र के विरुद्ध प्रस्थान किया और उसने शान्ति-याचना की तथा अपनी पुत्री का विवाह विक्रमादित्य से कर दिया। जब वीरराजेन्द्र की मृत्यु हुई तो चोल राज्य में अराजकता फैल गई। विक्रमादित्य ने काँची जाकर विद्रोह को दबाया और अपने साले अधि-राजेन्द्र को चोल सिंहासन पर बिठा दिया। वापसी पर विक्रमादित्य ने सुना कि पूर्वी चालुक्य राजा ने उसके साले का वध कर दिया है। विक्रमादित्य और सोमेश्वर द्वितीय ने चोल सिंहासन के प्रतिद्वन्द्वी दावेदारों का पक्ष लिया। विक्रमादित्य परास्त हुआ लेकिन 1075 ई० में सोमेश्वर द्वितीय को उसने बन्दी बना लिया। पहले उसने सोमेश्वर द्वितीय को फिर राजा बनाने की सोची लेकिन फिर वह स्वयं 1076 ई० में विक्रमादित्य षष्ठ के नाम से राजा बन गया।

विक्रमादित्य षष्ठ (Vikramaditya VI)—विक्रमादित्य षष्ठ ने एक नए संवत् की स्थापना की जिसका नाम चालुक्य-विक्रमकाल था और यह 1076 ई० से शुरू हुआ। विक्रमादित्य षष्ठ ने 50 वर्ष राज्य किया। उसने अपने छोटे भाई जयसिंह को वनवासी का वाइसरॉय नियुक्त किया था किन्तु 1083 में उसने विद्रोह कर दिया। विक्रमादित्य ने पूर्वी चालुक्य वंश के अवैध अधिकारी (Usurper) को भी दण्ड दिया। उसके मन्त्री अनन्तपाल ने वेङ्गी को विजय किया। दो महान् लेखक, विह्लण और विज्ञानेश्वर, विक्रमादित्य षष्ठ के ही दरबारी थे।

सोमेश्वर तृतीय (Somesvara III)—विक्रमादित्य षष्ठ के पश्चात् उसका पुत्र सोमेश्वर तृतीय राजा बना। सैनिक कार्यों की अपेक्षा साहित्यिक कार्यों में उसे अधिक रुचि थी। उसके सामन्त विष्णुवर्धन ने अपनी स्वतन्त्रता की घोषणा कर दी और उसने पश्चिमी चालुक्य राज्य का कुछ भाग भी विजित किया।

जगदेकमल्ल द्वितीय (Jagadekamalla II)—सोमेश्वर तृतीय के पश्चात् उसका पुत्र जगदेकमल्ल द्वितीय शासक बना। उसने 1135 से 1151 ई० तक राज्य किया। होयसाल राजा ने चालुक्य राज्य पर आक्रमण किया। जगदेकमल्ल द्वितीय की मृत्यु के पश्चात् उसका छोटा भाई तैल तृतीय (Taila III) राजा बना जिसने 1151 से 1163 तक राज्य किया। काकतीय आक्रान्ता प्रोल द्वितीय ने उसे बन्दी बना लिया। उसे मुक्त तो किया गया लेकिन घरेलू कठिनाइयों के कारण वह दुर्बल हो गया। सेनापति बिज्जल ने सेना में विद्रोह करवा दिया और स्वयं सिंहासन पर अधिकार कर लिया। किन्तु **गण्डनायक ब्रह्म** (Gandanayaka Brahma) के अधीन चालुक्यों ने फिर अपनी स्थिति सम्भाल ली। तथापि यह पुनःस्थापना अल्पकालीन थी। देवगिरि के यादव वंश और वीर बल्लाल प्रथम के अधीन होयसाल वंश ने चालुक्यों पर आक्रमण किया। उत्तरकालीन पश्चिमी चालुक्य वंश लगभग 1190 ई० में समाप्त हो गया।

पूर्वी चालुक्य वंश (Eastern Chalukyas)—पुलकेशिन् द्वितीय का भाई **विष्णुवर्धन** पूर्वी चालुक्य वंश का संस्थापक था। 615 ई० में उत्तरी तथा दक्षिणी मराठा प्रदेश में पुलकेशिन् द्वितीय के वाइसरॉय के रूप में उसने कार्य शुरू किया। 631 ई० में उसे विशाखापत्तनम् से नैल्लोर जिले तक के प्रदेश का वाइसरॉय बना दिया गया। किन्तु इसके कुछ समय पश्चात् उसने अपनी स्वतन्त्रता की घोषणा कर दी और आन्ध्र देश में पूर्वी चालुक्य वंश की स्थापना की। उसकी राजधानी वेंगी थी और उसने 615 से 633 ई० तक 18 वर्ष राज्य किया।

जयसिंह प्रथम (Jayasimha I)—विष्णुवर्धन के बाद उसका पुत्र महाराज जयसिंह प्रथम राजा बना और उसने 633 से 663 ई० तक राज्य किया। कुछ विद्वानों ने उसका राज्य 33 वर्ष बताया है और कुछ ने 30 वर्ष। उसी के राज्यकाल में ही पल्लवों ने पुलकेशिन् द्वितीय को परास्त किया और 642 ई० के लगभग राजधानी बादामी सहित उसके साम्राज्य के दक्षिणी भाग पर अधिकार कर लिया। प्रतीत होता है कि जयसिंह ने अपने विपत्तिग्रस्त सम्बन्धियों की सहायता नहीं की थी।

जयसिंह प्रथम के बाद लगभग 663 ई० में उसका भाई **इन्द्रवर्मा** (Indravarma) राजा बना जो इन्द्रराज, इन्दुराज और इन्द्रभट्टारक नामों से भी विख्यात था। उसने 'सिंहविक्रम' और 'त्यागधेनु' उपाधियाँ धारण कीं। कहा जाता है कि उसने केवल एक सप्ताह राज्य किया। उसके पश्चात् उसका पुत्र **विष्णुवर्धन द्वितीय** (Vishnuvardhana II) राजा बना जिसने लगभग 663 से 672 ई० तक राज्य किया। विष्णुवर्धन द्वितीय के पश्चात् उसका पुत्र **मंगी-युवराज** (Mangi-yuvaraja) शासक बना। उसने 672 से 693 ई० तक राज्य किया। उसके बाद उसके पुत्र **जयसिंह द्वितीय** (Jayasimha II) ने लगभग 696 से 709 ई० तक राज्य किया। उसी के राज्यकाल में विजयादित्यवर्मा ने 'महाराज' उपाधि धारण की और जयसिंह द्वितीय के आधिपत्य का अन्त किया। जयसिंह द्वितीय की मृत्यु पर उसके सबसे छोटे भाई **कोक्किलि** (Kokkili) या कोकुलि विक्रमादित्य ने सिंहासन पर अधिकार कर लिया। उसने अपने भतीजे के लिए मध्यम-कलिंग को विजय किया। किन्तु उसके बड़े भाई **विष्णुवर्धन तृतीय** (Vishnuvardhana III) ने उसे अपदस्थ कर दिया। उसने 709 से 746 ई० तक 37 वर्ष तक राज्य किया। उसने मध्यम-कलिंग को भी अपने राज्य में मिला लिया। एक निषाद राजा पृथ्वीव्याघ्र ने अश्वमेध यज्ञ के लिए एक घोड़ा छोड़ दिया। उसने नैल्लोर जिले की उत्तरी सीमा से कुछ उत्तर तक पूर्वी चालुक्य राज्य का दक्षिणी भाग हस्तगत कर लिया। किन्तु विष्णुवर्धन तृतीय के सेनानी उदयचन्द्र ने निषाद राजा को परास्त किया और उससे चालुक्य प्रदेश पुनः प्राप्त कर लिए। उसके बाद उसके पुत्र **विजयादित्य प्रथम** (Vijayaditya I) ने 746 से 764 ई० तक राज्य किया। उसी के राज्यकाल में राष्ट्रकूटों ने बादामी के पश्चिमी चालुक्यों को समाप्त किया।

विजयादित्य द्वितीय (Vijayaditaya II)—अगला मुख्य शासक था। उसने 799 से 843 ई० तक राज्य किया। चारों ओर वह गंगों तथा राष्ट्रकूटों जैसे शत्रुओं से घिरा हुआ था। किन्तु उसने उन सब का बहादुरी से मुकाबला किया। राष्ट्रकूट राजा गोविन्द तृतीय ने अपनी नई राजधानी की किलेबन्दी के लिए उससे सहायता ली, जिससे ज्ञात होता है कि उन दोनों में मैत्री थी। विजयादित्य द्वितीय ने देवता शम्भु के लिए कई मन्दिर बनवाये।

विजयादित्य तृतीय (Vijayaditya III)—अपने पिता विजयादित्य द्वितीय का उत्तराधिकारी बना और उसने 844 से 888 ई० तक राज्य किया। उसने राष्ट्रकूट शासक कृष्ण द्वितीय को परास्त किया और उसकी राजधानी मान्यखेत या मलखेद को नष्ट कर दिया। उसने गंगों को भी परास्त किया। राष्ट्रकूट राजा अमोघवर्ष ने विजयादित्य तृतीय से श्रद्धांजलि प्राप्त करने का दावा किया। सम्भवत: विजयादित्य तृतीय युद्ध में मारा गया और उसकी हत्या मंगी नामक एक व्यक्ति ने की जिसे एक चोल शासक समझा जाता है।

भीम प्रथम (Bhima I) ने 888 से 918 ई० तक राज्य किया। उसके बाद **अम्म विष्णुवर्धन षष्ठ** (Amma Vishnuvardhana VI) राजा बना। उसे अपने सम्बन्धियों तथा सामन्तों की ओर से, जिन्होंने राष्ट्रकूट राजा कृष्ण तृतीय से मिलकर षड्यन्त्र रचा था, कठिनाइयों का सामना करना पड़ा। चालुक्य सिंहासन पर कई प्रतिद्वन्द्वियों ने अवैध अधिकार कर लिया। केवल **भीम तृतीय** (Bhima III) के समय में ही स्थिति को सुस्थिर किया गया। उसने सिंहासन पर अधिकार करने वाले युद्धमल्ल का वध किया। उसने अपने पड़ोसी राजाओं को भी मार दिया जिनमें राष्ट्रकूट राजा गोविन्द पंचम भी था। भीम तृतीय ने 934 से 945 ई० तक राज्य किया। उसके बाद उसका पुत्र **विजयादित्य षष्ठ** (Vijayaditya VI) राजा बना और उसने 948 से 970 ई० तक राज्य किया। 973 से 1003 ई० तक पूर्वा चालुक्यों के राज्य का प्रशासन सम्भवत: चोलों (Cholas) ने चलाया। पूर्वी चालुक्य राजा शक्तिवर्मा ने 1003 से 1015 ई० तक राज्य किया। अगला मुख्य राजा विष्णुवर्धन अष्टम (Vishnuvardhana VIII) था जिसने 1022 से 1063 ई० तक राज्य किया। उसके बाद उसका पुत्र कुलोत्तुंग चोलदेव (Kulottunga Choladeva) राजा बना और उसने 1063 से 1118 ई० तक राज्य किया। तीन पुश्तों तक अन्तर्विवाहों के कारण रक्त की दृष्टि से वह चालुक्य की अपेक्षा चोल अधिक था। उसने चालुक्य सिंहासन की अपेक्षा चोल सिंहासन को महत्त्व दिया और चालुक्य सिंहासन को अपने चाचा विजयादित्य सप्तम की देख-रेख में छोड़ दिया जो वेङ्गी का गवर्नर था।

चालुक्यों के अधीन दक्षिण की स्थिति (Deccan Under the Chalukyas)– चालुक्य वंशी ब्राह्मण धर्म के अनुयायी थे अत: इसमें आश्चर्य नहीं कि बौद्ध धर्म की अवनति होने लगी। किन्तु उन्होंने धार्मिक सहिष्णुता की नीति का अनुसरण किया। उनके समय में जैन-धर्म ने दक्षिण में प्रगति की। ऐहोल अभिलेख के जैन लेखक रविकीर्ति ने पुलकेशिन् द्वितीय से ''सर्वोच्च पुरस्कार'' प्राप्त करने का दावा किया। उसी प्रकार विजयादित्य और विक्रमादित्य ने भी प्रसिद्ध जैन विद्वानों को ग्राम दान दिए। चालुक्य शासकों द्वारा बौद्ध धर्म को संरक्षण देने का प्रमाण नहीं मिलता। बौद्ध धर्म का ह्रास हो रहा था लेकिन यह पूर्णत: लुप्त नहीं हुआ था। इसकी पुष्टि ह्यूनसाँग के इस कथन से होती है : ''बौद्ध विहार लगभग एक सौ थे और दोनों यानों के अनुयायी बन्धु 5,000 से अधिक थे। राजधानी के अन्दर और बाहर पाँच अशोकीय उद्यान थे जहाँ पर चार गत बुद्धों ने विश्राम किया था। पत्थर और ईंटों के असंख्य अन्य स्तूप थे।''

ब्राह्मण धर्म में पौराणिक देवी-देवता प्रसिद्ध हो गए। वाटापी (या बादामी) और पट्टदकल (बीजापुर ज़िला) ब्रह्मा, विष्णु और शिव के सम्मान में भव्य स्मारक बनवाए गए। इन देवताओं के भी अनेक नाम हैं। उपासना की यज्ञ-पद्धति की ओर विशेष ध्यान दिया गया। यज्ञ-पद्धति पर कई पुस्तकें लिखी गईं। केवल पुलकेशिन् प्रथम को ही 'अश्वमेध', 'वाजपेय', 'पुण्डरीक' आदि यज्ञ करने का श्रेय दिया जाता है।

चालुक्य शासकों के संरक्षण में कला ने महान् प्रगति की। गुप्त शैली से भिन्न इस युग में चालुक्य वास्तु-कला का विकास हुआ। अ-होल (Aihole) में ही 70 मंदिर मिलते हैं। अ-होल के अलावा बादामी तथा पट्टदकल में भी मन्दिर हैं। अ-होल को उचित रूप से भारतीय मन्दिर वास्तु-कला की शाला कहा गया है। यहाँ चालुक्य-कला अपने अनुपम सौंदर्य में उपस्थित है। अ-होल के तीन मन्दिर विशेष रूप से प्रसिद्ध हैं। उनके नाम लधखां (Ladh Khan) मन्दिर.

दुर्गामन्दिर तथा हुछीमलिगुडि मन्दिर हैं। लधखाँ मन्दिर में निश्चित रूप से चट्टान से कटे हाल की कुछ विशेषताएँ हैं। तथ्य यह है कि इसमें नीची चपटी छत वाला मंडप है। यह 50 फुट चौड़ा है। इसके तीन ओर दीवारें हैं; हर ओर एक छज्जा है जिसके स्तम्भों पर गंगा–यमुना के विचार अंकित हैं। वास्तु–कला की दृष्टि से मन्दिर दो आधारों पर महत्त्वपूर्ण है। मन्दिर के बाह्य कोणों के प्लास्टर में परावर्ती द्राविड़ व्यवस्था के आरम्भ के लक्षण मिलते हैं क्योंकि धुरी के ऊपरी सिर को पतला बनाया गया है और दीवानगिरी को सहारा देने के लिए मस्तक के चौड़े भाग को फैलाया गया है। परावर्ती चालुक्य मन्दिरों को प्रभावित करने वाला अन्य गुण चौड़ी छत है जिसमें पत्थर के टुकड़े लगे हैं और उनके सिरों के मिलने के स्थान को कुँज सा बना दिया गया है। उनको पतले लम्बे पत्थरों ने उठाया हुआ है जो उन्हें कुँज की आकृति देते हैं। दुर्गामन्दिर में एक नई विशेषता ओसारा या अन्तराल है जो मुख्य हाल और मठ के मध्य अन्तस्थ भवन है। इसमें गर्भगृह के ऊपर शिखर था जो गिर गया है। हुछीमलिगुडि मन्दिर अ–होल समूह में सबसे पुराना मालूम होता है और नागरा आकृति का शिखर है।

सातवीं शताब्दी में चट्टान काट कर हाल बनाने का आन्दोलन आरम्भ हुआ था। इस काल से सम्बद्ध पट्टदकल में 10 मन्दिर हैं। उनमें छः द्राविड़ शैली के हैं। विरूपाक्ष मन्दिर सबसे महत्त्वपूर्ण है। इसे विक्रमादित्य द्वितीय की पत्नी लोक महादेवी ने बनवाया था। इसमें काँची के कैलाश नाथ मन्दिर की अनेक विशेषताएँ विद्यमान हैं। पर्सी ब्राउन का मत है कि समग्र रूप में विरूपाक्ष मन्दिर का प्रारूप सौंदर्यपूर्ण है किन्तु आन्तरिक भाग अत्यधिक सुन्दर है। यह समझने योग्य, विस्तृत योजना है क्योंकि इसमें मध्यवर्ती निर्माण के साथ–साथ अलग से सामने नंदी मंडप है। इसके चारों ओर प्राचीर है और एक सुन्दर द्वार। मुख्य भवन 120 फुट लम्बा है। चबूतरे, प्लास्टर, दीवारगिरी तथा छज्जे तथा छिद्र युक्त खिड़कियाँ महत्त्वपूर्ण हैं। मन्दिर के बाह्य भाग में आले हैं जिनमें आदमकद मूर्तियाँ रखी गई हैं। मन्दिर का शिखर वर्गाकार है। यह अतीत की उन इमारतों में से एक है जिसमें उन आदमियों की आत्मा अभी तक रमी हुई है जिन्होंने इसकी कल्पना की तथा अपने हाथ से निर्माण किया।

चालुक्य कला की एक विशेषता हिन्दू देवताओं के लिए चट्टानों से काटे गए मन्दिरों का निर्माण थी। बादामी के पूर्वकालीन चालुक्य राजा मंगलेश ने बादामी में शिव का एक सुन्दर मन्दिर बनवाया। अजन्ता और एलौरा दोनों चालुक्य राज्य में स्थित थे। पुलकेशिन् द्वितीय का एक आलेख अजन्ता के प्रथम विहार–सदन में एक आँशिक चित्र से मिलता है जिसमें ईरानी दूत–मण्डल के अभिवादन को प्रस्तुत किया गया है। चित्रित सदनों के अतिरिक्त अजन्ता में अनेक चैत्य–सदन हैं। उनमें से कुछ सम्भवतः पूर्वकालीन पश्चिमी चालुक्यों के समय में बनाए गए थे।

चालुक्य काल के कई स्मारक प्राप्त हुए हैं जो बिना गारे चूने के केवल पत्थरों से ही बनाए गए हैं। मेगुति में शिव का मन्दिर पत्थर के स्मारक बनाने की कला के उच्चतम स्तर का प्रतीक है। यह मन्दिर लगभग 634 ई० में बनाया गया था। इसी में रविकीर्ति द्वारा लिखित पुलकेशिन् द्वितीय की प्रशस्ति भी है। ऐहोल का विष्णु मन्दिर बहुत अच्छी अवस्था में है। इसमें विक्रमादित्य द्वितीय का एक अभिलेख भी है। बौद्ध चैत्य–सदन की भाँति यह मन्दिर एक चट्टान पर पत्थरों से बना है। इस पर उत्तम मूर्ति–कला है। आकृति और सम्पादन की दृष्टि से ऊँचे उड़ते हुए दो देव उत्कृष्ट हैं। चैत्य–कक्ष स्तम्भों वाले एक सदन में है जिसके चारों ओर प्रदक्षिणापथ है।

विजयादित्य (696–733 ई०) ने बीजापुर जिले में पट्टदकल के स्थान पर 'विजयेश्वर' के नाम से शिव का एक मन्दिर बनवाया जिसे अब 'संगमेश्वर' कहा जाता है। उसकी बहन ने लक्ष्मेश्वर में 'अनेसेज्जेय–बसादी' नाम से एक जैन मन्दिर बनवाया।

विक्रमादित्य द्वितीय की पत्नी ने पट्टदकल में 'लोकेश्वर' नाम से एक शिव–मन्दिर बनवाया जिसे अब 'विरूपाक्ष' कहा जाता है। इस मन्दिर की योजना ऐसी है कि 'अन्तराल' या पुरोहितों के सदन के सामने स्तम्भों वाला एक 'मम्डपम्' या लोगों की सभा का स्थान है जो लगभग 50 फुट वर्ग का है। छत एक–एक पत्थर से बने सोलह स्तम्भों पर टिकी है। इन स्तम्भों के कढ़ाईदार स्तम्भशीर्ष हैं। प्रत्येक ओर को बाहरी दीवारों में चार खिड़कियाँ हैं। महान् कला समालोचक हैवेल (Havell) के अनुसार, इस मन्दिर में ''यूरोप की प्राचीन उत्कृष्ट आकृति की भव्यता और गॉथिक (Gothic) कला

की महान् कल्पना'' का मिश्रण है। विक्रमादित्य द्वितीय की एक रानी ने 'लोकेश्वर' या 'विरूपाक्ष' मन्दिर के पास ही 'त्रिलोकेश्वर' नाम से एक और भव्य मन्दिर बनवाया।

Suggested Readings

Aiyangar, S. Krishnaswami : Evolution of Hindu Administrative Institutions in South India, Madraṣ, 1931.

Aiyer, K.V. Subrahmanya : Historical Sketches of Ancient Deccan Madras, 1917.

Balasubramanyam, R. : Early Chola Temples.

Balasubramanyam, R. : Early Chola Art.

Govindaswami, S.K. : Cola Painting (Journal of Indian Society of Oriental Art, Vol. I, 1933, pp. 73-80).

Majumdar, R.C. (Ed.) : The Classical Age.

Majumdar, R.C. (Ed.) : The Age of the Imperial Kanauj.

Majumdar, R.C. (Ed.) : The Struggle for Empire.

Sastri, K.A.N. : The Cholas, 1955.

Sastri, K.A.N. : Studies in Chola History and Administration.

Sastri, K.A.N. : The Culture and History of the Tamils.

Sastri, K.A.N. : History of South India, Bombay, 1952.

Sastri, K.A.N. : Foreign Notices of South India, Madras, 1939.

Sastri, K.A.N. : Sri Vijaya, Madras, 1949.

Sathianathaier, R. : Studies in the Ancient History of Tondamandalam, Madras, 1944.

Sewell, R. : Historical Inscriptions of Southern India, ed. by S. Krishnaswami Aiyangar, Madras, 1932.

Smith, V.A. : Early History of India.

Subramaniam, T.N. : South India Temple Inscriptions, Vols. I, II, III, Madras, 1953, 1954, 1955

अध्याय

43

पल्लव वंश

(The Pallavas)

उत्पत्ति (Origin)—पल्लवों की उत्पत्ति का प्रश्न आधी शताब्दी से भी लम्बे समय से वाद-विवाद का विषय रहा

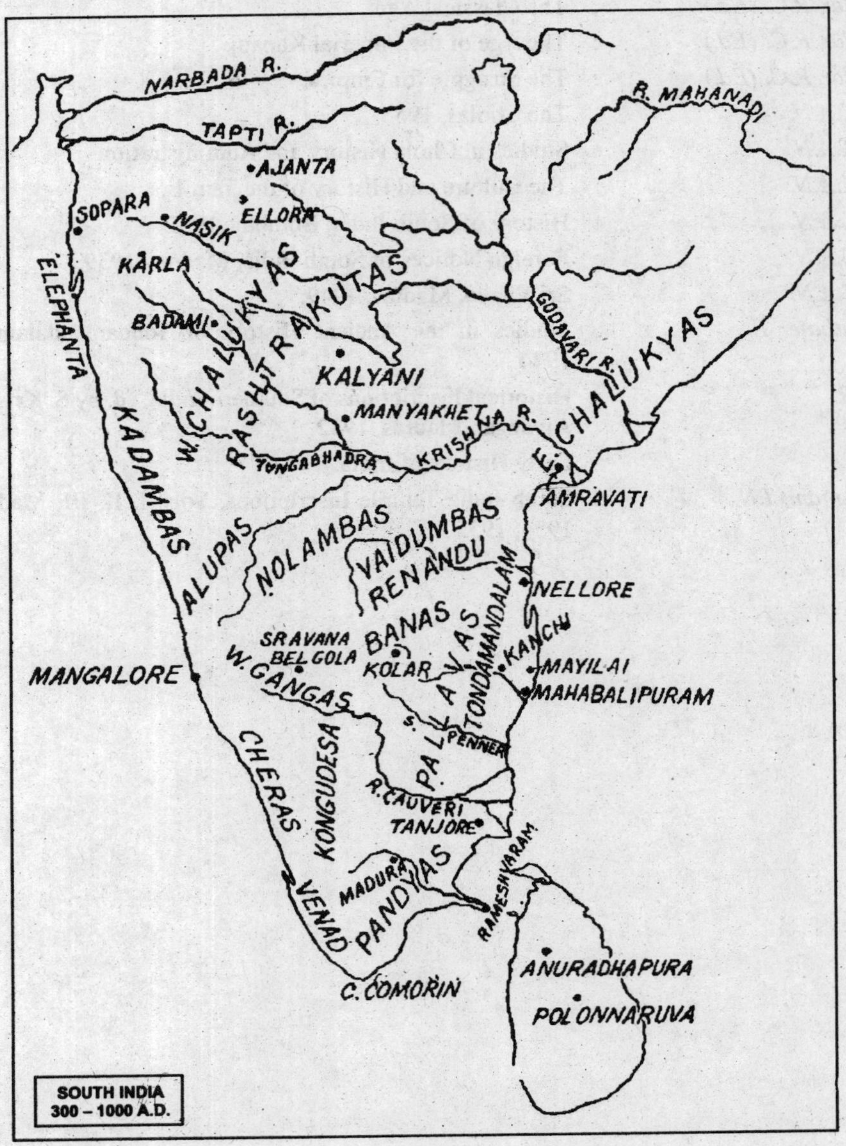

है, किन्तु दुर्भाग्यवश अभी तक विद्वान् सहमत नहीं हो पाये हैं। इस विषय के अन्तिम लेखक प्रो० राव भी यह मानने पर विवश हो गये कि ''पल्लवों की उत्पत्ति का प्रश्न अब भी अन्धकार में छिपा हुआ है।''

'पल्लव' और 'अहलव' शब्द एकदम एकरूपी हैं और इसीलिए बी०एल० राइस (B.L. Rice) और वी० वेंकय्या (V. Venkayya) जैसे विद्वानों ने यह मत प्रस्तुत किया कि पल्लव और पहलव वास्तव में एक ही थे। इस प्रकार काँची के पल्लव वंश को अन्त में ईरानी जाति समझना होगा। कहा गया है कि शकों के साथ ही सिन्धु घाटी और पश्चिमी भारत में बस जाने के बाद पहलवों या पार्थियनों ने शातवाहनों के पतन-काल में टोण्डमण्डलम् पर अधिकार कर लिया। इस विचार के आलोचकों का कथन है कि पल्लवों के आलेखों में पहलवों का बिल्कुल भी उल्लेख नहीं मिलता। शक जैसे विदेशी शासक अश्वमेध यज्ञ नहीं करते थे अतः पल्लव नाम से पहलव लोग इस यज्ञ के प्रति आसक्त नहीं हो सकते थे। काँची के एक मन्दिर में एक मूर्ति में एक ताज दिखाया गया है जो हाथ की खोपड़ी की तरह का है। यह उसी प्रकार का है जो डेमेट्रियस (Demetriul) के सिक्कों पर उसने पहना हुआ है। किन्तु ऐसे तर्क से तो नागार्जुनीकुण्ड के इक्ष्वाकु वंश को सिथियन (Scythian) मानना होगा क्योंकि उस स्थान से प्राप्त मूर्तियों में एक 'सिथियन योद्धा' भी है। जोवियो-डब्रयूल (Jouveau-Dubreuil) के अनुसार, रुद्रदमन का पहलव मन्त्री सुविशाख काँची के पल्लवों का पूर्वज था। ''पल्लव वंशी उत्तर से आए, विस्थापित थे और उपयुक्त शब्दों में वे दक्षिणापथ के कोंकण तथा अनर्त प्रदेशों में कुन्तल और बनवास के मार्ग से दक्षिण भारत में आये।''

डॉ० कृष्ण स्वामी आयंगर ने माना है कि ''काँची के पल्लवों के लिए उनके समय के आलेखों में 'पहलव' शब्द प्राप्त नहीं होता।..........पहली बार जब इस शब्द को पल्लवों के लिए प्रयोग किया गया तो यह तामिल शब्द टोण्डयर और 'टोण्डमन्' का अनुवाद दिखाई देता है और इसकी पुष्टि कुछ ताम्र अनुदान-पत्रों से होती है जिनमें समानार्थक शब्द 'पल्लव' के पक्ष में कुछ धुन्धले से प्रमाण मिलते हैं। यह निस्सन्देह इस शब्द का बाद के समय का प्रयोग है किन्तु इससे संकेत मिलता है कि उस समय भी पारम्परिक विचार यही था कि वे पहलवों की तरह विदेशी नहीं थे। जितने भी प्रमाणों का निरीक्षण किया गया है उनमें इसका कोई संकेत नहीं है कि वे लोग या परिवार उत्तर-पश्चिम से आये थे और बाद में राजवंश बन गए। इस प्रकार एक जन-समूह का दूसरे जन-समूह के साथ सम्बद्ध होना केवल एक संदिग्ध सम्भावना पर आधारित है जबकि एक दक्षिणी शब्द का संस्कृत में परिवर्तन या अनुवाद सम्भावना से अवश्य ही अधिक है जैसा कि 'द्रविड़' या 'द्रमिड़' शब्द से ज्ञात होता है।''

प्राचीन तामिल साहित्य के आलोचनात्मक अध्ययन से ज्ञात होता है कि पल्लवी का मौलिक सम्बन्ध लंका से था। ''मनिमेकलई'' और ''चिलपट्टीकरन'' नामक तामिल काव्यों से प्रतीत होता है कि समुद्र के मार्ग से चोल राजधानी पुहार या काविरीपद्दिनाम का विध्वंस दूसरी शताब्दी ईसवी की तीसरी चौथाई के अन्त से पहले ही हुआ होगा और चोल राजा किल्ली बलवान या नेड़मुड़ी किल्ली ने फिर अपनी राजधानी उरैयूर में स्थापित की। कोलम्बो के मुदालियार सी० रासनायगम् के अनुसार, इस चोल राजा का मणिपल्लवम् के नाग राजा व वलैवानम् की पुत्री से कुछ सम्बन्ध था जिससे एक पुत्र टोण्डईमान् इलन्तिरायन उत्पन्न हुआ जिसे उसके पिता किल्ली बलवान् ने टोण्डईमण्डलम् का राजा बना दिया और उसकी राजधानी काँची निश्चित की। इस प्रकार स्थापित नए वंश ने अपना नाम 'मणिपल्लवम्' शब्द के दूसरे अर्द्धभाग से लिया जो उसकी नागवंशी माता का घर था। इस प्रकार पल्लव, जो जाति या कबीले की अपेक्षा एक वंश थे, एक ओर से चोल परिवार के वंशज थे और दूसरी ओर से नागवंशी शासकों के वंशज थे जो लंका के वर्तमान जैफ्ना प्रायद्वीप (Jaffna Peninsula) में राज्य करते थे।

डॉ० के०पी० जायसवाल ने लिखा है कि पल्लव वंश वास्तव में उत्तर के वाकाटक ब्राह्मण राजवंश की एक शाखा था। व्यवसाय की दृष्टि से वे सैनिक थे और उन्होंने दक्षिण में अपने लिए एक राज्य बना लिया। किन्तु तागुण्ड अभिलेख में स्पष्ट कहा गया है कि पल्लव वंशी क्षत्रिय थे।

डॉ० कृष्णस्वामी आयंगर का लेख है कि पल्लव वंशी शातवाहनों में सामन्त थे। शातवाहन साम्राज्य के पतन के बाद उन्होंने ''नए पल्लव वंश की स्थापना की जो उस प्रदेश के टोण्डमान सामन्तों से पूर्णतः भिन्न थे।''

प्रो० आर० सथ्यनथैय्यर मानता है कि काँची के पल्लवों की उत्पत्ति की खोज विद्वानों ने ईरान से लंका तक की है। किन्तु उनके विचार में वे स्वयं टोण्डमण्डलम् से ही उत्पन्न हुए। यह प्रदेश अशोक साम्राज्य का एक प्रान्त था। पुलिन्द वंशी सम्भवत: टोण्डमण्डलम् के कुरुम्ब थे। 'टोण्डैयर' वास्तव में 'पल्लव' शब्द का तामिल अनुवाद है। शातवाहनों ने टोण्डमण्डलम् को विजय कर लिया और पल्लव वंशी शातवाहनों के सामन्त बन गए। लगभग 225 ई० में शातवाहन साम्राज्य के पतन के पश्चात् पल्लव वंश स्वतन्त्र हो गया। शिवस्कन्दवर्मा पल्लव के मायिदवोलु और हीराड़गल्ली के प्राकृत ताम्र-पत्र अनुदानों (Prakrit copper-plate grants) से ज्ञात होता है कि पल्लवों का काँची से कृष्णा नदी तक विकास हुआ। उत्पत्ति की समस्या से सम्बन्धित ऐतिहासिक तथ्यों को परस्पर सार्थक बनाने के लिए काँची के पल्लवों की टोण्डमण्डलम् से उत्पत्ति का विचार ही सर्वश्रेष्ठ है।

पल्लव वंश का उदय (Rise of the Pallavas)—रालिन्सन का विचार है कि 325 ई० के लगभग पल्लव वंशी पूर्वी घाट पर कृष्णा और गोदावरी के मुहानों के बीच के प्रदेश में उदित हुए। उन्होंने कुरुम्बों, मारवों, कल्लों और कुछ अन्य लुटेरी जातियों को अपने साथ मिला लिया और उन्हें शक्तिशाली और आक्रान्ता बना दिया। यह उल्लेखनीय है कि तामिल भाषा में 'पल्लव' शब्द का अर्थ दुष्ट या दस्यु है। लगभग 350 ई० में पल्लवों ने अपने आपको पूर्वी घाट पर स्थापित कर लिया और काँची या काँजीवरम् नामक प्रसिद्ध नगर पर अधिकार कर लिया।

डॉ० वी०ए० स्मिथ, डॉ० जोबूडब्रूएल, बी०एल० राइस, बी० वेंनकैया आदि विद्वानों का मत है कि पल्लव विदेशी थे। वे सम्भवत: उत्तरी-पश्चिमी भारत के पहलवों या पार्थियनों की शाखा में से थे। डॉ० वी०ए० स्मिथ ने लिखा है : "यह सम्भव है कि पल्लव कोई विशेष वर्ग न होकर वर्ण-संकर थे। उनमें अंशत: विदेशी तथा अंशत: दक्षिण भारतीय वर्ग या जातियाँ थीं। वे तमिलों से भिन्न थीं। उनका नाम एक विदेशी कबीले के नाम पर रखा गया था। उसने उन पर नियन्त्रण स्थापित कर लिया था तथा उन्हें आक्रामक राजनीतिक शक्ति बना दिया था।" यह बताया जाता है कि शिलालेखों और सिक्कों से यह स्पष्ट हो जाता है कि ईसा युग के आरम्भ में उत्तरी-पश्चिमी भारत में पार्थियनों का शासन था। इसके अलावा 80 ई० के आसपास पार्थियन एक-दूसरे को बाहर खदेड़ रहे थे और सिन्धु घाटी में फैले हुए थे। यह सम्भव है कि गौतमी पुत्र शतकरणी के शासन से भी पहले वे दक्षिण में प्रविष्ट हो गये। यह बताया जाता है कि गौतमी पुत्र ने उन्हें अपने अधीन कर लिया और शकों, यवनों तथा पहलवों को मौत के घाट उतारा। रुद्रवर्मन प्रथम के जूनागढ़ शिलालेख में यह उल्लेख है कि अनर्त तथा सौराष्ट्र जिलों के प्रमुख पल्लव गवर्नर थे। गौतमी पुत्र से पराजित होकर वे दक्षिण की ओर जाने को विवश हुए। उन्होंने पश्चिमी भारत में अपने लिए स्थान बनाया और अन्तत: काँची को प्रवास किया। जब शतवाहन मंच से हटे तो उनका स्थान पल्लवों ने लिया।

पल्लवों के विदेशी उद्‌गम की थ्योरी के आलोचक बताते हैं कि पल्लव और पहलव शब्द भाषा-विज्ञान की रीति से समान हो सकते हैं किन्तु ऐतिहासिक रूप से उनसे विभिन्न जातियों का बोध होता है। राजशेखर के भुवन-कोष में पल्लव और पहलव शब्द अलग-अलग लिखे हैं। पल्लव दक्षिण भारतीय हैं और पहलवों को सिन्धु पार के क्षेत्र से सम्बद्ध बताया गया है। डॉ० डी०सी० सरकार बताता है कि यदि पल्लव और पहलव एक ही जाति के होते तो पल्लवों के रिकार्डों में कहीं न कहीं पहलव भी लिखा होता। किन्तु ऐसा नहीं है। यह विश्वास करना कठिन है कि पल्लव पहले विदेशी थे; वे इतने संक्षिप्त काल में हिन्दू धर्म से इतने प्रभावित हुए कि वे अश्वमेध यज्ञ करने लगे। प्रारम्भिक पल्लव राजाओं ने ब्राह्मणों द्वारा बताए यज्ञ किए थे। अत: उनके विदेशी उद्‌गम की बात में तथ्य नहीं है। काँची तथा महाबलीपुरम की कुछ प्रस्तर प्रतिमाओं में पल्लव शासकों को अपने सिर पर हाथी की खाल के साथ दिखाया गया है। यह सम्भव है कि उन्होंने ईसा पूर्व की दूसरी शताब्दी के कुछ यूनानी सिक्कों की नकल की हो। इस तथ्य से पल्लवों के विदेशी निकास के विषय में कोई निश्चित परिणाम नहीं निकाला जा सकता। इसी तर्क के आधार पर नागार्जुन कोंडा के इक्ष्वाकुओं को सीथियन बताया जा सकता है क्योंकि उस स्थान के एक पुराने स्मारक में एक सीथियन योद्धा मिला है। पल्लव लेख में बताया गया है कि पल्लवों का गोत्र भारद्वाज था और वे अश्वत्थामा के वंशज थे।

डॉ० एस०के० आयंगर पल्लवों को तमिल निकास का मानने का समर्थक है। वह पल्लवों की टोंडियार से तमिल साहित्य की समता पर बल देता है। पल्लव राजाओं को अनेक स्थलों पर टोंडी मन या टोंडीयारकोन कहा गया है। पल्लवों के क्षेत्र को टुंडक विषय या टुंडक राष्ट्र बताया गया है। तमिल में टोडन का अर्थ दास होता है। यह उस स्थिति की ओर

संकेत करता है जो पल्लवों ने शतवाहनों को दी हुई थी। शतवाहनों की पराजय के बाद पल्लव चोलों के एक बड़े क्षेत्र पर अधिकार करने में सफल हो गए और वह क्षेत्र टोंडाई मंडलम् के नाम से प्रसिद्ध हो गया। पल्लवों के प्रारंभिक शिलालेख गौतमी पुत्र शतकर्णी के नासिक शिलालेखों के समान ही हैं। यह भी बताया जाता है कि देश का यह भाग शतवाहों ने पल्लवों से छीना। किन्तु आलोचकों का मत है कि प्रारम्भिक पल्लवों ने अपने आदेश प्राकृत में दिए और उन्होंने तमिल साहित्य के स्थान पर संस्कृत साहित्य का संरक्षण किया।

कुछ लोगों के अनुसार पल्लवों का उद्गम तेलगू बताया जाता है। तेलगू परम्परा में सबसे पहले जिस राजा का उल्लेख है उसका नाम त्रिलोचन पल्लव था। कहा जाता है कि उसने पहले चालुक्य राजा को हराया और मौत के घाट उतारा। महावंश में यह बताया जाता है कि पल्लव बोगा के अनेक भिक्षु दत्तगामिनी के पवित्रीकरण संस्कार में भाग लेने आये थे। कुछ विद्वान पल्लव बोगा को आन्ध्र में काल वंशी मानते हैं। सिंह विष्णु के पहले पल्लवों के शिलालेख आन्ध्र देश में पाए जाते हैं। तेलगू देश, कृष्णा नदी के दक्षिण का भाग ईसा की छठी शताब्दी के अन्तिम 25 वर्षों में भी पल्लव साम्राज्य का भाग था।

सी०वी० वैद्य का मत था कि पल्लव उसी आर्य शाखा के अंग थे जिसके अंग महाराष्ट्र के लोग हैं। पल्लवों ने कई शताब्दियों तक महाराष्ट्री प्राकृत का प्रयोग किया और द्राविड़ भाषाओं के बीच में इसे काँची में बनाए रखा।

हरे कृष्ण शास्त्री का मत है कि पल्लव उस वर्ग के थे जो ब्राह्मणों और द्राविड़ों के मेल से उत्पन्न हुआ था। इस मत का आंशिक समर्थन रायकोट की ताम्रपट्टिका के इस अद्भुत लेख से होता है कि जाति के जन्मदाता अश्वत्थामा ब्राह्मण ने नाग कन्या से विवाह किया और उसने स्कंद शिष्य नामक पुत्र को जन्म दिया। ताम्र लेखों में यही कहानी है। स्कन्द शिष्य को पल्लव राजा बताया गया है। उसी के नाम पर परिवार को पल्लव नाम मिला।

अत: यह लगभग सम्भव दिखाई देता है कि बनवासी के कर्दम बास, मैसूर के नीलम बस, ओडवाड़ी के मत्स्य तथा ऐसे ही वंश ब्राह्मण-द्रविड़ जाति के मिश्रण से उत्पन्न वर्ण-संकर वंश थे। यही उनके उद्गम की कहानी में बताया गया है। मत है कि पल्लव ब्राह्मण-क्षत्रिय जाति के थे। वे जन्म से ब्राह्मण तथा कर्म या धर्म से क्षत्रिय थे।

प्राकृत राजपत्रों में शिवस्कन्दवर्मा सहित अनेक शासकों के नाम दिए गए हैं। उसने सम्भवत: चौथी शताब्दी ईसवी के आरम्भ में राज्य किया। आरम्भिक पल्लवों में सम्भवत: वह सबसे बड़ा राजा था और उसका राज्य कृष्णा नदी से दक्षिण पेन्नेर (Penner) और बल्लारी जिले तक था। उसने अश्वमेध आदि यज्ञ किए।

विष्णुगोप इस वंश का एक अन्य राजा था। समुद्रगुप्त द्वारा पराजित दक्षिणपथ के बारह राजाओं में वह भी था। इस विचार में कोई सत्यता नहीं है कि विष्णुगोप ने कुछ अन्य शासकों की सहायता से सनुद्रगुप्त को परास्त किया। विष्णुगोप को 350-375 ई० का समय दिया जाता है। विष्णुगोप का समसामयिक वेंगी का हस्तिवर्मा सम्भवत: पल्लव वंश का ही था। काँची का एक और पल्लव वंशी राजा सिंहवर्मा था जो लगभग 436 ई० में राजा बना। वह बौद्ध धर्म का अनुयायी था।

सिंहविष्णु (Simhavishnu)—सिंहविष्णु अवनीसिंह (पृथ्वी का शेर) लगभग 575 ई० में सिंहासनारूढ़ हुआ। उसी के राज्यकाल में पल्लवों ने अपनी राजनीतिक और साँस्कृतिक सफलताएँ प्राप्त कीं। उसे चोलमण्डलम् को विजय करने का श्रेय दिया जाता है। उसने कालभ्रों सहित अन्य कई शत्रुओं को भी परास्त किया। 'किरातार्जुनीय' के लेखक भारवि का वह संरक्षक था। महाबलिपुरम् में सिंहविष्णु और उसकी दो रानियों के ऊर्ध्वांकित चित्र (reliefs) मिलते हैं। उसने सम्भवत: लंका तथा तीन तामिल राज्यों के शासकों को भी परास्त किया।

महेन्द्रवर्मा (Mahendravarma)—सिंहविष्णु के पश्चात् उसका पुत्र महेन्द्रवर्मा शासक बना और उसने लगभग 600 से 630 ई० तक राज्य किया। उसे उपाधियों का बहुत शौक था और उनमें से कुछ उपाधियाँ थीं 'चेत्थकारी' (मन्दिर बनाने वाला), 'चित्रकारपुल्ली' (चित्रकारों में चीता) 'मत्तविलास' (आनन्द में डूबा हुआ) और 'विचित्रचित्त' (विलक्षण बुद्धि वाला)। आरम्भ में महेन्द्रवर्मा जैन था लेकिन बाद में शिव का अनुयायी बन गया। वह महान् निर्माता था और उसने त्रिचिनापल्ली, चिंगलपुर और उत्तरी तथा दक्षिणी अर्काट जिलों में चट्टानों में कटे हुए मन्दिर बनवाए। उसने ब्रह्मा, ईश्वर और विष्णु के सम्मान में भी मन्दिर बनवाए। उसने महिन्द्रवाड़ी नगर के निकट महिन्द्र कुण्ड नामक जलाशय बनवाया। उस तालाब के किनारे अब भी एक शिव मन्दिर खड़ा हुआ है। उसका मन्दगपट्टू अभिलेख इस प्रकार है : "ब्रह्मा, ईश्वर

और विष्णु का यह बिना ईंट, लकड़ी, धातु और गारे-चूने का मन्दिर राजा विचित्रचित्त ने बनवाया था।'' महेन्द्रवर्मा केवल कला का संरक्षक ही नहीं था, स्वयं भी संगीत विषयक एक पुस्तक का लेखक था। महेन्द्रवर्मा का ''मत्तविलास-प्रहसन'' एक परिहास नाटक है। इसमें शैव तथा बौद्ध संन्यासियों के अवगुणों और मूर्खताओं का उपहास किया गया है।

महेन्द्रवर्मा कई बार पुलकेशिन् द्वितीय द्वारा परास्त हुआ। उसे बेंगी का प्रदेश पुलकेशिन् को देना पड़ा और वहाँ पर उसने अपने भाई विष्णुवर्धन को नियुक्त किया। ऐहोल अभिलेख में कहा गया है कि पुलकेशिन् द्वितीय ने ''अपनी सेना की धूल से पल्लवों के स्वामी की शोभा को ढक दिया और उसे काँचीपुर की प्राचीरों के पीछे लुप्त कर दिया।''

नरसिंहवर्मा प्रथम (Narasimhavarma I)—महेन्द्रवर्मा के बाद उसका पुत्र नरसिंहवर्मा प्रथम शासक बना। उसने लगभग 630 से 668 ई० तक राज्य किया। सम्भवत: वह सबसे महान् पल्लव शासक था। उसकी सफलताएँ इतनी महान् थीं कि वह सारे दक्षिण भारत में सर्वोच्च बन गया। उसने पुलकेशिन् द्वितीय को तीन बार पराजित किया। उसने पुलकेशिन् द्वितीय की राजधानी वाटापी पर भी अधिकार कर लिया। पुलकेशिन् स्वयं युद्ध में मारा गया। पुलकेशिन् द्वितीय की मृत्यु के बाद चालुक्य राज्य में व्याप्त अव्यवस्था के कारण नरसिंहवर्मा ने चालुक्य राज्य के दक्षिणी भाग पर अपना अधिकार जमा लिया। उसने 'महामल्ल' और 'वाटापीकोण्ड' (वाटापी को जीतने वाला) उपाधियाँ भी धारण कीं।

नरसिंहवर्मा प्रथम ने लंका की ओर भी एक समुद्री अभियान भेजा और वह उसमें पूर्णत: सफल हुआ। इस अभियान के विवरण ''महावंश'' में दिए गए हैं।

नरसिंहवर्मा प्रथम के राज्य में ही ह्यूनसांग ने पल्लव राज्य की यात्रा की। उसने इस राज्य का अत्यन्त रोचक विवरण दिया है। उसके अनुसार काँची परिधि में लगभग छ: मील थी। राज्य में एक सौ से अधिक बौद्ध विहार थे और उनमें 10,000 से अधिक भिक्षु रहते थे। अस्सी अबौद्ध मन्दिर थे और उनमें से अधिकांश जैनियों के थे। लोग विद्यानुरागी थे। राजधानी के निकट एक बहुत बड़ा विहार था और वहाँ देश के प्रकाण्ड विद्वानों की भेंट होती थी। यह सम्भवत: राजविहार था। पल्लव राज्य की परिधि लगभग 1,000 मील थी। भूमि उपजाऊ थी और उस पर उत्तम खेती की जाती थी। पैदावार की अधिकता थी। ह्यूनसांग कहता है कि नालन्दा विश्वविद्यालय का धर्मपाल काँची का निवासी था।

नरसिंहवर्मा प्रथम ने काँची के निकट एक बन्दरगाह वाला नगर बनाया जिसका नाम उसने महामल्लपुरम् (महाबलिपुरम्) रखा। इस नगर में अनेक एक-एक पत्थर के बने मन्दिर हैं। सम्भवत: 'धर्मराजरथ' सहित अधिकांश मन्दिर उसी ने बनवाए थे।

महेन्द्रवर्मा द्वितीय (Mahendravarma II) **और परमेश्वर वर्मा प्रथम** (Paramesvarma I)—नरसिंह वर्मा प्रथम के पश्चात् उसका पुत्र महेन्द्रवर्मा द्वितीय राजा बना। उसने लगभग 668 से 670 ई० तक केवल दो वर्ष राज्य किया और उसके समय की कोई मुख्य घटना नहीं है। उसके बाद उसका पुत्र परमेश्वरवर्मा प्रथम सिंहासनारूढ़ हुआ और उसने लगभग 670 से 695 ई० तक राज्य किया। चालुक्यों के साथ पुराना झगड़ा फिर शुरू हो गया। विक्रमादित्य प्रथम के आधीन चालुक्यों ने पल्लवों के विरुद्ध सफलता प्राप्त की और उन्होंने काँची पर भी अधिकार कर लिया। इससे पल्लवों को भारी धक्का लगा। यह उल्लेखनीय है कि पल्लवों पर चालुक्यों की विजय का दावा पल्लव प्रलेखों में स्वीकार नहीं किया गया है बल्कि उनमें कहा गया हैकि पल्लवों ने चालुक्यों पर विजय पाई। परमेश्वरवर्मा प्रथम शिव का अनुयायी था और उसने काँची के निकट शिव का एक मन्दिर बनवाया। उसने महाबलिपुरम् में भी और स्मारक बनवाए।

नरसिंहवर्मा द्वितीय (Narasimhavarma II) **और परमेश्वरवर्मा द्वितीय** (Paramesvaravarma II)—परमेश्वरवर्मा प्रथम के पश्चात् उसका पुत्र नरसिंह वर्मा द्वितीय राजा बना और उसने लगभग 695 से 722 ई० तक राज्य किया। उसने 'राजसिंह' (राजाओं में शेर), 'अगमप्रिय' (धार्मिक पुस्तकों का प्रिय) और 'शंकरभक्त' (शंकर का उपासक) उपाधियाँ धारण कीं। उसका राज्यकाल शान्तिपूर्ण था। उसने काँची में कैलाशनाथ मन्दिर बनवाया। महान् संस्कृत कवि दण्डी सम्भवत: उसका राजकवि था। नरसिंहवर्मा द्वितीय ने चीन को एक दूत-मण्डल भेजा। उसके बाद उसका पुत्र परमेश्वरवर्मा द्वितीय शासक बना और उसने लगभग 722 से 730 ई० तक राज्य किया। उसे चालुक्य युवराज विक्रमादित्य द्वितीय द्वारा किये गये एक आक्रमण का सामना करना पड़ा।

नन्दीवर्मा द्वितीय (Nandivarma II)—पल्लव वंश का अपना महत्त्वपूर्ण शासक नन्दीवर्मा द्वितीय था। उसने लगभग 730 से 800 ई० तक राज्य किया। उसके समय में भी पल्लवों और चालुक्यों का संघर्ष फिर शुरू हो गया। विक्रमादित्य द्वितीय काँची पर अधिकार करने में सफल हुआ लेकिन पल्लवों ने उसे फिर प्राप्त कर लिया। नन्दीवर्मा द्वितीय को पाण्ड्यों और राष्ट्रकूटों से भी युद्ध करना पड़ा। नन्दीवर्मा द्वितीय को पूर्वी चालुक्य राज्य के कुछ भाग को विजय करने का श्रेय दिया जाता है। यह ठीक है कि राष्ट्रकूट राजा दन्तिदुर्ग ने काँची पर अधिकार कर लिया किन्तु अन्त में उसने अपनी पुत्री का विवाह नन्दीवर्मा द्वितीय से कर दिया। नन्दीवर्मा द्वितीय विष्णु का अनुयायी था। उसने काँची में मुक्तेश्वर मन्दिर बनवाया। सम्भवतः उसने अश्वमेध यज्ञ भी किया।

दन्तिवर्मा और उसके उत्तराधिकारी (Dantivarma and his Successors)—नन्दीवर्मा द्वितीय के पश्चात् उसका पुत्र दन्तिवर्मा राजा बना। अन्य भी कई उत्तराधिकारी थे और उनमें अन्तिम अपराजित था। उसने पाण्ड्य राजा वरगुण द्वितीय को श्री-पुरम्बियम् की लड़ाई में परास्त किया। किन्तु स्वयं उसको चोल राजा आदित्य ने नौवीं शताब्दी के अन्त में परास्त किया। उस समय से चोल वंश सर्वोच्च बन गया और पल्लव वंश धूमिल पड़ गया। इस पतन-काल में पल्लवों को राष्ट्रकूटों से युद्ध करना पड़ा। गोविन्द तृतीय ने पल्लवों से शुल्क लिया। पल्लवों और गंगों में भी युद्ध हुए। बाद में पल्लव वंशी दूसरे शासकों के सामन्त और कर्मचारी बन गए। कहा गया है कि बारहवीं शताब्दी के आरम्भ में चोल राजा विक्रम के सामन्तों में पल्लव राजाओं को पहला स्थान प्राप्त था। पल्लव शासक तेरहवीं शताब्दी में भी देखने को मिलते हैं। सत्रहवीं शताब्दी के पश्चात् पृथक् जाति या कबीले के रूप में पल्लवों का अस्तित्व समाप्त हो गया।

पल्लवों के राज्य की विशेषताएँ (Features of Pallava Rule)

साहित्य (Literature)—पल्लवों का राज्य कई दृष्टियों से महत्त्वपूर्ण था। इस अवधि में साहित्य का बहुत विकास हुआ। पल्लव राजा विद्वानों के महान् संरक्षक थे। दण्डी नरसिंहवर्मा द्वितीय का राजकवि था। आरम्भ के कुछ अभिलेखों को छोड़कर पल्लवों के सभी अभिलेख संस्कृत में लिखे गए। दक्षिण काँची में संस्कृत ज्ञान का केन्द्र था। ब्राह्मणों ने संस्कृत के अध्ययन की ओर विशेष ध्यान दिया। कालिदास, भारवि और वराहमिहिर की कृतियाँ देश में सर्वविदित थीं। काँची के निकट कुर्रम में एक मण्डप में ''महाभारत'' की कथा का प्रबन्ध किया गया। उस स्थान पर 108 परिवार केवल वेदों के अध्ययन में तल्लीन थे। तामिल भाषा की उत्कृष्ट कृतियों को भी राज-संरक्षण दिया गया। त्रियापल्लुवर का ''तमिल कुराल'' विद्वत्तापूर्ण पुस्तक थी। नरसिंहवर्मा पल्लव के पिता महेन्द्रवर्मा ने एक सामाजिक नाटक ''मत्तविलास प्रहसन'' की रचना की।

धर्म (Religion)—आठवीं शताब्दी में भारत पर छा जाने वाले महान् धार्मिक सुधारों का जन्म पल्लव राज्य में ही हुआ। तमिलों के वैष्णव और शैव साहित्य का विकास मुख्यतः इसी युग में हुआ। दक्षिण के धर्म पर छाए हुए प्रतीत होने वाले वैष्णव और सन्त पल्लव काल में ही हुए प्रतीत होते हैं। अन्तिम शैव सन्त सुन्दरमूर्ति पल्लव राज्य के अन्तिम वर्षों में हुआ। जैन और बौद्ध आचार्यों का अधिकार धीरे-धीरे क्षीण हो गया। पल्लव स्वयं धर्मनिष्ठ हिन्दू थे। साधारणतः वे विष्णु के अनुयायी थे किन्तु कभी-कभी वे शिव के भक्त होते थे। उन्होंने ही आठवीं शताब्दी में होने वाले धार्मिक आन्दोलन की नींव रखी। पल्लव युग में दक्षिण का आर्यीकरण सम्पूर्ण हुआ। पल्लवों के अनुदानों से ज्ञात होता है कि छठी शताब्दी के अन्त तक दक्षिण में आर्य पद्धति के समाज ने अपना स्थान पक्का कर लिया था। पल्लव राज्य में धर्मसूत्र अधिकारी ग्रन्थ समझे जाते थे। काँची विश्वविद्यालय ने इस सम्बन्ध में पर्याप्त योग दिया होगा। दक्षिण में काँची शिक्षा का सबसे बड़ा केन्द्र था। ''न्याय भाष्य'' का लेखक वात्स्यायन काँची का पण्डित था। दिङ्नाग ने सम्भवतः अपनी शिक्षा काँची में प्राप्त की। कहा गया है कि कादम्ब वंशी मयूरवर्मा उच्च शिक्षा के लिए काँची गया। काँची से ही दक्षिण का और सुदूरपूर्व में भारतीय उपनिवेशों का संस्कृतीकरण (Sanskritization) आरम्भ हुआ।

पल्लव महान् समुद्री शक्ति थे। समुद्री यात्राएँ मुख्यतः बृहत्तर भारत, मलाया और इण्डोनेशिया में भारतीय राज्यों के साथ मैत्रीपूर्ण सम्बन्ध रखने के लिए की जाती थीं।

कला और वास्तु-कला (Art and Architecture)—ग्रुसे (Grousset) का मत है : ''काफी प्राचीनकाल से उन्होंने अपनी पृथक् वास्तु-कला की विकसित किया जो उस समय में दक्षिण की सभी शैलियों का आधार थी और ह्यूनसांग की यात्रा के समय उनकी राजधानी मावलीपुरम् उन सराहनीय कलाकृतियों से भरी जाने लगी जिन्होंने इसे भारतीय कला का एक मुख्य केन्द्र बना दिया·······सारे तट पर फैले हुए मन्दिर जो चाम और मलाया द्वीप-समूह के मन्दिरों का मुकाबला करते हैं, जानवरों की आकृति में काटी गई चट्टानें जिनमें प्रत्यक्ष और सशक्त स्वाभाविकता है, पत्थरों, चित्रों के रूप में काटी गई पूरी की पूरी पहाड़ियाँ, विशाल चित्र जो उस समय सारे भारत में क्रम, गति और काव्यात्मक मूल्य की दृष्टि से अनुपम थे।''

महाबलिपुरम् में गणेश रथ

प्रो० पर्सी ब्राउन का मत है : ''दक्षिण भारत के इतिहास का निर्माण करने वाली सभी महान् शक्तियों में से किसी का अपने शासन्न-काल की वास्तु-कला पर इतना प्रभाव नहीं है जितना पल्लवों का था। उनके निर्माण-कार्य ही द्रविड़ शैली के आधार बने।''

पल्लवों की भवन-निर्माण कला को दो भागों में बाँटा जा सकता है : चट्टान काट कर बनाए गए तथा निर्मित। चट्टानी मन्दिरों को पुनः दो श्रेणियों में रखा जा सकता है : खुदे हुए स्तम्भों से युक्त मण्डप तथा एक ही पत्थर को काट कर बनाया गया रथ नामक पवित्र स्थान।

महेन्द्र वर्मन प्रथम ने महाबलिपुरम् की भव्यता एवं सम्मान की आधारशिला रखी। उसने ठोस चट्टानों में से पत्थर के मन्दिर खुदवाने की तकनीक आरम्भ की। ऐसा करके उसने इसे दक्षिण भारतीय वास्तु-कला तथा मूर्ति निर्माण का जन्मस्थल बना दिया। महेन्द्र वर्मन द्वारा काट कर बनाए गए स्थल सादा खम्भों से युक्त हाल हैं जिन्हें या तो पिछली दीवार या बगली दीवार में काट कर बनाया गया है।

श्री के०आर० श्रीनिवासन ने (1) मन्दाग पट्टु का लक्षितायन, (2) पल्लवर्म का पंच पाण्डव, (3) ममदौर का रुद्र तालेश्वर, (4) कुरंगनिलमट्टन का काल मण्डपम, (5) वालम का वसन्तेश्वर, (6) महेन्द्र वाड़ी का महेन्द्र विष्णु गृह, (7) ममदौर का विष्णु, (8) त्रिचनापल्ली का ललिताँकुर पल्लवेश्वर गृह, (9) दलवनपुर का शत्रुमल्लेश्वर तथा (10) सिया मंगलम् का अवनिभजन पल्लवेश्वर गृह के मण्डपों को महेन्द्र वर्मन की देन माना है।

मण्डप की महत्त्वपूर्ण विशेषता अष्टभुजाकार स्तम्भों की पंक्ति है। उनकी दीवारगिरी सादी और भारी है। कई बार उनमें ऊर्ध्वाकार लम्बी धार बनी है। मूर्ति-निर्माण के बारे में द्वारपालकों का उल्लेख किया जा सकता है।

नृसिंह वर्मन प्रथम ने पत्थर काट कर नए तथा अधिक सुशोभित मन्दिर बनाने तथा कटे पत्थर से पवित्र वस्तु (विमान या रथ) बनाने की शृंखला शुरू की। उसने पर्याप्त बड़े आकार की प्रस्तर मूर्तियाँ भी बनवाईं। महाबलिपुरम में 10 मण्डप हैं जिनमें से सबसे प्रमुख वाराह, त्रिमूर्ति, महिषासुरमर्दिनी और पंच पाण्डव हैं। इन मण्डपों में से अधिकाँश 25 फुट चौड़े, 15 से 20 फुट तक ऊँचे और 225 फुट गहरे हैं। स्तम्भ 9 फुट ऊँचे हैं और उनका व्यास 1-2 फुट है। गृह वर्गाकार हैं और 5-10 फुट चौड़े हैं। मन्दिर के बाहरी भाग की विशेषता खम्भों का होना है। वे महेन्द्र वर्मन द्वारा स्थापित स्तम्भों की अपेक्षा अधिक सजावट युक्त, कोमल और ऊँचे हैं। पर्सी ब्राउन का मत है : ''मस्तक पर डण्डे की चोटी पर कलश, टाडी कुम्भ, पद्म और फलक चढ़े हुए हैं। कुछ स्थलों पर फलक नहीं है। स्तम्भों के आधारों पर प्रायः घूमते हुए व्याल तथा सिंह हैं। सभी पूजा-गृह सुन्दर व्यवस्थित मण्डप हैं। उनके सामने के भाग में विमान के सभी अंग हैं। अधिष्ठान, स्तम्भ या कुड्या स्तम्भ ऐसे हैं जैसे साँचे में ढाल कर बनाए गए हों। उनके अंगों के नाते मस्तक, कपोटा सहित प्रस्तर और कुडु मेहराब हैं। मण्डपों के आन्तरिक भाग में अधिक सजावट दिखाई नहीं देती। पूजा-गृह की छत पर प्रस्तर है। महिषासुर मण्डप में बहुत सुन्दर चौखटे हैं। एक में भगवान विष्णु शेषनाग पर सोते दिखाए गए हैं। यह अत्यधिक सादा और प्रभावोत्पादक है। दुर्गा या देवी का महिषासुर से युद्ध भी प्रशंसनीय तथा उल्लेखनीय है।''

नृसिंह वर्मन ने पत्थरों में वास्तविक पूजा-गृह या रथ या सप्त पगौडा खुदवाए। उनकी संख्या 8 है। किन्तु उनमें से प्रमुख वे पाँच हैं जो पहाड़ी चट्टान के दक्षिण में स्थित हैं। उनके नाम द्रौपदी, अर्जुन, भीम, धर्मराज तथा सहदेव हैं। अन्य तीन रथ चट्टान के उत्तर और पश्चिम में स्थित हैं। उनके नाम गणेश, पिंडारी और वलायन कुट्टि हैं। दक्षिण-समूह के पहले चार रथ बड़ी चट्टान में से काट कर बनाए गए हैं। वे सभी वर्गाकार हैं। उनकी योजना लम्बी है तथा ऊँचाई में शंकु आकृति के हैं। वे विभिन्न आकारों के हैं। सबसे बड़ा 42 फुट लम्बा और सबसे ऊँचा 40 फुट ऊँचा है। ''उनमें सबसे बड़ा और सबसे अधिक पूर्ण धर्मराज रथ है। उसमें पल्लव मन्दिर की प्रमुख विशेषताएँ सम्बद्ध हैं। बाहरी छज्जे में स्तम्भ हैं। उनमें उच्छृंखल सिंह हैं। उनकी चोटियाँ शंकु आकृति की हैं और छतें कंगूरेदार हैं। भीम, गणेश और सहदेव रथ योजना में आयताकार हैं तथा चैत्य हाल की वास्तु-कला पर आधारित हैं। वे दो या तीन मंजिल ऊँचे हैं। वे कठरे के जैसी छत से घिरे हैं। उनके सिरों पर चैत्य-शिखर हैं। कठरे जैसी छत से युक्त इस कई मंजिल वाले निर्माण में हमें महान् द्रविड़-गोपुरमों का आरम्भ दिखाई देता है जो लगभग छः शताब्दियों के बाद में विकसित हुए।''

''अर्जुन-तपस्या'' या ''गंगावतरण'' कई बातों में उल्लेखनीय है। पानी से घिसे हुए दो चिकने बड़े गोल पत्थरों के बीच में दरार है जो नदी का प्रतिनिधित्व करती है। नदी में बहुत से नाग और नागिनें हैं। इस चित्र के बारे में एच०

हैरस ने लिखा है : ''धारा के मध्य में दो नाग प्रसन्नता से पानी से खेल रहे हैं; एक ब्राह्मण अपने कंधे पर पानी का घड़ा उठाए घर वापिस जा रहा है, वहाँ एक हिरण अपनी प्यास बुझाने धारा पर आया है। ऊपर दो हंस इस आकृति में बैठे हैं कि जैसे वे पानी में कूदने ही वाले हों। नीचे एक पूजा-गृह के चारों ओर बहुत से तपस्वी तपस्या कर रहे हैं। नदी के दूसरे किनारे पर एक बिल्ली उन तपस्वियों की नकल करती प्रतीत होती है। वह अपने सारे शरीर को अपनी पिछली टांगों पर उठा लेती है और अपने आगे के पंजों को अपने सिर पर उठाए हुए है। इसी बीच में जंगल का छोटा चूहा अपने शत्रु को इस प्रकार तपस्या करता हुआ हानि न पहुंचाने वाली आकृति में देख कर इधर-उधर निडरता से दौड़ता है और ऐसा मालूम होता है वह उसकी अपने देवता के नाते पूजा करने का साहस करता है।'' ग्राउजेट का मत है : ''हमारे सामने एक विशाल चित्र है जो पलास्तर सूखने से पहले दीवारों पर बनाया गया है। यह आकृति पुरातन कला का सर्वश्रेष्ठ उदाहरण है। इसमें सभी प्राणियों को प्राणदायी जल के पास एक ही स्थल पर लाकर रख दिया गया है। यह प्रकृति के सतत प्यार तथा गहराई को व्यक्त करता है।''

नृसिंह वर्मन द्वितीय राजसिंह ने मंदिरों में पत्थर की जगह ईंटों और लकड़ी का प्रयोग किया। इस काल के छः मन्दिर हैं किन्तु उनमें से प्रमुख कांची के कैलाश नाथ तथा बैकुण्ठ पैरूमल मंदिर तथा महाबलिपुरम् का शोर मंदिर हैं। पल्लव मंदिरों में कैलाश नाथ मंदिर सबसे बड़ा है। इसकी मुख्य विशेषताएँ शंकु मीनार, चपटी छत और खम्भों वाला हाल, ओसारा तथा दीवारों पर सिंह स्तम्भ हैं। पर्सी ब्राउन का मत है कि मंदिर का अनुपात अधिक उचित है। इसकी बनावट स्थिर तथा संगीतमय है। उसकी बाह्य आकृति भव्य है। बैकुण्ठ पैरूमल मन्दिर कैलाश नाथ मन्दिर से कुछ बड़ा है तथा पल्लव मन्दिर कला का सबसे अच्छा उदाहरण है। पवित्र वेदी लगभग 90 फुट चौड़ी है। इसका अग्रभाग 28 फुट आगे को पूर्व की ओर है जिसके ऊपर 12½ फुट लम्बा छज्जा है। इसका विमान वर्गाकार है और जमीन से 60 फुट ऊँचा है। ''यह चार मंजिल का है। प्रत्येक बाह्य भाग में एक द्वार है। केन्द्र में गृह है तथा परिक्रमा के लिए इनमें से दो के ऊपर छाया हुआ बरामदा है।'' शोर मन्दिर की निर्माण कला धर्मराज रथ से सिद्धान्तः मिलती है। इस मन्दिर के गृह पूर्व की ओर हैं ताकि पूजा गृह सूर्य की प्रथम किरण से आलोकित हो सके तथा जहाजों में बन्दरगाह पर आने वालों को स्पष्ट दिखाई दे सके। मुख्य पूजा-स्थल के पश्चिमी भाग में दो अन्य पूजा-स्थल हैं। एक पूजा-स्थल में एक छोटा विमान है। उड़ते हुए विमान का ढाँचा सूक्ष्म, भव्य तथा कलात्मक है तथा प्रारंभिक बौद्ध-विहारों के नमूने से कुछ सुधरा है।''

कांची के मुक्तेश्वर तथा मतुंगेश्वर मन्दिर, ओगडिम का वेदाम अल्लेश्वर मन्दिर, तिरुट्टनी का विराट्टनेश्वर मंदिर तथा गुडिमल्लम का परासुरमेश्वर मन्दिर पल्लवों के उस काल के हैं जब उनकी शक्ति का पतन हो रहा था। ये मन्दिर पूर्ववर्ती मन्दिरों की नकल मात्र हैं तथा किसी भी रूप में उल्लेखनीय नहीं हैं।

इससे इंकार नहीं किया जा सकता कि पल्लवों ने मंदिर निर्माण प्रथा का आरंभ किया। महाबलिपुरम् के रथ तथा शोर मन्दिर भारतीय वस्तु कला के सर्वश्रेष्ठ उदाहरणों में से हैं।

पल्लव शिल्प-कला का विभिन्न शैलियों से नियमित विकास हुआ। महेन्द्र शैली 600 से 625 ई० तक प्रचलित रही। महेन्द्रवर्मा प्रथम के गुफा-मन्दिर अभिलेख से ज्ञात होता है कि उसने इस शैली को सम्भवतः कृष्णा जिले से लाकर प्रचलित किया। मामल शैली लगभग 625 से 674 ई० तक प्रचलित रही। गुफ़ा-मन्दिरों का मुख्य कलात्मक कार्य, 'गंगावतरण' और मामलपुरम् के पाँच रथ, सम्भवतः इसी युग में बनाए गए थे। त्रिमूर्ति, वाराह, दुर्गा और पाँच पाण्डव इस समय के सर्वाधिक महत्त्वपूर्ण गुफ़ा मन्दिर हैं। वाराह मन्दिर में स्तम्भों वाला एक बरामदा है और वे स्तम्भ बैठे हुए शेर पर आधारित हैं। वाराह गुफ़ा में कई ऊर्ध्वांकित चित्र हैं जिनमें वाराहवतार, सूर्य, दुर्गा, गज, लक्ष्मी आदि को प्रस्तुत किया गया है। पाँच रथ समुद्रतट पर ग्रेनाइट की चट्टान में से कटे हुए एक-एक पत्थर के बने हुए हैं। वे सब सातवीं शताब्दी के पूर्वार्द्ध के हैं और एक ही शैली के हैं। उन्हें पाँच पाण्डवों के नामों से पुकारा जाता है। वे शिव-मन्दिर प्रतीत होते हैं। द्रौपदी रथ एक छोटा-सा वर्गाकार मन्दिर है। अर्जुन रथ एक साधारण द्रविड़ मन्दिर है। धर्मराज, भीम और सहदेव रथों की शुण्डाकार छतें हैं जिनकी तीन-तीन मंजिलें हैं और उनमें चैत्य खिड़की हैं। उनकी सुन्दरता और लालित्य के अतिरिक्त ये स्मारक बौद्ध गुफ़ा-मन्दिरों तथा विशाल द्रविड़ मन्दिरों के मध्य रोचक कड़ियाँ हैं। गंगावतरण का दृश्य पल्लव कला की एक अद्वितीय कृति है और सामान्यतः एक अत्यन्त विशिष्ट रचना है। इसमें गंगा को देवताओं, जानवरों और सभी जीवों सहित पृथ्वी पर उतरते हुए दिखाया गया है।

तीसरी शैली राजसिंह शैली है। काँची के भव्य मन्दिर और महाबलिपुरम् का तट मन्दिर आठवीं शताब्दी के हैं। काँची के प्रसिद्ध कैलाशनाथ मन्दिर में पल्लव राजाओं तथा उनकी रानियों की मानो जीवन्त मूर्तियाँ हैं। इसमें एक शुण्डाकार मीनार और एक चपटी छत वाला मण्डपम् है और उसके चारों ओर रथों से मिलते-जुलते कमरों की पंक्तियाँ हैं। शेरों वाले असंख्य आधार-स्तम्भ भी हैं।

चौथी शैली को ९०० ई० की अपराजिता (Aparajita) शैली कहा जाता है। पल्लव शिल्प-कला का और भी विकास हुआ जिससे यह चोल कला के समीप आ गई। लिंग बेलनाकार बन गया। स्तम्भ-शीर्ष के ऊपर का शीर्ष-फलक अधिक विशिष्ट बन गया। बाहुर का मन्दिर इसी शैली का उदाहरण है।

प्रो० के०ए० नीलकण्ठ शास्त्री का मत है कि पल्लवों की दक्षिण भारत की कला में महान् देन है। आरम्भ में स्तम्भों से युक्त सामान्य आकार के हॉल थे। उनमें पीछे की दीवार में एक या दो गुफाएँ कटी हुई थीं। अगले छज्जे में स्तम्भों तथा चौकोर खम्भों की कतार है। स्तम्भों का आधार तथा चोटी वर्गाकार है तथा बीच का भाग अष्टभुजाकार है। बड़े मण्डपों में इसी प्रकार के स्तम्भों की आन्तरिक पंक्ति है। मस्तक की व्यवस्था के लिए एक भारी दीवारगिरी है। समय बीतने पर स्तम्भों की आकृति तथा अनुपात अधिक सुन्दर बन गया तथा मोड़ों की व्यवस्था की गई। नृसिंह वर्मन तथा उसके वारिसों द्वारा किए गए संशोधनों में स्तम्भ के आधार को घूमते हुए शेर या ब्याल में बदलना था जिसे राजसिंह ने दहाड़ते हुए शेर में बदला। इसके अतिरिक्त स्तम्भ के ऊपर कोई कारनिस नहीं है किन्तु बाद में पल्लवर्मन की तरह की गोलकनुमा कारनिस जोड़ दी गई। इसके बाद के नमूनों में गोलाकार कारनिस में थोड़ी-थोड़ी दूर पर सजावट कर दी गई जिसे कुडु (Kudu) कहते हैं, जो वास्तव में बौद्ध चैत्य खिड़की का अत्यधिक परिवर्तित रूप है।[1]

Suggested Readings

Aiyenger : Ancient India.
Aiyer : Historical Sketches of the Deccan.
Bhandarkar, R.G. : Early History of the Deccan.
Dubreuil, J. : The Pallavas.
Gopalan, R. : History of Pallavas of Kanchi, Madras, 1928.
Gopalachari, K. : Early History of the Andhra Country.
Heras, H. : The Pallava Genealogy, Bombay, 1931.
Heras, H. : Studies in Pallava History, Madras, 1933.
Jouveau-Dubreuil, G. : Pallavas (translated from the French by V.S. Swaminadha Dikshitar), Pondicherry, 1917.
Longhurst, A.H. : Pallava Architecture.
Majumdar, R.C. (Ed.) : The Classical Age.
Majumdar, R.C. (Ed.) : The Age of Imperial Kanauj.
Minakshi, C. : Administration and Social Life under the Pallavas, Madras, 1958.
Mookerji, R.K. : Ancient India.
Rae, B.V. Krishna : A History of the Early Dynasties of Andhradesa, Madras, 1942.
Sastri, K.A. Nilkanta : Culture and History of the Tamils, 1964.
Sircar, D.C. : The Early Pallavas, Lahore, 1935.
Sircar, D.C. : Successors of the Satavahanas in the Lower Deccan.
Smith, V.A. : Early History of India, 1924.
Srinivasan, K.R. : The Pallava Architecture of South India (Ancient India, No. 14, 1938, pp. 114-38).

1. *The Culture and History of the Tamils*, p. 154-155.

अध्याय

44

चोल वंश

(The Cholas)

चोल राज्य अत्यन्त प्राचीन राज्य था। ''महाभारत'' में भी चोल वंश का उल्लेख है। मैगस्थनीज़ के वृत्तान्त और अशोक के अभिलेखों में भी उनका नाम है। ''महावंश'' में चोल वंश तथा लंका के राजाओं के परस्पर सम्बन्धों का विवरण मिलता है। टोलेमि ने भी चोल वंश का उल्लेख किया है। संगम साहित्य में अनेक चोल शासकों का वर्णन है जो न्याय की मूर्ति थे। 'पेरिप्लस' में चोल राज्य के नगरों तथा बन्दरगाहों के विषय में लिखा गया है। चोल राज्य में मद्रास प्रदेश, अन्य कई जिले और मैसूर प्रदेश का अधिकाँश भाग सम्मिलित थे।

स्रोत (Sources) शिलालेख (Inscriptions)

चोल काल के इतिहास को जानने का मुख्य स्रोत उस काल के बहुत से शिलालेख हैं। राजराजा प्रथम ने इस प्रथा को आरम्भ किया। वह अपने शिलालेखों में ऐतिहासिक परिचय देता था। वह उनमें अपने शासन काल की प्रमुख घटनाओं का उल्लेख कराता था। वह उनमें समय-समय पर परिवर्धन करता रहता था। राजराजा के आदर्श का उसके उत्तराधिकारियों ने भी पालन किया और परिणामत: हमें प्रत्येक शासन की गतिविधियों का अपवादीय मूल्य का रिकार्ड मिलता है। इन अधिकाँश ऐतिहासिक परिचयों पर विद्वानों में पर्याप्त चर्चा है तथा हल्टशॅक (Hultzsch) तथा वैंकटया द्वारा लिखित दक्षिण-भारतीय शिलालेख (South Indian Inscriptions) पुस्तकों में उनका उल्लेख है। ये सभी शिलालेख पूर्णत: ऐतिहासिक महत्त्व के नहीं हैं। किन्तु तिरुवेन्दीपुरम् के शिलालेख में उन कठिनाइयों का विस्तार से उल्लेख है जो राजराजा तृतीय के सामंने आयीं तथा उसे होशाल राजा ने जो सहायता दी। यह सब ऐतिहासिक शिलालेख की सामग्री है।

सामान्यत: शिलालेखों में मन्दिरों, मठों और ब्राह्मणों को निजी तथा सार्वजनिक रूप से दिये गए दानों तथा उपहारों का रिकार्ड है। कई बार शिलालेख में नये मन्दिर के निर्माण, उसके पुनरुद्धार या उसमें नई मूर्ति-स्थापना का वर्णन मिलता है। कई बार किसी शिलालेख में किसी दीपक को प्रज्वलित रखने की व्यवस्था का उल्लेख है। इस कार्य के लिए या तो नकद राशि दान में दी जाती थी या हिसाब लगा कर पशु दान किए जाते थे। दान दाताओं में केवल राजा और उसके अधिकारी ही नहीं प्रत्युत् व्यावसायिक श्रेणी, जाति, संगठन, सैनिक वर्ग, ग्राम सभाएँ और अनेक निजी व्यक्तियों अर्थात् नरों और नारियों को पाते हैं।

बहुत से शिलालेखों को प्रकाशित करने और स्थायी रूप से सुरक्षित करने का विचार था। उनमें सार्वजनिक महत्त्व के मामलों के बारे में तर्क तथा निर्णय दिए गये थे। उनमें करों तथा भूमि के लगान सम्बन्धी राजसी आदेश, ग्राम सभाओं के संविधान, जातियों तथा अन्य निगमित संस्थाओं के झगड़ों के बारे में उनके निर्णय, चोरी, हत्या तथा अन्य अपराधों को करने वाले दोषी व्यक्तियों के विरुद्ध दिए निर्णय तथा विशिष्ट क्षेत्र के सशक्त सामन्ती सरदारों के मध्य हुए राजनीति के समझौतों का उल्लेख होता था। मन्दिर की दीवारें सार्वजनिक पंजीकरण कार्यालय का काम देती थीं। उन पर ग्राम की भूमि के सम्पत्ति अधिकार के विक्रय, रहन या अन्य प्रकार से किए गए हस्तान्तरण का विश्वसनीय लेखा रखा जाता था।

चोल काल में बहुत से मन्दिरों का निर्माण हुआ। समय बीतने पर उन मन्दिरों की दीवारें, स्तम्भ तथा फर्श शिलालेखों से भर गया। यह तंजौर के महान् मन्दिर राजराजेश्वर में स्पष्ट दिखाई देता है। कुछ मामलों में ईंटों के मन्दिरों पर भी लेख खोद दिए जाते थे।

चोल वंश का सूर्यवंशी सिद्ध करने के लिए बिराज राजेन्द्र की काल्पनिक लम्बी कथा से युक्त चारला प्लेट, कन्याकुमारी शिलालेख तथा एनबिल कर्णदाई आदि की ताम्र प्लेटें प्रसिद्ध हैं। पृथ्वीपति द्वितीय हस्तीमाल की उदयन-दिराम प्लेटों में विजयालय के काल्पनिक पूर्वजों की अधिक छोटी सूची प्राप्त होती है।

प्रस्तर शिला-लेखों में प्राय: नक्षत्र सम्बन्धी जानकारी मिलती है जिनसे चोल काल क्रम को निश्चित करने में महत्त्वपूर्ण जानकारी मिली है। इस विषय में किलहॉर्न तथा अन्य विद्वानों के प्रयास सराहनीय हैं।

ऐसे शिला-लेख भी हैं जिनमें विभिन्न कालों का पूर्ण वर्णन है जो राजसी आदेश के जारी करने तथा उसे वास्तविक रूप से पूरा करने के मध्यवर्ती काल में आते थे। ऐसा विशेषत: मालगुजारी के मामलों में होता था। उन शिलालेखों के आलोचनात्मक अध्ययन से उस काल की प्रशासकीय मशीनरी तथा व्यवहार का ज्ञान होता है। उनमें विभिन्न करों, चुँगियों तथा विभिन्न प्रकार की अन्य वसूलियों का उल्लेख है जो उस काल में प्राप्त की जाती थीं। हमें चोल शिलालेखों से चोल काल के समाज, धर्म, कला और कौशल के बारे में भी पता चलता है।

पड़ोसी राज्यों के शिलालेख भी चोल इतिहास के कुछ पक्षों को उजागर करते हैं। इस विषय में कृष्ण तृतीय के पूर्वी तथा पश्चिमी चालुक्यों तथा पूर्वी गंग के शिलालेखों का विशेष महत्त्व है। होशाल शिलालेखों से भी कुछ जानकारी मिलती है। प्रमुख सामन्ती वंशों के शिलालेखों से भी चोल इतिहास की कुछ जानकारी मिलती है।

स्मारक भवन (Monuments)

स्मारक भवनों से भी चोल इतिहास का पता चलता है। उनमें मन्दिर (प्रस्तर) हाल तथा मीनारें हैं। यह सत्य है कि चोल काल के कुछ मन्दिर अच्छी दशा में सुरक्षित हैं; किन्तु उनकी वास्तु कला तथा मूर्ति-निर्माण कला के अध्ययन की ठीक प्रकार से व्यवस्था नहीं की गई है।

चोलों ने सोने, चांदी तथा ताँबे के सिक्के चलाए। सोने के सिक्के अत्यधिक दुर्लभ हैं। चांदी के सिक्के दुर्लभ नहीं हैं किन्तु ताँबे के सिक्के बड़ी मात्रा में प्राप्य हैं। सामान्य रूप से ये सिक्के दो प्रकार के हैं : एक में सिक्के के दोनों ओर चोल प्रतीक चीता है, उसके नीचे अधीन शक्तियों के प्रतीक हैं तथा राजा का नाम है। दूसरा श्रीलंका के प्रकार का है। श्रीलंका के प्रकार का सिक्का राजराजा प्रथम के काल में जारी किया गया था। यह प्रकार कुलोर्त्तुग प्रथम के शासन के बाद भी बहुत समय तक चलता रहा।

साहित्य (Literature)

संगम काल की कविताएँ अधिक वास्तविक हैं तथा प्रथम दृष्टि में ही विश्वसनीय दिखाई देती हैं। चोल काल की उन सभी पुस्तकों में दरबारी कविता के दोष पाए जाते हैं जिनके लेखकों तथा काल का पता है। इस पर भी साहित्यिक प्रमाण विचारणीय है। दसवीं या ग्यारहवीं शताब्दी में दक्षिण-भारतीय शैववाद की सैद्धांतिक पुस्तकों को नम्बी अन्डार नम्बी ने कुछ आधुनिक रूप में व्यवस्थित किया था। वह पहला जीवन-चरित्र लेखक भी था। उसके ग्रन्थों को ही 12वीं शताब्दी में कुल्लोतुँग द्वितीय के समकालीन शेखर के तिरुत्तोन्दर पूर्णम (प्रिय पूर्णम) का आधार माना जाता है। प्रिय पूर्णम का वैष्णव संस्करण दिव्य सूरी चरित्र तथा गुरू परम्पराई है। रचना काल की परम्पराओं और विश्वासों का रिकार्ड होने के साथ-साथ ये ग्रन्थ रामानुज का उचित मूल्यांकन का आवश्यक आधार प्रस्तुत करते हैं तथा वैष्णववाद के इतिहास में उसके स्थान को निश्चित करते हैं। अलवार (Alvars) मंत्रों की महान् टीकाएँ भी महत्त्वपूर्ण हैं क्योंकि उनमें चोल काल की अनेक घटनाओं का आकस्मिक रूप से उल्लेख है। इनके अतिरिक्त बुद्धमित्र की विरसोलियम, जयगोन्दिर की कलिंग तुप्पर्णी और ओट कुट्टन की तीन उलाएँ (ulas) और कुलोत्तुंगन पिल्लईट्टामिल प्रमुख हैं। कलिंग तुप्पर्णी में चोल वंश के बारे में लाभप्रद जानकारी प्राप्त है। उसमें कुलोतुँग के कलिंग विजय का विस्तार से वर्णन है। उसमें उसकी सेना के मार्ग का भी उल्लेख है।

चीनी ग्रन्थों से भी लाभप्रद जानकारी मिलती है। अरब यात्री, मुसलिम इतिहासकार तथा मार्को पोलो जैसे प्रारम्भिक योरोपीय यात्रियों ने भी उनके काल के दक्षिण भारत के बारे में मनोरंजक जानकारी दी है। वे उस काल के विदेशी व्यापार की मात्रा तथा प्रकृति के बारे में भी जानकारी देते हैं।

कारिकाल (Karikala)—चोल वंश ने कारिकाल के समय में बहुत से प्रदेश और शक्ति प्राप्त की। कारिकाल दूसरी शताब्दी ईसवी में राज्य करता था। वह अपने दादा का उत्तराधिकारी था जो चेर वंशी राजा के साथ युद्ध में मारा गया था। उसने पाण्ड्य तथा केरल (चेर) वंशी राजाओं के संगठन को परास्त किया। केरल वंशी राजकुमार से अपनी पुत्री का विवाह करके उसने शान्ति स्थापित की। उसने लंका पर आक्रमण किया और वहाँ से 12,000 श्रमिक अपने साथ लाया जिन्हें उसने कावेरी नदी पर बाँध बनाने के कार्य में नियुक्त किया। चोल वंश की पुरानी राजधानी ओर्थुरा (Orthura) या उरैयूर (Uraiyur) थी और कारिकाल ने अपनी नई राजधानी बनाई जिसका नाम कावेरी-पट्टिनाम रखा गया। उसने अपने राज्य का बहुत विकास किया।

नेदुमुदिकिल्ली (Nedumudikilli)—कारिकाल के बाद उसका पौत्र नेदुमुदिकिल्ली शासक बना। उसके राज्यकाल में समुद्री डाकुओं ने उसकी राजधानी को नष्ट कर दिया। इससे राज्य को नुकसान पहुँचा होगा। पल्लव, केरल तथा पाण्ड्य वंशों के आक्रमणों से भी चोल वंश की शक्ति क्षीण हुई होगी। ह्यूनसाँग ने चोल वंश का उल्लेख किया है लेकिन उसने इस वंश के राजाओं के नाम नहीं दिए हैं। इसका कारण सम्भवत: यह था कि चोल वंशी अधिक महत्त्वशाली नहीं थे और सम्भवत: वे पल्लव वंश के सामन्त थे। नौवीं शताब्दी ईसवी के मध्य में पल्लवों के पतन के बाद चोल वंश का भाग्य फिर चमकने लगा। आठवीं शताब्दी में पाण्ड्यों के पतन से भी चोल वंश के उदय में सहायता मिली होगी।

विजयालय (Vijayalaya)—चोल वंश की महत्ता विजयालय द्वारा स्थापित वंश के साथ पुन: स्थापित हुई। उसका राज्य 850 ई० से कुछ समय पहले आरम्भ हुआ और उस समय सम्भवत: वह पल्लव राजा के अधीन था। पल्लवों और पाण्ड्यों के युद्ध के समय उसने तंजौर पर अधिकार कर लिया और उसे अपनी राजधानी बनाया।

आदित्य प्रथम (Aditya I)—विजयालय के बाद उसका पुत्र आदित्य प्रथम 880 ई० में राजा बना। उसने अपने वंश की शक्ति और सम्मान में पर्याप्त वृद्धि की। उसने पल्लव राजा अपराजित को परास्त किया, उसके राज्य को विजय किया और अपनी स्थिति को और भी सुदृढ़ बनाया। उसने परान्तक वीरनारायण को परास्त किया और कोंगू प्रदेश को अपने राज्य में मिला लिया। उसने कृष्ण द्वितीय की पुत्री से विवाह किया जिससे एक पुत्र कनारदेव उत्पन्न हुआ। आदित्य शिव का उपासक था और उसने शिव के सम्मान में अनेक मन्दिर बनवाए।

परान्तक प्रथम (Parantaka I)—आदित्य प्रथम के पश्चात् उसका पुत्र परान्तक प्रथम राजा बना और उसने 907 से 955 ई० तक राज्य किया। दक्षिणी भारत में चोल सर्वोच्चता का वास्तविक संस्थापक वही था। उसने पाण्ड्य शासक का राज्य अपने राज्य में मिला लिया और वह अपनी सुरक्षा के लिए लंका भाग गया। पाण्ड्य राजा पर अपनी विजय के उपलक्ष्य में उसने 'मदुराईकोण्ड' उपाधि धारण की। निष्कासित पाण्ड्य राजा राजसिंह ने लंका की सेना की सहायता से अपना राज्य वापस लेने की चेष्टा की लेकिन वह परास्त हुआ। परान्तक ने लंका को विजय करने का असफल प्रयास किया।

परान्तक ने "दो बाण राजाओं को समाप्त किया और वैडुम्बों को परास्त किया।" उसने पल्लव राज्य के चिन्ह मिटा दिए और अपना राज्य उत्तर की ओर नैल्लोर तक बढ़ाया। अपने राज्य-काल के अन्त में परान्तक को राष्ट्रकूट राजा कृष्ण तृतीय से घोर संघर्ष करना पड़ा। यद्यपि बाद के चोल अभिलेखों में कहा गया है कि परान्तक ने अपने शक्तिशाली प्रतिद्वन्द्वी को पराजित किया, प्राप्य प्रमाणों के अध्ययन से ज्ञात होता है कि कृष्ण तृतीय ने गंग शासक की सहायता से चोल सेनाओं पर निर्णायक विजय प्राप्त की। सम्भवत: कृष्ण तृतीय ने तंजौर और काँची पर अधिकार कर लिया और 'तंजैयुकोण्ड' उपाधि धारण की। परान्तक का ज्येष्ठ पुत्र 949 ई० में अर्काट जिले में तक्कोलम की लड़ाई में मारा गया। कहा जाता है कि कृष्ण तृतीय अपना अभियान रामेश्वरम् तक ले गया। निस्सन्देह चोल वंश को राष्ट्रकूटों के कारण बहुत नुकसान पहुँचा।

परान्तक के अभिलेख चोल प्रशासन के अधीन स्व-शासक ग्राम परिषदों पर पर्याप्त प्रकाश डालते हैं जैसे उत्तरमल्लूर की परिषदें। परान्तक विद्वानों का आश्रयदाता था। "ऋग्वेद" पर टीका करने वाले पूर्वतम विद्वानों में से

एक वेंकट माधव परान्तक के समय में ही हुआ। परान्तक ने अपने पिता के सम्मान में टोण्डईमनाड में एक मन्दिर बनवाया।

राजराजा महान् (Rajaraja, the Great, 985-1014 ई०)—चोल राज्य का सर्वाधिक शक्तिशाली शासक राजराजा महान् था जिसने 985 से 1014 ई० तक राज्य किया। उसकी आरम्भिक उपाधियाँ 'राजकेसरी अरुमोलि' और 'मुम्मदि चोल' थीं। राजराजा के अभिलेख उसके राज्य के दूसरे वर्ष से इकत्तीसवें वर्ष तक हैं।

राजराजा के तंजौर अभिलेख में उसकी युद्ध-सम्बन्धी सफलताओं का वर्णन इस प्रकार दिया गया है : ''उसने कन्दलपुर सलाई में जहाजों को नष्ट किया और महान् युद्धों में सफल अपनी सेना द्वारा वेंगई-नादु, गंगपदी, तदिगैपदी, नोलम्बपदी, कुदामलाई-नादु, कोल्लम, कलिंगम्, साढ़े सात लाख सैनिकों और समुद्र के बारह हज़ार प्राचीन द्वीपों के स्वामी महाशक्तिशाली सिंहलों के प्रदेश इलामण्डलम् तथा इरत्तपदी को विजय किया और शेलियों के गौरव को उस समय नष्ट किया जब उनकी सर्वत्र पूजा होती थी।''

राजराजा ने अपनी प्रथम सफलता अपने राज्य के आरम्भ में ही प्राप्त की। उसने चेरों की नौसेना को त्रिवेन्द्रम के निकट किया। उसके बाद मदुरा को विजय किया और अमरभुजंग पाण्ड्य को बन्दी बना लिया। उसने कुदामलईनादु या कुर्ग की ओर भी ध्यान दिया और पाण्ड्यों तथा चेरों की शक्ति पर रोक लगाने के लिए उदागई के किले पर अधिकार कर लिया। उसने लंका का उत्तरी भाग अपने राज्य में मिला लिया। लंका के राजा महेन्द्र पंचम ने द्वीप के दक्षिण-पूर्व में आश्रय लिया। राजराजा ने अनुराधापुर को लूटा और लंका के चोल प्रान्त की राजधानी पोलोन्नरुव में स्थापित की। वहाँ पर उसने एक बहुत बड़ा पत्थर का मन्दिर 'शिव देवालय' बनवाया।

गँगवाड़ी, तदिगैवाड़ी और नोलम्बवाड़ी पश्चिमी गंग प्रदेश के राजनीतिक विभाग थे। राजराजा ने उन सबको लगभग 991 ई० में परास्त किया और लगभग 125 वर्ष तक वे चोल साम्राज्य के अंग रहे।

चोल सेना ने पश्चिमी चालुक्यों के राज्य पर आक्रमण किया और उसे बहुत निर्दयतापूर्वक नष्ट किया और ब्राह्मणों और बच्चों को भी न छोड़ा। स्त्रियों का भी अपमान किया गया। किन्तु चालुक्य राजा अपनी स्थिति सम्भालने में सफल हुआ और चोल राज्य तुंगभद्रा से दक्षिण-वर्ती प्रदेश तक ही सीमित रह गया।

राजराजा ने पूर्वी चालुक्यों के मामलों में भी हस्तक्षेप किया। उसने शक्तिवर्मा को सिंहासन पर अधिकार करने में सहायता दी। यह इसलिए किया गया कि चोल वंश के विरुद्ध पश्चिमी तथा पूर्वी चालुक्यों के संगठन की योजना को विफल किया जाए। राजराजा की पुत्री का विवाह शक्तिवर्मा के छोटे भाई से कर दिया गया। अन्त में इसी विवाह ने चोल तथा पूर्वी चालुक्य वंश के एकीकरण का मार्ग तैयार किया।

राजराजा ने कलिंग को विजय किया। उसने मालदीव द्वीपों को भी विजय किया जिन्हें अभिलेख में '' 12000 प्राचीन द्वीप'' कहा गया है। उसके साम्राज्य में तुंगभद्रा तक समस्त दक्षिण भारत, मालदीव द्वीप-समूह और लंका का कुछ भाग सम्मिलित था। आन्ध्रदेश उसका अधीनस्थ मित्र था।

राजराजा दक्षिण भारत के महत्तम राजाओं में था। वह महान् विजेता और साम्राज्य-निर्माता था। वह योग्य प्रशासक भी था। वह धार्मिक और सहिष्णु व्यक्ति था। कला और विद्वता का संरक्षक था। इसके अतिरिक्त वह सुशील व्यक्ति था। उसने विस्तृत प्रदेशों को विजय ही नहीं किया बल्कि उनके कार्य-कुशल प्रशासन की ओर भी ध्यान दिया। 1000 ई० में उसने भूमि-सर्वेक्षण आरम्भ किया। अपने राज्य में उसने स्थानीय स्वशासन को प्रोत्साहन दिया। उसने युवराज को साम्राज्य के प्रशासन में सहयोगी बनाने की पद्धति प्रचलित की और वह पद्धति उसके उत्तराधिकारियों ने भी जारी रखी। अनुभव से ज्ञात हुआ है कि इस पद्धति के कई लाभ थे। उत्तराधिकार के लिए संघर्ष नहीं होते थे। इससे प्रत्यक्ष उत्तराधिकारी राज्य के कार्य से परिचित हो जाता था। राजराजा ने तंजौर में राजराजेश्वर मन्दिर भी बनवाया जो 1010 ई० में सम्पूर्ण हुआ। उसने विष्णु के मन्दिर भी बनवाए। उसने चूड़ामणि विहार के निर्माण में भी सहयोग दिया।

राजेन्द्र प्रथम (Rajendra I, 1012-1044 ई०)—राजराजा महान् के पश्चात् उसका पुत्र राजेन्द्र प्रथम राजा बना जो 'गंगईकोण्ड चोल' और 'उत्तम चोल' भी कहा जाता है। युवराज के रूप में राजेन्द्र प्रथम ने राज्य

के मामलों में सक्रिय भाग लिया था। सिंहासनारूढ़ होने पर उसने अपने आपको एक महान् प्रशासक और योद्धा सिद्ध किया।

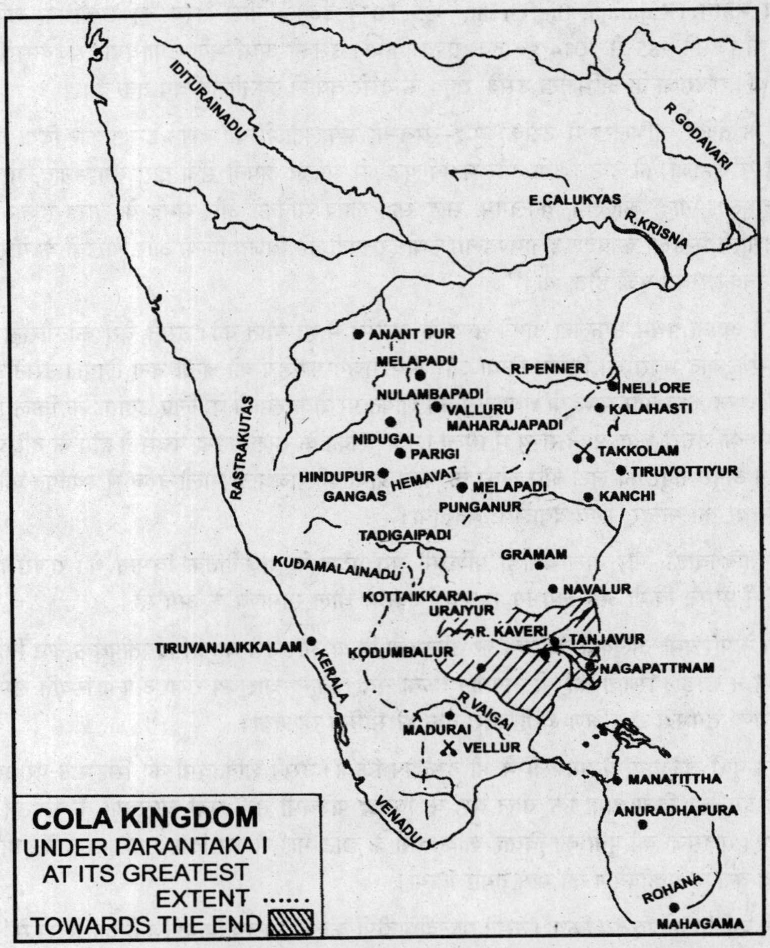

सिंहासनारोहण के कुछ वर्ष पश्चात् उसने सम्पूर्ण लंका को ही अपने राज्य में मिला लिया। 1018 ई० में उसने केरल और पाण्ड्य राजाओं पर अपनी प्रभुता का दावा किया। उसने अपने पुत्र को इन प्रदेशों का वाइसरॉय नियुक्त किया। अपने पिता द्वारा विजित "अनेक प्राचीन द्वीपों" पर उसने अपना अधिकार बनाए रखा। पश्चिमी चालुक्य राजा राजसिंह द्वितीय के साथ उसका संघर्ष हुआ। चालुक्य प्रलेखों से ज्ञात होता है कि जयसिंह द्वितीय ने राजेन्द्र प्रथम को परास्त किया। किन्तु तमिल प्रशस्ति से ज्ञात होता है कि जयसिंह द्वितीय ने "मुसंगी को अपनी पीठ दिखाई और स्वयं छिप गया।" संघर्ष का परिणाम कुछ भी रहा हो, तुंगभद्रा तक के प्रदेश पर जयसिंह द्वितीय का अधिकार बना रहा।

राजेन्द्र प्रथम ने पूर्वी भारत की ओर अपने अभियान का दायित्व अपने सेनापति को सौंप दिया। चोल सेना गोदावरी, बस्तर और उड़ीसा को पार कर पश्चिमी बंगाल पहुँची। उसने दो शासकों को परास्त किया, गंगा को पार किया, एक और शासक को नष्ट किया, गंगा को फिर पार किया, महीपाल प्रथम पर विजय प्राप्त की और स्वदेश लौट आई। विजयी सेनापति ने राजेन्द्र प्रथम द्वारा भेजी बधाई गोदावरी के तट पर प्राप्त की। गंगा से पानी लाकर चोलगंगम् में डाल दिया गया जो कि सिंचाई के लिए जलाशय था और राजेन्द्र प्रथम द्वारा निर्मित नई चोल राजधानी के निकट बनाया गया था। कहा गया है कि उत्तर के इस आक्रमण के कुछ स्थायी परिणाम निकले। इसी आक्रमण के फलस्वरूप ही बंगाल और मिथिला

में कुछ दक्षिण भारतीय सामन्त रहने लगे जिन्होंने बंगाल में सेन राज्य की स्थापना की। मिथिला में कर्णाट वंश की स्थापना इसी का परिणाम थी। उत्तरी भारत से तमिल प्रदेश की ओर शैल धर्म के प्रयास के भी प्रत्यक्ष प्रमाण प्राप्य हैं।

काड़रम (Kadaram) के विरुद्ध राजेन्द्र प्रथम के अभियान का विवरण इस प्रकार दिया गया है : ''उन्मत्त सागर के मध्य में अनेक जहाज भेज कर और काड़रम के राजा संग्राम-विजयोत्तुँग-वर्मा को उसकी सेना के हाथियों तथा न्याय-पूर्वक संचित धन सहित अपने अधिकार में करके उसने श्रीविजय, पन्नई, प्राचीन मलैयूर, मायीरूदिंगम्, ईलांगाशोक, मप्पपलम, मेविलिम्बंगम, वलैप्पपैडुरु, तलैतक्कोलम, मदमलिंगम, इलामुरीड़ेसम, मानक्कबरम और काड़रम पर अधिकार कर लिया जो गहरे समुद्र द्वारा सुरक्षित था।'' कहा गया है कि श्रीविजय सुमात्रा में एक राज्य था। पन्नई सुमात्रा के पूर्वी तट पर स्थित एक राज्य था। मलैयूर सम्भवतः श्रीविजय और पन्नई के मध्य में स्थित एक राज्य था। मयीरूदिंगम् मलाया में लिगोर के निकट एक राज्य था। इलांगाकोश मयीरूदिंगम् के दक्षिण की ओर स्थित एक राज्य था। मप्पपलम एक राज्य था जो सम्भवतः क्राभूडमरूमध्य (Isthmus of Kra) के निकट स्थित था। तलैतक्कोलम को तक्कोल माना गया है। मदमलिंगम् सम्भवतः मलाया प्रायद्वीप में बैण्डन की खाड़ी (Bay of Bandon) में स्थित था। इलामुरीड़ेसम उत्तरी सुमात्रा में था। मानक्कवरम को निकोबार द्वीप (Nicobar Islands) माना गया है। कहा गया है कि काड़रम पेनांग के निकट कैदा (Kedah) था। स्पष्ट है कि राजेन्द्र प्रथम का समुद्री अभियान सुमात्रा और मलाया द्वीप-समूह (Archipelago) तक ही सीमित था। प्रतीत होता है कि राजेन्द्र प्रथम ने एक ही अभियान में संग्राम-विजयोत्तुंग-कर्मा के राज्य के विभिन्न भागों तथा उसकी राजधानी काड़रम पर अधिकार कर लिया। अभियान का उद्देश्य ज्ञात करना कठिन है।[1] प्रतीत होता है कि उद्देश्य यह था कि उत्तर की ओर चोल सेना के विजय-अभियान से राजेन्द्र द्वारा अर्जित सम्मान को शैलेन्द्र साम्राज्य के विरुद्ध समुद्री अभियान भेज कर और भी बढ़ाया जाए। सम्भव है कि चोल राजा भारत और सुदूर पूर्व के बीच समृद्ध व्यापार पर अधिकार करना चाहता था। यह कहना सम्भव नहीं है कि इस प्रदेश पर चोल स्वामित्व अस्थायी था या उसे उसके उत्तराधिकारियों ने भी स्थिर रखा।

लगभग 1029 ई० में लंका में एक स्वतन्त्रता संग्राम आरम्भ हो गया। पाण्ड्य और चेर प्रदेशों में विद्रोह हुए। लेकिन युवराज ने इन्हें दबा दिया।

राजेन्द्र प्रथम के राज्यकाल के अन्त में पश्चिमी चालुक्यों ने सोमेश्वर प्रथम के अधीन चोल राज्य पर आक्रमण किया। चोल युवराज राजाधिराज ने कृष्णा के तट पर पुण्डी के स्थान पर विजय प्राप्त की, कल्याण को लूटा और द्वार-पाल की मूर्ति को उठा कर ले गया। चोल आक्रमण चालुक्यों के लिए अपमानजनक और विनाशकारी था। मैसूर के कुछ भागों में छोटे-छोटे अभियानों का आयोजन किया गया। परिणामस्वरूप ''गायों को उठा कर ले गया और स्त्रियों का अपमान किया गया।'' इतिहासज्ञों ने युद्ध में चोलों की नृशंसता के लिए उनकी भर्त्सना की है। बच्चों की हत्या और स्त्रियों का अपमान नहीं करना चाहिए था।

राजेन्द्र प्रथम ने गंगईकोण्ड-चोलपुरम् में नई राजधानी बनाई जिसमें सिंचाई व्यवस्था, मन्दिर और महल थे जिनके अवशेष अब भी देखे जा सकता हैं। उसने चीनी सम्राट् के साथ मैत्रीपूर्ण सम्बन्ध स्थापित किए और 1016 तथा 1033 ई० में राजदूत भेजे। कहा जाता है कि राजेन्द्र प्रथम ने एक वैष्णव केन्द्र में 340 विद्यार्थियों के लिए एक वैदिक महाविद्यालय की व्यवस्था की। उसमें चौदह आचार्य नियुक्त किए। संस्था के खर्च के लिए 45 वेली भूमि दी गई।

---

1. प्रो० नीलकंठ शास्त्री का मत है कि हमारे पास ऐसा कोई प्रत्यक्ष प्रमाण नहीं है जो इस तथ्य पर प्रकाश डाल सके कि राजेन्द्र ने कर्दम के राजा पर क्यों आक्रमण किया था। अतः हमें ज्ञात तथा सम्बद्ध तथ्यों की सम्भावनाओं पर ही निर्भर रहना होगा। राजेन्द्र के शासन का रिकार्ड इस मत का समर्थन नहीं करता कि समुद्र पार का आक्रमण कलिंगम को पूर्णतः अधीन करने के युद्ध का भाग था। हम कल्पना कर सकते हैं कि या तो श्रीविजय ने पूर्व से चोल व्यापार के मार्ग में बाधा उत्पन्न करने के विचार से ऐसा प्रयास किया होगा या राजेन्द्र की यह स्वाभाविक इच्छा होगी कि समुद्र पार के देशों में अपनी दिग्विजय को बढ़ाया जाए और अपने राज्य की शोभा में वृद्धि की जाए। आक्रमण का चाहे जो भी कारण हो, किन्तु यह विश्वास करना कठिन है कि आक्रमण का इससे अधिक कोई स्थायी प्रभाव हुआ है कि श्रीविजय ने आक्रामक के अधिराजत्व को स्वीकार कर लिया। राजेन्द्र के उत्तराधिकारियों में से वीर राजेन्द्र प्रथम यह मानता है कि उसने कर्दम को जीत कर उसके शासक को ही लौटा दिया। चाहे कुछ हो, यह दिखाने के लिए कोई प्रमाण नहीं है कि चोलों ने इस प्रदेश में अपने साम्राज्य का प्रान्त बनाने का प्रयास किया था। अधिक से अधिक यह कहा जा सकता है कि कर्दम के राजा उन्हें समय-समय पर उपहार देने को विवश रहे होंगे।

राजेन्द्र प्रथम को महान् पिता का महान् पुत्र कहा गया है। वह लगभग 32 वर्ष तक चोल साम्राज्य की शक्ति और सम्मान की वृद्धि में संलग्न रहा। उसकी मुख्य उपाधियाँ 'गंगईकोण्ड', 'मुदीकोण्ड', 'कदारंगोण्ड' और 'पण्डित चोल' थीं।

राजाधिराज प्रथम (Rajadhiraja I, **1044-1052 ई०)**—राजेन्द्र प्रथम के पश्चात् उसका पुत्र राजाधिराज प्रथम शासक बना। उसने पांड्य तथा केरल के राजाओं को परास्त किया जो लंका के राजा के साथ मिले हुए थे। सम्भवत: अपने शत्रुओं पर विजय के उत्सव में ही राजाधिराज प्रथम ने अश्वमेध यज्ञ किया। उसने पश्चिमी चालुक्यों के विरुद्ध भी युद्ध किया। आरम्भ में उसने सफलता प्राप्त की किन्तु बाद में तुंगभद्रा के तट पर कोप्पम की प्रसिद्ध लड़ाई में वह मारा गया।

राजेन्द्र द्वितीय (Rajendra II, **1052-1064 ई०)**—राजाधिराज प्रथम के बाद उसका छोटा भाई राजेन्द्र द्वितीय शासक बना। उसने चालुक्यों के साथ संघर्ष जारी रखा। दोनों पक्षों ने विजय का दावा किया। चोल अभिलेखों के अनुसार राजेन्द्र द्वितीय कोल्हापुर तक पहुँच गया। वहाँ उसने एक जयस्तम्भ बनाया। इसके विपरीत ''विक्रमांकदेवचरित'' के लेखक विह्लण ने सोमेश्वर प्रथम को मुख्य चोल नगर काँची के आक्रान्ता के रूप में प्रस्तुत किया है। प्रतीत होता है कि कोई पक्ष भी निर्णायक विजय प्राप्त करने में सफल न हुआ। किन्तु राजेन्द्र द्वितीय ने चोल साम्राज्य की एकता को स्थापित रखा।

1055 ई० में चोल देश में दुर्भिक्ष पड़ा। राजेन्द्र द्वितीय ने लंका पर आक्रमण किया और उसके राजा को खदेड़ दिया जिसने एक पहाड़ी दुर्ग में आश्रय लिया।

वीरराजेन्द्र (Virarajendra, 1064-1070 ई०)—राजेन्द्र द्वितीय के पश्चात् उसका छोटा भाई वीरराजेन्द्र शासक बना। उसने चालुक्य राजा के आक्रमण का सामना तुंगभद्रा के पार किया और उसे कुदाल-संगमम् के स्थान पर परास्त किया। चालुक्यों ने फिर आक्रमण किया किन्तु अधिक पीछा नहीं किया। वीरराजेन्द्र ने तुंगभद्रा के तट पर एक विजयस्तम्भ बनवाया। सोमेश्वर प्रथम की एक मूर्ति बनाई गई और वीरराजेन्द्र ने उसका अपमान किया।

वीरराजेन्द्र ने वेंगी की ओर भी ध्यान दिया। वर्त्तमान बेजवाड़ा के निकट पश्चिमी चालुक्य सेना का उसने सामना किया। उसने गोदावरी को पार किया और कलिंग तथा चक्क-कोट्टम पर अधिकार कर लिया। इस प्रकार वेंगी को पुनः विजय कर लिया गया। वीरराजेन्द्र के पांड्य तथा केरल राजाओं को भी दबाया जो अपनी सत्ता जमाने की चेष्टाएँ करते रहते थे। उसने लंका के राजा विजयबाहु की चोलों को द्वीप से निकालने तथा उनके अधिकार को नष्ट करने की चेष्टा को विफल किया। उसने सम्भवत: काद्र या श्रीविजय के विरुद्ध भी अभियान भेजा किन्तु उसके अधिक विवरण हमारे पास नहीं हैं।

सोमेश्वर द्वितीय 1038 ई० में चालुक्य सिंहासन पर बैठा तो वीर राजेन्द्र ने पश्चिमी चालुक्य राज्य में हस्तक्षेप किया। किन्तु कुछ समय पश्चात् इन दोनों राज्यों में मैत्रीपूर्ण सम्बन्ध स्थापित हो गए। वीरराजेन्द्र ने अपनी पुत्री का विवाह चालुक्य राजकुमार विक्रमादित्य से कर दिया और उसे चालुक्य सिंहासन प्राप्त करने में सहायता देने का भी आश्वासन दिया।

अधिराजेन्द्र (Adhirajendra)—1070 ई० में वीरराजेन्द्र की मृत्यु होने पर सिंहासन के लिए संघर्ष हुआ। युवराज अधिराजेन्द्र को उसके बहनोई पश्चिमी चालुक्य राजा विक्रमादित्य षष्ठ ने सहायता दी। उसका राज्य थोड़े समय तक रहा और उसमें कोई विशेष घटना नहीं घटी।

कुलोत्तुंग प्रथम (Kulottunga I, 1070-1130 ई०)—अधिराजेन्द्र के पश्चात् वेङ्गी का पश्चिमी चालुक्य वायसरॉय राजेन्द्र तृतीय राजा बना और चोल सिंहासन पर कुलोत्तुंग चोल के नाम से आसीन हुआ। वास्तव में उसका रक्त 75 प्रतिशत चोल था। उसके अधीन चोल और पूर्वी चालुक्य राज्यों का एकीकरण हुआ।

लगभग 1073 ई० में यशःकरण कालचूरी ने वेङ्गी प्रदेश पर आक्रमण किया किन्तु कुछ भी प्राप्त न कर सका। लंका के राजा विजयाबाहु ने कुलोत्तुंग के सिंहासनारोहण के पहले चोल राज्य में फैली अव्यवस्था से लाभ उठाकर 1072 में अपना राज्याभिषेक किया और लंका का राजा बन गया। कुलोत्तुंग प्रथम ने 1087 ई० में उससे सन्धि कर ली और अपनी पुत्री का विवाह भी सिंहल के एक राजकुमार से कर दिया।

चालुक्य राजा विक्रमादित्य षष्ठ के साथ चोलों का झगड़ा 1076 ई० में शुरू हो गया। इस संघर्ष के परिणाम के विषय में हमारे पास विरोधी विवरण हैं। कल्याण के महान् सम्राट् ने कुलोत्तुंग की योजनाओं को, विशेषकर चोल तथा पूर्वी चालुक्य राज्यों की एकीकरण की उसकी योजना को, विफल किया। 1076 ई० में विजयादित्य सप्तम की मृत्यु के पश्चात् कुलोत्तुंग ने अपने पुत्रों को वेङ्गी के वायसरॉय नियुक्त किया। पाण्ड्यों और चेरों ने विद्रोह किए लेकिन उन्हें दबा दिया गया। कहा गया है कि उन प्रदेशों को नियन्त्रण में रखने के लिए उनमें सैनिक बस्तियाँ स्थापित की गईं। किन्तु आन्तरिक मामलों में उन्हें खुला छोड़ दिया गया था। कुलोत्तुंग ने काड़रम (Kadaram) को विजय करने का भी दावा किया है लेकिन यह बात इस तथ्य से संगत नहीं है कि लगभग 1090 ई० में काड़रम के शासक ने एक दूत-मण्डल भेजा और कुलोत्तुंग ने गाँव के कर माफ कर दिए। लगभग 1098 ई० में वेनाद के विद्रोह को सेनापति नरलोकवीर ने दबा दिया। कुलोत्तुंग ने दो बार कलिंग पर आक्रमण किया। 1096 ई० में उसने दक्षिणी कलिंग के विद्रोह को दबा दिया। दूसरे अभियान में कुलोत्तुंग ने काँची से प्रस्थान किया और सेनापति कुलोत्तुंग ने उनकी सहायता की। द्वितीय कलिंग युद्ध के बाद कलिंग को चोल राज्य में नहीं मिलाया गया था।

कुलोत्तुंग ने कन्नौज के गाहड़वाल वंश के साथ मैत्रीपूर्ण सम्बन्ध स्थापित किए। लगभग 1188 ई० में वेंगी प्रदेश विक्रमादित्य षष्ठ के अधिकार में आ गया और उसने अपनी मृत्यु तक उसे अपने अधीन रखा। कुलोत्तुंग पर यह उसकी सबसे बड़ी विजय थी। विक्रमादित्य चोलों को भी पूर्वी चालुक्यों से अलग करने में सफल हो गया।

विष्णुवर्धन होयसाल ने चोल साम्राज्य के गंगवांड़ी और नौलम्बवाड़ी प्रान्तों को विजय कर लिया। उसने तलकाड़ पर अधिकार कर लिया और 'तलाडुगोण्ड' उपाधि धारण की। उसने सम्भवतः तमिल प्रदेश पर भी आक्रमण किया और रामेश्वरम् तक पहुँच गया।

लंका तो स्थायी रूप से ही चोल साम्राज्य के हाथ से निकल चुका था लेकिन वेङ्गी प्रदेश और गंगवाड़ी के कुछ भाग बाद में प्राप्त कर लिए गए। कुछ समय के लिए कुलोत्तुंग वेंगी को चोल साम्राज्य का अभिन्न अंग बनाने में भी सफल हुआ। प्रजा को आन्तरिक शान्ति और हितकारी प्रशासन प्रदान करके उसने चोल साम्राज्य को नया जीवन दिया। काँची का महत्त्व उसके राज्य-काल में बढ़ गया। 1086 ई० में भूमि सर्वेक्षण के लिए आदेश दिए गए। 1110 ई० में एक और भूमि सर्वेक्षण किया गया।

विक्रमचोल (Vikramachola 1120-1135 ई०)—कुलोत्तुंग प्रथम के पश्चात् उनका पुत्र विक्रमचोल राजा बना। उसने वेंगी राज्य में चोल अधिकार को पुनः स्थापित किया। उसने कोलार और गंगवाड़ी के कुछ भाग पुनः प्राप्त कर लिए। लगभग 1125 ई० में उत्तरी अर्काट तथा दक्षिणी अर्काट जिलों में दुर्भिक्ष पड़े और बाढ़ें आईं। 1128 ई० में विक्रमचोल ने चिदम्बरम् में नटराज मन्दिर को पर्याप्त दान दिए। विक्रमचोल ने अपने राज्य के नियमित दौरे करने आरम्भ किए। उसने 'अकलंक' और 'त्यागसमुद्र' उपाधियाँ धारण कीं।

कुलोत्तुंग द्वितीय (Kulottunga II, 1135-1150 ई०)—विक्रमचोल के बाद उसका पुत्र कुलोत्तुंग द्वितीय राजा बना। उसने 1135 से 1150 ई० तक राज्य किया। उसने चिदम्बरम् मन्दिर को दान दिए। प्रतीत होता है कि धार्मिक क्षेत्र में वह अहिष्णु था क्योंकि उसने गोविन्दराज की मूर्ति को समुद्र में फेंकने की आज्ञा दी थी। कुलोत्तुंग द्वितीय और इसके सामन्तों ने ओट्टाक्कुट्टन, सेक्किलर और कम्बन को संरक्षण दिया।

राजराजा द्वितीय (Rajaraja II, 1150-1173 ई०)—कुलोत्तुंग द्वितीय के पश्चात् उसका पुत्र राजराजा द्वितीय शासक बना। उसने 1150 से 1173 ई० तक राज्य किया। उसके राज्यकाल में विष्णुवर्धन के अधीन होयसाल वंश के विकास के कारण चोल शक्ति लगभग समाप्त हो गई। गृह-युद्ध के कारण पाण्ड्य राज्य पर चोल अधिकार पहले ही अस्थिर था।

चोल राज्य का पतन (Fall of the Cholas)—राजराजा द्वितीय के पश्चात् राजाधिराज द्वितीय राजा बना। उसने पाण्ड्य राज्य के गृह-युद्ध में भाग लिया। उसने अपने प्रतिनिधि कुलशेखर को पाण्ड्य सिंहासन पर बैठा दिया। राजाधिराज द्वितीय के बाद कुलोत्तुंग तृतीय राजा बना और उसने भी पाण्ड्य गृहयुद्ध में भाग लिया। कुलोत्तुंग तृतीय के बाद राजाधिराज तृतीय राजा बना। उसने 1206 से 1256 ई० तक राज्य किया। उसी के राज्यकाल में पाण्ड्यों

ने तंजौर को नष्ट किया और चोल राजा को अपने अधीन किया। किन्तु चोल राजा ने नरसिंह द्वितीय होयसाल की सहायता से अपनी पूर्व स्थिति पुनः प्राप्त कर ली। इस प्रकार उसने चोल राज्य के पतन को रोका। 1232 ई० में पल्लव सामन्त कोप पेरूजिंग (Kop Perunjimga) ने चोल राजा को बन्दी बना लिया। उसके होयसाल वंशी मित्र ने उसे मुक्त किया और फिर सिंहासन पर बिठाया। घरेलू कलह और सभी ओर से पाण्ड्यों, होयसालों तथा काकतियों के आक्रमणों से चोल शक्ति शीघ्रतापूर्वक क्षीण होने लगी। राजाधिराज तृतीय को राजेन्द्र चतुर्थ को कुछ अधिकार देने पड़े जो 1246 से 1267 ई० तक तंजौर में राज्य करता रहा। 1243 ई० में उपर्युक्त पल्लव सामन्त ने अपनी स्वतन्त्रता की घोषणा कर दी। काकतियों और होयसालों ने साम्राज्य को आपस में बाँट लिया और इस प्रकार चोल साम्राज्य समाप्त हो गया।

चोल प्रशासन (Chola Administration)—चोलों ने एक अत्यन्त कार्यकुशल प्रशासन प्रणाली की स्थापना की। साम्राज्य को प्रान्तों में बाँटा गया था जिन्हें 'मण्डलम्' कहा जाता था। प्रान्तों की संख्या बदलती रहती थी। कभी यह संख्या छः थी और कभी आठ थी। प्रत्येक 'मण्डल' कई 'कोट्टमों' में विभक्त था। प्रत्येक 'कोट्टम्' कई 'नादुओं' में विभक्त था। प्रत्येक 'नादु' में अनेक ग्राम-संघ थे जिन्हें 'कुर्रम' और 'तार-कुर्रम' कहा जाता था। वे प्रशासन की इकाइयाँ थे।

राजा (King)—राजा प्रशासन का प्रमुख था। चोल साम्राज्य के विस्तार और साधनों से उसकी शक्ति और सम्मान में वृद्धि होती थी। तड़क-भड़क बहुत ज्यादा थी। चोल राजाओं ने अपनी सफलताओं की परिचायक प्रभावशाली उपाधियाँ धारण कीं। उनके बड़े-बड़े शाही परिवार थे। वे बड़े-बड़े राज-भोज दिया करते थे। मन्दिरों को अपार धन दान में देते थे। चोल राजाओं ने मूर्तियों को राजसी नाम देने का ढंग शुरू किया। चोल राजाओं और रानियों की मूर्तियाँ मन्दिरों में स्थापित की गईं और उनकी वहाँ पूजा की जाती थी। साधारणतः उत्तराधिकार वंशागत था। किंतु कभी-कभी प्रशासनिक स्थिति को दृष्टि में रखते हुए इस नियम में परिवर्तन भी कर दिया जाता था। चोल राजाओं को सभी शक्तियाँ प्राप्त थीं किन्तु उनकी निरंकुशलता, मन्त्रिपरिषद् और सुव्यवस्थित प्रशासनिक कर्मचारी-मण्डल के कारण सीमित थी। विभागों के प्रमुख राजा के निकट होते थे और राजा प्रायः उनसे परामर्श लिया करता था। राज्याधिकारियों को वेतन भूमि के रूप में दिया जाता था। उन्हें उपाधियाँ देकर सम्मानित और प्रोत्साहित किया जाता था। उच्च अधिकारियों को 'पेरुन्दरम्' की स्थिति प्राप्त थी और निचले कर्मचारियों को 'सीरुतरम्' की स्थिति प्राप्त थी।

'मण्डल' का प्रमुख या वाइसरॉय स्वयं राजा का सम्बन्धी या वहाँ के पदच्युत राजवंश का वंशज होता था। वह केन्द्रीय सरकार से निरन्तर सम्पर्क बनाए रखता था। प्रशासकीय कार्य में बहुत से कर्मचारी उसके अधीन होते थे। रिकार्ड नियमित ढंग से रखे जाते थे।

राज्य की आय मुख्यतः भूमि से प्राप्त की जाती थी। उसे ग्राम परिषदें धन और पदार्थ के रूप में एकत्र करती थीं। भूमि व्यक्तियों और समुदायों के अधिकार में थी। कृषकों के स्वामित्व और भूमि-अधिकार के अन्य रूप प्रचलित थे। सिंचाई की ओर सरकार तथा स्थानीय अधिकारी विशेष ध्यान दिया करते थे। पानी नदियों और बड़े तालाबों से लिया जाता था। तालाबों को ठीक स्थिति में रखना ग्राम-परिषदों का कर्त्तव्य था। राजराजा प्रथम के समय में राज्य का भाग कुल उत्पादन का तीसरा भाग था। यह भाग विस्तृत भूमि सर्वेक्षण के पश्चात् निश्चित किया गया था। राजराजा प्रथम और कुलोतुंग प्रथम ने ऐसे सर्वेक्षणों के लिए आदेश दिए थे। भूमि के वर्गीकरण और भूमि-कर मूल्यांकन को समय-समय पर दुहराया जाता था।

राज्य की आय के अन्य स्रोत आयात कर और चुंगी, व्यवसायों पर विभिन्न प्रकार के कर, खानों, वनों, नमक-कुण्ड आदि पर कर थे। इन टैक्सों का उद्देश्य भूमि-कर की पूर्ति करना था जो कई कारणों से बदलता रहता था जैसे वर्षा की कमी, दुर्भिक्ष आदि। बेगार ली जाती थी। कुलोतुंग ने चुंगी को हटा दिया। कभी-कभी जोर-जबर्दस्ती भी की जाती थी। जागीरदारों के उदय से प्रजा पर करों का बोझ अधिक हो गया होगा। यदि भूमि-कर न दिया जाए तो सरकार भूमि बेच सकती थी। मन्दिरों की भूमि भी कर से मुक्त नहीं थी।

राज्य के व्यय के मुख्य शीर्षक राजा और उसका दरबार, नागरिक प्रशासनीय कर्मचारी-गण, सेना और नौसेना, सड़कें, सिंचाई के तालाब और नहरें, मन्दिरों को धन और अन्य धार्मिक अनुदान थे।

चोल राजा सार्वजनिक हित के कार्यों पर बहुत धन व्यय करते थे। वे सड़कों, पुलों और नावों को ठीक अवस्था में रखते थे। सिंचाई की विस्तृत व्यवस्था थी। बड़ी नदियों के पानी को छोटी नहरों में ले जाने के लिए छोटी नहरें बनाई जाती थीं। कृत्रिम जलाशयों, तालाबों और कुओं को सिंचाई के लिए प्रयोग किया जाता था।

चोल राजा बहुत बड़ी सेना और नौसेना रखते थे। सेना में हाथी, अश्वसेना और पैदल सेना सम्मिलित थे। चोल अभिलेखों में 70 सैनिक समुदायों का उल्लेख है। सैनिक समुदायों का प्रबन्ध सुव्यवस्थित था। वे नागरिक जीवन में भाग लेते थे तथा मन्दिरों को अनुदान देते थे। उन्हें प्रशिक्षण और अनुशासन सिखाने में अत्यन्त सावधानी से काम लिया जाता था। सैनिकों को छावनियों में रखा जाता था। हाथी सेना की संख्या 60,000 थी और पूरी सेना की संख्या 150,000 थी। इसमें मुख्यत: कैक्कोल या सेंगुन्दर थे। वेलैक्कर राजा के अंग-रक्षक थे। अपने प्राण देकर भी वे राजा की रक्षा करने का प्रण लेते थे। राजा की चिता पर जलने को भी वे तत्पर रहते थे। अश्वसेना को शक्तिशाली बनाने के लिए कीमती अरबी घोड़ों को खरीदा जाता था। किन्तु दक्षिण भारत की जलवायु के कारण उनमें से अधिकाँश जीवित न रहे। राजा और राजकुमार सेनाओं का नेतृत्व करते थे। राजादित्य और राजाधिराज प्रथम तक्कोलम और कोप्पम की रण-भूमियों में मारे गये।

सेनानियों की पदवियाँ 'नायक', 'सेनापति' या 'महादण्डनायक' थीं। उनके अतिरिक्त 'वेल्लाल', 'ब्राह्मण' और अन्य पदवियाँ थीं। कभी-कभी गाय-बैल उठा लेने से ही युद्ध आरम्भ हो जाते थे। युद्ध में विशिष्टता दिखाने वालों को 'क्षत्रिय-शिखामणि' उपाधि दी जाती थी। युद्ध में चोल राजा बर्बरों की तरह व्यवहार करते थे। स्त्रियों और बच्चों को भी नहीं छोड़ा जाता था। स्त्रियों की बेइज्जती की जाती थी। लोगों को बहुत कष्ट दिए जाते थे। कभी-कभी राजदूतों की पवित्रता का भी उल्लंघन किया जाता था।

एक चीनी लेखक ने 1178 ई० में चोल देश और उसकी सेना का निम्न वर्णन दिया है : ''यह देश पश्चिम (भारत ?) के साम्राज्यों से युद्ध में संलग्न है। सरकार के पास 60 हजार लड़ाकू हाथी थे; प्रत्येक हाथी सात या आठ फुट ऊँचा है। लड़ते समय हाथी की पीठ पर हौदे होते हैं। ये हौदे सैनिकों से भरे होते हैं जो लम्बी मार करने वाले तीर छोड़ते हैं तथा समीप आकर भालों से लड़ते हैं। विजयी होने पर हाथियों को सम्मानसूचक नाम दिए जाते हैं जो उनके गुणों को व्यक्त करते हैं। कुछ उन्हें मखमली और सुनहरी पर्दे पहनाते हैं। प्रतिदिन हाथियों को राजा के सामने ले जाया जाता है।''

चोलों के पास सम्भवत: शक्तिशाली नौसेना थी जिसकी सहायता से वे कोरोमण्डल और मालाबार तटों की रक्षा करते थे। बंगाल की खाड़ी एक चोल झील बन गई। व्यापारिक जहाजों को सेना के आवागमन के लिए प्रयोग किया जाता था। चोल नौसैनिक युद्धों को जहाजों पर लड़े गए भूमि-युद्ध कहा गया है। इसी नौसेना की सहायता से चोलों ने बृहत्तर भारत में विजयें प्राप्त कीं।

चोल प्रशासनीय प्रणाली की अद्वितीय विशेषता ग्राम स्वायत्तता का विकास थी। ग्राम और नगर परिषदें प्रारम्भिक परिषदें थीं और 'नादु' परिषदें प्रतिनिधि परिषदें थीं।

परान्तक प्रथम के दोनों अभिलेख स्थानीय 'महासभा' द्वारा स्वीकृत प्रस्ताव थे जो 'वरियामों' या कार्यकारिणी परिषदों की रचना से सम्बन्धित थे। ग्राम के 30 भागों में से प्रत्येक को निश्चित योग्यता वाले व्यक्तियों में से एक-एक व्यक्ति मनोनीत करना था। वे योग्यताएँ थीं एक चौथाई 'वेली' भूमि का स्वामित्व, अपनी भूमि पर बने घर में निवास, 35 से 70 वर्ष के बीच की आयु और वैदिक मन्त्रों का ज्ञान अथवा 'वेली' के आठवें भाग की भूमि का स्वामित्व और एक वेद तथा एक भाष्य का ज्ञान। अनुपयुक्त व्यक्ति वे थे जो पिछले तीन वर्षों से किसी समिति के सदस्य रहे हों, किन्तु हिसाब-किताब न दे पाए हों और उनके कुछ सम्बन्धी, व्यभिचार या और कोई बड़ा अपराध करने वाले व्यक्ति, और दूसरे लोगों की सम्पत्ति चुराने वाले। इस प्रकार मनोनीत व्यक्तियों में 30 कुटुम्बों या भागों के लिए एक-एक व्यक्ति 'कुदावोलई' या घड़े में से निकाले गए नाम के ढंग से चुना जाता था। इस प्रकार चुने गए 30 व्यक्तियों में बारह को वार्षिक समिति में, बारह को उपवन समिति और छ: को तालाब समिति में नियुक्त किया जाता था। एक स्थायी समिति और एक स्वर्ण समिति भी नियुक्त की जाती थी। 'कुदावोलई' प्रणाली इस प्रकार थी कि उम्मीदवारों के नाम खजूर के पत्तों पर लिख दिए जाते थे और पत्तों को घड़े में डाल दिया जाता था और उसे हिलाया जाता था। एक छोटे बालक को उसमें से उतने पत्ते निकालने के लिए कहा जाता था जितने व्यक्ति चुनने होते थे। जिनके पत्ते बालक चुन ले उन्हें सफल कहा जाता था। कई

स्थानों में न्याय, हलकों और खेतों के लिए समितियाँ होती थीं। समितियों और सदस्यों की संख्या प्रत्येक ग्राम में भिन्न थी। सदस्यों को उनकी सेवा के लिए वेतन आदि नहीं दिया जाता था। समिति के सदस्यों को 'वारियप्पेरुमक्कल' कहा जाता था। 'महासभा' को 'पेरु गुरी' और सदस्यों को 'पेरुमक्कल' कहा जाता था। साधारणत: समिति की बैठक गाँव के मन्दिर में होती थी किन्तु कभी-कभी उसकी बैठक पेड़ की छाया में तालाब के किनारे भी होती थी।

ग्राम परिषदों को ग्राम्य व्यवस्था का सारा कार्य-भार सौंप दिया जाता था। वे ग्राम भूमि की पूर्ण स्वामी थीं और कुल भूमि-कर को एकत्र करने के लिए सरकार के प्रति उत्तरदायी थीं। ग्राम परिषदों को न्याय करने का पूर्णाधिकार प्राप्त था। अपने सीमित क्षेत्र के अन्दर वे राज्य के सभी अधिकारों का प्रयोग करती थीं। सभी प्रकार के सार्वजनिक दान और अनुदान के लिए वे न्यासी का काम करती थीं। वे इस शर्त पर धन, भूमि और धन जमा करती थीं कि वे दान देने वालों की इच्छानुसार कर्त्तव्यों का पालन करेंगी। ये कर्त्तव्य थे मन्दिर के देवता को चावल देना, दानियों द्वारा निश्चित व्यक्तियों को दान देना, फूल-वाटिका को ठीक अवस्था में रखना, और ब्राह्मणों को जल और अग्नि के पात्र देना। ग्राम-परिषद् बाजार का प्रबन्ध करती थी और विशेष वस्तु की बिक्री के लिए स्थान निश्चित करती थी। यह निरन्तर कर लगा सकती थी और सार्वजनिक हित के विशेष कार्यों के लिए अतिरिक्त चुंगी ले सकती थी। ग्रामवासियों से अनिवार्य परिश्रम करवाने का भी इसे अधिकार था।

उपवन निरीक्षण समिति सड़कों को ठीक व्यवस्था में रखती थी और आवश्यकतानुसार उनकी मरम्मत करती थी। तालाब निरीक्षण समिति तालाब बनवाती थी और उसमें से गन्दी मिट्टी निकलवाती थी। सिंचाई के लिए भूमि खरीदने का इसे पूरा अधिकार था। सिंचाई के साधनों को ठीक अवस्था में रखने के लिए यह कर भी लेती थी।

दुर्भिक्ष और अभाव के समय ग्राम-परिषद् लोगों की सहायता करती थी। यह उनके लिए जीवन-निर्वाह के साधन जुटाती थी। इस कार्य के लिए कभी-कभी यह ग्राम के मन्दिर के कोष से उधार भी लेती थी। स्थानीय बैंकों के लिए यह न्यासी का काम करती थी। स्थानीय धार्मिक और पुण्यार्थ संस्थाओं को कायम रखना इसका कर्त्तव्य था। शिक्षा के लिए भी यह प्रबन्ध करती थी। बाहरी आक्रमणों से यह ग्राम की रक्षा करती थी और विशिष्ट ग्राम रक्षकों को पुरस्कार दिया जाता था।

ग्राम परिषदों को ग्राम के मामलों में पूर्णाधिकार प्राप्त था और केन्द्रीय सरकार साधारणत: उनमें हस्तक्षेप नहीं करती थी। ग्राम द्वारा दिए जाने वाले टैक्सों के लिए ग्राम परिषदें उत्तरदायी थीं। एक ग्राम परिषद् के सदस्यों को गिरफ्तार कर लिया गया और राजस्व की न दी गई रकम के कारण उन्हें बन्दी बना दिया गया। एक अभिलेख में कहा गया है कि राज्याधिकारी समय-समय पर ग्राम परिषदों के हिसाब-किताब का निरीक्षण करते थे। अपने कर्त्तव्यों की पूर्ति ने करने की स्थिति में ग्राम-परिषदों को दण्ड दिया जा सकता था। एक बार राजा ने एक ग्राम-परिषद् पर जुर्माना लगाया क्योंकि ग्राम मन्दिर ने शिकायत की कि ग्राम परिषद् उसके लिए निर्धारित धन के कुछ भाग का अवैध उपयोग कर रही थी। ग्राम परिषद् भी ग्राम के मन्दिर के किसी सेवक की शिकायत राजा के पास कर सकती थी। परिषद् द्वारा स्वीकृत कुछ विनियमों के लिए राजा की स्वीकृति आवश्यक थी। प्राण-दण्ड की पुष्टि राजा द्वारा होनी अनिवार्य थी। ग्राम के दरजे को प्रभावित करने वाले किसी राजपत्र को पंजीयित करने और प्रलेखागार (Record office) में भेजने से पहले सम्बन्धित ग्राम की परिषद् से उसकी स्वीकृति लेना आवश्यक था। प्रतीत होता है कि कभी-कभी ग्रामपरिषद् के सदस्य सार्वजनिक कार्य के लिए राजा से भेंट भी करते थे। कभी-कभी राजा अपने कर्मचारियों को अपने आदेश ग्राम परिषद् के माध्यम से भेजता था। ग्राम परिषद् और राजा के बीच श्रेष्ठ सम्बन्धों के अनेक उल्लेख मिलते हैं। कई अभिलेखों में राजा के स्वास्थ्य के लिए या विजयोत्सव मनाने के लिए ग्राम परिषद् की ओर से उपहारों के उल्लेख मिलते हैं।

समुद्री व्यापार और नौसैनिक कार्य (Maritime Commerce and Naval Activities)—चोल शासक शक्तिशाली नौसेना के निर्माण के लिए सर्वप्रसिद्ध हैं। नौसेना की सहायता से ही उन्होंने समुद्रपार विजयें कीं। राजराजा ने कन्दलूर के समीप चेरों का नाविक बेड़ा नष्ट किया और उन्हें अपने अधीन किया। उसने लंका द्वीप पर आक्रमण किया और उसके उत्तरी भाग को अपने राज्य में मिला लिया जो चोल साम्राज्य का एक प्रान्त बन गया। राजराजा ने मालदीव द्वीपों (Maladiva Islands) को भी विजय किया। राजेन्द्र प्रथम ने समस्त लंका को ही अपने राज्य में मिला लिया। उसने सुमात्रा और मलाया प्रायद्वीप को एक समुद्री अभियान भी भेजा।

बर्मा, लंका, भारतीय महासागर के द्वीपों और मलाया द्वीप-समूह के साथ व्यापार करने के लिए चोल बेड़े ने बंगाल की खाड़ी को पार किया। एक तमिल विद्वान् ने चोलों के अधीन कावेरी के मुहाने पर स्थित महान् बन्दरगाह का यह चित्र दिया है : ''नगर दो भागों में बँटा हुआ था, एक को मरुवुरपक्कम कहा जाता था और वह समुद्र-तट के साथ था। दूसरा उसके पश्चिम की ओर था और उसे पत्तिनापपक्कम कहा जाता था। नगर के इन दो भागों के बीच विस्तृत खुली जगह थी और उस पर बराबर दूरी पर पेड़ लगे हुए थे और वहाँ पर बहुत बड़ी मण्डी लगाई जाती थी। पत्तिनापपक्कम के मुख्य मार्ग थे—राज-मार्ग, रथ-मार्ग और बाज़ार मार्ग। व्यापारी, ब्राह्मण, कृषक, वैद्य और ज्योतिषी अलग-अलग स्थानों में रहते थे। महल के चारों ओर रथवानों, घोड़ों और हाथियों के सवारों और राजा के अंग-रक्षकों के घर थे। भाट, चारण, वैतालिक, अभिनेता, गायक, विदूषक, शंख काटने वाले, फूल-माला और रत्न-माला बनाने वाले, समय बताने वाले जिनका काम था प्रत्येक 'नलिकई' या समय के भाग के बीतने पर चिल्ला कर घण्टा बजाना और महल के अन्य सेवक पत्तिनापपक्कम में ही रहते थे। मुरुवुरपक्कम में बालू तट के निकट ऊँचे स्थान, गोदाम और भण्डारागार थे जिनमें हिरन की आँखों की आकृति वाली खिड़कियाँ थीं; वहाँ पर जहाज़ों से उतारा गया माल रखा जाता था। यहाँ पर माल पर चीते का चिन्ह (चोल राजाओं का चिन्ह) आयात-कर लेने के बाद अंकित किया जाता था और व्यापारियों के भण्डारागार में भेज दिया जाता था। समीप ही यवन (यूनानी) व्यापारियों की बस्तियाँ थीं जहाँ कई आकर्षक वस्तुएँ बिक्री के लिए रखी जाती थीं। यहाँ पर ही विदेशी व्यापारियों के निवास-स्थान भी थे जो समुद्रपार से आते थे और कई भाषाएँ बोलते थे। सुगन्धि वाले लेपों और धूलों तथा फूलों और गन्धों के व्यापारी, रेशम, ऊन और सूत की सिलाई करने वाले दर्जी, सन्दल, प्रवाल, मोती, सोने और कीमती पत्थरों के व्यापारी, अन्न के व्यापारी, धोबी, मछलियों और नमक के व्यापारी, कसाई, ठठेरे, बढ़ई, ताँबे के कारीगर, चित्रकार, मूर्तिकार, सुनार, मोची और खिलौने वाले, सब मरुवुरपक्कम में रहते थे।''

सामाजिक तथा धार्मिक अवस्था (Social and Religious Conditions)

हिन्दू समाज जाति प्रणाली के आधार पर संगठित था। चार प्रमुख जातियों के अलावा कैकोला, चेट्टी, कम्मल, रथकार, पट्टनवान आदि उपजातियाँ भी थीं। कुछ उपजातियों को वलंगी और इडंगी कहा जाता था। एक कल्पित कथा के अनुसार ये दो जातियाँ कारिकल चोल के समय में आरम्भ हुईं। यह बताया जाता है कि एक बार इन लोगों ने अपने मतभेदों को चोल राजा के सामने रखा। उस समय उनमें से एक पक्ष राजा के दाईं ओर था और दूसरा बाईं ओर था। इसीलिए उन्हें दायें हाथ वाली जाति (इडंगी) तथा बायें हाथ वाली जाति (वलंगी) कहा जाने लगा। दोनों वर्गों में सम्बन्ध बहुत कटु थे। वे ईस्ट इण्डिया कम्पनी के काल में ''प्रायः मद्रास की सड़कों को खून से भर देने की धमकी देती थीं।'' ऐसा मालूम होता है कि महिलाओं की दशा में अधिक सुधार नहीं हुआ था। किन्तु कुछ रानियाँ देश के प्रशासन से संबद्ध थीं। ''विनम्रता को उनका सबसे प्रमुख गुण माना जाता था। उच्च जातियों में बाल-विवाह प्रचलित थे।'' सती प्रथा का भी प्रचलन था यद्यपि यह अधिक सामान्य नहीं थी। यह बताया जाता है कि वनावन महादेवी, सुन्दर चोल की रानी ने आत्महत्या की। मार्को पोलो भी देश में सती प्रथा का उल्लेख करता है। नृत्य कला में पारंगत महिलाएँ मन्दिरों से संबद्ध थीं और उन्हें देवदासी कहते थे। महिलाएँ दासियाँ भी होती थीं।

समग्ररूप में चोल सम्राट् धार्मिक सहिष्णुता की नीति का पालन करते थे। किन्तु इससे इन्कार नहीं किया जा सकता कि कुलोत्तुंग प्रथम ने वैष्णवों का संहार किया था। शैव मत को राजसी संरक्षण प्राप्त था। इसी कारण चोल सम्राटों ने बहुत से शिव मन्दिर निर्माण कराये। इस काल में वैष्णव आन्दोलन सबल हो गया। तंजौर जिले में 1160 ई० के शिलालेख में महासभा के एक प्रस्ताव का उल्लेख है जिसमें वैष्णवों और शैवों को मिलने से रोका गया है तथा आदेश के उल्लंघन करने वालों की सम्पत्ति को अधिग्रहण करने की धमकी दी गई है। यह बताया जाता है कि मन्दिर धार्मिक गतिविधियों के केन्द्र थे। सम्राट् तथा देशवासी बहुत-सा धन मंदिरों को देते थे। प्रो० नीलकंठ शास्त्री ने लिखा है : ''मध्यकालीन भारतीय मन्दिर जमींदार नियुक्त करने वाले, सामग्री तथा सेवाओं के मालिक, बैंक, विद्यालय, अद्भुतालय, चिकित्सालय, नाट्य-शाला और संक्षेप में हर बात के केन्द्रक थे। वे सभ्य संसार में कला तथा मानवता के केन्द्र थे। अन्य स्थानों पर उनके समतुल्य मिलना कठिन है।''

साहित्य (Literature)

प्रो० नीलकंठ शास्त्री का मत है कि ''साहित्य में अन्य अधिकांश क्षेत्रों की भाँति, दक्षिण भारतीय इतिहास में सबसे अधिक रचनात्मक युग चोलकाल रहा है।'' चोल काल में तमिल साहित्य ने बहुत प्रगति की। वैष्णव तथा शैव सन्तों द्वारा भक्ति आन्दोलन को बढ़ाने के कारण धार्मिक साहित्य के निर्माण में प्रेरणा मिली। मुक्ति प्राप्त करने के लिए भक्ति के विचार की प्रशंसा में पुस्तकें लिखी गईं। प्रिय पूर्णम् या शेखर की तिरुट्टोन्डपूर्णम् इसी श्रेणी का ग्रन्थ है। इस ग्रन्थ को पाँचवाँ वेद बताया जाता है। इस काल के अन्य प्रसिद्ध धार्मिक ग्रन्थों के नाम नन्दी का तिरुविलाईयादल पूर्णम्, नन्दी अन्दार नम्बी का तिरुसुराई-कांड पूर्णम् तथा अमुदनार का रामानुज नुरंदादि हैं।

धर्मनिरपेक्ष साहित्य में 10वीं शताब्दी में तिरुकदेवर द्वारा लिखित शिवकोशीन्दमणि का उल्लेख किया जा सकता है। यह बताया जाता है कि इस ग्रन्थ ने कामबन को प्रभावित किया जिसने 12वीं सदी में तमिल में रामायण की रचना की थी। जयगोन्दर ने कलिंगट्टुपर्णी लिखी। इस पुस्तक में दूसरे कलिंग युद्ध में कुलोत्तुंग के पराक्रम का वर्णन है। विक्रम चोल कुलोत्तुंग द्वितीय तथा राजराजा द्वितीय का दरबारी कवि ओट्टाकुट्टन था। उसने अपने प्रत्येक संरक्षक के बारे में एक-एक उला (ula) लिखा। उसने विक्रम चोल के कलिंग युद्ध के बारे में पर्णी लिखी। उसने कुलोत्तुंग पर पिल्लईट्टामिल की रचना की। बुद्ध मित्र का विरासोलियम् तथा पवन्दी का नन्नौर व्याकरण के प्रसिद्ध ग्रन्थ हैं। जैन कवि अमृत सागर ने तमिल में यप्पारुङ्गलम् लिखी।

चोल कला (Chola Art)—चोलों ने द्रविड़ शैली को विकसित किया और उसे लगभग परिपूर्ण बना लिया। चोल वंशी महान् निर्माता थे और उन्होंने बड़े आकार की वस्तुएँ बनाईं। इस सम्बन्ध में उनके सिंचाई के कार्यों और योजनाओं का उल्लेख किया जा सकता है। "राजेन्द्र चोल द्वारा अपनी नई राजधानी गंगईकोण्ड चोलपुरम् के निकट बनवाई गई। कृत्रिम झील अपने पत्थर के जलद्वारों और नहरों सहित सोलह मील लम्बी थी। कटे हुए बड़े-बड़े पत्थरों के बने बाँध कावेरी तथा अन्य नदियों पर बनाए गए।" चोल नगर सम्भवतः योजनानुकूल निर्मित थे। नगर का केन्द्र मन्दिर था।

चोल मन्दिर निर्माण-कला की कलात्मक परम्परा की शुद्धता के लिए प्रशंसनीय है। फ़र्गुसन ने तो यहाँ तक कह दिया है कि चोल कलाकार कल्पना में महान् थे और सम्पादन में जौहरी थे। द्रविड़ शिल्प-कला को प्रभावित करने वाली एक नई चीज़ चोल कला में विकसित हुई और यह थी मन्दिर के अहाते में 'गोपुरम्' नामक विशाल प्रवेश-द्वार का बनाना। पाण्ड्यों के अधीन यह विशेषता, अधिक विकसित हुई।

त्रिचनापली जिले में, श्रीनिवासनलूर के स्थान पर, कोरंगनाथ का मन्दिर आरम्भिक चोल मन्दिर निर्माण-कला का उदाहरण है। यह सम्भवतः परान्तक प्रथम के समय का है। यह साधारण आकार का है और इसमें केवल एक देवालय और मण्डप है। दोनों केवल पचास फुट में हैं। इस मन्दिर की एक विशेषता यह है कि विमान की दीवारों पर मूर्ति-कला के दर्शन होते हैं जिसमें हिन्दू देवी-देवताओं की पूरी मूर्तियाँ हैं, जो खाली स्थानों में रखी गई हैं। यह कहा गया है कि महान् चोलों के अधीन द्रविड़ मन्दिर शैली में यह मन्दिर एक नए रूप को आरम्भ करता है।

राजराजा महान् और राजेन्द्र चोल ने दो मन्दिर बनवाए जिन्हें द्रविड़ मन्दिर शैली की दो महान् कृतियाँ माना जाता है। राजराजा महान् ने तंजौर में 'बुहदीश्वर' नामक एक मन्दिर बनवाया जिसे इसके राजसी निर्माता के नाम पर 'राजराजेश्वर' मन्दिर भी कहा जाता है। इसकी रचना लगभग 1003 ई० में आरम्भ हुई और लगभग 1010 ई० में समाप्त हुई। दूसरा मन्दिर 1025 ई० में राजेन्द्र चोल ने अपनी नई राजधानी गंगईकोण्ड-चोलपुरम् में बनवाया। कहा गया है कि इन दो मन्दिरों से चोल राज्य के शक्तिशाली साधनों के शिखर का अनुमान लगाया जा सकता है।

तंजौर मन्दिर दीवारों से घिरे 500 फुट लम्बे और 250 फुट चौड़े क्षेत्र में है। मन्दिर का मुख्य भाग 180 फुट है और उसका एक महान् 'शिखर' या शीर्ष है जिसकी चौदह मंजिलें हैं जो 190 फुट ऊँची है। इसके ऊपर एक विशाल गुम्बद है जो एक ही पत्थर की चट्टान का बना हुआ है। यह 25 फुट ऊँचा है और इसका भार 80 टन है। शीर्ष के आकार तक समस्त विशाल मन्दिर मूर्तियों और अलंकारों से ढका हुआ है। यह मन्दिर कई भागों में बँटा हुआ है, जैसे एक नन्दी मण्डप, स्तम्भों वाला बरामदा और एक विशाल सभा-कक्ष। तंजौर विमान में सशक्तता और स्थिरता का आभास है और ऊँची उठती हुई लम्बात्मकता की काव्यमयी विशेषता है जो गुम्बदाकार स्तूपिका से और भी बढ़ जाती है। यह स्तूपिका शुण्ड की चतुर्वर्गी चोटी पर "एक हल्के किन्तु बड़े वृत्त की भाँति पड़ी है और सारी रचना को ही हवाई हल्केपन का प्रभाव सा देती हुई प्रतीत होती है।" पर्सी ब्राऊन के मतानुसार, "तंजौर विमान समस्त भारतीय शिल्प-कला की कसौटी है।" तंजौर मन्दिर के विषय में ठीक ही कहा गया है कि मन्दिर निर्माण-कला की यह सबसे बड़ी, सबसे ऊँची और सबसे अधिक महत्त्वाकांक्षापूर्ण कृति है।

राजेन्द्र चोल द्वारा अपनी राजधानी गंगईकोण्ड-चोलपुरम् में बनवाया गया मन्दिर मुख्य लक्षणों में उसके पिता द्वारा बनवाए गए मन्दिर से मिलता-जुलता है। दुःख का विषय यह है कि इसकी बहुत हानि हो चुकी है। अब यह एक उजड़े हुए गाँव की मिट्टी की कुटियों के बीच में है। मन्दिर एक विशाल चारदीवारी के अन्दर बना हुआ है। प्रतीत होता है कि यह चारदीवारी एक दुर्ग की दीवारों की भाँति थी। इस आँगन के भीतर मुख्य भवन एक 240 फुट लम्बे और 100 फुट चौड़े आयताकार क्षेत्र में है और इसकी लम्बी अक्ष पूर्व से पश्चिम की ओर है। इसमें एक बड़ा मण्डप 175 फुट लम्बा और 90 फुट चौड़ा है, एक विशाल विमान सौ फुट लम्बा और सौ फुट चौड़ा है और उनको मिलाने वाला एक विशाल कक्ष है। मण्डप की पूर्वी दीवार में एक प्रभावोत्पादक सिंहद्वार है। इस कक्ष की उत्तरी और दक्षिणी दीवारों में दो सहायक-प्रवेश-द्वार हैं। मण्डप निचाई पर है और उसकी छत चपटी है जो 150 से भी अधिक स्तम्भों पर टिकी हुई है। स्तम्भों को कक्ष के आन्तरिक भाग में पंक्तियों में खड़ा किया गया है। विमान केवल 160 फुट ऊँचा है। नीचे वाले सीधे खड़े भाग का सम्पादन तंजौर के मन्दिर की तरह ही है, किन्तु ऊपर के ढलवें भाग में चापों के जोड़ देने से राजेन्द्र चोल की रचना में भव्यता आ जाती है। पर्सी ब्राऊन के अनुसार, "बाद के भवन में शृंगार और विलासिता का पुट है, परिपूर्ण नारीत्व का

सौन्दर्य है, जिसकी तुलना में पहले भवन में केवल पौरुषेय शक्ति है। इन दो शिल्प-कृतियों की तुलना से केवल शैली का अन्तर ही दिखाई नहीं देता है। तंजौर विमान की सर्वप्रमुख विशेषता काव्यात्मक भव्यता और औपचारिकता है, जबकि दूसरे भवन में पूर्वी गीत की शृंगारिक भावना के साथ अन्य गूढ़ तत्त्व भी है। दोनों ही अपने-अपने निर्माता की अन्तिम और पूर्ण कल्पनाएँ हैं जिन्हें इन सुन्दर भवनों के माध्यम से व्यक्त किया गया है; एक सचेत शक्ति का चिन्ह है और दूसरा उपचेतना में निहित लालित्य का प्रतीक है; फिर भी दोनों में आत्मा पर छा जाने वाले देवत्व की अभिव्यक्ति है।''

राजराजा महान् और राजेन्द्र चोल के उपर्युक्त मन्दिरों में द्रविड़ मन्दिर शैली ने सर्वोच्च अभिव्यक्ति प्राप्त की। तंजौर विमान की भव्यता में विशालता और उभरती हुई आलम्बात्मकता का सम्पूर्ण सन्तुलन पा लिया गया। इसमें आकृति रचना से मुख्य है और सारा अलंकार उसके अधीन और उसका पूरक है। गंगईकोण्ड-चोलपुरम् मन्दिर में कल्पना के रूप में शिल्पी आकार मुख्य है किन्तु अलंकार अधिक विलक्षण हो गया है और उसमें अधीरता दिखाई देती है जो सीमा को लाँघती हुई और अत्यधिक विकास के कारण वह निकलती हुई प्रतीत होती है।

राजराजा महान् के तंजौर मन्दिर से अधिक लालित्यपूर्ण किन्तु कम प्रभावशाली तंजौर का सुब्रह्मण्य मन्दिर है जिसका ''मीनार अति अलंकृत है किन्तु रूपरेखा में कम प्रभावशाली है।'' तंजौर जिले में ही दारसुरम् का ऐरावतेश्वर मन्दिर और त्रिभुवनम् का कम्पहरेश्वर या त्रिभुवनेश्वर मन्दिर दोनों चोल-कालीन हैं। दारसुरम् मन्दिर में सम्भवतः पहले कई भवन थे जिनमें से प्रत्येक में एक 'गोपुरम्' या प्रवेशद्वार था। इस मन्दिर का एक मण्डप एक रथ के आकार में है जिसे हाथी खींच रहे हैं।

चोल कला के अन्य देशों पर, विशेष रूप से इण्डो-चीन तथा दूरपूर्व के देशों पर प्रभाव के बारे में यह कहा जा सकता है कि चोल साम्राज्य व्यापार तथा अन्य माध्यमों से चीन तथा इण्डोचीन के हिन्दू-राज्यों के साथ सम्बन्ध रखने में सक्रिय था। यह सम्भव दिखाइ देता है कि अंगोर का महान् मन्दिर तथा तंजौर और गंगैकोंडाचोलपुरम् के मन्दिरों की कल्पना तथा निर्माण में पारस्परिक सम्बन्ध था। ये धार्मिक वास्तु-कला के विकास की एक ही शृंखला की कड़ियाँ हैं। ए०के० कुमारास्वामी ने पुराने जेटन (Zayton), आधुनिक चौनचू (फारमोसा के सामने) में 13वीं शताब्दी के मन्दिर में चोल वास्तुकला तथा मूर्ति-आलेखन में निकटतम समता देखी। बाद में उसने चोल उपपीठ के समान पत्थर को घिस कर चिकने किए गए फर्श में सादृश्य को खोजा है। उसने प्रस्तर ओरसों या स्तम्भों पर शिव और कृष्ण के खेलों की खोज की है।

मूर्ति-निर्माण (Sculpture)

चोल मूर्तिकारों ने पल्लव काल की तरह पत्थर की दीवारों पर चित्र बनाने का प्रयास नहीं किया। उन्होंने पत्थर के धरातल पर गहरी खुदाई की। उसे गोल आकृति दी। उन्होंने अच्छी मूर्ति निर्माण पर अधिक बल दिया। यह न्यानरों और अलवारों के धार्मिक तत्त्वों के लेखन में विकसित हुआ था। जब उन्होंने पत्थरों में विवरणों को देने का प्रयास आरम्भ किया तो उन्होंने सामान्य रूप से छोटी सूची को अपनाया। यह प्रायः छः इंच लम्बी और चार इंच चौड़ी पट्टी होती थी जैसा कुम्भ कोणम् में नागेश्वर है और कुछ स्थान पर दो फुट और एक फुट का पत्थर है जो त्रिभुवनम् में कम्पाहरेश्वर के रामायण चौखटे की माप है। वे चित्र में पल्लव मूर्तिकारों से आगे बढ़ गए जब उन्होंने श्रीनिवासनल्लौर और कुम्भकोणम् (नागेश्वर) में प्रयास किया। यह ज्ञात नहीं है कि उन्होंने इस शाखा में आगे रचना क्यों नहीं की यद्यपि उन्होंने धातु की अच्छे बड़े आकार की मूर्तियाँ ढालने में कौशल प्राप्त कर लिया था।

मूर्ति-निर्माण कला वस्तुतः भवन-निर्माण कला की सहायक थी। मन्दिरों की दीवारों, फर्शों, छतों तथा अन्य सुविधाजनक स्थानों को सजाने के लिए इसका प्रयोग किया जाता था। चोल मूर्तिकार दीवारों के खुले स्थानों के महत्त्व को समझता था और उन पर बहुत अधिक मूर्तियाँ नहीं बनाईं। उसने हाथी दाँत का काम करने वालों या सुनारों के तरीकों को भी नहीं अपनाया। उसने सामान्यतः कड़ी चट्टान पर अपनी कारीगरी दिखाई तथा प्रभावोत्मक मुख्य रेखा ही खोदीं।

चित्र, मूर्तियाँ तथा सजावटी प्रस्तर चोल प्रस्तर कला की विशेषताएँ हैं। चित्र कम और आरम्भिक युग के हैं किन्तु मूर्तियाँ बहुलता से प्राप्य हैं। चोल शिव के उपासक थे। अंतः शिव की मूर्तियाँ ही अधिक मिलती हैं। किन्तु कुछ वैष्णव तथा जैन मूर्तियाँ भी प्राप्य हैं। चोल मूर्ति-निर्माण में यान्त्रिक तथा गति रोकने वाली सामग्री कम है। कुम्भकोणम् के नागेश्वर मन्दिर में पुरुषों तथा नारियों के चित्रों के विषय में अजित घोष ने यह लिखा है : ''यहाँ प्रथम

बार चोल कलाकार अपने पल्लव पूर्वज से भिन्न है। उसकी कल्पना, आदर्श तथा योजना दृष्टि भिन्न है। पल्लव सम्राट् तथा देवता की बाह्य आकृति में कोई अन्तर नहीं है और न रानी तथा देवी में। किन्तु इस चोल मूर्ति निर्माण-कला में जीवन तथा सौंदर्य की एक नई और आकर्षक कल्पना सजीव हो उठी है। ये चोल महिलाएँ सजीव एवं वास्तविक मानवी आकृतियाँ हैं जिनमें नारीत्व सम्मान तथा जीवन की प्रसन्नता सजीव मालूम होती हैं। इस पवित्र स्थल के आले में रखी मूर्तियों में यह अन्तर स्पष्ट दिखाई देता है। यह कला इतनी अधिक परम्परा से भिन्न है कि इसकी कल्पना तथा भावना मौलिक रूप में मनोहर मालूम होती है। ज्यादातर मूर्तियों का मानवीकरण ही चोल मूर्तिकरण का दक्षिण भारतीय कला को महान् देन है।''

तिरुवलिसवर्म का शिव मन्दिर राजराजा प्रथम के पहले के समय के आरंभिक चोल मूर्ति-निर्माण का अद्भुतालय है। इसके विमान के पंजारों के आलों तथा उनके बीच के खाली स्थानों में शिव की विभिन्न आकृतियाँ हैं। दक्षिण की ओर केन्द्र में नटराज है। वृषभरुद्ध और गंगाधर उचित रूप से बायीं ओर हैं तथा वीरभद्र और देवी दायीं ओर हैं। पश्चिम की ओर केन्द्र में हर ओर विष्णु और ब्रह्मा के साथ लिंगोद्भव हैं। अन्य आरम्भिक चोल मूर्तियों में अष्ट भुजा दुर्गा है जिसमें दो भक्त हर ओर घुटनों पर झुके हैं, और विष्णु तथा उसके सहयोगियों के समूह हैं। ये मूर्तियाँ दक्षिण आर्कोट के ओलागोपुरम् की हैं। तंजौर और गंगेकोंडाचोलपुरम के दो वृहदेश्वर मन्दिरों की दीवारों पर विशाल आकार तथा सशक्त खुदाई की विभिन्न आकृतियाँ हैं।

चोल कांस्य प्रतिमाओं में नटराज के विभिन्न रूप सर्वप्रमुख हैं। इस नागेश्वर मन्दिर में नटराज की सबसे विशाल तथा ज्ञात मूर्तियों में से सब से बढ़िया मूर्ति है। नटराज के बारे में ग्राउज़ेट लिखते हैं : ''चाहे नटराज के मुख के चारों ओर प्रज्वलित प्रभा मण्डल (विश्व चक्र) हो या न हो, किंतु वह अत्यधिक प्रशंसनीय है। जब वह अपने दायें हाथ में डमरू बजाता है तो सृष्टि के सभी जीव उसकी लय पर थिरक उठते हैं और वे उसके साथ नाचने लगते हैं। उड़ते हुए बालों के लौकिक लट तथा उड़ता हुआ चीर इस महान् नृत्य की गति को व्यक्त करते हैं जो पदार्थ को धूल में बदल देता है। एक बाएँ हाथ में अग्नि है जो विश्वों को इस ऐहिक चक्र में सचेत करती है तथा नष्ट करती है। देवता का एक पैर दैत्य को कुचल रहा है क्योंकि यह नृत्य मृत्यों के शरीरों पर किया जाता है, दायाँ हाथ अभयमुद्रा में है। यह सांसारिक दृष्टि से इतना सत्य दिखाई देता है कि एक ओर यह विश्व नाशवान है तथा दूसरी ओर इसमें भविष्य के सुखद स्वप्नों का वास है। वास्तव में एक कांस्य प्रतिमा में नटराज मुस्कराता हुआ दिखाया गया है। वह मृत्यु, जन्म, दुःख, सुख पर वास्तव में समान रूप से मुस्कराता है। इसकी मुस्कराहट मृत्यु तथा जीवन दोनों को ही व्यक्त करती है। यह दुःख और सुख की प्रतीक है। उच्च दृष्टिकोण से वस्तुतः सभी पदार्थों का अन्त एक ही होता है। इसी में उनकी व्याख्या तथा तर्कसंबद्ध अनिवार्यता पाई जाती है। लय का पलस्तरी सौंदर्य आदर्श लय के अलावा और कुछ नहीं है। भुजाओं की बहुलता आरंभ में चिन्तित करती है, किन्तु बाद में आन्तरिक कानून के अधीन हो जाती है। प्रत्येक जोड़ा स्वयं में पवित्रता का प्रतीक है जबकि नटराज भयानक खुशी में भव्य तन्मयता के साथ विश्व में कम्पन उत्पन्न करता है, तब यह बात स्पष्ट हो जाती है कि दैवी कलाकार का नृत्य वास्तव में लीला है। यह मृत्यु तथा जीवन का खेल है। यह रचना तथा विनाश की क्रीड़ा है। यह अनन्त और निष्प्रयोजन है। उसके बायें हाथों में से एक गजहस्त की आकृति में असावधानी से उठता है। अन्ततः जब हम मूर्ति की पीठ को देखते हैं तो उसमें उन कन्धों की दृढ़ता दिखाई नहीं देती जो संपूर्ण विश्व को उठाए हुए एक नक्षत्र के धड़ के समान इसकी शान है जैसे यह पदार्थ की स्थिरता की प्रतीक हो। तेजी से चलती हुई टाँगों का चक्र प्रकृति के बवण्डर का प्रतीक है।

चित्रकला (Painting)

चोल चित्रकला पल्लव-पाँड्य शाखा का ही विकसित रूप है। यद्यपि हमारे पास प्रामाणिक साहित्यिक प्रमाण है किन्तु कोई नमूना प्राप्त नहीं है। अतः हमारे पास कोई साधन नहीं है जिससे हम उस काल की कला का अनुमान कर सकें। तिरुनायम तथा ममदौर के गुफ़ा मंदिरों में तथा पन्नामलाई और काँची के मंदिरों में प्राप्त पल्लव चित्रकारी के कुछ नमूने सातवीं तथा आठवीं शताब्दी के हैं। चोल चित्रकारी के कुछ नमूने तंजौर मन्दिर की प्रदक्षिणा में प्राप्य हैं जो राजराजा प्रथम तथा राजेन्द्र प्रथम के युग के हैं। तंजौर चित्रों का स्वर धार्मिक है। सर्वश्रेष्ठ चित्रकारी का

विषय सुन्दर मूर्ति के जीवन से संबद्ध है। पच्चिमी दीवार के चौखटे के ऊपर कैलाश का दृश्य है। शिव योगासन में सिंहचर्म पर बैठे हैं। सामने नन्दी तथा कुछ ऋषि हैं और दूसरी ओर कुछ अप्सराएँ नृत्य कर रही हैं। शिव को लाल रंग में दिखाया गया है और ऋषि नीले रंग में। चित्र में शिव के निमन्त्रण पर आए दो मित्रों की कैलाश यात्रा को उभारा गया है।

यह बताया जाता है कि उत्तरी दीवार पर त्रिपुरंतक चौखटा सब से बढ़िया है। यह युद्ध-दृश्य है। शिव रथ की छत पर खड़े हैं। उनका बायाँ घुटना मुड़ा है और उनके शरीर का सम्पूर्ण भार दायीं टाँग पर है जो आगे रखी है। उनके आठों हाथों में विभिन्न शस्त्र हैं। उनका थर्राने वाला तथा निडर भाव सशक्त कार्य का बोध कराता है। सारथी के स्थान पर चतुर्मुखी ब्रह्मा बैठा है। सामने असुरों के घोड़े हैं जो शिव और उनके गणों का सामना कर रहे हैं। ऊपर सिंहारूढ़ दुर्गा अपने भाले से एक राक्षस को मारती हुई दिखाई देती है। उसके सिंह ने एक अन्य राक्षस की गर्दन उठा रखी है।

उड़ीसा में महानदी से लेकर कुमारी अन्तरीप के पास कोट्टारू तक विशाल सड़क थी। कुलोत्तुंग प्रथम ने इन सड़कों के साथ-साथ सैन्य बस्तियाँ बसाई थीं। इन सड़कों की चौड़ाई 64 हाथ थी। नदियों को पार करने के लिये सरकार नावों की व्यवस्था थी।

स्थानीय सरकार में, कला, धर्म तथा शिक्षा में तमिल प्रदेश अपने शिखर पर था। इन सभी क्षेत्रों में तथा विदेशी व्यापार और जहाजरानी में चोल काल पल्लव काल से अत्यधिक आगे था।

Suggested Readings

Aiyangar, S. Krishnaswami : Evolution of Hindu Administrative Institutions in South India, Madras, 1931.

Aiyer, K.V. Subrahmanya : Historical Sketches of Ancient Deccan. Madras, 1917.

Majumdar, R.C. (Ed.) : The Classical Age.

Majumdar, R.C. (Ed.) : The Age of Imperial Kanauj.

Majumdar, R.C. (Ed.) : The Struggle for Empire.

Sastri, K.A.N. : The Cholas.

Sastri, K.A.N. : Studies in Chola History and Administration.

Sastri, K.A.N. : History of South India, Bombay, 1952.

Sastri, K.A.N. : Foreign Notices of South India, Madras, 1939.

Sastri, K.A.N. : Sri Vijaya, Madras, 1949.

Sathianathaier, R. : Studies in the Ancient History of Tondamandalam, Madras, 1944.

Sewell, V.A. : Historical Inscriptions of Southern India. Ed. by S. Krishnaswami Aiyangar, Madras, 1932.

Smith, V.A. : Early History of India.

Subramanian, T.N. : South Indian Temple Inscriptions Vols. I, II, III. Madras, 1953, 1954, 1955.

अध्याय

45

प्रभुत्व के लिए त्रिपक्षीय संघर्ष

(The Tripartite Struggle for Supremacy)

जैलौर के प्रतिहार, बंगाल के पाल तथा दक्षिण के राष्ट्रकूट 8वीं सदी से लेकर 10वीं सदी तक गंगा-यमुना के दुआब तथा उसके पास वाले क्षेत्र पर अधिकार करने के लिए संघर्षरत रहे।

प्रतिहार, पाल और राष्ट्रकूट (Pratiharas, Palas and Rashtrakutas)—प्रतिहार शासक नागभट्ट प्रथम भाग्यशाली वीर था। उसने अरबों पर विजय प्राप्त की। उसका पुत्र वत्सराज महत्त्वाकांक्षी राजा था। वह उत्तरी भारत का चक्रवर्ती सम्राट् बनना चाहता था। उस समय बंगाल में पाल वंशी राजा धर्मपाल का शासन था। उसने 770 ई० से लेकर 810 ई० तक राज्य किया। वह अपने राज्य की सीमाएँ बंगाल तक ही सीमित न रखकर सम्पूर्ण उत्तरापथ या उत्तरी भारत को अपने राज्य में मिलाने की आशा करता था। राष्ट्रकूट की महत्ता का श्रेय दन्ती दुर्ग को है। लेकिन जब तीनों शक्तियों में संघर्ष आरम्भ हुआ, तब राष्ट्रकूट के सिंहासन पर ध्रुव (780–793) का अधिकार था। वह भी बहुत महत्त्वाकांक्षी शासक था और उत्तरी भारत का चक्रवर्ती सम्राट् बनना चाहता था। उसने अनुभव किया कि गंगा-यमुना दुआब तथा उसके पास वाले क्षेत्र पर उसका उतना ही अधिकार है जितना वत्सराज और धर्मपाल का।

वत्सराज की उपलब्धियाँ (Achievements of Vatsaraja)—वत्सराज ने पहल की। कन्नौज के राजा इन्द्रयुद्ध ने वत्सराज को अपना सम्राट् मान लिया। वत्सराज इस उपलब्धि से सन्तुष्ट नहीं हुआ। उसने बंगाल के धर्मपाल पर आक्रमण कर दिया। आक्रमण का एक कारण यह हो सकता है कि धर्मपाल ने कन्नौज के मामलों में हस्तक्षेप किया यद्यपि वह पहले ही वत्सराज की अधीनता स्वीकार कर चुका था। यह कहा जाता है कि जब वत्सराज के सेनापतित्व में विजयी प्रतिहार सेनाएँ खाड़ी बंगाल जा पहुँचीं, तब उसने वापस लौटने का निर्णय किया। कुछ विद्वानों का विचार है कि प्रतिहारों और पालों में युद्ध बंगाल में न होकर गंगा-यमुना के दुआब में हुआ। कारण यह है कि पृथ्वीराज विजय महाकाव्य पर विश्वास करना उचित नहीं क्योंकि उसकी रचना घटनाओं के घटित होने से चार सौ वर्ष बाद हुई। राधनपुर में प्राप्त ताम्रपत्रों से भी महाकाव्य में कही गई बात प्रामाणिक नहीं ठहरती क्योंकि उनमें बंगाल के शासक धर्मपाल पर आक्रमण करने से पहले वत्सराज द्वारा जीते गए क्षेत्रों का उल्लेख नहीं है। अत: यह स्पष्ट है कि धर्मपाल और वत्सराज के मध्य युद्ध दुआब में ही हुआ। इसके होते हुए भी यह कहा जाता है कि कन्नौज विजय के बाद वत्सराज को बंगाल पर आक्रमण करने से रोकने वाला कोई नहीं था क्योंकि सागरतल शिलालेख में यह उल्लेख है कि वत्सराज ने प्रसिद्ध भंडी वंश (Bhandi) से युद्ध में साम्राज्य को शक्ति के बल पर छीन लिया जिसकी रक्षा क्रुद्ध हाथियों की पंक्ति कर रही थी। भंडी कन्नौज पर राज्य करते थे और कन्नौज से बंगाल का अन्तर अधिक नहीं था।

ध्रुव का कार्य (Part Played by Dhruva)—जब वत्सराज लूटे हुए माल के साथ बंगाल से लौट रहा था तो उसे राष्ट्रकूट वंश के राजा ध्रुव ने हराया। उसने उससे लूट के सारे माल के साथ बंग और गौड़ पर उसके प्रभुत्व के प्रतीक दो सफेद छाते भी छीन लिये। अमोघवर्ष प्रथम की सनजन (Sanjan) के ताम्रपत्रों में ध्रुव और धर्मपाल के युद्ध का उल्लेख है लेकिन विद्वान इस बात को नहीं मानते। वर्तमान मत यह है कि : "हमारे सम्मुख गोविन्द तृतीय के समय के अनेक सरकारी कागज हैं जिनमें ध्रुव की विजयों का वर्णन है लेकिन इनमें से एक में भी ध्रुव को बंगाल का विजेता नहीं बताया

गया है।'' इतिहासकारों को सनजन के ताम्रपत्रों के वर्णन को प्रामाणिक मानने से पहले उनके पक्ष में और अधिक प्रमाणों की प्रतीक्षा करनी चाहिए।

वत्सराज पर विजय के पश्चात् ध्रुव ने और कोई विजय प्राप्त नहीं की। उसने प्राप्त माल पर संतोष किया और लूटे हुए माल के साथ प्रसन्नतापूर्वक दक्षिण को लौट गया। ध्रुव ने यह सोचा ही नहीं कि धर्मपाल उसकी दक्षिण में उपस्थिति का लाभ उठाकर वत्सराज की शक्ति के कमजोर होने के कारण पैदा हुई रिक्तता (vacuum) को भरेगा। तथ्य यह है कि धर्मपाल ने बदली हुई परिस्थिति का पूरा लाभ उठाया। 786 ई० और 793 ई० के बीच में उसने इन्द्रराज को हराकर अपना नियन्त्रण स्थापित किया और अपने प्रतिनिधि चक्रयुद्ध को वहाँ का शासक नियुक्त किया। चक्रयुद्ध ने धर्मपाल को अपना सम्राट् स्वीकार कर लिया। कन्नौज में एक दरबार किया गया और उस अवसर पर भोज, मत्स्य, मदरा, कुरु, यवन, अवन्ती, यदु, गन्धार और किरा के शासक सिर पर मुकुट बाँध आदर के साथ धर्मपाल के सामने झुके। निस्संदेह इस प्रकार धर्मपाल उत्तरापथ का स्वामी बन गया।

नागभट्ट द्वितीय और गोविन्द तृतीय—वत्सराज के बाद उसका पुत्र नागभट्ट द्वितीय गद्दी पर बैठा। उसने 805 ई० तक से 839 ई० तक शासन किया। कहा जाता है कि नागभट्ट द्वितीय ने कन्नौज के शासक चक्रयुद्ध को हराया जिसे धर्मपाल ने गद्दी पर बैठाया था। नागभट्ट द्वितीय ने अनर्ता, मालवा, किरात, वत्स, मत्स्य और तुरुष्क (Turushka) के पहाड़ी किलों पर भी अधिकार कर लिया था। एक शिलालेख में यह भी लिखा है कि आन्ध्र, सैन्धव (Saindhava), विदर्भ और कलिंग के राजाओं ने भी उसकी अधीनता स्वीकार कर ली थी। किन्तु स्वयं उसे गोविन्द तृतीय ने हरा दिया जो ध्रुव की मृत्यु के बाद 793 ई० में राष्ट्रकूट वंश की गद्दी पर बैठा। यह कहा जाता है कि गोविन्द तृतीय ने उत्तर पर आक्रमण करने के लिए बड़े पैमाने पर तैयारियाँ की थीं। वह भोपाल और झाँसी के मार्ग से आगे बढ़ा और उसका लक्ष्य कन्नौज था। नागभट्ट द्वितीय ने उसका सामना किया और बुन्देलखण्ड में युद्ध हुआ। गोविन्द तृतीय विजयी हुआ और नागभट्ट द्वितीय राजपूताने की ओर भाग गया। कन्नौज के शासक चक्रयुद्ध ने बिना किसी शर्त के गोविन्द तृतीय के सामने आत्मसमर्पण किया। इसे पर्याप्त मान लिया गया और कन्नौज पर आक्रमण करके उसे अपने अधिकार में करने की कोई कोशिश नहीं की गई। बंगाल के शासक धर्मपाल ने भी अधीनता स्वीकार कर ली। धर्मपाल का विचार था कि गोविन्द तृतीय के विरुद्ध लड़ने की अपेक्षा अधीनता स्वीकार करना ही अच्छा था क्योंकि गोविन्द तृतीय ध्रुव की तरह बहुत दिनों तक उत्तरी भारत में नहीं ठहर सकेगा। चूँकि नागभट्ट तृतीय के उत्तरी भारत से चले जाने के बाद पैदा हुई स्थिति का लाभ उठाने में समर्थ होगा। तथ्य तो यह था कि धर्मपाल गोविन्द तृतीय का आभारी था क्योंकि उसने नागभट्ट द्वितीय की शक्ति को तोड़ दिया था।

कहा जाता है कि गोविन्द तृतीय विजय करता-करता हिमालय तक पहुँच गया था। कहा जाता है कि मार्ग में उसने अनेक शासकों को पदच्युत किया और अनेकों को उनकी गद्दी वापस लौटा दी।

आशानुसार गोविन्द तृतीय अधिक समय तक उत्तरी भारत में नहीं ठहरा लेकिन इसका यह अर्थ नहीं कि उसकी विजय यात्रा निष्फल रही। मालवे के शासक ने गोविन्द तृतीय की अधीनता स्वीकार कर ली और उसे अपना सम्राट् मान लिया। उसने गुजरात को भी अपने अधीन करके अपने छोटे भाई इन्द्रराज को सौंप दिया। गोविन्द तृतीय नर्मदा के साथ-साथ चलता हुआ वापस लौटा। मार्ग में उसने कौशल, कलिंग, ओद्र, दहाल और वैंगी के शासकों को अपने अधीन किया। 803 ई० तक गोविन्द तृतीय तुंगभद्रा पहुँच गया और दक्षिण के शासकों पर आक्रमण करने के लिए तैयारी करने लगा। वह केरल, चोल, पंड्या, पल्लव और गंग वंश के शासकों को हराने में समर्थ हुआ।

जब गोविन्द तृतीय दक्षिण में व्यस्त था तो नागभट्ट द्वितीय ने उत्तर में स्थिति का लाभ उठाया। यह कहा जाता है कि यद्यपि नागभट्ट द्वितीय के सम्मान को धक्का पहुँचा था तथापि उसकी सेनाओं को विशेष हानि नहीं पहुँची थी। 805 ई० के नासरिक (Nesarika) ताम्रपत्र में लिखा है कि ''गोविन्द तृतीय को अपने पर आक्रमण करने के लिए तैयार देखकर गुर्जर (नागभट्ट द्वितीय) डर से कहीं भाग गया ताकि वह स्वप्न में भी युद्ध न देख सके।'' यदि यह ठीक है तो नागभट्ट द्वितीय अपनी सेना को पूरी तरह अखण्ड रखने में समर्थ रहा।

बंगाल के धर्मपाल पर आक्रमण करने से पहले नागभट्ट द्वितीय ने चक्रयुद्ध को हराकर अपनी स्थिति को ऊँचा उठाया। चक्रयुद्ध अपनी चरित्रहीनता के कारण दूसरों पर निर्भर रहता था। इसका यह तात्पर्य था चक्रयुद्ध ने धर्मपाल

को अपना सम्राट् स्वीकार कर लिया था और यह तथ्य नागभट्ट द्वितीय को अच्छा नहीं लगा। इसलिए उसने चक्रयुद्ध पर आक्रमण किया और उसे हरा दिया।

चक्रयुद्ध को हरा कर नागभट्ट द्वितीय ने अपना ध्यान धर्मपाल की ओर लगाया और उसकी सेनाएँ गंगा के साथ-साथ बढ़ कर मुंगेर तक पहुँच गईं। नागभट्ट और धर्मपाल में भयंकर युद्ध हुआ। सागरतल प्रशस्ति में यह लिखा है कि वंगपति (धर्मपाल) शक्तिशाली हाथियों, घोड़ों और रथों के कारण गहरे काले बादल की तरह आया। मंदौर के प्रतिहार राजा बौक (Bauka) के बारे में जोधपुर के शिलालेख में कहा गया है कि नागभट्ट द्वितीय ने गौड़ों के साथ युद्ध में मुंगेर में विजय प्राप्त कर यश प्राप्त किया। नागभट्ट द्वितीय की विजय के बारे में एक इसी प्रकार का उल्लेख सौराष्ट्र के अवन्ति वर्मन द्वितीय के ऊना (Una) ताम्रपत्र में पाया जाता है।

मुंगेर में धर्मपाल को हराने के बाद नागभट्ट द्वितीय उस दिशा में आगे नहीं बढ़ा। कन्नौज से प्रारम्भ करके उसने बुन्देलखण्ड के क्षेत्र को अपने नियन्त्रण में किया। उसके बाद उसने मालवा पर आक्रमण किया किन्तु उस राज्य में उसे आंशिक सफलता मिली। इसका कारण मालवा के शासक को राजपूत राजा से मिली सहायता थी। सागरतल प्रशस्ति में आगे कहा गया है कि आन्ध्र, सिन्धु, विदर्भ और कलिंग के शासक स्वत: उसकी (नागभट्ट द्वितीय) बढ़ती हुई शक्ति के अधीन इस प्रकार हो गए जैसे पतंगे आग में स्वयं कूद पड़ते हैं। डॉ० आर०सी० मजूमदार ने इसकी व्याख्या इस प्रकार की है कि राज्यों के शासकों ने नागभट्ट द्वितीय से मित्रता कर ली किन्तु वाक्य-रचना इस विचार की पुष्टि नहीं करती। यह ठीक ही कहा गया है कि आग पतंगों को नष्ट कर देती है और उन्हें मित्र नहीं बना सकती। अत: तर्कानुसार अनुमति यह है कि नागभट्ट द्वितीय ने इन शासकों के प्रति अत्यधिक बुरा व्यवहार किया।

नागभट्ट द्वितीय की राष्ट्रकूटों से अनेक लड़ाइयाँ हुईं। आरम्भ में वह पीछे हट गया और इस प्रकार अपने आपको बर्बादी से बचा लिया। दूसरी लड़ाई में कर्क राजा ने उसे हरा दिया। गोविन्द तृतीय की 814 ई० में मृत्यु के बाद नागभट्ट द्वितीय को अधिक सफलता मिली। अमोघ वर्ष, नया राष्ट्रकूट राजा, तेरह या चौदह वर्ष का लड़का था और उससे नागभट्ट का सामना करने की आशा नहीं की जा सकती थी। इस प्रकार नागभट्ट द्वितीय अपने समस्त विरोधियों को हराने में समर्थ हुआ। इसी कारण उसे 815 ई० के बुशकल (Buchkala) शिलालेख में परमभट्टारक महाराजाधिराज परमेश्वर नागभट्ट देव कहा गया है।

रामभद्र (Rambhadra)—नागभट्ट द्वितीय के बाद रामभद्र गद्दी पर बैठा। उसने तीस वर्ष राज्य किया। वह दुर्बल शासक था और अपने शत्रुओं के कारण संकटों से घिरा हुआ था। बंगाल के देवपाल के "घमण्डी तथा क्रूर सेनापतियों ने" रामभद्र के साम्राज्य के पूर्वी भाग की शान्ति को भंग किया तथा रामभद्र से मुंगेर को वापस छीन लिया।

कुछ विद्वानों का विचार है कि रामभद्र से बुन्देलखण्ड को देवपाल ने और गुर्जरात्र (Gurjaratra) को मन्दों के प्रतिहारों ने छीन लिया। किन्तु इस दृष्टिकोण का इस आधार पर विरोध किया जाता है कि इस प्रकार की कल्पना के पक्ष में कोई ठोस प्रमाण नहीं हैं। जिन तथ्यों के आधार पर डॉ० आर०सी० मजूमदार ने कल्पना की है कि रामभद्र बुन्देलखण्ड में पराजित हुआ उनमें से एक भी इस क्षेत्र को प्रतिहारों द्वारा छोड़ने को सिद्ध नहीं करता। यह भी कहा जाता है कि यह कल्पना करने का कोई पर्याप्त आधार नहीं है कि रामभद्र का गुर्जरात्र पर अधिकार समाप्त हो गया। बादल शिलालेख में यह बताया गया है कि देवपाल ने "उत्कल जाति को समूल नष्ट कर दिया, हूणों के घमण्ड को तोड़ा और द्राविड़ों तथा गुर्जरों के अभिमान को चूरचूर कर दिया।" प्रश्न यह उठता है कि देवपाल का समकालीन द्रविड़ शासक कौन था। इसके बारे में तीन विचार हैं : पहला विचार यह है कि वह अमोघवर्ष प्रथम नामक राष्ट्रकूट राजा था। यह विचार इस आधार पर रद्द किया जाता है कि राष्ट्रकूटों ने अपने आपको कभी द्रविड़ नहीं कहलवाया परन्तु करात (Karatas) ही कहलवाया। दूसरा विचार यह है कि वह पंड्या शासक शिव अमर श्रीवल्लभ था जिसने गंगा, पल्लव, चोल, कलिंग, मगध तथा अन्य देशों को उस स्थान पर पराजित किया था जिसे आजकल कुम्भकोणम् कहते हैं। इस विचार को भी इस आधार पर रद्द किया जाता है कि शिव अमर श्रीवल्लभ ठीक प्रकार से द्रविड़ नहीं था। लेकिन यह सत्य भी हो, तो भी केवल प्रशस्ति के आधार पर कल्पना करना उचित नहीं है। तीसरा विचार है कि वह कोई पल्लव शासक दन्तिगा दन्तिवर्मानी था जिसने वास्तव में द्रविड़ मण्डल पर शासन किया था। केवल यही विचार सम्भव है लेकिन इसका यह अर्थ नहीं कि यह पूर्णत: निश्चित है कि देवपाल ने किसी पल्लव शासक को हराया था।

मिहिरभोज (Mihirbhoja)—रामभद्र के पश्चात् उसका पुत्र मिहिरभोज गद्दी पर बैठा। उसने 836 ई० से लेकर 885 ई० तक राज्य किया। इस राजा के गद्दी पर बैठने के बाद प्रतिहारों के इतिहास में एक स्वर्ण अध्याय आरम्भ हुआ। कुछ ही वर्षों में वह अपनी स्थिति को सुदृढ़ करने में समर्थ हो गया और हिमालय की तराई तक का भाग उसके आधिपत्य में आ गया। अपनी स्थिति को दृढ़ करने के पश्चात् राजा भोज ने बंगाल के देवपाल से युद्ध करने का निर्णय किया। यह कहा जाता है कि देवपाल ने ''गुर्जरों के राजा का घमण्ड चूर किया।'' डॉ० आर०सी० मजूमदार का विचार है कि कुछ समय बाद राजा भोज ने देवपाल पर भी विजय प्राप्त कर ली। यह विचार सागरतल लेख की एक कविता पर आधारित है जिसमें यह कहा गया है कि ''भोज ने एक अन्य लक्ष्मी को अपनी पत्नी बनाया जो धर्म के पुत्र की प्रसिद्धि का कारण थी।'' किन्तु यह कहा जाता है कि यदि सम्बन्धित कविता की ठीक प्रकार से व्याख्या की जाती है तो उसमें राजा भोज के द्वारा देवपाल को हराने या प्रतिहारों द्वारा पाल वंश की शान को अपनाने के कार्य का कोई उल्लेख नहीं है।

सागरतल लेख का चाहे कितना भी महत्त्व हो लेकिन यह तथ्य है कि धर्मपाल की मृत्यु के पश्चात् 850 ई० में राजा भोज का पलड़ा भारी हो गया। देवपाल के बाद गद्दी पर विग्रह पाल, नारायण पाल, राज्यपाल, गोपाल द्वितीय और विग्रयपाल द्वितीय बैठे। इन शासकों में से कोई भी राजा भोज का सामना करने योग्य नहीं था। पालों पर राजा भोज की विजय का उल्लेख अनेक लेखों में है। किन्तु राजा भोज के समय में प्रतिहार साम्राज्य की पूर्वी सीमा को निश्चित करना कठिन है। भोज के राज्य में गोरखपुर निश्चित रूप से था। यह भी सम्भव है कि बिहार भी राजा भोज के अधीन रहा हो। यह परिणाम इस तथ्य से निकाला जाता है कि पालवंश का कोई शिलालेख 871 ई० से लेकर 908 ई० के बीच का विहार से प्राप्त नहीं हुआ है। यह कल्पना की जाती है कि इस काल में इस क्षेत्र से पाल-शासन समाप्त हो गया था और यही कारण है कि इस काल का कोई शिलालेख प्राप्य नहीं है। किन्तु इस तथ्य को गलत नहीं ठहराया जा सकता कि राजा भोज का भी कोई लेख इस काल का इस क्षेत्र से प्राप्त नहीं किया गया है। इसका कारण यह हो सकता है कि इस काल में बिहार में प्रतिहारों और पालों के मध्य प्रभुत्व के लिए संघर्ष हो रहा था और उसका किसी के पक्ष में पूर्ण रूप से निर्णय नहीं हुआ था।

कल्हन की राजतरंगिणी में कहा गया है कि शंकर वर्मन का संपूर्ण प्रभुत्व था जिसे राजा भोज ने छीन कर तक्कीयाक (Takkiyaka) वंश के वंशज को दे दिया था। वह राजमहल के प्रधान कर्मचारी का पद ग्रहण कर उसका नौकर बन गया था। इससे यह भी स्पष्ट है कि प्रतिहारों का राज्य उत्तर की ओर भी फैला हुआ था।

राजा भोज ने दक्षिण की ओर भी ध्यान दिया। उसने राजपूताना के दक्षिण भाग और उज्जैन के चारों ओर के नर्मदा तक के भू-खण्ड पर आक्रमण किया। चूँकि भोज दक्षिण की ओर अपने राज्य का विस्तार करना चाहता था इसलिए उसकी अमोघवर्ष प्रथम तथा उसके अधीनस्थ गुजरात की ओर के जागीरदारों से टक्कर हुई। राजा भोज के पक्ष में अनेक बातें थीं। अमोघवर्ष प्रथम और उनके जागीरदारों के सम्बन्ध अच्छे नहीं थे। गुजरात परिवार में भी असन्तोष था। यह सत्य है कि राजा भोज बूढ़ा था लेकिन अमोघवर्ष प्रथम उससे भी अधिक बूढ़ा था और जैन मत का अनुयायी था। राजा भोज मालवा और सौराष्ट्र को अपने अधीन करने में समर्थ हुआ। जब राजा भोज ने गुजरात वंशीय राष्ट्रकूट के उत्तराधिकार के युद्ध में हस्तक्षेप किया तो गुजरात के ध्रुव द्वितीय ने उसकी सेना को हरा दिया। बाद में कृष्ण द्वितीय ने आक्रमण रोकने की कोशिश की और लगभग 886 ई० में अपनी सेनाएँ गुजरात के जागीरदार कृष्णराज अकाल वर्ष की सेना से मालवे में प्रतिहारों पर आक्रमण करने के लिए मिला दीं। उज्जैन में बड़ी जोर की लड़ाई हुई। उसमें प्रतिहारों की हार हुई। भोजराज पर प्राप्त की गई इस विजय का उल्लेख अनेक शिलालेखों में है। राजा भोज अपनी पराजय को स्वीकार करने को तत्पर नहीं था अत: उसने बदला लिया। परिणाम यह हुआ कि गुजरात वंशीय राष्ट्रकूट राजा भोज के हाथों पूर्णत: समाप्त कर दिए गए। यह स्पष्ट है कि राजा भोज उज्जैन के पास हारा क्योंकि वह युद्ध के लिए तैयार नहीं था। लेकिन जब उसकी सहायक सेनाएँ आ गईं तो उसने न केवल राष्ट्रकूट राजा को ही हराया प्रत्युत् उसके जागीरदार को भी।

महेन्द्र पाल प्रथम (Mahendrapal I)—राजा भोज के बाद महेन्द्रपाल प्रथम सिंहासनारूढ़ हुआ। उसने 885 ई० से लेकर 910 ई० तक राज्य किया। उसके काल में प्रतिहारों का सितारा अधिकाधिक चमकता रहा और बंगाल के नारायणपाल प्रतिहारों से हारते रहे। राष्ट्रकूट शासक कृष्ण द्वितीय (879 ई० से 914 ई०) पूर्वी चालुक्यों के साथ युद्धों में फंसा था और उत्तरी भारत की घटनाओं की ओर ध्यान देने में समर्थ नहीं था। कृष्ण द्वितीय ने आन्ध्र क्षेत्र में अपना

आधिपत्य स्थापित किया और चालुक्य राजा को हराकर कैद कर लिया। यद्यपि उसे इस शर्त पर रिहा किया गया कि वह राष्ट्रकूट के दास के नाते शासन करेगा लेकिन उसने इस शर्त का पालन नहीं किया और एक बार पुनः विद्रोह किया और राष्ट्रकूट उसे दबाने में समर्थ नहीं हुए।

इन्द्र तृतीय (Indra III)—यह दिखाई देता है कि महेन्द्रपाल की मृत्यु के पश्चात् प्रतिहार साम्राज्य में कुछ गड़बड़ हुई। कुछ लेखकों का विचार है कि महेन्द्रपाल के दोनों पुत्रों—महीपाल तथा भोज द्वितीय—में गृहयुद्ध हुआ। उनका समर्थन हर्ष, चन्देल शासक एवं कोकलदेव, छेदी शासक ने किया। इस विचार को शिलालेख के प्रमाण के आधार पर चुनौती दी गई है। चाहे गृहयुद्ध न भी हुआ हो लेकिन महीपाल के शासन के आरम्भिक वर्षों में काफी गड़बड़ हुई थी। पालों ने नारायणपाल के राज के 54वें वर्ष से पहले महीपाल से बिहार को जीत लिया था। किन्तु वे आगे नहीं बढ़े। राष्ट्रकूटों ने कृष्ण द्वितीय के शासन काल में खेतक मण्डल को दोबारा जीत लिया था। कृष्ण द्वितीय की मृत्यु के बाद इन्द्र तृतीय गद्दी पर बैठा और उसके शासन-काल में राष्ट्रकूटों ने एक बार पुनः उत्तर भारत पर आक्रमण किया। इस आक्रमण का वर्णन गोविन्द चतुर्थ की पम्पाभारत औ कम्बे में प्राप्त ताम्रपत्रों में मिलता है। यह कहा जाता है कि (ईश्वर के मन्दिर का) कालप्रिय मन्दिर का आँगन उसके मदमस्त हाथियों के दाँतों की मार से खुरदरा हो गया या टूट गया। सागर जैसी गहरी यमुना उसके घोड़ों ने पार की। उसने इस महोदय (Mahodaya) शत्रु नगर को पूर्णतः नष्ट कर दिया जो आज भी कुशास्थल के नाम से प्रसिद्ध है। डॉ० अल्तेकर (Dr. Altekar) का विचार था कि कालप्रिय उज्जैन का महाकाल था और इन्द्र तृतीय ने मालवे के राजा परमार को कुछ दिन पहले हरा कर आक्रमण का आधार तैयार किया। किन्तु इस विचार को मान्यता नहीं दी जाती क्योंकि डॉ० अल्तेकर द्वारा नामांकित राजा इन्द्र तृतीय का समकालीन नहीं था और वास्तव में राष्ट्रकूट की गद्दी पर इन्द्र तृतीय के बैठने से एक सदी पूर्व जीवित था। डॉ० वी०वी० मिराशी (Dr. V.V. Mirashi) का कथन है कि कालप्रिय उज्जैन का महाकाल न होकर सूर्यदेव कालप्रिय है जिसका मन्दिर कालप्रिय या आधुनिक काल्पी में है। यह भारत में सूर्य की पूजा के बड़े केन्द्रों में से एक था।

इन्द्र तृतीय का उत्तरी भारत पर आक्रमण करने का मार्ग—यह कहा जाता है कि हो सकता है कि वह भूपाल, विदिशा, झाँसी, उरई के मार्ग से काल्पी पहुँचा हो। वहाँ उसने यमुना को पार करके उत्तरी भारत में प्रवेश करने से पूर्व कुछ समय विश्राम किया होगा। यह स्थान कन्नौज के बहुत समीप है। यह कहा जाता है कि नरसिंह चालुक्य, इन्द्र तृतीय के सेनापति ने "गुर्जर राजा के शस्त्रों से विजय की देवी को उठाया जिसे रखने का इच्छुक होते हुए भी उसे बड़ी मजबूती से पकड़ कर नहीं रखा।" उसने प्रमुख हाथियों को पकड़ लिया जो आगे चल रहे थे और गुर्जर राज की सेना को भागने को विवश किया। महीपाल, गुर्जर या प्रतिहार राजा युद्धक्षेत्र से सम्भवतः पूर्व की ओर भाग गया और उसका शत्रु ने पीछा किया। पम्पाभारत का कथन है कि नरसिंह, राष्ट्रकूट सेनापति और गंगा और सागर के संगम स्थल तक पहुँच गया था लेकिन यह सत्य प्रतीत नहीं होता। महीपाल से पालवंश के उस क्षेत्र तक पहुँचने की आशा नहीं की जा सकती जहाँ केवल सागर था। यह प्रतीत होता है कि नरसिंह प्रयाग के आगे नहीं गया।

अपने पूर्ववर्तियों की तरह इन्द्र तृतीय बहुत समय तक उत्तर में नहीं ठहरा। जब वह उत्तर में लड़ रहा था, तब दक्षिण में एक विद्रोह हुआ। इन्द्र तृतीय को यह अधिक वांछनीय प्रतीत हुआ कि वह उत्तरी भारत में अपनी विजय-यात्रा को जारी रखने की अपेक्षा अपने राज्य की रक्षा के लिए दक्षिण को लौट जाए। यह भी संभव है कि महीपाल के जागीरदार उसकी सहायता के लिए आगे बढ़े हों क्योंकि राष्ट्रकूट की प्रगति से न केवल प्रतिहार साम्राज्य के राजनीतिक अस्तित्व को ही खतरा था प्रत्युत् कुछ मामलों में स्वयं उनको भी विशेष रूप से धुरभट्ट और गणराज जैसे महासामन्ताधिपतियों को, जिनके क्षेत्र साम्राज्य के दक्षिणी सिरे पर स्थित थे। इसी कारण से हर्ष, चन्देल शासक भी महीपाल की सहायता को आया। अतः इसमें कोई आश्चर्य नहीं कि इन्द्र तृतीय ने दक्षिण को वापस लौटने का निर्णय किया।

इन्द्र तृतीय ने उत्तरी भारत पर 815 ई० में आक्रमण किया। यह तथ्य कि इस आक्रमण से महीपाल की शक्ति कमजोर नहीं हुई, इस प्रमाण से सिद्ध है कि 915 से 916 तक भारत में रहने वाले अल मसूदी (Al Masudi) ने प्रतिहार राजा को "कन्नौज नगर का सम्राट् कहा है जिसके पास उत्तर और दक्षिण में, पूर्व और पश्चिम में बड़ी-बड़ी सेनाएँ थीं क्योंकि वह चारों ओर से युद्धप्रिय राजाओं से घिरा था।" वह यह भी कहता है कि उसके पास वायु के चार निवास-स्थानों

की तरह चार सेनाएँ थीं। उनमें से प्रत्येक में 7,00,000 से लेकर 9,00,000 मनुष्य थे। उत्तर की सेना मुलतान के शासक से लड़ी। दक्षिणी सेना राष्ट्रकूटों से लड़ी। शेष दो सेनाएँ शत्रु का सामना करने हर दिशा में बढ़ीं। उत्तर प्रदेश में असनी (Asni) में पाए गए एक पत्थर के खम्भे पर खुदे लेख में महीपाल के सदैव बढ़ते हुए राज्य का उल्लेख है। क्षेमीश्वर (Ksemisavara) के चन्दकौशिक (Chandakaushika) में महीपाल के द्वारा राष्ट्रकूटों को हराये जाने का वर्णन है। राज शेखर के बाल भारत में रघु परिवार की सफलता की कामना की गई है जिसमें महीपाल पैदा हुआ था। उसने महीपाल का वर्णन इस प्रकार किया है "उसने मुरालों को अपने सिर झुका कर प्रणाम करने को विवश किया, वह मेकलाओं (Mekalas) के लिए पित्तिक बुखार की तरह था। युद्धक्षेत्र में उसने कलिंगों को अपने सामने से भगा दिया था। उसने केरल नरेश की खुशी को भंग किया, कुन्तलों के लिए वह फरसा था और रामठों (Ramathas) के धन को उसने ताकत के बल पर छीन लिया था।" महीपाल को रघु परिवार का मोती-जवाहर और आर्यावर्त का महाराजाधिराज कहा गया है। मुराल को सिलहार बताया गया है जो राष्ट्रकूट के जागीरदार थे। मेकला त्रिपुरी के छेदी थे। कुलूत जाति (Kulutas) हिमाचल प्रदेश के काँगड़ा जिसे में कुल्लू घाटी में रहती थी। रामठ संभवत: भारत-अफ़गानिस्तान सीमा पर रहते थे। कुन्तल राष्ट्रकूट थे। यह मालूम होता है कि महीपाल ने राष्ट्रकूटों को केवल अपने राज्य से ही नहीं भगाया प्रत्युत् उनके क्षेत्र में भी आक्रमण किया। बाल भारत में बताई गई बातों का हुदुद-उल-आलम में कुछ प्रमाण है जिसे 10वीं सदी के एक ईरानी भूगोलवेत्ता ने लिखा है।

विनायकपाल (Vinaykapala)—विनायकपाल के राज्य में प्रतिहार साम्राज्य को राष्ट्रकूटों तथा उनके मित्रों के हाथों हानि उठानी पड़ी। राष्ट्रकूट शासकों ने अमोघवर्ष द्वितीय तथा गोविन्द चतुर्थ के काल में कुछ नहीं किया क्योंकि वे अपने आन्तरिक संघर्ष में रत थे। किन्तु जब उनके चाचा ने अन्याय से उनकी गद्दी पर अधिकार कर लिया और अमोघवर्ष तृतीय के नाम से राजा बन गया तो राष्ट्रकूटों ने उत्साह के साथ विदेशनीति का संचालन किया। लगभग 937 ई० में भूतुग, अमोघवर्ष का साला (brother-in-law) गंग राजा रछामल को मार कर गंग वंश की गद्दी पर बैठा। 939 ई० से पहले अमोघवर्ष ने उत्तरी भारत पर आक्रमण किया और गुर्जरों (प्रतिहारों) को कालिंजर और चित्रकूट छोड़ने को विवश किया। इसका यह भी अर्थ हो सकता है कि राष्ट्रकूटों ने कालिंजर पर अधिकार करने में त्रिपुरी के छेदियों की सहायता की। चित्रकूट चित्तौड़ हो सकता है और इसका यह अर्थ हो सकता है कि राष्ट्रकूटों ने भारतरापट द्वितीय (Bhartrapatta) की सहायता की जिसने चित्तौड़ पर अधिकार करने के लिए एक राष्ट्रकूट राजकुमारी से विवाह किया था। खजुराहो के यशोवर्मन चन्देला ने कालिंजर पर आक्रमण किया और चन्देलाओं को कालिंजर-अधिपति या कालिंजर के स्वामी बना दिया। यह कहा जाता है कि यशोवर्मन ने कौशल, कुरु और मालवे को भी तंग किया जो उस समय प्रतिहार साम्राज्य के अंग थे। यह कहा जाता है कि यशोवर्मन ने गंगा और यमुना को "क्रीड़ा-सरोवर" में बदल दिया था और वह गुर्जरों के लिए "झुलस देने वाली आग" था। इस वर्णन में चाहे जितनी अतिशयोक्ति हो, लेकिन इसका यह निश्चित अर्थ है कि विनायकपाल को यशोवर्मन के हाथों पराजित होना पड़ा था। शाकम्भरी के चौहानों ने भी विनायक अधिकार की अवहेलना की। वाकपति, चौहान शासक ने महाराज की पदवी धारण की और उसने प्रतिहार तन्त्रपाल के आक्रमण को विफल कर दिया जो संभवत: प्रतिहारों का गवर्नर या प्रतिनिधि था। जब 943 ई० में विनायक पाल की मृत्यु हुई तब प्रतिहार साम्राज्य का तेजी से पतन हो रहा था।

कृष्ण तृतीय (Krishna III)—अमोघवर्ष तृतीय के बाद उसका पुत्र कृष्ण तृतीय गद्दी पर बैठा। उसने 940 ई० से लेकर 968 ई० तक राज्य किया। वह राष्ट्रकूट परिवार के सबसे योग्य शासकों में से एक था। लगभग 943 ई० में कृष्ण तृतीय और भूतुग ने चोल राजा प्रान्तक प्रथम पर आक्रमण किया और तन्जौर और काँची पर अधिकार कर लिया। संभवत: प्रान्तक प्रथम अपने साम्राज्य के दक्षिणी भाग में से राष्ट्रकूटों को निकाल कर भगाने में समर्थ हुआ। किन्तु आरकाट, चिंगलपुट और वेलोर के जिले राष्ट्रकूटों के पास रहे। जब चोलों ने इन जिलों को प्राप्त करने का प्रयत्न किया तो टक्कोलम का युद्ध हुआ जिसमें चोल पराजित हुए। यह कहा जाता है कि भूतुग राजादित्य के हौदे में पहुँच गया और उसको मार डाला। टक्कोलम की लड़ाई को अत्यधिक महत्त्व दिया जाता है। इससे प्रान्तक का स्वप्न भंग हो गया। टोण्डाईमंडलम उससे छिन गया। बानों (Banas), वैदभवों और नोलम्बों ने प्रान्तक प्रथम के अधिकार की अवहेलना की और कृष्ण तृतीय के आधिपत्य को स्वीकार किया। पंड्याओं ने भी प्रान्तक अधिकार को अमान्य कर दिया। कृष्ण तृतीय भी वेंगी के पूर्वी चालुक्यों से लड़ा।

प्रतिहारों का पतन (Decline of the Pratiharas)—उत्तर में, प्रतिहार साम्राज्य के पतन के साथ ही शक्ति चन्देलों, चौहानों, गुहिलों, गुजरात के चालुक्यों और मालवे के परमारों के हाथ में चली गई। शियाक (Siyaka) द्वितीय, परमार शासक की कृष्ण तृतीय से मित्रता थी। उसकी सहायता या सहयोग से कृष्ण तृतीय ने मालवे पर आक्रमण किया। श्रवण बैलगोला के एक शिलालेख में यह कहा गया है कि नरसिंह द्वितीय, भूतुग कोट पुत्र और उत्तराधिकारी ने कृष्ण तृतीय की उत्तर की यात्रा में गुर्जराधिराज को हराया। होलकेरी शिलालेख में बताया गया है कि शूद्रकाय (Sudrakayya) और गोगी याम्मा, नरसिंह के सेनापतियों ने अपनी सफलताओं के परिणामस्वरूप उज्जयनी-भुजंग अर्थात् उज्जयनी के विजेता की पदवी धारण की। यह केवल तभी संभव था जब उज्जयनी पर आक्रमण किया गया हो। डॉ० अलतेकर का विचार है कि उपरोक्त वर्णन में गुर्जराधिराज परमार शासक शिकाय द्वितीय था। किन्तु यह भी कहा जाता है कि परमार राजाओं ने गुर्जराधिराज की उपाधि कभी धारण नहीं की। कोई ऐतिहासिक प्रमाण यह दिखाने के लिए नहीं है कि उज्जयनी उस समय परमार-शक्ति का केन्द्र थी। ऊपर बताई गई गुर्जराधिराज की पदवी गुजरात के मूलराज प्रथम पर लागू नहीं होती। इस प्रकार हम इस परिणाम पर पहुँचते हैं कि ऊपर बताया गया गुर्जराधिराज कन्नौज का कोई गुर्जर प्रतिहार राजा हुआ होगा। प्रतिहारों को मिली पराजय निर्णायक रही होगी और उसके बाद मालवे पर प्रतिहारों के शासन को सिद्ध करने के लिए कोई प्रमाण नहीं है। जब राष्ट्र कूट सेनाएँ दक्षिण को वापस लौटीं, तो मालवा सम्भवत: शियाक (Siyaka) द्वितीय के आधीन था। राष्ट्रकूटों का उत्तर का आक्रमण 960 ई० में हुआ होगा।

राष्ट्रकूटों का अन्त (End of the Rashtrakutas)—कृष्ण तृतीय के बाद उसका छोटा भाई खोटिग (Khottiga) गद्दी पर बैठा। वह वृद्ध था और उसमें अपने भाई के गुण नहीं थे। शियाक द्वितीय ने राष्ट्रकूट क्षेत्र पर आक्रमण किया और खोटिग को पराजित किया। उदयपुर प्रशस्ति में कहा गया है कि गरुड़ के समान तेजी से हर्षदेव (शियाक द्वितीय) ने खोटिग देव के राजसी सामान पर अधिकार कर लिया। एक अन्य शिलालेख में यह कहा गया है कि परमार शासक ने "हाथी पर चढ़ कर नर्मदा नदी के किनारे कर्नाट (Karnnata) सम्राट् की सेना को नष्ट कर दिया और शत्रुओं को नष्ट करके प्रसिद्ध राजा श्री हर्ष स्वर्गीय अप्सराओं के कमलनयनों के द्वारा पूजा किये जाते हुए स्वर्ग को चले गए।"

खोटिग पराजय को सहन न कर सका। उसकी मृत्यु के बाद कर्क द्वितीय गद्दी पर बैठा। उसने केवल 18 मास राज्य किया। तैल द्वितीय ने विद्रोह किया और कर्क द्वितीय को हरा दिया किन्तु कर्क द्वितीय भाग निकलने में समर्थ हो गया। इस प्रकार से राष्ट्रकूट साम्राज्य समाप्त हुआ और इस प्रकार प्रभुत्व का त्रिपक्षीय संघर्ष समाप्त हुआ।

Suggested Readings

Altekar, A.S. : The Rashtrakutas and their Times, Poona, 1934.

Majumdar, R.C. : History of Bengal, Vol. I, Dacca, 1943.

Majumdar R.C. and Pusalkar (Ed.) : The Age of Imperial Kanauj, Bombay, 1955.

Ojha, O.H. : History of Rajputana, Vol. I, Ajmer 1937.

Puri, B.N. : History of the Gurjara-Pratiharas, Bombay.

Ray, H.C. : Dynastic History of North India, Vols. I and II, Calcutta.

Raychaudhuri, G.C. : History of Mewar, Calcutta.

Sastri, N.K. : Rashtrakuta Invasion of North India in the Tenth Century, PIHC. 1952, pp. 13 ff.

Sen, B.C. : Nagabhatta II's Operations against Dharmapala and Chakrayudha, PIHC, 1948.

Sharma, Dashratha (Ed.) : Rajasthan through the Ages (Rajasthan State Archives, Bikaner).

Sharma, Dashratha : Early Chauhan Dynasties, Delhi, 1959.

Tripathi, R.S. : History of Kanauj, Banaras, 1937.

अध्याय

46

पंड्या वंश

(The Pandyas)

आरम्भिक इतिहास :—पंड्या वंश के राज में मदुरा और टिन्नेवैली के जिले तथा त्रिचिनापली का कुछ भाग शामिल था। कभी त्रावनकोर का कुछ भाग भी उसका अंग रहा। प्लिनी (Pliny) के समय में देश की राजधानी मदुरा थी। राजधानी का अस्तित्व बहुत पुराना था। पंड्या वंश के अस्तित्व का ज्ञान ईसा की चौथी शताब्दी पूर्व में हुए कात्यायन संस्कृत वैयाकरण को था। मेगस्थनीज को पंड्या-राजधानी के विषय में अद्भुत बातें बताई गई थीं। उसको बताया गया था कि हरकलीज (Herakles) के एक लड़की भारत में उत्पन्न हुई थी जिसे वह पंड्या (Pandaia) कह कर पुकारता था। उसने उसे भारत का वह भाग बाँट कर दिया जो दक्षिण की ओर स्थित है और समुद्र तक फैला हुआ था। उसने अपने शासन के अधीन जनता को 365 गाँवों में बाँटा। उसने आदेश दिया कि प्रतिदिन एक गाँव खजाने में सरकारी मालगुजारी जमा किया करेगा ताकि रानी को सदा उन लोगों की सहायता प्राप्त हो सके जिनकी बारी मालगुजारी अदा करने की थी और उन पर बल-प्रयोग किया जा सके जिन्होंने समय पर अदायगी नहीं की। कहा जाता है कि रानी के वीर पिता ने उसे 500 हाथी, 4000 घुड़सवार और 1,30,000 पैदल सेना दी थी। उसके पास मोतियों का बहुत बड़ा भण्डार था।

कहा जाता है कि पंड्या राजा ने एक प्रतिनिधि मण्डल अगस्टस सीजर के पास 20 ई०पू० में भेजा था। एरिथ्रियन सी के लेखक पेरीप्लस (80 ई०) और टालमी (140 ईसवी) को पंड्या देश की मण्डियों और बन्दरगाहों के नाम तथा स्थिति के बारे में अच्छी तरह पता था।

पुराने तमिल साहित्य में अनेक राजाओं का वर्णन है जो बहुत अधिक पहले समय में हुए थे। किन्तु प्रथम पंड्या राजा, जिसके विषय में कुछ निश्चित रूप से कहा जा सकता है, नेडम चेलियान था। वह ईसा की दूसरी शताब्दी में हुआ। वह लंका के गजबाहु प्रथम का समकालीन था, जिसका समय प्रो० गेगर (Geiger) ने 173 से 191 ई० निश्चित किया है। उस समय पंड्या राज्य की प्रमुख विशेषता मदुरा में एक उच्च साहित्यिक एकेडेमी या संगम का होना था जिसके सदस्य उच्चकोटि के साहित्य का निर्माण करते थे। कुराल तिरुवल्लुवा (Tiruvalluva) 100 ईसवी में लिखी गई थी, 'नूपुर महाकाव्य' और 'हीरा पेटी' (Jewel Belt) एक या दो सदी बाद में लिखी गई।

ह्यून सांग (Hiuen Tsang)—ईसा की प्रारम्भिक शताब्दियों का पंड्या-राज्य का सिलसिलेवार इतिहास लिखना सम्भव नहीं है और हमें उससे ही सब्र करना पड़ता है जो कुछ थोड़ा-बहुत आज हम उसके बारे में जानते हैं। कुदुन गॉन (Kudungon) ने 590 ईसवी से लेकर 620 ईसवी तक राज्य किया। दुर्भाग्यवश हम उसका पूरा हाल नहीं जानते। हमें केवल यही ज्ञात है कि उसने कालभ्रों (Kalabhras) को दबाया जिन्होंने पहले पंड्या-वंश को पूर्णत: विच्छिन्न कर दिया था। ह्यून सांग ने 640 ई० में दक्षिण भारत की यात्रा की। यह सत्य है कि वह स्वयं पंड्या देश में नहीं गया लेकिन वह हमारे लिए कुछ सूचना छोड़ गया है जो उसे अपने कांची में रहने वाले बौद्ध भिक्षुओं से मिली। उसने इस देश का नाम माल कुट (Malakuta) दिया है। उसने न तो राजधानी का नाम दिया है और न ही उसकी स्थिति का। उसने देश की प्रशासकीय प्रणाली के बारे में भी कुछ नहीं लिखा। किन्तु उसने हमें बताया है कि पंड्या राज्य में बौद्ध मत लगभग समाप्त हो चुका था। बौद्धों के पुराने विहार अधिकांश में खण्डहर बर गए थे। हिन्दू-देवताओं के मन्दिर सैकड़ों थे। दिगम्बर जैन

पर्याप्त संख्या में मौजूद थे। निवासी शिक्षा की ओर ध्यान नहीं देते थे। वे विशेषकर मोतियों के व्यापार में लगे थे। उसने हमें बताया है कि पंड्या राज्य के निवासी काले, क्रूर तथा क्रोधी थे। वे मिले-जुले धर्मों का मानते थे, संस्कृति की ओर ध्यान नहीं देते थे। वे केवल अच्छे व्यापारी थे।

एक अन्य पंड्या राजा अरिकेशरी मार वर्मन (Arikesary Maravarman) था। पंड्या-राज्य का विस्तार चेरा (Chera) राज्य को नीचा दिखा कर हुआ। पंड्याओं तथा पल्लवों में संघर्ष आरम्भ हुआ। अरिकेशरी एक महान् सैनिक था और उसने नेलवेली (टिन्नेवली) के स्थान पर एक शानदार विजय प्राप्त की।

अरिकेशरी के बाद कोकेडियान रणधीर (Kocadiyan Ranadhira) राजा बना। उसने टिन्नेवेली और ट्रावनकोर के बीच के पहाड़ी प्रदेश के शासक अय (Ay) सरदार को मुरदूर नामक स्थान पर हराया। उसने कोंगू देश को भी जीता और कोंगर कोमन (Kongarkoman) की उपाधि धारण की।

रणधीर के बाद उसका बेटा मारवर्मन ''राजसिंह प्रथम'' (Maravarman) गद्दी पर बैठा। उसे पल्लयों के विरुद्ध एक लम्बी लड़ाई लड़नी पड़ी। पल्लवों में गद्दी पर बैठने के प्रश्न पर कुछ गड़बड़ थी और राजसिंह प्रथम ने अवसर का लाभ उठाया। उसने चित्रमाया (Chitramaya) का पक्ष लिया जो गद्दी का हकदार था और पल्लवों से युद्ध किया। आरम्भ में उसकी योजना भली प्रकार चली, उसने न केवल पल्लव राजा को ही हराया प्रत्युत् उसे नन्दीपुर में कैद भी कर लिया। लेकिन पल्लव सेनापति उदयचन्द के आते ही पासा एकदम बदल गया। परावर्ती ने न केवल नन्दी वर्मन को मुक्त कराया प्रत्युत् चित्रमाया को मौत के घाट भी उतारा। इस सब के होते हुए भी पंड्या वंश की शक्ति बढ़ती गई। राजसिंह ने कांगू देश और उसके आगे का भाग जीत लिया। उसने बदामी (Badami) के पश्चिमी चालुक्यों पर भी विजय प्राप्त की। पश्चिमी गंग राजा श्रीपुरुष (Sripursa) की पुत्री का विवाह पंड्या शासक के साथ किया गया।

राजसिंह प्रथम के बाद गद्दी पर वरगुण (Varguna) प्रथम बैठा। उसने 765 ई० से 815 ई० तक राज्य किया। उसको ''अपने वंश का सबसे महान साम्राज्यवादी'' कहा जाता है। उसके शासन-काल में पंड्याओं और पल्लवों का झगड़ा एक बार पुनः शुरू हुआ। पल्लव शासक ने कांगू और केरल के राजाओं से सन्धि की लेकिन इससे कोई लाभ नहीं हुआ। हमें यह बताया जाता है कि पल्लवों को पन्नागधाम (Pennagadam) में हराया गया। वरगुण ते तागडूर और कांगू देश के आदिगम (Adigamas) को हराया। फल यह हुआ कि वह ''तंजोर, त्रिचनापली, सलेम और कोइम्बटूर जिलों और दक्षिणी ट्रावनकोर'' का सर्वोच्च शासक बन गया।

वरगुण प्रथम के बाद उसका पुत्र श्रीमार श्रीवल्लभ (Srivallabha) गद्दी पर बैठा। उसने 815 ई० से 862 ई० तक राज किया। उसने अपने पिता की आक्रामक नीति को जारी रखा। उसने श्रीलंका पर आक्रमण किया। पंड्या शक्ति को रोकने के लिए गंग, चोल, पल्लव, कलिंग, मगध आदि का एक संघ पल्लव शासक के नेतृत्व में बनाया गया। लेकिन पंड्या शासक ने उन सब को कुडामुख (कुम्भकोणम्) नामक स्थान पर हराया। पल्लवों ने एक बार फिर कोशिश की और वण्डीवाश के पास टेल्लारू में पंड्याओं को हराने में सफल हुए। कहते हैं कि 'टेल्लारू विजय निर्णयात्मक थी।' इसके बाद नन्दी (पल्लव शासक) को टेलररिन्द (Tellarerinda) की स्थाई उपाधि प्राप्त हो गई। इसके बाद उसे अनेक विजयें मिलीं जिसका परिणाम यह हुआ कि पंड्या वंश की सेनाओं को उनके अपने देश में पीछे खदेड़ दिया गया और पल्लव सेना पंड्या वंश की राजधानी के निकट वगई (Vaigai) के किनारों तक पहुँच गई। पल्लव शासक नन्दी के पुत्र ने पंड्याओं को एक बार फिर हराया।

वरगुण वर्मन द्वितीय (Varagunavarman) अपने पिता श्रीमार के बाद गद्दी पर बैठा। उसने 862 ई० से 880 ई० तक राज किया। उसने चोल राज पर आक्रमण कर अपने वंश के नाम को ऊँचा उठाने का प्रयत्न किया। लेकिन उसे चोल, पल्लव और पश्चिमी गंग की संयुक्त सेना ने घेर लिया। संयुक्त सेना का सेनापति पल्लव-शासक था। पंड्याओं को श्रीपुरमबियम (Sripurambiyam) में हराया गया। यह ठीक ही कहा जाता है कि इस युद्ध ने वरगुण और पंड्या साम्राज्य को खण्डित कर दिया।

प्रान्तक वीरनयन (Prantaka Viranayan), वरगुण वर्मन द्वितीय का भाई 880 ई० में गद्दी पर बैठा। उसने 900 ई० तक राज़ किया। उसके बाद उसका पुत्र मारवर्मन राजसिंह द्वितीय राजा बना और उसने 900 ई० से 920 ई० तक राज

किया। चोलों ने पंड्या-राज पर आक्रमण किया। उसके बाद राजा ने सहायता के लिए श्रीलंका के राजा से अपील की। लेकिन 915 ई० में पंड्याओं और श्रीलंका की संयुक्त सेना वेलूर में हार गई। इससे पंड्याओं की स्वतन्त्रता समाप्त हो गई। राजसिंह लंका भाग गया और उसने बाद में केरल में शरण ली।

30 वर्ष तक पंड्याओं पर चोलों का शासन रहा। सौभाग्य से चोल साम्राज्य में गड़बड़ उत्पन्न हो गई और प्रान्तक को राष्ट्रकूट राजा कृष्ण तृतीय ने टाकोलम के युद्ध में 949 ई० में हराया। वीर पंड्या का कथन है कि उसने चोल वंश को हराया। वीर पंड्या ने एक स्वतन्त्र शासक के रूप में अपनी मृत्यु तक राज किया। उसे आदित्य द्वितीय ने मार डाला। राजराजा चोला ने भी अपने शासन के प्रारम्भिक दिनों में पंड्याओं को हराया। उसके पुत्र राजेन्द्र प्रथम ने पंड्या क्षेत्र पर आक्रमण किया और एक चोल-पंड्या पंक्ति स्थापित की। अपने आप को वाइसराय नियुक्त किया और मदुरा में अपना मुख्य कार्यालय रखा। वह लंका के शासक से पंड्या वंश के खजाना और राजसी चिन्ह भी वापस लेने में सफल हुआ। इससे पहले उसने लंका के राजा को हराया और कैद कर लिया था। दसवीं शताब्दी के अन्तिम चतुर्थांश और ग्यारहवीं शताब्दी के आरम्भ में पंड्याओं ने अपने गत वैभव को प्राप्त करने का एक अन्य प्रयास किया लेकिन कुलोतुंग (Kullotunga) प्रथम के विरोध के कारण वह प्रयास असफल रहा। उसने 1070 ई० से 1120 ई० तक राज्य किया। पंड्याओं पर रोक लगाए रखने के लिए उनके क्षेत्र में सैनिक बस्तियाँ स्थापित की गईं।

12वीं सदी में पंड्या वंश की प्रगति जारी रही। उन्होंने श्रीलंका के शासकों के विरुद्ध अपना संघर्ष जारी रखा। लेकिन पंड्या वंश को उस समय धक्का लगा जब गद्दी के दो दावेदार पैदा हो गए। उसके नाम पराक्रम पंड्या और कुलशेखर थे। श्रीलंका के शासक ने पराक्रम पंड्या का पक्ष लिया और चोलों ने कुलशेखर का समर्थन किया। कुलशेखर पराक्रम पंड्या को मारने में समर्थ हुआ और श्रीलंका की सेना हार गई। चोलों ने श्रीलंका के शासक को पाठ पढ़ाने का निश्चय किया और परावर्ती ने कुलशेखर से सहायता माँगी और उसकी पंड्या वंश का अधिकृत राजा मान लिया। कुलोतुंग ने कुलशेखर की शक्ति को कम करने के लिए सेनापति पल्लवार्य की अधीनता में एक सेना भेजी। पल्लवार्य ने पंड्या वंश के राजा पर अनेक विजयें प्राप्त कीं। अन्ततः उसे पकड़ कर निर्वासित कर दिया गया। पराक्रम पंड्या के पुत्र वीर पंड्या को गद्दी पर बैठाया गया। वीर पंड्या ने चोलों के विरुद्ध श्रीलंका के राजा का साथ दिया। लेकिन वह हार गया और विक्रम पंड्या गद्दी पर बैठा। कुलोतुंग तृतीय ने पंड्या राज्य पर एक बार पुनः आक्रमण किया और जट वर्मन कुलशेखर (1190-1226 ई०) को हराया। प्रो० के०ए०एन० शास्त्री का विचार है कि "कुलोतुंग की सफलता किसी भी तरह पूर्ण नहीं थी और बदला लेने के लिए युद्ध के बीज बोए गए।" सुन्दर पंड्या (1226-1238) ने कुलोतुंग तृतीय को हराया। वह अपने पुत्र के साथ भाग गया और उरैयुर (Uraiyur) और तंजोर जला दिए गए। इस विजय से "पंड्या-साम्राज्य ने स्वर्ण काल में प्रवेश किया जो सारी 13वीं सदी तक दृढ़ रहा।"

सुन्दर पंड्या के बाद उसका पुत्र सुन्दर पंड्या द्वितीय के नाम से गद्दी पर बैठा। उसका सामना द्वार समुद्र (Dvarsamudra) के होयासाल की बढ़ती हुई शक्ति से हुआ जो पूर्वी घाट के आधार के साथ, आगे बढ़े और उन पर अधिकार कर लिया। केवल समुद्र तट ही पंड्या वंश के अधिकार में रहा। अन्त में पंड्या वंश होयासालों के अधीन हो गया। जब 14वीं सदी के आरम्भ में मुसलमानों ने होयासालों को हराया तो मदुरा और पंड्या राज्य मुसलमानों के अधीन हो गए। छोटे पंड्या सरदार मदुरा पर शासन करते रहे। पहले वे दक्षिण के मुस्लिम वायसरायों के अधीन रहे और बाद में विजय नगर साम्राज्य के अंग बन कर रहे जिसने 16वीं सदी में उनको अपने में मिला लिया।

Suggested Readings

Aiyengar : Ancient India.

Aiyer : Historical Sketches of the Deccan.

Bhandarkar : Early History of the Deccan.

Elliot : Coins of Southern India (1880).

Sastri, K.A.N. : The Pandyan Kingdom, 1929.

Sastri, K.A.N. : History of South India.

Smith, V.A. : Oxford History of India.

अध्याय

47

बृहत्तर भारत

(Greater India)

डॉ० आर०सी० मजूमदार ने लिखा है कि ''सुदूर पूर्व में भारतीय उपनिवेश (Indian colonies in the Far East) प्राचीन भारतीयों की सामुद्रिक और औपनिवेशिक साहसिक कृत्यों के प्रमाण हैं।'' भारतीय तथा विदेशी विद्वानों की खोज ने भूतकाल में भारतवासियों की एकान्त-प्रियता सम्बन्धी धारणा को असत्य सिद्ध कर दिया है। यह स्पष्ट रूप से सिद्ध कर दिया गया है कि प्राचीन भारतवासी घर में ही बैठने वाले व्यक्ति नहीं थे और वे खोज, धर्म-प्रचार, व्यापार और विजय के लिए अपने देश से बाहर भी गए।

डॉ० मजूमदार कहते हैं कि बहुत ही प्राचीन काल से भारतीयों की सुदूर पूर्व के देशों के विषय में कुछ धुँधली धारणाएँ थीं। सम्बन्ध व्यापार से ही आरम्भ हुआ और उस व्यापार द्वारा अर्जित अपार धन से 'सुवर्णद्वीप' के विषय में अनेक प्रकार की कथाओं तथा किंवदन्तियों की उत्पत्ति हुई। व्यापार के निरन्तर बढ़ने के प्रमाण जातक-कथाओं, ''बृहत्कथा'', कौटिल्य-कृत ''अर्थशास्त्र'' और ''मिलिन्द-पह्ल'' में मिलते हैं। डॉ० के०पी० जायसवाल के अनुसार, ''भारशिव-वाकाटक'' युग में बृहत्तर भारत को भारतवर्ष का अंग माना जाता था। मत्स्य पुराण में पहली बार इस बात को मान्यता प्रदान की गई है। हिमावत और समुद्र के बीच भारतवर्ष स्थित है, किन्तु आठ अन्य द्वीपों में रहने वाले भारतीयों के कारण वह बहुत बड़े क्षेत्र में फैला हुआ है। ये सभी द्वीप पूर्व-दिशा में थे। मलाया प्रायद्वीप से भारतवासियों को उस समय भी अच्छा परिचय था और इस तथ्य का प्रमाण आधुनिक वैल्जली जिले में पाए गए स्तम्भ पर के चौथी शती ई० के शिलालेख में मिलता है। उस समय बर्मा का नाम इन्द्रद्वीप था। लंकाद्वीप ताम्रपर्णी के नाम से प्रसिद्ध था। इसी प्रकार कम्बोदिया (Cambodia), निकोबार, सुमात्रा (Sumatra), जावा (Java), बोर्नियो (Borneo) आदि भी ज्ञात थे।

ईसा पश्चात् प्रथम शताब्दी में मिस्र के एक यूनानी नाविक द्वारा लिखित "Periplus of the Erythrean Sea" के लेखक ने भारत के पूर्वी तथा पश्चिमी घाटों के बन्दरगाहों का उल्लेख किया है। टोलेमी (Ptolemy) ने दूसरी शती ई० में लिखी अपनी भूगोल की पुस्तक में मलाया प्रायद्वीप, जावा तथा सुमात्रा के बन्दरगाहों का और पलुर के भारतीय बन्दरगाह का उल्लेख किया है जहाँ से मलाया प्रायद्वीप को सीधे जलयान जाया करते थे।

अन्य पुराणों के साथ-साथ ''अग्नि-पुराण'' में भारतवर्ष को 'जम्बूद्वीप' की संज्ञा दी गई है। समुद्र पार के भारतीय प्रदेशों को 'दीपान्तर' कहा जाता था। सातवीं और आठवीं शताब्दियों में मध्य एशिया में संकलित एक संस्कृत-चीनी शब्दकोश में दक्षिणी समुद्रों में स्थित प्रदेशों को 'जिपत्तल' कहा है। सिलवेन लेवी ने इस शब्द का अर्थ 'समीपवर्त्ती द्वीपों सहित भारतीय द्वीप-समूह' लगाया है। इन दो भारत खण्डों को मिलाकर भारतवर्ष कहा जाता था जो एक-दूसरे से समुद्र द्वारा कटे हुए थे और जिसमें द्वीपान्तर-भारत के नौ द्वीप भी सम्मिलित थे। उन द्वीपों के नाम इस प्रकार थे : इन्द्रद्वीप, कसेरू, ताम्रवर्ण, गभस्तिमन, नागद्वीप, सौम्य, गन्धर्व और वरुण।

अरबी भूगोल-शास्त्री मसूदी ने 943 ई० में लिखित अपनी पुस्तक "Meadows of Gold" में कहा है कि भारत उस समय ''भूमि और समुद्र दोनों पर ही फैला हुआ था और उसकी सीमा जबाग (सुमात्रा या बृहत्तर जावा) तक थी जहाँ इन द्वीपों का शासक राज्य करता था।''

''कौमुदी-महोत्सव'' सातवीं शती ई० कालीन एक नाटक है। इसमें एक साहसी व्यक्ति के कार्यों का वर्णन है, जो केवल भारत में ही सीमित न थे बल्कि कई द्वीपों तक विस्तृत थे। इसमें कहा गया है कि भारत के प्रमुख नगरों में दस कन्याओं से भेंट करने के पश्चात् वह 'कतहनगर' नामक एक प्रमोद-नगर की खोज में निकला। इसे शैलेन्द्र राजाओं का एक बड़ा नगर समझा जाता है।

''रामायण'', ''महाभारत'', ''महानिद्देष'' और ''बृहत्कथा'' से उपकरण लेकर सिलवेन लेवी ने यह सिद्ध किया है कि बर्मा और मलाया प्रायद्वीप की उपजें भारतीय व्यापारियों और नाविकों को ज्ञात थीं और वे भारत की सुवर्णकुद्य, सुवर्णभूमि, टक्कोलम, तमलिन और जवम् बन्दरगाहों में कम से कम पहली शती ई० से ज्ञात थीं।

समुद्रगुप्त के इलाहाबाद स्तम्भ लेख में कहा गया है कि उसका प्रभुत्व ''सिंहल और अन्य द्वीपों के लोग'' और उनसे शासक स्वीकार करते थे जो समुद्रगुप्त को वैयक्तिक श्रद्धांजलि और कन्याओं की सेवा अर्पित करते थे और मुहरबन्द राजकीय आदेश के लिए प्रार्थना करते थे जिनसे उन्हें अपने-अपने राज्यों में पुन:स्थापित कर दिया जाये।

बौद्ध पुस्तक ''निद्देष'' में एक संदर्भ है जो दूसरी शती ई० से बाद का नहीं है। इसमें उन कठिनाइयों का वर्णन है जिनका किसी नाविक को सामना करना पड़ता है जब वह खुले समुद्र पर नाव में यात्रा करे और धन तथा आनन्द की खोज में अनेक देशों की यात्रा करे। उसमें 24 स्थानों का उल्लेख है जहाँ व्यापारी जाया करते थे।

भारत के बाहर भारतीय विस्तार का प्रश्न अब निर्विवाद है। प्रश्न केवल यह है कि भारतीयों को बाहर ले जाने वाले कारण क्या थे। इस विषय में विद्वान् सहमत नहीं हैं। किन्तु इससे इन्कार नहीं किया जा सकता कि व्यापार ने इस सम्बन्ध में महत्त्वपूर्ण कार्य किया। भारतवासी सुदूर पूर्व के द्वीपों के साथ व्यापार करने के लिए गए। उनमें से कुछ हिन्दू-धर्म और बौद्ध-धर्म के प्रचार के लिए गए। कुछ अपनी पराक्रमी प्रवृत्ति के कारण गए। सम्भवत: वे उपनिवेश भारत की अतिरिक्त जनसंख्या के लिए नए स्थान भी थे। कभी-कभी ये सब कारण या उनमें से कुछ कारण मिलकर भारतीयों को देश से बाहर जाने को प्रोत्साहित करने में सफल हुए। इस विषय में डॉ० आर०सी० मजूमदार ने इस प्रकार कहा है : ''साहित्यिक प्रमाण से सिद्ध होता है कि व्यापार ने ही भारत और सुदूर पूर्व के बीच सम्बन्धों को बढ़ावा दिया।'' लोक कथाएँ अधिकतर व्यापारियों और धन के खोजियों से सम्बन्धित हैं किन्तु इसके अतिरिक्त भारतीयों द्वारा प्रयुक्त सभी भौगोलिक नाम खनिज-पदार्थों, धातुओं या औद्योगिक और कृषि सम्बन्धी उत्पादन पदार्थों से सम्बन्धित हैं। सुवर्ण-द्वीप और उसके अन्य भिन्न रूपों के अतिरिक्त रूप्यक-द्वीप, ताम्र द्वीप, यव-द्वीप, लंका-द्वीप, शंख-द्वीप, कर्पूर-द्वीप, नारीकेल-द्वीप आदि का नाम दिया जा सकता है।

''समय के साथ-साथ वाणिज्य और व्यापारिक कार्यों के कारण राजनीतिक और साँस्कृतिक सम्बन्ध भी स्थापित हो गए। व्यापारियों ने अपने माल के साथ भारतीय संस्कृति को भी फैलाया और अवसर मिलने पर उनमें से कुछ इन स्थानों में ही रहने लगे और यहाँ तक कि राजनीतिक शक्ति पर ही अधिकार करने लगे। पराक्रमी क्षत्रिय राजकुमार साहसिक यात्राओं पर निकले और उन्होंने राज्यों की स्थापना की। अकेले भिक्षु या प्रचारकों के समूह भी अपने-अपने धार्मिक विचारों का प्रचार करने के लिए निकले।''

कभी-कभी यह प्रश्न पूछा जाता है कि सुदूर पूर्व जाने वाले भारतीयों ने कौन से मार्ग अपनाए। डॉ० मजूमदार का विचार है कि समुद्री मार्ग से तो भारतीयों का प्रयाण पूर्वी और पश्चिमी घाटों से हुआ होगा। बहुत पुराने समय में बंगाल तट और सुदूर पूर्व के बीच निरन्तर व्यापारिक सम्बन्ध थे। ताम्रलिप्ति सर्वाधिक महत्त्वपूर्ण बन्दरगाह था। ''महाजनक जातक'' में चम्पा और सुवर्णभूमि के बीच समुद्री यात्राओं का उल्लेख मिलता है। टोलेमि (Ptolemy) ने व्यापारिक मार्गों का उल्लेख किया है और "Periplus" में भी इसी प्रकार के उल्लेख हैं।

भारतीय विस्तार के समय के विषय मेचार विभिन्न प्रमाणों से पहली और दूसरी शती ईसवी की ओर संकेत मिलता है जिनसे पहले.ही ये उपनिवेश स्थापित हो गए थे। (1) दूसरी शताब्दी के मध्य में लिखते हुए टोलेमि ने हिन्दचीन में बहुत से स्थानों के नाम प्रयोग किए हैं जिनका मूल संस्कृत है। (2) दूसरी शताब्दी के अन्त में जब चाम लोगों या अन्नाम के वासियों का इतिहास में प्रवेश हुआ तो वे हिन्दू या हिन्दू-कृत (Hinduised) वंश के अधीन थे। (3) तीसरी शताब्दी के पूर्वार्द्ध में चीन का फ़ान-हान (Fan-Han) के हिन्दू राज्य से सम्बन्ध था। उस समय सिंहासन पर एक अवैध अधिकारी आरूढ़ था और उससे पहले दो राजा 93 वर्ष राज्य कर चुके थे। इससे प्रतीत होता है कि वंश की स्थापना दूसरी शताब्दी के पूर्वार्द्ध में हुई। (4) तनासरिम (Tenasserim) के छोटे से हिन्दू राज्य का राजदूत 515 ई० में चीनी दरबार में गया और उसने कहा कि उनके राज्य की स्थापना 400 वर्ष से भी अधिक समय पहले हुई थी।

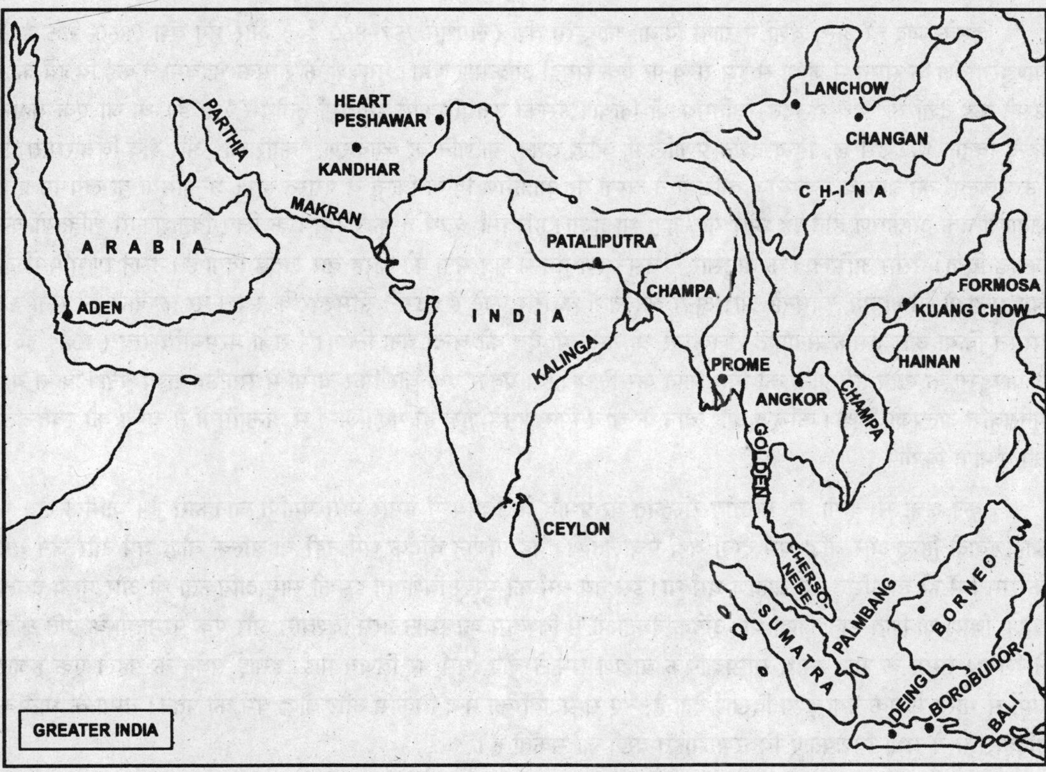

भारतीय संस्कृति चम्पा, जावा, सुमात्रा, बोर्नियो, कम्बुज, स्याम, मलाया, प्रायद्वीप, शैलेन्द्र साम्राज्य, लंका, बर्मा, चीन और तिब्बत में फैल गई। इन सभी स्थानों में भारतीय विस्तार के इतिहास का अलग-अलग अध्ययन करना अभीष्ट होगा।

चम्पा (Champa) **या अन्नाम** (Annam)—चम्पा पूर्व में स्थित सबसे दूर का उपनिवेश था और कम्बोज तथा जावा से कम प्रसिद्ध था। ईलियट (Elliot) का मत है कि चम्पा के हिन्दू वंश की स्थापना 150 और 200 ई० के मध्य में हुई। विजेता चाम कहलाते थे इसलिए रेश का नाम चम्पा पड़ गया। डॉ० के०पी० जायसवाल का मत है: "चीनी लेखकों के अनुसार, चम्पा राज्य की स्थापना 137 ई० में की गई।" 'वायु-पुराण' में चम्पा को सम्भवत: अंगद्वीप कहा गया है। "चम्पा सम्भवत: पूर्वतम उपनिवेश था क्योंकि यही चीनी व्यापार की कुँजी था और यहाँ

से जावा और बोर्नियो आसानी से पहुँचा जा सकता था।'' डॉ० आर०सी० मजूमदार का कहना है कि दूसरी शती ई० के लगभग चाम लोगों में एक नई भावना दिखाई देती है। इसका कारण उन अभिलेखों से मिलता है जिनसे सिद्ध होता है कि दूसरी शताब्दी ई० में श्री मार ने एक हिन्दू या हिन्दूकृत वंश की स्थापना की। तिथि की एकता से लगभग निश्चित हो जाता है कि चाम शक्ति का पुनरुत्थान दूसरी शताब्दी में उसकी राजनीति में एक नए तत्त्व अर्थात् भारतीयों के आगमन के कारण हुआ।

श्री मार का उत्तराधिकारी सुप्रसिद्ध भद्रवर्मा था। उसने राज्य के उत्तरी और केन्द्रीय भागों में राज्य किया जिनमें अमरावती और विजय प्रान्त और सम्भवत: पाण्डुरंग का दक्षिणी प्रान्त भी सम्मिलित थे। किन्तु हिन्दू संस्कृति को उसकी सबसे बड़ी देन थी मैसन में भद्रेश्वरस्वामी (शिव) मन्दिर की स्थापना, जो चाम लोगों का राष्ट्रीय मन्दिर ही बन गया। मैसन इस वंश की राजधानी थी और यह वंश आठवीं शताब्दी में समाप्त हुआ।

इसके बाद दो अन्य वंशों ने राज्य किया, पाण्डुरंग वंश (लगभग 757–860 ई०) और भृगु वंश (860–985 ई०। पाण्डुरंग वंश के समय में जावा से इस राज्य पर एक समुद्री आक्रमण हुआ। भृगुवंश के शासक भद्रवर्मा ने कई विजयें कीं। उसने कई देशों के साथ राजदूत-विनिमय भी किया। उसका उत्तराधिकारी इन्द्रवर्मा तृतीय (910 ई) था जो एक महान् हिन्दू विद्वान था। उसे छ: हिन्दू दर्शन प्रणालियों, बौद्ध दर्शन, पाणिनि के व्याकरण, 'काशिका' और शैव विचारधारा के 'उत्तरकल्प' का ज्ञान था। कम्बोज वासियों ने चम्पा पर आक्रमण किया किन्तु वे परास्त हुए। अन्नामियों के लगभग एक शताब्दी तक आक्रमण होते रहे और गृह-युद्ध भी हुआ। हरिवर्मा चतुर्थ ने कुछ समय के लिए विनाशकारी शक्तियों को जकड़ दिया। मैसम अभिलेख के अनुसार, ''उसने रणभूमि में शत्रु सेना को बारह बार खदेड़ दिया है। उसने रणभूमि में नौ बार राजाओं, सेनानियों, सामन्तों और अन्य व्यक्तियों के सिर काटे हैं। उसने सोमेश्वर के स्थान पर कम्बोज की सेना को परास्त किया और उसके सेनापति राजकुमार श्री नन्दवर्मा देव को बन्दी बना लिया।'' राजा परमबोधिसत्त्व (1081 ई०) ने पाण्डुरंग के खोए हुए प्रान्त को फिर प्राप्त कर लिया। इस प्रकार एक बार फिर चम्पा में संगठित राज्य बना। किन्तु यह पुनरावृत्ति अल्पजीवी थी। कम्बुज और चीन के बीच फिर झगड़े शुरू हो गए। अन्त में अन्नामियों ने चम्पा की स्वतन्त्रता को समाप्त किया।

कई क्षेत्रों में चम्पा पर भारतीय संस्कृति के प्रभाव के विषय में हमारे पास पर्याप्त जानकारी है। धार्मिक क्षेत्र में ब्राह्मणवादी हिन्दू और बौद्ध धर्म दोनों वहाँ प्रचलित थे। यह प्राचीन वैदिक धर्म नहीं था बल्कि बौद्ध धर्म और जैन धर्म के समय में ही विकसित नव ब्राह्मण धर्म था। इस नये धर्म की मुख्य विशेषता इसकी साम्प्रदायिकता थी और मुख्य देवता ब्रह्मा, विष्णु या शिव माना जाता था। अनेक देवताओं में विश्वास का स्थान परम विश्वास और एक परमात्मा के प्रति श्रद्धा ने लिया। समय के साथ-साथ साम्प्रदायिक ब्राह्मण धर्म ने बौद्ध धर्म पर विजय पाई। ईसाई संवत् के पहले एक हजार वर्षों में भारत में एक नया दृश्य दिखाई देता है; नए सम्प्रदायों का मन्द विकास और बौद्ध धर्म का पतन। चम्पा के धार्मिक इतिहास में ये सभी विशेषताएँ विवरण सहित देखी जा सकती हैं।

चम्पा में प्रचलित दो ब्राह्मणवादी सम्प्रदायों में शैवमत अधिक प्रभावशाली था और सारे धार्मिक विकास पर उसका गहरा प्रभाव पड़ा। डॉ० आर०सी० मजूमदार द्वारा संकलित 130 अभिलेखों में से 92 में शिव का उल्लेख है। मैसन और पो-नगर के मन्दिर शिव को ही समर्पित हैं। शिव की पूजा कई नामों से होती थी।

वैष्णव मत ने भी चम्पा में महत्त्वपूर्ण कार्य किया हालाँकि यह शैव मत की भाँति इतना विशिष्ट नहीं था। विष्णु के कई नाम थे। लक्ष्मी को पद्मा और श्री कहा गया है। वह चम्पा की एक सर्व-विदित देवी थी। कई अभिलेखों में ब्रह्मा को संसार का निर्माता कहा गया है।

चम्पा में धार्मिक विकास की मुख्य विशेषता सहिष्णुता थी जो आरम्भ से अन्त तक विद्यमान रही। यद्यपि साम्प्रदायिकता प्रचलित थी और दो या तीन मुख्य ब्राह्मणवादी सम्प्रदाय बौद्ध धर्म के साथ-साथ ही प्रचलित थे फिर भी धर्म के क्षेत्र में किसी प्रकार की प्रतिद्वन्द्विता दिखाई नहीं देती। इसके विपरीत एक उदार और सर्वग्राही भावना दिखाई देती

है जो सभी धार्मिक सम्प्रदायों का सम्मान करती है। इसका प्रमाण डॉ० आर०सी० मजूमदार द्वारा संकलित अभिलेखों में क्रम संख्या 31 से प्राप्त होता है। राजा प्रायः सारसंग्रहवाद के अनुयायी होते थे। पुनर्जन्म की भारतीय धारणा धार्मिक जीवन का आधार थी। बौद्ध धर्म भी चम्पा के लोगों में काफी प्रचलित था।

चम्पा के भारतीय उपनिवेशकों ने परम्परागत हिन्दू ढंग का समाज स्थापित करने की चेष्टा की। किन्तु वहाँ की पुरानी अवस्था और लोगों के रीति-रिवाजों के कारण इनमें कई मुख्य परिवर्तन करने पड़े।

लोग सिद्धान्त रूप में चार जातियों में विभक्त थे : ब्राह्मण, क्षत्रिय, वैश्य और शूद्र। किन्तु वास्तव में ब्राह्मणों और क्षत्रियों के अतिरिक्त यह विभाजन अधिक कठोर नहीं था। भारतीय उपनिवेशक अधिकतर ब्राह्मण और क्षत्रिय थे। अपनी सम्पत्ति के कारण व्यापारियों को समाज में उच्च स्थान प्राप्त था। इसके अतिरिक्त सर्वसाधारण लोगों में सम्भवतः सामाजिक विभाजन नहीं थे, चाहे वे भारतीय थे या चाम थे। ब्राह्मणों और क्षत्रियों का अन्तर जातियों की अपेक्षा वर्गों का था। उनमें अन्तर्विवाह प्रचलित थे। ब्राह्मणों को समाज में उच्च स्थान प्राप्त था किन्तु उन्हें राजा पर इतना अधिकार नहीं था जितना भारत में था। उन्हें पुरुषों में देवता समझा जाता था और ब्राह्मण की हत्या को अत्यन्त जघन्य अपराध माना जाता था।

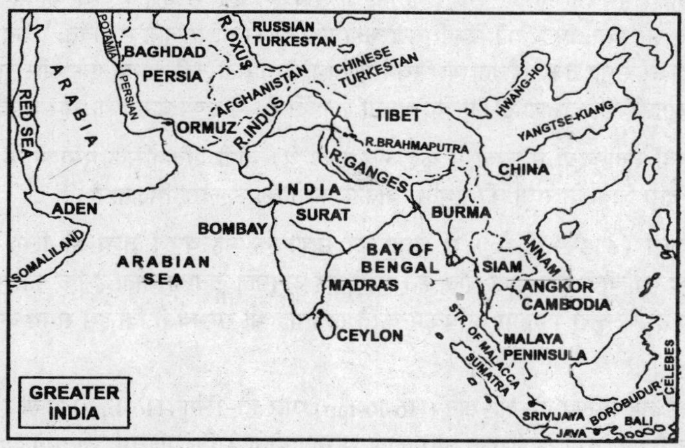

समाज में अन्य विभाजन भी थे और वे शासन वर्ग और सर्वसाधारण के बीच थे। यह विभाजन भी कुछ सीमा तक अस्पष्ट था। शासन वर्ग के सदस्य प्रायः ब्राह्मण और क्षत्रिय वर्गों के होते थे किन्तु निश्चय ही इसमें अन्य लोग भी थे जो अपनी सम्पत्ति या राज्य के प्रति की गई सेवाओं के लिए उच्च स्थान प्राप्त कर लेते थे।

लोगों में भारतीय-पोशाक का प्रयोग होता था। संन्यासी भारतीय लंगोटी प्रयोग करते थे। विवाह अपने गोत्र में ही होता था। विवाह संस्कार और ब्राह्मणों के कर्त्तव्य वही थे जो भारत में थे। पति-पत्नी में परस्पर वही सम्बन्ध थे जो भारत में थे। सती प्रथा प्रचलित थी। पति की चिता पर रानियों के जल जाने के उल्लेख मिलते हैं। हिन्दू पंचांग (calendar) भी प्रचलित था। हिन्दू त्यौहार मनाए जाते थे। दाह-संस्कार भी अधिकतर वैसे ही थे। तबला और बाँसुरी जैसे भारतीय वाद्य-यन्त्र वहाँ पाए गए हैं।

साहित्य में संस्कृत विद्वानों की भाषा थी। यही देश की राजभाषा भी थी। चम्पा के कई राजा संस्कृत के विद्वान् थे। अभिलेखों में ब्राह्मी लिपि प्रयोग की जाती थी। निम्न पुस्तकों का प्रचलन था : चार वेद, छः शास्त्र, महाकाव्य, बौद्ध दर्शन महायान प्रणाली सहित, शैव मत और वैष्णव मत का धार्मिक साहित्य, पाणिनि का व्याकरण और उसका भाष्य, मनु और नारद के धर्मशास्त्र, पुराण और प्राचीन संस्कृत साहित्य जिसमें गद्य और काव्य साहित्य दोनों थे।

चम्पा में भारत की तरह कला धर्म की सहचरी थी। मैसन (Myson), डाँग ड्यूआँग (Dong Duong) और पो नगर (Po-Nagar) में मन्दिरों के समूह हैं। डाँग ड्यूआँग के मन्दिर बौद्ध हैं, शेष शैव हैं। चम्पा की मन्दिर-निर्माण कला बादामी, काँजीवरम् और मामल्लपुरम् जैसी ही है।

जावा (Java)—एक भारतीय कहावत है कि ''जावा जाने वाले वापस नहीं आते।'' जावा में हिन्दू उपनिवेशन के आरम्भ के विषय में कई विचार हैं। एक विचार पुराने उपनिवेशों को (जो उनके नेता अजिसक के अधीन थे) ''महाभारत'' तथा अस्तिन या हस्तिनापुर के साथ सम्बन्धित करता है। दूसरा विचार उपनिवेशन को गुजरात से आरम्भ हुआ बताता है। तीसरा विचार इसे कलिंग में ढूँढ़ता है जहाँ ''कलिंग के राजकुमार ने बीस हजार परिवारों को जावा भेजा।'' चौथे विचार के अनुसार जावा में हिन्दू राज्य की स्थापना 56 ई० में हुई। अजिसक द्वारा स्थापित जावा संवत् 78 ई० में शुरू हुआ। उसी के साथ ही भारत का शक संवत् भी आरम्भ होता है। डॉ० आर०सी० मजूमदार के अनुसार, ''जावा में भारतीय उपनिवेश दूसरी शती ई० से आरम्भ हुआ, यदि इससे भी पहले न हुआ हो और वहाँ पर भारतीय संस्कृति पन्द्रहवीं शताब्दी के अन्त तक प्रचलित रही।'' चीनी यात्री फ़ाह्यान ने वापस चीन जाते हुए लगभग 418 ई० में जावा की यात्रा की। वह बताता है कि जावा में बौद्ध धर्म नहीं था और केवल ब्राह्मण धर्म ही था। 'जावा' शब्द सम्भवत: संस्कृत शब्द 'यव' से लिया गया है। जावा के राजाओं के नाम 'वर्मन' से समाप्त होते थे।

जावा में कई हिन्दू राज्य थे। चीनी लोग उनमें से दो को चो-पो (Cho-po) और हो-लो-तान (Ho-lo-tan) कहते थे। इन दो राज्यों ने पाँचवीं शताब्दी ई० में चीन को लगातार दूत मण्डल (Embassies) भेजे। पश्चिमी जावा में पाए गए चार संस्कृत अभिलेखों में पूर्णवर्मा नामक एक राजा का उल्लेख है। एक में उसके दादा को राजर्षि कहा गया है और उसके एक अन्य पूर्वज, सम्भवत: पिता, को राजाधिराज कहा गया है। राजाधिराज ने सम्भवत: 'चन्द्रभाग' को खुदवाया जो राजधानी के पास से होकर समुद्र तक पहुँचता था। स्वयं पूर्णवर्मा ने गोमती नदी नामक एक और नहर खुदवाई और उसने ब्राह्मणों को एक हजार गायों की दक्षिणा दी। पूर्णवर्मा छठी शताब्दी ई० में राज्य करता था और उसकी राजधानी तरुम थी।

छठी और सातवीं शताब्दियों में जावा में कई और राज्य थे। चीनी ऐतिहासिक पुस्तकों के अनुसार जावा में दस राज्य थे। 28 राजाओं द्वारा जावा के राजा की प्रभुता स्वीकार करने का उल्लेख मिलता है।

'अन्त' अंग काल (618-906 ई०) में जावा का सर्वाधिक महत्त्वपूर्ण राज्य हो-लिंग (Ho-ling) था। इसे सामान्यत: कलिंग शब्द का चीनी रूप माना जाता है। इससे यह अनुमान लगाया जाता है कि कलिंग से आए उपनिवेशक (colonists) जावा या उसके कुछ भाग पर अधिकार करते रहे। यह भी सम्भव है कि इस समय कलिंग से प्रवास की नई लहर चल पड़ी हो।

चीनी पुस्तकों में उल्लिखित हो-लो-तान (Ho-lo-tan) और हो-लिंग (Ho-ling) राज्य सम्भवत: पश्चिमी और केन्द्रीय जावा में स्थित थे। पूर्णवर्मा के संस्कृत अभिलेखों से ज्ञात होता है कि पश्चिमी जावा में भारतीय सभ्यता प्रचलित थी। केन्द्रीय जावा में पाए गए सम्भवत: सातवीं शताब्दी ई० के एक अभिलेख से ज्ञात होता है कि इस प्रदेश पर भी भारतीय संस्कृति का पूर्ण प्रभाव पड़ा।

राजा सन्नह ने आठवीं शताब्दी में जावा में एक और हिन्दू राज्य स्थापित किया। उसके बाद संजय राजा बना जिसने सारे जावा और बाली को विजय किया और सुमात्रा, कम्बोदिया तथा अन्य समुद्रपार के स्थानों पर भी आक्रमण किया। किन्तु संजय के बाद शैलेन्द्र साम्राज्य ने केन्द्रीय जावा को ही विजय कर लिया। जावा के मातरम् वंश के राजाओं ने अपनी राजधानी पूर्वी जावा में स्थापित कर ली। उस राज्य ने राजा धर्मोदय महाशम्भू (898-910 ई०) के अधीन अपनी पुरानी शक्ति को फिर से प्राप्त किया।

इसके बाद कुछ समय तक जावा का इतिहास एक नए राज्य मजपाहित के विषय में था। इसकी स्थापना विजय ने की थी। चीनियों के साथ मैत्री के कारण उसने कादिरी शत्रु राज्य के विरुद्ध अपने राज्य की स्थिति सुदृढ़ कर ली। कादिरी के राजा को परास्त करने के बाद विजय जावा का सर्वोच्च शासक बन गया और उसने अपनी राजधानी मजपाहित में स्थापित की। उसने 'क्रीतराजस जयवर्धन' उपाधि भी धारण कर ली। मजपाहित राज्य का बाद का इतिहास घरेलू झगड़ों के कारण अंधकारमय है। इस अन्धकार को समाप्त करके राजा जयनगर ने अपने अधिकार और शक्ति पुन: प्राप्त कर लिये। 1320 ई० के अभिलेख में उसके राज्य में जावा और बोर्नियो को सम्मिलित बताया गया है। राजा राजसनगर के अधीन जावा राज्य सर्वोच्च हो गया और इसकी शक्ति लगभग सभी मुख्य द्वीपों और मलाया प्रायद्वीप के बहुत बड़े भाग में स्वीकार की जाती थी। 1389 ई० में उसकी मृत्यु के बाद वंश का पतन आरम्भ हो गया। बाद में इस पर इस्लाम ने विजय पाई।

भारतीयों ने जावा के लोगों को कई प्रकार से प्रभावित किया। ब्राह्मण धर्म और बौद्ध धर्म साथ-साथ प्रचलित थे। पूर्ण धार्मिक सहिष्णुता विद्यमान थी।

मन्दिरों में शिव-लिंग, विष्णु और ब्रह्मा की पूजा होती थी। पुरोहितों को भूमिदान दी जाती थी। राजा की विजय-यात्रा की तुलना विष्णु के तीन कदमों से की गई है। मन्दिर-मार्ग-दर्शक भी होते थे। बेयान (Bayon) में शिव का मन्दिर है। महादेव और दुर्गा की मूर्तियाँ भी पाई गई हैं। यम देवता भी जावा में ज्ञात था। पाँच तत्त्वों में भी लोगों का विश्वास था।

जावा में बौद्ध अभिलेख और मन्दिर भी पाए गए हैं। बुद्ध की मूर्तियाँ भी पाई गई हैं। मंजूश्री और बुद्ध के पूर्व जन्मों को बोरोबदुर मन्दिरों में अंकित किया गया है। निर्वाण और बोधिसत्त्वों का उल्लेख भी है।

बौद्ध अभिलेखों में नागरी लिपि प्रयोग की जाती थी। साहित्य अधिकतर धार्मिक था। ''महाभारत'' से लिए गए भारत युद्ध काण्ड का कविता के रूप में वर्णन, ''अर्जुन-विवाह'', ''कवि रामायण'', ''वृत्तसंचय'', तान्त्रिक कथाएँ, जातक कथाएँ आदि जावा के साहित्य में हमें मिलती हैं।

जावा में बोरोबुदुर का स्तूप

जावा में जाति-प्रथा भी भारतीयों द्वारा ले जाई गई। 'चतुर्वण' शब्द के प्रयोग से और बार-बार ब्राह्मणों, क्षत्रियों और शूद्रों के उल्लेखों से इस बात की पुष्टि होती है। यह स्वीकार करना कठिन है कि जावा की जाति-प्रथा भारतीय जाति-प्रथा जैसी ही थी। उनकी विवाह-विधि भारतीय रीतियों से भिन्न थी। पुरुषों में बहुविवाह प्रचलित थे। विधवा-पुनर्विवाह भी प्रचलित थे। राजनीतिक अधिकारों की दृष्टि से जावा में स्त्रियों की स्थिति भारत से अच्छी थी। भाइयों के होते हु भी जावा में स्त्रियों के राज्य करने के उदाहरण मिलते हैं। उनमें पर्दे की प्रथा नहीं थी। स्त्रियाँ स्वयं अपने पति चुनती थीं। सौतेली बहन से भी विवाह वर्जित नहीं था। विवाह का निर्णय करने में मध्यस्थों या बिचौलियों का प्रयोग नहीं किया जाता था। कन्या के सम्बन्धियों को कुछ सोना दिया जाता था और विवाह हो जाता था। पान चबाने की भारतीय प्रथा भी जावा में प्रचलित थी।

जावा में समस्त कला के विकास पर भारतीय विचार और कला के प्रभाव के स्पष्ट प्रमाण जावा के मन्दिर हैं। केन्द्रीय जावा में डायँग पठार (Dieng Plateau) में चान्दी पुन्तदेव, भीम, श्री खण्ड, पावोन और अर्जुन नामक हिन्दू मन्दिरों के समूह से जावा का स्मारकीय इतिहास आरम्भ होता है। जावा का सबसे पुराना बौद्ध मन्दिर 778 ई० का तारा का 'चान्दी कलशन' है। इसके बाद चान्दी मेन्दूत बनाया गया, जिसमें बुद्ध की तीन विशाल प्रस्तर मूर्तियाँ और दो बोधिसत्त्व हैं। उन्हें कला की उत्कृष्ट कृतियाँ माना जाता है। इसके निकट ही तीन मन्ज़िलों का चान्दी-सारी है जो अब टूटा हुआ है। किन्तु इसमें कुछ मूर्तियाँ शेष हैं। चान्दी सेवी बौद्ध मन्दिरों का एक और समूह है जो ऊँचे चबूतरे पर बना हुआ है और

इसके चारों ओर चार पंक्तियों में 246 छोटे मन्दिर हैं। यह सब अब टूटा हुआ है। बोरोबुदुर के निकट चान्दी बेनन में एक शिव मन्दिर है। वहाँ से विष्णु, शिव, ब्रह्मा, गणेश और अगस्त्य शिव-गुरू की उत्तम मूर्तियाँ पाई गई हैं। प्रम्बनम् में भी कई मन्दिर हैं। प्रम्बनम् के सबसे बढ़िया मन्दिरों को चान्दीलोरो जौग्रंग कहा जाता है। इन्हें जावा के सबसे बड़े हिन्दू स्मारक माना जाता है। वे दीवारों से घिरे एक चबूतरे पर बने हैं और उसके चारों ओर तीन पंक्तियों में 156 छोटे मन्दिर बने हुए हैं। घेरे के अन्दर ब्रह्मा, विष्णु और शिव के मन्दिर हैं। कई ऊर्ध्वांकित चित्र (Reliefs) हैं जिनमें शिव, ब्रह्मा, दुर्गा, गरुड़ और देवों सहित महिषमर्दिनी और विष्णु, अप्सराएँ, सीता-हरण, राम द्वारा बालि का वध और सीता से हनुमान की भेंट आदि को प्रस्तुत किया गया है। डॉ० कुमारस्वामी का विचार था कि ''प्रम्बनम् के ऊर्ध्वांकित चित्र बोरोबुदुर से अधिक श्रेष्ठ हैं और निश्चय ही कल्पना में अधिक विलक्षण हैं।'' केन्द्रीय जावा के चान्दी प्लाओसन में पद्मपाणि और तारा की अत्यन्त कलात्मक आकृतियाँ हैं और मैत्रेय का सिर है। शिव, दुर्गा, महिषमर्दिनी और ध्यानी बोधिसत्त्व की कांसी की मूर्तियों में भी जावा की कला देखी जा सकती है।

जावा का सर्वप्रसिद्ध स्मारक बोरोबुहुर का बौद्ध स्तूप है। यह जकार्ता से 35 मील पश्चिम की ओर स्थित है। पुराविदों ने इसका रचना-काल लगभग 750 ई० निश्चित किया है।

रचना और अलंकार की दृष्टि से बोरोबुदुर स्तूप अत्यन्त सुसम्पादित है और अन्य दृष्टियों से भी अद्वितीय है। जावा, सुमात्रा और मलाया प्रायद्वीप से मिलकर बने श्रीविजय राज्य के शैलेन्द्र राजाओं ने केदु के उपजाऊ मैदानों में एक पहाड़ी की चोटी पर इसे बनाया था। सारी इमारत के आधार पर छः वर्गाकार चबूतरे हैं जिनके किनारे दो-दो आलों वाले हैं और उनके ऊपर तीन गोलाकार चबूतरे हैं। सबसे ऊपर वाले गोलाकार चबूतरे पर एक विशाल 'दागाब' है जिसका व्यास 52 फुट है और उसका आकार भारतीय स्तूप जैसा है जो सारे स्मारक पर छाया हुआ है। तीनों गोलाकार चबूतरों पर ''छोटे दागाब हैं जो तीन संकेन्द्रीय वृत्तों में जोड़े गए हैं और संख्या में क्रमशः 32, 24 और 16 हैं, और ये 72 दागाब बौद्ध संसार में किसी और स्थान पर देखने को नहीं मिलते।'' वे ठोस नहीं हैं बल्कि घंटी के आकार के छिद्रित गुम्बद हैं और उनके नीचे धर्म-चक्र मुद्रा में बुद्ध की एक-एक मूर्ति है। विशाल आकार पर बने चार वर्गाकार चबूतरों में से प्रत्येक में ठोस पत्थर का एक प्राकार (rampart) है जो एक प्रकार का जंगला (balustrade) है, आकाश की ओर खुलते हुए चार बरामदे या मार्ग हैं जो प्रदक्षिणा के काम आते हैं। वर्गाकार आधार के चार कोणों में से प्रत्येक से एक सीढ़ी स्मारक के शीर्ष तक जाती है। प्रत्येक वर्गाकार चबूतरे पर वे एक द्वार में से निकलती हैं। वे सब मूर्तियों से अलंकृत हैं।

चार प्रवेश-द्वारों के साथ चार प्रकार के ध्यानी बुद्धों की चार प्रकार की चार पंक्तियाँ रखी गई हैं। इनमें से प्रत्येक में 92 मूर्तियाँ हैं जो 92 गवाक्षों (niches) में रखी हैं। इसके अतिरिक्त बौद्ध मूर्तियों की एक ऊपरी पंक्ति है जिसे 64 बार दुहराया गया है और इसे सबसे ऊँचे वर्गाकार चबूतरे के साथ-साथ रखा गया है।

मूर्तियों से सज्जित फलकों (panels) की पंक्तियाँ हैं जो संख्या में लगभग 1,500 हैं और उन्हें साथ-साथ रखा जाये तो वे तीन मील लम्बी होंगी। ये फलक मुख्य दीवारों पर और बरामदों के साथ-साथ जंगलों पर रखे हैं। इन मूर्तियों में मानव आकृतियाँ, हाथी, बन्दर तथा अन्य जानवर हैं। जंगलों के दृश्य भी अंकित किये गए हैं। वोगल (Vogel) का कथन है कि ''निस्सन्देह वे सबके सब इतने श्रेष्ठ नहीं हैं, किन्तु उनमें से अधिकांश साधारण से ऊँचे हैं और कई वास्तव में उत्कृष्ट हैं।'' थोड़ी-सी आकृतियाँ वस्त्र पहने दाढ़ी वाले ब्राह्मणों की हैं। बढ़िया वस्त्र और काफी आभूषण पहने हुए व्यक्ति राजा, राजकुमार और सामन्त हैं, किन्तु वे देव भी हो सकते हैं।

प्रथम उपदेश के बाद बुद्ध की जीवन-कथा, जिस प्रकार उसे ''ललितविस्तार'' में दिया गया है, 120 फलकों (panels) में प्रस्तुत की गई है जिन्हें पहली चित्रशाला की मुख्य दीवारों के साथ-साथ दो-दो पंक्तियों में रखा गया है। ऊर्ध्वांकित चित्रों (reliefs) में कई जातक-कथाओं को प्रस्तुत किया गया है। इसी प्रकार ''गन्दव्यूह'' के अनुसार, परम ज्ञान की खोज में बोधिसत्त्व की यात्राओं और उसकी श्रेष्ठ पुरुषों, देवताओं तथा बोधिसत्त्वों से साथ भेंटों को प्रस्तुत किया गया है।

एक कला समालोचक का मत है कि ''शैली की दृष्टि से बोरोबुदुर साँची जैसा है किन्तु यह बाद के समय का है। शैली अधिक सरल और गौरवान्वित है। सम्पादन साँची की अपेक्षा अधिक यथार्थवादी है। नक्काशी में पर्याप्त

विचारशीलता है। केवल तकनीक की ओर अधिक ध्यान नहीं दिया गया है। प्रारम्भिक भारतीय कला के नियमों के अनुसार, शारीरिक विवरण छिपा दिया गया है किन्तु अभिव्यक्ति पर्याप्त सबल है। विभिन्न वस्तुओं के बीच असमानता, जैसे वृक्षों और मानवों में, साँची या अमरावती में देखी जा सकती है। ऊर्ध्वांकित चित्रों की महान् सुन्दरता से श्रद्धा और प्रेम की भावना दिखाई देती है जिससे प्रेरित होकर कलाकारों ने अपना कार्य किया।''

डॉ० वोगल ने लिखा है : ''कला की दृष्टि से बोरोबुदुर अपनी मूर्तियों के लिए अमूल्य है जो अपनी प्रचुरता और सुन्दरता में पूर्व में अनुपम है। कहीं पर भी बौद्ध ज्ञान और दर्शन को इतने विस्तार और विवरण से मूर्तियों के माध्यम से नहीं दिखाया गया है। एक निश्चित शैली के कारण वे विशिष्ट हैं जिसमें मानसिक शान्ति को अत्यन्त ललित रूपों में प्रस्तुत किया गया है।''

सर जॉन मार्शल मानता है कि ''केवल भारत में ही भारतीय कला का ज्ञान प्राप्त करना केवल आधी कथा जानना है। इसे पूरी तरह समझने के लिए हमें बौद्धधर्म के पीछे-पीछे मध्य एशिया, चीन और जापान जाना होगा; तिब्बत, बर्मा और स्याम में फैलते समय इसे नये रूप धारण करते और नई सुन्दरता से ओत-प्रोत देखना होगा; कम्बोदिया और जावा में इसकी रचनाओं की निरूपम श्रेष्ठता को आश्चर्यचकित होकर देखना होगा। इन सभी देशों में भारतीय कला ने एक भिन्न जातीय प्रवीणता, भिन्न स्थानीय वातावरण का सामना किया और उनके संशोधक प्रभाव के अधीन इसने भिन्न रूप धारण किया।''

सुमात्रा (Sumatra)—सुमात्रा की भौगोलिक स्थिति इण्डोनेशिया में इसके पूर्वतम भारतीय उपनिवेश के रूप में स्थान को निश्चित करती है। सुमात्रा में सबसे पुराना हिन्दू राज्य श्री विजय (पेलम्बंग) था। इसे चौथी शताब्दी ई० में या उसके लगभग स्थापित किया गया था। सातवीं शताब्दी के अन्त में यह बहुत महत्त्वपूर्ण हो गया। उस समय तक उसने मलाया के हिन्दू राज्य को भी विजय कर लिया था और बाँका द्वीप पर भी अधिकार कर लिया था। 684 ई० में सुमात्रा में एक बौद्ध राजा श्री जयनाश का राज्य था। 686 ई० में इस राजा ने या इसके उत्तराधिकारी ने जावा के विरुद्ध एक अभियान भेजा।

ई-त्सिग ने दो बार सुमात्रा की यात्रा की। वह बताता है कि सुमात्रा बौद्ध ज्ञान का केन्द्र था। इसके राजा के पास भारत और सुमात्रा के बीच चलने वाले व्यापारी जहाज थे। चीन के साथ व्यापार का मुख्य केन्द्र श्री-विजय था। सुमात्रा और क्वान-तुंग (Kwan-tung) के बीच नियमित समुद्री यात्राएँ होती थीं।

775 ई० के एक अभिलेख में श्री-विजय के राजा की महान् शक्ति का उल्लेख किया गया है। उसे सभी निकटवर्ती राज्यों का, जिनके राजा उसके प्रति समर्पण करते थे, सर्वोच्च शासक कहा गया है। इससे सिद्ध होता है कि 775 ई० से पहले श्री-विजय के बौद्ध राजा ने कम-से-कम बैण्डन की खाड़ी (Bay of Bandon) तक मलाया प्रायद्वीप में अपनी प्रभुता स्थापित कर ली थी। उक्त अभिलेख यह भी सिद्ध करता है कि सुमात्रा के शासकों ने 675 और 775 ई० के बीच आक्रामक नीति का अनुसरण किया। चीनी स्रोतों से ज्ञात होता है कि 670 और 741 ई० के बीच कई दूत-मण्डल सुमात्रा से चीन गए।

बोर्नियो (Borneo)—बोर्नियो के हिन्दू उपनिवेशन (colonisation) का प्राचीनतम प्रमाण कुछ अभिलेखों से मिला है जिन्हें प्राचीन लेख-विद्या के आधार पर 400 ई० के लगभग निश्चित किया गया है। इसमें राजा मूलवर्मा का उल्लेख है जो अश्ववर्मा का पुत्र और राजा कुण्डुँग का पौत्र था। मूलवर्मा ने 'बाहुसुवर्णकम्' यज्ञ किया और उसने ब्राह्मणों को 20,000 गायें दान में दीं। अभिलेखों से ज्ञात होता है कि ब्राह्मण बोर्नियो के समाज में प्रमुख थे।

कुण्डुँग वास्तव में कौण्डिन्य का दूसरा रूप था। इस नाम का एक भारतीय ब्राह्मण चौथी शती ई० के अन्त में फ़ू-नान (Fu-nan) का राजा चुना गया था। सम्भव है कि यह वही व्यक्ति हो जिसे अभिलेखों में मूलवर्मा का दादा कहा गया था।

कोम्बेंग में बहुत-सी बौद्ध और ब्राह्मण मूर्तियाँ पाई गई हैं। सम्भवतः वे माहकम नदी की घाटी में ऊपर की ओर बहुत से मन्दिरों की हैं। पुराविद्या-सम्बन्धी प्रमाण से ज्ञात होता है कि हिन्दुओं ने पश्चिमी बोर्नियों में उपनिवेश स्थापित किया और कपुआस नदी की घाटी में बहुत-सी बस्तियाँ बनाईं।

बाली (Bali)—बाली द्वीप सुदूर-पूर्व में एक मात्र हिन्दू उपनिवेश है जिसने पर्याप्त मात्रा में अपनी संस्कृति और

सभ्यता को अब भी अक्षुण्ण रखा हुआ है। इस्लाम इस द्वीप में न टिक सका। बाली के लोग अब भी अपने पुराने हिन्दू सम्बन्ध के कारण गर्व अनुभव करते हैं। विष्णु, शिव, इन्द्र, गणेश, नन्दी, कृष्ण और ''महाभारत'' के नायक अब भी ज्ञात हैं। ''वेद'', ''महाभारत'' और ''रामायण'' वहाँ पाए जाते हैं, हालाँकि वे संस्कृत में न होकर कावि भाषा में हैं। लोग अपने उपास्यों को देव कहते हैं। दुर्गा के मन्दिर और दुर्गा तथा कल्कि की मूर्तियाँ वहाँ देखने को मिलती हैं। सती प्रथा श्रेष्ठ परिवारों में प्रचलित है। शवों को अब भी जलाया जाता है।

मनु द्वारा निर्दिष्ट जाति-प्रथा आवश्यक लक्षणों में अब भी बाली में विद्यमान है। समाज चार जातियों में विभक्त है : ब्राह्मण, क्षत्रिय, वैश्य और शूद्र। पहली तीन जातियाँ द्विज हैं। विभिन्न जातियों में अन्तर्विवाह होते हैं। पुरुष अपनी जाति या अपनी जाति से निचली जाति में विवाह कर सकते हैं किन्तु स्त्रियाँ केवल बराबर की या ऊँची जाति में ही विवाह कर सकती हैं। स्त्री और नीची जाति के पुरुष के सम्मिलन के लिए प्राण-दण्ड दिया जा सकता है। ब्राह्मण शिव या बुद्ध की पूजा के आधार पर दो भागों में विभक्त हैं। क्षत्रिय पाँच उप-जातियों में विभक्त हैं। वैश्यों में आर्य मुख्य समुदाय था और क्षत्रियों के अतिरिक्त बाली के शेष सभी राजवंश इसी समुदाय के थे। शूद्रों को अपवित्र या अस्पृश्य समझ कर उनसे घृणा नहीं की जाती। विभिन्न जातियाँ विशेष व्यवसायों से बँधी हुई नहीं हैं। ऊँची जातियों को न्यायालयों में कुछ विशेषाधिकार दिए जाते हैं।

चीनी विवरणों से ज्ञात होता है कि बाली धनी और सुसभ्य राज्य था और वहाँ हिन्दू उपनिवेशकों (colonists) का राज्य था जो बौद्ध धर्म के अनुयायी बन गए थे। छठी शताब्दी ई० में भी यह राज्य विद्यमान था। बाली के विषय में चीनी विवरण इन शब्दों में है : ''राजा का वंशीय नाम कौण्डिन्य है। जब उसके पूर्वजों के विषय में पूछा गया तो वह कुछ न बता सका और उसने कहा कि शुद्धोदन की पत्नी उसके देश की कन्या थी।'' 518 ई० में उसने एक राजदूत चीन भेजा।

बाली का नाम ई-त्सिंग ने भी दिया जिसने इसे दक्षिणी समुद्र के द्वीपों में गिना है जहाँ ''मूलसरवस्तिबाग'' और ''निकाय'' को सदा स्वीकार किया जाता था।

फू-नान (Fu-nan) **या कम्बुज** (Kambuja)—कम्बोडिया में पूर्वतम हिन्दू उपनिवेश को चीनी भाषा में फू-नान कहा जाता है। पाँचवीं शताब्दी के आरंभ में रचित दक्षिणी ताई (Southern Tai) के इतिहास में फू-नान हिन्दू राज्य की स्थापना का उल्लेख किया गया है। उसमें इसे प्राचीन अनुश्रुति के रूप में लिखा गया है। कथा इस प्रकार है : ''प्राचीन काल में इस देश में एक स्त्री का राज्य था जिसका नाम लिओ-ये (Lieou-ye) था। की देश (Country of Ki) के एक व्यक्ति हियन ताइन (Hoeun Tien) को स्वप्न आया कि ईश्वर ने उसे एक धनुष दिया और उसे एक किश्ती पर सवार होकर समुद्र-यात्रा करने के लिए ललकारा। सुबह होने पर हियन ताइन ईश्वर के मन्दिर में गया और वहाँ उसने एक धनुष पाया। फिर वह किश्ती पर सवार हुआ और फ़ू-नान की ओर चल पड़ा। लिओ-ये ने उस किश्ती को देखा और वह उसका विरोध करने के लिए सेना के साथ चल पड़ी। हियन तान ने धनुष उठाया और एक तीर चलाया जो किश्ती के पार्श्व को चीरता हुआ एक व्यक्ति को लगा। लिओ-ये भयभीत हो गई और उसने समर्पण कर दिया। हियन-ताइन ने उससे विवाह कर लिया और उसे कपड़ों से भी लपेटा क्योंकि वह स्वयं वस्त्र-हीन थी।''

कहा गया है कि 'हियन-ताइन' वास्तव में 'कौण्डिन्य' का परिवर्तित रूप है। बृहत्तर भारत के हिन्दू राजवंशों के संस्थापक के रूप में उसके नाम का सम्मान किया जाता है और अभिलेखों में प्राय: मिलता है।

कौण्डिन्य अनुश्रति कई प्रकार से महत्त्वपूर्ण है। पहले तो प्रवासित नेता को ब्राह्मण कहा गया है। फिर वह समुद्र के रास्ते आया। फिर स्थानीय शासिका ने उसके आगमन का विरोध किया किन्तु उसने उसे पराजित करके उससे विवाह भी कर लिया। स्थानीय लोगों की असभ्य अवस्था का प्रमाण यह है कि राजकुमारी नग्न थी और कौण्डिन्य ने उसे वस्त्रों से ढका। ब्राह्मण ने उस राजकुमारी से विवाह करके पत्नी और राज्य दोनों प्राप्त किए। इस प्रकार स्थापित वंश ने हिन्दू संस्कारों और नियमों को स्वीकार कर लिया और वास्तव में हिन्दू बन गया। सुविख्यात कौण्डिन्य ने भी विवाह किया और फू-नान में रहने लगा और इस प्रकार समुद्रपार एक हिन्दू सम्प्रदाय की स्थापना हुई।

कहा गया है कि कौण्डिन्य द्वारा स्थापित राज्य एक समृद्ध राज्य था। ''व्यापार के लिए वहाँ व्यापारी बहुत बड़ी संख्या में आते हैं।..............मण्डी पूर्व और पश्चिम का मिलने का स्थान है। भारत से आये एक हज़ार से भी अधिक

ब्राह्मण वहाँ रहते हैं। लोग उनके सिद्धान्त मानते हैं और उनसे अपनी पुत्रियों का विवाह करते हैं।''

कौण्डिन्य ने अपना राज्य पहली शताब्दी ई० में स्थापित किया। कौण्डिन्य से एक सौ वर्ष बाद राजा फ़ार-चे-मान ने राज्य किया। वह एक महान् सेनानी था। उसके अधीन फ़ू-नान एक साम्राज्य बन गया। लगभग 225 ई० में उसके बाद सेनानी फ़ान-चान राजा बना और 246 ई० में उसने चीन को एक दूत-मण्डल (Embassy) भेजा। उसने एक दूत-मण्डल भारत भी भेजा।

चीनी इतिहास में चौथी शताब्दी की एक और कौण्डिन्य कथा मिलती है। उसके फ्राँसीसी अनुवादक पोलियो (Pelliot) ने उसे इन शब्दों में प्रस्तुत किया है : ''भारत के एक ब्राह्मण कौण्डिन्य ने एक दैवी ध्वनि को इस प्रकार ललकारते सुना, 'जाओ और फ़ू-नान में राज्य करो।' कौण्डिन्य मन ही मन बहुत प्रसन्न हुआ और पान-पान पहुँचा जो दक्षिण की ओर है। फ़ू-नान के लोगों ने उसके सम्बन्ध में सुना और सारा राज्य प्रसन्नता से झूमने लगा। वे उसके पास आए और उसे अपना राजा चुन लिया। उसने भारत के रिवाजों के अनुकूल सभी नियमों को बदल दिया।''

यह उल्लेखनीय है कि कौण्डिन्य का दूसरा आगमन पहले आगमन से भिन्न था। चौथी शताब्दी ई० में एक हिन्दूकृत (Hinduised) राज्य पहले ही स्थापित था। उद्धरण में दिए गए पान-पान को चीनी लेखकों ने फ़ू-नान के अधीन एक छोटा राज्य बताया है जहाँ ''सब लोग ब्राह्मणों की पुस्तकें पढ़ते हैं और बुद्ध के नियम का बहुत मान करते हैं। बौद्ध और ब्राह्मण पुरोहितों के कई मन्दिर हैं।............राजा के दरबार में कई ब्राह्मण हैं जो राजा की कृपा का लाभ उठाने के लिए भारत से आए हैं।'' दूसरा कौण्डिन्य धरती के रास्ते टकोला से होते हुए पान-पान से आया था।

कौण्डिन्य द्वितीय ने सम्भवतः राज्य और समाज की पुनर्व्यवस्था की। उसने फ़ू-नान राज्य में भारतीय कानून और नियम प्रचलित किए। गुमवर्मा उसका एक वंशज था और उसे ''कौण्डिन्य वंश का चन्द्र'' कहा गया है। उसने विष्णु को एक मन्दिर समर्पित किया। एक अन्य वंशज जयवर्मा था। सम्भवतः चम्पा के विरुद्ध सहायता प्राप्त करने के लिए उसने 48 4 ई० में एक दूत-मण्डल चीन भेजा। स्वर्ग पुत्र द्वारा जारी किया गया राजादेश इस प्रकार है : ''फ़ू-नान का राजा कौण्डिन्य जयवर्मा समुद्र के तट पर रहता है। कई पीढ़ियों से वह और उसके पूर्वज दक्षिण के दूरवर्ती प्रदेशों में राज्य करते आए हैं और उनकी निष्कपटता दूर से ही दिखाई देती है। अतः हमें उसे कुछ देना भी चाहिए और उसे एक गौरवमयी उपाधि प्रदान करनी चाहिए। वह उपाधि है शान्तिपूवर्ण दक्षिण का सेनानी, फ़ू-नान का राजा।'' इस वंश का अन्तिम राजा रुद्रवर्मा था। उसने 517 और 539 ई० के मध्य चीन को सम्भवतः छः दूत-मण्डल भेजे। उसके बाद फ़ू-नान को कम्बुज ने विजय कर लिया जो आरम्भ में उत्तरी कम्बोडिया में स्थित उसके अधीन राज्य था।

चीनी लेखकों ने कौण्डिन्यों के अधीन फ़ू-नान की अवस्था का यह वर्णन दिया है : ''व्यापारिक माल में सोना, चांदी और रेशम हैं। उच्च जाति के लोग जरी पहनते हैं और स्त्रियाँ पगड़ी भी बाँधती हैं।............घर बनाने के लिए वे पेड़ों को काटते हैं और राजा कई मन्जिलों वाले महल में रहता है। वे लकड़ी का जंगला बनाते हैं और लोग पृथ्वी से ऊँचे उठे हुए घरों में रहते हैं। वे किश्तियाँ बनाते हैं।............जब राजा बाहर निकलता है तो वह हाथी पर सवार होता है और स्त्रियाँ भी हाथी की सवारी करती हैं। अमोद-प्रमोद के लिए वे मुर्गों और सुअरों की लड़ाई करवाते हैं।''

बताया गया है कि भारतीय संस्कृति के मुख्य लक्षण फ़ू-नान में भी फैल गए, जैसे संस्कृत, जाति-प्रथा, शैव मत और बौद्ध धर्म। कई ब्राह्मण फ़ू-नान में रहने लगे और वे अपने साथ वेद तथा उपवेद या वेदांग भी ले गए। ''भारतीय ढंग से देवताओं की मूर्तियाँ और मन्दिर बनवाए गए। ब्राह्मण संस्कृति का एक शक्तिशाली केन्द्र स्थापित किया गया जहाँ भारत से आए हजार से अधिक ब्राह्मण रहते थे और उन लोगों से अन्तर्विवाह करते थे जो दिन-रात उनकी धार्मिक पुस्तकें पढ़ते थे।''

कुछ समय के लिए कम्बुज जावा का अधीन राज्य बन गया। किन्तु जयवर्मा द्वितीय के अधीन यह फिर स्वाधीन हो गया। उसने 802 से 825 ई० तक राज्य किया। उसने भारत से हिरण्यदास नामक एक ब्राह्मण को आमन्त्रित किया। उसने कई बार अपनी राजधानी बदली और अन्त में उसे अंगकोर प्रदेश में स्थापित किया जहाँ प्रसिद्ध शहर अंगकोर-थोम या नगर-धाम बन गया। जयवर्मा तृतीय ने महान् कम्बुज साम्राज्य की नींव रखी। 889 ई० में वह राजा बना। वास्तव में वही कम्बुज साम्राज्य और अंगकोर सभ्यता का संस्थापक था। देश में संस्कृत भाषा का प्रसार हुआ। स्वयं राजा की

तुलना पणिनि से की जाती है और कहा जाता है कि उसने पतंजलि के "महाभाष्य" पर टीका लिखी। राजेन्द्रवर्मा और जयवर्मा पंचम के समय में चम्पा राज्य पर आक्रमण किए गए। कहा जाता है कि सूर्यवर्मा प्रथम ने सारे स्याम को दलित किया और निचले बर्मा (Lower Burma) पर आक्रमण किया। उसे एक महान् संस्कृत विद्वान् भी समझा जाता है। उदयादित्यवर्मा द्वितीय को भी महान् विद्वान् कहा गया है। सूर्यवर्मा द्वितीय को कम्बुज के महत्तम राजाओं में गिना जाता है। बताया गया है कि उसके साम्राज्य में निचला बर्मा और मलाया प्रायद्वीप का उत्तरीभाग भी सम्मिलित थे। उसके पास दो लाख युद्ध के हाथी थे। उसने कई यज्ञ किए, उसने ही सुप्रसिद्ध अंगकोर वाट का निर्माण किया जिसे संसार के आश्चर्यों में गिना गया है। उसने चीन को राजदूत भेजे। जयवर्मा सप्तम ने 1181 ई० से उसके बाद राज्य किया। उसने चम्पा को और निचले बर्मा के एक बड़े भाग को विजय किया। उसने अंगकोर थोम में नई राजधानी बनाई। उसके बाद कम्बुज का पतन आरम्भ हो गया।

कम्बोडिया में अंगकोर वाट

कम्बुज में हिन्दू संस्कृति के विकास के विषय में यह उल्लेखनीय है कि अनेक नगरों के नाम भारतीय थे, जैसे ताम्रपुर, विक्रमपुर, ध्रुवपुर, अध्यपुर, आदि। इन नगरों में 'विप्रशाला', 'शात्र' और 'आरोग्यशाला' नामक संस्थाएँ थीं। सड़कों के साथ-साथ यात्रियों के लिए विश्राम-गृह भी बनवाए गए। बौद्ध धर्म की अपेक्षा हिन्दू धर्म अधिक लोकप्रिय था। कम्बोडिया में कई हिन्दू देवताओं की पूजा होती थी। संस्कृत में हिन्दू धर्म-ग्रन्थों का अध्ययन किया जाता था। मन्दिरों में 'रामायण', 'महाभारत' और 'पुराणों' की कथा होती थी। उच्चकोटि की संस्कृत काव्य शैली में अभिलेखों की रचना की जाती थी और उनसे हिन्दू धर्म-ग्रन्थों, दर्शन और धर्म के ज्ञान का प्रमाण मिलता है। पाणिनि, पतंजलि, मनु, वात्स्यायन, सुश्रुत और विशालाक्ष का अध्ययन किया जाता था। कालिदास-कृत "रघुवंश", प्रवरसेन-कृत "सेतुबन्ध" और मयूर-कृत "सूर्यशतक" के उल्लेख मिलते हैं। प्राकृत विद्वान् गुणाढ्य का भी अभिलेखों में उल्लेख किया गया है। एक से दूसरे देश में विद्वानों की निरन्तर यात्राओं के उल्लेख मिलते हैं। एक भारतीय ब्राह्मण सर्वज्ञमुनि कम्बुज में रहने लगा और उसके वंशजों को उच्च धार्मिक स्थानों पर नियुक्त किया गया। यशोवर्मा की माता का एक पूर्वज भारत का एक विद्वान् ब्राह्मण था। कम्बुज के एक ब्राह्मण शिवसोम ने "भगवत शंकर के अधीन, जिसके चरण-कमलों में ऋषि भी सिर झुकाते थे, शास्त्रों का अध्ययन किया।" यह शंकर सुप्रसिद्ध शंकराचार्य था। कई आश्रम थे जहाँ संत रहते थे और अपना सारा समय अध्ययन और चिन्तन में व्यतीत करते थे। इन स्थानों के लिए खर्च का अच्छा प्रबन्ध कर दिया गया था। राजा यशोवर्मा ने देश के विभिन्न भागों में इस प्रकार के एक सौ आश्रम बनवाए।

कम्बुज की कला भी भारतीय है। कम्बुज कला का सर्वप्रसिद्ध उदाहरण अंगकोर वाट है जिसका निर्माण राजा सूर्यवर्मा द्वितीय (1113-1145 ई०) ने करवाया था। यह एक विशाल रचना है और इसके चारों ओर 650 फुट चौड़ी और

ढाई मील लम्बी एक नहर है। तीन संकेन्द्रीय (concentric) वर्गाकार छोटे होते हुए चबूतरे एक के ऊपर दूसरे बने हुए हैं और उनमें निरन्तर स्तम्भों वाले लम्बे-लम्बे बरामदे हैं और सबसे ऊपर अन्तिम स्तम्भ है जो एक अद्‌भुत संगति लिए आकाश में ऊँचे खड़े हैं। लम्बा पुल चौड़ाई में 40 फुट है। यह मार्ग पश्चिमी प्रवेश-द्वार से पूर्वी प्रवेश-द्वार तक चला गया है। सर्प का शरीर जंगला है और साथ फनों वाला मुँह मन्दिर के प्रवेश-स्थान पर बना हुआ है। बरामदों की दीवारों के साथ-साथ नक्काशी का काम है, जैसे राजा, सैनिक और पुरोहितों के जलूस और महाकाव्यों से लिए गये दृश्य। सैकड़ों देव और अप्सराएँ दीवारों से प्रसन्नतापूर्वक मुस्करा रही हैं। बड़े-बड़े स्तम्भों के प्रत्येक पत्थर पर सुन्दर नक्काशी की गई है। सिंहद्वार और उनके साथ की सीढ़ियाँ चार मुख्य स्थानों पर बनी हैं और अन्त नें घण्टी के आकार के एक स्थान में केन्द्रीय स्तम्भ के नीचे मिल जाते हैं। माना जाता है कि इस स्थान पर राजा ने स्वर्ग के प्रति अपने उत्तर दिये थे।

अंगकोर वाट के विषय में रॉलिन्सन ने इस प्रकार लिखा है : "यदि ख्मेरों (Khmers) ने केवल यही एकमात्र स्मारक ही बनाया होता तो भी उनका नाम संसार के महत्तम कलाकारों में लिया जाता, क्योंकि उसकी शिल्प-कला अत्यधिक परिपूर्ण है और कला अत्यधिक दुर्लभ है।" डॉ० आर०सी० मजूमदार के अनुसार, "कम्बुज की कला सर्वोत्तम है। अंगकोर थोम के नगर और इसके समीप के स्मारकों को देखने से चकाचौंध करने वाली उत्कृष्टता का ऐसा प्रभाव उत्पन्न होता है जो उसका सूक्ष्म निरीक्षण करने पर भी कम नहीं होता। वस्तुतः यह दावे के साथ कहा जा सकता है कि संसार के किसी और स्थान में अंगकोर जैसे भव्य स्मारक नहीं मिलते।..........अंगकोर वाट को ठीक ही कम्बुज के सर्वश्रेष्ठ स्मारकों में गिना जाता है।"

स्वामी सदानन्द ने अंगकोर मन्दिर के बारे में लिखा है : "जब हम सुन्दर भित्ति-चित्रों, गुम्बददार छतों से युक्त लम्बी गैलरियों, चौड़े हालों, छज्जेदार दरवाजों तथा छोटे-छोटे छितरे भवनों से युक्त (जिनके अब केवल खंडहर ही बचे हैं) विस्तृत आँगनों के मण्डल को देखते हैं तो हम उसकी शोभा को निहारते नहीं थकते। प्राचीन प्रथा के विपरीत मुख्य द्वार पश्चिम को खुलता है। सिंहद्वार स्वयं में अति विशाल है। यह 753 फुट लम्बा है। दरवाजों की चोटियों पर सुन्दर खुदाई की गई है। 10½ फुट ऊँची विष्णु प्रतिमा उचित वेदी पर खड़ी है। मुख्य द्वार से बाह्य खुली सीढ़ियों की दूरी लगभग 528 गज है, बीच में 30 फुट चौड़े रास्तों पर पत्थर लगे हैं। पूजा-स्थल अभी भी श्रेष्ठ बने हैं लेकिन अन्य स्थलों की तरह उनमें चौड़ाई में सजावट की गई है। खाई वास्तव में एक छोटी झील है जो सम्पूर्ण केन्द्रीय भवन को घेरे हुए है। भवन का क्षेत्रफल लगभग 10 एकड़ है। उसमें अनेक सुनियोजित उद्यान हैं। आन्तरिक आँगन तक पहुँचने का मार्ग वास्तव में अति भव्य है। मुख्य भवन तीन मंजिल का है। ज्यों-ज्यों हम सीढ़ियों पर चढ़ते जाते हैं हमें भवन दृष्टिगोचर होने लगता है। शंकु आकृति की तीन केन्द्रीय मीनारों के बगल में गोल गुम्बद वाली छोटी मीनारें हैं। वे मेरु पर्वत की अनेक शिखरों की भाँति दिखाई देती हैं। आधार पर से गुम्बदों की ऊँचाई को देखने पर चक्कर आने लगते हैं। जब सारे भवन में सूर्यास्त के कारण धुँधला प्रकाश छा जाता है, तब ये गुम्बद डूबते हुए सूर्य के धवल प्रकाश में नहाते मालूम होते हैं।

"केन्द्रीय भाग के दोनों ओर वर्गाकार स्तम्भों से युक्त बरामदे तथा आच्छादित गैलरियाँ हैं जिनके आधार पर 575 गज लम्बी उभरी हुई नक्काशी की गई है। वे 12वीं सदी के कम्बोडिया वासियों के विचारों के अनुसार स्वर्ग तथा नर्क का चित्र उपस्थित करती हैं। उनमें से अधिकाँश टूट-टूट कर मिट्टी में मिलते जाते हैं। दीवारों पर कुछ चित्रकारी भी है। उनमें भीष्म पितामह को शरशैय्या पर सोता दिखाया गया है; देवासुर समुद्र-मन्थन तथा यम के निर्णय के दृश्य दिखाई देते हैं। एक चित्र में नारायण अपने वाहन गरुड़ पर बैठे हैं। उनके चारों हाथों में राक्षसों के नेताओं को मारने के लिए विभिन्न शस्त्र हैं। एक चित्र अनिरुद्ध की मुक्ति से सम्बद्ध है और तीसरे चित्र में हरि को काल नेमि से लड़ते दिखाया गया है।"

"संभवतः हिन्दू महाकाव्यों में से सबसे अधिक भव्य चित्र राम-रावण संग्राम का है। अवध के राजकुमार की वानर सेना का नेतृत्व स्वामिभक्त हनुमान को सौंपा गया है जो बीस भुजा वाले रावण के ऊपर से कूद जाता है। राम अपने राज्य से दूर होने के कारण पैदल लड़ता है। दूसरी ओर सोने की लंका का राजा रावण रथ में बैठकर लड़ता है। उसके रथ के पहियों के नीचे दोनों ओर के अनेक घायल सैनिक कुचल जाते हैं।"[1]

अंगकोर थोम कम्बुज की राजधानी थी जिसे जयवर्मा सप्तम ने अंगकोर वाट से लगभग एक मील उत्तर की ओर बनाया था। नगर एक ऊँची दीवार से घिरा हुआ था और उससे आगे 110 गज चौड़ी खाई थी। दीवार में पाँच बड़े द्वार थे। प्रत्येक द्वार के सामने खाई के ऊपर एक पुल था। खाई साढ़े-आठ मील लम्बी है और उसके किनारे बड़े-बड़े पत्थरों के बने हुए हैं। प्रवेश द्वार एक विशाल महराब (arch) का बना हुआ है जो 10 फुट ऊँची और पन्द्रह फुट चौड़ी है और

1. *Hindu Culture in Greater India*, p. 95-96.

दोनों ओर कक्ष हैं। कहा गया है अंगकोर थोम का द्वार संसार में अत्यधिक प्रभावशाली और कला की दृष्टि से उत्कृष्ट है।

कम्बुज के अन्य स्मारक बाफून (Baphuon), बैण्टे-च्मार (Bantay Chmar) और बेयॉन (Bayon) हैं। इनका निर्माण बारहवीं शताब्दी के राजाओं ने करवाया।

स्याम (Siam)—लगभग दूसरी शताब्दी ई० में हिन्दू सभ्यता स्याम में भी फैल गई। हिन्दुओं ने स्याम में कई बस्तियाँ बनायीं और उनमें सबसे बड़ी द्वारवती थी जो कम्बोदिया से बंगाल की खाड़ी तक फैली हुई थी और दसवीं शताब्दी ई० तक स्थापित रही जब कौण्डिन्य राज्य ने इसे समाप्त कर दिया।

प्रतीत होता है कि ईसाई सम्वत् से पहले भी दक्षिणी स्याम में भारतीय प्रभाव पहुँचा। थाइयों (Thais) ने हिन्द-चीन में युन्नान (Yunnan) में एक शक्तिशाली राज्य स्थापित किया और सातवीं शती ई० से उन्होंने लगभग 600 वर्ष राज्य किया। यह भारतीय संस्कृति का एक मुख्य केन्द्र बन गया और गान्धार कहलाने लगा। इसके एक भाग को विदेह राज्य कहा जाता था और इसकी राजधानी मिथिला थी। इसमें कई स्थानों के नाम भारतीय थे और वे बौद्ध-धर्म से सम्बन्धित थे। इरावदी और सलवीन नदियों के बीच के प्रदेश को कौशाम्बी कहा जाता था। अधिकाँश थाई राज्यों पर भारतीय सांस्कृतिक प्रभाव पड़ा। गान्धार के हिन्दू-कृत (Hinduised) थाई राज्य ने एक साम्राज्य की स्थिति प्राप्त कर ली और तीन शताब्दियों तक राज्य करता रहा। 1253 ई० में मंगोल नेता कुबलई खान (Kublai Khan) ने इसे विजय कर लिया।

यह उल्लेखनीय है कि स्याम में बौद्ध-धर्म को धरती के मार्ग से बर्मा पहुँचाया गया। यहाँ बुद्ध की बहुत-सी मूर्तियाँ मिलती हैं। लोग देवों और आत्माओं की पूजा भी करते थे। विष्णु और शिव की भी बहुत-सी मूर्तियाँ मिलती हैं। बोधि वृक्ष की एक शाखा को काट कर स्याम लाया गया और वहाँ उसकी प्रतिष्ठा की गई। स्याम के विहारों में असंख्य भिक्षु थे। आज भी त्यौहारों के रूप बौद्ध और ब्राह्मण ढंग के ही हैं। वर्तमान स्यामी शब्दावली में बहुत से पाली और संस्कृत शब्द हैं। वहाँ ज्ञात पुस्तकें थीं त्रिपिटक, वेद इत्यादि। स्याम की विधि-पुस्तकें हिन्दुओं के धर्मशास्त्रों के परिवर्तित रूप ही प्रतीत होते हैं।

मलाया प्रायद्वीप (Malaya Peninsula)—चौथी या पाँचवीं शताब्दी ईसवी के अभिलेखों से ज्ञात होता है कि उत्तरी और दक्षिणी भारत से आये उपनिवेशकों ने मलाया प्रायद्वीप में हिन्दू उपनिवेश बनाये। एक अभिलेख में भारत से आये एक नाविक की औपनिवेशिक समुद्र-यात्रा का वर्णन है। ईसाई संवत् की पहली पाँच शताब्दियों में मलाया प्रायद्वीप में हिन्दू उपनिवेशकों द्वारा स्थापित राज्यों के नाम थे : लाँग-क्या-सू (Lang-kia-su), कमलंक या कर्मरंग, कलशपुर, काल और पाहंग। मलाया प्रायद्वीप में पुरातत्त्व विभाग की खोज से निम्नलिखित जानकारी प्राप्त हुई है : ' बस्तियाँ संख्या में बहुत ज्यादा थीं और दूर-दूर के स्थानों में स्थित थीं, जैसे पूर्वी तट पर चम्फोन (Chumphon), चैया (Caiya), बैण्डन नदी की घाटी, नाखोन श्री धम्मराट (लिगोर), याल (पटनी के निकट) और सेलेसिंग (पाहंग में) और पश्चिमी तट पर मलक्का (Malacca), वैल्जली प्रान्त (Wellesley province), टकुआ पा (Takua pa) और लाण्य तथा तनासेरिम नदियों का साझा डेल्टा।

''इनमें सर्वाधिक महत्त्वपूर्ण निस्संदेह नाखोन श्री धम्मराट (लिंगोर) की बस्ती थी। यह एक बौद्ध उपनिवेश था जिसने सम्भवत: नाखोन श्री धम्मराट का महान् स्तूप और उसके निकट के पचास मन्दिरों में से कुछ का निर्माण करवाया। इससे कुछ उत्तर की ओर चैया (Caiya) बस्ती थी। जो सम्भवत: पहले ब्राह्मण थी और बाद में बौद्ध बन गई। ये दो उपनिवेश-समूह मुख्यत: कृषक थे। सेलेसिंग पांगा, मुकेत और टकुआ पा की अन्य बस्तियाँ कली और सोने की खानों के कारण समृद्ध हो गईं।

''प्राप्य प्रमाणों से इस कल्पना की पर्याप्त पुष्टि होती है कि बैण्डन का खाड़ी का निकटवर्ती प्रदेश सुदूर पूर्वी संस्कृति का जन्म-स्थान था जिसने पश्चिम से आने वाले भारतीय प्रभाव से प्रेरणा ली। इसके साथ-साथ भारतीय आकृति के लोग पश्चिमी तट पर टकुआ पा के निकट बहुत पाये गये हैं और भारतीय मूल के ब्राह्मणों की बस्तियाँ नाखोन श्री धम्मराट और पारलुंग में अब भी स्थित हैं और वे अपने पूर्वजों की भारत से मलाया प्रायद्वीप तक की यात्रा भूमि के मार्ग से बताते हैं।''

शैलेन्द्र साम्राज्य (Sailendra Empire)—डॉ० आर०सी० मजूमदार के अनुसार, ''आठवीं शताब्दी ई० में दक्षिण-

पूर्वी एशिया के इतिहास में मुख्य घटना एक महान् साम्राज्य का उत्थान है जिसमें सुमात्रा, जावा, मलाया प्रायद्वीप और भारतीय द्वीप-समूह (Indian Archipelago) के अधिकाँश द्वीप सम्मिलित थे। इस साम्राज्य के शासक शैलेन्द्र वंस के थे। उन्होंने मलाया प्रायद्वीप में श्री-विजय की प्रभुता को नष्ट किया और आठवीं शती ई० के अन्त तक सारे नहीं तो इसके अधिकाँश भाग पर अधिकार कर लिया। 778 ई० से कुछ समय पहले उन्होंने पश्चिमी और केन्द्रीय जावा को विजय कर लिया था।''

सामान्य विचार यह है कि शैलेन्द्र साम्राज्य के शासक पहले सुमात्रा में श्री-विजय शासक थे। बाद में धीरे-धीरे उनकी प्रभुता जावा और मलाया प्रायद्वीप पर भी फैला दी गई। किन्तु इस मत के पक्ष में कोई सुनिश्चित प्रमाण नहीं है। सम्भव है कि सबसे पहले शैलेन्द्रों का उत्थान जावा या मलाया प्रायद्वीप में ही हुआ हो।

बताया गया है कि शैलेन्द्रों ने कुछ समय तक चम्पा का सामना किया। शैलेन्द्रों ने कम्बुज को भी विजय किया। नौवीं शती ई० का एक अरब व्यापारी इब्न खोर्दाद ज्बेह (Ibn Khordazbeh) बताता है कि शैलेन्द्र राजा का दैनिक राजस्व 200 मन सोना था। शैलेन्द्र शासक महायानवाद के अनुयायी थे। एक बंगाली बौद्ध कुमार घोष ने 782 ई० में उन्हें इस मत का अनुयायी बनाया और वह उनका गुरू भी बन गया। उसी के प्रभाव के कारण 778 ई० में तारा का सुन्दर मन्दिर बनाया गया था। बंगाल के पाल वंशी राजा देवपाल के एक अभिलेख में कहा गया है कि सुवर्णद्वीप और जावा भूमि के राजा बालपुत्रदेव ने जावा के विदेशी शिक्षार्थियों के निवास के लिए नालन्दा में एक विहार बनवाया।

नौवीं शती में शैलेन्द्र साम्राज्य का ह्रास हुआ। कम्बोदिया और जावा के शासकों ने इसके अधिकार को चुनौती दी। कम्बोदिया और जावा खो देने के बाद शैलेन्द्र शासक सुवर्णद्वीप में राज्य करते रहे।

ग्यारहवीं शती ई० में चोलों और शैलेन्द्रों में संघर्ष हुआ। 1025 ई० में राजेन्द्र चोल ने शैलेन्द्र साम्राज्य पर सफल नाविक आक्रमण किया और उसके बहुत से प्रदेशों को विजय कर लिया। राजेन्द्र चोल की मृत्यु के बाद शैलेन्द्रों ने अपनी खोई हुई शक्ति को पुनः प्राप्त कर लिया। किन्तु वीर राजेन्द्र चोल ने 1063 ई० में शैलेन्द्र साम्राज्य पर आक्रमण किया और केदार को विजय कर लिया। शैलेन्द्र के समर्पण करने पर उसने राज्य उसे वापस लौटा दिया। 1090 ई० तक दोनों शक्तियों में शान्ति स्थापित रही जब शैलेन्द्र राजा ने चोल राजा कुलोतुंग के पास अपने प्रतिनिधि भेजकर प्रार्थना की कि शैलेन्द्र-चूड़ामणि-विहार नामक बौद्ध विहार के निर्वाह के लिए दिए गये ग्रामों के कर माफ कर दिए जाएँ। लगभग एक शताब्दी तक संघर्ष करने के बाद चोलों ने शैलेन्द्र राज्य पर अधिकार करने की चेष्टा छोड़ दी। किन्तु जावा और स्याम से नई कठिनाइयाँ उत्पन्न हो गईं। इसका परिणाम यह हुआ कि शैलेन्द्र साम्राज्य एक स्थानीय शक्ति मात्र बनकर रह गया। 1474 ई० में अन्तिम शैलेन्द्र शासक ने इस्लाम अंगीकार कर लिया।

लंका (Ceylon)—ईलियट (Elliot) ने बताया है कि ''लंका पहला स्थान है जहाँ भारतीय सभ्यता के विकास का विवरण मिलता है। विजय नामक एक हिन्दू लगभग 500 ई०पू० भड़ौंच के प्रदेश से चला। उसने लंका की ओर एक अभियान का नेतृत्व किया और वहाँ एक पश्चिमी हिन्दू भाषा चलाई।''

भारत और लंका के सम्बन्ध ''रामायण'' के समय में भी थे जब राम ने सीता को मुक्त करने के लिए लंका पर आक्रमण किया। नियमित उपनिवेशन (colonisation) लंका को विजित करने के बाद शुरू हुआ। उसने सिंहल वंश की स्थापना की। तीसरी शती ई०पू० में अशोक ने राजकुमार महेन्द्र और राजकुमारी संघमित्रा को लंका भेजा। परिणामतः लंका में बौद्ध धर्म फैलने लगा। लंका का राजा बौद्ध धर्म का अनुयायी बन गया। धीरे-धीरे बौद्ध धर्म सारे द्वीप में फैल गया। बौद्ध धर्म के विकास के कारण ही भारत और लंका के सांस्कृतिक और राजनीतिक सम्बन्ध घनिष्ठ हो गये। सारी लंका में बौद्ध विहार बड़ी संख्या में पाये गये हैं।

बर्मा (Burma)—बर्मा में हिन्दू उपनिवेश पहली शती ई० से भी पहले स्थापित होने शुरू हो गये। कहा गया है कि ये सम्बन्ध बुद्ध के समय में भी थे। कहा गया है कि तापुस और भाल्लुक नामक दो व्यापारी बुद्ध के प्राथमिक शिष्य बने और वे बर्मा के निवासी थे। अशोक के प्रचारकों सोन और उत्तर ने सुवर्णभूमि में बौद्ध-धर्म का प्रसार किया।

यह उल्लेखनीय है कि अत्यन्त प्राचीनकाल में ही अराकान, तागौंग, श्रीक्षेत्र, यातोन और पीगू में हिन्दू उपनिवेश

स्थापित किये गये। साहित्यिक और पुराविद्याविषयक प्रमाण से सिद्ध होता है कि बर्मा की समस्त संस्कृति और सभ्यता भारत से ली गई थी, चीन से नहीं। भूगोलशास्त्री टोलेमी (Ptolemy) बताता है कि दूसरी शती ई० में बर्मा में अनेक स्थानों के संस्कृत नाम थे। चीनी विवरणों में यह भी कहा गया है कि केन्द्रीय बर्मा के एक राज्य में एक लाख से अधिक बौद्ध परिवार और कई हजार भिक्षु थे। बर्मा के कई अभिलेख संस्कृत और पाली में हैं। भारतीय धर्म भी बर्मा में प्रचलित थे। भारतीय देवी-देवताओं सहित कई धार्मिक स्मारक भी बर्मा में पाये गये हैं।

सर्वाधिक हिन्दूकृत (Hinduised) बर्मा-वासी मान (Mons) थे। उनके कुछ स्थानों के पाली नाम थे। छठी शती में मान राज्य का नाम द्वारवती था। इस राज्य के शासकों के नाम अधिकतर भारतीय थे। हिन्दुओं की मॉन बस्तियों को रामन्न-देश कहा जाता था।

बर्मा में एक अन्य हिन्दू राज्य श्रीक्षेत्र था। इसकी राजधानी प्रोम (Prome) थी। वहाँ से अनेक संस्कृत अभिलेख प्राप्त हुए हैं। कहा गया है बुद्ध की एक मूर्ति को राजा जयचन्द्र वर्मा ने प्रतिष्ठित किया था। अन्य अभिलेखों में हरि-विक्रम, सिंह-विक्रम और सूर्य-विक्रम के नाम मिलते हैं।

बर्मा में एक अन्य हिन्दू राज्य अराकान था। राजवंश की दो शाखाएँ थीं। उनकी राजधानियाँ तरुपत्तन और वैशाली थीं। धर्मराजानुज-वंश नामक एक राजवंश का उल्लेख है। उसके साथ नौ राजाओं की सूची दी गई है। उन सबके नाम भारतीय थे। इस वंश ने नौवीं शताब्दी तक लगभग 300 वर्ष राज्य किया। कुछ स्मारकों के अवशेषों से ज्ञात होता है कि उनके ऊपर पर्याप्त गुप्त प्रभाव था। राज्य की मूर्तिकला बौद्ध, शैव और वैष्णव थी।

नौवीं या दसवीं शताब्दी ई० के लगभग म्रम्म (Mrammas) नामक एक जाति बर्मा में आई। उसने पागन (Pagan) नगर और राज्य की स्थापना की। पागन नगर को संस्कृत में अरिमर्दनपुर कहा जाता था। उनके राज्य को ताम्रद्वीप कहा जाता था। पागन का सर्वाधिक महत्त्वशाली राजा अनिरुद्ध था। उसने अपने राज्य को साम्राज्य बनाया और उसके असभ्य लोगों को सुसभ्य किया। अनिरुद्ध और उसके उत्तराधिकारियों ने अनेक पैगोडा या मन्दिर बनवाये। अनिरुद्ध इतना प्रसिद्ध हो गया कि लंका के राजा विजयबाहु ने चोलों के विरुद्ध उससे सहायता माँगी। चोलों की पराजय के बाद लंका के राजा ने अनिरुद्ध को बुद्ध के दाँत का अवशेष दिया जिसे शूजिगन पगोडा (Shewzigon Pagoda) में रख दिया गया। अब भी असंख्य तीर्थ-यात्री वहाँ जाते हैं।

अनिरुद्ध के उत्तराधिकारियों में से एक राजा क्यान्जित्था (King Kyanzittha) था। उसके समय में भारत और बर्मा के सांस्कृतिक सम्बन्ध अत्यन्त घनिष्ठ बन गये। राजा ने 'श्री त्रिभुवनादित्य' उपाधि धारण की। उसने अनेक बौद्धों और वैष्णवों को बर्मा आने और वहाँ रहने के लिए आमन्त्रित किया। उसने आनन्द का प्रसिद्ध मन्दिर बनवाया।

पागन वंश के राज्य में ब्राह्मण धर्म का स्थान बौद्ध धर्म ने लिया। बर्मा में कई स्थानों के साथ बुद्ध को संबद्ध करने की चेष्टा की गई। भारतीय भौगोलिक नाम बर्मा में प्रचलित किये गये। पाली में बर्मा का विधि-साहित्य मनु, नारद और याज्ञवल्क्य के धर्मशास्त्रों पर आधारित है। बर्मा की कला पर भी भारतीय कला का प्रभाव पड़ा। एक कला समालोचक ने आनन्द मन्दिर के विषय में इस प्रकार कहा है : "इसमें कोई सन्देह नहीं कि आनन्द मन्दिर की योजना बनाने वाले और उसकी रचना करने वाले शिल्पकार भारतीय थे। शिखर से आधार तक इस मन्दिर के सभी भाग और इनके बरामदों में पाई गई प्रस्तर मूर्तियाँ और इसके आधार तथा चबूतरों को अलंकृत करने वाली टेराकोटा आकृतियाँ सभी भारतीय प्रवीणता और कलाकारिता के असन्दिग्ध चिन्हों से अंकित हैं।..........इस प्रकार हम यह कल्पना कर सकते हैं कि आनन्द मन्दिर यद्यपि बर्मा की राजधानी में बनाया गया था तथापि वास्तव में यह एक भारतीय मन्दिर है।"

चीन (China)—भारत और चीन के साँस्कृतिक सम्बन्ध अत्यन्त प्राचीनकाल तक देखे जा सकते हैं। दूसरी शताब्दी ईसा पूर्व में यू-ची (Yuch-chi) शासकों ने बौद्ध पुस्तकें चीनी दरबार को भेंट कीं। 65 ई० में चीनी सम्राट् ने चीन के लिए धर्म-प्रचारक ले जाने के लिए भारत को राजदूत भेजे। राजदूत अपने साथ धर्मरक्षा और कश्यप-मातंग नामक दो बौद्ध भिक्षु ले गए। इन भिक्षुओं ने बौद्ध पुस्तकों का चीनी में अनुवाद किया। दूसरी शताब्दी ई० में एक पार्थियन राजकुमार बौद्ध पुस्तकें लेकर चीन पहुँचा। उसने उनका अनुवाद किया। दूसरी और तीसरी शताब्दियों में यू-ची बौद्ध प्रचारक चीन गए। सर्वप्रसिद्ध प्रचारक धर्मरक्षा था। संस्कृत और चीनी भाषाओं सहित उसे 36 भाषाओं का ज्ञान था। बौद्ध विद्वान् कुमारजीव

को 401 ई० में बन्दी बना कर चीन ले जाया गया। उसने चीन में बहुत काम किया। संस्कृत और चीनी भाषाओं के अद्वितीय ज्ञान से उसने बौद्ध पुस्तकों के पुराने अनुवादों को ठीक किया।

चीन में बौद्ध धर्म के विकास में कश्मीर ने महत्त्वपूर्ण भाग लिया। संघभूति, गौतमसंघ, पुण्यत्रात, धर्मयशस, यश, विमलाक्ष, बुद्धजीव और गुणवर्मा सब कश्मीरी विद्वान् चीन में काम करते थे। इनमें से अधिकतर विद्वानों ने मुख्य बौद्ध पुस्तकों का चीनी भाषा में अनुवाद किया। भारत के अन्य भागों से भी चीन को विद्वान् भेजे गए। धर्मक्षेम मध्य देश या मध्य भारत से चीन गया। बोधिधर्म 526 ई० में दक्षिणी भारत से चीन गया। छठी शताब्दी में बंगाल और असम से ज्ञानभद्र, जिनयशस और यशोगुप्त चीन गए। 526 ई० में उपसुन्य और परमार्थ उज्जैन से समुद्र के रास्ते चीन पहुँचे। बुद्धभद्र, विमोक्षसेन और जीवगुप्त उत्तर-पश्चिमी भारत से चीन गए। नालन्दा ने भी कई विद्वान् चीन भेजे। चीन जाने वाले नालन्दा के कुछ विद्वानों के नाम थे प्रभाकरमित्र, बोधरुचि, सुधारकरसिंह, वज्रबोधि और अमोघवज्र। फ़ा ह्यान, ह्यूनसाँग और ई-त्सिंग जैसे चीनी यात्री भी बौद्ध पुस्तकों की खोज में भारत आए। इस कार्य का परिणाम यह हुआ कि बौद्ध धर्म चीन में फैल गया। तीसरी शताब्दी ई० के अन्त तक चीन में 180 विहार थे जिनमें 3,700 भिक्षु थे। तेरह भारतीय अनुवादकों ने 73 भारतीय पुस्तकों का चीनी में अनुवाद किया। चौथी शताब्दी ई० के अन्त तक चीन में 17,068 मन्दिर थे और 27 अनुवादकों ने 263 पुस्तकों का अनुवाद कर दिया था। छठी शताब्दी ई० में 6,000 भारतीय चीन में बस गए थे।

धर्मदेव चीन जाने वाला अन्तिम भारतीय विद्वान् था। वह इस युग के महत्तम अनुवादकों में था। उसकी मृत्यु 1001 ई० में हुई।

यह बताया जाता है कि चीन में भारतीय प्रभाव को फैलाने में प्रमुख रूप से बौद्ध धर्म का भाग था। इसके कारण भारत तथा चीन दोनों देश एक दूसरे के समीप आये। भारत की बौद्ध-मिशनरियाँ दोनों राष्ट्रों को साँस्कृतिक बंधन में बाँधने में अत्यधिक सक्रिय रहीं। वे बंधन पुराने विचार गायब हो जाने पर भी सुरक्षित रहे हैं।............पहली से ग्यारहवीं शताब्दी तक भारतीय चीनी सम्बन्ध इस शक्तिशाली धर्म के चारों ओर केन्द्रित रहे। इस धर्म ने सम्पूर्ण एशिया की लगभग सभी विभिन्न जातियों को लगभग 1 हजार वर्ष तक प्रेरणा दी। इसी धर्म के माध्यम से ईसा के प्रथम हजार वर्षों में एशिया की जातियों में साँस्कृतिक आदान-प्रदान हुआ।

उत्तरी चीन में वे (Wei) वंश के स्थापित हो जाने के बाद बौद्ध धर्म ने अत्यधिक प्रगति की। शी-हू वंश के संस्थापक ने बौद्ध-धर्म में बहुत रुचि ली। कहा जाता है कि उसने निम्न आदेश जारी किया था : "बुद्ध देवता की विदेशों में पूजा होती है। चाहे वह चीन के सम्राटों तथा चीनियों से भेंट स्वीकार करने योग्य न हो। लेकिन मैं सीमान्त प्रान्त में पैदा हुआ हूँ और मुझे चीन का सम्राट् होने का सौभाग्य मिला है। धार्मिक कर्त्तव्य के सम्बन्ध में मुझे अपने देशवासियों के रिवाजों का पालन करना चाहिए। क्योंकि बुद्ध विदेशी देवता है। अत: यह उचित है कि मुझे उसकी पूजा करनी चाहिए। यह दु:ख की बात है कि पुराने काल के उन्हीं पुराने कानूनों का अब भी पालन करना चाहिए। जब कोई पदार्थ पूर्ण और निर्दोष हो तो वंशों के पुराने रिवाजों का पालन क्यों करना चाहिए। मेरी प्रजा को असभ्य कहा जाता है। मैं उन्हें बुद्ध की पूजा करने की विशेष सुविधा देता हूँ और यदि वे चाहें तो उन्हें बौद्ध मत को स्वीकार करने की अनुमति देता हूँ।"

इस वंश के शासकों ने भारतीय विद्वानों को चीन में आमन्त्रित किया तथा चैत्य और मठ बनवाए। डॉ० बागची ने वे वंश के शासकों द्वारा बौद्धमत को दी गई सुविधाओं का उल्लेख करते हुए निम्न सरकारी विवरण को उद्धृत किया है : "वू-टी (Wu-ti) (386-407) ने 15 चैत्य तथा 2 मठ बनवाए। काई-टाई-सी और टिंग को सी ने स्वयं पवित्र ग्रन्थों की प्रतिलिपियाँ तैयार कीं। उसने सोने की सौ प्रतिमाएँ बनवाईं और हर मास एक धार्मिक सम्मेलन में 3,000 बौद्ध-भिक्षुओं का स्वागत करता था। चेंग-टी (453-465) ने अनेक प्रकार से बौद्ध-धर्म के अध्ययन को प्रोत्साहित किया। उसके शासन काल में बौद्ध भिक्षुओं और भिक्षुणियों की संख्या 30,000 हो गई थी। हियेन-वेन-टी (465-476) ने बौद्धधर्म की ध्यान शाखा के भिक्षुओं के प्रयोग के लिए चाओ-पिन-शी का मठ बनवाया। हिआओ-टी (476-479) ने नगान याँग शी को बनवाया और बौद्ध धर्म में निजी रूप से रुचि ली। उसके शासन काल में बौद्ध-भिक्षुओं और भिक्षुणियों की संख्या 40,000 हो गई। शियुएन वू-टी (499-515) ने अपने महल में विमल

कीर्ति निर्देश नामक बौद्ध-ग्रन्थ की व्याख्या की तथा पू-शी, टोंगशी और टिंग-शी के चार मठ बनवाए तथा इसके साथ ही 1000 भिक्षुओं का पालन-पोषण किया। हि-आप-मिंग-टी (515-528) ने यी में टू किओशी की स्थापना की और उसके उत्तराधिकारी ने पाँच मठ बनवाए तथा 10 हजार पत्थर की मूर्तियाँ बनावाईं। वी-टी (532-534) ने च्यांग नगान में चे-के-शी मठ बनवाया ताकि उसमें दो सौ भिक्षुओं को रखा जा सके। वेन-टी (534-551) ने निर्धनों तथा वृद्धों के लिए पान जो शी बनवाया और स्वयं धार्मिक ग्रन्थों का पाठ किया। इस प्रकार से वे वंश के 170 वर्ष के शासन में लो याँग च्याँग नगान और ची में राजसी आदेशों के द्वारा 47 बड़े मठों का निर्माण हुआ। टा-टोंग के पास उत्तरी पहाड़ियों में 30 मील की दूरी तक सुशोभित कन्दराएँ बनाई गईं। छोटे राजाओं ने इस काल में 839 मन्दिर बनवाए तथा निजी परिवारों ने 30,000 से अधिक ऐसे मन्दिर बनवाए। इस काल में बौद्ध भिक्षुओं और भिक्षुणियों की संख्या 20 लाख से अधिक थी।

टशिन वंश ने भी बौद्ध-धर्म का संरक्षण किया। इस काल में भारत के बौद्ध भिक्षुओं ने त्रिपटकों का चीनी संस्करण तैयार किया। बहुत से भारतीय विद्वान् चीन में रहे। उनमें से प्रमुख गुणभद्र तथा विमलाक्ष थे।

कुमारजीव को जबरदस्ती चीन ले जाया गया। बाद में वह 800 विद्वानों की संस्था का अध्यक्ष बना जिन्होंने बौद्ध-पुरातन ग्रन्थों का अनुवाद किया। उसने स्वयं 100 से अधिक ग्रन्थं लिखे जिनमें से 56 आजकल भी मिलते हैं। यह बताया जाता है कि कुमारजीव मध्य एशिया और भारत के मध्य साँस्कृतिक सहयोग की भावना तथा चीन में भारतीय संस्कृति के फैलाव के लिए इन देशों के बौद्ध विद्वानों के संयुक्त प्रयास का प्रतीक था। कुमारजीव कभी नहीं चाहता था कि उसके शिष्य उनकी नकल करें तथा उसका अन्तिम संदेश था : "मेरे ग्रन्थों को स्वीकार करो किन्तु मेरे जीवन को आदर्श मत मानो। कमल कीचड़ में से उत्पन्न होता है। कीचड़ के स्थान पर कमल को प्यार करो।"

गुणरत्न, उज्जैन का ब्राह्मण बौद्ध बन गया था। उसने पाटलिपुत्र विश्वविद्यालय में पढ़ाया। 539 ई० में मगध में आए एक चीनी प्रतिनिधि मंडल ने उसे चीन आमन्त्रित किया। चीनी सम्राट् ने उसका बहुत अच्छी तरह स्वागत किया। उसकी 71 वर्ष की आयु में मृत्यु हो गई। वह 30 वर्ष चीन में रहा। उसने 70 ग्रन्थों का अनुवाद किया और अनेक मठ स्थापित किए।

ईसा की छठी शताब्दी में सम्पूर्ण चीन ने बौद्ध-धर्म को स्वीकार कर लिया। बौद्धि धर्म (520 ई०) वू नामक चीनी सम्राट् का अध्यापक था। यह बताया जाता है कि बौद्धिधर्म और चीनी सम्राट् में निम्न वार्ता हुई थी :

सम्राट् : "सिंहासनारूढ़ होने के बाद से मैं मन्दिर बनवा रहा हूँ, धार्मिक पुस्तकों की प्रतिलिपियाँ तैयार कर रहा हू तथा शपथ ग्रहण करने के लिए अनेक भिक्षुओं को प्रविष्ट कर रहा हूँ। आपके विचार में मैंने कितना पुण्य कमाया है ?"

बौद्धि-धर्म : "तनिक भी नहीं।"

सम्राट् : "इसका कोई पुण्य क्यों नहीं ?"

बौद्धि-धर्म : "यह सब है किन्तु अपूर्ण कार्य का अपूर्ण प्रभाव स्वयं में पूर्ण नहीं होता। यह छाया है जो पदार्थ का अनुसरण करती है तथा उसका वास्तव में कोई अस्तित्व नहीं होता।"

सम्राट् : "तो सच्चा गुण क्या है ?"

बौद्धिधर्म : "यह पवित्रता तथा ज्ञान है, यह गहनता तथा पूर्णता है। यह शून्यता तथा शान्ति से आच्छादित विचार है। इस प्रकार का गुण सांसारिक साधनों से प्राप्त नहीं किया जा सकता।"

सम्राट् : "पवित्र सिद्धान्तों में से सबसे अधिक महत्त्वपूर्ण कौन सा है ?"

बौद्धिधर्म : "जहाँ पूर्णतः शून्यता है। किसी को भी पवित्र नहीं कहा जा सकता।"

सम्राट् : "वह कौन है जो मुझे इस प्रकार उत्तर देता है ?"

बौद्धिधर्म : "मैं नहीं जानता।"

सातवीं शताब्दी में टैंगों ने बौद्ध धर्म को संरक्षण दिया। इसी शताब्दी में हू-एन-साँग भारत आया था और अपने साथ

657 बौद्ध ग्रन्थ ले गया था। उसने उनमें से 75 का चीनी भाषा में अनुवाद किया थ। इसके बाद आईटीजींग (I-Tsing) भारत आया।

डॉ० सर्वपल्लि राधाकृष्णन का मत है: ''एक अन्य पक्ष है जो संभव होने पर अधिक उल्लेखनीय है। आध्यात्मिक प्रभाव की ओर भी ध्यान देना चाहिए जो आर्य जाति के इन अत्यधिक धार्मिक व्यक्तियों ने मंगोल जाति पर डाला। भारतीय भिक्षु अत्यधिक धार्मिक व्यक्ति थे। उनके जीवन का एक मात्र लक्ष्य मोक्ष प्राप्त करना था। ये पहले चीनी मन्दिरों में गए, गृहों में बैठे और सूत्रों की नकल की। ये सदा शाकाहारी भोजन करते थे और नियमित रूप से पूजा-पाठ करते थे।''' धीरे-धीरे मंगोलों का दिल उनकी ओर लगा और उनके निजी प्रभाव के फलस्वरूप सर्वश्रेष्ठ चीनी भिक्षु सामने आये। इन दिव्य आत्माओं का चरित्र अत्यधिक उच्चकोटि का था। वे चीनी बौद्धों के लिए उच्च आदर्श बने तथा उनके आदर्श को बहुत कम लोग जीवन में ला सके।''

कोरिया (Korea)—372 ई० में बौद्ध धर्म चीन से कोरिया पहुँचा। बौद्धि-धर्म तथा अन्य अनेक बौद्ध-भिक्षुओं ने अनेक बौद्ध ग्रन्थों का कोरियाई-भाषा में अनुवाद किया। 450 ई० तक बौद्ध-धर्म समस्त कोरिया में फैल चुका था। देश में बहुत से मठ स्थापित हो गए थे। तथ्य है कि कोरिया में छठी शताब्दी से लेकर दसवीं शताब्दी तक बौद्धधर्म का ही शासन रहा। लगभग 558 ई० में एक कोरियाई राजा ने एक बुद्ध प्रतिमा तथा कुछ बौद्ध-पुस्तकें जापान के सम्राट् के पास मित्रता तथा संधि के विचार से इस संदेश के साथ भेजीं : ''बुद्धधर्म, सभी धर्मों में सबसे उत्तम है। यह भारत तथा कोरिया के मध्य के सभी देशों में स्वीकार किया जा चुका है। इस पर विश्वास करने वालों को असंख्य लाभ प्राप्त होते हैं।'' यह बताया जाता है कि कोरिया के बौद्ध-भिक्षु राजनीति में हस्तक्षेप करने लगे। परिणामत: गृह-युद्ध छिड़ने पर मठ सैनिक छावनी बन जाते थे तथा भिक्षु सैनिक नेता बन जाते थे। किन्तु भिक्षु कोरिया में धर्म राज्य स्थापित करने में असफल हुए। परिणामत: देश में बौद्ध धर्म का सम्मान कम हो गया और कंफ्यूशसवाद का प्रभाव बढ़ गया।

जापान (Japan)—चीन और कोरिया से बौद्ध-धर्म जापान में फैला। 522 से 603 ई० तक जापान में बौद्ध-धर्म प्रभावी रहा। जापान में बौद्धधर्म के प्रमुख पंथ जेन (Zen) और निशिरन (Nichiren) थे। ज़ेन पंथ बौद्धिधर्म द्वारा आरम्भ की गई बौद्ध धर्म की ध्यान शाखा से प्रेरणा लेता था। निशिरन पंथ सद्धर्म पुंडरीक (अच्छे कानून का कमल) सिद्धान्त को मानता है। सारे जापान में गणेश और विष्णु की प्रतिमाएँ मिली हैं। जापान की कला पर कुछ भारतीय प्रभाव है।

तिब्बत (Tibet)—इस बात से इन्कार नहीं किया जा सकता कि तिब्बत ने अपनी संस्कृति और सभ्यता भारत से ली। छठी शताब्दी ई० से पहले भारत और तिब्बत के बीच सम्बन्धों की कोई निश्चित जानकारी नहीं है। छठी शताब्दी ई० के अन्तिम दो दशकों में तिब्बत के एक स्थानीय सरदार ग्नाम-रि-श्रॉन-ब्त्सान (Gnam-ri-Sron-btsan) ने तिब्बत के अन्य सरदारों को अधीन करके एक शक्तिशाली राज्य की स्थापना की। उसके बाद उसका पुत्र श्रॉन-ब्त्सान-स्गाम-पो (Sron-btsan-sgam-po) राजा बना और उसने सातवीं शताब्दी ई० के पूर्वार्द्ध में राज्य किया। उसने असम और नेपाल को विजय किया। कहा गया है कि आधे जम्बूद्वीप या भारत पर उसकी प्रभुता थी। तिब्बत में बौद्ध प्रभाव इसी राजा के समय में शुरू हुआ। उसने दो स्त्रियों से विवाह किए। एक नेपाल के राजा की पुत्री थी और दूसरी चीनी राजकुमारी थी। दोनों ही बौद्ध थीं और उनके प्रभाव से राजा भी बौद्ध बन गया। तिब्बत में बहुत से विहार और मन्दिर बनाए गए। बहुत-सी बौद्ध पुस्तकों का अनुवाद किया गया। भारत और चीन से मूर्तियाँ और पवित्र अवशेष तिब्बत ले जाये गए। उसने संस्कृत भाषा और लेखन-विधि को भी भारत से अपनाया।

श्रॉन-ब्त्सान-स्गाम-पो (Sron-btsan-sgam-po) की 650 ई० में मृत्यु हो गई। अगली अर्द्धशती में भारत के साथ तिब्बत के सम्बन्धों के विषय में कोई विशेष जानकारी नहीं है। नेपाल और भारत के अन्य सीमावर्ती राज्य तिब्बत से स्वतन्त्र हो गए। तिब्बत का राजा उनसे युद्ध करते हुए 704 ई० में मारा गया। 704 ई० की पराजय का बदला लेने के लिए मास-अग-त्शाम्स (Mas-ag-tshoms, 705-755 ई०) ने भारत पर अनेक चढ़ाइयाँ कीं। भारतीय शासक ललितादित्य और यशोवर्मा इन आक्रमणों से इतने परेशान हुए कि उन्होंने चीन से सहायता के लिए प्रार्थना की।

खी-श्रान-ल्दे-ब्त्सान (Khri-sron-lde-btsan, 755-797 ई०) को ''पूर्व में चीन और दक्षिण में भारत'' सहित सीमावर्ती प्रान्तों को पराजित करने का श्रेय दिया जाता है। उसके पुत्र ने जम्बू द्वीप के दो या तीन भागों पर विजय पायी।

पालवंशी धर्मपाल तथा एक अन्य भारतीय राजा को उसे कर देने पर बाध्य किया। कहा गया है कि राल-पा-चान (Ral-pa-can, 817-836 ई०) ने गंगासागर तक भारत को विजय किया।

कहा जाता है कि ख्री-श्रान-ल्दे-ब्त्सान बौद्ध धर्म का महान् आश्रयदाता था। उसे बोधिसत्व मंजूश्री का अवतार समझा जाता था। उसने नालन्दा विश्वविद्यालय के महापुरोहित सन्तरक्षित को आमन्त्रित किया और उसे तिब्बत का महापुरोहित (High priest) नियुक्त किया। उसने बौद्ध धर्म को तिब्बत का राजधर्म भी बनाया। सन्तरक्षित ने ही लामा (Lamaism) पद्धति को भी प्रचलित किया। उसके कार्य में एक अन्य भारतीय भिक्षु पद्मसम्भव ने उसकी सहायता की। अनन्त काश्मीर से आया और उसने केवल बौद्ध धर्म का तिब्बत में प्रचार ही नहीं किया वरन् कई धार्मिक पुस्तकों का अनुवाद भी किया। मगध के बौद्ध विद्वान् कमलशील को तिब्बत आने का निमन्त्रण दिया गया और उसे बौद्ध धर्म-प्रणाली की आध्यात्मिक शाखा का प्रमुख नियुक्त किया गया। ख्री-श्रान-ल्दे-ब्त्सान ने ब्साम-यास (Bsam-yas) मन्दिर भी बनवाया। यह मन्दिर लासा (Lhasa) से 35 मील दूर स्थित है। धर्मकीर्ति, विमलमित्र, बुद्धगुह्य और शांतिगर्भ नामक भारतीय विद्वानों ने तिब्बत के विभिन्न भागों में बौद्ध धर्म को फैलाया। बौद्ध तन्त्रवाद पर आधारित तान्त्रिक संस्कार को उन्होंने प्रचलित किया और अध्यात्मविद्या की शिक्षा दी। स्पष्ट है कि ख्री-श्रान-ल्दे-ब्त्सान के राज्य-काल में बौद्ध धर्म तिब्बत में स्थिर हो गया।

ख्री-श्रान-ल्दे-ब्त्सान के उत्तराधिकारियों ने भी धार्मिक पुस्तकों का अनुवाद करवाने, मन्दिर बनवाने और भारत में पण्डितों को आमन्त्रित करने की नीति को जारी रखा। दीपंकर श्रीज्ञान या अतिष ने बौद्ध धर्म के विकास में पर्याप्त भाग लिया। उसने अपने जीवन के तेरह वर्ष तिब्बत में व्यतीत किए। तान्त्रिक तत्त्वों को दूर करके उसने तिब्बत में बौद्ध धर्म का सुधार किया। उसने लगभग 200 पुस्तकें लिखीं। वह ब्रॉमतन (Bromton) का आध्यात्मिक पथ-प्रदर्शक और आचार्य था और ब्रॉमतन ने तिब्बत में प्रथम महान् धर्मसत्ता (hierarchy) की स्थापना की। 1053 ई० में अतिष की मृत्यु हो गई।

पाल युग में नालन्दा और विक्रमशील विश्वविद्यालयों के साथ तिब्बत का घनिष्ठ सम्पर्क था। तिब्बत ने भारतीय संस्कृति के कई लक्षणों को अपनाया। कई भारतीय भिक्षु तिब्बत गए और उन्होंने बुद्ध के सन्देश का प्रचार किया।

तिब्बत के अनुवादों में कई संस्कृत पुस्तकें प्राप्त हुई हैं। उनमें से कई पूर्णत: लुप्त हो जातीं यदि उनके तिब्बती भाषा में अनुवादों की रक्षा न की जाती। राहुल साँकृत्यायन ''आर्यमंजूश्रीमूलकल्प'' की प्रति को तिब्बत से भारत लाए और डॉ० के०पी० जायसवाल ने उसके सारांश का अंग्रेजी में अनुवाद किया।

Suggested Readings

Bagchi, B.C. : India and China, Calcutta, 1950.

Bose, P. : The Hindu Colony of Champa, Adyar, 1926.

Bose, P. : The Hindu Colony of Cambodia, Adyar, 1927.

Briggs, L.P. : The Ancient Khmer Empire.

Chakravarti, N.P. : India and Central Asia (Calcutta, 1927).

Chatterjee, B.R. : South-East Asia in Transition.

Chatterji, B.R. : India and Java, Calcutta, 1933.

Chatterji, B.R. : Indian Cultural Influence in Cambodia Calcutta (1964).

Eliot, H.M. : Hinduism and Buddhism (London, 1922).

Majumdar, R.C. (Ed) : The Age of Imperial Unity.

Majumdar, R.C. (Ed) : The Classical Age.

Majumdar, R.C. (Ed) : The Age of Imperial Kanauj.

Majumdar, R.C. (Ed) : The Struggle for Empire.

Majumdar, R.C. : Ancient Indian Colonies in the Far East, Vol. I, Champa, Lahore, 1927.

Majumdar, R.C. : Ancient Indian Colonies in the Far East, Vol. II. Suvarnadvipa, Dacca, 1937-8.

Majumdar, R.C. : Kambujadesa, Madras, 1944.

Majumdar, R.C. : Hindu Colonies in the Far East, Calcutta, 1944.

Majumdar, R.C. : Suvarnadvipa, Vols. I and II.

May, R. le : The Culture of South-East Asia (London, 1954).

Mukherji, P.K. : Indian Literature in China and the Far East, Calcutta, 1931.

Quarritch Wales, H.G. : The Making of Greater India (London 1951).

Radhakrishnan, Dr. S. : India and China.

Sarkar, H.B. : Indian Influence on the Literature of Java and Bali, Calcutta. 1934.

Sastri, K.A.N. : Foreign Notices of South India, Madras, 1939.

Sastri, K.A.N. : South Indian Infleuences in the Far East, Bombay, 1949.

Sastri, K.A.N. : History of Srivijaya, Madras, 1949.

Stein, Aurel : Ancient Khotan (1907).

Stein, Aurel : Serindia (Oxford, 1921).

Swami Sadanand : Hindu Culture in Greater India, 1949.

Wales, H.G.Q. : The Making of Greater India, London, 1951.

अध्याय

48

बौद्ध-कला

(Buddhist Art)

प्रो० वी०ए० स्मिथ ने अपनी पुस्तक "ए हिस्ट्री आफ फाइन आर्ट इन इण्डिया एण्ड सीलोन" में लिखा है कि भारतीय कला का इतिहास अशोक से आरम्भ होता है और प्रारम्भिक भारतीय कला लगभग सभी बौद्धकला है। सम्राट् अशोक में बड़े-बड़े आलेखन (designs) तैयार करने तथा अपनी इच्छी के अनुसार उन्हें बनवाने की विशेष एवं अपूर्व मौलिकता थी। मौर्य स्तम्भ और गुफाएँ बौद्धमत के सम्मान में बनवाई गई थीं जो अशोक के शासन-काल में राज्य-धर्म बन गया था। अशोक के बनवाए भवन नष्ट हो गये हैं लेकिन हमें उसके शासन-काल की कला का ज्ञान उसके शिलालेखों, एक ही ठोस पत्थर के बने हुए स्तम्भों पर खोदी गई नक्काशियों, गुफाओं तथा मौर्यकाल के मिट्टी के बर्तनों के टुकड़ों से प्राप्त होता है। प्रो० वी०ए० स्मिथ ने अशोक के शिलालेखों को ललित कला के सुन्दर नमूने माना है क्योंकि उनका काम बहुत सुन्दर है। उसने उन्हें सचेत एवं अचूक संगतराशी के नमूने माना है। रूम्मनदेई (Rummindei) स्तम्भ का शिलालेख आज तक वैसा ही सुन्दर है जैसा वह प्रारम्भ में था। ऐसा प्रतीत होता है कि अशोक के काल में चतुर राज और संगतराश की कारीगरी का पूरा विकास हो चुका था। यह बात अशोक तथा उसके पुत्र दशरथ के द्वारा बिहार की पहाड़ियों में निवास के लिए बनवाई गई गुफाओं के भीतरी भागों तथा स्तम्भों के धरातल की सुन्दर पालिश से सिद्ध होती है।

अशोक (Asoka)—अशोक ने बहुत से स्तम्भ देश के अलग-अलग भागों में स्थापित कराये और उनमें 30 बहुत अच्छी हालत में पाये गये हैं। उन स्तम्भों में से अनेक पर लेख खुदे हुए हैं। लोरिया-नन्दनगढ़ का स्तम्भ 32 फुट 9½ इंच ऊँचा है। उसका व्यास नींव के पास 35½ इंच और चोटी पर 22½ इंच है। यह स्तम्भ अशोक के स्तम्भों में से सबसे बढ़िया माना जाता है। मुजफ्फरपुर जिले के बखीरा (Bakira) का स्तम्भ बहुत बड़ा है और अच्छी दशा में सुरक्षित है। इन बड़े-बड़े स्तम्भों की बनावट, वाहन और निर्माण के लिए कौशल की आवश्यकता थी जिसके लिए अशोककालीन संगतराशों और इन्जीनियरों की प्रशंसा की जानी चाहिए। हर स्तम्भ का मस्तक एक ही पत्थर को काट कर बनाया गया है जिसमें तीन प्रमुख सदस्य, एक घण्टा, खम्भे के नीचे ऊपर लगाने का चौरस चौकोर पत्थर, तथा गोल घेरे में राजचिन्ह खुदे हुए हैं। प्राप्त हुए शीर्षों में भिन्नता है। कहीं खम्भे के नीचे और ऊपर लगाने का चौरस पत्थर गोल और कहीं आयताकार। लोरिया नन्दनगढ़ के स्तम्भ के नीचे ऊपर लगाने के पत्थर का सिरा उड़ते हुए पवित्र हंसों की पंक्ति से सजाया गया है। इलाहाबाद, सेनकिस और रामपुरवा के स्तम्भों के नीचे और ऊपर लगाने के पत्थरों पर कमल और छोटे ताड़ या एक प्रकार के सुगन्धित फूल के पौधे के डिजाइन बने हैं। हर डिजाइन को अत्यधिक शुद्धता और सचाई से छेनी से काट कर बनाया गया है। गोल घेरे में सबसे ऊपर हाथी, घोड़े, सांड और शेर की मूर्तियों की संगतराशी की गई है। यह कहा जाता है कि रूम्मनदेई स्तम्भ के ऊपरी भाग में घोड़े की मूर्ति थी। सारनाथ शीर्ष के ऊपर नीचे लगे चौरस और चौकोर पत्थर की हर दिशा में थोड़ी-थोड़ी खुदाई करके चारों जानवरों की मूर्तियाँ बनाई गई हैं। सारनाथ-शीर्ष अशोककालीन वास्तु-कला का सबसे बढ़िया नमूना है। सारनाथ स्तम्भ उस स्थान पर स्थापित किया गया था जहाँ महात्मा बुद्ध ने सबसे पहले अपने धर्म का उपदेश दिया था। चार शेर एक दूसरे से पीठ मिलाकर 2 फुट 9 इंच व्यास के चक्र को सहारा देते हुए नीचे के चौरस

एवं चौकोर पत्थर पर खड़े हुए थे। लेकिन आज उसके कुछ टुकड़े ही बाकी हैं। सांची शीर्ष सारनाथ शीर्ष से घटिया है। कुछ विद्वान् यह मानते हैं कि बखीरा स्तम्भ अशोक ने 257 ई० पूर्व के बाद स्थापित किया था।

अशोक स्तम्भ

स्तूप (Stupas)—भारत में बौद्ध मत 273 ई० पूर्व से लेकर 100 ई० तक प्रभावी रहा और परिणामस्वरूप इस काल की सभी बची हुई इमारतें बौद्धमत से सम्बन्धित हैं। इस काल के अनेक स्तूप, (कठघरों और द्वारों से युक्त) विहार, मठ, मन्दिर और चैत्य-हाल प्राप्य हैं। इन मठों और मन्दिरों में चट्टान काट कर बनाए गए तथा बनाए हुए दोनों प्रकार के उदाहरण मिलते हैं। अनेक स्थानों पर स्तम्भ भी स्थापित किए गए थे। अधिकांश स्तूप समतल थे और आमतौर से उनके चारों ओर पत्थर का कठघरा लगाया गया था। बेसनगर के कठघरे में आयताकार पत्थर की टुकड़ियाँ लगी हैं। भारहुत और साँची में कठघरे के हर अंग अर्थात् खम्भों, पटरियों और चोटी के पत्थरों में संगतराशी का बहुत अधिक प्रयोग किया गया है। अमरावती में कठघरे को पत्थर की तस्वीरों से ढके एक पर्दे में बदल दिया गया था। झरोखों को बढ़िया तोरणों की रचना से सजाया गया था। तोरण-द्वार के सबसे बढ़िया नमूने साँची में हैं।

स्तूपों की ऊँचाई अलग-अलग है। नेपाल की सीमा पर स्थित पिप्रवा (Piprahwa) के स्तूप का व्यास आधार के पास 116 फुट और ऊँचाई 22 फुट है। साँची के स्तूप का व्यास आधार के पास 121½ फुट और ऊँचाई 77½ फुट है। सांची की पत्थर की रेलिंग 11 फुट ऊँची ठोस बनी है।

भारहुत की छिछली खुदाई के दो प्रकार के भवन पाए जाते हैं। नक्शे में पहले गुम्बजदार ओर गोल हैं और दूसरे बड़ी छत वाले हैं और कहीं-कहीं तीन मंजिल ऊँचे हैं। भारहुत में साफा स्मारक (head-dress) की समाधि का नक्शा गोलाकार है जो नीची कटघरे से घिरी है अथवा सभी ओर से खुली है। छत गुम्बजदार है और उसकी छत पर फूल पत्तियाँ बनी हुई हैं। अशोक ने भारहुत, साँची, मथुरा और अमरावती में बोधि वृक्ष के चारों ओर समाधियाँ बनवाईं। भारहुत में, प्रसेनजित स्तम्भ पर पत्थर की मूर्तियाँ बनाई गई हैं, छत खम्भों पर टिकी है और वृक्ष चारों ओर से पूर्णतः घिरा हुआ है। साँची में, समाधि का बायें स्तम्भ के सामने तथा पूर्वी तोरण द्वार के निकले शहतीर पर बाहर की ओर पुनर्निर्माण किया गया है। यह समाधि अमरावती और मधुरा में भी प्राप्य है।

अनेक बौद्ध विहार भी मिलते हैं। इन सभी विहारों में बौद्धों की बैठक या सभा के लिए बड़ा हाल था। उनमें तोरण-द्वार, भण्डार-घर, रसोई घर तथा भिक्षुओं के तहखाने भी थे। भज (Bhaja), कोणदेन, पितलखोड़ बेदसा, अजन्ता, नासिक, करली और कन्हेरी में भी चट्टान काट कर बनाए गए हाल और रहने की गुफाएँ हैं। इन्हें चट्टान काट कर बनाया गया है। उसमें हर ओर अर्द्धवृत्ताकार द्वार है और उसमें प्रकाश का प्रबन्ध एक सिरे पर खिड़की द्वारा किया गया है। भज में आठ कोण वाले स्तम्भ अन्दर की ओर हेंगी से काट कर बराबर किए गए हैं। कठघरे के नमूनों के पट्टों और चैत्य खिड़कियों की पंक्ति पर सूक्ष्म आकार के चित्रों के अलावा उस पर और कोई सजावट नहीं की गई है। बारबरा पहाड़ी पर लोमाश-ऋषि की गुफा चट्टान काटकर बनाए गए छोटी गुफाओं के समूह में से एक है। इसकी अन्दर की दीवारों पर मौर्यकाल की तरह की बढ़िया पालिश की गई है। बम्बई प्रेसीडैन्सी के शोलापुर जिले में टेर (Ter) में एक चैत्य-हाल है। इसमें ईंटों का बना एक लम्बा हाल है जो अन्दर से 26 फुट लम्बा और 12 फुट चौड़ा है। इसकी दीवारें 3½ फुट मोटी हैं और सिरा अर्द्धवृत्ताकार है। खड़े हुए पुरुष की टूटी हुई मूर्ति यक्ष गन्धर्व कुबेर की मालूम होती है। वह मथुरा जिले में परखम स्थान पर पाई गई है और आजकल मथुरा के अजायब घर में है। वह लगभग उसी भूरे बलुवे चिकने पत्थर की बनी है जो अशोक स्तम्भों के बनाने में प्रयोग किया गया है। नीचे की चौकी को मिलाकर मूर्ति की ऊँचाई 8 फुट 8 इंच है। कन्धों पर चौड़ाई 2 फुट 8 इंच है। मूर्ति को कमर तक एक धोती पहनाई गई है और सामने गाँठ लगाई गई है। एक अन्य चौड़ी तगड़ी सीने के चारों ओर लपेटी गई है। पुरुष ने हार और कण्ठा पहना हुआ है जिसमें से चार फुन्दने कमर पर लटके हुए हैं। महिला की एक 6 फुट 7 इंच ऊँची नक्काशी की हुई मूर्ति ग्वालियर रियासत में भिलसा के पास बेस नगर में पाई गई है। मूर्ति ने भारी साफा इस प्रकार बाँधा है जैसा साँची और भारहुत में पाया गया है। प्रतिमा स्वाभाविक है। बेसनगर में महिला की एक बड़ी प्रतिमा है जो 7 फुट ऊँची है। इसे स्थानीय लोग तेलिन के नाम से जानते हैं।

भारहुत (Bharhut)—1873 ई० में कनिंघम को इलाहाबाद और जबलपुर के बीच में स्थित भारहुत में बौद्ध-स्तूप के खण्डहर मिले जिसके चारों ओर पत्थर का कठघरा लगा हुआ था जिस पर बढ़िया और मनोरंजक संगतराशी की गई है। कनिंघम और उसके सहायक ने खण्डहरों को खोदा और बहुत से नक्काशी किए हुए पत्थरों को कलकत्ता भेज कर सुरक्षित किया। भारहुत का कठघरा बहुत भारी है। प्रत्येक स्तम्भ 7 फुट 1 इंच ऊँचा है और मुंडेर के पत्थर भी उसी ऊँचाई के हैं। मुंडेर के पत्थरों पर जातकों की या बुद्ध के पूर्व जन्म की कहानियों से सम्बद्ध घटनाओं के दृश्यों की नक्काशी की गई है। पटरियों, खम्भों और तोरणों की नक्काशी बुद्ध की कहानियों से सम्बन्धित है। उनके विषय और प्रतिपादन शैली भिन्न हैं। चार टुकड़ों से मिला कर बनाया गया तोरण द्वार विशेष रूप से देखने योग्य है। एक शिलालेख में बताया गया है कि पूर्वी तोरण द्वार शुंग वंश के शासन-काल में बनाया गया था। इसके निर्माण कार्य को पूरा करने में कई वर्ष लगे होंगे। भारहुत वास्तु-कला में जातकों, बुद्ध के जीवन से सम्बन्धित दृश्यों, बुद्ध के दर्शन के लिए आते हुए अजात शत्रु और प्रसेनजित के जलूसों को दिखाया गया है। अजात शत्रु हाथी पर और प्रसेनजित रथ में सवार है। एक अन्य वास्तु-कला में श्रावस्ती के जेतवन (Jetavan) विहार को अंकित किया गया है। उसमें आम के पेड़ और मन्दिर के अतिरिक्त धनी साहूकार, अनाथपिण्डक को बाग के फर्श को बनाने के लिए सोने की मोहरों से भरी गाड़ी को खाली करते हुए दिखाया गया है। यक्षों, यक्षिणियों, देवताओं और नागराजों की प्रतिमाएँ भी हैं। राजसी ठाठ को बताने के लिए पशुओं, वृक्षों, नावों, घोड़ों, रथों की गाड़ियों, वाद्य-यन्त्रों, झण्डों और अन्य वस्तुओं को भी दिखाया गया है। "रेलगाड़ी (rail) की छड़ों की पूरी सजावटी चौखट का आधा और खम्भों की सजावटी चौखटों का आधा निर्माण के एकाकी सौन्दर्य रूप कोमलता के साथ पुष्पित अलंकारों से भरा हुआ है।" अरगनी की छड़ों की सजावटी चौखटों और खम्भों की आधी सजावटी चौखटों के

पीछे की ओर छिछली खुदाई से अनेक प्रकार के विषयों से सजाया गया है। हँसी कराने वाले बन्दर के दृश्य रसिकता की भावना, कल्पना की स्वतन्त्रता और चित्रकला के कौशल को प्रकट करते हैं। एक चित्र में एक मनुष्य के जबड़े में से अम्बर लगा कर एक दांत को हाथी अपनी पूरी शक्ति लगा कर खींचते हुये दिखाया गया है। ये चित्र बताते हैं कि भारत के लोग उस समय खुश थे जब देश में बौद्धमत फैला हुआ था।

बेसनगर का कठघरा (Railings at Besnagar)—बेसनगर में भारहुत की तरह की नक्काशी की हुई रेलिंग मिलती है। मुंडेर का पत्थर चित्र वल्लरी (frieze) से सजा है जिस पर एक धार्मिक जलूस का दृश्य अंकित है। उसमें हाथी और घोड़े आदि कमलनाल के शानदार लहरिये के द्वारा अलग-अलग विभागों में बंटे हुए दिखाये गए हैं। खम्भों पर दरवाजों आदि के विभिन्न दृश्य और तिरछी छड़ों पर शानदार कमल खोदे गए हैं।

बौद्ध गया (Bodh Gaya)—बौद्ध गया में भी संगतराशी की हुई रेलिंग है। वहाँ पर 30 टुकड़े मिले हैं। उनमें से कुछ कड़े पत्थर के हैं और कुछ बलुवे पत्थर के हैं। किन्तु वे सब किसी भी पत्थर के होने पर भी एक ही शैली के हैं। अधिकांश विषयों को छिछली खुदाई करके दर्शाया गया है। मुंडेरों के दृश्य पूर्णतः काल्पनिक हैं। दरवाजों और चौखटों पर विलक्षण पौराणिक प्राणियों—जिनकी कमर से नीचे का भाग घोड़ों का तथा ऊपरी भाग मनुष्यों के समान होता था—पंखों वाले हिंसक पशुओं, घरेलू जानवरों, पवित्र वृक्षों और मनुष्य के जीवन के विभिन्न दृश्यों को अंकित किया गया है। मुंडेर की चित्र वल्लरी अमरावती से मिलती है। मुंडेर की चित्र वल्लरी में मछली की दुम वाले राक्षस अंकित है। नियम पालन की शिक्षा देते हुए प्रतिभा से युक्त प्रारम्भिक बौद्ध मन्दिर की भी एक तस्वीर है। दो पूर्णतः स्वाभाविक चित्रों में एक शानदार भैंस और पति-पत्नी को साथ-साथ बैठे हुए दिखाया गया है। कमल को बहुत बढ़िया रीति से अंकित किया गया है। यह समस्त भारतीय कला प्रेरकों में सबसे अधिक प्रमुख एवं सर्वव्यापक है। पवित्र वृक्ष का भी चित्र है जो वर्गाकार सादी रेलिंग से घिरा है। विभिन्न भद्दे वर्ण संकर जानवर, पंखवाले शेर और बैल, एक पौराणिक प्राणी जिसकी कमर से नीचे का भाग घोड़े का तथा ऊपरी भाग मनुष्य का होता था—किन्नर के चित्र और मछली की दुम वाले राक्षस की चित्र वल्लरी मथुरा और गान्धार में सामान्य रूप से चित्रित किए गए हैं। इनका शरीर आधा नाग जैसा तथा आधा मगर जैसा दिखाई देता है।

सांची (Sanchi)—सांची में अनेक वस्तुएँ पाई गई हैं। साँची पहले भोपाल रियासत में थी और आजकल मध्य प्रदेश में है। ये वस्तुएँ नष्ट नहीं हुई हैं क्योंकि ये इस्लाम की सेनाओं के पथ से दूर थीं। इसे नये पुरातत्त्वशास्त्रियों ने कुछ हानि पहुँचाई लेकिन उसे पुनःस्थापित कर दिया गया है और यह कहना उचित है कि सांची आज पुरातत्त्व पुनःस्थापन की विजय का नमूना है। प्रो० वी०ए० स्मिथ का कथन है कि भारतीय कला के इतिहास में सांची का महत्त्व मुख्यतः स्तूप और उसके चारों ओर की रेलिंग के बीच में जलूस के मार्ग में बने हुए चार आश्चर्यजनक तोरण द्वारों पर आधारित है। इन तोरण द्वारों को एक सदी ईसा पूर्व बनाया गया था। दक्षिण तोरण द्वार 1810 से पहले गिर गया था। पश्चिमी द्वार 1860 और 1880 के बीच गिर गया तथा उत्तरी और पूर्वी तोरण द्वार अभी तक नहीं गिरे हैं। सर जॉन मार्शल, पुरातत्त्व विभाग, भारत के महानिदेशक की प्रशंसा की जानी चाहिए क्योंकि उन्होंने चारों तोरण द्वारों की मरम्मत कराई थी। तोरण 34 फुट ऊँचे हैं और चारों पर्याप्त रूप में एक जैसे हैं यद्यपि सूक्ष्म रूप से देखने में उनमें काफी अन्तर दिखाई देता है। सभी आलोचक इस बात पर सहमत हैं कि तोरण जोड़ों में बनाए गए थे और चारों में दक्षिणी द्वार सब से पहला है। द्वार स्तम्भों के शीर्ष कमर से कमर मिलाकर चार बैठे हुए शेरों से मिलाकर बने हैं। इन पर अशोक स्तम्भ के नमूनों के अनुसार ही संगतराशी की गई है। द्वार स्तम्भों पर बने शेरों और स्तम्भ पर बने शेरों में अन्तर को देखने से पता चलता है कि कला में विशेष गिरावट आयी है। उत्तरी और पूर्वी तोरणों के द्वार स्तम्भों के शीर्षों में सवारियों को ले जाते हुए चार हाथी कमर से कमर मिलाकर खड़े हुए हैं। पश्चिमी तोरण के शीर्ष पर चार डरावने बौने भद्दे रूप से खोद कर बनाए गए हैं।

सांची की समस्त वास्तु-कला, अजन्ता के चित्रों की तरह बौद्ध विषयों से सम्बन्धित है। पंखों वाले पौराणिक प्राणी आकाश में मंडराते हुए, नागों के मुँह वाले या मछलियों की दुम वाले राक्षस कन्दराओं से निकलते हुए या बुद्ध को अपनी शान्त एवं गम्भीर श्रद्धांजलि अर्पित करते दिखाया गया है। बन्दर भी बुद्ध के सामने भक्ति में नीचे झुके हैं।

सामान्य रूप से सांची की उभरी हुई नक्काशी की शैली भारहुत से मिलती है। सांची कला की प्रमुख विशेषता सुन्दर कोष्ठक के चित्र हैं। ये नारी और वृक्ष के प्रेरक चित्र हैं। स्तम्भ की सुन्दर सजावट की बारीकियाँ सावधानी से अध्ययन किये जाने योग्य हैं। प्रो० वी०ए० स्मिथ का कथन है, ''किसी अन्य राष्ट्र ने भारतीयों को, उनकी नक्काशी और चित्रों में फूलों से सम्बन्धित डिजाइनों की भिन्नता एवं कोमलता में, नहीं पछाड़ा है।''

पूर्वी द्वार के बायें स्तम्भ की तली में यक्ष रक्षक अपने राजसी वस्त्रों में द्वार पर खड़ा है। उसके साथी उसके सामने वाले दूसरे स्तम्भ पर खड़े हैं। इन यक्षों की तुलना भारहुत के यक्षों से की जा सकती है। अन्तर यह है कि सांची में तस्वीर का चित्रण और अलंकरण भारहुत की अपेक्षा अधिक ताल-सुरबद्ध है। हमें काले नाग पर बुद्ध की विजय और उरुविल्लव में कश्यप के धर्म-परिवर्तन के दृश्य भी देखने को मिलते हैं। दृश्य में नाग और संघर्ष की लपटें तथा आश्चर्यचकित ब्राह्मण दिखाए हैं। इस दृश्य के नीचे कश्यप के धर्म-परिवर्तन की कहानी अंकित है और बुद्ध तथा ब्राह्मण के यज्ञ की घटना दिखाई गई है। लकड़ी काटी जा रही है और तैयारियाँ की जा रही हैं। बुद्ध की आज्ञा पर अग्नि उत्पन्न होती है और बुझ जाती है। उसी स्तम्भ के सामने बुद्ध के पानी पर चलने की अन्तिम घटना अंकित है। राजा बिम्बसार अपने दो घोड़ों के रथ में राजगृह के द्वार पर आता हुआ दिखाया गया है। बोधि-वृक्ष भी दिखाया गया है। ''सांची में व्याख्या की विधि तथा विभूषित करने योग्य प्रवृत्ति या प्रेरणा का विस्तार भारहुत की तरह ही है, नक्काशी निश्चित रूप से सजीव है और तकनीक में काफी सुधार हुआ है।''

मथुरा (Mathura)—मथुरा बहुत पुराना नगर है। यह कुषाण वास्तु-कला का प्रमुख अन्वेषण-केन्द्र है। इसका भारहुत और सांची से प्रत्यक्ष रूप से सम्बन्ध है। मथुरा के पड़ोस में रूपवास तथा अन्य खानों में बहुत बढ़िया लाल बलुवा पत्थर बहुत अधिक मात्रा में प्राप्त है। इससे संगतराशों के एक सम्प्रदाय के विकास में सहायता मिली और उन्होंने उत्तरी भारत के समस्त भागों को मूर्तियाँ भेजीं। उन्होंने सभी धर्मों के लिए वस्तुएँ तैयार कीं। मथुरा से प्राप्त अधिकाँश नक्काशी जैन और बौद्ध स्तूपों को सजाने में काम आती थी और मुख्यत: रेलिंग के खम्भों और दरवाजों से सम्बद्ध थी। सांड और मगर जैसी पुरातन प्रवृत्तियों को सुरक्षित रखा गया था। यहाँ के कोष्ठक के चित्र निश्चित रूप से सांची के नारी और वृक्ष के चित्रों से श्रेष्ठ हैं।

स्तूपों से सम्बद्ध पत्थर की रेलिंग के खम्भों के बहुत से नमूने मथुरा में पाये गए हैं। अधिकांश बौद्ध स्तूप पुरानी जेल या जमालपुर टीले में से हविक्ष-बिहार के स्थान से पाये गए हैं। खम्भों पर ऊँची नक्काशी की हुई आमतौर से नारियों की ऊँची उभरी हुई मूर्तियाँ हैं। सामने की ओर एक दूसरे के ऊपर चौखट लगे अन्य दृश्य या पीछे की ओर फूलों की सजावट की नक्काशी है। मथुरा के अजायबघर के एक खम्भे में एक नारी का पिछला आधा भाग दिखाया गया है। नर की प्रतिमा, जो शायद किसी सैनिक की है, अपवाद है लेकिन वह प्रभावी रूप से बनाई गई है। भारतीय अजायबघर में अच्छी प्रकार से तैयार की गई नक्काशी में एक युवक साधारण शेर पर चढ़ा हुआ दिखाया गया है।

मथुरा के अजायबघर में बोधिसत्त्व एक प्राचीन योगी के रूप में बैठे हैं। उनका दायां कंधा नंगा है और दायां हाथ अभयमुद्रा में उठाया हुआ है। उस पर यह वाक्य खुदा हुआ है : ''प्राणी मात्र के कल्याण एवं खुशी के लिए।'' इस बोधिसत्त्व का पहनावा पूर्णत: औपचारिक है।

सारनाथ में मथुरा शैली की खड़े हुए बुद्ध की मूर्ति पाई गई है। उस पर मिले एक शिलालेख में उसकी निर्माण तिथि कुषाण का तीसरा वर्ष बताई गई है। इसकी तुलना कलकत्ता अजायबघर के बोधिसत्त्व से की जा सकती है। सारनाथ वास्तु-कला में उष्णीश (Ushnisha) को चूल के द्वारा सिर में बैठाया गया है। इन बुद्धों और बोधिसत्त्वों के कपड़े और जेवर पूरी तरह से भारतीय है। मथुरा में पाई जाने वाली बुद्ध की तस्वीर के कपड़े और जेवर गान्धार वास्तु-कला के समान हैं।

अमरावती (Amaravati)—अमरावती मद्रास के गन्टूर जिले में कृष्णा नदी के दक्षिण किनारे पर एक छोटा-सा कस्बा है। वहाँ अनेक वस्तुएँ पाई गई हैं। इस कस्बे का पुराना नाम धरती कोट था। अमरावती स्तूप और उसके चारों ओर की रेलिंग या संगमरमर के पर्दे के बारे में हमें ब्रिटिश म्यूज़ियम या सैंट्रल म्यूज़ियम, मद्रास और फर्गुसन तथा डॉ० बुर्गेस द्वारा प्रकाशित कर्नल मैकेन्जी के चित्र से पता चलता है। मूलरूप में स्तूप 200 ई० पूर्व में बनवाया गया था यद्यपि उस पर अनेक नक्काशियाँ बहुत बाद की हैं और कुषाण-काल से सम्बद्ध हैं। ऐसा मालूम होता है कि 'रेलिंग' और 'केसिंग'

की नक्काशी 100 वर्षों में (150 ई० और 250 ई० में) की गई थी। पहले यह विश्वास था कि यहाँ दो रेलिंग थीं लेकिन आजकल यह माना जाता है कि वहाँ केवल एक 'रेलिंग' थी। लेकिन उस पर दो प्रकार की नक्काशी है जो दो विभिन्न कालों से सम्बद्ध है। पहले प्रकार की नक्काशी में बुद्ध की प्रतिमा दिखाई नहीं देती लेकिन दूसरे प्रकार की नक्काशी में बुद्ध की प्रतिमा के दर्शन होते हैं। दूसरे प्रकार की नक्काशा बढ़िया है और अधिकांश नक्काशी दूसरे प्रकार की है। रेलिंग का व्यास 192 फुट है और उसकी परिधि 600 फुट है। यह फर्श से 13 से 14 फुट तक ऊँची थी। यह रेलिंग खम्भों अर्थात् सीधी खड़ी पत्थर की पट्टियों से बनाई गई थी। हर दो खम्भों या सीधी खड़ी हुई पट्टियों को तीन तिरछी छड़ों से जोड़ा गया था। खम्भों के नीचे चौखूँटा चबूतरा बनाया गया था जो 2 फुट 9 इंच ऊँची मुंडेर को सहारा देते थे। हर खम्भे के बाहरी धरातल पर केन्द्र में एक पूरी गोल टिकली, ऊपर और नीचे आधी-आधी गोल टिकली बनी थीं और बीच के स्थान पर छोटी (minor) नक्काशी की गई थी।" इसी प्रकार की गोल टिकलियाँ तिरछी छड़ों पर भी सुशोभित थीं। मुंडेर पुरुषों द्वारा ले जाई जाती हुई लम्बी लहराती हुई फूलों की गोल माला से सजाई गई थी। नीचे के फर्श पर हँसी लाने वाली मुद्राओं में लड़कों और पशुओं की चित्र वल्लरी बनाई गई थी। अन्दर की ओर बहुत बड़े पैमाने पर सजावट की गई थी। स्तूप का हर भाग छिछली नक्काशी से शोभित था।

स्तूप के निचले भाग की 'केसिंग' की पत्थर की पट्टियों पर बहुत अच्छी संगतराशी की गई थी। हर चतुर्थांश में 12 पत्थर की पट्टियाँ थीं। हर पट्टिया पर प्रमुख रूप से बहुत अच्छी तरह सजे हुए स्तूप और उसकी रेलिंग की नक्काशी की गई थी। बाकी धरातल अनेक प्रकार की तस्वीरों से सजाया गया था। प्रो० वी०ए० स्मिथ का विचार है कि नये और पूर्ण अमरावती स्तूप का विश्व में अनूठा प्रभाव रहा होगा।

अमरावती में कुछ और मूर्तियाँ भी मिली हैं। उनमें से दो बड़ी संगमरमर की 6 फुट 4 इंच ऊँची मूर्तियाँ हैं। अपारदर्शक कपड़ों की औपचारिक शैली में नक्काशी की गई है। ये मूर्तियाँ अजन्ता की 10वीं गुफा के खम्भों पर चित्रित बुद्धों के समान हैं।

फरगुसन का विचार था कि अमरावती शैली की वास्तु-कला "भारत में वास्तुकला का चरमोत्कर्ष था।" लेकिन आज इस विचार को स्वीकार नहीं किया जाता। सभी आलोचक श्री हेवल के इस विचार से सहमत हैं कि "अमरावती के संगमरमर की मूर्तियाँ अत्यधिक सुन्दर परम्परागत जेवरों से युक्त प्राणी-जीवन के आनन्द-दायक अध्ययन की सामग्री उपस्थित करती हैं।" मानव के अत्यधिक बदलते हुए और कठिन अंग-चालनों की मुद्राओं को बड़ी स्वतन्त्रता तथा चातुरी के साथ अंकित किया गया है। हेवल का विचार है कि "पहले अमरावती की मूर्तियाँ रंगों के कारण अधिक प्रभावी थीं और उन्हें सच्ची वास्तु-कला की अपेक्षा "चित्रित धारा" मानना चाहिए।" प्रो० वी०ए० स्मिथ का विचार है कि चाहे उनमें रंग भरा गया था या नहीं किन्तु जब वे बन कर पूरे किए गये होंगे तो वे विश्व के ज्ञात इतिहास में कलात्मक चातुरी के सर्वश्रेष्ठ नमूनों में से एक रहे होंगे।

गान्धार कला (Gandhara Art)—गान्धार कला भी बुद्ध कला का एक अंग है। गान्धार क्षेत्र में आजकल का पेशावर जिला, काबुल नदी की घाटी, स्वात, बुनेर तथा अन्य कबायली क्षेत्र के अतिरिक्त सिन्ध और झेलम के बीच का पंजाब का पश्चिमी भाग सम्मिलित था। गान्धार कला के सर्वश्रेष्ठ स्थल पेशावर के उत्तर और उत्तर-पूर्व के क्षेत्र यूसुफ़जई प्रदेश में हैं जिसमें जमाल गढ़ी, सहरे बहलोल, तख्त-ए-भाई और कई अन्य स्थल हैं। सर्वश्रेष्ठ मूर्तियों के नमूने स्वात से प्राप्त हुए हैं। समस्त मूर्तियाँ बौद्ध-स्थलों से प्राप्त हुई हैं और बौद्ध-धर्म की सेवा में ही बनाई गई थीं। गान्धार कला जैन-धर्म और ब्राह्मण-धर्म से तनिक भी सम्बद्ध नहीं है। गान्धार मूर्तिकला की विषय सामग्री केवल बुद्ध सम्बन्धी ही नहीं प्रत्युत पूर्णत: भारतीय भी है। एम० फाउचल ने ठीक ही कहा है कि गान्धार-कला में बुद्ध हर स्थान पर है। उसने चाहे कोई भी रूप धारण किया हो, चाहे वह सुन्दर राजकुमार, त्यागी तपस्वी, आदर्श बौद्ध-भिक्षु हो या उसे किसी भी नाम से पुकारा जाये, सिद्धार्थ, श्रवण, गौतम, बुद्ध शाक्य मुनि, हर निर्माण कार्य में बुद्ध प्रभावी है।

मूर्ति-कला की निर्माण-सामग्री साधारणत: नीली मिट्टी की स्लेट है। पत्थर पर अच्छी तरह प्लास्टर किया गया था। रथ और मुलम्मे का खुला प्रयोग किया गया था।

बहुत से सिर पाए गये हैं, कुछ चूने या सिरमिट के बने हैं और कुछ पकी हुई मिट्टी के। वे दो या तीन इंच से लेकर आदम कद तक के हैं। तक्षशिला में पाई जाने वाली सभी वस्तुएँ चूने या सिरमिट की बनी हैं। इन सिरों को बनाने के लिए सांपों का प्रयोग किया गया था। बौद्धों का विचार था कि पवित्र मूर्ति के अनेक प्रतिरूप बनाना पुण्य का कार्य था और इन सिरों की माँग बहुत अधिक थी। वे मिट्टी से बनाए जाते थे और बहुत कम मूल्य पर बेचे जाते थे।

हमें बुद्ध के बोधिसत्त्वों या बौद्ध बनने वाले संन्यासियों तथा बौद्ध मत के देवताओं की बहुत-सी छोटी-छोटी प्रतिमाएँ मिलती हैं। गान्धार मूर्ति-कला के निर्माण विषय महायान सम्प्रदाय की परम्पराओं, धर्म पुस्तकों तथा कहानियों से लिए गए हैं। गान्धार मूर्ति-कला से हमें महायान के अनुयायियों के विश्वासों तथा आचरणों का पता चलता है। तस्वीरों अथवा मूर्तियों द्वारा बौद्धमत को प्रकट करने के तरीके का भी पता चलता है। वे अनेक शताब्दियों के उत्तरी भारत के जन-जीवन का चित्र भी उपस्थित करते हैं। हमें उनमें असीमित वास्तविक विवरण सहित भूचित्रण, कस्बों, घर की आन्तरिक अवस्थाओं, मार्गों, खेतों, वृक्षों तथा पशुओं के दर्शन होते हैं। हमें इन नक्काशियों से लोगों द्वारा प्रयुक्त फरनीचर, गाड़ियों, हथियारों तथा औज़ारों का भी पता चलता है। अनेक ऐसे भी चित्र हैं जिनसे लोगों के रीति-रिवाजों तथा चालढाल का पता चलता है। तथ्य यह है कि जनता का प्रत्येक वर्ग अर्थात् राजा से लेकर रंक तक का जीवन इन नक्काशियों में अंकित है। गान्धार शैली में मानव जीवन के किसी भी अंग को अछूता नहीं माना गया है।

हमें लम्बे बालों तथा मूँछों के साथ बुद्ध की एक मूर्ति मिली है। बर्लिन अजायबघर में बैठे हुए बुद्ध की एक प्रतिमा है। घुँघराले बालों, मूँछों और पैरों तक लटकते हुए राजसी वस्त्रों के साथ बुद्ध की इस प्रतिमा को बुद्ध की सबसे अच्छी प्रारम्भिक मूर्तियों में से एक माना जाता है। बुद्ध की मूर्ति स्वात के लोरियन टंगाई (Loriyan Tangai) में पाई गई है। यह 3 फुट 10 इंच × 2 फुट 8 इंच की है। इसमें इन्द्र देवता को बुद्ध से भेंट करते हुए दिखाया गया है जब बुद्ध बौद्ध गया के पास एक गुफा में बैठे थे। इस वास्तु-कला को गान्धार-कला के सबसे अधिक परिश्रम से तैयार किए गए और सुन्दर उत्पादनों में से एक माना जाता है। इस वास्तु-कला के विषय में ग्रुनवेडल (Grunwedel) ने कहा है— "स्वात की मूर्ति में गांधर्व पंचशिख वीणा के साथ इन्द्र और उसके नौकरों की बुद्ध से भेंट या मिलन को चित्रित किया गया है जब वह इन्द्र शैलगुहा, बौद्ध गया के पास एक गुफा में रहते थे। गुफ़ा का प्रवेश द्वार गुरू की शान को प्रकट करते हुए लपटों से घिरा है। उसका व्यक्तित्व, चारों ओर 6 फुट की परिधि में अनेक रंगों से बने प्रभामण्डल (halo) के साथ देदीप्यमान है।" ऊपर और नीचे, पक्षी, पशु और वृक्ष स्थान के अकेलेपन को व्यक्त करते हैं। इन्द्र दायीं ओर राजसी पुरुष के रूप में दिखाया गया है, वह महात्मा का अभिनन्दन कर रहा है, छाता उठाये हुए नौकर उसके पीछे है और देव (छोटे देवता) या उसके सेवक दोनों ओर हैं। उसका मुकुट मथुरा में पाई जाने वाली मूर्ति के समान है। दूसरी ओर की गांधर्व-संगीतज्ञ की तस्वीर पत्थर के टूट जाने के कारण खण्डित हो गई है लेकिन उसकी वीणा अभी तक दिखाई देती है।"

हमें बुद्ध के अनेक रूप देखने को मिलते हैं। एक रूप में स्वामी (बुद्ध) के सिर में से लपटें उठती हुई और चरणों में से जीवन-जल बहता हुआ दिखाया गया है। यह जल और अग्नि चमत्कार (यमक-प्रतिहार्त) को प्रकट करता है जिसका वर्णन जातक नं० 483 में किया गया है। एक अन्य मूर्ति में, बुद्ध एक वृक्ष के नीचे बैठे हैं। एक दूसरी मूर्ति में वह हीरों के सिंहासन पर बैठे हैं। एक अन्य प्रतिमा में वह योगी की मुद्रा में पैर ऊपर किए हुए कमल पर बैठे दिखाए गए हैं। दायां कंधा नंगा है। यह श्रावस्ती की घटना को व्यक्त करता है। जब बुद्ध ने अपना विराट् रूप प्रकट किया और वह प्रत्येक दिशा में उपदेश देते हुए सुनाई दिए।

लाहौर के अजायबघर में क्षीणकाय बुद्ध की मूर्ति है। यह 2 फुट 8½ इंच ऊँची है। इस मूर्ति में बुद्ध को उस रूप में दिखाया गया है जबकि वह अत्यधिक तपस्या के द्वारा ज्ञान-प्राप्ति के लिए बौद्ध-गया में बैठे थे।

पेशावर के पास पाई गई बड़ी प्रतिमा आजकल लाहौर के अजायबघर में है। इसमें एक राजा सिंहासन पर बैठा है, उसका बायां पैर एक तिपाई पर है और अपने बायें हाथ में एक भाला पकड़े है। उसे कुबेर या वैश्रवण, धन का देवता और यक्षों का राजा बताया जाता है जिसने भारतीय बौद्ध मत के प्रसार में महत्त्वपूर्ण भाग लिया था। यह प्रतिमा नारीत्व के प्रभाव से मुक्त है। सहरे बहलाल की खुदाई में कुबेर की एक अन्य मूर्ति मिली है जिसमें वह गद्दी पर बैठा है। उसकी पत्नी हरिती देवी उसके साथ बैठी है। इसे गान्धार-शैली की सबसे अधिक कोमलता से बनाई हुई मूर्ति माना जाता है।

एक मूर्ति में बुद्ध के जन्म को दिखाया गया है। लुम्बिनी उद्यान (आधुनिक रुम्मनदेई) में एक पेड़ के नीचे उसे अपनी खड़ी हुई माँ के एक भाग में पैदा होते हुए दिखाया गया है। बाईं ओर मुकुट पहने हुए इन्द्र देवता बच्चे का स्वागत कर रहे हैं। उसके पीछे ब्रह्मा तथा दो अन्य अज्ञात नामा देवता खड़े हैं। माँ की सहायता कर रही स्त्री उसकी बहन है। तीन सेवक दूसरी ओर खड़े हुए हैं। उन्हें बड़ी चतुराई से बनाया और प्रवीणता से खड़ा किया गया है। उनके वस्त्रों में भिन्नता एवं स्वतन्त्रता पाई जाती है। प्रो० वी०ए० स्मिथ का विचार है कि गांधार शैली में बनी हुई अधिक पेंचीली पत्थर की मूर्तियों में यह सबसे अच्छी है।

महान् त्याग की कहानी के बारे में एक मूर्ति है। इसमें दिखाया गया है कि बुद्ध ने किस प्रकार संसार को त्यागा था। छन्दक सारथी अपने स्वामी के प्रयोग के लिए जीन कसे हुए कन्थक घोड़े के साथ तैयार खड़ा है। इस घोड़े का चित्र भारतीय वास्तु-कला में आमतौर से बनाए पशुओं के चित्रों से अधिक श्रेष्ठ है।

एक अन्य मूर्ति में, सिर मुंडे बौद्ध-भिक्षु बुद्ध धर्म और संघ के प्रतीक त्रिशूल चिन्ह की पूजा करते हुए दिखाए गए हैं। ब्रिटिश म्यूजियम में लगभग 16 फुट 6½ इंच की एक अपूर्ण चित्र वल्लरी है। एस० फाउचर ने इसे अर्द्ध-ग्रीक शैली की समुद्री देवता की तस्वीर बताया है।

प्रो० वी०ए० स्मिथ ने बताया है कि गान्धार शैली के अध्ययन से यह साधारण प्रभाव पड़ता है कि भारत में कला की क्रमिक उन्नति की मुख्य धारा में उनका अपना एक अलग स्थान है। एम० फाउचर ने माना है कि गान्धार कला शैली का मौर्य और शुंग युग की प्रारम्भिक कला से कोई सीधा पारिवारिक सम्बन्ध नहीं है। प्रो० वी०ए० स्मिथ ने कहा है कि ईसा की प्रथम शताब्दी में गान्धार शैली का विकास, उस समय संपूर्ण रोमन साम्राज्य में प्रचलित नमूनों में व्यक्त यूनानी (Hellenistic) विचारों के सीमान्त प्रदेश में आयात का प्रत्यक्ष परिणाम था। कनिंघम का विचार था कि कलाकारों तथा विचारों का आयात विदेशी भारतीय शीथियन (Indo-Scythian) और कुषाण साम्राज्यों के विस्तार से निकटस्थ सम्बन्धित और निर्भर था। यह साम्राज्य ओक्सस के किनारों से लेकर गंगा के किनारे तक और सम्भवत: नर्मदा तक फैला हुआ था। किन्तु आज इस दृष्टिकोण को स्वीकार नहीं किया जाता। समस्त उपलब्ध प्रमाणों से यह परिणाम निकलता है कि गान्धार-शैली का विकास एवं विस्तार महान् कुषाण राजाओं के संरक्षण में हुआ। यह हो सकता है कि उन्होंने विदेशी कलाकारों का भारत में आयात भी किया होगा। इन विदेशी कलाकारों को उन स्थानीय भारतीय संगतराशों ने अपना गुरू मान लिया होगा जिन्होंने अपने उद्देश्यों की पूर्ति के लिए नई विधियों को अपनाया होगा। यह ध्यान देने योग्य है कि गान्धार कला में विदेशी तत्त्व समय की गति के साथ कम होता गया। साधारणत: यह कहा जाता है कि यूनानी प्रभाव से युक्त नक्काशी प्रारम्भिक काल से सम्बद्ध है और जिस कला पर भारतीय प्रभाव अधिक है वह कुछ अधिक बाद के युग की है। कुछ आलोचकों का विचार है कि ज्यों ही गान्धार कला का भारतीयकरण किया गया, त्योंही उसके भौतिक गुणों का ह्रास होने लगा। किन्तु इस विचार को भी डॉ० कुमारास्वामी और श्री हेवल जैसे राष्ट्रीय प्रवृत्ति के लोग स्वीकार नहीं करते। उनका विचार है कि आरम्भिक गान्धार संगतराश यान्त्रिक कारीगरों से अधिक अच्छे नहीं थे जिन्हें सीमा के राजाओं ने यूनानी परम्पराओं को प्रयोग करने के लिए ठेके पर उठाया था। उन्होंने "भारतीय वैराग्य की स्थिति में व्यग्रता उत्पन्न करने वाली निर्जीव कठपुतलियों, यूनानी और रोमन देवताओं की विकृत आकृतियों का उत्पादन किया" जिनमें व्यापारिकता तथा असत्य की बुराइयाँ और आध्यात्मिकता की कमी थी। हेवल का कथन है कि "जैसा कि मैं पहले कह चुका हूँ कि गान्धार कला की लगभग सभी बुराइयाँ अर्थात् असत्य तथा आध्यात्मिकता की कमी पहले के नमूनों में अधिक स्पष्ट रूप से दिखाई देती है या जो ईसा की पहली शताब्दी में बनी थीं जब कि रोमन प्रभाव सबसे अधिक था। दो शताब्दियों के बाद ओरियन टनगाई बिहार की शक्ति कला जिसे प्रो० ग्रुनबेडल ने गान्धार शैली के स्वर्ण काल से सम्बद्ध किया है, इसके भारतीय, अधिक राष्ट्रीय और अधिक आध्यात्मिक हो गई है लेकिन भारतीय कला का सच्चा आदर्श प्राप्त नहीं किया था। यह कहना निश्चित रूप से गलत है कि भारतीय बौद्ध कला का आदर्श विदेशियों ने उपस्थित किया था। यह हो सकता है कि औजार विदेशियों के हाथों में रहे हों लेकिन कला पर समस्त प्रभाव भारतीय ही रहा है। प्रो० वी०ए० स्मिथ का विचार है कि हमें गान्धार कला की केवल इस कारण निन्दा करने का अधिकार नहीं है कि उसमें आध्यात्मिकता का अभाव है क्योंकि उसमें ऐलोरा और एलफेन्टा के विचारों को प्रकट नहीं किया गया है। तथ्य तो यह है कि गान्धार कला के बहुत से नमूनों में एक तपस्वी भारतीय व्यक्ति की प्रशंसनीय भावना तथा सत्य के आदर्श को अधिक अच्छी तरह व्यक्त किया गया है और "प्रतिबन्धित

गौरव'' की कमी नहीं है। स्मिथ बताता है कि सुन्दर बोधिसत्त्व 'निर्जीव कठपुतली' नहीं है। लाहौर म्यूज़ियम में कुबेर में प्रतिबन्धित गौरव पर्याप्त मात्रा में है। अनेक बुद्ध प्रतिमाएँ जावा और लंका में प्राप्त बुद्ध-प्रतिमाओं के समान हैं।''

यह कहा जाता है कि भारत की राजनीतिक अवस्था ने गान्धार कला के प्रभाव को भारत के आन्तरिक भागों में प्रवेश नहीं करने दिया। कुषाण साम्राज्य का पतन हो गया और उसके बाद देश में पर्याप्त अराजकता फैल गई। उसके बाद में आने वाले गुप्त वंश ने पंजाब को अपने राज्य में शामिल नहीं किया और इस प्रकार गान्धार विदेशी क्षेत्र के द्वारा पृथक् रहा। इससे इन्कार नहीं किया जा सकता कि दूर पूर्व में कला को पर्याप्त सफलता मिली। यह चीनी-तुर्किस्तान, मंगोलिया, चीन, कोरिया और जापान में बौद्धकला को जन्म देने वाली बनी। यह तथ्य समस्त चीनी-तुर्किस्तान में गान्धार शैली की बहुत-सी मूर्तियों तथा चित्रों के पाये जाने से सिद्ध होता है। चीन और जापान की कला पर भारतीय प्रभाव केवल भारतीय शिक्षा के प्रयोग तक ही सीमित रहा है। खोतन (Khotan) पर भी भारतीय कला का प्रभाव पड़ा था। 7वीं सदी के आरंभ में बजना (Bajna) और उसका पुत्र, वैटशू-ए-शुंग (Weitschu-I-Song) खोतन के प्रसिद्ध चित्रकार चीनी दरबार में गए और चित्रकला की भारतीय चीनी शैली को जन्म दिया। चीन से बौद्ध-कला का भारतीय रूप कोरिया पहुँचा और वहाँ से जापान। प्रो० ग्रुनवेडल तथा अन्य लेखकों ने बताया है कि दूर पूर्व में बौद्ध-कला के प्रचलित रूप का आरंभ गान्धार में हुआ था।

गुप्त कला (Gupta Art)—गुप्त कला निश्चित रूप से हिन्दू धर्म से सम्बन्धित है लेकिन इस काल में बौद्ध-कला के भी कुछ नमूने प्राप्त हैं। गुप्तकाल की सर्वश्रेष्ठ मूर्तियाँ सारनाथ में खोदी गई हैं। उनमें सबसे बढ़िया 5¼ फुट ऊँची बैठे हुए बुद्ध की सफेद बलुवे की मूर्ति है। बुद्ध को अंगुलियों के साथ मुद्रा-स्थिति में दिखाया गया है। पायदान पर चक्र और पाँच शिष्यों को पूजा करते हुए दिखाया गया है। बायीं ओर एक बच्चे के साथ दिखाई गई महिला संभवतः मूर्ति का पवित्र उपहार देने वाली हैं। प्रभामण्डल को सुन्दर रीति से सजाया गया है। शैली सुसंस्कृत संयम को व्यक्त करती है। यह समस्त आडम्बर या राक्षसीपन से मुक्त है। नमूने की बनावट में श्रेष्ठ कलात्मक कारीगरी दिखाई गई है। वस्त्र बहुत अच्छी प्रकार से पहनाए गए हैं।

मथुरा के अजायबघर में 5वीं सदी के खड़े हुए बुद्ध की एक मूर्ति है। इसकी ऊँचाई 7 फुट 2½ इंच है। यह अनेक बातों में सारनाथ की बैठी प्रतिमा से मिलती है लेकिन पहनावे में भिन्न है। शरीर पारदर्शक वस्त्र के पार चतुराई से दिखाया गया है।

बरमिंघम के अजायबघर और आर्ट गैलरी में बुद्ध की एक ताँबे की मूर्ति है। यह भागलपुर जिले में गंगा के किनारे सुलतान गंज में स्थित एक खण्डित विहार के हाल में पाई गई थी और खोज करने वालों में से एक इसे इंग्लैंड ले गया और बरमिंघम अजायबघर को भेंट कर दी। यह मूर्ति 7½ फुट ऊँची है। यह सारनाथ की मूर्ति जैसी है। इसके वस्त्र बहुत ही चिकने हैं और परत बहुत कोमलता से अंकित किए गए हैं। वस्त्र पारदर्शक हैं। राजेन्द्रलाल मित्र का विचार है कि मूर्ति में प्रयुक्त माल ''बहुत शुद्ध ताँबा'' है जो दो स्पष्ट परतों में ढाली गई है। यह अनेक विभागों में बनाई गई थी।

मंकुवर के साथ वाले गाँव में एक बहुत ही पूर्ण बैठी हुई बुद्ध की असामान्य प्रकार की मूर्ति पाई गई है। इस पर एक समर्पित लेख की तिथि 448-9 ई० खुदी हुई है। इसका साफ़ा बहुत विचित्र है। इसका झल्लीदार हाथ कुछ सम्प्रदायों के अनुसार बुद्ध का परम्परागत चिन्ह है। चक्र बुद्ध के धर्म-चक्र का प्रतीक है। मुख के भाव अन्य प्रतिमाओं से भिन्न हैं। वस्त्रों में भारतीय जाकट है जो सामान्य बुद्ध के कपड़ों से पूर्णतः भिन्न है।

अजन्ता के चित्र (Ajanta Frescoes)—अजन्ता की दीवारों पर बने चित्र पूर्णतः बौद्ध मत से सम्बद्ध हैं। उनमें बुद्ध के अनेक चित्रों के अतिरिक्त गुप्त पदार्थों तथा चिन्हों का भी प्रतिनिधित्व शामिल है। अधिक पेचीदे चित्रों का सम्बन्ध या तो बुद्ध के जीवन की किसी घटना से है या उनका वर्णन जातक कथाओं में आया है। विभिन्न बौद्ध विषयों में अवलोकितेश्वर की प्रार्थना, बुद्ध के जीवन के दृश्य तथा जीवन चक्र सम्मिलित हैं।

श्री ग्रीफ्थस् ने गुफा 1 के छत के चौखटों में सजावट के आलेखन में अजन्ता कलाकार की अद्वितीय चातुरी का इन शब्दों में वर्णन किया है : ''छोटे चौखटों को वैसे ही विभिन्न एवं शानदार आलेखनों से सजाया गया है जैसे कि वे काल्पनिक हैं। कुछ को विचित्र या भ्रष्ट छोटी तस्वीरों से, रसिकता से पूर्ण, फारसी पगड़ी, कोट तथा धारीदार जुर्राबों की

विचित्र वेश-भूषा, फलों और फूलों के बीच में कूद-फांद करते हुए, नाचते हुए, मद्यपान करते हुए या वाद्य-यन्त्रों को बजाते हुए, या आपस में बातचीत करते हुए, कुछ को कमल से युक्त पशुओं से सजाया गया है जिन्हें उल्लेखनीय भक्ति और साहसिक क्रिया के द्वारा बनाया गया है। उसमें हाथी, कूबड़ वाला सूंड और बन्दर; तोते, हंस तथा अकेला या जोड़े के साथ ऊँची कलंगियों अथवा पर्दे के समान लपेटी हुई दुमों से युक्त लौकिक पक्षी को दिखाया गया है। जेवरों का ऊपरी और नीचे का धरातल दिखाया गया है। कुछ में बड़ा गुलाबी कमल, पूरा खिला हुआ, अर्द्ध-मुकुलित या कली के रूप में छोटा लाल या सफेद कमल अंकित किया गया है। कुछ में आम, शरीफा, एक गोल फल, जो नीबू की तरह हो सकता है; एक अन्य फल जो बैंगन की तरह दिखाई देता है, अंकित है।''

''इन चौखटों में जेवरों को एक के बाद एक काली या लाल जमीन पर चित्रित किया गया है। सबसे पहले चौखटे पर जमीन का रंग लगाया है और तब उस पर जेवरों को पूरी तरह से सफेद रंग से चित्रित किया गया है। उसे सफेद के ऊपर पतले पारदर्शक रंग से और भी विकसित किया गया है।''

गुफ़ा 10 के खम्भे पर बने बुद्ध के चित्र पाँचवीं सदी या उसके कुछ बाद के हैं। प्रभामंडल और वस्त्र गान्धार वास्तु-कला के समान हैं। बरामदे के बायें सिरे की ओर बुद्ध के जीवन-चक्र का चित्रण सुन्दर है और छठी शताब्दी में लोकप्रिय बौद्ध-शिक्षाओं का प्रतीक है। अजन्ता चित्रों का माप 5 फुट 6 इंच × 5 फुट 1 इंच है। यह माना जाता था कि यह चित्र लंका के राजा विजय के आने और उसके गद्दी पर बैठने की कहानी का चित्र है जैसा पाली महावंश और दीप वंश में वर्णन है लेकिन यह वास्तव में सिंहल आवेदन विश्वसनीय प्रतिपादन है। गुफा 19 बड़े प्रयास से खोदी गई है। उसकी ड्योढ़ी और सामने की जगह खूबसूरत नक्काशी से सजी है। चित्रों में बुद्ध के अनेक चित्र हैं। उन्हें श्री फरगुसन ने ''भारत में बौद्ध कला के सबसे पूर्ण नमूनों में से एक माना है।'' गुफा 1 में अनेक बड़े दीवार चित्रों में बुद्ध के प्रलोभन शामिल हैं। इसी विषय को गुफा 26 में नक्काशी में प्रभावी रूप से व्यक्त किया गया है।

अजन्ता के दीवार-चित्रों के बारे में श्री ग्रीफ्थस ने लिखा है, ''अनेक कठिनाइयों के होते हुए भी कार्य को इतनी सुन्दर रीति से किया, लोक सम्मति में इतना अनुरूप, आलेखन में इतना विस्तृत एवं सजीव, सौन्दर्य रूप में इतना स्पष्ट सुख से परिपूर्ण मानता हूँ कि मैं उसे इटली में प्राप्त प्रारम्भिक कला के समान रखता हूँ जिसकी संपूर्ण विश्व प्रशंसा करता है।.........अजन्ता की कारीगरी प्रशंसनीय है; ब्रुश की एक बार से विभिन्न मोटाइयों की एक रेखा बड़ी शुद्धता से खींची जाती है; प्राय: स्पर्श बहुत साहसी एवं पुष्ट होता है, हाथ का कार्य बहुत विस्तृत होता है, कुछ मामलों में तो सबसे अच्छे पम्पई के चित्रों के समान रंग बहुत गाढ़े भरे गए हैं.........वस्त्रों को भी बहुत समझदारी से बनाया गया है और यद्यपि परतें लोक-सम्मति के अनुरूप हैं तथापि वे बेसिले पूर्वी कपड़े के सभी गुणों को व्यक्त करने में सिद्ध हैं.........कला की शिक्षा के उद्देश्य से भारतीय कला-विद्यार्थी के सामने अजन्ता की गुफ़ाओं में पाये गए नमूनों से अधिक अच्छे नमूने नहीं रखे जा सकते। यहाँ की कला में जीवन है, मानवी आकृतियाँ भावपूर्ण हैं, अंग-चालन में शान एवं गति है, खिलते फूल, चहचहाते पक्षी, उछलते-कूदते या लड़ते हुए या सन्तोष के साथ भार ढोते हुए पशु हैं; ये सभी प्रकृति की अपने आदर्श के अनुसार बढ़ती हुई पुस्तक से लिए गए हैं और इस मामले में मुसलिम कला से पूर्णत: भिन्न हैं जो अवास्तविक, अप्राकृतिक है और इसी कारण विकास के अयोग्य है।'' (The Paintings of the Buddhist Caves of Ajanta, pp. 7-9)

श्री लारेंस बिन्यन का कथन है : ''अजन्ता की कला की विशेषता मजबूत बाहरी रेखाएँ हैं जो एशिया की प्रारम्भिक शैली है; रंग बहुत प्रचण्ड एवं उत्तेजक है; आकृतियाँ और चेहरे उत्तेजित करने वाले हैं—उनमें शक्ति और व्यक्तित्व और जीवन की ठोस कल्पना है। हम अनुभव करते हैं कि कलाकारों को अपने विषय का पूरा ज्ञान था। उन्होंने चाव और शान से कार्य किया है...इस ओर भित्ति-चित्रों के परिमाण से प्रबल और प्रभावशाली छाप पड़ती है। तो भी अजन्ता-कला प्रारम्भिक स्तर से ऊँची नहीं उठी है। यद्यपि व्यक्तिगत चित्रों में जीवन की समस्त भावनाओं को कलाकारों ने दिखाया है तथापि उनमें उस प्रवृत्ति का अभाव है जिससे कला का विकास होता है जैसे एकता और संपूर्ण विषय का ज्ञान। उनकी रचनाएँ भीड़-भाड़ की और बेमेल हैं। दूसरी ओर विस्तार में और एकाकी वर्गों और रूपों में शान, वैभव तथा चरित्र है......अजन्ता चित्रों में जिस बात की कमी है और जो चीनी कला में मिलती है, वह है शक्तिशालीरचनात्मक प्रवृत्ति और सौन्दर्य का ज्ञान जिससे कला में पूर्ण एकता उत्पन्न होती है, लय और सन्तुलन के नियन्त्रण का भाव जिससे सभी सुन्दर आलेखनों को प्रेरणा मिलती है।'' (Painting in the Far East, pp. 35, 50)

लंका : बौद्ध कला लंका में भी पायी जाती है। लंका में भारत से अधिक बहुत से बौद्ध स्तूप या दगवा मिलते हैं। जेतवन आराम (Jetawanarama) एक पत्थर के प्लेटफार्म पर लगभग 8 एकड़ भूमि में फैला हुआ है। वह स्थान, जिसके चारों ओर दीवार बनी है, लगभग 14 एकड़ है। यह 251 फुट ऊँचा है। अभय गिरि स्तूप प्रारम्भ में ईसा की एक सदी पूर्व बनाया गया था। थुप आराम (Thuparama) अशोक के काल में बनाया गया था। श्री बैल ने तान्त्रिक महायान वादियों के समाज के प्रयोग के लिए लगभग 8वीं सदी में अनुरुद्धपुर में बने विजय आराम का वर्णन इस प्रकार किया है : "यहाँ आदर्श भूत संघम् या बौद्ध-संस्थान अपने आप में पूर्ण बना था। उसमें पवित्र स्थान, सभा स्थल, पुरोहितों का निवास, स्नानागार, भण्डार-गृह, जोहड़ आदि थे।"

"मठ उठे हुए चौकोर आंगन में बना था। यह उत्तर और दक्षिण में 288 फुट, तथा पूर्व और पश्चिम में 268 फुट था, चारों ओर दीवार थी और विशेष स्थानों पर द्वार थे। उसके एक दगबा और तीन विहार थे और उत्तर की ओर एक खुला हाल था। मन्दिर के बाहर पहले एक रास्ता था, उसके बाद 12 छोटे कमरे। चारों ओर खाई थी। मुख्य भिक्षु का निवास-स्थान, एक स्नानागार, दक्षिण और पश्चिम में कुछ अन्य भवन थे। कुल 12½ एकड़ क्षेत्र घिरा था। उसके चारों ओर 200 × 300 गज की पत्थर की चौकोर दीवार थी जिसके चिन्ह अभी भी देखे जा सकते हैं। निवास-स्थान से आन्तरिक भाग को सीधी सड़क जाती थी।"

लंका के बौद्ध मन्दिर भारत के मन्दिरों से भिन्न हैं। आमतौर से उनके ईंट या पत्थर के चौकोर भवन हैं। उनको प्रायः पाँच-पाँच के ग्रुप में बनाया जाता है। एक बड़े केन्द्रीय मन्दिर के आमने-सामने चार छोटे मन्दिर बनाए जाते हैं। बौद्ध भवनों में हिन्दू देवताओं को सम्माननीय स्थान दिया जाता है। विष्णु को लंका का रक्षक माना जाता है और बुद्ध के बाद पूजा जाता है। पोलोनरुवा मन्दिर को श्री बेल "लंका में बौद्ध मूर्ति-कला का सबसे अच्छा विद्यमान नमूना" मानते हैं। उसका विचार है कि "न तो फोटोग्राफ या चित्र उचित रूप से उसकी दुबारा उत्पत्ति कर सकते हैं और न शब्द।" वे अवर्णनीय सौन्दर्य से युक्त आन्तरिक प्लेटफार्म के केवल ढाँचे को ही प्रकट कर सकते हैं। मन्दिर का व्यास लगभग 80 फुट है। यह गोलाकार है। यह एक 125 गज के व्यास के गोलाकार चबूतरे पर बना है। इसे भगवान् बुद्ध के 'दाँत' के स्वागत के लिए बनाया गया था। केन्द्र में 16 मूर्तियों से घिरा एक छोटा दगबा और क्रमशः 20 और 16 कड़े पत्थर के खम्भों से बने दो एक-केन्द्रिक वृत्त थे।

लंका में बुद्ध की बैठी हुई, खड़ी हुई और झुकी हुई अनेक बड़ी प्रतिमाएँ पाई गई हैं। तन्त्रीमलाई में बुद्ध की सबसे पुरानी रूप बिगड़ी तथा बैठी हुई प्रतिमा है जिसने गावदुम की तरह की टोपी पहनी हुई है। श्री पारकर उसे ईसाई-युग के आरम्भिक काल की मानते हैं। बुद्ध की सबसे अच्छी प्रतिमाओं में से एक अनुरुद्धपुर के तोलू विला खण्डहरों में मिली है। अनुरुद्धपुर के पन्कुलिय विहार में बुद्ध की एक बड़ी बैठी हुई प्रतिमा है और पोलोनरुवा में विहार नं० 2 में एक छोटी बुद्ध प्रतिमा। लंका में बुद्ध की सबसे बड़ी और सम्भवतः सबसे अधिक हृदय पर प्रभाव डालने वाली प्रतिमा अवकाना (Awkana) में है। चबूतरे को मिलाकर उसकी ऊँचाई 6 फुट है। इसे पानी से घिसे हुए चिकने बड़े गोल पत्थर में से काट कर बनाया गया है और चट्टान से केवल दुर्बल सहारे से जुड़ा है। सासेरुवा में भी बुद्ध की एक बड़ी खड़ी हुई प्रतिमा है। बुद्ध के शिष्य आनन्द की एक बहुत बड़ी खड़ी हुई प्रतिमा गल बिहार, पोलोनरुवा में है। आनन्द मृत्यु-शैया पर पड़े बुद्ध को देख रहे हैं।

बौद्ध-कला जावा, सुमात्रा, बाली, बोर्नियो, कम्बोडिया, श्याम, तिब्बत, नेपाल और मध्य एशिया में भी पाई जाती है। जावा की सबसे अधिक प्रसिद्ध पुरानी इमारत नौ स्तरीय पहाड़ी, बोरो बुदर में है। इस पुरानी इमारत का महत्त्व गैलरियों को सजाने वाले लगभग 2000 ऊपर नीचे के चौरस चौकोर पत्थरों की बहुत बड़ी शृंखला में छुपा है जिनको यदि सिरे से सिरा मिलाकर बिछाया जाये तो दो मील से अधिक लम्बाई होगी। तथाकथित दूसरी गैलरी के चौखटों के 200 चौकोर और चिकने पत्थर दो श्रेणियों में रखे गए हैं। ऊपरी श्रेणी में ललित-विस्तार में बताई गई बुद्ध के जीवन की पत्थर में तस्वीरें रखी गई हैं। निम्न श्रेणी के दृश्यों में दिव्य-वादन और बौद्धमत की प्रेम कथाएँ अंकित हैं। उनमें से कुछ जातकों से भी ली गई हैं। इस भवन के निर्माता की यह योजना थी कि जब भक्त इस भवन की प्रदक्षिणा करे तो उसे बौद्ध-धर्म के महायान सम्प्रदाय के सिद्धान्तों का पूरा ज्ञान प्राप्त हो जाए।

हेवल का विचार है कि बोरोबुदुर के आधार के पत्थर "अति श्रेष्ठता से धार्मिक स्वेच्छानुरूप कला" को दर्शाते हैं जो अपनी सादगी अप्रभावित सरल, कलात्मक भावनाएँ, कल्पना और साथियों की तेजस्वीं आचार-विधि के लिए श्रेष्ठ

माने जाते हैं। फ्लोरैंस के दीक्षागृह के तांबे के दरवाजों पर घिबरती (Ghiberti) ने नक्काशी की है जिसे माइकल एन्जीलो ने "स्वर्ग के द्वार के योग्य" घोषित किया है। वह आगे कहता है कि बोरो बुदुर के कलाकार सादा जीवन बिताने के कारण शान्ति से इस काम पर अपना मन लगा सके और अपने मन तथा मस्तिष्क को प्रकृति तथा अपनी आत्मा की आवाज सुनने के लिए स्वतन्त्र रख सके। श्री फाउचर इस विचार को स्वीकार नहीं करते। उसका विचार है कि बोरो बुदुर के निर्माण का प्रेरणा-स्रोत प्रकृति की पुकार न होकर योग्य विद्वानों के द्वारा निर्धारित श्रव्य भावों को व्यापारिक बुद्धि द्वारा निश्चित रीति से व्यक्त करने का प्रयास है। यह सिद्ध करने के लिए कोई प्रमाण नहीं है कि कलाकार बहुत सादा जीवन व्यतीत करते थे। उन कलाकारों की प्रशंसा करनी ही चाहिए जिन्होंने दो मील लम्बी एक सी तथा सौन्दर्य एवं चतुराई में बहुत अच्छे स्तर की पत्थर की तस्वीरें बनाईं।

जावा में भी कुछ मूर्तियाँ मिली हैं। प्रजना-प्रमिता की एक सुन्दर प्रतिमा लेडन (Leyden) में है। यह महायान संप्रदाय की एक धार्मिक पुस्तक का नाम है। हेवल "इस प्रतिमा को पूर्वी या पश्चिमी कला की सर्वश्रेष्ठ आध्यात्मिक रचनाओं में से एक" मानता है।

सर ओरेलस्टाईन, प्रो० ग्रुनवैडल, डॉ० वी०ला० कोक तथा अन्य महात्माओं ने तिब्बत के उत्तर में स्थित चीनी तुर्किस्तान, चीन के पश्चिम और तकलामकम् या गोबी रेगिस्तान में खोज की तथा पुरानी सभ्यता के खण्डहरों तथा रेत में दबी सभ्यता के बारे में दुनिया को बताया। अनेक लिपियों में लिखी हजारों पांडुलिपियों, कला के चित्रित तथा नक्काशी के अनेक नमूने पाये गए हैं। इन सबसे पता चलता है कि चीनी तुर्किस्तान भारतीय ईरानी, चीनी तथा यूनानी सभ्यताओं का संगम स्थल था।

बाएँ हाथ में वज्र पकड़े हुए काली दाढ़ी और मूँछों वाले ईरानी वेश में चार भुजाओं वाले बौद्ध सन्त या बोधिसत्त्व की तस्वीर 8वीं सदी के दन्दान उलीक के खंडहरों में से पाई गई है जिसे 791 ई० के बाद छोड़ दिया गया था। चार भुजाएँ निश्चित रूप से भारतीय विशेषता है।

इडिकुत-ए-शहरी नगर के खंडहरों में जर्मन खोजियों ने बौद्ध-भवनों के खंडहरों तथा कला के नमूनों को खोजा जो मनीशीन (Manichean) और नेस्टोरिया के भवनों से सम्बद्ध है कि उससे यह पता चलता है कि कई शताब्दी तक विरोधी धर्मों के मानने वाले एक साथ रहते थे। किन्तु 9वीं शताब्दी में या उसके आस-पास चीनियों ने बौद्धों का संहार किया। डॉ० वी०ली० कोक ने भिक्षुओं के कंकालों से भरी एक कोठरी तथा भीषण नर-संहार के अन्य चिन्हों को खोजा। इस स्थान पर विचित्र मनीशी तथा बौद्ध झंडे पाए गए हैं जिन पर प्लास्टर या रंगों से या सूती कपड़े की लम्बी पट्टियाँ चिपकाकर डिजायन बनाए गए हैं।

चीनी सम्राट् यांग-टी (605-17 ई०) की नौकरी में अनेक विदेशी कलाकारों में से एक बजना था। उससे पहले दरबार में दो भारतीय भिक्षु थे। उनके नाम बोध और धर्म थे। बजना और उसके पुत्र को बौद्ध कलाकार होने के कारण पर्याप्त सम्मान प्राप्त था। चीन में बौद्ध तस्वीरें धर्म के अलावा और किसी से सम्बद्ध नहीं हैं। अजन्ता कला का चीन में चित्र कला के सामान्य विकास पर कोई प्रभाव नहीं पड़ा। जापान में अजन्ता शैली का नमूना केबल नारा में होरियूजी के मन्दिर में 607 ई० के दीवार पर बनाए गए चित्रों में पाया जाता है।

तिब्बत और नेपाल में मूर्ति बनाने की कला मूल रूप में भारतीय है और अपने शुद्ध रूप में आज तक चली आ रही है। हमें अनेक बौद्ध संतों की प्रतिमाएँ प्राप्त हुई हैं। बुद्ध और देवताओं की प्रतिमाएँ लौकिक हैं। उन पर प्रायः मुलम्मा चढ़ा हुआ है और मणियों से सजी है। तारा देवी अनेक रूपों में पाई जाती है लेकिन अन्य देवताओं के भी चित्र पाये जाते हैं। कुछ प्रतिमाओं में हमें बोधि-सत्त्व मञ्जुश्री तथा उसकी सहयोगी संगीत एवं काव्य की देवी सरस्वती के दर्शन होते हैं।

बौद्ध कला ने भारत तथा विदेश में उस समय बहुत प्रगति की जबकि स्वयं बौद्ध-धर्म केवल भारत में ही नहीं प्रत्युत विदेशों में भी प्रगति कर रहा था। किन्तु भारत में बौद्ध-धर्म के पतन के साथ ही बौद्ध कला का ह्रास तथा पतन होने लगा और अन्त में समाप्त हो गई।

Suggested Readings

Anderson : Descriptive and Historical Catalogue of a Collection of Japanese and Chinese Pictures (1886).

Barratt, D. : Sculptures from Amravati in the British Museum (1954).

Binyon, Laurence : Paintings in the Far East (1908).

Brown, P. : Indian Architecture (Buddhist and Hindu), Bombay, 1949.

Burgess : Notes on the Bauddha Rock Temples of Ajanta (1879).

Codrington, K. De P. : Ancient India.

Coomaraswamy, A.K. : Aims of Indian Art.

Coomaraswamy, A.K. : History of Indian and Indonesian Art, London, 1927.

Coomaraswamy, A.K. : Introduction of Indian Art, Adyar, 1923.

Coomaraswamy, A.K. : Indian Drawings, London, 1910-12.

Cumming, J. (Ed.) : Revealing India's Past (1939).

Dey, M.C. : My Pilgrimage to Ajanta and Bagh, London, 1925.

Fergusson and Burgess : The Cave Temples of India.

Foucher, M. : Beginnings of Buddhist Art.

Giles : An Introduction to the History of Chinese Pictorial Art (1905).

Goetz, Hermann : Five Thousand Years of Indian Art, 1960.

Griffiths, J. : The Paintings of the Buddhist Cave Temples of Ajanta (1896).

Grunwedel-Burgess : Buddhist Art.

Gupta, S.N. : Catalogue of Paintings in the Central Museum, Lahore, Calcutta, 1922.

Haldar, A.K. : The Paintings of the Bagh Caves.

Hardar, A.K. : The Buddhist Caves of Bagh.

Havell, E.B. : Indian Sculpture and Painting (1908), London.

Havell, E.B. : Ancient and Medieval Architecture of India, London 1915.

Havell, E.B. : Handbook of Indian Art, London, 1920.

Havell, E.B. : The Ideals of Indian Art, London, 1911.

Maisey, F.C. : Sanchi and its Remains. London, 1892.

Marshall, Sir John : Gandhara Art.

Marshall, Sir John : Guide to Sanchi.

Pleyle, C.M. : Indonesian Art. The Hague, 1901.

Rea, A. : South Indian Buddhist Antiquities Madras, 1894.

Salini and Vogel : Catalogue of the Museum of Archaeology at Sarnath, Calcutta, 1914.

Smith, V.A. : A History of Fine Art in India and Ceylon, Oxford, 1930.

Spooner, D.B. : Handbook to the Sculptures in the Peshawar Museum, Bombay, 1910.

Stein and Binyon : Ancient Buddhist Paintings from the Caves of the Thousand Buddhas. London, 1921.

Vogel, J. : Buddhist Sculptures from Banaras.

Yazadani, G. : Ajanta (London, 1930).

अध्याय

49

संगम काल और उसका साहित्य

(The Sangam Age and its Literature)

अशोक के शिला लेखों में दक्षिण भारत के तीन बड़े तमिल राज्यों—चेर, पाण्ड्य और चोल—का उल्लेख मिलता है। पांड्यों का राज्य सुदूर दक्षिण में था और उनकी राजधानी मदुराई थी। चेरों का राज्य पांड्यों के राज्य की उत्तरी सीमा से ऊपर पश्चिम तटीय क्षेत्र पर था और उनकी राजधानी वान्जो थी। चोलों का राज्य कावेरी नदी की निचली घाटी पर था और उनकी राजधानी उरैयूर (Uraiyur) थी। पांड्यों के राजा नेन्दुनजलियन ने कुर्ग और मंगलोर सहित पश्चिम के अनेक क्षेत्रों पर अधिकार कर लिया था। उसने चेर और चोल राज्यों पर विजय प्राप्त की। वह संगमकाल के पांड्य राज्यों का एक योग्य शासक था। करीकल (190 ई०) की अधीनता में चोल राज्यों ने उन्नति की। उसने पांड्यों और चेरों दोनों को पराजित किया। उसके उत्तराधिकारियों ने 550 ई० तक शासन किया। पल्लवों ने चोल, चेर और पांड्य राज्यों को अपने अधीन कर लिया।

संगम एक संस्कृत शब्द है जिसका अर्थ सभा है। कवियों के संगम का अर्थ कवियों की सभा होता है। तमिल संगम तमिल विद्वानों और कवियों की एक सभा थी। इस साहित्य अकादमी की स्थापना पांड्य राजाओं ने की थी। तमिल परम्परा के अनुसार पौराणिक समय से तीन संगम माने जाते हैं। इतिहासकारों द्वारा तीसरा संगम ईसा युग से कुछ शताब्दियों पूर्व माना जाता है।

संगम काल में संगम साहित्य की रचना हुई। यद्यपि संगम का समय सही अनुमान लगाना कठिन है परन्तु उस समय के साहित्य में वर्णन किये गये राजनीतिक और सामाजिक जीवन द्वारा इसका समय निर्धारित किया जा सकता है। दक्षिण भारत के इतिहासकार इस बात से सहमत हैं कि संगम काल का समय ईसा युग के कुछ शताब्दियों पूर्व या बाद में था और पहले विद्यमान कुछ तमिल रचनायें उस समय की थीं। संगम काल को ईसा युग से कुछ शताब्दियों पूर्व मानना सही प्रतीत होता है। संगम काल के अनेक कविता-संग्रहों और शिलप्पदिकारभ् और मणिमेखलय महाकाव्यों में उस काल के समाज और व्यापार का वर्णन है। ईसा युग से कुछ शताब्दियों पूर्व ग्रीक और रोमन लेखकों की रचनाओं में भी उस परस्पर व्यापार का उल्लेख मिलता है। पाण्डेचरी के निकट एरिकामेडु में इटली में बने मृद्भाण्डों के तीन टुकड़े मिले हैं जिन पर इटली के कुम्हारों के वंशों के नाम हैं।

डॉ० सुब्रामनियन इस निष्कर्ष पर पहुँचे हैं कि समस्त आठ कविता-संग्रह, दस कवितायें, अठारह छोटी रचनायें और दो महाकाव्य पल्लवों के समय से पहले बने थे, अर्थात ईसा युग से तुरन्त कुछ शताब्दियों पूर्व या बाद में इनकी रचना हुई थी। (Sangam, Polity, पृष्ठ 32)। यह बात ध्यान देने योग्य है कि जब डॉ० एस०के० आयंगर, एस० पिलाई, स्वामी नाथियर और के०आर० पिलाई इन रचनाओं का समय प्रथम और द्वितीय शताब्दी मानते हैं, राघवा अयैर, शेषा अयैर, गनपति राव और अन्य ज्योतिष गणना के आधार पर इनका रचना काल तीसरी और चौथी शताब्दी मानते हैं।

संगम साहित्य (Sangam Literature)—संगम काल में उत्कृष्ट तमिल साहित्य की रचना हुई। पहला संगम प्राचीन मदुरा में हुआ। उस संगम का कोई ग्रन्थ उपलब्ध नहीं है। दूसरा संगम कपातपुरम् में हुआ। उसका केवल

एक ग्रन्थ तोलकाप्पियम अब मिलता है। यह तमिल भाषा का व्याकरण है। इस ग्रन्थ में धर्म, अर्थ, काम और मोक्ष का वर्णन है।

तीसरे संगम के तीन संग्रह उपलब्ध हैं और वे हैं पत्थुप्पात्तु, एतुत्थोकई और पदिनेन कीलकनक्कु। पत्थुप्पात्तु के दस काव्य हैं। एक काव्य को छोड़ कर सभी काव्य राजाओं को समर्पित किये गये हैं। नक्किररकृत एक काव्य एक देवता की प्रशंसा में है। दूसरी काव्य अधिक हृदयस्पर्शी है। नक्किरर ने इन ग्रन्थों के अतिरिक्त और भी छोटे-छोटे ग्रन्थ लिखे।

रुदन कन्नार के एक काव्य में 500 कविताएं हैं जिनमें कांचीपुरम् का सुन्दर वर्णन है। दूसरा काव्य एक प्रेम कथा है। इस काव्य में चोल राज्य की राजधानी पुहार का विस्तार से वर्णन है। शेष छः काव्य छः कवियों की रचनाएं हैं। उनके नाम हैं मरुथनार, कन्नियार, नत्थथनार, नप्पुथनार, कपिलर, और कैसिकनार।

एतुत्थोकई में कविताओं के आठ संग्रह हैं। इन कविताओं का बहुत ऐतिहासिक महत्त्व है क्योंकि उनमें तत्कालीन समाज का विस्तार से वर्णन मिलता है। इनमें एक कवयित्री की कविताएं भी हैं।

पदिनेनकीलकनक्कु में 28 संग्रह हैं। उनमें सबसे प्रसिद्ध तिरुवल्लुवर की रचना 'कुरल' है। इसमें दस-दस कविताओं के 113 वर्ग हैं। तिरुवल्लुवर के पदों का सौन्दर्य और शब्दों का चयन सराहनीय है। चूँकि उसने अपने ग्रन्थ में नीति, राजधर्म, नागरिकता, श्रृंगार और जीवन की कला आदि समस्याओं पर प्रकाश डाला है इसलिए उसकी पुस्तक को संक्षिप्त वेद भी कहा जाता है।

तीसरे संगम में इन संग्रहों के अतिरिक्त तीन बड़े महाकाव्यों की भी रचना हुई। उनमें सबसे प्रसिद्ध 'शिलप्पादिकारम' है। यह महाकाव्य न केवल कथानक की दृष्टि से हृदयस्पर्शी है परन्तु कविता, संगीत, नाटकीय तत्वों और सुन्दर वर्णनों से भी परिपूर्ण है।

दूसरा महाकाव्य ''मणिमेखलय'' उतना उत्कृष्ट नहीं है जितना 'शिलप्पादिकारम'। तीसरा महाकाव्य 'जीवक चिन्तामणि' है। इसमें 3000 मनोहर पदों में जन्म से मोक्ष तक आत्मा की यात्रा का सुन्दर वर्णन है।

प्रोफेसर के०ए० नीलकंठ शास्त्री के मतानुसार, संगम साहित्य में आदर्शवाद के साथ वास्तविकता और उच्चकोटि की गरिमा के साथ परिश्रम और शक्ति का सम्मिश्रण था। इसको सही रूप से तमिल साहित्य का स्वर्ण युग माना जाता है। यह साहित्य बाद के समय के साहित्य से भिन्न है। इसको ''सुथरा तमिल साहित्य'' माना जाता है। इसकी विचारधारा, शैली और आदर्श बाद में हुई रचनाओं से भिन्न है। इसमें ऐसे समय के तमिल समाज का वर्णन है जब संस्कृत की विचारधारा सब ओर प्रचलित थी परन्तु वह पूर्ण रूप से सफल नहीं हो पायी थी। इसमें उन धर्मनिरपेक्ष लोगों का वर्णन है जो जीवन के संघर्ष में लगे हुए थे और धार्मिक कट्टरता के सामने झुकने को तैयार न थे। इसमें जनता के धर्मनिरपेक्ष मामलों और सामाजिक क्रियाओं का वर्णन है।

कवियों ने जनता के सामाजिक जीवन में महत्त्वपूर्ण योगदान दिया। वे शिक्षा के स्रोत थे और उन्होंने प्रशंसनीय और शिक्षाप्रद कार्य किया। उन्होंने सार्वभौमिक दया और उदारता की भावना का प्रदर्शन किया। संगम काल के कवियों और विचारकों में टोलकापियर, वल्लुवर, इनलागो आदिगर, सत्तानार, कपिलार आदि के नाम महत्त्वपूर्ण हैं।

संगम राज्य शासन विधि (Sangam Polity)—संगम काल में शक्तिशाली तमिल राजा शासन करते थे। तमिलाहम में तीन राजा शासन करते थे और अनेक मुखिया देश के शासन-कार्य में भाग लेते थे। कभी-कभी ये मुखिया स्वतन्त्र रूप से कार्य करते थे। संगम काल की राज्य शासन विधि वंशानुगत राजतन्त्र थी। साधारणतया राजा का सबसे बड़ा लड़का पिता के पश्चात् राजगद्दी का अधिकारी होता था। राजाओं के दरबार शानदार होते थे और उनके मुखिया भी अपनी शक्ति के अनुसार दरबार लगाते थे। शाही दरबार राजा की राजनीतिक क्रियाओं का केन्द्र होता था। यह एक खुला दरबार होता था जिसमें शाही वंश के सदस्य, राज्य के अफसर और जनता भाग ले सकती थी। राज दरबार में राजा के साथ रानी भी मौजूद रहती थी। संगम काल में किसी राजा के पदच्युत होने का उदाहरण नहीं मिलता परन्तु अनेक राजाओं ने कुछ अवसरों पर स्वयं ही गद्दी छोड़ दी थी।

संगम काल में राजा निरंकुश होता था। उसकी शक्ति को किसी नियम से रोका या कम नहीं किया जा सकता था। अन्त में उसकी इच्छा ही उसके निरंकुश शासन पर प्रभावशाली रोक लगा सकती थी। संगम काल की जनता ने वंशानुगत राजतन्त्र को सबसे अच्छी राज्य शासन विधि के रूप में अपनाया। वे राजाओं से अच्छे नियम या शाही व्यवहार रखने की आशा करते थे। जनता की भलाई और कानून व व्यवस्था की देखभाल करके राजा से अपने पद की गरिमा रखने की आशा की जाती थी। छोटी और बड़ी सभी प्रकार की आपत्तियों से अपनी प्रजा की रक्षा करना राजा का कर्त्तव्य था। वह शैतानों को दंड और गुणवानों को पुरस्कार देता था।

डॉ० एन० सुब्रामनियन का मत है कि संगम काल में राजा लोग पूर्ण रूप से स्वतन्त्र और बिना रोक-टोक के कार्य करते थे। अपने सलाहकारों की सलाह को मानना उनकी अपनी इच्छा पर निर्भर था। राजा की शक्तियों पर कोई प्रश्न नहीं कर सकता था। वह अत्याचारी हो सकता था और उसको बुरे परिणाम नहीं भुगतने पड़ते थे। जनता अत्याचार सहन कर लेती थी और शिकायत करती थी कि उनका राजा एक क्रूर मनुष्य है। वह उसके विरुद्ध विद्रोह नहीं करती थी। राजा में दैवी गुणों का होना माना जाता था। उसको आदर की दृष्टि से देखा जाता था और उसकी भगवान की तरह पूजा की जाती थी। परन्तु प्रोफेसर वी०आर० रामचन्द्र दीक्षितार के मतानुसार, परिषद्, पुरोहित और जनमत की प्रणाली के द्वारा राजा की शक्ति इतनी सीमित थी कि वह अपने अधिकारों का दुरुपयोग करने का साहस नहीं कर सकता था।

मन्त्री (Ministers)—राजा के कई मन्त्री होते थे और उनका कर्त्तव्य राजा को सलाह देना था। वे दरबार में मौजूद रहते थे और जिन विषयों पर राजा चाहता उनकी सलाह लेता था। राजा को मार्ग दिखलाने की कोशिश करना मन्त्री का कार्य था। मन्त्री किसी जाति से नहीं चुने जाते थे। उनका राजा पर प्रभाव बहुत थोड़ा और सीधा नहीं था। राजा यदि चाहता तो उनकी उपेक्षा कर सकता था।

संगम काल के राजा दूतों या राजदूतों को नियुक्त करते थे। वे एक राजा का दूसरे राजा के दरबार में प्रतिनिधित्व करते थे। राजा बड़ी संख्या में गुप्तचर नियुक्त करता था। भेदियों को नियुक्त करने का कार्य शान्ति और युद्ध दोनों समय में किया जाता था। राजा के अपने राज्य में विदेशी सेवाओं के लिए गुप्तचरों का होना आवश्यक था। वे देशी और विदेशी मनुष्यों पर जासूसी का कार्य करते थे।

ग्राम की जनता अनुभवी, प्रभावशाली और बुद्धिमान मनुष्यों द्वारा शासन का कार्य स्वयं चलाती थी। ग्राम की एक छोटी सभा शासन का कार्य चलाती थी। नगरों में आवश्यक म्यूनिसिपल (Municipal) सेवाओं के लिए व्यवस्था थी। नगरों में चौकीदार धनुष और बाण लेकर चोरों और डाकुओं को मारने के लिए घूमते रहते थे। नगरों में आम जनता के लिए कुएँ थे। शहर में भिन्न-भिन्न मोहल्लों में भिन्न-भिन्न समुदाय के लोग रहते थे।

युद्ध (Warfare)—तमिलाहम के तीन राजाओं में परस्पर बड़ा विरोध था। वे एक दूसरे से युद्ध करने में नहीं हिचकिचाते थे। प्रत्येक राजा दूसरों से अपना पद ऊँचा करना चाहता था। आपस में ईर्षा की भावना विद्यमान थी। प्रत्येक राजा का आदर्श सारी दुनिया को अपने शासन में लाना था। संगम काल के शासकों का मुख्य व्यवसाय युद्ध था। उस काल में अनेक युद्ध हुए। इसके लिए राजा आवश्यक हथियार और सेना रखते थे। सेना शाही शक्ति का प्रधान आश्रय थी। तमिल सेनाएं लड़ाई के आवश्यक हथियारों से अच्छी तरह लेस थीं। उनके पास अनेक मार करने वाले और बचाव के हथियार थे।

कानून और न्याय (Law and Justice)—राजा में समस्त शक्तियाँ विद्यमान थीं और इसलिए वह मुख्य न्यायकर्ता था; वह योग्य पुरुषों की सहायता से न्याय करता था। शहरी और ग्रामीण क्षेत्रों में न्यायालय थे। राजधानी के न्यायालय को अवाई (Avai) और ग्रामीण न्यायालय को मनरम (Manram) कहते थे। राजधानी में राजा स्वयं न्यायालय की अध्यक्षता करता था।

वास्तविक कष्ट होने पर ही लोग न्यायालय में जाते थे। दीवानी और फौजदारी दोनों प्रकार के मुकदमे होते थे। परन्तु मुकदमे अधिक होते थे।

शाही न्यायालय में मुकदमा एक साधारण कार्य था। मुकदमे से सम्बन्धित पार्टियों और गवाहों को शपथ दिलाई जाती थी। यह माना जाता था कि झूठ बोलना पाप है और झूठी गवाही देना उससे बड़ा पाप है। झूठी गवाही देने वालों की

जबान काट दी जाती थी। दंड बड़े कठोर थे। चोरी करने वाले का सिर काट दिया जाता था। यह माना जाता था कि चोर को मारना कोई अन्याय नहीं है। मिलावट को भयंकर अपराध समझा जाता था। सिर काटना, अपराध करने वाले के शरीर के अंग को काटना, यातना देना, जेल भेजना और वस्तु के रूप में जुर्माना करना जैसे दंड दिये जाते थे। संगम काल की जनता समझती थी कि दंड देना आवश्यक है। दंड देने का ध्येय सजा देना था न कि अपराधी का सुधार करना।

राजस्व और आर्थिक व्यवस्था (Revenue and Finance)—संगम काल में अनेक प्रकार के कर लगाए जाते थे। राजस्व की देखभाल के लिए राजा द्वारा अनेक अफसर नियुक्त किये जाते थे। यह अनुभव किया जाता था कि कर समान रूप से और रिवाजों के अनुसार लगाये जायें। भूमि कर राजस्व का मुख्य स्रोत था। इसकी दर भूमि की उपज का 1/6 भाग थी। विशेष अवसरों पर भूमि कर में छूट दी जाती थी। राजा को कुछ पुरुषों या संस्थाओं को करमुक्त भूमि देने का अधिकार था। आय के दूसरे साधन विदेश से आये हुए माल पर सीमा शुल्क और महसूल थे। तमिलाहम का रोम, मिश्र, बर्मा, मलाया और जावा से बड़ा व्यापार होता था। हारे हुए शत्रु और मुखिया लोग शाही खजाने में उपहार भेजते थे। युद्ध में लूट की सामग्री भी आय का एक स्रोत था।

आर्थिक जीवन (Economic Life)—संगम साहित्य से पता चलता है कि दक्षिण भारत की भूमि बड़ी उपजाऊ थी। उससे बहुत अनाज पैदा होता था। चेर राज्य कटहल, काली मिर्च और हल्दी के लिए प्रसिद्ध था। चोल राज्य में कावेरी नदी का जल सिंचाई के काम आता था। संगम साहित्य में रागी और गन्ने के उत्पादन, गन्ने से शक्कर बनाने, फसल काटने और उनको सुखाने का वर्णन है। कृषिप्रधान व्यवसाय और कृषि से प्राप्त राजस्व राज्य की आय का एक मूल स्रोत था। कृषि के विकास के कारण ही राज्य सेना रखने में समर्थ था।

उस समय विदेशी और आन्तरिक व्यापार की प्रगति थी। विदेशी व्यापार संगठित था। बड़ी बन्दरगाहों वाले नगर व्यापार के केन्द्र थे। पुहार में विदेशों से माल लाने वाले जहाज पाल उतारे बिना ही तट पर आ जाते थे। विदेशी व्यापार के कारण पुहार के लोग धनी थे। पुहार में ऊँचे और भव्य भवन थे। ये भवन कई मन्जिलों वाले थे। इन भवनों में ऊपर तो व्यापारियों के परिवार रहते थे और नीचे की मंजिल व्यापार के लिए काम आती थी। संगम साहित्य में पांड्य राज्य में शालियूर और चेर राज्य में बन्दर नामक तटों की गणना बड़ी बन्दरगाहों में थी। जहाजों को संकेत देने के लिए तट पर जल दीपों की स्थापना की जाती थी। जहाजों की मरम्मत भी की जाती थी। बन्दरगाहों में विदेशी लोग भी रहते थे। तोण्डी, मुशिरी और पुहार में विदेशी लोग बहुत संख्या में थे। ये लोग मूल रूप से व्यापार के लिए ही रहते थे। विदेशी व्यापारी अपने बड़े जहाजों में सोना भर कर लाते थे। उसके बदले वे काली मिर्च और समुद्र और पर्वतों से प्राप्त अलभ्य वस्तुएं ले जाते थे।

चेरों की पुरानी राजधानी करूर का नाम वाञ्जि अथवा वाञ्जिपुरम भी था। यहाँ से रोमन सुराहियों के टुकड़े, एक रोमन ताम्र सिक्का, चिन्हों वाले काले और लाल मिट्टी के बर्तन मिले हैं। करूर से कुछ दूरी पर बहुत बड़ी संख्या में रोमन सिक्के मिले हैं।

कांचीपुरम पल्लवों की राजधानी थी और प्रसिद्ध नगर था। एरिकामेडु (पांडिचेरी) भारत और रोम के बीच एक महत्त्वपूर्ण व्यापारिक केन्द्र था। वसवसमुद्र (मद्रास) भी एक महत्त्वपूर्ण बन्दरगाह थी। वह पालेर नदी के मुहाने पर स्थित थी।

पेरिप्लस ऑफ दि एरीथियन नामक ग्रन्थ में लिखा है कि भारत और रोमन साम्राज्य के बीच व्यापारिक सम्बन्ध बहुत विकसित था। इस ग्रन्थ में नौरा, तोण्डी, मुशिरी और कोहयम के निकट नेल्सिडा पश्चिमी तट के मुख्य बन्दरगाह बताये गये हैं। इन नगरों में जहाज बड़ी संख्या में रहते थे। उन पर काली मिर्च, अनेक प्रकार के मामले आदि लादे जाते थे। इनके अतिरिक्त, उत्तम कोटि के हाथी-दाँत, मोती, मलमल और रेशमी कपड़े भी विदेशों को भेजे जाते थे। भारत के बारीक सूती कपड़े संसार में प्रसिद्ध थे।

तमिल राज्यों का पश्चिम में मिस्र और अरब लोगों से और पूर्व में मलय द्वीप समूहों और चीन से व्यापारिक संबन्ध था। रोमन साम्राज्य से होने वाले व्यापार का लाभ भारत के पक्ष में था।

उस समय आन्तरिक व्यापार भी बहुत विकसित था। व्यापारी लोग एक स्थान से दूसरे स्थान तक गाड़ियों और लद्दू

पशुओं का कारवाँ बनाकर जाते थे। बहुत कुछ आन्तरिक व्यापार विनिमय (अदला-बदली) द्वारा होता था। ऐसा पशुओं, जड़ी-बूटी, मछली का तेल, ताड़ी, गन्ना आदि के व्यापार में होता था। छोटे वर्ग की स्त्रियाँ खेतों में मजदूरी करती थीं। उरैयूर सूती कपड़े का बड़ा केन्द्र था। सूत कातना स्त्रियों का ही काम था।

तमिल लोग जहाज बनाते थे। व्यापारी लोगों के माल को रखने के लिए माल गोदाम थे।

तमिल लोग बड़े मेहनती थे। वे बहुत कमाते थे और वैसे ही खर्च करते थे। कुछ लोग बड़े धनी थे परन्तु बहुसंख्या निर्धन थी। धनी लोग या तो राजा थे या उनके साथ सम्बन्ध रखने वाले। धनी लोग अपनी आय में से कुछ भाग दान करते थे। साधारण लोग अधिकतर कृषक, शिकारी, मछुए, चरवाहे अथवा व्यापारी थे। कुछ लोग पुजारी और राजा के नौकर अथवा अधिकारी थे।

सामाजिक जीवन (Social Life)—संगम साहित्य से तमिल लोगों के सामाजिक जीवन का पता चलता है। संगम समाज में पुजारियों अथवा ब्राह्मणों की प्रधानता न थी परन्तु वे सलाह इत्यादि देते थे।

तमिल समाज में वर्ण-व्यवस्था थी और ब्राह्मण उसमें मुखिया थे। ब्राह्मण लोग पुजारी, विद्वान और दार्शनिक थे। बहुत से तो तमिल देश के निवासी थे। तमिल ब्राह्मण पृथक अपनी गलियों में रहते थे। वे अपने कर्त्तव्यों को अच्छी प्रकार से निभाते थे। वे राजा के लिए पुरोहित, ज्योतिषी और न्यायाधीश के काम करते थे। वे राजदूतों का भी काम करते थे। पृथक जीवन पसन्द करते थे। मण्डियों से दूर रहते थे। शाकाहारी थे। उनका राज-दरबार में बड़ा मान था। राजा लोग उनका आदर करते थे। आहिस्ता-आहिस्ता उनका तमिल समाज में आदर और सम्मान बढ़ता गया। कुछ ब्राह्मण पूजा-पाठ का काम न करते थे। कुछ चूड़ियाँ बेचते थे। कुछ संगीत में प्रवीण थे। ब्राह्मण लोग अपने आपको तमिल समाज का एक अंग समझते थे। उनको अपने देश पर अभिमान था। वे संस्कृत को अपने धर्म की भाषा समझते थे।

संगम काल में जाति-प्रथा अभी जटिल नहीं हुई थी। संगम समाज में चार भागों का वर्णन है और वे थे ब्राह्मण, अरसर, वनिगर (व्यापारी) और वेलर, (कृषक)। क्षत्रियों, वैश्यों और शूद्रों का साहित्य में वर्णन नहीं है। दास-प्रथा न थी। लोगों के बेचने और खरीदने का कहीं भी वर्णन नहीं है। इसका यह तात्पर्य नहीं कि उस समय नौकर और मजदूर न थे।

स्त्रियों का स्थान पुरुषों के बराबर न था। तमिल समाज में कई प्रकार की स्त्रियाँ थीं। कई स्त्रियाँ विवाहित थीं और घर के काम-काज के अलावा अपने बच्चों और पतियों की देखभाल करती थी। वे ही सती होती थीं अथवा विधवा रह कर कठोर जीवन व्यतीत करती थीं। कुछ स्त्रियाँ नर्तकियाँ थीं। वे राजा की अंग-रक्षक भी होती थीं। स्त्रियों को सैनिक, मन्त्री, राजदूत अथवा सलाहकार न बनाया जाता था। उनका सम्पत्ति में कोई भाग न था। स्त्रियों को आभूषण अच्छे लगते थे। दोनों स्त्री और पुरुष सोने और मोतियों के गहने पहनते थे। बच्चे नैकलेस पहनते थे। लोगों की पोशाक दो वस्त्रों की थी।

उस समय सती की प्रथा प्रचलित थी। परन्तु बहुत कम स्त्रियाँ सती होती थीं। राजवंशों में भी यह प्रथा कम थी। विधवा स्त्रियों का जीवन बड़ा दुःखदायी था। उनको एक समय खाना और धरती पर सोना पड़ता था। उनके सिर के बाल मुण्डवा दिये जाते थे।

साधारणतया पुरुष एक विवाह करते थे परन्तु राजा और सामन्त बहु-विवाह भी कर लेते थे। विवाह एक पवित्र बन्धन था और उसका जीवन में बड़ा महत्त्व था। विवाह सादा होते थे और दिखावा न होता था। पुरुष और स्त्री के बन्धन को विवाह कहते थे। विवाह के समय ताली अथवा यज्ञोपवीत डाला जाता था।

तमिल लोग अच्छा भोजन करते थे। ब्राह्मण शाकाहारी थे परन्तु बाकी लोग शाकाहारी और माँसाहारी दोनों थे। लोग शराब, अफीम, पान और सुपारी भी खाते थे।

प्रोफेसर नीलकंठ शास्त्री लिखता है कि तमिल समाज में संतोष और सौहार्द था। वे जीवन को प्रसन्नता से व्यतीत करते थे।

धर्म (Religion)—तमिल समाज में धर्म का उच्च स्थान था परन्तु लोगों के कई प्रकार के धार्मिक विचार थे। कई लोग तमिल देश के देवताओं को मानते थे और कई हिन्दू देवताओं की पूजा करते थे। परन्तु इस मतभेद के होते हुए भी समाज में तनाव न था।

लोग अपने-अपने प्रदेश के देवताओं की पूजा करते थे। चरवाहे तिरुमल की पूजा करते थे और उससे दूध देने वाली गायें मांगते थे। शिकारी लोग मुरुगन की पूजा करते थे। इनके अतिरिक्त कई और देवी-देवताओं की पूजा होती थी। कृषक लोग इन्द्र देवता की पूजा करते थे क्योंकि वह वर्षा का देवता था। इन्द्र देवता का एक वार्षिक उत्सव होता था। सूर्य और चन्द्रमा की भी पूजा होती थी।

मुरुगण देवता की तमिल समाज में बहुत मान्यता थी। संगम साहित्य में मुरुगण के मन्दिरों का बहुत स्थानों पर वर्णन है। इन्द्र, यम, वरुण और सोम चारों दिशाओं के रक्षक समझे जाते थे।

संगम साहित्य में अनेक मन्दिरों का वर्णन है। मणिमेखलय और शिलप्पदिकारम में मन्दिरों का वर्णन है। इन्द्र का उत्सव पुहार के अलावा और स्थानों पर भी मनाया जाता था। मदुराई में कमन का उत्सव मनाया जाता था। कमन का मन्दिर पुहार में भी था। कमन तिरुमल का लड़का था।

संगम साहित्य में राम का नाम देवता के रूप में नहीं आता। गणेश के नाम का भी वर्णन नहीं है। शिव देवता की तमिल समाज में बड़ी मान्यता थी। विष्णु की पूजा में तुलसी और घण्टे का प्रयोग किया जाता था।

वैदिक हिन्दू धर्म बौद्ध और जैन धर्म से पहले तमिल देश में पहुँचा। बौद्ध और जैन विद्वानों ने संगम साहित्य में अपना योगदान दिया।

शिक्षा (Education)—संगम समाज सभ्य था। शिक्षा का प्रसार समाज में आम था। लोग केवल पुस्तक ही नहीं पढ़ते थे परन्तु विद्वानों के भाषण भी सुनते थे। संगम समाज के विद्वान सभी जातियों और श्रेणियों से थे।

ब्राह्मण लोग वेदों का अध्ययन करते थे। राजा लोग घुड़सवारी करते थे, शिकार खेलते और कुश्ती करते थे। व्यापारियों और राजाधिकारी लोगों की गणित की ओर अधिक रुचि थी। ब्राह्मण ज्योतिष-शास्त्र पढ़ते थे। कारीगर कई प्रकार की कलाएं सीखते थे।

संगम काल में लगभग 500 कवि थे। उनमें कई राजा और स्त्रियां भी थीं। शिक्षा का बहुत सा काम जबानी होता था। विद्यार्थी बहुत कम लिखते थे और बहुत कुछ जबानी याद करते थे।

कला (Fine Arts)—इस काल में चित्र कला का बड़ा विकास हुआ। धनी लोगों और नर्तकियों के घरों में कई प्रकार की चित्रकारी होती थी। रंगमंच और परदों पर भी चित्रकारी होती थी। चित्रकला पर एक ग्रन्थ भी था। मूर्तिकला का भी उच्चकोटि का ज्ञान लोगों को था। नृत्य और संगीत का लोगों को शौक था। नृत्यु-कला की बहुत उन्नति हुई। मनुष्य और स्त्री दोनों नाचते थे। तमिल कला ने विदेशों में भी अपना प्रभाव डाला।

Suggested Readings

Kanakasabhai Pillai, V. : The Tamils 1800 Years Ago, Madras, 1904.
Krishnaswami Iyengar, Dr. S. : Beginnings of South Indian History, Madras, 1918.
Krishnaswami Iyengar, Dr. S. : Manimekalai in Its Historical Setting, Luzac 1928.
Mahalingam, Dr. T.V. : South Indian Polity, Madras, 1955.
Nilakanta Sastri, K.A. : History of South India, Oxford, 1955.
Nilakanta Sastri, K.A. : Pandyan Kingdom, Luzac, 1939.
Nilakanta Sastri, K.A. : History and Culture of Tamils.
Purnalingam Pillai, M.S. : History of Tamil Literature.
Ramchandra Dikshitar, V.R. : Studies in Tamil Literature and History, Madras, 1936.
Sesha Iyer, K.G. : Chera Kings of the Sangam Age.
Smith, V.A. : Early History of India, 1924.
Srinivasa Iyengar, M. : Tamil Studies, Madras, 1914.
Srinivasa Iyengar, P.T. : History of Tamils, Madras, 1929.
Subrahmanian, N. : Sangam Polity, Madras, 1966.
Vaiyapuri Pillai, S. : History of Tamil Language and Literature, Madras, 1956.

अध्याय

50

दक्षिण भारत का भारतीय संस्कृति में योगदान

(Contribution of South India to Indian Culture)

विन्ध्याचल पर्वत और सघन वन उत्तर भारत को दक्षिण भारत से अलग करते हैं। उनके कारण परस्पर सम्पर्क कठिन रहा है। उसका एक परिणाम यह हुआ कि जो राजनीतिक परिवर्तन उत्तर भारत में हुए उनका प्रभाव दक्षिण भारत में न हुआ। परन्तु इसका तात्पर्य यह नहीं कि उत्तर और दक्षिण भारत बिल्कुल एक दूसरे से अलग–थलग रहे। एक विचार यह भी है कि सिन्धुघाटी की सभ्यता द्रविड़ लोगों की सभ्यता थी। द्रविड़ों ने नागरिक जीवन के साथ–साथ विदेशी व्यापार का भी विकास किया। आर्य सभ्यता ने द्रविड़ सभ्यता से बहुत कुछ ग्रहण किया। सत्य तो यह है कि हिन्दू धर्म आर्य और द्रविड़ सभ्याताओं का सम्मिश्रण है। यह ठीक है कि आर्य सभ्यता भारत में प्रधान है परन्तु इसने द्रविड़ सभ्यता से भी बहुत कुछ लिया है।

उत्तरी भारत को विजय करके आर्य लोग दक्षिण भारत की ओर बढ़े। कात्यायन लिखता है कि लगभग 400 ईसा पूर्व आर्य लोग दक्षिण भारत के अन्तिम छोर तक पहुँच गए। कर्नाटक के एक शिलालेख से पता लगता है कि कुन्तल देश नन्द और मौर्य साम्राज्यों का अंग था। एक और शिलालेख में लिखा है कि नन्द सम्वत् दक्षिण भारत में भी प्रचलित था। गोदावरी नदी पर स्थित नवनन्द डेहरा नगर से इस तथ्य की पुष्टि होती है कि नन्द वंश का दक्षिण भारत के एक भाग पर शासन था। चन्द्रगुप्त मौर्य का भी दक्षिण पर आधिपत्य था। जैन परम्परा के अनुसार चन्द्र गुप्त मौर्य ने अपने जीवन के अन्तिम दिन दक्षिण भारत में व्यतीत किये और वहाँ ही उसकी मृत्यु हुई।

अशोक सम्राट के शिलालेखों में चेर, चोल, पाण्ड्य और सतीयपुत्र के वर्णन हैं। इससे यह सिद्ध होता है कि मौर्य साम्राज्य मैसूर तक फैला हुआ था। संगम साहित्य में इस बात का उल्लेख है कि मौर्यों ने दक्षिण भारत को विजय किया। मौर्यों को ''वम्भमौर्य'' की उपाधि दी गयी। मौर्यों की अग्रिम सेनाओं को चेरों और चोलों ने लगभग परास्त कर दिया। अशोक के शिलालेखों में चोल, पाण्ड्य, चेर, सतीयपुत्र, किरालपुत्र और ताम्रपाणि के वर्णन हैं और ये राज्य अशोक के साम्राज्य से बाहर थे।

अशोक के चौदह लघु शिलालेखों में से दस कर्नाटक में मिले हैं। उनके स्थान हैं—मास्की, गवमठ, पलकीगुण्डु, ब्रह्मगिरि, सिद्धपुर, गतिनगरमेश्वर, निन्तर उदेगोला इत्यादि। येरागुदी और रजुल मदगिरि आन्ध्र प्रदेश में हैं।

स्वर्णगिरि मौर्य साम्राज्य का एक महत्त्वपूर्ण प्रान्त था। वह एक युवराज के अधीन था। स्वर्णगिरि और इशिला में महामात्र नियुक्त थे। इनके अतिरिक्त अन्तमहामात्र, धर्ममहामात्र, नगर व्यावहारिक महामात्र, पजवचनिका महामात्र, स्त्री–अध्यक्ष महामात्र इत्यादि अधिकारियों के 6 नाम भी वर्णित हैं। इनमें लिपिकारों का भी उल्लेख है। दक्षिण का बहुत–सा भाग मौर्य साम्राज्य में था। उसका शासन सुवर्णगिरि और तोसाली के युवराज, इशिला और सम्पा के महामात्र और अटवी

अधिकारी करते थे। मौर्यों ने दक्षिण भारत का महत्त्व व्यापार की दृष्टि से भी देखा। कौटिल्य दक्षिणापथ के साथ वहाँ के हीरों और सोने की खानों, मोती इत्यादि के लिए सम्पर्क रखना चाहता था।

सातवाहन वंश (The Satvahanas)—सातवाहनों ने मौर्यों के पश्चात दक्षिण भारत में अपना राज्य स्थापित किया। उनकी राज्य व्यवस्था मौर्यों के ढंग पर थी। उन्होंने कौटिल्य-अर्थशास्त्र के अनुसार अपनी शासन-पद्धति बनायी। राजकुमारों को कौटिल्य-अर्थशास्त्र के अनुसार शिक्षा दी गई। कौटिल्य ने लिखा था कि राजा का सुख प्रजा के सुख पर निर्भर है और राजा को वैसा ही करना चाहिए जिससे प्रजा प्रसन्न हो और दक्षिण के राजाओं ने इसी नीति का अनुसरण किया। कुराल (Kural) को कौटिल्य-अर्थशास्त्र का लघु संस्करण कहा जाता है। इससे यह सिद्ध होता है कि दक्षिण की राजनीति कौटिल्य की ऋणी है।

सातवाहन दक्षिण की वह पहली शक्ति थी जिन्होंने उत्तरी भारत पर अपना आधिपत्य जमाया और उत्तरी तथा दक्षिणी भारत में एकता का सूत्रपात किया। वे ब्राह्मण धर्म को मानने वाले थे। उन्होंने भारतीय कला के विकास में अपना योगदान दिया। आन्ध्र प्रदेश में गोली, जग्गपेट, भट्टिपरोलू, घण्टाशाला, अमरावती, नागार्जुनकोंडा आदि स्थलों पर स्तूपों तथा मूर्तियों के अवशेष मिले हैं। उन स्तूपों में सबसे बड़े तथा रुचिकर स्तूप अमरावती के हैं। अमरावती शैली अपने प्लास्टिक आर्ट के उत्कृष्ट संग्रह के लिए संसार भर में प्रसिद्ध है। सर जौन मार्शल का विचार है कि अमरावती की कलाओं में विशेष मौलिकता, उपचार की स्वतन्त्रता तथा उत्कृष्ट प्रचुरता पर्याप्त मात्रा में पाई जाती है। अमरावती के अवशेष वास्तव में भारतीय शैली को प्रकट करते हैं जैसा कि भारहुत तथा एलोरा में प्रकट है। वे मौर्य कला का यथावत अनुकरण करते हैं। यह कला अपनी छबि को परम्परागत रूपों में प्रकट करती है। उत्तर-पश्चिम से आए हुए सुन्दर भावों तथा अनेक प्रकारों को उन्होंने पैत्रिक रूप से ग्रहण किया परन्तु ये तत्व उनमें पूरी तरह समाहित तथा सम्मिश्रित हो गये। मूर्तिकला की देशज विशिष्टताओं को कहीं हानि नहीं हुई। अमरावती के कलाकारों ने सामान्य मानव-मात्र के निर्माण में पर्याप्त निपुणता प्राप्त की है। अमरावती शैली वालों ने पहली बार भारतीय कला में महात्मा बुद्ध को देवता के रूप में पूजा होते हुए दर्शाया है। अमराक्ती शैली वालों ने भारतीय मूर्तिकला की प्रथमावस्था को शिखर तक पहुँचाया है। भारतीय प्लास्टिक कला में सुन्दर तथा अद्वितीय स्वरों का मिलान हुआ है। मानव की आकृति की संरचना में उत्कृष्टता प्राप्त की है जिसमें मानवीय भावों की स्पष्ट झलक, हृदय के भावों का प्रकटीकरण तथा उदात्त आत्मिक भावों की स्पष्ट झलक सजीव हो उठी है। यह अपने में अद्वितीय है।

चित्रकला के क्षेत्र में अजन्ता तथा सातवाहनों की शैली का एक साथ उदय हुआ। दस नम्बर की गुफा ईसा से दूसरी शताब्दी पूर्व की है जो कि सांची तथा भारहुत के समकालीन है। महात्मा बुद्ध को यहां एक लाल रंग की झालर युक्त गद्दे पर बैठा दर्शाया गया है तथा उनके माथे पर चन्दन का टीका लगा है। उनके अगल-बगल में बुद्ध संन्यासी तथा एक गृहस्थी खड़ा है। अन्य गुफाओं में सातवाहन-कालीन कला कृतियाँ हैं परन्तु ये कला-कृतियाँ आदि गुप्त या वाकाटक समय से सम्बन्धित हैं।

सातवाहनों के राज्यकाल में महाराष्ट्री प्राकृत वहाँ की राजभाषा थी। कुण्डाकुण्डाचार्य प्राकृत का एक महान लेखक था। प्राकृत प्रबृतसार, रयनसार, समयसार, प्रवचनसार, द्वादशानुप्रेक्षा आदि उसने प्रमुख पुस्तकें प्राकृत में लिखीं। पैशाची बोली में लिखी बृहदकथा का संग्रह गुणाढ्य ने किया। राजा हाल ने एक अन्य ग्रन्थ गाथा सप्तशती लिखा। राजा हाल की विजय का वर्णन प्राकृत में लिखी गई लीलाबाई में किया गया है।

संस्कृत राजभाषा बन गई। शिलालेख प्राकृत तथा संस्कृत में लिखे गए। संस्कृत शब्दों का प्राकृत के साथ आम प्रयोग होने लगा। पाणिनि का व्याकरण पढ़ने में कठिन था। सातवाहन राज्य के एक मन्त्री सर्ववर्मन ने एक लघु व्याकरण कौतन्त्र राजा के लाभ के लिए लिखा।

सातवाहनों ने उत्तर और दक्षिण भारत के बीच एक कड़ी का काम किया। यद्यपि वे प्रत्यक्ष में लुप्त हो गए तथापि वे अपने समय के इतिहास पर अमिट छाप छोड़ गये, विशेषतया साहित्य, कला तथा विदेशी व्यापार के क्षेत्र में।

प्रोफेसर नीलकण्ठ शास्त्री के अनुसार, आदर्शवाद, यथार्थवाद तथा देशज तेज तथा शक्ति का सम्मिश्रण संगम साहित्य में पाया जाता है। इसे तमिल साहित्य का अगस्तन युग ठीक ही कहा गया है। यह साहित्य हमें तमिल संस्कृति का सम्पूर्ण दर्शन कराता है।

गुप्त राज्य के सम्राट समुद्रगुप्त ने दक्षिण भारत के कुछ भागों पर आक्रमण किया तथा भारत की संस्कृति का फैलाव किया। चन्द्रगुप्त द्वितीय ने दक्षिण के वाकाटक वंश से वैवाहिक सम्बन्ध स्थापित किये। इस प्रकार उत्तर भारत की संस्कृति का फैलाव दक्षिण भारत में और बढ़ गया। वाकाटक वंश के अतिरिक्त, पल्लवों, चालुक्यों, राष्ट्रकूटों तथा चोलों ने उत्तर भारत की संस्कृति को दक्षिण में फैलाने का प्रयास किया। ललित कलाओं तथा साहित्य को महत्ता देकर भारतीय संस्कृति को विभिन्न क्षेत्रों में समुन्नत किया। नीलकण्ठ शास्त्री उत्तर भारत के सम्बन्ध में लिखते हैं : ''प्रागैतिहासिक युग से लेकर अबतक कहीं कोई ऐसा काल इतिहास में नहीं मिलता जबकि राजनीतिक तथा सांस्कृतिक क्षेत्र में दोनों क्षेत्रों ने एक-दूसरे को प्रभावित न किया हो।'' दक्षिण भारत भारतीय संस्कृति का एक अभिन्न अंग रहा है। उसने संस्कृति के सभी मूल्यों तथा परम्पराओं को बढ़ावा दिया है। राजनीति के क्षेत्र में उत्तर तथा दक्षिण भारत ने राजसत्ता परम्परा का अनुसरण किया है तथा राजाओं ने राजधर्म का पालन किया है। दूसरे राजाओं द्वारा विजय किये गए राज्यों में प्रचलित राज्यव्यवस्था तथा सामाजिक व्यवस्था में किसी प्रकार का हस्तक्षेप नहीं किया तथा वहाँ की प्रजा द्वारा अपनी प्रभुसत्ता मान लेने में संतोष प्रकट किया। चोलों को छोड़कर, दक्षिण भारत के अन्य राजाओं ने उत्तर भारत के राजाओं की तरह ही धर्मयुद्ध के सिद्धान्त पर युद्ध किये। मानवतावाद ही उनके युद्धों तथा विजयों का एक अंग था। दक्षिण भारत के धनी लोगों ने ही विद्वानों, धर्म तथा सामाजिक संस्थाओं को संरक्षण दिया। जाति प्रथा को उत्तर तथा दक्षिण भारत के लोगों ने समानरूप से स्वीकार किया। शिक्षा, साहित्य तथा ललित कलाओं द्वारा भारतीय संस्कृति समृद्ध हुई। संस्कृत उत्तर तथा दक्षिण भारत की साहित्यिक भाषा थी। तमिल, कन्नड़, तेलुगु आदि क्षेत्रीय भाषाएँ संस्कृत साहित्य से प्रभावित हुईं। हिन्दू धर्म का प्रभुत्व उत्तर भारत की तरह दक्षिण भारत में भी फैल गया। उन्होंने उत्तर भारत की संस्कृति को मूल रूप में स्वीकार किया तथा उसका अनुसरण किया।

विदेशी व्यापार (Foreign Trade)

विदेशों से व्यापार करने का सारा श्रेय दक्षिण भारत को है। बहुत से दक्षिण भारत के सम्राट विशेषता चोल राजा समुद्र तट को विदेशी व्यापार के रूप में इस्तेमाल करने लगे और कभी-कभी अपने प्रभाव को भारत की समुद्र सीमाओं तक फैलाने लगे। दक्षिण भारत दक्षिण-पूर्व एशिया के देशों पश्चिमी एशिया, योरुप तथा चीन आदि देशों से व्यापार करने लगा। उत्तर भारत पहाड़ी दर्रों के रास्ते से एशिया के पश्चिमी देशों से व्यापार करने लगा। उत्तर-पश्चिमी मीमावर्ती क्षेत्र में किसी शत्रु देश के होने से व्यापार में रुकावट हो जाती थी। दक्षिण भारत से विदेशी व्यापार समुद्र के रास्तों से किया जाता था। जो रुकावटें भू-मार्ग में होतीं वे समुद्री मार्गों में नहीं होती थीं। इस प्रकार दक्षिण भारत में विदेशी व्यापार चलता रहा तथा वहां के लोगों में खुशहाली की लहर आ गई। विदेशी व्यापार में सफलता प्राप्त होने से भारतीय नैतिकता, धर्म, साहित्य और ललित कलाओं पर अच्छा प्रभाव पड़ा तथा भारत समृद्ध बना।

पल्लव वंश (The Pallavas)

पल्लवों के शासन काल में दक्षिण भारत के लोगों का पूर्णतः आर्यकरण (Aryanisation) हुआ। पाँचवीं शताब्दी से नवीं शताब्दी ई० तक लगभग पांच शताब्दियों तक पल्लवों का प्रभुत्व रहा। ई० पूर्व का छठी शताब्दी तक दक्षिण भारत में आर्य सभ्यता का सम्पूर्ण विकास तथा प्रभुत्व छा गया था। आपस्तम्ब और बौधायन ब्राह्मणों से स्पष्ट होता है कि पल्लव साम्राज्य में उत्तर भारत के धर्मशास्त्र का पूरा अधिकार था। इन राज्यों में संस्कृत का पूरा आधिपत्य था तथा राज-आज्ञायें भी इसी भाषा में जारी की जाती थीं। पल्लव लोग संस्कृत प्रेमी थे। उनके बहुत से शिलालेख संस्कृत में लिखे होते थे। तमिल शिलालेखों में भी प्रशस्ति भाग संस्कृत में होता था। मन्दिर संस्कृत अध्ययन के मुख्य केन्द्र थे। भारवि किरातार्जुनीयम् का लेखक था। वे एक पल्लव राजा सिंहविष्णु के दरबार के बिभूषण थे। दण्डी उच्चस्तरीय काव्य के महान् रचनाकार थे। एक अन्य पल्लव राजा, नरसिंहवर्मन द्वितीय के राज्य में दण्डी फले फूले। महेन्द्र वर्मन एक महान लेखक था। उसने विलास प्रहसन सामाजिक नाटक लिखा। पल्लवों के देश में कालिदास तथा भारवि के काव्य तथा ब्राह्महीर की काव्य रचनाएं प्रसिद्ध थीं। कांचीवरम के निकट कूर्म नामक गांव में 108 परिवार रहते थे जिन्होंने चारों वेदों का सम्पूर्ण अध्ययन किया हुआ था। दक्षिण में कांची विश्वविद्यालय संस्कृत की शिक्षा का सबसे बड़ा केन्द्र था। दक्षिण में इसने भारतीय संस्कृति के विस्तार में महत्त्वपूर्ण योगदान दिया। ह्यून सांग ने काँची में देखा कि सैकड़ों बौद्ध विद्यार्थी तथा महायानी संन्यासी शिक्षा प्राप्त करते थे। कांची के लोगों के विषय में वे लिखते हैं कि वे ईमानदारी, सच्चाई तथा उच्च शिक्षा के सिद्धान्तों में विश्वास रखते हैं। वात्स्यायन कांची के विद्वान थे। वे ई०

की चौथी शताब्दी में वहाँ रहे। वे बौद्ध धर्म के महाविद्वान तथा दार्शनिक थे। उन्होंने न्याय भाष्य लिखा। दिग्नाग ने कांची में शिक्षा प्राप्त की। कदम्ब वंश के मयूरवर्मन वैदिक शिक्षा के लिए कांची गए। जैसे नालन्दा विश्वविद्यालय उत्तर भारत में था उसी प्रकार दक्षिण भारत के बौद्धिक जीवन को प्रभावित करने वाला कांची विश्वविद्यालय था। यह ठीक ही कहा गया है कि पल्लवों की कांची जो आर्य सभ्यता तथा संस्कृत शिक्षा का दक्षिण में एक महान केन्द्र था यहां से इनका फैलाव भारत तथा सुदूर पूर्व भारत के उपनिवेशों में हुआ। आठवीं शताब्दी तक पल्लवों के प्रभाव से कम्बोज तथा चम्पा की बस्तियों में आर्य संस्कृति का फैलाव होता रहा। पल्लवों की सामुद्रिक शक्ति बढ़ गई तथा उन्होंने दक्षिण-पूर्व एशिया के देशों से घनिष्ठ एवं मैत्रीपूर्ण सम्बन्ध स्थापित किये। वे ब्राह्मण हिन्दू थे तथा शिव के उपासक थे। इसका परिणाम यह हुआ कि दक्षिण भारत में शैव धर्म का फैलाव हुआ। शैव धर्म के दक्षिण भारत के सिद्धान्तों ने कम्बोज तथा चम्पा में राजकीय रूप ले लिया। संस्कृत उनकी राजकीय भाषा बन गई। चम्पा में संस्कृत में लिखे सौ से अधिक शिलालेख मिले हैं। चम्पा तथा कम्बोज में दक्षिण भारत पद्धति की वास्तुकला के दर्शन होते हैं। जावा और सुमात्रा के सम्राटों तथा मलाया ने अपनी संस्कृति की प्रेरणा दक्षिण भारत से प्राप्त की। सलेन्दरों के बहुत से शिलालेखों में दक्षिण-भारत-ग्रन्थ-पद्धति को अपनाया गया। सुमात्रा में बहुत सी जातियों के नाम दक्षिण भारत के नामों से मिलते जुलते हैं। जैसे चोल और पाण्ड्य। इससे स्पष्ट है कि हिन्दू संस्कृति का प्रभाव सुदूर पूर्व के हिन्दू उपनिवेशों पर पड़ा जिसका उद्भव दक्षिण भारत से था। इस प्रकार भारत के बाहर भारतीय संस्कृति तथा सभ्यता के विस्तार में दक्षिण भारत का महत्त्वपूर्ण योगदान रहा।

पल्लवों ने धर्म क्षेत्र में अपना योगदान दिया। उन्होंने आठवीं शताब्दी में महान सुधारों की नींव रखी। दक्षिण में शैव तथा वैष्णव धर्म पल्लव काल में खूब फले-फूले। वैष्णव संत अलावरों को पल्लवों ने उदारभाव से आश्रय दिया। पवित्रता तथा साधना के क्षेत्र में उनके गीत तथा मन्त्र अनन्य श्रद्धा के भाव दर्शाते हैं। पल्लवों के संरक्षण में तमिल का वैष्णव तथा शैव साहित्य विकसित हुआ।

धर्म (Religion)—हिन्दू धर्म के विकास में दक्षिण भारत का महान योगदान है। हिन्दुओं में शैव धर्म के फैलाव में उत्तर भारत की अपेक्षा दक्षिण भारत का अधिक योगदान रहा। उत्तर भारत के बहुत से महाराजा विष्णु के उपासक थे जबकि दक्षिण के सम्राट शिव के अनुयायी थे। दक्षिण में बहुत से मन्दिर शिव महाराज के सम्मान में बनाए गए। इसका परिणाम यह हुआ कि शैव धर्म दक्षिण में प्रमुख हो गया। शैव धर्म की बहुत सी शाखाएँ जैसे—लिंगायत, पशुपति तथा कपालिका आदि का उद्भव दक्षिण भारत में ही हुआ। हिन्दू मन्दिर, धार्मिक संस्थान बन गए तथा यह प्रक्रिया दक्षिण भारत से ही आरम्भ हुई। कुमारिल भट्ट ने धर्म के नाम पर पाखण्ड का विरोध किया तथा आत्म बोध प्राप्त करने के लिए ज्ञान मार्ग की चर्चा की। शंकराचार्य ने समग्र भारत का भ्रमण किया तथा धार्मिक शास्त्रार्थों में बौद्धिक विद्वानों को परास्त कर भारत में हिन्दू धर्म की महत्ता को फिर से स्थापित किया। रामानुज तथा माधव ने भक्ति मार्ग के लिए रास्ता तैयार किया। ये संत तथा विद्वान दक्षिण भारत से थे।

भक्ति मार्ग—दक्षिण भारत का सांस्कृतिक योगदान भक्तिमार्ग के रूप में था। भक्ति लहर के अन्तर्गत शिव तथा विष्णु की उपासना होती थी। आर्य संस्कृति के उस क्षेत्र में पहुँचने से पूर्व शिव तथा विष्णु की उपासना होती थी। दक्षिण के शिव तथा वैष्णव सन्तों ने भक्ति मार्ग का विकास किया। शिवसन्त नयानमारों के उपासना गीत अपनी पवित्रता, सादगी तथा ईश्वर से अटूट स्नेह के सुन्दरतम उदाहरण हैं। अपने उपासना गीतों, स्तुति भजनों तथा मन्त्रों द्वारा इन सन्तों ने देशभर में धार्मिक विचारों में बहुत अधिक परिवर्तन लाये। अलावरों ने जो कि वैष्णव सन्त थे, भक्ति भावना को बढ़ावा दिया। विष्णु की प्रशंसा में उन्होंने कविताओं तथा गीतों का संग्रह किया। इस प्रकार अपना साहित्य तैयार कर लिया। पल्लव साम्राज्य के संगम साहित्य में भी भक्ति की सुगन्ध का आभास पाया जा सकता है। शिवों का तेवराज तथा तिरुवाचकम् तथा वैष्णवों के अलावरों का प्रबन्धम पल्लव काल से सम्बन्धित है। भक्ति उपासना का धार्मिक साहित्य मन्दिरों की उपासना की जड़ों में स्थित है। यह भक्ति या उपासना पद्धति का ही फल है। सम्पूर्ण आगम साहित्य मन्दिर की उपासना पद्धति को पूरा करता है। भक्ति लहर ने मन्दिर की उपासना को धर्म का प्रमुख अंग बना दिया।

भक्ति लहर ने शिववाद तथा वैष्णववाद को दक्षिण भारत से उत्तर भारत में फैला दिया। वैष्णववाद महाराष्ट्र में पंढारपुर के आसपास तथा उत्तर भारत में यह मथुरा के आसपास फैला। बारहवीं शताब्दी से पन्द्रहवीं शताब्दी

ई० तक भक्ति लहर उत्तर भारत में वैष्णव सम्प्रदाय के रूप में विकसित हुई। विष्णु के दो अवतार राम तथा कृष्ण की उपासना के रूप में विकसित हुई। हिन्दी में तुलसीदास की रामायण में भगवान राम का गुणगान किया गया। वल्लभाचार्य ने गुजरात में भगवान कृष्ण का गुणगान किया तथा बंगाल में महाप्रभु चैतन्य ने कृष्ण लीलाओं का गुणगान किया।

भक्ति लहर का उदय दक्षिण भारत में हुआ तथा इसका विरोध भी यहीं पर हुआ। दक्षिण में जब मन्दिर उपासना पद्धति अपने चरमोत्कर्ष तक पहुँच गई तब इसके प्रति विरोध की भावना का उदय भी हुआ तथा इसकी सीमाओं तथा त्रुटियों के प्रति भी विरोध किया गया। इन विरोध करने वाले लोगों को सिद्ध कहा गया। ये यौगिक प्रकार के व्यक्तिगत धर्म को बहुत महत्ता देते थे। सामान्यतः विरोध निम्न प्रकार से था : ''ईश्वर को पाने के लिये पवित्र स्थानों की यात्रा करना, मन्दिर तथा मूर्तियों में उसको देखना आदि-आदि बातें मूर्खतापूर्ण समझी जाने लगीं। आपका भगवान आप में ही है तथा सीखना क्या है कि उसे कैसे पाया जाय?'' भारत में इस्लाम धर्म के उदय होने से उत्तर भारत में इस पर अधिक बल दिया जाने लगा। उत्तर भारत में कबीर और नानक इस विरोध के महारथी थे।

मुस्लिम बादशाहों की धार्मिक नीति से तंग आकर बहुत से ब्राह्मण दक्षिण भारत में चले गये। वे अपने साथ तांत्रिक विद्या को भी ले गए जोकि शिववाद का ही एक अंग थी। इसके साथ पशुपति तथा कपालिका सम्प्रदाय का दक्षिण भारत में विकास हुआ। इसी से लिंगायत का विकास भी दक्षिण भारत में हुआ।

स्वतन्त्रता की भावना (Spirit of Liberalism)—भक्ति लहर के विकास काल में शिववाद, वैष्णववाद तथा मन्दिर उपासना पद्धति का विकास दक्षिण भारत में हुआ। इससे स्वतन्त्रता की भावना का विकास हुआ। दक्षिण भारत में राजाओं तथा प्रजा में निकटता का सम्बन्ध था। राजाओं के अपने धर्म का सम्बन्ध जनता के धर्म में नहीं जुड़ा होता था। इसका फल यह हुआ कि राज्य में प्रत्येक लोगों के समूह को धर्म उपासना के प्रति स्वतन्त्रता थी। स्वतन्त्रता तथा धार्मिक सहिष्णुता की भावना जनता के जीवन के प्रत्येक क्षेत्र में व्याप्न थी। सम्राट प्रशासन में स्वतन्त्रता के सिद्धान्त को महत्ता देते थे। चोलों के राज्यकाल में सामाजिक तथा प्रशासनिक कार्यों के लिए स्वतन्त्र स्थानीय संस्थाएँ थीं।

मन्दिर वास्तुकला (Temple Architecture)—भक्ति लहर के परिणामस्वरूप मन्दिर वास्तुकला का विस्तार हुआ। समस्त दक्षिण भारत में बहुत से मन्दिर बनाए गए। शिव तथा विष्णु के वे मन्दिर भक्तों के लिए स्मारक स्थल थे जिन्होंने भक्ति लहर में उन्मुक्त भाव से अपना योगदान देकर बनवाया था। समयान्तर में उन बस्तियों में ये मन्दिर लोक तथा धार्मिक जीवन के केन्द्र बन गए। भगवत उपासना, अर्चना, राजनीतिक तथा सामाजिक समस्याओं के विचार-विमर्श तथा सुविधाओं की विवेचना के लिए लोग वहाँ इकट्ठे होते। लोग मन्दिरों में लोक सभाएं, सामाजिक मिलन, धार्मिक कीर्तन, कथा नाटक आदि मन्दिरों के सभामण्डपों में करने लगे। आरम्भ में कालेजों को समृद्ध मन्दिरों के साथ सम्बद्ध किया गया। यहाँ शिक्षा निःशुल्क (मुफ्त) दी जाती थी एवं राम मन्दिर कालेज में 10 अलग-अलग विभाग थे जिनमें 340 विद्यार्थी रहते थे।

सातवाहनों के शासन काल में समस्त दक्षिण भारत में महात्मा बुद्ध के सुन्दर स्तूप स्थापित किये गये। बुद्ध के प्रमुख स्तूप अमरावती में हैं। नागार्जुन कोण्डा में एक स्तूप, दो चैत्य तथा मठ पाये गये।

पल्लव मन्दिरों में डियन ड्रावेशैली पायी जाती है। कांची तथा अन्य स्थानों पर भी इस शैली के मन्दिर पाए जाते हैं। कुछ गिरि मन्दिरों को सात पगोड़ा या मामलापुरम के रथ भी कहा गया है जिसे कला की पल्लव शैली भी कहा जा सकता है। पल्लवों का भारतीय संस्कृति को योगदान अद्वितीय है। उनकी कला कृतियाँ दक्षिण भारत में अति सुन्दर हैं। पल्लव काल की गुफाएं, संरचनात्मक मन्दिर तथा अन्य वास्तुकला अवशेष हिन्दू कला के प्रमुख स्मारक हैं। पल्लव वास्तुकला के दो भाग हैं : गिरि कटाई वास्तुकला जिसमें मण्डप और रथ तथा रचनात्मक वास्तुकला मन्दिर शामिल हैं। एक मण्डप चट्टान में से खोदा गया है। यह एक पत्थर का है।

मामलापुरम या महाबालीपुरम नामक कस्बा जो मद्रास के निकट है, पल्लव राजाओं के काल में महाराज नरसिंहवर्मन (625-645) द्वारा स्थापित किया गया। इस कस्बे में बहुत से गुफाओं के मन्दिर या उभरी हुई

नक्काशी से सुसज्जित मण्डप हैं। वे अपने आकार के लिए नहीं बल्कि डिजाइन तथा बनावट के लिए प्रसिद्ध हैं। नक्काशी का काम तथा वास्तुकला के विभिन्न पक्षों का डिजाइन तथा बनावट वास्तव में प्रशंसनीय है। वहाँ के रथ चट्टान कटाई वास्तुकला के अन्य नमूने हैं। उनके नाम पाँचों पाण्डवों तथा द्रौपदी के नाम पर हैं। प्रत्येक रथ विशाल पत्थरों पर बनाया गया है। प्रत्येक रथ सामान्य मन्दिर की व्याख्याओं से पूर्ण है तथा पल्लव कला की अमिट छाप स्पष्ट दिखाई देती है। ये रथ बड़े आकार के नहीं हैं। वे कुल आठ हैं। द्रौपदी का रथ सबसे छोटा, साधारण तथा सुन्दर ढंग से बना है। इस समूह में भीम का रथ सबसे सुन्दर तथा रुचिपूर्ण ढंग से बना है। गणेश का रथ अन्तिम ड्राविडियन वास्तुकला के आधार पर बना है। दक्षिण भारत विमानों की वास्तुकला शैली से ही इन रथों की शैली अपनाई गई है। लम्बे समय तक इस शैली को अपनाया गया। इन रथों के पास की चट्टानों पर शेर, हाथी तथा बैल की मूर्तियाँ बनाई गई हैं। बैल शक्ति माता दुर्गा, इन्द्र और शिव का द्योतक है। प्रत्येक रथ में एक मन्दिर है जो महाशिव की शक्ति को प्रकट करता है।

सातवीं शताब्दी के अन्त तक रथों या मण्डपों की रचना छोड़ दी गयी। सम्पूर्ण आठवीं शताब्दी में भवनों का निर्माण किया गया। विशाल तथा ऊँचे स्तम्भों के साथ सुन्दर मन्दिर बनाये गये। पल्लवों की संरचना कला का कांची का कैलाश मन्दिर सुन्दरतम आदर्श है। कांजीवरम में बैकुण्ठ पेरूमल कला का एक अन्य सुन्दरतम आदर्श है। वास्तुकला की पल्लव शैली यहाँ पर अपने चरमोत्कर्ष पर देखी जा सकती है। यह मन्दिर कैलाश मन्दिर से बड़ा तथा अधिक स्थान घेरे हुए है। संक्षेप में, पल्लवों की कला चट्टानों में बने मन्दिरों में निखर उठी है।

सुदूर पूर्व भारतीय उपनिवेशों की वास्तुकला भी पल्लव वास्तुकला शैली से प्रभावित हुई है। परसी ब्राऊन का मत है कि पल्लव कला समुद्र पार करके दक्षिण-पूर्व एशिया के देशों में पहुंची। यहाँ पहुँचने पर इस कला में इतना निखार आया कि यह (कला) अपने मूल देश से भी दो पग और आगे बढ़ गई। अंगकोर थोम, अंगकोर वाट और बोरोबुधूर के मन्दिर के ऊपरी भाग में खुमेर मूर्तिकला के दर्शन होते हैं। यह मूर्तिकला स्पष्टतया मामलापुरम की मूर्तिकला से प्रभावित है। जावा, कम्बोडिया और अनम के मन्दिरों के भीतर पल्लव शैली के शिखरों की विशेषताएं मिलती हैं।

चोल कला (Chola Art)

चोलों ने ड्राविडियन शैली को अपनाकर उसे सम्पन्न किया। पल्लव महान निर्माणकर्त्ता तथा विशाल मात्रा में निर्माण का कार्य करते थे। राजेन्द्र चोल प्रथम ने एक कृत्रिम झील के चारों ओर 16 मील लम्बा बांध बनवाया था; इससे नहरें भी निकाली गई थीं। बड़े-बड़े पत्थरों के ब्लाक बनाकर कावेरी तथा अन्य नदियों में बाँध बनाये गये। चोल राजाओं ने ध्यान से योजना बनाकर बड़े-बड़े नगरों की स्थापना की। नगर के मध्य मन्दिर की स्थापना की जाती थी। त्रिचनापली जिले में स्थित कोरंगनाथ का मन्दिर, चोलों की आदि मन्दिर वास्तुकला का उत्कृष्ट नमूना है। तन्जोर तथा गंगईकोंडा चोलापुरम के मन्दिरों में मन्दिर वास्तुकला अपने चरमोत्कर्ष तक पहुँच गई। 1011 ईसा के पश्चात् तन्जोर में महाशिव मन्दिर राजाराजा द्वारा बनवाया गया। इस मन्दिर में कला निखर उठी है। मन्दिर की मुख्य बनावट 180 फुट भूमि के फैलाव में है तथा 180 फुट की ऊँचाई पर एक भव्य शिखर है। शिखर तक पहुँचने के लिए 14 मन्जिलें हैं। यह विशाल मूर्तियों तथा अन्य सुन्दर आकृतियों से ढका हुआ है। सम्पूर्ण रूप में तन्जोर का यह मन्दिर भारतीय वास्तुकला का उत्कृष्ट नमूना है।

तन्जोर में सुब्रह्मन्य मन्दिर उत्कृष्ट तो है परन्तु प्रभावकारी नहीं। राजाराजा राजेन्द्र प्रथम ने अपनी नई राजधानी गंगईकोंडा चोलापुरम में एक विशाल मन्दिर बनवाया। यह चोल मन्दिर वास्तुकला का एक उत्कृष्ट नमूना है। महान आकार, दीवारों के घेरे, सभा भवन जिसमें 150 स्तम्भ से भी अधिक स्तम्भ हैं; ठोस पत्थर का बना विशाल लिंग, ऊँचे विमान, पत्थर पर खुदाई का काम आदि-आदि इसकी मुख्य विशेषताएँ हैं। चोल वंश के समय दक्षिण भारत की वास्तुकला अपनी चरम सीमा पर पहुँच गई। नटराज की मूर्तियाँ और सन्तों और हिन्दू देवी-देवताओं की तस्वीरें संसार भर में उत्कृष्ट हैं। चोलों के भवन विशाल हैं। उनकी मूर्तिकला बडे ध्यान से की गई हैं। चोल कलाकारों ने बड़ी ऊँची चीजें सोचीं और उसी प्रकार उनको बनाया भी।

एलोरा का संसार प्रसिद्ध कैलाश–मन्दिर द्रविड़ वास्तुकला शैली का सबसे अच्छा नमूना है। परसी ब्राऊन के विचार में कैलाश मन्दिर एक महान तथा अद्भुत मन्दिर है। यह मन्दिर कृष्ण प्रथम ने बनवाया था। चोल कारीगरों ने लम्बी पर्वत श्रृंखला का एक भाग काट कर अलग कर दिया और उससे मन्दिर बनाया। यह मन्दिर हाथी की पीठ पर स्थित है। कैलाश मन्दिर से धार्मिक भावनाएं प्रकट होती हैं। यह संसार भर में वास्तुकला में अद्वितीय है।

कैलाश मन्दिर से थोड़ी दूरी पर बहुत–सी गुफाएं हैं जो कि पहाड़ को काटकर बनाई गई हैं। उनमें दो जैनियों की गुफाएँ और इन्द्रसभा और जगन्नाथसभा उत्कृष्ट हैं। ऐलोरा में पहाड़ों से काटे गये भवन मिलते हैं।

बम्बई के पास ऐलफेंटा द्वीप में पहाड़ों को काटकर मन्दिर बनाए गये हैं। वहाँ पर बहुत–सी मूर्तियाँ हैं जिनमें शिव की मूर्ति तीन दिशाओं वाली है। इस त्रिमूर्ति में सूक्ष्म भाव दीखते हैं।

श्रवणबैलगोला के स्थान पर जैन महात्मा गोमतेश्वर की मूर्ति है। यह पहाड़ के ऊपर स्थित है। इसकी ऊँचाई 56 फुट है। यह बहुत सुन्दर है।

हेलबिड़ मन्दिर होयशाला कला का प्रसिद्ध नमूना है। यह पाँच या छः फुट प्लैटफार्म से ऊँचा है। इस पर हाथियों, चीतों, घोड़ों और दैवी पशुओं और पक्षियों की मूर्तियाँ हैं। ये बड़ी मेहनत से बनाई गई हैं।

सत्रहवीं शताब्दी में रामेश्वरम् और मथुरा के श्रेष्ठ मन्दिरों का निर्माण हुआ। चालुक्यों ने अपनी राजधानी बादामी में अनेक गुहा–मन्दिर बनवाए जिनमें ब्राह्मण देवी–देवताओं के चित्र उत्कीर्ण हैं।

मन्दिरों, स्तूपों और अजन्ता की कुछ गुफाओं के चित्र दक्षिणी भारत में विकसित चित्रकला के सुन्दर नमूने हैं। दक्षिण भारत में नृत्य और संगीत कला की विशेष उन्नति हुई। उस समय के मन्दिर नृत्य और संगीत के केन्द्र थे।

कांची, मथुरा, तन्जोर और रामेश्वरम शिक्षा के प्रसिद्ध केन्द्र थे। वहाँ संस्कृत की शिक्षा दी जाती थी। संस्कृत के अलावा तमिल, तेलुगु, कन्नड़, मलयालम आदि भाषाओं का विकास भी हुआ और उनमें साहित्य रचना की गई। पल्लव नरेश महेन्द्र वर्मन को मत्तविलास प्रहसन और भगवदज्जुका का लेखक कहा जाता है। दण्डी पल्लव राजाओं का दरबारी कवि था। उसने दशकुमारचरितम् और काव्यादर्श की रचना की। मुकुन्दमाला का लेखक कुलशेखर था। कविरहस्य का लेखक हलायुध था। उदय सुन्दरी कथा का लेखक सोडठल था। विक्रमांकदेवचरित का लेखक विलहण था। मणिमेखलाई, शिल्पाधिकारम, बलयपति और कुण्डलकेशी उस समय की प्रसिद्ध तमिल रचनाएं हैं। रामायण और महाभारत का तमिल भाषा में अनुवाद किया गया। दक्षिण के विद्वानों ने वैदिक ग्रन्थों पर भाष्य लिखे। पम्प और कन्नड़ दक्षिण भारत के प्रसिद्ध कवि थे।

विदेशों में भारतीय संस्कृति के प्रसार में दक्षिण भारत का बड़ा योगदान था। उन्होंने विदेशों के साथ सम्बन्ध स्थापित किये और वहाँ भारत की सभ्यता और संस्कृति का प्रचार और प्रसार किया। दक्षिण भारत में विदेशियों के व्यापारिक केन्द्र थे। दक्षिण के लोगों ने पूर्वी–द्वीप–समूह में शैव धर्म का प्रचार किया। पल्लव वंश के राजाओं ने चम्पा और कम्भुज के साथ अपने सम्बन्ध स्थापित किये और उनकी वास्तुकला पर पल्लव वास्तुकला का प्रभाव है।

जब विदेशियों ने उत्तरी भारत पर आक्रमण किये और वहाँ पर आधिपत्य जमा लिया, उस समय दक्षिण भारत ने भारतीय संस्कृति की रक्षा की। इस्लाम अपना अधिक प्रभाव दक्षिण भारत में न डाल सका। दक्षिण भारत के राज्यों ने बहुत समय तक अपनी परम्पराओं को बनाए रखा। वहाँ के शासकों ने हिन्दू संस्कृति की रक्षा की। उत्तर भारत के कई विद्वानों ने दक्षिण भारत में शरण ली। दक्षिण भारत हिन्दू संस्कृति का केन्द्र रहा। वर्तमान भारतीय संस्कृति तमिल और आर्य संस्कृति का सम्मिश्रण है।

दक्षिण भारत में सामाजिक व्यवस्था अक्षुण्ण रूप में चली रही। मुसलमानों ने उत्तर भारत में जो परिवर्तन किये उनका दक्षिण भारत पर प्रभाव न पड़ा। पाण्ड्यमण्डलम, तोंडामण्डलम, केरल इत्यादि दक्षिण भारत में ज्यों के त्यों चलते रहे। उत्तर भारत में इतिहास वंशों पर आधारित था परन्तु दक्षिण भारत ने अपनी संस्कृति का योगदान दिया।

Suggested Readings

Aiyangar, S. Krishnaswami : Some Contributions of South India to Indian Culture.

Burgess, J. : Rock Temples of Ellora.

Burgess, J. : Rock Temples of Elephanta.

Chopra, Ravindra and Subrahamanian : History of South India, Vol. I.

Dikshitar, V.R.R. : Hindu University of Kanchi.

Fergusson : History of Indian Architecture, Vol. I.

Gopalan : History of the Pallavas of Kanchi.

Longurst, A.H. : Pallava Architecture (Memoirs of the Archaeological Survey of India, No. 17).

Majumdar, R.C. (Ed.) : The Age of Imperial Kanauj.

Majumdar, R.C. (Ed.) : The Struggle for Empire.

Minakshi, C. : Administrative and Social Life under the Pallavas.

Panikkar, K.M. : A Survey of Indian History.

Percy Brown : Indian Architecture.

Sastri, K.A. Nilkantha : The Cholas.

Sastri, K.A. Nilkantha : A History of South India.

The Cultural Heritage of India, Vol. III.

अध्याय

51

प्राचीन भारत के गणराज्य

(Republics in Ancient India)

कई लेखकों का विचार है कि प्राचीन भारत में केवल राजतन्त्र राज्य थे और गणराज्य नहीं थे। उनके अनुसार मालव-गण और यौधेय-गण गणतन्त्र राज्य नहीं थे परन्तु मालवों और यौधेयों की जातियाँ थीं। डॉ० ए०एस० अल्टेकर इस मत को नहीं मानता। उसका विचार है कि यद्यपि यह मान भी लिया जाए कि मालव और यौधेय जातियाँ थीं परन्तु उनकी शासन-पद्धति गणराज्य की तरह थी। गणराज्य राजतन्त्र से भिन्न था। उसने दो उदाहरण देकर यह सिद्ध किया है कि प्राचीन भारत में गणराज्य थे। भारत के कई भागों से यौधेय, मालव और अर्जुनायन गणराज्यों के सिक्के मिले हैं। वे सिक्के गणराज्यों के आदेश से जारी किए गए थे। पोरस ने सिकन्दर का आधिपत्य मानने के बाद बहुत से लोगों को पराजित किया जिनकी शासन-पद्धति गणतन्त्र थी। डॉ० अल्टेकर का ऐसा विचार है कि प्राचीन भारत के गणराज्य वैसे ही थे जैसे एथन्ज, स्पार्टा और वीनस के थे।

वैदिक काल—वैदिक काल में केवल राजतन्त्र राज्य ही नहीं थे। उनके अलावा कई और प्रकार की शासन व्यवस्थाएँ भी थीं। चूँकि महात्मा बुद्ध और महावीर के समय गणराज्य थे, इससे अनुमान लगाया जाता है कि वैदिक काल में भी ऐसे गणराज्य रहे होंगे। गण शब्द का प्रयोग ऋग्वेद में 46 वार और अथर्ववेद में 9 बार आता है। ब्राह्मणों में भी बहुत स्थानों पर गण शब्द का प्रयोग किया गया है। उन्चास या तरेसठ मारुतों को गण कहा गया है। देवों के गणों का भी वर्णन आता है। इन्द्र, मारुत, बृहस्पति, ब्रह्मणस्पति को गणपति की उपाधि दी गई है। ऋग्वेद में गणनायक को राजन की उपाधि दी गई है।

डॉ० आर०एस० शर्मा का विचार है कि वैदिक गण ऐसे संगठन थे जो कि अस्त्र-शस्त्र रखते थे और पाणिनि के आयुधजीवी संघों की तरह थे। वैदिक गण जाति का गणराज्य था। डॉ० बी०एम० ऐपटे का मत है कि बौद्ध समय के गणराज्यों के बीज वैदिक काल में भी मौजूद थे। डॉ० शाम शास्त्री का विचार है कि जब आर्यों ने भारत पर आक्रमण किया, उस समय वे गणों और जनों में विभक्त थे। कुछ जनराजतन्त्र बन गये और कुछ गणतन्त्र बन गये।

पाणिनि—महाभारत के शान्तिपर्व में गणराज्यों का वर्णन आता है जिनमें समानता का शासन था। उनको न तो बहादुरी और न चालाकी हरा सकती थी। उनको हराने का एक तरीका उनमें फूट डालना था। पाणिनि ने राजतन्त्र और गणतन्त्र का संकेत किया है। पहले तो राज्य थे और दूसरे संघ और गण। देश जनपदों में बंटा हुआ था जिनकी अपनी-अपनी सीमाएं थीं। कुछ राजतन्त्र थे और कुछ गणतन्त्र। पाणिनि ने कुछ संघों को आयुधजीविन कहा है। उनका व्यवसाय केवल युद्ध करना था। वे चार प्रकार के थे। सूत्रों में भी संघों का वर्णन आता है। यौधेय गणतन्त्र बहुत समय तक रहा तथा उन्होंने शक राजा रुद्रदामन को भी चुनौती दी। थोड़े समय के लिए उनको धक्का लगा परन्तु वे फिर बलवान हो गये। उनका वर्णन समुद्रगुप्त के अलाहाबाद के शिलालेख में आता है। उनका राष्ट्र गुप्त साम्राज्य का अंग न बना परन्तु उन्होंने समुद्रगुप्त के आधिपत्य को स्वीकार किया। कनिष्क ने यौधेयों को परास्त किया परन्तु फिर वे शक्तिशाली बन गये और वे कुषाण वंश के पतन का कारण बने। गुप्त शासकों के बाद वे फिर शक्तिमान हो गये।

बौद और जैन साहित्य—बौद्ध और जैन साहित्य में भी गणराज्यों का वर्णन आता है। उनमें से कुछ के नाम हैं कपिलवस्तु के शाक्य, अल्लक्पपा के बुली, सनसुमरगिरी के भग्ग, केशपुत के कलमा, रामगम के कुलयी, पावा और कुशीनगर के मल्ल, पिप्हलीवन के मौर्य, मिथिला के विदेह और वैशाली के लिच्छवी। कपिलवस्तु के शाक्यों का प्रसिद्ध गणराज्य नेपाल की सीमा पर था। महात्मा बुद्ध वहाँ का था। इस गणराज्य का मुखिया चुना जाता था और उसकी उपाधि राजा की थी। कपिलवस्तु का वयस्क व्यक्ति प्रशासन के कार्य में भाग लेता था। महत्त्वपूर्ण विषयों का निर्णय सभा में होता था। सभा का कोरम निश्चित था। शाक्य गणराज्य में आठ हजार कुटुम्ब थे। वहाँ बहुत-से नगर भी थे। कौशल राज्य ने कपिलवस्तु को पराजित करके अपने में मिला लिया था। बुली गणराज्य उत्तरी बिहार में था। भग्गों का गणराज्य बहुत पुराना था। डॉ० के०पी० जायसवाल के मतानुसार, उनका राज्य उत्तर प्रदेश के मिर्जापुर जिले में गंगा के तट पर था। ऐसा प्रतीत होता है कि वत्स राज्य ने इनको हरा कर अपने में मिला लिया। डॉ० रेचौधरी का मत है कि केशपुत गणराज्य को कौशल ने अपने में मिला लिया। महात्मा बुद्ध का पहला गुरू अलारा इस गणराज्य का निवासी था।

रामगम के कुलीयों का कई स्थानों पर वर्णन आता है। वे कोलाऋषि के वंशज थे और इसलिए उनको कुलीय के नाम से पुकारते हैं। उनकी राजधानी रामगम थी जोकि रोहिणी नदी के पूर्वी तट के पास थी। वे शाक्यों के पड़ोसी थे। वे रोहिणी नदी का पानी सिंचाई के लिए उपयोग करते थे। पानी के कारण झगड़े होते थे और लोगों को चोटें भी आती थीं। महात्मा बुद्ध के पिता शुद्धोदन ने दो कुलीय राजकुमारियों से विवाह किया था। डॉ० वी०सी० लॉ का विचार है कि कुलीयों की दो शाखाएँ थीं। एक शाखा की राजधानी रामगम थी तथा दूसरी की देवदाह थी। जब महात्मा बुद्ध की मृत्यु हुई तब कुलीयों ने दाह-संस्कार में भाग लिया और उसके अवशेषों का हिस्सा भी लिया।

महाभारत में दो प्रकार के मल्लों का वर्णन आता है। एक मुख्य मल्ल थे और दूसरे दक्षिण मल्ल। भीष्म पर्व में मल्लों का वर्णन अंगों, बंगों और कलिंग के साथ आता है। अंगुत्तर निकाय और महावस्तु में 16 जनपदों का वर्णन आता है और मल्ल भी उनमें से थे। मल्लों के दो केन्द्र पावा और कुशीनार थे। महावीर की मृत्यु पावा में हुई। अपनी मृत्यु से पहले महात्मा बुद्ध ने अपना अन्तिम खाना खांया और बीमार होकर मर गये। पाली धर्म ग्रन्थों में कुशीनार के मल्लों का कई स्थानों पर वर्णन है। दिव्यावदान में भी उनका वर्णन आता है। महात्मा बुद्ध की मृत्यु कुशीनार में हुई।

मल्लों का संघराज्य था। संघ का प्रत्येक सदस्य राजा के नाम से पुकारा जाता था। बुद्धघोष ने भी उनको राजा का नाम दिया है। वे लड़ने वाली जाति थी। वे कुश्ती भी करते थे। वे विशिष्ट गोत्र से थे। उनका सम्बन्ध लिच्छवियों के साथ अच्छा था। कभी-कभी लड़ाई भी हो जाती थी। जब अजातशत्रु ने लिच्छवियों पर आक्रमण किया तो उनके मुखिया चेतक ने सब गणराज्यों से सहायता मांगी। मल्ल राज्य में बौद्धों और जैनियों के अनुयायी थे। कौटिल्य अर्थशास्त्र में मल्लों को राजशब्दोपजीवी संग कहा गया है। मल्ल राज्य मगध में मिला लिया गया।

पिप्हलीवन के मौर्यों का बहुत स्थानों पर वर्णन आता है। वे बुद्ध के काल में प्रसिद्ध न थे। परन्तु मौर्य वंश के लोग इस जाति से थे। बौद्ध ग्रन्थ महावंश में लिखा है कि जिस चन्द्रगुप्त ने मौर्य साम्राज्य की स्थापना की वह इस जाति का था। उनकी राजधानी पिप्हलीवन में थी। महावंश टीका में दो परम्पराओं का वर्णन है। एक के अनुसार मौर्य शब्द मोर से लिया गया है। जब शाक्यों पर अत्याचार किये गए तब वे कई दिशाओं में बिखर गए और अपना एक नया नाम मौर्य रख लिया क्योंकि वहाँ पर मोरों की गुंजार होती थी। दूसरी परम्परा के अनुसार, मौर्य शब्द मोदिय शब्द से लिया गया है जिसका अर्थ है मन को लुभाने वाली।

मिथिला के विदेहों का वेदों में, ब्राह्मणों में, रामायण और महाभारत में वर्णन आता है। उस समय उनका राजतन्त्र राज्य था। महात्मा बुद्ध के समय से पहले वे गणराज्य बन गये और लिच्छवियों के साथ जुड़ गये। विदेहों की राजधानी मिथिला थी। एक ऐसा विचार है कि मिथिला वैशाली से पचपन किलोमीटर की दूरी पर थी।

न ही बौद्धिक साहित्य में तथा न ही रामायण और महाभारत में लिच्छवियों का वर्णन है परन्तु पाली धर्म ग्रन्थों में उनका नाम कई बार आया है। जैन साहित्य में भी उनका वर्णन है। महावीर की माता का नाम वृषला था और वह लिच्छवी राजा चेतक की बहन थी। लिच्छवी वज्जियों के एक हिस्सा थे और उनकी राजधानी वैशाली थी। वज्जियों का भी एक संघ था। वे सोलह जनपदों में एक थे। नेपाल की एक वंशावली में लिखा है कि लिच्छवी लोग सूर्यवंशी थे। रौकहिल ने

लिखा है कि शाक्य और लिच्छवी एक ही जाति की दो शाखाएँ थीं। मनु ने लिखा है कि लिच्छवी लोग व्रात्यक्षत्रिय थे। प्रो० वी०ए० स्मिथ के अनुसार, लिच्छवी लोग तिब्बत से आये थे परन्तु काशी प्रसाद जायसवाल इस मत को नहीं मानते। वज्जी राज्य गंगा के उत्तर में था और नेपाल तक फैला हुआ था। उनकी राजधानी वैशाली थी जोकि बिहार के मुज्जफरपुर जिले में थी। वज्जी संघ में आठ अथवा नौ जातियाँ थीं जिनमें विदेहन, लिच्छवी, ज्ञात्रिक और वज्जी प्रसिद्ध थीं। उस संघ में उग्र,भोग, कौरव तथा ऐक्ष्वाकु भी थे। लिच्छवियों का बड़ा प्रसार हुआ।

बिम्बसार के राज्य काल में लिच्छवी लोग शक्तिशाली थे। महात्मा बुद्ध ने उनकी एकता, शक्ति और गणराज्य की बड़ी प्रशंसा की। ललित विस्तार में लिखा है कि वैशाली के लोग बहुत समृद्ध थे। सारे संघ का मुखिया चेतक था। वैशालियों ने एक सेना द्वारा मगध पर आक्रमण किया। एक सन्धि के अनुसार शान्ति स्थापित की गई। चेतक ने अपनी लड़की का विवाह बिम्बसार से कर दिया। जब अजातशत्रु सिंहासन पर बैठा तो उसने लिच्छवियों को विजय करने का संकल्प कर लिया। उसने अपने प्रधानमन्त्री वासकार को लिच्छवियों के पास भेजा। उसने अपने व्यवहार से लिच्छवियों का हृदय जीत लिया और अन्त में उनमें फूट डाल दी। फूट पड़ने के बाद अजातशत्रु ने लिच्छवियों को जीत लिया। इसका अर्थ यह नहीं है कि वज्जी लोग बिल्कुल नम्र हो गये। कौटिल्य अर्थशास्त्र में भी उनका वर्णन है। पाणिनि ने ब्रिज का नाम लिखा है पर लिच्छवियों का नहीं। कात्यायन और पातंजलि ने भी ब्रिजों का वर्णन किया है जिनका सार्वभौमिक राज्य था। गुप्त वंश की प्रसिद्धि लिच्छवियों के साथ विवाह सम्बन्ध करने से हुई। इसका तात्पर्य यह है कि लिच्छवी लोग उस समय मगध पर शासन करते थे। चन्द्रगुप्त प्रथम ने कुमार देवी जो कि लिच्छवी राजकुमारी थी, से विवाह किया। समुद्रगुप्त इस बात पर गर्व करता था कि वह लिच्छवियों का दौहित्र था।

यूनानी इतिहासकार

यूनानी और रोमन इतिहासकारों ने भी भारतीय गणराज्यों का वर्णन अपने ग्रन्थों में किया। उनके अनुसार कटकियन एक शक्तिशाली जाति थी। वे अपनी बहादुरी और युद्ध में कुशलता के लिए विख्यात थे। उनके पुरुष और स्त्रियाँ अपनी इच्छा से विवाह करते थे। उनमें सती प्रथा थी। जो उनमें सबसे सुन्दर होता था वह राजा चुना जाता था। उन्हीं इतिहासकारों ने अैद्रस्तयी और अदेसतई का वर्णन किया है। वे रावी नदी के पूर्व में रहते थे और उनका केन्द्र पिम्प्रमा था। ऐरियन ने दो और छोटे गणराज्यों का वर्णन किया है। एरियन ने एक और गणराज्य का भी वर्णन किया है।

जब सिकन्दर भारत से लौट रहा था तो उसको कई गणराज्यों का सामना करना पड़ा। सीवाऊ मलाऊ गणराज्य के पड़ोसी थे। वे झेलम और चिनाब नदियों के संगम से नीचे थे। कई विद्वान उनको वैदिक काल के शिव लोक कहते हैं। जहाँ आज शोरकोट का टीला है वहाँ सीवाऊ लोगों की राजधानी थी। जातकों के समय उनका शासन राजतन्त्र था परन्तु बाद में गणतन्त्र हो गया। नीलकण्ठ शास्त्री का विचार है कि सीवाऊ लोग मालवों की तरह राजस्थान चले गये।

अगलसीओ लोग सीवाऊ लोगों के पड़ोसी थे। उनके पास 40 हजार सैनिक और 3 हजार घुड़सवार थे और उनकी सहायता से उन्होंने सिकन्दर को चुनौती दी।

मिन्टगुमरी और मुलतान जिलों में स्थित आकसिड्रेकाई गणतन्त्र के निवासियों ने सिकन्दर को तंग किया। आकसिड्रेकाई की क्षुद्रकों से तुलना की जाती है। उन्होंने मलायी अथवा मालव गणतन्त्र के साथ मिल कर संघ बनाया। उन दोनों की सेनाओं का सेनापति एक क्षुद्रक था। महाभारत में भी क्षुद्रकों और मालवों का वर्णन आता है। सम्भवतः वे दोनों आपस में लगभग एक सौ पूर्व ई० में मिल गये।

मालवों के निवास-स्थान के सम्बन्ध में विद्वानों में मतभेद है। डॉ० रे-चौधरी का विचार है कि वे रावी नदी के दोनों ओर रहते थे। सिक्कों के आधार पर राजस्थान उनका निवास स्थान बनता है। बहुत से विद्वानों का मत है कि वे बाद में राजस्थान चले गये। जब सिकन्दर ने मालवों की राजधानी का घिराव किया तो उसको ऐसी चोट आयी कि लगभग उसकी जान निकल गई। यूनानी सैनिकों को बहुत क्रोध आया और उन्होंने मालवों के किलों को नष्टभ्रष्ट कर दिया। उनकी स्त्रियों और बच्चों को भी मार डाला। मालवों के दूतों ने सिकन्दर से कहा कि उनको अपनी स्वतन्त्रता बहुत प्यारी है। एलन का मत है कि ईसा की पहली और दूसरी शताब्दियों में मालव लोग कुषाणों के अधीन थे और दूसरी शताब्दी के अन्त से पहले वे स्वतन्त्र हुए। डॉ० अल्टेकर का मत है कि सिथियन्स ने उनको 150 ई० के लगभग पराजित किया परन्तु

वे 225 ई० में फिर स्वाधीन हो गये। जिस समय कुषाणों की शक्ति का ह्रास हुआ तब मालवों ने अपनी शक्ति भिन्न-भिन्न दिशाओं में बढ़ा ली। सम्भवत: मालवों ने शकों पर विजय पाकर अपनी शक्ति को बढ़ाया। यह सम्भव है कि महासेनापति बल मालवों के अधीन था। समुद्रगुप्त के शिलालेख में लिखा है कि मालवों ने समुद्रगुप्त को बहुत से उपहार पेश किये।

मालवों की लड़ाई के बाद एजसाईन ने यूनानियों से बड़ी वीरता के साथ युद्ध किया। अवसतनोई मालवा राज्य के नीचे की ओर थे। उनकी तुलना अमभष्ठों के साथ की गई है। डायोडोरस लिखता है कि वे लोग भारत में किसी से भी बहादुरी और संख्या में कम नहीं थे। करटियस लिखता है कि उनका शासन राजतन्त्र नहीं था परन्तु प्रजातन्त्र था। उनके पास साठ हजार सैनिक, छ: हजार घुड़सवार तथा 500 रथ थे। जब सिकन्दर की सेना ने उनके विरुद्ध कूच किया, उन्होंने युद्ध करने के लिए तीन सेनापति नियुक्त किये।

सौदराई लोगों की तुलना संस्कृत साहित्य की क्षुद्र जाति से की जाती है। यूनानी लेखकों के अनुसार, उनकी राजधानी सिन्ध नदी पर थी। वे युद्ध में हार गये। इन लोगों का समुद्रगुप्त के अलाहाबाद शिलालेख में वर्णन आता है।

ब्रैकमनोई दार्शनिक लोग थे परन्तु उनमें देशभक्ति बहुत थी। उन्होंने सिकन्दर को बहुत परेशान किया। सिकन्दर ने उनमें से बहुतों को मरवा डाला।

पंजाब में जो राज्य सिकन्दर के रास्ते में आये वे अधिकतर गणराज्य थे। केवल पोरस और अभीसारस राजे थे। गणराज्यों के लोग शूरवीर थे और उन्होंने सिकन्दर का डट कर मुकाबला किया। उसका परिणाम यह हुआ कि यूनानी सैनिक निराश हो गये तथा भारत से वापिस चले गये। सिकन्दर के साथ युद्ध में स्त्रियों ने भी बढ़-चढ़कर भाग लिया।

कौटिल्य अर्थशास्त्र—कौटिल्य ने अपने अर्थशास्त्र में एक पूरा अध्याय संघों के सम्बन्ध में लिखा है। संघ दो प्रकार के थे। एक प्रकार के संघ को वार्ताशास्त्रोपजीविन कहते थे और वे कृषि, व्यापार और लड़ने का काम करते थे। दूसरे राजशब्दोपजीविन थे और वे राजा लोग थे। कौटिल्य ने कम्बोजों, सौराष्ट्रों, क्षत्रियों और श्रेणियों का वर्णन किया है। कम्बोज लोग महात्मा बुद्ध के समय बहुत प्रसिद्ध थे। जिन 16 महाजनपदों का पाली साहित्य में वर्णन है उनमें कम्बोज भी थे। अशोक ने बौद्ध धर्म के प्रचार के लिए कम्बोज देश में प्रचारक भेजे। रिस डेविड्ज का मत है कि कम्बोज देश भारत के उत्तर-पश्चिम में था। डॉ० एस०के० आयंगर का विचार है कि वे सिन्ध और गुजरात में रहते थे। प्रो० वी०ए० स्मिथ का विचार है कि वे हिन्दुकुश के निवासी थे। मैकरनडल उनको अफगानिस्तान का निवासी बताता है। प्रारम्भ में कम्बोज लोग क्षत्रिय थे परन्तु बाद में शूद्र बन गये।

सौराष्ट्र देश दक्षिणापथ में था। सौराष्ट्र को मौर्यों ने न जीता। रुद्रदामन के जूनागढ़ शिलालेख में यवन तुषास्फ़ जो कि सौराष्ट्र संघ का राजा था, उसका वर्णन है। चन्द्रगुप्त द्वितीय ने उनके राज्य को जीत लिया तथा स्कन्दगुप्त ने सौराष्ट्र के राज्यपाल नियुक्त किए। उसके पश्चात् सौराष्ट्र बल्लबी के मैत्रिकों के हाथों में आ गया। नीलकण्ठ शास्त्री का मत है कि जब सौराष्ट्र राजाओं की अधीनता में भी आ गया उस समय भी वहाँ गणतन्त्र संस्थाएँ अपना कार्य करती रहीं।

राजशब्दोपजीविन: गणराज्यों की श्रेणी में कौटिल्य लिच्छवी, ब्रिजक, माल्लक, कुकुर, मद्रक, कुरु, पांचाल इत्यादि के नाम लिखता है। मद्रकों की प्राचीन राजधानी शकल थी जो आधुनिक काल में पंजाब में सियालकोट है। उनका रामायण और महाभारत में भी वर्णन आता है। बाद में शकल मेनांडर की राजधानी बना। समुद्रगुप्त के अलाहाबाद शिलालेख में भी उनका वर्णन आता है। उन्होंने समुद्रगुप्त को बहुत से उपहार पेश किए। ऐसा प्रतीत होता है कि मद्रक लोग मालवों और यौधेयों के साथ राजस्थान की ओर चले गये। जब कुषाण साम्राज्य का ह्रास हुआ, मद्रक लोग फिर उठ खड़े हुए। अभी तक मद्रक गणराज्य का कोई सिक्का नहीं मिला।

महाभारत में कुकुरों का वर्णन है। वे लोग मध्य भारत में थे। उनका कोई सिक्का अभी तक नहीं मिला।

बौद्ध काल में पांचालि के लोग राजतन्त्री थे परन्तु कौटिल्य उनको गणराज्य लिखता है। पातंजल ने भी ऐसा ही लिखा है। बी०सी० ला के मतानुसार, पांचाल गणतन्त्र राज्य ई० पूर्व पाँचवीं और छठी शताब्दी में स्थापित हुआ।

कौटिल्य के समय में भारत में कई गणराज्य थे परन्तु वह उनका विरोधी था। वह उनको मगध साम्राज्य में मिलाना चाहता था। उसकी अपनी नीति यह थी कि यदि कोई गणराज्य हराया न जा सके तो उसके साथ मित्रता रखनी चाहिए। जो गणराज्य कमजोर हों उनको जीतकर साम्राज्य में मिला लेना चाहिए। गणराज्यों में फूट डालकर भी उनको साम्राज्य में

मिला लेना चाहिए। कौटिल्य की इस नीति का यह परिणाम हुआ कि बहुत से गणराज्यों को हराकर मौर्य साम्राज्य में मिला लिया गया। यौधेय और मालवा लोग मौर्य साम्राज्य में न मिलाये जा सके क्योंकि वे शक्तिशाली थे। जब मौर्यों की शक्ति का ह्रास हुआ तब बहुत से पुराने गणराज्य फिर से उठ खड़े हुए।

अशोक के शिलालेख—अशोक के शिलालेखों में भी ऐसे प्रदेशों का वर्णन आता है जो राजतन्त्र न थे। उनके कुछ नाम योन, कम्बोज, गांधार, राष्ट्रिका, पिटिनिका, अपरान्त, नाभाक, भोज, आन्ध्र प्रदेश इत्यादि हैं। योन लोग भारत की उत्तर पश्चिमी सीमा पर थे। गांधारों का राजतन्त्र राज्य था और उनकी रजधानी तक्षशिला थी। योन, कम्बोज, और गांधार लोग एक दूसरे के पड़ोसी थे। राष्ट्रिक, भोज और पिटिनिक गुजरात में थे। आन्ध्रों का राजतन्त्र राज्य था।

ऊपर लिखे गणराज्यों के अतिरिक्त कात्यायन और पातंजलि, बामरथ और सालंक्यान गणराज्यों का वर्णन करते हैं। बामरथ गणराज्य पांडित्य के लिए विख्यात था।

काशीप्रसाद जायसवाल का मत है कि अर्जुनायनों का गणराज्य शुंगों के राज्यकाल में बना। उनका वर्णन समुद्रगुप्त के अलाहाबाद स्तम्भ शिलालेख में भी है। उन्होंने समुद्रगुप्त के आधिपत्य को स्वीकार किया। प्रो० वी०ए० स्थिम का मत है कि वे लोग भूतपूर्व भरतपुर और अलवर की रियासतों में थे जो कि अब राजस्थान में हैं। डॉ० आर०सी० मजूमदार इससे सहमत नहीं हैं। अर्जुनायनों के कुछ सिक्के राजस्थान से प्राप्त हुए हैं, और उन पर लिखा है "अर्जुनायनाम् जयः" (अर्जुनायनों की जय)।

ये लोग शक्तिशाली तब बने जब यवनों के राज्यों की शक्ति का ई० पूर्व पहली शताब्दी में ह्रास हुआ। फिर शकों ने उनको अपने अधीन कर लिया। वे फिर ऊपर तब आये जब कुषाणों की शक्ति का ह्रास हुआ। वे फिर समुद्रगुप्त के अधीन चौथी शताब्दी ई० में आ गये। वराहमेहर के काल में फिर उन्होंने अपनी शक्ति बना ली।

उत्तमभारा मालवों के राजस्थान में पड़ोसी थे। मालवों ने उन पर घेरा डाल लिया परन्तु पश्चिमी भारत के शक क्षत्रप नाहपान ने उनकी सहायता की।

अग्रतयों का गणराज्य था। उनकी तुलना हरियाणा के हिसार जिले के आग्रोहों से की जाती है। यह निश्चित नहीं है कि उद्देहीकों का गणराज्य था अथवा राजतन्त्र था।

महाभारत में अभीरों का वर्णन आता है और वे पश्चिमी राजस्थान के निवासी थे। पहले बैकट्रीयन यवनों ने उनको जीता तथा बाद में शक शासकों ने। उन्होंने समुद्रगुप्त का भी आधिपत्य स्वीकार किया। प्रो० वी०ए० स्मिथ का विचार है कि जिन अभीरों का वर्णन समुद्रगुप्त के शिलालेख में है वे बेतवा और पार्वती नदियों के मध्य बुन्देलखण्ड के थे। अभीरों का एक मुखिया ईश्वरदत्त था जिसने महाक्षत्रप की उपाधि ग्रहण की। सबसे विख्यात अभीर मुखिया ईश्वर सेन था। कहा जाता है कि उसने सातवाहनों को हराया और 248 ई० में महाराष्ट्र के प्रान्त को अपने अधीन कर लिया।

प्रार्जुनों ने समुद्रगुप्त की अधीनता स्वीकार की। प्रो० वी० ए० स्मिथ के अनुसार वे मध्य प्रदेश के निवासी थे। सनकनिकों ने भी समुद्रगुप्त को अपना स्वामी माना। एक सनकनिक महाराज चन्द्रगुप्त द्वितीय के अधीन था। कुछ विद्वान उसको पूर्वी मालवा का कहते हैं। काको ने समुद्रगुप्त का आधिपत्य स्वीकार किया। उनका वर्णन महाभारत में भी आता है। ऐसा प्रतीत होता है कि वे सनकनिकों के पड़ोसी थे। खरपरिकों ने भी अपने आपको भी समुद्रगुप्त के अधीन किया। सम्भवतः वे मध्यप्रदेश के खरपर थे। पुलिंदों का वर्णन ऐतरेय ब्राह्मण में आन्ध्रों, पुण्डरों, सावर और मुतीगों के साथ आता है। विष्णुपुराण में उनका सम्बन्ध सिन्धु नदी से दिखाया गया है। दिव्यावदान में वे विन्ध्य प्रदेश के निवासी दिखाए गए हैं। पुलिन्दों की दो शाखाएँ थीं। सातवीं शताब्दी ई० में वराहमेहर ने कई गणराज्यों का वर्णन किया है। उसके बाद केवल राजतन्त्र राज्य ही भारत में रह गये।

गणराज्यों के पतन के कारण (Causes of Fall of Republics in Ancient India)—डॉ० एस०एन० मिश्र लिखता है कि गणराज्य बीज रूप में बौद्धिक काल में भी थे। ब्राह्मणों के समय में उनका राजतन्त्र से अलग अस्तित्व था। महाभारत काल में उनकी शक्ति और महत्त्व बढ़ गया। महात्मा बुद्ध के समय वे शक्तिशाली थे परन्तु वे कुटिल राजनीति का शिकार बने। उनमें कई प्रकार से फूट डाली गई।

फिर भी वे बड़ी दृढ़ता से सिकन्दर के विरुद्ध लड़े। मौर्य साम्राज्य का भी उन्होंने मुकाबला किया। वे अपना घरबार छोड़कर राजस्थान चले गये। गुप्त साम्राज्य ने फिर उनको तोड़ डाला। इस परिस्थिति में लोगों ने गणतन्त्र राज्य छोड़कर राजतन्त्र राज्य अपना लिया।

काशी प्रसाद जायसवाल का मत है कि गणराज्यों का नाश गुप्त साम्राज्य ने किया। समुद्रगुप्त ने देश की स्वतन्त्र भावना को कुचल डाला। उसने मालवों और यौधेयों का नाश किया। डॉ० अल्टेकर इस मत को स्वीकार नहीं करता। उसका कहना है कि मालवों, अर्जुनायनों, यौधेयों और मद्रों ने केवल समुद्रगुप्त का आधिपत्य स्वीकार किया। उन्होंने उसको शुल्क दिया परन्तु उन्होंने अपनी स्वायत्तता को कायम रखा। उनके प्रदेशों का शासन गुप्त शासकों के हाथों में न था। इसलिए उनकी गणतान्त्रिक संस्थाओं पर विशेष प्रभाव न पड़ा। ऐसी ही अवस्था मौर्यों और कुषाणों के समय हुई थी परन्तु फिर भी गणराज्य उठ खड़े हुए थे। उसी प्रकार गुप्त साम्राज्य ने उनकी आन्तरिक स्वतन्त्रता का नाश न किया और उनकी प्रजातान्त्रिक संस्थाएं पहले की तरह चलती रहीं। अपने मत की पुष्टि में अल्टेकर ने कई दृष्टान्त दिये हैं। यौधेयों और सनकानिकों के मुखियों ने चौथी शताब्दी ई० में महाराजाओं और महासेनापतियों की उपाधियां ग्रहण कर लीं। ऐसी ही व्यवस्था लिच्छवी गणराज्य की थी। लिच्छवियों की राजकुमारी कुमार देवी ने चन्द्रगुप्त प्रथम से विवाह करके उसकी शक्ति को बढ़ाया। इससे सिद्ध होता है कि लिच्छवी गणराज्य उस समय शक्तिशाली था। वराहमेहर ने सातवीं शताब्दी ई० में यौधेयों के राजा का वर्णन किया है। समय बीतने पर गणराज्यों का नेतृत्व ऐसे लोगों के हाथों में आ गया जो सैनिक थे, जो राजा की उपाधि लेना चाहते थे। इसका परिणाम यह हुआ कि गणराज्यों में तथा राजतन्त्र राज्यों में कोई अन्तर न रहा। इस प्रकार गणराज्य भारत की धरती स लुप्त हो गये।

डॉ० आर०सी० मजूमदार का विचार है कि गणराज्यों के पतन के दो मुख्य कारण थे। एक कारण था बाहर से आक्रमण और दूसरा कारण था अजातशत्रु और सिकन्दर के समय से लेकर भारत में साम्राज्यों की स्थापना। इनके बावजूद गुप्त काल तक गणराज्य भारत में रहे परन्तु उसके पश्चात भारत में उनकी अस्तित्व न रहा।

डॉ० पी०एन० बैनरजी का मत है कि गणराज्यों के पतन का कारण भारत में राज्यों के क्षेत्र का विस्तार होना था। चूँकि राज्य बड़े हो गये इसलिए गणतन्त्र संस्थाओं द्वारा उनका शासन करना कठिन हो गया। साम्राज्यवाद ने लोकतन्त्र का स्थान ले लिया। राजतन्त्र ने अन्य संस्थाओं का स्थान ले लिया।

श्री अरविंद का विचार है कि गणराज्य सुरक्षा के लिए थे न कि औरो पर आक्रमण करने के लिए। कौटिल्य ने उनमें फूट डाल दी और उनके प्रति घृणा उत्पन्न कर दी। समय बीतने पर गणराज्यों के मुखिया वंशानुक्रम से कुषाणों के नायक बन गये।

गणराज्यों की शासन-पद्धति

डॉ० अल्टेकर लिखता है कि छोटे गणराज्यों की शासन-पद्धति बड़े गणराज्यों से अलग थी। छोटे गणराज्यों में, केन्द्रीय सभा के सदस्य राजधानी में रहते थे और काम के लिए सभाभवन में इकट्ठे होते थे। प्रत्येक सदस्य को राजा की उपाधि दी जाती थी और उसका पुत्र उप-राजा कहलाता था। गणराज्य में बहुत से कारीगर, कृषक, नौकर और दास होते थे। यदि कोई झगड़ा होता तो राजा उसका निपटारा करता। केन्द्रीय सरकार के निर्णयों में साधारण लोगों की कोई आवाज नहीं थी। छोटे नगरों और ग्रामों में लोग सभा भवनों में जाते थे तथा इकट्ठे होकर काम चलाते थे।

बड़े गणराज्य प्रान्तों में विभक्त थे। प्रत्येक प्रान्त राज्यपाल के अधीन होता था। प्रत्येक नगर का अपना अलग शासन होता था। उनको अपने कार्य करने में स्वायत्तता प्राप्त थी और नगरों के मुखिया शासन का काम चलाते थे। बड़े-बड़े गणराज्यों में केन्द्रीय सभा होती थी। यौधेयों में केन्द्रीय सभा के पाँच हजार सदस्य थे और लिच्छवियों के सात हज़ार सात सौ सात। क्षुद्रकों ने 150 महत्त्वपूर्ण व्यक्तियों को सिकन्दर के साथ बातचीत करने के लिए भेजा। सभा के प्रत्येक सदस्य को राजा की उपाधि दी जाती थी। उस समय मतदाताओं की कोई सूची तैयार न होती थी और चुनाव भी निश्चित काल के लिए नहीं होते थे।

काशी प्रसाद जायसवाल का विचार है कि कुछ गणराज्यों में सभाओं के दो सदन होते थे परन्तु अल्टेकर इस तथ्य से सहमत नहीं है। केन्द्रीय सभा सर्वसत्ता-सम्पूर्ण थी। उसके सदस्य सैनिक नेताओं और शासन करने वालों को भी चुनते

थे। प्रत्येक युद्ध के लिए सेनापति नियत किये जाते थे। वे युद्ध का निर्णय करते थे। अपने राजदूत बाहर भेजते थे तथा दूसरों के राजदूतों का स्वागत करते थे। विदेशी मामलों पर उनका पूर्ण नियन्त्रण था। कौटिल्य अर्थशास्त्र में लिखा है कि यदि संघ का प्रधान अथवा सरकार का सदस्य कोई अपराध करे तो उसको पदच्युत किया जाता और दण्ड भी दिया जाता था। केन्द्रीय सभा ही शासन के कर्मचारियों को नियुक्त करती थी। आदर्श गणराज्य में राजनीतिक दल नहीं थे तथा काम वोटों से न होता था। सभा की बैठकों में सौहार्द होता था। ऐसा लिच्छवियों के गणराज्य में था।

गणराज्य शूरवीरता की परम्पराओं के लिए प्रसिद्ध थे। उनके शासन का काम करने वाले योग्य नेता होते थे। आपत्काल में वे लोग गणराज्य की रक्षा करने में समर्थ होते थे। वे बड़े अनुभवी तथा कार्य करने में कुशल, चतुर और चुस्त होते थे।

Suggested Readings

Agrawala, V.S. : India as Known to Panini, Lucknow, 1953.

Aiyangar, K.V. : Some Aspects of Ancient Indian Polity, Madras, 1935.

Altekar, A.S. : State and Government in Ancient India, Delhi, 1977.

Banerjea, P.N. : Public Administration in Ancient India, London, 1916.

Bhandarkar, D.R. : Some Aspects of Ancient Hindu Polity, 1929.

Dikshitar, V.R.R. : Hindu Administrative Institutions, Madras, 1923.

Ghosal, U.N. : A History of Indian Political Ideas, Calcutta, 1945.

Jayaswal, K.P. : Hindu Polity, Bangalore, 1955.

Law, B.C. : Tribes in Ancient India, Poona, 1943.

Law, N.N. : Aspects of Ancient Indian Polity, Oxford, 1921.

Majumdar, R.C. : Corporate Life in Ancient India, Calcutta, 1922.

Misra, S.N. : Ancient Indian Republics, Lucknow, 1976.

Rhys Davids, T.W. : Buddhist India, Calcutta, 1959.

Saletore, B.A. : Ancient Indian Political Thought and ınstitutions, New York, 1963.

Sinha, H.N. : Sovereignty in Ancient Indian Polity.

Sharma, R.S. : Aspects of Political Ideas and Institutions in Ancient India, Patna, 1959.

Sham Sastri, R. : Evolution of India Polity, Calcutta, 1920.

अध्याय

52

क्या गुप्तकाल भारत के इतिहास का स्वर्ण युग था?

(Was the Gupta Age the Golden Period of Indian History?)

ऐसा प्राय: माना जाता है कि गुप्तकाल भारत के इतिहास का स्वर्ण काल था। उसे क्लासिकल युग भी कहा जाता है। सामान्यत: स्वर्ण काल उस काल को कहते हैं जब किसी देश की संस्कृति अपने चरमोत्कर्ष को प्राप्त करती है। इस दृष्टि से गुप्तकाल को स्वर्ण युग कहते हैं। किसी देश का क्लासिकल युग वह युग होता है जब उस देश के इतिहास में वे सांस्कृतिक मानदण्ड स्थिर होते हैं जो परवर्त्ती युगों के लिये अनुकरणीय बन जाते हैं। डाक्टर रोमिला थापर लिखती हैं, ''क्लासिकल युग वह युग है जिसमें साहित्य, वास्तुकला तथा ललित कलाएँ उत्कर्ष के ऐसे स्तर तक पहुँच जायें कि आने वाले समय के लिये वे आदर्श बन सकें।''

डॉ० ऐल०डी० बारनैट के विचार में गुप्तकाल का भारत के इतिहास में वही स्थान था जो कि यूनान के इतिहास में पैरिकल युग का था। प्रो० वी०ए० स्मिथ ने लिखा है कि गुप्तकाल में कई क्षेत्रों में उन्नति हुई। इसलिये गुप्तकाल की इंगलैंड के एलिजिबिथ और स्टुअर्ट काल से तुलना की जा सकती है। जिस प्रकार इंगलैंड में शैक्सपीअर सब लेखकों में सर्वश्रेष्ठ थे उसी प्रकार भारत में कालिदास सर्वोत्तम थे। जिस प्रकार इंगलैंड में शेक्सपीअर के अलावा उसके काल में और भी बड़े लेखक थे, उसी प्रकार भारत में भी कालीदास के अतिरिक्त और बड़े लेखक थे। आर्यभट्ट और वराहमिहिर गुप्तकाल में संसार के सर्वप्रथम नक्षत्र-वैज्ञानिक और गणितज्ञ थे।

डॉ० एम०ए० मेहेण्डेल लिखते हैं कि गुप्तकालीन सम्राटों के संरक्षण में संस्कृत ने बहुत उन्नति की। उसी काल में पुराणों और स्मृति साहित्य को अन्तिम रूप दिया गया। उसी युग में रामायण और महाभारत के महाकाव्यों को अन्तिम रूप दिया गया। साहित्य के सभी क्षेत्रों में उन्नति हुई। कालिदास, भवभूति, भारवी और माघ उस समय के नाटककार और कवि थे। दण्डिन, सुबन्धु और बाण उस काल के गद्य लेखक थे। चन्द्र, वामन और भर्तृहरि उस समय के वैयाकरण थे। अमर जैसे कोशकार थे। गौड़पद, कुमारिल और प्रभाकर जैसे दार्शनिक थे। आर्यभट्ट, वराहमिहिर और ब्रह्मगुप्त जैसे नक्षत्रवैज्ञानिक थे। इसलिये गुप्तकाल को संस्कृत साहित्य का स्वर्ण युग कहा जाता है। पहले कुछ विद्वानों का मत था कि गुप्तकाल में संस्कृत साहित्य का पुनर्जन्म हुआ परन्तु वह ठीक नहीं था क्योंकि संस्कृत का किसी काल में भी बिल्कुल ह्रास नहीं हुआ था। ऐसा भास और अश्वघोष की कृतियों से सिद्ध होता है। समुद्रगुप्त के इलाहाबाद शिलालेख और वत्सभट्टी के मन्दसोर शिलालेख से यह स्पष्ट होता है कि संस्कृत काव्य शैली चौथी और पाँचवीं शताब्दी में परिपक्व अवस्था में थी।

डॉ० ए० के० मजूमदार ने लिखा है कि गुप्तकाल से भारत के इतिहास में एक नया अध्याय शुरू हुआ। गुप्तकाल के सम्राटों ने अपनी छाप उस युग पर लगा दी। इस काल में संस्कृत साहित्य उन्नति के शिखर पर पहुँच गया। कालिदास

Suggested Readings

Basham, A.L.	:	The Wonder that was India, New Delhi 1981.
Basham, A.L. (Ed.)	:	A Cultural History of India, Oxford, 1975.
Dandekar, R.N.	:	Civilisation of the Gupta Age.
Devahuti (Ed.)	:	Problems of Indian Historiography.
Goyal, Sriram	:	Gupta Samrajya Ka Itihas, Meerut, 1987.
Gupta, P.L.	:	The Imperial Guptas.
Jha, D.N.	:	Ancient India—An Introductory Outline, People's Publishing House, New Delhi, 1983.
Jha, D.N. and Krishna Mohan Shrimali (Eds.)	:	Prachin Bharat Ka Itihas, 1984.
Khosla, Sarla	:	Gupta Civilisation, New Delhi, 1984.
Kosambi, D.D.	:	An Introduction to the Study of Indian History, Bombay, 1956.
Maiti, S.K.	:	The Imperial Guptas and Their Times, New Delhi, 1975.
Majumdar, A.K.	:	A Concise History of Ancient India, Vol. I, Munshi Ram Manohar Lal, New Delhi, 1977.
Majumdar, R.C. (Ed.)	:	The Classical Age, Bharatiya Vidya Bhawan, Bombay, 1970.
Majumdar, R.C. (Ed.)	:	A Comprehensive History of India, Vol. III, Part I, People's Publishing House, New Delhi, 1981.
Majumdar, R.C.	:	Ancient India, Motilal Banarasi Das, Delhi, 1982.
Smith V.A.	:	The Early History of India, Oxford, 1924.
Thapar, Romila	:	A History of India, Vol. I, Penguin Books, 1983.
Upadhyaya, Bhagwat Sharan	:	Guptkal Ka Samskritik Itihas, Lucknow, 1969.

का निर्माण होता है। तथाकथित राजनीतिक एकता, हिन्दू-पुनर्जागरण, कालिदास, भारवि, वसुबन्धु, देवगढ़, भीतरगांव, अजन्ता और बाध जैसी उपलब्धियों के पीछे वे पिसते हुए लोग थे जिनके गीत गाने के लिये कोई हरिषेण, वत्सभट्टी अथवा बाणभट्ट नहीं था।

डॉ० डी०एन० झा ने प्रोफैसर डी०डी० कोसाम्बी का अनुसरण किया है जो यह मानते थे कि गुप्तकाल में "स्वामिभक्ति ने कृषकदासों और आश्रितों को सामन्तीय प्रमुखों के साथ एक शृंखला में निबद्ध कर दिया" और यही भाव धर्म में भक्ति सिद्धान्त के रूप में विकसित हुआ। यहाँ तक कि बौद्ध और जैन धर्मों में भी भक्ति का अंश पहुँच गया जो सामन्तीय व्यवस्था को प्रतिबिम्बित करता है।

प्रो० वी०ए० स्मिथ, आर०सी० मजूमदार, ए०के० मजूमदार, एम०ए० महेण्डेल, दण्डेकर और अन्य विद्वानों का यह मत है कि गुप्तकाल भारत के इतिहास का स्वर्णयुग था और उनके सामने डॉ० डी०ऐन० झा का मत ठीक दिखाई नहीं देता। डॉ० झा का विचार पक्षपात पर निर्भर है। ऐसा प्रतीत होता है कि वे इतिहास के तथ्यों को मोड़ तोड़ कर अपने मत को सिद्ध करना चाहते हैं। डॉ० श्रीराम गोयल ने लिखा है, कि डी०एन० झा जैसे विद्वानों ने "सफाई इन्सपैक्टर" (Drain Inspector) की मनोवृत्ति का परिचय देते हुए गुप्तकाल की भारतीय संस्कृति के उन पक्षों पर विशेष रूप से ध्यान दिया है जिनमें उन्हें कुछ कमी दिखाई दी लेकिन वे दोष अधिकतर उनके विचारों में ही हैं। गुप्तकाल में स्त्रियों की दशा, नगरों का ह्रास, पुराणों में गुप्त सम्राटों की तथाकथित आलोचना आदि के बारे में उन्होंने सत्य को तोड़ा-मरोड़ा है। यद्यपि उनके कथनों को पूर्ण रूप से सत्य भी मान लिया जाये तो उससे केवल इतना निष्कर्ष निकलेगा कि गुप्तकाल की संस्कृति का लाभ सभी वर्गों और देश के सभी प्रदेशों को नहीं मिला। लेकिन प्रश्न यह है कि ऐसा कब हुआ है कि संस्कृति की उन्नति का लाभ सभी वर्गों और प्रदेशों को समान रूप में मिला हो। ऐसा न तो पेरिक्ल के काल में एथन्ज में हुआ, न ही आगस्टस के काल में रोम में हुआ और न ही महारानी एलिजाबेथ के समय इंग्लैंड में हुआ। भारत वर्ण-व्यवस्था का देश रहा है और अब भी है। इस व्यवस्था के दोष किसी से छिपे नहीं हैं। परन्तु उनकी दुहाई देकर भारत के इतिहास के किसी युग-विशेष को न मानना कदापि उचित नहीं है। जो इतिहासकार संस्कृत साहित्य और भारत की कला की उत्कृष्ट कृतियों में केवल मांसल सौन्दर्य ही पाते हैं और सारनाथ और मथुरा के बुद्ध और कालिदास के "मेघदूत" और "रघुवंश" को नज़रअन्दाज़ करते हैं, वे पक्षपाती हैं। वही हाल उन इतिहासकारों का है जो विदेशी रोमक और पालिश के स्वीकार को भारतीय संस्कृति की जीवन-शक्ति का प्रमाण मानने के बजाय उनकी चर्चा यह सिद्ध करने के लिये करते हैं कि गुप्तकालीन संस्कृति हिन्दू नहीं थी। इसी प्रकार वे भक्ति का अध्ययन एक उत्कृष्ट धार्मिक-दार्शनिक सिद्धान्त के रूप में करने के बजाय उसकी चर्चा यह सिद्ध करने के लिये करते हैं कि उस युग में धर्म का उपयोग सामाजिक-आर्थिक व्यवस्था कायम रखने के लिये किया जा रहा था। यह ठीक है कि तत्कालीन साहित्य में गुप्त-नरेशों की प्रशक्ति नहीं मिलती परन्तु इससे यह सिद्ध नहीं होता कि गुप्तकाल में भारतीय समाज में उनके महत्त्व को उस प्रकार स्वीकार किया गया था। उससे यह भी सिद्ध नहीं होता कि उस समय का साहित्य "राजकीय" था। यदि गुप्तकाल के साहित्य में गुप्त सम्राटों का गुणगान होता तब भी डॉ० झा जैसे इतिहासकार उसके महत्त्व को मानने से इन्कार कर देते क्योंकि उनका सृजन राजाओं की स्तुति के लिये किया गया था। उनका कहना है कि उस युग के सामान्य जनों के गीत गाने के लिये कोई हरिषेण, वत्सभट्टि या बाणभट्ट नहीं था परन्तु सामान्य जनों के जीवन का वर्णन राजकीय अभिलेखों में नहीं मिल सकता। किसी भी प्राचीन संस्कृति में राजकीय अभिलेखों में आम आदमी का वर्णन नहीं मिलता। यदि हमने सामान्य लोगों का अध्ययन करना है तो हमें उस काल के कथासाहित्य, पुराण, लोकगीत, मेले और त्यौहारों के वर्णन और मूर्तियों आदि में देखना होगा। वह सामन्त और राजकीय साहित्य और कला-कृतियों में नहीं मिल सकता। उदाहरण के तौर पर यदि हम प्रोफेसर वासुदेव शरण अग्रवाल की तरह "प्राचीन भारतीय लोक धर्म" का अध्ययन करना चाहते हैं तो हमें उस तरह की सामग्री का इस्तेमाल करना पड़ेगा जिसका श्री अग्रवाल ने किया है। असंग, वसुबन्धु, शंकर और कुमारिल के ग्रन्थों से हम लोक धर्म का ज्ञान प्राप्त नहीं कर सकते (**गुप्त साम्राज्य का इतिहास,** पृष्ठ 424-5)।

का विकास हुआ। उसका कहना है कि स्वर्णयुग केवल समाज के उच्च वर्गों तक ही सीमित था (A History of India, Vol. I, Page 136).

डॉ० डी०ऐन० झा ने अपनी पुस्तक ''प्राचीन भारत'' में यह विचार पेश किया है कि गुप्तकाल किसी प्रकार से भी भारत के इतिहास का स्वर्ण युग न था। आप लिखते हैं कि सारनाथ की बुद्ध की प्रतिमाएँ गुप्तकाल की मूर्तिकला की सर्वोच्च उपलब्धियाँ मानी जायेंगी और अजन्ता के तत्कालीन चित्रों पर बौद्ध-जीवन की गहरी छाप है। आर्यभट्ट और वराहमिहिर की कृतियों में खगोल विज्ञान से सम्बन्धित जिन तथ्यों को निरूपित किया गया है उनका भारत की प्राचीन मान्यताओं से नाम-मात्र का सम्बन्ध है। वराहमिहिर ने खगोल-विज्ञान से सम्बन्धित पाँच सिद्धान्तों का प्रतिपादन किया था। जिनमें से एक सिद्धान्त का नाम है रोमक सिद्धान्त। उसका सम्बन्ध स्पष्ट रूप से रोमन सिद्धान्त से है। उनका दूसरा सिद्धान्त है पालिश सिद्धान्त जिस पर सिकन्दरया के कालत्रयी ज्योतिषविद पाल की स्थापनाओं की छाप है। इसलिये तथाकथित हिन्दूपुनर्जागरण के साक्ष्य के रूप में कालिदास के ग्रंथों, कुछ पुराणों, सिक्कों और शिलालेखों को प्रस्तुत किया जा सकता है जिनसे संकेत मिलता है कि गुप्त राजाओं ने वैष्णवमत और शैव मत नामक दो सम्प्रदायों को संरक्षण प्रदान किया था। लेकिन कालिदास के ग्रंथों से बौद्धिक पुनर्जागरण अथवा साहित्य के पुनरुत्थान का संकेत नहीं मिलता। गुप्तकाल से बहुत पहले से ही चारण-काव्य के रूप में पुराणों का अस्तित्व था। गुप्तकाल में उनका अन्तिम रूप में संकलन और संपादन किया गया। तब से वे वर्तमान रूप में प्रकट हुए। वैष्णव मत और शैवमत से भी किसी धार्मिक पुनरुत्थान का बोध नहीं होता। इन दोनों धर्मों के मूल सिद्धान्त पहले भी विद्यमान थे। अब सामन्ती जीवन के उद्‌भव के नये संदर्भ में वे अधिक से अधिक अनुयाईयों को अपनी ओर आकृष्ट करने लगे। इसी तरह हिन्दू शब्द का प्रयोग भी सही संदर्भ में नहीं किया जाता। गुप्तकाल में देश के कुछ भागों में किसानों की स्वतन्त्र स्थिति की उपेक्षा की गई। वे कृषिदास अथवा अर्ध-कृषिदास अवस्था में आ गये। भूमि का बन्दोबस्त करने की प्रथा ने स्थायी असामियों को कठपुतलियों के दर्जे में पहुँचा दिया। बेगार प्रथा और अन्य कई प्रकार की उगाहियों और लगानों से लदे रहने के कारण भी किसानों की स्थिति अत्यन्त बुरी थी। व्यापार की शिथिलता के कारण गंगा के मैदानी इलाकों के शहरी केन्द्रों का ह्रास हो गया। महिलाओं की अवस्था भी खराब हो गई और वे स्वयं सम्पत्ति मान ली गईं। गुप्तकालीन साहित्य में जीवन के भिन्न क्षेत्रों में वर्ण-भेद का नंगा नाच देखा जा सकता था। कानून और न्याय के मामले में वर्गीय भेदभाव बरता जाता था। गुप्तकाल में छुआछूत की प्रथा पहले से अधिक मजबूत हो गई। उस समय के सबसे ऊँचे कवि और नाटककार आमतौर पर किसी रमणी के प्रति पुरुष के मांसल और कामोत्तेजक प्रेम को विषयवस्तु के रूप में ग्रहण करते थे। अशिक्षित लोग राजदरबार के अलंकृत साहित्य को शायद ही समझ अथवा ग्रहण कर पाते थे। उस समय के लोग तनिक भी सुखी नहीं थे। देश के कुछ भागों में दास-प्रथा के प्रचलन के कारण किसान आर्थिक गुलामी के बंधनों में जकड़े गये। फाहियान ने लिखा है कि चन्द्रगुप्त द्वितीय के शासन काल में लोग सुखी थे परन्तु डॉ० डी०ऐन० झा का मत है कि निस्सन्देह उच्च वर्ग के लोग सुखी और स्मृद्ध थे जैसा कि उस समय के साहित्य और कला में प्रतिविम्बित होता है परन्तु ऐसा निम्न श्रेणी के लोगों के सम्बन्ध में नहीं कहा जा सकता क्योंकि उनकी अवस्था ठीक नहीं थी। सामाजिक तनाव विद्यमान था। वर्ण-विभक्त समाज को कायम रखने के लिये धर्म के हथियार का प्रयोग किया जाता था। उच्च वर्ग के लोगों के लिये इतिहास के सभी युग स्वर्ण युग हैं परन्तु साधारण जनता के लिये वे कभी स्वर्ण युग नहीं रहे। जनता का स्वर्ण युग अतीत के गर्भ में नहीं परन्तु भविष्य के गर्भ में निहित है।

ऐसे ही विचार डॉ० डी०ऐन० झा और कृष्ण मोहन श्रीमाली द्वारा सम्पादित पुस्तक ''प्राचीन भारत का इतिहास'' में भी है। वहाँ लिखा है कि गुप्तकाल के साहित्य और कला के क्षेत्रों की तथाकथित उपलब्धियों को भिन्न दृष्टिकोण से देखने की आवश्यकता है। कालिदास की कृतियों के साहित्यिक लालित्य द्वारा ध्वनित उच्चवर्गीय जीवन मूल्यों और आस्थाओं को छिपाया नहीं जा सकता। उस समय कला का संरक्षण बड़े-बड़े सामन्तों के हाथों में था। उस समय की तथाकथित राजनीतिक एकता कुछ कम अर्थपूर्ण प्रतीत होती है, जब हम गुप्तकाल में होने वाले ग्राम्य आत्मनिर्भरता के क्रमिक विकास पर दृष्टि डालते हैं। अतः स्वर्णयुग का मत यथार्थ पर आधारित प्रतीत नहीं होता। विशेषकर जनसाधारण के लिये तो गुप्तकाल स्वर्ण युग नहीं था और राष्ट्र उन्हीं से बनता है और उन्हीं के परिश्रम से एक विशाल अट्टालिका

ने नाटक और महाकाव्य लिखे और बाण ने गद्य साहित्य की रचना की। उसी काल में पुराणों को अन्तिम रूप दिया गया। उसी काल में असंग, वसुबन्धु और संघरक्षित जैसे बौद्ध दार्शनिक हुए। समुद्रगुप्त वसुबन्धु का संरक्षक था। कला के क्षेत्र में भी गुप्तकाल का बड़ा योगदान था।

डॉ० ए०के० मजूमदार इस बात से सहमत नहीं कि गुप्तकाल में हिन्दू धर्म का पुनरुत्थान हुआ क्योंकि हिन्दू धर्म का पुनरुत्थान पुष्यमित्र शुंग के राज्यकाल में ही हो चुका था। उसने अश्वमेध आदि यज्ञ करके हिन्दू धर्म का समर्थन किया था। कई विदेशी राजा भी हिन्दूधर्म में शामिल हो गये। यह बात ध्यान रखने योग्य है कि यद्यपि गुप्तकाल के सम्राटों ने हिन्दू धर्म को प्रोत्साहन दिया, तथापि उन्होंने दूसरे धर्मों के अवलम्बियों को पीड़ित नहीं किया। चन्द्रगुप्त द्वितीय का सेनापति अम्रकरदेव था जो बौद्धों का समर्थक था। वसुबन्धु समुद्रगुप्त का मित्र था। चीनी यात्री फाहियान ने लिखा है कि गुप्त सम्राटों ने बौद्धों को संरक्षण दिया और सुविधाएं भी दीं। इसलिये यह उचित नहीं होगा कि हम यह कहें कि हिन्दू धर्म का पुनर्जन्म गुप्तकाल में हुआ। वास्तव में हिन्दू धर्म का विस्तार गुप्तकाल में हुआ।

डॉ० आर०सी० मजूमदार का मत है कि गुप्तकालीन सम्राटों ने भारतीय इतिहास पर अपनी छाप लगाई। उन्होंने ऐसा आदर्श पेश किया जो कि भविष्य में अनुकरणीय था। गुप्तकाल की महत्ता इतनी थी कि अब भी हम उसको भारत का स्वर्णयुग अथवा क्लासिकल युग कहते हैं। उस काल में लोगों ने सभी क्षेत्रों में ऐसी उन्नति की जिसकी आज तक सराहना होती है। उन्नति के क्षेत्र साहित्य, विज्ञान, कला इत्यादि थे। गुप्त सम्राटों ने लोगों को शान्ति प्रदान की। गुप्त साम्राज्य इतनी अधिक अवधि तक रहा जितना और कोई साम्राज्य भारत में न रहा। गुप्तसम्राटों ने ऐसा आदर्श पेश किया जिससे कई पीढ़ियाँ प्रभावित हुईं। गुप्त–साम्राज्य ने ऐसा युग चलाया जिसने प्राचीन भारत के इतिहास पर बहुत प्रभाव डाला (A Comprehensive History of India, Vol. III, Part I, PP. 105-7).

आर०ऐन० दण्डेकर के शब्दों में, ''यह युग अप्रतिम और हर दृष्टि से भारतीय उपलब्धियों का युग था।'' हिन्दू प्रतिभा की सृजनात्मक गति विधियों के पल्लवन का काल था और ''इसे सचमुच भारतीय इतिहास का स्वर्ण युग कहा जा सकता है।'' वी०श० अग्रवाल भी गुप्तकालीन साहित्य में प्रयुक्त ''स्वर्ण वर्षा'' प्रतीक को उस युग के स्वर्णकाल होने का प्रतीक मानते हैं।

डॉ० के०एम० मुन्शी के अनुसार, ''प्रारम्भिक गुप्त सम्राटों ने चक्रवर्ती आदर्श को बनाए रखने के साथ ही राज्य को भी शक्तिशाली, दृढ़, गत्यात्मक और सुखी बनाया।'' वसुबन्धु और नयन्मारों के विचार, कालिदास के श्रेष्ठ काव्य और नाटक, वराहमिहिर के खगोल शास्त्रीय आविष्कार, दिल्ली का लोह–स्तम्भ, वास्तु मन्दिरों के निर्माण का प्रारम्भ, अजन्ता भित्ति–चित्रों की कला का सौन्दर्य, वैष्णव और शैव सम्प्रदायों का उदय, महाभारत का पूरा होना और वायुपुराण और मत्स्यपुराण की रचना इस युग की घटनाएँ हैं। यह साम्राज्य केवल विजयों और प्रशासनिक निपुणता पर ही आधारित नहीं था। इसकी महत्ता इसके समग्र दृष्टिकोण में छिपी थी। इसकी शक्ति सैनिक शक्ति पर उतनी ही आश्रित थी जितनी भीतरी व्यवस्था और आर्थिक प्राचुर्य पर।''

भगवत शरण उपाध्याय के अनुसार, अपनी सांस्कृतिक उपलब्धियों के कारण गुप्तकाल स्वर्णकाल कहा जा सकता है। उपाध्याय ने इसकी तुलना यूनान के पैरिक्लस काल से, रोम के आगसटस कोल से, इटली के पुनर्जागरण काल से तथा इंग्लैंड के एलजिबिथ काल से की है।

डॉ० रोमिला थापर ने गुप्तकाल को भारतीय इतिहास का स्वर्णयुग मानने वाले मत को पूर्णतया अस्वीकार तो नहीं किया है परन्तु इसको सीमित अवश्य किया है। आपका कहना है कि बीसवीं शताब्दी के प्रारम्भ में इतिहास के लिखने वालों के लिये स्वर्ण युग एक युटोपिया था जिसका अस्तित्व सुदूर अतीत में ही हो सकता था। इसलिये प्रारम्भिक भारतीय इतिहासकारों ने उसे स्वर्ण युग कहा जिसमें हिन्दू–संस्कृति दृढ़तापूर्वक स्थापित हो गई थी। फिर भी गुप्तकाल का स्वर्णयुग केवल उत्तर भारत तक सीमित था क्योंकि दक्कन और दक्षिणी भारत में गुप्तकाल के पश्चात् ही उच्च–स्तर की सभ्यता